COMPACT TASCHENBUCH
2000 plus

FREMD-WÖRTER

Horst Leisering

Compact Verlag

© 1999 Compact Verlag München
Chefredaktion: Claudia Schäfer
Redaktion: Thomas Kahler, Thomas Nitsch, Ursula Heller
Umschlaggestaltung: Inga Koch
Produktionsleitung: Uwe Eckhard
Printed in Germany
ISBN 3-8174-7010-X
7170101

Inhalt

Vorwort	5
Hinweise für den Benutzer	7
Abkürzungsverzeichnis	10
Lautschrift	12
Fremdwörter von A–Z	13

Vorwort

Fremdwörter sind ein wesentlicher Bestandteil der deutschen Sprache. Vor allem im technischen und naturwissenschaftlichen Bereich werden ständig neue Wörter aus fremden Sprachen geprägt. Aber auch in der Alltagssprache gibt es viele Fremdwörter, die oftmals gar nicht als solche erkannt werden und deren Gebrauch zu Unsicherheiten führen kann.

Dieses Wörterbuch enthält alle wichtigen und aktuellen Fremdwörter. Es werden sämtliche gültigen Schreibweisen nach der neuen deutschen Rechtschreibung angegeben.

Die wesentlichen Informationen zu Bedeutung, Verwendung, Aussprache und Herkunft erleichtern den richtigen Umgang mit den Fremdwörtern. Daneben sorgen die zusätzlichen treffenden Beispiele und Hinweise für die nötige Sicherheit im alltäglichen Gebrauch.

Mit über 100.000 sprachlichen Angaben ist dieses Wörterbuch ein absolut zuverlässiges Nachschlagewerk für Schule, Studium und Beruf.

Die Aktualität und die klare Struktur lassen dieses Werk zu einer unentbehrlichen Orientierungshilfe im Umgang mit Fremdwörtern werden. Das anwenderfreundliche Format eignet sich vorzüglich für den Gebrauch für zu Hause und unterwegs.

Hinweise für den Benutzer

1. Betonung
Unter jedem Stichwort ist die Betonung durch einen waagrechten Strich bezeichnet.
Bei *Illustration* etwa wird das »o« am Wortende am stärksten von der Stimme hervorgehoben; bei *Zeugma* besteht Anfangsbetonung auf dem Zwielaut oder Diphthong [-oi-], der in unserem Schriftsystem durch das Graphem »-eu-« ausgedrückt wird.

2. Aussprache
Bei Fremdwörtern, deren Aussprache Schwierigkeiten bereiten könnte, hilft eine Lautschriftangabe. Hinweise zur Lautschrift finden Sie auf Seite 12.

3. Die Bedeutung
Hinter der Klammer, die den Artikel, den Genitiv und den Plural eines Fremdwortes nennt, steht seine Bedeutung. Diese ist möglichst kurz gehalten bei Wörtern mit hohem Bekanntheitsgrad und ausführlicher, wenn es sich um weniger Bekanntes oder um neue Fremdwörter handelt. Zum Beispiel ist für *Adresse* unter **1** nur die Verdeutschung »Anschrift« angegeben; unter **2** steht die neue Bedeutung, die sich in der Computertechnik ergeben hat. Hier wird versucht, möglichst die Kurzdefinition, ähnlich wie sie in einem Lexikon stehen könnte, zu geben. Sind Bedeutungen klar trennbar, wie im eben genannten Fall, dann werden sie durch halbfett gedruckte Indexzahlen voneinander getrennt. Gehen Bedeutungen ineinander über, so steht das Semikolon. Wird eine Bedeutung durch ein Beispiel farbiger (oder überhaupt erst klar), ist ein Mustersatz, der das Wort in abgekürzter Form enthält, beigefügt worden.

4. Zu den Schreibungen
Hier werden alle nach der neuen deutschen Rechtschreibung gültigen Schreibweisen und alle Trennungsmöglichkeiten angegeben.

5. Synonyme
Synonyme sind Wörter ähnlicher oder gleicher Bedeutung. Im Fremdwörterbuch wurde eine Entscheidung getroffen, welches das gebräuchlichste Synonym ist. Von den anderen Bedeutungsentsprechungen wurde mit dem Istgleichzeichen (=) darauf verwiesen. Beispiel: *Gagger = Gagman.*

6. Bereiche
Nach der Bedeutung steht die Angabe des Bereichs in runden Klammern. Ein Bereich oder Gebiet wurde dann aufgeführt, wenn ein Fremdwort überwiegend in einem bestimmten Wirkungskreis verbleibt.

7. Etymologien
Die Etymologie steht am Schluß des Wortartikels in eckigen Klammern. Sehr kurz wird darin die Herkunft eines Wortes aus einer Fremdsprache angegeben. Setzt sich ein Wort aus zwei oder mehr Bestandteilen zweier unterschiedlicher Sprachen zusammen, steht etwa: *Biologismus* ... [griech.-lat.], das heißt, das Grundwort ist griechisch und ihm wurde die lateinische Nachsilbe »-ismus« zur Kennzeichnung eines Systems angehängt.

8. Wortarten
Nicht sämtliche Wortarten treten als Fremdwörter auf; es gibt vermutlich keine Fürwörter oder Pronomen, die nicht-einheimisch sind.

Auch Adverbien kommen nur gelegentlich aus anderen Sprachen. Eine Ausnahme machen die zahlreichen Vortragsbezeichnungen aus dem Italienischen, die man als Adverb auffassen kann. Sie antworten dann auf die Frage »wie ist etwas zu spielen?« – Antwort zum Beispiel: *legato,* also mit ineinander übergehenden Tönen, gebunden. Auch *dito* für »desgleichen« ist ein Adverb. Präpositionen und Verhältniswörter können also in Einzelfällen erscheinen. Eine Möglichkeit, die räumliche Beziehung durch ein Fremdwort auszudrücken, wäre *trans* für *jenseits; ultra* für *über etwas hinaus* wird häufig nur substantiviert als »der Ultra«, das heißt der »politisch Extreme«, verwendet.

Die ganz überwiegende Mehrzahl der Fremdwörter sind Substantive oder Hauptwörter. Die Klammerangaben (Artikel, Genitiv, Plural) kennzeichnen diese Wortart.

Daneben kommen Eigenschaftswörter oder Adjektive vor. Hier lautet der Zusatz (Adj.).

Die letzte wichtige Wortklasse für Fremdwörter sind die Verben, auf gut deutsch Zeitwörter. Sie haben im Fremdwörterbuch den Zusatz (V.). Beim Konjugieren erweisen sich Fremdwort-Verben naturgemäß als »schwach«, das heißt, sie bilden keine unregelmäßigen Formen im Präteritum und als Partizip Perfekt.

Außerdem erscheinen als Sonderfälle die Ausrufewörter oder Interjektionen. Bei ihnen steht meist das Ausrufezeichen hinter dem halbfett gedruckten Stichwort. Als völlig neue Interjektion begegnet vor allem umgangssprachlich *wow!,* und als ganz alte wortähnliche Äußerung, die eine Empfindung ausdrückt, steht der Freudenruf des Bildungsbürgers *heureka!* »Ich habe es gefunden!«.

Abkürzungsverzeichnis

Abk.	Abkürzung	iran.	iranisch
Adj.	Adjektiv	iron.	ironisch
Adv.	Adverb	isländ.	isländisch
afrikan.	afrikanisch	it.	italienisch
ägypt.	ägyptisch	jakut.	jakutisch
altgr.	altgriechisch	jap.	japanisch
altnord.	altnordisch	Jh.	Jahrhundert
amerik.	amerikanisch	jidd.	jiddisch
amhar.	amharisch	jmd.	-m,-n,-s = jemand, jemandem, jemanden, jemandes
arab.	arabisch		
aram.	aramäisch		
austral.	australisch	karib.	karibisch
aztek.	aztekisch	kath.	katholisch
Bed.	Bedeutung	kelt.	keltisch
bes.	besonders	kirgis.	kirgisisch
Bez.	Bezeichnung	kommunist.	kommunistisch
Bio.	Biologie	kreol.	kreolisch
Bot.	Botanik	lapp.	lappländisch
breton.	bretonisch	lat.	lateinisch
Bw.	Bewohner	litau.	litauisch
bzw.	beziehungsweise	MA	Mittelalter
chin.	chinesisch	madagass.	madagassisch
dän.	dänisch	malai.	malaiisch
d.h.	das heißt	Math.	Mathematik
dt.	deutsch	Med.	Medizin
engl.	englisch	melanes.	melanesisch
eskim.	Eskimosprache	mex.	mexikanisch
etc.	et cetera	mikrones.	mikronesisch
Ew.	Einwohner	militär.	militärisch
Ez.	Einzahl	mongol.	mongolisch
f.	für	Mus.	Musik
finn.	finnisch	Mz.	Mehrzahl
frz.	französisch	nepales.	nepalesisch
Geo.	Geographie	neugr.	neugriechisch
Geol.	Geologie	niederdt.	niederdeutsch
germ.	germanisch	niederl.	niederländisch
Ggs.	Gegensatz	nlat.	neulateinisch
gr.	griechisch	nordafrikan.	nordafrikanisch
hebr.	hebräisch	norweg.	norwegisch
Hindi	Hindisprache	Num.	Nummer
hottentott.	hottentottisch	österr.	österreichisch
i. Ggs.	im Gegensatz	pers.	persisch
ind.	indisch	Philos.	Philosophie
indian.	indianisch	Phys.	Physik
Interj.	Interjektion	poln.	polnisch
ir.	irisch	polynes.	polynesisch

portugies.	portugiesisch	**tamil**.	tamilisch
Präp.	Präposition	**tatar.**	tatarisch
Psych.	Psychologie	**tibet.**	tibetanisch
rätoroman.	rätoromanisch	**tschech.**	tschechisch
roman.	romanisch	**türk.**	türkisch
Rotwelsch	Gaunersprache	**tungus.**	tungusisch
rumän.	rumänisch	**u. a.**	und andere, anderen, anderer, anderes, unter anderem
russ.	russisch		
s.	siehe		
sanskr.	Sanskrit	**u.ä.**	und ähnliches
schott.	schottisch	**ugs.**	umgangssprachlich
schwed.	schwedisch	**ung.**	ungarisch
schweiz.	schweizerisch	**usw.**	und so weiter
semit.	semitisch	**V.**	Verb
serbokroat.	serbokroatisch	**viell.**	vielleicht
slaw.	slawisch	**Wiss.**	Wissenschaft
slowen.	slowenisch	**Wz.**	Warenzeichen
somali.	Somalisprache	**z. B.**	zum Beispiel
span.	spanisch	**Zulu**	Zulusprache
süddt.	süddeutsch	**zw.**	zwischen

Lautschrift

Konsonanten

Baum	b		gefallen	ə
ich	ç		engl.: turn	ɜː
Damm	d		ist	ɪ
Gin	dʒ		Diamant	i
engl.: Mother	ð		Liebe	iː
engl.: think	θ		Moral	o
fünf	f		Boot	oː
gut	g		von	ɔ
Hemd	h		engl.: short	ɔː
ja	j		engl.: dog	ɒ
Kind	k		ökonomisch	ø
Lob	l		Öl	øː
mir	m		völlig	œ
nein	n		Zunge	u
lang	ŋ		Zug	uː
Post	p		engl.: put	ʊ
Rand	r		engl.: run	ʌ
nass	s		Stück	ʏ
Schule	ʃ		Typ	yː
Tisch	t			
Weg	v		**Diphtonge**	
engl.: wish	w		heiß	aɪ
lachen	x		Maus	au
sein	z		engl.: now	aʊ
Genie	ʒ		engl.: day	eɪ
Champagne	ɲ		engl.: chair	ɛə
Pfau	pf		engl.: go	əʊ
Zelt	ts		engl.: here	ɪə
Matsch	tʃ		neu	ɔʏ
			engl.: joy	ɔɪ
Vokale			engl.: shure	ʊə
blaß	a			
Bahn	aː		**Nasale**	
engl.: heart	ɑː		Orange	ã
engl.: back	æ		Cousin	ɛ̃
egal	e		Saison	õ
weh	eː		Bon	õ
hätte	ɛ		Parfum	œ̃
Säge	ɛː			

à (Adv.) für, je, zu je [frz.]
a.a. (Abk. für ad acta) zu den Akten [lat.]
A'ba (die, -s, -s) **1** Mantelumhang der Araber von sackartigem Zuschnitt **2** grober Wollstoff
A'ba'chi [-ʃi] (das, -(s), nur Ez.) ein westafrikanisches Nutzholz
A'ba'de (der, -s, -s) nach einer iranischen Stadt benannter Teppich mit der Grundfarbe Elfenbein
A'ba'ka (der, -s, nur Ez.) Manilahanf [malai.]
A'ba'kus (der, -, -) **1** antikes Rechenbrett **2** Deckplatte des Säulenkapitells [gr.-lat.]
A'ba'li'e'na'ti'on *auch:* Ab'a'li'e'na'ti'on (die, -, -ti'o'nen) **1** Entfremdung **2** Entäußerung, Veräußerung (in der Rechtswissenschaft) [lat.]
a'ba'li'e'nie'ren *auch:* ab'a'li'e'nie'ren (V.) **1** entfremden **2** veräußern [lat.]
A'ba'lo'ne (die, -, -n) essbare amerikanische Meeresschnecke [span.]
A'ban'don [abādõ] (der, -s, -s) = Abandonnement [frz.]
A'ban'don'ne'ment [abādɔnəmā] (das, -s, -s) Abtretung (von Rechten, Sachen) [frz.]
a'ban'don'nie'ren (V.) abtreten, aufgeben; das Abandonnement erklären
à bas! [aba] **1** nieder! **2** weg damit! [frz.]
A'ba'sie (die, -, -si'en) Gehunfähigkeit (durch psychische oder organische Erkrankung) [gr.]
A'ba'te (der, -(n), -ten oder -ti) italienischer Pfarrer [it.]
A'ba'tis [abati] (der oder das, -, nur Ez.) Gans- oder Truthahnklein, Flügel, Innereien, Hals [lat.-frz.]
a'ba'tisch (Adj.) **1** die Abasie betreffend **2** unfähig zu gehen [gr.]
A'ba'ton (das, -s, -ta) das Allerheiligste; Altarraum (in orthodoxen Kirchen) [gr.]
a bat'tu'ta nach vorheriger freier Partie im Takt spielen (Musik)
Ab'ba Gebetsanrede an Gott im Neuen Testament
Ab'ba'si'de (der, -n, -n) Angehöriger eines in Bagdad ansässigen Kalifengeschlechtes
Ab'bé [abɛ] (der, -s, -s) französischer Pfarrer [frz.]
Ab'be'vil'li'en [-viljɛ̃] (das, -s, nur Ez.) altsteinzeitliche Kulturstufe [frz.]
Ab'bre'vi'a'ti'on (die, -, -ti'o'nen) = Abbreviatur

Ab'bre'vi'a'tur (die, -, -en) Abkürzung (in der Schrift, im Druck) [lat.]
ab'bre'vi'ie'ren (V.) abkürzen (von Wörtern) [lat.]
ab'chan'gie'ren (V.) beim Reiten vom Rechtsgalopp in den Linksgalopp wechseln [dt.-frz.]
Ab'de'rit (der, -en, -en) einfältiger Mensch (nach den Bewohnern der altgr. Stadt Abdera)
ab'de'ri'tisch (Adj.) einfältig, schildbürgerhaft
Ab'di'ka'ti'on (die, -, -ti'o'nen) Abdankung, Thronverzicht [lat.]
ab'di'ka'tiv (Adj.) **1** Abdankung oder Verzicht bewirkend **2** Abdankung oder Verzicht bedeutend
ab'di'zie'ren (V.) abdanken, auf den Thron verzichten [lat.]
Ab'do'men (das, -s, - oder -mi'na) **1** Unterleib, Bauch (eines Menschen) **2** Hinterleib (eines Insekts, eines Krebstiers) [lat.]
ab'do'mi'nal (Adj.) zum Abdomen gehörig [lat.]
Ab'do'mi'nal'gra'vi'di'tät (die, -, -en) Bauchhöhlenschwangerschaft (Med.)
ab'do'mi'nell (Adj.) = abdominal
Ab'duk'ti'on (die, -, -ti'o'nen) **1** (Med.) abspreizung, Bewegung weg von der Körperachse **2** (Logik) Schluss von einem Ergebnis auf die Ursache [lat.]
Ab'duk'tor (der, -en, -en) Muskel, der eine Abduktion verursacht
Ab'duk'to'ren'pa'ra'ly'se (die, -, -n) Lähmung der Abduktoren, die die Stimmritze öffnen (Med.)
ab'du'zie'ren (V.) **1** (Med.) abspreizen, von der Körperachse wegbewegen **2** (Logik) von einem Ergebnis auf die Ursache schließen
A'be'ce'da'ri'er (der, -s, -) Schulanfänger, ABC-Schütze
A'bel'le'spie'le (nur Mz.) Bezeichnung der ältesten spätmittelalterlichen ernsten Dramen in niederl. Sprache
A'bel'mo'schus (der, -, -se) Bisameibisch, eine aromatische Tropenpflanze, die zu den Malvengewächsen gehört
A'ber'deen'rind (das, -(e)s, -er) hornlose schottische Rinderrasse, die nach der schottischen Stadt Aberdeen benannt ist
A'ber'ra'ti'on *auch:* Ab'er'ra'ti'on (die, -, -ti'o'nen) **1** (Physik, Astron.) Ablenkung, Richtungsänderung (eines Strahlenganges) **2** (Biol.) Abweichung (innerhalb einer Art) [lat.]
A'bes'si'ni'en (das, -s, nur Ez.) **1** ehemaliger Name von Äthiopien **2** scherzhaft verhüllend für Nacktbadestrand

ab|hor|res|zie|ren (V.) verabscheuen, ablehnen, zurückschrecken [lat.]

A|bi|li|ty (die, -, nur Ez.) durch Schulung oder Veranlagung bedingte Fähigkeit des Menschen eine bestimmte Leistung hervorzubringen [lat.-frz.-engl.]

A|bi|o|ge|ne|se (die, -, nur Ez.) Urzeugung

A|bi|o|se (die, -, nur Ez.) Leblosigkeit [gr.]

a|bi|o|tisch (Adj.) leblos [gr.]

A|bi|o|tro|phie (die, -, -n) angeborene Minderwertigkeit oder vorzeitiges Absterben einzelner Organe oder Gewebe (Med.)

A|bi|tur auch: Ab|i|tur (das, -s, nur Ez.) Abschlussprüfung an einem Gymnasium [lat.]

A|bi|tu|ri|ent auch: Ab|i|tu|ri|ent (der, -en, -en) jmd., der das Abitur machen will oder gemacht hat

ab|jekt (Adj.) verächtlich [lat.]

ab|ji|zie|ren (V.) verachten, verwerfen

Ab|ju|di|ka|ti|on (die, -, -ti|o|nen) gerichtliche Aberkennung [lat.]

ab|ju|di|zie|ren (V.) gerichtlich aberkennen, absprechen

Ab|ju|ra|ti|on (die, -, -ti|o|nen) Verzichtserklärung, die durch einen Eid bekräftigt wird, Abschwörung [lat.]

ab|ju|rie|ren (V.) unter Eid entsagen, abschwören

ab|ka|pi|teln (V.) jmdn. abkanzeln, schelten, einen (öffentlichen) Verweis erteilen

ab|kom|man|die|ren (V.) jmdn. irgendwohin beordern, an einer anderen Stelle einsetzen, dienstlich vorübergehend andernorts einsetzen

ab|kon|ter|fei|en (V.) jmdn. abmalen, abzeichnen, porträtieren

A|blak|ta|ti|on auch: Ab|lak|ta|ti|on (die, -, nur Ez.) Aufhören zu stillen; Entwöhnung (Muttermilch) [lat.]

A|bla|ti|on auch: Ab|la|ti|on (die, -, -ti|o|nen) 1 Abschmelzen (von Gletschern, Schneemassen) 2 Abtragung (von Feststoffen) [lat.]

A|bla|tiv auch: Ab|la|tiv (der, -s, -e) Beugungsfall des Substantivs (der meist auf die Frage »woher?« antwortet; z.B. im Lat., Finn.) [lat.]

A|ble|pha|rie auch: Ab|le|pha|rie (die, -, nur Ez.) angeborenes Fehlen oder der Verlust eines Augenlides [lat.-gr.]

A|blo|ka|ti|on auch: Ab|lo|ka|ti|on (die, -, -ti|o|nen) 1 das Abtragen von Meeresablagerungen, die sich noch nicht verfestigt haben (Geol.) 2 Abspülen der Gefäße und Waschung der Fingerspitzen bei der heiligen Messe

Ab|ne|ga|ti|on [-tsjo:n] (die, -, -ti|o|nen) Teilnahmslosigkeit [lat.]

ab|norm (Adj.) nicht normal [lat.]

ab|nor|mal (Adj.) vom allgemein Üblichen abweichend, von der Norm abweichend

Ab|nor|mi|tät (die, -, en) Abweichung vom Normalen [lat.]

a|bo|lie|ren auch: ab|o|lie|ren (V.) 1 abschaffen 2 begnadigen

A|bo|li|ti|on [-tsjo:n] auch: Ab|o|li|ti|on (die, -, -ti|o|nen) 1 Abschaffung 2 Niederschlagung eines Strafverfahrens, bevor ein Urteil erlassen wurde

A|bo|li|ti|o|nis|mus auch: Ab|o|li|ti|o|nismus (der, -, nur Ez.) 1 Bewegung zur Abschaffung der Sklaverei in England und Nordamerika 2 Kampf gegen die Prostitution im 19. Jahrhundert, der von England ausging

A|bo|li|ti|o|nist auch: Ab|o|li|ti|o|nist (der, -nis|ten, -nis|ten) Anhänger des Abolitionismus

a|bo|mi|na|bel auch: ab|o|mi|na|bel (Adj.) abscheulich, scheußlich, widerlich [lat.-frz.]

A|bon|ne|ment [-mã] (das, -s, -s) regelmäßiger Bezug (Zeitungen, Theaterkarten) [frz.]

A|bon|nent (der, -en, -en) jmd., der ein Abonnement hat

a|bon|nie|ren (V.) regelmäßig beziehen (Zeitschriften, Theaterkarten)

a|bon|niert sein 1 ein Abonnement auf etwas besitzen **2** auf etwas verfallen sein; etwas mit gewisser Regelmäßigkeit immer wieder bekommen oder tun

a|bo|ral auch: ab|oral (Adj.) von der Mundpartie entfernt liegend (Med.)

A|bort auch: Ab|ort (der, -s, -e) Fehlgeburt [lat.]

a|bor|tiv auch: ab|or|tiv (Adj.) einen Abort herbeiführend

A|bor|ti|vum auch: Ab|or|ti|vum (das, -s, -va) Mittel zur Herbeiführung eines Aborts **2** Mittel, das die Heilung beschleunigt

A|bor|tus auch: Ab|or|tus (der, -, -) = Abort

ab o|vo von Anfang an [lat.]

ab|pas|sie|ren (V.) Gemüse, Kräuter oder Ähnliches in Fett rösten

ab|qua|li|fi|zie|ren (V.) 1 jmdm. die Eignung für etwas absprechen 2 jmdn. oder etwas abwertend beurteilen

A|bra|chi|us auch: Ab|ra|chi|us (der, -, -) Missgeburt, der einer oder beide Arme fehlen [lat.]

A|bra|ka|da|bra auch: Ab|ra|ka|da|bra/Ab|ra|ka|da|bra/Ab|ra|ka|da|b|ra (das, -s, nur Ez.) magisches Wort, Zauberspruch

A|bra|sax auch: Ab|ra|sax = Abraxas

A|brasch auch: Ab|rasch (der, -s, nur Ez.) Farbabweichungen bei Orientteppichen [arab.]

A'bra'sio *auch:* Ab'ra'sio (die, -, -si'o'nen) Ausschabung, Auskratzung (besonders der Gebärmutter) (Med.)

A'bra'si'on *auch:* Ab'ra'si'on (die, -, -si'o'nen) **1** Ausschabung der Gebärmutter (zur Entnahme von Schleimhaut) **2** Abtragung (einer Küste durch die Brandung) [lat.]

A'bra'xas *auch:* Ab'ra'xas (der, -, nur Ez.) **1** Geheimname Gottes (in der Gnosis) **2** Zauberwort (auf Gemmen) [viell. gr.]

ab're'a'gie'ren (V.) **1** angestaute psychische Erregungen und Spannungen durch Entladung abbauen **2** zur Ruhe kommen, sich beruhigen

Ab're'ak'ti'on (die, -, -ti'o'nen) **1** Entladung psychischer Erregungen und Spannungen in Handlungen **2** Beseitigung von psychischen Spannungen durch bewusstes Nacherleben der spannungsverursachenden Ereignisse

A'bri *auch:* Ab'ri (der, -s, -s) Felsüberhang (als Wohnstelle steinzeitlicher Menschen) [frz.]

Ab'ro'ga'ti'on (die, -, -ti'o'nen) **1** Abschaffung, Aufhebung (eines Gesetzes) **2** Zurücknahme (eines Auftrages) [lat.]

ab'rupt (Adj.) **1** plötzlich und unvermittelt eintretend **2** zusammenhanglos [lat.]

ABS [a:be:ɛs] (das, -, nur Ez.) = Antiblockiersystem

Ab'sence [-sã:s] (die, -, -n) **1** plötzliche, vorübergehende Aufhebung des Bewusstseins (bei Epilepsie) **2** Geistesabwesenheit [frz.]

ab'sent (Adj.) nicht anwesend [lat.]

ab'sen'tie'ren (V.) sich entfernen [frz.]

Ab'senz (die, -, -en) Abwesenheit [lat.]

Ab'sinth (der, -(e)s, -e) grünlicher Branntwein aus der Wermutpflanze [griech.]

Ab'sin'this'mus (der, -, nur Ez.) Vergiftung nach chronischem Absinthgenuss

ab'so'lut (Adj.) **1** vollkommen; z.B. absoluter Höhepunkt **2** für sich betrachtet; z.B. absolute Musik **3** uneingeschränkt; z.B. absolute Monarchie [lat.]

Ab'so'lu'te (das, -n, nur Ez.) das Sein, das rein in sich ruht und aus sich besteht (Philos.) [lat.]

Ab'so'lu'ti'on (die, -, -ti'o'nen) Aufhebung, Lossprechung von Sünden (durch einen kath. Priester) [lat.]

Ab'so'lu'tis'mus (der, -, nur Ez.) Staatsform, bei der ein Monarch unbeschränkte Macht ausübt [lat.]

ab'so'lu'tis'tisch (Adj.) zum Absolutismus gehörig

Ab'so'lu'to'ri'um (das, -s, -en) (veraltet) Bescheinigung über die erteilte Befreiung (von einer Forderung) [lat.]

Ab'sol'vent (der, -en, -en) jmd., der eine Ausbildung erfolgreich absolviert hat

ab'sol'vie'ren (V.) **1** etwas erfolgreich durchlaufen; z.B. einen Lehrgang absolvieren **2** etwas, das ausgeführt werden muss, ableisten **3** jmdm. die Absolution erteilen

Ab'sor'bens (das, -, -ben'zi'en oder -ben'tia) absorbierender Stoff bei der Absorption

Ab'sor'ber (der, -s, -) technische Vorrichtung zum Absorbieren [lat.-engl.]

ab'sor'bie'ren (V.) **1** etwas in sich aufnehmen; z.B. Stoffe, die Strahlung absorbieren **2** völlig beanspruchen; z.B. durch eine Arbeit absorbiert sein [lat.]

Ab'sorp'ti'on (die, -, -ti'o'nen) das Absorbieren

Ab'sorp'ti'ons'prin'zip (das, -s, nur Ez.) Grundsatz der Rechtswissenschaft, wonach bei mehreren Straftaten einer Person die Strafe nach dem Gesetz verhängt wird, das die schwerste Strafe androht

Ab'sorp'ti'ons'spek'trum *auch:* Ab'sorpti'ons'spek'trum (das, -s, -ren) Spektrum, das durch dunkle Linien die Bereiche angibt, in denen ein Stoff Strahlen absorbiert

ab'sorp'tiv (Adj.) absorbierend

Ab'sorp'tiv (das, -s, -e) Stoff, der von einem anderen absorbiert wird

Abs'ten'ti'on *auch:* Ab'sten'ti'on (die, -, -ti'o'nen) Verzicht, Erbschaftsverzicht [lat.]

abs'ti'nent *auch:* ab'sti'nent (Adj.) enthaltsam, verzichtend (auf Alkohol) [lat.]

Abs'ti'nenz *auch:* Ab'sti'nenz (die, -, nur Ez.) abstinentes Verhalten

Abs'ti'nenz'ler *auch:* Ab'sti'nenz'ler (der, -s, -) enthaltsam Lebender, besonders in Bezug auf Alkohol

Abs'tract *auch:* Ab'stract [æbstrækt] (der, -s, -s) kurze Inhaltsangabe eines Buches oder eines Artikels [lat.-engl.]

abs'tra'hie'ren *auch:* ab'stra'hie'ren (V.) **1** auf das Wesentliche bringen, verallgemeinern; z.B. etwas Typisches aus einem Gefüge abstrahieren **2** etwas nicht berücksichtigen; z.B. von einer Ausnahme abstrahieren [lat.]

abs'trakt *auch:* ab'strakt (Adj.) nicht bildhaft, ohne deutlichen Bezug zum Wahrnehmbaren [lat.]

Abs'trak'ten *auch:* Ab'strak'ten (nur Mz.) die Teile einer Orgel, die die Tasten mit den Pfeifenventilen verbinden

Abs'trak'ti'on *auch:* Ab'strak'ti'on (die, -, -ti'o'nen) Verallgemeinerung eines Begriffs [lat.]

Abs'trak'tum *auch:* Ab'strak'tum (das, -s, -ta) begriffliches, nichtdingliches Substantiv; z.B. Ehre, Wahrheit [lat.]

abs'trus *auch:* ab'strus (Adj.) verworren [lat.]
ab'surd (Adj.) unsinnig [lat.]
Ab'sur'di'tät (die, -, -en) Unsinnigkeit [lat.]
abs'ze'die'ren *auch:* ab'sze'die'ren (V.) eitern (Med.) [lat.]
Abs'zess *auch:* Ab'szess (der, -es, -e) Eiteransammlung in einer neu entstandenen Körperhöhle [lat.]
Abs'zis'se *auch:* Ab'szis'se (die, -, -n) Waagrechte in einem zweidimensionalen Koordinatensystem, x-Achse [lat.]
A'bu Bestandteil arab. Eigen-, Personennamen in der Bed. »Vater (des) ...«; z.B. Abu Abbas, Abu Hanifa
A'bu'lie (die, -, -li¹en) krankhafte Willenlosigkeit, Unentschlossenheit [gr.]
a'bu'lisch (Adj.) 1 die Abulie betreffend 2 willenlos
A'bu'na (der, -s, -s) Titel in Kirchen arabischsprachiger Länder für einen Geistlichen; besonders Titel für das Oberhaupt der äthiopischen Kirche
A'bun'danz *auch:* Ab'un'danz (die, -, nur Ez.) 1 Überfluss, Überfülle 2 Häufigkeit (einer Tier- oder Pflanzenart) [lat.]
ab ur'be con'di'ta [seit Gründung der Stadt Rom] altrömische Zeitrechnung, die 753 v.Chr. beginnt [lat.]
a'bu'siv *auch:* ab'u'siv (Adj.) missbräuchlich [lat.]
A'bu'sus *auch:* Ab'u'sus (der, -, -) Missbrauch (besonders von Arzneimitteln) [lat.]
A'bu'ti'lon *auch:* Ab'u'ti'lon (die, -s, -s) Gattung der Malvengewächse
A'bys'sal (das, -, nur Ez.) Tiefsee (über 3000 Meter Tiefe) [gr.]
a'bys'sisch (Adj.) zum Abyssal gehörig; in großer Tiefe, abgrundtief
A'bys'sus *auch:* Ab'y'ssus (der, -, nur Ez.) 1 Tiefe ohne Grund, Unterwelt, das Bodenlose 2 Meerestiefe 3 Vielfraß, Nimmersatt
A'ca'de'my a'ward [ǝkædǝmɪ ǝwɔ:d] (der, -, -s, -s) jährlich verliehener Preis für besondere Leistungen im amerikanischen Film (= Oscar)
A'can'thus (der, -, -) = Akanthus
a cap'pel'la ohne Begleitung von Musikinstrumenten (ein- oder) mehrstimmig im Chor gesungen [it.]
A-cap'pel'la-Chor (der, -(e)s, -Chö¹re) Chor ohne Instrumentenbegleitung
ac'ce'le'ran'do [atʃe-] (Adv.) langsam schneller werdend (bei Musikstücken) [it.]
Ac'cent ai'gu [aksãtegʀː] (der, -, -, -s -s) französisches Aussprachezeichen für langes, geschlossenes e; z.B. bébé

Ac'cent cir'con'flexe [aksãsirkɔ̃flɛks] (der, - -, -s -s) französisches Aussprachezeichen für gedehnten Vokal; z.B. crêpe
Ac'cent grave [aksãgraːv] (der, - -, -s -s) französisches Aussprachezeichen für langes, offenes e; z.B. crème
Ac'cen'tus (der, -, nur Ez.) Sprechgesang in der Liturgie
Ac'ces'soire [akseswaːr] (das, -s, -s; meist Mz.) modisches Zubehör; z.B. Gürtel, Hutschmuck [frz.]
Ac'ci'ac'ca'tu'ra [atʃakatuːra] (die, -, -ren) besondere Art des Tonanschlags beim Klavierspiel [it.]
Ac'com'pag'na'to *auch:* Ac'com'pa'gna'to [-ɲaː-] (das, -(s) , -s oder -ti) vom Orchester begleiteter rhythmisierter Sprechgesang [it.]
Ac'cou'doir [akudwaʀ] (das, -s, -s) Armlehne am Chorgestühl
Ac'coun'tant [ǝkauntǝnt] (der, -s, -s) Bezeichnung für den Rechnungsprüfer oder Wirtschaftsprüfer in englischsprachigen Ländern und den Niederlanden [engl.]
Ac'cro'chage [akrɔʃaːʒ] (die, -, -n) Ausstellung in einer Galerie aus eigenen Beständen [frz.]
Ac'croche-cœur [akrɔʃkœr] (das, -, -) Locke, die dem Träger einen schmachtenden Ausdruck verleihen soll, Schmachtlocke [frz. Herzensfänger]
A'cel'la (das, -, nur Ez.) Kunststofffolie aus Vinylchlorid hergestellt
A'ce'ro'la (die, -, -s) südamerikan. Frucht mit hohem Vitamin-C-Gehalt [arab.-span.]
A'ce'tal'de'hyd *auch:* A'cet'al'de'hyd [atseː-] (der, -s, nur Ez.) farblose, betäubend riechende Flüssigkeit; Ausgangsstoff oder Zwischenprodukt für chemische Synthesen
A'ce'ta'le (nur Mz.) chemische Verbindung aus Aldehyden und Alkohol [lat.-arab.]
A'ce'tat (das, -s, -e) 1 Salz oder Ester der Essigsäure 2 dehnbare Chemiefaser auf Zellulosebasis [lat.]
A'ce'to Bal'sa'mi'co [atʃeːto-] (der, - -, nur Ez.) toskanischer Essig, der wie ein Sherry in Eichenfässern gelagert wird (und in hohen Jahrgängen sogar als Aperitif getrunken werden kann) [it.]
A'ce'ton (das, -s, nur Ez.) organische Verbindung, Lösungsmittel [lat.]
A'ce'ty'len (das, -s, nur Ez.) ein Kohlenwasserstoff, farbloses Gas [lat.]
A'cha'la'sie (die, -, -n) Unfähigkeit der glatten Muskeln sich zu entspannen (Med.) [gr.]
A'chä'ne (die, -, -n) Schließfrucht, bei der Frucht- und Samenschale fest miteinander verwachsen sind (bei Korbblütlern) [gr.]

Achat (der, -s, -e) Schmuckstein, Mineral mit verschiedenfarbiger Bänderung [gr.]

A׀chei׀rie (die, -, -n) angeborenes Fehlen einer oder beider Hände (Med.) [gr.]

a׀che׀ron׀tisch (Adj.) **1** den Acheron, den Fluss der Unterwelt in der griechischen Sage betreffend **2** zur Unterwelt gehörend

A׀cheu׀lé׀en [aʃøleɛ̃] (das, -(s), nur Ez.) altsteinzeitliche Kulturstufe [frz.]

A׀chil׀les׀fer׀se (die, -, nur Ez.) verwundbare, empfindliche Stelle bei einem Menschen (benannt nach dem Helden der griechischen Sage, Achilles) [gr.-dt.]

ach׀la׀my׀de׀isch (Adj.) nacktblütig [gr.-lat.]

A׀chlor׀hy׀drie auch: A׀chlor׀hy׀drie (die, -, nur Ez.) vollständiges Fehlen von Salzsäure im Magensaft (Med.) [gr.-lat.]

A׀cho׀lie (die, -, nur Ez.) mangelhafte Absonderung von Gallenflüssigkeit (Med.) [gr.-lat.]

a.Chr.n. Abk. für ante Christum natum (vor Christi Geburt)

Ach׀ro׀it auch: A׀chro׀it [akroi:t] (der, -s, -e) Turmalin, Edelstein der Härte 7 bis 7,5 [gr.-lat.]

Ach׀ro׀ma׀sie auch: A׀chro׀ma׀sie [a:kro-] (die, -, -n) Farbfehlerfreiheit (optischer Geräte) [gr., -]

Ach׀ro׀mat auch: A׀chro׀mat [a:kro-] (der, -s, -e) Linsensystem, bei dem der Farbfehler für zwei Farben beseitigt ist [gr.]

ach׀ro׀ma׀tisch auch: a׀chro׀ma׀tisch [a:kro-] (Adj.) **1** zum Achromat gehörig **2** unbunt (schwarz, weiß oder grau)

Ach׀ro׀ma׀top׀sie auch: Ach׀ro׀mat׀op׀sie/A׀chro׀ma׀top׀sie/A׀chro׀mat׀op׀sie (die, -, nur Ez.) völlige Farbenblindheit [gr.]

Ach׀sen׀zy׀lin׀der (der, -s, -) erregungsleitende Nervenfaser, die von einer Nervenzelle ausgeht

A׀chy׀lie [a:xyli:] (die, -, nur Ez.) Fehlen des Magensaftes; Fehlen der Salzsäure im Magensaft [gr.]

a.c.i. = accusativus cum infinitivo

A׀cid [æsɪd] (das, -s, nur Ez.) LSD, ein Rauschmittel (Jargon) [lat.-engl.]

A׀ci׀di׀met׀rie auch: A׀ci׀di׀me׀trie (die, -, nur Ez.) chemische Bestimmung des Säuregehalts [lat.-gr.]

A׀ci׀di׀tät (die, -, nur Ez.) Säuregehalt; Säurestärke [lat.]

a׀ci׀do׀phil (Adj.) **1** sauren Boden bevorzugend **2** mit sauren Farbstoffen färbbar [gr.-lat.]

A׀ci׀do׀se (die, -, -n) Säurevergiftung, zu starke Säurebildung im Blut [lat.]

A׀ci׀dum (das, -s, -da) Säure [lat.]

A׀ci׀dur (das, -s, nur Ez.) säurebeständige Gusslegierung aus Eisen und Silicium

Ack׀ja (der, -(s), -s) Rentierschlitten; Rettungsschlitten der Bergwacht [finn.]

Ac׀me (die, -, nur Ez.) = Akme

à con׀di׀ti׀on [akɔ̃disjɔ̃] unter Vorbehalt der Rückgabe (im Buchhandel) [frz.]

A׀co׀ni׀tin (das, -s, -e) = Akonitin

a con׀to auf Rechnung von [it.]

Ac׀quit (das, -s, -s) Empfangsbescheinigung, Quittung [frz.]

A׀cre auch: Ac׀re [eker] (der, -s, -s) engl. und amerikan. Flächenmaß (ca. 4 km^2)

A׀cri׀din auch: Ac׀ri׀din (das, -s, nur Ez.) stickstoffhaltige organische Verbindung, die aus Steinkohlenteer gewonnen wird; Ausgangsstoff für Arzneimittel [lat.]

A׀cro׀le׀in auch: Ac׀ro׀le׀in (das, -s, nur Ez.) stechend riechende Flüssigkeit (zur Herstellung von Tränengas)

A׀cro׀nal auch: Ac׀ro׀nal (das, -s, nur Ez.) farbloser Lackrohstoff; Kunststoff

a׀cross the board an fünf aufeinander folgenden Tagen zur gleichen Zeit gesendet (z.B. Werbesendungen in Hörfunk und Fernsehen) [engl.]

A׀cryl- auch: Ac׀ryl- mit Acrylsäure (als Ausgangsstoff); z.B. Acrylfarben [lat.]

A׀cryl׀nit׀ril auch: A׀cryl׀nit׀ril/Ac׀ryl׀nit׀ril/Ac׀ryl׀ni׀tril (das, -s, nur Ez.) wichtiger Ausgangsstoff zur Herstellung zahlreicher Kunststoffe, Umweltgift [nlat.]

Ac׀ti׀nid (das, -s, -e) = Actinoid

Ac׀ti׀ni׀um (das, -s, nur Ez.) ein radioaktives Element [gr.-nlat.]

Ac׀ti׀no׀id (das, -s, -e) jedes Element mit einer Ordnungszahl von 89 bis 103 (Actinium bis Lawrencium) [gr.]

Ac׀tion [ækʃn] (die, -, nur Ez.) ereignisreiche Handlung, lebhaftes Tun (Szenensprache) [engl.]

Ac׀tion di׀recte (die, - -, -s -s) **1** unmittelbarer Anspruch im französischen Recht (nur Ez.) **2** direkte Aktion **3** Entschädigungsanspruch bei der Haftpflichtversicherung [lat.-frz.]

Ac׀tion׀pain׀ting (auch: Ac׀tion-Pain׀ting) (das, -, nur Ez.) moderne Richtung innerhalb der amerikanischen abstrakten Malerei [engl.]

Ac׀tu׀ary (der, -s, -s) **1** Gerichtsschreiber **2** Statistiker

A.D. Abk. für **A**nno **D**omini (im Jahre des Herrn) [lat.]

ad ab׀sur׀dum etwas ad absurdum führen (eine Unsinnigkeit aufdecken) [lat.]

ad ac׀ta zu den Akten; ad acta legen, als erledigt betrachten [lat.]

a'da'gi'et'to [adadʒeto] (Adv.) ruhig, ziemlich langsam (Anweisung in der Musik) [it.]
A'da'gi'et'to [adadʒeto] (das, -s, -s) kurzes Adagio
a'da'gio [-dʒo] (Adv.) langsam, ruhig (bei Musikstücken) [it.]
a'da'gis'si'mo [adadʒissimo] (Adv.) äußerst langsam (Anweisung in der Musik) [it.]
A'dak'ty'lie (die, -, nur Ez.) Fehlen von Fingern oder Zehen als angeborene Mißbildung [gr.]
A'da'lin (das, -s, nur Ez.) Schlaf- und Beruhigungsmittel
A'da'man'ti'nom (das, -s, -e) Kiefergeschwulst [gr.-lat.]
A'da'mit (der, -en, -en) Angehöriger von Sekten, der zum Beweis seiner paradiesischen Unschuld zu seinen Kulthandlungen angeblich nackt erscheint
a'da'mi'tisch (Adj.) 1 nach Art der Adamiten 2 nackt
A'dap'ta'ti'on auch: Ad'ap'ta'ti'on (die, -, -ti'o'nen) Anpassung (eines Organs an einen Reiz, eines Organismus an die Umwelt) [lat.]
A'dap'ter auch: Ad'ap'ter (der, -s, -) Vorrichtung, die ein Gerät für weitere Zwecke verwendbar macht [lat.-engl.]
a'dap'tie'ren auch: ad'ap'tie'ren (V.) anpassen [lat.]
A'dap'ti'on auch: Ad'ap'ti'on (die, -, -ti'o'nen) = Adaptation
a'dap'tiv auch: ad'ap'tiv (Adj.) durch Adaptation sich anpassend [lat.]
A'dä'quanz'the'o'rie auch: Ad'ä'quanz'the'o'rie (die, -, nur Ez.) Lehre im Zivilrecht, nach der ein Schaden verursachendes Ereignis nur dann zu Schadenersatzpflicht führt, wenn es im Allgemeinen und nicht nur unter besonderen Umständen einen Schaden herbeiführt
a'dä'quat auch: ad'ä'quat (Adj.) angemessen, entsprechend
a da'to (auf Wechseln) vom Tag der Ausstellung an [it.]
Ad'den'dum (das, -s, -da) Hinzugefügtes [lat.]
ad'die'ren (V.) hinzuzählen, zusammenzählen [lat.]
ad'dio! (italienische Grußformel) mach's gut!
Ad'di'ti'on (die, -, -ti'o'nen) 1 das Hinzuzählen, Zusammenzählen 2 Zusammenlagerung zweier Moleküle [lat.]
ad'di'tiv (Adj.) hinzufügend; z.B. additive Wirkung: Wirkungsverstärkung (einer Stoffverbindung) durch Zusammenfügung der Wirkungsbestandteile [lat.]
Ad'di'tiv (das, -s, -e) chemisches Zusatzmittel
ad'di'zie'ren (V.) zuerkennen, zusprechen [lat.]

Ad'duk'ti'on (die, -, -ti'o'nen) zur Mittellinie des Körpers hinziehende Bewegung eines Gliedes [lat.]
Ad'duk'tor (der, -s, -en) Muskel, der ein Glied an den Körper heranzieht [lat.]
a'de! adieu!
A'del'phie (die, -, nur Ez.) Vereinigung von Staubblättern zu Bündeln (Bot.) [gr.-lat.]
A'de'ni'tis (die, -, -i'ti'den) 1 Drüsenentzündung 2 Kurzbezeichnung für Lymphadenitis [gr.-lat.]
a'de'no'id (Adj.) drüsenähnlich [gr.]
A'de'nom (das, -s, -e) Drüsengeschwulst [gr.]
A'de'no'vi'rus (das oder der, -, -ren) Erreger von Drüsenkrankheiten (Med.) [gr.-lat.]
A'dept (der, -en, -en) 1 Eingeweihter; z.B. in die Alchemie 2 Schüler von 1 [lat.]
A'der'min (das, -s, nur Ez.) Vitamin B₆, das hauptsächlich in Hefe, Getreidekeimen, Leber und Kartoffeln vorkommt [gr.]
A'des'po'ta (nur Mz.) Werke unbekannter Verfasser (besonders bei Kirchenliedern)
A'des'siv auch: Ad'es'siv (der, -s, -e) Kasus der finnisch-ugrischen Sprachen, der die unmittelbare Nähe angibt [lat.]
à deux mains [a dø mɛ] mit zwei Händen (bei Klavierstücken) [frz.]
ad'hä'rent (Adj.) anhaftend [lat.]
Ad'hä'renz (die, -, nur Ez.) das Anhaften [lat.]
Ad'hä'si'on (die, -, -si'o'nen) Anhaftung (eines Stoffes an einem anderen) [lat.]
ad'hä'siv (Adj.) auf Adhäsion beruhend [lat.]
ad hoc eigens zu diesem Zweck [lat.]
ad ho'mi'nem auf den Menschen, die Person abgestimmt [lat.]
ad ho'no'rem zu Ehren, ehrenhalber [lat.]
Ad'hor'ta'ti'on (die, -, -ti'o'nen) Ermahnung [lat.]
ad'hor'ta'tiv (Adj.) ermahnend [lat.]
Ad'hor'ta'tiv (der, -s, -e) der zu einer gemeinsamen Tat auffordernde Imperativ [lat.]
A'di'a'ba'te (die, -, -n) Kurve der Zustandsänderung von Gas (Luft), wenn Wärme weder zu- noch abgeführt wird (Phys.) [gr.-lat.]
a'di'a'ba'tisch (Adj.) ohne Wärmeaustausch mit der Umgebung verlaufend (Phys.) [gr.-lat.]
A'di'a'do'cho'ki'ne'se (die, -, nur Ez.) die Unfähigkeit rasch hintereinander entgegengesetzte Muskelbewegungen auszuführen [gr.-lat.]
A'di'an'tum (das, -s, -ten) Haarfarn [gr.-lat.]
A'di'a'pho'ra (nur Mz.) Gleichgültiges; moralisch Unerhebliches [gr.]
a'dieu! [adjø:] (Grußformel) mach's gut, leb wohl! [frz.]

Ädikula (die, -, -lä) Fenstereinfassung, Nische (in Kirchen) [lat.]

Ä'dil (der, -s oder -en, -en) hoher altrömischer Beamter, der für die Polizeiaufsicht, die Lebensmittelversorgung und die Ausrichtung der öffentlichen Spiele verantwortlich war [lat.]

ad in'fi'ni'tum immer weiter [lat.]

A'di'nol (der, -s, -e) feinkörniges Gestein [gr.-lat.]

ad in'te'rim (Adj.) unterdessen, einstweilen; vorläufig [lat.]

A'di'pin'säu're (die, -, nur Ez.) organische Fettsäure zur Herstellung von Perlon und Nylon [lat.-dt.]

A'di'po'ci're (die, -, nur Ez.) wachsähnliches Fett, das in Leichen entsteht, die luftdicht verpackt in Wasser oder auf feuchtem Boden liegen [lat.-frz.]

a'di'pös (Adj.) fettleibig [lat.]

A'di'po'si'tas (die, -, nur Ez.) Dick-, Fettleibigkeit [lat.]

A'dip'sie auch: A'dip'sie (die, -, nur Ez.) mangelndes Trinkbedürfnis [gr.-lat.]

à dis'cré'tion [a diskresjɔ̃] nach Belieben [lat.-frz.]

A'di'u're'tin (das, -s, nur Ez.) = Vasopressin [gr.]

Ad'ja'zent (der, -en, -en) Anwohner, Anrainer, Grenznachbar [lat.]

Ad'jek'tiv (das, -s, -e) Eigenschaftswort [lat.]

ad'jek'ti'visch (Adj.) wie ein Adjektiv [lat.]

Ad'joint [adʒwɛ̃] (der, -s, -s) = Adjunkt

Ad'junkt (der, -s, -e) (Amts-)Gehilfe [lat.]

Ad'junk'te (die, -, -n) einem Element einer Determinante zugeordnete Unterdeterminante (Math.) [lat.]

Ad'junk'ti'on (die, -, -ti'o'nen) **1** nicht ausschließende Disjunktion **2** das Hinzufügen eines sprachlichen Elements zu anderen im Satz an einer bestimmten Stelle

Ad'jus'ta'ge [-a:ʒ] (die, -, -n) Abteilung in Walz- und Hammerwerken, in der Bleche zugeschnitten und sortiert werden [lat.-frz.]

ad'jus'tie'ren (V.) genau einstellen; normen, eichen [lat.]

Ad'jus'tie'rung (die, -, -en) **1** das Eichen, Feineinstellen von Werkstücken **2** Korrektur von Verschiebungen an Gelenken (Med.) **3** Uniform, Kleidung, Aufmachung

Ad'ju'tant (der, -en, -en) Hilfsoffizier [lat.]

Ad'ju'tan'tur (die, -, -en) Amt oder Dienststelle eines Adjutanten [lat.]

Ad'ju'tor (der, -s, -en) Helfer, Gehilfe

Ad'la'tus (der, -, -ti oder -ten) Helfer (heute meist scherzhaft) [lat.]

ad li'bi'tum nach Belieben [lat.]

Ad'li'gat (das, -s, -e) selbstständiges Schriftstück, das mit anderen zu einem Band zusammengebunden worden ist [lat.]

Ad'mi'nis'tra'ti'on auch: Ad'mi'ni'stra'ti'on/Ad'mi'nist'ra'ti'on (die, -, -ti'o'nen) Verwaltung(sbehörde) [lat.]

ad'mi'ra'bel (Adv.) bewundernswert [lat.]

Ad'mi'ral (der, -s, -e oder -rä'le) **1** höchster Marineoffizier **2** ein Tagfalter [arab.-engl.]

Ad'mi'ra'li'tät (die, -, -en) alle Admirale im Führungsstab

Ad'mi'ra'ti'on (die, -, -ti'o'nen) Bewunderung [lat.]

ad'mi'rie'ren (V.) bewundern [lat.]

Ad'mit'tanz (die, -, nur Ez.) Wechselstromleitwert [lat.-engl.]

ad mo'dum nach Art und Weise [lat.]

ad'mo'nie'ren (V.) erinnern, ermahnen, verwarnen [lat.]

Ad'mo'ni'ti'on (die, -, -ti'o'nen) Verweis, Ermahnung, Verwarnung [lat.]

Ad'nex (der, -es, -e) Anhängsel [lat.]

Ad'ne'xi'tis (die, -, -i'ti'den) Entzündung der Gebärmutteradnexe (Med.) [lat.]

ad'no'mi'nal (Adj.) dem Nomen zugeordnet; z.B. das Adjektiv »schön« in »die schöne Frau«, das Possessivpronomen »sein« in »sein Buch« [lat.]

ad no'tam ad notam nehmen, zur Kenntnis nehmen [lat.]

A'do'be (der, -, -s) luftgetrockneter Lehmziegel [span.]

ad o'cu'los ad oculos demonstrieren, vor Augen führen [lat.]

a'do'les'zent (Adj.) in der Adoleszenz befindlich (heranwachsend)

A'do'les'zenz (die, -, nur Ez.) Reifungsphase des Jugendalters [lat.]

A'do'nai (der, -, nur Ez.) Name Gottes (im Alten Testament) [hebr.]

A'do'nis 1 (der, -, -nis'se) schöner Mann (scherzhaft) **2** (der, -, -) ein Hahnenfußgewächs; Adonidis herba: das Adonisröschen (als Heilpflanze) [gr.]

a'do'nisch (Adj.) schön wie Adonis

a'dop'tie'ren auch: ad'op'tie'ren (V.) an Kindes statt annehmen

A'dop'ti'on auch: Ad'op'ti'on (die, -, -ti'o'nen) das Adoptieren [lat.]

a'dop'tiv auch: ad'op'tiv (Adj.) durch Adoptieren

a'do'ra'bel auch: ad'o'ra'bel (Adj.) anbetungswürdig, verehrungswürdig [lat.]

A'do'rant auch: Ad'o'rant (der, -en, -en) stehende oder kniende, mit erhobenen Händen Gott anbetende oder einen Heiligen verehrende Gestalt in der christlichen Kunst [lat.]

Adoration 20 **Adynamie**

A'do'ra'ti'on *auch:* Ad'o'ra'ti'on (die, -, -ti'o'nen) Anbetung [lat.]
ad pub'li'can'dum zur Veröffentlichung [lat.]
ad re'fe'ren'dum zur Berichterstattung [lat.]
ad rem zur Sache [lat.]
A'dre'ma *auch:* Ad're'ma (die, -, -s) Adressiermaschine
a'dre'mie'ren *auch:* ad're'mie'ren (V.) mit der Adrema beschriften
A'dre'na'lin *auch:* Ad're'na'lin (das, -s, nur Ez.) Nebennierenhormon [lat.]
A'dres'sant *auch:* Ad'res'sant (der, -en, -en) Absender [lat.-frz.]
A'dres'sat *auch:* Ad'res'sat (der, -en, -en) Empfänger [lat.]
A'dres'se *auch:* Ad'res'se (die, -, -n) **1** Anschrift **2** Eingabe; Schreiben; z.B. eine persönliche Adresse an jmdn. richten **3** Stelle in einem Computer, an der die Daten gespeichert sind [frz.]
a'drett *auch:* ad'rett (Adj.) hübsch, ordentlich [frz.]
A'drey *auch:* Ad'rey (das, -s, nur Ez.) Aluminiumlegierung mit sehr guter Leitfähigkeit
A'dria *auch:* Ad'ria (das, -s, nur Ez.) **1** ripsartiges Gewebe **2** Kammgarn einer bestimmten Webart
A'dri'enne *auch:* Ad'ri'enne [adrijen] (die, -, -s) loses Frauenüberkleid der Rokokozeit [frz.]
ad sa'tu'ra'ti'o'nem bis zur Sättigung [lat.]
Ad'sor'bat (das, -s, -e) = Adsorptiv
Ad'sor'bens (das, -, -ben'zi'en oder -ben'tia) Stoff, der einen anderen adsorbiert
Ad'sor'ber (der, -s, -) = Adsorbens [lat.-engl.]
ad'sor'bie'ren (V.) an der Oberfläche anlagern [lat.]
Ad'sorp'ti'on (die, -, -ti'o'nen) das Adsorbieren
Ad'sorp'tiv (das, -s, -e) bei der Adsorption angelagerte Stoff [lat.]
ad spec'ta'to'res Äußerung, die eine Dramenfigur an die Zuschauer richtet; z.B. als Stilmittel im epischen Theater [lat.]
Ad'strat *auch:* Ads'trat/Adst'rat (das, -s, -e) auf den Einfluss einer Sprache eines Nachbarlandes fußender fremdsprachlicher Bestandteil einer Sprache [lat.]
Ad'strin'gens *auch:* Ads'trin'gens/Adst'rin'gens (das, -, -gen'zi'en oder -gen'tia) zusammenziehendes Mittel [lat.]
A'du'lar (der, -s, -e) ein Mineral, Schmuckstein [it.]
a'dult (Adj.) erwachsen, geschlechtsreif (bei Tieren) [lat.]
A'du'rol (das, -s, nur Ez.) fotografische Entwicklersubstanz
ad u'sum zum Gebrauch [lat.]

ad u'sum Del'phi'ni Klassikerausgaben für Schüler, in denen anstößige Stellen gestrichen sind [lat.]
ad u'sum me'di'ci für den persönlichen Gebrauch des Arztes bestimmt [lat.]
ad u'sum pro'pri'um *auch:* ad u'sum pro'pri'um für den eigenen Gebrauch bestimmt [lat.]
ad va'lo'rem dem Wert entsprechend [lat.]
Ad'van'tage [-vɑːntɪdʒ] (der, -, -s) erster gewonnener Punkt nach dem Einstand (beim Tennis) [engl.]
Ad'vek'ti'on (die, -, -ti'o'nen) waagrechter Luftmassentransport
Ad've'ni'at (das, -s, -s) Weihnachtsspende der Katholiken zur Unterstützung der Kirche Lateinamerikas [lat.]
Ad'vent (der, -s, -e) die vier Wochen vor Weihnachten; einer der vier Sonntage in dieser Zeit [lat.]
Ad'ven'tis'mus (der, -, nur Ez.) Glaubenslehre der Adventisten [lat.-engl.-amerik.]
Ad'ven'tist (der, -en, -tis'ten) Angehöriger von Sekten, die an die baldige Wiederkunft Christi glauben [lat.-engl.-amerik.]
ad'ven'tis'tisch (Adj.) die Lehre des Adventismus betreffend
ad'ven'tiv (Adj.) **1** hinzugekommen; durch den Menschen in ein Gebiet eingebracht (von Pflanzen) **2** nebensächlich [lat.]
Ad'verb (das, -s, -bi'en oder -ben) Umstandswort [lat.]
ad'ver'bal (Adj.) **1** adverbial **2** zum Verb gehörig
ad'ver'bi'al (Adj.) zum Adverb gehörig, als Adverb gebraucht
Ad'ver'bi'a'le (das, -s, -li'en) Umstandsbestimmung, ein Satzglied [lat.]
ad'ver'bi'ell (Adj.) = adverbial
Ad'ver'sa'ria (nur Mz.) Aufzeichnungen, Notizen [lat.]
ad'ver'sa'tiv (Adj.) gegensätzlich [lat.]
Ad'ver'tise'ment (das, -s, -s) Inserat, Anzeige [engl.]
Ad'ver'ti'zing [-vətaɪzɪŋ] (das, -s, -s) Werbung (durch Annoncen) [engl.]
Ad'vo'ca'tus Dei (der, - -, -ti -) Fürsprecher (im kath. Heiligsprechungsprozess) [lat.]
Ad'vo'ca'tus Di'a'bo'li (der, - -, -ti -) die Einwände Vorbringender (im kath. Heiligsprechungsprozess) [lat.]
Ad'vo'kat (der, -en, -en) Fürsprecher; Rechtsanwalt (früher) [lat.]
A'dy'nam'an'drie *auch:* A'dy'nam'an'drie (die, -, nur Ez.) Funktionsunfähigkeit der männlichen Fortpflanzungsorgane einer Blüte (Bot.) [lat.]
A'dy'na'mie (die, -, -n) Muskelschwäche, Kraftlosigkeit [gr.-lat.]

Adynamogynie | **Afrikaans**

A|dy|na|mo|gy|nie (die, -, nur Ez.) Funktionsunfähigkeit der weiblichen Fortpflanzungsorgane einer Blüte (Bot.) [gr.-lat.]
A̱|dy|ton (das, -s, -ta) das Allerheiligste [gr.]
A|e|ren|chym [a-eränchim] (das, -s, -e) Luft führender Interzellularraum bei Wasser- und Sumpfpflanzen [gr.-lat.]
a|e|rob (Adj.) Luftsauerstoff benötigend; z.B. aerobe Bakterien [gr.]
Ae|ro|bic (das, -, nur Ez.) eine Tanzgymnastik [frz.-engl.]
A|e|ro|dy|na|mik (die, -, nur Ez.) Teilgebiet der Mechanik, das strömende Luft (Gase) untersucht [gr.]
a|e|ro|dy|na|misch (Adj.) zur Aerodynamik gehörig, windschlüpfrig
A|e|ro|lo|gie (die, -, nur Ez.) Höhenwetterkunde [gr.]
A|e|ro|no|mie (die, -, nur Ez.) Teilgebiet der Meteorologie, das höchste Luftschichten untersucht [gr.]
A|e|ro|pha|gie (die, -, -n) krankhaftes Luftschlucken [gr.]
A|e|ro|phon (das, -s, -e) Blasinstrument [gr.]
A|e|ro|plan (der, -s, -e) Flugzeug (veraltet) [gr.]
A|e|ro|sol (das, -s, -e) **1** feinst verteilte Schwebstoffe in Gasen **2** so beschaffenes Heilmittel (zum Einatmen) [gr.-lat.]
A|e|ro|sta|tik (die, -, nur Ez.) Wiss. von den Gleichgewichtszuständen der Gase [gr.]
A|e|tit (der, -s, -e) Adlerstein, Eisenmineral [gr.-lat.]
a|feb|ril auch: a|fe|bril (Adj.) fieberfrei [gr.-lat.]
af|fa|bel (Adj.) gesprächig, leutselig [lat.]
Af|fä|re (die, -, -n) **1** (unangenehme) Angelegenheit **2** Liebesverhältnis [frz.]
Af|fekt (der, -s, -e) plötzlicher Gefühlsablauf [lat.]
Af|fek|ta|ti|on (die, -, -ti|o|nen) Getue [lat.]
af|fek|tiert (Adj.) gekünstelt, geziert [lat.]
Af|fek|ti|on (die, -, nur Ez.); (veraltet) **1** Vorliebe **2** Erkrankung, Befall [lat.-frz.]
af|fek|ti|o|niert (Adj.) zugeneigt [lat.-gr.]
af|fek|tisch (Adj.) von Gefühl und Erregung beeinflusst [lat.]
af|fek|tiv (Adj.) gefühlsbetont
Af|fek|ti|vi|tät (die, -, -en) Gefühlsleben, Reaktionsart [lat.]
af|fe|rent (Adj.) hinzuführend [lat.]
af|fet|tu|o|so (Adv.) bewegt, leidenschaftlich (bei Musikstücken) [it.]
Af|fi|che (afiʃ) (die, -, -n) Anschlag, kleines Plakat [frz.]
Af|fi|da|vit (das, -s, -s) **1** beeidigte Erklärung **2** Bürgschaft [lat.-engl.]
af|fi|gie|ren (V.) ein Affix hinzufügen

Af|fi|gie|rung (die, -, -en) das Anfügen eines Affixes an den Wortstamm
Af|fi|li|a|ti|on (die, -, -ti|o|nen) Verhältnis von Sprachen, die aus einer gemeinsamen Grundsprache hervorgegangen sind, zueinander und zu der Grundsprache [lat.]
af|fi|li|ie|ren (V.) aufnehmen, beigesellen
af|fin (Adj.) **1** wesensverwandt **2** (mathemat.) parallelverwandt [lat.]
Af|fi|na|ge [-naːʒ] (die, -, -en) = Affinierung [lat.-frz.]
Af|fi|nie|rung (die, -, -en) mittels Schwefelsäure vorgenommene Trennung von Gold oder Silber aus ihren Legierungen
Af|fi|ni|tät (die, -, nur Ez.) Wesensverwandtschaft, Neigung; affine Beschaffenheit
Af|fir|ma|ti|on (die, -, -en) Zustimmung [lat.]
af|fir|ma|tiv (Adj.) zustimmend [lat.]
af|fir|mie|ren (V.) zustimmen [lat.]
Af|fix (das, -es, -e) Wortbildungselement (Präfix, Infix oder Suffix) [lat.]
af|fi|zie|ren (V.) reizen, krankhaft verändern (Med.) [lat.]
af|fi|ziert (Adj.) **1** befallen (von einer Krankheit) **2** beredent, erregt [lat.]
Af|fo|dill (der, -s, -e) ein Liliengewächs [gr.]
af|fret|tan|do auch: af|fret|tan|do schneller werden, lebhafter (Anweisung in der Musik) [it.]
Af|fri|ka|ta auch: Af|fri|ka|ta (die, -, -ka|ta) Verschlusslaut in Verbindung mit einem Reibelaut; z.B. pf, ts
Af|fri|ka|te auch: Af|fri|ka|te (die, -, -n) = Affrikata
Af|front auch: Af|front [afrɔ̃] (der, -s, -s) aufreizende Beleidigung [frz.]
af|fron|tie|ren auch: af|fron|tie|ren (V.) jmdn. herausfordern oder angreifen; z.B. durch eine Beleidigung oder Beschimpfung
Af|gha|ne (der, -n, -n) **1** Ew. Afghanistans **2** Windhundrasse
Af|gha|ni (der, -, -) afghanische Währungseinheit, 100 Puls
A|fla|to|xin auch: Af|la|to|xin (das, -s, -e) Schimmelpilzgift (besonders in Nüssen, Getreide) [Kunstwort]
AFN [ɛɪefɛn] (der, -, nur Ez.) engl. Abk. für »**A**merican **F**orces **N**etwork«, Rundfunksender der US-Streitkräfte
à fonds gründlich, nachdrücklich [frz.]
à fonds per|du [afɔ̃pɛrdyː] auf Verlustkonto [frz.]
a fres|co Wandmalerei auf feuchtem Putz
Af|ri|kaan|der auch: A|fri|kaan|der (der, -s, -) Weißer mit Afrikaans als Muttersprache
af|ri|kaans auch: a|fri|kaans (Adj.) kapholländisch
Af|ri|kaans auch: A|fri|kaans (das, -, nur Ez.) Sprache der Buren in Südafrika

Afrikander

Af¦ri¦kan¦der *auch:* A¦fri¦kan¦der (der, -s, -) = Afrikaander

Af¦ri¦ka¦nis¦tik *auch:* A¦fri¦ka¦nis¦tik (die, -, nur Ez.) Wissenschaft von den Sprachen und Kulturen Afrikas

Af¦ro¦look *auch:* A¦fro¦look [-luk] (der, -s, nur Ez.) lange, dichte Kraushaarfrisur [engl.]

Af¦ter¦shave (*auch:* Af¦ter-Shave) [-ʃeɪv] (das, -s, -s) Rasierwasser [engl.]

A¦ga (der, -s, -s) türkischer Beamter, Offizier (früher) [türk.]

A¦ga¦lak¦tie (die, -, -n) Unfähigkeit zu stillen, Fehlen der Milchsekretion bei Wöchnerinnen [gr.-lat.]

a¦gam (Adj.) zeugend ohne vorherige Befruchtung [gr.-lat.]

A¦ga¦me (die, -, -n) tropische Echse [karib.]

A¦ga¦met (der, -en, -en) durch Zellteilung entstandene Zelle niederer Lebewesen, die der ungeschlechtlichen Fortpflanzung dient [gr.-lat.]

A¦ga¦mie (die, -, nur Ez.) Ehelosigkeit [gr.]

a¦ga¦misch (Adj.) ehelos, geschlechtslos

A¦ga¦mist (der, -en, -mis¦ten) Junggeselle

A¦ga¦mo¦go¦nie (die, -, nur Ez.) ungeschlechtliche Vermehrung durch Zellteilung [gr.-lat.]

A¦ga¦pan¦thus (der, -, -thi) südafrikanisches Liliengewächs, Schmucklilie [gr.-lat.]

A¦ga¦pe (die, -, -n) **1** schenkende Liebe Gottes **2** Liebesmahl gemeinsam mit Armen (in frühchristl. Gemeinden) [gr.]

A¦gar-A¦gar (das, -, nur Ez.) Verdickungsmittel aus Algen [malai.]

A¦ga¦ve (die, -, -n) großblättrige tropische Pflanze [gr.]

A¦gen¦da (die, -, -den) **1** Zusammenstellung von Verhandlungspunkten **2** Vormerkkalender **3** Liste zu erledigender Dinge [lat.]

A¦gen¦de (die, -, -n) Zusammenstellung der Texte für die Gottesdienstordnung [lat.]

A¦ge¦ne¦sie (die, -, nur Ez.) völliges Fehlen oder Verkümmerung der Organanlage (Med.) [gr.-lat.]

A¦gens (das, -, Agen¦zi¦en) wirkendes Mittel; wirkendes Prinzip [lat.]

A¦gent (der, -en, -en) **1** Spion **2** Vermittler; z.B. der Agent einer Handelsfirma [lat.]

A¦gent O¦range *auch:* A¦gent Or¦ange [eɪdʒənt ɒrɪndʒ] (ohne Artikel) ein Entlaubungsmittel, das im Vietnamkrieg eingesetzt wurde [engl.]

A¦gent pro¦vo¦ca¦teur [aʒã-tœr] (der, - -, -s -s) Lockspitzel [frz.]

A¦gen¦tur (die, -, -en) **1** Büro zur Vermittlung politischer Nachrichten **2** Geschäftsnebenstelle **3** Vermittlungsstelle (für Künstler) [lat.]

A¦ge¦ra¦tum (das, -, nur Ez.) Leberbalsam [gr.-lat.]

agieren

A¦geu¦sie (die, -, -i¦en) Verlust der Geschmacksempfindungen [gr.-lat.]

Ag¦gior¦na¦men¦to [adʒornamento] (das, -s, nur Ez.) Anpassungsversuch der katholischen Kirchen und ihrer Glaubenslehren an die modernen Lebensverhältnisse [lat.-frz.-it.]

Agg¦lo¦me¦rat *auch:* Ag¦glo¦me¦rat (das, -s, -e) zusammengeschmolzene Gesteinsmasse [lat.]

Agg¦lo¦me¦ra¦ti¦on *auch:* Ag¦glo¦me¦ra¦ti¦on (die, -, -ti¦o¦nen) Zusammenballung; z.B. eine Agglomeration von Vororten [lat.]

agg¦lo¦me¦rie¦ren *auch:* ag¦glo¦me¦rie¦ren (V.) zusammenballen

Agg¦lu¦ti¦na¦ti¦on *auch:* Ag¦glu¦ti¦na¦ti¦on (die, -, -ti¦o¦nen) **1** Verklumpung, Verklebung **2** Anhängung von Affixen an den Wortstamm [lat.]

agg¦lu¦ti¦nie¦ren *auch:* ag¦glu¦ti¦nie¦ren (V.) Affixe an den Wortstamm anhängen; das Finnische ist eine agglutinierende Sprache [lat.]

Agg¦lu¦ti¦nin *auch:* Ag¦glu¦ti¦nin (das, -s, -e) Antikörper im Blutserum, der fremde Blutkörperchen oder Bakterien unschädlich macht [lat.]

Agg¦ra¦va¦ti¦on *auch:* Ag¦gra¦va¦ti¦on (die, -, -ti¦o¦nen) **1** Erschwerung, Verschlimmerung (Med.) **2** Übertreibung von Krankheitssymptomen [lat.]

Agg¦re¦gat *auch:* Ag¦gre¦gat (das, -s, -e) **1** etwas Mehrgliedriges, das zu einer Einheit zusammengefasst ist; z.B. ein mathematischer Ausdruck, eine technische Funktionseinheit **2** regellos verwachsenes Mineralgebilde [lat.]

Agg¦re¦ga¦ti¦on *auch:* Ag¦gre¦ga¦ti¦on (die, -, -ti¦o¦nen) Anhäufung, Zusammenlagerung [lat.]

Agg¦res¦si¦ne *auch:* Ag¦gres¦si¦ne (nur Mz.) Stoffe aus Bakterien, die die Wirkung der natürlichen Abwehrstoffe des Körpers schwächen [lat.]

Agg¦res¦si¦on *auch:* Ag¦gres¦si¦on (die, -, -si¦o¦nen) Angriffsverhalten, gereizte Einstellung, offene Feindseligkeit [lat.]

agg¦res¦siv *auch:* ag¦gres¦siv (Adj.) **1** leicht angreifend **2** gern streitend **3** rücksichtslos [lat.]

Agg¦res¦si¦vi¦tät *auch:* Ag¦gres¦si¦vi¦tät (die, -, nur Ez.) **1** das Aggressivsein **2** aggressive Tat

Agg¦res¦sor *auch:* Ag¦gres¦sor (der, -s, -so¦ren) Angreifer [lat.]

Agg¦ri¦per¦len *auch:* Ag¦gri¦per¦len (nur Mz.) Glas- oder Steinperlen, die früher in Westafrika als Zahlungsmittel dienten

Ä¦gi¦de (die, -, nur Ez.) Schutz; Leitung [gr.]

a¦gie¦ren (V.) handeln [lat.]

a'gil (Adj.) beweglich, regsam [lat.]
A'gi'li'tät (die, -, nur Ez.) das Agilsein
Ä'gi'lops (der, -, nur Ez.) Windhafer
Ä'gi'ne'ten (nur Mz.) Giebelfiguren des Aphäatempels auf der griechischen Insel Ägina
A'gio [a:dʒo] (das, -s, nur Ez.) über den Nennwert hinausgehender Betrag (bei Aktien) [it.]
A'gi'o'ta'ge [aʒjɔta:ʒ] (die, -, -n) Spekulationsgeschäft, das Kursschwankungen an verschiedenen Börsen ausnutzt [it.-frz.]
A'gi'o'teur (der, -s, -e) Börsenmakler
A'gi'o'the'o'rie (die, -, nur Ez.) Kapitalzinstheorie
a'gi'o'tie'ren (V.) an der Börse spekulieren
A'gi'ta'tio (die, -, -ti'o'nen) Erregtheit eines Kranken, körperliche Unruhe [lat.]
A'gi'ta'ti'on (die, -, -ti'o'nen) aggressiv-gezieltes politisches Werben [lat.]
a'gi'ta'to [adʒi-] (Adv.) sehr bewegt (bei Musikstücken) [it.]
A'gi'ta'tor (der, -s, -en) jmd., der agitiert
a'gi'ta'to'risch (Adj.) hetzerisch werbend, aggressiv tätig [lat.-engl.]
a'gi'tie'ren (V.) aggressiv-gezielt politisch werben [lat.]
A'git'prop (die, -, nur Ez.) Agitation und Propaganda [Kunstwort]
A'git'prop'grup'pe (die, -, -n) Laienspielgruppe, die in kabarettistischer Art und Weise für die marxistisch-leninistische Ideologie Propaganda betreibt
A'git'prop'the'a'ter (das, -s, nur Ez.) eine spezielle Form des Laientheaters, die in den ehemaligen sozialistischen Ländern entstanden ist, und durch die die allgemeine politische Bildung gefördert werden soll
A'glo'bu'lie auch: Ag'lo'bu'lie (die, -, nur Ez.) Verminderung der Anzahl der roten Blutkörperchen [gr.-lat.]
A'gly'kon auch: Ag'ly'kon (das, -s, -e) zuckerfreier Bestandteil der Glykoside [gr.-lat.]
Ag'ma (das, -s, nur Ez.) Bezeichnung in der griechischen und lateinischen Grammatik für den velaren Nasallaut [gr.]
A'gnat auch: Ag'nat (der, -en, -en) jmd., der mit anderen unter der gleichen väterlichen Gewalt stand (im alten Rom) [lat.]
A'gna'ti'on auch: Ag'na'ti'on (die, -, nur Ez.) Blutsverwandtschaft väterlicherseits [lat.]
a'gna'tisch auch: ag'na'tisch (Adj.) im Verwandtschaftsverhältnis eines Agnaten stehend
A'gno'sie auch: Ag'no'sie (die, -, -n) krankhafte Unfähigkeit, gesehene Dinge zu erkennen [gr.]

A'gnos'ti'ker auch: Ag'nos'ti'ker (der, -s, -) jmd., der den Agnostizismus vertritt
A'gnos'ti'zis'mus auch: Ag'nos'ti'zis'mus (der, -, nur Ez.) philosophische Lehre von der Unerkennbarkeit Gottes oder der Wahrheit [gr.]
a'gnos'ti'zis'tisch auch: ag'nos'ti'zis'tisch (Adj.) die Lehre des Agnostizismus betreffend [gr.-lat.]
a'gnos'zie'ren auch: ag'nos'zie'ren (V.) **1** anerkennen **2** identifizieren [lat.]
A'gnus Dei auch: Ag'nus Dei (das, - -, nur Ez.) Lamm Gottes (Bez. für Jesus) [lat.]
A'go'gik (die, -, nur Ez.) Lehre von den Tempoformen als musikal. Ausdrucksmittel [gr.]
a'go'gisch (Adj.) bezüglich eines musikalischen Tempos frei und individuell [gr.]
à go'go nach Belieben; z.B. Hits à gogo [frz.-engl.]
A'gon (der, -s, -e) altgriechischer Wettkampf (in Sport, Tanz, Musik u.a.)
a'go'nal (Adj.) den Agon betreffend, wettkampfmäßig [gr.-lat.]
A'go'ne (die, -, -n) eine Linie, die alle Orte verbindet, an denen keine Magnetnadelabweichung von der Nordrichtung auftritt [lat.]
A'go'nie (die, -, -n) Todeskampf [gr.]
A'go'nist (der, -en, -nis'ten) **1** (altgriechischer) Wettkämpfer **2** Muskel, der dem Antagonisten entgegenwirkt [gr.]
A'go'nis'tik (die, -, nur Ez.) Wettkampfkunde, Wettkampfwesen
A'go'pho'nie (die, -, nur Ez.) krankhafte Meckerstimme (Med.) [gr.-lat.]
A'go'ra (die, -, nur Ez.) Volksversammlung, Marktplatz (im antiken Griechenland) [gr.]
A'go'ra'pho'bie (die, -, nur Ez.) krankhafte Furcht, freie Plätze zu überqueren, Platzangst
A'graf'fe auch: Ag'raf'fe (die, -, -n) **1** Gewandschließe, Schmuckspange **2** Wundklammer **3** Zierklammer vom Scheitel eines Rundbogens zum darüber laufenden Gesims [frz.]
A'gram'ma'tis'mus auch: Ag'ram'ma'tis'mus (der, -, -men) Unfähigkeit, die einzelnen Wörter beim Sprechen grammatisch korrekt aneinander zu fügen [gr.-lat.]
A'gra'nu'lo'zy'to'se auch: Ag'ra'nu'lo'zy'to'se (die, -, -n) Schwund der Hauptgruppe der weißen Blutkörperchen
A'gra'pha (nur Mz.) Aussprüche Jesu, die nicht in den vier Evangelien, sondern in anderen Schriften niedergelegt sind [gr.]
A'gra'phie auch: Ag'ra'phie (die, -, -n) krankhaftes Schreibunvermögen [gr.]

Agrar 24 **Akardiakus**

A'grar- *auch:* Ag'rar- Wortbestandteil in der Bed. »Landwirtschaft« [gr.-lat.]

A'gree'ment *auch:* Ag'ree'ment [əgri:-] (das, -s, -s) Übereinkommen [engl.]

a'gre'ie'ren *auch:* ag're'ie'ren (V.) genehmigen [lat.-frz.]

A'gré'ment *auch:* Ag'ré'ment [-mã] (das, -s, -s) Billigung eines ausländischen Diplomaten durch die Regierung [frz.]

A'grest *auch:* Ag'rest (der, -(e)s, -e) Erfrischungsgetränk aus unreifen Weintrauben [lat.-it.]

A'gri'kul'tur *auch:* Ag'ri'kul'tur (die, -, -en) Ackerbau, Landwirtschaft [lat.]

A'gro'bi'o'lo'gie *auch:* Ag'ro'bi'o'lo'gie (die, -, nur Ez.) die Lehre von den biologischen Gesetzmäßigkeiten in der Landwirtschaft [gr.-lat.-russ.]

A'gro'nom *auch:* Ag'ro'nom (der, -en, -en) Diplomlandwirt

A'gro'no'mie *auch:* Ag'ro'no'mie (die, -, nur Ez.) Landwirtschaftswissenschaft [gr.]

a'gro'no'misch *auch:* ag'ro'no'misch (Adj.) zur Agronomie gehörig [gr.]

A'gros'to'lo'gie *auch:* Ag'ros'to'lo'gie (die, -, nur Ez.) Gräserkunde [gr.-lat.]

A'gro'tech'nik *auch:* Ag'ro'tech'nik (die, -, nur Ez.) Anbautechnik in der Landwirtschaft [gr.-lat.-russ.]

A'gru'men *auch:* Ag'ru'men (nur Mz.) Zitrusfrüchte [it.]

A'gryp'nie *auch:* Ag'ryp'nie (die, -, nur Ez.) Schlaflosigkeit [gr.]

A'gu'ja [aguxa] (der, -s, -s oder die, -, -s) südamerikanischer Bussard [span.]

A'gu'ti (das, -s, -s) etwa hasengroßes, hochbeiniges Nagetier Südamerikas [indian.]

ä'gyp'tisch (Adj.) zu Ägypten gehörig

Ä'gyp'to'lo'gie (die, -, nur Ez.) Wissenschaft vom ägyptischen Altertum [nlat.]

A'har (der, -s, -s) fein geknüpfter Teppich mit schwerer Struktur

A'has'ver (der, -, -s oder -e) ruheloser Umherirrender [hebr.]

a'his'to'risch (Adj.) geschichtliche Erwägungen nicht berücksichtigend

Ai (das, -(s), -s) Dreizehenfaultier [lautmalend]

Aich'mo'pho'bie (die, -, -n) krankhafte Befürchtungen sich oder anderen mit spitzen Gegenständen Verletzungen zuzufügen (Med.) [gr.-lat.]

A'i'da (-s, nur Ez.) Baumwoll- oder Zellwollgewebe, als Grundstoff für Stickereien

Aide-mé'moire [ɛdmemwar] (das, -, -) Niederschrift einer mündlichen diplomat. Erklärung [frz.]

Ai'do'i'o'ma'nie (die, -, nur Ez.) krankhaft gesteigerter Geschlechtstrieb [gr.-lat.]

Aids *(auch:* AIDS) [eɪdz] (das, -, nur Ez.) Abk. für »**A**cquired **I**mmune **D**eficiency **S**yndrome«, erworbenes Immunschwäche-Syndrom, übertragbare Krankheit mit Verlust der körpereigenen Abwehrkräfte gegen Viren und Bakterien [engl.]

Aig'ret'te *auch:* Ai'gret'te [ɛ-] (die, -, -n) **1** Helmzier, Kopfputz aus Federn **2** büschelförmiger Lichteffekt (beim Feuerwerk) [frz.]

Ai'gui'ère [ɛgjɛːr] (die, -, -n) Wasserkanne aus Metall oder Keramik [lat.-frz.]

Ai'guil'let'te [egɥijɛt] (die, -, -n) **1** Streifen von gebratenem Fleisch oder Fisch **2** Achselschnur an Uniformen; Schnur an Kleidung [frz.]

Ai'ki'do (das, -(s), nur Ez.) japanisches Selbstverteidigungssystem, das auch den Geist bilden soll

Ai'le'rons [ɛlrõ] (nur Mz.) Flügelstücke vom Geflügel [frz.]

Air [ɛə] (das, -s, -s) **1** Aussehen; Haltung; sich ein Air geben **2** Lied, Melodie [frz.]

Air'bag [ɛəbæg] (der, -(s), -s) mit Luft gefülltes Kissen [engl.]

Air'bus [ɛə-] (der, -ses, -se) Passagierflugzeug mit erweitertem Fassungsvermögen [engl.]

Air'con'di'ti'oner [ɛəkəndɪʃnə] (der, -s, nur Ez.) Klimaanlage [engl.]

Aire'dale'ter'ri'er [ɛədeɪl-] (der, -s, -) große Terrierrasse [engl.]

Air'mail [ɛəmeɪl] (die, -, nur Ez.) Luftpost [engl.]

Air'port [ɛə-] (der, -(e)s, -s) Flughafen [engl.]

A'ja'tol'lah *(auch:* A'ya'tol'lah) (der, -s, -s) schiitischer Würdenträger [pers.]

à jour [a ʒur] **1** auf dem Laufenden **2** durchsichtig (bei Gewebe) **3** eingefasst (bei Edelsteinen) [frz.]

A'ka'de'mie (die, -, -n) **1** Vereinigung von Gelehrten **2** Fachschule, Fachhochschule [gr.]

A'ka'de'mi'ker (der, -s, -) jmd., der an einer Universität oder Akademie studiert hat

a'ka'de'misch (Adj.) **1** zu einer Universität oder Akademie gehörig **2** weltfremd, trocken; z.B. eine rein akademische Theorie

A'ka'lit (das, -s, nur Ez.) Kunststoff aus Kasein

A'kan'thit (der, -s, nur Ez.) ein Mineral namens Silberglanz [gr.-lat.]

A'kan'thus (der, -, -) **1** Bärenklaupflanze **2** Blattornamentform [gr.]

A'kar'di'a'kus (der, -, nur Ez.) Zwillingsmissgeburt, wobei einem Zwilling das Herz fehlt (Med.) [gr.-lat.]

Akariasis

A|ka|ri|'a|sis (die, -, nur Ez.) Hauterkrankung, die durch Milben hervorgerufen wird [gr.-lat.]
a|ka|ta|'lek|tisch (Adj.) in der antiken Metrik auf einen vollständigen Versfuß endend [gr.-lat.]
A|ka|'this|tos (der, -, -toi) im Stehen gesungener Marienhymnus in orthodoxen Kirchen [gr.]
A|ka|'tho|lik (der, -en, -en) ein nicht der katholischen Kirche Angehörender [gr.]
a|'kau|sal (Adj.) ohne Grund, ohne Ursache, ohne einen ursächlichen Zusammenhang [gr.-lat.]
A|'ka|zie [-tsia] (die, -, -n) ein Laubbaum mit gefiederten Blättern [gr.]
A|'kel|lei (die, -, -en) ein Hahnenfußgewächs
a|'ke|phal (Adj.) **1** in der antiken Metrik ein Vers, der um die Anfangssilbe verkürzt ist **2** verstümmelter Anfang eines Werkes [gr.-lat.]
A|ki|'na|kes (der, -, -) Kurzschwert der Perser und Skythen
A|'ki|ne|sie (die, -, -n) **1** Bewegungshemmung **2** Sichtotstellen (bei Tieren) [gr.]
Ak|kla|ma|'ti|on *auch:* Ak|kla|ma|ti|on (die, -, -ti|o|nen) **1** Beifall **2** Abstimmung durch Zuruf [lat.]
ak|kla|'mie|ren *auch:* ak|kla|mie|ren (V.) **1** Beifall spenden **2** durch Akklamation wählen
Ak|kli|ma|ti|sa|'ti|on *auch:* Ak|kli|ma|ti|sa|ti|on (die, -, nur Ez.) das Akklimatisieren [lat.-frz.]
akk|li|ma|ti|'sie|ren *auch:* ak|kli|ma|ti|sie|ren (V.) sich an ein verändertes Klima oder veränderte Bedingungen anpassen [lat.]
Ak|ko|'la|de (die, -, -n) **1** feierliche Umarmung (bei Ordensverleihungen) **2** geschweifte Klammer [frz.]
ak|kom|mo|'da|bel (Adj.) **1** zweckmäßig, anpassungsfähig **2** anwendbar **3** beilegbar [lat.-frz.]
Ak|kom|mo|da|'ti|on (die, -, -ti|o|nen) Anpassungsfähigkeit (des Auges an Entfernungen, eines Menschen) [lat.-frz.]
ak|kom|mo|'die|ren (V.) sich anpassen
Ak|kom|mo|do|'me|ter (das, -s, -) Instrument, mit dem die Einstellungsfähigkeit des Auges geprüft werden kann [lat.-gr.]
Ak|kom|pag|ne|ment *auch:* Ak|kom|pa|gne|ment [-paɲmã] (das, -s, -s) musikalische Begleitung [frz.]
ak|kom|pag|nie|ren *auch:* ak|kom|pa|gnie|ren (V.) Gesang mit einem Instrument begleiten
Ak|kom|pag|nist *auch:* Ak|kom|pa|gnist (der, -en, -nis|ten/-gnis|ten) musikalischer Begleiter

Akonitin

Ak|kord (der, -s, -e) **1** Zusammenklang von zwei oder mehr Tönen verschiedener Höhe **2** Bezahlung nach der Stückzahl **3** Vergleich (mit Gläubigern) **4** Übereinstimmung (veraltet) [frz.]
ak|kor|dant (Adj.) sich an vorhandene Elemente von Struktur und Ordnung anpassend
Ak|kor|dant (der, -en, -en) für Stücklohn Arbeitender
Ak|kor|de|on (das, -s, -s) große Ziehharmonika [frz.]
akk|re|di|'tie|ren *auch:* ak|kre|di|ti|e|ren (V.) **1** einen Diplomaten bevollmächtigen **2** Kredit einräumen [frz.]
Akk|re|di|tiv *auch:* Ak|kre|di|tiv (das, -s, -e) **1** Zahlungsauftrag **2** Beglaubigungsschreiben (für Diplomaten)
Akk|res|'zenz *auch:* Ak|kres|zenz (die, -, -en) das Anwachsen eines Erbteils [lat.]
Ak|ku (der, -s, -s) = Akkumulator [Kurzwort]
Ak|kul|tu|ra|'ti|on (die, -, -ti|o|nen) kulturelle Angleichung [lat.]
Ak|ku|mu|la|'ti|on (die, -, -ti|o|nen) das Akkumulieren; Anhäufung
Ak|ku|mu|'la|tor (der, -s, -en) **1** Speicher für elektrische Energie **2** Speicher für Druckwasser [lat.]
ak|ku|mu|'lie|ren (V.) anhäufen [lat.]
ak|ku|rat (Adj.) genau, sorgfältig [lat.]
Ak|ku|ra|'tes|se (die, -, nur Ez.) Genauigkeit, Sorgfalt [lat.-frz.]
Ak|ku|sa|ti|ons|'prin|zip (das, -s, nur Ez.) Prinzip des Strafprozessrechts, nach dem das Gericht ein Strafverfahren erst dann übernimmt, wenn durch die Staatsanwaltschaft Anklage erhoben worden ist [lat.]
Ak|ku|sa|tiv (der, -s, -e) Wenfall, 4. Fall [lat.]
Ak|ku|sa|ti|'vie|rung (die, -, -en) Phänomen der Sprache der Gegenwart, an einem Geschehen grammatisch beteiligte Menschen grammatisch als Akkusativobjekt zu behandeln [lat.]
Ak|ku|sa|tiv|ob|jekt (das, -s, -e) Ergänzung eines Verbs im 4. Fall [lat.]
Ak|'li|ne *auch:* A|'kli|ne (die, -, -n) Linie, die alle Orte ohne magnetische Inklination verbindet [gr.-lat.]
Ak|me (die, -, nur Ez.) Höhepunkt [gr.]
Ak|me|'is|mus (der, -, nur Ez.) literarische Richtung in Russland [gr.-russ.]
Ak|ne *auch:* A|kne (die, -, -n) eitriger Mitesser [gr.]
A|ko|'as|ma (das, -s, -men) krankhafte Gehörassoziationen [gr.-lat.]
A|ko|'nit (das, -s, -e) Eisenhut, Sturmhut (Bot.) [gr.-lat.]
A|ko|ni|'tin (das, -s, -e) Gift des Blauen Eisenhuts [gr.]

A'kon'to (das, -s, -ten) Anzahlung [it.]
A'ko'rie (die, -, -n) **1** Gefräßigkeit, Unersättlichkeit **2** pupillenlose Iris [gr.-lat.]
A'kos'mis'mus (der, -, nur Ez.) philosophische Lehre, die Gott als einzig wahre Wirklichkeit behauptet und die selbständige Existenz der Welt leugnet [gr.-lat.]
a'ko'ty'le'don (Adj.) keimblattlos (Bot.) [gr.-lat.]
ak'qui'rie'ren (V.) **1** Kunden anwerben **2** anschaffen, erwerben (veraltet) [lat.]
Ak'qui'si'teur [-tøːɐ] (der, -s, -e) Kundenwerber (für Zeitungsanzeigen) [lat.-frz.]
Ak'qui'si'ti'on (die, -, -ti'o'nen) **1** Errungenschaft, Erwerbung **2** Kundenwerbung [lat.]
Ak'ra'ni'er auch: A'kra'ni'er (nur Mz.) Meerestiere ohne Schädel und mit knorpelartigem Rückenstützapparat [gr.-lat.]
Ak'ra'ni'us auch: A'kra'ni'us (der, -, -ni'en) Missgeburt, bei der Schädel oder Schädeldecke fehlt [gr.-lat.]
Ak'ra'to'pe'ge auch: A'kra'to'pe'ge (die, -, -n) kalte Mineralquelle [gr.-lat.]
Ak'ra'to'ther'me auch: A'kra'to'ther'me (die, -, -n) warme Mineralquelle [gr.-lat.]
Ak'ren auch: A'kren (nur Mz.) vorstehende Extremitäten wie Nase oder Kinn [gr.-lat.]
Ak'ri'bie auch: A'kri'bie (die, -, nur Ez.) äußerste Genauigkeit
ak'ri'bisch auch: a'kri'bisch (Adj.) mit Akribie [gr.]
a'kri'tisch (Adj.) unkritisch [gr.-lat.]
ak'ro'a'ma'tisch auch: a'kro'a'ma'tisch (Adj.) **1** nur für den internen Lehrbetrieb bestimmt **2** nur den Eingeweihten vorbehalten **3** nur zum Anhören bestimmt [gr.]
Ak'ro'bat auch: A'kro'bat (der, -en, -en) Artist, der außergewöhnliche körperliche Leistungen vollbringt
Ak'ro'ba'tik auch: A'kro'ba'tik (die, -, nur Ez.) Akrobatenkunst
ak'ro'ba'tisch auch: a'kro'ba'tisch (Adj.) wie ein Akrobat, kräftig und gewandt [gr.]
Ak'ro'dy'nie auch: A'kro'dy'nie (die, -, -n) Schmerz an den äußersten vorstehenden Körperteilen (Med.) [gr.-lat.]
Ak'ro'dys'to'nie auch: A'kro'dys'to'nie (die, -, -n) Krampf oder Lähmung an den äußersten Gliedmaßen [gr.-lat.]
Ak'ro'me'ga'lie auch: A'kro'me'ga'lie (die, -, -n) Riesenwuchs der Körperenden (Hände, Füße, Nase, Ohren)
Ak'ro'nym auch: A'kro'nym (das, -s, -e) Kurzwort aus den Anfangsbuchstaben mehrerer Wörter; z.B. AIDS [gr.]
Ak'ro'po'lis auch: A'kro'po'lis (die, -, -po'len) Burg in altgriechischen Städten

Ak'ros'ti'chon auch: A'kros'ti'chon (das, -, -chen oder -cha) Gedicht, dessen Zeilenanfangsbuchstaben einen Sinn ergeben [gr.]
Ak'ro'te'ri'on auch: A'kro'te'ri'on (das, -s, -ri'en) Giebelverzierung antiker Tempel [gr.]
Ak'ro'ze'pha'lie auch: A'kro'ze'pha'lie (die, -, -n) Ausbildung einer abnorm hohen und spitzen Schädelform, Wachstumsanomalie [gr.-lat.]
Akt 1 (der, -s, -en) = Akte **2** (der, -s, -e) Handlung, Vorgang; z.B. ein Akt der Selbstverwirklichung **3** Theateraufzug; z.B. erster Akt **4** nackter Körper in der Kunst; unbekleidete Pose **5** Geschlechtsakt [lat.]
Ak'te (die, -, -n) gesammelte Behördenschriftstücke [lat.]
Ak'tei (die, -, -en) Aktensammlung
Ak'teur [-tøːɐ] (der, -s, -e) Handelnder; Darsteller [lat.-frz.]
Ak'tie [-tsjə] (die, -, -n) Anteilschein an einer Handelsgesellschaft, deren Gesellschafter mit Einlagen am Gesamtkapital beteiligt sind [gr.]
Ak'ti'nie [-niə] (die, -, -n) Seeanemone [gr.]
ak'ti'nisch (Adj.) durch Strahlung verursacht
Ak'ti'ni'um = Actinium
Ak'ti'no'me'ter (der, -s, -) Messgerät für Strahlungsenergie (von Lichtquellen) [gr.]
ak'ti'no'morph (Adj.) strahlig symmetrisch
Ak'ti'no'my'ko'se (die, -, -n) Strahlenpilzkrankheit [gr.]
Ak'ti'on (die, -, -ti'o'nen) Handlung [lat.]
Ak'ti'o'när (der, -s, -e) Aktienbesitzer
Ak'ti'o'nis'mus (der, -, nur Ez.) das Ziel durch gezielte Aktionen das bestehende Bewusstsein der Menschen oder die Zustände in der Gesellschaft oder in der Kunst zu verändern [lat.]
Ak'ti'ons'ra'di'us (der, -, -di'en) Reichweite, Wirkungsbereich [lat.]
Ak'ti'ons'zent'rum auch: Ak'ti'ons'zentrum (das, -s, -tren) **1** Ort, von dem Aktionen ausgehen **2** Gebiet typischen Luftdrucks; z.B. das Azorenhoch
ak'tiv (Adj.) zum Aktiv gehörig; z.B. aktives Verb [lat.]
ak'tiv (Adj.) **1** geschäftig, regsam **2** regelmäßig teilnehmend; z.B. aktives Mitglied
Ak'tiv (das, -s, nur Ez.) Tatform des Verbs
Ak'tiv (das, -s, -e) Personengruppe, die eine Aufgabe in der Gesellschaft erfüllt (in kommunist. Ländern) [lat.-russ.]
Ak'ti'va (nur Mz.) Vermögenswerte (eines Unternehmens) [lat.]
Ak'ti'va'tor (der, -s, -en) **1** Hilfsmittel zur Steigerung der Wirksamkeit eines Katalysa-

tors **2** Hilfsmittel zur Regulierung eines Kiefers **3** die Bildung von Antikörpern aktivierender Stoff (Med.) **4** Substanz zur Erzeugung von Leuchtstoff (Chem.) [lat.]
ak'ti'vie'ren (V.) in Schwung bringen, zu besserer Wirksamkeit verhelfen [lat.]
Ak'ti'vis'mus (der, -, nur Ez.) aktives, zielstrebiges Handeln [lat.]
Ak'ti'vist (der, -vis'ten, -vis'ten) **1** jmd., der aktiv und zielstrebig ist **2** ausgezeichneter Werktätiger (in der ehemaligen DDR) [nlat.]
Ak'ti'vi'tät (die, -, -en) **1** Tätigkeit **2** Wirksamkeit **3** Handlung [lat.]
Akt'ri'ce *auch:* Ak'tri'ce [-is] (die, -, -n) Schauspielerin [frz.]
ak'tu'al (Adj.) **1** wirksam, tätig **2** eindeutig bestimmt, als Gegenteil von potenziell in der Sprachwissenschaft **3** sich vollziehend, tatsächlich vorliegend, vorhanden [lat.]
ak'tu'a'li'sie'ren (V.) aktuell machen
Ak'tu'a'lis'mus (der, -, nur Ez.) **1** philosophische Lehre, wonach die Wirklichkeit ein unveränderliches Sein ist **2** Meinung, dass die Naturgesetze und -kräfte der Gegenwart die gleichen sind wie die früheren Zeiten [lat.]
Ak'tu'a'li'tät (die, -, nur Ez.) Bedeutung für die Gegenwart [lat.]
Ak'tu'a'li'täts'the'o'rie (die, -, nur Ez.) **1** Theorie, nach der es eine Seele an sich nicht gibt, sie nur in den augenblicklichen seelischen Vorgängen besteht **2** Theorie von der unaufhörlichen Veränderung des Seins (Philos.) [lat.]
Ak'tu'al'neu'ro'se (die, -, -n) Neurose, die durch tatsächlich vorliegende Erlebnisse ausgelöst wird (Psych.) [lat.-gr.]
Ak'tu'ar (der, -s, -e) **1** Gerichtsangestellter (veraltet) **2** Schriftführer (schweiz.) [lat.]
ak'tu'ell (Adj.) bedeutend für die Gegenwart; brisant [frz.]
Ak'tus (der, -, -) Schulaufführung, Schulfeier [lat.]
a'ku'mi'nös (Adj.) scharf zugespitzt [lat.-frz.]
A'ku'pres'sur (die, -, -en) Heilverfahren durch Druck und Massage mit der Hand [lat.]
A'ku'punk'tur (die, -, -en) Heilverfahren durch Einstechen von Nadeln in bestimmte Hautpunkte [lat.]
A'kus'tik (die, -, -en) **1** Klangverhältnisse **2** (nur Ez.) Wissenschaft vom Hörbaren [gr.]
a'kus'tisch (Adj.) zur Akustik gehörig, klanglich [gr.]
a'kut (Adj.) **1** dringlich **2** plötzlich auftretend, heftig verlaufend (Krankheiten) [lat.]
A'kut (der, -s, -e) ein Aussprachezeichen für Vokale [lat.]
ak'ze'le'die'ren (V.) beistimmen, beitreten [lat.]
Ak'ze'le'ra'ti'on (die, -, -ti'o'nen) Beschleunigung
Ak'ze'le'ra'ti'ons'prin'zip (das, -s, nur Ez.) Wirtschaftstheorie, wonach die Schwankung bei der Nachfrage nach Konsumgütern eine größere Schwankung bei den Investitionsgütern nach sich zieht [lat.]
Ak'ze'le'ra'tor (der, -s, -to'ren) Beschleuniger [lat.]
ak'ze'le'rie'ren (V.) beschleunigen [lat.]
Ak'zent (der, -s, -e) **1** Aussprachezeichen für Vokale; z.B. der Akut **2** Nachdruck; z.B. besonderen Akzent auf die Mode legen **3** Tonfall; mit badischem Akzent sprechen [lat.]
Ak'zen'tu'a'ti'on (die, -, -ti'o'nen) das Akzentuieren [lat.]
ak'zen'tu'ell (Adj.) den Akzent betreffend [lat.]
ak'zen'tu'ie'ren (V.) betonen, hervorheben
Ak'zen'tu'ie'rung (die, -, -en) = Akzentuation [lat.]
Ak'zept (das, -s, -e) **1** Annahmeerklärung auf einem Wechsel **2** angenommener Wechsel
ak'zep'ta'bel (Adj.) annehmbar [frz.]
Ak'zep'ta'bi'li'tät (die, -, nur Ez.) Annehmbarkeit; z.B. die Akzeptabilität eines Satzes: die Beschaffenheit eines Satzes, als richtig und üblich angesehen zu werden [frz.]
Ak'zep'tant (der, -en, -en) jmd., der einen Wechsel akzeptiert [lat.-frz.]
Ak'zep'tanz (die, -, nur Ez.) Annehmbarkeit
Ak'zep'ta'ti'on (die, -, -ti'o'nen) Anerkennung, Annahme; z.B. eines Schuldscheins [lat.]
ak'zep'tie'ren (V.) annehmen, billigen
Ak'zep'tor (der, -s, -to'ren) Atom, das ein Elektron aus dem Gitter aufnimmt [lat.]
Ak'zess (der, -es, -e) **1** Zutritt **2** Zulassung zu einem Amt (österr.) [lat.]
Ak'zes'si'on (die, -, -si'o'nen) **1** Zugang, Erwerb **2** Beitritt (zu einem Staatsvertrag) [lat.]
Ak'zes'si'ons'lis'te (die, -, -n) Verzeichnis in Bibliotheken, in das neu aufgenommene Bücher eingetragen werden [lat.]
Ak'zes'so'ri'en (nur Mz.) Samenanhängsel bei Pflanzen [lat.]
ak'zes'so'risch (Adj.) **1** hinzutretend **2** nebensächlich [lat.]
ak'zi'den'tell (Adj.) nebensächlich; zufällig
ak'zi'den'ti'ell [-tsjɛl] (Adj.) = akzidentell
Ak'zi'denz (die, -, -en) gelegentliche Druckarbeit; z.B. eine Versicherungstabelle [lat.]
ak'zi'pie'ren (V.) annehmen [lat.]
Ak'zi'se (die, -, -n) Verbrauchs-, Handelssteuer (veraltet) [lat.-frz.]
à la 1 nach Art; z.B. à la Bavière **2** im Stil von; z.B. à la Bismarck [frz.]

à la baisse [alabɛs] im Hinblick auf fallende Börsenkurse [frz.]
A'la'bas'ter (der, -s, -) heller, feinkörniger Gips [gr.]
a'la'bas'tern (Adj.) aus Alabaster; wie Alabaster, hell und durchscheinend
A'la'bas'tron *auch:* A'la'bast'ron/A'la'bastron (das, -s, -tren) kleines Gefäß für Salböl in der Antike [gr.-lat.]
à la bonne heure! [alabɔnœːr] recht so! [frz.]
à la carte [alakart] nach der Speisekarte zusammengestellt, nicht als Menü [frz.]
à la hausse [alaos] im Hinblick auf steigende Börsenkurse [frz.]
à la jar'di'niè're [alaʒardinjɛr] nach Gärtnerinart, mit Gemüsegarnierung [frz.]
A'la'lie (die, -, -n) Unfähigkeit zur Bildung artikulierter Laute [gr.-lat.]
à la longue [alalɔ̃ːg] auf lange Sicht [frz.]
à la mode [alamɔd] nach der neuesten Mode [frz.]
A'la'mo'de'li'te'ra'tur (die, -, nur Ez.) Richtung der deutschen Literatur im 17. Jh., die sehr von französischen Vorbildern geprägt war
A'la'mo'de'we'sen (das, -s, nur Ez.) modische und kulturelle Ausrichtung des Lebens im Deutschland des 17. Jahrhunderts nach französischem Vorbild
a'la'mo'disch (Adj.) das Alamodewesen betreffend
A'la'nin (das, -s, nur Ez.) eine Aminosäure
A'larm (der, -s, -e) Warnsignal; Aufforderung zur Aufmerksamkeit bei Gefahr [frz.]
a'lar'mie'ren (V.) durch Alarm warnen, herbeirufen
A'las'trim *auch:* A'last'rim/A'la'strim (das, -s, nur Ez.) Pockenkrankheit mit meist gutartigem Verlauf (Med.)
à la suite [alasɥit] der Ehren wegen einem Truppenteil zugeteilt [frz.]
A'laun (der, -s, -e) Schwefeldoppelsalz (als blutstillendes Mittel) [lat.]
a'lau'ni'sie'ren (V.) mit Alaun behandeln
Al'ba (die, -, -ben) langes, weißes Gewand (von Geistlichen) [lat.]
Al'ba'ner (der, -s, -) Ew. Albaniens
al'ba'nisch (Adj.) zu Albanien gehörig
Al'ba'rel'lo (das, -s, -li) zylindrisches Apothekergefäß [it.]
Al'bat'ros *auch:* Al'bat'ros (der, -, -se) großer Sturmvogel
Al'be (die, -, -n) = Alba
Al'be'do (die, -, -s) Rückstrahlungsvermögen einer Fläche, auf die Licht einfällt; z.B. die Albedo des Mondes, von Schnee [lat.]
Al'be'do'me'ter (das, -s, -) Gerät zur Messung der Albedo [gr.-lat.]

Al'ber'ge (die, -, -n) kleine säuerliche Aprikose
Al'ber'go (das, -s, -s oder -ghi) italienisches Gasthaus [german.-it.]
Al'ber'to'ty'pie (die, -, -n) 1 Lichtdruckverfahren 2 Erzeugnisse, die durch dieses Lichtdruckverfahren hergestellt werden [dt.-gr.]
Al'bi'gen'ser (der, -s, -) Angehöriger einer Sekte im 12. und 13. Jh. in Südfrankreich und Oberitalien [lat.-span.]
Al'bi'nis'mus (der, -s, nur Ez.) Pigmentmangel des Körpers [span.-nlat.]
Al'bi'no (der, -s, -s) 1 Mensch oder Tier mit fehlender Farbstoffbildung 2 anomal weißes Blütenblatt bei Pflanzen [lat.-span.]
al'bi'no'tisch (Adj.) zum Albinismus gehörig
Al'bi'on alte, dichterische Bezeichnung für England
Al'bit (der, -s, -e) Natronfeldspat [lat.]
Al'biz'zie (die, -, -n) Mimosengewächs in den Tropen [lat.]
Al'bo'lit (das, -s, nur Ez.) Phenolharz [lat.-gr.]
Al'bu'cid (das, -s, -) ein Sulfonamid
Al'bu'go (die, -, -gi'nes) weißer Fleck auf der Hornhaut [lat.]
Al'bum (das, -s, -ben) Sammelbuch [lat.]
Al'bu'men (das, -s, nur Ez.) Eiweiß (von Vogeleiern) [lat.]
Al'bu'min (das, -s, -e) Eiweißstoff (in der Körperflüssigkeit von Menschen und Tieren) [lat.]
Al'bu'mi'nat (das, -s, -e) Alkalisalz der Albumine [lat.]
Al'bu'mi'ni'me'ter (das, -s, -) Messgerät zur Bestimmung des Eiweißgehaltes im Harn (Med.) [lat.]
al'bu'mi'no'id (Adj.) eiweißähnlich [lat.-gr.]
Al'bu'min'u'rie (die, -, -n) Eiweißharnen
Al'bu'mo'se (die, -, -n; meist nur Mz.) Spaltprodukt der Eiweißkörper [lat.]
Al'bus (der, -, -se) Weißpfennig, Groschenart aus Silber [lat.]
Al'car'ra'za [alkarasa] (die, -, -s) poröser Tonkrug in Spanien, um Wasser kühl zu halten [span.]
Al'che'mie (die, -, nur Ez.) mittelalterliche Chemie, Goldmacherei [arab.]
Al'che'mist (der, -mis'ten, -mis'ten) jmd., der sich mit Alchemie befasst
Al'chi'mie (die, -, nur Ez.) = Alchemie
Al'de'hyd (der, -s, -e) aus Alkohol durch Entzug von Wasserstoff entstehende organische Verbindung [arab.-lat.]
al den'te nicht zu weich (bei Nudeln) [it.]
Al'der'man [ɔːldəmən] (der, -, -men) Ratsherr (in angelsächs. Ländern) [engl.]

Al'di̱ne (die, -, -n) **1** halbfette Antiquaschrift **2** Druck von Aldus Manutius oder Nachfolger

Al'do'se (die, -, -n) Zuckerverbindung mit einer Aldehydgruppe

Ale [eɪl] (das, -(s), nur Ez.) helles englisches Bier [engl.]

a'lea iac'ta est der Würfel ist gefallen (Ausspruch Cäsars) [lat.]

A'le'a'to̱'rik (die, -, nur Ez.) Bezeichnung einer Kompositionsrichtung in der neueren Musikgeschichte, in der der Zufall einen großen Stellenwert hat [lat.]

a'le'a'to̱'risch (Adj.) zufallsabhängig [lat.]

Al'len'çon'spit'ze [alãsõ-] (die, -, -n) Spitzenarbeit mit Blumenmuster, auf feinem, netzartigem Grund [frz.]

a'lert (Adj.) flink, munter [it.-frz.]

A'leu'kä'mi̱e auch: A'leu'kä̱'mie (die, -, -n) besondere Form der Leukämie [gr.]

a'leu'kä̱'misch auch: a'leuk'ä̱'misch (Adj.) **1** das Erscheinungsbild der Aleukämie zeigend **2** der Leukämie ähnlich

A̱'leu'ron (das, -s, nur Ez.) pflanzliches Eiweiß, Kleber [gr.]

A'le'u̱'te (der, -n, -n) Bewohner der Inselgruppe Aleuten

a'le'u̱'tisch (Adj.) zu den Aleuten gehörig

A'le'xan'dri̱'ner auch: A'lex'an'dri̱'ner/A'lexand'ri̱'ner/A'lex'and'ri̱ner (der, -s, -) zwölfsilbiger jambischer Reimvers [gr.-frz.]

A'le'xan'dri̱t auch: A'lex'an'dri̱t/A'le'xandrit/A'lex'and'rit (der, -s, -e) grüner, bei Kunstlicht roter Schmuckstein [lat.]

A'le'xi̱e (die, -, -n) krankhafte Buchstabenleseschwäche, Wortblindheit [gr.]

A'le'xi̱n (das, -s, -e) Schutzstoff gegen Bakteriengifte (im Blutserum) [gr.]

a'le'zi̱'thal (Adj.) dotterarm [gr.-lat.]

Al'fal'fa (die, -, nur Ez.) Luzerne; vitaminreiche Sprossen gekeimter Luzerne (in der Vollwertküche) [arab.]

al'fan'zen (V.) **1** Possen reißen, sich närrisch verhalten **2** schwindeln [it.]

Al'fan'ze'rei̱ (die, -, -en) **1** Possenreißerei, Narretei **2** leichter Betrug, Schwindel [it.]

al fi̱'ne nochmals, bis zum Schluss (bei Musikstücken) [it.]

al fres'co auf die feuchte Kalkwand, Verputzfläche (gemalt) [it.]

A̱l'ge (die, -, -n) einfache, wurzellose Wasserpflanze [lat.]

Al'geb'ra auch: Al'ge̱'bra (die, -, nur Ez.) Buchstabenrechnen, Erschließen von Unbekannten aus Gleichungen [arab.]

al'geb'ra'isch auch: al'ge̱'bra'isch (Adj.) zur Algebra gehörig, mit ihrer Hilfe

Al'ge'ri̱'er (der, -s, -) Ew. von Algerien

al'ge̱'risch (Adj.) zu Algerien gehörig

Al'ge̱'sie (die, -, -n) Schmerz(empfindlichkeit) [gr.]

Al'gi̱'nat (das, -s oder -es, -e) Salz der Alginsäure [lat.]

Al'gi̱n'säu̱'re (die, -, nur Ez.) chemisches Produkt aus Algen zu vielfacher Verwendung in der Technik [lat.-dt.]

ALGOL (das, -, nur Ez.) Kurzwort für **AL**GO-rithmic **L**anguage; eine Programmiersprache für den technisch-wissenschaftlichen Bereich [engl.]

Al'go'lag'nie auch: Al'go'la̱g'nie (die, -, -n) sexuelle Lustempfindung beim Erleiden oder Zufügen von Schmerzen (Med.) [gr.-lat.]

Al'go'lo'gi̱e (die, -, nur Ez.) Wissenschaft von den Algen [lat.-gr.]

al'go̱n'kisch (Adj.) **1** zur indian. Völkerfamilie der Algonkin gehörig **2** z. Algonkium gehörig

Al'go̱n'ki'um (das, -s, nur Ez.) Erdfrühzeit [indian.-nlat.]

Al'go'rith'mus (der, -, -men) schematisch-schrittweises Rechenverfahren [arab.-nlat.]

Al'gra'phie (auch: Al'gra'fie) (die, -, -n) **1** Flachdruckverfahren **2** nach Flachdruckverfahren hergestelltes Kunstblatt

Al'hi'da̱'de (die, -, -n) drehbarer Zeiger (am Winkelmesser) [arab.]

a̱'li'as auch genannt, auch unter dem Decknamen bekannt [lat.]

A̱'li'bi (das, -s, -s) Abwesenheitsnachweis (zur Tatzeit) [lat.]

A'li'e'na'ti'o̱n (die, -, -ti'o̱'nen) **1** Entfremdung **2** Verkauf, Veräußerung **3** spezielle Form einer Psychose (Med.)

A'lig'ne'ment auch: A'li'gne'me̱nt [aliɲmã] (das, -s, -s) Abstecken einer Begrenzungslinie (beim Straßenbau) [frz.]

a'lig'nie̱'ren auch: a'li'gnie̱'ren (V.) abmessen, Fluchtlinien abstecken

a'li'men'tär (Adj.) **1** mit der Ernährung zusammenhängend **2** durch die Ernährung bedingt [lat.]

A'li'men'ta'ti'o̱n (die, -, -ti'o̱'nen) Besoldung, Lebensunterhalt [lat.]

A'li'me̱n'te (nur Mz.) Unterhaltsleistungen (an nichteheliche Kinder) [lat.]

a'li'men'tie̱'ren (V.) Alimente zahlen

a'li'mi̱'ne (Adv.) kurzerhand, ohne vorherige Prüfung [lat.]

A'li'ne'a (das, -s, -s) neue Druckzeile, die mit einem Absatz beginnt [lat.]

a'li'ne'ie̱'ren (V.) absetzen, einen Absatz machen [lat.]

a'li'pha'tisch (Adj.) mit Kohlenstoffatomen in offenen Ketten

a'li'quant (Adj.) nur mit Rest teilend [lat.]

aliquot — **allergisch**

a¦li¦quot (Adj.) ohne Rest teilend [lat.]
A¦li¦ud (das, -, A¦lia) an Stelle einer tatsächlich geschuldeten fälschlich erbrachte Leistung [lat.]
A¦li¦za¦rin (das, -s, nur Ez.) Krapprot (Farbstoff) [arab.-frz.]
Alk (der, -en, -en) nordischer Tauchvogel [skandinav.]
Al¦ka¦hest (das, -(e)s, -hes¦te) Universallösemittel (in der Alchemie) [viell. arab.]
al¦kä¦i¦sche Stro¦phe (die, -n -, -n -n) vierzeilige Odenstrophe
Al¦kal¦de (der, -n, -n) Bürgermeister in Spanien [arab.-span.]
Al¦ka¦li (das, -s,-li¦en) alkalisch reagierende Verbindung [arab.]
Al¦ka¦li¦me¦tall (das, -s, -e) jedes der Elemente Lithium, Natrium, Kalium, Rubidium, Cäsium und Francium [arab.-gr.]
al¦ka¦lin (Adj.) alkalisch reagierend
al¦ka¦li¦sie¦ren (V.) Alkalien zusetzen
Al¦ka¦li¦tät (die, -, nur Ez.) = Basizität
Al¦ka¦lo¦id (das, -(e)s, -e) basischer, stickstoffhaltiger Wirkstoff (in Pflanzen) [arab.-gr.]
Al¦kan¦na 1 ein Raublattgewächs 2 roter Naturfarbstoff [arab.]
Al¦ka¦zar [-zar] (der, -s, -e) spanische Burganlage [arab.]
Al¦ki¦ne (nur Mz.) Acetylenkohlenwasserstoffe
Al¦ko¦hol (der, -s, -e) 1 Flüssigkeit, die die Hydroxylgruppe enthält 2 Äthylalkohol [arab.]
Al¦ko¦ho¦li¦ka (nur Mz.) alkohol. Getränke
Al¦ko¦ho¦li¦ker (der, -s, -) jmd., der an Alkoholismus leidet
al¦ko¦ho¦lisch (Adj.) Alkohol enthaltend
al¦ko¦ho¦li¦sie¦ren (V.) 1 Alkohol zusetzen 2 betrunken machen (scherzhaft)
Al¦ko¦ho¦lis¦mus (der, -, nur Ez.) 1 Trunksucht 2 Alkoholvergiftung
Al¦kor (das, -s, nur Ez.) Kunststofffolie
Al¦ko¦ven (der, -s, -)1 Bettnische 2 kleiner Nebenraum [arab.-frz.]
Al¦kyl (das, -s, -e) einwertiger Kohlenwasserstoff [arab.-gr.]
Al¦ky¦la¦ti¦on (die, -, nur Ez.) Zuführung von Alkylgruppen in organische Verbindungen [gr.]
al¦ky¦o¦nisch (Adj.) friedlich, heiter [gr.]
al¦la bre¦ve im beschleunigten Taktart (bei Musikstücken) [it.]
Al¦lach¦äs¦the¦sie (die, -, -n) Empfindung eines Reizes an einer anderen als der tatsächlich gereizten Stelle [gr.]
Al¦lah (ohne Artikel, -s, nur Ez.) islam. Name Gottes [arab.]
al¦la mar¦cia [-tʃa] marschmäßig (bei Musikstücken) [it.]

Al¦lan¦to¦in (das, -s, nur Ez.) Produkt des Harnstoffwechsels [gr.-lat.]
Al¦lan¦to¦is [-ois] (die, -, nur Ez.) embryonaler Harnsack [gr.]
al¦la po¦lac¦ca [-laka] in der Art einer Polonäse (bei Musikstücken) [it.]
al¦la pri¦ma mit nur einer Farbschicht, ohne Untermalung oder Lasur [it.]
al¦lar¦gan¦do langsamer werdend (Anweisung beim musikalischen Vortrag) [it.]
Al¦lasch (der, -s, -e) ein Kümmellikör [lett.]
al¦la te¦des¦ca nach Art eines deutschen Tanzes (bei Musikstücken) [it.]
Al¦la¦tiv (der, -s, -e) das Ziel angebender Kasus in der Sprachwissenschaft [it.]
al¦la tur¦ca nach Art der türkischen Janitscharenmusik [it.]
Al¦lau¦tal (das, -s, nur Ez.) Lautal, das mit reinem Aluminium überzogen ist
al¦la zin¦ga¦re¦se in der Art von Zigeunermusik [it.]
Al¦lee (die, -, -n) Straße mit Baumreihen zu beiden Seiten [frz.]
Al¦le¦gat (das, -es oder -s, -e) Bibelzitat, angeführte Stelle [lat.]
Al¦le¦ga¦ti¦on (die, -, -ti¦o¦nen) Anführung einer Bibelstelle, eines Zitats [lat.]
al¦le¦gie¦ren (V.) ein Zitat, eine Bibelstelle anführen [lat.]
Al¦le¦go¦rie (die, -, -n) bildliche Darstellung eines abstrakten Begriffs (in der Malerei, Literatur) [gr.]
al¦le¦go¦risch (Adj.) sinnbildlich, gleichnishaft [gr.]
al¦leg¦ret¦to auch: al¦le¦gret¦to (Adv.) langsamer als allegro [it.]
al¦leg¦ro auch: al¦le¦gro (Adv.) bewegt, lebhaft (in der Musik)
Al¦lel (das, -s, -e) Zustandsform eines Gens, das zur Ausprägung erblicher Erbanlagen führt; z.B. das Allel für die Haarfarbe [gr.]
Al¦le¦lo¦pa¦thie (die, -, nur Ez.) gegenseitige Wirkung von Pflanzen aufeinander (Bot.) [gr.-lat.]
al¦le¦lu¦ja (Interj.) = halleluja
Al¦le¦man¦de [-mɛ:d] (die, -, -n) 1 ein alter Gesellschaftstanz in gemessenen Bewegungen 2 ein Satz der Suite [frz.]
Al¦ler¦gen (das): Al¦ler¦gen (das, -s, -e) zu Allergie führender Stoff; z.B. Pollen, Reinigungsmittel [gr.]
Al¦ler¦gie auch: Al¦ler¦gie (die, -, -n) Überempfindlichkeit gegen einen Stoff [gr.]
Al¦ler¦gi¦ker auch: Al¦ler¦gi¦ker (der, -s, -) jmd., der an einer Allergie leidet
al¦ler¦gisch auch: al¦ler¦gisch (Adj.) Allergie zeigend

al'lez! [ale] vorwärts! [lat.-frz.]
Al'li'ance [-ã:s] (die, -, -n) = Allianz [frz.]
Al'li'anz (die, -, -en) **1** Bündnis **2** Vereinigung [frz.]
Al'li'ga'ti'on (die, -, -ti̯o̯nen) Mischung, Zusatz [lat.]
Al'li'ga'tor (der, -s, -to̯ren) Familie der Krokodile in Amerika und China
al'li'ie'ren (V.) verbünden [frz.]
Al'li'ier'te (der oder die, -n, -n) **1** Verbündete **2** die im Ersten und Zweiten Weltkrieg gegen Deutschland verbündeten Staaten Russland, USA, Frankreich und England [lat.-frz.]
Al'li'in (das, -s, nur Ez.) Aminosäure von Lauchgewächsen [lat.]
Al'li'o'nal (das, -s, nur Ez.) Schlafmittel der Barbitursäurereihe
al'li'o'phil (Adj.) gern Knoblauch essend (scherzhafte Neubildung) [lat.-gr.]
Al'li'te'ra'ti'on (die, -, -ti̯o̯nen) Stabreim [nlat.]
al'li'te'rie'ren (V.) stabend reimen [nlat.]
al'li'ti'sche Ver'wit'te'rung (die, -n -, -n -en) Verwitterung in feuchtem Klima, besonders im Winter, wobei Aluminiumverbindungen entstehen [lat.-gr.]
Al'li'um (das, -s, nur Ez.) ein Lauchgewächs; Knoblauch [lat.]
Al'li'zin (das, -s, nur Ez.) Wirkstoff des Knoblauchs, der Keime abtötet und die Bakterienflora des Magen-Darm-Traktes reguliert [lat.]
al'loch'thon auch: al'lo'chthon (Adj.) andernorts entstanden (von Gestein) [gr.]
Al'lod (das, -s, -di̯en) im mittelalterlichen Rechtsverständnis das Familiengut, der persönliche Besitz, kein Lehen [german.]
al'lo'di'al (Adj.) zum Allod gehörend
Al'lo'di'fi'ka'ti'on (die, -, -ti̯o̯nen) die Umwandlung eines Lehngutes in den persönlichen Besitz [lat.]
Al'lo'di'fi'zie'rung (die, -, -en) = Allodifikation
Al'lo'di'um (das, -s, -di̯en) = Allod
Al'lo'ga'mie (die, -, -n) Fremdbestäubung
Al'lo'ku'ti'on (die, -, -ti̯o̯nen) Ansprache des Papstes, offizielle mündliche Mitteilung des Papstes [lat.]
Al'lo'la'lie (die, -, -n) das Fehlsprechen von Geisteskranken [gr.-lat.]
Al'lo'morph (das, -s, -e) Morphemvariante; z.B. das stimmhafte und stimmlose »s« im Deutschen [gr.]
Al'lo'mor'phie (die, -, -n) = Allotropie [gr.]
Al'lon'ge [alõ:ʒ] (die, -, -n) Verlängerungsstreifen für zusätzliche Angaben (an Wechseln) [frz.]

Al'lon'ge'pe'rü'cke [alõ:ʒ-] (die, -, -n) langlockige Männerperücke [frz.]
all'on'gha're'se (Adj.) in der Art der Zigeunermusik [it.]
al'lons! [alõ] vorwärts!, los!, lasst uns gehen! [lat.-frz.]
Al'lo'nym auch: All'o'nym (das, -s, -e) Name eines anderen als Pseudonym [gr.]
Al'lo'pa'thie (die, -, nur Ez.) herkömmliches Heilverfahren (im Gegensatz zur Homöopathie) [gr.]
Al'lo'plas'tik (die, -, -en) Gewebeverpflanzung unter Verwendung künstlichen Materials [gr.]
Al'lot'ria auch: Al'lo'tria (das, -s, nur Ez.) fröhlicher Unfug, ausgelassener Tumult [gr.]
al'lot'rop auch: al'lo'trop (Adj.) durch Allotropie bedingt
Al'lot'ro'pie auch: Al'lo'tro'pie (die, -, -n) das Vorkommen eines Elements in verschiedenen festen Zustandsformen; z.B. Kohlenstoff als Diamant und Graphit [gr.]
all'ot'ta'va in der Oktave [it.]
Al'lo'xan (das, -s, nur Ez.) Spaltungsprodukt der Harnsäure
all right! [ɔ:l rait] in Ordnung! [engl.]
All'round- [ɔ:lraʊnd-] Vielseitig-; z.B. Allroundsportler [engl.]
All'round'man (der, -, -men) jmd., der sich auf so gut wie allen Gebieten auskennt [engl.]
All-Star-Band [ɔ:lstɑ:bænd] (die, -, -s) Band aus berühmten Musikern [engl.]
all'un'ghe're'se = all'ongharese
Al'lü're (die, -, -n) **1** Gangart (des Pferdes) **2** (Mz.) eigenwilliges Gehabe [frz.]
Al'lu'si'on (die, -, -si̯o̯nen) Anspielung auf Geschehnisse oder Bemerkungen der Vergangenheit [lat.]
al'lu'vi'al (Adj.) **1** zum Alluvium gehörig **2** angeschwemmt
Al'lu'vi'on (die, -, -vi̯o̯nen) an Fluss- und Seeufern neu angeschwemmtes Land [lat.]
Al'lu'vi'um (das, -s, nur Ez.) = Holozän [lat.]
Al'lyl'al'ko'hol (der, -s, nur Ez.) wichtigster ungesättigter Alkohol [lat.-gr.-arab.]
Al'ma Ma'ter (die, - -, nur Ez.) Universität (als durch Wissen nährende Mutter) [lat.]
Al'ma'nach (der, -s, -e) Jahrbuch; Buch mit Leseproben [arab.]
Al'man'din (der, -s, -e) dunkelrotes Mineral, Edelstein [nlat.]
Al'me'mar (das, -s, nur Ez.) erhöhter Platz in der Synagoge für die Verlesung der Thora [arab.-hebr.]
Al'me'mor (das, -s, nur Ez.) = Almemar
Al'mo'sen (das, -s, -) **1** (kleine) Spende, milde Gabe **2** abwertend für ein zu geringes Entgelt [gr.-lat.]

Almosenier 32 alveolär

Al|mo|se|nier (der, -s, -e) geistlicher Almosenverteiler [gr.-frz.]
Al|mu|kan|ta|rat (der, -s, -e) mit dem Horizont parallel verlaufender Kreis der Himmelssphäre [arab.-lat.]
Al|ni|co (das, -s, nur Ez.) Legierung aus Aluminium, Nickel und Kobalt
A̱|loe [a:loe] (die, -, -n) südafrikan. Liliengewächs [hebr.-gr.]
a|lo|gisch (Adj.) vernunftwidrig, jeder Logik entbehrend [gr.]
Al|pac|ca (das, -s, nur Ez.) = Alpaka (Legierung)
Al|pa|ka (das, -s, nur Ez.) eine versilberte Legierung (für Bestecke) [viell. chines.]
Al|pa|ka (das, -s, -s) eine Lamarasse [indian.]
al pa|ri zum Nennwert (bei Aktien) [it.]
A̱l|pha (das, -s, -s) erster Buchstabe des griechischen Alphabets [semit.-gr.]
Al|pha|bet (das, -s, -e) Buchstabenfolge einer Schrift [gr.]
al|pha|be|tisch (Adj.) in der Ordnung des Alphabets
al|pha|be|ti|sie|ren (V.) 1 in alphabetische Reihenfolge bringen 2 Lesen und Schreiben lehren
al|pha|nu|me|risch (Adj.) Dezimalziffern und Buchstaben enthaltend [gr.-lat.]
Al|pha|teil|chen (nur Mz.) beim radioaktiven Zerfall bestimmter Elemente entstehende Heliumkerne
Al|pha|tier (das, -s, -e) das anführende Tier in Tiergruppen, die eine Rangordnung haben
al|pin (Adj.) zu den Alpen gehörig [lat.]
Al|pi|nis|mus (der, -, nur Ez.) Wandern und Bergsteigen im Hochgebirge [nlat.]
Al|pi|nist (der, -nis|ten, -nis|ten) jmd., der Alpinismus betreibt
Al|pi|nis|tik (die, -, nur Ez.) = Alpinismus
Al|pi|no (der, -s, -ni; meist Mz.) italienischer Gebirgsjäger
Al|pi|num (das, -s, -nen) Alpengarten [nlat.]
al sec|co auf die trockene Kalkwand, Verputzfläche (gemalt) [it.]
al seg|no auch: al se̱|gno [-seŋo] bis zum Zeichen (bei Wiederholung von Musikstücken) [it.]
Alt (der, -s, nur Ez.) 1 tiefe Stimmlage (bei Frauen und Knaben) 2 mittlere Stimmlage (bei Instrumenten) [it.]
Al|tan (der, -s, -e) Balkon mit Unterbau, Söller [it.]
Al|ta|ne (die, -, -n) Anbau in der Art eines Balkons, der vom Boden aus gestützt wird [lat.-it.]
Al|tar (der, -s, -tä|re) tischähnl. Kultstätte (mit Aufbau); Opferstätte [lat.]

Al|tar|sak|ra|ment auch: Al|tar|sa̱|kra|ment (das, -s, -e) Sakrament des Abendmahls [lat.]
Alt|a|zi|mut auch: Al|ta|zi|mut (das, -s, -e) Messgerät für Höhe und Azimut eines Sterns [lat.-arab.]
Al|te|rans (das, -, -ran|tia) umstimmendes Medikament [lat.]
Al|te|ra|ti|on (die, -, -ti|o̱|nen) 1 Erregung 2 Verschlimmerung (einer Krankheit) 3 Veränderung (eines Akkords) [lat.]
al|te|ra|tiv (Adj.) krankhaft verändernd [lat.]
Al|ter E̱|go (das, - -, nur Ez.) 1 bei Personen, die an Bewusstseinsspaltung leiden, der andere, abgespaltene seelische Bereich 2 eine sehr vertraute Person [lat.]
Al|ter|nanz (die, -, -en) = Alternation [lat.]
Al|ter|nat (das, -s, nur Ez.) Wechsel in der Reihenfolge der Unterschriften und der Nennung des Staates (bei Staatsverträgen) [lat.]
Al|ter|na|ti|on (die, -, -ti|o̱|nen) Wechsel, Auftreten von Varianten [lat.]
al|ter|na|tiv (Adj.) 1 wechselweise 2 anders als in der Wachstumsideologie [frz.]
Al|ter|na|ti|ve (die, -, -n) Entscheidungsmöglichkeit [frz.]
al|ter|nie|ren (V.) abwechseln [lat.]
Al|thea (die, -, -the|en)
Al|thee (die, -, -the|en) ein Malvengewächs, schleimhaltige Arzneipflanze [gr.]
Al|ti|graph (auch: Al|ti|graf) (der, -en, -en) automatischer Höhenschreiber [lat.-gr.]
Al|ti|me|ter (das, -s, -) Höhenmesser [lat.-gr.]
Al|tis|tin (die, -, -nen) Sängerin mit Altstimme
Al|to|cu̱|mu|lus (der, -, -li) Haufenwolke mittlerer Höhe [lat.]
Al|tos|tra|tus auch: Al|to|stra̱|tus/Al|tost|ra̱|tus (der, -, -ti) Schichtwolke mittlerer Höhe [lat.]
Alt|ru|is|mus auch: Al|tru|is|mus (der, -, nur Ez.) Selbstlosigkeit
Alt|ru|ist auch: Al|tru|ist (der, -is̱|ten, -is̱|ten) altruistischer Mensch
alt|ru|is|tisch auch: al|tru|is|tisch (Adj.) selbstlos [lat.-frz.]
Al|tus (der, -, -ti) 1 Männerstimme in Altlage 2 Sänger mit Altstimme [lat.]
A̱|lu (das, -s, nur Ez.) = Aluminium [Kurzwort]
A|lu|mi|ni|um (das, -s, nur Ez.) ein Metall [lat.]
A|lum|nat (das, -s, -e) 1 Schülerheim, das an eine Lehranstalt angeschlossen ist 2 kirchliche Erziehungsanstalt 3 Ausbildungsstätte für Geistliche in Österreich [lat.]
A|lum|ne (der, -n, -n) Schüler im Alumnat
al|ve|o|lär (Adj.) wie eine Alveole, bläschenartig

Al·ve·o·lar (der, -s, -e) mit der Zungenspitze am Zahndamm der oberen Schneidezähne gebildeter Konsonant; z.B. d und t
Al·ve·o·le (die, -, -n) **1** Lungenbläschen **2** Zahnwurzelfach [lat.]
Al·weg·bahn (die, -, -en) eine Einschienenhochbahn
a.m. Abk. für ante meridiem, Uhrzeitangabe für vor 12 Uhr Mittag [engl.]
a·ma·bi·le (Adv.) lieblich (bei Musikstücken)
a·mag·ne·tisch auch: a·ma·gne·tisch (Adj.) nicht magnetisch [gr.-lat.]
Al·mal·gam (das, -s, -e) Quecksilberlegierung (für Zahnfüllungen)
Al·mal·ga·ma·ti·on (die, -, -ti·o·nen) Lösen von Gold aus Erz (mittels Quecksilber) [arab.-nlat.]
a·mal·ga·mie·ren (V.) **1** ein Amalgam herstellen **2** durch Amalgamation gewinnen
A·mant [amã] (der, -s, -s) der Geliebte, der Liebhaber [lat.-frz.]
A·ma·nu·en·sis (der, -, -ses) Schreiber oder Sekretär eines Gelehrten, Gehilfe [lat.]
A·ma·rant (der, -s, -e) **1** südamerik. Getreide **2** eine rote Zierpflanze **3** Violettholz **4** ein Prachtfink [gr.]
A·ma·rel·le (die, -, -n) eine Sauerkirschsorte
A·ma·rum (das, -s, -ra) bitteres Mittel, um die Speichel- und Magensaftabsonderung anzuregen (Med.) [lat.]
A·ma·ryl (der, -s, -e) künstlicher grüner Korund [gr.]
A·ma·ryl·lis (die, -, -len) eine Zierpflanze [gr.]
a·mas·sie·ren (V.) aufhäufen [frz.]
A·ma·teur [-tø:ɐ] (der, -s, -e) Liebhaber; Nichtprofi [frz.]
A·ma·ti (die, -, -s) eine Geige des 16./17. Jahrhunderts [it.]
A·mau·ro·se (die, -, -n) Erblindung ohne jegliche Lichtempfindung [gr.]
A·mau·se (die, -, -n) **1** Email **2** Schmuckstein aus Glas [fr.]
A·ma·zo·ne (die, -, -n) **1** Angehörige eines sagenhaften kriegerischen Frauenvolks **2** Turnierreiterin **3** ein südamerik. Papagei [gr.]
A·ma·zo·nit (der, -s, -e) grüner Schmuckstein
Am·bas·sa·de (die, -, -n) Gesandtschaft, Botschaft
Am·bas·sa·deur [-dø:ɐ] (der, -s, -e) Gesandter, Botschafter
Am·be (die, -, -n) Verbindung zweier Zahlen
Am·ber (der, -s, -) = Ambra [arab.-frz.]
am·bi·dex·ter (Adj.) mit beiden Händen gleich geschickt [lat.]
Am·bi·dex·trie auch: Am·bi·dex·trie (die, -, -n) Beidhändigkeit, gleiche Geschicklichkeit beider Hände [lat.]

Am·bi·en·te (das, -s, nur Ez.) Umgebung, Atmosphäre [it.]
am·big (Adj.) zweideutig [frz.]
Am·bi·gu·i·tät (die, -, nur Ez.) Zweideutigkeit, Doppelsinnigkeit [frz.]
Am·bi·ti·on (die, -, -ti·o·nen) Ehrgeiz [lat.]
am·bi·ti·o·niert (Adj.) ehrgeizig [lat.]
am·bi·ti·ös (Adj) geltungsbedürftig [lat.-frz.]
Am·bi·tus (der, -, -) Tonumfang [lat.]
am·bi·va·lent (Adj.) doppelwertig, zwiespältig [lat.]
Am·bi·va·lenz (die, -, -en) das Ambivalentsein
Am·bly·go·nit auch: Amb·ly·go·nit (der, -s, nur Ez.) Mineral zur Erzeugung von Lithiumsalzen [gr.-lat.]
Am·bo (der, -s, -s) **1** = Ambe (österr.) **2** Lesepodest (Kirche) [gr.]
Am·bon (der, -s, -en) = Ambo (**2**)
Am·bo·zep·tor (der, -s, -en) im Blutserum enthaltener Schutzstoff [lat.]
Amb·ra auch: Am·bra (das oder der, -s, -s) Ausscheidung des Pottwals, Parfümerierohstoff [arab.]
Amb·ro·sia auch: Am·bro·sia (die, -, nur Ez.) Unsterblichkeit verleihende Speise griechischer Götter
amb·ro·sisch auch: am·bro·sisch (Adj.) göttlich; köstlich [gr.]
am·bu·lant (Adj.) **1** umherziehend; z.B. ambulanter Handel **2** während der Sprechstunde; z.B. ambulante medizinische Versorgung [lat.]
Am·bu·lanz (die, -, -en) Einrichtung für ambulante Behandlung (Krankenwagen, eine Krankenhausstation)
Am·bu·la·to·ri·um (das, -s, -ri·en) = Ambulanz
am·bu·lie·ren (V.) spazieren gehen, lustwandeln [lat.-frz.]
A·me·lie (die, -, -n) angeborenes Fehlen von Gliedmaßen [gr.]
A·me·li·o·ra·ti·on (die, -, -ti·o·nen) Bodenverbesserung [frz.]
a·me·li·o·rie·ren (V.) den Boden verbessern
a·men (Adv.) Gebetsschlusswort [hebr.]
A·men·de·ment [amãdɛmã] (das, -s, -s) Änderungs-, Ergänzungsantrag [frz.]
a·men·die·ren (V.) ein Amendement einreichen
A·mend·ment [amãd-] (das, -s, -s) = Amendement [frz.-engl.]
A·me·nor·rhö (die, -, -en) Ausbleiben der Menstruation [gr.]
A·men·tia [-tsja] (die, -, -ti·en) hilfloses Verwirrtsein [lat.]
A·menz (die, -, -zi·en) = Amentia
A·me·ri·can way of life [əmɛrɪkən weɪ əv laɪf] (der, -, nur Ez.) der amerikanische Le-

bensstil (häufig auch ironisch verwendet) [engl.]
A'me'ri'ci'um (das, -s, nur Ez.) ein künstliches Element [nlat.]
a'me'ri'ka'ni'sie'ren (V.) nach dem Vorbild der USA umgestalten [nlat.]
A'me'ri'ka'nis'mus (der, -, -men) aus den USA übernommene Spracherscheinung
A'me'ri'ka'nist (der, -nis'ten, -nis'ten) jmd., der sich mit Amerikanistik beschäftigt
A'me'ri'ka'nis'tik (die, -, nur Ez.) Wissenschaft von der Urbevölkerung Nordamerikas, der Geschichte u. Sprache der USA [nlat.]
a'me'ri'ka'nis'tisch (Adj.) zur Amerikanistik gehörig
Ames-Test [eɪmz-] (der, -s, -s) Schnelltest zur Untersuchung der mutagenen (Krebs erzeugenden) Wirkung eines Stoffes [engl.]
a me'tà Gewinn und Verlust zu gleichen Teilen [it.]
a'me'tho'disch (Adj.) ohne Plan, ohne jede Methode [gr.]
A'me'tho'dist (der, -dis'ten, -dis'ten) jmd., der ohne Plan, ohne Methode vorgeht, Pfuscher [gr.]
A'me'thyst [-tyst] (der, -s, -e) violettes Mineral, Schmuckstein [gr.]
A'met'rie auch: A'me'trie (die, -, -n) Missverhältnis, Ungleichmäßigkeit [gr.]
A'meu'ble'ment [amœbləmã] (das, -s, -s) Zimmer- und Wohnungseinrichtung [frz.]
Am'hi'mi'xis (die, -, nur Ez.) Erbanlagenmischung (bei der Amphigonie) [gr.]
A'mi (der, -s, nur Ez.) 1 Amerikaner (in der Umgangssprache) 2 amerikanische Zigarette
A'mi'ant (der, -s, nur Ez.) Asbestart [gr.-lat.]
A'mid (das, -s, -e) basenähnliche Ammoniakverbindung [gr.]
A'mi'mie (die, -, -n) 1 maskenhafte Gesichtsstarre (Med.) 2 Unfähigkeit sich mimisch auszudrücken 3 Nichtverstehen der Mimik anderer (Med.) [gr.-lat.]
A'min (das, -s, -e) Ammoniakverbindung mit organischen Molekülgruppen; z.B. der wichtige Ausgangsstoff Anilin [gr.-lat.]
A'mi'to'se (die, -, -n) direkte Zellkernverteilung [gr.]
Am'mo'ni'ak (das, -s, nur Ez.) ein Wasserstoff-Stickstoff-Gas [gr.]
am'mo'ni'a'ka'lisch (Adj.) ammoniakhaltig
Am'mo'nit (der, -en, -en) fossiler Kopffüßer [ägypt.-nlat.]
Am'mo'ni'um (das, -s, nur Ez.) chem. Gruppe aus Stickstoff u. Wasserstoff [gr.-nlat.]
Am'ne'sie (die, -, -n) Erinnerungsverlust, Gedächtnisschwund [gr.]
Am'nes'tie (die, -, -n) Straferlass [gr.]
am'nes'tie'ren (V.) Amnestie gewähren

Am'ni'on (das, -s, nur Ez.) Embryonalhülle
Am'ni'os'kop auch: Am'ni'o'skop (das, -(e)s, -e) konisches Rohr zur Durchführung der Amnioskopie [gr.-lat.]
Am'ni'os'ko'pie auch: Am'ni'o'sko'pie (die, -, -n) Fruchtwasseruntersuchung [gr.]
Am'ni'o'te (der, -n, -n) sich mit Amnion entwickelndes Wirbeltier [gr.]
am'ni'o'tisch (Adj.) sich mit Amnion entwickelnd [gr.]
A'mö'be (die, -, -n) Wechseltierchen [gr.]
A'mö'bi'a'sis (die, -, -i'a'sen) Erkrankung durch Amöbenbefall [gr.-lat.]
a'mö'bo'id (Adj.) amöbenartig [gr.-lat.]
A'mok (der, -s, nur Ez.) blinde Wut [malai.]
A'mom (das, -s, -e) Gewürzpflanze der Tropen [gr.-lat.]
a'mön (Adj.) lieblich, anmutig [lat.]
A'mö'ni'tät (die, -, nur Ez.) Lieblichkeit, Anmut
A'mö'no'ma'nie (die, -, nur Ez.) krankhafte Heiterkeit [lat.-gr.]
A'mo'ral (die, -, nur Ez.) Unmoral [gr.-lat.]
a'mo'ra'lisch (Adj.) unmoralisch [gr.-lat.]
A'mo'ra'lis'mus (die, -, nur Ez.) amoralische Einstellung
A'mo'ra'li'tät (die, -, nur Ez.) amoralische Lebensführung
A'mor'ces (nur Mz.) 1 Abfallstücke von belichtetem Filmmaterial 2 Zündhütchen für Spielzeugpistolen [lat.-frz.]
A'mo'ret'te (die, -, -n) nackte, geflügelte Knabendarstellung
A'mor fa'ti Liebe zum Schicksal [lat.]
a'mo'ro'so (Adv.) schmachtend (bei Musikstücken) [it.]
a'morph (Adj.) formlos [gr.]
A'mor'phie (die, -, -n) Formlosigkeit [gr.]
a'mor'ti'sa'bel (Adj.) tilgbar [lat.-frz.]
A'mor'ti'sa'ti'on (die, -, -ti'o'nen) Tilgung [lat.]
a'mor'ti'sie'ren (V.) tilgen [lat.]
A'mou'ren [amu:-] (nur Mz.) Liebschaften, Liebeleien [frz.]
a'mou'rös [amu-] (Adj.) zu einer Liebschaft gehörig, verliebt [frz.]
Am'pel (die, -, -n) 1 Hängelampe 2 Verkehrssignalanlage [lat.]
Am'pe'lo'gra'phie (die, -, nur Ez.) Rebsortenkunde, Beschreibung der Traubensorten [gr.-lat.]
Am'pere [-pɛːr] (das, -(s), -) Maßeinheit der Stromstärke [frz.]
Am'phe'ta'min auch: Am'phetˈaˈmin (das, -s, -e) den anregendes, dem körpereigenen Adrenalin ähnliches Präparat [Kurzwort]
Am'phi'bie [-biə] (die, -, -n) Lurch [gr.]

am|phi|bisch (Adj.) **1** zu den Amphibien gehörig **2** zu Land und Wasser (einsetzbar)
Am|phi|bi|um (das, -s, -bi|en) = Amphibie
Am|phi|bol (der, -s, -e) dunkles Mineral [gr.]
Am|phi|bo|lie (die, -, -n) Mehrdeutigkeit (eines Wortes) innerhalb eines Sinnzusammenhangs; z.B. Autos von Russen beschlagnahmt. (Ist der russische Besitzer gemeint, oder eine Beschlagnahmung seitens russischer Zöllner?) [gr.]
Am|phib|ra|chys auch: Am|phi|bra|chys (der, -, -) dreisilbiger Versfuß in der antiken Metrik [gr.-lat.]
Am|phid|ro|mie auch: Am|phi|dro|mie (die, -, -n) kreisförmig verlaufende Gezeitenbewegung, die durch die Überlagerung der Gezeitenströme entsteht [gr.-lat.]
Am|phi|go|nie (die, -, -n) zweigeschlechtliche Fortpflanzung [gr.]
am|phi|karp (Adj.) zur Amphikarpie fähig [gr.-lat.]
Am|phi|kar|pie (die, -, nur Ez.) **1** das Hervorbringen zweierlei Fruchtformen an einer Pflanze **2** das Reifen der Früchte über und unter der Erde [gr.-lat.]
Am|phik|ra|mie auch: Am|phi|kra|mie (die, -, -n) beidseitiger Kopfschmerz (Med.) [gr.-lat.]
Am|phik|ty|o|ne auch: Am|phi|kty|o|ne (der, -n, -n) Angehöriger einer Amphiktyonie [gr.-lat.]
Am|phik|ty|o|nie auch: Am|phi|kty|o|nie (die, -, -n) kultischer und politischer Zusammenschluss von benachbarten Staaten oder Stämmen, die ein gemeinsames Heiligtum verehren (antikes Griechenland) [gr.]
Am|phi|ma|cer (der, -s, -) dreisilbiger Versfuß in der antiken Metrik [gr.-lat.]
Am|phi|ma|zer (der, -s, -) = Amphimacer
Am|phio|le (die, -, -n) eine Kombination aus einer Heilmittelampulle und einer Injektionsspritze
Am|phi|o|xus (der, -, nur Ez.) Lanzettfisch [gr.-lat.]
am|phip|neus|tisch auch: am|phi|pneus|tisch (Adj.) zwei Atemöffnungen, vorne und hinten, aufweisend [gr.-lat.]
Am|phi|pode (der, -n, -n) Flohkrebs [gr.]
Am|phip|ros|ty|los auch: Am|phi|pros|ty|los (der, -, -ty|len) griechischer Tempel mit Säulenvorbauten an der Vorder- und Rückseite [gr.]
Am|phi|the|a|ter (das, -s, -) Theater im Freien mit ansteigenden, (halb)kreisförmig um die Bühne angeordneten Sitzreihen [gr.]
am|phi|the|a|t|ra|lisch auch: am|phi|the|a|tra|lisch (Adj.) zum Amphitheater gehörend

Am|pho|re (die, -, -n) antikes Gefäß mit zwei Henkeln [gr.]
am|pho|ter (Adj.) basisch oder sauer reagierend [gr.]
Am|phot|ro|pin auch: Am|pho|tro|pin (das, -s, nur Ez.) Mittel gegen Entzündungen des Harnwegs
Amp|li|dy|ne auch: Am|pli|dy|ne (die, -, -n) besondere elektrische Gleichstrommaschine [lat.-gr.]
Amp|li|fi|ka|ti|on auch: Am|pli|fi|ka|ti|on (die, -, -ti|o|nen) Erweiterung (eines Gedankens) [lat.]
amp|li|fi|zie|ren auch: am|pli|fi|zie|ren (V.) erweitern, erweitert darlegen [lat.]
Amp|li|tu|de auch: Am|pli|tu|de (die, -, -n) größter Schwingungsausschlag [lat.]
Am|pul|le (die, -, -n) beidseitig verschmolzenes Glasröhrchen [lat.]
Am|pu|ta|ti|on (die, -, -ti|o|nen) Abtrennung eines Körperteils [lat.]
am|pu|tie|ren (V.) abtrennen (einen Körperteil) [lat.]
A|mu|lett (das, -(e)s, -e) Gegenstand, der zur Unheilabwehr getragen wird [lat.]
a|mü|sant (Adj.) unterhaltsam [frz.]
A|mü|se|ment [-mã] (das, -s, -s) unterhaltsamer Zeitvertreib [frz.]
a|mü|sie|ren (V.) unterhalten, vergnügen
a|mu|sisch (Adj.) nicht musisch [gr.]
A|myg|da|lin (das, -s, nur Ez.) blausäurehaltiges Glykosid (in Bittermandeln, Apfelkernen) [gr.]
a|my|la|id (Adj.) stärkeähnlich
A|my|lo|id (das, -s, -e) krankhafter Eiweißkörper im Organgewebe [gr.]
a|my|thisch (Adj.) ohne jeden Mythos [gr.-lat.]
A|na|bap|tis|mus (der, -, nur Ez.) Wiedertäufertum [gr.]
a|na|ba|tisch (Adj.) aufsteigend [gr.-lat.]
A|na|bi|o|se (die, -, nur Ez.) herabgesetzter Stoffwechselzustand [gr.]
a|na|bol die Anabolie betreffend [gr.-lat.]
A|na|bo|lie (die, -, -n) **1** Aufbaustoffwechsel **2** die Aneignung neuer Merkmale in der individuellen Entwicklung [gr.-lat.]
A|na|bo|li|kum (das, -s, -ka) Muskelaufbaupräparat aus androgenen Hormonen [gr.-lat.]
A|na|cho|ret [-ko-] (der, -en, -en) Einsiedler [gr.-lat.]
A|na|chro|nis|mus [-kro-] (der, -, -men) **1** veraltete Einrichtung **2** Zeitverwechslung
a|na|chro|nis|tisch (Adj.) unzeitgemäß [gr.]
A|na|ci|di|tät (die, -, nur Ez.) das Fehlen von freier Salzsäure im Magensaft (Med.) [gr.-lat.]
A|na|dip|lo|se auch: A|na|di|plo|se (die, -, -n) Wiederholung des letzten Wortes oder der letzten Wortgruppe eines Verses oder Satzes

zu Beginn des nächsten Verses oder Satzes aus Gründen der Verstärkung der Bedeutung oder des Klanges [gr.-lat.]

A|na|dip|lo|sis *auch:* A|na|di|plo|sis (die, -, -sen) = Anadiplose [gr.-lat.]

an|a|e|rob (Adj.) **1** ohne Sauerstoff lebend **2** ohne Sauerstoff ablaufend [gr.]

An|a|e|ro|bi|er (der, -s, -) niederes Lebewesen, das ohne Sauerstoff existieren kann [gr.-lat.]

An|a|e|ro|bi|ont (der, -en, -en) niederes Lebewesen, das ohne Sauerstoff existieren kann [gr.-lat.]

An|a|e|ro|bi|o|se (die, -, nur Ez.) Bezeichnung für Lebensvorgänge, die vom Sauerstoff unabhängig verlaufen [gr.-lat.]

A|na|ge|ne|se (die, -, nur Ez.) Höherentwicklung innerhalb einer Stammesgeschichte (Bio.) [gr.-lat.]

A|nag|ly|phen *auch:* A|na|gly|phen (nur Mz.) Bilder, die in den Komplementärfarben verschoben übereinander gedruckt oder projiziert sind und beim Betrachten durch eine Farbfilterbrille räumlich erscheinen [gr.-lat.]

A|nag|no|ri|sis *auch:* A|na|gno|ri|sis (die, -, nur Ez.) das Wiedererkennen von Freunden oder Verwandten als Element der Dramatik in der antiken Tragödie [gr.]

A|na|go|ge (die, -, nur Ez.) **1** Emporführung des Eingeweihten zur Schau der Gottheit **2** Erläuterung eines Textes, indem ein höherer Sinn hineininterpretiert wird [gr.-lat.]

a|na|go|gisch (Adj.) die Anagoge betreffend

A|na|gramm (das, -s, -e) Umstellung von Buchstaben zu neuem Wortsinn; z.B. Horst – Stroh [gr.]

a|na|gramm|ma|tisch (Adj.) wie ein Anagramm

A|na|kar|die (die, -, -n) Holzgewächs der Tropen [gr.-lat.]

A|nak|la|sis *auch:* A|na|kla|sis (die, -, nur Ez.) Vertauschung von Längen und Kürzen, die benachbarten, verschiedenen Versfüßen angehören [gr.]

a|nak|li|ti|sche De|pres|si|on *auch:* a|na|kli|ti|sche De|pres|si|on (die, -n -, nur Ez.) außergewöhnliche Form des Hospitalismus bei Säuglingen und Kleinkindern [gr.-lat.]

A|na|ko|luth (das oder der, -s, -e) Durchbrechung der üblichen Satzkonstruktion, Satzbruch (als Stilmittel) [gr.]

A|na|kon|da (die, -, -s) südamerikanische Riesenschlange [ind.]

A|nak|re|on|tik *auch:* A|na|kre|on|tik (die, -, nur Ez.) Wein, Liebe und Lebensgenuss als Literaturthematik [gr.]

A|nak|ru|sis *auch:* A|na|kru|sis (die, -, -sen) Auftakt, unbetonte Anfangssilbe eines Verses [gr.-lat.]

A|na|ku|sis (die, -, nur Ez.) Taubheit (Med.) [gr.-lat.]

a|nal (Adj.) **1** zum After gehörig **2** am Afterinteressiert; z.B. anale Kindheitsphase [lat.]

A|nal|cim *auch:* An|al|cim (das, -s, nur Ez.) Mineral, das grau, fleischrot oder farblos sein kann [gr.-lat.]

A|na|lek|ten (nur Mz.) gesammelte Auszüge aus Dichterwerken [gr.]

A|na|lep|ti|kum (das, -s, -ka) Belebungsmittel

a|na|lep|tisch (Adj.) belebend [gr.]

A|nal|e|ro|tik (die, -, nur Ez.) sexuelles Interesse am After [lat.-gr.]

A|nal|fis|tel (die, -, -n) Mastdarm- oder Afterfistel [lat.]

A|nal|ge|sie *auch:* An|al|ge|sie (die, -, -n) Schmerzlosigkeit [gr.]

A|nal|ge|ti|kum *auch:* An|al|ge|ti|kum (das, -s, -ka) schmerzstillendes Mittel [gr.-nlat.]

a|nal|ge|tisch *auch:* an|al|ge|tisch (Adj.) schmerzstillend [gr.]

A|nal|gie *auch:* An|al|gie (die, -, -n) = Analgesie

a|nal|lak|tisch *auch:* an|al|lak|tisch (Adj.) unveränderlich [gr.-lat.]

a|na|log (Adj.) entsprechend [gr.]

A|na|lo|gie (die, -, -n) Entsprechung [gr.]

A|na|lo|gis|mus (der, -, -men) logischer Schluss durch Analogie [gr.-nlat.]

A|na|lo|gon (das, -s, -ga) ähnlicher Fall [gr.]

An|al|pha|bet (der, -en, -en) Lese- und Schreibunkundiger [gr.]

A|nal|ver|kehr (der, -s, nur Ez.) Einführen des Penis in den After eines Menschen oder eines Tieres

A|na|ly|sand (der, -en, -en) jmd., der psychologisch analysiert wird

A|na|ly|sa|tor (der, -s, -to|ren) **1** jmd., der eine psychotherapeutische Behandlung durchführt **2** Messeinrichtung zum Nachweis linear polarisierten Lichts (Phys.) **3** Vorrichtung zum Zerlegen einer Schwingung in harmonische Schwingungen (Phys.) [gr.-lat.]

A|na|ly|se (die, -, -n) systematisch-zergliedernde Untersuchung [gr.]

a|na|ly|sie|ren (V.) durch Analyse untersuchen

A|na|ly|sis (die, -, nur Ez.) analysierende Mathematik

A|na|ly|tik (die, -, nur Ez.) Kunst der Analyse

a|na|ly|tisch (Adj.) mittels Analyse, zerlegend

A|nä|mie *auch:* An|ä|mie (die, -, -n) Blutarmut [gr.]

anämisch — 37 — **anatomisch**

a'nä'misch *auch:* an'ä'misch (Adj.) blutarm [gr.]
A'nam'ne'se *auch:* A'na'mne'se (die, -, -n) Krankheitsvorgeschichte [gr.]
A'nam'ne'sis *auch:* A'na'mne'sis (die, -, -sen) Wiedererinnerung der Seele an die Zeit vor der Geburt, an Wahrheiten, die vor der Vereinigung von Körper und Seele geschaut wurden (Philos.) [gr.-lat.]
a'nam'nes'tisch *auch:* a'na'mnes'tisch (Adj.) = anamnetisch
a'nam'ne'tisch *auch:* a'na'mne'tisch (Adj.) zur Anamnese gehörig
A'nam'ni'er *auch:* An'am'ni'er/A'na'mni'er (der, -s, -) Wirbeltier ohne Amnion [gr.]
A'na'mor'phot (der, -en, -en) Linse zur Entzerrung von Abbildungen, die bewusst verzerrt hergestellt worden waren [gr.-lat.]
A'na'nas (die, -, -) **1** ein Bromeliengewächs **2** dessen Frucht **3** große Gartenerdbeere (veraltend) [indian.-portugies.]
A'nan'kas'mus *auch:* An'an'kas'mus (der, -, -men) eine Zwangsneurose [gr.]
A'nan'ke *auch:* An'an'ke (die, -, nur Ez.) schicksalhafte Macht [gr.]
A'nan'ta'po'do'ton *auch:* An'an'ta'po'doton/A'nant'a'po'do'ton/An'ant'a'po'do'ton (das, -, -ta) das Fehlen des durch die zweite Konjunktion eingeleiteten Satzes bei Sätzen mit zweigliedrigen Konjunktionen [gr.]
A'na'nym (das, -s, -e) spezielle Form des Pseudonyms, bei der der tatsächliche Name rückwärts geschrieben wird [gr.-lat.]
A'na'päst (der, -s, -päs'te) Versfuß aus zwei unbetonten Silben und einer betonten Silbe [gr.]
A'na'pha'se (die, -, -n) bestimmtes Stadium bei der Zellkernteilung [gr.-lat.]
A'na'pher (die, -, -n) Wiederholung des Anfangswortes (als Stilmittel); z.B. Das Wasser rinnt, das Wasser spinnt. [gr.]
A'na'pho'ra (die, -, -rä) = Anapher
a'na'pho'risch (Adj.) wie eine Anapher
A'naph'ro'di'si'a'kum *auch:* A'na'phro'dis'i'a'kum/An'aph'ro'di'si'a'kum (das, -s, -ka) Mittel, das den Geschlechtstrieb vermindert [gr.-lat.]
A'nap'ty'xe *auch:* A'na'pty'xe (die, -, -xi'en) Bildung eines sogenannten Sprossvokals zwischen zwei Vokalen [gr.]
A'nar'chie *auch:* An'ar'chie (die, -, -n) Gesetzlosigkeit [gr.]
a'nar'chisch *auch:* an'ar'chisch (Adj.) gesetzlos [gr.]
A'nar'chis'mus *auch:* An'ar'chis'mus (der, -, nur Ez.) politische Bewegung zur Aufhebung der Staatseinrichtungen [gr.-nlat.]
A'nar'chist *auch:* An'ar'chist (der, -chis'ten, -chis'ten) Anhänger des Anarchismus
a'nar'chis'tisch *auch:* an'ar'chis'tisch (Adj.) zum Anarchismus gehörig
A'nä're'sis *auch:* An'ä're'sis (die, -, -sen) in der antiken Rhetorik die Entkräftung eines Arguments [gr.]
A'narth'rie *auch:* A'nar'thrie/An'arth'rie/An'ar'thrie (die, -, -rien) Unfähigkeit, Laute und Wörter trotz korrekt funktionierender Sprechorgane richtig zu bilden [gr.-lat.]
A'na'sar'ka (die, -, nur Ez.) Hautwassersucht [gr.-lat.]
A'nas'ta'sis (die, -, nur Ez.) künstlerische Darstellung der Auferstehung des Herrn [gr.-lat.]
a'nas'ta'tisch (Adj.) wieder auffrischend, erneuernd [gr.-lat.]
A'nas'them (das, -s, -e) = Anathema
A'näs'the'sie *auch:* An'äs'the'sie (die, -, -n) **1** Betäubung (durch Narkose) **2** Schmerzunempfindlichkeit [gr.]
a'näs'the'sie'ren *auch:* an'äs'the'sie'ren (V.) betäuben; schmerzunempfindlich machen [gr.]
A'näs'the'sist *auch:* An'äs'the'sist (der, -sisten, -sis'ten) Narkosearzt
A'näs'the'ti'kum *auch:* An'äs'the'ti'kum (das, -s, -ka) schmerzstillendes Mittel [gr.-nlat.]
a'näs'the'tisch *auch:* an'äs'the'tisch (Adj.) Anästhesie bewirkend, zu ihr gehörig
a'näs'the'ti'sie'ren *auch:* an'äs'the'ti'sie'ren (V.) = anästhesieren
A'nas'tig'mat *auch:* An'as'tig'mat (der, -en, -en oder das, -s, -e) fotografisches Objektiv [gr.-lat.]
A'nas'to'mo'se (die, -, -n) Querverbindung (von Organen) [gr.]
A'nas'tro'phe *auch:* A'nas'tro'phe/A'na'strophe (die, -, -n) Umkehrung der üblichen Stellung der Wörter, insbesondere Präposition und Hauptwort im Satz [gr.-lat.]
A'na'te'xis (die, -, nur Ez.) tektonisches Phänomen, das ein Schmelzen der Gesteine in der Erde bewirkt [gr.]
A'na'the'ma (das, -s, -ma'ta) Kirchenbann [gr.]
A'na'tol (der, -s, -s) handgeknüpfter Teppich
A'na'tom (der, -en, -en) jmd., der sich mit Anatomie beschäftigt
A'na'to'mie (die, -, -n) **1** (nur Ez.) Wissenschaft vom Körperbau **2** Lehrbuch darüber **3** Universitätsinstitut dafür [gr.]
a'na'to'misch (Adj.) zur Anatomie gehörig; zergliedernd

Ana|to|zis|mus (der, -, -men) Zinsverzinsung [gr.-lat.]
a|nat|rop *auch:* a|na|trop(Adj.) gegenläufig, umgewendet [gr.-lat.]
a|na|xi|al *auch:* an|a|xi|al (Adj.) nicht in Achsenrichtung
a|na|zyk|lisch *auch:* a|na|zy|klisch (Adj.) Wörter, die vorwärts und rückwärts gelesen den gleichen Wortlaut ergeben [gr.-lat.]
ANC (der, -, nur Ez.) Abk. für »African National Congress«, polit. Partei der Schwarzen in Südafrika
An|cho|vis [-ʃo:-] (die, -, -) = Anschovis
An|ci|en|ni|tät [ãsjεnnität] (die, -, -en) 1 Auswahl nach dem Alter 2 Dienstalter, Reihenfolge nach Dienstalter [frz.]
An|ci|en|ni|täts|prin|zip (das, -s, nur Ez.) Regelung, wonach der Dienstälteste Vorrang hat bei Beförderungen etc.
An|ci|en Ré|gime [ãsjε reʃim] (das, - -, nur Ez.) 1 Bezeichnung für das Herrschafts- und Gesellschaftssystem in Frankreich vor der Französischen Revolution 2 Bezeichnung für Gesellschaft und Staat in Europa zwischen dem 17. und dem 18. Jh. [frz.]
An|da|lu|sit (der, -s, -e) Aluminiumsilikat, Kreuzstein mit braungelblichen Kristallen [lat.]
an|dan|te (Adv.) mäßig langsam (bei Musikstücken) [it.]
an|dan|ti|no (Adv.) etwas schneller als andante [it.]
An|de|sin (der, -s, nur Ez.) Gestein bildendes Mineral, Feldspat [lat.]
An|de|sit (der, -s, nur Ez.) vulkanisches Gestein.
an|din (Adj.) zu den Anden gehörig [nlat.]
an|do|cken (V.) ankoppeln [dt.-engl.]
An|dor|ra|ner (der, -s, -) Ew. Andorras
an|dor|ra|nisch (Adj.) zu Andorra gehörig
And|ra|go|gik *auch:* An|dra|go|gik (die, -, nur Ez.) die Wissenschaft von der Erwachsenenbildung [gr.-lat.]
And|ro|gen *auch:* An|dro|gen (das, -s, -e) in der Nebennierenrinde erzeugtes, die sekundären männlichen Geschlechtsmerkmale bewirkendes Hormon [gr.]
an|dro|gyn *auch:* An|dro|gyn (Adj.) 1 Androgynie aufweisend 2 männliche und weibliche Blüten an einem Blütenstand ausbildend [gr.-lat.]
And|ro|gy|nie *auch:* An|dro|gy|nie (die, -, nur Ez.) 1 Vermischung der männlichen und weiblichen Geschlechtsmerkmale in einer Person 2 Zwitterbildung bei Pflanzen [gr.-lat.]
And|ro|i|de *auch:* An|dro|i|de (der, -n, -n) einem Menschen in Aussehen und Bewegung ähnelnde Maschine [gr.-lat.]
And|ro|lo|gie *auch:* An|dro|lo|gie (die, -, nur Ez.) Männerheilkunde [gr.]
A|nek|do|te *auch:* an|ek|do|te (die, -, -n) kurze, witzige Erzählung, die eine Persönlichkeit charakterisiert
a|nek|do|tisch *auch:* an|ek|do|tisch (Adj.) wie eine Anekdote [gr.]
A|ne|mo|cho|ren (nur Mz.) Pflanzen, deren Samen vom Wind verbreitet wird [gr.-lat.]
A|ne|mo|ga|mie (die, -, nur Ez.) Windbestäubung [gr.-lat.]
A|ne|mo|me|ter (das, -s, -) Windmesser [gr.]
A|ne|mo|ne (die, -, -n) ein Hahnenfußgewächs, Buschwindröschen [gr.]
An|en|ze|pha|lie (die, -, nur Ez.) Fehlen des Gehirns von Geburt an [gr.]
Ä|ne|o|li|thi|kum *auch:* Än|e|o|li|thi|kum (das, -s, nur Ez.) Phase der Jungsteinzeit
An|epi|gra|pha (nur Mz.) Schriften ohne Titel [gr.]
An|er|gie (die, -, -n) 1 Energielosigkeit 2 Reizunempfindlichkeit 3 Energieverlust [gr.]
an|er|gisch (Adj.) 1 energielos 2 reizunempfindlich [gr.]
A|ne|ro|i|ol (das, -s, -e) Dosenbarometer [gr.]
A|neu|rin *auch:* An|eu|rin (das, -s, nur Ez.) Vitamin B1 [Kurzwort]
A|neu|rys|ma *auch:* An|eu|rys|ma (das, -s, -men oder -ma|ta) örtliche Arterienerweiterung [gr.]
An|ge|li|ka (die, -, -s) Engelwurz [lat.]
An|gi|i|tis (die, -, -i|ti|den) Blutgefäßentzündung [gr.-lat.]
An|gi|na (die, -, -nen) fieberhafte Mandelentzündung
An|gi|na pec|to|ris (die, - -, nur Ez.) Schmerzanfall nach Verengung der Herzkranzgefäße [lat.]
An|gi|o|gra|phie (die, -, -n) Röntgendarstellung der Blutgefäße [gr.]
An|gi|o|lo|gie (die, -, nur Ez.) Lehre von den Blutgefäßen [gr.]
An|gi|o|sper|men (nur Mz.) eine Pflanzengruppe, Bedecktsamer [gr.]
Ang|lai|se *auch:* An|glai|se [ãglε:z] (die, -, -n) Gesellschaftstanz des 18./19. Jahrhunderts [frz.]
ang|li|ka|nisch *auch:* an|gli|ka|nisch (Adj.) zur englischen Staatskirche gehörig [nlat.]
ang|li|sie|ren *auch:* an|gli|sie|ren(V.) nach englischer Art gestalten [nlat.]
Ang|list *auch:* An|glist (der, -en, -lis|ten) jmd., der sich mit Anglistik beschäftigt
Ang|li|zis|mus *auch:* An|gli|zis|mus (der, -, -men) aus dem Englischen übernommene Spracherscheinung [nlat.]

Ang|lo|a|me|ri|ka|ner *auch:* An|glo|a|me|ri|ka|ner (der, -s, -) Amerikaner englischer Abstammung [nlat.]

ang|lo|phil *auch:* an|glo|phil (Adj.) englandfreundlich [nlat.-gr.]

Ang|lo|phi|lie *auch:* An|glo|phi|lie (die, -, nur Ez.) Englandvorliebe [nlat.-gr.]

Ang|lo|pho|bie *auch:* An|glo|pho|bie (die, -, nur Ez.) Abneigung gegen alles Englische

An|go|la|ner (der, -s, -) Ew. Angolas

an|go|la|nisch (Adj.) zu Angola gehörig

An|goph|ra|sie *auch:* An|go|phra|sie (die, -, -n) stakkatohaftes Sprechen, wobei unartikulierte Laute eingeschoben werden [lat.-gr.]

An|go|ra (das, -s, nur Ez.) lange Haarwolle; früherer Name von Ankara

An|gos|tu|ra (der, -s, -s) Bitterlikör [span.]

Ang|ry young men *auch:* An|gry young men [æŋgrɪ jʌŋ men] (nur Mz.) Anhänger einer literarischen Richtung in England in den 50er Jahren [engl.]

Angs|ter (der, -s, nur Ez.) Trinkglas aus dem 15. und 16. Jh. [lat.]

Angst|neu|ro|se (die, -, -n) Angstzustände, die auf seelische Störungen zurückgehen

Ängs|tröm *auch:* Ångst|röm/Äng|ström (das, -(s), -) frühere Maßeinheit der Wellenlänge [schwed.]

an|gu|lar (Adj.) winklig, eckig [lat.]

An|he|do|nie (die, -, nur Ez.) sexuelle Empfindungslosigkeit (Med.) [gr.-lat.]

An|hyd|rid *auch:* An|hy|drid (das, -s, -e) durch Wasserentzug entstehendes Oxid [gr.]

An|hyd|rit *auch:* An|hy|drit (der, -s, -e) ein Mineral [gr.]

Ä|nig|ma (das, -s, -ta) Rätsel [gr.-lat.]

ä|nig|ma|tisch (Adj.) rätselhaft

ä|nig|ma|ti|sie|ren (V.) etwas rätselhaft ausdrücken

A|ni|lin (das, -s, nur Ez.) eine Flüssigkeit, Ausgangsstoff für Farben [arab.-frz.]

a|ni|ma|lisch (Adj.) tierisch [lat.]

A|ni|ma|lis|mus (der, -, nur Ez.) religiöse Tierverehrung [lat.]

A|ni|ma|li|tät (die, -, nur Ez.) das Tiersein [lat.]

A|ni|ma|teur [-tø:ɐ] (der, -s, -e) jmd., der Touristen am Urlaubsort mit Aktivspielen unterhält [frz.]

a|ni|ma|to (Adv.) beseelt (Musikstücke) [it.]

A|ni|ma|tor (der, -s, -en) **1** Trickfilmzeichner **2** = Animateur [lat.]

A|ni|mier|da|me (die, -, -n) Barfrau, die zum Trinken animiert

a|ni|mie|ren (V.) ermuntern [frz.]

A|ni|mis|mus (der, -, nur Ez.) religiöse Vorstellung von einer beseelten Natur [lat.]

A|ni|mo (das, -(s), nur Ez.) Schwung (österr.)

A|ni|mo|si|tät (die, -, nur Ez.) Widerwille, Abneigung [frz.]

A|ni|mus (der, -, -mi) Gefühl, Neigung [lat.]

An|i|on (das, -s, i|o|nen) negativ geladenes Ion

A|nis (*auch:* A|nis) (der, -es, -e) ein Gewürz [gr.]

A|ni|sette [-zɛt] (der, -s, -s) Anislikör [gr.-frz.]

A|nis|öl (das, -s, nur Ez.) ätherisches Öl des Anis

a|ni|sot|rop *auch:* an|i|so|trop (Adj.) richtungsabhängig [gr.]

An|ka|the|te (die, -, -n) eine der beiden Seiten, die die Schenkel eines rechtwinkligen Dreiecks bilden [dt.-gr.-lat.]

An|ke|pen|di|um (das, -s, -di|en) Verkleidung des Altarunterbaus [lat.]

An|ky|lo|se (die, -, -n) Gelenkversteifung

An|na|len (nur Mz.) Jahrbücher [lat.]

An|na|lin (das, -s, nur Ez.) feiner Gips [lat.]

An|na|list (der, -lis|ten, -lis|ten) Verfasser von Jahrbüchern [lat.]

an|nek|tie|ren (V.) gewaltsam aneignen (fremdes Staatsgebiet) [lat.]

An|ne|li|de (der, -n, -n) Ringelwurm [lat.]

An|nex (der, -es, -e) Anhang [lat.]

An|ne|xi|on (die, -, -xi|o|nen) das Annektieren

an|ni cur|ren|tis laufenden Jahres [lat.]

An|ni|hi|la|ti|on (die, -, -ti|o|nen) Nichtigkeitserklärung [lat.]

An|ni|ver|sar (das, -s, -e) jährliche Gedächtnisfeier (der kath. Kirche) [lat.]

An|ni|ver|sa|ri|um (das, -s, -ri|en) = Anniversar

an|no, An|no im Jahre [lat.]

an|no Do|mi|ni, An|no Do|mi|ni nach Christi Geburt, im Jahr des Herrn [lat.]

An|non|ce [anɔ̃sə] (die, -, -n) Anzeige [frz.]

an|non|cie|ren [anɔ̃si:-] (V.) durch Annonce ausschreiben [frz.]

An|no|ne (die, -, -n) tropische Pflanze

An|no|ta|ti|on (die, -, -ti|o|nen) Anmerkung [lat.]

an|nu|ell (Adj.) einjährig, jährlich [frz.]

An|nu|i|tät (die, -, -en) jährliche Rate aus Tilgungsbetrag und Schuldzinsen [frz.]

an|nul|lie|ren (V.) nichtig erklären [lat.]

An|nun|ti|a|ti|ons|stil (der, -s, nur Ez.) Zeitbestimmung des Mittelalters und der Neuzeit, bei der das Jahr am 25. März (Mariä Verkündigung) beginnt [lat.]

A|no|a (das, -s, -s) Wildrind Indonesiens

A|no|de *auch:* An|o|de (die, -, -n) positive Elektrode [gr.]

A'nö'ku'me'ne *auch:* An'ö'ku'me'ne (die, -, nur Ez.) unbewohnter Teil der Erde [gr.]

A'no'lyt (der, -s oder -en, -en) Elektrolyt im Anodenraum

a'no'mal *auch:* an'o'mal (Adj.) nicht normal [gr.]

A'no'ma'lie *auch:* An'o'ma'lie (die, -, -n) Abweichung vom Normalen [gr.]

a'no'nym *auch:* an'o'nym (Adj.) ohne Namensnennung [gr.]

A'no'ny'mi'tät *auch:* An'o'ny'mi'tät (die, -, nur Ez.) 1 Namenlosigkeit; Verschweigen des Namens 2 das Unpersönlichsein; z.B. die Anonymität neuer Städte [gr.]

A'no'ny'mus *auch:* An'o'ny'mus (der, -, -mi) anonymer Künstler

A'no'phe'les *auch:* An'o'phe'les (die, -, -) Malariamücke [gr.]

A'noph'tal'mie *auch:* An'oph'tal'mie (die, -, -n) Fehlen eines oder beider Augäpfel [gr.-lat.]

A'no'pie *auch:* An'o'pie (die, -, -n) Untätigkeit gesunder Netzhaut (beim Schielen) [gr.]

A'nop'sie *auch:* An'op'sie (die, -, -si'en) = Anopie

A'no'rak (der, -s, -s) 1 Jacke der Eskimos 2 windundurchlässige Jacke

A'no're'xie (die, -, nur Ez.) Appetitlosigkeit [gr.]

an'or'ga'nisch (Adj.) nicht organisch, unbelebt [gr.]

a'nor'mal (Adj.) nicht normal [lat.]

A'nos'mie *auch:* An'os'mie (die, -, nur Ez.) Fehlen des Geruchssinns [gr.-lat.]

A'no'sog'no'sie *auch:* A'no'so'gno'sie (die, -, nur Ez.) Unfähigkeit eine Erkrankung an sich selbst zu bemerken [gr.-lat.]

A'nos'to'se *auch:* An'os'to'se (die, -, nur Ez.) Knochenwachstumsstörung [gr.-lat.]

a'no'therm (Adj.) kälter werdend mit zunehmender Tiefe des Gewässers [gr.]

A'no'ther'mie (die, -, nur Ez.) Temperatursenkung mit zunehmender Gewässertiefe [gr.]

A'no'xä'mie *auch:* A'nox'ä'mie/An'o'xä'mie/ An'ox'ä'mie (die, -, nur Ez.) Sauerstoffmangel im Blut [gr.-lat.]

An'scho'vis (*auch:* An'cho'vis) (die, -, -) Sardelle

An'ta'ci'dum *auch:* Ant'a'ci'dum (das, -s, -da) Medikament gegen übersäuerten Magen [gr.-lat.]

An'ta'go'nis'mus *auch:* Ant'a'go'nis'mus (der, -, -men) 1 Widerstand 2 Gegenwirkung [gr.-lat.]

An'ta'go'nist *auch:* Ant'a'go'nist (der, -nisten, -nis'ten) 1 Widersacher, Gegenspieler 2 Muskel, der dem Agonisten entgegenwirkt [gr.]

an'ta'go'nis'tisch *auch:* ant'a'go'nis'tisch (Adj.) widerstreitend, unversöhnlich [gr.]

An'taph'ro'di'si'a'kum *auch:* An'ta'phro'di'si'a'kum/Ant'aph'ro'di'si'a'kum/Ant'a'phro'di'si'a'kum (*auch:* A'naph'ro'di'si'a'kum) (das, -s, -ka) Mittel, das den Geschlechtstrieb vermindert [gr.lat.]

ant'ark'tisch (Adj.) zur Antarktis gehörig

an'te (Präp.) vor [lat.]

An'te (die, -, -n) pfeilerartige Stirn einer frei stehenden Mauer [lat.]

an'te Chris'tum na'tum vor Christi Geburt [lat.]

an'te ci'bum vor dem Essen [lat.]

an'te'da'tie'ren (V.) auf zukünftiges Datum datieren [lat.]

An'te'me'ti'kum *auch:* Ant'e'me'ti'kum (das, -s, -ka) Mittel gegen das Erbrechen [gr.]

an'te mor'tem vor dem Tode [lat.]

An'ten'ne (die, -, -n) 1 Empfangsleiter für elektromagnet. Wellen 2 Fühler [lat.]

An'ten'tem'pel (der, -s, -) ein mit Anten versehener Tempel [lat.]

An'te'pir'rhem *auch:* Ant'e'pir'rhem (das, -s, -rha'ta) Dialogverse in der attischen Komödie, die vom Chor vorgetragen werden [gr.]

an'te'po'nie'rend (Adj.) verfrüht erscheinend [lat.]

an'te por'tas im Kommen, im Anmarsch [lat.]

An'te'ze'dens (das, -, -den'zi'en) Voraussetzung [lat.]

Ant'hel'min'thi'kum (das, -s, -ka) Mittel gegen Eingeweidewürmer [gr.]

An'the'mi'on (das, -s, -mi'en) Zierband aus Blumen (an antiken Bauten) [gr.]

An'the're (die, -, -n) Staubbeutel [gr.]

An'the'ri'di'um (das, -s, -di'en) männliches Geschlechtsorgan (niederer Pflanzen) [lat.]

An'the'se (die, -, nur Ez.) Zeitraum zwischen Blütenaufbruch und Verwelken (Bot.) [lat.]

An'tho'lo'gie (die, -, -n) Sammlung ausgewählter Schriften verschiedener Dichter [gr.]

An'tho'zo'on (das, -s, -zo'en) Korallentier [gr.]

Anth'ra'cen *auch:* An'thra'cen (das, -s, -e) eine aromatische Verbindung, Bestandteil des Steinkohlenteers [gr.]

Anth'ra'ko'se *auch:* An'thra'ko'se (die, -, -n) 1 Kohlenstaublunge 2 eine Pflanzenkrankheit [gr.]

Anth'rax *auch:* An'thrax (der, -, nur Ez.) Milzbrand [gr.]

Anth'ra'zen *auch:* An'thra'zen (das, -s, -e) = Anthracen

anth'ra'zit *auch:* an'thra'zit (Adj.) grauschwarz
Anth'ra'zit *auch:* An'thra'zit (der, -s, -e) glänzende Steinkohle [it.-gr.-lat.]
anth'ro'po'gen *auch:* an'thro'po'gen (Adj.) vom Menschen verursacht [gr.]
anth'ro'po'id *auch:* an'thro'po'id (Adj.) menschenähnlich [gr.]
Anth'ro'po'lo'ge *auch:* An'thro'po'lo'ge (der, -n, -n) Menschenkundler [gr.]
Anth'ro'po'lo'gie *auch:* An'thro'po'lo'gie (die, -, nur Ez.) Menschenkunde [gr.]
anth'ro'po'lo'gisch *auch:* an'thro'po'lo'gisch (Adj.) menschenkundlich [gr.]
anth'ro'po'morph *auch:* an'thro'po'morph (Adj.) menschengestaltig
Anth'ro'po'mor'phis'mus *auch:* An'thro'po'mor'phis'mus (der, -, nur Ez.) Vermenschlichung [gr.]
Anth'ro'po'pha'ge *auch:* An'thro'po'pha'ge (der, -n, -n) Menschenfresser [gr.]
Anth'ro'po'pha'gie *auch:* An'thro'po'pha'gie (die, -, nur Ez.) Menschenfresserei [gr.]
Anth'ro'po'so'phie *auch:* An'thro'po'so'phie (die, -, nur Ez.) Lehre Rudolf Steiners [gr.]
anth'ro'po'so'phisch *auch:* an'thro'po'so'phisch (Adj.) zur Anthroposophie gehörig
anth'ro'po'zent'risch *auch:* anth'ro'po'zent'risch/an'thro'po'zent'risch/an'thro'po'zent'risch (Adj.) den Menschen in den Mittelpunkt stellend [gr.-lat.]
Anth'ro'pus *auch:* An'thro'pus (der, -, nur Ez.) Frühmensch
An'thu'rie (die, -, -n) Flamingoblume [gr.-lat.]
An'thu'ri'um (das, -s, -ri'en) = Anthurie [gr.-lat.]
An'ti'al'ko'ho'li'ker (der, -s, -) Alkoholgegner [gr.-arab.]
An'ti'asth'ma'ti'kum (das, -s, -ka) Mittel gegen Asthma [gr.-lat.]
an'ti'au'to'ri'tär (Adj.) gegen (Erziehungs-) Autorität eingestellt [gr.-frz.]
An'ti'ba'by'pil'le (die, -, -n) Tablette, die durch die Unterdrückung des Eisprungs vor Empfängnis schützt [gr.-engl.-lat.]
an'ti'bak'te'ri'ell (Adj.) gegen Bakterien wirkend [gr.]
An'ti'bar'ba'rus (der, -, -ri) Werke, die falschen Sprachgebrauch aufführen und verbessern [gr.-lat.]
An'ti'bi'ont (der, -en, -en) Kleinstlebewesen, von dem Antibiose ausgeht
An'ti'bi'o'se (die, -, -n) Schadwirkung von Kleinstlebewesen auf andere Kleinstlebewesen [gr.]

An'ti'bi'o'ti'kum (das, -s, -ka) Mittel, das Antibiose bewirkt
an'ti'bi'o'tisch (Adj.) Antibiose bewirkend
An'ti'block (der, -s, -s) Zug in Schachaufgaben
An'ti'blo'ckier'sys'tem (Abk.: **ABS**) (das, -s, nur Ez.) Vorrichtung, die das Blockieren von Kfz-Rädern verhindert [gr.-frz.-gr.]
an'ti'chamb'rie'ren *auch:* an'ti'chambrie'ren [-ʃã-] (V.) im Vorzimmer warten; um Gunst bemüht sein [gr.]
An'ti'chre'se (die, -, -n) Pfandnutzungsabtretung an den Gläubiger [gr.-lat.]
An'ti'christ 1 (der, -s, nur Ez.) Teufel, Gegenspieler Christi **2** (der, -en, -en) Gegner des Christentums
an'ti'christ'lich (Adj.) gegen das Christentum eingestellt
An'ti'dep'res'si'vum *auch:* An'ti'de'pressi'vum (das, -s, -va) Mittel gegen Depressionen [gr.-lat.]
An'ti'de'ra'pant (der, -en, -en) Gleitschutzreifen [gr.-lat.]
An'ti'di'a'be'ti'kum (das, -s, -ka) Mittel gegen zu hohen Blutzucker [gr.]
An'ti'di'ar'rho'i'kum (das, -s, -ka) Mittel gegen Durchfall [gr.]
An'ti'dot (das, -s, -e) Gegengift [gr.]
An'ti'fa'schis'mus (der, -, nur Ez.) politische Überzeugung und Aktivitäten gegen Nationalsozialismus und Faschismus
An'ti'fa'schist (der, -schis'ten, -schis'ten) Gegner des Nationalsozialismus und Faschismus
An'ti'feb'ri'le *auch:* An'ti'fe'bri'le (das, -s, -lia) fiebersenkendes Mittel [gr.-lat.]
An'ti'fou'ling [ænt ɪfaʊlɪŋ] Schutzanstrich für den Teil des Schiffes, der sich unter Wasser befindet [gr.-engl.]
An'ti'gen (das, -s, -e) Stoff, der die Bildung von Antikörpern bewirkt [gr.]
An'ti'held (der, -en, -en) Hauptfigur im Roman oder Drama, der sich negativ oder passiv verhält [gr.-dt.]
an'tik (Adj.) **1** zur Antike gehörig **2** alt und wertvoll
An'ti'kag'li'en *auch:* An'ti'ka'gli'en (nur Mz.) kleine antike Kunstgegenstände [lat.-it.]
An'ti'ka'tho'de (die, -, -n) Anode der Röntgenröhre [gr.]
An'ti'ke (die, -, nur Ez.) griechisch-römisches Altertum [frz.]
An'ti'ken (nur Mz.) antike Kunstwerke [frz.]
an'ti'ki'sie'ren (V.) antik gestalten
an'ti'kle'ri'kal (Adj.) kirchenfeindlich
An'ti'kle'ri'ka'lis'mus (der, -, nur Ez.) kirchenfeindliche Einstellung

An|ti|kli|max (die, -, -e) vom stärkeren zum schwächeren Ausdruck (Stilmittel) [gr.]
an|ti|kli|nal (Adj.) sattelförmig [gr.]
An|ti|kli|na|le (die, -, -n) Sattel einer geologischen Falte [gr.]
An|ti|kon|zep|ti|on (die, -, nur Ez.) Empfängnisverhütung
an|ti|kon|zep|ti|o|nell (Adj.) empfängnisverhütend [gr.-lat.]
An|ti|kon|zep|ti|vum (das, -s, -va) Mittel zur Empfängnisverhütung
An|ti|kör|per (der, -s, -) Abwehrstoff im Blutserum
An|ti|la|be (die, -, -n) Aufteilung eines Verses auf mehrere Personen [gr.]
An|ti|lo|gie (die, -, -n) Argumentation und Gegenargumentation über die Haltbarkeit eines Lehrsatzes
An|ti|lo|pe (die, -, -n) gehörntes Huftier (Asiens und Afrikas) [gr.]
An|ti|ma|chi|a|vel|lis|mus [-makjave-] (der, -, nur Ez.) Meinung, die gegen die politische Schrift Machiavellis gerichtet ist
An|ti|ma|te|rie (die, -, nur Ez.) aus Antiteilchen bestehende Materie
An|ti|me|ta|bo|le (die, -, -n) Wiederholung von Wörtern und Sätzen in veränderter Stellung, um eine gedankliche Gegenargumentation zu verdeutlichen [gr.-lat.]
an|ti|me|ta|phy|sisch (Adj.) gegen die Metaphysik gerichet
An|ti|me|ta|the|sis (die, -, nur Ez.) Wiederholung der Glieder einer Antithese [gr.]
An|ti|mi|li|ta|ris|mus (der, -, nur Ez.) ablehnende Einstellung zum Militarismus
An|ti|mo|der|nis|ten|eid (der, -s, nur Ez.) die Ablehnung des Modernismus bezeugender Eid, der bis 1967 für katholische Priester vorgeschrieben war
An|ti|mon (das, -s, nur Ez.) ein Metall [gr.]
An|ti|mo|ra|lis|mus (der, -, nur Ez.) ablehnende Einstellung zur herrschenden Moral
An|ti|neu|ral|gi|kum *auch:* An|ti|neur|al|gi|kum (das, -s, -ka) Nervenschmerzen linderndes Mittel [gr.-lat.]
An|ti|neut|ron *auch:* An|ti|neu|tron (das, -s, -en) Elementarteilchen mit dem Neutron entgegengesetzten Eigenschaften
An|ti|no|mie (die, -, -n) Widerspruch zwischen zwei begründeten Behauptungen [gr.]
An|ti|o|xi|dans (das, -, -dan|ti|en) organische Verbindung, die Stoffen (bes. Lebensmitteln) zugesetzt sind, um unerwünschte Veränderungen zu verhindern; z.B. ist Carotin ein Antioxidans in Margarine [gr.-nlat.]
An|ti|o|zo|nans (das, -, -nan|tien) gegen die Einwirkung von Ozon schützender Zusatzstoff [gr.-lat.]

An|ti|o|zo|nant (das, -s, -en) = Antiozonans [gr.-lat.]
An|ti|par|ti|kel (die, -, -n) Antiteilchen
An|ti|pas|to (der oder das, -(s), -ti) Vorspeise [it.]
An|ti|pa|thie (die, -, -n) Abneigung, Widerwille [gr.]
an|ti|phlo|gis|tisch (Adj.) entzündungshemmend [gr.]
An|ti|phon (die, -, -en) liturgischer Wechselgesang [gr.]
An|ti|phra|se (die, -, -n) Wortfigur, mit der man das Gegenteil des Gesagten meint, meist ironisch gebraucht [gr.-lat.]
An|ti|po|de (der, -n, -n) **1** Bewohner eines entgegengesetzten Teils der Erdkugel **2** jmd., der einen entgegengesetzten Standpunkt vertritt [gr.]
An|ti-Po|ver|ty-Pro|gramm (das, -s, nur Ez.) Förderungsprogramm in den USA, das Unterprivilegierten bessere Entwicklungs- und Berufschancen ermöglichen soll [amerik.- dt.]
An|ti|pro|ton (das, -s, -to|nen) Elementarteilchen mit dem Proton entgegengesetzten Eigenschaften
An|ti|pto|se (die, -, -n) Verwendung eines Kasus für einen anderen [gr.-lat.]
An|ti|py|re|se (die, -, nur Ez.) Fieberbekämpfung [gr.-lat.]
An|ti|py|re|ti|kum (das, -s, -ka) fiebersenkendes Mittel [gr.-nlat.]
An|ti|qua (die, -, -s) lat. Druckschrift [lat.]
An|ti|quar (der, -s, -e) jmd., der mit antiquarischen Büchern handelt
An|ti|qua|ri|at (das, -s, -e) Laden mit antiquarischen Büchern
an|ti|qua|risch (Adj.) alt, gebraucht (aber wertvoll); z.B. antiquarische Bücher, Kunstdrucke [lat.]
an|ti|quiert (Adj.) veraltet [lat.]
An|ti|qui|tät (die, -, -en) alter, wertvoller Gegenstand [lat.]
An|ti|ra|ke|te (die, -, -n) Rakete zur Abwehr von Interkontinentalraketen
An|ti|ra|ke|ten|ra|ke|te (die, -, -n) = Antirakete
An|tir|rhi|num (das, -s, nur Ez.) Löwenmaul [gr.-lat.]
an|ti|sem eine entgegengesetzte Bedeutung habend [gr.-lat.]
An|ti|se|mit (der, -en, -en) Judenfeind [gr.-lat.]
an|ti|se|mi|tisch (Adj.) judenfeindlich
An|ti|se|mi|tis|mus (der, -, nur Ez.) **1** Judenfeindschaft **2** politische Bewegung mit judenfeindlichen Inhalten [gr.-lat.]

Antiseptikum

An'ti'sep'ti'kum (das, -s, -ka) keimtötendes Mittel [gr.-nlat.]
an'ti'sep'tisch (Adj.) keimtötend [gr.]
An'ti'se'rum (das, -s, -se'ren) Heilserum, das auf Antikörpern basiert
An'ti'se'sis (die, -, nur Ez.) Abtötung der Erreger in der Wunde [gr.]
An'ti'spas'mo'di'kum (das, -s, -ka) krampflösendes Mittel [gr.-lat.]
An'ti'star (der, -s, -s) öffentliche Persönlichkeit, die nicht die einen Star charakterisierenden Attribute pflegt
An'ti'sta'tik'mit'tel (das, -s, -) Mittel, das die elektrostatische Aufladung von Kunststoffen verhindert [gr.-lat.]
An'tis'tes (-, -tis'ti'tes) 1 antiker Priestertitel 2 Ehrentitel für katholische Bischöfe und Äbte [lat.]
An'ti'stro'phe (die, -, -n) Gegenverwendung des Chors zur Strophe in der antiken Tragödie
An'ti'the'a'ter (das, -s, nur Ez.) Sammelbegriff für verschiedene Strömungen des modernen experimentellen Theaters
An'ti'the'se (die, -, -n) Gegenbehauptung, bedeutender Begriff der Dialektik
an'ti'the'tisch (Adj.) gegensätzlich (als These) [gr.]
An'ti'to'xin (das, -s, -e) Gegengift [gr.]
An'ti'trans'pi'rant *auch:* An'ti'tran'spi'rant (das, -s, -e) schweißhemmendes Mittel [gr.-lat.-engl.]
An'ti'tri'ni'ta'ri'er (der, -s, -) Gegner des Dogmas von der göttlichen Dreieinigkeit
an'ti'zi'pan'do (Adj.) im Voraus, vorwegnehmend [lat.]
An'ti'zi'pa'ti'on (die, -, -ti'o'nen) Vorwegnahme [gr.-lat.]
an'ti'zi'pa'tiv (Adj.) etwas vorwegnehmend [lat.]
an'ti'zi'pa'to'risch (Adj.) = antizipativ
an'ti'zi'pie'ren (V.) etwas vorwegnehmen [lat.]
an'ti'zyk'lisch *auch:* an'ti'zy'klisch (Adj.) unregelmäßig (wiederkehrend) [gr.-lat.]
An'ti'zyk'lo'ne *auch:* An'ti'zy'klo'ne (die, -, -n) Hochdruckgebiet [gr.]
An'ti'zy'mo'ti'kum (das, -s, -ka) Mittel zur Verzögerung der Gärung [gr.-lat.]
An'to'no'ma'sie *auch:* Ant'o'no'ma'sie (die, -, -n) 1 Ersetzung eines Namens durch Kennzeichen oder Taten des zu Benennenden 2 Ersetzung einer Gattung durch Namen eines spezifischen Vertreters der Gattung [gr.-lat.]
An'to'nym *auch:* Ant'o'nym (das, -s, -e) Wort entgegengesetzter Bedeutung; z.B. kalt zu warm [gr.]

Aperiens

an'tör'nen (V.) 1 in Stimmung bringen 2 in Drogenrausch bringen [engl.]
an'tur'nen [-tœrnen] (V.) = antörnen
A'nu'ren *auch:* An'u'ren (nur Mz.) Froschlurche [gr.-lat.]
A'nu'rie *auch:* An'u'rie (die, -, -n) Versagen der Harnausscheidung [gr.-lat.]
A'nus (der, -, A'ni) After [lat.]
an'vi'sie'ren (V.) 1 als Ziel ins Visier nehmen 2 ins Auge fassen, sich vornehmen [lat.-frz.]
an'vi'su'a'li'sie'ren (V.) eine Idee oder einen Gedanken durch flüchtige Skizze festhalten [lat.-frz.]
an'zest'ral *auch:* an'zes'tral/an'ze'stral (Adj.) altertümlich, stammesgeschichtlich [lat.-frz.-engl.]
A'ö'de (der, -n, -n) griechischer Dichter zur Zeit Homers [gr.]
Ä'o'li'ne (die, -, -n) Musikinstrument [gr.-lat.]
Ä'ols'har'fe (die, -, -n) Windharfe
Ä'on (der, -s, -en) unendlicher Zeitraum, Weltalter [gr.]
A'o'rist (der, -s, -is'te) Verbform zur Bezeichnung einmaliger, abgeschlossener Vorgänge (im Griechischen) [gr.]
A'or'ta (die, -, -ten) Hauptschlagader [gr.]
A'pa'che [apatsche] (der, -n, -n) 1 Angehöriger eines nordamerikanischen Indianerstammes 2 Großstadtganove [indian.-frz.]
A'pa'chen'ball (der, -s -oder -es, -bäl'le) Kostümfest, auf dem alle als Ganoven verkleidet sind
A'pa'go'ge (die, -, nur Ez.) Schlussfolgerung in der griechischen Philosophie [gr.]
A'pa'na'ge [-ʒə] (die, -, -n) Unterhaltszahlung an einen nicht regierenden Fürsten [frz.]
a'part (Adj.) außergewöhnlich, ungewöhnlich, reizvoll [frz.]
A'part'heid (die, -, nur Ez.) Rassentrennung (in Südafrika) [afrikaans]
A'part'ment (das, -s, -s) kleine Wohnung [engl.]
A'pa'thie (die, -, -n) Gleichgültigkeit, Teilnahmslosigkeit [gr.-lat.]
a'pa'thisch (Adj.) teilnahmslos; abgestumpft
A'pa'tit (der, -s, -e) ein Mineral [gr.]
A'pat'ri'de *auch:* A'pa'tri'de (der, -n, -n oder die, -, -n) Staatenlose[r] [gr.]
A'pei'ron (das, -, nur Ez.) das Unendliche [gr.]
A'pel'la (die, -, nur Ez.) Volksversammlung in Sparta [gr.]
A'per'çu [-sy:] (das, -s, -s) geistreiche Bemerkung [frz.]
A'pe'ri'ens (das, -, -ri'en'zi'en) Abführmittel [lat.]

aperiodisch 44 **Apogalaktikum**

a|pe|ri|o|disch (Adj.) nicht periodisch
A|pe|ri|tif (der, -s, -s) alkoholisches Getränk vor dem Essen (Appetitanreger) [frz.]
A|pe|ri|ti|vum (das, -s, -va) mildes Abführmittel [lat.]
A|per|so|na|lis|mus (der, -, nur Ez.) buddhistische Vorstellung, dass der Mensch nur Verkörperung eines unpersönlichen Wesens ist [gr.-lat.]
a|pers|pek|ti|visch *auch:* a|per|spek|ti|visch (Adj.) nicht auf den Standpunkt des Betrachters bezogen [gr.]
A|per|to|me|ter (das, -s, -) Gerät zur Messung der Apertur [lat.-gr.]
A|per|tur (die, -, -en) Maß für das Auflösungsvermögen und die Bildhelligkeit (Optik) [lat.]
a|pe|tal (Adj.) ohne Blumenkrone (Bot.)
A|pex (der, -, A|pi|zes) 1 Zielpunkt einer Gestirnsbewegung 2 Vokallängenzeichen [lat.]
Ap|fel|si|ne (die, -, -n) Frucht des Orangenbaums [niederl.-niederdt.]
A|pha|kie (die, -, nur Ez.) das Fehlen der Augenlinse [gr.-lat.]
A|pha|re|se *auch:* Aph|ä|re|se (die, -, -n) Anlautschwund; z.B. »'s« für »das« [gr.]
A|pha|sie (die, -, nur Ez.) 1 Sprachverlust 2 Urteilsenthaltung [gr.]
A|phel *auch:* Aph|el [aphe:l] oder [afe:l] (das, -s, -e) Punkt größter Sonnenferne (eines Planeten) [gr.]
A|phon|ge|trie|be (das, -s, -) Schaltgetriebe, das besonders geräuscharm arbeitet [gr.-dt.]
A|pho|nie (die, -, -n) krankhafte Flüsterstimme [gr.]
A|pho|ris|mus (der, -, -men) Sinnspruch [gr.]
A|pho|ris|ti|ker (der, -s, -) Verfasser von Aphorismen
a|pho|ris|tisch (Adj.) wie ein Aphorismus, geistreich und bündig
a|pho|tisch (Adj.) lichtlos [gr.]
A|phra|sie *auch:* Aph|ra|sie (die, -, -n) 1 Stummheit 2 Unvermögen korrekte Sätze zu bilden [gr.-lat.]
A|phro|di|si|a|kum *auch:* Aph|ro|di|si|a|kum (das, -s, -ka) den Geschlechtstrieb steigerndes Mittel [gr.]
A|phro|di|sie *auch:* Aph|ro|di|sie (die, -, -n) ins Krankhafte gesteigerte geschlechtliche Erregbarkeit [gr.-lat.]
a|phro|di|sisch *auch:* aph|ro|di|sisch (Adj.) 1 zur Liebe, zu Aphrodite gehörig 2 den Geschlechtstrieb steigernd
a|phro|di|tisch *auch:* aph|ro|di|tisch (Adj.) = aphrodisisch
Aph|the [aftə] (die, -, -n) Bläschenausschlag der Mundschleimhaut [gr.]

Aph|then|seu|che (die, -, nur Ez.) Maul- und Klauenseuche
A|phyl|le (die, -, -n) blattloses Gewächs [gr.-lat.]
A|phyl|lie (die, -, nur Ez.) Blattlosigkeit
a|phyl|lisch (Adj.) blattlos
a pia|ce|re [a piatʃe:re] nach Belieben, nach Gefallen (Tempoangabe in der Musik) [it.]
A|pi|a|ri|um (das, -s, -ri|en) Bienenstand [lat.]
a|pi|kal (Adj.) 1 zur Spitze hin gelegen, gerichtet; z.B. die apikale Wachstum einer Pflanze 2 mit der Zungenspitze gegen die oberen Schneidezähne gebildete Laute
A|pi|kul|tur (die, -, -en) Imkerei [lat.]
A|pi|rie (die, -, nur Ez.) Unerfahrenheit [gr.]
A|pis (der, -, nur Ez.) im alten Ägypten verehrter heiliger Stier [ägypt.-gr.]
A|pis|stier (der, -es, -e) = Apis
A|pla|nat *auch:* Ap|la|nat (der, -s oder -en, -en) Kombination von Linsen, mit der optische Unschärfen korrigiert werden [gr.-lat.]
a|pla|na|tisch *auch:* ap|la|na|tisch (Adj.) den Aplanaten betreffend
A|pla|sie *auch:* Ap|la|sie (die, -, -n) angeborenes Fehlen eines Organs [gr.]
A|pla|zen|ta|li|er *auch:* Ap|la|zen|ta|li|er (der, -s, -, meist Mz.) Säugetier, dessen embryonale Entwicklung ohne Plazenta erfolgt [gr.-lat.]
A|plit *auch:* Ap|lit (der, -s, nur Ez.) feinkörniges Ganggestein [gr.-lat.]
A|plomb *auch:* Ap|lomb [aplɔ̃] (der, -s, nur Ez.) 1 sicheres Auftreten 2 Abfangen einer Bewegung (im Ballett) [frz.]
A|pnoe *auch:* Ap|noe (die, -, nur Ez.) Atemlähmung [gr.-lat.]
Apo (*auch:* APO) (die, -, nur Ez.) außerparlamentarische Opposition (Kurzwort)
A|po|chro|mat [-kro] (der, -s, -e) Linsensystem mit Farbfehlerkorrektur [gr.]
a|pod (Adj.) fußlos [gr.]
A|po|den (nur Mz.) 1 Tiergruppen ohne Füße 2 Sammelbezeichnung für Aale und Muränen [gr.-lat.]
A|po|dik|tik (die, -, nur Ez.) Beweislehre [gr.]
a|po|dik|tisch (Adj.) unumstößlich, unwiderleglich [gr.]
A|po|di|sa|ti|on (die, -, nur Ez.) Verbesserung eines optischen Geräts hinsichtlich der Konturenauflösung [gr.-lat.]
A|po|do|sis (die, -, -do|sen) Nachsatz in einem Konditionalgefüge [gr.]
A|po|ga|lak|ti|kum (das, -s, -ken) vom Mittelpunkt des Milchstraßensystems entferntester Punkt auf der Bahn eines Sterns dieser Milchstraße [gr.-lat.]

a׀po׀gam (Adj.) sich ungeschlechtlich fortpflanzend [gr.-lat.]
A׀po׀ga׀mie (die, -, nur Ez.) ungeschlechtliche Fortpflanzung [gr.-lat.]
A׀po׀gä׀um (das, -s, -gä׀en) Punkt größter Erdferne (eines Planeten) [gr.]
A׀po׀graph (das, -s, -en) Kopie, Nachschrift [gr.-lat.]
A׀po׀gra׀phon (das, -s, -pha) = Apograph [gr.-lat.]
A׀po׀ka׀lyp׀se (die, -, -n) endzeitliche Katastrophe; Unheil, Greuel [gr.]
A׀po׀ka׀lyp׀tik (die, -, nur Ez.) **1** Auslegung von Geschehnissen in Bezug auf das Ende der Welt **2** Schrifttum über das Ende der Welt [gr.-lat.]
A׀po׀ka׀lyp׀ti׀ker (der, -s, -) Autor oder Interpret einer Schrift über das Ende der Welt [gr.-lat.]
a׀po׀ka׀lyp׀tisch (Adj.) zur Apokalypse gehörig
A׀po׀ka׀mno׀se *auch:* A׀po׀kam׀no׀se (die, -, nur Ez.) krankhafte Ermüdbarkeit [gr.]
a׀po׀karp (Adj.) nicht verwachsen (von Fruchtblättern) [gr.]
A׀po׀kar׀te׀re׀se (die, -, -n) Suizid (Selbstmord) durch Verweigerung der Nahrungsaufnahme [gr.]
A׀po׀ka׀tas׀ta׀se *auch:* A׀po׀ka׀ta׀sta׀se (die, -, -en) Wiederkehr eines früheren, besseren Zustandes [gr.-lat.]
A׀pö׀kie *auch:* Ap׀ö׀kie (die, -, -n) Kolonisationsform in der Antike mit dem Ziel unabhängiger neuer Staaten [gr.]
A׀po׀koi׀nu (das, -s, -s) grammatische Konstruktion, wobei sich ein Satzteil oder Wort auf den vorausgehenden und den folgenden Satzteil bezieht [gr.]
A׀po׀ko׀pe (die, -, -n) Auslautschwund; z.B. »ich würd« statt »ich würde« [gr.]
a׀po׀ko׀pie׀ren (V.) durch Apokope verkürzen [gr.]
a׀pok׀rin *auch:* a׀po׀krin (Adj.) ein Sekret produzierend und abgebend [gr.]
a׀pok׀ryph *auch:* a׀po׀kryph [-kry:f] (Adj.) **1** zu den Apokryphen gehörig **2** unecht, später hinzugefügt
A׀pok׀ry׀phe *auch:* A׀po׀kry׀phe [-kry:fə] (die, -, -n) nicht anerkannte, den biblischen Büchern hinzugefügte Schrift [gr.]
a׀po׀li׀tisch (Adj.) unpolitisch [gr.]
A׀poll (der, -s, nur Ez.) = Apollo (**1**)
a׀pol׀li׀nisch (Adj.) **1** wie Apollo, der Gott der Künste **2** ausgeglichen, maßvoll [gr.]
A׀pol׀lo (der, -s, -s) **1** schöner, junger Mann **2** ein Tagfalter **3** gr.-röm. Gott der Dichtkunst [gr.]

A׀po׀log (der, -s, -e) Erzählung, Lehrfabel [gr.-lat.]
A׀po׀lo׀get (der, -en, -en) **1** jmd., der seine Auffassung verteidigt **2** Verteidiger der christlichen Lehre [gr.]
A׀po׀lo׀ge׀tik (die, -, -en) Rechtfertigungskunst (der Kirche) [gr.]
a׀po׀lo׀ge׀tisch (Adj.) eine Meinung, Ansicht verteidigend
a׀po׀lo׀ge׀ti׀sie׀ren (V.) verteidigen, rechtfertigen
A׀po׀lo׀gie (die, -, -n) Verteidigungsrede, -schrift [gr.]
a׀po׀lo׀gisch (Adj.) erzählend, fabelartig
a׀po׀lo׀gi׀sie׀ren (V.) verteidigen, rechtfertigen
a׀po׀mik׀tisch (Adj.) sich ohne Befruchtung fortpflanzend [gr.-lat.]
A׀po׀mi׀xis (die, -, nur Ez.) ungeschlechtliche Fortpflanzung [gr.-lat.]
A׀po׀mor׀phin (das, -s, nur Ez.) Morphiumderivat [gr.-lat.]
A׀po׀neu׀ro׀se (die, -, -n) **1** Ansatzstück einer Sehne **2** breite Sehne [gr.-lat.]
A׀po׀pemp׀ti׀kon (das, -s, -ka) Abschiedsgedicht der gehenden Person an die Bleibenden [gr.]
a׀po׀phan׀tisch (Adj.) behauptend aussagend; nachdrücklich [gr.]
A׀po׀pho׀nie (die, -, nur Ez.) Ablaut [gr.-lat.]
A׀poph׀theg׀ma *auch:* A׀po׀phtheg׀ma [apoftɛgma] (das, -s, -ma׀ta) Denkspruch [gr.]
a׀poph׀theg׀ma׀tisch *auch:* a׀po׀phthegma׀tisch (Adj.) nach Art und Weise eines Apophthegmas gebildet
A׀po׀phyl׀lit (der, -s, -e) Mineral [gr.]
A׀po׀phy׀se (die, -, -n) Knochenfortsatz [gr.]
A׀pop׀lek׀ti׀ker *auch:* A׀po׀plek׀ti׀ker (der, -s, -) **1** jmd., der schlaganfallgefährdet ist **2** jmd., der an den Folgen eines Schlaganfalles leidet [gr.-lat.]
a׀pop׀lek׀tisch *auch:* a׀po׀plek׀tisch (Adj.) **1** zu Schlaganfällen neigend **2** mit einem Schlaganfall zusammenhängend [gr.-lat.]
A׀pop׀le׀xie *auch:* A׀po׀ple׀xie (die, -, -n) **1** Schlaganfall, Gehirnschlag **2** unvermitteltes Absterben der Krone von Steinobstbäumen [gr.-lat.]
A׀po׀rem (das, -s, -ma׀ta) logische Unlösbarkeit [gr.]
a׀po׀re׀ma׀tisch (Adj.) zweifelhaft, unentscheidbar [gr.]
A׀po׀re׀tik (die, -, nur Ez.) Beschäftigung mit schwierigen Fragen der Logik [gr.]
A׀po׀rie (die, -, -n) **1** Ausweglosigkeit **2** Unmöglichkeit (einer philosophischen Frage) [gr.]

Aporinosis 46 **applikabel**

A|po|ri|no|sis (die, -, nur Ez.) jegliche Art von Mangelkrankheit [gr.]
A|po|ro|ga|mie (die, -, nur Ez.) Befruchtungsvorgang bei Blütenpflanzen [gr.-lat.]
A|po|si|o|pe|se (die, -, -n) absichtlicher Abbruch der Rede vor der eigentlich bedeutsamen Aussage [gr.-lat.]
A|pos|ta|sie *auch:* A|po|sta|sie (die, -, -n) **1** Abkehr vom Glauben **2** Klosteraustritt eines Ordensmitgliedes unter Bruch des Gelübdes [gr.]
A|pos|tat *auch:* A|po|stat (der, -en, -en) Abtrünniger (vom christlichen Glauben) [gr.]
A|pos|tel *auch:* A|po|stel (der, -s, -) **1** Jünger Jesu **2** Sendbote (einer neuen Lehre) [gr.]
A|pos|te|ri|o|ri (das, -, -) Erfahrungserkenntnis [lat.]
a pos|te|ri|o|ri nachträglich [lat.]
a|pos|te|ri|o|risch (Adj.) erfahrungsgemäß
A|pos|tilb *auch:* A|po|stilb (das, -s, nur Ez.) spezielle Einheit der Leuchtdichte [gr.-lat.]
A|pos|til|le *auch:* A|po|stil|le (die, -, -n) **1** Randbemerkung **2** Nachschrift zu einem Dokument [gr.-lat.]
A|pos|to|lat *auch:* A|po|sto|lat (das, auch der, -es, -e) Apostelamt, Kirchenauftrag [gr.-lat.]
A|pos|to|li|kum *auch:* A|po|sto|li|kum (das, -s, nur Ez.) das Apostolische Glaubensbekenntnis
a|pos|to|lisch *auch:* a|po|sto|lisch (Adj.) zu den Aposteln gehörig; zum ältesten christlichen Glaubensbekenntnis gehörig
A|pos|troph *auch:* A|po|stroph/A|post|roph (der, -s, -e) Auslassungshäkchen; z.B. in »manche mögen's« [gr.]
A|pos|tro|phe *auch:* A|po|stro|phe/A|post|ro|phe (die, -, -n) Hinwendung des Redners zum Publikum oder zu Abwesenden [gr.]
a|pos|tro|phie|ren *auch:* a|po|stro|phie|ren/a|post|ro|phie|ren (V.) feierlich anreden; hervorhebend bezeichnen [gr.]
A|po|the|ke (die, -, -n) Arzneimittelgeschäft
A|po|the|ker (die, -s, -) Leiter einer Apotheke
A|po|the|o|se (die, -, -n) **1** Vergöttlichung **2** Verherrlichung [gr.]
a|po|the|o|tisch (Adj.) **1** zu einer Apotheose gemacht **2** eine Apotheose darstellend [gr.-lat.]
a po|ti|o|ri nach der Mehrzahl, der Hauptsache [lat.]
a|pot|ro|pä|isch *auch:* a|po|tro|pä|isch (Adj.) Unglück abwendend [gr.-lat.]
A|pot|ro|pä|um *auch:* A|po|tro|pä|um (das, -s, -pä|a oder -pä|en) Zaubermittel, das Unglück abwenden soll [gr.]
Ap|pa|rat (der, -s, -e) **1** Gerät (aus vielen Einzelteilen) **2** Hilfsmittel; z.B. der Apparat für ein Seminar **3** Anmerkungsteil; kritischer Apparat [lat.]
ap|pa|ra|tiv (Adj.) mittels eines Apparats; z.b. eine Krankheit apparativ behandeln
Ap|pa|rat|schik (der, -s, -s) sturer Funktionär [lat.-russ.]
Ap|pa|ra|tur (die, -, -en) Gesamtheit von Apparaten
ap|pa|rent (Adj.) sichtbar, erkennbar [lat.-engl.]
Ap|pa|ri|ti|on (die, -, -ti|o|nen) Sichtbarwerdung
Ap|par|te|ment [apartmã:] (das, -s, -s) Zimmerflucht (Hotel) [frz.]
ap|pas|si|o|na|to (Adv.) leidenschaftlich (bei Musikstücken) [ital.]
Ap|peal [əpi:l] (der, -s, nur Ez.) Anreiz [engl.]
Ap|pease|ment (das, -s, nur Ez.) Beschwichtigungspolitik, Nachgiebigkeit [lat.-frz.-engl.]
Ap|pell (der, -s, -e) **1** Aufruf **2** Antreten (Militär) **3** Gehorsam (bei Jagdhunden) [frz.]
ap|pel|la|bel (Adj.) gerichtlich anfechtbar [lat.-frz.]
Ap|pel|lant (der, -en, -en) Kläger in der Berufung [lat.]
Ap|pel|lat (der, -en, -en) in der Berufung Beklagter [lat.]
Ap|pel|la|ti|on (die, -, -ti|o|nen) Berufung [frz.]
Ap|pel|la|tiv (das, -s, -e) Gattungsname (im Gegensatz zu Einzelnamen) [frz.]
Ap|pel|la|ti|vum (das, -s, -va) = Appelativ
ap|pel|lie|ren (V.) wachrufen; z.B. an jmds. Mitgefühl appellieren [frz.]
Ap|pen|dek|to|mie (die, -, -n) Blinddarmoperation [lat.-gr.]
Ap|pen|dix (der, - oder -es, -e oder -di|zes) **1** Anhang; Anhängsel **2** Blinddarmwurmfortsatz [lat.]
Ap|pen|di|zi|tis (die, -, -ti|den) Entzündung des Appendix (**2**) [lat.-gr.]
Ap|per|ti|nens (das, -, -nen|zi|en) Zubehör [lat.]
Ap|per|zep|ti|on (die, -, -ti|o|nen) Bewusstwerdung, Wahrnehmung [lat.]
Ap|pe|tenz (die, -, -en) Suchverhalten [lat.]
Ap|pe|tit (der, -s, nur Ez.) Esslust [frz.]
ap|pe|tit|lich (Adj.) **1** appetitfördernd **2** hygienisch **3** frisch, adrett
Ap|pe|ti|zer [æpıtaızə] (der, -s, -) Aperitif, appetitanregendes Getränk [engl.]
ap|pla|nie|ren (V.) einebnen
ap|plau|die|ren (V.) Beifall klatschen [lat.]
Ap|plaus (der, -es, nur Ez.) Beifall, Händeklatschen [lat.]
ap|pli|ka|bel (Adj.) anwendbar [lat.]

Applikabilität 47 **Äquator**

Ap|pli|ka|bi|li|tät (die, -, nur Ez.) Anwendbarkeit [lat.]
Ap|pli|kant (der, -en, -en) Bewerber, Bittsteller [lat.]
Ap|pli|ka|ti|on (die, -, -ti|o|nen) 1 Heilverordnung 2 aufgenähte Verzierung [lat.]
Ap|pli|ka|tur (die, -, -en) 1 zweckmäßiger Gebrauch (veraltet) 2 Fingersatz (beim Klavierspielen) [lat.]
ap|pli|zie|ren (V.) 1 aufnähen 2 verabreichen 3 auftragen [lat.]
Ap|point (der, -s, -e) Ausgleich, der eine Schuld gänzlich tilgt [lat.-frz.]
ap|po|nie|ren (V.) beifügen [lat.]
ap|port! bring! (Aufforderung an den Hund)
Ap|port (der, -s, -e) das Herbeibringen (durch den Hund) [frz.]
ap|por|tie|ren (V.) herbeibringen (vom Hund) [frz.]
Ap|po|si|ti|on (die, -, -ti|o|nen) Beifügung e. Substantivs; z.B. Herr X, der Abgeordnete [lat.]
ap|po|si|ti|o|nal (Adj.) = appositionell
ap|po|si|ti|o|nell (Adj.) als Apposition verwendet [lat.]
ap|po|si|tiv (Adj.) in der Apposition stehend [lat.]
Ap|pre|hen|si|on(die, -, -si|o|nen) Begriffsvermögen [lat.]
ap|pre|hen|siv (Adj.) furchtsam; reizbar [lat.]
ap|pre|tie|ren (V.) Gewebe verschönern
Ap|pre|tur (die, -, -en) 1 das Appretieren 2 Mittel zum Appretieren [frz.]
Ap|proach [əprəʊtʃ] (der, -s, -s) 1 Sichtweise 2 Aufmerksamkeit, erregender Beginn eines Werbetextes [engl.]
Ap|pro|ba|ti|on (die, -, -ti|o|nen) Bestätigung, Zulassung (zu bestimmten Berufen) [lat.]
ap|pro|bie|ren (V.) bestätigen, zulassen; etwas behördlich a., einen Arzt a. [lat.]
Ap|pro|che (der, -, -n) Laufgraben [lat.-frz.]
ap|pro|chie|ren (V.) 1 sich annähern 2 Laufgraben ausheben [lat.-frz.]
Ap|pro|pri|a|ti|on (die, -, -ti|o|nen) Aneignung, Inbesitznahme [lat.]
ap|prop|ri|ie|ren (V.) sich aneignen, Besitz ergreifen [lat.]
Ap|pro|xi|ma|ti|on (die, -, -ti|o|nen) Annäherung, Näherung (in der Mathematik) [lat.]
ap|pro|xi|ma|tiv (Adj.) angenähert [lat.]
A|pra|xie auch: Ap|ra|xie (die, -, -n) Unfähigkeit zu sinnvollen Bewegungen auf Grund einer zentralen Störung (Med.) [gr.]
A|près-Ski auch: Ap|rès-Ski [aprɛʃi] (das, -, nur Ez.) 1 Vergnügen nach dem Skifahren 2 Kleidung dafür [frz.]

A|pri|ko|se auch: Ap|ri|ko|se (die, -, -n) ein Steinobst(baum)
a pri|ma vi|sta vom Blatt, ohne zu üben (bei Musikstücken) [it.]
a pri|o|ri von vornherein; nicht aus Erfahrung [lat.]
A|pri|o|ri auch: Ap|ri|o|ri (das, -, -) Vernunfterkenntnis [lat.]
a|pro|pos auch: ap|ro|pos [-po:] (Adv.) übrigens [frz.]
A|pro|se|xie auch: A|pros|e|xie/Ap|ro|se|xie/ Ap|ros|e|xie (die, -, -n) Konzentrationsschwäche [gr.-lat.]
Ap|si|de (die, -, -n) Punkt größter oder geringster Entfernung (der Umlaufbahn von Gestirnen) [gr.]
ap|si|di|al (Adj.) zur Apsis gehörig
Ap|sis (die, -, -si|den) halbrunde Überwölbung (eines Kirchenraumes mit Altar) [gr.]
ap|te|ry|got (Adj.) flügellos [gr.]
ap|tie|ren (V.) anpassen, herrichten [lat.]
A|py|re|xie auch: A|pyr|e|xie (die, -, -n) fieberfreier Zustand [gr.-lat.]
A|qua des|til|la|ta auch: A|qua de|stil|la|ta (das, -, nur Ez.) destilliertes Wasser [lat.]
A|quä|dukt (der, auch das, -s, -e) Wasserleitung in Form einer Bogenbrücke [lat.]
A|qua|kul|tur (die, -, -en) Gewässernutzung
ä|qual (Adj.) von gleicher Größe [lat.]
A|qua|ma|ni|le (das, -s, -n) liturgisches Handwaschgefäß (früher) [lat.]
A|qua|ma|rin (der, -s, -e) blaugrüner Schmuckstein, Härtegrad 7,5 bis 8 [lat.]
A|qua|naut (der, -en, -en) Unterwasserforscher [lat.-gr.]
A|qua|pla|ning (das, -s, nur Ez.) Wegrutschen der Autoreifen über einen Wasserfilm bei nasser Fahrbahn [lat.-engl.]
A|qua|rell (das, -s, -e) Wasserfarbenbild [it.]
a|qua|rel|lie|ren (V.) mit Wasserfarben malen [it.]
A|qua|rel|list (der, -lis|ten, -lis|ten) jmd., der Aquarelle malt
A|qua|ri|a|ner (der, -s, -) Aquarienliebhaber
A|qua|ri|den (nur Mz.) zwei Meteorströme
A|qua|ris|tik (die, -, nur Ez.) Aquarienkunde
A|qua|ri|um (das, -s, -ri|en) Glasbehälter zur Haltung von Wassertieren [lat.]
A|qua|tel (das, -s, -s) Hotel, das Hausboote statt Zimmer vermietet
A|qua|tin|ta (die, -, -tin|ten) grafische Ätztechnik auf Metalldruckplatten [it.]
a|qua|tisch (Adj.) zum Wasser gehörig [lat.]
A|qua|to|ne|ver|fah|ren (das, -s, nur Ez.) Offsetdruckverfahren [engl.-dt.]
Ä|qua|tor (der, -s, -to|ren) größter Breitenkreis (der Erdkugel) [lat.]

äquatorial 48 Archäometrie

ä|qua|to|ri|al (Adj.) den Äquator betreffend [lat.]

A|qua|vit (der, -s, -e) skandinavischer Kornschnaps [lat.]

äǀquiǀdisǀtant (Adj.) mit gleichem Abstand entfernt [lat.]

Ä|qui|dis|tanz (die, -, -en) gleich große Entfernung [lat.]

Ä|qui|li|brist auch: Ä|qui|li|brist (der, -risten/-bris|ten, -ris|ten/-bris|ten) Gleichgewichtskünstler [lat.]

Ä|qui|li|bris|tik auch: Ä|qui|li|bris|tik (die, -, nur Ez.) Kunst eines Äquilibristen

ä|qui|nok|ti|al (Adj.) zum Äquinoktium gehörig [lat.]

Ä|qui|nok|ti|um (das, -s, -ti|en) Tagundnachtgleiche [lat.]

ä|qui|va|lent (Adj.) gleichwertig [lat.]

Ä|qui|va|lent (das, -s, -e) Gleichwertiges [lat.]

Ä|qui|va|lenz (die, -, nur Ez.) Gleichwertigkeit [lat.]

ä|qui|vok (Adj.) mehrdeutig [lat.]

Ar (das, -s, -e) ein Flächenmaß, 100 m² [frz.]

A|ra (der, -s, -s) ein südamerikanischer Papagei [indian.]

Ä|ra (die, -, Ä|ren) kennzeichnender Zeitabschnitt [lat.]

A|ra|ber (der, -s, -) 1 Bw. Arabiens 2 eine Pferderasse

a|ra|besk (Adj.) verschnörkelt, verziert [arab.-gr.-lat.-it.-frz.]

A|ra|bes|ke (die, -, -n) 1 Pflanzenornament 2 stilistischer Schnörkel [frz.]

A|ra|bes|que [-bɛsk] (die, -, -s) Tanzfigur auf einem Standbein [arab.-gr.-lat.-it.-frz.]

A|ra|bi|no|se (die, -, nur Ez.) Fruchtzucker mit fünf Sauerstoffatomen [gr.-lat.]

A|ra|bis (die, -, nur Ez.) Gänsekresse [gr.-lat.]

a|ra|bisch (Adj.) zu Arabien gehörig

A|ra|bist (der, -bis|ten, -bis|ten) jmd., der sich mit Arabistik beschäftigt

A|ra|bis|tik (die, -, nur Ez.) Wissenschaft von der arabischen Sprache und Literatur

a|ra|bis|tisch (Adj.) zur Arabistik gehörig

A|ra|bit (der, -s, nur Ez.) aus Arabinose gewonnener fünfwertiger Alkohol [gr.-lat.]

A|rach|no|dak|ty|lie (die, -, -n) abnorme, überlange Hand- oder Fußknochen [gr.-lat.]

A|rach|no|lo|gie (die, -, nur Ez.) Spinnenkunde [gr.]

A|rai (nur Mz.) Schmähgedichte [gr.]

A|ra|lie [-ljə] (die, -, -n) ein Efeugewächs, Zimmerpflanze [viell. indian.]

A|ran|zi|ni [-tʃi:-] (nur Mz.) kandierte Orangenschalen (österr.) [it.]

A|rä|o|me|ter (das, -s, -) Dichtemesser für Flüssigkeiten [gr.]

A|ra|pai|ma (der, -(s), -s) südamerikan. Riesenfisch, größter Süßwasserfisch [indian.]

Ä|rar (das, -s, -e) Staatsschatz [lat.]

A|ra|ra = Ara

ä|ra|risch (Adj.) staatlich, zum Ärar gehörend [lat.]

A|rau|ka|rie [-riə] (die, -, -n) Nadelbaum der südlichen Südhalbkugel [nlat.]

A|raz|zo (der, -s, -zi) gewirkter Bildteppich [it.]

Ar|bi|ter (der, -s, -) Schiedsrichter, Sachverständiger [lat.]

Ar|bit|ra|ge auch: Ar|bi|tra|ge [-ʒə] (die, -, -n) 1 Schiedsspruch (im Handelsrecht) 2 Ausnutzung von Kurs- und Preisschwankungen [frz.]

ar|bit|rär auch: ar|bi|trär (Adj.) willkürlich [lat.]

Ar|bit|ra|ti|on auch: Ar|bi|tra|ti|on (die, -, -ti|o|nen) Schiedswesen bei Streitfällen an der Börse [lat.]

ar|bit|rie|ren auch: ar|bi|trie|ren (V.) schätzen [lat.]

Ar|bit|ri|um auch: Ar|bi|tri|um (das, -s, -ria/tria) Schiedsspruch, Gutachten [lat.]

Ar|bo|re|al (das, -s, -e) der Wald als ökologischer Raum [lat.]

Ar|bo|re|tum (das, -s, -ten) Baumgarten [lat.]

Ar|bu|se (die, -, -n) Wassermelone [pers.-russ.]

ARC Abk. für »American Red Cross«, amerikanisches Rotes Kreuz [engl.]

Ar|cha|ik (die, -, nur Ez.) frühzeitliche Kulturstufe [gr.]

Ar|cha|i|ker (die, -s, -) Künstler, der Kunstwerke archaischen Stils produziert [gr.]

Ar|cha|i|kum (das, -s, nur Ez.) Erdurzeit [gr.]

Ar|chä|i|kum (das, -s, nur Ez.) = Archaikum

ar|cha|isch (Adj.) 1 frühzeitlich 2 zum Archaikum gehörig [gr.]

ar|cha|i|sie|ren (V.) altertümlich gestalten

Ar|cha|is|mus (der, -, -men) 1 archaischer Restbestandteil, z.B. ist die Verbform »erkor« ein Archaismus der deutschen Sprache 2 archaisierende Nachahmung

Ar|cha|ist (der, -is|ten, -is|ten) jmd., der sich an einer frühzeitlichen Epoche orientiert [gr.]

ar|cha|is|tisch (Adj.) zum Archaismus (2) gehörig

Ar|chä|o|lo|ge (der, -n, -n) jmd., der sich mit Archäologie beschäftigt

Ar|chä|o|lo|gie (die, -, nur Ez.) Altertumskunde aufgrund von Ausgrabungen [gr.]

ar|chä|o|lo|gisch (Adj.) zur Archäologie gehörig [gr.]

Ar|chä|o|met|rie auch: Ar|chä|o|me|trie (die, -, nur Ez.) Teilgebiet der Archäologie [gr.]

Ar'chä'op'te'ryx *auch:* Ar'chä'o̱'pte'ryx (der, -, -e) Urvogel [gr.]
Ar'chä'o'zo̱'i'kum (das, -s, nur Ez.) erdgeschichtliche Frühzeit [gr.]
Ar'che'go̱'ni'um (das, -s, -ni'en) weibl. Geschlechtsorgan (der Moose, Farne u.a.) [gr.]
Ar'chen'ze'pha'lon *auch:* Arch'en'ze'phalon (das, -s, nur Ez.) Urhirn [gr.]
Ar'che'typ (der, -s, -en) Urbild; älteste Fassung, Ausgangsform [gr.]
ar'che'ty'pisch (Adj.) dem Archetyp entsprechend
Ar'chi'di'a'kon (der, -s, -e) erster Diakon [gr.]
Ar'chi'di'a'ko'nat (das oder der, -es, -e) **1** Amt eines Archidiakons **2** Wohnung eines Archidiakons [gr.-lat.]
Ar'chi'le'xem (das, -s, -e) Wort als Oberbegriff eines Wortfeldes; z.B. ist »Rind« das Archilexem für »Kalb, Kuh und Stier« [gr.]
Ar'chi'lo'chi'us Bezeichnung verschiedener Versformen in der Antike [gr.-lat.]
Ar'chi'mand'rit *auch:* Ar'chi'man'drit (der, -en, -en) Abt (in der Ostkirche) [gr.]
ar'chi'me̱'disch (Adj.) von Archimedes ausgehend [gr.]
Ar'chi'pel (der, -s, -e) Inselwelt [gr.]
Ar'chi'pres'by'ter (der, -s, -) Dekan in eher ländlichen Wirkungsbereich [gr.-lat.]
Ar'chi'tekt (der, -en, -en) Baumeister [gr.]
Ar'chi'tek'to̱'nik (die, -, nur Ez.) Aufbau, Gliederung (eines Bauwerks, Systems) [gr.]
ar'chi'tek'to̱'nisch (Adj.) die Architektonik betreffend [gr.]
Ar'chi'tek'tur (die, -, -en) **1** Baukunst **2** Baustil [gr.]
ar'chi'tek'tu'ral (Adj.) = architektonisch [gr.-lat.]
Ar'chi'tra̱v *auch:* Ar'chi'trav (der, -s, -e) Steinbalken über antiken Säulen [it.-lat.]
Ar'chiv (das, -s, -e) Urkundensammlung
Ar'chi'va'le (das, -s, -li'en) Urkunde, Akte [gr.-lat.]
ar'chi'va̱'lisch (Adj.) urkundlich [gr.-lat.]
Ar'chi'var (der, -s, -e) Archivbetreuer
ar'chi'va̱'risch (Adj.) das Archiv oder den Archivar betreffend [gr.-lat.]
ar'chi'vie̱'ren (V.) in ein Archiv aufnehmen
Ar'chi'vol'te (die, -, -n) gestalteter, eingefasster Rundbogen (in der Baukunst) [it.]
A̱r'chon (der, -s, -chon'ten) oberster Beamter (im antiken Athen) [gr.]
Ar'chont (der, -en, -en) = Archon
Ar'chon'tat (das, -es, -e) Amt oder Amtszeit eines Archonten [gr.]
Ar'co'so'li'um (das, -s, -li'en) Wandgrab in den Katakomben [lat.]

Ar'da'bil (der, -s, -s) handgeknüpfter Teppich
Ar'de'bil (der, -s, -s) = Ardabil
Ar'do'me̱'ter (das, -s, -) Temperaturmessgerät [lat.-gr.]
A̱'re (die, -, -n) = Ar (schweiz.)
A̱'rea 1 (die, -, -re̱'en oder -s) Kampfplatz [lat.] **2** (die, -, -s) südamerikanische Flächeneinheit [lat.-span.]
A̱'re'al'funk'ti'on (die, -, -en) Umkehrfunktion zu einer Hyperbelfunktion (Math.) [lat.]
A̱'re'al (die, -, -e) Fläche; Gebiet [lat.]
A̱'re'al'kun'de (die, -, nur Ez.) Wissenschaft von der Verbreitung von Tieren und Pflanzen
A̱'re'al'lin'gu'is'tik (die, -, nur Ez.) Sprachgeografie
a're'li'gi'ös (Adj.) nicht religiös [gr.-frz.]
A're̱'na (die, -, -nen) **1** Kampf-, Wettkampfplatz **2** Vorführplatz, Manege [lat.]
A're'o'pag (der, -s, -e) höchster Gerichtshof (im antiken Athen) [gr.]
A're'ta'lo'gie (die, -, -n) schriftliche Lobeshymne auf einen Gott oder Helden in der Antike [gr.]
Ar'ga̱'li (der oder das, -s, -s) zentralasiatisches Wildschaf [mongol.]
Ar'gand'bren'ner [argã-] (der, -s, -) Gasbrenner
Ar'gen'tan (das, -s, nur Ez.) Neusilber [lat.]
Ar'gen'ti'ne (die, -, nur Ez.) Silberfarbe [lat.-frz.]
Ar'gen'tit (der, -s, -e) ein Silbererz [lat.]
Ar'gen'tum (das, -s, nur Ez.) Silber [lat.]
Ar'gon (das, -s, nur Ez.) ein Edelgas [gr.]
Ar'go'naut (der, -en, -en) **1** Besatzungsmitglied der Argo in der griechischen Sage **2** Tintenfischart [gr.]
Ar'got [-go] (das, -s, -s) Gaunersprache (in Frankreich) [frz.]
Ar'go'tis'mus (der, -, -men) Argotwort in der Umgangssprache [lat.]
Ar'gu'ment (das, -s, -e) **1** Beweis, überzeugende Erwiderung **2** unabhängige Variable (einer mathemat. Funktion) [lat.]
Ar'gu'men'ta'ti'on (die, -, -ti'o̱'nen) das Argumentieren
ar'gu'men'ta'tiv (Adj.) Argumente betreffend, als Argument
ar'gu'men'ta'to̱'risch (Adj.) die Argumente betreffend [lat.]
ar'gu'men'tie̱'ren (V.) Beweise, überzeugende Erwiderungen vorbringen [lat.]
Ar'gus (der, -, -se) scharfer Wächter [gr.]
A'rhyth'mie (die, -, -n) = Arrhythmie
A'ri'ad'ne'fa'den (der, -s, nur Ez.) Hilfsmittel in aussichtsloser Lage
A'ri'a̱'ner (der, -s, -) Verfechter des Arianismus

arianisch (Adj.) den Arianismus betreffend

A|ri|a|nis|mus (der, -, nur Ez.) die Lehre des Arius (4. Jh.), wonach Christus mit Gott nicht wesensein, sondern nur wesensähnlich ist

A|ri|bo|fla|vi|no|se (die, -, -n) Krankheit durch Vitamin-B-Mangel

a|rid (Adj.) trocken (Klima) [lat.]

A|ri|di|tät (die, -, nur Ez.) Trockenheit (des Klimas) [lat.]

A|rie [ariə] (die, -, -n) opernhafter Sologesang mit Instrumentalbegleitung [lat.]

A|ri|er (der, -s, -) **1** Mitglied indischer oder iranischer Völker in der Frühgeschichte **2** Mitglied der nordischen Rasse in der nationalsozialistischen Rassenideologie

A|ri|et|ta (die, -, -et|ten) kleine Arie [it.]

a|ri|os (Adj.) arienhaft, liedartig [it.]

a|ri|o|so (Adj.) = arios

A|ri|o|so (das, -(s), -si) arienhaftes Lied, Instrumentalstück [it.]

a|ri|sie|ren (V.) durch Diebstahl in arischen Besitz überführen

A|ris|tie (die, -, -n) außergewöhnliche Tat eines Helden und ihre Verehrung in der Literatur [gr.]

A|ris|tok|rat auch: A|ris|to|krat/A|ri|stok|rat/ A|ri|stok|rat (der, -en, -en) **1** Adliger **2** privilegierter, vornehmer Mensch [gr.]

A|ris|tok|ra|tie auch: A|ris|to|kra|tie/A|ri|stok|ra|tie/A|ri|sto|kra|tie (die, -, -n) Aristokratenschicht

a|ris|tok|ra|tisch auch: a|ris|to|kra|tisch/ a|ri|stok|ra|tisch/a|ri|sto|kra|tisch (Adj.) zu den Aristokraten gehörig, sehr vornehm

A|ris|tol auch: A|ri|stol (das, -s, nur Ez.) Antiseptikum

A|ris|to|nym auch: A|ri|sto|nym (das, -s, -e) aus Adelsnamen bestehendes Pseudonym, Deckname [gr.-lat.]

A|ris|to|pha|ne|us auch: A|ri|sto|pha|ne|us (der, -, -ne|en) antiker Vers [gr.-lat.]

a|ris|to|pha|nisch auch: a|ri|sto|pha|nisch (Adj.) geistvoll, witzig; nach Art und Weise des Aristophanes

A|ris|to|te|li|ker auch: A|ri|sto|te|li|ker (der, -s, -) Anhänger der aristotelischen Philosophie

a|ris|to|te|lisch auch: a|ri|sto|te|lisch (Adj.) die Philosophie des Aristoteles betreffend, ihr angehörend

A|ris|to|te|lis|mus auch: A|ri|sto|te|lis|mus (der, -, nur Ez.) Philosophie des Aristoteles

A|ri|ta|por|zel|lan (das, -s, nur Ez.) japanisches Porzellan

A|rith|me|tik (die, -, nur Ez.) das Zahlenrechnen [gr.]

a|rith|me|tisch (Adj.) zur Arithmetik gehörig

A|rith|mo|griph (der, -en, -en) Zahlenrätsel [gr.-lat.]

A|rith|mo|lo|gie (die, -, nur Ez.) die Lehre von den magischen Eigenschaften der Zahlen [gr.-lat.]

A|rith|mo|ma|nie (die, -, -n) Zählzwang [gr.-lat.]

A|rith|mo|man|tie (die, -, nur Ez.) Wahrsagerei mit Hilfe von Zahlen [gr.-lat.]

Ar|ka|de (die, -, -n) säulengetragener Gewölbebogen, Teil eines Bogengangs [it.-frz.]

Ar|ka|di|en (das, -s, nur Ez.) Idylle, in der glückliches Leben möglich ist

Ar|ka|di|er (der, -s, -) **1** Bewohner von Arkadien **2** Mitglied einer literarischen Vereinigung des 17. Jahrhunderts

ar|ka|die|ren (V.) etwas mit Arkaden ausstatten

ar|ka|disch (Adj.) Arkadien betreffend

Ar|kan|dis|zip|lin auch: Ar|kan|dis|zi|plin (die, -, nur Ez.) das Verschweigen von Lehre und Sitte einer religiösen Gemeinschaft gegenüber Nichtmitgliedern [lat.]

Ar|kan|sit (der, -s, nur Ez.) ein Mineral

Ar|ka|num (das, -s, -na) **1** Geheimnis **2** geheimes (Wunder-)Mittel [lat.]

Ar|ke|bu|se (die, -, -n) alte Handfeuerwaffe, Hakenbüchse [frz.-niederl.]

Ar|ke|bu|sier (der, -s, -e) Soldat mit Arkebuse [niederl.-frz.]

Ar|ko|se (die, -, nur Ez.) feldspatreicher Sandstein [frz.]

Ar|ko|sol (das, -s, -li|en) Wandgrab in den Katakomben [lat.]

Ark|ti|ker (der, -s, -) Bewohner der Arktis [gr.-lat.]

ark|tisch (Adj.) zur Arktis gehörig

Ar|ku|bal|lis|te (die, -, -lis|ten) altertümliche Bogenschleuder [lat.]

Ar|kus (der, -, -) Winkelkreisbogen [lat.]

Ar|lec|chi|no [arleki:no] (der, -s, -s) Figur der italienischen Komödie, Hanswurst [frz.-it.]

Ar|ma|da (die, -, -den oder -s) große Kriegsflotte [span.]

Ar|ma|ged|don (das, -s, nur Ez.) = Harmageddon

Ar|ma|gnac auch: Ar|mag|nac [-ɲak] (der, (s), -s) ein französischer Weinbrand

Ar|ma|gna|ken auch: Ar|mag|na|ken [-jakən] (nur Mz.) wilde Söldner des französischen Grafen Armagnac

Ar|ma|ri|um (das, -s, -ria oder -en) **1** antiker Schrank **2** Wandnische in der Nähe des Al-

Armatolen tars, Aufbewahrungsort für heilige Gegenstände [lat.]

Ar'ma'to'len (nur Mz.) griechisches Befreiungsheer in der Türkenzeit [gr.]

Ar'ma'tur (die, -, -en) Bedienungs-, Kontrollinstrument (an technischen Anlagen) [lat.]

Ar'mee (die, -, -me'en) gesamte Streitmacht eines Staates; Verband der Landstreitkräfte [frz.]

Ar'me'ni'er (der, -s, -) Ew. von Armenien

ar'me'nisch (Adj.) zu Armenien gehörig

ar'mie'ren (V.)1 ausrüsten, bestücken 2 bewehren, verstärken [lat.]

Ar'mie'rung (die, -, -en) 1 Ausrüstung, Bewaffnung 2 Stahleinlagen im Beton

Ar'mo'ri'al (das, -s, -e) Wappenbuch [lat.-frz.]

Ar'mu're (die, -, -) (Kunst-)Seidengewebe

Ar'mü're (die, -, -n) = Armure

Ar'ni (der, -s, -s) Großbüffel in Indien

Ar'ni'ka (die, -, -s) ein Korbblütler, Bergwohlverleih [viell. lat.]

A'ro'ma (das, -s, -s oder -men) angenehmer Geruch; würziger Geschmack [gr.]

A'ro'mat (der, -en, -en) ein ringförmiger Kohlenwasserstoff [gr.]

a'ro'ma'tisch (Adj.) 1 voller Aroma 2 zu den Aromaten gehörig

a'ro'ma'ti'sie'ren (V.) 1 mit Aroma versehen 2 einen Aromaten herstellen

A'ron(s)'stab (der, -s, -stä'be) Giftpflanze [gr.-lat.-dt.]

Ar'peg'gi'a'tur [-pedʒa-] (die, -, -en) Reihe von Arpeggien [it.-nlat.]

ar'peg'gie'ren [-pedʒi:-] (V.) arpeggio spielen (Klavier) [it.]

ar'peg'gio [-pedʒo] (Adv.) schnell nacheinander Akkorde anschlagen, spielen

Ar'peg'gio [-pedʒo] (das, -s, -s oder peg'gien) arpeggio gespieltes Musikstück

Ar'rak (der, -s, -e oder -s) Reis-, Palmsaft- oder Dattelschnaps [arab.]

Ar'ran'ge'ment [arãschmã] (das, -s, -s) 1 Zusammenstellung, Gestaltung 2 Übereinkunft 3 Einrichten eines Musikstückes für andere Instrumente [frz.]

Ar'ran'geur [arãschör] (der, -s, -e) jmd., der etwas arrangiert, Musikstücke einrichtet

ar'ran'gie'ren [-schi-] (V.) 1 vorbereiten, zustande bringen 2 zusammenstellen, gestalten 3 ein Musikstück einrichten 4 sich mit jmdm. verständigen [frz.]

Ar'raz'zo (der, -s, -zi) = Arazzo

Ar'ren'de (die, -, -n) Pachtvertrag

Ar'rest (der, -s, -res'te) 1 leichter Freiheitsentzug 2 Sicherung der Zwangsvollstreckung [lat.]

Ar'res'tant (der, -en, -en) Person in Arrest

Ar'res'tat (der, -en, -en) Verhafteter [lat.]

Ar'res'ta'ti'on (die, -, -ti'o'nen) Festnahme, Verhaftung [lat.]

Ar'rêt (der, -s, -s) heftiger Anzug des Zügels beim Reiten [frz.]

ar're'tie'ren (V.) 1 in Arrest nehmen 2 blockieren, fest machen

Ar'rêt'stoß (der, -es, -stö'ße) Stoß beim Fechten [frz.]

Ar'rhyth'mie (die, -, -n) Störung des Rhythmus (besonders des Herzschlags) [gr.]

ar'rhyth'misch (Adj.) unregelmäßig, unrhythmisch [gr.-lat.]

Ar'ri'val (ohne Art.) Ankunft [engl.]

ar'ri'vie'ren (V.) vorwärts kommen [lat.-frz.]

ar'ri'viert (Adj.) gesellschaftlich anerkannt [frz.]

Ar'ri'vist (der, -vis'ten, -vis'ten) Emporkömmling [lat.-frz.]

ar'ro'gant (Adj.) hochmütig, eingebildet [frz.]

Ar'ro'ganz (die, -, nur Ez.) das Arrogantsein

ar'ron'die'ren (V.) abrunden, zusammenlegen (Grundbesitz) [frz.]

Ar'ron'dis'se'ment [arõdismã] (das, -s, -s) französischer Verwaltungsbezirk, Untergliederung eines Départements oder einer Großstadt [frz.]

Ar'ro'se'ment (das, -s, nur Ez.) Umwandlung von Staatsanleihen [lat.-frz.]

ar'ro'sie'ren (V.) 1 bewässern 2 zuzahlen [lat.-frz.]

Ar'ro'si'on (die, -, -si'o'nen) schleichende Zerstörung (von Blutgefäßen) [lat.]

Ar'row'root [ɛrourut] (die, -, -s) Stärkemehl aus der tropischen Pfeilwurz [engl.]

Ars a'man'di (die, - -, nur Ez.) Liebeskunst [lat.]

Ars an'ti'qua (die, - -, nur Ez.) mehrstimmige Musik des 12./13. Jahrhunderts [lat.]

Ar'sen (das, -s, nur Ez.) ein Element [viell. gr.]

Ar'se'nal (das, -s, -e) Waffenlager [arab.-ital.]

Ar'se'nat (das, -es, -e) Salz der Arsensäure [gr.-lat.]

ar'se'nie'ren (V.) etwas mit einer Arsenschicht überziehen

ar'se'nig (Adj.) arsenhaltig

Ar'se'nik (das, -s, nur Ez.) giftige Arsenverbindung, Arsentrioxid

Ar'sis (die, -, -sen) 1 unbetonter Taktteil in der antiken Metrik 2 betonter Taktteil in der modernen Metrik [gr.-lat.]

Ars mo'ri'en'di (die, - -, nur Ez.) Sterbe- und Trostbüchlein im Mittelalter [lat.]

Ars no'va (die, - -, nur Ez.) mehrstimmige Musik des 14./15. Jahrhunderts

Art brut [ar brüt] (die, - -, nur Ez.) Kunst von Geisteskranken [frz.]
Art dé|co [ar deko] (die, - -, nur Ez.) spezielle Kunstrichtung zwischen 1920 und 1940 [frz.]
Art|di|rec|tor (der, -s, -s) künstlerischer Leiter [engl.]
ar|te|fakt (Adj.) künstlich erzeugt [lat.]
Ar|te|fakt (das, -s, nur Ez.) 1 frühgeschichtlicher Gegenstand mit Formgebung von Menschenhand 2 künstlich hervorgerufene Verletzung [lat.]
ar|te|fi|zi|ell (Adj.) künstlich, gekünstelt [lat.-frz.]
Ar|te|mi|sia (die, -, nur Ez.) Beifuß (als Heilpflanze) [gr.]
Ar|te|rie (die, -, -n) Schlagader [gr.]
ar|te|ri|ell (Adj.) eine Arterie betreffend [gr.-lat.]
Ar|te|ri|o|gramm (das, -, -e) Röntgenbild einer Schlagader [gr.-lat.]
Ar|te|ri|os|kle|ro|se auch: Ar|te|ri|o|skle|ro|se/Ar|te|ri|o|skle|ro|se (die, -, -n) Arterienverkalkung [gr.]
ar|te|sisch (Adj.) durch Druck an die Oberfläche steigend; artesischer Brunnen [frz.]
Ar|tes li|be|ra|les (nur Mz.) die sieben freien Künste: Grammatik, Rhetorik, Dialektik, Arithmetik, Geometrie, Astronomie, Musik [lat.]
Ar|tes|li|te|ra|tur (die, -, nur Ez.) wissenschaftliche Bezeichnung für mittelalterliche Schriften zu den Artes liberales [lat.]
Arth|ri|ti|ker auch: Ar|thri|ti|ker (der, -s, -) jmd., der Arthritis hat
Arth|ri|tis auch: Ar|thri|tis (die, -, -ti|den) schmerzhafte Gelenkentzündung [gr.]
arth|ri|tisch auch: ar|thri|ti|sch (Adj.) die Arthritis betreffend [gr.-lat.]
Arth|ri|tis|mus auch: Ar|thri|tis|mus (der, -, nur Ez.) erbliche Veranlagung zu Gicht, Asthma u.Ä. [gr.-lat.]
Arth|ro|se auch: Ar|thro|se (die, -, -n) nicht entzündliches Gelenkabnutzungsleiden [gr.]
ar|ti|fi|zi|ell (Adj.) künstlich; gekünstelt [frz.]
Ar|ti|kel (der, -s, -) 1 Geschlechtswort; z.B. »der, die« 2 Abschnitt (eines Vertrags) 3 schriftlicher Beitrag 4 Glaubenssatz 5 Warengattung [lat.]
ar|ti|ku|lar (Adj.) zum Gelenk gehörig [lat.]
Ar|ti|ku|la|ten (nur Mz.) Gliedertiere
Ar|ti|ku|la|ti|on (die, -, -ti|o|nen) 1 deutliche Lautbildung, Aussprache 2 das Sagen (von Gedanken) 3 Sinngliederung und Gestaltung (in der Musik) 4 Gelenkverbindung [frz.]
ar|ti|ku|la|to|risch (Adj.) die Artikulation betreffend

ar|ti|ku|lie|ren (V.) 1 Laute deutlich bilden; deutlich aussprechen 2 (Gedanken) sagen 3 gliedern und gestalten (in der Musik) [frz.]
Ar|til|le|rie (auch [ar-]; die, -, -n) Geschütztruppe [frz.]
Ar|til|le|rist (auch [ar-]; der, -ris|ten, -ris|ten) Artilleriesoldat
Ar|ti|san (der, -s, -s) (Kunst-)Handwerker [lat.-it.-frz.]
Ar|ti|scho|cke (die, -, -n) Gemüsedistel
Ar|tist (der, -tis|ten, -tis|ten) Varieté-, Zirkuskünstler
Ar|tis|tik (die, -, nur Ez.) Artistenkunst [frz.]
ar|tis|tisch (Adj.) zur Artistenkunst gehörig, äußerst geschickt
Art nou|veau [arnuvo] (die, - -, nur Ez.) Jugendstil [frz.]
Ar|to|thek (die, -, -en) Einrichtung, die Kunstwerke verleiht [lat.-gr.]
ASA (das, -(s), -) Einheit der Lichtempfindlichkeit fotografischer Schichten [engl. Kurzwort]
A|sa foe|ti|da (auch: A|sa fö|ti|da) [-fø:-] (die, -, nur Ez.) = Asant
A|sant (der, -s, nur Ez.) eingetrockneter, stinkender Milchsaft (der tiermedizinisch bei Koliken u.a. verwendet wird) [lat.]
As|best (der, -bes|tes, -bes|te) faseriges, feuerfestes Mineral [gr.]
As|bes|to|se (die, -, -n) Asbeststaublunge
As|cet|o|nym auch: As|ce|to|nym (das, -s, -e) aus Heiligennamen bestehendes Pseudonym, Deckname [gr.-lat.]
Asch|ke|na|sim (nur Mz.) mittel- und osteuropäische Juden [hebr.]
Asch|ram (der, -s, -s) Meditationslager in Indien [sanskr.]
A|schug (der, -en, -en) wandernder Volksdichter im Kaukasus und Anatolien [russ.]
A|schu|ge (der, -n, -n) = Aschug [russ.]
As|cor|bin|säu|re (die, -, nur Ez.) = Askorbinsäure
A|se|bie (die, -, -n) Gottlosigkeit [gr.]
a sec|co = al secco
A|sei|tät (die, -, nur Ez.) absolute Unabhängigkeit [lat.]
A|se|mie (die, -, -n) Unfähigkeit zur Gebärdensprache [gr.-lat.]
A|sep|sis (die, -, nur Ez.) Keimfreiheit [gr.]
A|sep|tik (die, -, nur Ez.) keimfreie Behandlung von Wunden [gr.-lat.]
a|sep|tisch (Adj.) keimfrei [gr.]
a|se|xu|al (Adj.) 1 gefühllos 2 geschlechtslos [gr.-lat.]
A|se|xu|a|li|tät (die, -, nur Ez.) 1 Nichtvorhandensein der Libido 2 Nichtvorhandensein der Geschlechtsdrüsen [gr.-lat.]
a|se|xu|ell (Adj.) = asexual

Ash|ram (der, -s, -s) = Aschram
A|si|a|nis|mus (der, -, nur Ez.) antike Redekunst mit viel Schwulst [gr.-lat.]
A|si|at (der, -en, -en) = Asiate
A|si|a|te (der, -n, -n) Bw. Asiens
A|si|a|ti|ka (nur Mz.) Werke über Asien
a|si|a|tisch (Adj.) zu Asien gehörig
A|si|de|rit (der, -s, -e) eisenloser Meteorstein [gr.-lat.]
As|ka|ri (der,-s, -s) Eingeborenensoldat (in Deutsch-Ostafrika) [arab.]
As|ka|ri|a|sis (die, -, nur Ez.) Wurmkrankheit [gr.]
As|ka|ri|di|a|sis (die, -, nur Ez.) = Askariasis
As|ke|se (die, -, nur Ez.) enthaltsame Lebensweise [gr.]
As|ket (der, -en, -en) jmd., der Askese übt
as|ke|tisch (Adj.) enthaltsam [gr.]
As|kor|bin|säu|re (auch: As|cor|bin|säu|re) (die, -, nur Ez.) Vitamin C
Äs|ku|lap|stab (der, -es, -stä|be) Berufssymbol der Ärzte nach dem Schlangenstab des Gottes der Heilkunde in der griechisch-römischen Mythologie
a|so|ma|tisch (Adj.) unkörperlich, körperlos [gr.-lat.]
A|som|nie (die, -, -n) Schlafstörung, Schlaflosgikeit [gr.-lat.]
ä|so|pisch (Adj.) 1 in der Art Äsops 2 lustig, witzig
a|so|zi|al (Adj.) gemeinschaftsschädigend, gesellschaftsunfähig
As|pa|ra|gus auch: A|spa|ra|gus (auch [-pa-] der, -, nur Ez.) Spargel; Spargelkraut [gr.]
As|pekt auch: A|spekt (der, -s, -e) 1 Betrachtungsweise 2 Stellung der Gestirne zueinander (Astrologie) 3 grammatische Kategorie, die die Verlaufsform einer verbalen Handlung beschreibt [lat.]
as|per|gie|ren auch: a|sper|gie|ren (V.) besprengen mit Weihwasser [lat.]
As|per|gill auch: A|sper|gill (das, -s, -e) Weihwasserwedel [lat.]
a|sper|ma|tisch auch: as|per|ma|tisch (Adj.) ohne Samenzellen [gr.-lat.]
A|sper|ma|tis|mus auch: As|per|ma|tis|mus (der, -, nur Ez.) fehlender Samenerguss [gr.]
A|sper|mie auch: As|per|mie (die, -, nur Ez.) = Aspermatismus
A|sper|si|on auch: As|per|si|on (die, -, -si|o|nen) das Besprengen mit Weihwasser [lat.]
As|phalt (der, -(e)s, -e) verharzter, pechartiger Erdölrückstand [gr.]
as|phal|tie|ren (V.) mit einer Asphaltdecke versehen

As|phalt|ma|ka|dam (der oder das, -s, -e) Stoff für Straßendecken [gr.-engl.]
As|pho|dill (der, -s, -e) = Affodill
As|phy|xie (die, -, -n) Atemstillstand (bei Neugeborenen) [gr.]
As|pi|dis|tra (die, -, -tren) Schildblume [gr.-lat.]
A|spik auch: As|pik (der, -s, -e) säuerliches Würzgelee [frz.]
A|spi|rant auch: As|pi|rant (der, -en, -en) 1 Anwärter, Bewerber 2 wissenschaftliche Nachwuchskraft [lat.]
A|spi|ran|tur auch: As|pi|ran|tur (die, -, -en) Stelle eines Aspiranten
A|spi|ra|ta auch: As|pi|ra|ta (die, -, -ten) behauchter Laut; z.B. das Rho im Altgriechischen [lat.]
A|spi|ra|teur auch: As|pi|ra|teur (der, -s, -e) Gerät zum Reinigen von Getreide [lat.-frz.]
A|spi|ra|ti|on auch: As|pi|ra|ti|on (die, -, -ti|o|nen) 1 das Aspirieren 2 das Einsaugen (von Flüssigkeit)
A|spi|ra|tor auch: As|pi|ra|tor (der, -s, -to|ren) Einsaugvorrichtung [lat.]
a|spi|ra|to|risch auch: as|pi|ra|to|risch (Adj.) mit Hauch artikuliert
a|spi|rie|ren auch: as|pi|rie|ren (V.) 1 behaucht aussprechen 2 sich bewerben (österr.); auf einen Posten a.
A|spi|rin auch: As|pi|rin (das, -s, nur Ez.) ein Schmerzmittel (Warenzeichen) [Kunstwort]
A|spis|vi|per auch: As|pis|vi|per (die, -, -n) Giftschlange [gr.-lat.]
A|split auch: As|plit/Asp|lit (das, -s, nur Ez.) Kitt aus Phenolharz
As|sa|gai (der, -s, -e) Wurfspieß der Kaffern [berberisch-arab.]
as|sai (Adv.) sehr, ziemlich (bei einer musikalischen Tempobezeichnung) [it.]
as|sa|nie|ren (V.) verbessern [lat.-frz.]
As|sa|nie|rung (die, -, -en) Verbesserung der Bebauung [lat.-frz.]
As|sas|si|ne (der, -n, -n) 1 Meuchelmörder 2 Angehöriger einer mohammedanischen Religionsgemeinschaft [arab.-it.]
As|saut [-so:] (der, -s, -s) Wettkampf im Fechten [lat.-frz.]
As|se|ku|ra|deur [-dø:ɐ] (der, -s, -e) selbstständiger Versicherungsagent [lat.-it.]
As|se|ku|rant (der, -en, -en) Versicherungsträger
As|se|ku|ranz (die, -, -en) Versicherung [it.]
As|sem|blee auch: As|sem|blee [asã-] (die, -, -le|en/-ble|en) Versammlung
As|sem|bler auch: As|sem|bler [əse-] (der, -s, nur Ez.) maschinengebundene Programmiersprache [engl.]

As|sem|bling *auch:* As|s<u>e</u>m|bling [əsεm-] (das, -s, -s) Zusammenschluss von Industriebetrieben [engl.]

as|sen|ti<u>e</u>|ren (V.) zustimmen, beipflichten [lat.]

As|sen|ti<u>e</u>|rung (die, -, -en) militärische Musterung [lat.]

as|se|ri<u>e</u>|ren (V.) behaupten, versichern [lat.]

As|ser|ti|<u>o</u>n (die, -, -ti|<u>o</u>|nen) Behauptung, Versicherung [lat.]

as|ser|t<u>o</u>|risch (Adj.) behauptend, versichernd [lat.]

As|ser|vat (das, -s, -e) als Beweismittel verwahrte Sache [lat.]

as|ser|vi<u>e</u>|ren (V.) als Beweismittel verwahren [lat.]

As|ses|sor (der, -s, -s<u>o</u>|ren) Anwärter auf die höhere Beamtenlaufbahn [lat.]

as|ses|so|ral (Adj.) den Assessor betreffend, in der Art eines Assessors [lat.]

as|ses|s<u>o</u>|risch (Adj.) = assessoral

as|si|bi|li<u>e</u>|ren (V.) einen Explosivlaut mit nachfolgendem Zischlaut aussprechen; z.B. das t zu ts assibilieren [lat.]

As|si|du|i|t<u>ä</u>t (die, -, nur Ez.) Beharrlichkeit [lat.]

As|si|<u>e</u>t|te [asjεt] (die, -, -n) **1** Teller **2** Stellung, Lage [lat.-frz.]

As|sig|nant *auch:* As|si|gnant (der, -en, -en) Aussteller einer Geldanweisung [lat.]

As|sig|nat *auch:* As|si|gnat (der, -en, -en) jmd., der die Geldanweisung bezahlt hat [lat.]

As|sig|na|tar *auch:* As|si|gna|t<u>a</u>r (der, -s, -e) Empfänger der Geldanweisung [lat.]

As|sig|na|te *auch:* As|si|gna|te (die, -, -en) Papiergeldschein der ersten französischen Republik [lat.-frz.]

as|sig|ni<u>e</u>|ren *auch:* as|si|gni<u>e</u>|ren (V.) Geld anweisen [lat.]

As|si|mi|la|ti|<u>o</u>n (die, -, -ti|<u>o</u>|nen) **1** Angleichung **2** Aufbau von Pflanzenstoffen aus CO_2, Wasser und Sonnenlicht [lat.]

as|si|mi|la|t<u>o</u>|risch (Adj.) zur Assimilation gehörig, dadurch entstanden

as|si|mi|li<u>e</u>|ren (V.) **1** angleichen **2** durch Assimilation (**2**) entstehen lassen

As|si|sen (nur Mz.) **1** Schwurgericht in Frankreich und der Schweiz **2** Sitzungen dieses Gerichts [lat.-frz.]

As|sis|tent (der, -en, -en) wissenschaftlicher Mitarbeiter; Gehilfe [lat.]

As|sis|tenz (die, -, -en) Beistand, Hilfe [lat.]

as|sis|ti<u>e</u>|ren (V.) helfend tätig werden [lat.]

As|so|ci|a|ted Press (die, - -, nur Ez.) amerikanisches Nachrichtenbüro [engl.]

As|so|cié [-sje:] (der, -s, -s) Teilhaber (veraltet) [frz.]

As|so|nanz (die, -, -en) unvollständiger Reim, Vokalreim; z.B. fegen – geben [lat.]

as|sor|ti<u>e</u>|ren (V.) mit Waren versehen [frz.]

As|sor|ti|ment (das, -s, -e) Auswahl, Sortiment [frz.]

As|so|zi|a|ti|<u>o</u>n (die, -, -ti|<u>o</u>|nen) **1** Gedankenverknüpfung **2** Zusammenschluss [frz.]

as|so|zi|a|tiv (Adj.) durch Assoziation verbindend

as|so|zi|i<u>e</u>|ren (V.) **1** gedanklich verknüpfen **2** zusammenschließen

As|so|zi|i<u>e</u>|rung (die, -, -en) Zusammenschluss mehrerer Partner (Personen, Firmen, Staaten etc.) per Vertrag [lat.]

as|su|mi<u>e</u>|ren (V.) annehmen, gelten lassen [lat.]

As|sump|ti|<u>o</u>n (die, -, -ti|<u>o</u>|nen) = Assumtion

As|sum|ti|<u>o</u>n (die, -, -ti|<u>o</u>|nen) Himmelfahrt der Jungfrau Maria [lat.]

As|s<u>u</u>n|ta (die, -, -ten) Darstellung der Assumtion [it.]

As|sy|ri|o|l<u>o</u>|gie (die, -, nur Ez.) Wissenschaft von der Sprache und Kultur Assyriens und Babylons [nlat.]

As|ta|sie *auch:* A|sta|sie (die, -, -n) Unfähigkeit zu stehen (Med.) [gr.-lat.]

As|tat *auch:* A|stat (das, -s, nur Ez.) = Astatin

As|ta|tin *auch:* A|sta|tin (das, -s, nur Ez.) ein radioaktives Element [gr.]

as|ta|tisch *auch:* a|sta|tisch (Adj.) **1** unruhig **2** gegen elektromagnetische Feldeinwirkung geschützt [gr.]

As|ter (die, -, -n) ein Korbblütler, Gartenblume [gr.]

as|te|risch (Adj.) sternähnlich [gr.-lat.]

As|te|ris|kus (der, -, -ken) Sternchen (als Fußnotenhinweis, für erschlossene Sprachformen) [lat.]

As|te|ro|id (der, -en, -en) kleiner Planet [gr.]

As|te|ro|nym (das, -s, -e) ***-Zeichen statt des Verfassernamens [gr.-lat.]

As|the|nie *auch:* A|sthe|nie (die, -, -n) Körperschwäche; Entkräftigung [gr.]

As|the|ni|ker *auch:* A|sthe|ni|ker (der, -s, -) jmd., der schmächtig und zartgliedrig ist [gr.]

as|the|nisch *auch:* a|sthe|nisch (Adj.) wie ein Astheniker

As|the|no|pie *auch:* A|sthe|no|pie (die, -, nur Ez.) schnelle Augenermüdung [gr.-lat.]

Äs|the|sie (die, -, nur Ez.) Empfindungsfähigkeit [gr.-lat.]

Äs|thet (der, -en, -en) jmd., der sich (zu sehr) zum Schönen hingezogen fühlt [gr.]

Äs|the|tik (die, -, nur Ez.) Lehre vom Schönen; die Schönheit [gr.]

Äs|the|ti|ker (der, -s, -) Anhänger oder Lehrer der Ästhetik [gr.-lat.]
äs|the|tisch (Adj.) zur Ästhetik gehörig; schön (gestaltet)
äs|the|ti|sie|ren (V.) nur die ästhetische Seite berücksichtigen
Äs|the|ti|zis|mus (der, -, nur Ez.) ausschließlich auf das Ästhetische gerichtete Haltung
Äs|the|ti|zist (der, -zis|ten, -zis|ten) Anhänger oder Lehrer des Ästhetizismus [gr.-lat.]
äs|the|ti|zis|tisch (Adj.) den Ästhetizismus betreffend
Asth|ma (das, -s, nur Ez.) anfallsweise auftretende Atemnot [gr.]
Asth|ma|ti|ker (der, -s, -) Asthmakranker
asth|ma|tisch (Adj.) durch Asthma bedingt, daran leidend
as|tig|ma|tisch *auch:* a|stig|ma|tisch (Adj.) Punkte strichförmig verzerrend (Optik) [gr.]
As|tig|ma|tis|mus *auch:* A|stig|ma|tis|mus (der, -, nur Ez.) astigmatischer Abbildungsfehler (von Linsen, vom Auge) [gr.-nlat.]
Äs|ti|ma|ti|on (die, -, -ti|o|nen) Hochschätzung, Verehrung [lat.]
äs|ti|mie|ren (V.) hochschätzen [lat.]
As|til|be (die, -, -n) Zierstaude [gr.]
As|ti spu|man|te (der, - -, nur Ez.) ein italienischer Sekt
As|tra|chan *auch:* A|stra|chan/As|tra|chan (der, -s, -e) Fell südrussischer Lämmer (nach der gleichnamigen Stadt)
A|stra|gal *auch:* As|tra|gal/A|stra|gal (der, -s, -e) Rundprofil bei einer Säule [gr.-lat.]
a|stral *auch:* as|tral /as|tral (Adj.) zu den Gestirnen gehörig [lat.]
As|tral|leib *auch:* As|tral|leib/A|stral|leib (der, -s, -er) **1** Ätherleib in esoterischen Anschauungen **2** höchste geistige Stufe in der anthroposophischen Lehre [gr.-lat.]
A|stral|my|tho|lo|gie *auch:* As|tral|my|tho|lo|gie/A|stral|my|tho|lo|gie (die, -, nur Ez.) Anschauung, wonach die Gestirne göttliche Mächte sind [gr.-lat.]
A|stra|lon *auch:* As|tra|lon/A|stra|lon (das, -s, nur Ez.) durchsichtiger Kunststoff
A|stral|re|li|gi|on *auch:* As|tral|re|li|gi|on/A|stral|re|li|gi|on (die, -, -en) religiöse Gistirneverehrung [lat.]
A|strild *auch:* As|trild/A|strild (der, -s, -e) afrikanischer Webervogel [afrikaans]
A|stro|dy|na|mik *auch:* As|tro|dy|na|mik/A|stro|dy|na|mik (die, -, nur Ez.) **1** Teilgebiet der Astrophysik **2** Teilgebiet der Raumflugtechnik [gr.-lat.]
A|stro|graph *auch:* As|tro|graph/A|stro|graph (der, -en, -en) Gerät zum Fotografieren von Sternen

A|stro|gra|phie *auch:* As|tro|gra|phie/A|stro|gra|phie (die, -, -n) Sternbeschreibung [gr.-lat.]
A|stro|la|bi|um *auch:* As|tro|la|bi|um/A|stro|la|bi|um (das, -s, -bi|en) altes astronomisches Winkelmessgerät [gr.-lat.]
A|stro|lat|rie *auch:* As|tro|la|trie/As|tro|lat|rie/As|tro|la|trie/As|tro|lat|rie/As|tro|la|trie (die, -, nur Ez.) Sternverehrung [gr.-lat.]
A|stro|lo|ge *auch:* As|tro|lo|ge/A|stro|lo|ge (der, -n, -n) Sterndeuter [gr.-lat.]
A|stro|lo|gie *auch:* As|tro|lo|gie/A|stro|lo|gie (die, -, nur Ez.) Sterndeutung
A|stro|naut *auch:* As|tro|naut/A|stro|naut (der, -en, -en) Weltraumfahrer
A|stro|nau|tik *auch:* As|tro|nau|tik/A|stro|nau|tik (die, -, nur Ez.) Weltraumfahrt
A|stro|nom *auch:* As|tro|nom/A|stro|nom (der, -en, -en) jmd., der sich mit Astronomie beschäftigt [gr.]
A|stro|no|mie *auch:* As|tro|no|mie/A|stro|no|mie (die, -, nur Ez.) Sternkunde
a|stro|no|misch *auch:* as|tro|no|misch/as|tro|no|misch (Adj.) **1** zur Astronomie gehörig **2** ungeheuer groß (ugs.) [gr.]
A|stro|phy|sik *auch:* As|tro|phy|sik/A|stro|phy|sik (die, -, nur Ez.) Teilgebiet der Astronomie, das sich mit den physikalischen Gegebenheiten der Gestirne befasst
Äs|tu|ar (das, -s, -e) trichterförmige Flussmündung [lat.]
Äs|tu|a|ri|um (das, -s, -en) = Ästuar
A|syl (das, -s, -e) **1** Zufluchtsort **2** Obdach
A|sy|lant (der, -en, -en) jmd., der in einem anderen Staat Zuflucht sucht [gr.-lat.]
A|sy|lie|rung (die, -, -en) Unterbringung in einem Asyl [gr.-lat.]
A|symb|las|tie *auch:* A|sym|blas|tie (die, -, nur Ez.) unterschiedliche Keimzeiten von Samen derselben Pflanze (Bot.) [gr.-lat.]
A|sym|met|rie *auch:* A|sym|met|rie (die, -, nur Ez.) asymmetrische Beschaffenheit
a|sym|met|risch *auch:* a|sym|me|trisch (Adj.) nicht symmetrisch, ungleichmäßig [gr.]
A|symp|to|te *auch:* A|sym|pto|te (die, -, -n) Gerade, die eine Kurve erst im Unendlichen berührt [gr.]
a|symp|to|tisch *auch:* a|sym|pto|tisch (Adj.) in der Art einer Asymptote verhaltend (Math.) [gr.-lat.]
a|syn|chron (Adj.) nicht gleichzeitig [gr.]
a|syn|de|tisch (Adj.) nicht durch ein Bindewort verbunden [gr.]
A|syn|de|ton (das, -s, -ta) Aneinanderreihung ohne Bindewort (als Stilmittel); z.B. Sie trank, aß, lachte. [gr.]

Asynergie

A|sy|ner|gie *auch:* A|syn|er|gie (die, -, -n) Störung des Zusammenwirkens von Muskeln [gr.-lat.]

A|sys|to|lie *auch:* A|sy|sto|lie (die, -, -n) Systolenschwächung oder -ausfall bei Herzschäden [gr.-lat.]

as|zen|dent (Adj.) aufsteigend [lat.]

As|zen|dent (der, -en, -en) **1** Verwandter in aufsteigender Linie **2** Aufgangspunkt eines Gestirns **3** bei Geburt am Osthorizont aufgehendes Tierkreiszeichen (im Horoskop) [lat.]

As|zen|denz (die, -, -en) **1** aufsteigende Verwandtschaftslinie **2** Aufgang (eines Gestirns)

as|zen|die|ren (V.) **1** aufsteigen **2** aufgehen

a|tak|tisch (Adj.) unregelmäßig, ungleichmäßig [gr.-lat.]

A|ta|man (der, -s, -e) gewählter Stammesführer bei den Kosaken [russ.]

A|ta|rak|ti|kum (das, -s, -ka) Beruhigungsmittel [gr.-lat.]

A|ta|ra|xie (die, -, nur Ez.) Gleichmut in allen Lebenslagen [gr.]

A|ta|vis|mus (der, -, -men) **1** Wiederauftreten alter stammesgeschichtl. Merkmale; z.B. Körperfellbildung beim Menschen **2** Rückfall in einen überwunden geglaubten Zustand [lat.]

a|ta|vis|tisch (Adj.) zum Atavismus gehörig

A|ta|xie (die, -, -n) Störung der Muskelkoordination [gr.]

A|teb|rin *auch:* A|te|brin (das, -s, nur Ez.) Mittel gegen Malaria

A|te|lek|ta|se (die, -, -n) Luftleere in den Lungen [gr.-lat.]

A|te|lie (die, -, -n) **1** infantile Merkmale bei Erwachsenen (Med.) **2** Merkmal bei Tieren ohne biologischen Zweck (Biol.) [gr.-lat.]

A|te|li|er [-lje:] (das, -s, -s) Künstlerwerkstatt; Raum für Fotoaufnahmen u.a. [frz.]

A|tel|la|ne (die, -, -n) Volksposse im alten Rom [lat.]

a tem|po **1** wieder im vorausgegangenen Tempo (bei Musikstücken) **2** sofort [it.]

Ä|than (*auch:* E|than) (das, -s, nur Ez.) ein gasförmiger Kohlenwasserstoff [gr.-nlat.]

A|tha|na|sie (die, -, nur Ez.) Unsterblichkeit [gr.]

Ä|tha|nol (*auch:* E|tha|nol) (das, -s, nur Ez.) mit Wasser verdünnt trinkbarer Alkohol [Kurzwort]

A|thau|ma|sie (die, -, nur Ez.) Fähigkeit sich nicht zu wundern [gr.]

A|the|is|mus (der, -, nur Ez.) Gottlosigkeit

A|the|ist (der, -isten, -isten) Gottloser [gr.]

a|the|is|tisch (Adj.) gottlos [gr.]

A|the|lie (die, -, -n) Fehlen der Brustwarzen von Geburt an [lat.-gr.]

a|the|ma|tisch (Adj.) ohne Thema [lat.-gr.]

Atom

A|the|nä|um (das, -s, -nä|en) Tempel der Göttin Athene [lat.-gr.]

Ä|ther (*auch:* E|ther) (der, -s, nur Ez.) **1** Himmelsluft (veraltet) **2** die gesamte Welt ausfüllender Stoff (frühere Physik) **3** eine organische Verbindung; Narkosemittel [gr.]

ä|the|risch (Adj.) **1** himmlisch **2** hauchzart; vergeistigt **3** ätherartig; aromatisch verdunstend

ä|the|ri|sie|ren (V.) mit Narkoseäther behandeln

a|ther|man (Adj.) wärmeundurchlässig [gr.]

A|the|rom (das, -s, -e) Haarbalggeschwulst, Grützbeutel [gr.]

A|the|sie (die, -, -n) Treulosigkeit, Unbeständigkeit [gr.]

Ath|let (der, -en, -en) **1** Wettkämpfer **2** kräftiger muskulöser Mann [gr.]

Ath|le|tik (die, -, nur Ez.) Wettkämpfen im antiken Griechenland [lat.-gr.]

Ath|le|ti|ker (der, -s, -) breitschultriger, schmalhüftiger Körperbautyp [gr.]

ath|le|tisch (Adj.) wie ein Athlet, Athletiker

At-home (das, -s, nur Ez.) Besuchstag [engl.]

Ä|thyl (*auch:* E|thyl) (das, -s, -e) einwertiges Kohlenwasserstoffradikal [lat.-nlat.]

Ä|thyl|al|ko|hol (der, -s, nur Ez.) = Äthanol

Ä|thy|len (das, -s, nur Ez.) ein ungesättigter Kohlenwasserstoff [gr.-nlat.]

A|thy|mie (die, -, nur Ez.) Antriebslosigkeit

Ä|ti|o|lo|gie (die, -, nur Ez.) Lehre von den Ursachen der Krankheiten [gr.]

ä|ti|ot|rop *auch:* ä|ti|o|trop (Adj.) die Ursache einer Krankheit angreifend [gr.]

At|lant (der, -en, -en) Männerfigur, die Gebäudeteile stützt [gr.]

at|lan|tisch (Adj.) zum Atlantischen Ozean gehörig; z.B. atlantisches Klima [gr.]

At|las (der, - oder -las|ses, nur Ez.) **1** oberster Halswirbel [gr.] **2** (der, - oder -las|ses, -lan|ten) Kartenwerk [gr.] **3** (der, - oder -las|ses, -las|se) schwerer, glänzender Seidenstoff [arab.]

At|man (der, -(s), nur Ez.) Lebensprinzip, menschliches Selbst (in der indischen Philosophie) [sanskr.]

At|mos|phä|re *auch:* At|mo|sphä|re (die, -, -n) **1** Gashülle eines Himmelskörpers (besonders Lufthülle der Erde) **2** frühere Maßeinheit für den Druck **3** Stimmung, Umgebung [gr.]

at|mos|phä|risch *auch:* at|mo|sphä|risch (Adj.) **1** zur Atmosphäre (**1**) gehörig **2** Atmosphäre (**3**) erzeugend

A|toll (das, -s, -e) ringförmiges Korallenriff

A|tom (das, -s, -e) kleinste Einheit eines chemischen Elements [gr.]

a|to|mar (Adj.) **1** zum Atom gehörig; z.B. atomarer Aufbau **2** zu den Kernwaffen gehörig; z.B. atomare Rüstung

A|tom|bom|be (die, -, -n) Bombe, die Bindungsenergien der Atomkerne freisetzt

a|to|mi|sie|ren (V.) völlig zerstören [gr.]

A|to|mis|mus (der, -, nur Ez.) philosophische Lehre, dass alle Dinge aus kleinsten, unveränderbaren Einheiten aufgebaut sind [gr.-nlat.]

A|tom|physik (die, -, nur Ez.) Physik vom Atomkern und seinen Teilchen

a|to|nal (Adj.) ohne Ordnung nach Tonarten

A|to|na|list (der, -lis|ten, -lis|ten) jmd., der sich mit atonaler Musik beschäftigt

A|to|na|li|tät (die, -, nur Ez.) atonale Kompositionsweise

A|to|nie (die, -, -n) Muskelerschlaffung

a|to|nisch (Adj.) erschlafft [gr.]

A|to|phan (das, -s, nur Ez.) Antirheuma-Mittel

A|to|pie (die, -, -n) Überempfindlichkeit gegen bestimmte Nahrung oder auch Personen [lat.-gr.]

A|tout [atu] (der oder das, -s, -s) Trumpf [frz.]

à tout prix [atupri] um jeden Preis [frz.]

a|to|xisch (Adj.) ungiftig [gr.]

a|tra|men|tie|ren *auch:* at|ra|men|tie|ren (V.) Stahl zum Rostschutz mit Oxyd- oder Phosphatschicht überziehen [lat.]

A|tre|sie *auch:* At|re|sie (die, -, -n) Fehlen natürlicher Öffnungen des Körpers [lat.-gr.]

A|tri|chie *auch:* At|ri|chie (die, -, -n) Fehlen der Körperhaare [lat.-gr.]

A|tri|um *auch:* At|ri|um (das, -s, -tri|en/ -ri|en) **1** Hauptraum des altrömischen Hauses **2** Innenhof (von Bungalows) **3** Säulenvorhalle (einer Basilika) **4** Vorhof (des Herzens) [lat.]

a|trop *auch:* at|rop (Adj.) aufrecht, gerade [lat.-gr.]

A|tro|phie *auch:* At|ro|phie (die, -, -n) Schwund, Verkümmerung (von lebender Körpersubstanz) [gr.]

a|tro|phie|ren *auch:* at|ro|phie|ren (V.) durch Atrophie schwinden, verkümmern

a|tro|phisch *auch:* at|rop|hisch (Adj.) schwindend, an Atrophie kränkelnd [lat.-gr.]

A|tro|pin *auch:* At|ro|pin (das, -s, nur Ez.) Gift der Tollkirsche

A|tro|zi|tät *auch:* At|ro|zi|tät (die, -, -en) Grausamkeit, Widerwärtigkeit [lat.]

at|tac|ca (Adv.) sofort anzuschließen (bei Musikstücken) [it.]

At|ta|ché [-ʃe:] (der, -s, -s) **1** Nachwuchsdiplomat **2** Diplomatenberater [frz.]

At|ta|che|ment [ataʃmɑ̃] (das, -s, -s) Anhänglichkeit, Zuneigung [frz.]

at|ta|chie|ren [-ʃi:-] (V.) zuteilen; jmdm. einen Berater attachieren [frz.]

At|ta|cke (die, -, -n) **1** Angriff; z.B. Reiterattacke **2** Anfall; z.B. Herzattacke [frz.]

at|ta|ckie|ren (V.) angreifen [frz.]

At|ten|tat oder [at-] (das, -s, -e) politischer Mordanschlag [frz.]

At|ten|tä|ter oder [at-] (der, -s, -) jmd., der ein Attentat verübt

At|ten|tis|mus (der, -, nur Ez.) opportunistisches Zurückhalten der Entscheidung [frz.]

At|test (das, -s, -tes|te) ärztliche Bescheinigung

at|tes|tie|ren (V.) bescheinigen [lat.]

At|ti|ka (die, -, -ken) verzierte Blendwand über dem Hauptgesims [lat.]

At|ti|la (die, -, -s) schnurbesetzte Husarenjacke (nach dem Hunnenkönig benannt)

at|ti|rie|ren (V.) anlocken, bestechen [frz.]

at|tisch (Adj.) **1** auf Attika bezogen **2** geistreich [lat.-gr.]

At|ti|tu|de [-tyd] (die, -, -s) bestimmte Figur beim Ballett [lat.-it.-frz.]

At|ti|tü|de (die, -, -n) (unechte) Haltung; Einstellung [lat.-it.-frz.]

At|ti|zis|mus (der, -, -men) Athener Sprechweise [lat.-gr.]

At|ti|zist (der, -zis|ten, -zis|ten) Verfechter der feinen Sprechweise des Attizismus [lat.-gr.]

at|ti|zis|tisch (Adj.) den Attizismus betreffend oder vertretend [lat.-gr.]

At|to- (vor Maßeinheiten, ein Trillionstel einer Einheit); z.B. Attofarad

At|to|ni|tät (die, -, nur Ez.) Regungslosigkeit bei vollem Bewusstsein [lat.]

At|trac|tants [ətræktənts] (nur Mz.) Insektenlockmittel [lat.-engl.]

At|trait [atrɛ] (der, -s, -s) Reiz, Lockung [lat.-frz.]

At|trak|ti|on (die, -, -ti|o|nen) **1** Anziehung(skraft) **2** Glanznummer; Anziehungspunkt [frz.]

at|trak|tiv (Adj.) anziehend [frz.]

At|trak|ti|vi|tät (die, -, nur Ez.) Anziehungskraft [frz.]

At|trap|pe (die, -, -n) täuschend ähnliche Nachbildung [frz.]

at|tri|bu|ie|ren (V.) **1** als Attribut beigesellen **2** als Attribut verwenden

At|tri|but (das, -s, -e) **1** Merkmal, Kennzeichen **2** Wort, das einen Begriff näher bestimmt, Beifügung [lat.]

at|tri|bu|tiv (Adj.) als Attribut [lat.]

Attributivum 58 **Austral**

At'tri'bu'ti'vum (das, -s, -va) als Beifügung gebrauchtes Wort [lat.]
a'ty'pisch (Adj.) nicht typisch [gr.]
Au'ber'gi'ne [oberʒi:nə] (die, -, -n) eine Gemüsefrucht [arab.-frz.]
Au'bus'son [obysõ] (der, -s, -s) gewirkter Teppich [frz.]
au cont'raire auch: au con'traire [okõtrɛr] im Gegenteil [frz.]
au cou'rant [okurã:] auf dem Laufenden [frz.]
Au'di'enz (die, -, -en) feierlicher offizieller Empfang und Unterredung (mit einem Würdenträger) [lat.]
Au'di'max (das, -, nur Ez.) Kurzwort für Auditorium maximum
Au'di'o'me'ter (das, -s, -) Hörmessgerät
Au'di'o'phon (das, -s, -e) Hörgerät [lat.-gr.]
Au'di'o'vi'si'on (die, -, nur Ez.) 1 Aufnahme-, Speicher- und Wiedergabetechnik von Bild und Ton 2 Information durch Bild und Ton [lat.]
au'di'o'vi'su'ell (Adj.) Auge und Ohr betreffend [lat.-frz.]
Au'dit (der oder das, -s, -s) unverhoffte Prüfung [lat.-engl.]
au'di'tiv (Adj.) das Hören betreffend [frz.]
Au'di'to'ri'um (das, -s, ri'en) 1 Universitätshörsaal 2 Zuhörerschaft [lat.]
Au'di'to'ri'um ma'xi'mum (das, - -, nur Ez.) größter Hörsaal einer Universität
au fait [ofɛ] eigentlich, im Grunde genommen [frz.]
Au'gi'as'stall (auch [au-]; der, -es, nur Ez.) dreißig Jahre nicht gesäuberter Stall des Königs Augias in der griechischen Sage [gr.-lat.-dt.]
Au'git (der, -s, -e) ein Mineral [lat.]
Aug'ment (das, -s, -e) Präfix vor dem Verbstamm, das die Vergangenheit bezeichnet (im Griechischen, Sanskrit) [lat.]
Aug'men'ta'ti'on (die, -, -ti'o'nen) Vermehrung
aug'men'tie'ren (V.) vermehren [lat.]
Au'gur (der, -s oder -en, -en) römischer Zukunftsdeuter; Eingeweihter mit Vorausblick (übertragen) [lat.]
au'gu'rie'ren (V.) weissagen
Auk'ti'on (die, -, -ti'o'nen) Versteigerung [lat.]
Auk'ti'o'na'tor (der, -s, -to'ren) Versteigerer
auk'ti'o'nie'ren (V.) versteigern [lat.]
auk'to'ri'al (Adj.) vorauswissend (vom Erzählstil eines Schriftstellers); z.B. einen Romanhelden auktorial kommentieren [lat.]
Aul (der, -s, -e) Zeltlager, Dorf [kirgis.]
Au'la (die, -, -len) 1 Festsaal (in Schulen) 2 Innenhof (eines altgriechischen Hauses) [gr.]

au na'tu'rel [onatyrɛl] unverfälscht, ohne Beigabe (bei Speisen, Getränken) [frz.]
au pair [opɛr] auf Gegenleistung (statt Bezahlung) [frz.]
au por'teur [opɔrtœr] auf den Besitzer lautend [frz.]
Au'ra (die, -, -ren) intensive Ausstrahlung, Positivwirkung (einer Person) [gr.]
au'ral (Adj.) = aurikular [lat.]
Au'ra'min (das, -s, nur Ez.) gelber Farbstoff
au'ra'tisch (Adj.) zur Aura gehörend
Au're'o'le (die, -, -n) 1 Heiligenschein 2 Leuchtkranz (um Mond oder Sonne bei Dunstwetter) [lat.]
Au'rig'na'ci'en auch: Au'ri'gna'ci'en [ɔriɲasjɛ̃] (das, -(s), nur Ez.) Stufe der jüngeren Altsteinzeit [frz.]
Au'ri'kel (die, -, -n) gelbe Alpenprimel [lat.]
au'ri'ku'lar (Adj.) zum Ohr gehörig [lat.]
Au'ri'pig'ment (das, -s, nur Ez.) ein Mineral, Rauschgelb [lat.]
Au'ro'ra (die, -, -s) 1 Morgenröte 2 Bezeichnung eines Tagfalters [lat.]
Au'rum (das, -s, nur Ez.) Gold [lat.]
aus'a'gie'ren (V.) Gefühle spontan und ohne Hemmungen in Handlungen umsetzen [dt.-lat.]
aus'bal'do'wern (V.) auskundschaften [dt.-hebr.-jidd.]
aus'flip'pen (V.) 1 in Rauschzustand versetzen 2 die Kontrolle über sich verlieren, durchdrehen [dt.-engl.]
aus'kla'rie'ren (V.) bei Ausfahrt Schiff und Güter verzollen [dt.-lat.]
Aus'kla'rie'rung (die, -, -en) Verzollung bei Ausfahrt aus dem Hafen
aus'kno'cken (V.) k.o. schlagen [dt.-engl.]
Aus'kul'ta'ti'on (die, -, -ti'o'nen) Abhorchen der Körpergeräusche mit dem Stethoskop [lat.]
aus'kul'tie'ren (V.) durch Auskultation prüfen
aus'lo'gie'ren (V.) ausquartieren [dt.-frz.]
aus'ma'növ'rie'ren auch: aus'ma'nö'vrieren (V.) jmdn. ausschalten [dt.-lat.-frz.]
Aus'pi'zi'um auch: Au'spi'zi'um (das, -s, -zi'en) 1 Wahrsagung (durch die Auguren) 2 Vorbedeutung 3 Obhut [lat.]
aus'po'wern (V.) ausbeuten, ausplündern [dt.-lat.-frz.]
aus'staf'fie'ren (V.) ausrüsten, ausstatten [dt.-frz.-niederl.]
Aus'te'ri'ty [ɒstɛrɪtɪ] (die, -, nur Ez.) Sparpolitik, Beschränkung, Einschränkung [gr.-lat.-frz.-engl.]
aus'tral auch: aust'ral/au'stral (Adj.) auf der südlichen Halbkugel seiend [lat.]
Aus'tral auch: Aust'ral /Au'stral (der, -, -) argentinische Währungseinheit, 100 Centavos [lat.-span.]

australid   **Autonomie**

aus|tra|lid *auch:* aust|ra|lid/au|stra|lid (Adj.) zur Rassengruppe der Australier (**2**) gehörig [lat.]

Aus|tra|li|er *auch:* Aust|ra|li|er/Au|stra|li|er (der, -s, -) **1** Bw. Australiens **2** Ureinwohner Australiens

aus|tra|lisch *auch:* aust|ra|lisch/au|stra|lisch (Adj.) zu Australien gehörig

Aus|tro|mar|xis|mus *auch:* Aust|ro|mar|xis|mus/Au|stro|mar|xis|mus (*auch:* [au-] der, -, nur Ez.) österreichische Sonderform des Marxismus [lat.]

aut|ark *auch:* au|tark (Adj.) wirtschaftlich unabhängig [gr.]

Aut|ar|kie *auch:* Au|tar|kie (die, -, -n) das Autarksein

Au|then|tie (die, -, nur Ez.) = Authentizität

au|then|ti|fi|zie|ren (V.) die Echtheit beglaubigen [gr.-lat.]

au|then|tisch (Adj.) echt, verbürgt [gr.]

au|then|ti|sie|ren (V.) glaubwürdig, rechtskräftig machen [gr.]

Au|then|ti|zi|tät (die, -, nur Ez.) Echtheit, Verbürgtheit [gr.-nlat.]

Au|tis|mus (der, -, nur Ez.) extreme Selbstversunkenheit [gr.]

Au|tist (der, -tis|ten, -tis|ten) jmd., der an Autismus leidet

au|tis|tisch (Adj.) zum Autismus gehörig, daran leidend

Au|to (das, -s, -s) **1** einaktiges, religiöses Schauspiel (in Spanien und Portugal) **2** Kurzwort für Automobil [lat.]

Au|to|bi|o|gra|fie (*auch:* Au|to|bi|o|gra|phie) (die, -, -ien) Selbstbiografie [gr.]

Au|to|car (der, -s, -s) Omnibus für Gesellschaftsreisen (schweiz.) [gr.-engl.]

au|toch|thon *auch:* au|to|chthon (Adj.) eingeboren, alteingesessen [gr.-lat.]

Au|toch|tho|ne *auch:* Au|to|chtho|ne (der oder die, -n, -n) Eingeborene(r), Alteingesessene(r), Ureinwohner(in) [gr.-lat.]

Au|to|da|fé (das, -s, -s) **1** Ketzerverbrennung **2** Bücherverbrennung [portugies.]

Au|to|de|ter|mi|na|ti|on (die, -, -ti|o|nen) Selbstbestimmungsrecht [gr.-lat.]

Au|to|di|dakt (der, -en, -en) jmd., der sich etwas selbst lehrt [gr.]

au|to|di|dak|tisch (Adj.) durch Selbstunterricht [gr.]

Au|to|drom (das, -s, -e) **1** = Motodrom **2** Autoskooter (österr.) [gr.]

au|to|dy|na|misch (Adj.) selbsttätig

Au|to|e|ro|tis|mus (der, -, nur Ez.) Lustgewinn ohne Bezug auf einen Partner [gr.- lat.]

Au|to|fo|kus (der, -, -se) Vorrichtung zur automatischen Bildschärfeeinstellung [gr.-lat.]

au|to|gam (Adj.) selbstbefruchtend [gr.-lat.]

Au|to|ga|mie (die, -, -n) Selbstbefruchtung [gr.]

au|to|gen (Adj.) **1** aus eigener Kraft; z.B. autogenes Training **2** ohne Bindematerial, nur mit der Flamme (beim Schweißen) [gr.]

Au|to|gno|sie (die, -, nur Ez.) Selbstkenntnis [gr.-lat.]

Au|to|gramm (das, -s, -e) eigenhändige Unterschrift (einer Persönlichkeit) [gr.]

Au|to|graph (*auch:* Au|to|graf) (das, -en, -en) handgeschriebenes Schriftstück (einer Persönlichkeit) [gr.]

Au|to|hyp|no|se (die, -, -n) Selbsthypnose [gr.]

Au|to|in|fek|ti|on (die, -, -ti|o|nen) Selbstansteckung [gr.-lat.]

Au|to|in|to|xi|ka|ti|on (die, -, -ti|o|nen) Selbstvergiftung (durch im eigenen Körper entstehende Stoffe) [gr.-nlat.]

au|to|ke|phal (Adj.) mit eigenem Oberhaupt (bei orthodoxen Nationalkirchen) [gr.]

Au|to|ki|ne|se (die, -, nur Ez.) scheinbare Eigenbewegung

Au|to|klav (der, -s, -en) Gefäß für Arbeiten bei hohem Druck und hoher Temperatur [gr.]

Au|to|kor|so (der, -s, -s) Umzug von Automobilen

Au|to|krat (der, -en, -en) unumschränkter Alleinherrscher [gr.]

Au|to|kra|tie (die, -, -n) unumschränkte Alleinherrschaft [gr.]

au|to|kra|tisch (Adj.) unumschränkt herrschend [gr.]

Au|to|ly|se (die, -, -n) Selbstauflösung (abgestorbenen Körpergewebes) [gr.]

au|to|ly|tisch (Adj.) selbstauflösend [gr.-lat.]

Au|to|mat (der, -en, -en) selbsttätiger Apparat [gr.]

Au|to|ma|tik (die, -, -en) selbsttätiges Wirken; selbsttätig wirkende Vorrichtung [gr.]

Au|to|ma|ti|on (die, -, nur Ez.) Einsatz automatischer Arbeitssysteme [gr.-nlat.]

Au|to|ma|ti|sa|ti|on (die, -, nur Ez.) = Automation

au|to|ma|tisch (Adj.) **1** mit Automatik, selbsttätig **2** unwillkürlich

au|to|ma|ti|sie|ren (V.) automatische Arbeitssysteme einsetzen

Au|to|ma|tis|mus (der, -, -men) **1** unbewusst ablaufender Vorgang; z.B. ein Reflex **2** selbsttätiger Vorgang; z.B. eine programmgesteuerte Maschinentätigkeit [gr.-nlat.]

Au|to|mi|xis (die, -, nur Ez.) Selbstbefruchtung [gr.]

Au|to|mo|bil (das, -s, -e) Personenkraftwagen [gr.-lat.]

au|to|nom (Adj.) unabhängig [gr.]

Au|to|no|mie (die, -, nur Ez.) Unabhängigkeit; Willensfreiheit [gr.]

aut|o|nym (Adj.) unter eigenem Namen veröffentlicht [gr.-lat.]

Au|to|phi|lie (die, -, nur Ez.) Eigenliebe [gr.-lat.]

Au|to|pi|lot (der, -en, -en) automatisches Steuerungsgerät

Au|to|plas|tik (die, -, -en) Verpflanzung körpereigenen Gewebes [gr.]

Au|to|por|trät auch: **Au|to|port|rät** (das, -s, -s) Selbstporträt

Au|top|sie auch: **Aut|op|sie** (die, -, -n) 1 Leichenöffnung 2 eigener Augenschein (im Strafprozess) [gr.]

Au|tor (der, -s, -en) Urheber, Verfasser

Au|to|re|ver|se [ɔːtəriːvɜːs] (das, -, nur Ez.) automatische Umschaltung bei Tonbandgeräten [gr.-lat.-engl.]

Au|to|rhyth|mie (die, -, -n) Aussendung rhythmischer Impulse [gr.-lat.]

Au|to|ri|sa|ti|on (die, -, -ti|o|nen) Vollmacht, Ermächtigung [lat.]

au|to|ri|sie|ren (V.) ermächtigen; genehmigen [frz.]

Au|to|ri|sie|rung (die, -, -en) Bevollmächtigung

au|to|ri|tär (Adj.) ungedingten Gehorsam fordernd [frz.]

Au|to|ri|ta|ris|mus (der, -, nur Ez.) absoluter Herrschaftsanspruch

Au|to|ri|tät (die, -, -en) 1 (nur Ez.) Ansehen 2 maßgebliche Persönlichkeit [frz.]

Au|to|se|man|ti|kon (das, -s, -ka) Wort mit selbstständiger Bedeutung [gr.-lat.]

au|to|se|man|tisch (Adj.) eine eigene Bedeutung habend

Au|to|sen|si|bi|li|sie|rung (die, -, -en) Antikörperentwicklung durch körpereigene Substanzen

Au|to|sex (der, -es, nur Ez.) 1 sexuelle Aktivitäten am eigenen Körper 2 Sex im Auto [lat.-engl.]

Au|to|skoo|ter [-sku:-] (der, -s, -) elektrisches Jahrmarktsauto [engl.]

Au|to|stopp (der, -s, -s) Wagen anhalten, um mitzufahren [gr.-dt.]

Au|to|stra|da (die, -, -s) italienische Autobahn [it.]

Au|to|sug|ges|ti|on (die, -, -ti|o|nen) Selbstbeeinflussung [gr.-lat.]

Au|to|to|mie (die, -, -n) Abwerfen eines Körperteils (bei Gefahr); z.B. das Schwanzabwerfen bei Eidechsen [gr.]

Au|to|to|xin (das, -s, -e) im eigenen Körper entstandenes Gift [gr.]

Au|to|trans|fu|si|on (die, -, -si|o|nen) Übertragung eigenen Blutes (Med.)

au|to|troph (Adj.) sich durch Assimilation selbst ernährend [gr.]

Au|to|ty|pie (die, -, -n) Buchdruckverfahren, bei dem gerasterte Negative auf Platten kopiert werden [gr.]

Au|to|zoom [-zu:m] (das, -s, -s) selbstständige Zoomregulierung in einer Kamera

aut si|mi|le oder Ähnliches [lat.]

au|tum|nal (Adj.) herbstlich [lat.]

Au|tu|nit (das, -s, nur Ez.) Uranmineral

aux fines herbes [o finzɛrb] mit frischen Kräutern [frz.]

Au|xi|li|ar|verb (das, -s, -en) Hilfszeitwort z.B. »haben«, »sein« [lat.]

Au|xin (das, -s, -e) organische Verbindung zur Beschleunigung des Wachstums bei Pflanzen [gr.-lat.]

A|val (der, -s, -e) Wechselbürgschaft

A|van|ce [avã:sə] (die, -, -n) 1 Gewinn, Vorteil; Vorschuss (veraltet) 2 Ermutigung, jmdm. Avancen geben (= buhlen, flirten) [frz.]

A|van|ce|ment [avãsmã:] (das, -s, -s) Beförderung [lat.-frz.]

a|van|cie|ren [-si:ɐn] (V.) aufrücken, höher rücken [lat.-frz.]

A|van|ta|ge [-taːʒ] (die, -, -n) Gewinn, Vorteil [lat.-frz.]

A|vant|gar|de [avã-] (die, -, -n) 1 Personengruppe, die neue Ideen vertritt 2 Vorhut [frz.]

A|vant|gar|dist [avã-] (der, -dis|ten, -dis|ten) jmd., der zur Avantgarde gehört

a|vant|gar|dis|tisch (Adj.) vorkämpferisch

a|van|ti! (Interj.) los! vorwärts! [it.]

A|ve (das, -s, -s) = Ave-Maria

A|ve-Ma|ria (das, -s, -s) ein katholisches Gebet [lat.]

A|ve|na (die, -, nur Ez.) Hafer, Zierhafer [lat.]

A|ve|ni|da (die, -, -den und -s) breite Prachtstraße [lat.-span.]

A|ven|tiu|re [avãtyːr] (die, -, -en) 1 Abenteuer, die für den Ritter eine Bewährungsprobe darstellen 2 Abschnitt eines mittelalterlichen Epos [frz.]

A|ven|tü|re (die, -, -n) Abenteuer [lat.-frz.]

A|ven|tu|rin (der, -s, -e) schillernder Quarz, Schmuckstein, Härtegrad 7 [it.]

A|ve|nue [-nyː] (die, -, -n) breite Zugangsstraße, Allee [frz.]

A|vers (der, -es, -e) Münzvorderseite [frz.]

A|ver|si|on (die, -, -si|o|nen) Abneigung, Widerwillen [frz.]

A|vi|a|tik (die, -, nur Ez.) Flugwesen [lat.]

a|vi|ru|lent (Adj.) nicht ansteckend [gr.-lat.]

A|vis [avi:] (das, -, -) Ankündigung; Benachrichtigung [frz.]

a|vi|sie|ren (V.) ankündigen [frz.]

A|vi|so (das, -s, -s) = Avis (österr.) [it.]

a vis|ta bei Vorlage fällig (von Wechseln) [it.]

A|vi|ta|mi|no|se auch: **A|vit|a|mi|no|se** (die, -, -n) Vitaminmangelkrankheit [gr.-lat.-gr.]

A|vi|va|ge [-vaːʒ] (die, -, -n) Nachbehandlung, die Gewebe glänzend macht [frz.]
A|vo|ca|do (die, -, -s) birnenförmige Tropenfrucht mit cremigem Fleisch [indian.-span.]
AWACS [awaks] (das, -, nur Ez.) Abk. für »**A**irborne **W**arning **a**nd **C**ontrol **S**ystem«, Radarüberwachung aus der Luft an Bord eines Flugzeugs, Frühwarnsystem der NATO [engl.]
a|xi|al (Adj.) in Achsenrichtung, achsrecht
a|xil|lar (Adj.) **1** zur Achselhöhle gehörig **2** achselständig (von Blättern) [lat.]
A|xi|om (das, -s, -e) Aussage, die nicht zu bewiesen werden braucht [gr.]
A|xi|o|ma|tik (die, -, nur Ez.) Lehre von den Axiomen
a|xi|o|ma|tisch (Adj.) auf einem Axiom beruhend; unmittelbar überzeugend
A|xo|lotl (der, -s, -) mexikanischer Molch, der bereits als Larve fortpflanzungsfähig ist
A|xon (das, -s, A|xo|nen) Erregungsableiter der Nervenzelle
A|ya|tol|lah (der, -s, -s) = Ajatollah
Aye-Aye [ajai] (das, -s, -s) ein madegassischer Halbaffe
A|yun|ta|mi|en|to (der oder das, -s, -s) Rathaus, Gemeinderat [span.]
A|za|lee (auch: A|za|lie) (die, -, -n) ein Heidekrautgewächs, Zierstrauch [gr.]
a|zent|risch auch: a|zen|trisch (Adj.) ohne Zentrum [gr.-lat.]
A|ze|ri|den (nur Mz.) wachslose Arzneimittel [gr.-lat.]
A|ze|tat (das, -s, -e) = Acetat
A|zid (das, -es, -e) Salz der Stickstoffwasserstoffsäure [gr.-frz.-lat.]
A|zi|di|tät (die, -, nur Ez.) = Acidität
A|zi|mut (der oder das, -s, -e) Winkel eines Höhenkreises mit dem Meridian [arab.]
a|zi|mu|tal (Adj.) den Azimut betreffend
a|zi|nös (Adj.) traubenförmig [lat.]
A|zo|ben|zol (das, -s, nur Ez.) organische Verbindung [gr.]
A|zo|i|kum (das, -s, nur Ez.) = Archaikum
Az|te|ke (der, -n, -n) Angehöriger eines mexikanischen Indianervolkes
az|te|kisch (Adj.) zu den Azteken gehörig
A|zu|le|jos [asulexɔs] (nur Mz.) bunte Fayenceplatten aus Spanien [span.]
A|zur (der, -s, nur Ez.) Himmelsbläue
A|zu|rit (der, -s, nur Ez.) azurblaues Kupfermineral, Härtegrad 3,5 bis 4
a|zyk|lisch auch: a|zy|klisch(Adj.) **1** nicht zyklisch, nicht kreisförmig **2** unregelmäßig; z.B. azyklische Blutung [gr.]
Az|zur|ri (nur Mz.) die italienische Fußballnationalmannschaft

B

Baal (der, -s, -e oder -im) Bezeichnung für eine heidnische Gottheit [hebr.]
Baas (der, -es, -e) Herr, Meister, Aufseher [niederl.]
Ba|ba (der, -, nur Ez.) Ehrentitel für Geistliche und sehr Fromme in der Türkei
Ba|ba (die, -, -s) Großmutter
Ba|bel (das, -s, -) **1** Ort des Sittenverfalls **2** Ort, in dem viele Sprachen gesprochen werden [gr.-lat.-hebr.]
Ba|bi|rus|sa (der, -s, -s) Hirscheber auf Celebes [malai.]
Ba|bis|mus (der, -, nur Ez.) religiöse Bewegung des persischen Islam im 19. Jh. [pers.-lat.]
Ba|bu (der, -s, -s) **1** indischer Titel **2** Inhaber des Titels
Ba|busch|ka (die, -, -s) alte Frau, Kosename für Großmutter in Russland [russ.]
Ba|by [beːbi] (das, -s, -s) **1** Säugling **2** Schätzchen (als Kosewort) [engl.]
Ba|by|doll [beːbi-] (das, -(s), -s) leichtes kurzes Nachthemd mit kurzem Höschen [engl.]
ba|by|lo|nisch (Adj.) zu Babylonien gehörig
ba|by|sit|ten [beːbi-] (V.) Babysitter sein
Ba|by|sit|ter [beːbi-] (der, -s, -) jmd., der während kurzer Abwesenheit der Eltern (für Geld) auf ein Baby aufpasst [engl.]
Bac|ca|rat [bakara] (das, -s, nur Ez.) = Bakkarat
Bac|cha|nal [baxa-] (das, -s, -e) Trinkgelage (mit Wein) [lat.]
Bac|chant [baxant] (der, -en, -en) Weinzecher [lat.]
bac|chan|tisch [baxan-] (Adj.) ausgelassen, weintrunken [lat.]
Ba|che|lor [bætʃəlɔ] (der, -s, -s) niedrigster akademischer Grad in angelsächsischen Ländern [engl.]
Bach|ti|a|ri (der, -s, -s) geknüpfter Teppich
Ba|ci|le [batʃiːle] (das, -, -li) beckenartige Schale [lat.-it.]
Ba|cil|lus (der, -, -li) **1** Arzneistäbchen für enge Öffnungen **2** = Bazillus [lat.]
back (Adv.) hinten, zurück (seemänn.) [engl.]
Back [bɛk] (der, -s, -s) Fußballverteidiger (schweiz.) [engl.]
Back|ground [bækɡraʊnd] (der, -s, -s) **1** Hintergrund **2** Herkunft **3** Erfahrung [engl.]
Back|hand [bækhænd] (die, -, -s) Rückhand (im Tennis) [engl.]

Back'spin [bæk-] (der, -(s), -s) mit Rückwärtsdrall geschlagener Ball (Golf, Tennis, Tischtennis) [engl.]
Ba'con [beɪkən] (der, -, nur Ez.) englischer Frühstücksspeck
Badge [bædʒ] (das, -, Bad'ges [-ʒɪz]) Anstecker, Namensschild [engl.]
Ba'dia (die, -, -di'en) Kirche einer Abtei in Italien [gr.-lat.-it.]
Ba'di'na'ge [-ʒə] (die, -, -n) = Badinerie
Ba'di'ne'rie (die, -, -n) heiterer, schneller Suitensatz (im 18. Jh.) [frz.]
Bad'min'ton [bædmɪntən] (das, -, nur Ez.) sportliches Federball [engl.]
Ba'ga'ge [-ʒə] (die, -, nur Ez.) **1** Reisegepäck (veraltet) **2** Gesindel, Pack [frz.]
Ba'ga'tel'le (die, -, -n) **1** unbedeutende Angelegenheit, Kleinigkeit **2** kurzes, leichtes Musikstück [ital.-frz.]
ba'ga'tel'li'sie'ren (V.) als Bagatelle (1) herunterspielen
Bag'no auch: Ba'gno [baɲo] (das, -s, -s oder -ni/-gni) Kerker (füher in Italien und Frankreich) [it.]
Ba'guet'te [-gɛt] (die od. das, - od. -s, -n od. -s) **1** langes französisches Stangenweißbrot **2** ein Diamantenschliff [frz.]
Ba'hai (der, -, -(en) Anhänger des Bahaismus [pers.]
Ba'ha'is'mus (der, -s, nur Ez.) aus dem Babismus entstandene Religion [pers.]
Ba'ha'm[a']er (der, -s, -) Einwohner des Staates, der Inselgruppe Bahamas
Ba'har (der oder das, -s, -s) ostindisches Handelsgewicht [arab.]
Ba'ha'sa In'do'ne'sia (das, - -, nur Ez.) die Staatssprache Indonesiens [malai.]
Bah'rai'ner [baxraɪnər] (der, -s, -) Einwohner des Scheichtums Bahrain
Baht (der, -, -s) thailändische Währungseinheit, 100 Stangs
Ba'huw'ri'hi auch: Ba'hu'wri'hi (das, -, -) Wortzusammensetzung, die eine Sache nach einer kennzeichnenden Eigenschaft benennt; z.B. Dickwanst [sanskr.]
Bai (die, -, -en) Meeresbucht [frz.-niederl.]
Bai'ao (der, -, nur Ez.) moderner Tanz in Lateinamerika
Baig'neu'se auch: Bai'gneu'se [bɛɲøːzə] (die, -, -n) Spitzenhäubchen [frz.]
Bai'ram (der, -,s -s) türkische Bezeichnung zweier wichtiger islamischer Feste
Bai'ser [bezeː] (das, -s, -s) leichtes Eischaumgebäck [frz.]
Bais'se [bɛːs] (die, -, -n) Sinken der Wertpapierkurse und der Preise an der Börse gehandelter Waren [frz.]

Bais'si'er [besjeː] (der, -s, -s) jmd., der auf Baisse spekuliert
Ba'ja'de're (die, -, -n) indische Tempeltänzerin [portugies.-frz.]
Ba'jaz'zo (der, -s, -s) Hanswurst (im italienischen Theater) [it.]
Ba'jo'nett (das, -s, -e) lange Klinge, die auf das Gewehr als Stichwaffe aufgepflanzt wird, Seitengewehr [frz.]
Ba'ke'lit (das, -s, nur Ez.) ein Kunststoff [niederl.-nlat.]
Bak'ka'lau're'at (das, -s, -e) französisches Abitur [frz.]
Bak'ka'lau're'us (der, -, -rei [-rei]) jmd., der das Bakkalaureat hat
Bak'ka'rat [-ra] (das, -s, nur Ez.) ein Kartenglücksspiel [frz.]
Bak'ken (der, -(s), -) Sprungschanzentisch (Skispringen) [norweg.]
Bak'la'va (die, -, -s) öliges, türkisches Strudelgebäck [türk.]
Bak'schisch (das oder der, -(e)s, -e) Trinkgeld, Geld für eine Gefälligkeit [pers.]
Bak'te'ri'ä'mie (die, -, -n) große Mengen von Bakterien im Blut [gr.-lat.]
Bak'te'rie [-riə] (die, -, -n) pflanzliches Kleinstlebewesen, Spaltpilz [gr.]
bak'te'ri'ell (Adj.) durch Bakterien hervorgerufen
Bak'te'ri'o'lo'ge (der, -n, -n) Wissenschaftler auf dem Gebiet der Bakteriologie [gr.lat.]
Bak'te'ri'o'lo'gie (die, -, nur Ez.) Wissenschaft von den Bakterien
bak'te'ri'o'lo'gisch (Adj.) zur Bakteriologie gehörig
bak'te'ri'o'ly'tisch (Adj.) Bakterien vernichtend [gr.-lat.]
Bak'te'ri'o'pha'ge (der, -n, -n) virenähnliches Lebewesen [gr.-lat.]
Bak'te'ri'o'se (die, -, -n) durch Bakterien bedingte Krankheit bei Pflanzen [gr.-lat.]
Bak'te'ri'os'ta'se auch: Bak'te'ri'o'sta'se (die, -, -n) Wachstums- und Fortpflanzungshinderung von Bakterien [gr.-lat.]
Bak'te'ri'um (das, -s, -ri'en) = Bakterie [gr.nlat.]
Bak'te'ri'u'rie (die, -, nur Ez.) Bakterienvorkommen im Urin [gr.-lat.]
bak'te'ri'zid (Adj.) keimtötend [gr.-lat.]
Bak'te'ri'zid (das, -s, -e) keimtötendes Mittel [gr.-lat.]
Ba'la'lai'ka (die, -, -ken) russisches Zupfinstrument
Ba'lan'ce [-lãːs] (die, -, nur Ez.) Gleichgewicht [frz.]
Ba'lan'ce'akt (der, -s, -e) Vorführung eines Gleichgewichtskünstlers, z.B. am Seil [lat.-frz.]

Bal'lan'ce of Po'wer (die, - - -, nur Ez.) Gleichgewicht der Kräfte als außenpolitischer Grundgedanke [engl.]
bal'lan'cie'ren [-lŭsi:-] (V.) das Gleichgewicht halten [frz.]
Bal'la'ni'tis (die, -, -ti'den) Eichelentzündung [gr.]
Bal'la'ta (die, -, nur Ez.) kautschukähnlicher Stoff [indian.]
Bal'la'tum (das, -s, nur Ez.) filzartiger Bodenbelag
bal'bie'ren (V.) = barbieren
Bal'bo'a (der, -, -) Währungseinheit von Panama, 100 Centesimos
Bal'da'chin (der, -s, -e) Stoffdach; dachähnliches Schutzgebilde [it.]
bal'do'wern (V.) = ausbaldowern
Bald'ri'an auch: **Bal'dri'an** (der, -s, -e) **1** Heilpflanze **2** Beruhigungsmittel daraus [lat.]
Bal'les'ter (der, -s, -) Kugelarmbrust [gr.-lat.]
Bal'les'tra auch: **Ba'lest'ra**/**Ba'le'stra** (die, -, -ren) Angriffsbewegung beim Fechten [it.]
Bal'kon (der, -s, -s oder -e) **1** offener Anbau am Haus **2** über dem Parterre gelegener Zuschauerraum im Kino oder Theater [frz.]
Bal'la'de (die, -, -n) trauriges, ergreifendes Erzählgedicht [frz.]
bal'la'desk (Adj.) balladenhaft
Bal'la'watsch (der, -(e)s, nur Ez.) Durcheinander (österr.) [viell. it.]
Bal'lei (die, -, -en) Amtsbezirk [lat.]
Bal'le'ri'na (die, -, -nen) Solotänzerin [it.]
Bal'le'ri'ne (die, -, -n) = Ballerina
Bal'le'ri'no (der, -s, -s) Solotänzer [it.]
Bal'le'ron (der, -s, -s) Aufschnittwurst [frz.]
Bal'lett (der, -s, -e) **1** Bühnentanz **2** Bühnentanzgruppe [it.]
Bal'lett'teu'se [-tø:-] (die, -, -n) Balletttänzerin [it./frz.]
Bal'lett'korps (das, -, -) Gruppe von Tänzern, die keine Soli tanzen [frz.]
Bal'lett'to'ma'ne (der, -n, -n) vom Ballett Besessener
ball'hor'ni'sie'ren (V.) verballhornen
Bal'lis'te (die, -, -n) antike Wurfmaschine
Bal'lis'tik (die, -, nur Ez.) Lehre von der Bewegung abgeschossener oder geworfener Körper [gr.-lat.]
Bal'lis'ti'ker (der, -s, -) Wissenschaftler im Bereich der Ballistik [gr.-lat.]
bal'lis'tisch (Adj.) die Ballistik betreffend
Bal'lit (das, -s, nur Ez.) Holzart aus knetbarer Masse
Bal'lo'nett (das, -[e]s, -e oder -s) Luftkammer von Ballons oder Luftschiffen [dt.-it.-frz.]
Bal'lon oder [-lõ] (der, -s, -e oder -s) **1** gasgefüllte runde Hülle (Kinderspielzeug, Luftfahrzeug) **2** bauchige, große Glasflasche [frz.]
Bal'lot [bælət] (das, -s, -s) geheime Abstimmung [dt.-it.-frz.-engl.]
Bal'lot [balo:] (das, -s, -s) **1** kleiner Ballen einer Ware **2** Stückzählmaß [frz.]
Bal'lo'ta'de (die, -, -n) Sprung eines Pferdes bei der hohen Schule [dt.-it.-frz.]
Bal'lo'ta'ge [-ʒə] (die, -, -n) Geheimabstimmung mit weißen (Ja-) und schwarzen (Nein-) Kugeln [frz.]
bal'lo'tie'ren (V.) durch Ballotage abstimmen
Bal'lo'ti'ne (die, -, -n) Vorspeise aus Fleisch, Geflügel oder Fisch [frz.]
Bal'ly'hoo [bælɪhu:] (das, -s, nur Ez.) reißerische Werbung, Marktschreierei [engl.]
Bal'me (die, -, -n) Felsnische [kelt.]
Bal'ne'o'gra'phie (auch: Bal'ne'o'gra'fie) (die, -, -n) Heilbäderbeschreibung [gr.-lat.]
Bal'ne'o'lo'gie (die, -, nur Ez.) Heilquellenkunde [gr.]
bal'ne'o'lo'gisch (Adj.) die Bäderkunde betreffend
Bal'ne'o'the'ra'pie (die, -, -n) Heilbehandlung durch Bäder
Bal pa'ré [-re:] (der, - -, -s -s) Gala-Ball-Veranstaltung [frz.]
Bal'sa (das, -s, nur Ez.) ein besonders leichtes Holz [span.]
Bal'sam (der, -s, -e) ätherisches Harz; Linderungsmittel [hebr.-gr.]
bal'sa'mie'ren (V.) einsalben
Bal'sa'mi'ne (die, -, -n) Springkrautgewächs
bal'sa'misch (Adj.) wie ein Balsam; wohltuend, lindernd
Bal'to'lo'gie (die, -, nur Ez.) Wissenschaft von baltischer (altpreußischer, lettischer, litauischer) Sprache und Kultur [nlat.]
Ba'lus'ter (der, -s, -) kleine Säule (als Geländerstütze) [gr.-it.]
Ba'lust'ra'de auch: Ba'lust'ra'de/Ba'lu'stra'de (die, -, -n) Brüstung, Geländer mit Balustern
Ba'lyk (der, -, nur Ez.) getrockneter Störrücken [russ.]
Bam'bi'na (die, -, -s) kleines Mädchen [it.]
Bam'bi'no (der, -s, -s oder -ni) kleiner Junge [it.]
Bam'bu'le (die, -, -n) Proteste von Gefangenen [frz. für »Negertanz«]
Bam'bus (der, -ses, -se) Graspflanze [malai.-niederl.]
Bam'bus'vor'hang (der, -s, nur Ez.) ideologische Grenze zwischen kommunistischen und nichtkommunistischen Machtblöcken in Südostasien

Ba'mi'go'reng (das, -, -) indonesisches Nudelgericht [it.]
Ban (der, -s, -e) hoher Beamter, Statthalter (im früheren Ungarn, Kroatien) [slaw.]
Ban (der, -(s), Ba'ni) rumänische Währungseinheit
ba'nal (Adj.) alltäglich; geistlos [frz.]
ba'na'li'sie'ren (V.) ins Banale ziehen
Ba'na'li'tät (die, -, -en) das Banalsein; banales Gerede
Ba'na'ne (die, -, -n) eine tropische Staudenfrucht [afrikan.]
Ba'na'nen're'pu'blik auch: Ba'na'nen're-pu'blik (die, -, -en) abhängiger tropischer Kleinstaat (geringschätzig)
Ba'nau'se (der, -n, -n) geistloser Spießbürger; jmd., der ohne Kulturverständnis ist [gr.]
ba'nau'sisch (Adj.) verständnislos gegenüber geistigen oder künstlerischen Dingen [gr.]
Band (die, -, -s) Jazz-, Rockgruppe [engl.]
Ban'da (die, -, -de) Blasorchester [dt.-it.]
Ban'da'ge [-ʒə] (die, -, -n) Stützverband [dt.-frz.]
ban'da'gie'ren [-ʒiː-] (V.) mit Bandagen umwickeln
Ban'da'gist (der, -gis'ten, -gis'ten) Bandagenhersteller
Ban'de (die, -, -n) Spielfeldeinfassung [dt.-frz.]
Ban'deau [-doː] (das, -s, -s) Bandgesims [dt.-frz.]
Ban'de'lier (das, -s, -e) Wehrgehänge [dt.-frz.]
Ban'de'ril'la [-rilja] (die, -, -s) geschmückter kleiner Stierkampfspeer [span.]
Ban'de'ril'le'ro [-riljeː-] (der, -s, -s) Stierkämpfer, der mit Banderillas reizt
Ban'de'ro'le (die, -, -n) Streifband (mit Steuervermerken, Preisangaben) [it.-frz.]
ban'de'ro'lie'ren (V.) mit Banderole versehen
Ban'dit (der, -en, -en) Berufsverbrecher [it.]
Band'lea'der [bændliːdə] (der, -s, -) Leiter einer Band [engl.]
Ban'do'la (die, -, -len) ukrainisches Saiteninstrument
Ban'do'ne'on (das, -s, -s) Ziehharmonika mit zahlreichen Spielknöpfen zu beiden Seiten [Kunstwort]
Ban'do'ne'um (das, -s, -s) = Bandoneon
Ban'du'ra (die, -, -s) = Bandola
Ban'dur'ria (die, -, -s) spanisches Saiteninstrument
Ban'ga'le (der, -n, -n) Ew. von Bangladesch
Ban'gla auch: Bang'la (das, -, nur Ez.) = Bengali
Ba'ni (Mz. von) Ban

Ban'jan (nur Mz.) indische Kaste der Kaufleute [sanskr.-Hindi-engl.]
Ban'jo [bendʒo] (das, -s, -s) amerikanisches gitarrenähnliches Instrument [gr.-engl.]
Bank'ak'zept (das, -s, -e) auf eine Bank gezogener Wechsel
Ban'ker [bɛŋkər] Bankfachmann [engl.]
ban'ke'rott (Adj.) = bankrott
Ban'kett (das, -s, -e) 1 Festmahl 2 = Bankette [frz.]
Ban'ket'te (die, -, -n) Fahrbahnrandstreifen [frz.]
Ban'kier [-kjeː] (der, -s, -s) Bankinhaber, -leiter [dt.-it.-frz.]
Ban'king [bæŋkɪŋ] (das, -s, nur Ez.) Bankverkehr, Bankwesen [engl.]
bank'rott (Adj.) zahlungsunfähig [dt.-it.]
Bank'rott (der, -s, -e) Zahlungsunfähigkeit [dt.-it.]
Bank'rot'teur [-tøːɐ] (der, -s, -e) jmd., der bankrott gemacht hat
bank'rot'tie'ren (V.) Bankrott machen
Ban'tam (das, nur Ez.) = Bantamgewicht
Ban'tam'ge'wicht (das, -s, nur Ez.) Leichtgewichtsklasse in der Schwerathletik [engl.]
Ban'tam'huhn (das, -s, -hüh'ner) englisches Zwerghuhn
Ban'tu 1 (der, -s, -s) Angehöriger einer Volksgruppe im südlichen Afrika **2** (das, -(s), nur Ez.) dessen Sprache
Ba'nu (der, -s, Ba'ni) = Ban
Ban'zai [-zai] (ohne Artikel) japanischer Hochruf
Ba'o'bab (der, -s, -s) Affenbrotbaum [afrikan.]
Bap'tis'mus (der, -, nur Ez.) protestant. Freikirchenbewegung mit Erwachsenentaufe [gr.-nlat.]
Bap'tist (der, -tis'ten, -tis'ten) Anhänger des Baptismus
Bap'tis'te'ri'um (das, -s, -ri'en) Taufkirche; Taufbecken [gr.-lat.]
bap'tis'tisch (Adj.) die Baptisten oder den Baptismus betreffend [gr.-lat.]
Bar (das, -, -) Luftdruck-Maßeinheit [gr.]
Bar (die, -, -s) Lokal, in dem man auf Hockern am Tresen sitzt [engl.]
Ba'ra'ber (der, -s, -) schwer arbeitender Hilfs- und Bauarbeiter [österr.]
ba'ra'bern (V.) schwer arbeiten [österr.]
Ba'ra'cke (die, -, -n) kelleroses Behelfshaus [span.-frz.]
Ba'ratt (der, -s, nur Ez.) Warentauschhandel [it.]
Ba'rat'te'rie (die, -, -n) unehrliches Verhalten einer Schiffsbesatzung gegenüber dem Schiffseigner [it.]

barattieren **Baryton**

ba**ˈ**rat**ˈ**tie**ˈ**ren (V.) gegen Ware eintauschen [it.]
Bar**ˈ**ba**ˈ**di**ˈ**er (der, -s, -) Einwohner des mittelamerikanischen Inselstaates Barbados
Bar**ˈ**ba**ˈ**ka**ˈ**ne (die, -, -n) Teil einer mittelalterlichen Festungsanlage [roman.]
Bar**ˈ**bar (der, -en, -en) kulturloser Rohling
Bar**ˈ**ba**ˈ**rei (die, -, -en) barbarischer Zustand; barbarisches Vorgehen [gr.]
bar**ˈ**ba**ˈ**risch (Adj.) kulturlos roh; grausam
Bar**ˈ**ba**ˈ**ris**ˈ**mus (der, -, -men) grober Sprachschnitzer [gr.-lat.]
Bar**ˈ**be (die, -, -n) **1** Karpfenfisch **2** Spitzenband für Hauben [lat.]
Bar**ˈ**be**ˈ**cue [-kjuː] (das, -s, -s) **1** Gartengrillfest mit großem Bratrost oder -spieß **2** Gerät dazu [indian.-engl.]
Bar**ˈ**bet**ˈ**te (die, -, -n) **1** Geschützbank **2** Geschützturmpanzer auf Kriegsschiffen [frz.]
Bar**ˈ**bier (der, -s, -e) Bart-, Haarschneider (veraltet) [frz.]
bar**ˈ**bie**ˈ**ren (V.) rasieren (veraltet) [frz.]
Bar**ˈ**bi**ˈ**ton (das, -s, -s) altgriechisches Musikinstrument [gr.-lat.]
Bar**ˈ**bi**ˈ**tos (der, -, -) = Barbiton [gr.-lat.]
Bar**ˈ**bi**ˈ**tu**ˈ**rat (das, -s, -e) ein Schlaf- und Beruhigungsmittel [nlat.]
Bar**ˈ**chan (der, -s, -e) Binnendüne [russ.]
Bar**ˈ**chent (der, -s, -e) Baumwollflanell [arab.]
Bar**ˈ**ches (der, -, -) weißes Sabbatbrot der Juden [hebr.]
Bar**ˈ**de (der, -n, -n) **1** keltischer Sänger und Dichter **2** Liedermacher [kelt.] **3** (die, -, -n) Speckscheibe (zum Umwickeln von Bratgeflügel) [arab.-frz.]
bar**ˈ**die**ˈ**ren (V.) mit einer Barde umwickeln
Bar**ˈ**di**ˈ**tus (der, -, -) Schlachtrufe der Germanen [lat.]
Ba**ˈ**rè**ˈ**ge [baʁɛːʒə] (der, -s, nur Ez.) durchsichtiger Seidenstoff
Ba**ˈ**rett (das, -s, -e) flache, randlose Mütze [it.-frz.]
Bar**ˈ**gai**ˈ**ning (das, -s, nur Ez.) **1** Verhandlung **2** Vertragsabschluss [engl.]
Ba**ˈ**ri**ˈ**bal (der, -s, -s) nordamerikanischer Schwarzbär
Ba**ˈ**ri**ˈ**le (das, -, -li) italienisches Flüssigkeitsmaß [it.]
Ba**ˈ**ri**ˈ**o**ˈ**la**ˈ**ge [baʁjɔlaːʒ] (die, -, -n) besonderer Toneffekt beim Violinspiel [frz.]
ba**ˈ**risch (Adj.) den Luftdruck betreffend [gr.]
Ba**ˈ**ri**ˈ**ton (der, -s, -e) mittlere Männerstimmlage [gr.-it.]
ba**ˈ**ri**ˈ**to**ˈ**nal (Adj.) in der Klangfarbe des Baritons [lat.]
Ba**ˈ**ri**ˈ**to**ˈ**nist (der, -nis**ˈ**ten, -nis**ˈ**ten) Baritonsänger

Ba**ˈ**ri**ˈ**um (das, -s, nur Ez.) ein Erdalkalimetall [gr.-nlat.]
Bark (die, -, -en) Segelschiff (mit drei bis fünf Masten) [gr.-engl.]
Bar**ˈ**ka**ˈ**ne (die, -, -n) Fischerfahrzeug [gr.-lat.-it.]
Bar**ˈ**ka**ˈ**ro**ˈ**le (die, -, -n) Gondellied [it.]
Bar**ˈ**kas**ˈ**se (die, -, -n) **1** größtes Beiboot (auf Kriegsschiffen) **2** großes Motorboot [it.-niederl.]
Bar**ˈ**ke (die, -, -n) kleines Boot (auf dem Mittelmeer) [gr.-niederl.]
Bar**ˈ**kee**ˈ**per [-kiː] (der, -s, -) Barmann, jmd., der Cocktails mixt [engl.]
ba**ˈ**rock (Adj.) **1** zum Barock gehörig **2** überladen, wuchernd; z.B. eine barocke Phantasie **3** üppig; z.B. eine barocke Figur
Ba**ˈ**rock (das oder der, -(s), nur Ez.) eine Kunstepoche des 17./18. Jahrhunderts [frz.-it.]
ba**ˈ**ro**ˈ**ckal (Adj.) dem Barock entsprechend
ba**ˈ**ro**ˈ**cki**ˈ**sie**ˈ**ren (V.) barock gestalten
Ba**ˈ**ro**ˈ**graph (auch: Ba**ˈ**ro**ˈ**graf) (der, -en, -en) selbst schreibender Luftdruckmesser [gr.]
Ba**ˈ**ro**ˈ**me**ˈ**ter (das, -s, -) Luftdruckmesser (zur Vorhersage von Tief- oder Hochdruckwetter) [gr.]
ba**ˈ**ro**ˈ**met**ˈ**risch auch: ba**ˈ**ro**ˈ**me**ˈ**trisch (Adj.) zur Luftdruckmessung gehörig [gr.]
Ba**ˈ**ron (der, -s, -e) Freiherr [dt.-frz.]
Ba**ˈ**ro**ˈ**nat (das, -s, -e) Besitz, Würde eines Barons
Ba**ˈ**ro**ˈ**nes**ˈ**se (auch: Ba**ˈ**ro**ˈ**ness) (die, -, -n) Freifräulein [dt.-frz.]
Ba**ˈ**ro**ˈ**net [bærənıt] (der, -s, -s) englischer Adliger zwischen Baron und Knight
Ba**ˈ**ro**ˈ**nie (die, -, -n) = Baronat
ba**ˈ**ro**ˈ**ni**ˈ**sie**ˈ**ren (V.) in den Stand eines Barons erheben
Bar**ˈ**ra**ˈ**ku**ˈ**da (der, -s, -s) ein tropischer Raubfisch [span.]
Bar**ˈ**ré (das, -(s), nur Ez.) Querlegen des (Zeige-)Fingers über alle oder mehrere Saiten (beim Gitarrenspiel) [frz.]
Bar**ˈ**rel [bæ-] (das, -s, -s) Erdölhohlmaß, ca. 158 l [engl.]
Bar**ˈ**ri**ˈ**e**ˈ**re (die, -, -n) Sperre [frz.]
Bar**ˈ**ri**ˈ**ka**ˈ**de (die, -, -n) Straßensperre [frz.]
Bar**ˈ**soi (der, -s, -s) russischer Windhund
Bar**ˈ**sor**ˈ**ti**ˈ**ment (das, -s, -e) Buchhandelsbetrieb zwischen Buchhandlung und Verlag
Ba**ˈ**rut**ˈ**sche (die, -, -n) zweirädrige Kutsche
Ba**ˈ**ry**ˈ**on (das, -s, -ry**ˈ**o**ˈ**nen) jedes der schweren Elementarteilchen [gr.]
Ba**ˈ**rys**ˈ**phä**ˈ**re auch: Ba**ˈ**ry**ˈ**sphä**ˈ**re (die, -, -n) Erdkern [gr.]
Ba**ˈ**ry**ˈ**ton (das, -s, -e) gambenähnliches Streichinstrument [gr.]

Ba'ry'to'ne'se (die, -, -n) Akzentverschiebung vom Wortende weg [gr.]

Ba'ry'to'non (das, -s, -na) Wort, dessen letzte Silbe unbetont ist [gr.]

Bar'zel'let'ta (die, -, -ten oder -s) norditalienisches Tanzlied [it.]

ba'sal (Adj.) zur Basis gehörig

Ba'sa'li'om (das, -s, -e) Basalzellenkrebs, Hautgewächs [gr.-lat.]

Ba'salt (der, -s, -e) ein dunkles Vulkanitgestein [lat.]

Ba'sal'tem'pe'ra'tur (die, -, -en) morgens vor dem Aufstehen gemessene Körpertemperatur [gr.-lat.]

Ba'sa'ne (die, -, -n) Schafleder für Bucheinbände [arab.-span.-frz.]

Ba'sar (der, -s, -e) 1 orientalisches Händlerviertel 2 Wohltätigkeitsverkauf [pers.]

Base'ball [beɪsbɔːl] (das, -s, nur Ez.) amerikanisches Schlagballspiel [engl.]

Ba'se'dow'krank'heit (auch: Ba'se'dow-Krank'heit) (die, -, nur Ez.) Schilddrüsenüberfunktion, die u.a. zur Kropfbildung führt

Base'ment [beɪs-] (das, -s, -s) Tiefparterre [engl.]

Base'ment'store (der, -s, -s) Ladengeschäft im Tiefparterre [engl.]

BASIC [beɪsɪk] (das, -, nur Ez.) Abk. für »**B**eginner's **A**ll-**P**urpose **S**ymbolic **I**nstruction **C**ode«, einfache Programmiersprache [engl.]

Ba'sic-Eng'lish [beɪsɪk ɪŋglɪʃ] (das, -, nur Ez.) vereinfachtes Grundenglisch

ba'sie'ren (V.) zur Basis haben

Ba'si'li'ka (die, -, -ken) 1 frühchristliche Kirche 2 Kirche mit erhöhtem Mittelschiff [gr.]

ba'si'li'kal (Adj.) wie eine Basilika

Ba'si'li'kum (das, -s, nur Ez.) ein Lippenblütler, Gewürzpflanze [gr.-lat.]

Ba'si'lisk (der, -en, -en) 1 Drachenungeheuer mit tödlichem Blick und Hauch 2 ein südamerikanischer Leguan [gr.-lat.]

Ba'si'lis'ken'blick (der, -s, -blicke) böser Blick [gr.-lat.-dt.]

Ba'si'on (das, -s, nur Ez.) vorderster Punkt des Hinterhauptloches (des Schädels) [gr.-lat.]

Ba'sis'kurs (der, -es, -e) Tageskurs eines Wertpapiers

Ba'sis'wort (das, -es, -wörter) Wort, das einem abgeleiteten Begriff zugrunde liegt

Ba'si'zi'tät (die, -, nur Ez.) Maß für die Stärke einer Lauge [nlat.]

Bas'ke (der, -n, -n) Angehöriger eines Volkes um den Golf von Biskaya

Bas'ker'ville [bæskəvɪl] (die, -, nur Ez.) Antiqua- und Kursivdruckschrift

Bas'ket'ball (das, -s, nur Ez.) amerikanisches Korbballspiel [engl.]

bas'kisch (Adj.) zu den Basken gehörig

Bas'kü'le (die, -, -n) Treibriegelverschluss (an Fenstern, Türen) [frz.]

Bas're'li'ef [barəljef] (das, -s, -s oder -e) Flachrelief [frz.]

Bass (der, -es, Bäs'se) 1 tiefe Männerstimmlage 2 Bassgitarre, Kontrabass [it.]

Bas'se'lis'se [baslıs] (die, -, -n) Webart, bei der die Kette waagrecht verläuft [frz.]

Bas'set [bæsɪt] (der, -s, -s) kurzbeiniger Jagdhund mit Schlappohren [frz.-engl.]

Bas'sett'kla'ri'net'te (die, -, -n) Klarinette mit einigen zusätzlichen tiefen Tönen [it.]

Bas'sin [-sɛ̃] (das, -s, -s) Wasserbecken [frz.]

Bas'sist (der, -sis'ten, -sis'ten) 1 Bass (**1**) 2 jmd., der Bass (**2**) spielt

Bas'so (der, -, Bas'si) Bassstimme als Begleitung, Bassmotiv [it.]

Bas'sot'ti (nur Mz.) dünne Makkaroni [it.]

Bas'tard (der, -s, -e) 1 Nachkomme von Eltern(tieren) mit genetisch verschiedenen Eigenschaften; Artbastard, Rassenbastard 2 uneheliches Kind (früher) 3 nichtswürdiger Mensch [frz.]

bas'tar'die'ren (V.) kreuzen (von Arten, Rassen)

Bas'te (die, -, -n) Trumpfkarte [span.]

Bas'tei (die, -, -en) vorspringender Festungsteil [lat.]

Bas'til'le [-stiːjə] (die, -, nur Ez.) 1789 erstürmtes Staatsgefängnis in Paris [frz.]

Bas'ti'on (die, -, -ti'o'nen) = Bastei [it.]

Bas'to'nade (die, -, -n) Schläge auf die Fußsohlen (orientalische Prügelstrafe) [it.-frz.]

bas'to'nie'ren (V.) etwas mit Bollwerken versehen

Ba'tail'le (die, -, -n) Schlacht, Kampf [lat.-frz.]

Ba'tail'lon [-taljoːn] (das, -s, -e) ein Truppenverband (etwa drei Kompanien) [frz.]

Ba'ta'te (die, -, -n) tropische Süßkartoffel [indian.-span.]

Ba'thik (die, -, nur Ez.) mindere Schreib- und Redeart [gr.]

ba'thisch (Adj.) niedrig, vulgär schreibend oder sprechend; die Bathik betreffend [gr.]

Ba'thys'kaph auch: Ba'thy'skaph (das, -en, -en) Tiefseetauchgerät (Piccards) [gr.]

Ba'thys'phä're auch: Ba'thy'sphä're (die, -, nur Ez.) tiefste Schicht des Weltmeeres [gr.-lat.]

Ba'tik (die, -, -en) indonesische Färbetechnik für Stoffe [malai.]

ba'ti'ken (V.) durch Batik färben

Ba'tist (der, -(e)s, -tis'te) feines, leinenähnliches Gewebe [frz.]

Bat|tag|lia *auch:* Bat|ta|glia [-talja] (die, -, -en) Schlachtgetümmel ausdrückende Komposition [lat.-it.]
Bat|te|rie (die, -, -n) **1** Zusammenschaltung elektr. Elemente **2** Artilleriegruppe [frz.]
bat|tie|ren (V.) dem Gegner auf die Klinge schlagen (beim Fechten) [frz.]
Baud (auch [bo:d], das, -, -) Einheit für die Schrittgeschwindigkeit (Datenübertragung), ein Bit pro Sekunde [frz.]
Bau|ta|stein (der, -s, -e) skandinavischer Gedenkstein (aus der Bronzezeit) [altnord.]
Bau|xit (der, -s, -e) Rohstoff zur Aluminiumgewinnung [frz.-nlat.]
Ba|va|ria (die, -, nur Ez.) wuchtige Frauengestalt (als Sinnbild Bayerns) [nlat.]
Ba|va|roi|se [bavarwa:z] (die, -, nur Ez.) geschlagene Creme aus Milch, Zucker, Eiern und Gelatine, die mit Sahne und auf Eis gestürzt serviert wird [frz.]
Ba|zar [-za:r] (der, -s, -e) = Basar
ba|zil|lär (Adj.) durch Bazillen hervorgerufen
Ba|zil|le (die, -, -n) = Bazillus
Ba|zil|lus (der, -, -len) Sporen bildende Bakterie (als Krankheitserreger) [lat.]
Ba|zoo|ka [-zu:-] (die, -, -s) amerikanische Panzerfaust [Slang]
BBC [bi:bi:si:] (die, -, nur Ez.) britische Rundfunkgesellschaft
Bea|gle [bi:gl] (der, -s, -s) kleiner, dreifarbiger englischer Laufhund [frz.-engl.]
Bé|ar|nai|se|so|ße [-ne:z] (die, -, nur Ez.) kalte Soße (Weißwein, Butter, Eigelb, Estragon) [frz.]
Beat [bi:t] (der, -s, nur Ez.) **1** Rockmusik (60er-Jahre) **2** harter Schlagrhythmus [engl.]
bea|ten (V.) **1** Beatmusik machen **2** nach Beatmusik tanzen [engl.]
Beat ge|ne|ra|ti|on [bi:t dʒənəreɪʃn] (die, -, nur Ez.) Nachkriegsgeneration in den USA, die sich betont nonkonformistisch gab [engl.]
Be|a|ti|fi|ka|ti|on (die, -, -ti|o|nen) Seligsprechung
be|a|ti|fi|zie|ren (V.) selig sprechen [lat.]
Bea|tle [bi:tl] (der, -s, -s) jmd., der die Popgruppe Beatles nachahmt (besonders in der Haartracht), Pilzkopf der 60er-Jahre [engl.]
Beat|nik [bi:t-] (der, -s, -s) jmd. aus der Beatgeneration [engl.-russ.]
Beat|pad (der, -s, -s) Ort, an dem man illegale Drogen kaufen kann
Beau [bo:] (der, -s, -s) schöner Mann [frz.]
Beau|fort|ska|la [bofɔ:r-] (die, -, nur Ez.) 17-teilige Skala der Windstärken [engl.-it.]
Beau geste [bo ʒɛst] (die, - -, -x -s) schöne Geste, Höflichkeit [frz.]
Beau|jo|lais [boʒɔlɛ] (der, -, -) ein Rotwein aus Ostfrankreich

Beau|té (die, -, -s) Schönheit [frz.]
Bé|bé (das, -s, -s) = Baby (schweiz.) [frz.]
Be|bop [bi:bɒp] (der, -s, -s) **1** nordamerikanische Jazzmusik **2** Tanz [amerik.]
Bé|cha|mel|so|ße [-ʃa-] (die, -, -n) leicht gewürzte Soße (Mehl, Milch u. Butter) [frz.]
be|cir|cen [-tsɪrtsn] (V.) bezaubern, betören
Bec|que|rel [bɛkərɛl] (das, -s, -) Maßeinheit für die Stärke der Radioaktivität [frz.]
Be|du|i|ne (der, -en, -en) arabischer Wüstennomade [arab.-frz.]
Beef|steak [bi:fsteɪk] (das, -s, -s) gebratene Rindfleischscheibe [engl.]
Beef|tea (der, -s, -s) kräftige Rinderbrühe [engl.]
Be|el|ze|bub (oder [bɛltsə-]; der, -, nur Ez.) oberster Teufel [hebr.]
Be|gard (der, -en, -en) Mitglied einer halbklösterlichen Vereinigung von Männern im Mittelalter [niederl.]
Be|gi|ne (die, -, -n) Mitglied einer halbklösterlichen Vereinigung von Frauen im Mittelalter [niederl.]
Be|go|nie [-niə] (die, -, -n) ein Schiefblattgewächs, Zierpflanze [frz.]
Be|gum (die, -, -s) indische Fürstin [Hindi]
Be|ha|vi|o|ris|mus [bihe-] (der, -, nur Ez.) Lehre, die alles Verhalten auf Reiz und Reaktion zurückführt [engl.-nlat.]
Be|he|moth (der, -s, -s) **1** Nilpferd im Alten Testament **2** mythisches Endzeittier [hebr.-lat.]
Bei (der, -s, -s) türkischer Titel
beige [be:ʃ] (Adj.) hellgraugelb; bräunlich weiß [frz.]
Beig|net *auch:* Beig|net [bɛɲe:] (der, -s, -s) Ölgebackenes [frz.]
Be|kas|si|ne (die, -, -n) Schnepfenart [frz.]
Bel (das, -, -) Schwingungsdämpfungsmaß [engl.]
Bel|a|mi (der, -s, -s) Frauenliebling [frz.]
Bel|can|to *(auch:* Bel|kan|to) (der, -(s), nur Ez.) italienischer Kunstgesang, »schöner Gesang«
Be|lem|nit (der, -en, -en) versteinerter Kalkteil eines Tintenfisches, Donnerkeil [gr.]
Bel|e|ta|ge [bɛletaːʒ] (die, -, -n) erstes Stockwerk (veraltet) [frz.]
Bel|gi|er (der, -s, -) Ew. Belgiens
bel|gisch (Adj.) zu Belgien gehörig
Be|li|zer [-sər] (der, -s, -) Einwohner von Belize in Mittelamerika, dem ehemaligen Britisch-Honduras [Maya]
Bell|kan|to (der, -(s), nur Ez.) = Belcanto
Bel|la|don|na (die, -, nur Ez.) = Atropin [it.]

Bel|let|rist *auch:* Bel'le'trist (der, -rịs'ten/-trịs'ten, -rịs'ten/trịs'ten) jmd., der Belletristik verfasst
Bel|let|ris|tik *auch:* Bel'le'tris'tik (die, -, nur Ez.) Unterhaltungsliteratur [frz.]
Belle|vue [bɛlvyː] (die, -, -n) schöne Aussicht (besonders als Name) [frz.]
Bel|li|zist (der, -zis'ten, -zis'ten) Kriegstreiber, Befürworter eines Krieges [lat.]
Be|lu|ga (der, -s, -s) **1** kleine Walart, Weißwal **2** (nur Ez.) Hausenkaviar [russ.]
Bel|ve|de|re (das, -s, -s) Aussichtspunkt, schöner Ausblick (besonders als Name) [it.]
Be̱|ma (das, -s, -ta) Altarraum in orthodoxen Kirchen [gr.]
Ben Bestandteil arab., israel. Eigen-, Personennamen in der Bed. »Enkel, Sohn (des) ...«; z.B. Asher Ben Nathan
be|ne|dei|en (V.) lobpreisen [lat.]
Be|ne|dic|tus (das, -, -) Lobgesang (während der kath. Messe) [lat.]
Be|ne|dik|ti|on (die, -, -ti'o̱'nen) Segnung [lat.]
Be|ne|fiz (das, -es, -e) Wohltätigkeitsveranstaltung [lat.]
Be|ne|fi|zi|ar (der, -s, -e) = Benefiziat
Be|ne|fi|zi|at (der, -en, -en) jmd., der ein Benefizium hat
Be|ne|fi|zi|um (das, -s, zi'en) **1** Pfründe **2** Wohltat (veraltet) [lat.]
Be|ne|lux Abk. für den wirtschaftlichen Zusammenschluss der Länder Belgien, Niederlande und Luxemburg
Ben|ga|li (das, -s, nur Ez.) Staatssprache von Bangladesh
be|nig|ne *auch:* be'nị'gne (Adj.) gutartig (bei Geschwülsten)
Be|nig|ni|tät *auch:* Be'ni'gni'tät (die, -, nur Ez.) Gutartigkeit (einer Geschwulst) [lat.]
Be|ni|ner (der, -s, -) Einwohner des Staates Benin, des ehemaligen Dahomey [afrikan.]
Ben|ja|min (der, -s, -e) Jüngster [hebr.]
Ben|thal (das, -s, -e) Meeresboden (als Lebensraum) [gr.]
Beṉ|thos (das, -, nur Ez.) alle Lebewesen des Benthals
Ben|zed|rin *auch:* Ben'ze'drịn (das, -s, nur Ez.) anregendes Atmungs- und Kreislaufmittel [Kunstwort]
Ben|zịn (das, -s, -e) ein Kraftstoff [nlat.]
Ben|zoe [-tsoe] (die, -, nur Ez.) ein tropisches Harz [arab.-frz.]
Ben|zol (das, -s, -e) einfachster aromatischer Kohlenwasserstoff, Bestandteil von Benzin, Lacken, Klebstoffen u.a. [nlat.]
Benz|py|ren (das, -s, -e) ein Krebs erzeugender Kohlenwasserstoff [arab.-gr.]
Be̱o (der, -s, -s) asiat. Star, Käfigvogel [malai.]

Ber|ber (der, -s, -) **1** nordafrikanisches Volk **2** Knüpfteppich **3** Nichtsesshafter, Landstreicher
Ber|be|rịt|ze (die, -, -n) ein Wildstrauch, Sauerdorn [lat.]
Ber|ceu|se [-søːz] (die, -, -n) Wiegenlied [frz.]
Bé|ret [bere] (die, -s, -s) Baskenmütze [lat.-frz.]
Ber|ga|mas|ca (der, -s, -s) italienischer Volkstanz [it.]
Ber|ga|mot|te (die, -, -n) **1** eine kleinasiat. Zitrusfrucht, deren Schalen ausgepresst werden, um Bergamottöl zu gewinnen **2** eine Birnensorte [türk.-frz.]
Ber|ga|mott|öl (das, -s, -e) Parfümrohstoff aus Bergamotte (**1**); das Bergamottöl ist in Earl Grey und Kölnischwasser enthalten
Be|ri|be|ri (die, -, nur Ez.) Vitamin-B₁-Mangelkrankheit [singhales.]
Ber|ke|li|um (das, -s, nur Ez.) ein künstliches radioaktives Element [engl.-nlat.]
Ber|lo|cke (die, -, -n) Uhrkettenanhänger [frz.]
Ber|lo|li|na (die, -, nur Ez.) **1** Frauengestalt als Sinnbild der Stadt Berlin **2** kräftige Frauengestalt [lat.]
Ber|sag|li|e|re *auch:* Ber'sa'gli'e're [-saljɛːre] (der, -s, -ri) italienischer Scharfschütze
Ber|ser|ker (der, -s, -) wilder Kämpfer [altnord.]
Be|ryll (der, -s, -e) ein Mineral, Edelstein [ind.-gr.]
Be|ryl|li|um (das, -s, nur Ez.) ein Leichtmetall von hellgrauer Farbe [ind.-gr.-nlat.]
Be|san oder [be-] (der, -s, -e) Gaffelsegel am hinteren Mast [arab.-niederl.]
Bé|sigue [beziːg] (das, -s, nur Ez.) Kartenspiel [frz.]
Bes|se|mer|bir|ne (die, -, -n) birnenförmiger Behälter zur Stahlherstellung
bes|se|mern (V.) nach Bessemers Methode Stahl herstellen
bes|ti|a|lisch (Adj.) grausam; viehisch [lat.]
Bes|ti|a|li|tät (die, -, -en) Grausamkeit; viehische Tat, viehisches Verhalten [lat.]
Bes|ti|a|ri|um (das, -s, -ri'en) mittelalterliches Tierkundebuch [lat.]
Bes|tie [-stiə] (die, -, -n) wildes, gefährliches Tier [lat.]
Bes|ti|en|ka|pi|tell (das, -s, -e) mit Tiergestalten geschmücktes romanisches Kapitell
Bes|ti|en|säu|le (die, -, -n) mit kämpfenden Tieren geschmückte Säule
Best|sel|ler (der, -s, -) Verkaufsschlager [engl.]
Be̱|ta (das, -s, -s) zweiter Buchstabe des griechischen Alphabets
Be̱|ta|strah|len (nur Mz.) aus Elektronen bestehende radioaktive Strahlen [gr.-dt.]

Be·tat·ron auch: Be·ta·tron (das, -s, -tro·ne) Gerät zum Beschleunigen von Betastrahlen, Elektronenschleuder [Kurzwort]
Be·tel (der, -s, nur Ez.) ein asiatisches Anregungsmittel; Betel kauen [malai.]
Be·ti·se (die, -, -n) Dummheit [lat.-frz.]
Be·ton [-tõ:] oder [-tɔŋ] (der, -s, -s oder -e) Baustoff (Mischung aus Zement, Sand, Kies und Wasser) [frz.]
Be·to·nie (die, -, -n) rote Wiesenblume [lat.]
be·to·nie·ren (V.) mit Beton überziehen, ausbauen
Be·tu·la (die, -, nur Ez.) Birke; Betula folium: Birkenblätter (als Heilmittel) [lat.]
Beurre d'an·chois [bœrdɑ̃ʃwa] (die, - -, nur Ez.) Sardellenbutter [frz.]
Bey (der, -s, -s) = Bei
be·zir·zen (V.) = becircen
Be·zo·ar (der, -s, -e) steinähnlicher Haarballen im Wiederkäuermagen (als früheres Heilmittel) [pers.]
Bha·ga·wad·gi·ta (die, -, nur Ez.) altindische religionsphilosophische Lehrschrift [sanskr.]
Bhag·van (der, -(s), -s) = Bhagwan
Bhag·wan (der, -(s), -s) Ehrentitel eines Gurus [sanskr.]
Bhu·ta·ner (der, -s, -) Einwohner des Himalajakönigreichs Bhutan [tibet.]
bi·an·nu·ell (Adj.) zweijährig (bei Pflanzen) [lat.]
Bi·ar·chie (die, -, -n) Doppelherrschaft
Bi·ath·let (der, -en, -en) Biathlonsportler
Bi·ath·lon (das, -s, nur Ez.) Kombination aus Skilanglauf und Schießübungen (olympische Disziplin) [lat.-gr.]
Bi·bel·kon·kor·danz (die, -, -en) Sammlung biblischer Wörter und Begriffe mit Stellenangabe
Bi·be·lot [biblo:] (der, -s, -s) kleines kunstvolles und dekoratives Objekt [frz.]
Bi·be·ret·te (die, -, -n) veredeltes Kaninchenfell [frz.]
Bi·ber·nel·le (die, -, -n) ein Doldengewächs
Bib·lia pau·pe·rum auch: Bi·blia pau·pe·rum (die, - -, -bliae [-ɛ:] -) Armenbibel [lat.]
Bi·bli·o·graf auch: Bi·bli·o·graf (auch: Bib·li·o·graph/Bi·bli·o·graph) (der, -en, -en) jmd., der eine Bibliographie erstellt
Bi·bli·o·gra·fie auch: Bi·bli·o·gra·fie (auch: Bib·li·o·gra·phie/Bi·bli·o·gra·phie) (die, -, -n) **1** Bücher-, Schriftenverzeichnis **2** Bücherkunde [gr.]
bib·li·o·gra·fie·ren auch: bi·bli·o·gra·fie·ren (auch: bib·li·o·gra·phie·ren/bi·bli·o·gra·phie·ren) (V.) eine Bibliographie erstellen, in eine Bibliographie aufnehmen
Bib·li·o·graph auch: Bi·bli·o·graph (der, -en, -en) = Bibliograf

Bib·li·o·gra·phie auch: Bi·bli·o·gra·phie (die, -, -en) = Bibliografie
bib·li·o·gra·phie·ren auch: bi·bli·o·gra·phie·ren (V.) = bibliografieren
Bib·li·o·lat·rie auch: Bi·bli·o·la·trie /Bi·bli·o·lat·rie/Bi·bli·o·la·trie (die, -, nur Ez.) **1** außergewöhnliche Verehrung heiliger Bücher **2** Buchstabengläubigkeit [gr.-lat.]
Bib·li·o·ma·ne auch: Bi·bli·o·ma·ne (der, -n, -n) Büchernarr [gr.]
Bib·li·o·ma·nie auch: Bi·bli·o·ma·nie (die, -, -n) übertriebene Bücherliebe [gr.]
Bib·li·o·man·tie auch: Bi·bli·o·man·tie (die, -, nur Ez.) das Wahrsagen aus Buchstellen, die nach dem Zufallsprinzip aufgeschlagen werden [gr.-lat.]
Bib·li·o·pha·ge auch: Bi·bli·o·pha·ge (der, -n, -n) leidenschaftlicher Leser, »Bücherfresser« [gr.-lat.]
bib·li·o·phil auch: bi·bli·o·phil (Adj.) **1** Bücher liebend **2** wertvoll, schön ausgestattet (von Büchern; bibliophile Ausgabe) [gr.]
Bib·li·o·phi·le auch: Bi·bli·o·phi·le (der, -n, -n) Bücherliebhaber
Bib·li·o·phi·lie auch: Bi·bli·o·phi·lie (die, -, nur Ez.) Bücherliebhaberei [gr.]
bib·li·o·phob auch: bi·bli·o·phob (Adj.) bücherfeindlich [gr.]
Bib·li·o·pho·bie auch: Bi·bli·o·pho·bie (die, -, nur Ez.) Bücherfeindlichkeit [gr.]
Bib·li·o·thek auch: Bi·bli·o·thek (die, -, -en) Bücherei [gr.]
Bib·li·o·the·kar auch: Bi·bli·o·the·kar (der, -s, -e) Bibliotheksangestellter [gr.-lat.]
Bib·li·zis·mus auch: Bi·bli·zis·mus (der, -, nur Ez.) kritikloses Wörtlichnehmen der Bibel [gr.-nlat.]
bi·chrom (Adj.) zweifarbig [lat.-gr.]
Bi·ci·ni·um (das, -s, -ni·en) zweistimmiges Musikstück des 16./17. Jahrhunderts, Zwiegesang [lat.]
Bi·det [-de] (das, -s, -s) Sitzbecken für Unterleibswaschungen [frz.]
Bi·don (der, -s, -s) verschließbare Kanne, Eimer [frz.]
Bi·don·ville [-dõvil] (das, -s, -s) Elendsviertel (am Rand nordafrikanischer Städte) [frz.]
bi·enn (Adj.) = biennal
bi·en·nal (Adj.) alle zwei Jahre [lat.]
Bi·en·na·le (die, -, -n) Ausstellung bildender Kunst, Filmfestival, alle zwei Jahre stattfindend [lat.-it.]
Bi·en·ni·um (das, -s, -ni·en) Zeitraum von zwei Jahren [lat.]
bi·fi·lar (Adj.) zweifädig; z.B. ein bifilar gewickelter Draht [lat.]
bi·fo·kal (Adj.) mit zwei verschiedenen Brennweiten [lat.]

bi'form (Adj.) doppelgestaltig [lat.]
Bi'for'mi'tät (die, -, -en) Doppelgestaltigkeit [lat.]
Bi'fur'ka'ti'on (die, -, -ti'o'nen) Gabelung [lat.]
Bi'ga (die, -, -gen) antikes Zweigespann [lat.]
Bi'ga'mie (die, -, -n) Doppelehe [lat.-gr.]
bi'ga'misch (Adj.) wie ein Bigamist
Bi'ga'mist (der, -en, -mis'ten) jmd., der in Doppelehe lebt [lat.-gr.]
bi'ga'mis'tisch (Adj.) in Bigamie lebend, die Bigamie betreffend [lat.-gr.]
Big'band (*auch:* Big Band) [-bænd] (die, -, -s) großes Tanzorchester (aus Jazzmusikern) [engl.]
Big'bu'si'ness (*auch:* Big Bu'si'ness) [-bɪznɪs] (das, -, nur Ez.) großes Geschäft, Großunternehmen, Konzerngeschäftswelt [engl.]
bi'gott (Adj.) frömmelnd; scheinheilig
Bi'got'te'rie (die, -, -n) bigottes Verhalten, Wesen [engl.-frz.]
Bi'jou [-ʒuː] (das, -s, -s) Schmuckstück [frz.]
Bi'jou'te'rie [-ʒu-] (die, -, -n) **1** Schmuckwaren, Modeschmuck **2** Schmuckwarengeschäft [frz.]
Bi'jou'tier [biʒutjeː] (der, -s, -s) Juwelier [frz.]
Bike [baɪk] (das, -s, -s) **1** kleines Fahrrad mit Motor **2** Kurzwort für Fahrrad [engl.]
Bi'ki'ni (der, -s, -s) zweiteiliger Badeanzug
Bi'kom'po'si'tum (das, -s, -ta) Verb mit zwei Vorsilben
bi'kon'kav oder [biː-] (Adj.) beidseitig konkav (geschliffen) [lat.]
bi'kon'vex oder [biː-] (Adj.) beidseitig konvex (geschliffen) [lat.]
bi'la'bi'al (Adj.) beidlippig, bilabiale Laute [lat.]
Bi'la'bi'al (der, -s, -e) bilabial gebildeter Laut; z.B. »b, p«
Bi'lanz (die, -, -en) **1** Gegenüberstellung von Vermögen und Schulden **2** Gegenüberstellung von Ergebnissen; z.B. die Bilanz aus persönlichen Erfahrungen [it.]
bi'lan'zie'ren (V.) Bilanz machen
Bi'lan'zie'rung (die, -, -en) Bilanzaufstellung
bi'la'te'ral (Adj.) beidseitig [lat.]
Bil'ge *auch* [bɪldʒ] (die, -, -n) Schiffsbodenraum für Leck- und Schwitzwasser [engl.]
Bil'har'zie [-tsiə] (die, -, -n) tropischer Saugwurm, der durch die Haut Badender eindringt [nlat.]
Bil'har'zi'o'se (die, -, -n) durch Bilharzien verursachte Krankheit
bi'lin'gu'al (Adj.) **1** zweisprachig **2** auf zwei Sprachen bezogen [lat.]
bi'lin'gu'isch (Adj.) zweisprachig [lat.]
bi'li'ös (Adj.) gallehaltig [lat.]

Bi'li'ru'bin (das, -s, nur Ez.) rotbrauner Gallenfarbstoff [lat.]
Bi'lis (die, -, nur Ez.) Galle [lat.]
Bi'li'ver'din (das, -s, nur Ez.) grüner Gallenfarbstoff [lat.]
Bill (die, -, -s) Gesetzesvorlage, Urkunde (im angelsächsischen Recht) [engl.]
Bil'lard [bijaːr] oder [biljart] (das, -s, nur Ez.) ein Kugelspiel [dt.-frz.]
bil'lar'die'ren (V.) unzulässig stoßen beim Billard [frz.]
Bil'let [-ljɛt] (das, -s, -e oder -s) **1** Eintrittskarte; Fahrkarte **2** Mitteilungszettelchen [frz.]
Bil'let'doux [bijɛdu:] (das, -, - [-dus]) Liebesbriefchen [frz.]
Bil'le'teur [bijɛtøːɐ] (der, -s, -e) **1** Platzanweiser im Theater (österr.) **2** Schaffner (schweiz.)
Bil'li'ar'de (die, -, -n) tausend Billionen
Bil'li'on (die, -, -li'o'nen) eine Million Millionen, 10^{12} [lat.-frz.]
bi'ma'nu'ell (Adj.) zweihändig [lat.]
Bi'mes'ter (das, -s, -) Zeitabschnitt von zwei Monaten innerhalb eines längeren Zeitraums [lat.]
Bi'me'tall (das, -s, -e) Streifen aus zwei verschiedenen Metallen (der sich bei Erwärmung krümmt) [lat.-gr.]
Bi'me'tal'lis'mus (das, -, nur Ez.) auf Gold und Silber gestütztes Währungssystem [nlat.]
bi'när (Adj.) zweigliedrig [frz.]
Bin'go (das, -s, nur Ez.) englisches Glücksspiel [engl.]
Bi'no'kel *auch:* Bin'o'kel (das, -s, -) **1** mit beiden Augen zu benutzendes optisches Gerät **2** ein Kartenspiel (schweiz.) [frz.]
bi'no'ku'lar *auch:* bin'o'ku'lar (Adj.) für beidäugiges Sehen eingerichtet; z.B. ein binokulares Mikroskop [lat.]
Bi'nom (das, -s, -e) zweigliedriger Ausdruck (in der Mathematik) [lat.]
Bi'no'mie (die, -, nur Ez.) Wissenschaft von den Lebensgesetzen [gr.-lat.]
bi'no'misch (Adj.) zweigliedrig [lat.]
Bi'o'bib'li'o'gra'fie *auch:* Bi'o'bi'bli'o'gra'fie (*auch:* Bi'o'bib'li'o'gra'phie/Bi'o'bi'bli'o'graphie) (die, -, -n) Verzeichnis der Schriften, die über eine Person erschienen sind [gr.-lat.]
Bi'o'bib'li'o'gra'phie *auch:* Bi'o'bi'bli'o'grafie (die, -, -n) = Biobibliografie
Bi'o'che'mie (die, -, nur Ez.) Chemie der Vorgänge in lebenden Systemen
Bi'o'chip (der, -(s),-s) Computerbaustein aus gentechnisch hergestellten Eiweißmolekülen
Bioelement (das, -s, -e) Spurenelement
Bi'o'feed'back [-fiːdbæk] (das, -s, nur Ez.) Selbststeuerung biologischer Prozesse im Körper [gr.-engl.]

Bi|o|gas (das, -es, -e) Faulgas [gr.]
bi|o|gen (Adj.) von Lebewesen stammend
Bi|o|ge|ne|se (die, -, nur Ez.) Entwicklungsgeschichte der Lebewesen [gr.]
Bi|o|ge|nie (die, -, nur Ez.) Entwicklungsgeschichte der Lebewesen [gr.-lat.]
Bi|o|gramm (das, -s, -e) Aufzeichnung der Lebensvorgänge (als Methode der Verhaltensforschung) [gr.]
Bi|o|graf (auch: Bi|o|graph) (der, -en, -en) jmd., der eine Biografie erstellt [gr.]
Bi|o|gra|fie (auch: Bi|o|gra|phie) (die, -, -n) Lebensbeschreibung
Bi|o|graph (der, -en, -en) = Biograf
Bi|o|gra|phie (die, -, -n) = Biografie
Bi|o|in|di|ka|tor (der, -s, -en) Lebewesen, das den Zustand eines Ökosystems anzeigt; z.B. sind Algen im Hochmoor ein Bioindikator für dessen Überdüngung [gr.]
Bi|o|lith (der, -s oder -en, -e oder -en) Sedimentgestein, das aus Lebewesen entstanden ist; z.B. Muschelkalk [gr.]
Bi|o|lo|ge (der, -n, -n) jmd., der sich mit Biologie beschäftigt
Bi|o|lo|gie (die, -, nur Ez.) Wissenschaft von den Lebewesen [gr.]
bi|o|lo|gisch (Adj.) **1** zur Biologie gehörig **2** naturgemäß; ohne künstliche Stoffe
bi|o|lo|gisch-dy|na|misch (Adj.) ohne künstliche Düngung und Biozide [gr.]
Bi|o|lo|gis|mus (der, -, nur Ez.) pauschales Übertragen von aus der Biologie gewonnenem Gedankengut auf den Menschen, die Gesellschaft [gr.-lat.]
Bi|om (das, -s, -e) größer Lebensraum, seine Tiere u. Pflanzen; z.B. die Tundra [gr.]
Bi|o|mas|se (die, -, -n) Gesamtgewicht von Lebewesen eines Lebensraums; z.B. die Biomasse in der Nadelstreu eines Fichtenwalds [gr.-lat.]
Bi|o|met|rie auch: Bi|o|me|trie (die, -, nur Ez.) Messung an Lebewesen [gr.]
bi|o|morph (Adj.) von den Lebenskräften geprägt [gr.-lat.]
Bi|o|mor|pho|se (die, -, nur Ez.) Veränderung eines Lebewesens, die durch die Kräfte des Lebens bedingt ist [gr.-lat.]
bi|o|ne|ga|tiv (Adj.) lebensfeindlich, lebensschädlich [gr.-lat.]
Bi|o|nik (die, -, nur Ez.) Lösung technischer Probleme nach biolog. Vorbildern [Kurzwort]
Bi|on|to|lo|gie (die, -, nur Ez.) Wissenschaft von den Lebewesen [gr.]
Bi|o|phy|sik (die, -, nur Ez.) Physik der biologischen Vorgänge
Bi|o|plas|tik (das, -s, nur Ez.) biologisch abbaubarer Kunststoff

Bi|op|sie (die, -, -n) Gewebeentnahme aus dem lebenden Organismus [gr.]
Bi|o|rheu|se (die, -, nur Ez.) Begriff für den natürlichen Alterungsprozess [gr.-lat.]
Bi|o|rhyth|mus (der, -, -men) rhythmischer Ablauf von Lebensvorgängen; z.B. die seelische Beeinflussbarkeit in wechselnden, kurzen Zeitabständen [gr.]
Bi|o|ri|sa|tor (der, -s, -to|ren) Gerät zur Herstellung keimfreier Milch [gr.-lat.]
bi|o|ri|sie|ren (V.) keimfreie Milch herstellen [gr.-lat.]
Bi|os (der, -, nur Ez.) **1** das Leben, die belebte Welt **2** lebensnotwendiger pflanzlicher Wirkstoff [gr.]
Bi|o|sen|sor (der, -s, -en) Messfühler aus organischen Materialien zur Feststellung von chemischen u. biologischen Substanzen
Bi|os|kop auch: Bi|o|skop (das, -s, -e) kinematographische Apparatur von 1891 [gr.-lat.]
Bi|os|phä|re auch: Bi|o|sphä|re (die, -, nur Ez.) von Lebewesen bewohnter Teil der Erde [gr.]
Bi|os|stoff (der, -s, -e) lebensnotwendiger pflanzlicher Wirkstoff
Bi|o|sta|bi|li|sa|tor (der, -s, -to|ren) Stoff, der Weichmacher und Zusätze in Kunststoffen vor Bakterien schützt [gr.-lat.]
Bi|o|syn|the|se (die, -, -n) Aufbau eines Naturstoffes durch die lebende Zelle; z.B. die Biosynthese von Eiweißen [gr.]
Bi|o|tar (das, -s, -e) fotografisches Objektiv
Bi|o|tech|no|lo|gie (die, -, nur Ez.) technologische Anwendung biologischer Vorgänge; z.B. von künstlichem Algenwachstum zur Eiweißproduktion [gr.]
Bi|o|tin (das, -s, nur Ez.) Vitamin H [lat.]
bi|o|tisch (Adj.) auf Leben oder Lebewesen bezogen [gr.]
Bi|o|tit (das, -s, -e) dunkler Glimmer [lat.]
Bi|o|top (der oder das, -s, -e) Lebensraum (bestimmter Tier- und Pflanzenarten) [gr.]
Bi|o|treib|stoff (der, -s, -e) Kraftstoff, der ganz oder teilweise aus Pflanzen gewonnen wird (Raps, Nüsse)
Bi|o|zid (das, -s, -e) Tier- und Pflanzen tötender Giftstoff (besonders Pestizid) [gr.-lat.]
Bi|o|zö|no|se (die, -, -n) Lebensgemeinschaft eines Biotops [gr.]
bi|ped (Adj.) zweifüßig [lat.]
Bi|pe|de (der, -n, -n) Zweifüßer [lat.]
Bi|pe|die (die, -, nur Ez.) Zweifüßigkeit, das menschliche Laufen [lat.]
bi|pe|disch (Adj.) = biped [lat.]
bi|po|lar (Adj.) zweipolig [gr.-lat.]
Bi|po|la|ri|tät (die, -, -en) Zweipoligkeit [gr.-lat.]

Bir|die (bɜːdɪ) (der, -(s), -s) Spielen eines Loches mit einem Schlag weniger als festgelegt (beim Golf) [engl.]
Bir|ma|ne (der, -n, -n) Ew. von Birma
bir|ma|nisch (Adj.) zu Birma gehörig
Birr (der, -, -) äthiopische Währungseinheit, 100 Cents
Bi|sam (der, -s, -e) **1** Fell der Bisamratte **2** (nur Ez.) = Moschus (veraltet) [hebr.]
bi|se|ri|al (Adj.) zweireihig, zweizeilig [lat.]
Bi|se|xu|a|li|tät (die, -, nur Ez.) Doppelgeschlechtlichkeit [lat.]
bi|se|xu|ell (Adj.) doppelgeschlechtlich [lat.]
Bis|kot|te (die, -, -n) Löffelbiskuit (österr.)
Bis|mu|tum (das, -s, nur Ez.) Wismut [nlat.]
Bi|son (der, -s, -s) nordamerikanischer Büffel [dt.-lat.]
bi|sta|bil (Adj.) zwei stabile Zustände habend
Bis|tro auch: Bist|ro/Bi|stro (das, -s, -s) kleine Gaststätte mit einer Weinbar [frz.]
bi|syl|la|bisch (Adj.) zweisilbig
Bit (das, -s, -s) **1** Ziffer im binären Zahlensystem, 0 oder 1 **2** kleinste Maßeinheit für die Information, Ja oder Nein (EDV) [engl. Kurzwort]
Bi|tok (der, -s, -s) gebratener Fleischkloß [russ.]
bi|to|nal (Adj.) zugleich auf zwei verschiedene Tonarten bezogen
Bi|tu|men (das, -s, -) klebrig zäher Erdölbestandteil [lat.]
bi|tu|mi|nie|ren (V.) mit Bitumen versetzen
bi|tu|mi|nös (Adj.) bitumenhaltig
bi|va|lent (Adj.) zweiwertig [lat.]
Bi|va|lenz (die, -, en) Zweiwertigkeit [lat.]
Bi|wa (die, -, -s) japanische Laute
Bi|wak (das, -s, -s oder -e) Nachtlager im Freien [dt.-frz.]
bi|wa|kie|ren (V.) im Freien übernachten
bi|zarr (Adj.) sonderbar, wunderlich [it.-frz.]
Bi|zar|re|rie (die, -, -n) das Bizarrsein
Bi|zeps (der, -es, -e) größter Oberarmmuskel (Beugemuskel)
Black|bot|tom (auch: Black Bot|tom) [blækbɒtəm] (der, -s, -s) nordamerikanischer Gesellschaftstanz [engl.-amerik.]
Black|box (auch: Black Box) (die, -, -es) Teil eines kybernetischen Systems [engl.]
Black|jack (auch: Black Jack) (das, -, -) amerikanisches Kartenglücksspiel [amerik.]
Black|mail (das, -s, nur Ez.) Erpressung [engl.]
Black-out (auch: Bl**a**ckout) [blækaʊt] (der, -s, -s) **1** Wahrnehmungs-, Bewusstseinstrübung **2** Theaterpointe, die durch plötzliches Lichtlöschen verstärkt wird **3** Ausfall (des Stroms, des Funkkontakts) [engl.]

Black Pan|ther (der, - -s, - -) Mitglied einer Bewegung gegen die Benachteiligung Schwarzer [engl.]
Black|po|wer (auch: Black Po|wer) (die, -, -) Bewegung schwarzer Amerikaner gegen Rassendiskriminierung [engl.]
bla|ma|bel (Adj.) beschämend [frz.]
Bla|ma|ge [-ʒə] (die, -, -n) Beschämung, Bloßstellung [frz.]
bla|mie|ren (V.) bloßstellen [frz.]
blan|chie|ren [-ʃiː-] (V.) kurz überbrühen; z.B. Wirsing blanchieren [frz.]
bland (Adj.) **1** reizlos (Diät) **2** harmlos verlaufend (Krankheit) [lat.]
Blan|kett (das, -s, -e) unausgefüllter Vordruck (mit Unterschrift)
blan|ko (Adv.) leer, unausgefüllt (mit Unterschrift) [german.-it.]
Blan|ko|scheck (der, -s, -s) unausgefüllter, aber unterschriebener Scheck
Blank|vers (der, -es, -e) reimloser fünffüßiger Jambus
bla|siert (Adj.) eingebildet (und voller Überdruss) [frz.]
Bla|son [-zɔ̃] (der, -s, -s) Wappenschild [frz.]
bla|so|nie|ren (V.) **1** ein Wappen malen **2** ein Wappen deuten, erklären
Blas|phe|mie (die, -, -n) Gotteslästerung [gr.]
blas|phe|mie|ren (V.) lästern, beschimpfen (Gott) [gr.-lat.]
blas|phe|misch (Adj.) gotteslästerlich [gr.]
blas|phe|mis|tisch (Adj.) = blasphemisch
Blas|tom (das, -s, -e) plötzliche, krankhafte Gewebeneubildung
Blas|to|me|re (die, -, -n) Furchungszelle [gr.]
Blas|tu|la (die, -, -lae [lɛː]) embryonales Frühstadium (bei Tieren), Blasenkeim [gr.-lat.]
Bla|zer [blɛɪzə] (der, -s, -) Jackett [engl.]
Blen|no|rrhö (die, -, -en) eitrige Bindehautentzündung [gr.]
bles|sie|ren (V.) verwunden, verletzen [dt.-frz.]
Bles|sur (die, -, -en) Verletzung [frz.]
bleu [blø:] (Adj.) mattblau [frz.]
Bli|ni (das, -s, -s) kleiner Buchweizenpfannkuchen [russ.]
Blitz|krieg (der, -s, -e) Taktik des schnellen Durchbrechens der feindlichen Linien und der Besetzung strategisch wichtiger Ziele im Hinterland des Gegners [dt.-amerik.]
Bliz|zard [blɪzəd] (der, -s, -s) Schneesturm (in Nordamerika) [engl.]
Blo|cka|de (die, -, -n) Sperrung [frz.]
blo|ckie|ren (V.) sperren [frz.]
Blon|de [blɔ̃ːd] (die, -, -n) gemusterte Seidenspitze [frz.]
blon|die|ren (V.) blond färben [frz.]

Blon'di'ne (die, -, -n) blonde Frau [frz.]
Blood'hound [blʌdhaʊnd] (der, -s, -s) englischer Spurensuchhund, Bluthund
Blou'son [bluzõ] (das oder der, (-s), -s) Jackenbluse [frz.]
Blow-out (der, -s, -s) unkontrollierter Ausbruch von Erdöl oder Erdgas [engl.]
Blow-up (das, -s, -s) Vergrößerung eines Fotos oder Fernsehbildes [engl.]
Blue Ba'by [blu: beɪbɪ] (das, - -s, - -s) »blaues Baby«, Neugeborenes mit Herzfehler [engl.]
Blue'back (*auch:* Blue Back) [blu:bæk] (der, -s, -s) Pelz der Klappmütze (Robbenart) [engl.]
Blue'jeans (*auch:* Blue Jeans) [blu:dʒi:nz] (die, -, -) blaue Baumwollhose [engl.]
Blue Mo'vie (der oder das, - -s, - -s) erotischer bis pornografischer Film [engl.]
Blues [blu:z] (der, -, -) dreiteilige Liedform (der Rockmusik der schwarzen Amerikaner) mit typischen schwermütigen Klängen und Akkorden [engl.]
Bluff [blœf] oder [blʌf] (der, -s, -s) verblüffende Irreführung [engl.]
bluf'fen [blɛfn] (V.) durch Bluff täuschen
blü'me'rant (Adj.) flau, schwindlig [frz.]
Boa (die, -, -s) **1** eine Riesenschlange **2** sehr langer Schal (aus Federn, Pelz) [lat.]
Boar'ding'house (das, -, -s) Pension [engl.]
Bob (der, -s, -s) lenkbarer Rennschlitten mit Metallarmierung [engl.]
bob'ben (V.) ruckweise Oberkörperbewegung (beim Bobfahren)
Bob'by (der, -s, -s) englischer Polizist (ugs.)
Bo'bi'ne (die, -, -n) **1** Spule (für Garn) **2** Fördermaschine [frz.]
Bo'bi'net (der, -s, -s) Gardinentüll [engl.]
Bo'bo (der, -s, -s) Narr im spanischen Theater [span.]
Bob'tail [-teɪl] (der, -s, -s) zottiger, grauweißer englischer Schäferhund
Boc'cia [bɔtʃa] (das, -(s), nur Ez.) ein italienisches Kugelwurfspiel
Bo'de'ga (die, -, -s) spanische Weinstube
Bod'hi'satt'wa *auch:* Bo'dhi'satt'wa (der, -s, -s) künftiger Buddha [sanskr.]
Bo'do'ni (die, -, nur Ez.) eine Antiqua-Druckschrift [it.]
Bo'dy'buil'ding [-bɪl-] (das, -s, nur Ez.) intensives Muskeltraining [engl.]
Bo'dy'check [-tʃɛk] (der, -s, -s) erlaubtes Rempeln des Angreifers in der Verteidigerzone (im Eishockey) [engl.]
Bo'dy'guard (der, -s, -s) Leibwächter [engl.]
Bo'dy'sto'cking (der, -s, -s) einteilige anliegende Unterkleidung [engl.]
Bo'dy'suit (der, -s, -s) = Bodystocking [engl.]

Bo'gey [bɔʊgɪ] (der, -(s), -s) Spielen eines Loches mit einem Schlag mehr als festgelegt (beim Golfspiel) [engl.]
Bo'heme [bɔɛm] oder [bohɛm] (die, -, nur Ez.) leichtlebiges Künstlertum [frz.]
Bo'he'mi'en [bɔemjɛ̃] oder [bohemjɛ̃] (der, -s, -s) jmd., der zur Boheme gehört
Boi'ler (der, -s, -s) elektrisches Heißwassergerät und -speicher [engl.]
Bo'jar (der, -en, -en) **1** altruss. Adliger **2** altrumänischer adliger Großgrundbesitzer [russ.]
Bo'je (die, -, -n) verankertes Seezeichen [dt.-frz.-niederl.]
Bok'mål [bukmɔːl] (das, -s, nur Ez.) vom Dänischen beeinflusste Variante der beiden Schriftsprachen Norwegens
Bo'la (die, -, -s) Schleuderkugelwaffe (der Pampasindianer und Gauchos) [span.]
Bo'le'ro (der, -s, -s) **1** sehr kurzes offenes Jäckchen (ähnlich den Torerojacken) **2** ein spanischer Volkstanz [span.]
Bo'lid (der, -s oder -en, -e oder -en) **1** großer Meteor **2** Formel-I-Rennwagen [gr.]
Bo'li'var (der, -, -) venezolanische Währungseinheit [span.]
Bo'li'vi'a'no (der, -s, -s) bolivianische Währungseinheit [span.]
Bo'log'ne'se *auch:* Bo'lo'gne'se [-njɛ:-] (Adj.) nach Art der Küche Bolognas (mit Hackfleisch); Spaghetti Bolognese
Bo'log'ne'ser *auch:* Bo'lo'gne'ser [-njɛ:-] (der, -s, -) **1** Ew. Bolognas **2** eine Zwerghunderasse mit langen weißen Haaren [it.]
Bo'lo'me'ter (das, -s, -) Gerät zum Messen geringer Wärmestrahlung [gr.]
Bol'sche'wik (der, -en, -en oder -i) Mitglied der Kommunistischen Partei der ehem. Sowjetunion (bis 1952) [russ.]
bol'sche'wi'sie'ren (V.) bolschewistisch machen
Bol'sche'wis'mus (der, -, nur Ez.) Herrschaft der Bolschewiken [russ.-nlat.]
Bol'sche'wist (-s'ten, -wis'ten) Anhänger des Bolschewismus
bol'sche'wis'tisch (Adj.) zum Bolschewismus gehörig
Bom'ba'ge [-ʒǝ] (die, -, -n) Aufwölbung (einer Konserve mit verdorbenem Inhalt)
Bom'bar'de (die, -, -n) altes Belagerungsgeschütz für Steinkugeln [frz.]
Bom'bar'de'ment [-mã] (das, -s, -s) das Bombardieren
bom'bar'die'ren (V.) Bomben abwerfen
Bom'bar'don [-dõ] (das, -s, -s) eine frühe Form der Basstuba [frz.]
Bom'bast (der, -(e)s, nur Ez.) Schwulst, hochtrabendes Gerede [pers.-engl.]

bom|bas|tisch (Adj.) sehr viel Aufwand treibend schwülstig [pers.-engl.]
Bom|be (die, -, -n) mit Explosivstoff gefüllter, großer Hohlkörper [frz.]
bom|bie|ren (V.) aufbiegen, wölben (Blech, Glas) [frz.]
Bom|hard (der, -s, -s) **1** Holzblasinstrument **2** Zungenstimme bei der Orgel [gr.-lat.-frz.]
Bom|hart (der, -s, -s) = Bomhard
Bon [bõ] (der, -s, -s) **1** Gutschein **2** Kassenzettel [frz.]
bo|na fi|de im guten Glauben [lat.]
Bon|bon [bɔŋbɔŋ] auch [bõbõ] (das, -s, -s) kleine Süßigkeit (zum Lutschen) [frz.]
Bon|bon|nie|re (auch: Bon|bo|nie|re) [bɔŋbɔnjeːrə] (die, -, -n) Schmuckdose für Bonbons; große Pralinenschachtel [frz.]
Bond (der, -s, -s) festverzinsliches Wertpapier (in Großbritannien und den USA) [engl.]
Bon|dage [bɔndɪdʒ] (das, -, nur Ez.) die sexuelle Begierde stimulierende Fesselung [engl.]
Bon|dur (das, -s, nur Ez.) Legierung aus Aluminium, Kupfer und Magnesium
Bon|fest (das, -es, -e) japanisches Allerseelenfest [jap.-dt.]
bon|gen (V.) bonieren, einen Bon tippen [lat.-frz.]
Bon|go (das, -s, -s) Doppeltrommel aus zwei unterschiedlich gestimmten Einzeltrommeln [Span.]
Bon|go|si (das, -, nur Ez.) sehr hartes westafrikanisches Nutzholz
Bon|ho|mie [bɔnɔmiː] (die, -, nur Ez.) arglose Gutmütigkeit [frz.]
Bon|homme [bɔnɔm] (der, -s, -s) argloser, gutmütiger Mensch [frz.]
bo|nie|ren (V.) = bongen
Bo|ni|fi|ka|ti|on (die, -, -ti|o|nen) Vergütung [frz.]
bo|ni|fi|zie|ren (V.) vergüten [frz.]
Bo|ni|tät (die, -, -en) **1** Zahlungsfähigkeit; Kreditwürdigkeit **2** Güte (des Bodens, einer Ware) [lat.]
bo|ni|tie|ren (V.) abschätzen, einstufen [lat.]
Bo|ni|to (der, -s, -s) ein Thunfisch [span.]
Bon|mot [bõmoː] (das, -s, -s) witzig treffender Ausspruch [frz.]
Bon|ne (die, -, -n) Kindermädchen (veraltet) [frz.]
Bon|sai (der, -s, -s) Baum, der nach einer japanischen Methode zwerghaft klein gezüchtet wird
Bo|nus (der, -, -i oder -nus|se) **1** Gutschrift **2** verbessernder Zuschlag
Bon|vi|vant [bõvivã] (der, -s, -s) Lebemann, »Salontiger« [frz.]

Bon|ze (der, -n, -n) **1** buddhistischer Mönch, Priester (besonders in Tibet) **2** Geldaristokrat; Parteifunktionär (ugs.) [japan.]
Boo|gie-Woo|gie [buːgɪwuːgɪ] (der, -(s), -s) Blues in schnellem Tempo und charakteristischer Klavierbegleitung [engl.]
Book|let (das, -s, -s) Broschüre [engl.]
Boom [buːm] (der, -s, -s) plötzlicher, kurzfristiger Wirtschaftsaufschwung [engl.]
boo|men (V.) konjunkturell aufwärts gehen, einen wirtschaftlichen Aufschwung erleben [engl.]
Boot (der, -s, -s) hoher Lederschuh [engl.]
Boot|leg|ger [buːt-] (der, -s, -) **1** Alkoholschmuggler (in den USA während der Prohibition) **2** Raubpressung (Schallplatte) [engl.]
Boot|leg|ging [buːt-] (das, -s, nur Ez.) einen Bootlegger (**2**) herstellen, Musikdiebstahl
Bop (der, -(s), -s) = Bebop [Kurzwort]
Bor (das, -, nur Ez.) ein Element [pers.-nlat.]
Bo|ra (die, -, -s) kalter Fallwind (an der dalmatinischen Adriaküste) [gr.-it.]
Bo|rax (das, -(es), nur Ez.) ein farbloses Pulver, Natriumtetraborat [pers.-lat.]
Bord|case [bɔːdkeɪs] (der oder das, -, -) kofferähnliches Gepäckstück (bei Passagierflugreisen) [engl.]
bor|deaux [bɔrdoː] (Adj.) weinrot [frz.]
Bor|deaux [-doː] (der, -, - [doːs]) Wein aus dem Bordelais in Südwestfrankreich
Bor|de|lai|se (die, -n, -n) Ew. von Bordeaux
Bor|de|le|ser (der, -s, -) = Bordelese
Bor|dell (das, -s, -e oder -s) Freudenhaus [frz.]
Bor|de|reau [-roː] (der oder das, -s, -s) Wertpapier-, Wechselverzeichnis [frz.]
bor|die|ren (V.) mit einer Borte, Bordüre einfassen [dt.-frz.]
Bor|dun (der, -s, -e) **1** mitklingender Bastton **2** tiefes Orgelregister [frz.]
Bor|dü|re (die, -, -n) farbige Randeinfassung (eines Kleids) [frz.]
bo|re|al (Adj.) zum nördlichen Nadelwaldgürtel gehörig [gr.-nlat.]
Bo|re|al (das, -s, nur Ez.) Wärmeperiode der Nacheiszeit
Bo|re|as (der, -, nur Ez.) kalter Nordwind (in der Ägäis) [gr.]
bor|niert (Adj.) engstirnig [frz.]
Bor|retsch (der, -, nur Ez.) Gurkenkraut (Gewürzpflanze) [arab.-frz.]
Bor|sa|li|no (der, -s, -s) Herrenhut [it.]
Borschtsch (der, -s, nur Ez.) Eintopf aus Roten Rüben, Weißkraut, saurer Sahne u.a. (als polnische oder russische Spezialität) [russ.]
Bör|si|a|ner (der, -s, -) Börsenspekulant, Börsenmakler [gr.-lat.]
Bo|rus|se (der, -n, -n) Preuße [lat.]

Bo'rus'sia (die, -, nur Ez.) Frauengestalt als Sinnbild Preußens
Bo'sat'su (der, -, nur Ez.) buddhistischer Heiligentitel [sanskr.-jap.]
Bos'kett (das, -s, -e) Buschgruppe (in barocken Parks) [it.-frz.]
Bos'kop (der, -s, -e) eine Apfelsorte [ndrl.]
Bos'ni'a'ke (der, -n, -n) moslem. Ew. Bosniens
Bos'ni'er (der, -s, -) Ew. Bosniens
Boss (der, -es, Bos'se) Unternehmensunternehmer [niederl.-engl.]
Bos'sa No'va (der, - -, - -s) ein südamerikanischer Modetanz (um 1960) [portugies.]
bos'sie'ren (V.) roh bearbeiten, ausmeißeln; modellieren [frz.]
Bos'ton [bɒstən] (der, -s, -s) **1** langsamer amerikanischer Walzer (um 1920) **2** Hauptstadt des Staates Massachusetts [engl.]
Bo'ta'nik (die, -, nur Ez.) Pflanzenkunde [gr.]
Bo'ta'ni'ker (der, -s, -) jmd., der sich mit Botanik befasst
bo'ta'nisch (Adj.) zur Botanik gehörig
Bo'to'ku'de (der, -n, -n) **1** ostbrasilianischer Küstenindianer **2** Flegel
Bots'wa'ner *auch:* Bo'tswa'ner (der, -s, -) Einwohner von Botswana in Südafrika, dem früheren Betschuanaland [Bantu]
Bot'tel'ga (die, -, -s) italienische Weinstube
Bot'tle'neck [bɒtl-] (das, -(s), -s) **1** Gitarrenspielweise mit über einen Finger gestülptem Flaschenhals **2** Engpass [engl.]
Bot'tle'par'ty [bɒtl-] (die, -, -s) Party, bei der jeder Gast eine Flasche (gefüllt) mitbringt [engl.]
Bo'tu'lis'mus (der, -, nur Ez.) Vergiftung durch verdorbenes Fleisch; Vogelsterben, durch dasselbe Bakteriengift verursacht [lat.]
Bou'chée [buʃe:] (die, -, -s) Appetithappen [frz.]
Bouc'lé *auch:* Bou'clé (*auch:* Buk'lee/Buklee) [bukle:] (das, -s, -s) Stoff mit genoppter Oberfläche (für Kleider und Mäntel) [frz.]
Bou'doir [budwa:] (das, -s, -s) elegantes Damenzimmer [frz.]
Bou'gain'vil'lea (bugē-] (die, -, -s) tropischer Kletterstrauch, Zierpflanze [frz.-nlat.]
Bou'gie [buʒi:] (die, -, -s) Stabsonde zum Dehnen verengter Körpergänge (besonders der Harnröhre) [frz.]
bou'gie'ren [-ʒi:-] (V.) mit der Bougie behandeln
Bouil'la'baisse [bujabɛs] (die, -, -s) südfranzösischer Fischeintopf
Bouil'lon [buljõ] (die, -, -s) klare Fleischbrühe [frz.]
Boule [bu:l] (das, -, nur Ez.) französisches Kugelwurfspiel

Boul'let'te [bu-] (die, -, -n) = Bulette
Bou'le'vard [bulava:r] (der, -s, -s) breite Prachtstraße [dt.-frz.]
Bou'le'vard'pres'se [bulava:r-] (die, -, nur Ez.) alle Sensationszeitungen [dt.-frz.]
Bou'le'vard'the'a'ter [bulava:r-] (das, -s, -) Unterhaltungstheater [dt.-frz.-gr.]
Bounce [baʊns] (der oder die, -, nur Ez.) rhythmische Spielweise im Jazz [engl.]
Bou'quet [buke:] (das, -s, -s) = Bukett
Bou'qui'nist [buki-] (der, -nists'ten, -nists'ten) Büchertrödler (am Pariser Seineufer) [frz.]
Bour'bon [bɜ:bən] (der, -s, -) ein amerikanischer Whisky [engl.]
Bour'bo'ne (der, -n, -n) Angehöriger einer französischen Dynastie
bour'geois [burʒwa] (Adj.) zur Bourgeoisie gehörig
Bour'geoi'sie [burʒwazi:] (die, -, -n) sattes Bürgertum [frz.]
Bour'rée [bure:] (die, -, -s) **1** altfranzösischer Volkstanz **2** Suitensatz
Bour'ret'te [burɛt] (die, -, -n) Abfallseide, die zu etwas rauen Garnen versponnen wird [frz.]
Bou'teil'le [butɛj] (die, -, -n) Flasche [frz.]
Bou'tique [buti:k] (die, -, -n) kleiner Modeladen [gr.-frz.]
Bou'ton [butõ] (der, -s,-s) knopfähnlicher Ohrschmuck [frz.]
Bou'zou'ki [buzu:-] (der, -, -s) = Busuki
Bow'le [bo:lə] (die, -, -n) kaltes alkoholisches Mischgetränk (das in einem großen, bauchigen Glasgefäß zubereitet wird) [engl.]
Bow'ler [bəʊ-] (der, -s, -) **1** ein Herrenhut, »Melone« **2** Cricketspieler [engl.]
Bow'ling [bəʊ-] (das, -s, nur Ez.) amerikanisches Kegeln [engl.]
Box (die, -, -en) **1** Einstellraum; z.B. eine Box für Pferde **2** Kasten, Schachtel; z.B. eine Lautsprecherbox [engl.]
Box'calf (das, -s, -s) = Boxkalf
bo'xen (V.) mit den Fäusten kämpfen
Bo'xer (der, -s, -) **1** jmd., der boxt, Faustkämpfer **2** kurzschnauzige Hunderasse [engl.]
Box'kalf (das, -s, -s) chromgegerbtes Kalbsleder [engl.]
Boy (der, -s, -s) **1** Hotelbursche **2** Junge (ugs.) [engl.]
Boy'kott (der, -s, -s) Nichtbeachtung, Liefersperre, Ächtung (als politische Zwangsmaßnahme) [engl.]
boy'kot'tie'ren (V.) durch Boykott zu etwas zwingen (wollen)
Boy'scout (*auch:* Boy-Scout) [-skaʊt] (der, -s, -s) englischer Pfadfinder
bra'chi'al (Adj.) handgreiflich; mit brachialer Gewalt [lat.]

bra'chy'ke'phal (Adj.) rundköpfig [gr.]
bra'chy'ze'phal (Adj.) = brachykephal
Bra'dy'kar'die (die, -, -n) zu langsamer Herzschlag [gr.]
Brah'ma (das, -s, -s) eine großwüchsige Hühnerrasse [ind.-engl.]
Brah'man [braxmaːn] (das, -s, nur Ez.) Weltseele [sanskr.]
Brah'ma'ne [brax-] (der, -n, -n) jmd., der zur höchsten Hindukaste gehört [sanskr.]
Brah'ma'nis'mus [brax-] (der, -, nur Ez.) ältere Form des Hinduismus [sanskr.-nlat.]
Brain'stor'ming [breɪnstɔː-] (das, -s, nur Ez.) Stoffsammlung aus Spontaneinfällen (vor der Lösung eines Problems) [engl.]
Brain'trust [breɪntrʌst] (der, -s, -s) hochqualifizierter Beraterausschuss [engl.]
brai'sie'ren [bre-] (V.) in einer gut schließenden Stielkasserolle schmoren, dünsten [frz.]
Brak'te'at (der, -en, -en) Scheibenanhänger, goldener Schmuckstein des 5./6. Jahrhunderts [lat.]
Bra'mar'bas (der, -, -bas'se) Prahler [span.]
bra'mar'ba'sie'ren (V.) prahlen, aufschneiden (wie ein Bramarbas)
Bran'che [brɑ̃ʃə] (die, -, -n) Geschäfts-, Wirtschaftszweig [frz.]
Bran'chie [-çiə] (die, -, -n) Kieme [gr.]
Bran'dy [bræn-] (der, -s, -s) englischer Weinbrand
Bra'sil (die, -, -) Zigarre aus brasilianischem Tabak [portugies.]
Bra'si'li'a'ner (der, -s, -) Ew. Brasiliens
bra'si'li'a'nisch (Adj.) zu Brasilien gehörig
Brass'band (*auch:* Brass-Band) [-bænd] (die, -, -s) Marschkapelle aus Blechblasinstrumenten [engl.]
Bras'se (die, -, -n) schweres Tau (zum Festhalten der Segel) [frz.]
Bras'se'lett (das, -s, -s) Armband [frz.]
Bras'se'rie (die, -, -n) Bierlokal [frz.]
Brat'sche (die, -, -n) große Violine, Altgeige [it.]
Brat'schist (der, -schis'ten, -schis'ten) Bratschenspieler
bra'vis'si'mo! ausgezeichnet! [it.]
bra'vo! sehr gut! [it.]
Bra'vo! (das, -s, -s) Beifallsruf [it.]
Bra'vour (*auch:* Bra'vur) [-vuːr] (die, -, nur Ez.) meisterhaftes Können [it.-frz.]
bra'vou'rös [-vu-] (Adj.) mit Bravour
break! [breɪk] auseinander! (als Kommando des Box-Ringrichters an klammernde Gegner) [engl.]
Break [breɪk] (der, -s, -s) 1 das Durchbrechen des gegnerischen Aufschlags (Tennis) 2 Durchbruch eines Spielers durch die gegnerische Verteidigungslinie 3 Zwischensolo (im Jazz) 4 (kurze) Pause [engl.]
Bre'douil'le [bredulʤə] (die, -, nur Ez.) Patsche, Verlegenheit; in der Bredouille stecken [frz.]
Bree'ches [brɪtʃɪz] (nur Mz.) oben weite, kniewärts eng geschnittene Reithose [engl.]
Brek'zie [-tsiə] (die, -, -n) Sedimentgestein aus kantigen, verkitteten Trümmern [it.]
Bre'to'ne (der, -n, -n) Ew. der Bretagne
bre'to'nisch (Adj.) zur Bretagne gehörig
Bre've (das, -s, -n oder -s) kurzer, unfeierlicher, päpstl. Erlass, Apostolischer Brief [lat.]
Bre'vet [-eː] (das, -s, -s) Abschlusszeugnis, Schutz-, Ernennungsurkunde [frz.]
Bre'vier (das, -s, -e) 1 katholisches Stundengebetbuch 2 kurze Gedichtsammlung (wichtiger Werke eines Meisters) 3 Leitfaden [lat.]
bre'vi ma'nu kurzerhand [lat.]
Bridge [brɪdʒ] (das, -s, nur Ez.) ein englisches Kartenspiel
Brie (der, -(s), nur Ez.) ein französischer Weichkäse
Brie'fing (das, -s, -s) kurzes Informationsgespräch [engl.]
Bri'ga'de (die, -, -n) 1 kleiner Kampfverband 2 Leistungsgruppe (ehem. DDR); z.B. Arbeiterbrigade
Bri'ga'dier [-djeː] (der, -s, -s) Anführer einer Brigade
Bri'gant (der, -en, -en) Straßenräuber [it.]
Bri'gan'ti'ne (die, -, -n) 1 leichtes zweimastiges Segelschiff 2 Schuppenpanzerhemd [it.]
Brigg (die, -, -s) größere Brigantine [it.-engl.]
Bri'kett (das, -s, -s) rechteckiges Presskohlestück [frz.]
bri'ket'tie'ren (V.) Briketts machen
Bri'kol'le (die, -, -n) Rückprall der Billardkugel von der Bande [frz.]
bri'ko'lie'ren (V.) durch Brikole treffen
bril'lant [-ljant] (Adj.) glänzend, hervorragend [frz.]
Bril'lant [-ljant] (der, -en, -en) geschliffener Diamant [frz.]
Bril'lan'ti'ne [-ljan-] (die, -, -n) öliges Haarpflegemittel, das Glanz und Festigkeit gibt [frz.]
Bril'lanz [-ljants] (die, -, nur Ez.) meisterhaftes Können; das Brillantsein, Glanz
bril'lie'ren (V.) Brillanz zeigen
Brim'bo'ri'um (das, -s, nur Ez.) unnützer, wichtigtuerischer Aufwand [frz.]
Brim'sen (der, -s, -) ein Schafkäse (österr.) [rumän.]
Brio (das, -s, nur Ez.) musikalisches Feuer [kelt.-it.]
Bri'oche [brijɔʃ] (die, -, -s) ein Butter-Hefe-Gebäck [frz.]

bri|sant (Adj.) **1** voller Sprengkraft; z.B. ein brisanter chemischer Stoff **2** spannungsgeladen; z.B. eine brisante politische Lage [frz.]
Bri|sanz (die, -, nur Ez.) das Brisantsein
Bri|se (die, -, -n) leichter Wind [frz.]
Bri|so|lett (das, -s, -e) = Brisolette
Bri|so|let|te (die, -, -n) gebratenes Kalbfleischklößchen [frz.]
bri|tisch (Adj.) zu Großbritannien gehörig
Broad|cas|ting Rundfunk in England und Amerika [engl.]
Broad|way... [brɔːdweɪ] (in Zusammensetzungen) in der Art der Vergnügungstheater am Broadway in New York; z.B. ein Schaustück in Broadwaymanier [engl.]
Broc|coli (der, -s, nur Ez.) = Brokkoli
Bro|ché [-ʃeː] (das, -s, -s) Gewebe mit stickereiartigen Mustern [frz.]
Bro|de|rie (die, -, -n) Stickerei [frz.]
Broi|ler (der, -s, -) Brathähnchen [engl.]
Bro|kat (der, -s, -e) schweres Seidengewebe mit Gold- oder Silberfäden darin [it.]
Bro|ka|tell (der, -s, -e) = Brokatelle
Bro|ka|tel|le (die, -, -n) schwerer Halbseidenstoff mit erhöhtem Muster [it.-frz.]
Bro|ker (der, -s, -) Makler (an engl., amerikan. und japan. Börsen) [engl.]
Brok|ko|li (der, -s, -) italienischer Blumenkohl mit gelbgrünen Blütenständen
Brom (das, -s, nur Ez.) ein Element, dunkelbraune Flüssigkeit [gr.]
bron|chi|al (Adj.) zu den Bronchien gehörig
Bron|chie [-çiə] (die, -, -n) Luftröhrenästchen [gr.]
Bron|chi|o|le (die, -, -n) feine Bronchienverzweigung [gr.-nlat.]
Bron|chi|tis (die, -, -ti|den) Bronchienschleimhautentzündung [gr.]
Bron|chus (der, -, -chen) = Bronchie [gr.-lat.]
Bron|to|sau|rus (der, -, -ri|er) ein Dinosaurier der Kreidezeit [gr.]
Bron|ze [brɔ̃ːsə] (die, -, nur Ez.) Kupfer-Zinn-Legierung [frz.]
bron|zen [brɔ̃ːsən] (Adj.) aus Bronze
Bro|sche (die, -, -n) rundes oder ovales Schmuckstück mit Anstecknadel [frz.]
bro|schie|ren (V.) heften oder leimen (von Druckbögen) [frz.]
Bro|schur (die, -, -en) das Broschieren; broschierte Druckbögen
Bro|schü|re (die, -, -n) broschiertes Heft (mit Kartonumschlag)
Brow|ning [brau-] (die, -, -s) amerikanische Selbstladepistole [engl.]
Bru|cel|lo|se [-tsɛ-] (die, -, -n) für den Menschen ansteckende Haustier-Infektionskrankheit [engl.-nlat.]

Bru|maire [brymɛːr] (der, -(s), -s) zweiter Monat im französischen Revolutionskalender
Brunch [brʌntʃ] (der, -(e)s oder -, -(e)s oder -e) üppiges Spätfrühstück, Sonntagsfrühstück [engl.]
brü|nett (Adj.) braunhaarig [dt.-frz.]
brüsk (Adj.) unvermittelt schroff, abweisend [it.-frz.]
brüs|kie|ren (V.) brüsk behandeln
bru|tal (Adj.) rücksichtslos gewalttätig [lat.]
bru|ta|li|sie|ren (V.) **1** brutal machen **2** Gewalt antun
Bru|ta|li|tät (die, -, -en) das Brutalsein
brut|to (Adv.) **1** mit Verpackung **2** ohne späteren Abzug (vorläufig bezahlt) [it.]
Brut|to|re|gis|ter|ton|ne (die, -, -n) Eigengewicht und Zuladung eines Schiffes
Brut|to|so|zi|al|pro|dukt (das, -s, -e) Gesamtheit der von einer Volkswirtschaft in einem Jahr erzeugten Güter und Dienstleistungen [it.-frz.-lat.]
Bru|yère auch: **Bruy|ère** [bryjɛːr] (das, -s, nur Ez.) schön gemasertes, rotbraunes Holz der Baumheide (für Tabakpfeifen) [frz.]
Bry|o|lo|gie (die, -, nur Ez.) Moospflanzenkunde [gr.]
Bub|ble|gum (der oder das, -s, -s) Kaugummi [amerik.]
Bu|bo (der, -s, -bo|nen) entzündliche Leistendrüsenschwellung [gr.]
Bu|cha|ra (der, -s, -s) Teppich aus der usbekischen Oasenstadt Buchara
Buck|ram (der oder das, -s, -s) glattes Leinwandgewebe (für Bucheinbände) [engl.]
Buck|skin (der, -s, -s) ein Gewebe (für Herrenanzüge) [engl.]
Bud|dhis|mus (der, -, nur Ez.) eine Weltreligion, Lehre Buddhas [sanskr.-nlat.]
Bud|dhist (der, -dhis|ten, -dhis|ten) Anhänger des Buddhismus
Budd|leia (auch: Buddl|le|ja) (die, -, -s) Gartenstrauch mit stark duftenden violetten Blütenähren, der zahlreiche Schmetterlinge anlockt [engl.-nlat.]
Budd|le|ja (die, -, -s) = Buddleia
Bud|get [bydʒeː] (das, -s, -s) Staatshaushaltsplan; Voranschlag für (öffentliche) Geldsummen [engl.-frz.]
bud|ge|tär [bydʒe-] (Adj.) z. Budget gehörig
Bu|do (das, -, nur Ez.) die japanischen Kampfsportarten
Bu|do|gi (das, -s, nur Ez.) die beim Budo getragene vorschriftsmäßige Wettkampfkleidung
Bu|en Re|ti|ro (das, - -(s), - -s) Entspannungs-, Zufluchtsort [span.]
Bü|fett (das, -s, -s) **1** Anrichtetisch **2** Speisen zum Selbstbedienen **3** Schrank (im Esszimmer) **4** Tresen [frz.]

Büffel (der, -s, -) außereuropäisches Wildrind [gr.-frz.]
Buf'fet [byfe:] (das, -s, -s) = Büfett (schweiz.)
Büf'fet [byfe:] (das, -s, -s) = Büfett (österr.)
Buf'fo (der, -s, -s oder -fi) Sänger komischer Opernpartien [it.]
buf'fo'nesk (Adj.) wie ein Buffo
Bug'gy [bʌgɪ] (der, -s, -s) **1** leichter Einspänner (für Trabrennen) **2** offenes Freizeit-, Geländeauto **3** zusammenklappbarer Kinderwagen ohne Verdeck [engl.]
bug'sie'ren (V.) **1** ins Schlepptau nehmen **2** (etwas Sperriges) mühselig an eine bestimmte Stelle bringen [lat.-niederl.]
Bu'hurt (der, -s, -e) mittelalterliches Kampfspiel (zwischen zwei Ritterscharen)
Bu'ka'ni'er (der, -s, -) französischer Seeräuber (in der Karibik)
Bu'kett (das, -s, -s) **1** aufwendiger, hübscher Blumenstrauß **2** Aroma (des Weins) [frz.]
Buk'lee auch: Bu'klee (das, -s, -s) = Bouclé
Bu'ki'nist (der, -nis'ten, -nis'ten) = Bouquinist
Bu'ko'lik (die, -, nur Ez.) Hirtendichtung [gr.]
bu'ko'lisch (Adj.) zur Bukolik gehörig; idyllisch
bul'bös (Adj.) wie ein Bulbus
Bül'bül (der, -s, -s) drosselähnlicher Singvogel, »persische Nachtigall« [arab.]
Bul'bus (der, -, -bi) **1** Knolle, Zwiebel **2** rundliche Anschwellung [lat.]
Bu'let'te (die, -, -n) gebratenes Hackfleischklößchen [frz.]
Bul'gur (der, -(s), nur Ez.) Weizenzubereitung aus dem Nahen Osten, vorgekochte, getrocknete Bruchkörner
Bu'li'mie (die, -, nur Ez.) gestörtes Essverhalten, wobei Fressgier und Erbrechen abwechseln [gr.]
Bu'me'rang (der, -s, -s) zum Werfer zurückkehrendes Wurfholz [austral.-engl.]
Bun'ga'low [-lo:] (der, -s, -s) einstöckiges Einfamilienhaus (mit flachem Dach) [Hindiengl.]
Buph'thal'mie (die, -, -n) = Buphthalmus
Buph'thal'mus (der, -, nur Ez.) krankhafte Augapfelvergrößerung [gr.]
Bu're (der, -n, -n) Ew. Südafrikas von niederländischer Abstammung [niederl.]
Bu'reau [byro:] (das, -s, -s) = Büro [frz.]
Bü'ret'te (die, -, -n) Glaszylinder mit Messskala und Abflusshahn [frz.]
bu'risch (Adj.) zu den Buren gehörig
Bur'ki'ner (der, -s, -) Einwohner von Burkina Faso, dem ehemaligen Obervolta
Bur'lak (der, -en, -en) Wolgakahntreidler [russ.]
bur'lesk (Adj.) derb-komisch [it.]

Bur'les'ke (die, -, -n) burleskes Lustspiel
Bur'ma'ne (der, -n, -n) = Birmane
bur'ma'nisch (Adj.) = birmanisch
Bur'nus (der, -, -nus'se) arabischer Kapuzenmantel [lat.-arab.]
Bü'ro (das, -s, -s) **1** Schreibzimmer **2** Geschäftsräume [frz.]
Bü'ro'krat (der, -en, -en) Aktenmensch, unpersönlicher Sachverwalter [frz.-gr.]
Bü'ro'kra'tie (die, -, -n) Bürokratenherrschaft; Verwaltung durch Beamte
bü'ro'kra'tisch (Adj.) wie ein Bürokrat
bur'schi'kos (Adj.) jungenhaft, ungezwungen [lat.-griech.]
Bur'schi'ko'si'tät (die, -, -en) das Burschikossein
Bur'se (die, -, -n) Studentenwohnheim (früher) [lat.]
Bur'si'tis (die, -, -ti'den) Schleimbeutelentzündung [lat.-gr.]
Bu'run'di'er (der, -s, -) Einwohner von Burundi in Ostafrika [Bantu]
Bus (der, Bus'ses, Bus'se) **1** Omnibus **2** Auto mit Schiebetür und Ladefläche **3** Leitungs- oder Verbindungssystem zwischen den Bauteilen eines Computers oder zwischen mehreren Geräten; z.B. Datenbus [lat.]
Bu'shel [-ʃl] (der, -s, -s) Hohlmaß für Flüssigkeiten und Getreide (in den USA und Großbritannien), ca. 36 Liter [frz.-engl.]
Busi'ness [bɪznɪs] (das, -, nur Ez.) Geschäft(sleben) [engl.]
Bus'so'le (die, -, -n) Magnetkompass [it.]
Bus'tro'phe'don auch: Bust'ro'phe'don Bu'stro'phe'don (das, -s, nur Ez.) Inschrift, deren Schrift abwechselnd nach links und rechts läuft [gr.]
Bu'su'ki (die, -, -s) griechische Laute
Bu'ta'di'en (das, -s, nur Ez.) ein ungesättigter Kohlenwasserstoff (aus dem Buna hergestellt wird) [nlat.]
Bu'tan (das, -s, nur Ez.) ein gasförmiger Kohlenwasserstoff [nlat.]
But'ler [bʌt-] (der, -s, -) englischer (ranghöchster) Diener [frz.-engl.]
But'ter'fly [bʌtəflaɪ] (der, -s, nur Ez.) Schmetterlingsschwimmen [engl.]
But'ton [batn] (der, -s, -s) runder Anstecker, der eine Einstellung kundtun soll; z.B. ein Button »Atomkraft? Nein, danke!« [engl.]
Bu'ty'ro'me'ter (das, -s, -) Messgerät für den Fettgehalt der Milch [gr.]
by'zan'ti'nisch (Adj.) **1** zum Byzantinischen Reich gehörig **2** unterwürfig
By'zan'ti'nis'tik (die, -, nur Ez.) Wissenschaft von der Geschichte und Kultur des Byzantinischen Reichs

C

Cab (das, -s, -s) **1** einspännige Droschke **2** amerikanisches Kurzwort für Taxi [engl.-amerik.]

Ca|bal|let|ta (die, -, -s) kleine Arie [it.]

Ca|bal|le|ro [kabalje:-] (der, -s, -s) **1** spanischer Edelmann **2** spanische Anrede, Herr

Ca|ban (der, -s, -s) kurzer Herrenmantel [frz.]

Ca|ba|nos|si (die, -, -) grobe, gewürzte Wurst

Ca|ba|ret [kabare:] (das, -s, -s oder -e) **1** kleines zeitkritisches Theater **2** zeit- und sozialkritische Darbietung [frz.]

Cab|cart (das, -s, -s) einspänniger Wagen [engl.]

Cab|le|trans|fer (auch: Cab|le-Trans|fer/Ca|ble-Trans|fer) auch: Ca|ble|trans|fer (der, -s, -s) telegrafische Geldüberweisung [engl.]

Ca|bo|chon [-ʃɔ̃] (der, -s, -s) rund geschliffener Edelstein [frz.]

Ca|boc|lo auch: Ca|bo|clo (der, -s, -s) Abkömmling eines Weißen und einer Indianerin (in Brasilien) [indian.-portugies.]

Cab|rio auch: Ca|brio (auch: Kab|rio/Kabrio) (das, -s, -s) = Abk. für Cabriolet

Cab|ri|o|let auch: Ca|bri|o|let (auch: Kab|ri|o|lett/Ka|bri|o|lett) (das, -s, -s) offener Wagen [frz.]

Cac|cia (die, -, -s) zweistimmiger Kanon [lat.-it.]

Cache-cache [kaʃkaʃ] (das, -, nur Ez.) Versteckspiel [frz.]

Ca|che|nez [kaʃne:] (das, -, -) Halstuch [frz.]

Ca|che|sexe (auch: Ca|che-Sexe) [kaʃ-] (das, -, -) Kleidungsstück, das nur die Geschlechtsteile bedeckt [frz.]

Ca|che|te|ro [katʃe-] (der, -s, -s) Stierkämpfer, der den Gnadenstoß gibt [lat.-span.]

ca|chie|ren (V.) = kaschieren

Ca|chou [-ʃu:] (der, -s, -s) Lakritzensaft mit Anis (als Hustenmittel) [malai.-frz.]

CAD (das, -, nur Ez.) Abk. für »**C**omputer **A**ided **D**esign«, computerunterstützte Konstruktion [engl.]

Cad|die [kædɪ] (der, -s, -s) **1** Junge, der Golfspielern die Schläger trägt **2** zweirädriger, kleiner Golfkarren [frz.-engl.]

Cad|mi|um (das, -s, nur Ez.) ein Schwermetall [gr.]

Cae|si|um [tsɛː-] (das, -s, nur Ez.) = Zäsium

Ca|fé (das, -s, -s) Kaffeehaus [arab.-frz.]

Ca|fe|te|ria (die, -, -ri|en) Kaffeegaststätte mit Selbstbedienung [span.-engl.]

Ca|fe|tier [-tje:] (der, -s, -s) Kaffeehausbesitzer (veraltet) [frz.]

Ca|fu|so (der, -s, -s) Abkömmling einer Verbindung zwischen Indianer(in) und Schwarze(r) (in Brasilien)

Cais|son [kɛsɔ̃] (der, -s, -s) Senkkasten für Unterwasserarbeiten [frz.]

Cake|walk (der, -s, -s) Gesellschaftstanz um 1900 [engl.]

Ca|la|mus (der, -, -mi) antikes Schreibrohr

cal|an|do (Adv.) ruhiger, schwächer werdend, nachlassend (bei Musikstücken) [it.]

Cal|cit [-tsiːt] (der, -s, -e) Kalkspat [lat.]

Cal|ci|um [-tsi-] (das, -s, nur Ez.) ein Leichtmetall [lat.]

Cal|de|ra (die, -, -de|ren) Kraterkessel eines Vulkans [span.]

Ca|lem|bour [kalãbuːr] (der, -s, -s) fauler Wortwitz, Kalauer [frz.]

Ca|len|du|la (die, -, -lae [lɛː]) Ringelblume, Heilpflanze [nlat.]

Ca|li|for|ni|um (das, -s, nur Ez.) ein künstliches radioaktives Element [nlat.]

Call|girl [kɔːlgɜːrl] (das, -s, -s) telefonisch bestellbare Prostituierte [engl.]

Cal|va|dos (der, -, -) Apfelbranntwein aus der Normandie [frz.]

Cal|vi|nis|mus (der, -, nur Ez.) religiöse Lehre des Reformators Calvin [frz.-nlat.]

Ca|lyp|so (der, -(s), -s) Musikform der Insel Trinidad; Modetanz (um 1956) [viell. span.]

CAM (das, -, nur Ez.) Abk. für »**C**omputer **A**ided **M**anufacturing«, computerunterstützte Herstellung und Simulation von Arbeitsvorgängen [engl.]

Ca|mem|bert [-bɛːr] oder [kamãbɛːr] (der, -s, -s) ein französischer Weichkäse

Ca|me|ra ob|scu|ra auch: Ca|me|ra obs|cu|ra (die, - -, -rae -rae [-r~]) Lochkamera [lat.]

Ca|mi|on [-mjɔ̃] (der, -s, -s) Lastwagen (schweiz.) [frz.]

Ca|mou|fla|ge auch: Ca|mou|fla|ge [-mufla:ʒə] (die, -, -n) Tarnung, Täuschung [it.-frz.]

Camp [kæmp] (das, -s, -s) Lager [engl.]

Cam|pa|ni|le (der, -(s), -) frei stehender Glockenturm (italienischer Kirchen)

Cam|pa|ri (der, -s, -s) ein bittersüßer italienischer Aperitif (Warenzeichen)

cam|pen [kɛm-] (V.) zelten [lat.-engl.]

Cam|per [kɛm-] (der, -s, -) **1** jmd., der zeltet **2** Wohnmobil

Cam|pe|si|no (der, -s, -s) Landarbeiter [lat.-span.]

Cam'pig'ni'en *auch:* Cam'pi'gni'en [kɑ̃pɪnjɛː] (das, -(s), nur Ez.) Kulturstufe der mittleren Steinzeit [frz.]

Cam'pi'lit (das, -s, nur Ez.) starkes Nervengift [gr.]

Cam'ping [kɛm-] (das, -s, nur Ez.) das Zelten; Wohnwagenurlaub [lat.-engl.]

Cam'po'san'to (der, -(s), -s oder -ti) italienischer Friedhof

Cam'pus oder [kæmpəs] (der, -, nur Ez.) College-, Hochschulgelände

Ca'nail'le [kanaljə] (die, -, -n) = Kanaille

Ca'nas'ta (das, -s, nur Ez.) ein Kartenspiel [span.]

Can'can [kãkãː] (der, -s, -s) französ. Revuetanz, bei dem die Tänzerinnen Rüschenunterwäsche tragen und die Beine hochwerfen [frz.]

Can'cer (der, -s, -) Krebsgeschwulst [lat.-engl.]

Can'ci'ón [kanθiɔn] (das, -s, -s) Gedicht [lat.-span.]

Can'de'la (die, -, -) Maßeinheit der Lichtstärke [lat.]

Cand'le'light'din'ner *auch:* Can'dle'light-din'ner (das, -s, -s) gepflegtes romantisches Essen bei Kerzenschein [engl.]

Can'na'bis (der, -, -) **1** Hanf **2** Haschisch (ugs.) [gr.]

Can'nel'lo'ni (nur Mz.) italienische Nudelröllchen (mit Fleischfüllung und Bechamelsoße)

Ca'ñon [kanjɔn] (der, -s, -s) steilwandige Flussschlucht; z.B. in Amerika [span.]

Ca'no'tier [-tjeː] (der, -s, -s) flacher Strohhut [frz.]

can'ta'bi'le [-leː] (Adv.) ausdrucksvoll (bei Musikstücken) [it.]

can'tan'do (Adv.) singend (bei Musikstücken) [it.]

Can'to (der, -s, -s oder -ti) Gesang [it.]

Can'tus fir'mus (der, - -, -tus -mi) Hauptmelodie (im mehrstimmigen Satz) [lat.]

Ca'pa (die, -, -s) Umhang und Kampfutensil des Matadors [lat.-span.]

Cape [keɪp] (das, -s, -s) Umhang [lat.-engl.]

Ca'pe'a'dor (der, -s, -es) Torero, der mit der Capa am Stier arbeitet [span.]

Ca'po'tas'to (der, -s, -ti) = Kapodaster

Cap'puc'ci'no [-putʃiːno] (der, -s, -s) Espresso mit aufgeschäumter Milch [it.]

Cap'ric'cio *auch:* Ca'pric'cio [-pritʃo] (das, -s, -s) launiges Prosa-, Musikstück [it.]

cap'ric'cio'so *auch:* ca'pric'cio'so [-pritʃo:-] (Adv.) launig (bei Musikstücken) [it.]

Cap'ri'ce *auch:* Ca'pri'ce [-priːs] (die, -, -n) **1** Laune **2** = Capriccio [frz.]

Cap'si'cum (das, -s, nur Ez.) spanischer Pfeffer (als Heilpflanze) [gr.-lat.]

Cap'ta'tio Be'ne'vo'len'ti'ae [-tsjo -tsiːː] (die, - -, nur Ez.) Trachten nach Wohlwollen (des Lesers) [lat.]

Ca'pu'chon [kapyʃɔ̃] (der, -s, -s) Damen-Kapuzenmantel [frz.]

Ca'put (das, -, Ca'pi'ta) **1** Buchkapitel **2** Kopf, Gelenk- oder Muskelkopf (Med.) [lat.]

Ca'ra'bi'ni'e're [-niːː-] (der, -(s), -ri) italienischer Polizist

ca'ram'ba! verdammt! [span.]

Ca'ram'bo'la (die, -, -s) gelbe, fünfeckige Frucht, die quer aufgeschnitten sternförmige Scheibchen ergibt (als Verzierung für Cocktails) [span.]

Ca'ra'van (der, -s, -s) **1** Reisewohnwagen **2** Kombiwagen [pers.-engl.]

Car'bid *(auch:* Kar'bid) (das, -s, -e) eine Kohlenstoff-Metall-Verbindung [nlat.]

Car'bo'nat *(auch:* Kar'bo'nat) (das, -s, -e) Kohlensäuresalz

CARE Kurzwort für »**C**ooperative for **A**merican **R**emittances to **E**urope«, Hilfsorganisation der USA für Europa nach dem Zweiten Weltkrieg [engl.]

care [keə-] wohnhaft bei (in Adressen, Abk. c./o.) [engl.]

Ca'ri'tas (die, -, nur Ez.) ein Wohlfahrtsverband [lat.]

Car'mag'no'le *auch:* Car'ma'gno'le [-ɲɔːl] (die, -, -n) **1** (nur Ez.) ein französisches Revolutionslied **2** kurzes Jakobinerjäckchen

Car'men (das, -s, -mi'na) **1** Gedicht für unterschiedliche Gelegenheiten **2** (ohne Artikel) Oper von Bizet [lat.]

Car'net (das, -s, -s) Zollpassierschein

Car'ni'vo're (der od. die, -n, -n) = Karnivore

Ca'rob (das, -(s), nur Ez.) Johannisbrot

Ca'ro'tin (das, -s, -e) ein roter Naturfarbstoff, Provitamin [nlat.]

Car'pac'cio [-patʃo] (der, -, nur Ez.) hauchdünn geschnittenes kaltes Rinderfilet, das roh gegessen wird [it.]

car'pe di'em »pflücke den Tag«, mach das Beste aus dem Tag [lat.]

Car'sha'ring *(auch:* Car-Sha'ring) (das, -s, nur Ez.) Initiative, bei der sich mehrere Benutzer einen Pkw teilen [engl.]

Carte blanche [kart blãːʃ] (die, - -, -s -s) unumschränkte Vollmacht [frz.]

Car'toon [-tuːn] (der, -s, -s) **1** Folge gezeichneter Witzgeschichten **2** Karikatur [frz.-engl.]

Ca'sa'no'va (der, -s, -s) Frauenverführer [it.]

cä'sa'risch (Adj.) **1** diktatorisch, kaiserlich **2** selbstherrlich (wie Cäsar)

Cä'sa'ris'mus (der, -, nur Ez.) Alleinherrschaft [nlat.]
Ca'se'in (das, -s, nur Ez.) ein Milcheiweißbestandteil, Käsestoff
Cash [kæʃ] (das, -s, nur Ez.) Bargeld; Barzahlung [tamil.-engl.]
Cash-and-car'ry [kæʃ ənd kærɪ] (das, -, nur Ez.) Barzahlung bei Selbstabholung (durch den Käufer) [tamil.-engl.]
Cash'flow (*auch:* Cash-Flow) [kæʃfləʊ] (der, -s, nur Ez.) Überschuss (eines Unternehmens), Reingewinn und Abschreibungen [tamil.-engl.]
Cä'si'um [tsɛː-] (das, -s, nur Ez.) = Zäsium
Cas'sa'ta (die, -, -s oder -te) italienisches Eis mit Nüssen und kandierten Früchten
Cas'sia (die, -, nur Ez.) die Sennespflanze; ihre Blätter (als Heilmittel) [gr.]
Cas'sis [kasiːs] (der, -, -) französischer Likör aus schwarzen Johannisbeeren
Cas'sou'let [kasulɛ] (das, -s, -s) Eintopf aus weißen Bohnen und Hammel oder Gans, der im Ofen überbacken wird, Spezialität aus Südwestfrankreich
Cast (das, -s, -s) Mitwirkende, Filmtruppe [engl.]
Cas'tel'la'no (das, -s, nur Ez.) die spanische Sprache
Cas'ti'ze (der, -n, -n) ein Mischling, Mestize/Weißer [span.]
Ca'sus (der, -, =) = Kasus
Ca'sus Bel'li (der, - -, - -) Kriegsfall, -grund [lat.]
Catch-as-catch-can [kætʃ əz kætʃ kæn] (das, -, nur Ez.) Berufsfreistilringen mit Showeffekten [engl.]
cat'chen [kɛtʃn] (V.) in der Art des Catch-as-catch-can kämpfen
Cat'cher [kɛtʃər] (der, -s, -) jmd., der Catch-as-catch-can betreibt
Ca'te'nac'cio [-natʃo] (der, -(s), nur Ez.) italienische Fußball-Verteidigungstechnik, Sperrriegel
Ca'te'ring (das, -s, nur Ez.) Verpflegungsbeschaffung [lat.-it.-frz.-engl.]
Ca'ter'pil'lar [kætəpɪlə] (der, -s, -s) Raupenschlepper [engl.]
Ca'thed'ra *auch:* Ca'the'dra (die, -, -rae/-drae) **1** Lehrstuhl **2** bischöflicher oder päpstlicher Ehrenstuhl [gr.-lat.]
Cau'dil'lo [kaudɪljo] (der, -(s), nur Ez.) Machthaber, Diktator (in spanischsprachigen Ländern)
Cau'sa (die, -, -sae [-ɛː]) **1** Grund **2** Rechtsfall [lat.]
Cause cé'lèb're *auch:* Cause cé'lè'bre [kozselɛbr] (die, - -, -s -s) Aufsehen erregende Angelegenheit [frz.]

Cau'se'rie [kozəriː] (die, -, -n) Plauderei [frz.]
Cau'seur [kozøːʁ] (der, -s, -e) Plauderer [frz.]
Cau'seuse [kozøːzə] (die, -, -n) **1** Plauderin **2** kleines Sofa (veraltet) [frz.]
Ca'yenne'pfef'fer [-jɛn-] (der, -s, nur Ez.) scharfes, rotes Chilipulver [frz.-ind.]
CD [tseːdeː] (die, -, -s) = **C**ompact **D**isc
Ce'di (der, -, -) ghanesische Währung, 100 Pesewas
Ce'dil'le [sediːjə] (die, -, -n) Häkchen unter dem c, wenn das c wie »s« ausgesprochen wird; z.B. in Façon [span.-frz.]
Cel'les'ta [tʃe-] (das, -s, -s oder -ten) ein Stahlplattenklavier [it.]
Cel'la [tsɛl-] (die, -, -lae [lɛː]) **1** Tempelraum (der Antike) **2** Einsiedlerzelle [lat.]
Cel'list [tschɛ-] (der, -lis'ten, -lis'ten) jmd., der Cello spielt
Cel'lo [tʃɛ-] (das, -s, -li) = Violoncello [Kurzwort]
Cel'lo'phan (*auch:* Zel'lo'phan) [tsɛl-] (das, -s, nur Ez.) ein durchsichtiger Kunststoff in Folienform (Warenzeichen) [Kunstwort]
Cel'lu'lo'id [tsɛ-] (das, -(e)s, nur Ez.) = Zelluloid
Cel'si'us [tsɛl-] (ohne Art.) Maßeinheit der Temperatur [nlat.]
Cem'ba'list [tʃɛm-] (der, -lis'ten, -lis'ten) jmd., der Cembalo spielt
Cem'ba'lo [tʃɛm-] (der, -s, -s) ein altes, klavierähnliches Tasteninstrument [it.]
Cent [sɛnt] (der, -(s), -s) kleinste Währungseinheit (u.a. in den USA, Kanada, Australien, Südafrika) [lat.]
Cen'tau'ri'um (das, -s, nur Ez.) Tausendgüldenkraut (als Heilpflanze); Centaurii herba: Blätter des Tausendgüldenkrauts (als Heilmittel) [gr.-lat.]
Cen'tavo [sɛn-] (der, -(s), -s) kleinste Währungseinheit (u.a. in Brasilien, Portugal) [portugies.-span.]
Cen'ter [sɛn-] (das, -s, -) Anlage, Zentrum
Cen'te'si'mo [tʃen-] (der, -(s), -s oder -mi) kleinste italienische Währungseinheit
Cen'té'si'mo [sɛn-] (der, -(s), -s) kleinste Währungseinheit (u.a. in Uruguay) [span.]
Cen'time [sãtiːm] (der, -(s), -s) kleinste Währungseinheit (Frankreich, Belgien) [frz.]
Cén'ti'mo [sɛn-] (der, -(s), -s) kleinste Währungseinheit (in Spanien, Paraguay) [span.]
Cent'ral In'tel'li'gence A'gen'cy *auch:* Cen'tral In'tel'li'gence A'gen'cy (die, - - -, nur Ez.) amerikanischer Geheimdienst, Abk. CIA
CEPT (die, -, nur Ez.) Abk. für »**C**onférence **E**uropéenne des **A**dministrations pour la

Poste et la Télécommunication«, europäische Organisation zur Verbesserung der technischen und Verwaltungsdienstleistungen der Mitgliedstaaten [frz.]

Cer [tseːɐ] (das, -s, nur Ez.) ein Metall aus der Gruppe der seltenen Erden [nlat.]

Ce'ra (die, -, -ren) 1 Wachs 2 verdickte Haut an Vogelschnäbeln [lat.]

Cerc'le auch: Cer'cle [sɛrklə] (der, -s, -s) 1 geschlossene Gesellschaft, Gesellschaftskreis 2 Empfang bei Hofe (veraltet) [frz.]

Ce're'a'li'en (nur Mz.) altrömisches, der Göttin Ceres geweihtes Fest [lat.]

Ce're'bel'lum (das, -s, -la) Kleinhirn [lat.]

Ce'reb'rum auch: Ce're'brum (das, -s, -ra/-bra) Großhirn [lat.]

Ce're'o'lus (der, -, -li) Arzneistäbchen [lat.]

Ce're'us (der, -, nur Ez.) Säulenkaktus [lat.]

ce'ri'se (Adj.) kirschrot [gr.-lat.-frz.]

Cer'to'sa (die, -, -sen) italienisches Kartäuserkloster [it.]

Cer'to'sa'mo'sa'ik (das, -s, -en) Mosaik aus Elfenbein in der italienischen Renaissance

Ce'ru'men [tsɛ-] (das, -s, nur Ez.) Ohrenschmalz [lat.]

Cer've'lat [sɛr-] (die, -, -) Wurstsorte [frz.]

Cer'vix (die, -, -vi'ces) 1 Nacken, Hals 2 halsähnlicher Bereich eines Organs [lat.]

C'est la guerre [sɛlagɛr] nichts zu ändern, »so ist halt der Krieg« [frz.]

C'est la vie [sɛlavi:] »so ist nun mal das Leben« [frz.]

Ce'ta'ce'um (das, -s, nur Ez.) Fett aus Pottwalen [gr.-lat.]

ce'te'ris pa'ri'bus unter gleichen Umständen [lat.]

Ce'vap'ci'ci auch: Ć e'vap'č i'ć i [tʃevaptʃitʃi] (nur Mz.) gegrillte Hackfleischwürstchen (ohne Haut) [serbokroat.]

Cey'lo'ne'se [tsaɪ-] (der, -n, -n) Ew. Ceylons, Srilanker

cey'lo'ne'sisch [tsaɪ-] (Adj.) zu Ceylon gehörig, srilankisch

CFK (nur Mz.) Abk. für **c**arbon**f**aserverstärkte **K**unststoffe

Chab'lis auch: Cha'blis [ʃabliː] (der, -, -) ein weißer Burgunderwein [frz.]

Cha-Cha-Cha [tʃatʃatʃa] (der, -s, -s) ein aus Kuba stammender Gesellschaftstanz [span.]

Cha'conne [ʃakɔn] (die, -, -s oder -n) Tonstück im 3/4-Takt [span.-frz.]

Chag'rin auch: Cha'grin [ʃagrɛ̃] (das, -s, nur Ez.) ein Leder mit erhöhtem Narbenmuster [pers.-frz.]

chag'ri'nie'ren auch: cha'gri'nie'ren [ʃa-] (V.) mit künstlichem Narbenmuster versehen (Leder) [pers.-frz.]

Cha'hut [ʃayː] (der, -s, -s) = Cancan [frz.]

Chai'ne [ʃchɛn] (die, -, -n) Kettfaden [lat.-frz.]

Chair'man [tʃɛəmən] (der, -, -men) Vorsitzender [engl.]

Chai'se [ʃɛːz] (die, -, -n) Kutsche [frz.]

Chai'se'longue [ʃɛzlɔŋ] (die, -, -n) Liegesofa [frz.]

Cha'let [ʃalɛ] (das, -s, -s) schweizerische Sennhütte, Ferien-, Landhaus [frz.]

Chal'ko'che'mi'gra'phie (die, -, nur Ez.) Metallgravierung [arab.-gr.]

Chal'ko'gen [çal-] (das, -s, -e) Erzbildner; z.B. das Element Tellur [gr.]

Chal'ko'gra'phie [çal-] (die, -, -n) Kupferstich (veraltet) [gr.]

Chal'ly (der, -s, nur Ez.) seidiger oder wollener Stoff, der dem Musselin ähnlich ist [frz.]

Chal'ze'don [kal-] (der, -s, -e) ein Mineral, Schmuckstein, Härte 7 [gr.]

Cha'mä'le'on [ka-] (das, -s, -s) zu starkem Farbwechsel befähigtes Reptil [gr.]

Cha'mä'phyt (der, -en, -en) kleinwüchsige Strauchart [gr.-lat.]

Cha'mä'ze'pha'lie (die, -, nur Ez.) Deformierung des Schädels [gr.-lat.]

Cham'ber'tin (der, -s, nur Ez.) Spitzenwein aus Burgund [frz.]

Chamb're auch: Cham'bre [ʃãbrə] (das, -, -s) Zimmer, Kammer [frz.]

Chamb're des Dé'pu'tés auch: Cham'bre des Dé'pu'tés [ʃãbrədedepyteː] (die, - - -, nur Ez.) Abgeordnetenkammer in der Dritten Republik in Frankreich [frz.]

Chamb're sé'pa'rée auch: Cham'bre sé'pa'rée (die, - - -s -s) Nebenzimmer in Restaurants für intime Diners [frz.]

cha'mois [ʃamwa] (Adj.) ocker, gemsfarben [frz.]

Cha'mois [ʃamwa] (das, -, nur Ez.) besonders weiches Leder (der Gemse, Ziege) [frz.]

Cham'pag'ner auch: Cham'pa'gner [ʃampanjər] (der, -s, -) französischer Sekt aus der Champagne

Cham'pig'non auch: Cham'pi'gnon [ʃampɪnjɔŋ] (der, -s, -s) heller, essbarer Blätterpilz, Egerling [frz.]

Cham'pi'on [tʃæmpjən] (der, -s, -s) Meister(sportler) [frz.-engl.]

Cham'pi'o'nat [ʃam-] (das, -s, -e) Meisterschaft (im Sport); Kampf, Spiel darum [frz.]

Cham'sin [kam-] oder [xam-] (der, -s , -e) heißer Wüstenwind (in Arabien)

Chan [kaːn] (der, -s, -e) = Khan

Chan'ce [ʃãːsə] (die, -, -n) günstige Gelegenheit; Erfolgsaussicht [frz.]

Change [tʃeɪndʒ] (auch frz. [ʃãːʒ]) (der oder die, -) Geldwechsel [frz.-engl.]
chan'geant [ʃãʒãː] (Adj.) farbig schillernd (von Stoffen) [frz.]
Chan'geant [ʃãʒãː] (der, -, -s) farbig schillernder Stoff [frz.]
Chan'ge'ment [ʃãʒmã] (das, -s, -s) Änderung, Vertauschung [frz.]
Chan'ger (der, -s, -) automatischer Wechsler für Schallplatten [lat.-frz.-engl.]
chan'gie'ren [ʃãʒiːˈ] (V.) wechseln; schillern [frz.]
Chan'son [ʃãsõ] (das, -s, -s) Kabarettlied
Chan'son'net'te (auch: Chan'so'net'te) [ʃã-] (die, -, -n) Chansonsängerin [frz.]
Chan'son'nier (auch: Chan'so'ni'er) [ʃãsɔnjeː] (der, -s, -s) Chansonsänger [frz.]
Chan'son'niè're (auch: Chan'so'ni'e're) (die, -, -n) = Chansonette [frz.]
Chan'ta'ge [ʃãtaːʒ] (die, -, nur Ez.) erpresserische Drohung, etwas zu veröffentlichen [frz.]
chan'ten [ʃan-] (V.) die heiligen Gottesnamen singen, sprechen oder murmeln (in der Hare-Krischna-Bewegung) [viell. frz.]
Chan'teu'se (die, -, -n) Sängerin [frz.]
Chan'til'ly'spit'ze (die, -, -n) Klöppelspitze [frz.]
Cha'nuk'ka (die, -, nur Ez.) im Dezember stattfindendes Fest der Juden zur Tempelweihe [hebr.]
Cha'os [kaː-] (das, -, nur Ez.) Durcheinander, völlige Unordnung [gr.]
Cha'ot [ka-] (der, -en, -en) **1** jmd., der im Chaos lebt **2** jmd., der seine politischen Anschauungen durch Zerstörungsaktionen kundtut
cha'o'tisch (Adj.) durcheinander, völlig ungeordnet [gr.]
Cha'pa'da (die, -, -s) brasilianische Hochebene [port.]
Cha'par'ral [tscha-] (der, -s, nur Ez.) Gestrüpplandschaft (im südwestlichen Nordamerika) [span.]
Cha'peau [ʃapoː] (der, -s, -s) Hut [frz.]
Cha'peau claque [ʃapoklak] (der, - -, -x -s) zusammenklappbarer Zylinderhut [frz.]
Cha'pe'ron (der, -s, -s) eng anliegende Kapuze im Mittelalter [lat.-frz.]
cha'pe'ro'nie'ren (V.) eine Dame beschützend begleiten [lat.-frz.]
Cha'pe'to'nes (nur Mz.) Neueinwanderer nach Südamerika [span.]
Cha'pi'teau [ʃapitoː] (die, -, -x) Zirkuszelt, Kuppel des Zirkuszeltes [lat.-frz.]
Chap'li'na'de (die, -, -n) burleskes Ereignis, grotesk-komisches Geschehen nach der Art Charlie Chaplins

chap'li'nesk (Adj.) in der Art Chaplins
chap'ta'li'sie'ren (V.) Wein durch die Zugabe von Zucker verändern
Cha'ra'de (die, -, -n) = Scharade
Cha'rak'ter [ka-] (der, -s, -teˈre) **1** Gepräge, Wesensart **2** (nur Ez.) Standhaftigkeit [gr.]
cha'rak'te'ri'sie'ren [ka-] (V.) kennzeichnen
Cha'rak'te'ris'tik [ka-] (die, -, -en) Kennzeichnung [frz.]
Cha'rak'te'ris'ti'kum [ka-] (das, -s, -en) Kennzeichen [gr.]
cha'rak'te'ris'tisch [ka-] (Adj.) kennzeichnend [gr.]
Cha'rak'te'ro'lo'gie [ka-] (die, -, nur Ez.) Charakterkunde, Persönlichkeitsforschung
cha'rak'te'ro'lo'gisch [ka-] (Adj.) zur Charakterologie gehörig
Char'cu'te'rie [ʃarky-] (die, -, -n) Metzgerei (schweiz.) [frz.]
Char'cu'tier [ʃarkytjeː] (der, -s, -s) Schlachter [frz.]
Char'don'net'sei'de (die, -, nur Ez.) die erste Kunstseide [frz.]
Char'dschit (der, -en, -en) Angehöriger einer islamischen Sekte [arab.]
Char'ge [ʃarʒə] (die, -, -n) **1** Amt, Rang; Dienstgrad **2** kleine, aber ausgeprägte Nebenrolle [frz.]
char'gie'ren [ʃarʒiːr-] (V.) **1** beauftragen **2** zu deutlich gestalten (bei Nebenrollen)
Char'gier'te [ʃarʒiːr-] (der, -n, -n) ein Vorsitzender einer Studentenverbindung
Cha'ris (die, -, -riten) **1** Anmut **2** Göttin der Anmut [gr.]
Cha'ris'ma [ça-] (das, -s, -ris'ma'ta oder -ris'men) **1** Ausstrahlung **2** göttliche Berufung [gr.]
cha'ris'ma'tisch [ça-] (Adj.) zum Charisma gehörig, Charisma besitzend
Cha'ri'té [scha-] (die, -, -s) Krankenhaus [lat.-frz.]
Cha'ri'ten [ça-] (nur Mz.) Göttinnen der Anmut, »Glanz, Frohsinn und Blüte« [gr.]
Cha'ri'tin'nen (nur Mz.) = Chariten
Cha'ri'va'ri [ʃa-] (das, -s, -s) Bauchkette aus Amuletten [frz.]
Charles'ton [tʃɑːlstən] (der, -, -s) schneller Modetanz (der 20er-Jahre) [engl.]
Char'liè're (die, -, nur Ez.) Luftballon [frz.]
char'mant [ʃar-] (Adj.) voll Charme
Char'me [ʃarm] (der, -s, nur Ez.) gewinnender Charakter, Liebenswürdigkeit [frz.]
Char'me'laine [ʃarmalɛːn] (die, -, nur Ez.) Stoff aus Wollkammgarn mit gerippter rechter Seite und glatter, glänzender linker Seite (für Kleider und Mäntel) [frz.]
Char'meur [ʃarmøːʁ] (der, -s, -e) jmd., der seinen Charme einsetzt

Char'meuse [ʃarmøːz] (die, -, nur Ez.) maschenfeste Wirkware mit Trikotlegung auf der rechten und Tuchlegung auf der linken Seite [frz.]
char'ming (Adj.) liebenswürdig, gewinnend [engl.]
Chä'ro'ma'nie (die, -, n) krankhafte Heiterkeit [gr.-lat.]
Chart [tʃɑːt] **1** (der oder das, -s, -s) Zahlenreihen **2** (nur Mz.) Hitliste, Platzierung der Spitzenschlager [engl.]
Char'ta [kar-] (die, -, -s) Urkunde (in der Politik) [lat.]
Char'ter [tʃɑː-] (der, -s, -s) Miete (eines Verkehrsmittels) [frz.-engl.]
Char'te'rer [tʃar-] (der, -s, -) Mieter (eines Verkehrsmittels) [frz.-engl.]
char'tern [tʃar-] (V.) mieten (von Verkehrsmitteln) [frz.-engl.]
Char'tis'mus (der, -, nur Ez.) erste organisierte Bewegung der Arbeiter [lat.]
Char'tist (der, -tis'ten, -tis'ten) Verfechter des Chartismus
Chart'reu'se *auch:* Char'treu'se [ʃartrøːz] (der, -, nur Ez.) grüner frz. Kräuterlikör (Warenzeichen)
Charts [tʃɑːts] (nur Mz.) Hitlisten [frz.-engl.]
Char'tu'la'ria (nur Mz.) gebundene Sammlung der Abschriften von Urkunden [ägypt.-gr.-lat.]
Cha'ryb'dis [ça-] (die, -, nur Ez.) ein Meeresungeheuer (der griechischen Sage)
Cha'san [xa-] (der, -s, -e) Synagogenvorbeter [hebr.]
Chase [tʃeɪs] (das oder die, -, nur Ez.) abwechselnde Improvisation mehrerer Solisten [lat.-frz.-engl.-amerik.]
Chas'ma (das, -s, -men) Gähnkrampf [gr.-lat.]
chas'mo'gam (Adj.) offenblütig (Bot.) [gr.-lat.]
Chas'mo'ga'mie (die, -, -n) Fremdbestäubung [gr.-lat.]
Chas'mus (der, -, -se oder -men) = Chasma [gr.-lat.]
Chasse (die, -, nur Ez.) **1** Billardspiel **2** dreistimmiger Kanon [lat.-frz.]
Chas'se'pot'ge'wehr [ʃaspo:-] (das, -s, -e) französischer Hinterlader [frz.]
Chas'seur (der, -s, -e) Mitglied eines speziellen Teils der französischen Armee [lat.-frz.]
Chas'si'dim [xa-] (nur Mz.) Anhänger des Chassidismus
Chas'si'dis'mus [xas-] (der, -, nur Ez.) eine ostjüdische Glaubensbewegung [hebr.-nlat.]
Chas'sis [ʃasiː] (das, -[(s)], -[s]) Fahrgestell [frz.]

Cha'sub'le *auch:* Cha'su'ble [ʃazʏbl] (das, -s, -s) westenähnliches Überkleid ohne Ärmel [lat.-frz.]
Cha'teau *(auch:* Châ'teau) [ʃatoː] (das, -s, -s) Herrenhaus, Gut [lat.-frz.]
Cha'teau'bri'and [ʃatobrijɑ̃ː] (der, -(s), -s) gebratenes Rindsfilet [frz.]
Cha'te'laine [ʃatlɛn] (die, -, -s) oder (das, -s, -s) **1** Metallgürtel für Frauen **2** Uhrkette [lat.-frz.]
Chau'deau [ʃodoː] (das, -s, -s) Weinschaumsauce [lat.-frz.]
Chaud'froid [ʃofrwa] (das, -s, -s) Vorspeise aus Fleisch- oder Fischstückchen [lat.-frz.]
Chauf'feur [ʃoføːɐ] (der, -s, -e) jmd., der beruflich andere mit dem Auto befördert
chauf'fie'ren [ʃo-] (V.) mit dem Auto befördern (meist scherzhaft gebraucht) [frz.]
Chaus'see [ʃo-] (die, -, -n) Landstraße
chaus'sie'ren (V.) asphaltieren [frz.]
Chau'vi [ʃoːvi] (der, -s, -s) Gegner der Frauenbewegung [Kurzwort]
Chau'vi'nis'mus [ʃo-] (der, -, nur Ez.) übertriebenes Nationalgefühl [frz.-nlat.]
Chau'vi'nist [ʃo-] (der, -nis'ten, -nis'ten) jmd., der ein übertriebenes Nationalgefühl hat
chau'vi'nis'tisch [ʃo-] (Adj.) wie ein Chauvinist
Cha'wer (der, -s, -n) **1** Ehrentitel für Rabbiner **2** Kamerad, Freund [hebr.]
Check [tʃɛk] (der, -s, -s) = Bodycheck
Check [tʃɛk] (der, -s, -s) = Scheck (schweiz.)
che'cken [tʃɛk-] (V.) **1** prüfen **2** verstehen (ugs.) **3** rempeln (im Eishockey) [engl.]
Che'cker [tʃ-] (der, -s, -) Prüfer, Kontrolleur [engl.]
Check-in (das, -s, -s) Flugzeugabfertigung [engl.]
Che'cking (das, -s, -s) das Prüfen, das Checken [engl.]
Check'list (die, -, -s) Kontroll- oder Prüfliste [engl.]
Check'point [tʃɛk-] (der, -s, -s) Kontrollpunkt (an Grenzen) [engl.]
Check-up (der oder das, -s, -s) vorsorgliche Untersuchungen [engl.]
Ched'dar [tʃɛdɐ] (der, -s, -s) ein englischer Hartkäse
Che'der'schu'le (die, -, -n) traditionelle Grundschule der Juden [hebr.-dt.]
chee'rio! [tʃiː-] prost! [engl.]
Cheese'bur'ger [tʃ-] (der, -s, -) Hamburger mit Käseauflage [engl.-dt.]
Chef [ʃɛf] (der, -s, -s) Leiter, Vorgesetzter

Chef d'œuvre *auch:* Chef d'œu|vre [ʃɛdœːvrə] (das, - -, -s -) Meisterwerk [frz.]
Chei|ro|no|mie [çeɪ-] (die, -, nur Ez.) Angabe der Tonhöhen durch Handbewegungen (früher) [gr.]
Che|li|do|ni|um (das, -s, nur Ez.) Schöllkraut (als Heilpflanze) [gr.-lat.]
Chel|lé|en [ʃɛleɛ] (das, -s, nur Ez.) altsteinzeitliche Kulturstufe [frz.]
Che|lo|nia (die, -, -ni|ae) Suppenschildkröte [gr.-lat.]
Chel|sea|por|zel|lan [tʃɛlsɪ-] (das, -s, nur Ez.) englisches bemaltes Porzellan aus dem 18. Jh. [engl.]
Che|mie [çe-] oder [ke-] (die, -, nur Ez.) **1** Wissenschaft vom Aufbau der Stoffe und ihren Umwandlungen **2** Chemikalie (ugs.) [gr.]
Che|mi|gra|fie *(auch:* Che|mi|gra|phie) [çe-] oder [ke-] (die, -, -n) Metallätzung; so hergestellte Druckplatte [gr.]
che|mi|gra|fisch *(auch:* che|mi|gra|phisch) (Adj.) mit Hilfe chemischer Mittel hergestellt [arab.-gr.]
Che|mi|ka|lie [çe-] oder [ke-] (die, -, -n) mit Hilfe der Chemie hergestelltes Produkt
Che|mi|kant (der, -en, -en) Bezeichnung für Facharbeiter in der chemischen Industrie [arab.-gr.]
Che|mi|ker [çe-] oder [ke-] (der, -s, -) Chemiewissenschaftler
Che|mi|née (das, -s, -s) offener Kamin [frz.]
che|misch [çe-] oder [ke-] (Adj.) zur Chemie gehörig, mit ihrer Hilfe
Che|mi|se [ʃəmiːz] (die, -, -n) Hemdkleid [frz.]
Che|mi|sett [ʃəmizɛt] (das, -s, -s oder -e) Hemdbrust; latzähnlicher Einsatz (vor Kleidern) [frz.]
Che|mi|set|te [ʃəmizɛtə] (die, -, -n) = Chemisett
che|mi|sie|ren (V.) verstärkte Verwendung chemischer Prozesse [arab.-lat.]
Che|mi|si|er|kleid (das, -s, -er) kittelartiges Kleid [lat.-frz.-dt.]
Che|mis|mus [çe-] oder [ke-] (der, -, nur Ez.) alle chemischen Vorgänge (in einem Ökosystem, bei Lebewesen)
che|mo|tak|tisch [çe-] oder [ke-] (Adj.) zur Chemotaxis gehörig
Che|mo|ta|xis [çe-] oder [ke-] (die, -, -xen) durch chemische Reize ausgelöste Ortsveränderung (von Kleinstlebewesen) [gr.]
Che|nil|le [ʃəniːjə] (die, -, -n) raupenähnliches Garn [frz.]
Cheque = Scheck
Cher|chez la femme! [ʃɛrʃelafam] »sucht die Frau (die dahinter steckt)!« [frz.]

Cher|ry|bran|dy [tʃɛrɪbrændɪ] (der, -s, -s) englischer Kirschlikör
Che|rub [çe-] oder [ke-] (der, -s, -ru|bim oder -ru|bi|nen) Engel (als Paradieswächter) [hebr.]
che|ru|bi|nisch [çe-] oder [ke-] (Adj.) engelhaft [hebr.]
Ches|ter [tʃe-] (der, -s, -) ein englischer Hartkäse
Ches|ter|field (der, -s, -s) eleganter Herrenmantel [engl.]
che|va|le|resk [ʃə-] (Adj.) ritterlich [frz.-it.]
Che|va|le|rie (die, -, nur Ez.) **1** Rittertum **2** Ritterlichkeit, Höflichkeit [lat.-frz.]
Che|va|li|er [ʃəvalje:] (der, -s, -s) französischer Edelmann, Ritter
Che|vau|le|ger [ʃəvoleʒeː] (der, -s, -s) Kavallerist, »leichter Reiter« [frz.]
che|vi|lie|ren (V.) Seide oder Kunstseide glänzender machen [lat.-frz.]
Che|vi|ot [tʃevɪɔt] (der, -s, -s) ein englischer Wollstoff
Chev|reau *auch:* Che|vreau [ʃəvroː] (das, -s, -s) Ziegenleder
Chev|ret|te *auch:* Che|vret|te (die, -, -n) gegerbtes Schafleder [lat.-frz.]
Chev|ron *auch:* Che|vron [ʃəvrɔ̃] (der, -s, -s) Wollstoff mit Fischgrätmusterung [frz.]
Chew|ing|gum [tʃuːɪŋɡʌm] (der, -(s), -s) Kaugummi [engl.]
Chi [çiː] (das, -s, -s) 22. Buchstabe des griechischen Alphabets
Chi|an|ti [kian-] (der, -s, -s) ein Rotwein aus der Toskana [it.]
Chi|as|ma [çi-] (das, -s, -ma|ta) **1** Überkreuzung beider Sehnerven (Gehirn) **2** Überkreuzung zweier Chromosomenspalthälften [gr.]
Chi|as|ma|ge [kiasmaːʒ] (die, -, -n) aus Teilen und Fetzen anderer Bilder oder Texte neu zusammengesetztes Kunstwerk [gr.-lat.-frz.]
Chi|as|mus (der, -, -men) Kreuzstellung von Sinneinheiten (in einem Satz); z.B. »Sie liebt Gesang, Musik liebt sie« [gr.-nlat.]
chi|as|tisch (Adj.) dem Chiasmus entsprechend, in dieser Form [gr.-lat.]
Chi|a|vet|te [kiawɛtə] (die, -, -n) Vokalmusik des 15.-17. Jahrhunderts [lat.-it.]
chic [ʃɪk] (Adj.) (nur unflektiert) = schick
Chi|ca|go-Jazz (der, -, nur Ez.) aus Chicago stammender besonderer Jazz-Stil
Chi|cha (der, -, nur Ez.) südamerikanisches Getränk [indian.-span.]
Chi|chi [ʃiʃi] (das, -(s), nur Ez.) **1** unnützer Kram **2** Getue [frz.]
Chi|co (der, -s, -s) kleiner Junge [span.]

Chi|co|rée (*auch:* Schi|ko|ree) [ʃɪ-] (der, -s, nur Ez.) ein Salat, Bleichzichorie [frz.]

Chief (der, -s, -s) Oberhaupt, Chef [lat.-frz.-engl.]

Chif|fon [ʃɪfõ] (der, -s, -s) ein hauchdünnes Seidengewebe (für Blusenstoffe, schleierartige Abendkleider und Schals) [frz.]

Chif|fo|na|de [die, -, -n] streifenförmige Gemüseeinlage in Suppen [frz.]

Chif|fon|ni|er [ʃɪfɔnjeː] (der, -s, -s) hoher, schmaler (Schreib-)Schrank (veraltet) [frz.]

Chif|fon|ni|e|re (die, -, -n) **1** Nähtisch **2** Kleiderschrank [frz.]

Chiff|re *auch:* Chif|fre [ʃɪfrə] (die, -, -n) Ziffer; Kennzahl; Geheimzeichen [arab.-frz.]

Chiff|reur *auch:* Chif|freur (der, -s, -e) jmd., der Chiffren entschlüsselt [arab.-lat.-frz.]

chiff|rie|ren *auch:* chif|frie|ren (V.) durch Chiffre verschlüsseln

Chig|non *auch:* Chi|gnon [ʃɪɲõ] (der, -s, -s) Haarknoten [lat.-frz.]

Chi|hu|a|hua [tʃiwa:wa] (der, -s, -s) mexikanischer Zwerghund [indian.]

Chi|la|na (die, -, nur Ez.) Wolle aus China

Chi|le|ne [çi-] oder [tʃi-] (der, -n, -n) Ew. Chiles

chi|le|nisch [çi-] oder [tʃi-] (Adj.) zu Chile gehörig

Chi|li [tʃi:-] (der, -s, -s) **1** ein roter südamerikanischer Pfeffer **2** Gericht, das viel Chili enthält; z.B. Chili con carne [indian.]

Chi|li|a|de [çi-] (die, -, -n) Folge von tausend

Chi|li|as|mus [çi-] (der, -, nur Ez.) Erwartung des Tausendjährigen Reiches Gottes [gr.- nlat.]

Chi|li|ast (der, -as|ten, -as|ten) Verfechter des Chiliasmus [gr.-lat.]

chi|li|as|tisch (Adj.) die Lehre des Chiliasmus betreffend [gr.-lat.]

Chil|ler (der, -s, -) Prosa oder Drama mit Schauerelementen [engl.]

Chil|li [tʃɪli:] (der, -s, -lies) = Chili

Chil|lies (nur Mz.) Früchte des Chilis [indian.-span.-engl.]

Chi|mä|ra [çi-] (die, -, nur Ez.) Ungeheuer der griechischen Sage (Löwe/Ziege/Schlange) [gr.-lat.]

Chi|mä|re (die, -, -n) **1** = Chimära **2** = Schimäre **3** Organismus aus genetisch verschiedenen Zellen

Chi|na|cra|cker [-krɛkər] (der, -s, -s) Feuerwerkskörper [engl.]

Chi|na|lei|nen (das, -s, nur Ez.) Grasleinen

Chi|nam|pas (nur Mz.) Gemüsebeete in der Art schwimmender Gärten in Mexiko [indian.-span.]

Chi|na|rin|de (die, -, nur Ez.) chininhaltige Rinde einer südamerikanischen Baumart [indian.-span.-dt.]

Chin|chil|la [tʃɪntʃɪla] (die, -, -s) ein südamerikanisches Nagetier mit hellgrauem Fell [indian.-span.]

chin-chin! [tʃɪntʃɪn] prost! [chines.- engl.]

Chi|né [ʃine:] (das, -s, -s) Gewebe mit verschwommenen Farbmusterkonturen [frz.]

Chi|ne|se [çi-] auch [ki-] (der, -n, -n) Ew. Chinas

chi|ne|sisch [çi-] auch [ki-] (Adj.) zu China gehörig

chi|niert (Adj.) zackengemustert [frz.]

Chi|nin [çi-] auch [ki-] (das, -s, nur Ez.) Fieber- und Malariamittel

Chi|no (der, -s, -s) Mischling aus Indianern und Schwarzen [span.]

Chi|nois [ʃɪnwa] (nur Mz.) kandierte Zwergorangen [frz.]

Chi|noi|se|rie [ʃɪnwazəri:] (die, -, -n) kunstgewerblicher Gegenstand im chinesischen Stil (zur Zeit des Rokoko) [frz.]

Chi|nook [tʃɪnuk] (der, -(s), nur Ez.) föhnähnlicher Fallwind an der Ostseite der Rocky Mountains [indian.]

Chintz [tʃɪnts] (der, -es, -e) ein bunt bedrucktes, glänzendes Baumwollgewebe [Hindi-engl.]

chi|o|no|phil (Adj.) Schnee liebend [gr.-lat.]

Chip [tʃɪp] (der, -s, -s) **1** (meist Mz.) ölgebackene Kartoffelscheibchen **2** Spielmarke **3** Mikrochip [engl.]

Chip|pen|dale [tʃɪpəndeɪl] (das, -s, nur Ez.) ein englischer Möbelstil

Chip|py (der, -s, -s) kleine Portionen konsumierende Rauschgiftanfänger [engl.]

Chi|rag|ra *auch:* Chi|ra|gra/Chir|ag|ra/Chira|gra [çir-] (das, -s, nur Ez.) Handgelenkgicht [gr.]

Chi|ri|mo|ya (die, -, -s) Honigapfel, Zimtapfel [indian.-span.]

Chi|rog|no|mie *auch:* Chi|ro|gno|mie [çi-] (die, -, nur Ez.) = Chiromantie

Chi|ro|gram|ma|to|man|tie (die, -, -n) Handschriftendeutung [gr.-lat.]

Chi|ro|lo|gie (die, -, nur Ez.) = Chiromantie

Chi|ro|mant (der, -en, -en) Handlinienleser und -deuter [gr.-lat.]

Chi|ro|man|tie [çi-] (die, -, nur Ez.) Handlesekunst [gr.]

Chi|ro|no|mie [çi-] (die, -, nur Ez.) = Cheironomie

Chi|ro|pä|die [çi-] (die, -, nur Ez.) Unterweisung in der Handfertigkeit [gr.-lat.]

Chi|ro|prak|tik [çi-] (die, -, nur Ez.) Wirbelsäulenheilbehandlung durch die Hände [gr.]

Chi|rop|te|ra *auch:* Chi|ro|pte|ra (nur Mz.) Fledermäuse [gr.-lat.]

Chi|rop|te|ro|ga|mie *auch:* Chi|ro|pte|ro|ga|mie (die, -, nur Ez.) Bestäubung durch Fledermäuse [gr.-lat.]
Chi|rurg *auch:* Chir|urg [çir-] oder [kir-] (der, -en, -en) Chirurgiefacharzt
Chi|rur|gie *auch:* Chir|ur|gie [çir-] oder [kir-] (die, -, -n) **1** (nur Ez.) Heilbehandlung durch operativen Eingriff **2** Gebäude dafür [gr.]
Chi|tar|ro|ne (der, -s, -s und -ni) Bassinstrument [gr.-lat.-it.]
Chi|tin [çi-] (das, -s, nur Ez.) harter Stoff im Außenskelettpanzer (der Insekten, Krebstiere) [gr.]
chi|ti|nig (Adj.) dem Chitin ähnlich [gr.-lat.]
chi|ti|nös (Adj.) aus Chitin bestehend [gr.-lat.]
Chi|ton [çi-] (der, -s, -e) altgriech. Gewand
Chlai|na (die, -, -nen) wollenes Übergewand für Männer in der Antike [gr.]
Chla|mys [çla-] (die, -, -) altgriechischer Umhang
Chlä|na (die, -, -nen) = Chlaina
Chlo|as|ma (das, -s, -men) Leberfleck, Hautfleck [gr.]
Chlor [kloːɐ] (das, -s, nur Ez.) ein gasförmiges Element [gr.]
Chlo|ral (das, -s, nur Ez.) ätzende Chlorverbindung [gr.]
Chlo|ral|hyd|rat *auch:* Chlo|ral|hy|drat (das, -s, nur Ez.) Schlafmittel
Chlo|ra|lis|mus (die, -, -men) Chloralvergiftung
Chlo|ra|min *auch:* Chlor|amin (das, -s, nur Ez.) Bleichmittel, Desinfektionsmittel
chlo|ren [kloː-] (V.) mit Chlor entkeimen
Chlo|rid [klo-] (das, -s, nur Ez.) Verbindung der Chlorkohlenwasserstoffsäure mit einem Metall [gr.]
chlo|rie|ren (V.) **1** = chloren **2** chemisch mit Chlor verbinden
Chlor|kalk (der, -s, nur Ez.) Bleichmittel, Desinfektionsmittel
Chlo|ro|form [klo-] (das, -s, nur Ez.) eine Flüssigkeit, Narkosemittel (früher) [gr.nlat.]
chlo|ro|for|mie|ren (V.) mit Chloroform betäuben
Chlo|ro|phyll [klorofyl] (das, -s, nur Ez.) Blattgrün [gr.]
Chlo|rop|ren *auch:* Chlo|ro|pren (das, -s, nur Ez.) farbloser, giftiger Chlorkohlenwasserstoff (als Ausgangsflüssigkeit für synthetischen Kautschuk u.a.) [gr.-nlat.]
Chlo|ro|se [klo-] (die, -, -n) Bleichsucht [gr.]
Chlyst (der, -en, -en) Anhänger einer russischen Sekte [russ.]
Choc (der, -s, -s) = Schock

Cho|cal|ho [ʃukalju] (das, -(s), -s) zylinderförmiges Schüttelrohr, gefüllt mit Samenkörnern oder Perlen [portugies.]
Choke [tʃəʊk] (der, -s, -s) Vergaser-Luftklappe, die für den Kaltstart geschlossen wird und ein stärker benzinhaltiges Gemisch bewirkt [engl.]
Cho|ker (der, -s, -) = Choke
cho|kie|ren (V.) = schockieren
Cho|le|ra [koː-] (die, -, nur Ez.) seuchenartige Infektionskrankheit, die den Körper durch heftigen Durchfall auszehrt [gr.]
Cho|le|ri|ker [ko-] (der, -s, -) jmd., der zu Wutanfällen neigt [gr.]
cho|le|risch (Adj.) wie ein Choleriker
Cho|les|te|rin [ko-] oder [ço-] (das, -s, -e) ein Zellfett, Gallenfett [gr.]
Chol|i|am|bus [çoljam-] (der, -, -ben) eine Versart, unvollständiger Jambus [gr.]
Cho|lo (der, -s, -s) Mischling aus Mestize und Indianer [span.]
Chop|suey [tʃɔpsuːi] (das, -(s), -) ein chinesisches Reisgericht mit Fleischstückchen, Gemüse und Sojasoße
Chor [koːr] (der, -s, Chö|re) **1** Sängergemeinschaft **2** offenes Kirchenobergeschoss [gr.]
Cho|ral [ko-] (der, -s, -rä|le) Lied der Kirchengemeinde [gr.-lat.]
Chor|da [kor-] (die, -, -den) Stützstrang (als Vorläufer der Wirbelsäule) [gr.]
Chor|da|phon (das, -s, -e) Saiteninstrument [gr.-lat.]
Chor|da|ten [kor-] (nur Mz.) Tier(gruppe) mit Chorda
Chor|di|tis [kor-] (die, -, -ti|den) Stimmbänderentzündung [gr.]
Cho|rea [ko-] (die, -, nur Ez.) Veitstanz [gr.]
Cho|re|ge (der, -n, -n) Chorleiter im antiken Theater [gr.]
Cho|re|o|graf (*auch:* Cho|re|o|graph) [ko-] (der, -en, -en) Ballettregisseur [gr.]
Cho|re|o|gra|fie (*auch:* Cho|re|o|gra|phie) [ko-] (die, -, -n) **1** Ballettregie **2** Aufzeichnung für die Tänzer, Tanzschrift [gr.]
cho|re|o|gra|fisch (*auch:* cho|re|o|graphisch) [ko-] (Adj.) zur Choreografie gehörig
Cho|reut [ço-] (der, -en, -en) altgriechischer Chorsänger, -tänzer
Cho|ri|o|i|dea (die, -, nur Ez.) Aderhaut des Auges [gr.-lat.]
cho|risch [koː-] (Adj.) zu einem Chor gehörig, durch ihn zu singen
Cho|rist [ko-] (der, -ris|ten, -ris|ten) Chorsänger
Chör|lein (das, -s, nur Ez.) kleiner Erker an Wohnhäusern des Mittelalters [gr.-lat.]

Cho|ro|gra|fie (*auch:* Cho|ro|gra|phie) [ko-] (die, -, nur Ez.) Raum-, Standortbeschreibung, Länderkunde [gr.]
Cho|ro|lo|gie [ko-] (die, -, nur Ez.) Verbreitungslehre (Tier- und Pflanzenarten) [gr.]
Chor|re|gent (der, -en, -en) Chorleiter eines katholischen Kirchenchors [gr.-lat.]
Chor|ton (der, -s, nur Ez.) Normalton, um Chor oder Orgel zu stimmen
Cho|rus [ko:-] (der, -, nur Ez.) **1** Chor, Sängergemeinschaft (veraltet) **2** Jazzrefrain [gr.-lat.]
Cho|se (*auch:* Scho|se) [ʃoː-] (die, -, -n) Sache (ugs.) [frz.]
Chow-Chow [tʃaʊtʃaʊ] (der, -s, -s) eine chinesische Hunderasse, Großspitz
Chres|to|ma|thie *auch:* Chre|sto|ma|thie [krɛ-] (die, -, -n) Textsammlung (für den Unterricht) [gr.]
Chrie (die, -, -n) Lebensweisheit [gr.-lat.]
Chri|sam [çriː-] (das oder der, -s, nur Ez.) = Chrisma
Chris|ma [çrɪs-] (das, -s, nur Ez.) geweihtes Salböl [gr.]
chris|ti|a|ni|sie|ren (V.) christlich machen, bekehren [gr.-frz.]
Chris|tian Sci|ence [krɪstjən saɪəns] (die, -, nur Ez.) eine christliche Sekte [engl.]
Chris|to|gramm [krɪ-] (das, -s, -e) = Christusmonogramm
Chris|to|lat|rie *auch:* Chris|to|la|trie (die, -, nur Ez.) extreme Christusverehrung [gr.]
Chris|to|lo|gie (die, -, nur Ez.) Christuslehre
chris|to|lo|gisch [krɪ-] (Adj.) zur Christologie gehörig [gr.]
Chris|tus [krɪ-] (der, -ti, nur Ez.) zusätzlicher Name Jesu [gr.-lat.]
Chris|tus|mo|no|gramm [krɪ-] (das, -s, -e) die ineinander geschriebenen Anfangsbuchstaben »Chr« (für Christus) in griechischer Schrift
Chrom [kroːm] (das, -s, nur Ez.) Metall, chemische Grundsubstanz [gr.-lat.-frz.]
Chro|ma|tid [kro-] (der, -en, -en) Chromosomenspalthälfte [gr.]
Chro|ma|tik [kro-] (die, -, nur Ez.) **1** Veränderung der Tonleiterstufen um Halbtöne **2** Farbenlehre [gr.]
Chro|ma|tin [kro-] (das, -s, nur Ez.) anfärbbarer Zellkernbestandteil [gr.]
chro|ma|tisch [kro-] (Adj.) **1** in Halbtonschritten fortschreitend **2** zur Chromatik (2) gehörig
chro|ma|ti|sie|ren (V.) das Überziehen von Metallen mit einer Chromatschicht als Rostschutz [gr.-lat.-frz.]

Chro|ma|to|phor [kro-] (das, -s, -en) Farbstoffträger (einer Zelle) [gr.]
chro|mo|gen (Adj.) farbstoffbildend [gr.-lat.]
Chro|mo|som [kro-] (das, -s, -en) die Gene tragender Zellkernteil [gr.]
chro|mo|so|mal [kro-] (Adj.) zu den Chromosomen gehörig
Chro|mo|so|men|a|ber|ra|tion *auch:* Chromo|so|men|ab|er|ra|ti|on (die, -, -ti|o|nen) krankhafte Veränderung der Chromosomen
Chro|nik [kroː-] (die, -, -en) Aufzeichnung der zeitlichen Abfolge [gr.]
chro|ni|ka|lisch [kro-] (Adj.) in Form einer Chronik
Chro|nique scan|da|leuse [krɔnik skɑ̃dalø:z] (die, - -, -s -s) Skandalgeschichte [frz.]
chro|nisch [kroː-] (Adj.) hartnäckig, langwierig (bei Krankheiten) [gr.]
Chro|nist [kro-] (der, -nɪs|ten, -nɪs|ten) Verfasser einer Chronik
Chro|nis|tik (die, -, nur Ez.) Gattung der Geschichtsschreibung [gr.-lat.]
Chro|no|gra|fie *auch:* Chro|no|gra|phie [kro-] (die, -, -n) chronologische Geschichtsschreibung
Chro|no|lo|gie [kro-] (die, -, -n) Zeitablauf; Zeitrechnung [gr.]
chro|no|lo|gisch [kro-] (Adj.) nach dem Zeitablauf geordnet [gr.]
Chro|no|me|ter [kro-] (der, -s, -) genaue Uhr, Zeitmesser [gr.]
Chry|sa|li|de (die, -, -n) Schmetterlingspuppe mit goldenen Flecken [gr.-lat.]
Chry|san|the|me *auch:* Chrys|an|the|me [kry-] (die, -, -n) ein Korbblütler, Zierblume [gr.]
Chry|so|pras *auch:* Chry|so|pras [kry-] (der, -es, -e) ein apfelgrüner Edelstein, Härte 7 [gr.]
chtho|nisch [çto:-] (Adj.) **1** irdisch **2** unterirdisch [gr.]
Chubb|schloss (das, -es, -schlös|ser) Sicherheitsschloss (Warenzeichen) [engl.]
Chur|ras|co [ʃu-] (der, -s, -s) nach brasilian. Art am Spieß gebratenes Fleisch
Chut|ney [tʃʌtnɪ] (das, -(s), -s) indische Würzpaste [Hindi-engl.]
Chuz|pe [xʊtspə] (die, -, nur Ez.) Unverschämtheit [hebr.]
Chy|mus [çyː-] (der, -, nur Ez.) Speisebrei (im Magen) [gr.]
CIA [siːaɪeɪ] (der, -, nur Ez.) **C**entral **I**ntelligence **A**gency, amerikanischer Geheimdienst [engl.]
ciao! [tʃaːo] (Abschieds)Gruß [it.]
Ci|ce|ro 1 (die oder der, -, nur Ez.) Zwölfpunktschrift **2** (ohne Art.) römischer Redner

Ci·ce·ro·ne [tʃitʃe-] (der, -(s), -ni) italienischer Fremdenführer
Ci·ce·ro·ni·a·ner (der, -s, -) Verfechter des Ciceronianismus [lat.]
ci·ce·ro·ni·a·nisch (Adj.) **1** wie Cicero **2** stilistisch vollkommen [lat.]
Ci·ce·ro·ni·a·nis·mus (der, -, nur Ez.) Rhetorik der Renaissancezeit nach dem Vorbild Ciceros (**2**) [lat.]
Ci·cis·beo [tʃitʃis-] (der, -(s), -s) Liebhaber der Ehefrau [it.]
Cid·re auch: **Ci·dre** [si:drə] (der, -(s), nur Ez.) nordwestfranzösischer Apfelwein [hebr.-frz.]
cif [tsɪf] (Handelsklausel) Kosten, Versicherung, Fracht im Preis inbegriffen [engl.]
Cim·bal (das, -s, -s) = Zimbal
Cin·de·rel·la·kom·plex auch: **Cin·de·rel·la·kom·plex** (der, -es, nur Ez.) Furcht von Frauen vor der eigenen Unabhängigkeit
Ci·ne·ast [si-] (der, -as·ten, -as·ten) Filmfreund; Filmschaffender [it.]
Ci·ne·as·tik (die, -, nur Ez.) Filmkunst [gr.-frz.]
ci·ne·as·tisch die Filmkunst betreffend [gr.-frz.]
Ci·né·ma (das, -s, -s) Filmtheater, Kino [gr.-frz.]
Ci·ne·mas·cope auch: **Ci·ne·ma·scope** [sɪnəmaskoʊp] (das, -(s), nur Ez.) Breitwandverfahren, -wiedergabe (bei Filmen; Warenzeichen) [engl.]
Ci·ne·phi·le (der, -n, -n) Filmfan [gr.-frz.]
Ci·ne·ra·ma [si-] (das, -, nur Ez.) Breitwandverfahren, -wiedergabe (bei Filmen; Warenzeichen) [engl.]
Cin·que·cen·tist (der, -tis·ten, -tis·ten) Künstler des Cinquecento [lat.-it.]
Cin·que·cen·to [tʃɪŋkwetʃen-] (das, -s, nur Ez.) italienische Kunstepoche des 16. Jahrhunderts
Cin·vat·brü·cke (die, -, nur Ez.) Totenbrücke in der iranischen Religion [iran.-dt.]
Cin·za·no (der, -s, -s) italienischer Wermut (Warenzeichen)
Ci·pol·la·ta (die, -, -s oder -ten) **1** herzhaftes Gericht **2** kleines Würstchen [lat.-it.]
Ci·pol·lin (der, -s, -e) Zwiebelmarmor
Ci·pol·li·no (der, -s, -s) = Cipollin
cir·ca [tsɪrka] (Adv.) = zirka [lat.]
Cir·ca·ra·ma (das, -s, -s) besonderes Wiedergabeverfahren beim Film, wodurch ein Rundbild entsteht [lat.-gr.]
Cir·ce [tsɪrtsə] **1** (ohne Art.) Zauberin der griechischen Sage **2** (die, -, -n) verführerische Frau
Cir·cuit·trai·ning auch: **Cir·cuit-Trai·ning** [sɜːkɪt treɪ-] (das, -s, nur Ez.) Rundumtraining an im Kreis aufgestellten Geräten [engl.]

Cir·cu·lus (der, -, -li) kleiner Kreis [lat.]
Cir·cu·lus vi·ti·o·sus [tsɪrkulus witsjoːsus] (der, - -, -li -si) **1** Zirkelschluss **2** negativer Kreislauf, Teufelskreis [lat.]
Ci·ré (der, -s, -s) dem Chintz ähnliches Seidengewebe [lat.-frz.]
Cir·cus (der, -, -se) = Zirkus
Cir·rus [tsɪr-] (der, -, -) = Zirrus
ci·tis·si·me [tsi-] (Adv.) sehr eilig (auf Vermerken; veraltet) [lat.]
ci·to [tsi:-] (Adv.) eilig (auf Vermerken; veraltet) [lat.]
Ci·to·yen auch: **Ci·toy·en** [sitwajɛ̃] (der, -s, -s) Bürger [lat.-frz.]
Cit·rin auch: **Ci·trin** (auch: **Zit·rin**/**Zi·trin**) [tsi-] (der, -s, -e) ein gelbes Mineral, Schmuckstein, Härte 7 [frz.]
Ci·ty [sɪtɪ] (die, -, -s) Geschäftsviertel, Innenstadt [engl.]
Ci·vet [sivɛː] (das, -s, -s) Hasenragout [frz.]
Ci·vi·tas Dei (die, - -, nur Ez.) Staat Gottes (nach Augustinus) [lat.]
Clac·to·ni·en (das, -s, nur Ez.) altsteinzeitliche Kulturstufe
Claim [kleɪm] (das, -(s), -s) Besitzanspruch (auf eine Goldmine) [engl.]
Clai·ret [klɛrɛː] (der, -s, -s) französischer Rotwein [lat.-frz.]
Clai·ret·te (die, -, nur Ez.) leichter französischer Weißwein [lat.-frz.]
Clair-obs·cur auch: **Clair-ob·scur** [klɛrɔpskyːr] (das, -s, nur Ez.) Hell-Dunkel-Malerei [frz.]
Clai·ron [klɛrɔ̃] (das, -s, -s) **1** Signalhorn **2** Bachtrompete [frz.]
Clair·voy·ance auch: **Clair·voy·ance** [klɛrvwajɑ̃s] (die, -, nur Ez.) Hellsehen im somnambulen Zustand [frz.]
Clan [klæn] auch [klaːn] (der, -s, -s) Sippe, Verwandtschaftsverband (in Schottland)
Claque [klak] (die, -, -n) Gruppe von Claqueuren [frz.]
Cla·queur [-køːɐ] (der, -s, -e) bezahlter Beifallsklatscher [frz.]
Cla·ri·no (das, -s, -s oder -ni) **1** Clairon (**2**) **2** ein Orgelregister [it.]
Clau·su·la (die, -, -lae) die Klausel [lat.]
Cla·ve·cin [-vsɛ̃] (das, -s, -s) = Cembalo [frz.]
Cla·ves (nur Mz.) zwei Hartholzstäbchen, die mit zwei Händen gegeneinander geschlagen werden, Rumbastäbchen [span.]
Cla·vi·cem·ba·lo [-tʃɛm-] (das, -s, -li) = Cembalo
Cla·vi·cu·la [klaviːkula] (die, -, -lae) Schlüsselbein [lat.]
Cla·vis (die, -, - und -ves) **1** Orgeltaste **2** Notenschlüssel [lat.]

Clavus (die, -, -vi) purpurner oder goldener Streifen an der Kleidung hoher römischer Beamter [lat.]
clean [kli:n] (Adj.) nicht mehr rauschgiftsüchtig, »sauber« (Jargon) [engl.]
Clea'ring [klɔrɪŋ] (das, -s, -s) Verrechnung, Abrechnung gegenseitiger Geldforderungen [engl.]
Cle'ma'tis (die, -, -) eine rankende Zierpflanze [gr.]
Clerk (der, -s, -s) 1 kaufmännischer Angestellter 2 Gerichtsbeamter [gr.-lat.-frz.-engl.]
cle'ver (Adj.) geschickt, gerissen [engl.]
Cle'ver'ness (die, -, nur Ez.) das Cleversein
Cli'an'thus (der, -, nur Ez.) australischer Zierstrauch [gr.-lat.]
Cli'ché (das, -s, -s) = Klischee
Clinch [klɪntʃ] (der, -s, nur Ez.) 1 Umklammerung (beim Boxen) 2 zu intensives Beschäftigtsein (ugs.); z.B. mit der Diplomarbeit, der Freundin im Clinch sein [engl.]
Clip (der, -s, -s) 1 Ohrschmuck mit Druckklemme 2 Kurzform für Videoclip [engl.]
Clip'per (der, -s, -) Langstreckenflugzeug [engl.]
Cli'que (klɪkə) (die, -, -n) 1 Bekanntenkreis 2 Bande, Sippschaft [frz.]
Clo'chard (kloʃaːr) (der, -s, -s) Stadtstreicher, Penner [frz.]
Clog (der, -s, -s) schwerer Holzpantoffel [engl.]
Clo'ning (das, -s, -s) künstliches Schaffen von Leben durch Genmanipulation [engl.]
Clo'nus (der, -, -se) künstlicher Mensch [lat.]
Clou (klu:) (der, -s, -s) Glanznummer; wesentlicher Punkt [frz.]
Clown (klaun) (der, -s, -s) Spaßmacher (im Zirkus) [engl.]
Clow'ne'rie [klau-] (die, -, -n) Benehmen, Spaßmacherei eines Clowns
clow'nesk [klau-] (Adj.) wie ein Clown
Clow'nis'mus (der, -, nur Ez.) hysterische Verrenkungen bei einem Anfall (Med.) [lat.]
Club (der, -s, -s) = Klub
Clu'ni'a'zen'ser (der, -s, -) benediktinische kirchliche Reformbewegung des 11. und 12. Jahrhunderts
Clus'ter [kla-] (der, -s, -) ungeordnetes Ganzes; z.B. ein Cluster von sprachl. Merkmalen [engl.]
Coach [kəutʃ] (der, -s, -s) Betreuer, Trainer
coa'chen [kəutʃen] (V.) als Coach leiten
Coat (der, -s, -s) dreiviertellanger Mantel [engl.]
Cob (der, -s, -s) kleines englisches Gebrauchspferd [engl.]

Co'ba'lea (die, -, -s) [lat.] mexikanische Zierpflanze [lat.]
COBOL Abk. für »Common Business Oriented Language«, Programmiersprache für den kaufmännischen Bereich [engl.]
Co'ca (die, -, -s oder das, -s, -s) 1 Kurzwort für Coca-Cola (Warenzeichen) 2 Heilpflanze
Co'car'ci'no'ge'ne (nur Mz.) Krebs auslösende Stoffe [lat.]
Co'chon (der, -s, -s) unanständiger Mensch [frz.]
Co'chon'ne'rie (die, -, -ri'en) Zote
Co'cker'spa'ni'el (der, -s, -s) eine langohrige, mittelgroße Jagdhundrasse [engl.]
Cock'ney [-nɪ] (das, -(s), nur Ez.) Londoner Mundart (der Unterschicht) [engl.]
Cock'pit (das, -s, -s) Pilotensitz; Fahrersitz (in Rennwagen, Motorbooten) [engl.]
Cock'tail [-teɪl] (der, -s, -s) 1 kaltes alkoholisches Mixgetränk (im kleinen Glas) 2 kalte Vorspeise; z.B. Hummercocktail [engl.]
Cock'tail'kleid (das, -es, -der) kurzes Kleid für Gesellschaften
CoCom (das, -, nur Ez.) Abk. für »Coordinating Committee for Multilateral Strategic Export Controls«, Koordinationsausschuss für mehrseitige strategische Ausfuhrkontrollen [engl.]
Co'da (die, -, -s) Schlussteil (eines Musikstücks) [lat.]
Code [koːd] (der, -s, -s) = Kode
Code ci'vil [kɔdsiviːl] (der, - -, nur Ez.) französisches Zivilrecht
Code Na'po'lé'on [kɔdnapɔleɔ̃] (der, - -, nur Ez.) Vorläufer des Code civil [frz.]
Co'dex (der, -es und -, -e und -di'ces) = Kodex
Co'dex ar'gen'te'us (der, - -, nur Ez.) Handschrift des Mittelalters in Silberschrift [lat.]
Co'dex au're'us (der, - -, Co'di'ces au're'us) Handschrift des Mittelalters in Goldschrift [lat.]
Co'di'cil'lus (der, -, -li) Notizbüchlein, kleiner Kodex [lat.]
Cœur [kœr] (das, -(s), -s) Herz (im französischen Kartenspiel)
Cof'fe'in (das, -s, nur Ez.) = Koffein
Cof'fi'nit (das, -s, nur Ez.) stark radioaktives Mineral
co'gi'to, er'go sum »ich denke, also bin ich« [lat.]
Cog'nac auch: **Co'gnac** [-ɲak] (der, -s, -s) französ. Weinbrand (aus der Region um die Stadt Cognac, Warenzeichen)
Coif'feur [kwafø:r] (der, -s, -e) = Friseur [frz.]
Coif'feu'se (die, -, -en) Friseuse [frz.]
Coif'fure (die, -, -en) 1 Frisierkunst 2 kunstvolle Frisur [frz.]

Co̱i̱tus (der, -, - und -se) = Koitus
Coke [kəʊk] (das, -, -) = Coca-Cola [engl.]
Co̱la (das oder die, -(s), -s) coffeinhaltiges Erfrischungsgetränk; z.B. Coca-Cola
Cold'cream (*auch:* Cold Cream) (die, -, -s) pflegende Hautcreme mit kühlender Wirkung [engl.]
Col'le'op'ter *auch:* Col'le'o'pter (der, -s, -) in senkrechter Position startendes und landendes Flugzeug [gr.]
col'la des'tra *auch:* col'la dest'ra/col'la destra mit der rechten Hand zu spielen (bei Musikstücken) [it.]
Col'la'ge [-ʒə] (die, -, -n) **1** aus vorhandenen Bildteilen zusammengeklebtes Kunstwerk **2** aus vorhandenem Material zusammengestelltes Kunstwerk; z.B. eine Klangcollage [frz.]
col'la'gie'ren (V.) eine Collage zusammenstellen, gestalten [frz.]
col'la si'nis'tra col'la si'njst'ra /col'la si'ni'stra mit der linken Hand zu spielen (bei Musikstücken) [it.]
Col'lege [kɒlɪdʒ] (das, -s, -s) höhere Schule; Universitätsinstitut (in angelsächsischen Ländern) [lat.-engl.]
Col'le'gi'um (das, -s, -gi'en) = Kollegium
col leg'no *auch:* col le'gno mit dem Holz des Bogens zu spielen (Musikanweisung für Streicher) [it.]
Col'li'co (das, -s, -s) zusammenlegbare Transportkiste (der Deutschen Bahn) [Kunstwort]
Col'lie [koli] (der, -s, -s) schottischer Schäferhund [engl.]
Col'li'er [kolje:] (das, -s, -s) wertvoller Halsschmuck (mehrere Schmuckreihen) [frz.]
Col'lum (das, -s, -la) **1** Hals **2** sich verjüngender Teil eines Organs [lat.]
Co'lón (der, -(s), -(s)) Währungseinheit (in Costa Rica, El Salvador) [span.]
Co'lo'nel (engl. [kɜːnl], frz. [kɔlɔnɛl]) (der, -s, -s) Oberst [it.]
Co'lo̱'nia (die, -, -ni'ae) in der Antike eine Siedlung außerhalb Roms [lat.]
Colt (der, -s, -s) Trommelrevolver (im Wilden Westen) [engl.]
Co'lum'bi'um (das, -s, nur Ez.) = Niob (veraltet) [nlat.]
Com'bo (die, -, -s) = Band [engl.]
Come-back *auch:* Come'back [kʌmbæk] (das, -(s), -s) Rückkehr in die Öffentlichkeit [engl.]
COMECON (*auch:* Co'me'con) [kɔ-] (der oder das, -, nur Ez.) Abk. für »**Co**uncil for **M**utual **Econ**omic Assistance«, Rat für gegenseitige Wirtschaftshilfe; Wirtschaftsorganisation der Sowjetunion und ihrer Satellitenstaaten (1949–1991) [engl.]
Come-down (das, -s, -s) Nachlassen der Rauschwirkung nach Drogengenuss [engl.]
Co̱mes (der, -, - oder -mi'tes) **1** hoher Beamter im kaiserlichen Rom **2** Gefolgsmann des Königs im Mittelalter **3** Wiederholung des Fugenthemas in der zweiten Stimme [lat.]
co̱'me stà ohne musikal. Verzierungen (so, wie es dasteht) zu spielen [it.]
Co̱'mes'tib'les *auch:* Co̱'mes'ti'bles [kɔmesti:bl] (nur Mz.) Feinkost (schweiz.) [frz.]
Co̱'mic (kɒmɪk) (das, -s, -s) **1** gezeichnete Geschichte (in Bildstreifen, mit Sprechblasen) **2** Heft mit solchen Geschichten [engl.]
Co̱'mic'strip (der, -s, -s) = Comic
Co̱'ming-out [kʌmɪŋ aʊt] (das, -s, -s) das öffentliche Bekennen seiner homosexuellen Veranlagung [engl.]
comme ci, comme ça [kɔmsikɔmsa] leidlich, nicht besonders [frz.]
Com'me̱'dia dell'ar'te (die, -, nur Ez.) italienische Komödie (mit typischen Kostümen, Figuren und improvisierten Dialogen)
comme il faut [kɔmilfo:] vorbildlich; z.B. ein Ehemann comme il faut [frz.]
Com'mer'cial Pa'per (das, - -s, - -s) Schuldverschreibung eines Unternehmens an eine Bank als Mittel der Geldbeschaffung [engl.]
Com'mis [-mi] (der, -, -) = Kommis
Com'mis vo'ya'geur [-mi vwajaʒœr] (der, - -, - -s) Handlungsreisender [frz.]
Com'mon'sense (*auch:* Co̱m'mon Se̱nse) [kɔmən sɛns] (der, - -, nur Ez.) gesunder Menschenverstand; allgemein akzeptierte Sache [engl.]
Com'mon'wealth [kɔmənwɛlθ] (das, -, nur Ez.) mit Großbritannien verbundene Staatengemeinschaft; britisches Weltreich (früher) [engl.]
co̱'mo̱'do (Adv.) behaglich, gemächlich (bei Musikstücken) [it.]
Com'pact'disc (*auch:* Com'pact Disc) (die, -, -s) durch Laserabtastung abspielbare Schallplatte [engl.]
Com'pag'non *auch:* Com'pa'gnon [-ɲɔ̃] (der, -s, -s) = Kompagnon
Com'pi̱'ler [-paɪ-] (der, -s, -) Programm zur Übersetzung einer Programmiersprache in eine vom Computer lesbare Maschinensprache [engl.]
Com'po̱'ser (der, -s, -) elektr. Schreibmaschine, die druckähnliche Texte liefert [engl.]
Com'pound [-paʊnd] (der, -s, -s) Verbund(maschine) [engl.]
Comp'toir (das, -s, -s) Kontor [lat.-frz.]

Com'pur (der, -s, -e) Objektivverschluss einer Kamera
Com'pu'ter [-pju:-] (der, -s, -) elektronische Rechen-, Datenverarbeitungsanlage [lat.-engl.]
com'pu'te'ri'sie'ren [-pju-] (V.) **1** für den Computer lesbar machen; im Computer speichern **2** den Computer übermäßig einsetzen
Comte [kɔ̃t] (der, -s, -s) französischer Graf
Com'tes'se [kɔ̃tɛs] (die, -, -n) französische Grafentochter; Gräfin
con (Präp.) mit (bei Musikstücken; z.B. con fuoco »mit Feuer«) [it.]
con ab'ban'do'no mit Hingabe, leidenschaftlich (Vortragsanweisung in der Musik) [lat.-it.]
con a'ni'ma mit Empfindung, mit Seele (Vortragsanweisung in der Musik) [lat.-it.]
con ca'lo're mit Wärme (Vortragsanweisung in der Musik) [lat.-it.]
Con'cept'art [kɒnsept-] (die, -, nur Ez.) Kunstrichtung, in der nur die Idee (nicht die Umsetzung) geliefert wird [engl.]
Con'cer'ti'no [-tʃɛr-] (das, -s, -s oder -ni) kleines Konzert [it.]
Con'cer'to [-tʃɛr-] (das, -s, -ti) Konzert [it.]
Con'cer'to gros'so [-tʃɛr-] (das, - -, -ti -si) barockes Konzert für Orchester und Soloinstrumente [it.]
Con'ci'erge [kɔ̃sjɛrʒ] (die, -, -s) französische Hausmeisterin
Con'ci'er'ge'rie (die, -, nur Ez.) Untersuchungsgefängnis in Paris, in dem viele prominente Opfer der Revolution inhaftiert waren [lat.-frz.]
con'ci'ta'to (Adv.) erregt, aufgeregt (Vortragsanweisung in der Musik) [lat.-it.]
Con'di'tio si'ne qua non (die, - - - -, nur Ez.) unerlässliche Bedingung [lat.]
Con'duk'tus (der, -, -) **1** lateinisches Lied im Mittelalter für eine Stimme **2** eine Hauptform der mehrstimmigen Musik des Mittelalters [lat.]
con'fer! vergleiche! [lat.]
Con'fé'rence [kɔ̃feʁɑ̃s] (die, -, -n) Ansage (des Conférenciers)
Con'fé'ren'ci'er [kɔ̃feʁɑ̃sjeː] (der, -s, -s) unterhaltsamer Ansager (bei öffentlichen Veranstaltungen) [frz.]
Con'fes'sio (die, -, -si'o'nes) Bekenntnis (der Sünden, zum Glauben) [lat.]
Con'fes'sor (der, -s, -so'res) Glaubensbekenner [lat.]
Con'fi'te'or (das, -, nur Ez.) Sündenbekenntnis (im kath. Gottesdienst) [lat.]
Con'foe'de'ra'tio Hel've'ti'ca (die, - -, nur Ez.) Schweizerische Eidgenossenschaft [lat.]

con for'za mächtig, mit Kraft (Vortragsanweisung in der Musik) [lat.-it]
con fu'o'co heftig, schnell (Vortragsanweisung in der Musik) [lat.-it.]
Con'ga (die, -, -s) **1** ein aus Kuba stammender Gesellschaftstanz **2** große Handtrommel, die beim Spielen zwischen den Knien gehalten wird [span.]
con mo'to mit Bewegung, etwas beschleunigt (Vortragsanweisung in der Musik [lat.-it.]
Con'nais'seur [-nɛsøːʁ] (der, -s, -s) Sachverständiger, Feinschmecker, Genießer [frz.]
Con'nec'tion [kənɛkʃn] (die, -, -s) Beziehung, Verbindung, Zusammenhang [engl.]
Con'se'cu'tio Tem'po'rum (die, - -, nur Ez.) Zeitenfolge in Haupt- und Nebensätzen (Sprachwissenschaft) [lat.]
Con'seil [kɔ̃sɛj] (der, -s, -s) Rat, Ratsversammlung als Bezeichnung für verschiedene Institutionen in Frankreich [lat.-frz.]
Con'sen'sus (der, -, -) Übereinstimmung [lat.]
Con'si'li'um (das, -s, -li'en) = Konsilium
Con'so'la'tio (die, -, -ti'o'nes) Trostschrift, Trostgedicht in der altrömischen Literatur [lat.]
Con'som'mé (die, -, -s) Kraftbrühe, Rinderbrühe [lat.-frz.]
Con'sul'ting [kənsʌltɪŋ] (das, -s, nur Ez.) Beratung, Beratungstätigkeit [lat.-engl.]
Con'tai'ner [-teɪ-] (der, -s, -) Großbehälter (zur Beförderung, zum Abtransport) [engl.]
con'tai'ne'ri'sie'ren (V.) in Containern verschicken [lat.-frz.-engl.]
Con'tai'ner'ter'mi'nal (der oder das, -s, -s) Verladehafen für Container
Con'te (der, -, -ti) italienischer Graf
Con'te'nance [kɔ̃tənɑ̃ːs] (die, -, nur Ez.) Fassung, das Ansichhaltenkönnen [frz.]
Con'ter'gan (das, -s, nur Ez.) früheres Schlafmittel, das zu Missbildungen am Embryo führte (Warenzeichen) [Kunstwort]
Con'ter'gan'kind (das, -es, -er) Kind, das missgebildet geboren wird, weil die Mutter während der Schwangerschaft das Mittel Contergan eingenommen hat
Con'tes'sa (die, -, -sen oder -se) italienische Gräfin
Con'tes'si'na (die, -, -s) italienischer Adelstitel [lat.-it.]
Con'test (der, -(e)s, -s oder -e) Musikwettbewerb in der Sparte Unterhaltung [lat.-frz.-engl.]
cont'ra auch: con'tra = kontra
Cont'ra auch: Con'tra (der, -s, -s) Gegner der Sandinisten (Nicaragua)
Cont'ra'dic'tio in ad'jec'to auch: Con'tra'dic'tio in ad'jec'to (die, - - -, nur Ez.)

Contredanse

Widerspruch, der durch das beigefügte Eigenschaftswort entsteht; z.B. koffeinfreier Kaffee [lat.]
Cont¹re¹danse *auch:* Con¹tre¹danse [kɔ̃trədɑ̃s] (der, -, -s) Tanz, bei dem die Paare die Figuren gegeneinander ausführen [frz.]
Cont¹rol¹ler *auch:* Con¹trol¹ler [-trəʊ-] (der, -s, -) Leiter des Rechnungswesens [engl.]
Con¹val¹la¹ria (die, -, nur Ez.) Maiglöckchen (als Heilpflanze) [lat.]
Con¹vey¹er (der, -s, -) Förderband [lat.-frz.-engl.]
cool [kuːl] (Adj.) **1** gelassen (ugs.); z.B. ganz cool in eine Prüfung gehen **2** sehr gut, ein cooles Gitarrensolo [engl.]
Co¹or¹di¹na¹tes (nur Mz.) kombinierbare, aufeinander abgestimmte Kleidungsstücke [lat.-engl.]
Co¹py¹right [kɒpɪraɪt] (das, -s, -s) Urheberrecht [engl.]
Co¹quill¹le (die, -, -n) **1** Muschelschale **2** Ragout, das in einer Muschelschale angerichtet wird [gr.-lat.-frz.]
Cor (das, -, nur Ez.) das Herz (Med.) [lat.]
co¹ram pub¹li¹co *auch:* co¹ram pu¹bli¹co öffentlich, vor allen [lat.]
Cord (der, -s, -e oder -s) längs gerippter Stoff [lat.-engl.]
Cór¹do¹ba (der, -(s), - oder -s) Währungseinheit in Nicaragua [span.]
Cor¹don bleu [kɔrdɔ̃bløː] (das, - -, -s -s) paniertes Schnitzel, gefüllt mit Kochschinken und Käse [frz.]
Core [kɔː] (das, -(s), -s) Inneres eines Kernreaktors [engl.]
Cor¹fam (das, -, nur Ez.) in Amerika entwickeltes, lederähnliches synthetisches Material
Cor¹nea [-nea] (die, -, -ne¹ae) Augenhornhaut
Cor¹ned¹beef (*auch:* Cor¹ned Beef) [kɔːndbiːf] (das, -, nur Ez.) gepökeltes Büchsenrindfleisch [engl.]
Cor¹ne¹mu¹se (die, -, -s) Sackpfeife, Dudelsack [lat.-frz.]
Cor¹ner (der, -s, -) **1** Ringecke beim Boxen **2** bewusst herbeigeführter Kursanstieg zum Schaden der Baissepartei im Börsenwesen **3** Eckball beim Fußballspiel [lat.-frz.-engl.]
Corn¹flakes (*auch:* Corn-Flakes) [-fleɪks] (nur Mz.) geröstete Scheibchen aus Maismehl [engl.]
Cor¹ni¹chon [-ʃɔ̃] (das, -s, -s) kleine Essiggurke [frz.]
Cor¹po¹rate I¹den¹ti¹ty [kɔːpərət aɪdentətɪ] (die, - -, - -ties) einheitliches, unverwechselbares Erscheinungsbild eines Betriebes [engl.]

Corps [koːr] (das, -, -) = Korps
Corps con¹su¹laire [kɔrkɔ̃syleːr] (das, - -, -s) Korps ausländ. Konsulatsangehöriger [frz.]
Corps de Bal¹let [kɔrdəbalɛ] (das, - - -, - - -) Ballettkorps [frz.]
Corps dip¹lo¹ma¹tique *auch:* Corps di¹plomatique [kɔr -tiːk] (das, - -, - -s) Diplomatenkorps [frz.]
Cor¹pus (das, -, -po¹ra) = Korpus
Cor¹pus¹cu¹lum (das, -s, nur Ez.) kleines Gebilde im Organismus (Med.) [lat.]
Cor¹pus De¹lic¹ti (das, - -, -po¹ra -) Beweisstück [lat.]
Cor¹pus Ju¹ris (das, - -, nur Ez.) Gesetzbuch [lat.]
Cor¹ri¹da de to¹ros (die, - - -, -s - -) spanische Bezeichnung für den Stierkampf [span.]
cor¹ri¹ger la for¹tune [kɔriʒe: la fɔrtyn] dem Glück nachhelfen, betrügen [frz.]
Cor¹tes (nur Mz.) Volksvertretung in Spanien [lat.-span.]
Cor¹ti¹son (das, -s, -e) ein Nebennierenrindenhormon [nlat.]
Co¹sa Nos¹tra *auch:* Co¹sa Nos¹tra/Co¹sa No¹stra (die, - -, nur Ez.) mafiaähnliche Organisation in den USA [ital.]
Co¹se¹cans (der, -, -) eine trigonometrische Funktion, Kehrwert des Sinus [lat.]
Co¹si¹nus (der, -, -) eine trigonometrische Funktion, Verhältnis von Ankathete zu Hypotenuse im rechtwinkligen Dreieck [lat.]
Co¹tan¹gens (der, -, -) eine trigonometrische Funktion, Kehrwert des Tangens [lat.]
Cô¹te¹lé (der, -s, -s) fein gerippter Mantel und Kleiderstoff [frz.]
Co¹te¹li¹ne (der, -s, -s) gerippter Möbelbezugsstoff [frz.]
Cot¹tage [kɒtɪdʒ] (das, -, -s [-is]) englisches Landhaus
Cot¹tage¹cheese [kɒtɪdʒ tʃiːz] (der, - -, nur Ez.) körniger Frischkäse [engl.]
Cot¹ton [kɒtn] (der oder das, -s, nur Ez.) Baumwolle [engl.]
Cot¹ton¹öl (das, -s, nur Ez.) aus Baumwollsamen gewonnenes Öl für Technik und Heilkunde
Cot¹ton¹wood (das, -s, nur Ez.) Holz der amerikanischen Pappel [engl.]
Couch [kaʊtʃ] (die, -, -s oder -en) gepolsterte Ruheliege mit Rücken- und Seitenlehnen [frz.-engl.]
Cou¹é¹is¹mus (der, -, nur Ez.) Heilverfahren, das Entspannung durch Autosuggestion herbeizuführen versucht [lat.]
Cou¹leur [kuløːr] (die, -, -s) **1** Farbe (einer Studentenverbindung) **2** Gesinnung [frz.]
Cou¹lis (die, -, -) Basis für weiße oder braune Saucen [lat.-frz.]

Cou'loir [kulwaːr] (der, -s, -s) **1** ovaler Sprunggarten (für Pferde) **2** Korridor, Gang [frz.]
Cou'lomb [kulɔ̃] (das, -s, -) elektrische Ladungseinheit [frz.]
Count [kaunt] (der, -s, -s) engl. Titel für nichtbritischen Grafen
Count-down (*auch:* Count'down) [kauntdaun] (der, -s, -s) das Herunter-, Rückwärtszählen; z.B. bis zu einem Raketenstart [engl.]
Coun'ter [kaun-] (der, -s, -) Fahrkartenschalter (im Flug-, Schiffsverkehr) [engl.]
Coun'tess [kauntɪs] (die, -, -tes'ses [-tɪsɪz/ -tes'ses]) englische Gräfin
Count'ry *auch:* Coun'try [kʌntrɪ] (ohne Artikel) = Countrymusic
Count'ry'mu'sic *auch:* Coun'try'mu'sic (*auch:* Count'ry-Mu'sic/Coun'try-Mu'sic) [kʌntrɪmjuːzɪk] (die, -, nur Ez.) Volksmusik aus mittleren u. südlichen Teilen der USA; davon beeinflusste Unterhaltungsmusik [engl.]
Coun'ty [kauntɪ] (die, -, -ties) englische Grafschaft, amerikanischer Verwaltungsbezirk
Coup [kuː] (der, -s, -s) Kunstgriff; Handstreich [frz.]
Cou'pa'ge (die, -, nur Ez.) Weinbrandverschnitt aus verschiedenen Branntweinen [frz.]
Coup d'Etat [kudeta] (der, - -, -s -) Staatsstreich [frz.]
Cou'pé (*auch:* Ku'pee) [kupeː] (das, -s, -s) **1** Eisenbahnabteil **2** geschlossenes, sportliches Auto [frz.]
Coup'let (*auch:* Cou'plet [kupleː] (das, -s, -s) witziges Kabarettlied mit Kehrreim [frz.]
Cou'pon (*auch:* Ku'pon) [kupɔ̃] (der, -s, -s) **1** abtrennbarer Abschnitt (als Gutschein) **2** Zinsschein [frz.]
Cour [kuːr] (die, -, nur Ez.) Hof; einer Frau die Cour machen [frz.]
Cou'ra'ge [kuraːʒə] (die, -, nur Ez.) Mut [frz.]
cou'ra'giert [kuraʒiːrt] (Adj.) mutig [frz.]
Cou'ran'te (die, -, -n) **1** französischer Tanz in raschem, ungeradem Takt **2** zweiter Satz in der Suite der Musik des 18. Jahrhunderts [lat.-frz.]
Cour'ta'ge [kurtaːʒə] (die, -, -n) Maklergebühr (an der Börse) [frz.]
Cour'toi'sie [kurtwaziː] (die, -, -n) **1** Höflichkeit, feines Benehmen **2** Nachkommen bestimmter Bräuche im zwischenstaatlichen völkerrechtlichen Verkehr [lat.-frz.]
Cous'cous [kuskus] (der, -, nur Ez.) = Kuskus
Cou'sin [kuzɛ̃] (der, -s, -s) Vetter [frz.]
Cou'si'ne [ku-] (die, -, -n) = Kusine
Cou'ture [kutyːr] (die, -, nur Ez.) Schneiderkunst, Schneiderei [frz.]
Cou'va'de [kuvaː-] (die, -, -n) Wöchneringebaren bei Männern (als Brauch bei Naturvölkern), Männerkindbett [frz.]

Cou'vert [kuveːr] (das, -s, -s) **1** Bettzeug **2** = Kuvert **3** Tafelgedeck [lat.-frz.]
Cou'veu'se (die, -, -n) Brutschrank für Frühgeburten (Med.)
Co'ver [kʌvə] (das, -s, -s) **1** Zeitungstitelblatt **2** Schallplattenhülle [engl.]
co'vern [kavərn] (V.) einen Song neu interpretieren [engl.]
Co'ver'ver'sion [kʌvəvɜːʃn] (die, -, -s) neu interpretierter Song [engl.]
Cow'boy [kau-] (der, -s, -s) amerikanischer Rinderhirt, bewaffneter Wildwestreiter [engl.]
Co'yo'te (der, -n, -n) = Kojote
Crack [kræk] (der, -s, -s) **1** Spitzensportler **2** Spitzenrennpferd **3** jmd., der auf einem Gebiet überragende Leistungen bringt (ugs.); z.B. er ist ein Crack in Fremdsprachen [engl.]
Cra'cker [krɛk-] (der, -s, -s) keksähnliches Salzgebäck [engl.]
Cra'ni'um (das, -s, -nia) Schädel [lat.]
Cra'que'lé [krakəleː] (der oder das, -s, -s) **1** künstliche Risse in Keramikglasur **2** rissiges Kreppgewebe [frz.]
Crash [kræʃ] (der, -s, -s) Verkehrsunfall (ugs.); simulierter Verkehrsunfall (zu Versuchszwecken) [engl.]
Cra'tae'gus (die, -, nur Ez.) Weißdorn (als Heilpflanze) [gr.-lat.]
Cré'a'tion [kreasjɔ̃] (die, -, -s) = Kreation [frz.]
Cre'do (*auch:* Kre'do) (das, -s, -s) Glaubensbekenntnis [lat.]
Creek [kriːk] (der, -s, -s) außerhalb der Regenzeit ausgetrockneter kleiner Flusslauf (in Nordamerika) [engl.]
creme [kreːm] oder [krɛm] (Adj.) hellbeige, eierschalenfarben [frz.]
Creme (nicht trennbar!) (*auch:* Krem/ Kreme) [kreːm] (die, -, -s) **1** (dickflüssige oder schaumige) Süßspeise **2** Hautpflegesalbe **3** (nur Ez.) das Beste; z.B. die Creme der Werbefotografen war zu Gast [frz.]
Crème fraîche [krɛmfrɛʃ] (die, - -, nur Ez.) Sauerrahm mit mindestens dreißig Prozent Fett [frz.]
Crêpe (*auch:* Krepp) [krɛp] (die, -, -s) **1** dünner Eierkuchen **2** Stoff mit sandig wirkender Oberfläche, Kreppgewebe [frz.]
Crêpe de Chine [krɛpdəʃin] (der, - - -, nur Ez.) Seidenkreppstoff [frz.]
Crêpes Su'zette [krɛpsyzɛt] (nur Mz.) Crêpes mit karamelisiertem Zucker und in Grande Marnier flambiert [frz.]
cre'scen'do [kreʃɛndo] (Adv.) allmählich lauter werdend (bei Musikstücken, beim Nachtigallengesang) [it.]
Cre'tonne [krɛtɔn] (die oder der, -, -s) ein Baumwollstoff [frz.]

Crew [kruː] (die, -, -s) **1** Besatzung, Mannschaft **2** Kadettenjahrgang [engl.]
Crib'bage (das, -s, nur Ez.) altes englisches Kartenspiel [engl.]
Cri'nis (der, -, -nes) Haar (Med.) [lat.]
Cri'ol'lis'mo (der, -, nur Ez.) geistige und literarische Richtung in Lateinamerika mit der Absicht eine Verschmelzung indianischer, europäischer und iberoamerikanischer Kultur zu erreichen [span.]
Cris'pri'na'den auch: Cri'spri'na'den (nur Mz.) Geschenke, die auf Kosten anderer gemacht werden [lat.]
Cris'ta (die, -, -tae) Knochenkamm, kammartiger Abschnitt eines Organs (Med.) [lat.]
Crof'ter (der, -s, -s) kleinbäuerlicher schottischer Pächter, der auf Nebenverdienst angewiesen ist [engl.]
Crois'sant [krwasũ] (das, -(s), -s) Blätterteighörnchen [frz.]
Cro'mag'non auch: Cro'ma'gnon [kromanjɔ̃] (der, -(s), -s) eiszeitliche Menschenrasse [frz.]
Cro'ma'lin (das, -s, -e) fotografisches Prüfverfahren für Farbabbildungen (in der Drucktechnik) [Kurzwort]
Cro'mar'gan auch: Crom'ar'gan (das, -s, nur Ez.) Chrom-Nickel-Stahl [Kunstwort]
Croo'ner (der, -s, -s) Wimmerer, englische Bezeichnung für Schlagersänger [engl.]
Cro'quet'te [krɔket] (die, -, -s) = Krokette
Cro'quis [krɔki:] (das, -, -) = Kroki
Cross (der, -, -) **1** Diagonalschlag (im Tennis) **2** Querfeldeinrennen; z.B. Moto-Cross
Cross'cull'try auch: Cross-Coun'try (auch: Cross-Count'ry/Cross-Coun'try) [-kʌntrɪ] (das, -(s), -s) = Cross (**2**) [engl.]
Cros'sing-over [-əʊvə] (das, -, nur Ez.) Austausch von Erbanlagen zwischen homologen Chromosomen [engl.]
Crou'pi'er [krupje:] (der, -s, -s) Spielbankangestellter [frz.]
Crou'pon (der, -s, -s) Hauptteil, Rückenstück einer gegerbten Haut
crou'po'nie'ren (V.) aus einer gegerbten Haut herausschneiden
Croû'ton [krutɔ̃] (der, -(s), -s) gerösteter Weißbrotwürfel [frz.]
Cru [kryː] (das, -s, -s) Hinweis auf Wachstum und Lage als Qualitätsbezeichnung für französische Weine [lat.-frz.]
Cruise'mis'sile (auch: Cruise-Mis'sile) [kruːz mɪsaɪl] (das, -s, -s) Marschflugkörper
Crui'sing [kruːzɪŋ] (das, -s, nur Ez.) das Suchen nach einem Sexualpartner [engl.]
Crus (das, -, nur Ez.) **1** Schenkel, Unterschenkel **2** schenkelartiger Teil eines Organs oder Körperteils [lat.]

Crux (die, -, nur Ez.) Last, »Kreuz« [lat.]
Cru'zei'ro [-zɛiru] oder [-seːro] (der, -(s), -s) brasilianische Währungseinheit
Crwth [kruːθ] (die, -, -) altkeltisches Saiteninstrument der Barden [kelt.]
Csár'da [tʃɑrda] (die, -, -s) Puszta-Schänke [ung.]
Csár'das auch: Csár'dás [tʃɑrdaːʃ] (der, -, -) oder (der, -es, -e) ungarischer Nationaltanz
Csi'kós [tʃikoːʃ] (der, -, -) ungarischer Pferdehirt
CSSR [tʃɛ-] (die, -, nur Ez.) Abk. für Tschechoslowakei; ehem. Staatenbund von Tschechischer Republik und Slowakei
Cu'bi'cu'lum (das, -s, -la) **1** altrömisches Schlafzimmer **2** Grabkammer in den Katakomben [lat.]
Cu'bi'tus (der, -, -ti) Ellbogen (Med.)
Cu'cur'bi'ta (die, -, -tae) Zierkürbis mit verschiedenfarbigen Früchten [lat.]
Cu'e'va (die, -, nur Ez.) schneller lateinamerikanischer Tanz
cu'i bo'no? wem nützt es? [lat.]
Cuite'sei'de (die, -, nur Ez.) durch ein Seifenbad behandelte, äußerst weiche Seide [frz.-dt.]
Cul de Paris [kydpariː] (der, - -, nur Ez.) Gesäßpolster unter dem Rock (im 18./19. Jahrhundert) [frz.]
Cul'pa (die, -, nur Ez.) Schuld, Verschulden [lat.]
Cul'pa la'ta (die, - -, nur Ez.) grobe Fahrlässigkeit (in der Rechtswissenschaft) [lat.]
Cul'pa le'vis (die, - -, nur Ez.) leichte Fahrlässigkeit (in der Rechtswissenschaft) [lat.]
Cu'ma'rin (das, -s, -e) eine organ. Verbindung, Waldmeisterduftstoff [indian.-frz.]
Cum'ber'land'sau'ce [kʌmbərləndzɔːsə] (die, -, -n) kalte Soße aus rotem Johannisbeergelee, Rotwein und Gewürzen [engl.-frz.]
cum gra'no sa'lis mit Einschränkung, »mit einem Körnchen Salz« [lat.]
cum lau'de gut, drittbeste Note der Doktorprüfung [lat.]
cum tem'po're eine Viertelstunde nach der angegebenen Zeit; z.B. bei akademischen Vorträgen [lat.]
Cu'mu'lus (der, -, -li) Haufenwolke [lat.]
Cun'ni'lin'gus (der, -, -gi) sexuelle Stimulierung durch Erregen des weiblichen Geschlechtsorgans mit der Zunge [lat.]
Cup (kʌp) (der, -s, -s) **1** Pokal(wettbewerb) **2** Büstenhalterkörbchen [engl.]
Cu'pal (das, -s, nur Ez.) kupferüberzogenes Aluminium als Material in der Elektrotechnik

Cup'pa (die, -, -pae) Schale eines Abendmahlkelches [lat.]
Cup'ra'ma *auch:* Cu'pra'ma (das, -s, nur Ez.) eine Kupferspinnfaser; z.B. für Strickwaren
Cu'ra'çao [kyraso:] (der, -s, -s) ein (blauer) Pomeranzenlikör [frz.]
Cu'ra're (das, -(s), nur Ez.) ein indianisches Pfeilgift
Cur'cu'ma (die, -, -men) = Kurkuma
Cu'rie [kyri:] (das, -, -) Maßeinheit für die Radioaktivitätsstärke [frz.]
Cu'ri'um (das, -s, nur Ez.) ein künstliches, radioaktives Element, Metall [nlat.]
Cur'ling [kɜːr-] (das, -s, nur Ez.) schottisches Eisstockschießen [engl.]
cur'ren'tis des laufenden Monats, Jahres (veraltet) [lat.]
cur'ri'cu'lar (Adj.) zum Curriculum gehörig
Cur'ri'cu'lum (das, -s, -la) Lehrprogramm
Cur'ri'cu'lum vi'tae [-tɛː] (das, - -, nur Ez.) Lebenslauf [lat.]
Cur'ry [kœri] engl. [kʌrɪ] (das, -s, -s) **1** (auch: der, -s, -s) gelbe indische Würzmischung **2** indisches Mischgericht [tamil.-engl.]
Cur'sor [kɜːsə] (der, -s, -s) bewegliches Zeichen auf dem Computerbildschirm, mit dem die Stelle markiert wird, an der Eingaben oder Veränderungen vorgenommen werden [engl.]
Cus'tard (der, -s, -s) englische Süßspeise [engl.]
Cut (der, -s, -s) **1** = Cutaway **2** Filmschnitt
Cu'ta'way *auch:* Cut'a'way [kʌtəweɪ] (der, -s, -s) dunkles Männeroberbekleidungsstück, Gehrock mit abgerundeten Schößen [engl.]
cut'ten [kat-] (V.) schneiden (einen Film)
Cut'ter (der, -s, -) **1** Schnittmeister bei der Produktion von Filmen oder Tonbandaufnahmen, der den belichteten Film oder die Bänder schneidet und montiert **2** Fleischschneidemaschine zur Wurstbereitung [engl.]
Cut'te'rin [kat-] (die, -, -rin'nen) Frau, die den Film cuttet, Schnittmeisterin
Cu'vée [kyveː] (die, -, -) Weinverschnitt (zur Sektherstellung) [frz.]
Cy'a'nid [tsy-] (das, -s, -e) Salz der Blausäure [gr.]
Cy'an'ka'li (das, -s, nur Ez.) = Zyankali
cyc'lisch *auch:* cy'clisch [tsyːklɪʃ] (Adj.) ringförmig (bei chemischen Verbindungen) [gr.]
Cyc'lo'al'kan *auch:* Cy'clo'al'kan [tsyklo-] (das, -s, -e) ringförmiger, gesättigter Kohlenwasserstoff [gr.-nlat.]
Cy'nar [tsi-] (der, -(s), -s) dunkelbrauner Artischockenlikör (Warenzeichen) [lat., Kurzwort]
Czim'bal (das, -s, -s) = Zimbal [ungar.]

D

da ca'po noch einmal [it.]
d'ac'cord [dakɔr] einig, übereinstimmend
Dac'ron *auch:* Da'cron (das, -s, nur Ez.) synthetische Faser (veraltet) [frz.]
Da'da (der, -(s), nur Ez.) = Dadaismus
Da'da'is'mus (der, -, nur Ez.) Kunstrichtung des Unlogischen (um 1920) [nlat.]
da'da'is'tisch (Adj.) in dadaistischer Manier
Dad'dy [dædɪ] (der, -s, -s) Vati [engl.]
Da'ges'tan (der, -, -) Teppich aus Schafwolle geknüpft
Da'guer're'o'ty'pie [-gero-] (die, -, -n) frühes fotografisches Verfahren auf Metallplatten [frz.-gr.]
Da'ha'bi'je (die, -, -n) Nilschiff [arab.]
Dah'lie [-liə] (die, -, -n) ein Korbblütler, Zierpflanze [schwed.-nlat.]
Dai'na (die, -, -s) lyrisches Volkslied in Lettland
Dai'qui'ri [-kiː-] (der, -(s), - oder -s) ein Cocktail, Rum mit Zitronensaft und zerstampftem Eis [kreol.]
Da'ka'po (das, -s, -s) Wiederholung (in der Musik) [it.]
dak'ty'lisch (Adj.) als Daktylus, in Daktylen
Dak'ty'lo (die, -, -s) = Daktylografin [Kurzwort]
dak'ty'lo'gra'fie'ren *auch:* dak'ty'lo'gra'phie'ren) (V.) auf der Schreibmaschine schreiben (schweiz.) [gr.]
Dak'ty'lo'gra'fin *(auch:* Dak'ty'lo'gra'phin) (die, -, -nen) Maschinenschreiberin (schweiz.) [gr.]
Dak'ty'lo'lo'gie (die, -, nur Ez.) Fingersprache (der Taubstummen) [gr.]
Dak'ty'los'ko'pie *auch:* Dak'ty'lo'sko'pie (die, -, -n) Fingerabdruckverfahren [gr.]
Dak'ty'lus (der, -, ty'len) Versfuß aus einer betonten langen und zwei kurzen unbetonten Silben [gr.]
Da'lai-La'ma (der, -(s), -s) Oberhaupt des Lamaismus (in Tibet) [mongol.-tibet.]
Dalk (der, -es, -e) Mönchskutte, Kleidung eines Derwischs [pers.]
Dal'les (der, -, nur Ez.) Geldnot [hebr.-jidd.]
dal'li (Adv.) schnell, schnell! (ugs.) [poln.]
Dal'ma'tik (die, -, -en) = Dalmatika
Dal'ma'ti'ka (die, -, -ken) liturgisches Gewand (der Diakone) [lat.]
Dal'ma'ti'ner (der, -s, -) **1** Ew. Dalmatiens **2** auffällig schwarzweiß getüpfelte Jagdhundrasse

dalmatinisch — **debil**

dal'ma'ti'nisch (Adj.) zu Dalmatien gehörig
dal'ma'tisch (Adj.) = dalmatinisch
dal seg'no *auch:* dal se̱gno [-ɲo] vom Zeichen an zu wiederholen (bei Musikstücken) [it.]
Da'mast (der, -(e)s, -mas'te) einfarbiger (Seiden-)Stoff mit eingewebtem Muster [lat.]
da'mas'ten (Adj.) aus Damast
Da'mas'ze'ner (der, -s, -) Ew. von Damaskus
da'mas'ze'nisch (Adj.) zu Damaskus gehörig
da'mas'zie'ren (V.) Stahl mit flammiger Musterung versehen (wie eine Damaszenerklinge)
Dam'mar (das, -s, nur Ez.) ein hellgelbes, durchscheinendes Harz aus Südostasien (mit vielfacher technischer Verwendung) [malai.]
dam'na'tur lateinische Zensurformel (»wird verdammt«) [lat.]
Dam'no (der oder das, -s, nur Ez.) = Damnum [it.]
Dam'num (das, -s, nur Ez.) Verlust, Einbuße (im Finanzwesen) [lat.]
Dä'mon (der, -s, -mo̱nen) böser Geist [gr.]
Dä'mo'nie (die, -, -n) dämonische Macht
dä'mo'nisch (Adj.) wie ein Dämon, unerklärliche, negative Macht ausübend
Dan (der, -, -) Budo-Leistungsgrad [jap.]
Dan'dy [dændɪ] (der, -s, -s) junger Mann, der zu viel Wert auf die Mode legt, Stutzer [engl.]
Dä'ne (der, -n, -n) Ew. Dänemarks
Da'neb'rog *auch:* Da̱ne'brog (der, -s, nur Ez.) die dänische Flagge
dä'nisch (Adj.) zu Dänemark gehörig
Danse ma'cab're *auch:* Danse ma̱ca̱bre [dãsmaka:brə] (der, - -, -s, -s) Totentanz [frz.]
dan'tesk (Adj.) wie Dante, von seiner Wortgewalt [it.]
Daph'nie [-niə] (die, -, -n) Wasserfloh [gr.]
Da'ra'buk'ka (die, -, -ken) arabische Trommel [arab.]
Dar'jee'ling [dɑːdʒiːlɪŋ] (der, -, -s) eine indische Teesorte [ind.-engl.]
Darts (nur Mz.) englisches Wurfpfeilspiel
Dar'wi'nis'mus (der, -, nur Ez.) Lehre Darwins von der natürlichen Zuchtwahl, Selektionstheorie [engl.-nlat.]
Dar'wi'nist (der, -nis'ten, -nis'ten) Verfechter der Lehre Darwins
dar'wi'nis'tisch (Adj.) auf Darwins Anschauung fußend
Dash [dæʃ] (der, -s, -s) kleiner Spritzer (beim Getränkemixen) [engl.]
Da'ta'rie (die, -, nur Ez.) päpstliche Gnadenbehörde [lat.]
Date [deɪt] (das, -s, -s) Verabredung [engl.]

Da'tei (die, -, -en) Datensammlung
Da'ten (Mz. von Datum) Angaben, Werte
Da'ten'ty'pis'tin (die, -, -nen) Frau, die Daten auf Datenträger abspeichert [lat.gr.]
da'tie'ren (V.) **1** mit Datum versehen; z.B. einen Brief **2** seit einer bestimmten Zeit bestehen; z.B. diese Urkunde datiert aus dem 17. Jh.
Da'tiv (der, -s, -e) 3. Fall, Wemfall [lat.]
da'to (Adv.) heute; z.B. bis dato [it.]
Dat'scha (die, -, -s) russisches Landhaus
Dat'sche (die, -, -n) = Datscha [russ.-dt.]
Dat'tel (die, -, -n) ovale, süße Frucht der Dattelpalme [gr.]
Da'tum (das, -s, Da'ten) Zeitangabe; Zeitpunkt [lat.]
Da'tu'ra (die, -, nur Ez.) Stechapfel (als Heilpflanze) [arab.]
Dau (die, -, -en) arabisches Zweimastschiff
Dau'phin [dofɛ̃] (der, -s, -s) französischer Kronprinz
Da'vis'cup (*auch:* Da̱vis-Cup) [deɪvɪskʌp] (der, -s, nur Ez.) ein Tennis-Wanderpokal [engl.]
Da'vit [deː-] (der, -s, -s) Bootskran (auf dem Schiffsdeck) [engl.]
da'waj! (Interj.) los! [russ.]
Dead'heat (*auch:* De̱ad He̱at) [ded hiːt] (der, -s, -s) unentschiedenes Rennen [engl.]
de'agg'res'si'vie'ren *auch:* de'ag'gres'si'vie'ren (V.) Aggressionen abnehmen [lat.]
Deal [diːl] (der, -s, -s) Handel, (vorteilhaftes) Geschäft [engl.]
dea'len [diː-] (V.) mit Rauschgift handeln
Dea'ler [diː-] (der, -s, -) **1** Rauschgifthändler **2** = Jobber [engl.]
Dean [diːn] (der, -s, -s) englischer Dekan
De'ba'kel (das, -s, -) schwere Niederlage; Zusammenbruch [frz.]
De'bar'da'ge [debardaːʒ] (die, -, -n) das Löschen von Fracht [frz.]
De'bar'deur [-døːɐ] **1** (der, -s, -e) jmd., der die Fracht löscht **2** (das, -s, -s) Hemdchen mit Trägern [frz.]
de'bar'kie'ren (V.) ausladen, eine Fracht löschen [frz.]
De'bat'te (die, -, -n) lebhafter Meinungsaustausch; Erörterung im Parlament [frz.]
de'bat'tie'ren (V.) eine Debatte abhalten
De'bau'che [deboʃ] (die, -, -n) Ausschweifung [frz.]
de'bau'chie'ren (V.) ein ausschweifendes Leben führen [frz.]
De'bel'la'ti'on (die, -, -ti̱o̱nen) Sieg durch völlige Vernichtung des Feindes [lat.]
De'bet (das, -s, -s) Schuld, Sollseite des Kontos [lat.]
de'bil (Adj.) leicht schwachsinnig [lat.]

Debilität 98 **Deflektor**

De'bi'li'tät (die, -, nur Ez.) das Debilsein
de'bi'tie'ren (V.) belasten (ein Konto) [lat.]
De'bi'tor (der, -s, -to̱'ren) Schuldner [lat.]
De'büt [-by:] (das, -s, -s) erstes öffentliches Auftreten [frz.]
De'bü'tant (der, -en, -en) jmd., der sein Debüt gibt
De'bü'tan'tin (die, -, -nen) **1** weiblicher Debütant **2** Mädchen, das auf einem Ball in die Gesellschaft eingeführt wird
de'bü'tie'ren (V.) als Debütant(in) auftreten
De'cha'nat (das, -s, -e) = Dekanat [österr.]
De'cha'nei (die, -, -en) = Dekanei [österr.]
De'chant (der, -en, -en) = Dekan [österr.]
de'char'gie'ren [-ʃarʒi:-] (V.) entlasten (veraltet) [frz.]
de'chiff'rie'ren *auch:* de'chiff'rie'ren [-ʃi-] (V.) entschlüsseln [frz.]
De'ci'dua [-tsi:-] (die, -, -duae [duɛ:]) oberste Gebärmutterschleimhautschicht in der Schwangerschaft, Siebhaut [lat.]
De'co'der [di:-] (der, -s, -) Geräteteil zur Dekodierung, Umsetzung [engl.]
de'co'die'ren (V.) = dekodieren
De'col'lage [-ʒə] (die, -, -n) Collage aus zerstörten Materialien [lat.-frz.]
Dé'col'le'té [dekɔlte:] (das, -s, -s) = Dekolletee
de'cou'ra'gie'ren [-kuraʒi:-] (V.) entmutigen (veraltet) [frz.]
Dé'cou'vert [dekuvɛ:r] (das, -s, -s) Aktienmangel an der Börse
de'cre'scen'do [-ʃɛn-] (Adv.) abschwellend, allmählich leiser werdend (bei Musikstücken) [it.]
de da'to vom Tag der Ausstellung an (bei Wechseln (veraltet) [lat.]
De'di'ka'ti'on (die, -, -ti'o̱'nen) Widmung [lat.]
de'di'tie'ren (V.) Schulden tilgen [lat.]
de'di'zie'ren (V.) widmen [lat.]
De'duk'ti'on (die, -, -ti'o̱'nen) Ableitung des Besonderen aus dem Allgemeinen (als Beweisform) [lat.]
de'duk'tiv (Adj.) in der Art einer Deduktion
de'du'zie'ren (V.) in der Art einer Deduktion vorgehen
Deep'free'zer (*auch:* Deep-Free'zer) [di:pfri:zə] (der, -s, -) Tiefkühltruhe [engl.]
De'es'ka'la'ti'on (die, -, -ti'o̱'nen) Zurücknahme militärischer Maßnahmen [engl.]
de'es'ka'lie'ren (V.) abschwächen, verringern
de fac'to tatsächlich [lat.]
De'fai'tis'mus [-fɛ-] (der, -, nur Ez.) = Defätismus

De'fä'ka'ti'on (die, -, -ti'o̱'nen) Kotentleerung
De'fä'tis'mus (der, -, nur Ez.) Schwarzseherei, Zweifeln am Sieg trotz Befürworten der Aufgabe [frz.]
De'fä'tist (der, -tis'ten, -tis'ten) jmd., der von Defätismus ergriffen ist
de'fä'tis'tisch (Adj.) pessimistisch, resignativ [lat.-frz.]
de'fekt (Adj.) schadhaft [lat.]
De'fekt (der, -s, -e) Schaden [lat.]
de'fek'tiv (Adj.) lücken-, mangelhaft [frz.]
De'fe'mi'na'ti'on (die, -, -ti'o̱'nen) Geschlechtsumwandlung von Frau zu Mann [lat.]
de'fen'siv (Adj.) verteidigend, zurückweichend [lat.]
De'fen'si've (die, -, -n) Verteidigung, zurückweichende Haltung [lat.]
De'fe'ren'ti'tis (die, -, -ti'den) Samenleiterentzündung [lat.]
de'fe'rie'ren (V.) einen Antrag befürworten
De'fi'cit'spen'ding (*auch:* De'fi'cit-Spending) [-sɪt-] (das, -(s), nur Ez.) Finanzpolitik mit Deckungsdefiziten im Budget [engl.]
De'fi'gu'ra'ti'on (die, -, -ti'o̱'nen) Entstellung [lat.]
de'fi'gu'rie'ren (V.) verunstalten, entstellen [lat.]
De'fi'lee (das, -s, -s) Parade, Vorbeimarsch
de'fi'lie'ren (V.) parademäßig vorbeimarschieren [frz.]
de'fi'nie'ren (V.) als Begriff bestimmen [lat.]
de'fi'nit (Adj.) bestimmt, festgelegt [lat.]
De'fi'ni'ti'on (die, -, -ti'o̱'nen) Begriffsbestimmung, Erklärung
de'fi'ni'tiv (Adj.) bestimmt, endgültig [lat.]
de'fi'ni'to'risch (Adj.) durch Definition
De'fi'xi'on (die, -, -xi'o̱'nen) das Bild eines Feindes durchbohren, um damit dem Feind zu schaden [lat.]
de'fi'zi'ent (Adj.) unvollständig [lat.]
De'fi'zi'ent (der, -en, -en) Dienstunfähiger
De'fi'zit (das, -s, -e) **1** Fehlbetrag **2** Mangel; z.B. ein Gesprächsdefizit [lat.]
de'fi'zi'tär (Adj.) mit Defizit
De'fla'ti'on *auch:* De'fla'ti'on (die, -, -ti'o̱'nen) **1** Sinken des Preisniveaus **2** Windabtragung verwitterten Gesteins [lat.]
def'la'ti'o'när *auch:* de'fla'ti'o'när (Adj.) = deflationistisch
def'la'ti'o'nis'tisch *auch:* de'fla'ti'o'nis'tisch (Adj.) zur Deflation (**1**) gehörig, diese auslösend
def'la'to'risch *auch:* de'fla'to'risch (Adj.) = deflationistisch
Def'lek'tor *auch:* De'flek'tor (der, -s, -to̱'ren) Rauchkappe als Aufsatz eines Kamins [lat.]

Def¦le¦xi¦on *auch:* De¦fle¦xi̱¦on (die, -, -xi̱¦o̱¦nen) Ablenkung (besonders von Strahlen) [lat.]
Def¦lo¦ra¦ti¦on *auch:* De¦flo¦ra¦ti̱¦on (die, -, -ti̱¦o̱¦nen) Entjungferung [lat.]
def¦lo¦rie¦ren *auch:* de¦flo¦rie̱¦ren (V.) entjungfern [lat.]
de¦form (Adj.) verformt; verunstaltet [lat.]
De¦for¦ma¦ti¦on (die, -, -ti̱¦o̱¦nen) Verformung; Verunstaltung [lat.]
de¦for¦mie¦ren (V.) verformen; verunstalten
Def¦rau¦dant *auch:* De¦frau¦da̱nt (der, -en, -en) jmd., der eine Defraudation begeht
Def¦rau¦da¦ti¦on *auch:* De¦frau¦da¦ti̱¦on (die, -, -ti̱¦o̱¦nen) Unterschlagung, (Steuer-)Hinterziehung (österr.) [lat.]
def¦rau¦die¦ren *auch:* de¦frau¦die̱¦ren (V.) eine Defraudation begehen
Def¦ros¦ter *auch:* De¦fros̱¦ter (der, -s, -) Enteisungsvorrichtung (in Autos, Kühlschränken) [engl.]
De¦ga¦ge¦ment [-gaʒmã] (das, -s, -s) Befreiung (von Pflichten); Zwanglosigkeit (veraltet) [frz.]
de¦ga¦giert [-ʒiːrt] (Adj.) frei (von Pflichten); zwanglos (veraltet) [frz.]
De¦ge¦ne¦ra¦ti¦on (die, -, -ti̱¦o̱¦nen) 1 Verlust positiver Eigenschaften, Niedergang 2 Rückbildung (von Körpergewebe) [lat.]
de¦ge¦ne¦ra¦tiv (Adj.) durch Degeneration verursacht
de¦ge¦ne¦rie¦ren (V.) eine Degeneration durchmachen
De¦gout [-guː] (der, -s, nur Ez.) Ekel [frz.]
de¦gou¦tant [-guː] (Adj.) ekelhaft [frz.]
de¦gou¦tie¦ren [-gu-] (V.) anekeln [frz.]
Deg¦ra¦da¦ti¦on *auch:* De¦gra¦da¦ti̱¦on (die, -, -ti̱¦o̱¦nen) 1 das Degradiertwerden 2 Energieaufteilung
deg¦ra¦die¦ren *auch:* de¦gra¦die̱¦ren (V.) im Rang herabsetzen, den Rang entziehen, herabwürdigen [lat.]
Deg¦res¦si¦on *auch:* De¦gres¦si̱¦on (die, -, -si̱¦o̱¦nen) Herabsetzung, Abnahme (von Kosten) [lat.]
deg¦res¦siv *auch:* de¦gres¦si̱v (Adj.) herabgesetzt, abnehmend (von Kosten) [lat.]
De¦gus¦ta¦ti¦on (die, -, -ti̱¦o̱¦nen) Kostprobe [lat.]
de gus¦ti¦bus non est dis¦pu¦tan¦dum über den Geschmack lässt sich nicht streiten [lat.]
de¦gus¦tie¦ren (V.) kosten [lat.]
De¦hors [dəːr] (nur Mz.) Anstand, äußerer Schein [frz.]
De¦hu¦ma¦ni¦sa¦ti¦on (die, -, nur Ez.) Entmenschlichung [lat.]
De¦hyd¦ra¦ta¦ti¦on *auch:* De¦hy¦dra¦ta¦ti̱¦on (die, -, -ti̱¦o̱¦nen) Wasserentzug

De¦hyd¦ra¦ti¦on *auch:* De¦hy¦dra¦ti̱¦on (die, -, -ti̱¦o̱¦nen) Wasserabspaltung [lat.-gr.-nlat.]
de¦hyd¦rie¦ren *auch:* de¦hy¦drie̱¦ren [de-i:-] (V.) Wasser abspalten, ziehen [lat.-gr.]
De¦i¦fi¦ka¦ti¦on (die, -, -ti̱¦o̱¦nen) Vergottung [lat.]
de¦i¦fi¦zie¦ren (V.) vergotten [lat.]
Dei gra¦tia [-tsja] von Gottes Gnaden [lat.]
de¦ik¦tisch *auch:* de̱ik¦tisch (Adj.) hinweisend, durch Beispiele [gr.]
De¦is¦mus (der, -, nur Ez.) religiöse Auffassung, nach der Gott nicht mehr in das Weltgeschehen eingreift [lat.]
De̱i¦xis (die, -, nur Ez.) deiktische Funktion
Dé¦jà-vu [deʒavyː] (das, -(s), -s) Erlebnistäuschung, bei der man glaubt, Gegenwärtiges von früher zu kennen [frz.]
De¦jekt (das, -s, -e) Auswurf, Kot [lat.]
Dé¦jeu¦ner [deʒøne:] (das, -s, -s) 1 Vormittagszwischenmahlzeit 2 Mittagessen [frz.]
de ju¦re auf rechtlicher Grundlage [lat.]
De¦ka (das, -s, -) = Dekagramm [Kurzwort]
De¦ka¦de (die, -, -n) zehn Tage, Jahre; Zehnzahl [gr.]
de¦ka¦dent (Adj.) überfeinert und schwächlich [lat.]
De¦ka¦denz (die, -, nur Ez.) das Dekadentsein
De¦ka¦disch (Adj.) auf die Zahl 10 bezogen; zehnteilig [gr.]
De¦ka¦e¦der (der, -s, -) Zehnflächner [gr.]
De¦ka¦gon (das, -s, -e) Zehneck [gr.]
De¦ka¦gramm (das, -(s), -) zehn Gramm (österr.) [gr.]
De¦ka¦log (der, -s, -e) die Zehn Gebote Gottes [gr.]
De¦kan (der, -s, -e) 1 Fakultäts-, Fachbereichsleiter 2 kirchlicher Würdenträger [lat.]
De¦ka¦nat (das, -s, -e) 1 Amt eines Dekans 2 Fakultäts-, Fachbereichsverwaltung
De¦ka¦nei (die, -, -en) Wohnung eines kirchlichen Dekans
de¦kan¦tie¦ren (V.) eine Flüssigkeit über dem Bodensatz abgießen [frz.]
de¦ka¦pie¦ren (V.) Metall durch Beizen vom Zunder befreien [frz.]
De¦ka¦po¦de (der, -n, -n) Zehnfußkrebs [gr.]
de¦kar¦tel¦lie¦ren (V.) = dekartellisieren
de¦kar¦tel¦li¦sie¦ren (V.) Kartelle entflechten
de¦ka¦tie¦ren (V.) Stoffe mit Wasserdampf behandeln [frz.]
De¦ka¦tur (die, -, -en) das Dekatieren
Dek¦la¦ma¦ti¦on *auch:* De¦kla¦ma¦ti̱¦on (die, -, -ti̱¦o̱¦nen) kunstgerechter Vortrag [lat.]
Dek¦la¦ma¦tor *auch:* De¦kla¦ma̱¦tor (der, -s, -to̱¦ren) Vortragskünstler [lat.]

dek|la|ma|to|risch *auch:* de|kla|ma|to|risch (Adj.) wie ein Deklamator

dek|la|mie|ren *auch:* de|kla|mie|ren (V.) 1 kunstgerecht vortragen 2 überbetont sprechen [lat.]

Dek|la|rant *auch:* De|kla|rant (der, -en, -en) jmd., der eine Deklaration abgibt

Dek|la|ra|ti|on *auch:* De|kla|ra|ti|on (die, -, -ti|o|nen) Erklärung (in offizieller, feierlicher Form, über Einkommen, zollpflichtige Waren, usw.) [lat.]

dek|la|rie|ren *auch:* de|kla|rie|ren (V.) durch Deklaration bekannt geben; z.B. etw. beim Zoll deklarieren

dek|las|sie|ren *auch:* de|klas|sie|ren (V.) 1 niedriger einstufen, herabsetzen 2 einen Gegner überdeutlich besiegen [frz.]

dek|li|na|bel *auch:* de|kli|na|bel (Adj.) deklinierbar

Dek|li|na|ti|on *auch:* De|kli|na|ti|on (die, -, -ti|o|nen) 1 grammatische Beugung, Bildung der Fälle 2 Abweichung der Magnetnadel (vom geografischen Nordpol), Missweisung [lat.]

dek|li|nie|ren *auch:* de|kli|nie|ren (V.) grammatisch beugen [lat.]

de|ko|die|ren (V.) entschlüsseln (durch Kode) [engl.]

De|kokt (das, -s, -e) Abkochung (in der Pharmazie) [lat.]

De|kol|le|tee (*auch:* De|kol|le|té/De|colle|té) [-kɔlte:] (das, -s, -s) tiefer Kleiderausschnitt bis zum Busenansatz [frz.]

de|kol|le|tiert [-kɔlte:rt] (Adj.) mit Dekolletee

De|ko|lo|ni|sa|ti|on (die, -, -ti|o|nen) eine Kolonie in die Unabhängigkeit entlassen [lat.]

de|ko|lo|rie|ren (V.) ausbleichen [lat.-frz.]

de|kom|po|nie|ren (V.) auflösen [lat.]

De|kom|pres|si|on *auch:* De|kom|pres|si|on (die, -, -si|o|nen) Druckverringerung [lat.]

De|kon|di|ti|o|na|ti|on (die, -, -ti|o|nen) durch Schwerelosigkeit hervorgerufene Schwächung der Leistungsfähigkeit [lat.]

De|kon|ta|mi|na|ti|on (die, -, -ti|o|nen) das Dekontaminieren

de|kon|ta|mi|nie|ren (V.) entseuchen, entstrahlen [lat.-engl.]

De|kor (das, -s, -s) Verzierung, Ausstattung, Ausschmückung

De|ko|ra|teur [-tøːɐ] (der, -s, -e) Innenraum-, Schaufenstergestalter [frz.]

De|ko|ra|ti|on (die, -, -ti|o|nen) 1 Ausschmückung 2 Auszeichnung, Ehrenzeichen [lat.]

de|ko|ra|tiv (Adj.) schmückend, wirkungsvoll [frz.]

de|ko|rie|ren (V.) 1 ausschmücken 2 ehrend auszeichnen [lat.]

De|kort (der, -s, -e) Abzug vom Rechnungsbetrag (bei Warenmängeln) [lat.-frz.]

de|kor|tie|ren (V.) einen Dekort machen

De|ko|rum (das, -s, nur Ez.) Schicklichkeit, Etikette [lat.]

Dek|re|ment *auch:* De|kre|ment (das, -s, -e) Abnahme [lat.]

Dek|re|pi|ta|ti|on *auch:* De|kre|pi|ta|ti|on (die, -, -ti|o|nen) das Dekrepitieren

dek|re|pi|tie|ren *auch:* de|kre|pi|tie|ren (V.) knisternd zerplatzen (von erhitzten Kristallen) [lat.]

Dek|ret *auch:* De|kret (das, -s, -e) Verfügung (einer Behörde)

Dek|re|ta|le *auch:* De|kre|ta|le (das oder die, -, -le|t en oder -n) päpstliche Entscheidung [lat.]

dek|re|tie|ren *auch:* de|kre|tie|ren (V.) durch Dekret anordnen

De|ku|bi|tus (der, -, nur Ez.) Wundliegen (bei langer Bettlägrigkeit) [lat.]

de|ku|pie|ren (V.) ausschneiden (mit der Laubsäge) [frz.]

de|kus|siert (Adj.) kreuzweise gegenständig (bei Pflanzenblättern) [lat.]

de|kuv|rie|ren *auch:* de|ku|vrie|ren (V.) aufdecken, entlarven [frz.]

De|la|ti|on (die, -, -ti|o|nen) 1 Anzeige 2 (Erbschafts-)Übertragung [lat.]

de|la|to|risch (Adj.) verleumderisch [lat.]

De|lay [dɪleɪ] (die, -, nur Ez.) Verzögerung; Echo (Audio-, Videotechnik) [engl.]

de|le|a|tur bitte streichen, »es möge getilgt werden« (als Anweisung des Korrektors an den Setzer) [lat.]

De|le|gat (der, -en, -en) Abgesandter (des Papstes) [lat.]

De|le|ga|ti|on (die, -, -ti|o|nen) 1 das Delegieren 2 Abordnung

de|le|gie|ren (V.) 1 abordnen 2 übertragen; z.B. Arbeiten, Aufgaben delegieren [lat.]

de|lek|ta|bel (Adj.) ergötzlich, voller Genuss [lat.]

de|lek|tie|ren (V.) ergötzen, gütlich tun [lat.]

de|le|tär (Adj.) verderblich, todbringend [lat.]

Delfin = Delphin

De|li|be|ra|ti|on (die, -, -ti|o|nen) Überlegung, Beratung [lat.]

de|li|be|rie|ren (V.) überlegen, beratschlagen [lat.]

de|li|kat (Adj.) 1 lecker 2 heikel [frz.]

De|li|ka|tes|se (die, -, -n) 1 Leckerbissen 2 (nur Ez.) Behutsamkeit; z.B. ein Problem mit Delikatesse angehen [frz.]

De|likt (das, -s, -e) strafbare, unerlaubte Tat [lat.]

Delinquent

De¦lin¦quent (der, -en, -en) Verbrecher, der seiner Strafe zugeführt wird, abgeurteilter Missetäter [lat.]
de¦li¦rie¦ren (V.) im Delirium reden
De¦li¦ri¦um (das, -s, -ri¦en) Wahnzustand [lat.]
De¦li¦ri¦um tre¦mens (das, - -, nur Ez.) Säuferwahn [lat.]
de¦li¦zi¦ös (Adj.) köstlich [frz.]
Delk¦re¦de¦re auch: Del¦kre¦de¦re (das, -, -) Haftung für eine Forderung [it.]
de¦lo¦gie¦ren [-ʒiːrən] (V.) = exmittieren (österr.) [lat.-frz.]
Del¦phin (auch: Del¦fin) **1** (der, -s, -e) kleiner Zahnwal mit schnabelähnlicher Schnauze **2** (das, -, nur Ez.) ein Schwimmstil [gr.]
del¦phisch (Adj.) rätselhaft (wie das altgriechische Orakel von Delphi)
Del¦ta 1 (das, -s, -s) vierter Buchstabe des griechischen Alphabets **2** Flussmündungsgebiet mit Schwemmland und verzweigten Wasserläufen
Del¦ta¦mus¦kel (der, -s, -n) etwa dreieckiger Muskel über dem Schultergelenk [gr.-lat.]
Del¦to¦id (das, -s, -e) ebenes Viereck aus zwei gleichschenkligen Dreiecken, die eine gemeinsame Grundlinie haben [gr.]
De¦lu¦si¦on (die, -, -si¦o¦nen) Verspottung [lat.]
de Luxe [dəlyks] mit Sonderausstattung, Luxus ... [frz.]
De¦ly¦sid (das, -s, nur Ez.) Lysergsäurediäthylamid (LSD)
De¦ma¦go¦ge auch: Dem¦a¦go¦ge (der, -n, -n) Volksverhetzer [gr.]
De¦ma¦go¦gie auch: Dem¦a¦go¦gie (die, -, -n) Volksverhetzung
de¦ma¦go¦gisch auch: dem¦a¦go¦gisch (Adj.) wie ein Demagoge
De¦man¦to¦id (der, -s, -e) grünes Granatmineral [nlat.-gr.]
De¦mar¦che [-marʃ] (die, -, -n) diplomatischer Einspruch (bei einer fremden Regierung) [frz.]
De¦mar¦ka¦ti¦on (die, -, -ti¦o¦nen) vorläufige Grenzfestlegung [frz.]
de¦mas¦kie¦ren (V.) die Maske abnehmen; entlarven [frz.]
De¦ma¦te¦ri¦a¦li¦sa¦ti¦on (die, -, -ti¦o¦nen) Auflösung von Materie, Unsichtbarwerdung [lat.]
De¦me¦lee (das, -s, -s) Streiterei, Händel [lat.-frz.]
De¦men¦ti (das, -s, -s) öffentliches Bestreiten; Richtigstellung [frz.]
De¦men¦tia [-tsja] (die, -, -ti¦ae [-tsjɛː]) = Demenz
de¦men¦tie¦ren (V.) öffentlich bestreiten; richtig stellen [frz.]

Demonstrativ

De¦menz (die, -, -en) erworbener Schwachsinn [lat.]
De¦mes¦ti¦ka (der, -s, - oder -s) ein griechischer Wein
De¦mi¦john [-dʒɔn] (der, -s, -s) Korbflasche [engl.]
de¦mi¦li¦ta¦ri¦sie¦ren (V.) Truppen abziehen, entmilitarisieren [dt.-lat.]
De¦mi¦mon¦de [dəmimɔ̃ː] (die, -, nur Ez.) Halbwelt [frz.]
de¦mi¦nu¦tiv (Adj.) = diminutiv
de¦mi-sec [dəmisɛk] (Adj.) halbtrocken (bei Sekt) [frz.]
De¦mis¦si¦on (die, -, -si¦o¦nen) Amtsrücktritt, -entlassung (eines Ministers) [frz.]
de¦mis¦si¦o¦nie¦ren (V.) eine Demission einreichen, zurücktreten, aus einem Amt entlassen werden
De¦mi¦urg (der, -en, -en) Weltschöpfer [gr.]
De¦mo (die, -, -s) **1** = Demonstration (**1**) (ugs.) **2** (das, -s, -s) Probeaufnahme auf Tonband (zum Vorspielen bei Plattenproduzenten) [lat., Kurzwort]
de¦mo¦bi¦li¦sie¦ren (V.) abrüsten [frz.]
de¦mo¦du¦lie¦ren (V.) gleichrichten (einer Schwingung) [lat.]
De¦mo¦gra¦fie (auch: De¦mo¦gra¦phie) (die, -, -n) Bevölkerungslehre [gr.]
De¦mo¦krat (der, -en, -en) **1** Anhänger der Demokratie **2** Anhänger der Demokratischen Partei (in den USA)
De¦mo¦kra¦tie (die, -, -n) **1** Regierungsform, bei der die Wähler die Regierenden auf Zeit bestimmen **2** Staat mit solcher Regierungsform **3** (nur Ez.) Anwendung freiheitlicher Prinzipien; z.B. Demokratie in der Familie [gr.]
de¦mo¦kra¦tisch (Adj.) zur Demokratie gehörig
de¦mo¦lie¦ren (V.) blindwütig, absichtlich zerstören [frz.]
de¦mo¦ne¦ti¦sie¦ren (V.) Geldmünzen aus dem Geldumlauf ziehen [lat.-frz.]
De¦mons¦trant auch: De¦monst¦rant/De¦mon¦strant (der, -en, -en) Demonstrationsteilnehmer
De¦mons¦tra¦ti¦on auch: De¦monst¦ra¦ti¦on/De¦mon¦stra¦ti¦on (die, -, -ti¦o¦nen) **1** öffentliche (Protest-)Kundgebung durch eine Menschenmasse **2** anschauliche Darlegung [lat.]
de¦mons¦tra¦tiv auch: de¦monst¦ra¦tiv/de¦mon¦stra¦tiv (Adj.) **1** betont deutlich; z.B. sich jmdm. demonstrativ zuwenden **2** hinweisend (demonstratives Pronomen) [lat.]
De¦mons¦tra¦tiv auch: De¦monst¦ra¦tiv/De¦mon¦stra¦tiv (das, -s, -e) = Demonstrativpronomen

Demonstrativpronomen | Dependance

De'mons'tra'tiv'pro'no'men *auch:* Demonst'ra'tiv'pro'no'men/De'mon'stra'tiv'prono'men (das, -s, -) hinweisendes Fürwort; z.B. »diese, jener« [lat.]
De'mons'tra'ti'vum *auch:* De'monst'ra'tivum/De'mon'stra'ti'vum (das, -s, -va) = Demonstrativpronomen
De'mons'tra'tor *auch:* De'monst'ra'tor/ De'mon'stra'tor (der, -s, -to'ren) Vorführer
de'mons'trie'ren *auch:* de'monst'rie'ren/ de'mon'strie'ren (V.) 1 an einer Demonstration teilnehmen 2 darlegen, zeigen [lat.]
De'mon'ta'ge [-ʒə] (die, -, -n) Abbau (von etwas Positivem) [frz.]
de'mon'tie'ren (V.) durch Demontage beseitigen
De'mo'ra'li'sa'ti'on (die, -, nur Ez.) Auflösung der Moral [frz.]
de'mo'ra'li'sie'ren (V.) die Moral auflösen, untergraben [frz.]
de mor'tu'is nil ni'si be'ne über Tote soll man nur Gutes sagen [lat.]
De'mos'ko'pie *auch:* De'mo'sko'pie (die, -, -n) Meinungsforschung, -umfrage [gr.]
de'mos'ko'pisch *auch:* de'mo'sko'pisch (Adj.) durch Demoskopie ermittelt
de'mo'tisch (Adj.) volkstümlich [gr.]
De'mo'ti'va'ti'on (die, -, -ti'o'nen) das Schwächen eines Interesses [lat.]
de'mo'ti'vie'ren (V.) darauf zielen, dass das Interesse jmds. nachlässt [lat.]
De'nar (der, -s, -e) eine Silbermünze [lat.]
De'na'tu'ra'li'sa'ti'on (die, -, -ti'o'nen) Ausbürgerung [lat.]
de'na'tu'ra'li'sie'ren (V.) ausbürgern [lat.]
de'na'tu'rie'ren (V.) 1 von der Natur entfernen; z.B. Den Menschen als Sachbearbeiter denaturieren 2 ungenießbar machen; z.B. Industriealkohol d. 3 künstlich verändern; z.B. Honig denaturieren und dadurch wertlos machen [frz.]
de'na'zi'fi'zie'ren (V.) entnazifizieren [nlat.]
Dend'rit *auch:* Den'drit (der, -en, -en) 1 pflanzenähnliche Zeichnung auf Gestein (die metallischen Ursprungs ist) 2 Fortsatz der Nervenzelle [gr.]
dend'ri'tisch *auch:* den'dri'tisch (Adj.) verästelt, verzweigt [gr.]
Dend'ro'chro'no'lo'gie *auch:* Dendrochro'no'lo'gie [-kro-] (die, -, nur Ez.) Altersbestimmung durch Zählen der Jahresringe von Bäumen [gr.]
Dend'ro'lo'gie *auch:* Den'dro'lo'gie (die, -, nur Ez.) Baum-, Gehölzkunde [gr.]
Den'gue'fie'ber [dɛŋgə-] (das, -s, nur Ez.) eine Tropenkrankheit, Siebentagefieber [Span.]

De'nier [dənjeː] (das, -(s), nur Ez.) Maßeinheit für die Stärke von Kunstfasern [frz.]
de'nit'rie'ren *auch:* de'ni'trie'ren (V.) Nitrogruppen abspalten
De'nit'ri'fi'ka'ti'on *auch:* De'ni'tri'fi'ka'ti'on (die, -, nur Ez.) Umwandlung von Stickstoffverbindungen zu elementarem Stickstoff [nlat.]
de'no'bi'li'tie'ren (V.) den Adelstitel entziehen [nlat.]
De'no'mi'na'ti'on (die, -, -ti'o'nen) Benennung [lat.]
De'no'mi'na'tiv (das, -s, -e) von einem Nomen abgeleitetes Wort [lat.]
De'no'mi'na'ti'vum (das, -s, -va) = Denominativ
de'no'mi'nie'ren (V.) benennen, ernennen
De'no'tat (das, -s, -e) begrifflicher Inhalt eines sprachlichen Zeichens, vom Sprecher bezeichneter Gegenstand [lat.]
Den'si'me'ter (das, -s, -) Gerät zur Dichtemessung von Flüssigkeiten [lat.-gr.]
Den'si'tät (die, -, -en) Dichte (Physik)
Den'si'to'me'ter (das, -s, -) Gerät zur optischen Dichtemessung [lat.-gr.]
den'tal (Adj.) 1 zu den Zähnen gehörig 2 mit der Zungenspitze an den Schneidezähnen gebildet; ein dentaler Laut [lat.]
Den'tal (der, -s, -e) dental (2) gebildeter Laut; z.B. »d« und »t«
den'te'lie'ren (V.) mit kleinen Zähnchen, Zacken versehen (bei Stoffen) [frz.]
Den'tin (das, -s, nur Ez.) Zahnbein [lat.]
Den'tist (der, -tis'ten, -tis'ten) Zahnarzt ohne Hochschulausbildung [frz.]
Den'ti'ti'on (die, -, -en) das Zahnen [lat.]
De'nu'da'ti'on (die, -, -ti'o'nen) flächige Bodenabtragung (durch Wasser, Wind) [lat.]
De'nun'zi'ant (der, -en, -en) jmd., der denunziert
De'nun'zi'a'ti'on (die, -, -ti'o'nen) das Denunzieren
de'nun'zi'a'to'risch (Adj.) denunzierend
de'nun'zie'ren (V.) verleumderisch anzeigen, böswillig in Misskredit bringen [lat.]
Deo (das, -s, -s) [Kurzwort] = Deodorant
De'o'do'rant (das, -s, -e oder -s) Mittel gegen Körpergeruch [lat.-engl.]
Deo gra'ti'as Gott sei Dank! [lat.]
De'par'te'ment [-partəmɑ̃] (das, -s, -s) 1 französischer Verwaltungsbezirk 2 schweizerisches Ministerium
De'part'ment [di-] (das, -s, -s) Geschäftsbereich [engl.]
De'pen'dance [-pɑ̃dɑ̃s] (die, -, -n) 1 Nebengebäude 2 Zweigstelle [frz.]

Dependenz **Dermatom**

De|pen|denz (die, -, -en) Abhängigkeit [lat.]
De|per|so|na|li|sa|ti|on (die, -, nur Ez.) Entpersönlichung, Selbstentfremdung [lat.]
De|pe|sche (die, -, -n) Eilbotschaft [frz.]
de|pe|schie|ren (V.) eine Depesche absenden
de|pig|men|tie|ren (V.) Farbstoff aus der Haut entfernen [lat.]
De|pig|men|tie|rung (die, -, -en) Verlust des Hautfarbstoffs
De|pi|la|ti|on (die, -, -ti|o|nen) kosmetische Enthaarung (mitsamt der Wurzel) [lat.]
de|pi|lie|ren (V.) eine Depilation vornehmen
De|place|ment [-plasmã] (das, -s, -s) Wasserverdrängung (von Schiffen) [frz.]
de|pla|ciert (auch: de|plat|ziert) [-si:rt] oder [-tsi:rt] (Adj.) fehl am Platz [frz.]
de|plan|tie|ren (V.) verpflanzen [lat.]
De|po|la|ri|sa|ti|on (die, -, -ti|o|nen) Aufhebung der Polarisation [lat.]
de|po|la|ri|sie|ren (V.) die Polarisation aufheben [lat.]
De|po|nat (das, -s, -e) etwas, das deponiert ist
De|po|nens (das, -, -nen|tia oder -nen|zi|en) lateinisches Verb mit passivischer Form, aber aktiver Bedeutung
De|po|nent (der, -en, -en) jmd., der etwas deponiert
De|po|nie (die, -, -n) Stelle, an der Abfall deponiert ist
de|po|nie|ren (V.) 1 ab-, niederlegen 2 hinterlegen, verwahren [lat.]
De|po|pu|la|ti|on (die, -, -ti|o|nen) Entvölkerung [lat.]
De|port (der, -s, -e) Vergütung (bei Termingeschäften) [frz.]
De|por|ta|ti|on (die, -, -ti|o|nen) das Deportieren, Verschleppen; z.B. von Gefangenen
de|por|tie|ren (V.) verschleppen, zwangsverschicken (von Personen) [lat.]
De|po|si|tar (der, -s, -e) Verwahrer von Hinterlegtem [lat.]
De|po|si|ten (nur Mz.) hinterlegte Wertsachen, Bankeinlagen [lat.]
De|po|si|ti|on (die, -, -ti|o|nen) Hinterlegung [lat.]
De|po|si|to|ri|um (das, -s, -ri|en) Aufbewahrungsraum [lat.]
De|po|si|tum (das, -s, -ten oder -ta) etwas Hinterlegtes [lat.]
de|pos|se|die|ren (V.) enteignen [lat.-frz.]
De|pot [-po:] (das, -s, -s) 1 Lager, Aufbewahrungsplatz 2 Bodensatz (im Rotwein) [frz.]
de|po|ten|zie|ren (V.) der Potenz, der Kraft berauben [lat.]

De|pot|prä|pa|rat [-po:-] (das, -s, -e) Medizin, die vom Körper langsam abgebaut wird und lange wirkt [frz.-lat.]
De|pra|va|ti|on auch: De|pra|va|ti|on (die, -, -ti|o|nen) das Depravieren
dep|ra|vie|ren auch: de|pra|vie|ren (V.) schlechter werden (der Münzen, Sitten) [lat.]
Dep|re|ka|ti|on auch: De|pre|ka|ti|on (die, -, -ti|o|nen) Abbitte [lat.]
Dep|res|si|on auch: De|pres|si|on (die, -, -si|o|nen) 1 seelische Verstimmtheit 2 wirtschaftlicher Niedergang 3 weitflächige Bodensenke [lat.]
dep|res|siv auch: de|pres|siv (Adj.) an seelischer Verstimmtheit leidend [lat.]
Dep|re|ti|a|ti|on auch: De|pre|ti|a|ti|on (die, -, -ti|o|nen) Entwertung [lat.]
dep|re|ti|a|tiv auch: de|pre|ti|a|tiv (Adj.) abschätzig, entwertet [lat.]
dep|re|ti|ie|ren auch: de|pre|ti|ie|ren (V.) entwerten, unterschätzen [lat.]
Dep|re|zie|ren auch: de|pre|zie|ren (V.) Abbitte leisten [lat.]
dep|ri|mie|ren auch: de|pri|mie|ren (V.) entmutigen, niederdrücken [lat.]
Dep|ri|va|ti|on auch: De|pri|va|ti|on (die, -, -ti|o|nen) Entbehrung [lat.]
De|pu|tat (das, -s, -e) Naturalien (als Lohn)
De|pu|ta|ti|on (die, -, -ti|o|nen) Abordnung [lat.]
de|pu|tie|ren (V.) abordnen [lat.]
De|ran|ge|ment [-rãʒmã] (das, -s, -s) das Derangiertsein
de|ran|giert [-rãʒi:rt] (Adj.) in Unordnung, verwirrt [frz.]
Der|by (das, -s, -s) 1 Pferderennen 2 Aufsehen erregender Wettkampf; z.B. das Derby zwischen den Spitzenvereinen einer Stadt [engl.]
De|ri|vat (das, -s, -e) 1 abgeleitete chemische Verbindung; z.B. ein Benzolderivat 2 abgeleitetes Wort; z.B. Getränk von trinken [lat.]
De|ri|va|ti|on (die, -, -ti|o|nen) Bildung von sprachlichen Derivaten
de|ri|va|tiv (Adj.) durch sprachliche Ableitung entstanden [lat.]
De|ri|va|tiv (das, -s, -e) = Derivat (2)
De|ri|va|ti|vum (das, -s, -va) = Derivat (2)
de|ri|vie|ren (V.) ableiten (von Wörtern)
Der|ma (das, -s, -ta) Haut [gr.]
Der|ma|ti|tis (die, -, -ti|ti|den) Hautentzündung [gr.]
Der|ma|to|lo|ge (der, -n, -n) Hautfacharzt
Der|ma|to|lo|gie (die, -, nur Ez.) Hautkrankheitenlehre [gr.]
Der|ma|tom (das, -s, -e) Hautgeschwulst [gr.]

Der|ma|to|my|ko|se (die, -, -n) Hautpilzerkrankung [gr.]
Der|ma|to|plas|tik (die, -, -en) Hautverpflanzung [gr.]
Der|ma|to|se (die, -, -n) Hautkrankheit [gr.]
Der|ma|to|zo|on (das, -s, -zo̱en) Hautschmarotzer; z.B. Milbe [gr.]
Der|mo|gra|phie (die, -, -n) = Dermographismus
Der|mo|gra|phis|mus (der, -, -men) Auftreten von Streifen auf gereizter Haut, Hautschrift [gr.-nlat.]
Der|mo|plas|tik (die, -, -en) **1** = Dermatoplastik **2** eine Nachbildung von Großtieren; Präparationsverfahren [gr.]
Der|nier Cri [dɛrnjekri:] (der, - -, -s -s) der letzte Schrei, Modeneuheit [frz.]
De|ro|ga|ti|on (die, -, -ti̱o̱nen) Aufhebung, Abänderung (von Gesetzesbestimmungen) [lat.]
de|ro|ga|tiv (Adj.) aufhebend; abändernd
de|ro|ga|to|risch (Adj.) = derogativ [lat.]
De|rou|te [-ru:t] (die, -, -n) **1** überstürzte Flucht **2** Kurs-, Preissturz [frz.]
Der|wisch (der, -s, -e) islamischer Bettelmönch, der sich durch Tänze in Ekstase versetzt [pers.-frz.]
de|sar|mie|ren *auch:* des|ar|mie̱ren (V.) entwaffnen [frz.]
De|sas|ter (das, -s, -) schweres Unheil; großer Misserfolg [frz.]
de|sa|vou|ie|ren *auch:* des|a|vou|ie̱ren (V.) **1** leugnen **2** im Stich lassen **3** bloßstellen [frz.]
Des|en|ga|ge|ment [-āgaʒmā] (das, -s, -s) = Disengagement [frz.]
De|sen|si|bi|li|sa|ti|on (die, -, -ti̱o̱nen) das Desensibilisieren
de|sen|si|bi|li|sie|ren (V.) die Empfindlichkeit herabsetzen; z.B. bei allergischen Erkrankungen [nlat.]
De|ser|teur [-tø:ɐ] (der, -s, -e) Fahnenflüchtiger [frz.]
De|ser|tie|ren (V.) Fahnenflucht begehen
De|ser|ti|fi|ka|ti|on (die, -, -ti̱o̱nen) Vordringen wüstenähnlicher Regionen
De|si|de|rat (das, -s, -e) **1** zur Anschaffung empfohlenes Buch **2** etwas Erwünschtes [lat.]
De|sign [dɪzaɪn] (das, -s, -s) künstlerische und zugleich zweckmäßige Formgebung [engl.]
De|sig|na|ti|on *auch:* De|si|gna̱|ti|on (die, -, -ti̱o̱nen) das Designieren; als Nachfolger bestimmen
de|sig|na|tus *auch:* de|si|gna̱tus im Voraus ernannt (als Zusatz, um den Doktortitel vor der eigentlichen Verleihung bereits führen zu können) [lat.]
De|sig|ner *auch:* De|si̱|gner [dɪzaɪnɐ] (der, -s, -) jmd., der das Design macht
de|sig|nie|ren *auch:* de|si|gnie̱ren (V.) **1** vornehmen; z.B. persönliche Ziele designieren **2** im Voraus bestimmen; z.B. als Amtsnachfolger designieren [lat.]
Des|il|lu|si|on (die, -, -si|o̱nen) Zerstörung einer Illusion [lat.]
des|il|lu|si|o|nie|ren (V.) eine Illusion zerstören [lat.]
Des|il|lu|si|o|nis|mus (der, -, nur Ez.) desillusionierte Betrachtungsweise
Des|in|fek|ti|on (die, -, -ti̱o̱nen) das Desinfizieren
Des|in|fek|tor (der, -s, -to̱ren) Kammerjäger
Des|in|fi|zi|ens (das, -, -zi|e̱n|zi|en) Desinfektionsmittel
des|in|fi|zie|ren (V.) Krankheitskeime beseitigen, entseuchen [lat.]
Des|in|for|ma|ti|on (die, -, -ti̱o̱nen) bewusst falsche Information [lat.]
Des|in|teg|ra|ti|on *auch:* Des|in|te|gra̱|ti|on (die, -, -ti̱o̱nen) fehlende Integration, Aufspaltung [lat.]
des|in|teg|rie|ren *auch:* des|in|te|grie̱ren (V.) ausgliedern; aufspalten [lat.]
Des|in|te|res|se *auch:* Des|in|ter|es|se (das, -s, nur Ez.) fehlendes Interesse [lat.]
des|in|te|res|siert *auch:* des|in|ter|es|siert (Adj.) nicht interessiert
Des|ja|ti|ne (die, -, -n) altes russisches Flächenmaß, etwa ein Hektar
Des|krip|ti|on *auch:* De|skrip|ti|on (die, -, -ti̱o̱nen) Beschreibung [lat.]
de|skrip|tiv *auch:* de|skrip|ti̱v (Adj.) beschreibend [lat.]
De|skrip|ti|vis|mus *auch:* De|skrip|ti|vis|mus (der, -, nur Ez.) Theorie der modernen Sprachwissenschaft [lat.]
de|skrip|ti|vis|tisch *auch:* de|skrip|ti|vis|tisch (Adj.) nach der Methode des Deskriptivismus
De|so|do|rant *auch:* Des|o|do̱|rant (das, -s, -s oder -e) = Deodorant
de|so|do|rie|ren *auch:* des|o|do|rie̱ren (V.) schlechten Geruch beseitigen [lat.]
de|so|do|ri|sie|ren *auch:* des|o|do|ri|sie̱ren (V.) = desodorieren
de|so|lat (Adj.) **1** verwüstet **2** traurig, trostlos [lat.]
Des|ord|re *auch:* Des|o̱rdre (der, -s, -s) Unordnung [frz.]
Des|or|ga|ni|sa|ti|on (die, -, nur Ez.) das Desorganisiertsein
des|or|ga|ni|siert (Adj.) nicht, schlecht organisiert [lat.]
des|o|ri|en|tiert (Adj.) nicht orientiert [lat.]

Desoxidation   **deterministisch**

Des|o|xi|da|ti|on (die, -, -ti|o|nen) Entzug des als Oxid gebundenen Sauerstoffs [lat.]

De|so|xy|ri|bo|nuk|le|in|säu|re *auch:* Deso|xy|ri|bo|nu|kle|in|säu|re (die, -, -n) = DNA [Kunstwort]

des|pek|tie|ren *auch:* de|spek|tie|ren (V.) jmd. nicht besonders hochschätzen, verachten [lat.]

des|pek|tier|lich *auch:* de|spek|tier|lich (Adj.) respektlos [lat.]

Des|pe|ra|do *auch:* De|spe|ra|do (der, -s, -s) **1** Bandit **2** (anarchistischer) Verzweiflungstäter außerhalb der Gesellschaft [span.]

des|pe|rat *auch:* de|spe|rat (Adj.) hoffnungslos verzweifelt

Des|pot (der, -en, -en) Gewaltherrscher [gr.]

Des|po|tie (die, -, -n) Gewaltherrschaft [gr.]

des|po|tisch (Adj.) wie ein Despot

Des|po|tis|mus (der, -, nur Ez.) Despotie als System [gr.-nlat.]

Des|sert [-sɛr] (das, -s, -s) Nachspeise [frz.]

Des|sin [-sɛ̃] (das, -s, -s) Muster, Zeichnungsentwurf [frz.]

Des|si|na|teur [-tø:ɐ] (der, -s, -e) jmd., der Dessins für Textilien entwirft

des|si|nie|ren (V.) als Muster zeichnen, entwerfen [frz.]

Des|sous [dəsu:s] (nur Mz.) schöne Damenunterwäsche [frz.]

Des|til|lat (das, -s, -e) durch Destillation gewonnene Flüssigkeit

Des|til|la|teur [-tø:ɐ] (der, -s, -e) **1** Brennmeister **2** Destillenbesitzer [lat.-frz.]

Des|til|la|ti|on (die, -, -ti|o|nen) Trennung von Flüssigkeiten durch Verdampfen und Abkühlen [lat.]

Des|til|le (die, -, -n) Schnapsausschank (im alten Berlin) [Kurzwort]

Des|til|le|rie (die, -, -n) Unternehmen, das Trinkbranntwein herstellt [frz.]

des|til|lie|ren (V.) durch Destillation trennen

Des|ti|na|tar (der, -s, -e) Empfänger (einer Schiffsfracht) [lat.]

Des|ti|na|tär (der, -s, -e) = Destinatar [frz.]

Des|ti|na|ti|on (die, -, -ti|o|nen) Zweckbestimmung [lat.]

Des|to|se (die, -, nur Ez.) Süßstoff aus Stärkesirup

des|tru|ie|ren *auch:* dest|ru|ie|ren/de|stru|ie|ren (V.) zerstören [lat.]

Des|truk|ti|on *auch:* Dest|ruk|ti|on/de|struk|ti|on (die, -, -ti|o|nen) Zerstörung [lat.]

des|truk|tiv *auch:* dest|ruk|tiv/de|struk|tiv (Adj.) zerstörend, zersetzend

de|sul|to|risch (Adj.) unbeständig, sprunghaft [lat.]

Des|zen|dent *auch:* De|szen|dent (der, -en, -en) **1** Abkömmling, Nachkomme **2** Untergangspunkt eines Gestirns (in der Astrologie) [lat.]

Des|zen|denz *auch:* De|szen|denz (die, -, -en) **1** (nur Ez.) Verwandtschaft in absteigender Linie **2** Untergang eines Gestirns (in der Astrologie) [lat.]

Des|zen|denz|the|o|rie *auch:* De|szendenz|the|o|rie (die, -, -n) = Abstammungslehre [lat.-gr.]

des|zen|die|ren *auch:* de|szen|die|ren (V.) absteigen; sinken [lat.]

De|ta|che|ment [-taʃmã] (das, -s, -s) Sondertruppe (veraltet) [frz.]

de|ta|chie|ren [-ʃi:-] (V.) **1** ein Detachement aufstellen **2** Flecken entfernen (in der Textiltechnik)

De|ta|chur [-ʃu:r] (die, -, -en) Fleckenentfernung [frz.]

De|tail [detaj] (das, -s, -s) Einzelheit, Stück [frz.]

de|tail|lie|ren [-taji:-] (V.) in Details darlegen

De|tek|tei (die, -, -en) Detektivbüro

De|tek|tiv (der, -s, -e) **1** jmd., der gegen Bezahlung von Privatpersonen Ermittlungen übernimmt **2** Kriminalbeamter (in angelsächsischen Ländern) [lat.]

De|tek|tor (der, -s, -to|ren) **1** Nachweisgerät (für sinnlich nicht wahrnehmbare Stoffe; z.B. Strahlendetektor) **2** einfaches Radio; ein Bauelement [lat.-engl.]

Dé|tente [-tãt] (die, -, nur Ez.) Entspannung (in der Politik) [frz.]

De|ter|gens (das, -, -gen|tia, -gen|ti|en [-gɛntsjən]) **1** Stoff, der fettigen Schmutz bindet **2** Tensid

De|te|ri|o|ra|ti|on (die, -, -ti|o|nen) Verschlechterung [frz.]

de|te|ri|o|rie|ren (V.) verschlechtern [frz.]

De|ter|mi|nan|te (die, -, -n) etwas maßgeblich Bestimmendes; z.B. die Determinante der Familienrolle in der Gesellschaft **2** ein Lösungssystem für lineare Gleichungen [lat.]

De|ter|mi|na|ti|on (die, -, -ti|o|nen) das Determinieren

De|ter|mi|na|tiv (das, -s, -e) etwas begrifflich Einschränkendes, Bestimmendes [lat.]

De|ter|mi|na|ti|vum (das, -s, -va) = Determinativ

de|ter|mi|nie|ren (V.) begrifflich einschränken, bestimmen [lat.]

De|ter|mi|nis|mus (der, -, nur Ez.) Auffassung, dass alles vorbestimmt ist [lat.]

De|ter|mi|nist (der, -nis|ten, -nis|ten) Anhänger des Determinismus

de|ter|mi|nis|tisch (Adj.) zum Determinismus gehörig

de'tes'ta'bel (Adj.) der Verabscheuung wert [lat.-frz.]
de'tes'tie'ren (V.) verwünschen, verabscheuen [lat.-frz.]
De'to'na'ti'on (die, -, -ti'o'nen) heftige Explosion
De'to'na'tor (der, -s, -to'ren) Initialsprengstoff [frz.-lat.]
de'to'nie'ren (V.) heftig explodieren [frz.]
Det'ri'tus auch: De'tri'tus (der, -, nur Ez.) organische Schwebe- und Sinkstoffe (im Wasser) [lat.]
det'to (Adv.) = dito (österr.) [it.]
De'tu'mes'zenz (die, -, nur Ez.) Abschwellen (eines Tumors) [lat.]
De'us ex Ma'chi'na (der, - - -, nur Ez.) unerwarteter Helfer (im antiken Theater) [lat.]
Deu'te'ra'go'nist auch: Deu'ter'a'go'nist (der, -nis'ten, -nis'ten) zweiter Schauspieler (im altgriechischen Theater)
Deu'te'ri'um (das, -s, nur Ez.) schwerer Wasserstoff [gr.]
Deu'te'ron (das, -s, -ro'nen) Deuteriumkern
Deut'zie (die, -, -n) ostasiatischer Zierstrauch
De'va'lu'a'ti'on (die, -, -ti'o'nen) = Devalvation
De'val'va'ti'on (die, -, -ti'o'nen) Abwertung (von Geld) [nlat.]
de'val'va'ti'o'nis'tisch (Adj.) = devalvatorisch
De'val'va'to'risch (Adj.) abwertend (in Bezug auf Geld) [nlat.]
de'val'vie'ren (V.) abwerten (von Geld) [nlat.]
De'vas'ta'ti'on (die, -, -ti'o'nen) Verwüstung [lat.]
de'vas'tie'ren (V.) verwüsten [lat.]
De'ver'ba'tiv (das, -s, -e) Substantiv oder Adjektiv, das von einem Verb abgeleitet ist [lat.]
De'ver'ba'ti'vum (das, -s, -va) = Deverbativ
de'ves'tie'ren (V.) der Würde entkleiden
De'ves'ti'tur (die, -, -en) das Devestieren
de'vi'ant (Adj.) von der sozialen Norm abweichend [lat.]
De'vi'a'ti'on (die, -, -ti'o'nen) das Deviieren
De'vi'a'ti'o'nist (der, -nis'ten, -nis'ten) politischer Abweichler [lat.]
de'vi'ie'ren (V.) von der Richtung abweichen [lat.]
De'vi'se (die, -, -n) Wahlspruch [frz.]
De'vi'sen (nur Mz.) ausländische Zahlungsmittel [lat.]
de'vi'tal (Adj.) abgestorben, leblos [lat.]
De'vo'lu'ti'on (die, -, -ti'o'nen) Besitz-, Rechtsübergang auf einen anderen [lat.]
de'vol'vie'ren (V.) auf einen anderen übergehen lassen (einen Besitz, ein Recht) [lat.]
De'von (das, -s, nur Ez.) eine mittlere Formation des Erdaltertums [engl.-nlat.]
de'vo'rie'ren (V.) verschlucken [lat.]
de'vot (Adj.) unterwürfig [lat.]
De'vo'ti'on (die, -, nur Ez.) das Devotsein
De'vo'ti'o'na'li'en (nur Mz.) Gegenstände der privaten Frömmigkeit; z.B. Wallfahrtsandenken [lat.]
Dext'rin auch: Dex'trin (das, -s, -e) ein Traubenzuckerprodukt [nlat.]
dext'ro'gyr auch: dex'tro'gyr (Adj.) die Ebene des polarisierten Lichtes nach rechts drehend [lat.-gr.]
Dext'ro'kar'die auch: Dex'tro'kar'die (die, -, -n) Rechtslage des Herzens [lat.-gr.]
Dext'ro'pur auch: Dex'tro'pur (das, -, nur Ez.) ein Traubenzuckerpräparat (Warenzeichen) [Kunstwort]
Dext'ro'se auch: Dex'tro'se (die, -, nur Ez.) Traubenzucker [lat.-gr.]
De'zem (der, -s, -s) Zehnt-Abgabe an die Kirche im Mittelalter [lat.]
De'zen'ni'um (das, -s, -ni'en) Jahrzehnt [lat.]
de'zent (Adj.) unaufdringlich [lat.]
de'zent'ral auch: de'zen'tral (Adj.) entfernt vom Mittelpunkt
De'zent'ra'li'sa'ti'on auch: De'zen'tra'li'sa'ti'on (die, -, -ti'o'nen) das Dezentralisieren [lat.]
de'zent'ra'li'sie'ren auch: de'zen'tra'li'sie'ren (V.) eine zentrale Einrichtung aufspalten [lat.]
De'zenz (die, -, nur Ez.) das Dezentsein
De'zer'nat (das, -s, -e) Aufgabenbereich [lat.]
De'zer'nent (der, -en, -en) Dezernatsleiter
De'zi'bel (das, -s, -) Maßeinheit der Lautstärke [nlat.]
de'zi'die'ren (V.) entscheiden (veraltet) [lat.]
de'zi'diert (Adj.) entschieden [lat.]
de'zi'mal (Adj.) zum Dezimalsystem gehörig
De'zi'ma'le (die, -, -n) Zahl rechts vom Komma [lat.]
de'zi'ma'li'sie'ren (V.) auf das Dezimalsystem umstellen
De'zi'mal'klas'si'fi'ka'ti'on (die, -, nur Ez.) ein Ordnungssystem (in Bibliotheken) [lat.]
De'zi'mal'sys'tem (das, -s, -e) auf der Zahl 10 beruhendes Rechensystem [lat.-gr.]
De'zi'me (die, -, -n) 1 eine Strophenform 2 der zehnte Ton der diatonischen Tonleiter
De'zi'me'ter (der, -s, -) ein Zehntelmeter [lat.-gr.]
de'zi'mie'ren (V.) stark vermindern [lat.]
de'zi'siv (Adj.) entscheidend, bestimmt [lat.]

Dhar'ma (der, -s, -s) **1** Lehre Buddhas **2** Grundelement der Welt [sanskr.]
Dhau (die, -, -en) = Dau
Dho'ti (der, -s, -s) indisches Lendentuch [Hindi-engl.]
Dia (das, -s, -s) Positivfoto zur Projektion (auf eine Leinwand) [gr.]
Di'a'bas (der, -es, -e) ein Vulkanitgestein [gr.]
Di'a'be'tes (der, -, nur Ez.) Zuckerkrankheit [gr.]
Di'a'be'ti'ker (der, -s, -) Zuckerkranker [gr.]
Di'a'bo'lie (die, -, nur Ez.) teuflische Bosheit, das Bösesein [gr.]
Di'a'bo'lik (die, -, nur Ez.) boshaftes Wesen [gr.]
di'a'bo'lisch (Adj.) teuflisch [gr.]
Di'a'bo'lus (der, -s, nur Ez.) Teufel [gr.-lat.]
Di'a'dem (das, -s, -e) Stirnschmuck [gr.]
Di'a'do'che (der, -n, -n) Nachfolger Alexanders des Großen; eines anderen bedeutenden Herrschers [gr.]
Di'a'ge'ne'se (die, -, -n) Umbildung (in der Geologie) [gr.]
di'a'gly'phisch auch: di'a'gly'phisch (Adj.) gemeißelt, gestochen [gr.-lat.]
Di'a'gno'se auch: Di'a'gno'se (die, -, -n) Erkennung (von Krankheiten) [gr.]
Di'ag'nos'tik auch: Di'a'gnos'tik (die, -, -en) Diagnosewissenschaft
di'ag'nos'tisch auch: di'a'gnos'tisch (Adj.) zur Diagnose gehörig, durch Diagnose
di'ag'nos'ti'zie'ren auch: di'a'gnos'ti'zie'ren (V.) erkennen (von Krankheiten) [gr.]
di'a'go'nal (Adj.) schräg verlaufend; wie eine Diagonale verlaufend
Di'a'go'na'le (die, -, -n) Verbindungsgerade zweier nicht benachbarter Ecken [gr.]
Di'a'gramm (das, -s, -e) Schaubild [gr.]
Di'a'kon (der, -s, -e) niederer Geistlicher [gr.]
Di'a'ko'nat (das, -s, -e) Diakonsamt, -wohnung
Di'a'ko'nie (die, -, nur Ez.) Arbeit für Hilfsbedürftige (in der evangelischen Kirche) [gr.]
Di'a'ko'nis'se (die, -, -n) Angehörige einer evangelischen Schwesternschaft [gr.-lat.]
Di'a'ko'nis'sin (die, -, -nen) = Diakonisse
Di'a'ko'nus (der, -s, -ko'nen) evangelischer Hilfsgeistlicher (veraltet) [gr.-lat.]
Di'a'kri'se auch: Di'a'kri'se (die, -, -n) Entscheidung (im Krankheitsverlauf) [gr.]
Di'a'kri'sis auch: Di'a'kri'sis (die, -, -kri'sen) = Diakrise
di'a'kri'tisch auch: di'a'kri'tisch (Adj.) zur weiteren Unterscheidung notwendig; diakritisches Zeichen: grafisches Zeichen, das sonst gleiche Buchstaben unterscheidet; z.B. das Cedille [gr.]
Di'a'lekt (der, -s, -e) Mundart [gr.]
di'a'lek'tal (Adj.) zu einem Dialekt gehörig
Di'a'lek'tik (die, -, nur Ez.) Beweisführungskunst [gr.]
di'a'lek'tisch (Adj.) **1** zur Dialektik gehörig **2** spitzfindig
Di'a'lek'to'lo'gie (die, -, nur Ez.) Mundartforschung
Di'al'lag (der, -s, -e) ein Mineral [gr.]
Di'a'log (der, -s, -e) Zwiegespräch [gr.]
di'a'lo'gisch (Adj.) in Dialogform
di'a'lo'gi'sie'ren (V.) in Dialogform bringen
Di'a'ly'se (die, -, -n) **1** ein Trennverfahren, das verschieden große Moleküle durch eine Scheidewand sondert **2** Blutwäsche [gr.]
di'a'ly'sie'ren (V.) **1** eine Dialyse machen **2** eine Blutwäsche machen
Di'a'mant (der, -en, -en) reiner kristallisierter Kohlenstoff, härtester Edelstein [gr.-frz.]
di'a'man'ten (Adj.) **1** aus Diamant **2** hart wie ein Diamant
Di'a'man'ti'ne (die, -, nur Ez.) Poliermittel [gr.]
Di'a'man'tit (das, -s, nur Ez.) Poliermittel
Di'a'mat (der, -s, nur Ez.) dialektischer Materialismus [Kurzwort]
Di'a'me'ter (der, -s, -) Durchmesser [gr.]
di'a'met'ral auch: di'a'me'tral (Adj.) **1** genau gegenüberliegend **2** entgegengesetzt [gr.]
di'a'met'risch auch: di'a'me'trisch (Adj.) dem Diameter entsprechend
Di'a'pa'son (der, -s, -s oder -so'ne) **1** Kammerton **2** Stimmgabel [gr.]
Di'a'pau'se (die, -, -n) Ruhestadium während der Entwicklung; z.B. die Puppenruhe bei Schmetterlingen [gr.]
di'a'phan (Adj.) durchscheinend [gr.]
Di'a'pha'ni'tät (die, -, nur Ez.) Lichtstrahlendurchlässigkeit [gr.]
Di'a'pho'nie (die, -, -n) Missklang [gr.-lat.]
Di'a'pho'ra (die, -, nur Ez.) **1** Betonung der Unterschiedlichkeit **2** Wortwiederholung mit abgewandelter Bedeutung [gr.]
Di'a'pho're'se (die, -, -n) das Schwitzen [gr.]
Di'a'pho're'ti'kum (das, -s, -ka) schweißtreibendes Mittel [gr.-nlat.]
Di'a'phrag'ma (das, -s, -men) **1** dünne Scheidewand **2** Zwerchfell **3** optische Blende **4** mechanisches Verhütungsmittel [gr.]
Di'a'po'si'tiv (das, -s, -e) = Dia [gr.-frz.]
Di'ä're'se (die, -, -n) **1** zweisilbige Aussprache nebeneinander stehender Vokale; z.B. in Citroën [-ɔɛ̃-] **2** Einschnitt im Vers **3** Begriffsteilung [gr.]
Di'ä're'sis (die, -, -ä're'sen) = Diärese

Diarium 108 **diffizil**

Di'a'ri'um (das, -s, -ri'en) Notiz-, Tagebuch [lat.]
Di'ar'rhö (die, -, -en) Durchfall [gr.]
Di'ar'rhöe [-rø:] = Diarrhö
di'ar'rhö'isch (Adj.) mit Durchfall verbunden [gr.]
Di'as'keu'ast *auch:* Di'a'skeu'ast (der, -as'ten, -as'ten) jmd., der literarische Werke bearbeitet [gr.]
Di'as'por *auch:* Di'a'spor (der, -s, -e) Mineral [gr.-lat.]
Di'as'po'ra *auch:* Di'a'spo'ra (die, -, nur Ez.) 1 religiöse oder nationale Minderheit innerhalb einer andersartigen Umgebung; z.b. die Juden im antiken Mittelmeerraum 2 das Gebiet selbst [gr.]
Di'as'te'ma *auch:* Di'a'ste'ma (das, -s, -ma'ta) Lücke, Zwischenraum [gr.]
Di'as'to'le *auch:* Di'a'sto'le (die, -, -n) rhythmische Ausdehnung des Herzens [gr.]
di'as'trat *auch:* di'ast'rat/di'a'strat (Adj.) Sprachunterschiede betreffend, die auf Schichtunterschieden beruhen [gr.-lat.]
di'as'tra'tisch *auch:* di'ast'ra'tisch/di'a'stra'tisch (Adj.) = diastrat
di'ät (Adj.) entsprechend einer Diät; z.B. sein Leben diät führen
Di'ät (die, -, -en) Schonkost; spezielle Ernährungsweise [gr.]
Di'ä'tar (der, -s, -e) Hilfsarbeiter [lat.]
Di'ä'ten (nur Mz.) Aufwandsentschädigungen, Tagegeld (für Abgeordnete) [lat.]
Di'ä'te'tik (die, -, -en) Lehre von natürlicher Ernährung; z.B. die Theorien Bircher-Benners [gr.]
di'ä'te'tisch (Adj.) zur Diätetik gehörig
Di'a'thek (die, -, -en) Sammlung von Dias [gr.]
di'a'ther'man (Adj.) wärmedurchlässig [gr.]
Di'a'ther'mie (die, -, nur Ez.) Wärmebehandlung, Durchwärmung [gr.]
Di'a'the'se (die, -, -n) Krankheitsempfänglichkeit [gr.]
di'ä'tisch (Adj.) die Ernährung betreffend [gr.-lat.]
Di'a'to'mee (die, -, -n) Kieselalge [gr.]
Di'a'to'nik (die, -, nur Ez.) Tonleitersystem mit Dur- und Molltönen, siebenstufige Tonleiter [gr.]
di'a'to'nisch (Adj.) zur Diatonik gehörig
di'a'to'pisch (Adj.) Sprachformen betreffend, die auf landschaftlichen Unterschieden beruhen [gr.]
Dib'buk (der, -s, -s) in einen Menschen fahrende sündige Seele eines Verstorbenen [hebr.]
di'cho'tom (Adj.) zweigliedrig [gr.]

Di'cho'to'mie (die, -, -n) Zweigliedrigkeit; z.b. das Vorhandensein von Begriffspaaren
di'cho'to'misch (Adj.) = dichotom
Di'chro'is'mus [-kro-] (der, -, nur Ez.) Zeigen zweier verschiedener Farben, bei in verschiedenen Richtungen durchfallendem Licht (bei Mineralien) [gr.]
Di'chro'mie [-kro-] (die, -, -n) Zweifarbigkeit [gr.]
Di'chro'mis'mus [-kro-] (der, -, nur Ez.) = Dichromie [gr.-nlat.]
Di'dak'tik 1 (die, nur Ez.) Wissenschaft des Lehrens **2** (die, -, -en) Unterrichtstheorie [gr.]
di'dak'tisch (Adj.) zur Didaktik gehörig, lehrhaft
Di'dot'an'ti'qua [dido:an-] (die, -, nur Ez.) besondere Druckerschrift
Di'dym (das, -s, nur Ez.) eine selten vorkommende Erde [gr.-lat.]
Di'e'ge'se (die, -, -n) weit ausholende Erörterung, Erzählung [gr.]
Di'e'lekt'ri'kum *auch:* Di'e'lek'tri'kum (das, -s, -ka) Stoff, der in seinem Innern ein elektrisches Gegenfeld aufbaut [gr.-nlat.]
Di'e'lekt'ri'zi'täts'kons'tan'te *auch:* Di'e'lek'tri'zi'täts'kons'tan'te/Di'e'lekt'ri'zi'täts'kon'stan'te/Di'e'lek'tri'zi'täts'kon'stan'te (die, -, -n) Wert zur Beschreibung elektrischer Felder [gr.-nlat.]
Di'es a'ter (der, - -, nur Ez.) Unglückstag, »schwarzer Tag« [lat.]
Di'es I'rae [i:re:] (der, - -, nur Ez.) Weltgerichtstag, »Tag des Zorns« [lat.]
dif'fa'ma'to'risch (Adj.) diffamierend
Dif'fa'mie (die, -, -n) diffamierende Behauptung
dif'fa'mie'ren (V.) verleumden [lat.]
dif'fe'rent (Adj.) verschieden [lat.]
Dif'fe'renz (die, -, -en) **1** Unterschied **2** Unstimmigkeit; z.B. mit jmdm. Differenzen haben [lat.]
dif'fe'ren'zi'al (*auch:* dif'fe'ren'ti'al) [-tsja:l] (Adj.) = differenziell
Dif'fe'ren'zi'al (*auch:* Dif'fe'ren'ti'al) [-tsja:l] (das, -s, -e) Ausgleichsgetriebe [lat.]
Dif'fe'ren'zi'a'ti'on (*auch:* Dif'fe'ren'ti'a'ti'on) (die, -, -en) **1** genaues Unterscheiden; z.B. die Differenziation von Begriffen **2** unterschiedliches Entwickeln; z.B. von Organismen **3** Anwendung der Differenzialrechnung [lat.]
dif'fe'ren'zi'ell (*auch:* dif'fe'ren'ti'ell) (Adj.) unterscheidend [frz.]
dif'fe'ren'zie'ren (V.) **1** unterscheiden; trennen **2** die Differenzialrechnung anwenden
dif'fe'rie'ren (Adj.) voneinander abweichen [lat.]
dif'fi'zil (Adj.) sehr schwierig [lat.]

Diffluenz *auch:* Dif'flu|enz (die, -, -en) Gletschergabelung [lat.]
dif'form (Adj.) missgestaltet [lat.]
Dif'for|mi|tät (die, -, -en) Missgestaltetheit [lat.]
diff'rakt *auch:* dif'frakt (Adj.) optisch gebeugt [lat.]
Diff'rak|ti|on *auch:* Dif'frak|ti|on (die, -, -ti|o|nen) optische Beugung [lat.]
dif|fun|die|ren (V.) eine Diffusion durchmachen [lat.]
dif'fus (Adj.) unscharf, verschwommen [lat.]
Dif'fu|si|on (die, -, -si|o|nen) **1** von selbst eintretende Mischung sich berührender Stoffe **2** allmählicher Durchgang; z.B. der Luft aus einer an sich dichten Hülle [lat.]
Dif'fu|sor (der, -s, -so|ren) sich erweiternder Teil (eines Geräts) [lat.]
Di'gam|ma (das, -s, -s) Buchstabe des ältesten griechischen Alphabets [gr.-lat.]
di'gen (Adj.) zweigeschlechtig (»normal«) gezeugt [gr.]
di|ge|rie|ren (V.) eine Digestion durchmachen
Di'gest [daɪdʒɛst] (der oder das, -(s), -s) Zusammenstellung populärer Texte [engl.]
Di'ges|ti|on (die, -, -ti|o|nen) **1** Auslaugung **2** Verdauung [lat.]
di'ges|tiv (Adj.) verdauungsfördernd [lat.]
Dig'ger (der, -s, -) Goldgräber [engl.]
Di'git [-dʒi] (das, -s, -s) elektronische Anzeigeneinheit; z.B. eine Ziffer [lat.-engl.]
di'gi|tal (Adj.) **1** mit den Fingern **2** als Digit darstellbar [lat.]
Di'gi|ta|lis (das, -, nur Ez.) aus der Heilpflanze Roter Fingerhut gewonnenes Herzmittel
di|gi|ta|li|sie|ren (V.) Darstellung jeglicher Information in Ziffern [lat.-engl.]
Dig'ni|tar *auch:* Di'gni|tar (der, -s, -e) Würdenträger (der kath. Kirche) [lat.]
Dig'ni|tär *auch:* Di'gni|tär (der, -s, -e) = Dignitar
Dig'ni|tät (die, -, nur Ez.) Amt eines Dignitars
Di'gramm (das, -s, -e) Kombination zweier Buchstaben zu einem Laut [gr.]
Di'graph (das oder der, -s, -en) = Digramm
Dig'res|si|on *auch:* Di'gres|si|on (die, -, -si|o|nen) Abweichung, Abschweifung [lat.]
Di'jam'bus (der, -, -ben) doppelter Jambus [gr.-lat.]
di|ju|di|zie|ren (V.) urteilen, etwas entscheiden [lat.]
Di'ka|ry|ont (das, -s, nur Ez.) Zweikernstadium [gr.-lat.]
Di'kas|te|ri|um (das, -s, -ri|en) Gerichtshof im antiken Griechenland [gr.-lat.]

dik'lin *auch:* di'klin (Adj.) eingeschlechtig (bei Blüten) [gr.]
di'ko|tyl (Adj.) zweikeimblättrig [gr.]
Di'ko|ty|le (die, -, -n) zweikeimblättriges Gewächs [gr.-lat.]
Di'ko|ty|le|do|ne (die, -, -n) = Dikotyle
Dik'ro|tie *auch:* Di'kro|tie (die, -, -n) Doppelschlag des Pulses [gr.-lat.]
Dik'ta|phon (*auch:* Dik'ta|fon) (das, -s, -e) Diktiergerät [lat.gr.]
Dik'tat (das, -s, -e) **1** das Vorsagen eines Textes, der nachgeschrieben werden muss, Nachschrift **2** etwas Aufgezwungenes, Befehl [lat.]
Dik'ta|tor (der, -s, -to|ren) Herrscher in einer Diktatur
dik'ta|to|risch (Adj.) wie ein Diktator, unumschränkt herrschend
Dik'ta|tur (die, -, -en) politische Machtform eines unumschränkten Herrschers [lat.]
dik|tie|ren (V.) **1** so sprechen, dass der Text nachgeschrieben werden kann **2** aufzwingen, befehlen [lat.]
Dik'ti|on (die, -, -ti|o|nen) Ausdrucksweise; Schreibstil [lat.]
Dik'ti|o|nat (das oder der, -s, -e) Wörterbuch (veraltet) [frz.]
Dik'tum (das, -s, -ta) Ausspruch [lat.]
Di'la'ta'bel (Adj.) dehnbar [lat.]
Di|la'ta'bi'lis (der, -, -les [-leːs]) in die Breite ziehbare hebräische Buchstaben (zum Zeilenfüllen) [lat.]
Di|la|ta|ti|on (die, -, -ti|o|nen) Ausdehnung, Erweiterung [lat.]
di|la|tie|ren (V.) ausdehnen; erweitern [lat.]
Di|la|ti|on (die, -, -ti|o|nen) Aufschub, Verzögerung [lat.]
di|la|to|risch (Adj.) aufschiebend, verzögernd [lat.]
Dil'do (der, -s, -s) künstlicher Penis
Di'lem|ma (das, -s, -s) Zwangslage [lat.]
Di|let|tant (der, -en, -en) **1** Laie **2** Pfuscher
di|let|tan|tisch (Adj.) wie ein Dilettant [it.]
Di|let|tan|tis|mus (der, -, nur Ez.) Betätigung eines Dilettanten [it.-nlat.]
di|let|tie|ren (V.) sich als Dilettant betätigen
Di'li|gence [-ʒãːs] (die, -, -n) Eilpostkutsche
Di'li|genz (die, -, nur Ez.) Sorgfalt, Fleiß [lat.]
di|lu|ie|ren (V.) verdünnen [lat.]
di|lu'vi|al (Adj.) zum Diluvium gehörig
Di|lu'vi|um (das, -s, nur Ez.) = Pleistozän (veraltet) [lat.]
Di'ma|fon (das, -s, -e) Diktiergerät
Dime [daɪm] (der, -s, - oder -s) 10 Cent (in den USA) [frz.-engl.]
Di'men|si|on (die, -, -si|o|nen) **1** Körperausdehnung, Richtungserstreckung **2** Bereich;

z.B. ein Vorfall in der Dimension des Unfassbaren [lat.]
di¦men¦si¦o¦nal (Adj.) zur Dimension (1) gehörig, die Ausdehnung betreffend
di¦men¦si¦o¦nie¦ren (V.) in den Dimensionen (1) bestimmen
di¦mer (Adj.) zweiteilig (von Molekülen) [gr.]
Di¦me¦ter (der, -s, -) Vers aus zwei gleichen Metren [gr.]
di¦mi¦nu¦en¦do (Adv.) langsam leiser werdend (bei Musikstücken) [it.]
di¦mi¦nu¦ie¦ren (V.) verkleinern, vermindern
Di¦mi¦nu¦ti¦on (die, -, -ti¦o¦nen) das Diminuieren
di¦mi¦nu¦tiv (Adj.) verkleinernd [lat.]
Di¦mi¦nu¦tiv (das, -s, -e) sprachliche Verkleinerungsform; z.B. ein Wort mit der Endsilbe -chen oder -lein [lat.]
Di¦mi¦nu¦ti¦vum (das, -s, -va) = Diminutiv
Di¦mis¦si¦on (die, -, -si¦o¦nen) = Demission
di¦mit¦tie¦ren (V.) entlassen (veraltet) [lat.]
Dim¦mer (der, -s, -) stufenloser Lichtschalter, Helligkeitsregler [engl.]
di¦morph (Adj.) zweigestaltig [gr.]
Di¦mor¦phie (die, -, -n) Zweigestaltigkeit (chemischer Verbindungen) [gr.]
Di¦mor¦phis¦mus (der, -, -men) Zweigestaltigkeit (bei Lebewesen) [gr.-nlat.]
DIN (ohne Art.) Abk. für »Deutsche Industrienorm«, ein Normformat
Di¦nan¦de¦rie (die, -, -n) Messingarbeit [frz.]
Di¦nar (der, -s, -e oder -) eine Währungseinheit (u.a. in Algerien) [lat.]
Di¦na¦ri¦de (der, -n, -n) Angehöriger einer europiden Unterrasse; z.B. in den Dinarischen Alpen
di¦na¦risch (Adj.) zu den Dinariden gehörig
Di¦ner [-ne:] (das, -s, -s) festliches (Abend-) Essen [frz.]
Din¦gi (das, -s, -s) kleines Boot; Beiboot [Hindi]
Din¦go (das, -s, -s) australischer Wildhund
di¦nie¦ren (V.) in etwas festlicherem Rahmen speisen [lat.-frz]
Din¦ner (das, -s, -s) 1 festliches Abendessen 2 Hauptmahlzeit (in England) [frz.-engl.]
Di¦no¦sau¦ri¦er (der, -s, -) ausgestorbene (Riesen-)Echse [gr.]
Di¦o¦de (die, -, -n) elektronisches Bauelement mit zwei Elektroden [gr.]
Di¦o¦len (das, -s, nur Ez.) eine reißfeste Kunstfaser (Warenzeichen) [Kunstwort]
Di¦o¦ny¦si¦en (nur Mz.) Weinfest zu Ehren des altgriechischen Gottes Dionysos; rauschhaftes Fest
di¦o¦ny¦sisch (Adj.) wie die Dionysien
Di¦op¦sid (der, -s, -e) ein Mineral [gr.-lat.]
Di¦op¦tas (der, -, -e) ein Mineral [gr.-lat.]

Di¦op¦ter (das, -s, -) optische Visier-, Zielvorrichtung [gr.]
Di¦opt¦rie auch: Di¦op¦trie (die, -, -n) Maßeinheit des optischen Brechwerts; z.B. des Auges [gr.]
Di¦opt¦rik auch: Di¦op¦trik (die, -, nur Ez.) Lehre von der Lichtbrechung [gr.-lat.]
di¦opt¦risch auch: di¦op¦trisch (Adj.) durchsichtig, zur Dioptrie gehörend
Di¦o¦ra¦ma (das, -s, -men) plastischer (originalgroßer) Schaubildkasten [gr.]
Di¦o¦rid (das, -s, nur Ez.) eine Kunstfaser (Warenzeichen) [Kunstwort]
Di¦o¦rit (der, -s, -e) ein Gestein [gr.]
Di¦os¦ku¦ren (nur Mz.) unzertrennliche Freunde, »Kastor und Pollux« [gr.]
Di¦o¦xan (das, -s, nur Ez.) eine organische Verbindung, Lösungsmittel
Di¦o¦xid (das, -s, -e) Oxid mit zwei Sauerstoffatomen [gr.]
Di¦o¦xin (das, -s, nur Ez.) ein Kohlenwasserstoff, Umweltgift [gr.-nlat.]
Di¦ox¦sil (das, -s, nur Ez.) eine Kunstfaser (Warenzeichen) [Kunstwort]
di¦ö¦ze¦san (Adj.) zu einer Diözese gehörig
Di¦ö¦ze¦san (der, -en, -en) Mitglied einer Diözese [gr.-lat.]
Di¦ö¦ze¦se (die, -, -n) Bistum [gr.]
di¦ö¦zisch (Adj.) mit männlichen und weiblichen Blüten auf verschiedenen Pflanzenindividuen, zweihäusig [gr.]
Dip (der, -s, -s) dickflüssige, kalte Würztunke; z.B. zum Eintauchen von Staudensellerie, Grissini oder Crackers [engl.]
DIP (Abk. für »Dual Inline Package«); Chip mit zwei Anschlussreihen [engl.]
Di¦pep¦tid (das, -s, -e) Eiweißkörper [gr.-lat.]
Di¦pep¦ti¦da¦se (die, -, -n) Dipeptide spaltendes Enzym [gr.]
Diph¦the¦rie [dɪftɔriː] (die, -, -n) eine Infektionskrankheit, Rachenbräune [gr.]
diph¦the¦risch (Adj.) durch Diphtherie verursacht [gr.-lat.]
Diph¦the¦ri¦tis (die, -, nur Ez.) = Diphtherie
diph¦the¦ro¦id (Adj.) 1 der Diphtherie ähnlich 2 die Diphtherie betreffend [gr.]
Diph¦thong auch: Di¦phthong [dɪftɔŋ] (der, -s, -e) Doppellaut, Zwielaut; z.B. »au, ei, eu« [gr.]
Diph¦thon¦gie auch: Di¦phthon¦gie (die, -, -n) gleichzeitige Bildung zweier verschiedener Töne [gr.]
diph¦thon¦gie¦ren auch: di¦phthon¦gie¦ren (V.) einen Vokal zum Diphthong entwickeln [gr.]
diph¦thon¦gisch auch: di¦phthon¦gisch (Adj.) 1 einen Diphthong enthaltend 2 als Diphthong lautend (in der Sprachwissenschaft)

di'phy'o'dont (Adj.) zahnwechselnd
Dip'la'ku'sis *auch:* Di'pla'ku'sis (die, -, nur Ez.) einen Ton auf beiden Ohren verschieden hören [gr.-lat.]
Dip'le'gie *auch:* Di'ple'gie (die, -, -n) doppelseitige Lähmung [gr.-lat.]
Dip'lo'do'kus *auch:* Di'plo'do'kus (der, -, -ken) ausgestorbene Riesenechse [gr.-lat.]
Dip'loe *auch:* Di'ploe (die, -, nur Ez.) Knochensubstanz im Schädeldach [gr.]
dip'lo'id *auch:* di'plo'id (Adj.) mit doppeltem Chromosomensatz [gr.]
Dip'lo'kok'kus *auch:* Di'plo'kok'kus (der, -, -ken) paarweise verbundene Kokken [gr.]
Dip'lom *auch:* Di'plom (das, -s, -e) **1** ehrende Urkunde **2** akademischer Grad [gr.]
Dip'lo'mand *auch:* Di'plo'mand (der, -en, -en) jmd., der sich auf eine Diplomprüfung vorbereitet
Dip'lo'mat *auch:* Di'plo'mat (der, -en, -en) **1** Beamter im auswärtigen Dienst **2** jmd., der gewandt verhandelt [frz.]
Dip'lo'ma'tie *auch:* Di'plo'ma'tie (die, -, nur Ez.) **1** alle Diplomaten (eines Landes) **2** Verhandlungskunst [gr.]
Dip'lo'ma'tik *auch:* Di'plo'ma'tik (die, -, nur Ez.) Urkundenlehre
Dip'lo'ma'ti'ker *auch:* Di'plo'ma'ti'ker (der, -s, -) Urkundenforscher
dip'lo'ma'tisch *auch:* di'plo'ma'tisch (Adj.) **1** zu den Diplomaten gehörig, sie betreffend **2** verhandlungsgewandt
dip'lo'mie'ren *auch:* di'plo'mie'ren (V.) ein Diplom verleihen
Dip'lont *auch:* Di'plont (der, -en, -en) tierischer oder pflanzlicher Organismus [gr.-lat.]
Dip'lo'pie *auch:* Di'plo'pie (die, -, nur Ez.) Doppeltsehen [gr.]
dip'los'te'mon *auch:* di'plos'te'mon (Adj) mit zwei Staubblattkreisen ausgestattet
Dip'noi *auch:* Di'pnoi (nur Mz.) Knochenfische, die mit Kiemen und Lunge atmen [gr.-lat.]
Di'po'die (die, -, -n) Metrum mit zwei gleichen Versfüßen [gr.]
di'po'disch (Adj.) wie eine Dipodie
Di'pol (der, -s, -e) Gegenstand, Vorrichtung mit zwei gleich starken, entgegengesetzten Polen [gr.]
Di'pol'an'ten'ne (die, -, -n) Antenne mit zwei elektrisch leitenden Teilen
dip'pen (V.) **1** mit der Flagge durch kurzes Niederholen und Wiederaufziehen grüßen (Seemannssprache) **2** in einen Dip eintunken [engl.]
Dip'so'ma'ne (der oder die, -n, -n) Trunksüchtige(r) [gr.-lat.]
Dip'so'ma'nie (die, -, -n) Quartalsäuferei [gr.]
Dip'tam (der, -s, nur Ez.) ein ätherisch duftendes Rautengewächs [lat.]
Dip'te'ren *auch:* Di'pte're (die, nur Mz.) Zweiflügler (Mücke, Fliege) [gr.]
Dip'te'ros *auch:* Di'pte'ros (der, -, -te'roi) antiker Tempel, den eine doppelte Säulenreihe umgibt [gr.]
Dip'ty'chon *auch:* Di'pty'chon (das, -s, -ty'chen) **1** zusammenklappbares Schreibtäfelchen (früher) **2** zweiteiliges Altarbild [gr.]
Di'py'lon'kul'tur (die, -, nur Ez.) eisenzeitliche Kultur in Griechenland [gr.-lat.]
Di'py'lon'stil (der, -s, nur Ez.) Stil frühgriechischer Vasenmalerei
Di'py'lon'va'sen (nur Mz.) Tongefäße der griechischen Vasenmalerei
Di'rae (nur Mz.) altrömische Schmähverse [lat.]
Di'rect'cos'ting (*auch:* Di'rect Cos'ting) [dairekt kɔstɪŋ] (das, -, -s) Sammelbegriff für verschiedene Teilkostenrechnungen [engl.]
Di'rect'mai'ling (*auch:* Di'rect Mai'ling/ Di'rect-Mai'ling) [daɪrektmeɪ-] (das, -(s), -s) Direktwerbung durch Zusenden von Werbematerial mit Rückantwortkarte [engl.]
Di'rec'toire [-twa:r] (das, -s, nur Ez.) französischer Kunststil zur Zeit des Direktoriums
di'rekt (Adj.) unmittelbar [frz.]
Di'rek'ti'on (die, -, -ti'o'nen) Leitung (eines Geschäfts) [frz.]
di'rek'tiv (Adj.) Regeln zum Verhalten aufstellend [lat.]
Di'rek'ti've (die, -, -n) Anweisung, Befehl [frz.]
Di'rekt'man'dat (das, -s, -e) persönlich im Wahlkreis errungenes Mandat
Di'rek'tor (der, -s, -to'ren) Leiter, Vorsteher [lat.]
Di'rek'to'rat (das, -s, -e) Amt, Zimmer eines Direktors
di'rek'to'ri'al (Adj.) einem Direktor angemessen, von einem Direktor initiiert, einem Direktor entsprechend [lat.]
Di'rek'to'ri'um (das, -s, -ri'en) **1** alle Direktoren, Vorstandsgruppe **2** oberste französische Staatsgewalt (1795–1799)
Di'rekt'ri'ce *auch:* Di'rek'tri'ce [-sə] (die, -, -n) leitende Angestellte (in der Bekleidungsbranche) [frz.]
Di'rekt'rix *auch:* Di'rek'trix (die, -, nur Ez.) Leitlinie (bei Kegelschnitten) [lat.]
Di'ret'tis'si'ma (die, -, -s) Direktstrecke (zu einem Berggipfel) [it.]
di'ret'tis'si'mo (Adj.) den direkten Weg nehmend [it.]

Di'rex (der, -, -e) Kürzel für Direktor einer Schule (ugs.) [lat.]
Dirge [dɜːdʒ] (das, -, -s) Trauergedicht, Klagelied [lat.-engl.]
Dir'ham (der, -(s), -s oder -) eine Währungseinheit (u.a. in Marokko, Kuwait) [gr.-arab.]
Dir'hem (der, -(s), -s oder -) **1** alte Gewichtseinheit (islamischer Länder) **2** alte arabische Silbermünze [gr.-arab.]
Di'ri'gat (das, -s, -e) Auftreten als Dirigent
Di'ri'gent (der, -en, -en) Leiter (eines Orchesters, Chores) [lat.]
di'ri'gie'ren (V.) **1** musikalisch leiten und interpretieren; z.B. durch Anzeigen der Einsätze, des Tempos **2** lenken, lotsen [lat.]
Di'ri'gis'mus (der, -s, nur Ez.) teilweise Wirtschaftslenkung (durch den Staat) [lat.]
di'ri'gis'tisch (Adj.) in d. Art d. Dirigismus
di'ri'mie'ren (V.) trennen, sich lösen [lat.-frz.]
Di'sac'cha'rid (*auch:* Di'sa'cha'rid) [-saxa-] (das, -s, -e) aus zwei Zuckermolekülen aufgebautes Kohlenhydrat [sanskr.-gr.-lat.]
Di'sa'gio *auch:* Dis'a'gio [-aːdʒo] (das, -s, nur Ez.) Unterschiedsbetrag zwischen Nenn- und Kurswert (bei Aktien) [it.]
dis'am'bi'gu'ie'ren (V.) sprachlich eindeutig machen; z.B. »Billighandel, -laden« durch Hinzufügen des Artikels »der Tor/das Tor« [lat.]
Dis'can'tus (der, -, -) = Diskant [lat.]
Dis'co (die, -, -s) = [Kurzwort] Diskothek
Dis'count [-kaʊnt] (der, -s, nur Ez.) Einzelhandel ohne Kundendienst, mit rein prakt. Gestaltung, »Billighandel, -laden« [engl.]
Dis'count'la'den [-kaʊnt-] (der, -s, -läˈden) Einzelhandelsgeschäft mit Großmarktpreisen
dis'cul'pie'ren (V.) entschuldigen, rechtfertigen [lat.-frz.]
Dis'en'gage'ment [-geɪdʒ-] (das, -s, nur Ez.) politische Entspannung durch waffenfreie, neutrale Zonen, die die Machtblöcke »auseinander rücken« [engl.]
Di'seur [-zøːʀ] (der, -s, -e) Vortragskünstler
Di'seu'se [-zøːzə] (die, -, -n) Vortragskünstlerin [frz.]
dis'gru'ent (Adj.) nicht übereinstimmend [lat.]
Dis'har'mo'nie (die, -, -n) fehlende Harmonie, Missstimmigkeit [lat.]
dis'har'mo'nie'ren (V.) nicht einig sein, nicht zusammenstimmen [gr.-lat.]
dis'har'mo'nisch (Adj.) **1** einen Missklang erzeugend **2** uneinig [gr.-lat.]
Dis'jek'ti'on (die, -, -ti'o'nen) Persönlichkeitsspaltung als Erlebnis eines Traumes [lat.]
dis'junkt (Adj.) getrennt, lückenhaft [lat.]

Dis'junk'ti'on (die, -, -ti'o'nen) **1** das Disjunktsein **2** logisches Einanderausschließen
dis'junk'tiv (Adj.) einander ausschließend (aber auf höherer Abstraktionsebene doch zusammengehörig) [lat.]
Dis'kant (der, -s, -e) höchste Stimmlage (einer Sängerin, eines Instruments) [lat.]
Dis'ket'te (die, -, -n) schallplattenähnlicher EDV-Speicher [engl.-frz.]
Disk'jo'ckey [-dʒɔki] (der, -s, -s) Schallplattenauflager (und -ansager) [engl.]
Dis'ko (die, -, -s) = [Kurzwort] Diskothek
Dis'ko'gra'fie (*auch:* Dis'ko'gra'phie) (die, -, -n) Schallplattenverzeichnis [gr.-engl.]
dis'ko'i'dal (Adj.) scheibenförmig
Dis'ko'lo'gie (die, -, nur Ez.) Aufgabengebiet, das sich dem Verhältnis Musik-Tonträger widmet
Dis'ko'my'zet (der, -en, -en) Scheibenpilz [Bot.]
Dis'kont (der, -s, -e) Zinsabzug, -vergütung
Dis'kon'ten (nur Mz.) inländische Wechsel [lat.-it.]
Dis'kont'ge'schäft (das, -s, -e) Wechselgeschäft
dis'kon'tie'ren (V.) **1** den Diskont abziehen **2** Wechsel vor der Fälligkeit mit Zinsvergütung kaufen [it.]
dis'kon'ti'nu'ier'lich (Adj.) nicht kontinuierlich, unterbrochen [lat.]
Dis'kon'ti'nu'i'tät (die, -, -en) das Diskontinuierlichsein
Dis'kon'to (der, -s, -s oder -ti) = Diskont
Dis'kont'satz (der, -es, -sätˈze) der der Diskontberechnung zu Grunde liegende Zinssatz
Dis'ko'pa'thie (die, -, -n) Bandscheibenleiden [gr.-lat.]
dis'kor'dant (Adj.) nicht übereinstimmend [lat.]
Dis'kor'danz (die, -, -en) das Diskordantsein
Dis'ko'thek (die, -, -en) **1** Lokal mit Soundmaschinen **2** Schallarchiv (veraltet) [gr.-engl.]
Dis'ko'the'kar (der, -s, -e) Verwalter einer Diskothek (**2**); z.B. Rundfunkarchiv
Dis'k're'dit *auch:* Disˈkreˈdit (der, -es, nur Ez.) schlechter Ruf [lat.-it.-frz.]
disk're'di'tie'ren *auch:* disˈkreˈdiˈtieˈren (V.) in Misskredit bringen [lat.]
disk're'pant *auch:* disˈkreˈpant (Adj.) widersprüchlich, zwiespältig [lat.]
Disk're'panz (die, -, -en) das Diskrepantsein
disk'ret *auch:* disˈkret (Adj.) **1** vertraulich **2** rücksichtsvoll [frz.]
Disk're'ti'on *auch:* Disˈkreˈtiˈon (die, -, -tiˈoˈnen) das Diskretsein
disk're'ti'o'när *auch:* disˈkreˈtiˈoˈnär (Adj.) dem Urteil des Partners überlassend

Disk'ri'mi'nan'te *auch:* Dis'kri'mi'nan'te (die, -, -n) mathematisches Entscheidungswert [lat.]
Disk'ri'mi'na'ti'on *auch:* Dis'kri'mi'na'ti'on (die, -, -ti'o'nen) das Diskriminieren [lat.]
Disk'ri'mi'na'tor *auch:* Dis'kri'mi'na'tor (der, -s, -to'ren) Elektronenröhrenschaltung [lat.]
disk'ri'mi'na'to'risch *auch:* dis'kri'mi'na'to'risch (Adj.) diskriminierend
disk'ri'mi'nie'ren *auch:* dis'kri'mi'nie'ren (V.) aussondernd und ungerecht behandeln, herabsetzen [lat.]
Disk'ri'mi'nie'rung *auch:* Dis'kri'minie'rung (die, -, -en) das Diskriminieren [lat.]
dis'kul'pie'ren (V.) entschuldigen, rechtfertigen [lat.-frz.]
dis'kur'rie'ren (V.) erörtern [frz.]
Dis'kurs (der, -es, -e) Erörterung [lat.]
dis'kur'siv (Adj.) durch Erörterung fortschreitend [lat.]
Dis'kus (der, -, -kus'se) **1** Sportgerät, schwere Wurfscheibe **2** etw. Scheiben-, Tellerförmiges; z.B. ein orthodox. Altargerät [gr.]
Dis'kus'her'nie (die, -, -n) Bandscheibenvorfall [gr.-lat.]
Dis'kus'si'on (die, -, -si'o'nen) Aussprache, Meinungsgespräch [lat.]
dis'ku'ta'bel (Adj.) erwägenswert [frz.]
Dis'ku'tant (der, -en, -en) Diskussionsteilnehmer [lat.]
dis'ku'tie'ren (V.) eine Diskussion führen
Dis'lo'ka'ti'on (die, -, -ti'o'nen) Lageveränderung [lat.]
Dis'lo'ka'ti'ons'be'ben (das, -s, -) durch tektonische Verschiebungen verursachtes Erdbeben [lat.]
dis'lo'yal *auch:* dis'loy'al (Adj.) **1** gegen die Regierung eingestellt **2** untreu gegenüber jmdm. [lat.-frz.]
dis'lo'zie'ren (V.) die Lage verändern [lat.]
Dis'lo'zie'rung (die, -, -en) = Dislokation
Dis'mem'bra'ti'on *auch:* Dis'mem'bra'ti'on (die, -, -ti'o'nen) **1** Landzerstückelung bei Erbschaften **2** Zerfall eines Staates [lat.]
Dis'mem'bra'tor *auch:* Dis'mem'bra'tor (der, -s, -to'ren) Zerkleinerer [lat.]
Dis'pa'che [-paʃ] (die, -, -n) Schadensverteilung (bei Havarie) [it.-frz.]
Dis'pa'cheur [-ʃøːɐ] (der, -s, -e) Sachverständiger für Dispachen
dis'pa'chie'ren (V.) eine Dispache machen
dis'pa'rat (Adj.) ungleichartig [lat.]
Dis'pa'ri'tät (die, -, -en) Ungleichartigkeit [lat.]
Dis'pat'cher [-pætʃə] (der, -s, -) Produktionsplaner, -überwacher [engl.]

Dis'pens (der oder die, -es oder -, -e oder -en) Ausnahmegenehmigung (im Kirchenrecht) [lat.]
dis'pen'sa'bel (Adj.) verzeihlich, entschuldbar [lat.]
Dis'pen'sa'ri'um (das, -s, -ri'en) Arzneibuch [lat.]
Dis'pen'sa'ti'on (die, -, -ti'o'nen) das Dispensieren
Dis'pen'sa'to'ri'um (das, -s, -ri'en) = Dispensarium
dis'pen'sie'ren (V.) **1** freistellen **2** Medikamente bereiten und abgeben [lat.]
Dis'pen'sie'rung (die, -, -en) = Dispensation
Dis'per'gens *auch:* Di'sper'gens (das, -, -gen'zi'en oder -gen'tia) Lösungsmittel [lat.]
dis'per'gie'ren *auch:* di'sper'gie'ren (V.) fein verteilen [lat.]
Dis'per'mie *auch:* Di'sper'mie (die, -, -n) das Eindringen zweier Spermatozoen in dieselbe Eizelle [gr.-lat.]
dis'pers *auch:* di'spers (Adj.) fein verteilt [lat.]
Dis'per'sants *auch:* Di'sper'sants (nur Mz.) Beimengungen zum Schmieröl, die Ablagerungen verhindern [lat.-engl.]
Di'sper'si'on *auch:* Di'sper'si'on (die, -, -si'o'nen) **1** feinste Verteilung schwebender Stoffteilchen in einem anderen Stoff **2** Zerlegung des Lichts (durch Prismenbrechung) [lat.]
Dis'per'si'tät *auch:* Di'sper'si'tät (die, -, -en) Dispersionsverteilungsgrad [lat.]
Dis'play [-pleɪ] (das, -s, -s) **1** Dekorationsmaterial (für die Schaufensterwerbung) **2** Ablesefenster, z.B. am Personalcomputer, an elektronischen Schreibmaschinen [engl.]
Dis'play'er [-pleɪ-] (der, -s, -) jmd., der Displays (**1**) entwirft
Dis'pon'de'us *auch:* Di'spon'de'us (der, -, -de'en) doppelter Spondeus [gr.-lat.]
Dis'po'nen'den (nur Mz.) Bücher, die ein Sortimentsbuchhändler nicht absetzen kann u. mit Verlagsgenehmigung weiter lagert [lat.]
Dis'po'nent (der, -en, -en) Verfügungsberechtigter [lat.]
dis'po'ni'bel (Adj.) verfügbar [frz.]
Dis'po'ni'bi'li'tät (die, -, nur Ez.) Verfügbarkeit [lat.]
dis'po'nie'ren (V.) **1** einteilen **2** verfügen [lat.]
dis'po'niert (Adj.) aufgelegt, empfänglich [lat.]
Dis'po'si'ti'on (die, -, -ti'o'nen) **1** Wartestand; z.B. zur Disposition stehende Hilfskräfte **2** Plan; z.B. die Disposition für einen

Vortrag treffen **3** Empfänglichkeit; z.B. die Disposition für eine Krankheit [lat.]
dis'po'si'ti'ons'fä'hig (Adj.) geschäftsfähig
Dis'po'si'ti'ons'fonds (der, -, nur Ez.) frei verfügbarer Posten des Staatshaushalts
Dis'po'si'ti'ons'kre'dit (der, -es, -e) Überziehungskredit
dis'po'si'tiv (Adj.) verfügend, anordnend [lat.]
Dis'po'si'tor (der, -s, -o̱ren) der die in einem Tierkreiszeichen befindlichen Himmelskörper beherrschende Planet
Dis'pro'por'ti'o̱n (die, -, -ti'o̱'nen) Missverhältnis [lat.]
Dis'pro'por'ti'o'na'li'tät (die, -, -en) Missverhältnis [lat.]
dis'pro'por'ti'o'niert (Adj.) unproportioniert, im Missverhältnis [lat.]
Dis'put (der, -s, -e) Wortgefecht, Streit [lat.]
dis'pu'ta'bel (Adj.) strittig [lat.]
Dis'pu'tant (der, -en, -en) an einem Disput Teilnehmender [lat.]
Dis'pu'ta'ti'o̱n (die, -, -ti'o̱'nen) wissenschaftliches Streitgespräch [lat.]
dis'pu'tie'ren (V.) ein Wortgefecht, wissenschaftliches Streitgespräch führen [lat.]
Dis'pu'tie'rer (der, -s, -) gerne und häufig Disputierender
Dis'qua'li'fi'ka'ti'o̱n (die, -, -ti'o̱'nen) **1** (nur Ez.) das Nichteignen **2** Ausschluss aus einem sportlichen Wettbewerb [lat.]
dis'qua'li'fi'zie'ren (V.) **1** die Nichteignung zeigen **2** von einem sportlichen Wettbewerb ausschließen [lat.]
Dis'qua'li'fi'zie'rung (die, -, -en) = Disqualifikation
Diss (die, -, nur Ez.) Kürzel für Dissertation
dis'se'cans (Adj.) trennend, spaltend [lat.]
Dis'se'mi'na'ti'o̱n (die, -, -ti'o̱'nen) Ausbreitung von Krankheitserregern oder einer Seuche (Med.) [lat.]
dis'se'mi'niert (Adj.) verbreitet, verstreut [lat.]
Dis'sens (der, -es, -e) Meinungsverschiedenheit [lat.]
Dis'sen'ter (der, -s, -) englischer Protestant, der nicht der anglikanischen Staatskirche angehört
dis'sen'tie'ren (V.) abweichender Meinung sein [lat.]
Dis'ser'tant (der, -en, -en) jmd., der an einer Doktorarbeit schreibt [lat.]
Dis'ser'ta'ti'o̱n (die, -, -ti'o̱'nen) Doktorarbeit [lat.]
dis'ser'tie'ren (V.) eine Dissertation schreiben
dis'si'dent (Adj.) anders denkend, in der Meinung abweichend [lat.-engl.]

Dis'si'dent (der, -en, -en) **1** Abweichler (in kommunistischen Ländern) **2** Freidenker, Freireligiöser [lat.]
Dis'si'di'en (nur Mz.) Streitpunkte [lat.]
dis'si'die'ren (V.) **1** anders denken (veraltet) **2** aus der Kirche austreten (veraltet) [lat.]
Dis'si'mi'la'ti'o̱n (die, -, -ti'o̱'nen) **1** Verfremdung **2** chemischer Abbau (hin zu einfachen, energiearmen Strukturen) [lat.]
dis'si'mi'lie'ren (V.) eine Dissimilation durchmachen
Dis'si'mu'la'ti'o̱n (die, -, -ti'o̱'nen) bewusstes Verheimlichen einer Krankheit [lat.]
dis'si'mu'lie'ren (V.) verheimlichen (einer Krankheit) [lat.]
Dis'si'pa'ti'o̱n (die, -, -ti'o̱'nen) das Dissipieren
Dis'si'pa'ti'ons'sphä're (die, -, nur Ez.) äußerste Schicht der Erdatmosphäre
Dis'si'pie'ren (V.) in eine andere Energieform übergehen [lat.]
dis'so'lu'bel (Adj.) löslich (Chemie) [lat.]
Dis'so'lu'ti'o̱n (die, -, -ti'o̱'nen) Auflösung, Trennung [lat.]
Dis'sol'vens (das, -, -venzi'en oder -ven'tia) auflösendes Mittel (Med.)
dis'sol'vie'ren (V.) auflösen [lat.]
dis'so'nant (Adj.) **1** als Dissonanz erscheinend, misstönend **2** unstimmig
Dis'so'nanz (die, -, -en) **1** Klang, der zu einer Auflösung drängt **2** Unstimmigkeit [lat.]
dis'so'nie'ren (V.) in einer Dissonanz zusammenklingen; schlecht übereinstimmen
dis'so'zi'a̱l (Adj.) unfähig, sich in die Gesellschaft einzuordnen [lat.-frz.-engl.]
Dis'so'zi'a'li'tät (die, -,nur Ez.) dissoziales Verhalten
Dis'so'zi'a'ti'o̱n (die, -, -ti'o̱'nen) **1** psychotische Abspaltung zusammengehöriger Dinge **2** Molekülzerfall in einfache Bestandteile; z.B. Ionen [lat.]
dis'so'zi'a'tiv (Adj.) zur Dissoziation gehörig
dis'so'zi'ie'ren (V.) eine Dissoziation durchlaufen
Dis'stress (der, -es, -e) Überstress [gr.-engl.]
Dis'su'a'si'o̱n (die, -, -si'o̱'nen) Abschreckung [lat.]
dis'tal (Adj.) weiter entfernt liegend (als andere Teile zu einem Körperzentrum) [lat.]
Dis'tanz (die, -, -en) **1** Abstand, Entfernung **2** Zurückhaltung, Verständnisgrad; z.B. die Distanz gegenüber anderen Menschen **3** Wegstrecke; z.B. die Distanz eines Rennens **4** Zeit, Rundenzahl (im Boxen) [lat.]
dis'tan'zie'ren (V.) **1** abrücken; z.B. sich von einer Person distanzieren **2** hinter sich lassen; z.B. Läufer, die sich vom Feld distanzieren [lat.]

distanziert

dis|tan|ziert (Adj.) zurückhaltend, auf einen angemessenen Abstand bedacht [lat.]
Dis|tanz|kom|po|si|ti|on (die, -, -ti|o|nen) unfeste Zusammensetzung bei Verben
Dis|tar|lin|se (die, -, -n) Vorsatzlinse zur Brennweitenvergrößerung fotografischer Objektive [lat.-dt.]
Dis|then auch: Di|sthen (der, -s, -e) ein Mineral, Aluminiumsilicat [lat.-gr.]
Dis|ti|cho|my|thie auch: Di|sti|cho|my|thie (die, -, -n) Dialogform im Versdrama, die aus zwei Verszeilen besteht [gr.-lat.]
Dis|ti|chon auch: Di|sti|chon (das, -s, -chen) ein Verspaar (aus Hexameter und Pentameter) [gr.]
Dis|tin|gem (das, -s, -e) distinktives Sprachzeichen [lat.]
dis|tin|guie|ren [-gi:rən] (V.) unterscheiden, sich von etwas oder jmdm. abheben [lat.]
dis|tin|guiert [-gi:rt] (Adj.) vornehm, gewählt
dis|tinkt (Adj.) abgegrenzt, deutlich [lat.]
Dis|tink|ti|on (die, -, -ti|o|nen) **1** (nur Ez.) Vornehmheit, Gewähltheit **2** Unterscheidungsmerkmal [frz.]
dis|tink|tiv (Adj.) unterscheidend [frz.]
Dis|tor|si|on (die, -, -si|o|nen) Verstauchung [lat.]
dis|tra|hie|ren (auch: di|stra|hie|ren dist|ra|hie|ren V.) auseinander ziehen [lat.]
Dis|trak|ti|on auch: Dist|rak|ti|on/Di|strak|ti|on (die, -, -ti|o|nen) das Distrahieren
Dis|tri|bu|ent auch: Dist|ri|bu|ent/Di|stri|bu|ent (der, -en, -en) Verteiler [lat.]
Dis|tri|bu|ti|on auch: Dist|ri|bu|ti|on/Di|stri|bu|ti|on (die, -, -ti|o|nen) Verteilung, Verbreitung [lat.]
dis|tri|bu|ti|o|nal auch: Dist|ri|bu|ti|o|nal/di|stri|bu|ti|o|nal (Adj.) durch Verteilung bedingt [lat.]
dis|tri|bu|ti|o|nell auch: dist|ri|bu|ti|o|nell/di|stri|bu|ti|o|nell (Adj.) = distributional
dis|tri|bu|tiv auch: dist|ri|bu|tiv/di|stri|bu|tiv (Adj.) verteilend [lat.]
Dis|tri|bu|tiv|um auch: Dist|ri|bu|ti|vum/Di|stri|bu|ti|vum (das, -s, -va) Einteilungszahl; z.B. »je« in »je einer« [lat.]
Dis|trikt auch: Dist|rikt/Di|strikt (der, -s, -e) Verwaltungsbezirk [lat.]
Dis|zes|si|on (die, -, -si|o|nen) Abzug, Übertritt zu einer anderen Partei [lat.]
Dis|zip|lin auch: Dis|zi|plin (die, -, -en) **1** (nur Ez.) auferlegtes Verhalten, Zucht **2** Fachgebiet
dis|zip|li|när auch: dis|zi|pli|när (Adj.) zu einer Disziplin, einem Fachgebiet gehörig
Dis|zip|li|nar|ge|walt auch: Dis|zi|pli|nar|ge|walt (die, -, nur Ez.) Ordnungsgewalt

Diversa

dis|zip|li|na|risch auch: dis|zi|pli|na|risch (Adj.) mit Hilfe eindordnender Gewalt, streng [lat.]
dis|zip|li|nell auch: dis|zi|pli|nell (Adj.) = disziplinarisch
dis|zip|li|nie|ren auch: dis|zi|pli|nie|ren (V.) **1** zur Ordnung anhalten, erziehen **2** sich einer Disziplin unterwerfen, fügen **3** strafen, maßregeln [lat.]
dis|zip|li|niert auch: dis|zi|pli|niert (Adj.) sich durch Disziplin einordnend, an sich haltend [lat.]
Dis|zip|li|nie|rung auch: Dis|zi|pli|nie|rung (die, -, -en) **1** das (aktive) Disziplinieren **2** das (passive) Diszipliniertwerden
dis|zip|lin|los auch: dis|zi|plin|los (Adj.) ohne Disziplin
Dis|zis|si|on auch: Di|szis|si|on (die, -, -si|o|nen) Organ- oder Gewebeteilung durch Operation (Med.)
Dit [di] (das, -s, -s) altfranzösisches Lehrgedicht, in das eine Erzählung eingeflochten ist [lat.-frz.]
Di|tet|ro|de auch: Di|te|tro|de (die, -, -n) spezielle Elektronenröhre [gr.-lat.]
Di|thy|ram|be (die, -, -n) begeistertes Loblied
di|thy|ram|bisch (Adj.) begeistert [gr.-lat.]
di|to (Adv.) ebenso [it.-frz.]
Dit|to|gra|fie auch: Dit|to|gra|phie (die, -, -n) **1** fehlerhafte Buchstabenwiederholung **2** doppelte Lesart
Dit|to|lo|gie (die, -, -n) doppeltes Aussprechen von Lauten, speziell beim Stottern [gr.-lat.]
Di|u|re|se (die, -, -n) Harnausscheidung [gr.]
Di|u|re|ti|kum (das, -s, -ka) harntreibendes Mittel [gr.-nlat.]
Di|u|re|tin (das, -s, nur Ez.) Harnmittel [gr.-lat.]
di|u|re|tisch (Adj.) harntreibend [gr.-lat.]
Di|ur|nal (das, -s, -e) katholisches Gebetbuch, das die täglichen Gebete enthält [lat.]
Di|ur|na|le (das, -s, -lia) = Diurnal
Di|ur|num (das, -s, -nen) Tagegeld [lat.]
Di|va (die, -, -s oder Di|ven) **1** gefeierter weiblicher Star **2** jmd., der sich extravagant benimmt [it.]
Di|ver|bia (nur Mz.) Dialoge in der altrömischen Komödie [lat.]
di|ver|gent (Adj.) abweichend, auseinander strebend [lat.]
Di|ver|genz (die, -, n) das Divergieren
di|ver|gie|ren (V.) abweichen, auseinander streben [lat.]
di|ver|gie|rend (Adj.) auseinander gehend, in entgegengesetzter Richtung strebend [lat.]
di|vers (Adj.) verschieden [lat.]
Di|ver|sa (nur Mz.) Vermischtes, Allerlei [lat.]

Di|ver|sant (der, -en, -en) Saboteur (ehem. DDR) [lat.-russ.]
Di|ver|se (Mz.) = Diversa
Di|ver|si|fi|ka|ti|on (die, -, -ti|o|nen) Angebots-, Fertigungsausweitung [lat.]
di|ver|si|fi|zie|ren (V.) ein Geschäft, eine Industrie auf neue Produkte umstellen [lat.]
Di|ver|si|fi|zie|rung (die, -, -en) = Diversifikation
Di|ver|si|on (die, -, -si|o|nen) Tätigkeit eines Diversanten
Di|ver|si|tät (die, -, nur Ez.) Vielfalt [lat.]
di|ver|tie|ren (V.) ergötzen [lat.-frz.]
Di|ver|ti|kel (das, -s, -) Ausbuchtung eines hohlen Organs (Med.) [lat.]
Di|ver|ti|ku|li|tis (die, -, -ti|den) Entzündung eines Divertikels (Med.) [lat.]
Di|ver|ti|men|to (das, -s, -s oder -ti) Folge tänzerisch heiterer Musikstücke [it.]
Di|ver|tis|se|ment [-tɪsmã] (das, -s, -s) = Divertimento [frz.]
Di|vi|dend (der, -en, -en) zu teilende Zahl
Di|vi|den|de (die, -, -n) Gewinnanteil (an einer Kapitalgesellschaft) [lat.]
di|vi|die|ren (V.) teilen (von Zahlen) [lat.]
Di|vi|di|vi (nur Mz.) gerbstoffreiche Schlehdornschoten [indian.-span.]
Di|vi|na|ti|on (die, -, -ti|o|nen) Hellseherei [lat.]
di|vi|na|to|risch (Adj.) hellseherisch [lat.]
Di|vi|ni|tät (die, -, nur Ez.) Göttlichkeit [lat.]
Di|vis (das, -es, -e) Bindestrich; Trennungszeichen [lat.]
di|vi|si Vortragsanweisung in der Musik für die Streichergruppe
di|vi|si|bel (Adj.) teilbar [lat.]
Di|vi|si|on (die, -, -si|o|nen) 1 Teilung (von Zahlen) 2 große Kampfverband [lat.]
Di|vi|si|o|när (der, -s, -e) Divisonsbefehlshaber (schweiz.) [frz.]
Di|vi|si|o|nis|mus (der, -, nur Ez.) Kunstrichtung in der modernen französischen Malerei [lat.]
Di|vi|si|o|nist (der, -nis|ten, -nis|ten) Anhänger des Divisionismus
Di|vi|sor (der, -s, -so|ren) Zahl, durch die geteilt wird [lat.]
Di|vi|so|ri|um (das, -, -ri|en) Blattklammer des Setzers in Gabelform, um die Vorlage zu halten [lat.]
Di|vul|ga|tor (der, -s, -to|ren) Propagandist [lat.]
Di|vul|si|on (die, -, -si|o|nen) gewaltsame Trennung (Med.) [lat.]
Di|vus römischer Kaisertitel (der Göttliche) [lat.]
Di|wan (der, -s, -e) 1 Polsterliege ohne Rückenlehne 2 Sofa (österr.) 3 orientalische Gedichtsammlung [pers.] 4 Staatsrat in der Türkei
Di|xie (der, -(s), nur Ez.) = Dixieland
Di|xie|land [-länd] (der, -(s), nur Ez.) eine Jazzform [engl.]
di|zy|got (Adj.) zweieiig, von zwei befruchteten Eizellen herrührend [gr.]
DNA [de: ɛn a:] (die, -, nur Ez.) eine organische Verbindung, die (in lebenden Zellen) die genetische Information trägt [engl., Kurzwort]
DNS [de: ɛn ɛs] (die, -, nur Ez.) = DNA
Do (das, -, -) der Ton C [it.]
doch|misch (Adj.) wie ein Dochmius
Doch|mi|us (der, -, -mi|en) ein fünfteiliger Versfuß [gr.-lat.]
Dock (das, -s, -s) Anlage zum Trockensetzen von Schiffen, Becken für Außenbordreparaturen [viell. engl.]
do|cken (V.) 1 ein Schiff ins Dock bringen 2 im Dock liegen 3 ein Docking durchführen [engl.]
Do|cker (der, -s, -) Dockarbeiter
Do|cking (das, -s, -s) Kopplungsmanöver (von Raumfahrzeugen) [engl.]
Do|de|ka|dik (die, -, nur Ez.) = Duodezimalsystem [gr.]
do|de|ka|disch (Adj.) zur Dodekadik gehörig
Do|de|ka|e|der (der, -s, -) Zwölfflächner [gr.]
Do|de|ka|log (der, -, nur Ez.) die »Zwölf Gebote« nach 5. Mose 27, 15–26 [gr.-lat.]
Do|de|ka|pho|nie (die, -, nur Ez.) Zwölftonmusik [gr.]
do|de|ka|pho|nisch (Adj.) zur Dodekadik-musik gehörig
Do|de|ka|pho|nist (die, -nis|ten, -nis|ten) Komponist oder Anhänger der Zwölftonmusik [gr.-lat.]
Doe|len|stück [du:lən-] (das, -es, -e) Gemälde niederländischer Maler des 16. und 17. Jahrhunderts, die eine festliche Schützengesellschaft darstellen [niederl.]
Doe|skin [dəʊ-] (der, -(s), nur Ez.) ein kräftiger Wollstoff (für glatte Mäntel) [engl.]
Do|ga|res|sa (die, -, -res|sen) Frau des Dogen [it.]
Dog|cart (der, -s, -s) zweirädriger, leichter Einspänner [engl.]
Do|ge [-ə] (der, -n, -n) Staatsoberhaupt (in Venedig und Genua, bis etwa 1800) [it.]
Dog|ge (die, -, -n) Hunderasse [engl.]
Dog|ger 1 (der, -s, nur Ez.) eine Formation der Erdgeschichte, Braunjura [engl.] **2** (der, -s, -) zweimastiges Fischerboot (an der niederländischen Nordseeküste) [niederl.]

Dog|ma (das, -s, -men) **1** verbindlicher Glaubenssatz (der kath. Kirche) **2** feste Lehrmeinung (die kritiklos geglaubt werden soll)
Dog|ma|tik (die, -, -en) wissenschaftliche Darstellung der Glaubenssätze [gr.]
Dog|ma|ti|ker (der, -s, -) **1** unflexibler Verfechter einer Theorie oder Ideologie **2** Lehrer der Dogmatik [gr.-lat.]
dog|ma|tisch (Adj.) in seiner Meinung unbeirrbar, im Dogmatismus wurzelnd
dog|ma|ti|sie|ren (V.) zum Dogma machen
Dog|ma|tis|mus (der, -, nur Ez.) Dogmendenken
do it your|self! [dʊ ɪt jɔːself] (das, - - -, nur Ez.) »Mach es selbst!« (handwerkliche Eigeninitiative) [engl.]
Do|ket (der, -en, -en) Verfechter des Doketismus [gr.-lat.]
do|ke|tisch (Adj.) auf dem Anschein basierend
Do|ke|tis|mus (der, -, nur Ez.) Lehre einer frühchristlichen Sekte, wonach Christus nur einen Scheinleib und deshalb keinen persönlichen Kreuzigungstod erlitten hat [gr.-lat.]
Do|ki|ma|sie (die, -, nur Ez.) **1** Prüfung für alle Anwärter des Staatsdienstes im antiken Griechenland **2** Prüfung eines Stoffes auf seinen (Edel-)Metallgehalt [gr.]
Do|ki|mas|tik (die, -, nur Ez.) = Dokimasie (2)
do|ki|mas|tisch (Adj.) die Dokimasie betreffend
Dok|tor (der, -s, -to̱ren) **1** höchster akademischer Grad **2** Arzt (ugs.) [lat.]
Dok|to|rand (der, -en, -en) jmd., der sich auf die Doktorprüfung vorbereitet
Dok|to|rat (das, -s, -e) Doktorwürde
dok|to|rie|ren (V.) = promovieren [lat.]
Dokt|rin auch: **Dok|trin** (die, -, -en) **1** verbindlicher Lehrsatz **2** politisches Programm [lat.]
dokt|ri|när auch: **dok|tri|när** (Adj.) zu einer Doktrin gehörig, sie verfechtend; blindgläubig
Dokt|ri|när auch: **Dok|tri|när** (der, -s, -e) Doktrinverfechter
Dokt|ri|na|ris|mus auch: **Dok|tri|na|ris|mus** (der, -, nur Ez.) unflexibles Beharren auf einer bestimmten Meinung oder Theorie (meist abwertend gebraucht) [lat.]
dokt|ri|nell auch: **dok|tri|nell** (Adj.) eine Doktrin betreffend
Do|ku|ment (das, -s, -e) Urkunde, schriftliches Beweisstück [lat.]
Do|ku|men|ta|list (der, -lis̱ten, -lis̱ten) = Dokumentar [frz.]

Do|ku|men|tar (der, -s, -e) jmd., der in einer Dokumentationsstelle arbeitet [lat.]
Do|ku|men|tar|film (der, -s, -e) Informationsfilm (über Kultur, Natur) [lat.-engl.]
do|ku|men|ta|risch (Adj.) durch Dokument, urkundlich
Do|ku|men|ta|rist (der, -ris̱ten, -ris̱ten) Verfasser von Dokumentarberichten, -filmen etc.
Do|ku|men|ta|ti|on (die, -, -ti̱o̱nen) das Dokumentieren
Do|ku|men|ta|tor (der, -s, -to̱ren) = Dokumentarist
do|ku|men|tie|ren (V.) durch Dokumente belegen, sehr deutlich zeigen, beschreiben
Do|lan (das, -, nur Ez.) für Schutzkleidung verwendete synthetische Faser
Do|lan|tin (das, -, nur Ez.) süchtig machendes Schmerzmittel (Warenzeichen) [Kunstwort]
Dol|by-Sys|tem (das, -, -) Rauschunterdrückungssystem (bei Tonbandgeräten) (Warenzeichen) [engl.-gr.]
dol|ce [-tʃe] (Adj.) süß, sanft, lieblich (Vortragsanweisung in der Musik) [lat.-it.]
Dol|ce'far|ni|en|te [-tʃefarniɛn-] (das, -, nur Ez.) süßes Nichtstun [it.]
Dol|ce|vi|ta (auch: **Dol|ce Vi|ta**) [-tʃə-] (das, - -, nur Ez.) süßes Luxusleben, Genussleben [it.]
dol|cis|si|mo [dɔltʃi-] (Adj.) sehr süß, überaus sanft, lieblich (Vortragsanweisung in der Musik) [lat.-it.]
Dold|rum auch: **Dol|drum** (das, -s, -s) windstille Zone am Äquator [engl.]
Do|le|rit (der, -s, -e) ein grobkörniges Vulkanitgestein [gr.]
do|li|cho|ke|phal (Adj.) = dolichozephal
do|li|cho|ze|phal (Adj.) langköpfig (Med.; Bio.) [gr.-lat.]
Do|li|cho|ze|pha|le (der oder die, -n, -n) jmd. mit abnorm langem Kopf (Med.; Bio.) [gr.-lat.]
Do|li|cho|ze|pha|lie (auch: **Do|li|cho|ke|pha|lie**) (die, -, nur Ez.) Langköpfigkeit [gr.]
do|lie|ren (V.) Leder abschaben [lat.-frz.]
Do|li|ne (die, -, -n) flächenhafte Einsenkung des Karstbodens [slowen.]
Dol|lar (der, -(s), -s) eine Währungseinheit (u.a. in den USA und in Kanada) [dt.-engl.]
dol|lie|ren (V.) = dolieren
Dol|ly (der, -s, -s) fahrbares Stativ oder fahrbarer Kamerawagen für Filmkamera [engl.]
Dol|ma (das, -s, -s) türkisches Nationalgericht aus Kohl, Weinblättern, Hammel und Reis [türk.]
Dol|man (der, -s, -e) kurze ungarische Husarenjacke [türk.]

Dol'many (der, -s, -s) = Dolman [türk.-ungar.]
Dol'men (der, -s, -) vorgeschichtliche Grabkammer, »Steintisch« [breton.-frz.]
Dol'metsch (der, -(e)s, -e) = Dolmetscher [österr.]
dol'met'schen (V.) als Dolmetscher tätig sein
Dol'met'scher (der, -s, -) jmd., der die Verständigung zwischen Personen verschiedener Sprache übernimmt [viell. türk.]
Do'lo'mit (der, -s, -e) ein Mineral [frz.-nlat.]
do'lo'ros (Adj.) schmerzerfüllt [lat.-frz.]
do'lo'rös (Adj.) = doloros
Do'lo'ro'sa (die, -, nur Ez.) = Mater dolorosa [lat.]
do'lo'ro'so (Adv.) klagend (bei Musikstücken) [it.]
dol'los (Adj.) böswillig, vorsätzlich (in der Juristensprache [lat.]
Dol'lus (der, -, nur Ez.) Vorsatz, Arglist
Dom 1 (der, -s, -e) Kirche **2** (der, -s, -e) Dampfkesselaufsatz [frz.] **3** (der, -, nur Ez.) Herr [portugies.]
Do'mä'ne (die, -, -n) **1** staatliches Landgut **2** Arbeits-, Spezialgebiet [frz.]
do'ma'ni'al (Adj.) eine Domäne betreffend, zu einer Domäne gehörend [frz.]
Do'ma'ti'um (das, -s, -ti'en) Hohlräume an Pflanzenteilen, die für andere Organismen Wohnstatt bieten [lat.]
Do'mes'tik (der, -en, -en) Dienstbote (als Schimpfwort) [frz.]
Do'mes'ti'ka'ti'on (die, -, -ti'o'nen) Zähmung; Haustierzüchtung [frz.]
Do'mes'ti'ke (der, -n, -n) = Domestik
Do'mes'ti'kin (die, -, -nen) Masochistin, die an sich sadistische Handlungen vornehmen lässt [lat-frz.]
do'mes'ti'zie'ren (V.) der Domestikation unterwerfen
Do'mi'na (die, -, -nä) **1** Herrin, Vorsteherin eines Stifts **2** Frau, die einen Masochisten quält (ugs.) [lat.]
do'mi'nal (Adj.) in der Art und Weise einer Domina
do'mi'nant (Adj.) überdeckend, vorherrschend; überlegen [lat.]
Do'mi'nant'ak'kord (der, -s, -e) = Dominante (2)
Do'mi'nan'te (die, -, -n) **1** vorherrschendes Merkmal **2** Durdreiklang auf der fünften Tonleiterstufe [lat.]
Do'mi'nanz (die, -, -en) das Dominieren
Do'mi'nat (der oder das, -(e)s, -e) absolutes Kaisertum [lat.]
Do'mi'na'ti'on (die, -, -ti'o'nen) das Beherrschen, die Vormachtstellung [lat.]

do'mi'nie'ren (V.) sich durchsetzen, vorherrschen; Überlegenheit zeigen; beherrschen [lat.]
do'mi'nie'rend (Adj.) **1** andere überragend, bestimmend **2** an einem anderen mit dessen Einwilligung sadistische Handlungen ausführend
Do'mi'ni'ka'ner (der, -s, -) **1** Angehöriger eines Mönchsordens **2** Ew. der Dominikanischen Republik [lat.]
do'mi'ni'ka'nisch (Adj.) die Dominikaner betreffend
Do'mi'ni'on [-mɪnjən] (das, -s, -s) selbstständiges Commonwealthland [engl.]
Do'mi'ni'um (das, -s, -ni'en) Herrschaftsgebiet, -verhältnis [lat.]
Do'mi'no (der, -s, -s) **1** langer, schwarzseidener Maskenmantel (im Karneval von Venedig) **2** dessen Träger [it.] **3** (das, -s, nur Ez.) ein Brettspiel, bei dem Steine gleicher Punktaugenzahl aneinander gelegt werden [it.]
Do'mi'nus (der, -, -ni) Herr [lat.]
Do'mi'zel'lar (der, -s, -e) junger Kanoniker ohne Sitz und Stimme in der Körperschaft der Geistlichen [lat.]
Do'mi'zil (das, -s, -e) **1** Wohnsitz **2** Zahlungsort (im Wechselrecht) [lat.]
do'mi'zi'lie'ren (V.) **1** den Wohnsitz haben **2** an einem anderen Ort als den Wohnort des Bezogenen oder Ausstellers zur Zahlung anweisen (im Wechselrecht) [lat.]
Dom'ka'pi'tel (das, -s, -) alle Geistlichen einer Bischofskirche (als Gremium) [lat.]
Dom'ka'pi'tu'lar (der, -s, -e) Mitglied des Domkapitels, Domherr
Domp'teur [-tø:ɐ] (der, -s, -e) Tierbändiger [frz.]
Domp'teu'se [-tø:zə] (die, -, -n) Tierbändigerin [lat.-frz.]
Dom'ra (die, -, -s oder -ren) altrussisches Lauteninstrument [russ.]
Don (der, -, nur Ez.) Herr [span.]
Do'ña [-nja] (die, -, nur Ez.) Frau (als Anrede)
Do'na'rit (der, -s) Ammoniumnitrat enthaltender Sprengstoff [lat.]
Do'na'tar (der, -s, -e) der Beschenkte
Do'na'ti'on (die, -, -ti'o'nen) Schenkung [lat.]
Do'na'tor (der, -s, -to'ren) **1** Spender **2** elektronenabgebender Stoff [lat.]
Dö'ner (der, -(s), -) dünn geschnittenes Hammelfleisch vom Drehspieß [türk.]
Dö'ner'ke'bab (der, -s, nur Ez.) = Döner
Dong (der, -(s), - oder -s) vietnamesische Währungseinheit
Don'jon [dʒɔ̃] (der, -s, -s) Wehrturm (französischer Burgen)

Don Ju|an (der, - -s, - -s) großer Frauenverführer [span.]
Don|ju|a|nis|mus (der, -, nur Ez.) neurotische Störung im männlichen Sexualverhalten, die sich in hemmungslosem Partnerwechsel äußert
Don|na (die, -, nur Ez.) Frau, Fräulein (bei italienischen Adelsfamilien)
Don|qui|chot|te|rie [-kiʃɔtə-] (die, -, -n) weltfremdes Unterfangen, »Windmühlenkampf« [span.-frz.]
Dont|ge|schäft (das, -es, -e) spezielles Börsengeschäft, bei dem die Vertragserfüllung zwar zum Kurs des Abschlusstages, aber zeitlich erst später erfolgt [frz.-dt.]
Do|num (das, -s, -na) Geschenk, Schenkung (veraltet) [lat.]
doo|deln (V.) bei einer Tätigkeit oder in Gedanken nebenbei kritzeln, Strichmännchen malen etc. [engl.]
Dope [doʊp] (das, -(s), nur Ez.) Rauschgift (ugs.) [engl.]
do|pen (V.) durch Aufputschmittel zu (sportlichen) Höchstleistungen bringen [engl.]
Do|ping (das, -s, nur Ez.) das Dopen
Dop|pel|nel|son (der, -s, -s) doppelter Nackenhebel beim Ringen oder als Rettungsgriff beim Schwimmen
Dop|pik (die, -, nur Ez.) doppelte Buchführung [Kunstwort]
dop|pio mo|vi|men|to doppelt so schnell (Vortragsanweisung in der Musik) [ital.]
Do|ra|de (die, -, -n) Goldmakrele [lat.-frz.]
Do|ra|do (das, -s, -s) = Eldorado
do|risch (Adj.) **1** zu den altgriechischen Dorern gehörig **2** zu einer Kirchentonart gehörig
Dor|meu|se [-mø:-] (die, -, -n) Schlafsessel
Dor|mi|to|ri|um (das, -s, -ri|en) Klosterschlafsaal [lat.]
Do|ro|ma|nie (die, -, nur Ez.) krankhafte Angewohnheit Dinge zu verschenken [lat.]
dor|sal (Adj.) dem Rücken zugewandt; rückseitig [lat.]
Dor|sal (der, -s, -e) Laut, der mit dem Rücken der Zunge gebildet wird [lat.]
Dor|sa|le (das, -s, -) Rückwand des Chorgestühls [lat.]
dor|si|vent|ral auch: dor|si|ven|tral (Adj.) sich nur durch eine (nicht zwei) Schnittebenen in zwei spiegelbildliche Hälften zerlegen lassend; z.B. die Blüten der Rachenblütler [lat.]
DOS (das, -, nur Ez.) Abk. für **D**isc **O**perating **S**ystem; Betriebssystem für Computer [engl.]
Dos (die, -, Do|tes) Mitgift (in der Juristensprache) [lat.]
Dos Kürzel für »dolor« (Schmerz), Maßeinheit für Intensivität der Schmerzempfindung (Med.) [lat.]

dos à dos [dozado:] Rücken an Rücken [frz.]
Do|sie|met|rie auch: Do|si|me|trie (die, -, nur Ez.) Messung von Strahlenenergie [gr.-lat.]
do|sie|ren (V.) in einer bestimmten Dosis abmessen, geben
Do|sie|rung (die, -, -en) Abgabe, Mengenabmessung [gr.-lat.]
Do|si|me|ter (das, -s, -) Gerät zum Bestimmen der aufgenommenen radioaktiven Dosis; z.B. von Arbeitern in Kernkraftwerken getragen [gr.]
Do|sis (die, -, -sen) Arzneigabe, -menge; abgemessene, messbare Menge (einer Arznei, Strahlung) [gr.]
Dos|si|er [-sje:] (das, -s, -s) Aktenbündel, gesammelte Unterlagen und Schriftstücke zu einem Vorgang [frz.]
dos|sie|ren (V.) abschrägen [frz.]
Do|tal|sys|tem (das, -s, nur Ez.) eheliches Güterrecht im römischen Recht, wonach das Vermögen der Frau bei Heirat in das des Mannes übergeht [gr.-lat.]
Do|ta|ti|on (die, -, -ti|o|nen) Schenkung, Geldzuwendung (durch den Staat) [lat.]
do|tie|ren (V.) mit hoher Bezahlung verbinden; mit Geld ausstatten [lat.]
Do|tie|rung (die, -, -en) **1** das Dotieren **2** Gehalt gehobener Positionen [lat.-frz.]
Dou|a|ne [dwa:n] (ohne Artikel) Zoll [pers.-frz.]
Dou|a|ni|er [dwanje:] (der, -s, -s) französischer Zollbeamter [pers.-frz.]
dou|beln [du:-] (V.) als Double ersetzen
Doub|la|ge auch: Dou|bla|ge [dublaːʒ] **1** Vorgang des filmischen Synchronisierens **2** durch Synchronisieren angefertigtes Werk [lat.-frz.]
Doub|le auch: Dou|ble [du:bl] (das, -s, -s) jmd., der einen Schauspieler bei Filmaufnahmen ersetzt; bei Aufgaben, die eine besondere Geschicklichkeit erfordern [frz.]
Doub|lé auch: Dou|blé [du-] (das, -s, -s) **1** = Dublee **2** Doppeltreffer (beim Fechten) [frz.]
Doub|le|fea|ture auch: Dou|ble|fea|ture [dʌbl fiːtʃə] (das, -s, -s) zwei Kinofilme (zum Preis von einem) [engl.]
doub|lie|ren auch: dou|blie|ren [du-] = dublieren
Doub|lu|re auch: Dou|blu|re [dublyːr] = Dublüre
Dou|ceur [dusœr] (das, -s, -s) **1** Süßigkeit **2** Geschenk, Trinkgeld [lat.-frz.]
Doug|la|sie auch: Dou|gla|sie [du-] (die, -, -n) eine Kiefernart, Waldbaum [engl.-nlat.]
Dou|pi|on (der oder das, -s, nur Ez.) Noppengewebe, der Naturseide ähnlich [frz.]
doux [du:] (Adj.) lieblich [lat.-frz.]

Dow-Jo̲nes-In׳dex [daʊ-] (der, -, nur Ez.) gemittelter Index aus einem Aktienbündel ausgewählter Firmen (New Yorker Börse)

Do̲w׳las [daʊləs] (das, -, nur Ez.) ein kräftiger Baumwollstoff [frz.-engl.]

down [daʊn] (Adj.) erschöpft, niedergeschlagen (ugs.) [engl.]

Do̲wn׳synd׳rom *auch:* **Do̲wn׳syn׳drom** [daʊn-] (das, -s, nur Ez.) = Mongolismus

Do׳xa̲׳le (das, -s, -s) **1** Kirchenschranke (in Barockkirchen), Lettner **2** Chor-, Orgelempore [gr.-lat.]

Do׳xo̲lo̲׳gie̲ (die, -, -n) christliche Lobpreisung [gr.]

Doy׳e̲n [dwajɛ̃] (der, -s, -s) Rangältester, Wortführer (im diplomatischen Korps) [frz.]

Do׳ze̲nt (der, -en, -en) Hochschullehrer [lat.]

Do׳zen׳tu̲r (die, -, -en) **1** akademischer Lehrauftrag **2** Stelle für einen Dozenten [lat.]

do׳zie̲׳ren (V.) **1** Vorlesungen halten **2** lehrhaft sein [lat.]

Drach׳me (die, -, -n) **1** griechische Währungseinheit **2** altes Apothekergewicht, 3,75 Gramm

Dra׳ge̲e (*auch:* **Dra׳gée**) [-ʒeː] (das, -s, -s) Zuckerpille

dra׳gie̲׳ren [-ʒiː-] (V.) mit Zucker überziehen [gr.-frz.]

Dra׳go̲׳man (der, -s, -e) orientalischer Dolmetscher (früher) [semit.]

Dra׳go̲׳na̲׳de (die, -, -n) Zwangsmaßnahme (besonders die Bekehrungsversuche gegenüber den Hugenotten) [frz.]

Dra׳go̲׳ner (der, -s, -) **1** leichter Reiter, Kavallerist **2** Frau mit heftigem Wesen (ugs.)

Drain [drɛ̃] (der, -s, -s) Röhrchen für die medizinische Dränage [frz.-engl.]

Drai̲׳na̲׳ge [drɛnaːʒ] (die, -, -n) = Dränage

drai̲׳nie̲׳ren [drɛ-] (V.) = dränieren

Drai̲׳si̲׳ne (die, -, -n) **1** altes Laufrad **2** Schienenkontrollfahrzeug [dt.-frz.]

dra׳ko̲׳nisch (Adj.) sehr streng, unnachsichtig [gr.]

Dra׳kon׳ti̲׳a̲׳sis (die, -, nur Ez.) durch Fadenwurm verursachte Wurmkrankheit des Menschen [gr.-lat.]

Dra׳kun׳ku̲׳lo̲׳se (die, -, -en) = Drakontiasis

Dra׳llon (das, -s, nur Ez.) wollähnliche Synthetikfaser (Warenzeichen) [Kunstwort]

Dra̲׳ma (das, -s, -men) **1** Bühnendichtung, -schauspiel **2** furchtbare Sache (mit traurigem Ausgang) [gr.]

Dra׳ma̲׳tik (die, -, nur Ez.) **1** dramatische Dichtung **2** aufregender, bewegter Ablauf

Dra׳ma̲׳ti׳ker (der, -s, -) Dramenverfasser

dra׳ma̲׳tisch (Adj.) **1** zum Drama (**1**) gehörig **2** bewegend, erregend

dra׳ma̲׳ti׳sie̲׳ren (V.) **1** als Drama (**1**) gestalten **2** übertreiben

Dra׳ma̲׳turg (der, -en, -en) jmd., der Bühnenstücke für den Spielplan prüft und bearbeitet

Dra׳ma̲׳tur׳gie̲ (die, -, -n) **1** Bühnenbearbeitung **2** Dramenlehre [gr.]

dra׳ma̲׳tur׳gisch (Adj.) die Bearbeitung eines Dramas betreffend

Dra׳mo̲׳lett (das, -s, -e) kurzes dramenartiges Theaterstück [gr.-lat.-frz.]

Drän (der, -s, -s oder -e) Entwässerungsgraben [engl.-frz]

Drä׳na̲׳ge [-ʒə] (die, -, -n) **1** Bodenentwässerung **2** medizinische Flüssigkeits-, Sekretableitung [frz.]

drä׳nie̲׳ren (V.) **1** entwässern (den Boden) **2** mit Drain ableiten [frz.]

Drap [dra:] (der, -s, nur Ez.) fester, lederartiger Wollstoff [frz.]

Dra׳pa (die, -, -pur) altnordische Gedichtform des 10.–13. Jahrhunderts

Dra׳pé (*auch:* **Dra׳pee**) (der, -s, -s) einfarbiger Anzugstoff (aus Kammgarn und Streichgarn) [frz.]

Dra׳peau [-poː] (das, -s, -s) Banner, Flagge (veraltet) [frz.]

Dra׳pe׳rie̲ (die, -, -n) dekorativer Faltenwurf

dra׳pie̲׳ren (V.) dekorativ behängen, ausschmücken [frz.]

Dras׳tik (die, -, nur Ez.) das Drastischsein

Dras׳ti׳kum (das, -s, -ka) starkes Abführmittel [gr.-lat.]

dras׳tisch (Adj.) **1** derb, grob; z.B. eine drastische Ausdrucksweise **2** schnell wirkend und energisch; z.B. eine drastische Abhilfe [gr.]

dra׳wi̲׳disch (Adj.) zur Völkergruppe der Drawida in Indien und Sri Lanka gehörig

Dra׳zä̲׳ne (die, -, -n) Drachenbaum [gr.-lat.]

Dread׳nought [drednɔːt] (der, -s, -s) englisches Großkampfschiff (früher)

Dredge [dredʒ] (die, -, -n) Schleppnetz [engl.]

Dred׳sche (die, -, -n) = Dredge

Dress (der, -(es), -e) **1** Zweckkleidung (für den Sport) **2** Kleidung (ugs.) [engl.]

Dres׳sat (das, -s, -e) **1** Ergebnis einer Tierdressur **2** anerzogene Verhaltensweise, die zur Gewohnheit geworden ist [lat.-frz.]

Dres׳seur [-søːɐ] (der, -s, -e) Tierbändiger

dres׳sie̲׳ren (V.) **1** abrichten (bei Tieren) **2** übermäßig erziehen (bei Kindern) **3** hübsch herrichten; z.B. Geflügel [frz.]

Dres׳sing (das, -s, -s) **1** Salatsoße **2** Geflügelfüllung [engl.]

Dress|man [-mən] (der, -s, -men) **1** männliches Model, das auf Modenschauen Herrenkleidung vorführt **2** gut angezogener, gut aussehender Mann (ugs., manchmal spöttisch) [engl.]
Dres|sur (die, -, -en) **1** das Dressieren **2** Vorführung dressierter Tiere
drib|beln (V.) einen (Fuß-)Ball geschickt führen (und Gegner umspielen) [engl.]
Dribb|ling (das, -s, -s) das Dribbeln
Drink (der, -s, -s) (alkoholisches) Getränk
Drive [draɪv] (der, -s, -s) **1** (nur Ez.) innerer Antrieb (ugs.) **2** (Renn-)Fahrer Rhythmus **3** Treibschlag (beim Golfspiel) [engl.]
Drive-in [draɪv-] (das, -(s), -s) Imbisslokal mit Autoschalter [engl.]
Dri|ver [draɪvər] (der, -s, -) **1** Golfschläger für den Drive **2** (Renn-)Fahrer [engl.]
Dro|ge (die, -, -n) **1** Arzneistoff **2** Rauschgift
Dro|ge|rie (die, -, -n) Geschäft für nicht apothekenpflichtige Arzneimittel, Kosmetikartikel u.a. [niederl.-frz.]
Dro|gist (der, -gis|ten, -gis|ten) Drogeriebesitzer, -angestellter
Dro|le|rie (die, -, -n) Drolligkeit, Lustigkeit [frz.]
Dro|me|dar (das, -s, -e) einhöckeriges Kamel
Drop-out [-aʊt] (der, -s, -s) **1** Aussteiger **2** technischer Ausfall [engl.]
Drops (der oder das, -, -) Fruchtbonbon [engl.]
Drosch|ke (die, -, -n) **1** Mietkutsche **2** Taxi [russ.]
Dro|se|ra (die, -, -rae) Fleisch fressende Pflanze namens Sonnentau [gr.-lat.]
Dro|so|phi|la (die, -, -s) Essigfliege (als Versuchstier der Genforschung) [gr.]
Drug|store [drʌgstɔː] (der, -s, -s) Gemischtwarengeschäft und Schnellgaststätte (in den USA) [engl.]
Dru|i|de (der, -n, -n) keltischer Priester
dru|i|disch (Adj.) zu den Druiden gehörend, die Druiden betreffend
Drum|lin oder **Drum**-] (der, -s, -s) linsenförmiger Hügel aus aufgeschüttetem Grundmoränenmaterial [kelt.]
Drum|mer [drʌm-] (der, -s, -) Schlagzeuger
Drums [drʌmz] (nur Mz.) Schlagzeug [engl.]
Dru|schi|na (die, -, nur Ez.) Schutztruppe russischer Fürsten [russ.]
dry [draɪ] (Adj.) trocken (u.a. vom Whisky)
Dry|a|de (die, -, -n) altgriechische Baumnymphe [gr.]
Dschai|na (der, -s, -s) Anhänger des Dschainismus [sanskr.]
Dschai|nis|mus (der, -, nur Ez.) eine streng asketische, indische Religion [sanskr.]

Dschai|nist (der, -nis|ten, -nis|ten) = Dschaina [sanskr.-nlat.]
Dsche|bel (der, -s, -) Berg, Gebirge (in arabischen geografischen Namen)
Dschel|la|ba (die, -, -s) weites, wollenes Männergewand in Arabien [arab.]
Dschig|ge|tai (der, -s, -s) wilder asiatischer Halbesel [mongol.]
Dschi|had (der, -, nur Ez.) der heilige Krieg der Mohammedaner zur Verbreitung und Verteidigung der islamischen Religion [arab.]
Dschinn (der, -s, -s) Dämon (im islamischen Volksglauben) [arab.]
Dschiu-Dschit|su (das, -(s), nur Ez.) = Jiu-Jitsu
Dschun|gel (der, -s, -) undurchdringbarer Urwald, der meistens sumpfig ist [sanskr.-engl.]
Dschun|ke (die, -, -n) chinesisches Segelschiff
du|al (Adj.) zweiheitlich [lat.]
Du|al (der, -s, -e) grammatische Form für die Zweiheit, Zweizahl; z.B. in slawischen Sprachen [lat.]
Du|a|lis (der, -, -le) = Dual
du|a|li|sie|ren (V.) verdoppeln, verzweifachen [lat.]
Du|a|lis|mus (der, -s, nur Ez.) **1** Zweiheit, Zweiteilung **2** Nebeneinander, Widerstreit **3** Lehre von der Existenz zweier gegensätzlicher Grundprinzipien [lat.]
du|a|lis|tisch (Adj.) zum Dualismus gehörig, durch ihn hervorgerufen
Du|a|li|tät (die, -, -en) Zweiheit, gegenseitige Austauschbarkeit (in der Mathematik) [lat.]
Du|al|sys|tem (das, -s, -e) Zweiersystem, Zweiklassensystem [lat.-gr.]
Du|bas|se (die, -, -n) flaches Ruderboot in Russland und Polen [russ.]
du|bi|os (Adj.) unsicher, zweifelhaft, dunkel [lat.]
du|bi|ös (Adj.) = dubios
Du|bi|o|sa (nur Mz.) = Dubiosen
Du|bi|o|sen (nur Mz.) zweifelhafte Forderungen [lat.]
du|bi|ta|tiv (Adj.) zweifelhaft [lat.]
Dub|lee *auch:* Du|blée (das, -s, -s) unedles Metall; z.B. Kupfer mit dünnem Goldüberzug [frz.]
Dub|let|te *auch:* Du|blet|te (die, -, -n) **1** Doppelstück **2** Doppeltreffer [frz.]
dub|lie|ren *auch:* du|blie|ren (V.) ein Dublee herstellen; verdoppeln
Dub|lo|ne *auch:* Du|blo|ne (die, -, -n) alte spanische Goldmünze
Dub|lü|re *auch:* Du|blü|re (die, -, -n) **1** Unterfutter **2** Aufschlag an Uniformen **3** verzierte Buchdeckelinnenseite [frz.]

Duc [dʏk] (der, -s, -s) französischer Herzog
Du'ca (der, -, -s) italienischer Herzog
Du'cen'tist [-tʃɛn-] (der, -tis'ten, -tis'ten) Ducentokünstler
Du'cen'to [-tʃɛn-] (das, -(s), nur Ez.) das 13. Jahrhundert in Italien als Epoche der Kunstgeschichte
Du'chesse [dyʃɛs] (die, -, -n) **1** französische Herzogin **2** glänzender, schwerer, aber feinfädiger Seidenstoff (für Kleider und Futterstoffe) [frz.]
Duc'tus 1 »Führung, Leitung« [lat.] **2** (der, -, -) [-tuːs] Gang, Kanal, Ausführungsgang von Drüsen (Med.)
Du'e'cen'to [-tʃɛn-] (das, -(s), nur Ez.) = Ducento
Du'ell (das, -s, -e) Zweikampf (als Ehrenhandel) [lat.]
Du'el'lant (der, -en, -en) Duellkämpfer
du'el'lie'ren (V.) im Duell kämpfen
Du'en'ja (die, -, -s) Anstandsdame, Erzieherin
Du'ett (das, -s, -e) Musikstück für zwei Singstimmen oder Instrumente [it.]
Du'et'ti'no (das, -(s), -s oder -ni) kleines Duett
Düf'fel (der, -s, -) schwerer, stark angerauter Stoff (für das Innenfutter) [niederl.]
Duff'le'coat [dʌflkəʊt] (der, -s, -s) halblanger Kapuzenmantel aus dickem Stoff [engl.]
Du'gong (der, -s, -s) Gabelschwanzseekuh [malai.]
Du'ka'ten (der, -s, -) eine alte Goldmünze [lat.]
Duke [djuːk] (der, -s, -s) englischer Herzog [frz.-engl.]
duk'til (Adj.) gut verformbar [lat.-engl.]
Duk'ti'li'tät (die, -, nur Ez.) Dehnbarkeit, Formbarkeit [lat.]
Duk'tor (der, -s, -to'ren) Stahlwalze in der Schnellpresse [lat.]
Duk'tus (der, -, nur Ez.) Linienführung, kennzeichnender Zug (einer Schrift, einer Künstlerhand) [lat.]
Dul'zi'nea (die, -, -s oder -ne'en) Geliebte (scherzhaft) [span.]
Du'ma (die, -, -s) **1** Rat des fürstlichen Gefolges in Russland **2** russische Stadtverordnetenversammlung **3** russisches Parlament
Dum'dum (das, -(s), -s) (völkerrechtlich verbotenes) Geschoss, das beim Auftreffen zerreißt und schwere Wunden verursacht [ind.-engl.]
Dum'ka (die, -, -ki) lyrisch-schwermütiges Lied (der Slawen)
Dum'my [dʌmɪ] (der, -s, -s) Attrappe; Menschenpuppe (für Verkehrstests) [engl.]

Dum'ping [dʌm-] (das, -s, nur Ez.) Schleuderverkauf eines Exportartikels am ausländischen Markt [engl.]
Dun'ci'a'de (die, -, -n) satirisches Spottgedicht [engl.]
Duo (das, -s, -s) Musikstück für zwei Instrumente [it.]
du'o'de'nal (Adj.) zum Duodenum gehörig
Du'o'de'nal'ul'kus Geschwür am Zwölffingerdarm (Med.) [lat.]
Du'o'de'num (das, -s, -na) Zwölffingerdarm [lat.]
Du'o'dez (das, -(es), nur Ez.) ein kleines Buchformat, Zwölftelbogen [lat.]
Du'o'dez'for'mat (das, -s, -e) = Duodez
Du'o'dez'fürst (der, -en, -en) Herrscher eines sehr kleinen, unbedeutenden Fürstentums in der Epoche der Territorialstaaten [lat.]
du'o'de'zi'mal (Adj.) zum Duodezimalsystem gehörig
Du'o'de'zi'mal'sys'tem (das, -s, -e) ein altes Zahlensystem, Zwölfersystem [lat.-gr.]
Du'o'de'zi'me (die, -, -n) zwölfter Ton in der diatonischen Tonleiter [lat.]
Du'o'dez'staat (der, -es, -en) sehr kleines Land in der Epoche der Territorialstaaten [lat.]
Du'o'dra'ma (das, -s, -men) Drama, in dem nur zwei Personen auftreten
Du'o'kul'tur (die, -, -en) Doppelanbau von Kulturpflanzen auf demselben Feld
Du'o'le (die, -, -n) Aufteilung eines Dreierrhythmus in zwei aufeinander folgende, gleichwertige Noten
Du'o'lit (das, -s, nur Ez.) Ungeziefervernichtungsmittel (Warenzeichen) [Kunstwort]
dü'pie'ren (V.) täuschen, übertölpeln [frz.]
Dup'let auch: Du'plet [-pleː] (das, -s, -s) zweilinsige Lupe [lat.]
dup'lie'ren auch: du'plie'ren (V.) verdoppeln [lat.]
Dup'lik auch: Du'plik (die, -, -en) Erwiderung auf eine Entgegnung, Gegenantwort [frz.]
Dup'li'kat auch: Du'pli'kat (das, -s, -e) Abschrift, Doppel, Kopie [lat.]
Dup'li'ka'ti'on auch: Du'pli'ka'ti'on (die, -, -ti'o'nen) Verdopplung [lat.]
Dup'li'ka'tur auch: Du'pli'ka'tur (die, -, -en) Verdopplung [lat.]
dup'li'zie'ren auch: du'pli'zie'ren (V.) verdoppeln [lat.]
Dup'li'zi'tät auch: Du'pli'zi'tät (die, -, -en) doppeltes Vorkommen, Doppelheit [frz.]
Dup'lum auch: Du'plum (das, -s, -la/-pla) Doppel, Duplikat [lat.]
Dup'ren auch: Du'pren (das, -s, nur Ez.) synthetischer Kautschuk
Dur (das, -s, nur Ez.) Tonart [lat.]

Du'ra (die, -, nur Ez.) harte, äußere Hirnhaut [lat.]
du'ra'bel (Adj.) beständig, haltbar [lat.]
Du'ra'bi'li'tät (die, -, nur Ez.) das Durabelsein
Du'ral (das, -s, nur Ez.) harte Aluminiumlegierung (Warenzeichen) [lat., Kunstwort]
Du'ra Ma'ter (die, - -, nur Ez.) = Dura
du'ra'tiv (Adj.) andauernd; z.B. eine durative Aktionsart [lat.]
Du'ra'ti'vum (das, -s, -va) duratives Verb; z.B. »wachen« im Gegensatz zu »erwachen«
Dur'ra (die, -, nur Ez.) eine tropische Getreideart, Mohrenhirse [arab.]
Dust [dʌst] (der, -s, nur Ez.) Teestaub [engl.]
Dutch'man [dʌtʃmən] (der, -s, -men) deutscher Seemann (im abfälligen Sinne von englischsprachigen Seeleuten gebraucht)
Du'ty'free'shop (auch: Du'ty-free-Shop) [djuːti friː ʃɔp] (der, -s, -s) Laden mit zollfreier Ware; z.B. auf Flughäfen [engl.]
Du'um'vir (der, -n, -n) einer von zwei Beamten einer doppelt besetzten altrömischen Behörde [lat.]
Du'um'vi'rat (das, -s, -e) Amt, Würde der Duumviren
Du'vet [dyvɛ] (das, -s, -s) Federbett (schweiz.) [frz.]
Duve'tine [dyvətiːn] (der, -s, -s) ein samtähnlicher Stoff [frz.]
Dux (der, -, Du'ces) einstimmiges Fugenthema in der Haupttonart [lat.]
Dy'a'de (die, -, -n) Paar, Verknüpfung aus zwei Einheiten [gr.]
Dy'a'dik (die, -, nur Ez.) = Dualsystem [gr.]
dy'a'disch (Adj.) zur Dyadik gehörig
Dy'as (die, -, nur Ez.) = Perm (veraltet) [gr.]
Dyn (das, -, -) Maßeinheit der Kraft [gr.]
Dy'na'mik (die, -, nur Ez.) **1** Kraftentwicklung, Schwung **2** physikalische Lehre vom Kräfteeinfluss auf die Bewegung von Körpern [gr.]
Dy'na'mis (die, -, nur Ez.) Kraft, Vermögen (als philosophische Begriffe) [gr.]
dy'na'misch (Adj.) **1** zur Dynamik gehörig, nicht statisch **2** lebhaft, voller Antriebskraft
dy'na'mi'sie'ren (V.) dynamisch machen
Dy'na'mis'mus (der, -, -men) **1** philosophische Anschauung, wonach alles auf Kräften und deren Wirkungen beruht **2** Glaube von Naturvölkern an übernatürliche Kräfte in Menschen und Dingen **3** Dynamik [gr.-lat.]
dy'na'mis'tisch (Adj.) den Dynamismus betreffend
Dy'na'mit (das, -s, nur Ez.) ein Sprengstoff auf Nitroglyzerinbasis [gr.-nlat.]
Dy'na'mo (der, -s, -s) einfacher Generator (am Fahrrad) (gr.-engl.)

Dy'na'mo'me'ter (das, -s, -) Messvorrichtung für mechanische Kräfte [gr.]
Dy'nast (der, -nas'ten, -nas'ten) Herrscher, »Kleinfürst« [gr.]
Dy'nas'tie (die, -, -n) Herrschergeschlecht
dy'nas'tisch (Adj.) zu einer Dynastie gehörig
Dy'sa'ku'sis auch: Dys'a'ku'sis (die, -, nur Ez.) **1** krankhafte Überempfindlichkeit gegen bestimmte Töne **2** Schwerhörigkeit (Med.) [gr.-lat.]
Dy'sarth'rie auch: Dy'sar'thrie/Dys'arth'rie/Dys'ar'thrie (die, -, -n) mühsames Sprechen, Stammeln (Med.) [gr.-lat.]
Dys'ba'sie (die, -, -n) durch Durchblutungsstörungen verursachte Gehstörung (Med.) [gr.-lat.]
Dys'bu'lie (die, -, nur Ez.) Willensschwäche [gr.-lat.]
Dy'sen'te'rie auch: Dys'en'te'rie (die, -, -n) eine Darmkrankheit, Ruhr [gr.]
Dys'funk'ti'on (die, -, -ti'o'nen) gestörte Tätigkeit von Organen [gr.-lat.]
Dys'gram'ma'tis'mus (der, -, nur Ez.) Sprachstörung, die es dem Sprecher unmöglich macht, grammatisch korrekte Sätze zu bilden [gr.-lat.]
Dyskra'sie auch: Dys'kra'sie (die, -, -n) fehlerhafte Säftezusammensetzung (altgriech. Heilkunde)
Dys'le'xie (die, -, -n) Lesestörung organischer oder seelischer Ursache [gr.-lat.]
Dys'me'lie (die, -, -n) angeborene Gliedmaßenfehlbildung [gr.]
Dys'me'nor'rhö (die, -, -en) schmerzhafte Menstruation [gr.]
Dys'me'nor'rhöe [-røː] = Dysmenorrhö
Dy'son'to'ge'nie auch: Dys'on'to'ge'nie (die, -, -n) Fehlbildung, fehlerhafte Entwicklung [gr.-lat.]
Dys'pep'sie (die, -, -n) Verdauungsstörung
Dys'pho'rie (die, -, -n) krankhafte Verstimmtheit [gr.]
Dyspla'sie auch: Dys'pla'sie (die, -, -n) Fehlbildung (des Körpers) [gr.]
Dysp'noe auch: Dys'pnoe (die, -, -n) Atemnot [gr.]
Dyspro'si'um auch: Dys'pro'si'um (das, -s, nur Ez.) ein seltenes Metall, chem. Grundstoff [gr.]
Dys'to'nie (die, -, -n) Störung des normalen Tonus; z.B. der Muskelspannung [gr.]
dys'troph auch: dyst'roph/dy'stroph (Adj.) auf Dystrophie beruhend, sie auslösend [gr.]
Dys'tro'phie auch: Dyst'ro'phie/Dy'strophie (die, -, -n) Ernährungsstörung
Dys'u'rie auch: Dy'su'rie (die, -, -n) Harnzwang [gr.]

E

Ea|gle [i:gl] (der, -s, -s) US-amerikanische Goldmünze [lat.-frz.-engl.]
Earl [ɜːrl] (der, -s, -s) englischer Graf [engl.]
Earl Grey [ɜːrl greɪ] (der, -s, nur Ez.) eine Teesorte mit Bergamottöl [engl.]
East [i:st] Osten [engl.]
Ea|sy|ri|der (auch: Ea|sy-Ri|der) [i:zɪraɪ-] (der, -, -) Motorrad mit hohem Lenker und Rückenlehne [engl.]
Eat|art (auch: Eat-Art/Eat Art) [i:t ɑ:t] (die, -, nur Ez.) künstlerische Richtung, die essbare Kunstgegenstände hervorbringt [engl.]
Eau de Co|log|ne auch: Eau de Co|lo|gne [odəkolɔɲə] (das, - - -, Eaux [o-] - -) ein Duftwasser, Kölnischwasser [frz.]
Eau de Toi|lette [odətwalɛt] (das, - - -, Eaux [o-] - -) ein Duftwasser in der Stärke zwischen Eau de Cologne und Parfum [frz.]
e|be|nie|ren (V.) kunsttischlern [ägypt.-gr.-lat.]
E|be|nist (der, -nis|ten, -nis|ten) Kunsttischler des 18. Jahrhunderts
E|bo|nit (das, -s, nur Ez.) eine Hartgummisorte (Warenzeichen) [engl.-nlat.]
E|bul|li|os|kop auch: E|bul|li|o|skop (das, -s, -e) Vorrichtung für die Ebullioskopie [lat.-gr.]
E|bul|li|os|ko|pie auch: E|bul|li|o|sko|pie (die, -, nur Ez.) Molekularbestimmung
E|bur|ne|a|ti|on (die, -, -ti|o|nen) Knochenverhärtung, Verknöcherung [lat.]
E|bur|ni|fi|ka|ti|on (die, -, -ti|o|nen) = Eburneation
E|cart (auch: E|kart) [eka:r] (der, -s, -s) Unterschied zwischen zwei Börsenkursen [frz.]
E|car|té (auch: E|kar|té) [das, -s, -s) ein französisches Kartenspiel
Ec|ce-Ho|mo [ɛktsə-] (das, -(s), - oder -s) Andachtsbild, das den dornengekrönten Jesus darstellt [lat.]
Ec|cle|sia auch: Eccl|le|sia [ɛk-] (die, -, nur Ez.) Kirche [gr.]
Ec|cle|si|as|tik auch: Eccl|le|si|as|tik [ɛk-] (die, -, nur Ez.) = Ecclesiologie
Ec|cle|si|o|lo|gie auch: Eccl|le|si|o|lo|gie (die, -, -n) Lehre von der Kirche [gr.]
E|chap|pe|ment [eʃapmɑ̃] (das, -s, -s) **1** Flucht (veraltet) **2** Unruhehemmung (mechanischer Uhren) [frz.]
E|charpe [eʃarp] (die, -, -s) Schärpe oder (gemusterter) Schal [frz.]
e|chauf|fie|ren [eʃof-] (V.) aufregen, (sich) erhitzen [frz.]

e|chauf|fiert (Adj.) aufgeregt, aufgewühlt [lat.-frz.]
E|che|ve|ria [ɛtʃe-] (die, -, -ri|en) südamerikanisches Blattgewächs [lat.]
E|chi|nit (der, -s oder -en, -en) versteinerter Seeigel [gr.-lat.]
E|chi|no|kak|tus (der, -, -te|en) Igelkaktus
E|chi|no|kok|ko|se (die, -, -n) Erkrankung durch den Hundebandwurm (beim Menschen) [gr.]
E|chi|no|kok|kus (der, -, -ken) Hundebandwurm
E|chi|nus (der, -, -) **1** Seeigel **2** Kapitellwulst an dorischen Säulen [gr.-lat.]
E|cho (das, -s, -s) Widerhall [gr.]
E|cho|ef|fekt (der, -es, -e) Nachhall
E|cho|gra|phie (die, -, -n) Prüfungsmethode von Gewebedichten mit Hilfe von Schallwellen
E|cho|ki|ne|sie (die, -, -n) Bestreben Geistesgestörter, anderer Menschen Bewegungen nachzuahmen [gr.-lat.]
E|cho|la|lie (die, -, -n) mechanisches Nachplappern von Wörtern bei Geistesgestörten oder Kleinkindern
E|cho|lot (das, -s, -e) Tiefenmessgerät, das mit elektromagnetischen oder Schallwellen arbeitet [gr.-dt.]
E|cho|mi|mie (die, nur Ez.) Nachahmung der Mimik und Gebärden
E|cho|phra|sie (die, -, -n) = Echolalie
E|cho|pra|xie (die, -, -n) = Echokinesie
E|cho|thy|mie (die, nur Ez.) Vermögen, anderer Menschen Gefühle mitzuempfinden
E|clair auch: Ec|lair [eklɛ:r] (das, -s, -s) ein sahnegefülltes Gebäck, »Liebesknochen« [frz.]
E|clat auch: Ec|lat [ekla:] = Eklat
E|co|no|mi|ser [ɪkɒnəmaɪzɐ] (der, -s, -) Wasservorwärmer (Dampfkessel) [engl.]
E|co|no|my|klas|se [ɪkɒnəmɪ-] (die, -, nur Ez.) Billigklasse im Flugverkehr [engl.]
E|cos|sai|se (auch: E|kos|sai|se) [ekɔsɛ:z] (die, -, -n) schottischer Tanz (in der Kunstmusik) [frz.]
E|cra|sé auch: Ec|ra|sé (das, -s, -s) grob genarbtes (Ziegen-)Leder [germ.-frz.]
e|cru auch: ec|ru [ekry:] = ekrü
E|cu [eky:] (der, -s, -s) oder (die, -, -) (Abkürzung für **E**uropean **C**urrency **U**nit) europäische Rechnungseinheit
ECU (der, -s, -s) oder (die, -, -) = Ecu
E|cu|a|do|ri|a|ner (der, -s, -) Einwohner des südamerikanischen Staates Ecuador [span.]
e|da|phisch (Adj.) zum Erdboden, zum Edaphon gehörig

E|da|phon (das, -s, nur Ez.) der Erdboden als Lebensraum [gr.]
E|den (das, -s, nur Ez.) Paradies(garten) [hebr.]
E|den|ta|ten (nur Mz.) die Säugetierordnung der Zahnarmen [lat.]
e|die|ren (V.) veröffentlichen, herausgeben (von Büchern und Ähnlichem) [lat.]
E|dikt (das, -s, -e) Erlass; z.B. das Edikt von Nantes [lat.]
e|di|tie|ren (V.) Daten eingeben, ändern oder löschen [lat.-frz.-engl.]
E|di|ti|on (die, -, -ti|o|nen) 1 die Herausgabe (von Büchern, Musikwerken) 2 das Werk selbst
E|di|tio prin|ceps (die, -, -ti|o|nes -ci|pes) Erstausgabe [lat.]
E|di|tor (der, -s, -to|ren) Herausgeber [lat.]
E|di|to|ri|al (das, -s, -s) 1 Vorwort 2 = Impressum [lat.]
e|di|to|risch (Adj.) zur Edition gehörig, verlegerisch
E|du|ka|ti|on (die, -, nur Ez.) Erziehung (veraltet) [lat.]
E|dukt (das, -s, -e) Ausgangsstoff [lat.]
EEG (das, -s, -s) = Elektroenzephalogramm
E|fen|di (der, -s, -s) Herr (als frühere türkische Anrede) [gr.-türk.]
Ef|fekt (der, -s, -e) Wirkung [lat.]
Ef|fek|ten (nur Mz.) Wertpapiere [lat.]
ef|fek|tiv (Adj.) 1 wirklich; z.B. der effektive Lohn 2 lohnend; wirksam; z.B. eine effektive Tätigkeit
Ef|fek|ti|vi|tät (die, -, nur Ez.) Wirkung, Wirkungsgrad [lat.]
ef|fek|tu|ie|ren (V.) ausführen [frz.]
Ef|fe|mi|na|ti|on (die, -, -en) Verweiblichung [lat.]
ef|fe|mi|nie|ren (V.) verweiblichen [lat.]
Ef|fen|di (der, -s, -s) = Efendi
ef|fe|rent (Adj.) von einem Organ herauskommend [lat.]
ef|fer|ves|zie|ren (V.) aufbrausen [lat.]
Ef|fet [efe:] (der, -s, -s) durch Anschneiden bewirkte Drehbewegung (eines Balls, einer Billardkugel) [frz.]
ef|fet|tu|o|so (Adv.) wirkungsvoll (bei Musikstücken) [it.]
Ef|fi|cien|cy [-ʃənsı] (die, -, nur Ez.) Wirtschaftlichkeit [engl.]
ef|fi|lie|ren (V.) ausdünnen (von Haaren) [frz.]
Ef|fi|lo|chés [-lɔʃe:] (nur Mz.) Baumwollart
ef|fi|zi|ent (Adj.) wirksam [lat.]
Ef|fi|zi|enz (die, -, -en) Wirksamkeit [lat.]
ef|fi|zie|ren (V.) bewirken [lat.]
ef|fi|ziert (Adj.) bewirkt, hervorgerufen

Ef|fla|ti|on auch: Eff|la|ti|on (die, -, -ti|o|nen) das Aufstoßen (Med.) [lat.]
Ef|flo|res|zenz auch: Eff|lo|res|zenz (die, -, -en) 1 Hautausschlag 2 Salzausblühung; z.B. auf Böden [lat.]
ef|flo|res|zie|ren auch: eff|lo|res|zie|ren (V.) eine Effloreszenz bilden [lat.]
ef|flu|ie|ren auch: eff|lu|ie|ren (V.) ausfließen (Med.) [lat.]
Ef|fu|si|on (die, -, -si|o|nen) der Lavaausfluss [lat.]
ef|fu|siv (Adj.) durch Lavaausfluss entstanden [lat.]
EFTA (die, -, nur Ez.) Abk. für »European Free Trade Association«, die Gemeinschaft der Mitgliedsstaaten der Europäischen Freihandelszone [engl.]
e|gal (Adj.) 1 gleichartig, gleich 2 gleichgültig
e|ga|li|sie|ren (V.) 1 gleichmäßig machen; z.B. eine Holzfläche egalisieren 2 einstellen (einen Rekord) [frz.]
e|ga|li|tär (Adj.) auf Egalität zielend
E|ga|li|ta|ris|mus (der, -s, nur Ez.) Gleichheitsstreben [frz.-nlat.]
E|ga|li|tät (die, -, nur Ez.) Gleichheit [frz.]
E|ga|li|té (die, -, nur Ez.) Gleichheit (als Schlagwort der Französischen Revolution)
E|ges|ta (nur Mz.) Ausscheidungen des Körpers
Egg|head [-hed] (der, -s, -s) Intellektueller (als abwertende Bezeichnung in den USA), »Eierkopf« [engl.]
E-Gi|tar|re (die, -, -n) elektrische Gitarre [Kurzwort]
E|go (das, -s, -s) das Ich [lat.]
E|go|is|mus (der, -, nur Ez.) starkes Streben nach Selbstverwirklichung, rücksichtslose Selbstsucht [lat.]
E|go|ist (der, -is|ten, -is|ten) jmd., der vom Egoismus geprägt ist
e|go|is|tisch (Adj.) zum Egoismus gehörig, rücksichtlos selbstsüchtig
E|go|ma|nie (die, -, nur Ez.) krankhafte Selbstbezogenheit [lat.]
E|go|tis|mus (der, -, nur Ez.) Neigung, sich selbst in den Vordergrund zu stellen [lat.-engl.]
E|go|tist (der, -tis|ten, -tis|ten) Anhänger des Egotismus [lat.-engl.]
E|go|trip (der, -s, -s) egozentrische Lebensphase (ugs.) [lat.-engl.]
E|gou|teur [egutø:ɐ] Papierwalze zur Herstellung der Wasserzeichen [lat.-frz.]
E|go|zent|rik auch: E|go|zen|trik (die, -, nur Ez.) das Egozentrischsein
E|go|zent|ri|ker auch: E|go|zen|tri|ker (der, -s, -) egozentrische Person [gr.-lat.]

e¦go¦zent¦risch *auch:* e¦go¦zen¦trisch (Adj.) alles auf die eigene Person beziehend, ichbezogen [lat.]

E¦go¦zent¦ri¦zi¦tät *auch:* E¦go¦zen¦tri¦zi¦tät (die, -, nur Ez.) = Egozentrik

e¦gre¦nie¦ren *auch:* eg¦re¦nie¦ren (V.) Trennung von Fasern und Samen der Baumwolle [lat.-frz.]

e¦gres¦siv *auch:* eg¦res¦siv (Adj.) das Ende von etwas bedeutend (zum Beispiel: vergehen) [lat.]

E¦gyp¦ti¦enne (die, -, nur Ez.) spezielle Antiquaschrift [frz.]

Ei¦de¦tik (die, -, nur Ez.) Fähigkeit zu bildhaft-realer Vorstellung [gr.]

ei¦de¦tisch (Adj.) zur Eidetik gehörig, anschaulich-bildhaft

Ei¦do¦lon (das, -s, -la) Abbild, Spiegelbild, Trugbild [gr.]

Ei¦do¦phor (das, -s, -e) Anlage für Fernseh-Großbild-Projektionen [gr.-lat.]

Ei¦dos (das, -, nur Ez.) Gestalt, Aussehen, Form [gr.]

ein¦bal¦sa¦mie¦ren (V.) einen Leichnam konservieren [dt.-hebr.-gr.-lat.]

ein¦che¦cken (V.) Passagiere oder Gepäck abfertigen [dt.-engl.]

Ein¦he¦ri¦er (der, -s, -) gefallener Held, der in Walhall eingegangen ist [isländ.]

ein¦quar¦tie¦ren (V.) Soldaten unterbringen [dt.-lat.-frz.]

Ein¦stei¦ni¦um (das, -s, nur Ez.) ein künstliches radioaktives Element [dt.-nlat.]

Ei¦stedd¦fod [-steðvɒd] (das, -s, -fo¦dau) Dichter- und Sängerfest (in Wales) [kelt.]

E¦ja¦cu¦la¦tio prae¦cox [prɛː-] (die, - -, nur Ez.) vorzeitiger Samenerguss [lat.]

E¦ja¦ku¦lat (das, -s, -e) ausgespritzter Samen

E¦ja¦ku¦la¦ti¦on (die, -, -ti¦o¦nen) Samenerguss [lat.]

e¦ja¦ku¦lie¦ren (V.) eine Ejakulation haben

E¦jek¦tor (der, -s, -to¦ren) mechanischer Auswerfer (von Patronenhülsen) [lat.]

e¦ji¦zie¦ren (V.) auswerfen, ausschleudern, ausstoßen

E¦kart (*auch:* E¦cart) [ekaːr] (der, -s, -s) Unterschied zwischen zwei Börsenkursen [frz.]

E¦kar¦té (*auch:* E¦car¦té) (das, -s, -s) ein französisches Kartenspiel

Ek¦chond¦rom *auch:* Ek¦chon¦drom (das, -s, -e) Knorpelgeschwulst (Med.) [gr.-lat.]

Ek¦chond¦ro¦se *auch:* Ek¦chon¦dro¦se (die, -, -n) gutartige Wucherung am Knorpelgewebe (Med.) [gr.-lat.]

Ek¦chy¦mo¦se (die, -, -n) großer Bluterguss [gr.]

ek¦de¦misch (Adj.) abwesend [gr.]

EKG [eːkageː] (das, -s, -s) = Elektrokardiogramm

Ek¦kle¦sia *auch:* Ekk¦le¦sia (die, -, nur Ez.) = Ecclesia

Ek¦kle¦si¦as¦tes *auch:* Ekk¦le¦si¦as¦tes (der, -, nur Ez.) griechischer Name für das Buch »Prediger Salomo« des Alten Testamentes [gr.]

Ek¦kle¦si¦as¦tik *auch:* Ekk¦le¦si¦as¦tik (die, -, nur Ez.) = Ekklesiologie [gr.]

Ek¦kle¦si¦as¦ti¦kus *auch:* Ekk¦le¦si¦as¦ti¦kus (der, -, nur Ez.) Titel des Buches »Jesus Sirach« aus dem Alten Testament [gr.]

ek¦kle¦si¦o¦gen *auch:* ekk¦le¦si¦o¦gen (Adj.) durch Einflussnahme von Religion oder Kirche ermöglicht [gr.]

Ek¦kle¦si¦o¦lo¦gie *auch:* Ekk¦le¦si¦o¦lo¦gie (die, -, -gi¦en) = Ecclesiologie

Ek¦kyk¦le¦ma *auch:* Ek¦ky¦kle¦ma (das, -s, -men) kleine bewegliche Bühne des antiken Theaters [gr.]

E¦klai¦reur *auch:* Ek¦lai¦reur [eklɛrøːɐ] Kundschafter, Späher, Aufklärer [lat.-frz.]

Ek¦lamp¦sie *auch:* Ek¦lamp¦sie (die, -, -n) Bewusstlosigkeit, Krämpfe während der Schwangerschaft [gr.]

Ek¦lat *auch:* E¦klat [ekla:] (der, -s, -s) Aufsehen erregender Skandal [frz.]

ek¦la¦tant *auch:* e¦kla¦tant (Adj.) **1** Aufsehen erregend, skandalös **2** offenkundig [frz.]

E¦klek¦ti¦ker *auch:* Ek¦lek¦ti¦ker (der, -s, -) unschöpferischer Denker, Künstler [gr.]

e¦klek¦tisch *auch:* ek¦lek¦tisch (Adj.) unschöpferisch, nachahmend [gr.]

E¦klek¦ti¦zis¦mus *auch:* Ek¦lek¦ti¦zis¦mus (der, -, nur Ez.) unschöpferisches Nachahmen [gr.-nlat.]

e¦klek¦ti¦zis¦tisch *auch:* ek¦lek¦ti¦zis¦tisch (Adj.) nach Art und Weise des Eklektizismus handelnd [gr.-lat.]

E¦klip¦se *auch:* Ek¦lip¦se (die, -, -n) Sonnen-, Mondfinsternis

E¦klip¦tik *auch:* Ek¦lip¦tik (die, -, nur Ez.) scheinbare Sonnenbahn [gr.]

e¦klip¦ti¦kal *auch:* ek¦lip¦ti¦kal (Adj.) auf die Eklipse bezogen [gr.-lat.]

e¦klip¦tisch *auch:* ek¦lip¦tisch (Adj.) zur Eklipse gehörig

E¦klo¦ge *auch:* Ek¦lo¦ge (die, -, -n) Hirtengedicht (in der römischen Literatur) [lat.]

E¦klo¦git *auch:* Ek¦lo¦git (der, -s, -e) ein schweres Tiefengestein

Ek¦mne¦sie (die, -, -n) Wahnvorstellung, in ein früheres Lebensstadium zurückversetzt worden zu sein (Med.) [gr.-lat.]

E¦knoia *auch:* Ek¦noia (die, -, nur Ez.) krankhaft gesteigerte Erregbarkeit in der Pubertät (Med.) [gr.]

E¦kos¦sai¦se [-sɛ:-] (die, -, -n) = Ecossaise

Ek¦pho¦rie (die, -, -n) Erinnerungsvorgang

Ek¦phym (das, -s, -e) Höcker, Buckel, Auswuchs (Med.) [gr.]

Ek¦py¦ro¦sis (die, -, nur Ez.) Auflösung der Welt im Feuer, Weltenbrand [gr.-lat.]

E¦kra¦sit *auch:* Ek¦ra¦sit (das, -s, nur Ez.) ein Sprengstoff [gr.-nlat.]

e¦krü *auch:* ek¦rü (*auch:* e¦cru/ec¦ru) (Adj.) naturfarben, roh (von Textilien) [frz.]

Eks¦ta¦se *auch:* Ek¦sta¦se (die, -, -n) verzücktes Außersichgeraten [gr.]

Eks¦ta¦sie *auch:* Ek¦sta¦sie (die, -, -n) Erweiterung (eines Hohlorgans) [gr.]

Eks¦ta¦tik *auch:* Ek¦sta¦tik (die, -, nur Ez.) das Ekstatischsein

Eks¦ta¦ti¦ker *auch:* Ek¦sta¦ti¦ker (der, -s, -) erregter Schwärmer, sich in Ekstase Befindender [gr.-lat.]

eks¦ta¦tisch *auch:* ek¦sta¦tisch (Adj.) rauschhaft, verzückt, außer sich [gr.]

Eks¦tro¦phie *auch:* Ekst¦ro¦phie/Ek¦stro¦phie (die, -, -n) = Ektopie [gr.-lat.]

Ek¦ta¦se (die, -, -n) Vokaldehnung [gr.-lat.]

Ek¦ta¦sie (die, -, -n) Hohlorgandehnung [gr.-lat.]

Ek¦ta¦sis (die, -, nur Ez.) = Ektase

Ek¦te¦nie (die, -, -n) orthodoxes Fürbittegebet [gr.]

Ek¦to¦derm (das, -s, -e) äußeres Keimblatt (tierischer Embryonen) [gr.]

Ek¦to¦mie (die, -, -n) operative Ausschneidung [gr.]

Ek¦to¦pa¦ra¦sit (der, -en, -en) Außenparasit

Ek¦to¦pie (die, -, -n) Organverlagerung; z.B. Wanderniere [gr.]

Ek¦to¦ske¦lett (das, -es, -e) Außen- oder Hautskelett bei Wirbellosen oder Wirbeltieren

Ek¦tos¦ko¦pie *auch:* Ek¦to¦sko¦pie (die, -, -n) Krankheitserkennung durch bloßes Ansehen [gr.-lat.]

Ek¦to¦to¦xin von Bakterien ausgeschiedenes, für den Menschen giftiges Produkt

Ekt¦ro¦me¦lie *auch:* Ek¦tro¦me¦lie (die, -, -n) angeborene Verstümmelung der Glieder (Med.)

Ekt¦ro¦pi¦on *auch:* Ek¦tro¦pi¦on (das, -s, -pi¦en) Auswärtskehrung von Schleimhäuten (Med.) [gr.]

ekt¦ro¦pi¦o¦nie¦ren *auch:* ek¦tro¦pi¦o¦nie¦ren (V.) zum Zwecke einer Behandlung die Schleimhaut nach außen klappen [gr.-lat.]

Ek¦ty¦pus (der, -, -pen) Abbild, Kopie, Nachbildung [gr.]

Ek¦zem (das, -s, -e) juckende Hautentzündung [gr.]

Ek¦ze¦ma¦ti¦ker (der, -s, -) jmd., der zu Ekzemen neigt

ek¦ze¦ma¦tisch (Adj.) wie ein Ekzem, durch Ekzeme bewirkt

Ek¦ze¦ma¦to¦id (das, -s, -e) Hauterkrankung [gr.]

ek¦ze¦ma¦tös (Adj.) = ekzematisch

El (der, -, Elim) semitisches Wort für Gott [hebr.]

E¦la¦bo¦rat (das, -s, -e) **1** Ausarbeitung **2** Machwerk [lat.]

e¦la¦bo¦riert (Adj.) hoch entwickelt, ausgebildet [lat.]

E¦la¦i¦din (das, -s, -e) chemische Verbindung [gr.-lat.]

E¦lan (der, -s, nur Ez.) Begeisterung (von innen her), Schwung [frz.]

E¦lä¦o¦lith (der, -s, -e) ein Mineral [gr.-lat.]

E¦lä¦o¦plast (der, -plas¦ten, -plas¦ten) Ölkörper in pflanzlichen Zellen [gr.-lat.]

E¦last (der, -las¦tes, -las¦te) gummiartiger Kunststoff [gr.-lat.]

E¦las¦tik (das, -s, -s oder -e) und (die, -, -en) **1** (*auch:* das, -s, -s) dehnbares Gewebe **2** rohleinenes Zwischenfutter [lat.]

e¦las¦tisch (Adj.) sehr dehnbar und federnd; geschmeidig [gr.]

E¦las¦ti¦zi¦tät (die, -, nur Ez.) das Elastischsein

E¦las¦ti¦zi¦täts¦mo¦dul (der, -s, -n) Kennwert für elastische Materialeigenschaft [gr.-lat.]

E¦las¦to¦mer (das, -s, -e) gummielastischer Kunststoff

E¦la¦te¦re (die, -, -n) Schleuderzelle (Bot.) [gr.-lat.]

E¦la¦tiv (der, -s, -e) absoluter Superlativ, der nicht durch einen Vergleich entsteht; z.B. schnellste, (das heißt »sehr schnelle«) Verbindung [lat.]

El¦do¦ra¦do (das, -s, -s) ergiebiges Gebiet, »Goldland«; z.B. ein Elektronikmarkt als Eldorado für Bastler [span.]

E¦le¦a¦te (der, -n, -n) Mitglied einer Philosophenschule in der Antike [gr.-lat.]

e¦le¦a¦tisch (Adj.) die Eleaten betreffend [gr.-lat.]

E¦lec¦tro¦nic Ban¦king *auch:* E¦lect¦ro¦nic Ban¦king [bæŋkɪŋ] (das, -s, nur Ez.) Geldverkehr per Automat [engl.]

E¦lec¦tro¦nic Cash *auch:* E¦lect¦ro¦nic Cash [kæʃ] (das, -, nur Ez.) Bezahlung per Eurochequekarte im Einzelhandel [engl.]

E¦le¦fan¦ti¦a¦sis (*auch:* E¦le¦phan¦ti¦a¦sis) (die, -, -ti¦a¦sen) riesige Gliedmaßenverdickung durch Lymphstau [gr.]

e¹le¹gant (Adj.) 1 erlesen, fein-geschmackvoll 2 geschickt; z.B. eine elegante Lösung [frz.]

E¹le¹gant [-ā:] (der, -s, -s) Modenarr [frz.]

E¹le¹ganz (die, -, nur Ez.) das Elegantsein

E¹le¹gei¹on (das, -s, nur Ez.) Versmaß [gr.]

E¹le¹gie (die, -, -n) Klagegedicht [gr.]

E¹le¹gi¹ker (der, -s, -) Dichter von Elegien [gr.]

e¹le¹gisch (Adj.) zur Elegie gehörig, wehmütig [gr.]

E¹leg¹jam¹bus (der, -, -ben) antikes Versmaß [gr.-lat.]

E¹lei¹son (das, -s, -s) gottesdienstlicher Gesang, »erbarme dich« [gr.]

E¹lek¹ti¹on (die, -, -ti¹o¹nen) Auswahl [lat.]

e¹lek¹tiv (Adj.) auswählend [lat.]

E¹lek¹tor (der, -s, -to¹ren) Wähler [lat.]

E¹lek¹to¹rat (das, -es, -e) Kurfürstentum [lat.]

E¹lekt¹ra¹komp¹lex auch: E¹lekt¹ra¹kom-plex/E¹lek¹tra¹kom¹plex (der, -es, -e) extreme Vaterbindung (bei Mädchen) [gr.-lat.]

E¹lekt¹ri¹fi¹ka¹ti¹on auch: E¹lek¹tri¹fi¹ka¹ti¹on (die, -, nur Ez.) das Elektrifizieren

e¹lekt¹ri¹fi¹zie¹ren auch: e¹lek¹tri¹fi¹zie¹ren (V.) auf elektrischen Betrieb ein-, umstellen [gr.-lat.]

E¹lekt¹ri¹fi¹zie¹rung auch: E¹lek¹tri¹fi¹zie¹rung (die, -, -en) Umstellung auf Elektrobetrieb

E¹lekt¹rik auch: E¹lek¹trik (die, -, -en) elektrische Ausstattung

e¹lekt¹risch auch: e¹lek¹trisch (Adj.) zur Elektrizität gehörig, mit ihrer Hilfe

E¹lekt¹ri¹sche auch: E¹lek¹tri¹sche (die, -n, -n) Straßenbahn (veraltet)

e¹lekt¹ri¹sie¹ren auch: e¹lek¹tri¹sie¹ren (V.) der Wirkung elektrischen Stroms aussetzen

E¹lekt¹ri¹zi¹tät auch: E¹lek¹tri¹zi¹tät (die, -, nur Ez.) Eigenschaft geladener Elementarteilchen; Ladungsenergie [gr.-frz.]

E¹lekt¹ro¹de auch: E¹lek¹tro¹de (die, -, -n) Stück eines Leiters, das den Strom ab- oder zuführt [gr.]

E¹lekt¹ro¹dy¹na¹mik auch: E¹lek¹tro¹dy¹na¹mik (die, -, nur Ez.) Wissenschaft von den elektromagnetischen Feldern

E¹lekt¹ro¹en¹ze¹pha¹lo¹gramm auch: E¹lek¹tro¹en¹ze¹pha¹lo¹gramm (das, -s, -e) Aufzeichnung der Hirnstromkurve [gr.]

E¹lekt¹ro¹kar¹di¹o¹gra¹fie auch: E¹lek¹tro¹kar¹di¹o¹gra¹fie (auch: E¹lekt¹ro¹kar¹di¹o¹gra¹phie/E¹lek¹tro¹kar¹di¹o¹gra¹phie) (die, -, -ien) Messung der Herzströme [gr.]

E¹lekt¹ro¹kar¹di¹o¹gramm auch: E¹lek¹tro¹kar¹di¹o¹gramm (das, -s, -e) Aufzeichnung der Herzstromkurve [gr.]

E¹lekt¹ro¹kaus¹tik auch: E¹lek¹tro¹kaus¹tik (die, -, nur Ez.) Entfernung kranken Gewebes durch Hochfrequenzstrom

E¹lekt¹ro¹kau¹ter auch: E¹lek¹tro¹kau¹ter (der, -s, -) Gerät zur Elektrokaustik

E¹lekt¹ro¹ly¹se auch: E¹lek¹tro¹ly¹se (die, -, -n) chemische Umsetzung durch elektrischen Strom in Elektrolyten

E¹lekt¹ro¹lyt auch: E¹lek¹tro¹lyt (der, -en, -en) Lösung, deren Ionen sich durch elektrischen Strom in Bewegung setzen [gr.]

e¹lekt¹ro¹ly¹tisch auch: e¹lek¹tro¹ly¹tisch (Adj.) mit Hilfe der Elektrolyse, auf ihr beruhend

E¹lekt¹ro¹mag¹net auch: E¹lekt¹ro¹ma¹gnet/E¹lek¹tro¹ma¹gnet (der, -en, -en) Vorrichtung, die durch elektrischen Strom ein Magnetfeld erzeugt

e¹lekt¹ro¹mag¹ne¹tisch auch: e¹lekt¹ro¹ma¹gne¹tisch/e¹lek¹tro¹ma¹gne¹tisch (Adj.) zum Elektromagneten gehörig

E¹lekt¹ro¹me¹ter auch: E¹lek¹tro¹me¹ter (das, -s, -) Messgerät für elektrischen Strom [gr.]

E¹lekt¹ro¹mo¹tor auch: E¹lek¹tro¹mo¹tor (der, -s, -en) Motor, der elektrische in mechanische Energie umwandelt

E¹lekt¹ron auch: E¹lek¹tron (das, -s, -tro¹nen) 1 negativ geladenes Elementarteilchen 2 eine Gold-Silber-Verbindung [gr.]

E¹lekt¹ro¹nen¹mik¹ros¹kop auch: E¹lek¹tro¹nen¹mik¹ros¹kop/E¹lek¹tro¹nen¹mik¹ro¹skop (das, -s, -e) mit Elektronen- statt Lichtstrahlen arbeitendes Mikroskop [gr.]

E¹lekt¹ro¹nen¹volt auch: E¹lek¹tro¹nen¹volt (das, -(s), -) eine Maßeinheit der Kernphysik [gr.-nlat.]

E¹lekt¹ro¹nik auch: E¹lek¹tro¹nik (die, -, nur Ez.) 1 technische Anwendung der Elektronen 2 elektronische Ausstattung [gr.]

e¹lekt¹ro¹nisch auch: e¹lek¹tro¹nisch (Adj.) zur Elektronik gehörig, mit ihrer Hilfe, durch Elektronen betätigt

E¹lekt¹ro¹pho¹re¹se auch: E¹lek¹tro¹pho¹re¹se (die, -, -n) Bewegung geladener, gelöster Teilchen im elektrischen Feld zweier Elektroden [gr.]

E¹lekt¹ro¹schock auch: E¹lek¹tro¹schock (der, -s, -s) Schockbehandlung durch elektrischen Strom (in der Psychiatrie)

E¹lekt¹ros¹kop auch: E¹lek¹tros¹kop/E¹lek¹tro¹skop (das, -s, -e) Gerät zum Nachweis elektrischer Ladungen [gr.]

E¹lekt¹ro¹sta¹tik auch: E¹lek¹tro¹sta¹tik (die, -, nur Ez.) Wissenschaft von ruhenden (statischen) elektrischen Ladungen

E¹lekt¹ro¹to¹mie auch: E¹lek¹tro¹to¹mie (die, -, -n) Chirurgie mit Hilfe elektrisch aufgeheizter Schneidgeräte [gr.]

Elektrum / **Emanation**

E|lek|trum *auch:* E|lek|trum (das, -, nur Ez.) = Elektron [gr.-lat.]
E|le|ment (das, -s, -e) **1** chemischer Grundstoff **2** Bestandteil (einer Menge, eines Systems) **3** Urstoff (in der antiken Philosophie; Feuer, Wasser, Erde und Luft) [lat.]
e|le|men|tar (Adj.) **1** grundlegend; z.B. die elementaren Kenntnisse **2** als Element vorliegend; z.B. flüssiger elementarer Schwefel
E|le|men|tar|a|na|ly|se (die, -, -n) Elementebestimmung in organischen Stoffen
E|le|men|tar|ge|dan|ke (der, -ns, -n) völkerkundliche Annahme, dass es in unterschiedlichen Völkern ähnliche Grundvorstellungen gibt
E|le|men|tar|mag|net *auch:* E|le|men|tar|ma|gnet (der, -en, -en) kleinste (elementare) magnetische Einheit
E|le|mi (das, -s, nur Ez.) ein tropisches Harz [arab.-span.]
E|len (das, -s, -) Elch [litau.]
E|len|chus (der, -, -chi oder -chen) Gegenbeweis [gr.-lat.]
E|le|phan|ti|a|sis (die, -, -sen) = Elefantiasis
E|leud|ron *auch:* E|leu|dron (das, -s, nur Ez.) ein Sulfonamid
E|leu|si|ni|en (nur Mz.) antikes Fruchtbarkeitsfest [gr.]
e|leu|si|nisch (Adj.) aus Eleusis stammend
E|leu|the|ro|no|mie (die, -, nur Ez.) kantisches Freiheitsprinzip [gr.-lat.]
E|le|va|ti|on (die, -, -ti|o|nen) das Aufheben, Erhöhung [lat.]
E|le|va|tor (der, -s, -to|ren) Güteraufzug, Förderwerk [lat.]
E|le|ve (der, -n, -n) Zögling; Schüler; z.B. ein Ballettanfänger, ein künftiger Forstwirt [frz.]
e|li|die|ren (V.) auslassen, tilgen [lat.]
E|lim Mz. zu El
E|li|mi|na|ti|on (die, -, -ti|o|nen) das Eliminieren
e|li|mi|nie|ren (V.) beseitigen, entfernen [frz.]
e|li|sa|be|tha|nisch (Adj.) aus der Zeit Königin Elisabeths I. von England stammend
E|li|si|on (die, -, -si|o|nen) das Elidieren
e|li|tär (Adj.) zur Elite gehörig
E|li|te (die, -, -n) Auslese der Besten [frz.]
E|li|ti|sie|rung (die, -, -en) Aufwertung, Entwicklung zu einer Oberschicht hin
e|li|ti|zie|ren (V.) jmd. eine Aussage entlocken, zu einer Äußerung verleiten [lat.-engl.]
E|li|xier (das, -s, -e) **1** Wundertrank **2** alkoholischer Heilpflanzenextrakt [arab.-frz.]
El|lip|se (die, -, -n) **1** ein Kegelschnitt, geschlossene Kurve in Form eines zusammengedrückten Kreises **2** Wortauslassung, Ersparnis von Redeteilen; z.B. »Zigarette?« statt »Möchten Sie eine Zigarette haben?« [gr.]
el|lip|so|id (Adj.) ellipsenähnlich [gr.-lat.]
El|lip|so|id (das, -s, -e) Körper, der entsteht, wenn eine Ellipse um eine ihrer Achsen gedreht wird [gr.]
el|lip|tisch (Adj.) in der Form einer (geometrischen, sprachlichen) Ellipse
E|lo|ge [-ʒə] (die, -, -n) Lobrede; Schmeichelei [frz.]
E|lo|gi|um (das, -s, -gia) **1** Grabinschriften in der Antike **2** Lobeshymne [gr.-lat.]
E|lon|ga|ti|on (die, -, -ti|o|nen) **1** Auslenkung (eines Schwingkörpers) **2** Winkelabstand eines Planeten von der Sonne [lat.]
e|lo|quent (Adj.) beredt [lat.]
E|lo|quenz (die, -, nur Ez.) Beredsamkeit [lat.]
E|lo|xal (das, -s, nur Ez.) Aluminium mit verstärkter Oxidschicht (Warenzeichen) [Kunstwort]
e|lo|xie|ren (V.) verstärken (der Oxidschicht (des Eloxals) auf Aluminium)
E|lu|ku|bra|ti|on *auch:* E|lu|ku|bra|ti|on (die, -, -ti|o|nen) wissenschaftliche Arbeit, die nachts verfasst wird (veraltet) [lat.]
E|lu|vi|al|ho|ri|zont (der, -(e)s, -e) Verwitterungsboden (Geol.) [lat.]
E|lu|vi|um (das, -s, nur Ez.) grobkörniger Verwitterungsboden [lat.]
e|ly|sä|isch (Adj.) zum Elysium gehörig, himmlisch, wonneerfüllt
E|ly|see [-li-] Kurzform für Elysee-Palast [gr.-lat.-frz.]
e|ly|sisch (Adj.) = elysäisch
E|ly|si|um (das, -s, nur Ez.) paradiesisches Land (der alten Griechen) [gr.-lat.]
E|lyt|ron *auch:* E|ly|tron (das, -s, -ren/-tren) Deckflügel; z.B. bei Käfern [gr.]
El|ze|vir (die, -, nur Ez.) Antiquadruckschrift
El|ze|vi|ri|a|na (nur Mz.) besondere römische und griechische Klassikerausgaben [lat.]
E|mail oder [emaj] (das, -s, -s) Schmelz, (farbiger) Glasfluss (als Schmuck- oder Schutzschicht) [germ.-frz.]
E|mail|le [emaja] (die, -, -n) = Email
E|mail|leur [emajøːr] (der, -s, -e) jmd., der emailliert [germ.-frz.]
e|mail|lie|ren [emajiː-] (V.) mit Email überziehen
E|man (das, -s, -s) Maßeinheit für radioaktiven Gehalt [lat.]
E|ma|na|ti|on (die, -, -ti|o|nen) **1** das Ausströmen, Ausstrahlung **2** (nur Ez.) radioakti-

ves Edelgas **3** das Hervorgehen aller Dinge aus dem göttlichen Einen [lat.]

E'ma'na'tis'mus (der, -, nur Ez.) Philosophie mit dem Grundgedanken der Emanation (**3**) [lat.]

e'ma'nie'ren (V.) ausströmen [lat.]

E'man'ze (die, -, -n) emanzipierte Frau (abwertend)

E'man'zi'pa'ti'on (die, -, -ti'o'nen) Befreiung (aus Herrschaftsgewalt), Gleichstellung [lat.]

e'man'zi'pa'tiv (Adj.) die Emanzipation betreffend [lat.]

e'man'zi'pa'to'risch (Adj.) auf Emanzipation gerichtet

e'man'zi'pie'ren (V.) befreien (aus Herrschaftsgewalt), gleichstellen [lat.]

e'man'zi'piert (Adj.) **1** selbstständig **2** frauenbewusst [lat.]

E'mas'ku'la'ti'on (die, -, -ti'o'nen) **1** Entmannung durch operativen Eingriff **2** Verweichlichung [lat.]

E'mas'ku'la'tor (der, -s, -to'ren) Apparat zur Kastration von Hengsten

e'mas'ku'lie'ren (V.) entmannen, verweichlichen

E'mas'ku'lie'rung (die, -, -en) = Emaskulation

Em'bal'la'ge [ãbala:ʒǝ] (die, -, -n) Transportverpackung [frz.]

em'bal'lie'ren (V.) einpacken

Em'bar'go (das, -s, -s) **1** Ausfuhr-, Handelsverbot **2** Beschlagnahme fremder Handelsschiffe [span.]

Em'bar'ras [ãbara] (der oder das, -, -) Verwirrung [frz.]

em'bar'ras'sie'ren (V.) hindern, verwirren

Em'ba'te'ri'en (nur Mz.) Marschlieder der Spartaner

em'be'tie'ren (V.) langweilen, jmdn. verdummen [frz.]

Emb'lem auch: Em'blem (das, -s, -e) Abzeichen, Kennzeichen; Sinnbild [gr.-frz.]

Emb'le'ma'tik auch: Em'ble'ma'tik (die, -, nur Ez.) Wissenschaft von den Emblemen

Em'bo'lie (die, -, -n) Verstopfung eines Blutgefäßes [gr.]

em'bo'li'form (Adj.) pfropfenförmig [gr.-lat.]

Em'bo'lus (der, -, -li) Gefäßpfropfen, der Embolie verursacht [gr.-nlat.]

Em'bon'point [ãbõpwɛ̃:] (der oder das, -s, -s) Wohlbeleibtheit [frz.]

Em'bou'chu're [ãbuʃy:r] (die, -, -n) **1** Instrumentenmundstück **2** Mundstellung beim Musizieren von Blasinstrumenten [frz.]

emb'ras'sie'ren auch: em'bras'sie'ren [ãbras-] (V.) umarmen, küssen [lat.-frz.]

Emb'ros auch: Em'bros (das, -, nur Ez.) Lammfell

emb'rouil'lie'ren auch: em'brouil'lie'ren [ãbruj-] (V.) verwirren [frz.]

Emb'ryo auch: Em'bryo (der, -s, -ry'o'nen/ -bry'o'nen oder -s) entstehender Organismus, Leibesfrucht [gr.]

Emb'ry'o'ge'ne'se auch: Em'bry'o'ge'ne'se (die, -, nur Ez.) Entwicklung eines Keimes oder Embryos [gr.-lat.]

Emb'ry'o'ge'nie auch: Em'bry'o'ge'nie (die, -, nur Ez.) = Embryogenese

Emb'ry'o'lo'gie auch: Em'bry'o'lo'gie (die, -, nur Ez.) Wissenschaft von der Entwicklung des Embryos [gr.]

emb'ry'o'nal auch: em'bry'o'nal (Adj.) zum Embryo gehörig, in seiner Entwicklungsphase

emb'ry'o'nisch auch: em'bry'o'nisch (Adj.) = embryonal

Emb'ry'o'pa'thie auch: Em'bry'o'pa'thie (die, -, -n) Erkrankung des Embryos [gr.]

Emb'ry'o'sack auch: Em'bry'o'sack (der, -, -säcke) bei Blüten der innere Bereich der Samenanlage

Emb'ry'o'to'mie auch: Em'bry'o'to'mie (die, -, nur Ez.) operative Kindeszerstückelung bei unüberwindlichen Schwierigkeiten während der Geburt

E'men'da'ti'on (die, -, -ti'o'nen) Berichtigung (eines falsch überlieferten Textes) [lat.]

e'men'die'ren (V.) eine Emendation vornehmen

e'mer'gie'ren (V.) auftauchen, hochkommen [lat.]

E'me'rit (der, -en, -en) = Emeritus

e'me'ri'tie'ren (V.) in den Ruhestand versetzen (bei Universitätsprofessoren, Geistlichen) [lat.]

e'me'ri'tiert (Adj.) im Ruhestand befindlich [lat.]

E'me'ri'tie'rung (die, -, -en) Verpflichtungsentbindung eines Professors

E'me'ri'tus (der, -, -ti) jmd., der emeritiert (entpflichtet) ist; Professor im Ruhestand, der noch berechtigt ist Vorlesungen zu halten

e'mers (Adj.) über den Wasserspiegel ragend (bei Wasserpflanzen) [lat.]

E'mer'si'on (die, -, -si'o'nen) das Auftauchen von Neuland durch Absinken des Meeresspiegels [lat.]

E'me'sis (die, -, nur Ez.) Erbrechen [gr.]

E'me'ti'kum (das, -s, -ka) Brechmittel [gr.-nlat.]

e'me'tisch (Adj.) als Emetikum wirkend

Emeute [emøt] (die, -, -n) Meuterei, Aufstand [lat.-frz.]

E¹mig¹rant *auch:* E¹mi¹grant (der, -en, -en) Auswanderer (aus politischen Gründen) [lat.]

E¹mig¹ra¹ti¹on *auch:* E¹mi¹gra¹ti¹on (die, -, -ti¹o¹nen) Auswanderung

e¹mig¹rie¹ren *auch:* e¹mi¹grie¹ren (V.) auswandern [lat.]

É¹min¹cé [emɛ̃se:] (das, -s, -s) Geschnetzeltes; z.B. »Émincé à la zurichoise«: Zürcher Kalbsgeschnetzeltes [frz.]

e¹mi¹nent (Adj.) außerordentlich, besonders [lat.]

E¹mi¹nenz (die, -, -en) Hoheit (als Anrede für einen Kardinal) [lat.]

E¹mir (der, -s, -e) arabischer Fürst, Stammesführer

E¹mi¹rat (das, -s, -e) Herrschaftsbereich eines Emirs

e¹misch (Adj.) bedeutungsunterscheidend (in der Sprachwissenschaft) [engl.]

E¹mis¹sär (der, -s, -e) Abgesandter mit fest umrissener Aufgabe [lat.-frz.]

E¹mis¹si¹on (die, -, -si¹o¹nen) **1** Aussendung, Ausstrahlung (von Wellen) **2** Ausbringung (von Wertpapieren) **3** Ausströmen (verschmutzter Luft) **4** Radiosendung (schweiz.) [lat.]

E¹mit¹tent (der, -en, -en) **1** Emissionsverursacher **2** Wertpapierausgeber [lat.]

e¹mit¹tie¹ren (V.) ausgeben, in Umlauf bringen [lat.]

Em¹me¹na¹go¹gum (das, -s, -ga) die Monatsblutung auslösendes Mittel [gr.-lat.]

Em¹met¹ro¹pie *auch:* Em¹me¹tro¹pie (die, -, nur Ez.) Normalsichtigkeit

E¹mol¹li¹ens (das, -, -en¹zi¹en) Mittel, um die Haut weich und geschmeidig zu halten [lat.]

E¹mo¹lu¹ment (das, -s, -e) **1** Vorteil **2** Nebeneinnahme [lat.]

E¹mo¹ti¹on (die, -, -ti¹o¹nen) Gefühlserregung [lat.]

e¹mo¹ti¹o¹nal (Adj.) aus einer Emotion heraus, gefühlsmäßig

E¹mo¹ti¹o¹na¹le (das, -n, nur Ez.) das Gefühlsmäßige [lat.]

e¹mo¹ti¹o¹na¹li¹sie¹ren (V.) Emotionen hervorrufen, Emotionen verwenden [lat.]

E¹mo¹ti¹o¹na¹lis¹mus (der, -, nur Ez.) Theorie, nach der alle Handlungen von Gefühlen und Affekten determiniert sind [lat.]

E¹mo¹ti¹o¹na¹li¹tät (die, -, nur Ez.) das Emotionalsein, Gefühlsbetontheit

e¹mo¹ti¹o¹nell (Adj.) = emotional

e¹mo¹tiv (Adj.) = emotional [lat.-engl.]

E¹mo¹ti¹vi¹tät (die, -, nur Ez.) gesteigerte Erregbarkeit des Gemüts

Em¹pa¹thie (die, -, nur Ez.) Einfühlungsvermögen [gr.]

em¹pa¹thisch (Adj.) einfühlungsvermögend [gr.]

Em¹pha¹se (die, -, -n) Nachdruck, Eindringlichkeit (beim Sprechen) [gr.]

Em¹pha¹tisch (Adj.) mit Emphase

Em¹phy¹sem (das, -s, -e) Gas-, Luftaufblähung (bes. in der Lunge) [gr.]

em¹phy¹se¹ma¹tisch (Adj.) aufgebläht [gr.-lat.]

Em¹pire (ãpi:r) (das, -(s), nur Ez.) ein klassizistischer Kunststil (von 1800 bis 1830) [frz.]

Em¹pire [-paɪə] (das, -(s), nur Ez.) das frühere britische Weltreich [engl.]

Em¹pi¹rem (das, -s, -e) Erfahrungstatsache

Em¹pi¹rie (die, -, nur Ez.) Sinneserfahrung (als Quelle wissenschaftlicher Erkenntnis)

Em¹pi¹ri¹ker (der, -s, -) jmd., der sich auf die Empirie stützt

Em¹pi¹ri¹o¹kri¹ti¹zis¹mus (der, -, nur Ez.) Erkenntnistheorie, die auf kritischer Erfahrung basiert [gr.-lat.]

Em¹pi¹ri¹o¹kri¹ti¹zist (der, -zis¹ten, -zis¹ten) Anhänger des Empiriokritizismus [gr.-lat.]

em¹pi¹risch (Adj.) zur Empirie gehörig, erfahrungsgemäß

Em¹pi¹ris¹mus (der, -, nur Ez.) philosophische Lehre, nach der nur Erfahrung grundlegende Erkenntnis bringt [gr.-nlat.]

Em¹pi¹rist (der, -ris¹ten, -ris¹ten) Anhänger des Empirismus

em¹pi¹ris¹tisch (Adj.) zum Empirismus gehörig [gr.]

Emp¹las¹trum *auch:* Emp¹last¹rum/Em¹plastrum/Em¹plast¹rum/ (das, -s, -stra) Wundpflaster [gr.-lat.]

Em¹plo¹yé *auch:* Em¹plo¹yé (ãplwaje:) (der, -s, -s) Angestellter (veraltet) [frz.]

em¹ploy¹ie¹ren *auch:* em¹ploy¹ie¹ren/emp¹lo¹yie¹ren [-ji:rən] (V.) anwenden [lat.-frz.]

Em¹po¹ri¹um (das, -s, -ri¹en) Handelsplatz, Marktplatz [gr.-lat.]

Emp¹res¹se¹ment *auch:* Em¹pres¹se¹ment (das, -s, nur Ez.) Eifer, Diensteifer [lat.-frz.]

Em¹py¹em (das, -s, -e) Eiteransammlung; z.B. in der Brusthöhle [gr.]

em¹py¹re¹isch (Adj.) zum Empyreum gehörig, lichtüberstrahlt

Em¹py¹re¹um (das, -s, nur Ez.) oberster Feuerhimmel, Lichtreich (nach alter philosophischer Auffassung) [gr.-lat.]

em¹py¹reu¹ma¹tisch (Adj.) durch Verkohlung entstanden [gr.-lat.]

E¹mu (der, -s, -s) australischer Straußenvogel

E¦mu¦la¦ti¦on (die, -, nur Ez.) **1** Wettleidenschaft **2** Eifersucht [lat.-engl.]
E¦mul¦ga¦tor (der, -s, -to̲ren) Emulsion bewirkender Stoff
e¦mul¦gie¦ren (V.) eine Emulsion bilden, zur Emulsion mischen
E¦mul¦si̲n (das, -s, nur Ez.) Bittermandelferment [lat.]
E¦mul¦si¦on (die, -, -si̲o̲nen) Flüssigkeitsgemisch aus feinstverteilten ungelösten Stoffen; z.B. Öl in Wasser [lat.]
E¦mun¦dan¦tia (nur Mz.) Mittel zur äußerlichen Reinigung [lat.]
E¦na¦ki¦ter (nur Mz.) riesige Menschen
E¦naks¦kin¦der (nur Mz.) = Enakiter
E¦naks¦söh¦ne (nur Mz.) = Enakiter
E¦nan¦them *auch:* En¦an¦the̲m (das, -s, -e) Schleimhautausschlag [gr.]
E¦nan¦ti¦ot¦ro¦pie *auch:* E¦nan¦ti¦o¦tro¦pie/ En¦an¦ti¦o¦tro¦pie (die, -, -pi̲en) wechselseitiges Annehmen unterschiedlicher Zustandsformen (in der Chemie) [gr.]
E¦na¦ti¦on (die, -, -ti̲o̲nen) Auswuchsbildung an Pflanzen (Bot.)
en a¦vant! [ãnawã] vorwärts! (veraltet) [frz.]
en bloc [ãblɔk] insgesamt, im Ganzen [frz.]
en ca¦nail¦le (Adj.) verächtlich
en¦ca¦nail¦lie¦ren (V.) sich zu unteren Schichten der Gesellschaft herablassen, sich mit niederen Klassen einlassen [frz.]
En¦chan¦te¦ment [ãʃãtmã] (das, -s, nur Ez.) Entzücktheit (veraltet) [frz.]
en¦chan¦tiert [ãʃã-] (Adj.) bezaubert, betört [frz.]
en¦chas¦sie¦ren [ãʃasi:-] (V.) einen Edelstein einfassen [lat.-frz.]
En¦chas¦sure (die, -, -n) Einfassung für edle Steine [lat.-frz.]
En¦chei¦re¦se (die, -, -n) Operation, Handgriff (Med.)
En¦chi¦ri¦di¦on (das, -s, -di̲en) knapp gefasstes Handbuch [gr.-lat.]
en¦co¦die¦ren (V.) = enkodieren
En¦co¦ding (das, -s, -s) Nachrichtenverschlüsselung [engl.]
En¦coun¦ter [-kaun-] (das oder der, -s, -) psychologisches Gruppentraining [engl.]
en¦cou¦ra¦gie¦ren (V.) anfeuern, aufbauen, ermutigen [lat.-frz.]
Enc¦ri̲¦nus *auch:* En¦cri̲¦nus (der, -, -ni) Gattung von Seelilien
En¦de¦ca¦sil¦la¦bo (der, -, -bi) Vers mit elf Silben [gr.-lat.-it.]
En¦de¦cha (ɛndetʃa) (die, -, -s) spanische Strophenform [lat.-span.]
En¦de¦mie (die, -, -n) auf eine bestimmte Gegend beschränkte Krankheit, Ortsseuche [gr.]

en¦de¦misch (Adj.) auf eine bestimmte Gegend beschränkt (von Krankheiten, Tier- und Pflanzenarten) [gr.]
En¦de¦mis¦mus (der, -, -men) das Endemischsein [gr.-nlat.]
En¦de¦mit (der, -en, -en) endemisches Lebewesen
en¦der¦mal (Adj.) in der Haut, in die Haut eingeführt [gr.-lat.]
en¦des¦mal (Adj.) im Bindegewebe befindlich [gr.-lat.]
en dé¦tail [ãdetaj] im Einzelnen [frz.]
En¦di̲¦vie [-wjɛ] (die, -, -vi̲en) eine Salatpflanze
En¦do¦bi¦ont (der, -en, -en) in einem anderen Lebewesen lebendes Lebewesen [gr.]
En¦do¦bi¦o̲¦se (die, -, -n) Gemeinschaft verschiedenartiger Lebewesen, von denen eines im anderen lebt [gr.]
En¦do¦der¦mis (die, -, -men) innerste Zellschicht der Pflanzenrinde (Bot.) [gr.-lat.]
En¦do¦ga¦mie (die, -, nur Ez.) Heirat innerhalb einer bestimmten Gruppe; z.B. einer Kaste [gr.-nlat.]
en¦do¦gen (Adj.) von innen heraus (entstanden, kommend) [gr.]
En¦do¦kan¦ni¦ba¦lis¦mus (der, -, nur Ez.) das Verspeisen von Mitgliedern des eigenen Stammes [gr.-lat.-span.]
En¦do¦kard (das, -s, -e) Herzinnenhaut [gr.]
En¦do¦kar¦di¦tis (die, -, -ti̲den) Entzündung der Herzinnenhaut, speziell der Herzklappen (Med.) [gr.-lat.]
En¦do¦kar¦do̲¦se (die, -, -n) Entartungserscheinungen an der Innenhaut des Herzens (Med.) [gr.-lat.]
En¦do¦karp (das, -s, -e) Innenwandschicht (bei Früchten) [gr.]
en¦dok¦ri̲n *auch:* en¦do¦kri̲n (Adj.) zur inneren Sekretion gehörig [gr.]
En¦dok¦ri̲¦nie *auch:* En¦do¦kri̲¦nie (die, -, nur Ez.) Krankheit, die durch Störung der inneren Ausscheidungen verursacht wird (Med.) [gr.]
En¦dok¦ri¦no¦lo¦ge *auch:* En¦do¦kri¦no¦lo¦ge (der, -n, -n) Wissenschaftler, der auf dem Gebiet der Endokrinologie tätig ist [gr.-lat.]
En¦dok¦ri¦no¦lo¦gie *auch:* En¦do¦kri¦no¦lo¦gie (die, -, nur Ez.) Lehre von den endokrinen Drüsen (Med.) [gr.-lat.]
En¦do¦met¦ri¦um *auch:* En¦do¦me̲¦tri¦um (das, -s, -ri̲en/-tri̲en) Gebärmutterschleimhaut (Med.) [gr.-lat.]
en¦do¦morph (Adj.) die Endomorphie betreffend, durch die Endomorphie hervorgerufen [gr.-lat.]

En|do|mor|phie (die, -, nur Ez.) Konstitution eines kräftigen, stämmigen Menschen [gr.-lat.]

En|do|mor|phis|mus (der, -, -men) Abbildung einer algebraischen Ordnung in sich selbst [gr.-lat.]

En|do|phyt (der, -en, -en) Schmarotzerpflanze, die in anderen Organismen gedeiht [gr.-lat.]

en|do|phy|tisch (Adj.) nach innen wachsend [gr.-lat.]

En|do|pro|the|se (die, -, -n) Ersatzteil für im Organismus geschädigtes Körperteil aus Kunststoff oder Metall [gr.]

En|do|ske|lett (das, -s, -e) Innenskelett von Wirbeltieren aus Knochen oder Knorpeln [gr.]

En|dos|kop auch: En|do|skop (das, -s, -e) optisches Gerät zur Untersuchung von Körperhöhlen und Gewebsentnahme; z.B. ein Magenspiegel [gr.]

En|dos|ko|pie auch: En|do|sko|pie (die, -, -n) Untersuchung mit dem Endoskop

en|dos|ko|pisch auch: en|do|sko|pisch (Adj.) die Endoskopie betreffend, das Endoskop betreffend, mit Hilfe eines Endoskops [gr.-lat.]

en|do|so|ma|tisch (Adj.) innerhalb eines Körpers [gr.-lat.]

En|dos|perm auch: En|do|sperm (das, -s, -e) Nährgewebe im Pflanzensamen [gr.]

En|do|thel (das, -s, -e) Zellschicht an der Innenfläche; z.B. von Hohlorganen, des Herzens [gr.]

en|do|therm (Adj.) Wärme benötigend, bindend (von chemischen Reaktionen) [gr.]

en|do|thym (Adj.) den Bereich des Psychischen betreffend, der Gefühle, Affekte und das Unbewusste erfasst [gr.-lat.]

En|do|to|xin (das, -s, -e) Bakteriengift, das erst mit dem Zerfall der Bakterien wirksam wird [gr.-lat.]

en|do|troph (Adj.) sich innen ernährend (Bot.) [gr.]

En|du|ro (die, -, -s) Motorrad, das auf Grund seiner Bauweise für Geländefahrten geeignet ist [span.]

E|ner|ge|tik (die, -, nur Ez.) 1 physikalische Energielehre 2 Denklehre, die die Energie als Grundlage allen Geschehens ansetzt [gr.]

E|ner|ge|ti|ker (der, -s, -) Verfechter der Lehre der Energetik [gr.]

e|ner|ge|tisch (Adj.) 1 zur Energetik gehörig, sie betreffend 2 zur Energie gehörig [gr.]

E|ner|gie (die, -, -n) 1 nachdrückliche und entschiedene Kraft sowie Ausdauer, etwas durchzusetzen 2 geistige und körperliche Spannkraft 3 Fähigkeit eines Körpers oder Stoffes Arbeit zu verrichten, die sich aus Wärme oder Bewegung herleitet (Physik) [gr.-lat.-frz.]

E|ner|gie|kri|se (die, -, -n) Engpass in der Energieversorgung

E|ner|gie|prin|zip (das, -s, nur Ez.) Prinzip von der Erhaltung der Energie (Physik)

e|ner|gisch (Adj.) zupackend, tatkräftig, entschlossen, nachdrücklich [gr.]

e|ner|go|che|misch (Adj.) durch chemische Reaktion erzeugt [gr.-arab.-roman.]

E|ner|va|ti|on (die, -, -ti|o|nen) 1 Überbelastung der Nerven oder der seelischen Kräfte 2 das Kappen der Verbindung zwischen Nerv und Organ (Med.) [lat.]

e|ner|vie|ren (V.) nervös machen; entnerven

E|ner|vie|rung (die, -, -en) = Enervation [lat.]

en face [ãfas] vorn, gegenüber, vis à vis [frz.]

en fa|mille [ãfamij] im Kreis der Familie [frz.]

En|fant ter|rib|le auch: En|fant ter|ri|ble [ãfãtɛri:blə] (das, - -, -s -s) jmd., der (durch seine Freimütigkeit, sein ungezwungenes Verhalten) andere in Verlegenheit bringt [frz.]

en|fi|lie|ren [ãfi-] (Adj.) 1 einfädeln 2 ein Gelände beschießen (Militär) [lat.-frz.]

en|flam|mie|ren [ãfla-] (V.) begeistern, entzücken, entflammen [lat.-frz.]

En|fle auch: En|fle [ãfl] (das, -s, -s) französisches Kartenspiel [lat.-frz.]

En|fleu|ra|ge (die, -, nur Ez.) Verfahren der Parfümindustrie, um feine Blumendüfte zu gewinnen [lat.-frz.]

En|ga|ge|ment [ãgaʒmã] (das, -s, -s) 1 (nur Ez.) persönlicher Einsatz 2 Anstellung, Verpflichtung (eines Bühnenkünstlers) 3 Erfüllung einer Zahlungsverpflichtung (an der Börse) [frz.]

en|ga|gie|ren [ãgaʒi:-] (V.) 1 sich persönlich einsetzen 2 anstellen, verpflichten (einen Bühnenkünstler) 3 zum Tanz auffordern [frz.]

en|ga|giert (Adj.) für etwas mit Nachdruck eintretend, für etwas starkes Interesse zeigend

en garde! für Fechter das Kommando ihre Fechtposition einzunehmen [frz.]

En|gas|tri|mant auch: En|gast|ri|mant/En|ga|stri|mant (der, -en, -en) jmd., der mit Hilfe des Bauchredens Wahrsagerei betreibt [gr.]

En|gi|nee|ring [-dʒɪnɪə-] (das, -s, nur Ez.) Maßnahme zur Rationalisierung [engl.]

En|gi|schi|ki (das, -s, nur Ez.) Ritualbuch des japanischen Schintoismus aus dem 10. Jahrhundert [jap.]

Eng'lish spo'ken [ɪŋglɪʃ spəʊkən] hier wird auch Englisch gesprochen (als Hinweis in Geschäften)

En'go'be [ãgɔb] (die, -, -n) aufgebrannter farbiger Überzug (Keramik), Angussfarbe [frz.]

en'go'bie'ren [ãgɔ-] (V.) mit Engobe überziehen

En'gor'ge'ment (das, -s, -s) Stockung im Wirtschaftsleben [lat.-frz.]

Eng'ramm *auch:* En'gr<u>a</u>mm (das, -s, -e) Spur, die ein Reiz im Gedächtnis zurücklässt, biochemische Veränderung, die das Erinnerungsbild bewirkt [gr.]

en gros [ãgroː] in großen Mengen [frz.]

En'har'mo'nik (die, -, nur Ez.) verschiedene Notierung und Benennung von Tönen und Akkorden bei gleichem Klang [gr.-lat.]

en'har'mo'nisch (Adj.) mit einem anders beschriebenen Ton harmonisch vertauschbar

En'jam'be'ment [ãʒãbmã] (das, -s, -s) Übergreifen eines Satzes in die nächste Verszeile, Zeilensprung [frz.]

en'kaus'tie'ren (V.) das Malverfahren der Enkaustik gebrauchend [gr.-lat.]

En'kaus'tik (die, -, nur Ez.) eine antike Maltechnik, bei der heiße Wachsfarben verschmolzen werden [gr.]

en'kaus'tisch (Adj.) die Enkaustik betreffend, nach dieser Maltechnik verfahrend, mit dieser Maltechnik ausgeführt [gr.-lat.]

En'kla've *auch:* Enk'l<u>a</u>ve (die, -, -n) vom eigenen Gebiet umschlossenes fremdes (Staats-)Gebiet [frz.]

En'kli'se *auch:* Enk'l<u>i</u>'se (die, -, -n) Anlehnung eines unbetonten Wortes an ein vorausgehendes, betontes; z.B. »der« in »zur« [gr.]

En'kli'sis *auch:* Enk'l<u>i</u>'sis (die, -, -sen) = Enklise

En'kli'ti'kon *auch:* Enk'l<u>i</u>'ti'kon (das, -s, -ka) durch Enklise zur Betonungseinheit gewordenes Wort

en'kli'tisch *auch:* enk'l<u>i</u>'ti'sch (Adj.) in der Art einer Enklise

en'ko'die'ren (*auch:* en'c<u>o</u>'d<u>ie</u>'ren) (V.) durch Kode verschlüsseln [gr.-lat.-engl.]

En'kol'pi'on (das, -s, -pi'en) 1 Amulett oder Reliquienkapsel, das bzw. die auf der Brust getragen wird 2 Brustkreuz von Würdenträgern der orthodoxen Kirche [gr.]

En'ko'mi'ast (der, -as'ten, -as'ten) Lobredner [gr.]

En'ko'mi'on (das, -s, -mi'en) Preisrede [gr.]

En'ko'mi'um (das, -s, -mi'en) = Enkomion [gr.-lat.]

En'kul'tu'ra'ti'on (die, -, nur Ez.) das Aufgehen, Hineinwachsen eines Einzelnen in die Kultur der ihn umgebenden Gesellschaft

en masse [ãmas] massenweise [frz.]

en mi'ni'a'ture [ãminjatyːr] im Kleinen [frz.]

En'nui [ãnɥi] (der oder das, -s, nur Ez.) Langeweile, Überdruss, Verdruss [lat.-frz.]

en'nu'yant [ãnɥijã] (Adj.) anödend, lästig (veraltet) [frz.]

en'nu'yie'ren [ãnɥijiː-] (V.) langweilen, lästig werden, ärgern

e'norm (Adj.) großartig, außerordentlich [frz.]

E'nor'mi't<u>ä</u>t (die, -, -en) Übermaß, außergewöhnliche Größe [lat.-frz.]

E'nos't<u>o</u>'se *auch:* En'os't<u>o</u>'se (die, -, -n) Knochengeschwulst (Med.) [gr.-lat.]

en pas's<u>a</u>nt [ãpasã] beiläufig [frz.]

en pro'fil [ã-] im Profil, von der Seite [frz.]

En'quete [ãkɛt] (die, -, -n) amtliche Erhebung, Rundfrage [frz.]

en'ra'gie'ren [ãraʒiː-] (V.) leidenschaftlich aufregen; z.B. sich bei einer Diskussion enragieren

en'rhü'miert (V.) erkältet, verschnupft [frz.]

en'rol'lie'ren [ãrɔl-] Truppen anwerben [frz.]

Ens (das, -, nur Ez.) das Seiende, das Sein, Wesen, Idee (Philosophie)

En'sem'ble *auch:* En's<u>e</u>m'ble [ãβãbl] (das, -s, -s) 1 Gesamtheit; z.B. Bauwerke als Ensemble betrachtet 2 Künstlergruppe, die gemeinsam etwas aufführt; z.B. ein musikalisches Ensemble 3 aufeinander abgestimmte Kleidungsstücke; z.B. ein Ensemble aus Rock, Bluse und Jacke [frz.]

En'si'l<u>a</u>'ge [ãsilaːʒ] (die, -, nur Ez.) Gärfutter [frz.]

en suite [ãsɥit] hintereinander [frz.]

ent'a'no'ny'mi'sie'ren *auch:* ent'an'o'ny'mi'sie'ren (V.) die Anonymität von personenbezogenen Daten aufheben [dt.-gr.-lat.]

Ent'a'no'ny'mi'sie'rung *auch:* Ent'an'o'ny'mi'sie'rung (die, -, -en) das Entanonymisieren

En'ta'ri (das, -s, -s) orientalisches, kaftanähnliches Gewand [türk.]

En'ta'se (die, -, -n) = Entasis

En'ta'sis (die, -, -sen) geringfügiges Dickerwerden des Schaftes antiker Säulen (zur Mitte hin) [gr.]

En'te'le'chie (die, -, -n) Lebensprinzip, das einen Organismus dazu treibt, sich zu vollenden [gr.]

en'te'le'chisch (Adj.) die Entelechie betreffend, auf der Entelechie beruhend, durch die Entelechie bewirkt [gr.-lat.]

En'tente [ãtãːt] (die, -, -n) Einverständnis, Bündnis [lat.-frz.]

en|te|ral (Adj.) zum Darm, zu den Eingeweiden gehörig, von ihnen herrührend [gr.]
En|te|ri|tis (die, -, -ti|den) Dünndarmentzündung [gr.]
En|te|ro|dy|nie (die, -, -n) Leibschmerz, Darmschmerz [gr.-lat.]
en|te|ro|gen (Adj.) vom Darm ausgehend, in ihm entstanden
En|te|ros|kop auch: En|te|ro|skop (das, -s, -e) Dickdarm-Endoskop [gr.]
En|te|ros|to|mie auch: En|te|ro|sto|mie (die, -, -n) Anlegen einer künstlichen Darmöffnung [gr.]
En|ter|tai|ner [-tei-] (der, -s, -s) (Allein-)Unterhalter [frz.-engl.]
En|ter|tain|ment [-tei-] (das, -s, nur Ez.) leichte Unterhaltung [engl.]
en|te|tiert (Adj.) eigensinnig, starrköpfig
En|thal|pie (die, -, -n) innere Wärme, Gesamtwärmemenge eines Systems (bei konstantem Druck) [gr.]
en|thu|si|as|mie|ren (V.) begeistern [gr.]
En|thu|si|as|mus (der, -, nur Ez.) Begeisterung [gr.]
En|thu|si|ast (der, -as|ten, -as|ten) jmd., der sich leicht begeistern lässt, (naiver) Schwärmer
en|thu|si|as|tisch (Adj.) wie ein Enthusiast, überschwänglich
En|thy|mem (das, -s, -e) Wahrscheinlichkeitsschluss, in Gedanken zu ergänzende, unvollendete Schlussfolgerung (Philosophie) [gr.-lat.]
En|ti|tät (die, -, -en) das Dasein (eines Dinges gegenüber seiner Wesenheit) [lat.]
ent|mi|li|ta|ri|sie|ren (V.) Truppen abziehen, militärische Anlage abbauen [dt.-lat.]
Ent|mi|li|ta|ri|sie|rung (die, -, -en) das Entmilitarisieren
Ent|my|tho|lo|gi|sie|rung (die, -, -en) **1** Befreiung der christlichen Botschaft von überkommenen Mythen **2** Denkprozess, der Wörter und Begrifflichkeiten von mythischen oder irrationalen Bedeutungen befreit [dt.-gr.-lat.]
ent|na|zi|fi|zie|ren (V.) **1** ehemalige Nationalsozialisten auf ihre politische Zuverlässigkeit hin überprüfen (nach dem Zweiten Weltkrieg durch die Alliierten) **2** Maßnahmen ergreifen, um nationalsozialistische Einflüsse im öffentlichen Leben zu verhindern [dt.-lat.]
En|to|derm (das, -s, -e) inneres Keimblatt (des Embryos) [gr.]
en|to|der|mal (Adj.) aus dem inneren Keimblatt entstehend [gr.-lat.]
en|to|mo|gam (Adj.) auf die Bestäubung durch Insekten eingerichtet (Bot.) [gr.-lat.]

En|to|mo|ga|mie (die, -, nur Ez.) Art der Einrichtung von Blüten, die durch Insekten bestäubt werden, Insektenblütigkeit (Bot.) [gr.-lat.]
En|to|mo|lo|ge (der, -n, -n) Insektenforscher [gr.-lat.]
En|to|mo|lo|gie (die, -, nur Ez.) Insektenkunde [gr.]
en|to|mo|lo|gisch (Adj.) insektenkundlich
En|to|pa|ra|sit (der, -en, -en) im Inneren anderer Pflanzen und Tiere lebender Organismus [gr.-lat.]
en|to|pisch (Adj.) einheimisch, örtlich [gr.]
En|top|tisch auch: ent|op|tisch (Adj.) im Innern des Auges gelegen (Med.) [gr.-lat.]
En|to|tisch auch: ent|o|tisch (Adj.) im Innern des Ohren gelegen (Med.) [gr.-lat.]
En|tou|ra|ge (die, -, nur Ez.) Umgebung, Gefolge [frz.]
En|to|xis|mus (der, -, -men) Vergiftung, Vergiftungserscheinung [gr.-lat.]
En|to|zo|on tierischer Parasit im Innern des Körpers (Med.) [gr.]
Ent|re|akt auch: En|tre|akt [ãtraakt] (der, -s, -e) Zwischenakt (-musik) [frz.]
Ent|re|chat auch: En|tre|chat (der, -s, -s) Ballettsprung, bei dem die Füße sehr schnell über Kreuz und aneinander geschlagen werden [lat.-frz.]
Ent|re|cote auch: En|tre|cote [ãtrəko:t] (das, -s, -s) Rippenstück vom Rind [frz.]
Ent|ree auch: En|tree [ãtre:] (das, -s, -s) **1** Eintritt(sgeld) **2** Eintritt(sraum) **3** Vorspeise **4** Vorspiel (im Ballett) [frz.]
Ent|re|fi|let auch: En|tre|fi|let [ãtrəfile:] (das, -s, -s) eingeschobene Zeitungsnachricht halbamtlicher Art [lat.-frz.]
En|tre|lacs auch: En|tre|lacs [ãtrəla] (das, -, -) Ornament aus verschlungenen Linien und Bändern [frz.]
Ent|re|me|ti|er auch: En|tre|me|ti|er [ãtrəmetje:] (der, -s, -s) Spezialkoch für kleine Zwischengerichte und Suppen [lat.-frz.]
Ent|re|mets auch: En|tre|mets [ãtrəmɛ] (das, -, -) leichtes Gericht zwischen den Gängen [frz.]
ent|re nous auch: en|tre nous [ãtrənu:] unter uns [frz.]
Ent|re|pot auch: En|tre|pot [ãtrəpo] (das, -s, -s) Zollniederlage, -speicher [frz.]
Ent|re|pre|neur auch: En|tre|pre|neur (der, -s, -e) Unternehmer, Veranstalter, Agent [lat.-frz.]
Ent|re|prise auch: En|tre|prise [ãtrəpri:z] (die, -, -n) Unternehmung [lat.-frz.]
Ent|re|sol auch: En|tre|sol (das, -s, -s) Zwischengeschoss, Halbgeschoss [lat.-frz.]

Ent|re|vue *auch:* En|tre|vue [ãtrəvy:] (das, -s, -s) Zusammenkunft (von Monarchen; veraltet) [frz.]

ent|rie|ren *auch:* en|trie|ren [ãtr-] (V.) beginnen, einleiten, versuchen [lat.-frz.]

Ent|ro|pie *auch:* En|tro|pie (die, -, -n) **1** Zustandsgröße der Thermodynamik, Grad der »Unordnung« eines abgeschlossenen Systems **2** mittlerer Informationsgehalt; Ungewissheitsgrad [gr.]

E|nuk|le|a|ti|on *auch:* E|nu|kle|a|ti|on (die, -, -ti|o|nen) operative Ausschälung [lat.]

e|nuk|le|ie|ren *auch:* e|nu|kle|ie|ren (V.) **1** entwickeln, erläutern **2** ausschälen, eine Enukleation durchführen (Med.) [lat.]

E|nu|me|ra|ti|on (die, -, -ti|o|nen) Aufzählung [lat.]

e|nu|me|ra|tiv (Adj.) aufzählend [lat.]

e|nu|me|rie|ren (V.) aufzählen [lat.]

E|nun|zi|a|ti|on (die, -, -ti|o|nen) Aussage, Erklärung [lat.]

E|nu|re|se *auch:* En|u|re|se (die, -, -n) Bettnässen (Med.) [gr.-lat.]

En|ve|lop|pe [ãvə-] (die, -, -n) **1** Briefhülle (veraltet) **2** einhüllende Kurve (in der Mathematik) [frz.]

En|vers [ãvε:r] (der, -, nur Ez.) Kehrseite [lat.-frz.]

En|vi|ron|ment [-vaɪənmənt] (das, -s, -s) gestalteter Raum als Kunstobjekt [engl.]

En|vi|ron|to|lo|gie (die, -, nur Ez.) Umweltforschung [frz.-engl.-gr.]

en vogue [ãvo:g] in Mode [frz.]

En|vo|yé [ãvwaje:] (der, -s, -s) Gesandter [lat.-frz.]

En|ze|pha|li|tis (die, -, -ti|den) Gehirnentzündung [gr.]

En|ze|pha|lo|gramm (das, -s, -e) Röntgenbild der Gehirnkammern (Med.) [gr.-lat.]

En|ze|pha|lo|gra|fie (*auch:* En|ze|pha|lo|gra|phie) (die, -, -) Darstellung des Gehirns (durch Aufzeichnung der Gehirnströme oder Röntgenbild) [gr.]

En|zyk|li|ka *auch:* En|zy|kli|ka (die, -, -ken) päpstliches Rundschreiben [gr.-lat.]

en|zyk|lisch *auch:* en|zy|klisch (Adj.) einen Kreis durchlaufend [gr.-lat.]

En|zyk|lo|pä|die *auch:* En|zy|klo|pä|die (die, -, -di|en) umfassendes Nachschlagewerk mit systematischer Darstellungsweise [gr.]

en|zyk|lo|pä|disch *auch:* en|zy|klo|pä|disch (Adj.) in der Art einer Enzyklopädie; umfassend (gebildet) [gr.]

En|zyk|lo|pä|dist *auch:* En|zy|klo|pä|dist (der, -dis|ten, -dis|ten) Mitarbeiter und Herausgeber der großen französischen Encyclopédie

En|zym (das, -s, -e) Eiweißstoff, der Stoffwechselvorgänge steuert [gr.]

en|zy|ma|tisch (Adj.) durch ein Enzym bewirkt

En|zy|mo|pa|thie (die, -, -n) Enzymmangelkrankheit [gr.]

en|zys|tie|ren (V.) eine Zyste bilden, sich einkapseln [gr.-lat.]

E|o|bi|ont (der, -en, -en) Urzelle, erstes Lebewesen mit Zellstruktur [gr.]

eo ip|so von selbst [lat.]

E|o|lith (der, -en, -en) Feuerstein, dessen Verwitterungserscheinungen an frühmenschliche Bearbeitung erinnern [gr.]

E|o|li|thi|kum (das, -s, nur Ez.) vermeintlich früheste Kulturstufe [gr.-lat.]

E|os (die, -, nur Ez.) Morgenröte [gr.]

E|o|sin (das, -s, nur Ez.) ein roter Farbstoff, Färbemittel [gr.-nlat.]

e|o|zän (Adj.) zum Eozän gehörig

E|o|zän (das, -s, nur Ez.) zweitältester Abschnitt des Tertiärs [gr.]

E|o|zo|i|kum (das, -s, nur Ez.) = Algonkium (veraltet) [gr.]

E|pa|go|ge *auch:* Ep|a|go|ge (die, -, nur Ez.) Denkvorgang der Logik, der vom Einzelnen zum Allgemeinen führt [gr.]

e|pa|go|gisch *auch:* ep|a|go|gisch (Adj.) = induktiv (Logik) [gr.]

E|pak|ris *auch:* Ep|ak|ris/Ep|a|kris/Ep|ak|ris (die, -, nur Ez.) australische Gattung von Zierpflanzen [gr.-lat.]

E|pa|na|lep|se *auch:* Ep|a|na|lep|se (die, -, -n) rhetorische Figur, bei der im Satz ein Wort oder eine Wortgruppe wiederholt wird [gr.-lat.]

E|pa|na|lep|sis *auch:* Ep|a|na|lep|sis (die, -, -sen) = Epanalepse [gr.]

E|pan|o|dos *auch:* Ep|an|o|dos (die, -, -doi) rhetorische Figur, bei der im Satz mit umgedrehter Wortfolge wiederholt wird [gr.]

E|parch *auch:* Ep|arch (der, -en, -en) Bischof (der griechisch-orthodoxen Kirche) [gr.]

E|par|chie *auch:* Ep|ar|chie (die, -, -n) Bereich eines Eparchen [gr.]

E|pau|lett [epo-] (das, -s, -s) = Epaulette

E|pau|let|te [epolεtə] (die, -, -n) Achselklappe, Schulterstück (an Uniformen) [frz.]

E|pa|ve [-a:v] (die, -, nur Ez.) Trümmer, Strandgut [lat.-frz.]

E|pei|so|di|on *auch:* Ep|ei|so|di|on (das, -s, -dia) Dialogszene zwischen zwei Chorliedern im antiken Drama [gr.]

E|pen|the|se *auch:* Ep|en|the|se (die, -, -n) Lauteinschub zur Erleichterung der Aussprache [gr.-lat.]

Epenthesis   137   **Epilepsie**

E'pen'the'sis *auch:* Ep'en'the'sis (die, -, -sen) = Epenthese [gr.-lat.]

E'pex'e'ge'se *auch:* Ep'ex'e'ge'se (die, -, -n) appositionell hinzugefügte Erklärung [gr.-lat.]

e'pex'e'ge'tisch *auch:* ep'ex'e'ge'tisch (Adj.) in Form einer Epexegese verfasst [gr.-lat.]

E'phe'be (der, -n, -n) athenischer Jüngling zwischen 18 und 20 Jahren [gr.]

E'phe'bie (die, -, nur Ez.) Pubertät beim Jüngling [gr.-lat.]

e'phe'bisch (Adj.) in der Art eines Epheben [gr.-lat.]

e'phe'bo'phil (Adj.) zu jungen Männern eine homoerotische Neigung habend [gr.-lat.]

E'phe'bo'phi'lie (die, -, nur Ez.) homoerotische Neigung zu jungen Männern [gr.-lat.]

E'phed'rin *auch:* E'phe'drin (das, -s, nur Ez.) kreislaufanregender Wirkstoff aus der Pflanze Ephedra (Meerträubel) [gr.-nlat.]

E'phe'li'den *auch:* Eph'e'li'den (nur Mz.) Sommersprossen (Med.) [gr.-lat.]

e'phe'mer *auch:* eph'e'mer (Adj.) kurzlebig [gr.]

E'phe'me'ra *auch:* Eph'e'me'ra (nur Mz.) Eintagesfieber (Med.) [gr.-lat.]

E'phe'me'ri'de *auch:* Eph'e'me'ri'de (die, -, -n) **1** Tagebuch, -blatt (veraltet) **2** Tabelle mit dem Stand der Gestirne zu einer bestimmten Zeit [gr.]

e'phe'me'risch *auch:* eph'e'me'risch (Adj.) = ephemer

E'phor (der, -en, -en) hoher Beamter in Sparta

E'pho'rat (das, -es, -e) **1** Amt eines Ephoren **2** Amt eines Ephorus [gr.-lat.]

E'pho'rie (die, -, -ri'en) kirchlicher Amtsbezirk, kirchlicher Aufsichtsbezirk [gr.]

E'pho'rus (der, -, E'pho'ren) Leiter eines theologischen Seminars (in der evangelischen Kirche) [gr.]

E'pi'bi'ont (der, -en, -en) auf einem anderen Lebewesen lebendes Lebewesen [gr.]

E'pi'bi'o'se (die, -, nur Ez.) Gemeinschaft verschiedenartiger Lebewesen, von denen eines auf dem anderen lebt [gr.]

E'pi'deik'tik (die, -, nur Ez.) Festrede, Redestil, der bei festlichen Reden gebraucht wird [gr.]

e'pi'deik'tisch (Adj.) prahlend, prunkend, in den Vordergrund stellend [gr.]

E'pi'de'mie (die, -, -mi'en) Seuche [gr.]

Ep'i'de'mi'o'lo'gie (die, -, nur Ez.) Wissenschaft von den Epidemien [gr.]

e'pi'de'mi'o'lo'gisch (Adj.) die Epidemiologie betreffend

e'pi'de'misch (Adj.) seuchenartig [gr.]

E'pi'der'mis (die, -, -der'men) Oberhaut; äußere Zellschicht [gr.]

E'pi'di'dy'mis (die, -, -mi'den) Nebenhoden [gr.]

E'pi'di'dy'mi'tis (die, -, -ti'den) Nebenhodenentzündung [gr.-lat.]

E'pi'dot (der, -s, -e) ein Mineral [gr.]

E'pi'ge'ne'se (die, -, -n) biologische Entwicklung als Kette von Neubildungen [gr.]

e'pi'go'nal (Adj.) nachahmend

E'pi'go'ne (der, -, -n) Nachahmer (vorhandener Stilrichtungen) [gr.]

e'pi'go'nen'haft (Adj.) nachahmend, in der Art eines Epigonen

E'pi'go'nen'tum (das, -s, nur Ez.) epigonenhafte Art und Weise

E'pi'gramm (das, -s, -e) Sinngedicht, geistreich-spöttische Spruchformel [gr.]

E'pi'gram'ma'ti'ker (der, -s, -) Verfasser von Epigrammen

e'pi'gram'ma'tisch (Adj.) wie ein Epigramm

E'pi'graph (das, -en, -en) Inschrift (auf Stein, Ton u.a.) [gr.]

E'pi'gra'phik (die, -, nur Ez.) Inschriftenkunde [gr.]

E'pi'gra'phi'ker (der, -s, -) Inschriftenforscher [gr.-lat.]

E'pik (die, -, nur Ez.) erzählende Prosa- und Versdichtung [gr.]

E'pi'ker (der, -s, -) jmd., der epische Werke verfasst

E'pi'kie (die, -, nur Ez.) Grundsatz der katholischen Moraltheologie zur Interpretation menschlicher Gesetze, wonach nicht in jedem Fall ein menschliches oder kirchliches Gesetz bindend ist [gr.]

E'pik'le'se *auch:* E'pi'kle'se (die, -, -n) Anrufung des Heiligen Geistes (beim Abendmahl) [gr.]

E'pik'ri'se *auch:* E'pi'kri'se (die, -, -n) Endbeurteilung (eines Krankheitsfalles) [gr.]

E'pi'ku're'er (der, -s, -) Genussmensch [gr.]

e'pi'ku're'isch (Adj.) genussfreudig [gr.]

E'pi'ku're'is'mus (der, -, nur Ez.) **1** Lehre des griechischen Philosophen Epikur **2** Lebensprinzip, das auf das Auskosten der materiellen Annehmlichkeiten des Lebens ausgerichtet ist [gr.-lat.]

e'pi'ku'risch (Adj.) = epikureisch

E'pi'la'ti'on (die, -, -ti'o'nen) kosmetische Enthaarung [lat.]

E'pi'lep'sie (die, -, nur Ez.) Gehirnerkrankung mit Krampfanfällen, Zuckungen und Bewusstlosigkeit, Fallsucht [gr.]

e¦pi¦lep¦ti¦form (Adj.) einem epileptischen Anfall und seiner Äußerungsform vergleichbar [gr.-lat.]

E¦pi¦lep¦ti¦ker (der, -s, -) jmd., der an Epilepsie leidet

e¦pi¦lep¦tisch (Adj.) an Epilepsie leidend, fallsüchtig; durch Epilepsie verursacht

e¦pi¦lep¦to¦id (Adj.) = epileptiform

e¦pi¦lie¦ren (V.) kosmetisch enthaaren [lat.]

E¦pi¦lim¦ni¦on (das, -s, -ni¦en) Oberflächenschicht e. Gewässers (als Lebensraum) [gr.]

E¦pi¦log (der, -s, -e) Nachwort, -spiel [gr.]

e¦pi¦me¦the¦isch (Adj.) erst handelnd, dann denkend, unbedacht [gr.]

E¦pin¦glé [epēgle:] (der, -s, -s) ein gerippter Stoff (für Kleider, Möbelbezüge) [frz.]

E¦pi¦ni¦ki¦on (das, -s, -ki¦en) Siegeslied, um einen Wettkampfsieger zu ehren [gr.]

E¦pi¦pha¦nia (die, -, nur Ez.) = Epiphanie

E¦pi¦pha¦ni¦as (das, -, -ni¦en) Dreikönigsfest (protestantisch)

E¦pi¦pha¦nie (die, -, nur Ez.) Erscheinung einer Gottheit bei den Menschen [gr.]

E¦pi¦pha¦ni¦en¦fest (das, -s, -e) Dreikönigsfest, Fest der Erscheinung des Herrn [gr.- dt.]

E¦pi¦pher (die, -, -n) rhetorische Figur der Wiederholung eines oder mehrerer Wörter am Ende aufeinander folgender Sätze oder Satzteile [gr.-lat.]

E¦pi¦pho¦ra (die, -, -rä) 1 Tränenfluss (Med.) 2 = Epipher [gr.]

E¦pi¦phy¦se (die, -, -n) 1 Zirbeldrüse 2 Röhrenknochenendstück [gr.]

E¦pi¦phyt [-fy:t] (der, -en, -en) Pflanze, die (um das Licht zu gelangen) auf Bäumen wächst; z.B. tropische Orchideen [gr.]

E¦pi¦ro¦ge¦ne¦se (die, -, -n) Hebung und Senkung von Erdkrustenteilen (innerhalb langer Zeiträume) [gr.]

e¦pisch (Adj.) zur Epik gehörig, erzählend

E¦pis¦kop auch: E¦pi¦skop (das, -s, -e) Projektor für undurchsichtige Bilder; z.B. Druckvorlagen [gr.]

e¦pis¦ko¦pal auch: e¦pi¦sko¦pal (Adj.) bischöflich [gr.-lat.]

E¦pis¦ko¦pa¦le auch: E¦pi¦sko¦pa¦le (der, -n, -n) Anhänger einer protestantischen Kirchengemeinschaft in England oder Amerika [gr.-lat.]

E¦pis¦ko¦pa¦lis¦mus auch: E¦pi¦sko¦pa¦lismus (der, -, nur Ez.) Kirchenleitung durch Bischöfe [gr.-lat.-lat.]

E¦pis¦ko¦pat auch: E¦pi¦sko¦pat (der oder das, -s, -e) 1 Bischofsamt, -würde 2 alle Bischöfe (eines Landes) [gr.- lat.]

E¦pis¦ko¦pus auch: E¦pi¦sko¦pus (der, -, -pi) Bischof [gr.-lat.]

E¦pi¦so¦de (die, -, -n) 1 nebensächliche Sache 2 eingeschobenes Zwischenstück; z.B. in der Bühnenkunst [gr.-frz.]

e¦pi¦so¦disch (Adj.) vorübergehend, dazwischengeschaltet [gr.-frz.]

E¦pis¦ta¦sie (die, -, -n) Überdeckung der Wirkung eines Gens durch ein anderes [gr.]

E¦pis¦ta¦sis (die, -, -sen) = Epistasie

e¦pis¦ta¦tisch (Adj.) die Wirkung eines Gens durch ein anderes überdeckend [gr.]

E¦pis¦ta¦xis (die, -, nur Ez.) Nasenbluten (Med.) [gr.]

E¦pis¦tel (die, -, -n) 1 langer Brief; Sendschreiben 2 Strafpredigt [gr.]

E¦pis¦te¦mo¦lo¦gie (die, -, nur Ez.) Wissenschaftstheorie [gr.-engl.]

E¦pis¦to¦lo¦gra¦phie (die, -, nur Ez.) Briefschriftstellerei [gr.]

E¦pis¦tyl (das, -s, -e) = Architrav [gr.]

E¦pis¦ty¦li¦on (das, -s, -li¦en) = Architrav [gr.]

E¦pi¦taph (das, -s, -e) Grabinschrift; Erinnerungsmal mit Inschrift [gr.]

E¦pi¦tha¦la¦mi¦um (das, -s, -mi¦en) antikes Hochzeitskleid [gr.-lat.]

E¦pi¦thel (das, -s, -e) oberste Zellschicht des Hautgewebes (beim Menschen, bei Wirbeltieren) [gr.]

e¦pi¦the¦li¦al (Adj.) zum Epithel gehörend [gr.-lat.]

E¦pi¦them (das, -s, -e) pflanzliches Gewebe [gr.]

E¦pi¦the¦se (die, -, -n) Anhängen eines Lautes an ein Wort, um es leichter aussprechen zu können [gr.]

E¦pi¦the¦ton (das, -s, -ta) Attribut, Beiwort; z.B. ein schmückendes Epitheton [gr.]

E¦pi¦to¦me (die, -, -n) 1 wissenschaftlicher oder geschichtlicher Abriss oder Auszug 2 Auszug aus einer Schrift [gr.-lat.]

E¦pit¦rit auch: E¦pi¦trit (der, -en, -en) altgriechischer Versfuß [gr.-lat.]

E¦pit¦ro¦pe auch: E¦pi¦tro¦pe (die, -, -n) 1 Vollmacht, das Erlauben 2 vorläufiges oder scheinbares Einräumen [gr.]

e¦pit¦ro¦pisch auch: e¦pi¦tro¦pisch (Adj.) 1 die Erlaubnis betreffend, eine Vormundschaft betreffend 2 scheinbar zugestehend [gr.]

E¦pi¦zent¦rum auch: E¦pi¦zen¦trum (das, -s, -ren/-tren) Gebiet senkrecht über einem Erdbebenherd [gr.-lat.]

E¦pi¦zy¦kel (das, -s, -) = Epizykloide

E¦pi¦zyk¦lo¦i¦de auch: E¦pi¦zy¦klo¦i¦de (die, -, -n) Kurve, die entsteht, wenn ein Punkt eines Kreises auf dem Umfang eines anderen Kreises abrollt [gr.]

e|po|chal (Adj.) bedeutsam (für eine ganze Epoche)
E|po|che (die, -, -n) bedeutsamer Zeitabschnitt [gr.]
E|po|de *auch:* Ep|o|de (die, -, -n) **1** dritte Strophe (nach Strophe und Antistrophe), Abgesang (in der antiken Lyrik) **2** Gedichtform, bei der auf einen längeren Vers ein kürzerer folgt [gr.]
E|po|nym *auch:* Ep|o|nym (das, -s, -e) auf einen Personennamen zurückgehende Gattungsbezeichnung [gr.]
E|po|pöe (die, -, -n) veraltet für Epos [gr.]
E|pos (das, -, E|pen) breite, gewaltige Dichtung in gehobener Sprache, Heldendichtung [gr.]
E|po|xid *auch:* Ep|o|xid (das, -s, -e) Kunstharz, das bei der Verarbeitung giftige Dämpfe ausscheidet [Kunstwort]
E|prou|vet|te *auch:* Ep|rou|vet|te [epruvet] (die, -, -n) Reagenzglas (österr.) [frz.]
Ep|si|lon (das, -s, -s) fünfter Buchstabe des griechischen Alphabets
E|ques|trik *auch:* E|quest|rik/E|que|strik (die, -, nur Ez.) Reitkunst (im Zirkus) [lat.]
E|qui|lib|rist *auch:* E|qui|li|brist (der, -en, -en) = Äquilibrist
E|qui|pa|ge [ekipaːʒ] (die, -, -n) **1** elegante Kutsche **2** Offiziersausrüstung (veraltet) [frz.]
E|qui|pe [ekip] (die, -, -n) Mannschaft (im Turnierreiten) [frz.]
e|qui|pie|ren (V.) ausrüsten (veraltet) [frz.]
E|quip|ment (das, -s, -s) Ausrüstung (besonders einer Musikband) [engl.]
E|qui|se|tum (das, -s, -ten) Schachtelhalm (als Heilpflanze) [lat.]
Er|bi|um (das, -s, nur Ez.) ein chemischer Grundstoff, Seltenerdmetall [nlat.]
E|re|bos (der, -, nur Ez.) Totenreich, Unterwelt (der altgriechischen Mythologie)
e|rek|til (Adj.) zur Erektion fähig
E|rek|ti|on (die, -, -ti|o|nen) **1** Steifwerden und Aufrichtung des Penis **2** Errichten, Aufrichten [lat.]
E|rek|to|me|ter (das, -s, -) Gerät, das die Erektion des männlichen Gliedes aufzeichnet [lat.]
E|re|mit (der, -en, -en) Einsiedler [gr.]
E|re|mi|ta|ge [-ʒə] (die, -, -n) Nachbildung einer Eremitenbehausung (in Parkanlagen des 18. Jahrhunderts) [gr.-frz.]
E|re|mi|tei (die, -, -en) Einsiedelei [gr.-lat.]
E|re|mu|rus (die, -, -) Steppenkerze, Lilienschweif, asiatische Zierpflanze [gr.-lat.]
E|rep|sin (das, -s, nur Ez.) Bauchspeicheldrüsen-, Dünndarmenzym [gr.]

e|re|thisch (Adj.) krankhaft reizbar [gr.]
E|re|this|mus (der, -, nur Ez.) das Erethischsein [gr.-nlat.]
Erg (das, -s, -) Maßeinheit der Arbeit (früher)
Er|ga|tiv (der, -s, -e) Kasus der Grammatik, der bei zielenden Verben den Handelnden benennt [gr.]
er|go also, folglich [lat.]
Er|go|graf *(auch:* Er|go|graph) (der, -en, -en) Gerät zum Aufzeichnen der Muskelarbeit (med.) [gr.-lat.]
Er|gol|lo|gie (die, -, nur Ez.) Wissenschaft von Arbeitsgebräuchen und -gerät [gr.]
Er|go|me|ter (das, -s, -) fest montiertes Fahrradgerät zum Messen der Leistungskraft [gr.]
Er|go|no|mie (die, -, nur Ez.) Wissenschaft von der Optimierung der Arbeitsbedingungen [gr.-engl.]
Er|gos|te|rin (das, -s, nur Ez.) ein Provitamin [frz.-nlat.]
Er|go|tis|mus (der, -, nur Ez.) Mutterkornpilz-Vergiftung [frz.-nlat.]
er|got|rop *auch:* er|go|trop (Adj.) leistungssteigernd (Med.) [gr.-lat.]
e|ri|gi|bel (Adj.) = erektil [frz.]
e|ri|gie|ren (V.) **1** ersteifen und aufrichten (des Penis) **2** errichten, aufrichten [lat.]
E|ri|ka (die, -, -ken) Heidekraut [gr.]
E|rin|no|phi|lie (die, -, nur Ez.) Teilgebiet der Philatelie, das Sammeln nicht postalischer Gedenkmarken [dt.-gr.]
E|rin|nye (die, -, -n) griechische Rachegöttin
E|rin|nys (die, -, -ny|en) = Erinnye
Eris (die, -, nur Ez.) griechische Göttin der Zwietracht (die durch einen geworfenen Apfel Streit entfacht)
E|ris|ap|fel (der, -s, nur Ez.) Zankapfel, Gegenstand eines Streites [gr.]
E|ris|tik (die, -, nur Ez.) Kunst des Redestreits
E|ris|ti|ker (der, -s, -) Anhänger der philosophischen Schule des Eukleides von Megara, mit der Vorliebe zum Disput, zum wissenschaftlichen Streitgespräch [gr.]
e|ris|tisch (Adj.) die Eristik betreffend [gr.]
e|ro|die|ren (V.) geologischer Begriff für den Vorgang des Auswaschens und der Zerstörung [lat.]
e|ro|gen (Adj.) sexuell reizend; erogene Zone: Körperzone, deren Berührung sexuell reizt
E|ro|ge|ni|tät (die, -, nur Ez.) die Eigenschaft erogen zu sein [gr.-lat.]
e|ro|i|co (Adj.) heldenmäßig, heldisch (Vortragsanweisung in der Musik) [gr.-lat.-it.]
E|ros (der, -, nur Ez.) **1** griechischer Liebesgott **2** geschlechtliche Liebe

E'ros'cen'ter *(auch:* E'ros-Cen'ter) [-sen-] (das, -s, -) Großbordell [gr.-lat.-engl.]

E'ro'si'on (die, -, -si'o̲nen) mechanische Abtragung; z.b. die Erosion fester Oberflächen durch auswaschendes Fließwasser [lat.]

e'ro'siv (Adj.) zur Erosion gehörig, dadurch entstanden

E'ros'tess (die, -, -en) Prostituierte

E'ro̲'te'ma (das, -s, -te̲ma'ta) Fragesatz, Frage [gr.]

E'ro̲'te'ma'tik (die, -, nur Ez.) **1** Kunst des richtigen Fragens **2** Unterricht in Form von Fragen und Antworten [gr.]

e'ro̲'te'ma'tisch (Adj.) auf Fragen des Unterrichtenden beruhend

E'ro̲'ten (nur Mz.) = Amorette [gr.-lat.]

E'ro̲'ti'cal [-kl] (das, -s, -s) Film oder Bühnenstück mit erotischer Handlung [gr.-engl.]

E'ro̲'tik (die, -, nur Ez.) Liebeskunst; prickelnde Sexualität [gr.]

E'ro̲'ti'kon (das, -s, -ka) Buch erotischen Inhalts

e'ro̲'tisch (Adj.) unaufdringlich sexuell, zur sinnlichen Liebe gehörig [gr.]

e'ro̲'ti'sie'ren (V.) erotisches Verlangen wecken, erotisch machen

E'ro̲'tis'mus (die, -, nur Ez.) Überbetonung des Erotischen [gr.-lat.]

E'ro̲'ti'zis'mus (der, -, nur Ez.) = Erotismus

E'ro̲'to'lo'gie (die, -, nur Ez.) **1** Liebeslehre **2** wissenschaftliche Beschäftigung mit den unterschiedlichen Formen von Erotik und ihren Voraussetzungen [gr.-lat.]

E'ro̲'to'ma'ne (der, -n, -n) an Erotomanie leidender Mann (Med.) [gr.]

E'ro̲'to'ma'nie (die, -, nur Ez.) übersteigerte Sexualität, Liebeszwang [gr.]

E'ro̲'to'ma'nin (die, -, -nen) an Erotomanie leidende Frau (Med.) [gr.]

er'ra̲re hu'ma̲num est »Irren ist menschlich« [lat.]

er'ra̲'tisch (Adj.) verirrt; erratischer Block: Findling (Stein) [lat.]

Er'ra̲'tum (das, -s, -ta) Druckfehler [lat.]

E'ru'di'ti'on (die, -, nur Ez.) Gelehrsamkeit [lat.]

e'ru'ie'ren (V.) ermitteln, herausfinden [lat.]

E'ru'lie'rung (die, -, -en) das Eruieren [lat.]

E'ruk'ta'ti'on (die, -, -ti'o̲nen) nervöses Aufstoßen, Rülpsen (Med.) [lat.]

e'ruk'tie'ren (V.) aufstoßen, rülpsen [lat.]

e'rup'tie'ren (V.) ausbrechen (durch Vulkantätigkeit) [lat.]

E'rup'ti'on (die, -, -ti'o̲nen) **1** Ausbruchstätigkeit von Vulkanen **2** plötzl. Hautausschlag [lat.]

e'rup'tiv (Adj.) durch Eruption entstanden; wie eine Eruption

E'ry'si'pel (das, -s, nur Ez.) Wundrose [gr.]

E'ry'thea (die, -, -the̲en) mittelamerikanische Gattung von Palmen [lat.]

E'ry'them (das, -s, -e) entzündliche Hautrötung (nach überstarker Durchblutung) [gr.]

E'ryth'rin *auch:* E'ry'thrin (das, -s, -e) ein Mineral, Kobaltblüte [gr.-nlat.]

E'ryth'ris'mus *auch:* E'ry'thris'mus (die, -, -men) **1** rote Färbung bei Tieren **2** Rothaarigkeit des Menschen [gr.]

E'ryth'ro'zyt *auch:* E'ry'thro'zyt (der, -en, -en) rotes Blutkörperchen [gr.]

ESA (die, -, nur Ez.) Abk. für »**E**uropean **S**pace **A**gency«, Europäische Raumfahrtbehörde [engl.]

Es'ca'lo'pes [eskalɔp] (nur Mz.) dünne Scheiben gebratenen Fleisches, Geflügels oder Fisches [frz.]

Es'car'pins [-pɛ̃] (nur Mz.) leichte Schnallenschuhe [it.-frz.]

Es'cha'to'lo'gie [-ça-] (die, -, nur Ez.) christliche Lehre von den letzten Dingen (von Tod und Auferstehung, vom Weltende und Jüngsten Gericht) [gr.]

es'cha'to'lo'gisch [-ça-] (Adj.) zur Eschatologie gehörig, endzeitlich

Es'cu'do (der, -s, -s) eine Währungseinheit (u.a. in Portugal, Mosambik) [portugies.]

Es'ka'der (die, -, -s) Schiffsgeschwader, Schiffsverband [lat.-it.-frz.]

Es'kad'ra *auch:* Es'ka'dra (die, -, -s) die sowjetische Flotte im Mittelmeer [lat.-it.-frz.-russ.]

Es'ka'la̲'de (die, -, -n) mit Sturmleitern vorgenommene Ersturmung einer Festung [frz.]

es'ka'la'die'ren (V.) ersteigen (bes. die Eskaladier- oder Kletterwand), kletternd erstürmen [frz.]

Es'ka'la'ti'on (die, -, -ti'o̲nen) schrittweise Steigerung (zum Negativen hin) [frz.-engl.]

es'ka'lie'ren (V.) eine Eskalation durchlaufen

Es'ka'lie'rung (die, -, -en) = Eskalation

Es'ka'mo'ta̲'ge [-ʒə] (die, -, -n) Taschenspielerei [span.-frz.]

Es'ka'mo'teur [-tø:ɐ] (der, -s, -e) Zauberkünstler, Taschenspieler [lat.-span.-frz.]

es'ka'mo'tie'ren (V.) wegzaubern, verschwinden lassen (beispielsweise Unerwünschtes an einer Ideologie)

Es'ka'pa̲'de (die, -, -n) eigenwilliges Tun; mutwilliger Streich [frz.]

Es'ka'pis'mus (der, -, nur Ez.) Wirklichkeitsflucht [engl.-nlat.]

es|ka|pis|tisch (Adj.) **1** vor der Wirklichkeit in eine Traumwelt flüchtend **2** vergnügungssüchtig [lat.-it.-frz.]
Es|ki|mo (der, -(s), -s) **1** mongolider Bewohner der Arktis **2** ein schwerer Streichgarnmantelstoff [indian.-frz.]
es|ki|mo|isch (Adj.) zu den Eskimos gehörig
es|ki|mo|tie|ren (V.) nach Eskimoart mit dem Kanu unter dem Wasser durchdrehen und in die Normallage zurückkehren [indian.-engl.]
Es|kompte (der, -s, -s) Barzahlungsrabatt [lat.-it.-frz.]
es|komp|tie|ren (V.) **1** Rabatt gewähren **2** auf den Börsenkurs Einfluss nehmende Vorkommnisse voraussehen und den Kurs dementsprechend gestalten
Es|kor|te (die, -, -n) Geleit(mannschaft) [frz.]
es|kor|tie|ren (V.) als Eskorte, mit einer Eskorte (ehrend, schützend) begleiten
Es|me|ral|da (die, -, -s) spanischer Tanz
E|so|te|rik (die, -, nur Ez.) Geheimlehre, Lehre des (neuen) Mystizismus [gr.]
E|so|te|ri|ker (der, -s, -) Anhänger einer Esoterik; über die materielle Welt hinaus Suchender
e|so|te|risch (Adj.) nur für Esoteriker verständlich
Es|pa|da (der, -s, -s) **1** spanischer Stierkämpfer, der den Stier tötet **2** Schwert [lat.-span.]
Es|pad|ril|le *auch:* Es|pa|dril|le (die, -, -s) Leinenschuh mit einer Sohle aus Espartogras [gr.-lat.-span.-frz.]
Es|pag|no|le *auch:* Es|pa|gno|le [-ɲɔl-] (die, -, -n) spanischer Tanz [frz.]
Es|pag|no|let|te *auch:* Es|pa|gno|let|te [-ɲɔ-] (die, -, -n) Drehstangenverschluss (für Fenster) [frz.]
Es|par|set|te (die, -, -n) ein Schmetterlingsblütler, Futterpflanze [frz.]
Es|par|to (der, -s, -s) ein Süßgras, Flecht-, Papierrohstoff [span.]
Es|par|to|gras (das, -es, -gräser) **1** Steppengras in Spanien und Algerien **2** zur Papierfabrikation verwendetes Blatt des Espartograses [span.-dt.]
Es|pé|rance (die, -, -n) Glücksspiel mit zwei Würfeln [lat.-frz.]
Es|pe|ran|tist (der, -tisten, -tisten) Esperantoanhänger
Es|pe|ran|to (das, -s, nur Ez.) eine künstliche Sprache, Welthilfssprache [nlat.]
Es|pe|ran|to|lo|ge (der, -n, -n) sich mit Sprache und Literatur des Esperanto beschäftigender Wissenschaftler [lat.]
Es|pe|ran|to|lo|gie (die, -, nur Ez.) Wissenschaft von Sprache und Literatur des Esperanto [lat.]

Es|pi|nel|la (die, -, -s) spanische Gedichtform
es|pi|ran|do (Adv.) ersterbend (bei Musikstücken) [it.-frz.]
Esp|la|na|de *auch:* Es|pla|na|de (die, -, -n) freier Platz (anstelle einer geschliffenen Festungsanlage) [it.-frz.]
es|pres|si|vo (Adv.) ausdrucksvoll (bei Musikstücken) [it.]
Es|pres|so 1 (der, -(s), -si oder -s) in Spezialgeräten zubereiteter italienischer Kaffee **2** (das, -(s), -s) kleines Café, in dem man Espresso trinken kann
Es|prit *auch:* Es|prit [-pri:] (der, -s, nur Ez.) geistreich witzige Art, Geist [frz.]
Es|quire [-kwaɪə] (der, -s, -s) englische höfliche Anrede, »Hochwohlgeboren« [frz.-engl.]
Es|say [ɛseː] oder [eseɪ] (der oder das, -s, -s) anspruchsvoller, literarischer Kurztext in Prosa; Abh. über ein Wissenschaftsthema [frz.-engl.]
Es|say|ist [ɛse-] (der, -isten, isten) Verfasser von Essays
Es|say|is|tik [ɛse-] (die, -, nur Ez.) alle Essays (als Literaturform)
es|say|is|tisch [ɛse-] (Adj.) den Essay betreffend, in Form und Art eines Essays [lat.-frz.]
Es|sen|ti|al (das, -s, -s) Notwendigkeit [engl.]
Es|sen|ti|a|li|en (nur Mz.) wesentliche Bestandteile (in der Juristensprache) [lat.]
Es|senz (die, -, -en) **1** (nur Ez.) Hauptbestandteil, Wesenskern **2** konzentrierter chemischer Auszug [lat.]
es|sen|zi|ell (*auch:* es|sen|ti|ell) (Adj.) wesentlich [frz.]
Es|tab|lish|ment *auch:* Es|ta|blish|ment [ɪstæblɪʃmənt] (das, -s, -s) herrschende, konservative Gesellschaftsschicht [frz.-engl.]
Es|ta|mi|net (das, -s, -s) kleines Kaffeehaus, Kneipe [frz.]
Es|tan|zia (die, -, -s) südamerikanisches Landgut (mit Rinderzucht) [span.]
Es|te (der, -n, -n) Einwohner Estlands
Es|ter (der, -s, -) Verbindung aus Alkohol und organischer Säure; z.B. ein Fruchtester [Kunstwort]
es|tin|gu|en|do (Adj.) verlöschend, ausgehend (Vortragsanweisung in der Musik) [lat.-it.]
est|nisch (Adj.) zu Estland gehörig
Es|to|mi|hi 7. Sonntag vor Ostern [lat.]
Es|tra|de *auch:* Es|tra|de/E|stra|de (die, -, -n) erhöhter Platz [span.-frz.]
Es|tra|gon *auch:* Es|tra|gon/E|stra|gon (der, -s, nur Ez.) ein Korbblütler, Würzkraut [arab.-frz.]
Es|trich *auch:* Es|trich/E|strich (der, -s, -e) fugenfreier Fußboden; z.B. aus Zement [gr.-lat.]

et und [lat.]

E'ta (das, -s, -s) siebter Buchstabe des griechischen Alphabets

e'tab'lie'ren *auch:* e'ta'bli̱'ren (V.) einrichten, sich niederlassen, gründen, sich selbstständig machen [lat.-frz.]

E'tab'lis'se'ment *auch:* E'ta'blis'se'me̱nt [-blismã] (das, -s, -s) fragwürdige Stätte (bes. Vergnügungslokal) [frz.]

E'ta'ge [-ʒə] (die, -, -n) Stockwerk [frz.]

E'ta'gè're [-ʒɛːr-] (die, -, -n) **1** (Schalen-, Stufen-)Gestell **2** aufhängbare Fächertasche (für Kosmetikartikel im Bad) [frz.]

E'ta'mi̱n (das, -s, nur Ez.) feiner, gitterartiger Vorhangstoff [frz.]

E'tap'pe (die, -, -n) **1** Teilstrecke **2** Nachschubgebiet (militärische Front) [frz.]

E'tat [etaː] (der, -s, -s) Haushaltsplan, -finanzen (eines Staates) [frz.]

e'ta'ti'sie'ren (V.) in den Etat aufnehmen

E'ta'tis'mus (der, -, nur Ez.) **1** eingeschränkte Form der Planwirtschaft, wobei der staatliche Einfluss nur in den wichtigsten Industriezweigen zum Tragen kommt **2** Denkweise, die sich ausschließlich auf das Staatsinteresse stützt [lat.-frz.]

e'ta'tis'tisch (Adj.) den Etatismus betreffend

et ce'te'ra und so weiter [lat.]

e'te'pe'te'te (Adv.) **1** empfindlich, zimperlich, geziert **2** steif, gezwungen [niederdt.-frz.]

e'ter'ni'sie'ren (V.) verewigen [frz.]

E'ter'nit (das, -s, nur Ez.) Asbestzement in Plattenform (Warenzeichen) [lat., Kunstwort]

E'te'si'en (nur Mz.) trockene Nordwestwinde (sommers im östlichen Mittelmeerraum) [gr.]

E'than (das, -s, nur Ez.) = Äthan

E'tha'no'graph (der, -en, -en) Gerät zur Messung des Alkoholspiegels im Blut [gr.-lat.]

E'tha'nol (das, -s, nur Ez.) = Äthanol

E'ther (der, -s, nur Ez.) = Äther

E'thik (die, -, -en) Sittlichkeitslehre [gr.]

e̱'thisch (Adj.) zur Ethik gehörig, sittlich

Eth'nie (die, -, -n) Gruppe von Menschen mit einheitlicher Kultur [gr.-lat.]

Eth'ni'kon (das, -s, -ka) Name einer Völkergruppe, einer Personengruppe mit einheitlicher Kultur [gr.]

e̱th'nisch (Adj.) zu einem Volk gehörig, volksmäßig [gr.]

Eth'no'gra'phie (*auch:* Eth'no'gra'fi̱e) (die, -, nur Ez.) beschreibende Völkerkunde [gr.]

Eth'no'lo'ge (der, -n, -n) Völkerkundler, Wissenschaftler der Ethnologie [gr.-lat.]

Eth'no'lo'gie (die, -, nur Ez.) Völkerkunde

eth'no'lo'gisch (Adj.) völkerkundlich

Eth'no'zent'ris'mus *auch:* Eth'no'zen'tris̱'mus (der, -, nur Ez.) nationalistische Anschauung, wonach das eigene Volk als Mittelpunkt und als anderen Völkern überlegen eingeschätzt wird [gr.-lat.]

E'tho'lo'gie (die, -, nur Ez.) Verhaltensforschung [gr.]

E̱'thos (das, -, nur Ez.) sittl. Bewusstsein [gr.]

E'thyl (das, -s, -e) = Äthyl

E'ti'kett (das, -s, -en) Aufklebezettel, Aufschrift [niederl.-frz.]

E'ti'ket'te (die, -, -n) **1** gesellschaftliche Regeln, Umgangsformen **2** = Etikett [frz.]

e'ti'ket'tie'ren (V.) mit e. Etikette versehen

E'tü'de (die, -, -n) musikal. Übungsstück [frz.]

E'tui [etɥiː] (das, -s, -s) kleines Schließbehältnis, Hülle [frz.]

E'ty'mo'lo'ge (der, -n, -n) Etymologiefachmann

E'ty'mo'lo'gie (die, -, -n) Wortherkunft, -geschichte [gr.]

e'ty'mo'lo'gisch (Adj.) zur Etymologie gehörig

e'ty'mo'lo'gi'sie'ren (V.) nach Herkunft und Wortgeschichte erforschen [gr.-lat.]

E'ty'mon (das, -s, -ma) Stamm-, Wurzelwort [gr.]

Eu'bi'o'tik (die, -, nur Ez.) Lehre von einer gesunden Lebensweise [gr.]

Eu'bu'lie (die, -, nur Ez.) Vernunft, Einsicht [gr.]

Eu'cha'ris'tie (die, -, -n) **1** Abendmahlsfeier (in der kath. Kirche) **2** Altarsakrament (Brot und Wein) [gr.]

eu'cha'ris'tisch (Adj.) zur Eucharistie gehörig; das Altarsakrament erneuernd

Eu'dä'mo'nie (die, -, nur Ez.) Glückseligkeit [gr.]

Eu'dä'mo'nis'mus (der, -, nur Ez.) Streben nach Glückseligkeit [gr.]

Eu'do'xie (die, -, -n) guter Ruf, richtiges Urteil [gr.]

Eu'ge'nik (die, -, nur Ez.) Erbgesundheitsforschung, Erbhygiene [gr.]

eu'ge'nisch (Adj.) zur Eugenik gehörig

Eu'ka'lyp'tus (der, -, -ten) Baum oder Strauch mit ledrigen, immergrünen Blättern, die ein ätherisches Öl enthalten [gr.]

Eu'ki'ne'tik (die, -, nur Ez.) in der Kunst des Tanzes die Lehre von den harmonischen und schönen Bewegungen [gr.-lat.]

euk'li'disch *auch:* eu'kli̱'disch (Adj.) zur Lehre des Euklid gehörig, euklidische Geometrie: klass. Geometrie [gr.]

Eu'ko'lie (die, -, nur Ez.) Zufriedenheit, heitere Verfassung des Gemüts [gr.]
Euk'ra'sie *auch:* Eu'kra'sie (die, -, nur Ez.) ideale Mischung der Körpersäfte (antike Heilkunde) [gr.]
Eu'lan (das, -s, nur Ez.) ein Motten- und Pelzkäferschutzmittel auf der Basis von Sulfonamiden (Warenzeichen) [gr.-lat., Kurzwort]
Eu'me'ni'de (die, -, -n) = Erinnye (verhüllend) [gr.]
Eu'nuch (der, -en, -en) kastrierter Mann (als Haremswächter) [gr.]
Eu'phe'mis'mus (der, -, -men) beschönigende Umschreibung; z.B. »jung geblieben« für »alt« [gr.]
eu'phe'mis'tisch (Adj.) in der Art eines Euphemismus, beschönigend
Eu'pho'nie (die, -, -n) Wohlklang [gr.]
eu'pho'nisch (Adj.) wohlklingend [gr.]
Eu'pho'rie (die, -, -n) Hochgefühl; übersteigerte Hochstimmung [gr.]
Eu'pho'ri'kum (das, -s, -ka) Rauschmittel, das euphorische Wirkung hervorruft [gr.]
eu'pho'risch (Adj.) in Euphorie, (übersteigert) hochgestimmt
eu'pho'ri'sie'ren (V.) innere Hochgefühle erzeugen (durch Einnahme von Rauschmitteln) [gr.]
eu'ra'si'a'tisch (Adj.) in Europa und Asien vorkommend (bei Tier- und Pflanzenarten)
Eu'ra'si'er (der, -s, -) **1** Bewohner Eurasiens **2** Mischling aus einem britischen (»weißen«) und einem indischen Elternteil
eu'ra'sisch (Adj.) zu Europa und Asien (Eurasien) gehörig
Eu'rhyth'mie (die, -, nur Ez.) Bewegungskunst (in der Anthroposophie) [gr.]
Eu'ro'cheque [-ʃɛk] (der, -s, -s) = Euroscheck [frz.]
Eu'ro'kom'mu'nis'mus (der, -, nur Ez.) westeuropäische Form des Kommunismus mit kritischer Einstellung gegenüber der ehemaligen Sowjetunion
eu'ro'pä'i'sie'ren (V.) der (west-)europäischen Lebensart angleichen
eu'ro'pid (Adj.) zu den Europiden gehörig
Eu'ro'pi'de (der, -n, -n) Angehöriger der »weißen« Großrasse; z.B. Araber, Inder, Skandinavier [semit.-gr.]
Eu'ro'pi'um (das, -s, nur Ez.) ein chemischer Grundstoff [semit.-gr.-nlat.]
Eu'ro'scheck (der, -s, -s) Scheck, der in Verbindung mit einer Scheckkarte von Kreditinstituten in Nordamerika und Westeuropa eingelöst wird
eu'ry'ök (Adj.) anspruchslos (hinsichtl. der Lebensraumansprüche); z.B. eine euryöke Insektenart

Eu'ryth'mie (die, -, nur Ez.) = Eurhythmie (in steinerscher Schreibung)
Eus'ta'sie (die, -, -n) Schwankung der Meeresspiegelhöhe (durch Ab- und Zunahme der Erdwassermenge) [gr.]
Eu'stress (der, -s, -e) positiv anregender Stress, lebensnotwendiger Stress [gr.]
Eu'tha'na'sie (die, -, nur Ez.) **1** Sterbehilfe **2** Tötung von Geisteskranken u.a. (im Nationalsozialismus) [gr.]
Eu'thy'mie (die, -, nur Ez.) Heiterkeit, Frohsinn [gr.]
eu'troph (Adj.) überdüngt (Gewässer) [gr.]
Eu'tro'phie (die, -, nur Ez.) Wohlgenährtheit (bei Säuglingen) [gr.]
Eu'tro'phie'rung (die, -, -en) Überdüngung (eines Gewässers) [gr.]
E'va'ku'a'ti'on (die, -, -ti'o'nen) das Evakuieren, Luftleermachen [lat.]
e'va'ku'ie'ren (V.) **1** luftleer machen **2** aussiedeln, von Menschen räumen (aus militär. Gründen, wegen drohender Gefahr) [lat.]
E'va'ku'ie'rung (die, -, -en) Bewohner eines Gebietes, Hauses etc., lang- oder kurzfristig aussiedeln [lat.]
E'va'lu'a'ti'on (die, -, -ti'o'nen) Bewertung [frz.]
e'va'lu'a'tiv (Adj.) wertend [lat.-frz.-engl.]
e'va'lu'ie'ren (V.) bewerten, beurteilen
E'va'lu'ie'rung (die, -, -en) Auswertung
E'van'ge'li'ar (das, -s, -e oder -a'ri'en) Buch, das alle vier Evangelien enthält [gr.-lat.]
e'van'ge'li'kal (Adj.) gemäß dem Evangelium, seine Autorität vertretend
E'van'ge'li'ka'le (der, -n, -n) Angehöriger der evangelikalischen Richtung [gr.-lat.- engl.]
E'van'ge'li'sa'ti'on (die, -, -ti'o'nen) das Evangelisieren
e'van'ge'lisch (Adj.) **1** zum Evangelium gehörig **2** protestantisch
e'van'ge'li'sie'ren (V.) zum Evangelium bekehren
E'van'ge'list (der, -lis'ten, -lis'ten) **1** Evangelienverfasser **2** Prediger des Evangeliums
E'van'ge'lis'tar (das, -s, -e oder -ta'ri'en) Buch, das die Evangelien abschnittsweise (für die Liturgie) enthält
E'van'ge'li'um (das, -s, -li'en) **1** die Botschaft Christi, »frohe Botschaft« **2** Lebensgeschichte Jesu [gr.-lat.]
E'va'po'ra'ti'on (die, -, -ti'o'nen) Verdunstung
E'va'po'ra'tor (der, -s, -to'ren) Verdampfer, der Süßwasser aus Meerwasser erzeugt [lat.]
e'va'po'rie'ren (V.) verdunsten; durch Eindampfen dickflüssig machen [lat.]
E'va'si'on (die, -, -si'o'nen) das Entweichen [lat.]

Eve|ne|ment (das, -s, -s) 1 Ereignis 2 Erfolg [lat.-frz.]
E|ven|tu|a|li|tät (die, -, -en) Möglichkeit [frz.]
e|ven|tu|ell (Adj.) möglicherweise [frz.]
E|ver|green [evəgriːn] (der, -s, -s) Schlager, der lange Zeit beliebt ist [engl.]
e|vi|dent (Adj.) augenscheinlich, offenkundig, logisch [lat.]
E|vi|denz (die, -, nur Ez.) das Evidentsein
E|vo|ka|ti|on (die, -, -ti|o|nen) 1 das Hervorrufen (von Gedanken) 2 Vorladung (veraltet) [lat.]
e|vo|ka|tiv (Adj.) bestimmte Vorstellungen enthaltend [lat.]
e|vo|ka|to|risch (Adj.) bestimmte Vorstellungen erweckend [lat.]
E|vo|lu|te (die, -, -n) geometrischer Ort der Krümmungsmittelpunkte einer Kurve [lat.]
E|vo|lu|ti|on (die, -, -ti|o|nen) stammesgeschichtliche Höherentwicklung (der Lebewesen) [lat.]
e|vo|lu|ti|o|när (Adj.) zur Evolution gehörig, sich allmählich höher entwickelnd
E|vo|lu|ti|o|nis|mus (der, -, nur Ez.) auf Evolutionsgedanken basierende naturphilosophische Richtung im 19. Jahrhundert [lat.]
E|vo|lu|ti|o|nist (der, -en, -nis|ten, -nis|ten) Anhänger des Evolutionismus [lat.]
e|vo|lu|ti|o|nis|tisch (Adj.) auf dem Evolutionismus beruhend [lat.]
E|vo|lu|ti|ons|the|o|rie (die, -, -n) Theorie von der Entwicklung aller Lebewesen aus niederen, primitiveren Organismen [lat.]
E|vol|ven|te (die, -, -n) Kurve, deren Krümmungsmittelpunkte die Evolute bilden [lat.]
e|vol|vie|ren (V.) entwickeln [lat.]
e|vo|zie|ren (V.) 1 hervorrufen (von Gedanken) 2 vorladen (veraltet) [lat.]
ev|vi|va! er lebe hoch! [it.]
Ev|zo|ne (der, -, -n) griechischer Nationalgardist mit Fes und kurzem, weißem Faltenrock
ex (Adv.) aus; z.B. etwas ex trinken [lat.]
ex ae|quo gleichermaßen [lat.]
E|xag|ge|ra|ti|on auch: Ex|ag|ge|ra|ti|on (die, -, -ti|o|nen) Übertreibung
e|xag|ge|rie|ren auch: ex|ag|ge|rie|ren (V.) übertreiben [lat.]
e|xakt auch: ex|akt (Adj.) genau [lat.]
E|xal|ta|ti|on auch: Ex|al|ta|ti|on (die, -, nur Ez.) übertriebene Erregtheit; Überspanntheit [lat.]
e|xal|tie|ren auch: ex|al|tie|ren (V.) sich übertrieben erregen, aufregen [lat.]
e|xal|tiert auch: ex|al|tiert (Adj.) überspannt, aufgeregt [lat.-frz.]

E|xa|men auch: Ex|a|men (das, -s, - oder -mi|na) Prüfung (als Hochschulabschluss) [lat.]
E|xa|mi|nand auch: Ex|a|mi|nand (der, -en, -en) Prüfling
E|xa|mi|na|tor auch: Ex|a|mi|na|tor (der, -s, -to|ren) Prüfer (im Examen)
e|xa|mi|nie|ren auch: ex|a|mi|nie|ren (V.) prüfen (im Examen)
E|xan|them auch: Ex|an|them (das, -s, -e) Hautausschlag [gr.]
E|xarch auch: Ex|arch (der, -en, -en) 1 byzantinischer Statthalter (in Italien) 2 Oberbischof (der griechisch-orthodoxen Kirche) [gr.]
E|xar|chat auch: Ex|ar|chat (das, -s, -e) Amt(sbezirk) eines Exarchen
E|xar|ti|ku|la|ti|on auch: Ex|ar|ti|ku|la|ti|on (die, -, -ti|o|nen) chirurgische Abtrennung eines Gliedes (im Gelenk) [lat.]
ex ca|thed|ra auch: ex ca|the|dra vom Papst verkündet, »unfehlbar« [lat.]
Ex|cep|tio [-tsɛp-] (die, -, -ti|o|nes) juristischer Einspruch [lat.]
Ex|change [ɪkstʃeɪndʒ] (die, -, -n) 1 Börse(nkurs) 2 Geldumtausch [engl.]
ex|cu|dit »hat ausgeführt« (als Zusatz zum Namen in der Druckgrafik) [lat.]
E|xed|ra auch: E|xe|dra/Ex|ed|ra/Ex|e|dra (die, -, -ed|ren) 1 gerundete Nische mit Sitzbank (in Bauwerken) 2 = Apsis [gr.]
E|xe|ge|se auch: Ex|e|ge|se (die, -, -n) Bibelauslegung [gr.]
E|xe|get auch: Ex|e|get (der, -en, -en) jmd., der sich mit Exegese beschäftigt
E|xe|ge|tik auch: Ex|e|ge|tik (die, -, nur Ez.) Wissenschaft von der Exegese
e|xe|ku|tie|ren (V.) hinrichten [lat.]
E|xe|ku|ti|on (die, -, -ti|o|nen) Hinrichtung [lat.]
e|xe|ku|tiv (Adj.) zur Exekutive gehörig, vollziehend
E|xe|ku|ti|ve (die, -, -n) vollziehende Staatsgewalt [lat.]
E|xe|ku|tor (der, -s, -to|ren) Vollstrecker [lat.]
E|xem|pel auch: Ex|em|pel (das, -s, -) 1 Beispiel; z.B. ein warnendes Exempel 2 Rechenaufgabe (veraltet) [lat.]
E|xemp|lar auch: E|xem|plar/Ex|em|plar (das, -s, -e) Einzelstück [lat.]
e|xemp|la|risch auch: e|xem|pla|risch/ex|em|pla|risch (Adj.) 1 beispielhaft 2 abschreckend [lat.]
e|xem|pli cau|sa auch: e|xem|pli cau|sa/ex|em|pli cau|sa beispielshalber [lat.]
E|xemp|li|fi|ka|ti|on auch: E|xem|pli|fi|ka|ti|on/Ex|em|pli|fi|ka|ti|on (die, -, -ti|o|nen) Erläuterung (durch Beispiele) [lat.]

e'xemp'li'fi'zie'ren *auch:* e'xem'pli'fi'zie-ren/ex'em'pli'fi'zie'ren (V.) erläutern (durch Beispiele) [lat.]

e'xemt *auch:* ex'emt (Adj.) pflichtbefreit [lat.]

E'xem'ti'on *auch:* Ex'em'ti'on (die, -, -ti'o'nen) Pflichtbefreiung [lat.]

E'xe'qua'tur (das, -s, -tu'ren) 1 Erlaubnis zur Amtsausübung (eines Konsuls) 2 Vollstreckbarkeitserklärung eines ausländischen Zivilurteils (schweiz.) [lat.]

E'xe'qui'en (nur Mz.) katholische Begräbnisriten [lat.]

e'xer'zie'ren *auch:* ex'er'zie'ren (V.) 1 militärische Übungen machen (in der Formalausbildung) 2 anhaltend üben; z.B. die Anwendung einer Rechenformel exerzieren [lat.]

E'xer'zi'ti'en *auch:* Ex'er'zi'ti'en (nur Mz.) religiöse Übungen (innere Andacht, Gebet) [lat.]

e'xe'unt *auch:* ex'e'unt [-e:unt] »sie gehen ab« (als Regieanweisung in Theaterstücken) [lat.]

Ex'ha'la'ti'on (die, -, -ti'o'nen) Aushauchung, Ausströmung (vulkan. Dämpfe, Gase) [lat.]

ex'ha'lie'ren (V.) aushauchen; ausströmen (durch Exhalation)

Ex'haus'tor (der, -s, -to'ren) Absaugventilator [lat.]

ex'hi'bie'ren (V.) zur Schau stellen [lat.]

Ex'hi'bi'ti'on (die, -, -ti'o'nen) Zurschaustellung

Ex'hi'bi'ti'o'nis'mus (der, -, nur Ez.) 1 krankhafter Drang zur Entblößung der Genitalien 2 unangenehme Enthüllung von Intimitäten

Ex'hi'bi'ti'o'nist (der, -nis'ten, -nis'ten) jmd., der Exhibitionismus zeigt

Ex'hu'ma'ti'on (die, -, -ti'o'nen) das Exhumieren

ex'hu'mie'ren (V.) wieder ausgraben (einer Leiche; aus juristischen Gründen) [lat.]

E'xil (das, -s, -e) Verbannung(sort) [lat.]

e'xi'lie'ren (V.) ins Exil schicken

E'xil'li'te'ra'tur (die, -, nur Ez.) im Exil entstandene Literatur (bes. politischer Flüchtlinge deutscher Sprache zur Zeit d. Nationalsozialismus) [lat.]

e'xi'mie'ren *auch:* ex'i'mie'ren (V.) entpflichten [lat.]

e'xis'tent (Adj.) vorhanden [lat.]

E'xis'tenz (die, -, -en) 1 (nur Ez.) das Vorhandensein; z.B. die E. gefährdeter Lebensräume 2 menschliches Dasein; z.B. die öde Existenz eines Ausgeschlossenen 3 Lebensgrundlage; z.B. seine Existenz sichern; der Beruf ist meine Existenz [lat.]

E'xis'ten'zi'al (*auch:* e'xis'ten'ti'al) (Adj.) = existentiell

E'xis'ten'zi'a'lis'mus (*auch:* E'xis'ten'ti'a'lis'mus) (der, -, nur Ez.) 1 eine Richtung der Philosphie, die die menschliche Existenz in den Mittelpunkt stellt 2 nicht bürgerliche Lebenshaltung [lat.]

E'xis'ten'zi'a'list (*auch:* E'xis'ten'ti'a'list) (der, -lis'ten, -lis'ten) Anhänger des Existenzialismus

e'xis'ten'zi'ell (*auch:* e'xis'ten'ti'ell) (Adj.) zur Existenz gehörig, lebensnotwendig

E'xis'tenz'mi'ni'mum (das, -s, -ma) Mindesteinkommen für den Lebensunterhalt [lat.]

e'xis'tie'ren (V.) 1 bestehen; z.B. Einrichtungen, die seit Jahren existieren 2 leben; schlecht leben; z.B. kein Geld haben und nur existieren [lat.]

e'xit »geht ab« (als Anweisung in Bühnenbearbeitungen) [lat.]

E'xit (der, -s, -s) Gebäudeausgang [lat.]

Ex'i'tus *auch:* E'xi'tus (der, -, nur Ez.) Tod (eines Patienten) [lat.]

Ex'kla've (die, -, -n) vom fremden (Staats-) Gebiet umschlossenes eigenes Gebiet [frz.]

ex'klu'siv (Adj.) außergewöhnlich und nicht für jeden bestimmt [lat.-engl.]

ex'klu'si've (Adv.) ausschließlich [lat.]

Ex'klu'si'vi'tät (die, -, nur Ez.) das Exklusivsein

Ex'kom'mu'ni'ka'ti'on (die, -, -ti'o'nen) Ausschluss aus der (katholischen) Kirche [lat.]

ex'kom'mu'ni'zie'ren (V.) mit Exkommunikation belegen

Ex'kre'ment (das, -s, -e) Kot [lat.]

Ex'kret (das, -s, -e) Ausscheidungsprodukt; z.B. Harnstoff, Schweiß [lat.]

Ex'kre'ti'on (die, -, -ti'o'nen) Ausscheidung (von Exkreten)

ex'kre'to'risch (Adj.) Exkretion bewirkend

Ex'kul'pa'ti'on (die, -, -ti'o'nen) Rechtfertigung, Schuldentlastung [lat.]

ex'kul'pie'ren (V.) rechtfertigen, von Schuld freisprechen [lat.]

Ex'kurs (der, -es, -e) Abschweifung, Nebenthema (eines wissenschaftlichen Textes) [lat.]

Ex'kur'si'on (die, -, -si'o'nen) geleiteter Ausflug, Lehrreise, Studienwanderung [frz.]

ex'lex (Adv.) geächtet, vogelfrei [lat.]

Ex'lib'ris *auch:* Ex'li'bris (das, -, -) künstlerisch gestaltetes Buchzeichen (eingeklebter Zettel) mit dem Eigentümernamen [lat.]

Ex'mat'ri'kel *auch:* Ex'ma'tri'kel (die, -, -n) Hochschulabgangsbescheinigung [lat.]

Exmatrikulation — Exploration

Ex'mat'ri'ku'la'ti'on auch: Ex'ma'tri'ku'la'ti'on (die, -, -ti'o'nen) Abmeldung, Ausschluss von einer Hochschule [lat.]

ex'mat'ri'ku'lie'ren auch: ex'ma'tri'ku'lie'ren (V.) eine Exmatrikulation vornehmen

Ex'mis'si'on (die, -, -si'o'nen) das Exmittieren

ex'mit'tie'ren (V.) zwangsweise aus einer Wohnung setzen, zwangsräumen [lat.]

E'xo'bi'o'lo'gie (die, -, nur Ez.) Wissenschaft vom Leben auf anderen Sternen [gr.]

Ex'o'dus auch: E'xo'dus (der, -, nur Ez.) Auszug (des Volkes Israel aus Ägypten) [gr.-lat.]

E'xo'der'mis (die, -, nur Ez.) äußere Zellschicht der Pflanzenwurzelrinde [gr.]

ex of'fi'cio [-tsjo] von Amts wegen [lat.]

E'xo'ga'mie (die, -, -n) Heirat außerhalb der eigenen Gruppe; z.B. einer Kaste [gr.]

e'xo'gen (Adj.) von außen (verursacht, kommend) [gr.]

E'xo'karp (das, -s, -e) Außenwandschicht (bei Früchten) [gr.]

e'xok'rin auch: e'xo'krin (Adj.) zur äußeren Sekretion gehörig [gr.]

e'xor'bi'tant auch: ex'or'bi'tant (Adj.) übertrieben, gewaltig

ex o'ri'en'te lux aus dem Osten kommt das Licht (die göttliche Wahrheit, die Kultur) [lat.]

e'xor'zie'ren auch: ex'or'zie'ren (V.) den Exorzismus ausüben, austreiben

E'xor'zis'mus auch: Ex'or'zis'mus (der, -, nur Ez.) Teufels-, Dämonenaustreibung [gr.-lat.]

E'xor'zist auch: Ex'or'zist (der, -zis'ten, -zis'ten) 1 jmd., der den Exorzismus ausübt 2 ein Weihegrad (veraltet)

E'xot (der, -en, -en) = Exote

E'xo'te (der, -n, -n) Mensch, Lebewesen aus einem exot. Land; etwas Ausgefallenes [gr.]

e'xo'te'risch (Adj.) allgemein verständlich, nicht esoterisch [gr.]

e'xo'therm (Adj.) Wärme abgebend (von chemischen Reaktionen) [gr.]

E'xo'tik (die, -, nur Ez.) das Exotischsein

E'xo'ti'ka (nur Mz.) fremdländische, exotische Kunstgegenstände

e'xo'tisch (Adj.) zu einem überseeischen, warmen Land gehörig, von dort stammend; ausgefallen, fremdartig [gr.]

Ex'pan'der (der, -s, -) Muskelübungsgerät aus dehnbaren Gummikabeln [engl.]

ex'pan'die'ren (V.) ausdehnen; zunehmen

Ex'pan'si'on (die -, -si'o'nen) das Expandieren

ex'pan'siv (Adj.) sich ausbreitend, zunehmend [lat.]

Ex'pat'ri'a'ti'on auch: Ex'pa'tri'a'ti'on (die, -, -ti'o'nen) Ausbürgerung

ex'pat'ri'ie'ren auch: ex'pa'tri'ie'ren (V.) ausbürgern [frz.]

Ex'pe'di'ent (der, -en, -en) jmd., der beruflich Waren für den Versand fertig macht [lat.]

ex'pe'die'ren (V.) die Arbeit eines Expedienten versehen

Ex'pe'dit (das, -s, -e) Versandabteilung (österr.) [lat.]

Ex'pe'di'teur [-tø:ʀ] (der, -s, -e) = Spediteur (österr.) [frz.]

Ex'pe'di'ti'on (die, -, -ti'o'nen) 1 Wissenschaftsreise (in ein unerforschtes Gebiet) 2 Versand (-abteilung) [lat.]

Ex'pe'di'tor (der, -s, -to'ren) = Expedient (österr.)

Ex'pek'to'rans (das, -, -ran'tia oder -ran'zien) schleimlösende, das Aushusten fördernde Arznei [lat.]

Ex'pen'sen (nur Mz.) juristische Kosten [lat.]

ex'pen'siv (Adj.) kostspielig [lat.]

Ex'pe'ri'ment (das, -s, -e) 1 (wissenschaftlicher) Versuch 2 Wagnis [lat.]

ex'pe'ri'men'tal (Adj.) = experimentell

ex'pe'ri'men'tell (Adj.) durch ein Experiment (nachweisbar, nachgewiesen)

ex'pe'ri'men'tie'ren (V.) Experimente machen

Ex'per'te (der, -n, -n) Sachverständiger, Fachmann [lat.]

Ex'per'ti'se (die, -, -n) Expertengutachten

Ex'pla'na'ti'on (die, -, -ti'o'nen) das Explanieren

ex'pla'nie'ren (V.) erklären (einen Text) [lat.]

Ex'plan'ta'ti'on (die, -, -ti'o'nen) Gewebeverpflanzung [lat.]

Ex'pli'ka'ti'on (die, -, -ti'o'nen) Erklärung [lat.]

ex'pli'zie'ren (V.) erklären [lat.]

ex'pli'zit (Adj.) ausdrücklich (und differenziert) [lat.]

ex'plo'die'ren (V.) platzen, auseinander bersten

Ex'ploi'ta'ti'on (die, -, -ti'o'nen) das Exploitieren

ex'ploi'tie'ren (V.) ausbeuten; nutzbar machen (veraltet) [frz.]

Ex'plo'ra'ti'on (die, -, -ti'o'nen) 1 Erforschung 2 gezielte Befragung [lat.]

ex·plo·rie·ren (V.) **1** erforschen **2** gezielt befragen [lat.]

ex·plo·si·bel (Adj.) = explosiv

Ex·plo·si·on (die, -, -si̱o̱nen) das Explodieren

ex·plo·siv (Adj.) leicht explodierend

Ex·plo·siv (der, -s, -e) Sprenglaut; z.B. »b«, »p« [lat.]

Ex·po·nat (das, -s, -e) Ausstellungsstück [lat.]

Ex·po·nent (der, -en, -en) hochgestellte Zahl (bei Potenzen, Wurzeln) [lat.]

ex·po·nie·ren (V.) **1** einer Gefahr, Angriffen aussetzen **2** herausheben [lat.]

Ex·port (der, -es, -e) Ausfuhr [lat.] **2** (das, -, -) einer Biersorte [lat.]

Ex·por·ten (nur Mz.) Exportwaren

Ex·por·teur [-tø:ɐ] (der, -s, -e) Ausfuhrhändler [lat.-frz.]

ex·por·tie·ren (V.) ausführen (Waren) [lat.]

Ex·po·see (auch: Ex·po·sé) (das, -s, -s) Bericht, ausgearbeiteter Entwurf (für ein Buch) [frz.]

Ex·po·si·ti·on (die, -, -ti̱o̱nen) **1** Einführung, vorbereitender Teil (eines Dramas, einer Sonate oder Fuge) **2** Gesamtheit der äußeren Einwirkungen, denen ein Organismus (oder Stoff) ausgesetzt ist [lat.]

Ex·po·si·tur (die, -, -en) seelsorgerische Nebenstelle [lat.]

Ex·po·si·tus (der, -, -ti) Expositurpfarrer

ex·press (Adv.) sehr eilig, mit Eilpost [lat.]

Ex·press (der, -es, -e) Fernschnellzug [lat.]

Ex·pres·si·on (die, -, -si̱o̱nen) gesteigerter Ausdruck [lat.]

Ex·pres·si·o·nis·mus (der, -, nur Ez.) Kunstrichtung, die den unmittelbaren Ausdruck erstrebt; z.B. in der Malerei, Literatur [lat.]

ex·pres·sis ver·bis ausdrücklich [lat.]

ex·pres·siv (Adj.) ausdrucksbetont [lat.]

Ex·pres·si·vi·tät (die, -, nur Ez.) das Expressivsein

ex pro·fes·so von Berufs, Amts wegen [lat.]

Ex·pro·pri·a·ti·on auch: Ex·pro̱·pri̱·a̱·ti̱o̱n (die, -, -ti̱o̱nen) Enteignung [frz.]

ex·pro·pri·ie·ren auch: ex·pro̱·pri̱·ie̱·ren (V.) enteignen [frz.]

Ex·pul·si·on (die, -, -si̱o̱nen) Austreibung, Entfernung [lat.]

ex·pul·siv (Adj.) abführend [lat.]

ex·qui·sit (Adj.) auserlesen, vorzüglich [lat.]

Ex·sek·ra·ti·on auch: Ex·se̱·kra̱·ti̱o̱n (die, -, -ti̱o̱nen) zeremonielle Verwünschung [lat.]

ex·sek·rie·ren auch: ex·se̱·kri̱e̱·ren (V.) zeremoniell verwünschen [lat.]

Ex·sik·kans (das, -, -ka̱n·tia oder -ka̱n·zi̱en) Austrocknungsmittel (in der Chemie) [lat.]

Ex·sik·ka·tor (der, -s, -to̱ren) Behälter zum Trocknen (von Chemikalien) [lat.]

ex·spek·ta·tiv (Adj.) abwartend [lat.]

Ex·spi·ra·ti·on (die, -, nur Ez.) Ausatmung [lat.]

ex·spi·ra·to·risch (Adj.) **1** zur Exspiration gehörig **2** nachdrücklich, stark betont

ex·spi·rie·ren (V.) ausatmen [lat.]

Ex·stir·pa·ti·on (die, -, -ti̱o̱nen) Totalentfernung (eines Organs) [lat.]

ex·stir·pie·ren (V.) eine Exstirpation vornehmen

Ex·su·dat (das, -s, -e) eiweißhaltige Gefäßabsonderung, Ausschwitzung (infolge Entzündung) [lat.]

Ex·tem·po·ra·le (die, -, -n oder -li̱en) nicht angesagte schriftliche Klassenarbeit, Stegreifprüfung, Ex = Kurzform [lat.]

ex tem·po·re unvorbereitet [lat.]

ex·tem·po·rie·ren (V.) aus dem Stegreif tun (sprechen, darstellen) [lat.]

Ex·ten·der [ɪks-] (der, -s, -) billiger Zusatzstoff, Streckungsmittel [engl.]

ex·ten·die·ren (V.) ausdehnen, erweitern

Ex·ten·si·on (die, -, -si̱o̱nen) das Extendieren; z.B. die Extension eines Begriffs

Ex·ten·si·tät (die, -, nur Ez.) Ausdehnung, Umfang [lat.]

ex·ten·siv (Adj.) **1** ausgedehnt; z.B. eine extensive Wahlkampfbeeinflussung **2** weiträumig, aber nicht intensiv; z.B. die frühere extensive Landwirtschaft [lat.]

ex·ten·si·vie·ren (V.) ausdehnen, in die Breite wirken lassen [lat.]

Ex·ten·si·vi·tät (die, -, nur Ez.) das Extensivsein

Ex·ten·sor (der, -s, -so̱ren) Streckmuskel

Ex·te·ri·eur [-ø:ɐ] (das, -s, -s) das Äußere, Außenansicht [frz.]

ex·tern (Adj.) auswärtig; z.B. ein externer Internatsschüler [lat.]

ex·ter·ri·to·ri·al (Adj.) außerhalb der Staatsgewalt (des Gastlandes); z.B. ein exterritoriales Botschaftsgebäude [lat.]

ex·ter·ri·to·ri·a·li·sie·ren (V.) exterritorial machen

Ex·ter·ri·to·ri·a·li·tät (die, -, nur Ez.) das Exterritorialsein

Ex|tink|ti|on (die, -, -ti|o|nen) **1** Verminderung der Strahlungshelligkeit (eines Sterns) **2** Erlöschen (von Gelerntem) [lat.]
ext|ra *auch:* ex|tra (Adj.) **1** besonders **2** eigens [lat.]
Ext|ra *auch:* Ex|tra (das, -s, -s) etwas Zusätzliches (das gesondert bezahlt werden muß) [lat.]
ext|ra dry *auch:* ex|tra dry [draɪ] besonders trocken (von alkoholischen Getränken) [engl.]
ext|ra|ga|lak|tisch *auch:* ex|tra|ga|lak|tisch (Adj.) außerhalb unserer Galaxis, nicht in unserem Milchstraßensystem gelegen [lat.-gr.]
ext|ra|hie|ren *auch:* ex|tra|hie|ren (V.) **1** herausziehen (von Zähnen) **2** herauslösen; z.B. eine bestimmte Flüssigkeit aus einem Gemisch [lat.]
Ext|rakt *auch:* Ex|trakt (der, -s, -e) **1** Auszug; z.B. aus einer Heilpflanze **2** Zusammenfassung; z.B. eines Buchinhalts [lat.]
Ext|rak|ti|on *auch:* Ex|trak|ti|on (die, -, -ti|o|nen) das Extrahieren
ext|rak|tiv *auch:* ex|trak|tiv (Adj.) durch Extrahieren herauslösend
ext|ra mu|ros *auch:* ex|tra mu|ros außerhalb der Mauern [lat.]
ext|ra|or|di|när *auch:* ex|tra|or|di|när (Adj.) außergewöhnlich [frz.]
Ext|ra|po|la|ti|on *auch:* Ex|tra|po|la|ti|on (die, -, -ti|o|nen) das Extrapolieren [lat.]
ext|ra|po|lie|ren *auch:* ex|tra|po|lie|ren (V.) etwas nicht direkt Nachweisbares näherungsweise erschließen
ext|ra|ter|res|trisch *auch:* ext|ra|ter|rest|risch/ex|tra|ter|res|trisch/ex|tra|ter|re|strisch (Adj.) außerirdisch [lat.]
ext|ra|u|te|rin *auch:* ex|tra|u|te|rin [-a:u-] (Adj.) außerhalb der Gebärmutter [lat.]
ext|ra|va|gant *auch:* ex|tra|va|gant (Adj.) aus dem Rahmen fallend, überspannt [frz.]
Ext|ra|va|ganz *auch:* Ex|tra|va|ganz (die, -, -en) das Extravagantsein
Ext|ra|ver|si|on *auch:* Ex|tra|ver|si|on (die, -, nur Ez.) Weltoffenheit [lat.]
ext|ra|ver|tiert *auch:* ex|tra|ver|tiert (Adj.) weltoffen, nicht introvertiert [lat.]
ext|rem *auch:* ex|trem (Adj.) äußerst, übertrieben; radikal [lat.]
Ext|rem *auch:* Ex|trem (das, -s, -e) äußerster Grenzwert [lat.]
Ext|re|mis|mus *auch:* Ex|tre|mis|mus (der, -, -men) extreme (politische) Stellung
Ext|re|mi|tät *auch:* Ex|tre|mi|tät (die, -, -en) **1** Gliedmaße (Arm oder Bein) **2** das Extremsein

ext|rin|sisch *auch:* ex|trin|sisch (Adj.) von außen (bewirkt, gesteuert); z.B. die extrinsischen Denkmaßstäbe [lat.-engl.]
ext|ro|ver|tiert *auch:* ex|tro|ver|tiert (Adj.) = extravertiert
Ext|ru|der *auch:* Ex|tru|der (der, -s, -) Strangpresse (für Formstücke) [lat.-engl.]
ex u|su durch Übung [lat.]
E|xu|vie *auch:* Ex|u|vie [-u:viə] (die, -, -n) bei der Häutung abgestreifte alte Haut; z.B. von Insekten [lat.]
ex vo|to auf Grund eines Gelübdes [lat.]
Ex|vo|to (das, -s, -s) Votivbild [lat.]
ex|zel|lent (Adj.) vortrefflich, vorzüglich, ausgezeichnet [lat.]
Ex|zel|lenz (die, -, -en) hoch stehende Persönlichkeit; Anrede für Diplomaten, Bischöfe u.a. [lat.]
ex|zel|lie|ren (V.) hervorragen, glänzen [lat.]
Ex|zen|ter (der, -s, -) Steuerscheibe mit Drehpunkt außerhalb des Mittelpunkts [lat.]
Ex|zent|rik *auch:* Ex|zen|trik (die, -, nur Ez.) das Exzentrischsein
Ex|zent|ri|ker *auch:* Ex|zen|tri|ker (der, -s, -) exzentrischer Mensch
ex|zent|risch *auch:* ex|zen|trisch (Adj.) **1** überspannt, verschroben, übertrieben unangepasst **2** außerhalb des Mittelpunktes liegend
Ex|zent|ri|zi|tät *auch:* Ex|zen|tri|zi|tät (die, -, nur Ez.) **1** Abstand, Abweichung vom Mittelpunkt **2** exzentrisches Wesen, Verhalten
Ex|zep|ti|on (die, -, -ti|o|nen) Ausnahme [lat.]
ex|zep|ti|o|nell (Adj.) außergewöhnlich [frz.]
ex|zer|pie|ren (V.) ein Exzerpt herausschreiben
Ex|zerpt (das, -s, -e) schriftlicher Auszug (aus einer Textvorlage) [lat.]
Ex|zess (der, -es, -e) Ausschweifung
ex|zes|siv (Adj.) ausschweifend, unmäßig
ex|zi|die|ren (V.) herausschneiden (kranken Gewebes) [lat.]
ex|zi|pie|ren (V.) als Ausnahme hinstellen (veraltet) [lat.]
Ex|zi|si|on (die, -, -si|o|nen) Ausschneidung (kranken Gewebes) [lat.]
Ex|zi|tans (das, -, -tan|tia oder -tan|zi|en) Reizmittel [lat.]
Eye|li|ner [aɪlaɪnə] (der, -s, -) Lidrandstift [engl.]
Ey|rir (der oder das, -s, Au|rar) kleinste isländische Währungseinheit [lat.-isländ.]

F

Fab'li'au *auch:* Fa'bli'au [fabiloː] (das, -, -x) altfranzösische Erzählung in Versform mit erotischem Inhalt [frz.]
Fab'rik *auch:* Fa'brik (die, -, -en) Betrieb, der mit Maschinen Waren in großer Anzahl herstellt [lat.]
Fab'ri'kant *auch:* Fa'bri'kant (der, -en, -en) Fabrikbesitzer
Fab'ri'kat *auch:* Fa'bri'kat (das, -s, -e) Fabrikware
Fab'ri'ka'ti'on *auch:* Fa'bri'ka'ti'on (die, -, -ti'o'nen) Warenherstellung in einer Fabrik
fab'ri'zie'ren *auch:* fa'bri'zie'ren (V.) **1** herstellen (in der Fabrik) **2** schlecht herstellen, zusammenschustern (ugs.) [lat.]
fa'bu'la do'cet [-tsɛt] die Moral von der Geschichte … [lat.]
Fa'bu'lant (der, -en, -en) Geschichtenerzähler; Fantast [lat.]
fa'bu'lie'ren (V.) **1** lebhaft erzählen **2** wirres Zeug reden [lat.]
Fa'bu'list (der, -lis'ten, -lis'ten) Fabeldichter [lat.]
fa'bu'lös (Adj.) märchenhaft, unwirklich, unwahrscheinlich [lat.-frz.]
Face'lif'ting [feɪs-] (das, -s, -s) Gesichtsoperation, bei der Hautstreifen herausgeschnitten werden, um die Haut glatt erscheinen zu lassen [amerik.]
Fa'cet'te (*auch:* Fas'set'te) [-sɛt-] (die, -, -n) **1** sechseckige Einzellinse des Komplexauges (von Gliedertieren) **2** Schlifffläche (an Edelsteinen) [frz.]
Fa'cet'ten'au'ge (*auch:* Fas'set'ten'au'ge) [-sɛt-] (das, -s, -n) Sehorgan von Insekten, das aus zahlreichen Einzelaugen zusammengesetzt ist
fa'cet'tie'ren (*auch:* fas'set'tie'ren) [-sɛt-] (V.) mit Facetten Lichtbrechungseffekte erzielen
Fa'çon [-sõ] (die, -, -s) = Fasson
Fac'to'ring [fæk-] (das, -s, nur Ez.) Finanzierung offener Lieferantenforderungen [engl.]
Fa'cul'tas do'cen'di [-tsɛn-] (die, -, nur Ez.) Lehrberechtigung (an Hochschulen) [lat.]
Fa'dai'se [-dɛːzə] (die, -, -n) Albernheit, Geschmacklosigkeit [frz.]
Fa'des'se (die, -, nur Ez.) langweilige Art und Weise [österr.]
Fa'ding [feɪ-] (das, -s, nur Ez.) Schwundeffekt (in der Technik) [engl.]

Fa'do [faðu] (der, -(s), nur Ez.) portugies. Lied in melancholischer Grundstimmung, das zur Gitarrenbegleitung gesungen wird
Fa'ga'ra'sei'de (die, -, nur Ez.) eine Wildseide [arab.-lat.-dt.]
Fa'gott (das, -s, -e) ein Holzblasinstrument (in sonorer Stimmlage) [it.]
Fa'got'tist (der, -tis'ten, -tis'ten) Fagottspieler
Faib'le *auch:* Fai'ble [fɛːbl] (das, -s, -s) Schwäche, Vorliebe [frz.]
fair [fɛːr] (Adj.) anständig, ehrlich; den Regeln entsprechend [engl.]
Fair'ness [fɛːr-] (die, -, nur Ez.) faires Verhalten
Fair'play (*auch:* Fair Play) [fɛːrpleɪ] (das, -, nur Ez.) = Fairness
Fai'seur [fɛzøːr] (der, -s, -e) Anstifter [frz.]
Fait ac'comp'li *auch:* Fait ac'com'pli [fɛtakõpliː] (der, --, -s-s) vollendete Tatsache [frz.]
fä'kal (Adj.) kotig [lat.]
Fä'ka'li'en (nur Mz.) Kot [lat.]
Fä'kals'ta'se *auch:* Fä'kal'sta'se (die, -, -n) Verstopfung (Med.) [lat.-gr.]
Fa'kir (der, -s, -e) indischer Asket (der seine Schmerzunempfindlichkeit z.B. auf dem Nagelbrett demonstriert) [arab.]
Fak'si'mi'le (das, -s, -s) originalgetreue Nachbildung (eines Druckwerks) [lat.]
fak'si'mi'lie'ren (V.) als Faksimile herstellen
Fak'ta'ge (die, -, n) Gebühr für eine Beförderung [lat.-frz.]
Fak'ten (nur Mz.) Tatsachen [lat.]
Fak'ti'on (die, -, -ti'o'nen) politisch aktive Gruppe (veraltet) [lat.]
fak'tisch (Adj.) tatsächlich [lat.]
fak'ti'tiv (Adj.) zum Faktitivum gehörig, bewirkend
Fak'ti'tiv (das, -s, -e) = Faktitivum
Fak'ti'ti'vum (das, -s, -va) Bewirkungsverb, z.B. »tränken« = »trinken machen« [lat.]
Fak'ti'zi'tät (die, -, -en) Tatsächlichkeit [lat.]
fak'to'lo'gisch (Adj.) die Fakten betreffend [lat.]
Fak'tor (der, -s, -to'ren) **1** maßgeblicher Umstand; z.B. verschiedene Faktoren einer Entwicklung **2** Vervielfältigungszahl (in der Multiplikation) **3** Leiter einer Setzerei [lat.]
Fak'to'rei (die, -, -en) Handelsniederlassung (in Übersee; früher) [lat.]
fak'to'ri'ell (Adj.) in Faktoren zerlegt, aufgefächert [lat.]
Fak'to'tum (das, -s, -ten oder -ta) vielseitige Hilfskraft, »Mädchen für alles« [lat.]
Fak'tum (das, -s, -ten oder -ta) Tatsache (die nicht zu widerlegen ist) [lat.]
Fak'tur (die, -, -en) Warenrechnung; Lieferschein [lat.]

fak'tu'rie'ren (V.) Rechnungen schreiben
Fak'tu'rist (der, -rjs'ten, -rjs'ten) Rechnungsschreiber, -prüfer [lat.]
fä'ku'lent (Adj.) kotig, kotartig (Med.) [lat.]
Fa'kul'tas (die, -, nur Ez.) Lehrbefähigung, Vermögen [lat.]
Fa'kul'tät (die, -, -en) **1** Wissenschaftsabteilung einer Hochschule; z.b. philosoph. oder landwirtschaftl. Fakultät **2** eine Rechenreihe, die durch ein Ausrufezeichen hinter der Zahl verlangt wird; z.B. »3! = 1·2·3« [lat.]
fa'kul'ta'tiv (Adj.) wahlfrei, nicht zwingend [frz.]
Fa'lan'ge [falaŋxe] (die, -, nur Ez.) faschistische Staatspartei Spaniens unter dem Diktator Franco [gr.-span.]
Fa'lan'gist (der, -gis'ten, -gis'ten) Mitglied der Falange
Fal'ko'nett (das, -s, -e) kleinkalibriges Feldgeschütz [lat.-it.]
Fal'la'zi'en (nur Mz.) Fehlschlüsse, Täuschungen [lat.]
fal'li'bel (Adj.) dem Irrtum unterworfen [lat.]
Fal'li'bi'lis'mus (der, -, nur Ez.) Meinung der kritisch-rationalistischen Denkrichtung, nach der es keine unfehlbare Instanz der Erkenntris gibt [lat.]
Fal'li'bi'li'tät (die, -, -en) Fehlbarkeit [lat.]
fal'lie'ren (V.) Bankrott, Konkurs machen
Fal'li'ment (das, -s, -e) = Falissement
Fal'lis'se'ment [-mã] (das, -s, -s) das Fallieren, Bankrott, Konkurs
fal'lit (Adj.) zahlungsunfähig [it.]
Fal'lit (der, -en, -en) Bezeichnung für einen zahlungsunfähigen Menschen [lat.-it.]
Fal'lott (auch: Fa'lott) (der, -en, -en) Gauner; Spitzbube (österr.) [it.]
Fall-out (auch: Fall'out) [fɔːlaʊt] (der, -s, -s) radioaktiver Niederschlag [engl.]
Fa'lott (der, -en, -en) = Fallott
Fal'sett (das, -s, nur Ez.) hoher Tonbereich der Männerstimme, Kopfstimme mit Brustresonanz [it.]
fal'set'tie'ren (V.) im Falsett singen
Fal'set'tist (der, -tjs'ten, -tjs'ten) Falsettsänger
Fal'si'fi'kat (das, -s, -e) gefälschter Gegenstand [lat.]
Fal'si'fi'ka'ti'on (die, -, -ti'o'nen) das Falsifizieren
fal'si'fi'zie'ren (V.) widerlegen, als falsch, verfälscht erkennen [lat.]
Fals'taff (der, -s, -e) Schlemmer, Prahlhans (nach einer komischen Figur Shakespeares) [lat.]
Fal'sum (das, -s, -sa) Fälschung (veraltet) [lat.]

Fa'ma (die, -, nur Ez.) Gerücht; z.B. es geht die Fama [lat.]
fa'mi'li'al (Adj.) die Familie als soziale Gruppierung betreffend [lat.]
fa'mi'li'är (Adj.) **1** die Familie betreffend **2** freundschaftlich, vertraulich
fa'mi'li'a'ri'sie'ren (V.) sich vertraut machen [lat.-frz.]
Fa'mi'li'a'ri'tät (die, -, -en) das Familiärsein
Fa'mi'lie [-liə] (die, -, -n) **1** Eltern und Kinder; Sippe **2** eine biologische Verwandtschaftsgruppe; z.b. die Familie der Hundeartigen [lat.]
Fa'mi'lis'mus (der, -, nur Ez.) Beschränkung der Sozialkontakte auf Familien-, Sippenmitglieder [nlat.]
fa'mos (Adj.) **1** beeindruckend, Bewunderung erweckend, großartig, prächtig, ausgezeichnet **2** (veraltet) berüchtigt, verrufen [lat.]
Fa'mos'schrift (die, -, -en) Schmähschrift in der Zeit des Humanismus und der Reformation
Fa'mu'la (die, -, -lä) weiblicher Famulus
Fa'mu'la'tur (die, -, -en) Krankenhauspraktikum eines Medizinstudenten [lat.]
fa'mu'lie'ren (V.) die Famulatur ableisten
Fa'mu'lus (der, -, -li) **1** jmd., der seine Famulatur ableistet **2** Gehilfe (scherzhaft) [lat.]
Fan [fæn] (der, -s, -s) begeisterter Anhänger [engl.]
Fa'nal (das, -s, -e) weithin sichtbares (»Feuer«-)Zeichen (als Ankündigung einer Wende) [gr.-frz.]
Fa'na'ti'ker (der, -s, -) jmd., der fanatisch ist, Eiferer
fa'na'tisch (Adj.) hitzig, blindgläubig überzeugt [lat.]
fa'na'ti'sie'ren (V.) fanatisch machen, anstacheln
Fa'na'tis'mus (der, -, nur Ez.) das Fanatischsein
Fan'dan'go (der, -s, -s) temperamentvoller spanischer Volkstanz, dem Flamenco zugeordnet
Fan'da'ro'le (die, -, -n) = Farandole
Fan'fa're (die, -, -n) **1** Trompetensignal im Dreiklang **2** ventillose Trompete [it.]
Fan'fa'ron (der, -s, -e) Großsprecher, Prahlhans [frz.]
Fan'fa'ro'na'de (die, -, -en) Großsprecherei, Prahlerei [frz.]
Fan'go (der, -s, nur Ez.) heißer Mineralschlamm (für Heilpackungen) [germ.-it.]
Fan'klub [fæn-] (der, -s, -s) Klub für die Anhänger eines bekannten Stars oder Sportklubs
Fan'ta'sia (die, -, -s) nordafrikanisches Reitergruppen-Kampfspiel [it.]

Fantasie | **faszinieren**

Fan|ta|sie (auch: Phan|ta|sie) (die, -, -n) **1** (nur Ez.) Einbildungskraft, Einfallsreichtum **2** Erzeugnis der Einbildungskraft, Traumbild, vorgestelltes Bild [gr.] **3** improvisiertes Potpourri aus Instrumentalstücken [gr.-it.]

fan|ta|sie|ren (auch: phan|ta|sie|ren) (V.) **1** sich seinen Fantasien (**2**) hingeben, wach träumen **2** (im Fieber) irre reden **3** frei gestaltend, aus der Fantasie heraus spielen (in der Musik) **4** Unwahres, Unsinn reden (ugs.)

Fan|tast (auch: Phan|tast) (der, -tas|ten, -tas|ten) Mensch mit überspannten Ideen, Schwärmer [gr.]

fan|tas|tisch (auch: phan|tas|tisch) (Adj.) **1** nur in der Fantasie (**1**) bestehend, unwirklich **2** übersпannt, etwas verrückt **3** merkwürdig, wunderbar **4** großartig, herrlich

Fan|ta|sy (die, -, nur Ez.) Gattung von Romanen, Filmen, Spielen u.Ä., die märchenhafte und mythische Welten entwickeln und darstellen [engl.]

FAO (die, -, nur Ez.) Abk. für »**F**ood and **A**griculture **O**rganization«, Ernährungs- und Landwirtschaftsorganisation der UNO [engl.]

Fa|rad (das, -s, -) Maßeinheit der elektrischen Kapazität [engl.-nlat.]

Fa|ran|do|le (die, -, -n) ein schneller Tanz aus der Provence [frz.]

Far|ce [-sǝ] (die, -, -n) **1** lächerliche Sache; Posse **2** Füllung; z.B. für Geflügel [frz.]

Far|ceur (der, -s, -e) jmd., der ständig Possen reißt [lat.-frz.]

far|cie|ren [-si:-] (V.) mit einer Farce (**2**) füllen

Fa|rin (der, -s, nur Ez.) **1** ungereinigter, feuchter Zucker von braungelber Farbe **2** Puderzucker [lat.]

Farm (die, -, -en) **1** landwirtschaftlicher Betrieb (in den USA) **2** landgutähnlicher Großbetrieb (zur Tierzucht) [engl.]

Far|mer (der, -s, -) Farmbesitzer

Fas (das, -, nur Ez.) in der römisch-antiken Welt das von den Göttern Erlaubte [lat.]

Fa|sa|ne|rie (die, -, -n) Fasanengehege (früher) [gr.-frz.]

Fa|sche (die, -, -n) **1** Stoffverband für Verletzungen **2** weiße Fenster- und Türumrandung bei farbig bemalten Häusern **3** Befestigungsband aus Eisen [lat.-it.]

fa|schen (V.) mit einer Fasche umwickeln, einbinden [österr.]

fa|schie|ren (V.) Hackfleisch herstellen, durch den Wolf drehen (österr.) [frz.]

Fa|schier|te (das, -n, nur Ez.) Gehacktes, Hackfleisch [österr.]

Fa|schi|ne (die, -, -n) Reisigbündel (zur Uferbefestigung) [it.]

fa|schi|sie|ren (V.) faschistisch machen, durchsetzen

Fa|schi|sie|rung (die, -, -en) Zunahme faschistischer Tendenzen und Anschauungen in einer Gruppe, einem Staat o.Ä. [lat.-it.]

Fa|schis|mus (der, -, nur Ez.) **1** nationalistisches System Mussolinis **2** ähnliches antidemokratisches System [it.-nlat.]

Fa|schist (der, -schis|ten, -schis|ten) Anhänger des Faschismus

fa|schis|tisch (Adj.) zum Faschismus gehörig

fa|schis|to|id (Adj.) dem Faschismus ähnlich

Fa|shion [fæʃn] vornehmer Lebensstil; Mode [engl.]

fa|shio|na|bel auch: fa|shio|nab|le [fæʃn-] (Adj.) vornehm; modisch [engl.]

Fas|sa|de (die, -, -n) **1** Außenseite, gestaltete Haupteingangsseite (an Gebäuden) **2** täuschende Schauseite, z.B. seine Liebenswürdigkeit ist nur Fassade [frz.]

Fas|set|te (auch: Fa|cet|te) [-βɛt-] (die, -, -n) **1** sechseckige Einzellinse des Komplexauges (von Gliedertieren) **2** Schlifffläche an Edelsteinen [frz.]

Fas|set|ten|au|ge (auch: Fa|cet|ten|au|ge) [-βɛt-] (das, -s, -n) Sehorgan von Insekten, das aus zahlreichen Einzelaugen zusammengesetzt ist

fas|set|tie|ren (auch: fa|cet|tie|ren) [-βɛt-] (V.) mit Facetten Lichtbrechungseffekte erzielen

Fas|si|on (die, -, -si|o|nen) **1** Geständnis, Bekenntnis **2** Steuererklärung [lat.]

Fas|son [-sõ] auch [-sɔŋ] (die, -, -s) richtige, übliche Form, Machart; Art und Weise; z.B. ein Anzug, eine Frisur mit Fasson; nach der eigenen Fasson selig werden [frz.]

fas|so|nie|ren (V.) in Form bringen, formen

Fas|ta|ge [-ʒǝ] (die, -, -n) = Fustage

Fast|food (auch: Fast Food) [-fu:d] (das, -, -s) Gerichte, die in Schnellrestaurants angeboten werden [engl.]

fas|ti|di|ös (Adj.) widerwärtig, langweilig [frz.]

Fas|ti|di|um (das, -s, nur Ez.) Abneigung, Widerwille [lat.]

Fas|zes (nur Mz.) Rutenbündel (als Symbol altrömischer Amtsgewalt) [lat.]

fas|zi|al (Adj.) bündelweise [lat.]

Fas|zie [-tsiǝ] (die, -, -en) Muskelhaut [lat.]

Fas|zi|kel (der, -s, -) **1** Bündelchen (von Akten u.a.) **2** Lieferung (eines Wissenschaftswerkes) [lat.]

fas|zi|ku|lie|ren (V.) Schriften aktenmäßig bündeln, heften [lat.]

Fas|zi|na|ti|on (die, -, -ti|o|nen) das Faszinieren

fas|zi|nie|ren (V.) bannen, bezaubern, größtes Interesse hervorrufen [lat.]

Fas'zi'no'sum (das, -s, nur Ez.) etwas, das auf merkwürdige Weise anzieht, fesselt, fasziniert [lat.]

fa'tal (Adj.) sehr unangenehm, verhängnisvoll [lat.]

Fa'ta'lis'mus (der, -, nur Ez.) ergebener Schicksalsglaube [lat.]

Fa'ta'list (der, -lis'ten, -lis'ten) jmd., der fatalistisch ist

fa'ta'lis'tisch (Adj.) schicksalsergeben [lat.]

Fa'ta'li'tät (die, -, nur Ez.) das Fatalsein

Fa'ta Mor'ga'na (die, - -, - -n oder - -s) durch Luftspiegelung entstandenes Bild von etwas, das an einem anderen Ort ist; Wahnbild [it.]

fa'tie'ren (V.) 1 bekennen, angeben 2 eine Steuererklärung abgeben [lat.]

fa'ti'gant (Adj.) ermüdend, anödend [frz.]

fa'ti'gie'ren (V.) langweilen, ermüden [lat.-frz.]

Fa'tu'i'tät (die, -, nur Ez.) Blödsinn (Med.) [lat.]

Fa'tum (das, -s, -ta) Geschick, (verhängnisvolles) Schicksal [lat.]

Faun (der, -s, -e) 1 gehörnter, bocksfüßiger Fruchtbarkeitsgott, antiker Waldgeist 2 triebhafter Mensch [lat.]

Fau'na (die, -, -nen) Tierwelt (eines Landes, Lebensraumes) [lat.]

fau'nisch (Adj.) wie ein Faun, triebhaftlüstern

Fau'nis'tik (die, -, nur Ez.) Faunenlehre, Wissenschaft von der Fauna

fau'nis'tisch (Adj.) die Tierwelt und ihre Erforschung betreffend (Bio.)

faute de mieux [fotdəmjø:] in Ermangelung eines Besseren [frz.]

Fau'teuil [fotœj] (der, -s, -s) Polstersessel (österr.) [germ.-frz.]

Fau'vis'mus [fo-] (der, -, nur Ez.) den flächenhaften, vereinfachenden Farbauftrag betonende Malereirichtung (um 1906) [frz.]

Fau'vist [fo-] (der, -vis'ten, -vis'ten) Anhänger des Fauvismus

fau'vis'tisch [fo-] (Adj.) den Fauvismus betreffend, zu ihm gehörend, im Stil des Fauvismus

Faux'pas [fopa] (der, -, -) Taktlosigkeit, »Tritt ins Fettnäpfchen« [frz.]

Fa've'la (die, -, -s) brasilianischer Slum [portugies.]

fa'vo'ra'bel (Adj.) geneigt; vorteilhaft (veraltet) [frz.]

fa'vo'ri'sie'ren (V.) bevorzugen; zum Favoriten erklären [frz.]

Fa'vo'rit (der, -en, -en) Günstling, voraussichtlicher Sieger [it.-frz.]

Fa'vus (der, -, -ven oder -vi) eine Hautpilzerkrankung, Erbgrind [lat.]

fa'xen (V.) Kurzform für das Verb »telefaxen«

Fa'yence [fajã:s] (die, -, -n) Feinkeramik mit Zinnoxidglasur [it.-frz.]

Fa'yen'ce'rie (die, -, -n) der Herstellung von Fayencen dienende Fabrik [frz.]

Fa'zen'da [fazenda] (die, -, -s) brasilianisches Landgut [port.]

Fä'zes (nur Mz.) Kot [lat.]

Fa'ze'tie [-tsiə] (die, -, -n) italienische Schwankerzählung (erotischen, satirischen Inhalts) [lat.]

fa'zi'al (Adj.) zum Gesichtsbereich gehörig [lat.]

Fa'zi'a'lis (der, -, -) Nerv der Gesichtsmimik [lat.]

Fa'zi'es (die, -, -) alle Merkmale (eines Sedimentgesteins) [lat.]

Fa'zi'li'tät (die, -, nur Ez.) Leichtigkeit (veraltet) [frz.]

Fa'zit (das, -s, -s) Endergebnis, Schlussfolgerung [lat.]

FBI [εfbi:aɪ] (das, -, nur Ez.) Abk. für »Federal Bureau of Investigation«, amerikanisches Bundeskriminalamt [engl.]

Fea'ture [fi:tʃə] (das, -s, -s) gestalteter, besonders aufgemachter Bericht (in der Presse, im Radio, Fernsehen) [engl.]

feb'ril auch: fe'bril (Adj.) fieberhaft [lat.]

Feb'ris auch: Fe'bris (die, -, nur Ez.) Fieber (Med.) [lat.]

fe'cit »hat es gemacht« (Vermerk hinter e. Künstlernamen in der Druckgrafik) [lat.]

Fe'da'jin (der, -s, -) Freischärler, Untergrundkämpfer (besonders in der palästinensischen Befreiungsbewegung [arab.]

Feed-back (auch: Feed'back) [fi:dbæk] (das, -s, -s) Rückkopplung, -beeinflussung; erwartete Reaktion (um zu sehen, ob etwas Anklang gefunden hat), Widerhall [engl.]

Fee'ling [fi:-] (das, -s, nur Ez.) Einfühlungsvermögen, Gespür, Verständnis [engl.]

Fe'e'rie (die, -, -n) märchenhaft-prunkvolles Bühnenstück, Feenstück [frz.]

fe'kund (Adj.) fruchtbar [lat.]

Fe'kun'da'ti'on (die, -, -ti'o'nen) Befruchtung [lat.]

Fe'kun'di'tät (die, -, nur Ez.) Fruchtbarkeit [lat.]

Fe'li'den (nur Mz.) Familie der Katzen und katzenartigen Raubtiere [lat.]

Fell'la'che (der, -n, -n) ägyptischer Ackerbauer [arab.]

Fell'la'tio (die, -, nur Ez.) Reizung des Penis durch den Mund einer Frau [lat.]

fel|la|ti|o|nie|ren (V.) den Sexualpartner durch Fellatio befriedigen [lat.]
Fel|la|trix auch: Fel|la|trix (die, -, -ri|zen/-tri|zen) die Fellatio ausübende Frau [lat.]
fel|lie|ren (V.) = fellationieren
Fel|low [-ləʊ] (der, -s, -s) College-, Körperschaftsmitglied (in England); Stipendiat (in den USA) [engl.]
Fe|lo|nie (die, -, -n) Treuebruch (eines Vasallen) [frz.]
Fe|lu|ke (die, -, -n) zweimastiges Mittelmeer-Küstenschiff [arab.-frz.]
Fe|mi|nat (das, -(e)s, -e) Partner- oder Gesellschaftssystem, in dem die Frau die bevorzugte Stellung einnimmt [lat.]
fe|mi|nie|ren (V.) verweiblichen [lat.]
fe|mi|nin (Adj.) weiblich; typisch fraulich [lat.]
Fe|mi|ni|num (das, -s, -na) weibliches Geschlecht eines Substantivs, weibliches Substantiv [lat.]
Fe|mi|ni|sa|ti|on (die, -, -ti|o|nen) das Feminisieren, das Feminisiertsein [lat.]
fe|mi|ni|sie|ren (V.) verweiblichen [lat.]
Fe|mi|ni|sie|rung (die, -, -en) = Feminisation
Fe|mi|nis|mus (der, -, -men) **1** (nur Ez.) Frauenbewegung gegen Diskriminierung **2** Verweiblichung (bes. in der medizinischen Fachsprache) [lat.]
Fe|mi|nist (der, -nis|ten, -nis|ten) jmd., der sich zu den Forderungen, Überzeugungen und Zielen des Feminismus bekennt [lat.]
Fe|mi|nis|tin (die, -, -nen) Anhängerin des Feminismus (**1**)
fe|mi|nis|tisch (Adj.) zum Feminismus gehörig
Femme fa|tale [famfatal] (die, - -, -s -s) charmant-verhängnisvolle Verführerin [frz.]
fe|mo|ral (Adj.) zum Oberschenkel gehörend (Med.) [lat.]
Fem|to... das 10⁻¹⁵fache, ein Billiardstel (bei Maßeinheiten); z.B. ein Femtofarad [dän.-nlat.]
Fen|chel (der, -s, nur Ez.) **1** Gemüse **2** Gewürz- und Heilpflanze [lat.]
Fen|der (der, -s, -) Puffer, Schutzpolster (an Schiffsaußenwänden) [lat.-engl.]
Fe|nek (der, -s, -s) = Fennek
Fe|ni|er (der, -s, -s) Mitglied eines irischen Geheimbundes, der für die Trennung Irlands von Großbritannien kämpft [ir.-engl.]
Fen|nek (auch: Fe|nek) (der, -s, -s) groß-ohriges, nordafrikanisches Wüstenfüchschen [arab.]
fen|nos|kan|disch auch: fen|no|skan|disch (Adj.) zu Finnland und Skandinavien gehörig; z.B. die fennoskandischen Gesteinsbewegungen [nlat.]

Fenz (die, -, -en) Zaun, Begrenzung, Einfriedung [lat.-frz.-engl.]
fen|zen (V.) einfrieden, umzäunen
Fe|ra|li|en (nur Mz.) altröm. Totenfest [lat.]
Fe|ria (die, -, -ri|ae) Wochentag (in der katholischen Liturgie) [lat.]
Fe|ria (die, -, -s) Feiertag, Jahrmarkt, Messe, Schau [span.]
Fer|man (der, -s, -e) Herrschererlass (in islamischen Ländern) [türk.-pers.]
Fer|ma|te (die, -, -n) musikalisches Aushalte-, Pausenverlängerungszeichen [it.]
Fer|ment (das, -s, -e) = Enzym [lat.]
Fer|men|ta|ti|on (die, -, -ti|o|nen) Gärung (zur Bildung von Geschmacksstoffen) [lat.]
fer|men|ta|tiv (Adj.) = enzymatisch
fer|men|tie|ren (V.) durch Fermentation aufbessern
Fer|mi|on (das, -s, -mi|o|nen) Elementarteilchen mit halbzähligem Spin [it.-gr.]
Fer|mi|um (das, -s, nur Ez.) ein künstliches, radioaktives Element [it.-nlat.]
Fer|ra|gos|to auch: Ferr|a|gos|to (der, -, nur Ez.) Mariä Himmelfahrt; Betriebsferien (in Italien um den 15. August)
Fer|rit (das, -s, -e) **1** feinste Eisenkristalle **2** eisenoxidhaltiger Werkstoff [nlat.]
fer|ro|mag|ne|tisch auch: fer|ro|ma|gne|tisch (Adj.) vom Ferromagnetismus gehörig
Fer|ro|mag|ne|tis|mus auch: Fer|ro|magne|tis|mus (der, -, nur Ez.) starker Magnetismus (u.a. bei Eisen, Nickel, Kobalt) [nlat.]
fer|til (Adj.) fruchtbar [lat.]
Fer|ti|li|sa|ti|on (die, -, -ti|o|nen) Befruchtung [lat.]
Fer|ti|li|tät (die, -, nur Ez.) Fruchtbarkeit [lat.]
fer|vent (Adj.) eifrig, hitzig [lat.]
Fes (auch: Fez) (der, -(es), - oder -e) rote orientalische Kegelstumpfkappe mit langer, schwarzer Quaste [nordafrikan.-türk.]
fesch [feʃ; fɛʃ] (Adj.) flott, schneidig, elegant [engl.-österr.]
Fe|schak (der, -s, -s) fescher Mann [österr.]
Fe|schak|tum (das, -s, nur Ez.) Snobismus, Lebensform eines Feschaks [österr.]
Fes|ti|val (das, -s, -s) große Festveranstaltung [frz.-engl.]
Fes|ti|val|lier (der, -s, -s) Teilnehmer bei einem Festival [frz.-engl.]
Fes|ti|vi|tät (die, -, -en) festliche Veranstaltung, Festlichkeit [lat.]
fes|ti|vo (Adj.) festlich, feierlich (Vortragsanweisung in der Musik [lat.-it.]
Fes|ton [-stɔ̃] (das, -s, -s) Ornamentband (aus hängenden Früchten, Laub; an klassizistischen Bauwerken, als Zierstich) [it.-frz.]

Fes|zen|ni|nen (nur Mz.) altitalienische Festlieder voll derben Hohns und Spotts [lat.]
fe|tal (*auch:* fö|tal) (Adj.) zum Fetus gehörig
Fe|te (die, -, -n) fröhliches, ungezwungenes (Spontan-)Fest [frz.]
Fe|ti|a|len (nur Mz.) altrömisches Priesterkollegium, das die Vorschriften und Regeln für den völkerrechtlichen Verkehr überwachte [lat.]
fe|tie|ren (V.) jmdn., durch ein Fest ehren [lat.-frz.]
Fe|tisch (der, -(e)s, -e) Gegenstand magischer Kraft (für Abwehr-, Schadenzauber); Götzenbild [portugies.]
fe|ti|schi|sie|ren (V.) etwas zum Fetisch machen, in etwas einen Abgott sehen [lat.]
Fe|ti|schis|mus (der, -, nur Ez.) **1** Anbetung, Verehrung eines Fetischs **2** sexuelle Bindung an Gegenstände, die mit einer (Beziehungs-)Person in Verbindung gebracht werden [portugies.-nlat.]
Fe|ti|schist (der, -schis|ten, -schis|ten) **1** Fetischanbeter **2** jmd., der fetischistisch veranlagt ist
fe|ti|schis|tisch (Adj.) den Fetischismus betreffend [lat.]
Fe|tus (*auch:* Fö|tus) (der, - oder -ses, -se oder -ten) die Leibesfrucht ab dem vierten Schwangerschaftsmonat (nach dem Stadium als Embryo) [lat.]
feu|dal (Adj.) adlig, hochvornehm, prunkvoll; zum Lehnswesen gehörig [lat.]
Feu|da|lis|mus (der, -, nur Ez.) Lehnswesen; Herrschaftsform adliger Großgrundbesitzer [lat.]
Feu|da|li|tät (die, -, nur Ez.) das Feudalsein
Feu|dal|sys|tem (das, -s, -e) = Feudalismus [nlat.-gr.]
Feuil|la|ge [fœjaːʒ] (die, -, nur Ez.) Laubwerk (als Ornament) [frz.]
Feuil|le|ton (das, -s, -s) kultureller, unterhaltender Teil einer Zeitung [frz.]
feuil|le|to|ni|sie|ren (V.) einen Beitrag für die Zeitung feuilletonistisch gestalten, der nicht zum Feuilleton gehört [lat.-frz.]
Feuil|le|to|nist (der, -nis|ten, -nis|ten) Feuilletonschreiber
feuil|le|to|nis|tisch (Adj.) **1** zum Feuilleton gehörig **2** oberflächlich unterhaltsam; halbwissenschaftlich (geschrieben)
Fez (der, -s, -e) = Fes
Fi|a|ker (der, -s, -) Pferdedroschke (bes. in Wien) [frz.]
Fi|a|le (die, -, -n) schlankes Spitztürmchen (auf gotischen Streben, Fenstern u.a.) [it.]
fi|an|chet|tie|ren [-ke-] (V.) eine Schachpartie mit einem Fianchetto eröffnen [it.]

Fi|an|chet|to Eröffnung einer Schachpartie mit den Springerbauern [it.]
Fi|as|ko (das, -s, -s) großer Misserfolg, schwerer Reinfall [it.]
Fi|bel (die, -, -n) Gewandnadel, -schließe [lat.]
Fi|ber (die, -, -n) Faser (bei Muskeln, Pflanzen, Kunststoffen) [lat.]
Fib|ril|le *auch:* Fi|bril|le (die, -, -) feine Fiber (bei Muskeln, Nervenzellen)
Fib|rin *auch:* Fi|brin (das, -s, nur Ez.) die Blutgerinnung bewirkender Eiweißstoff [nlat.]
Fib|ron *auch:* Fi|bron (das, -s, -e) Fasergeschwulst (des Bindegewebes) [nlat.]
fib|rös *auch:* fi|brös (Adj.) aus Bindegewebe, faserig [nlat.]
Fi|bu|la (die, -, -lae [lɛ]) Wadenbein [lat.]
Fi|chu [-ʃyː] (das, -s, -s) dreizipfliges, im Rücken gebundenes Schultertuch [frz.]
Fi|de|i|kom|miss [-deːi-] (das, -es, -e) unveräußerliches Vermögensgut (bes. Grundbesitz) [lat.]
Fi|de|is|mus (der, -, nur Ez.) Denklehre, die Offenbarung als Erkenntnisursache betrachtet [lat.]
Fi|de|ist (der, -is|ten -is|ten) Verfechter des Fi-deismus [lat.]
fi|de|is|tisch (Adj.) den Fideismus betreffend
fi|del (Adj.) unbeschwert, vergnügt [lat.]
Fi|del (die, -, -n) Saiteninstrument des Mittelalters
Fi|de|lis|mo (der, -s, nur Ez.) revolutionäre, politische Bewegung in Kuba und Südamerika, auf der Basis marxistisch-leninistischen Gedankenguts
Fi|de|list (der, -lis|ten, -lis|ten) Anhänger Fidel Castros, Verfechter des Fidelismo
Fi|de|li|tas (die, -, nur Ez.) Frohsinn, Unbeschwertheit [lat.]
Fi|di|bus (der, - oder -ses, -se) gefalteter Papierstreifen zum Pfeifenanzünden
Fid|schi|a|ner *auch:* Fi|dschi|a|ner (der, -s, -) Einwohner des Inselstaates Fidschi in Ozeanien [melanes.]
Fi|du|li|tät (die, -, nur Ez.) vergnüglicher Teil (einer Burschenschaftsversammlung) [lat.]
Fi|duz (das, -, nur Ez.) Vertrauen [lat.]
fi|du|zi|a|risch (Adj.) treuhänderisch [lat.]
Field|re|search (*auch:* Field-Re|search) [-rɪsɜːtʃ] (das, -(s), nur Ez.) Feldforschung [engl.]
Field|work (*auch:* Field-Work) [-wɜːk] (das, -s, nur Ez.) persönliche Befragung (Meinungsforschung) [engl.]
Fi|e|rant [fiə-] (der, -en, -en) Markthändler (österr.)

fi'e'ro (Adj.) wild, heftig (Vortragsanweisung in der Musik) [lat.-it.]

Fi'es'ta (die, -, -s) Volksfest (spanischsprachiger Länder)

Fi'fa (*auch:* F**I**FA) (die, -, nur Ez.) Abk. für »**F**édération **I**nternationale de **F**ootball **A**ssociation«, Internationaler Fußballverband (1904) mit Sitz in Zürich [frz.]

fif'ty-fif'ty halbe-halbe (ugs.) [engl.]

Fi'ga'ro (der, -s, -s) Friseur (scherzhaft) [it.]

Fight [faıt] (der, -s, -s) verbissener Kampf; Boxkampf [engl.]

figh'ten [faı-] (V.) verbissen kämpfen; mit Einsatz boxen [engl.]

Figh'ter [faı-] (der, -s, -) jmd., der fightet

Fi'gur (die, -, -en) **1** Körperform, Gestalt; z.B. eine gute Figur haben **2** (stilisierte, verkleinerte) Nachbildung; z.B. eine Figur beim Schach; eine Figur, die ein Tier darstellt **3** Bewegungsablauf (beim Tanz) **4** Folge von Tönen; Klangfigur **5** gezeichnete Darstellung; z.B. die Figur eines Rechtecks [lat.]

Fi'gu'ra (die, -, nur Ez.) Bild, Figur [lat.]

fi'gu'ral (Adj.) aus Figuren zusammengesetzt, mit Figuren verziert

Fi'gu'ra'li'tät (die, -, nur Ez.) figürliche Beschaffenheit [lat.]

Fi'gu'ral'mu'sik (die, -, nur Ez.) mehrstimmige Kirchenmusik (im Unterschied zum einstimmigen Choral) [lat.-gr.]

Fi'gu'rant (der, -en, -en) Nebenperson; Statist [lat.]

Fi'gu'ra'ti'on (die, -, -ti'o'nen) das Figurieren (**1**)

fi'gu'ra'tiv (Adj.) durch Figuren, figürlich; z.B. eine figurative Darstellung in der Ornamentik

fi'gu'rie'ren (V.) **1** musikalisch verzieren, umspielen **2** auftreten, eine Rolle spielen

Fi'gu'ri'ne (die, -, -n) kleine Figur, Statue Hintergrundgestalt (auf Bildern) [it.-frz.]

Fik'ti'on (die, -, -ti'o'nen) etwas Ausgedachtes; Annahme [lat.]

fik'ti'o'nal (Adj.) = fiktiv

fik'ti'o'na'li'sie'ren (V.) als eine Fiktion darstellen [lat.]

fik'tiv (Adj.) auf Fiktion beruhend, nur angenommen [lat.]

Fi'la'ment (das, -s, -e) **1** Staubfäden (der Blüte) **2** Fadenwerk (in Muskelzellen) [lat.]

Fi'let [-le:] (das, -s, -s) **1** feines Fleischstück (bes. Lende) **2** bestickter Netzgrund [frz.]

fi'le'tie'ren (V.) in Filets schneiden (bei Fleischstücken)

Fi'li'a'le (die, -, -n) Zweigstelle [lat.]

Fi'li'al'ge'ne'ra'ti'on (die, -, -ti'o'nen) Tochtergeneration (in der Genetik) [lat.]

Fi'li'bus'ter [-bʌ-] (der, -s, -) Marathonredner (im US-Parlament) [frz.-engl.]

fi'lie'ren (V.) ein Filet (**2**) anfertigen

fi'li'form (Adj.) fadenförmig (Med.) [lat.]

fi'lig'ran *auch:* fi'li'gran (Adj.) aus Filigran bestehend, feinfädig verflochten

Fi'lig'ran *auch:* Fi'li'gran (das, -s, -e) Ziergeflecht (aus dünnen Edelmetalldrähten) [it.]

Fi'li'pi'no (der, -s, -s) Ew. der Philippinen

Fi'li'us (der, -, -lii oder -li'us'se) Sohn, »Söhnchen« [lat.]

Fil'lér (der, -(s), -) kleinste ungarische Währungseinheit

Film (der, -s, -e) **1** dünne, häutchenartige Schicht; z.B. ein Film von Öl **2** lichtempfindlicher elastischer Streifen (für Aufnahmen mit der Film-, Fotokamera) **3** die Abfolge der Aufnahmen selbst; Lichtspiel(wesen) [engl.]

fil'misch (Adj.) zur Filmtechnik gehörig, mit ihrer Hilfe

fil'mo'gen (Adj.) als Stoff für eine Verfilmung geeignet

Fil'mo'gra'phie (die, -, -phi'en) Zusammenstellung aller filmischen Werke eines Regisseurs

Fil'mo'thek (die, -, -en) **1** Sammlung von Filmen, die einen wissenschaftlichen oder künstlerischen Wert haben **2** Gebäude, in dem diese Filmsammlung aufbewahrt und betreut wird [germ.-engl.]

Fi'lou [-luː] (der, -s, -s) Spitzbube, Schlitzohr

Fils (der, -, -) kleinste Währungseinheit (im Irak und in Jordanien) [arab.]

Fil'ter (der oder das, -s, -) **1** Vorrichtung zum Klären, zur Beseitigung bestimmter Stoffe **2** Vorrichtung zur Beseitigung bestimmter Wellenbereiche; z.B. von Frequenzen, Teilen des Lichtspektrums [lat.]

Filt'rat *auch:* Fil'trat (das, -s, -e) filtrierte Flüssigkeit

Filt'ra'ti'on *auch:* Fil'tra'ti'on (die, -, -ti'o'nen) das Filtrieren

filt'rie'ren *auch:* fil'trie'ren (V.) durch einen Filter gehen lassen, filtern

Fi'lü're (die, -, -en) Gewebe, Gespinst [lat.-frz.]

Fil'zo'kra'tie (die, -, -n) ineinander verflochtene Machtverhältnisse, die durch unlautere Postenvergabe und Vetternwirtschaft zu Stande kommt [dt.-gr.]

fi'nal (Adj.) **1** abschließend **2** zweckbestimmt [lat.]

Fi'na'le (das, -s, -) **1** letzter Durchgang, Schlussrunde **2** Schlusssatz (eines Instrumentalwerkes) [it.]

Fi'na'lis (die, -, -les) Schlussnote, Endton in den Kirchentonarten (Musik) [lat.]

Fi'na'list (der, -lis'ten, -lis'ten) Teilnehmer an einem Finale (**1**), Schlussrundenspieler, -sportler

Fi'na'li'tät (die, -, nur Ez.) Zweckgerichtetheit [lat.]

Fi'nal'satz (der, -es, -sät'ze) Gliedsatz, der den Zweck, die Absicht eines Verhaltens angibt

Fi'nan'ci'er [-nāsje:] (der, -s, -s) = Finanzier

Fi'nanz (die, -, -en) **1** (nur Ez.) Geldwesen (-Fachleute) **2** (nur Mz.) Geldmittel (einer Person, eines Staatshaushaltes) [frz.]

fi'nan'zi'ell (Adj.) geldlich, geldmäßig [frz.]

Fi'nan'zi'er (auch: Fi'nan'ci'er) [-tsje:] (der, -s, -s) jmd., der etwas finanziert, Geldgeber

fi'nan'zie'ren (V.) die Geldmittel bereitstellen; auf Kredit kaufen [frz.]

fi'nas'sie'ren (V.) Tricks anwenden, Ränke schmieden, Kniffe gebrauchen [lat.-frz.]

Fin'ca (die, -, -s) mit großem Garten umgebenes Landhaus, Landgut [span.]

Fin de Siè'c'le auch: Fin de Siè'c'le [fɛ̃dəsjɛkl] (das, - - -, nur Ez.) das Ende des 19. Jahrhunderts; z.B. Schnitzlers Diagnose der überfeinerten Wiener Fin-de-Siècle-Gesellschaft [frz.]

Fines Herbes [finzɛrb] (nur Mz.) fein gehackte Kräuter [frz.]

Fi'nes'se (die, -, -n) Kniff, Kunstgriff; Feinheit [frz.]

fin'gie'ren (V.) vortäuschen [lat.]

Fi'nis (das, -, nur Ez.) Ende [lat.]

Fi'nish [-nɪʃ] (das, -s, -s) **1** End-, Entscheidungskampf **2** letzter Schliff (bei der Produktfertigung) [engl.]

fi'ni'shen [-ʃn] (V.) alles im Finish (Endspurt) herausholen (Pferderennsport)

Fi'nis'seur [-søːɐ] (der, -s, -e) Rennsportler mit starkem Endspurt [frz.]

fi'nit (Adj.) bestimmt; finites Verb: Verb in konjugierter Form [lat.]

Fi'ni'tis'mus (der, -, nur Ez.) philosophische Anschauung von der Endlichkeit der Welt und ihrer Bewohner [lat.]

Finn-Din'gi (das, -s, -s) Einmannjolle [engl.]

finn'lan'di'sie'ren (V.) ein neutrales Land in Sowjetabhängigkeit bringen

Finn'lan'di'sie'rung (die, -, nur Ez.) wachsende sowjetische Einflussnahme auf ein selbstständiges Land, das scheinbar von der Sowjetunion völlig unabhängig ist, analog dem Verhältnis Finnlands zur ehemaligen Sowjetunion.

Fin'no'ug'ris'tik auch: Fin'no'u'gris'tik (die, -, nur Ez.) Wissenschaft von den finnougrischen Sprachen; z.B. vom Finnischen und Ungarischen [nlat.]

Fi'noc'chio [-nɔkio] (der, -(s), -noc'chi [-nɔki]) Salat-, Gemüsefenchel [it.]

Fin'te (die, -, -n) **1** Scheinhieb beim Boxen oder Fechten **2** Ausflucht, Vorwand [lat.-it.]

fin'tie'ren (V.) eine Finte ausführen, anwenden [lat.-it.]

Fi'o'ret'te (die, -, -n) = Fioritur [it.-frz.]

Fi'o'ri'tur (die, -, -en) Verzierung (beim Kunstgesang) [it.]

Fir'le'fanz (der, -es, -e) **1** überflüssiges Zubehör **2** Unsinn, Torheit, Narretei

Fir'le'fan'ze'rei (die, -, -en) Possenreißerei

Fir'ma (die, -, -men) Betrieb, Unternehmen; Handelsregistername [it.]

Fir'ma'ment (das, -s, -e) Himmelsgewölbe

fir'mie'ren (V.) einen Handelsregisternamen führen, damit unterzeichnen [lat.]

Fir'nis (der, -ses, -se) Schutzanstrich für Holz und andere Stoffe [frz.]

fir'nis'sen (V.) etwas mit Firnis behandeln [frz.]

first class [fɜːst klɑːs] von hohem Niveau, zur Spitzenklasse gehörig, erstklassig [engl.]

First La'dy [fɜːst leɪdɪ] (die, - -, - -dys) Frau eines Staatsoberhauptes [engl.]

FIS (die, -, nur Ez.) Abk. für »Fédération Internationale de Ski«, internationaler Skiverband [frz.]

Fi'si'ma'ten'ten (nur Mz.) Ausflüchte; Flausen [viell. frz.]

Fis'kal (der, -s, -e) Staatskassenbeamter (eines früheren Landesherrn) [lat.]

fis'ka'lisch (Adj.) zum Fiskus gehörig

Fis'kus (der, -, nur Ez.) der Staat als Vermögensträger; Finanzbehörde [lat.]

Fi'so'le (die, -, -n) grüne Bohne (österr.) [it.]

fis'sil (Adj.) spaltbar [lat.]

Fis'si'li'tät (die, -, nur Ez.) Spaltbarkeit

Fis'si'on (die, -, -si'o'nen) Spaltung, Teilung (eines Atomkerns, Zellkerns) [lat.]

Fis'sur (die, -, -en) Einriss (in einem Knochen, in der Schleimhaut) [lat.]

Fis'tel (die, -, -n) krankhafte oder künstl. Röhrenbildung (im menschl. Körper) [lat.]

Fis'tu'la (die, -, -lae [-leː]) **1** Rohr-, Panflöte **2** Orgelpfeife [lat.]

fis'tu'lie'ren (V.) mit Kopfstimme artikulieren; mit hoher, unangenehmer Stimme sprechen (bei Männern) [lat.]

fit (Adj.) gut trainiert; leistungsfähig, gut vorbereitet [engl.]

fi'tie'ren (V.) **1** schimpfen, tadeln **2** sich um etwas nicht bekümmern, sich darüber hinwegsetzen [lat.-frz.]

Fit'ness (die, -, nur Ez.) körperliches Durchtrainiertsein [engl.]

Fi'u'ma'ra (die, -, -ren) = Fiumare

Fi'u'ma're (auch: Fi'u'ma'ra) (die, -, -n) Fluss, der nur gelegentlich Wasser führt (in Italien)

Five o'clock tea [faɪvəklɔk tiː] (der, - - -, - - -s) Fünfuhrtee [engl.]

fix (Adj.) **1** gleich bleibend, fest; z.B. fixe Kosten **2** rasch, schnell (ugs.); z.B. etwas fix erledigen [lat.]

Fi'xa'teur [-tøːɐ̯] (der, -s, -e) **1** Vorrichtung zum Stabilisieren; z.B. von Knochenbrüchen **2** Fixativzerstäuber [frz.]

Fi'xa'ti'on (die, -, -ti'o'nen) **1** Befestigung, Ruhigstellung **2** das Fixiertsein (auf eine Person) [frz.]

Fi'xa'tiv (das, -s, -e) Lösung zum Fixieren (für leicht verwischbare Kohlezeichnungen u.a.) [frz.]

fi'xen (V.) Rauschgift mit einer Spritznadel injizieren [lat.-engl.]

Fi'xer (der, -s, -) jmd., der fixt

fi'xie'ren (V.) **1** (be-)festigen, härten; z.B. Fotografien in einer Salzlösung fixieren **2** festlegen; z.B. einen Termin fixieren **3** unentwegt ansehen; z.B. einen Nebenbuhler provozierend fixieren [frz.]

Fi'xing (das, -s, nur Ez.) amtlich festgesetzter Tageskurs für Aktien oder Devisen [engl.]

Fi'xum (das, -s, -xa) festes Einkommen [lat.]

Fizz [fɪz] (der, -, -es) prickelndes alkoholisches Mixgetränk; z.B. mit Sekt, Selters oder Soda [engl.]

Fjäll (der, -s, -s) = Fjell [schwed.]

Fjell (auch: Fjäll) (der, -s, -s) waldfreie Hochfläche (in Skandinavien) [norweg.]

Fjord (der, -s, -e) tief eingeschnittene, lang gestreckte Meeresbucht [norweg., schwed.]

Fla'con [-kɔ̃] (der od. das, -s, -s) = Flakon

Fla'gel'lant (der, -en, -en) **1** mittelalterlicher Asket, der durch Selbstgeißelung öffentlich Buße tat, Geißelbruder **2** jmd., der im Flagellantismus seine Sexualneurose auslebt [lat.]

Fla'gel'lan'tis'mus (der, -, nur Ez.) sexuelle Aktivität durch Peitschen oder Gepeitschtwerden [lat.]

Fla'gel'lat (auch: Fla'gel'la'te) (der, -en, -en) Geißeltierchen [lat.]

Fla'gel'la'te (der, -n, -n) = Flagellat

Fla'gel'la'ti'on (die, -, -ti'o'nen) Ausübung des Flagellantismus

Fla'gel'lo'ma'nie (die, -, nur Ez.) = Flagellantismus [lat.-gr.]

Fla'gel'lum (das, -s, -len) Geißel (der Flagellaten)

Fla'geo'lett [-ʒɔlɛt] (das, -s, -s) **1** kleine Schnabelflöte **2** (hohes) Flötenregister der Orgel **3** flötenähnlicher Oberton (Streichinstrumente) [frz.]

flag'rant auch: fla'grant (Adj.) ins Auge springend; in flagranti: auf frischer Tat [frz.]

Flair [flɛːɐ̯] (das, -s, nur Ez.) **1** angenehme Ausstrahlung **2** Spürsinn (schweiz.) [frz.]

Fla'kon (auch: Fla'cɔ̃) [-kɔ̃] (der oder das, -s, -s) Glasfläschchen (für Parfüm) [frz.]

Flam'beau [flãboː] (der, -s, -s) **1** Fackel (veraltet) **2** hoher Armleuchter [frz.]

Flam'bee (das, -s, -s) flambierte Speise [lat.-frz.]

flam'bie'ren (V.) mit Alkohol übergießen und brennend servieren; z.B. Süßspeisen [frz.]

flam'bo'yant auch: flam'boy'ant [flãbwajã] (Adj.) **1** flammend, geflammt **2** farbenprächtig, schreiend bunt **3** heftig, energisch [lat.-frz.]

Flam'bo'yant auch: Flam'boy'ant [flãbwajã] (sub-)tropischer, blühender Zierbaum (Bot.)

Fla'me (der, -n, -n) Ew. von Flandern

Fla'men (der, -, -mi'nes) Priester eines einzelnen Gottes im antiken Rom [lat.]

Fla'men'co (der, -s, -s) andalusisches (Tanz-)Lied [span.]

Fla'min'go (der, -s, -s) hochbeiniger, langhalsiger Wasservogel mit krummem Schnabel und rosarotem Gefieder [span.]

flä'misch (Adj.) zu Flandern gehörig

Flam'me'ri (der oder das, -(s), -s) Grieß-, Maisstärkepudding, der nach dem Erstarren gestürzt (und mit Fruchtsoße serviert) wird [kelt.-engl.]

flan'drisch auch: fland'risch (Adj.) = flämisch

Fla'nell (der, -s, -e) weicher, angerauter Baumwollstoff [kelt.-frz.]

fla'nel'len (Adj.) aus Flanell

Fla'neur [-nøːɐ̯] (der, -s, -e) jmd., der flaniert

fla'nie'ren (V.) behaglich spazieren gehen (um gesehen zu werden) [frz.]

flan'kie'ren (V.) zu beiden Seiten stehen, begleiten [germ.-frz.]

Flap'per [flæ-] (der, -s, -) Bezeichnung für ein selbstbewusstes, junges Mädchen im angloamerikanischen Sprachraum [engl.]

Flash [flæʃ] (der, -s, -es) **1** kurze Einblendung **2** Moment, in dem ein Rauschgift zu wirken beginnt [engl.]

Flash'back [flæʃbæk] (das, -s, -s) Nachrausch [engl.]

Flat [flæt] (das, -s, -s) Mietwohnung [engl.]

Flat'te'rie (die, -, -n) Schmeichelei [germ.-frz.]

Flat'teur [-tøːɐ̯] (der, -s, -e) Schmeichler (veraltet) [frz.]

flat'tie'ren (V.) schmeicheln (veraltet) [frz.]
Fla'tu'lenz (die, -, -en) Blähsucht [lat.]
Fla'tus (der, -, -) abgehende Blähung [lat.]
Fla'xor (der, -s, -xo'ren) Beugemuskel [lat.]
flek'tie'ren (V.) durch Flexion abwandeln, beugen
flet'schern (V.) sehr gründlich kauen (nach der Methode des Amerikaners H. Fletcher)
Fleur [flœr] (die, -, -s) 1 Blume, Blüte 2 das Beste von etwas, Zierde [lat.-frz.]
Fleu'ret'te (die, -, nur Ez.) durchsichtiges, krepppartiges Kunstseidengewebe [lat.-frz.]
Fleu'rin (der, -s, -s) Verrechnungseinheit der internationalen Organisation der Blumengeschäfte [Kunstwort]
Fleu'rist (der, -ris'ten, -ris'ten) Blumenfachmann, Blumenliebhaber, Blumenkenner [lat.-frz.]
Fleu'ron [flœrõ] (das, -s, -s) 1 Blumenverzierung, -ornament (an Gebäuden) 2 (nur Mz.) ungesüßte Halbmonde aus Blätterteig (als Beilage) [frz.]
fle'xi'bel (Adj.) 1 biegsam 2 anpassungsfähig
Fle'xi'bi'li'tät (die, -, nur Ez.) das Flexibelsein
Fle'xi'on (die, -, -xi'o'nen) Bildung der grammatischen Wortformen; z.B. die Abwandlung des Substantivs in den vier Fällen, des Verbs in den Zeitformen [lat.]
fle'xi'visch (Adj.) zur Flexion gehörig, sie zeigend
Fle'xur (die, -, -en) Verbiegung (einer geologischen Schicht, eines Organs) [lat.]
Fli'bus'ti'er [-stjər] (der, -s, -) westindischer Seeräuber (des 17./18. Jahrhunderts), Freibeuter [niederl.-frz.]
Flic (der, -s, -s) französischer Polizist
Flick'flack (der, -s, -s) mehrfacher Handstandüberschlag rückwärts [frz.]
Flip (der, -s, -s) 1 alkoholisches Mixgetränk mit Ei 2 Erdnussflocke [engl.]
Flip'flop (das, -s, -s) elektronische Kippschaltung [engl.]
Flip'per (der, -s, -) ein Spielautomat, bei dem die Kugel durch elektrische Kontakte auf einem abschüssigen Feld am Abwärtsrollen gehindert werden soll [engl.]
flip'pern (V.) am Flipper spielen
Flip'pie (der, -s, -s) alberner, ausgeflippter Mensch (ugs.) [engl.]
Flirt [flɛrt] (der, -s, -s) 1 Einleiten einer erotischen Beziehung, Liebesgeplänkel [engl.]
flir'ten [flɜː-] (V.) einen Flirt beginnen, »anbändeln«
floa'ten [floʊ-] (V.) Wechselkurse nach Angebot und Nachfrage schwanken lassen
Floa'ting [floʊ-] (das, -s, -s) das Floaten, Freigabe der Wechselkurse [engl.]

Flo'ka'ti (der, -s, -s) heller, dem griechischen Hirtenteppich ähnlicher, zottiger Teppich aus Schurwolle [gr.]
Flop (der, -s, -s) 1 (leichter) Misserfolg 2 = Fosbury-Flop [engl.]
Flop'py'disk (*auch:* Flop'py Disk) (die, -, -s) = Diskette [engl.]
Flor (der, -s, -e) 1 sehr feines, durchsichtiges Gewebe; z.B. als Band an der Trauerkleidung 2 hoch stehende Faserenden (bei Plüsch, Teppichen) [frz.-niederl.]
Flor (der, -s, -e) Blumenfülle, -pracht; z.B. ein Garten, der im vollen Flor steht [lat.]
Flo'ra (die, -, -ren) Pflanzenwelt (eines Landes, Lebensraumes) [lat.]
Flo'ren'ti'ner (der, -s, -) 1 Ew. von Florenz 2 flachrundes Mandel-Honig-Gebäck mit Schokoladenüberzug auf einer Seite 3 breitkrempiger Damenstrohhut
Flo'res'zenz (die, -, -en) 1 Blütenstand 2 Blütezeit [lat.]
Flo'rett (das, -s, -e) dünner Stoßdegen mit vierkantiger Klinge [it.-frz.]
flo'rett'tie'ren (V.) mit dem Florett fechten [lat.-it.-frz.]
Flo'rett'sei'de (die, -, nur Ez.) Abfall der Naturseide
flo'rid (Adj.) rasch fortschreitend (bei Krankheiten) [lat.]
flo'rie'ren (V.) sich gut entwickeln (bes. von Geschäften), »blühen« [lat.]
Flo'ri'le'gium (das, -s, -gi'en) = Anthologie (veraltet) [lat.]
Flo'rin (der, -s, -e oder -s) Gulden; eine englische Silbermünze [lat.]
Flo'rist (der, -ris'ten, -ris'ten) Blumenbinder [lat.]
Flo'ris'tik (die, -, nur Ez.) Wissenschaft von den Floren, der Pflanzenverbreitung
flo'ris'tisch (Adj.) 1 zur Flora, Floristik gehörig 2 blumenbinderisch
Flos'kel (die, -, -n) leere Redeformel [lat.]
Flo'ta'ti'on (die, -, -ti'o'nen) Schwimmaufbereitung (von Erzen, Mineralgemischen) [engl.]
flo'tie'ren (V.) durch Flotation sortieren
Flot'te (die, -, -n) 1 Gesamtheit der Schiffe eines Staates (Handels- u. Kriegsmarine) 2 größerer Verbund an Kriegsschiffen 3 Flüssigkeit, in der Textilien gebleicht, gefärbt oder imprägniert werden [germ.-roman.]
flott'tie'ren (V.) schweben; schwebend schwimmen [german.-lat.]
Flot'til'le (die, -, -n) Schiffsverband, -geschwader, z.B. kleine Kriegsschiffe, Fangschiffe [niederl.-span.]
Flo'wer'po'wer [flavəpauə] Gewaltlosigkeit, Humanisierung durch Blumen

(als »Schlagwort« der Hippie-Bewegung) [engl.]
Flu'at (das, -s, -e) Kieselflusssäureverbindung; z.B. zum Oberflächenschutz im Baugewerbe [Kurzwort]
flu'id (Adj.) flüssig [lat.]
Flu'i'dum (das, -s, -da) besondere Ausstrahlung (eines Menschen, eines Raumes u.a.) [lat.]
Flu'ke (die, -, -n) Schwanzflosse (eines Wals)
Fluk'tu'a'ti'on (die, -, -ti'o'nen) das Fluktuieren
fluk'tu'ie'ren (V.) schwanken, wechseln [lat.]
Flu'or 1 (das, -s, nur Ez.) ein Element, gelbgrünes, giftiges Gas [lat.] **2** (der, -s, nur Ez.) Gebärmutter-, Scheidenausfluss [lat.]
Flu'o'res'zenz (die, -, nur Ez.) Aufleuchten bei (Licht-)Bestrahlung [nlat.-engl.]
flu'o'res'zie'ren (V.) Fluoreszenz zeigen
Flu'o'rid (das, -s, -e) Flusssäuresalz [nlat.]
Flu'o'rit (der, -s, -e) Flussspat [nlat.]
Flush [flʌʃ] (der, -s, nur Ez.) **1** plötzliche Hautrötung; z.B. Sexualflush **2** fünf Spielkarten gleicher Farbe (beim Pokern) **3** Blattaustrieb; Pflückung (beim Tee) [engl.]
Flü'te (die, -, -n) Dreimaster des 17. und 18. Jahrhunderts [niederl.-frz.]
flu'vi'al (Adj.) = fluviatil
flu'vi'a'til (Adj.) zu einem Fluss gehörig, durch ihn verursacht; z.B. eine fluviatile Schotteranschwemmung [lat.]
Flu'xus (der, -, nur Ez.) **1** das Fließen; z.B. von Eiter **2** eine Kunstrichtung, die versucht, verschiedene Kunstformen in Spontanaktionen zu vereinen [lat.]
Fly'er [flaɪə] (die, -s, -) **1** Prospektblatt unter fünf Gramm, das Postsendungen beigelegt wird **2** Flügelspinnmaschine **3** Arbeiter an einer solchen Spinnmaschine [engl.]
Fly'ing Dutch'man [flaɪɪŋ dʌtʃmən] (der, - -, - -men) schnelle Zweimannjolle [engl.]
fö'de'ral (Adj.) = föderalistisch [frz.]
Fö'de'ra'lis'mus (der, -, nur Ez.) Streben (eines Teilstaates) nach größerer Selbstständigkeit innerhalb des Bundesstaates; Gliederung in Bundesstaaten [frz.-nlat.]
Fö'de'ra'ti'on (die, -, -ti'o'nen) Staatenbund; Bündnis [frz.]
fö'de'ra'tiv (Adj.) zu einer Föderation gehörig
fö'de'rie'ren (V.) eine Föderation einrichten; verbünden
Fog (der, -s, nur Ez.) dichter (»englischer«) Nebel
fo'kal (Adj.) zum Fokus gehörig
Fo'kus (der, -, -se) **1** Brennpunkt **2** Bakterienherd (in einer Körperhöhle) [lat.]
fo'kus'sie'ren (V.) in einem optischen Fokus zusammenbringen; scharfstellen

Fol'der [fəʊ-] (der, -s, -) Faltprospekt, Broschüre [germ.-engl.]
Fo'li'ant (der, -en, -en) großformatiges (altes) Buch [lat.]
Fo'lie [-liə] (die, -, -n) dünnes Metall-, Kunststoffblatt [lat.]
Fo'lio (das, -s, -s) ein altes Buchformat (von 35 bis 45 Zentimeter Höhe) [lat.]
Fo'li'um (das, -s, -lia oder -li'en) Blatt (einer getrockneten Heilpflanze) [lat.]
Folk [fəʊk] (der, -s, nur Ez.) auf englischsprachiger Volksmusik basierende Rockmusik
Folk'lo're (die, -, nur Ez.) Brauchtum (in publikumswirksamer Aufmachung) [engl.]
folk'lo'ris'tisch (Adj.) zur Folklore gehörig
Fol'li'kel (der, -s, -) **1** Bläschen; z.B. ein Haarbalg **2** Hülle um die Eizelle im Eierstock [lat.]
Fol'li'kel'hor'mon (das, -s, -e) = Östrogen [lat.-gr.]
Fond [fɔ̃] (der, -s, -s) **1** (Hinter-)Grund; z.B. der Fond einer Bühne **2** Grundlage; z.B. der Fond eines Vermögens **3** Rücksitz im Wagen **4** Bodensatz beim Fleischanbraten (als Soßengrundlage) [frz.]
Fon'dant [fɔ̃dɑ̃:] (der, -s, -s) weiche Zuckermasse (als Ausgangsstoff verschiedener Konditoreierzeugnisse) [frz.]
Fonds [fɔ̃] (der, -, - [fɔ̃:s]) Geldvorrat; Vermögensgrundstock [frz.]
Fon'due [-dy:] (das, -s, -s) Gericht, bei dem aus einem durch Feuer erhitzten Spezialgefäß gegessen wird; z.B. in Käse getauchte Brotwürfel, in Öl gebratenes Fleisch [frz.]
Fon'tä'ne (die, -, -n) hochspringender Flüssigkeitsstrahl; Springbrunnen [frz.]
Fon'ta'nel'le (die, -, -n) Stelle am Oberkopf eines Säuglings, an der die Schädelknochen noch nicht zusammengewachsen sind [it.]
Foot [fut] (der, -, Feet [fi:t]) englisches Längenmaß, etwa 30 Zentimeter
Fo'ra'mi'ni'fe're (die, -, -n) meeresbewohnender Einzeller mit grazilem Kalkgehäuse, ein Kammerling [lat.]
Force de frappe [fɔrsdəfrap] (die, - - -, nur Ez.) französische Atomstreitmacht
for'cie'ren [-si:-] (V.) erzwingen [frz.]
Fore'hand [fɔ:hænd] (die, -, -s) Vorhand (im Tennis) [engl.]
fo'ren'sisch (Adj.) gerichtlich; der Verbrechensbekämpfung dienlich [lat.]
Fo'rint (auch [-rɪnt]) (der, -(s), - oder -s) ungarische Währungseinheit [it.-ungar.]
for'mal (Adj.) zur Form gehörig, äußerlich; nur der Form nach
Form'al'de'hyd (der, -s, nur Ez.) ein farbloses, stechend riechendes Gas, Ameisensäu-

Formalien   **Fotomodell**

realdehyd als Desinfektionsmittel, ein Umweltgift [nlat.]

For|ma|li|en (nur Mz.) Äußerlichkeiten, Formvorschriften [lat.]

For|ma|lin (das, -s, nur Ez.) wässrige Lösung des Formaldehyds

for|ma|li|sie|ren (V.) in eine systematische Form bringen [lat.]

For|ma|lis|mus (der, -, -men) mechanisch-gedankenlose Formbetonung, Formstarrheit [lat.]

For|ma|list (der, -lis|ten, -lis|ten) jmd., der Formen überbetont [lat.]

For|ma|li|tät (die, -, -en) Vorschriftssache; überflüssige Äußerlichkeit [lat.]

for|ma|li|ter (Adv.) förmlich [lat.]

For|mans (das, -, -man|zi|en) der Wortableitung dienendes Morphem; z.B. »Ge...« in Gesang [lat.]

For|mat (das, -s, -e) **1** bestimmte Größe, (genormtes) Ausmaß; z.B. Fotos in einem anderen Format bestellen **2** (nur Ez.) Bedeutung als Person; z.B. er hat kein Format [lat.]

For|ma|ti|on (die, -, -ti|o|nen) **1** Bildung, Gestaltung, Gruppierung; z.B. die Formation arbeitsfähiger Gremien **2** Untergliederung eines Erdzeitalters; (in einer bestimmten Zeit gebildete) Schicht der Erdkruste **3** militärische Gliederung; z.B. in marschmäßiger Formation auftreten [lat.]

for|ma|tiv (Adj.) gestaltend [lat.]

For|mel (die, -, -n) **1** feststehender Text; z.B. bei einem Gelöbnis die vorgeschriebene Formel sprechen **2** durch Buchstaben und Zeichen formuliertes Gesetz (in der Mathematik, Physik); Symbolschrift für Verbindungen (in der Chemie) **3** feststehende Konstruktionsmerkmale eines Rennwagens; z.B. Formel-1 [lat.]

for|mell (Adj.) **1** förmlich **2** der Form halber [frz.]

for|mi|da|bel (Adj.) großartig, ausgezeichnet [frz.]

for|mie|ren (V.) bilden, gestalten; anordnen

for|mu|lie|ren (V.) mit Worten möglichst genau ausdrücken [frz.]

For|sy|thie [-tsia] (die, -, -n) Zierstrauch mit goldgelben Blüten vor dem Blattaustrieb [engl.-nlat.]

Fort [fɔːr] (das, -s, -s) kleine Militärfestung, Palisadenbau [frz.]

for|te (Adv.) kräftig, laut (bei Musikstücken) [it.]

for|te|for|tis|si|mo (Adv.) äußerst laut (bei Musikstücken) [it.]

For|te|pi|a|no (das, -s, -s) **1** (nur Ez.) starkes Einsetzen und sofort darauf folgende, leise Tonstücke **2** Klavier (veraltet) [frz.]

For|ti|fi|ka|ti|on (die, -, -ti|o|nen) Befestigung (veraltet) [lat.]

for|ti|fi|zie|ren (V.) befestigen (veraltet) [lat.]

for|tis|si|mo (Adv.) sehr laut, stark (bei Musikstücken) [it.]

for|tis|sis|si|mo (Adv.) = fortefortissimo

FORTRAN (das, -s, nur Ez.) Abk. für »**FOR**mular **TRAN**slator«, Programmiersprache für mathematische Anwendungen [engl.]

For|tu|na (die, -, nur Ez.) römische Glücksgöttin, das Glück [lat.]

Fo|rum (das, -s, -ren) **1** altrömischer Haupt-, Marktplatz **2** geistig-kulturelles Umschlagzentrum (mit Diskussionen, Veranstaltungen), das von einer Personengruppe geleitet wird [lat.]

For|ward [-wəd] (der, -s, -s) Stürmer (schweiz.) [engl.]

for|zan|do (Adv.) = sforzando

for|za|to (Adv.) = sforzato

Fos|bu|ry|flop (auch: Fos|bu|ry-Flop) [-bəri-] (der, -s, -s) Hochsprungtechnik, bei der der Körper die Latte rückwärts überquert [engl.]

fos|sil (Adj.) als Fossil erhalten, versteinert

Fos|sil (das, -s, -e) versteinerter Überrest, Abdruck eines urgeschichtlichen Lebewesens, Versteinerung [lat.]

fos|si|lie|ren (V.) zum Fossil werden, versteinern

Fo|to (auch: Pho|to) (das, -s, -s) = Fotografie (auch: Photographie) (**2**) [Kurzwort]

Fo|to-CD (auch: Pho|to-CD) (die, -, -s) Compact Disc, auf der Fotos digital festgehalten werden

fo|to|gen (auch: pho|to|gen) (Adj.) gut zu fotografieren (bes. von Personen) [gr.]

Fo|to|graf (auch: Pho|to|graph) (der, -en, -en) jmd., der (beruflich) fotografiert

Fo|to|gra|fie (auch: Pho|to|gra|phie) (die, -, -n) **1** (nur Ez.) Verfahren, Bilder auf lichtempfindlichen Filmschichten zu erzeugen, Lichtbildnerei **2** das Bild selbst, Lichtbild [gr.]

fo|to|gra|fie|ren (auch: pho|to|gra|phie|ren) (V.) eine Fotografie herstellen

fo|to|gra|fisch (auch: pho|to|gra|phisch) (Adj.) zur Fotografie gehörig

Fo|to|gramm (auch: Pho|to|gramm) (das, -s, -e) Fotografie (**2**) für Messungen (von Gegenständen) [gr.]

Fo|to|ko|pie (auch: Pho|to|ko|pie) (die, -, -n) durch Fotografie hergestellte Kopie

fo|to|ko|pie|ren (auch: pho|to|ko|pie|ren) (V.) eine Fotokopie machen

Fo|to|mo|dell (auch: Pho|to|mo|dell) (das, -s, -e) jmd., der sich (beruflich) zu Werbezwecken fotografieren lässt [gr.-it.]

Fotomontage 161 **Frigidität**

Fo|to|mon|ta|ge (*auch:* Pho|to|mon|ta|ge) (die, -, -n) Zusammensetzung von Teilen verschiedener Fotografien zu einem neuen Bild [gr.-frz.]
Fo|to|vol|ta|ik (*auch:* Pho|to|vol|ta|ik) (die, -, nur Ez.) direkte Energiegewinnung aus Licht durch Solarzellen
Fö|tus (der, -, -se oder -ten) = Fetus
foul [faul] (Adj.) regelwidrig, grob unsportlich [engl.]
Foul [faul] (das, -s, -s) Regelwidrigkeit, grobe Unsportlichkeit [engl.]
Fou|lard [fula:r] (der, -s, -s) farbig gemusterter Seidenstoff (für Krawatten) [frz.]
Fou|lé [fule:] (der, -(s), -s) ein weicher Anzugstoff [frz.]
fou|len [fau-] (V.) ein Foul begehen
Four|gon [furgõ] (der, -s, -s) Militärlastwagen (schweiz.) [frz.]
Fox (der, -, -) = Foxtrott [Kurzwort]
Fox|hound [-haund] (der, -s, -s) rotschwarz-weiß gefleckter englischer (Fuchs-) Jagdhund
Fox|ter|ri|er (der, -s, -) kleine Jagdhundrasse mit Knickohren, Fleckenfell und Stummelschwanz [engl.]
Fox|trott (der, -, -s) ein Gesellschaftstanz im 4/4-Takt [engl.]
Fo|yer *auch:* Foy|er [fwaje:] (das, -s, -s) Wandelhalle (im Theater) [frz.]
Fra (ohne Artikel) it. Mönch, Bruder (Anrede in Verbindung mit einem Vornamen)
fra|gil (Adj.) zerbrechlich [lat.]
Fra|gi|li|tät (die, -, nur Ez.) Zerbrechlichkeit [lat.]
Frag|ment (das, -s, -e) Bruchstück; unvollendetes Werk [lat.]
frag|men|ta|risch (Adj.) bruchstückhaft, unvollendet [lat.]
frag|men|tie|ren (V.) in Bruchstücke zerlegen [lat.]
frais [frɛ:z] (Adj.) = fraise
fraise (*auch:* frais) [frɛ:z] (Adj.) erdbeerfarben (bei Kleidern) [frz.]
Frak|ti|on (die, -, -ti|o|nen) 1 Parlamentsvertretung einer Partei; politische Sondergruppe 2 Zerlegung durch Trennverfahren (in der Chemie) [lat.]
frak|ti|o|nie|ren (V.) durch Trennverfahren zerlegen (in der Chemie) [frz.]
Frak|tur (die, -, -en) 1 eine Druckschrift, gotische, »deutsche« Schrift 2 Knochenbruch [lat.]
Fram|bö|sie (die, -, -n) tropische Hautkrankheit, Himbeerpocken [frz.]
Franc [frã] (der, -, - oder -s) eine Währungseinheit (u.a. in Frankreich, Belgien)
Fran|çai|se [frãsɛ:z] (die, -, -n) französischer Kontertanz

Fran|chise [frãntʃaɪz] (die, -, nur Ez.) Vertriebsform im Handel [engl.]
Fran|chi|se [frãʃi:z] (die, -, -) Versicherungshaftung ab bestimmter Schadenshöhe [frz.]
Fran|ci|um [-tsi-] (das, -s, nur Ez.) ein radioaktives Alkalimetall [nlat.]
Fran|ka|tur (die, -, -en) das Frankieren, Freimachen (Brief)
fran|kie|ren (V.) freimachen (einen Brief) [it.]
fran|ko|phil (Adj.) mit einer besonderen Vorliebe für alles Französische [nlat.-gr.]
Frank|ti|reur [-rø:ɐ] (der, -s, -e) Freischärler [frz.]
frap|pant (Adj.) auffallend, überraschend, verblüffend [frz.]
frap|pie|ren (V.) 1 verblüffen 2 mit Eis kühlen (beim Sekt) [frz.]
Fras|ca|ti (der, -s, -s) ein kräftiger italienischer Weißwein
Fra|ter|ni|sa|ti|on (die, -, nur Ez.) das Fraternisieren [frz.]
fra|ter|ni|sie|ren (V.) sich verbrüdern (bei Soldaten gegenüber der Zivilbevölkerung)
Fra|ter|ni|té (die, -, nur Ez.) Brüderlichkeit (als Schlagwort der Französischen Revolution) [frz.]
Freak [fri:k] (der, -s, -s) schrulliger, unbürgerlicher Mensch [engl.]
Free|sie [-siə] (die, -, -n) ein Schwertliliengewächs, Zierpflanze [nlat.]
Fre|gat|te (die, -, -n) schnelles Kriegssegelschiff, Geleitschutzboot [frz.]
fre|ne|tisch (Adj.) rasend; z.B. frenetischer Beifall [frz.]
Fre|nu|lum (das, -s, -la) kleines Hautband (als Verbindung der Eichel mit der Vorhaut) [lat.]
fre|quent (Adj.) 1 häufig 2 beschleunigt (vom Puls) [lat.]
Fre|quen|ta|ti|on (die, -, -ti|o|nen) häufiger Besuch [lat.]
fre|quen|tie|ren (V.) häufig besuchen [lat.]
Fre|quenz (die, -, -en) 1 Häufigkeit 2 Schwingungszahl (pro Sekunde) [lat.]
Fres|ke (die, -, -n) = Fresko
Fres|ko (das, -s, -ken) Wandmalerei auf noch feuchten Kalkverputz [it.]
Fri|dat|te (die, -, -n) = Frittate (österr.)
fri|de|ri|zi|a|nisch (Adj.) zur Ära Friedrichs des Großen gehörend
fri|gid (*auch:* fri|gi|de) (Adj.) sexuell unerregbar (bei Frauen)
fri|gi|de (Adj.) = frigid
Fri|gi|di|tät (die, -, nur Ez.) das Frigidsein [lat.]

Frikadelle (*auch:* Fri'kan'del'le) (die, -, -n) gebratenes Klößchen, mit Semmeln vermischtes Hackfleisch [frz.]

Fri'kan'deau [-kãdo] (das, -s, -s) zartes Keuleninnenstück, Kalbsnuss [frz.]

Fri'kan'del'le (die, -, -n) = Frikadelle

Fri'kas'see (das, -s, -s) klein geschnittenes Kochfleisch (Huhn, Kalb) in heller Soße [frz.]

fri'kas'sie'ren (V.) zu Frikassee machen

fri'ka'tiv (Adj.) durch Reibung erzeugt (von Lauten) [lat.]

Fri'ka'tiv (der, -s, -e) Reibelaut; z.B. »f« [lat.]

Frik'ti'on (die, -, -ti'o'nen) Reibung; Einreibung

Fris'bee [-bi:] (das, -s, -s) Spielwurfscheibe aus Kunststoff [engl.]

Fri'seur (*auch:* Fri'sör) [-zø:ɐ] (der, -s, -e) jmd., der beruflich Haare schneidet, Frisuren macht [frz.]

Fri'seu'se [-zø:-] (die, -, -n) weiblicher Friseur

fri'sie'ren (V.) **1** das Haar ordnen **2** beschönigend fälschen; z.B. eine Steuererklärung frisieren **3** die Motorleistung steigern [frz.]

Fri'sör (der, -s, -e) = Friseur

Fri'sur (die, -, -en) bestimmte Anordnung des Haars, Haartracht [frz.]

Frit'ta'te (*auch:* Fri'dat'te) (die, -, -n) Pfannkuchenstreifen als Suppeneinlage [it.]

Frit'teu'se [-tø:-] (die, -, -n) Frittiergerät

frit'tie'ren (V.) in Öl schwimmend backen, braten [frz.]

fri'vol (Adj.) leichtfertig und ein wenig unanständig [frz.]

Fri'vo'li'tät (die, -, -en) das Frivolsein

Fro'mage de Brie [-ma:ʒ-] (der, - - -, nur Ez.) = Brie

Fron'de [frõːd] (die, -, nur Ez.) regierungsfeindliche Gruppe [frz.]

Fron'deur [frõdøːɐ] (der, -s, -e) jmd., der zur Fronde zählt, Regierungsgegner

fron'die'ren (V.) opponieren, der Regierung Schranken setzen [frz.]

fron'tal (Adj.) von vorn [frz.]

Fron'ti'spiz (das, -es, -e) **1** Bild (Kupferstich) gegenüber der Buchtitelseite **2** Giebeldreieck (über dem mittleren vorspringenden Gebäudeteil) [lat.]

Frot'tage [-ʒə] (die, -, n) Abreibung eines unter das Blatt gelegten Gegenstandes mit Bleistift, Rötel u.a. (grafische Technik) [frz.]

Frot'té (der, -(s), -s) = Frottee (österr.)

Frot'tee (*auch:* Frot'té) (das oder der, -(s), -s) lockerer Schlaufengarnstoff (Handtücher u.a.) [frz.]

Frot'teur [-tøːɐ] (der, -s, -e) jmd., der sich durch Genitalreibung an einer bekleideten Person sexuell betätigt [frz.]

frot'tie'ren (V.) intensiv abreiben (mit einem Handtuch) [frz.]

Frou'frou [frufru] (das oder der, -, nur Ez.) das Rascheln von seidenen Unterröcken (der Damenmode um 1900) [frz.]

Fruc'to'se (*auch:* Fruk'to'se) (die, -, nur Ez.) Fruchtzucker [nlat.]

fru'gal (Adj.) einfach, nicht üppig; z.B. ein frugales Mahl [frz.]

Fruk'ti'fi'ka'ti'on (die, -, -ti'o'nen) Fruchtbildung (in der Botanik) [lat.]

fruk'ti'fi'zie'ren (V.) Früchte ausbilden [lat.]

Fruk'to'se (die, -, nur Ez.) = Fructose

Frust (der, -(es), nur Ez.) = Frustration (ugs.)

Frus'tra'ti'on *auch:* Frust'ra'ti'on/Fru'stra'ti'on (die, -, -ti'o'nen) Enttäuschungserlebnis (bei unterbrochener Triebbefriedigung) [lat.]

frus'trie'ren *auch:* frust'rie'ren/fru'strie'ren (V.) enttäuschen durch Zwang zum Verzicht [lat.]

Frut'ti di Ma're (nur Mz.) Meeresfrüchte; z.B. Muscheln [it.]

Fuch'sie [fuksiə] (die, -, -n) ein Nachtkerzengewächs, Zierpflanze [lat.]

Fuch'sin [fuk-] (das, -s, nur Ez.) ein roter Teerfarbstoff [lat.]

fu'dit »hat gegossen« (als Vermerk hinter einem Metallgießernamen) [lat.]

fu'gal (Adj.) in der Art einer Fuge [lat.]

fu'ga'to (Adv.) fugenartig komponiert (jedoch nicht so formstreng) [it.]

Fu'ge (die, -, -n) ein streng schematisiertes Musikstück mit Durchführung eines Themas in allen Stimmen [it.]

Fu'get'te (*auch:* Fu'ghet'ta) (die, -, -n) kleine Fuge

Fu'ghet'ta (die, -, -ten) = Fugette

fu'gie'ren (V.) ein Musikthema fugenartig verarbeiten

Ful'gu'rit (der, -s, -e) durch Blitzeinschlag röhrenartig verschmolzene Gesteine oder Minieralien, Blitzröhre [nlat.]

Full'dress (*auch:* Full Dress) (der, - -, nur Ez.) Gesellschaftsanzug; Abendrobe [engl.]

Full'time'job (*auch:* Full-Time-Job) [fultaɪm dʒɔb] (der, -s, -s) Vollzeit-, Ganztagsbeschäftigung [engl.]

Ful'mar (der, -s, -e) Eissturmvogel [altnord.]

ful'mi'nant (Adj.) großartig [lat.]

Fu'ma'rol'le (die, -, -n) vulkanische Dampfquelle [it.]

Fu'mé [fy-] (der, -s, -s) Rußfarbabzug (eines Holzschnitts), Probeabzug [frz.]

Fun'da'ment (das, -s, -e) **1** Unterbau, Grundmauer, **2** Grundlage [lat.]

fun·da·men·tal (Adj.) grundlegend, von Bedeutung

Fun·da·men·ta·lis·mus (der, -, nur Ez.) Verteidigen einer Grundanschauung (bes. der Bibel als unmittelbares Gotteswort) [nlat.]

Fun·da·men·ta·list (der, -lis·ten, -lis·ten) Verfechter des Fundamentalismus, der hinsichtlich seiner ideologischen oder religiösen Prinzipien keine Kompromisse eingeht [lat.]

fun·da·men·tie·ren (V.) auf ein Fundament gründen

Fun·da·ti·on (die, -, -ti·o·nen) 1 (Kirchen-)Stiftung 2 das Fundamentieren (schweiz.)

Fun·di (der, -s, -s) Kurzwort für Fundamentalist

fun·die·ren (V.) begründen; gründlich ausstatten [lat.]

Fun·dus (der, -, -) Grundlage; Grundbestand

fu·nè·bre auch: fu·nè·bre [fynɛː-] (Adv.) düster (bei Musikstücken) [frz.]

fu·ne·ra·le (Adv.) traurig, ernst (Vortragsanweisung in der Musik) [lat.-it.]

Fu·ne·ra·li·en (nur Mz.) Begräbnisfeierlichkeiten [lat.]

fun·gi·bel (Adj.) austauschbar, ersetzbar [lat.]

Fun·gi·bi·li·en (nur Mz.) austauschbare, fungible Dinge [lat.]

Fun·gi·bi·li·tät (die, -, nur Ez.) 1 Austauschbarkeit, Ersetzbarkeit 2 beliebige Verwendbarkeit [lat.]

fun·gie·ren (V.) ein Amt, eine Funktion verrichten [lat.]

fun·gi·zid (Adj.) pilztötend [lat.]

Fun·gus (der, -, -gi) Schwammgeschwulst (an Gelenken) [lat.]

Funk [fʌnk] (der, -(s), nur Ez.) rhythmisch stimmungsvolle Rockmusik [engl.]

Funk·ti·on (die, -, -ti·o·nen) 1 Aufgabe, Tätigkeit, Zweck; 2 die Zuordnung einer abhängigen Größe (in Form einer Kurve in Koordinatensystem) [lat.]

Funk·ti·o·när (der, -s, -e) Beauftragter (einer Partei, eines Sportverbandes u.a.) [frz.]

funk·ti·o·nell (Adj.) die Funktion erfüllend, zu einer Funktion gehörig, zweckbestimmt, zweckgerichtet

funk·ti·o·nie·ren (V.) richtig ablaufen [frz.]

fu·ri·bund (Adj.) tobend, rasend, tobsüchtig (Med.) [lat.]

Fu·rie [-riə] (die, -, -n) 1 altrömische Rachegöttin 2 wütendes, rasendes Weib [lat.]

fu·ri·os (Adj.) hitzig, leidenschaftlich; mitreißend [it.]

fu·ri·o·so (Adv.) leidenschaftlich, wild (bei Musikstücken) [it.]

Fu·ri·o·so (das, -s, -si) ein wildes, leidenschaftlich zu spielendes Musikstück (oder musikalischer Satz) [lat.]

Fur·nier (das, -s, -e) dünner Holzbelag (auf geringerwertigem Möbelmaterial, Spanplatten u.a.) [it.-frz.]

fur·nie·ren (V.) mit Furnier verblenden

Fu·ror (der, -s, nur Ez.) Kampfwut, Raserei [lat.]

Fu·ro·re (die, -, nur Ez.) erfolgreiches Aufsehen; rasender Beifall [it.]

Fu·ror po·e·ti·cus (der, - -, nur Ez.) dichterische Begeisterung [gr.-lat.]

Fu·run·kel (der, -s, -) eitrige Unterhautentzündung (durch Infizierung einer Talgdrüse mit Kugelbakterien) [lat.]

Fu·run·ku·lo·se (die, -, -n) Auftreten vieler Furunkel am Körper [lat.-gr.]

Fü·si·lier (der, -s, -e) Flintenträger (früher Infanterieschütze) (schweiz.) [frz.]

fü·si·lie·ren (V.) standrechtlich erschießen

Fü·sil·la·de (die, -, -n) Massenerschießung standrechtlich Verurteilter (veraltet) [frz.]

Fu·si·on (die, -, -si·o·nen) Verschmelzung (zweier Kapitalgesellschaften, zweier Parteien, zweier Atomkerne) [lat.]

fu·si·o·nie·ren (V.) eine Fusion bilden, verschmelzen

Fus·ta·ge [-ʒə] (die, -, -n) Leergut(preis) [frz.]

Fus·ta·nel·la (die, -, -len) der kurze Männerrock in der griechischen Nationaltracht [gr.-it.]

Fus·ti (nur Mz.) 1 unbrauchbare Warenbeimischung 2 Preisnachlass dafür [it.]

Fu·thark [-θark] (das, -s, -e) Runenalphabet [germ.]

fu·til (Adj.) nichtig, läppisch, von keinerlei Bedeutung, ohne Belang [lat.]

Fu·ti·li·tät (die, -, -en) Belanglosigkeit, Nichtigkeit [lat.]

Fu·ton (der, -s, -s) hart gepolsterte Matte als Matratze [jap.]

Fut·te·ral (das, -s, -e) Hülle [altnord.-lat.]

Fu·tur (das, -s, -e) Zukunftsform des Verbs; z.B. ich werde gehen [lat.]

Fu·tu·ris·mus (der, -, nur Ez.) Bruch mit Werten der Kunsttradition (als Stilrichtung um 1910) [nlat.]

Fu·tu·rist (der, -ris·ten, -ris·ten) Futurismuskünstler

Fu·tu·ro·lo·gie (die, -, -n) Zukunftsforschung [lat.-gr.]

Fuz·zy·lo·gik (auch: Fuz·zy Lo·gik) (die, -, nur Ez.) math. Theorie, die nicht nur zwischen wahren und falschen Aussagen unterscheidet, sondern auch Annäherungswerte zulässt [engl.]

G

Ga|bar|di|ne oder [-di:n] (die oder der, - (s), nur Ez.) ein stark gerippter Stoff [span.-frz.]
Gabb|ro *auch:* Ga|bbro (der, -s, nur Ez.) ein dunkles Tiefengestein [it.]
Ga|bo|ne|se (der, -n, -n) = Gabuner
Ga|bu|ner (der, -s, -) Einwohner des Staates Gabun in Westafrika [portugies.]
Ga|do|li|nit (der, -s, nur Ez.) ein Berylliummineral [nlat.]
Ga|do|li|ni|um (das, -s, nur Ez.) ein chemischer Grundstoff, Metall [nlat.]
Gag [gæg] (der, -s, -s) lustiger Überraschungseffekt; witziger Einfall [engl.]
ga|ga (Adj.) trottelig
Ga|ga|ku (das, -, nur Ez.) Orchester- oder Chormusik am japanischen Kaiserhof des Mittelalters [jap.]
Ga|gat (der, -s, -e) harte, glänzende Kohlensubstanz; z.B. für Trauerschmuck [gr.]
Ga|ge [-ʒə] (die, -, -n) Künstlergehalt [germ.-frz.]
Gag|ger [gæg-] (der, -s, -) = Gagman
Ga|gist (der, -is|ten, -is|ten) **1** jmd., der eine Gage bezieht **2** Staatsangestellter in der österreichisch-ungarischen Monarchie [germ.-frz.]
Gag|man [gægmən] (der, -s, -men) jmd., der die Gags (für einen Film, ein Bühnenstück) erfindet
Gail|lard [gaja:r] (der, -s, -s) französische Bezeichnung für »Bruder Lustig« [frz.]
Gai|ta (die, -, -s) Sammelbezeichnung für verschiedene spanische Blasinstrumente [span.]
Gal (das, -s, -) Maßeinheit der Erdbeschleunigung (früher) [it., Kurzwort]
Ga|la (die, -, nur Ez.) **1** (vorgeschriebene) festliche Kleidung **2** prunkvolle Aufführung, Festlichkeit; z.B. eine Jubiläumsfeier in Form einer Gala [span.]
Ga|la|bi|ya (die, -, -s) weites Wollgewand der ärmeren Bevölkerung arabischer Länder [arab.]
Ga|la|go (der, -s, -s) kleiner afrikan. Halbaffe
Ga|lak|ta|go|gum *auch:* Ga|lakt|a|go|gum (das, -s, -ga) milchförderndes Mittel für Wöchnerinnen [gr.]
ga|lak|tisch (Adj.) zur Galaxie gehörig
Ga|lak|to|me|ter (das, -s, -) Dichtemessgerät zur Bestimmung des Milchfettgehalts [gr.]
Ga|lak|tor|rhö (*auch:* Ga|lak|tor|rhöe) (die, -, -en) Milchfluss nach der Stillzeit [gr.]
Ga|lak|tor|rhöe [-rø:] (die, -, -n) = Galaktorrhö [gr.]
Ga|lak|to|se (die, -, -n) Milchzuckerbestandteil [gr.]
Ga|la|lith (das, -s, nur Ez.) ein Werkstoff, Kunsthorn (Warenzeichen) [gr.]
Ga|lan (der, -s, -e) Liebhaber (scherzhaft) [span.]
ga|lant (Adj.) höflich-zuvorkommend (gegenüber einer Dame) [frz.]
Ga|lan|te|rie (die, -, -n) das Galantsein; galante Redeweise
Ga|lant|homme [galãtɔm] (der, -s, -s) Ehrenmann, Mann von feiner Lebensart [frz.]
Ga|lan|ti|ne (die, -, -n) mit Aspik überzogene Fleisch- oder Fischpastete [frz.]
Ga|lant|u|o|mo (der, -s, -mi|ni) Ehrenmann, Mann von feiner Lebensart [it.]
Ga|la|xi|as (die, -, nur Ez.) Milchstraße (veraltet) [gr.]
Ga|la|xie (die, -, -n) Sternsystem; Spiralnebel [gr.-lat.]
Ga|la|xis (die, -, nur Ez.) Milchstraße [gr.]
Gä|le (der, -n, -n) keltischer Ew. Irlands und Schottlands
Ga|le|as|se (die, -, -n) kleiner Ostsee-Frachtsegler [it.-frz.]
Ga|lee|re (die, -, -n) antikes Ruderkriegsschiff (das meist von Sklaven vorangetrieben wurde) [gr.-it.]
Ga|le|nik (die, -, nur Ez.) Lehre von natürlichen pflanzlichen Heilmitteln
Ga|le|ni|kum (das, -s, -ka) aus Drogen (in der Apotheke) zubereitete Arzneimittel [lat.]
ga|le|nisch (Adj.) aus Drogen zubereitet
Ga|le|nit (der, -s, -e) ein Mineral, Bleiglanz
Ga|le|o|ne (die, -, -n) großes Segelkriegsschiff (der Zeit spanischer und portugiesischer Entdeckungsreisen) [it.]
Ga|le|ot (der, -en, -en) Galeerensklave [gr.-lat.-roman.]
Ga|le|o|te (*auch:* Ga|li|o|te) (die, -, -n) **1** kleines Küstenfahrzeug, der Galeasse ähnlich [gr.-lat.-roman.] **2** kleines Segelfrachtschiff (früher; an der Nord-, Ostseeküste) [it.-frz.]
Ga|le|rie (die, -, -n) **1** balkonähnlicher Einbau, oberer Laufgang (in Festsälen, als Theaterrang) **2** Kunsthandlung mit Ausstellungsräumen; Gemäldesammlung **3** überdachter Tunnel, der zur Talseite offen liegt [it.-frz.]
Ga|le|rist (der, -ris|ten, -ris|ten) Galeriebesitzer; Kunsthändler
Ga|let|te (die, -, -n) flacher Blätterteigkuchen [frz.]
Gal|gant (der, -s, -e) ein asiatisches Ingwergewächs; Gewürz, Magenmittel [arab.-lat.]
Ga|li|ma|thi|as (*auch:* Gal|li|ma|thi|as) (der, -, nur Ez.) dummes, wirres Gerede [frz.]

Ga'li'on (*auch:* Gal'li'on/Gal'jon) (das, -s, -s) erkerartiger Vorbau am Bug alter Segelschiffe (mit der Galionsfigur) [span.-frz.]
Ga'li'ons'fi'gur (*auch:* Gal'li'ons'fi'gur/Gal'jons'fi'gur) (die, -, -en) **1** geschnitzte (Frauen-)Figur auf dem Galion **2** Vorzeigeperson (einer Partei)
Ga'li'o'te (die, -, -n) = Galeote
Ga'li'pot [-po] (der, -s, nur Ez.) Kiefernharz (als Rohstoff) [frz.]
gä'lisch (Adj.) inselkeltisch
Gal'li'va'ten (nur Mz.) Transportschiffe in Indien [engl.]
Gall'jass (die, -, -en) = Galeasse
Gall'jon (das, -s, -s) = Galion
Gall'jons'fi'gur (die, -, -en) = Galionsfigur
Gal'lert oder [-lert] (das, -s, -e) = Gallerte
Gal'ler'te (die, -, -n) elastische, durchsichtige Masse (aus eingedickter, nach dem Kaltwerden erstarrter Knochenbrühe u.a.) [lat.]
Gal'li'er (der, -s, -) Ew. Galliens, Kelte im Gebiet des späteren Frankreichs
gal'li'ka'nisch (Adj.) zum Gallikanismus gehörig
Gal'li'ka'nis'mus (der, -, nur Ez.) nationalkirchliche Bestrebungen der französischen katholischen Kirche (bis etwa 1870) [nlat.]
Gal'li'ma'thi'as (der, -, nur Ez.) = Galimathias
Gal'li'on (das, -s, -s) = Galion
Gal'li'ons'fi'gur (die, -, -en) = Galionsfigur
gal'lisch (Adj.) zu Gallien gehörig, Frankreich verkörpernd
gal'li'sie'ren (V.) bei der Weinproduktion dem Traubensaft eine Zuckerlösung beimengen, um den Alkoholgehalt zu erhöhen oder den Säuregehalt zu senken [lat.]
Gal'li'um (das, -s, nur Ez.) ein Element, Weichmetall [nlat.]
Gal'li'zis'mus (der, -, -men) französische Spracheigentümlichkeit (in einer Kontaktsprache) [nlat.]
Gall'jam'bus (der, -, -ben) antiker Vers aus ionischen Tetrametern [gr.-lat.]
Gal'lo'ma'ne (der, -n, -n) Bezeichnung für jemand, der alles Französische wie besessen bewundert und imitiert [lat.-gr.]
Gal'lo'ma'nie (die, -, nur Ez.) besessene Imitation alles Französischen [gr.-lat.]
Gal'lo'ne (die, -, -n) ein Hohlmaß (rund 3,8 Liter in den USA, rund 4,5 Liter in Großbritannien) [frz.-engl.]
gal'lo'phil (Adj.) = frankophil [lat.-gr.]
Gal'mei (der, -s, -e) Zinkerz (in der Technik)
Ga'lon [-lõ] (der, -s, -s) glänzendes, schmales Zierband (an den Hosenseitennähten) [it.-frz.]

Ga'lo'ne (die, -, -n) = Galon [it.]
ga'lo'nie'ren (V.) mit Galons versehen
Ga'lo'pin [galɔpɛ̃] (der, -s, -s) **1** Ordonnanzoffizier **2** heiterer junger Mensch [engl.-frz.]
Ga'lop'per (der, -s, -) speziell für Galopprennen gezüchtetes Rennpferd [germ.-frz.-engl.]
ga'lop'pie'ren (V.) **1** schnellste Gangart des Pferdes **2** sich schnell negativ entwickeln, verschlimmern [germ.-frz.-it.]
Ga'lo'sche (die, -, -n) Gummiüberschuh (veraltet); alter, schlechter (Haus-)Schuh [frz.]
Gal'va'ni'sa'ti'on (die, -, -ti'o'nen) **1** das Galvanisieren **2** Elektrotherapie mit Gleichstrom
gal'va'nisch (Adj.) chemische in elektrische Energie umsetzend; z.B. im galvanischen Element [it.-nlat.]
Gal'va'ni'seur (der, -s, -e) Facharbeiter in der Galvanotechnik [it.-frz.]
gal'va'ni'sie'ren (V.) einen Metallüberzug durch Elektrolyse herstellen; z.B. einen Draht mit Kupfer galvanisieren [it.-nlat.]
Gal'va'nis'mus (der, -, nur Ez.) die Lehre vom galvanischen Strom [lat.-it.]
Gal'va'no (das, -s, -s) im galvanischen Bad hergestellter Abguss für Druckverfahren [Kurzwort]
Gal'va'no'me'ter (das, -s, -) Messgerät für niedrige elektrische Ströme [it.-nlat.-gr.]
Gal'va'no'plas'tik (die, -, -en) Herstellung von Metallgegenständen durch Galvanisieren [it.-nlat.-griech.]
Gal'va'nos'kop *auch:* Gal'va'no'skop (das, -s, -e) = Galvanometer
Gal'va'no'tech'nik (die, -, -en) Technik des Galvanisierens, der Galvanoplastik
Ga'man'der (der, -s, -) Lippenblütler (Gattung); Heilpflanze(n) [gr.]
Ga'ma'sche (die, -, -n) Überzug des Fußstegs und der Knöchel; z.B. seitlich geknöpft; z.B. wasserdichte Gamaschen über den Bergschuhen im Frühjahr tragen [span.-frz.]
Ga'ma'schen'dienst (der, -, nur Ez.) pedantischer und sinnloser Dienst in der Kaserne
Gam'ba'de (die, -, -n) **1** Luftsprung **2** Kapriole **3** schneller Entschluss [lat.-it.-frz.]
Gam'be (die, -, -n) Kniegeige [it.]
Gam'bi'er (der, -s, -) Einwohner von Gambia in Westafrika
Gam'bist (der, -bis'ten, -bis'ten) Gambenspieler
Gam'bit (das, -s, -s) Schachspieleröffnung mit einem Bauernopfer [it.-span.]
Ga'me'lan (das, -s, -s) indonesisches Orchester mit xylophonähnlichen Instrumenten und Gongs [malai.]

Ga'mel'le (die, -, -n) Soldatengeschirr

Ga'met (der, -en, -en) Geschlechtszelle; z.B. Ei- oder Samenzelle beim Menschen [gr.]

Ga'me'tan'gi'um auch: Ga'met'an'gi'um (das, -s, -gi'en) Bezeichnung einer Pflanzenzelle, in der sich die Geschlechtszellen in der Einzahl und in der Mehrzahl ausbilden [gr.-lat.]

Ga'me'to'ga'mie (die, -, -n) Vereinigung zweier verschiedengeschlechtlicher Zellen [gr.-lat.]

Ga'min (der, -s, -s) Gassenjunge, Bursche [frz.]

Gam'ma (das, -s, -s) dritter Buchstabe des griechischen Alphabets

Gam'ma'glo'bu'lin (das, -s, -e) ein Blutserum-Eiweißkörper, der (immunisierende) Schutzstoffe bildet [gr.-nlat.]

Gam'ma'quant (das, -s, -en) energiereiches Photon (der radioaktiven Gammastrahlen oder der Höhenstrahlung) [gr.-nlat.]

Gam'ma'rus (der, -, nur Ez.) Flohkrebs [gr.-lat.]

Gam'me (die, -, -n) Tonleiter, Skala [gr.-lat.-frz.]

ga'mo'phob (Adj.) ehescheu [gr.]

ga'mot'rop auch: ga'mo'trop (Adj.) die Geschlechtsorgane schützend (Bot.) [gr.]

Gamp'so'dak'ty'lie (die, -, -n) Unfähigkeit den kleinen Finger zu strecken (Med.) [gr.-lat.]

Ga'na'che [-naʃ] (die, -, nur Ez.) süße Nachspeise aus Sahne und Schokolade [frz.]

Ga'na'sche (die, -, -n) hinterer muskulöser Unterkieferrand des Pferdes [frz.]

Ga'neff (der, -s, -e) Ganove (Gaunersprache)

Gang [gæŋ] (die, -, -s) Bande (gewalttätiger Jugendlicher) [engl.]

Gang'li'en'blo'cker auch: Gan'gli'en'blocker (der, -s, -) Arzneimittel, das die Impulsübertragung in den Ganglien (1) unterbricht (wird z.B. zur Blutdrucksenkung angewandt) [gr.-engl.]

Gang'li'en'zel'le auch: Gan'gli'en'zel'le (die, -, -n) Nervenzelle [gr.-lat.]

Gang'li'om auch: Gan'gli'om (das, -s, -e) bösartige Geschwulst (Med.) [gr.]

Gang'li'on auch: Gan'gli'on (das, -s, -li'en/-gli'en) 1 Nervenknoten 2 Überbein [gr.]

Gang'rän auch: Gan'grän (die, -, -en oder das, -s, -e) schwärzlich bis graugrün verfärbtes, abgestorbenes Körpergewebe; z.B. der feuchte Brand [gr.]

Gang'rä'ne auch: Gan'grä'ne (die, -, -n) Gewebebrand, Absterben des Gewebes (Med.) [gr.-lat.]

gang'rä'nes'zie'ren auch: gan'grä'nes'zieren (V.) brandig werden, absterben (Med.) [gr.-lat.]

gang'rä'nös auch: gan'grä'nös (Adj.) zu einer Gangrän gehörig, brandig [gr.-frz.]

Gang'spill (das, -es, -e) Ankerwinde [niederl.]

Gangs'ter [gæŋ-] (der, -s, -) Schwerverbrecher, Bandenmitglied [engl.]

Gang'way [gæŋweɪ] (die, -, -s) Steg, Treppe zum Ein- und Aussteigen (für Flugzeug-, Schiffspassagiere) [engl.]

Ga'ra'ge [-ʒə] (die, -, -n) 1 Kfz-Abstellraum 2 Autowerkstatt (veraltet) [frz.]

ga'ra'gie'ren (V.) in einer Garage einstellen (österr.; schweiz.)

Ga'ra'gist (der, -gis'ten, -gis'ten) Inhaber einer Autowerkstätte, Mechaniker (schweiz.)

Ga'ra'mond [-mɔ̃] (die, -, nur Ez.) eine Antiquadruckschrift [frz.]

Ga'rant (der, -en, -en) Bürge, Garantiegeber

Ga'ran'tie (die, -, -n) Gewähr; Zusicherung (der Schadensdeckung) [germ.-frz.]

ga'ran'tie'ren (V.) eine Garantie geben, sich verbürgen

ga'ran'tiert (Adj.) ganz bestimmt, mit Sicherheit

Gar'çon [-sɔ̃] (der, -s, -s) Kellner (meist scherzhaft) [frz.]

Gar'çon'ni'ère [garsɔnjɛːr] (die, -, -n) Einzimmerwohnung [österr.]

Gar'de (die, -, -n) 1 Leibwache 2 Elitetruppe 3 Fastnachtsgarde, Prinzengarde [engl.-frz.]

Gar'de'nie [-niə] (die, -, -n) ein Rötegewächs, Zierpflanze [engl.-lat.]

Gar'de'ro'be (die, -, -n) 1 Kleiderbestand; z.B. sich eine neue Garderobe schneidern lassen 2 Kleiderablage; Umkleideraum [frz.]

Gar'de'ro'bier [-bje:] (der, -s, -s) Gewandmeister (im Theater) [frz.]

Gar'de'ro'bi'ère (die, -, -n) weibliche Garderobier; Garderobenfrau

gar'dez! [-deː] (Interj.) Warnhinweis, wenn beim Schach die Dame bedroht ist (nicht offiziell verwendet) [frz.]

Gar'di'ne (die, -, -n) Fenstervorhang [frz.]

Gar'dist (der, -dis'ten, -dis'ten) Gardesoldat [german.-frz.]

gar'ga'ri'sie'ren (V.) gurgeln (Med.) [gr.-lat.-frz.]

Gar'ga'ris'ma (das, -s, -ma'ta) Mittel zum Gurgeln (Med.) [gr.-lat.]

Ga'rigue [-rig] (die, -, nur Ez.) Felsheide (im Mittelmeerraum) [frz.]

Gar'ne'le (die, -, -n) zierlicher (Meeres-)Krebs mit langen Fühlern [lat.]

gar'nie'ren (V.) verzieren; z.B. Speisen [frz.]

Gar‖ni‖son (die, -, -en) Truppenstandort im Frieden; die Truppe selbst [frz.]
gar‖ni‖so‖nie‖ren (V.) in Garnison liegen; in Garnison bringen
Gar‖ni‖tur (die, -, -en) **1** verzierender (»garnierender«) Bestandteil; z.B. die Garnitur an der Kleidung **2** zusammengehörige Stücke; z.B. eine Garnitur von Möbeln [frz.]
Ga‖rot‖te (die, -, -n) = Garrotte
Gar‖rot‖te (auch: Ga‖rot‖te) (die, -, -n) Halswürgeisen (als Hinrichtungsgerät in Spanien)
gar‖rot‖tie‖ren (V.) mit der Garrotte hinrichten
Gas (das, -es, -e) **1** luftartig aufgebauter Stoff **2** Treibstoff, -pedal (ugs.) [gr.-niederl.]
Ga‖sel (auch: Gha‖sel/Ga‖se‖le) (das, -s, -e) eine ursprünglich orientalische Reimform nach dem Schema aa ba ca ... xa [arab.]
Ga‖se‖le (die, -, -n) = Gasel
Gas‖ko‖na‖de (die, -, -n) Aufschneiderei, Angeberei, Prahlerei [frz.]
Gas‖ö‖dem (das, -s, -e) schwere Infektion, die durch Gasbrandbazillen hervorgerufen wird
Ga‖so‖lin (das, -s, nur Ez.) ein Zwischenprodukt bei der Erdöldestillation, Benzin mit niedrigem Siedepunkt; Benzin (amerik.)
Ga‖so‖me‖ter (der, -s, -) Gaskessel, -speicher; z.B. für Stadtgas [frz.]
gast‖ral auch: gas‖tral/ga‖stral (Adj.) zum Magen gehörig [gr.]
Gast‖ral‖gie auch: Gas‖tral‖gie/Ga‖stral‖gie (die, -, -n) Magenkrampf [gr.]
Gast‖rek‖to‖mie auch: Gas‖trek‖to‖mie/Ga‖strek‖to‖mie (die, -, -n) operative Magenentfernung [gr.]
gast‖risch auch: gas‖trisch/ga‖strisch (Adj.) = gastral
Gast‖ri‖tis auch: Gas‖tri‖tis/Ga‖stri‖tis (die, -, -ti‖den) Magenschleimhautentzündung [gr.]
Gast‖ro‖en‖te‖ri‖tis auch: Gas‖tro‖en‖te‖ri‖tis/Ga‖stro‖en‖te‖ri‖tis (die, -, -ti‖den) Magen- und Darmentzündung [gr.]
gast‖ro‖gen auch: gas‖tro‖gen/ga‖stro‖gen (Adj.) vom Magen ausgehend
Gast‖ro‖nom auch: Gas‖tro‖nom/Ga‖stro‖nom (der, -en, -en) Gastwirt (und Kenner der Kochkunst) [frz.]
Gast‖ro‖no‖mie auch: Gas‖tro‖no‖mie/Ga‖stro‖no‖mie (die, -, -n) **1** Gaststättengewerbe **2** Kochkunst [frz.]
gast‖ro‖no‖misch auch: gas‖tro‖no‖misch/ga‖stro‖no‖misch (Adj.) zur Gastronomie gehörig

Gast‖ro‖po‖de auch: Gas‖tro‖po‖de/Ga‖stro‖po‖de (der, -n, -n) Schnecke [gr.]
Gast‖ro‖skop auch: Gas‖tros‖kop/Ga‖stro‖skop (das, -s, -e) ein Endoskop, Magenspiegel [gr.]
Gast‖ro‖sko‖pie auch: Gas‖tros‖ko‖pie/Ga‖stro‖sko‖pie (die, -, -n) Magenspiegelung [gr.]
Gast‖ru‖la auch: Gas‖tru‖la /Ga‖stru‖la (die, -, nur Ez.) ein Stadium in der Embryonalentwicklung, Becherkeim [gr.-lat.]
Gast‖ru‖la‖ti‖on auch: Gas‖tru‖la‖ti‖on/Ga‖stru‖la‖ti‖on (die, -, -ti‖o‖nen) Bildung der Gastrula
GATT (das, -, nur Ez.) Abk. für »**G**eneral **A**greement on **T**arifs and **T**rade«, Allgemeines Zoll- und Handelsabkommen; Organisation der UNO zum Abbau von Handelsschranken [engl.]
Gau‖chis‖mus [goʃis-] (der, -, nur Ez.) linksradikale politische Bewegung Frankreichs [frz.]
Gau‖chist (goʃist) (der, -chis‖ten, -chis‖ten) Anhänger des Gauchismus [frz.]
gau‖chis‖tisch [goʃi-] (Adj.) den Gauchismus betreffend, darauf basierend [frz.]
Gau‖cho [-tʃo] (der, -s, -s) berittener Rinderhirte der argentinischen Pampas [indian.-span.]
Gau‖de‖a‖mus igi‖tur »lasst uns also fröhlich sein« [lat.]
Gau‖di (das oder die, -s oder -, nur Ez.) = Gaudium
Gau‖di‖um (das, -s, nur Ez.) ausgelassener Spaß [lat.]
Gauf‖ra‖ge auch: Gau‖fra‖ge [gofraːʒə] (die, -, -n) Musterung von Papier und Gewebe [frz.]
Gauf‖ré auch: Gau‖fré [go-] (das, -s, -s) Gewebe mit eingepresstem Muster [frz.]
gauf‖rie‖ren auch: gau‖frie‖ren [go-] (V.) mit einer Prägevorrichtung Muster aufbringen (bei Leder, Stoffen, Papier) [frz.]
Gaul‖lis‖mus [go-] (der, -, nur Ez.) vom französischen Staatspräsidenten de Gaulle hervorgebrachtes neues Großmachtstreben Frankreichs [frz.-nlat.]
Gaul‖list [go-] (der, -lis‖ten, -lis‖ten) Anhänger des Gaullismus
gaul‖lis‖tisch [go-] (Adj.) den Gaullismus betreffend, darauf basierend [frz.]
Gaur (der, -s, -e) hochrückiges, großes Wildrind des südostasiat. Dschungels [Hindi]
Ga‖vi‖al (der, -s, -e) indisches Krokodil mit lang ausgezogener, flach gedrückter Schnabelschnauze
Ga‖vot‖te (die, -, -n) ein heiterer Tanz des 17./18. Jh.: Satz der Suite [frz.]
gay (Adj.) **1** fröhlich **2** homosexuell [engl.]

Gay [geɪ] (der, -s, -s) Homosexueller (im Jargon) [engl.]
Ga¦yal (der, -s, -e) Haustierform des Gaurs [Hindi]
Ga¦ze [-zə] (die, -, -n) durchsichtiger, gitterartiger Stoff; z.B. als Verbandmaterial [pers.]
Ga¦zel¦le (die, -, -n) zierlicher, antilopenähnlicher Paarhufer [arab.-it.]
Ga¦zet¦te (die, -, -n) Zeitung (abwertend) [it.]
Gaz¦pa¦cho [gaspatʃo] (der, -s, -s) kalte andalusische Gemüsesuppe [span.]
Ge¦cko (der, -s, -s) Echse warmer Länder, die mit Haftzehen an senkrechten Wänden und Glasscheiben klettert [malai.]
Ge¦gen¦kon¦di¦ti¦o¦nie¦rung (die, -, nur Ez.) Lernvorgang, durch den ein konditioniertes Verhalten in sein Gegenteil verkehrt werden soll [lat.]
Ge¦gen¦kul¦tur (die, -, -en) von einzelnen Gruppierungen entwickelte eigene Kulturformen, die in Gegensatz zu denen der bürgerlichen Gesellschaft stehen und diese ablehnen [dt.; lat.]
Ge¦gen¦re¦for¦ma¦ti¦on (die, -, nur Ez.) innere Erneuerung und Ausbreitung des Katholizismus im 16. und 17. Jh. als Gegenbewegung zur Reformation [dt.; lat.]
ge¦han¦di¦kapt (Adj.) behindert, benachteiligt [engl.]
Gei¦ser (der, -s, -) = Geysir
Gei¦sha [ge:ʃa] (die, -, -s) japanische Teehaus-Gesellschafterin
Gei¦son (das, -s, -s oder Gei¦sa) Abschluss eines antiken Giebels, Kranzgesims [gr.]
Gel (das, -s, -e) gallertartiges Kolloid [nlat., Kurzwort]
Gel¦las¦ma (das, -s, -ma¦ta) Lachkrampf (Med.) [gr.]
Ge¦la¦ti¦ne [ʒe-] (die, -, nur Ez.) gallertige Knochenleimsubstanz; z.B. zur Bereitung von Aspik [frz.]
ge¦la¦ti¦nie¦ren [ʒe-] (V.) zu Gelatine erstarren, etwas in Gelatine verwandeln [lat.-it.-frz.]
ge¦la¦ti¦nös [ʒe-] (Adj.) wie Gelatine, gallertig und geschmacksfrei [frz.]
Ge¦lée ro¦yale [ʒəle:rwajal] (das, - -, nur Ez.) dicklicher, weißer Saft, mit dem Arbeitsbienen die künftige Königin ernähren, Weiselfuttersaft (als Stärkungsmittel) [frz.]
ge¦lie¦ren [ʒe-] (V.) zu Gelee werden, eindicken
Gel¦lot¦rip¦sie auch: Gel¦lo¦trip¦sie (die, -, -n) punktuelle Massage zur Behandlung von Muskelverhärtungen [lat.-gr.]
Ge¦ma¦ra (die, -, nur Ez.) zweiter Teil des Talmuds [aram.]

Ge¦mi¦na¦ta (die, -, -ten) doppelt gesprochener Konsonant; z.B. in italienisch »grosso« oder finnisch »paikka« [lat.]
Ge¦mi¦na¦ti¦on (die, -, -ti¦o¦nen) Bildung der Geminaten
ge¦mi¦nie¦ren (V.) die Geminaten bilden
Gem¦me (die, -, -n) Schmuckstein mit eingeschnittenem Bild [it.]
gem¦mo¦lo¦gisch (Adj.) die Edelsteinkunde betreffend [gr.-lat.]
Gem¦mos¦kop auch: Gem¦mo¦skop (das, -s, -e) Mikroskop mit zwei Okularen zum Untersuchen von Schmucksteinen [lat.-gr.]
Gem¦mu¦la (die, -, -lae) äußerst widerstandsfähiger Fortpflanzungskörper der Schwämme (Bot.) [lat.]
Gen (das, -s, -e) Erbfaktor [gr.]
ge¦nant [ʒɛ-] (Adj.) sich leicht genierend; peinlich
Gen¦bank (die, -, -en) Sammel- und Konservierungstelle für Erbmaterial von Lebewesen
Gen¦darm [ʒã-] (der, -en, -en) Landpolizist (österr., schweiz.) [frz.]
Gen¦dar¦me¦rie [ʒã-] (die, -, -n) Landpolizei (österr., schweiz.) [frz.]
Gene [ʒen] (die, -, nur Ez.) Selbstzwang (veraltet) [frz.]
Ge¦ne¦a¦lo¦gie (die, -, -n) 1 (nur Ez.) Sippen-, Geschlechterkunde, Stammbaumforschung 2 Ableitung vom Ursprünglichen; z.B. die Genealogie eines Symbols erforschen [gr.]
Ge¦ne¦ral (der, -s, -e oder -rä¦le) 1 jmd., der zur höchsten Offiziersrangklasse gehört 2 Vorsteher (eines kath. Ordens, der Heilsarmee u.a.) [frz.]
Ge¦ne¦ral¦ab¦so¦lu¦ti¦on (die, -, -ti¦o¦nen) sakramentale Lossprechung von allen Sünden ohne vorherige Beichte in Notfällen, vollkommener Sündenablass sowie Erlass der Strafe verbunden mit den Sakramenten der Buße und der Eucharistie für Sterbende oder Ordensmitglieder (katholische Religion) [lat.]
Ge¦ne¦ra¦lat (das, -s, -e) Amt, Würde eines Generals
Ge¦ne¦ral¦di¦rek¦tor (der, -s, -to¦ren) oberster Direktor (eines Unternehmens)
Ge¦ne¦ral¦gou¦ver¦ne¦ment [-guvɛrnəmɑ̃] (das, -s, -s) 1 großes Gouvernement 2 das nach 1939 besetzte Polen [frz.]
Ge¦ne¦ral¦gou¦ver¦neur [-guvɛrnøːɐ] (der, -s, -e) Leiter eines Generalgouvernements
Ge¦ne¦ral¦in¦spek¦teur auch: Ge¦ne¦ral¦in¦spek¦tor [-tøːɐ] (der, -s, -e) ranghöchster Bundeswehroffizier [frz.]
Ge¦ne¦ral¦in¦ten¦dant (der, -en, -en) oberster Leiter eines großen Theaterunternehmens;

Generalisation **Genotypus**

z.B. mit Bühnenstücken, Opern und Ballettaufführungen [frz.]
Ge¦ne¦ra¦li¦sa¦ti¦on (die, -, -ti¦o̱¦nen) das Generalisieren
ge¦ne¦ra¦li¦sie¦ren (V.) verallgemeinern [frz.]
Ge¦ne¦ra¦lis¦si¦mus (der, -, -mi oder -musse) Höchstkommandierender (mit Regierungsgewalt) [it.]
Ge¦ne¦ra¦li¦tät (die, -, -en) alle Generale (eines Landes)
Ge¦ne¦ral¦sek¦re¦tär auch: **Ge¦ne¦ral¦se¦kretär** (der, -s, -e) Geschäftsführer; z.B. einer Partei; eines Wirtschaftsverbandes [frz.]
Ge¦ne¦ra¦ti¦a¦nis¦mus (der, -, nur Ez.) altchristliche Lehre von der Entstehung der Seele durch die elterliche Zeugung [lat.]
Ge¦ne¦ra¦ti¦on (die, -, -ti¦o̱¦nen) Geschlechterstufenfolge; Alters-, Entwicklungsstufe; Zeitraum von rund 30 Jahren [lat.]
Ge¦ne¦ra¦ti¦ons¦kon¦flikt auch: **Ge¦ne¦ra¦ti¦o̱ns¦kon¦flikt** (der, -s, -e) Konflikt zwischen Personen verschiedener Altersstufen
ge¦ne¦ra¦tiv (Adj.) **1** zur geschlechtlichen Fortpflanzung gehörig **2** grammatisch richtige Sätze erzeugend; z.B. in der generativen Semantik [lat.]
Ge¦ne¦ra¦tor (der, -s, -to̱¦ren) **1** Vorrichtung, die mechanische in elektrische Energie umwandelt **2** ein Schachtofen zur Gaserzeugung (aus Holz, Kohle) [lat.]
ge¦ne¦rell (Adj.) allgemein, immer (gültig)
ge¦ne¦rie¦ren (V.) bilden, hervorbringen; z.B. ein Computerzeichen durch punktweises Einspeichern in die Koordinaten generieren [lat.]
Ge¦ne¦rie¦rung (die, -, nur Ez.) das Generieren von sprachlichen Äußerungen (Sprachwissenschaft)
Ge¦ne¦ri¦kum (das, -s, -ka) Arzneipräparat, das einem bereits als Markenzeichen eingetragenen Mittel gleicht, billiger angeboten wird und mit der chemischen Kurzbezeichnung benannt wird [lat.-frz.-engl.]
ge¦ne¦risch (Adj.) das Genus betreffend
ge¦ne¦rös (Adj.) großzügig, freigiebig [frz.]
Ge¦ne¦ro¦si¦tät (die, -, -en) Großzügigkeit, Freigiebigkeit [frz.]
Ge¦ne¦se (die, -, -n) Entstehung [gr.-lat.]
Ge¦ne¦sis (die, -, nur Ez.) **1** Schöpfungsgeschichte; 1. Buch Mosis **2** = Genese [gr.]
Ge¦ne¦tic En¦gi¦nee¦ring [dʒɪnetɪk endʒɪnɪərɪŋ] (das, - -, nur Ez.) = Genmanipulation [engl.]
Ge¦ne¦tik (die, -, nur Ez.) Vererbungslehre
Ge¦ne¦ti¦ker (der, -s, -) Wissenschaftler auf dem Gebiet der Genetik [gr.-lat.]

ge¦ne¦tisch (Adj.) zur Genetik gehörig; z.B. die genetische Information; entstehungsgeschichtlich; z.B. die genetische Verwandtschaft von Lebewesen [gr.]
Ge¦ne¦tiv (der, -s, -e) = Genitiv
Ge¦net¦te [ʒɔnɛt] (die, -, -n) eine Schleichkatze, Ginsterkatze [arab.-frz.]
Ge¦ne¦ver [ʒə-] oder [ge-] (der, -s, -) holländischer Wacholderschnaps [frz.]
ge¦ni¦al (Adj.) Genie (**1**) zeigend
ge¦ni¦a¦lisch (Adj.) **1** die Veranlagung zu einem Genie (**2**) zeigend **2** überschwänglich; unkonventionell
Ge¦ni¦a¦li¦tät (die, -, nur Ez.) Veranlagung eines Genies (**2**), Schöpferkraft
Ge¦nie [ʒe-] (das, -s, -s) **1** (nur Ez.) höchste schöpferische Begabung **2** Mensch mit dieser Eigenschaft [frz.]
Ge¦nie¦korps [ʒeniːkoːʁ] (das, -, -) Pioniertruppe (schweiz.) [frz.]
ge¦nie¦ren [ʒe-] (V.) **1** sich schämen **2** belästigen (veraltet oder ugs.); z.B. geniert's dich, wenn ich das Fenster öffne? [frz.]
Ge¦ni¦sa (die, -, -s) Raum in der Synagoge, in dem schadhafte Handschriften und Kultgegenstände aufbewahrt werden [hebr.]
ge¦ni¦tal (Adj.) zu den Genitalien gehörig
Ge¦ni¦tal (das, -s, -ta̱¦li¦en) = Genitale
Ge¦ni¦ta¦le (das, -, -ta̱¦li¦en) äußere Geschlechtsorgane [lat.]
ge¦ni¦ta¦lisch (Adj.) zum Genitale gehörend, sich auf das Genitale beziehend [lat.]
Ge¦ni¦ta¦li¦tät (die, -, nur Ez.) Stufe der Sexualität, die mit dem Eintritt in die genitale Phase beginnt [lat.]
Ge¦ni¦tiv (auch: **Ge¦ni¦tiv**) (der, -s, -e) zweiter Fall, Wesfall [lat.]
ge¦ni¦ti¦visch (Adj.) zum Genitiv gehörend [lat.]
Ge¦ni¦tiv¦ob¦jekt (das, -es, -e) Ergänzung eines Verbs im zweiten Fall [lat.]
Ge¦ni¦us (der, -, -ni¦en) **1** Schöpferkraft; schöpferischer Mensch **2** römischer Schutzgeist; Genius loci: Schutzgeist, geistiges Klima eines Ortes **3** geflügelte Gottheit (Kunst) [lat.]
Gen¦ma¦ni¦pu¦la¦ti¦on (die, -, -ti¦o̱¦nen) gezielte Veränderung von Erbfaktoren im Rahmen der Gentechnologie [gr.-lat.]
Ge¦nom (das, -s, -e) alle Gene auf den Chromosomen; einfacher Chromosomensatz [gr.]
Ge¦nom¦a¦na¦ly¦se (die, -, -n) Untersuchung der Erbanlagen von Lebewesen [gr.-lat.]
Ge¦no¦typ (auch: **Ge¦no¦ty¦pus**) (der, -s, -en) alle Erbanlagen in den Chromosomen [gr.]
ge¦no¦ty¦pisch (Adj.) zum Genotyp gehörig
Ge¦no¦ty¦pus (der, -, -ty̱¦pen) = Genotyp

Ge|no|zid (der oder das, -(e)s, -e oder -zi|di|en) Gruppen-, Völkermord; z.B. der Genozid an der amerikanischen Urbevölkerung [lat.]

Gen|pool [-pu:l] (der, -s, -s) alle Gene der Lebewesen eines Lebensraumes; z.B. der Amazonasurwald als Genpool für die Pflanzenzüchtung

Gen|re [ʒɑ̃:rə] (das, -s, -s) Gattung, Sorte (in der Kunst) [frz.]

Gen|ro (der, -s, nur Ez.) vom Kaiser in Japan installierter Staatsrat

Gens (die, -, Gen|tes) [-te:s] Sippe (im alten Rom) [lat.]

Gent [dʒent] (der, -s, -s) Modenarr, Stutzer [engl.]

Gen|tech|no|lo|gie (die, -, -n) technologisches Verfahren, Gene gezielt zu verändern (in der Pflanzen-, Tierzucht)

Gen|ti|a|na (die, -, nur Ez.) Enzian (als Heilpflanze); z.B. Gentianae radix: Wurzel des Gelben Enzians [lat.]

gen|til [ʒɛn-] oder [ʒɑ̃-] (Adj.) gut erzogen (veraltet) [frz.]

Gen|ti|len (nur Mz.) die Angehörigen der altrömischen Gentes [lat.]

Gen|til|homme [ʒɑ̃tijɔm] (der, -s, -s) = Gentleman [frz.]

Gent|le|man *auch:* Gen|tle|man [dʒentlmən] (der, -s, -men) Mann mit Charakter und feinem Lebensstil [engl.]

gent|le|man|like *auch:* gen|tle|man|like [dʒentlmənlaɪk] (Adj.) wie ein Gentleman [engl.]

Gent|le|man's A|gree|ment *auch:* Gentle|man's Ag|ree|ment/A|gree|ment (*auch:* -men's) [dʒentlmənz əgri:mənt] (das, - -s, - -s) Übereinkunft auf der Basis gegenseitigen Vertrauens [engl.]

Gent|ry *auch:* Gen|try [dʒentrɪ] (die, -, nur Ez.) niederer englischer Adel [frz.-engl.]

Ge|nua (die, -, -) großes Vorsegel

ge|nu|in (Adj.) **1** angeboren **2** echt, unverfälscht [lat.]

Ge|nus (das, -, -ne|ra) **1** grammatisches Geschlecht **2** Art, Gattung (veraltet) [lat.]

Ge|nus Ver|bi (das, - -, Ge|ne|ra -) Aktionsform des Verbs, Aktiv oder Passiv [lat.]

Ge|o|bi|o|lo|gie (die, -, nur Ez.) die Wissenschaft, die sich mit den Verhältnis zwischen Geosphäre und Mensch befasst [gr.-lat.]

Ge|o|bi|ont (die, -en, -en) Lebewesen im Erdboden

Ge|o|bo|ta|nik (die, -, nur Ez.) Wissenschaft von der Pflanzenverbreitung [gr.]

Ge|o|che|mie [-çe-] oder [-ke-] (die, -, nur Ez.) Wissenschaft von der chemischen Zusammensetzung der Erdkruste [gr.-arab.]

Ge|o|dä|sie (die, -, nur Ez.) Vermessungskunde [gr.]

Ge|o|dät (der, -en, -en) Landvermesser [gr.]

Ge|o|de (die, -, -n) vollständige Ausfüllung eines Gesteinshohlraumes [gr.]

Ge|o|ge|ne|se (die, -, nur Ez.) Wissenschaft von der Entstehung der Erde [gr.-lat.]

Ge|o|ge|nie (die, -, nur Ez.) = Geogenese

Ge|o|gno|nie (die, -, nur Ez.) = Geogenese

Ge|o|graf (*auch:* Ge|o|graph) (der, -en, -en) Erdkundler [gr.]

Ge|o|gra|fie (*auch:* Ge|o|gra|phie) (die, -, nur Ez.) Erdkunde [gr.]

ge|o|gra|fisch (*auch:* ge|o|gra|phisch) (Adj.) erdkundlich [gr.]

Ge|o|id (das, -s, -e) wirkliche (nicht genau kugelförmige) Erdfigur [gr.]

Ge|o|lo|ge (der, -n, -n) Geologiewissenschaftler

Ge|o|lo|gie (die, -, nur Ez.) Wissenschaft vom Aufbau und der Geschichte der Erde (bes. der Erdkruste) [gr.]

ge|o|lo|gisch (Adj.) zur Geologie gehörig

Ge|o|man|tie (die, -, -n) eine Orakelform, Erdweissagung [gr.]

Ge|o|man|tik (die, -, nur Ez.) = Geomantie

Ge|o|me|ter (der, -s, -) = Geodät (veraltet)

Ge|o|met|rie *auch:* Ge|o|me|trie (die, -, nur Ez.) Mathematik ebener und räumlicher Figuren, Raumlehre

ge|o|met|risch *auch:* ge|o|me|trisch (Adj.) zur Geometrie gehörig, mit Hilfe ihrer Gesetze [gr.]

Ge|o|mor|pho|lo|gie (die, -, nur Ez.) Wissenschaft von den Formen der Erdrinde und ihrer Entstehung [gr.]

Ge|o|nym (das, -s, -e) Pseudonym, das aus einem geografischen Namen oder Hinweis gebildet wird [gr.-lat.]

Ge|o|phy|sik (die, -, nur Ez.) Wissenschaft von den natürlichen physikalischen Erscheinungen auf der Erde [gr.]

Ge|o|plas|tik (die, -, nur Ez.) räumliche Darstellung der Erdoberfläche [gr.]

Ge|o|po|li|tik (die, -, nur Ez.) die Wissenschaft, die die Einwirkungen geografischer Faktoren auf politische Vorgänge und Kräfte untersucht [gr.-lat.]

Ge|or|gi|er (der, -s, -) Ew. Georgiens

Ge|or|gi|ne (die, -, -n) Dahlie [nlat.]

ge|or|gisch (Adj.) zu Georgien gehörig

Ge|o|ta|xis (die, -, -xen) Orientierungsbewegung bestimmter Tiere und Pflanzen, die in ihrer Richtung durch die Schwerkraft der Erde bestimmt ist [gr.-lat.]

Ge|o|the|ra|pie (die, -, nur Ez.) klimatische Heilbehandlung (Med.) [gr.-lat.]

geo|ther|misch (Adj.) zur Erdwärme gehörig; z.B. die geothermische Energie ausnutzen [gr.]

geo|trop auch: **geo|trop** (Adj.) zum Geotropismus gehörig, durch ihn bewirkt

Geo|tro|pis|mus auch: **Geo|tro|pis|mus** (der, -, nur Ez.) Fähigkeit (mancher Pflanzen), eine durch die Schwerkraft bestimmte Wachstumsrichtung einzunehmen [gr.]

Geo|wis|sen|schaf|ten (nur Mz.) alle Wissenschaftszweige, die sich mit der Erforschung der Erde beschäftigen [gr.-dt.]

Geo|zen|trik auch: Geo|zen|trik (die, -, nur Ez.) System der Welt, das die Erde als Mittelpunkt annimmt [gr.-lat.]

geo|zent|risch auch: geo|zent|risch (Adj.) **1** auf die Erde als Mittelpunkt bezogen **2** auf den Erdmittelpunkt bezogen **3** vom Erdmittelpunkt aus gerechnet [gr.-lat.]

Geo|zo|o|lo|gie (die, -, nur Ez.) Wissenschaft, die sich mit der geografischen Verbreitung der Tiere beschäftigt, Zoogeografie [gr.-lat.]

geo|zyk|lisch auch: geo|zy|klisch (Adj.) den Umlauf der Erde um die Sonne betreffend [gr.-lat.]

Ge|pard (der, -s, -e) schnelles katzenartiges Raubtier in Indien und Afrika [lat.-frz.]

Ge|phy|ro|pho|bie (die, -, -n) Angstgefühl vor dem Betreten einer Brücke [gr.-lat.]

Ge|ra|nie [-niə] (die, -, -n) ein Storchschnabelgewächs, Zierpflanze [gr.]

Ge|rant (der, -en, -en) Geschäftsführer (schweiz.) [frz.]

Ger|be|ra (die, -, -s) ein Korbblütler, Zierpflanze [nlat.]

Ge|re|nuk (der, -s, -s) Gazellenart [somali.]

Ge|ri|a|ter (der, -s, -) Facharzt auf dem Gebiet der Altersheilkunde [gr.-lat.]

Ge|ri|a|trie auch: Ge|ri|a|trie (die, -, nur Ez.) Altersheilkunde [gr.]

Ge|ri|a|tri|kum auch: Ge|ri|a|tri|kum (das, -s, -ka) Mittel zur Behandlung von Alterserscheinungen [gr.lat.]

ge|rie|ren (V.) sich benehmen als, auftreten als [lat.]

Ger|ma|nin (das, -s, nur Ez.) Arzneimittel gegen die Schlafkrankheit (Warenzeichen)

ger|ma|ni|sie|ren (V.) eindeutschen [nlat.]

Ger|ma|nis|mus (der, -, -men) deutsche Spracheigentümlichkeit in einer fremden Sprache; z.B. die Vorsilbe »ge-« im Schwedischen [lat.]

Ger|ma|nist (der, -nisten, -nisten) Germanistikwissenschaftler

Ger|ma|nis|tik (die, -, nur Ez.) Wissenschaft von der deutschen Sprache und Literatur

ger|ma|nis|tisch (Adj.) die Germanistik betreffend [lat.]

Ger|ma|ni|um (das, -s, nur Ez.) ein Element, Metall [nlat.]

ger|ma|no|phil (Adj.) alles Deutsche liebend [nlat.-gr.]

ger|ma|no|phob (Adj.) deutschfeindlich [nlat.-gr.]

ger|mi|nal (Adj.) zum Pflanzenkeim gehörig [lat.]

Ger|mi|nal (der, -s, -s) der siebte Monat im Revolutionskalender der Französischen Revolution (21. März bis 19. April) [lat.-frz.]

Ger|mi|na|ti|on (die, -, -tionen) Keimbildungsperiode (der Pflanzen) [lat.]

Ger|mish [dʒɜːmɪʃ] (das, -, nur Ez.) übermäßig mit Anglizismen, Amerikanismen durchsetztes Deutsch (ugs.) [engl.]

Ge|ro|der|ma (das, -s, -ta) schlaffe, welke Haut [gr.-lat.]

Ge|ront (der, -en, -en) Ältester (im altgriechischen Staatsleben)

Ge|ron|to|lo|gie (die, -, nur Ez.) Altersforschung [gr.]

Ge|rund (das, -s, -dien) = Gerundium

Ge|run|di|um (das, -s, -dien) Beugungsform des Infinitivs (im Lateinischen; z.B. »venandi« in »ars cum avibus venandi« = die Kunst, mit Vögeln zu jagen)

Ge|run|div (das, -s, -e) grammatische Konstruktion, welche die Notwendigkeit eines Verhaltens ausdrückt; Partizip des Passivs des Futur [lat.]

ge|run|di|visch (Adj.) in der Art des Gerundivs, das Gerundiv betreffend [lat.]

Ge|run|di|vum (das, -s, -va) (veraltet) = Gerundiv [lat.]

Ge|ru|sia (die, -, nur Ez.) Rat der Geronten [gr.]

Ger|vais [ʒɛrvɛː] (der, -, -) ein französischer Frischkäse (Warenzeichen)

Ge|sa|rol (das, -s, nur Ez.) Pflanzenschutzmittel gegen Insekten

Ge|sei|er (das, -s, nur Ez.) eintöniges, klagendes Gerede [jidd.]

Ge|sei|res (das, -, nur Ez.) = Geseier

Ges|pan auch: Ge|span (der, -es, -e) Beamter in der ungarischen Verwaltung [ung.]

Ges|pan|schaft auch: Ge|span|schaft (die, -, -en) Amtsbereich eines Gespans; Grafschaft

Ges|ta|gen (das, -s, -e) weibliches Hormon, Gelbkörperhormon [lat.-gr.]

Ges|ta Ro|ma|no|rum (nur Mz.) Titel einer lateinischen Novellensammlung aus dem Mittelalter [lat.]

Ges|te (die, -, -n) Ausdrucksbewegung (der Hände), Gebärde [lat.]

Ges'tik (die, -, nur Ez.) alle Gesten, Gebärdensprache
Ges'ti'ku'la'ti'on (die, -, -ti'o'nen) das Gestikulieren
ges'ti'ku'lie'ren (V.) lebhafte, wilde Gesten machen
Gest'ion (die, -, -ti'o'nen) Führung, Verwaltung [lat.]
ges'tisch (Adj.) durch Gestik
Ges'to'se (die, -, -n) schwangerschaftsbedingte Erkrankung [lat.-gr.]
Ges'tus (der, -, nur Ez.) Gestik; Haltung [lat.]
Get'ter (der, -, -) Fangstoff, um Gase in Röhren zu binden [engl.]
get'tern (V.) Gase durch Getter binden, etwas mit einem Getter versehen
Get'te'rung (die, -, -en) Bindung von Gasen durch Getter
Get'to (auch: Ghet'to) (das, -s, -s) abgeschlossenes Minderheiten-Wohnviertel [it.]
get'to'i'sie'ren (V.) **1** jmd. in ein Getto bringen **2** ein Gebiet zu einem Getto erklären
Gey'sir [gai-] (der, -s, -e) heiße Springquelle [isländ.]
Gha'na (ohne Artikel) afrikanischer Staat
gha'na'isch (Adj.) = ghanesisch
Gha'ne'se (der, -n, -n) Ew. Ghanas
gha'ne'sisch (Adj.) zu Ghana gehörig
Gha'sel (das, -s, -e) = Gasel
Ghet'to (das, -s, -s) = Getto
Ghost'wri'ter [gǝʊstraɪtǝ] (der, -s, -) jmd., der anonym für eine Person schreibt; z. B. ein Verfasser von Politikerreden [engl.]
G.I. [dʒiːaɪ] (der, -(s), -s) Abk. für »General Issue«, amerikanischer Soldat [engl.]
GI [dʒiːaɪ] = G.I.
Gi'aur [-aʊɐ] (der, -s, -s) Nichtmohammedaner [arab.-türk.]
Gib'bon (der, -s, -s) langarmiger asiatischer Menschenaffe [malai.-frz.]
Gi'bel'li'ne (der, -n, -n) italienische Anhänger der Hohenstauferkaiser und Gegner der Guelfen [it]
Gib'li auch: Gi'bli (der, -, nur Ez.) trockenheißer libyscher Wüstenwind, der Staub und Sand mit sich führt [arab.-it.]
Gien (das, -s, -e) schweres Takel (Seemannssprache)
Gig 1 (das, -s, -s) leichter Einspänner mit Gabeldeichsel [engl.] **2** (das, -s, -s) Engagement für nur einen Abend (bei Jazz-, Rockmusikern) [engl.] **3** (die, -, -s) leichtes Ruderboot; Beiboot
Gi'ga... das Milliardenfache, 10^9fache (einer Maßeinheit; z.B. Gigawatt) [gr.]
Gi'gant (der, -en, -en) **1** Riese (der griechischen Mythologie) **2** etwas besonders Großes, Mächtiges; z.B. ein Stahlgigant, Rüstungsgigant
gi'gan'tesk (V.) ins Riesige übersteigert, riesengroß, übertrieben [gr.-lat.]
Gi'gan'thro'pus auch: Gig'lan'thro'pus (der, -, nur Ez.) Form der Urmenschen mit übergroßen Körpermaßen [gr.-lat.]
gi'gan'tisch (Adj.) riesig [gr.]
Gi'gan'tis'mus (der, -, nur Ez.) krankhafter Riesenwuchs [gr.-nlat.]
Gi'gan'to'ma'nie (die, -, nur Ez.) Größenwahn (in der Gestaltung von Bauwerken)
Gi'go'lo [ʒi-] (der, -s, -s) jmd., der in einem Tanzlokal als Tanzpartner angestellt ist, Eintänzer (früher) [frz.]
Gigue [ʒig] (die, -, -n) ein schneller Tanz des 17. Jh., Satz der Suite [frz.]
Gi'la (die, -, -s) giftiges mexikanisches Reptil, Krustenechse [nach einem Flussnamen]
Gil'den'so'zi'a'lis'mus (der, -, nur Ez.) Anfang des 20. Jahrhunderts in England entstandene Lehre von der Verwirklichung eines praktischen Sozialismus
Gi'let [ʒilɛː] (das, -s, -s) hochgeschlossene Weste (veraltet) [mhd.-frz.]
Gill'ka (der, -s, -s) ein Kümmellikör
Gim'mick (der, -s, -s) ungewöhnlicher Einfall (in der Werbung) [engl.]
Gin [dʒɪn] (der, -s, - oder -s) englischer Wacholderschnaps
Gin'fizz (auch: Gin-Fizz) [dʒɪnfɪz] (der, -, -) Sodawasser mit gezuckerter Zitrone und Gin [engl.]
Gin'ger [dʒɪndʒǝ] (der, -s, -) Ingwer; z.B. Gingerbread: Plätzchen mit Ingwer [engl.]
Gin'gi'vi'tis (die, -, -ti'den) Zahnfleischentzündung [lat.]
Gink'go (auch: Gin'ko) (der, -s, -s) urtümlicher ostasiatischer Baum, Parkbaum [chin.-jap.]
Gin'seng oder [-sɛŋ] (der, -s, -s) ostasiatisches Efeugewächs, dessen Wurzel zur Steigerung der Drüsenfunktion verwendet wird, Anregungsmittel [chin.]
gi'o'co'so [dʒo-] (Adv.) scherzend (bei Musikstücken) [it.]
Gi'raf'fe (die, -, -n) extrem langhalsiger Paarhufer Afrikas [arab.-frz.]
Gi'ral'geld [ʒi-] (das, -es, -er) Buchgeld des bargeldlosen Giroverkehrs [gr.-lat.-it.-dt.]
Gi'ran'do'la [dʒi-] (die, -, -do'len) = Girandole
Gi'ran'do'le (auch: Gi'ran'do'la) [dʒi-] (die, -, -n) **1** ein Feuerwerkskörper, Feuerrad **2** mehrarmiger (Barock-)Leuchter [it.-frz.]
Gi'rant [ʒi-] (der, -en, -en) jmd., der ein Orderpapier durch Giro (**2**) überträgt [it.]

Gi'ra'tar [ʒi-] (der, -s, -e) jmd., der ein Orderpapier durch Giro (**2**) empfängt [it.]
gi'rie'ren [ʒi-] (V.) in Umlauf bringen (von Orderpapieren) [it.]
Girl [gɜ:l] (das, -s, -s) Mädchen (ugs.); Revuetänzerin [engl.]
Gir'lan'de (die, -, -n) durchhängendes, langes Gewinde (aus Papier, Blumen u.a.) [frz.]
Gi'ro [ʒi:-] (das, -s, -s) **1** bargeldloser Zahlungsverkehr durch Kontoumbuchungen **2** Übertragungsvermerk (auf e. Wechsel) [it.]
Gi'ro'kon'to [ʒi:-] (das, -s, -s oder -ten) Konto für Giro (**1**)
Gi'ron'dist [ʒi:-] (der, -dis'ten, -dis'ten) gemäßigter Republikaner in der Französischen Revolution
Gi'ta'na (die, -, nur Ez.) mit Kastagnetten begleiteter Tanz der Zigeuner [span.]
Gi'tar're (die, -, -n) ein Zupfinstrument [gr.-span.]
Gi'tar'rist (der, -ris'ten, -ris'ten) Gitarrenspieler
gi'us'to [dʒusto] (Adv.) angemessen, richtig (Vortragsanweisung in der Musik) [lat.-it.]
Glace [glas] (die, -, -n) **1** Speiseeis (schweiz.) **2** stark reduzierte, sirupartig erstarrte Brühe, Grundsoße; z.B. »Glace de viande«: ein Extrakt aus Kalbfleischknochen [frz.]
Gla'cé (*auch:* Gla'cee) [-seː] (das, -(s), -s) **1** glänzendes Weichleder (Handschuhe) **2** glänzender Stoff [frz.]
gla'cie'ren [-si:-] (V.) **1** eine Speise mit geleeartigem Fleischsaft überziehen **2** (veraltet) zum Gefrieren bringen [lat.-frz.]
Gla'cis [-si] (das, -, -) Festungsvorfeld [frz.]
Gla'di'a'tor (der, -s, -to'ren) altrömischer Arenakämpfer [lat.]
Gla'di'o'le (die, -, -n) ein Schwertliliengewächs, Zierpflanze [lat.]
Gla'go'li'za (die, -, nur Ez.) altkirchenslawische Schrift [serbokroat.]
Gla'mour [glæmə] (das oder der, -(s), nur Ez.) betörende Glanzfassade, Hollywood-Aufmachung [frz.-engl.]
Gla'mour'girl [glæməgɜ:l] (das, -s, -s) Mädchen im Glamour-Look [engl.]
gla'mou'rös (Adj.) äußerlich blendend schön, betörend aufgemacht
Glan'du'la (die, -, -lae [-lɛː]) Drüse [lat.]
glan'du'lär (Adj.) zu einer Drüse gehörig [lat.]
Glans (die, -, Glan'des [-deːs]) Eichel (des Schwellkörpers) [lat.]
Glas'nost (ohne Artikel) russ. für Offenheit; Gorbatschows Reformkurs, der das Ende der Sowjetunion einleitete [russ.]

Glau'kom (das, -s, -e) eine Augenkrankheit, grüner Star [gr.]
gla'zi'al (Adj.) eiszeitlich [lat.]
Gla'zi'al (das, -s, -e) Eiszeit [lat.]
Gla'zi'o'lo'gie (die, -, nur Ez.) Gletscherkunde [lat.-gr.]
Glee (der, -s, -s) einfaches Lied in englischen Männerklubs des 17. bis 19. Jahrhunderts für drei oder mehr Stimmen [engl.]
Gle'fe (*auch:* Gle'fve) (die, -, -n) **1** mittelalterliches Stangenschwert mit einer Schneide **2** kleinste Einheit eines Ritterheeres im Mittelalter **3** in der Heraldik obere Hälfte einer Lilie [lat.-frz.]
Glen'check [-tʃɛk] (der, -s, -s) Stoff mit groß kariertem »Schotten«-)Muster [engl.]
Gle'fve (die, -, -n) = Glefe
Gley [glai] (der, -s, nur Ez.) nasser Mineralboden [russ.]
Glia (die, -, nur Ez.) Stütz- und Nährgewebe der Gehirnnervenzellen [gr.]
Gli'der [glai-] (der, -s, -) Lastensegler ohne eigenen Motorantrieb [engl.]
Gli'ma (die, -, nur Ez.) traditionelle, heute noch übliche Form des Ringkampfs in Island
Gli'om (das, -s, -e) Geschwulst im Nervenstützgewebe [gr.]
Glis'sa'de (die, -, -n) Gleitschritt in der Tanzkunst [frz.]
glis'san'do (Adv.) gleitend, eine Tonfolge überstreichend (bei Musikstücken) [it.]
Glis'son'schlin'ge (die, -, -n) Vorrichtung zur Streckung der Wirbelsäule bei der Behandlung von Wirbelsäulenerkrankungen
glo'bal (Adj.) **1** umfassend, weltweit **2** nicht detailliert [lat.]
Glo'be'trot'ter (der, -s, -) Weltenbummler
Glo'bi'ge'ri'ne (die, -, -n) Meeresschlamm bildende Foraminifere [lat.]
Glo'bin (das, -s, nur Ez.) farbloser Eiweißstoff im Hämoglobin [nlat.]
Glo'bu'le (die, -, -n) kugelförmiger Dunkelnebel (als angenommenes Anfangsstadium eines Sterns) [lat.]
Glo'bu'lin (das, -s, -e) kugelförmiger Eiweißstoff (im Blutplasma) [nlat.]
Glo'bu'lus (der, -s, -li) Arzneimittel in Kugelform (Med.) [lat.]
Glo'bus (der, - oder -bus'ses, Glo'ben oder -bus'se) eine Kugel mit Darstellung der Erdoberfläche; Erdkugel [lat.]
Glo'ria (die oder das, -s, nur Ez.) Glanz, Herrlichkeit (vergangener Monarchien) [lat.]
Glo'ria in ex'cel'sis De'o [-tsɛl-] »Ehre sei Gott in der Höhe« [lat.]
Glo'rie [-riə] (die, -, -n) **1** (nur Ez.) Glanz, Ruhm **2** Lichtschein, Heiligenschein **3** kon-

zentrische Farbringe als meteorologische Erscheinung; z.B. auf Wolken [lat.]
Glo'ri'fi'ka'ti'on (die, -, -ti'o'nen) Verherrlichung
glo'ri'fi'zie'ren (V.) verherrlichen [lat.]
Glo'ri'o'le (die, -, -n) Heiligenschein [lat.]
glo'ri'os (Adj.) ruhmreich [lat.]
Glos'sa (die, -, nur Ez.) Zunge (Med.) [gr.-lat.]
Glos'sar (das, -s, -e) Sammlung von Glossen (1); Wörterverzeichnis (im Anhang) [gr.-lat.]
Glos'sa'ri'um (das, -s, -ri'en) = Glossar
Glos'sa'tor (der, -s, -to'ren) Verfasser von Glossen (1) [gr.-lat.]
Glos'se (die, -, -n) 1 Worterklärung, Zeilenkommentar 2 Spöttelei [gr.]
glos'sie'ren (V.) 1 mit Glossen (1) versehen 2 über jmdn. Glossen (2) machen
Glos'so'gra'fie (auch: Glos'so'gra'phie) (die, -, -n) Erläuterung durch Glossen (1)
Glos'so'la'lie (die, -, -n) Stammeln in religiöser Verzückung, Zungenreden [gr.]
glot'tal (Adj.) in der Stimmritze gebildet (von Lauten) [gr.]
Glott'tal (der, -s, -e) Stimmritzenlaut, Knacklaut; z.B. im Dänischen [gr.]
Glot'tis (die, -, -tes) [-te:s] Kehlkopfstimmritze [gr.]
Glott'to'la'lie (die, -, -n) = Glossolalie
Glo'xi'nie [-niə] (die, -, -n) eine Zimmerpflanze mit großen Glockenblüten [nlat.]
Glu'co'se (die, -, nur Ez.) = Glukose
Glu'ko'se (auch: Glu'co'se) (die, -, nur Ez.) Traubenzucker [gr.]
Glu'ta'mat (das, -s, -e) Salz der Glutaminsäure; Natriumsalz dieser Säure, Würzpulver
Glu'ta'min (das, -s, -e) eine Aminosäure
Glu'ten (das, -s, nur Ez.) Eiweißstoff in (Weizen-)Körnern, Getreidekleber [lat.]
Glu'tin (das, -s, nur Ez.) ein Eiweißstoff, wesentlicher Bestandteil der Gelatine [nlat.]
Gly'ce'rin (auch: Gly'ze'rin) [-tsɐ-] (das, -s, nur Ez.) ein öliger, süßer Alkohol [gr.-frz.]
Gly'kä'mie auch: Glyk'ä'mie (die, -, nur Ez.) normaler Zuckergehalt des Blutes [gr.]
Gly'ko'gen (das, -s, nur Ez.) ein Polysaccharid, Leberstärke [gr.]
Gly'ko'koll (das, -s, nur Ez.) Aminoessigsäure [gr.]
Gly'kol (das, -s, nur Ez.) ein giftiger, öliger Alkohol (als Frostschutzmittel) [gr.-nlat.]
Gly'ko'ne'us (der, -, -ne'en) antikes achtsilbiges Versmaß [gr.-lat.]
Gly'ko'se (die, -, nur Ez.) Traubenzucker (veraltet) [gr.]
Gly'ko'su'rie auch: Gly'kos'u'rie (die, -, -n) übermäßige Zuckerausscheidung im Harn [gr.]

Glyp'te (die, -, -n) geschnittener Stein [gr.]
Glyp'tik (die, -, nur Ez.) Steinschneidekunst; Bildhauerei [gr.]
Glyp'to'don (das, -s, -ten) ausgestorbenes Riesengürteltier [gr.]
Glyp'to'thek (die, -, -en) Glypten-, Skulpturensammlung [gr.]
Gly'san'tin (das, -s, nur Ez.) ein Frostschutzmittel (für den Kühler) (Warenzeichen) [nlat.]
Gly'ze'rin (das, -s, nur Ez.) = Glycerin
Gly'zi'ne (auch: Gly'zi'nie) (die, -, -n) ein ostasiatischer Schmetterlingsblütler, Zierkletterpflanze
Gly'zi'nie [-niə] (die, -, -n) = Glyzine
Gnoc'chi [nɔki] (nur Mz.) Klößchen, kleine Nockerl [it.]
Gnom (der, -en, -en) Kobold, Zwerg, abwertend für sehr kleiner Mensch
Gno'me (die, -, -n) belehrender Sinnspruch in Vers oder Prosa [gr.-lat.]
Gno'mi'ker (der, -s, -) Verfasser von Gnomen [gr.]
gno'misch (Adj.) die Gnome betreffend, in der Art und Weise der Gnome
Gno'mo'lo'gie (die, -, -n) Sammlung von Lehr- und Weisheitssprüchen, Anekdotensammlung [gr.]
gno'mo'lo'gisch (Adj.) die Gnomologie betreffend
Gno'mon (der, -s, -mo'ne) antiker Sonnenhöhenmesser; Sonnenuhr(zeiger) [gr.]
Gno'sis (die, -, nur Ez.) Gotterkenntnis (als Erlösung) [gr.]
Gnos'tik (die, -, nur Ez.) Lehre der Gnosis
Gnos'ti'ker (der, -s, -) Anhänger einer Gnosis
Gnos'ti'zis'mus (der, -, -) = Gnosis
Gno'to'phor (das, -s, -e) keimfrei zur Welt gebrachtes und aufgezogenes Versuchstier, das mit Mikroorganismen infiziert wird [gr.]
Gnu (das, -s, -s) rinderähnliche afrikanische Antilope [hottentott.]
Go (das, -s, nur Ez.) ein japanisches Brettspiel
Goal [gəʊl] (das, -s, -s) Tor; Treffer (bes. im Fußball; österr., schweiz.) [engl.]
Goal'kee'per [gəʊlki:pɐ] (der, -s, -) Torwart (österr., schweiz.) [engl.]
Go'bel'let [-lɛ] (der, -s, -s) Becher oder Pokal mit Gold-, Silber oder Glasfuß [frz.]
Go'be'lin [-lɛ̃] (der, -s, -s) gewirkter (Wand-)Bildteppich [frz.]
Go-Cart (das, -s, -s) = Gokart
Go'de (der, -n, -n) Priester und Vorsteher im alten Island und Skandinavien
Go'de'mi'ché (gɔdmiʃe:] (der, -, -s) künstliche Nachbildung eines erigierten Penis, die

von Frauen zur Selbstbefriedigung oder beim gleichgeschlechtlichen Verkehr benutzt wird [frz.]

Go'det [gɔdɛ] (das, -s, -s) Keil, der in ein Kleidungsstück eingesetzt wird [frz.]

God'ron auch: Go'dron (das, -s, -s) ausgeschweifter Rand oder Buckel an Gegenständen aus Metall [frz.]

god'ro'nie'ren auch: go'dro'nie'ren (V.) ausschweifen, fälteln [frz.]

Goe'the'a'na [gø-] (nur Mz.) Werke über Goethe [nlat.]

Go-go-Girl [-gɜːl] (das, -s, -s) Vortänzerin in Diskotheken [engl.]

Goi (der, -(s), Go'jim) Nichtjude [hebr.]

Go-in [gəʊ-] (das, -s, -s) Demonstration, bei der in ein Gebäude; z.B. einen Hörsaal eingedrungen wird, um eine Diskussion zu erzwingen (in den 60er-Jahren) [engl.]

Go'kart (auch: Go-Kart/Go-Cart) (der, -s, -s) kleines, einsitziges Rennauto ohne Karosserie [engl.]

Gol'lat'sche (die, -, -n) ein Hefegebäck, Quarktasche [österr.-tschech.]

Gol'den De'li'cious [gəʊldən dılıʃəs] (der, - -, - -) eine gelbgrüne Apfelsorte [engl.]

Go'lem (der, -s, -s) Menschenwesen aus Lehm (im jüdischen Volksglauben) [hebr.]

Golf 1 (das, -s, nur Ez.) ein Rasenspiel [engl.] **2** (der, -s, -e) große Meeresbucht, Meerbusen [gr.-it.]

Gol'fer (der, -s, -) Golfspieler

Gol'ga'tha (das, -, nur Ez.) Kreuzigungsstätte Jesu [hebr.-lat.]

Go'li'ar'de (der, -n, -n) umherziehender französischer Kleriker und Scholar des 13. Jahrhunderts [frz.]

Go'li'ath (der, -s, -s) Riesenwüchsiger [hebr.]

Go'lil'la [golılja] (die, -, -s) kleiner, runder, steifer Männerkragen des 17. Jahrhunderts [span.]

Gon (das, -s, -e oder -) hundertster Teil eines rechten Winkels [gr.]

Go'na'de (die, -, -n) Keimdrüse [gr.]

Gon'del (die, -, -n) **1** venezianisches Ruderboot **2** Kabine (außerhalb eines Luftschiffs, bei einer Seilbahn u.a.) **3** Korb (eines Freiluftballons) [it.]

gon'deln (V.) ziellos fahren (ugs.) [it.]

Gon'do'lie're [-lie:-] (die, -, -ren) italienisches Schifferlied

Gon'do'lie're [-lie:-] (der, -(s), -ri) Gondelruderer [it.]

Gond'wa'na (das, -, nur Ez.) Urkontinent auf der Südhalbkugel [ind.]

Gong (der, -s, -e) Metallschlagbecken, das mit einem Klöppel zum Klingen gebracht wird; hallender Ton [malai.]

gon'gen (V.) **1** den Gong schlagen, betätigen **2** das Ertönen des Gongs

Gon'go'ris'mus (der, -, nur Ez.) literarischer Stil im Spanien des 17. Jahrhunderts, der durch zahlreiche Analogien und Anspielungen auf die antike Mythologie gekennzeichnet ist

Gon'go'rist (der, -ris'ten, -ris'ten) Vertreter des Gongorismus

Go'ni'o'me'ter (das, -s, -) Winkelmesser [gr.]

Go'ni'o'met'rie auch: Go'ni'o'me'trie (die, -, nur Ez.) Winkelmessung [gr.]

Go'no'kok'kus (der, -, -ken) Gonorrhöbakterium [gr.]

Go'nor'rhö (auch: Go'nor'rhöe) (die, -, -en) Tripper [gr.]

Go'nor'rhöe [-rø:] (die, -, -en) = Gonorrhö

go'nor'rho'isch (Adj.) zur Gonorrhö gehörig

Good'will [gʊd-] (der, -s, nur Ez.) **1** Wohlwollen **2** Aussehen **3** Unternehmens-, Geschäftswert [engl.]

Good'will'tour [gʊdwıltuːɐ] (die, -, -en) Reise zur Gunstwerbung (eines Politikers) [engl.]

Go'pak (auch: Ho'pak) (der, -s, -s) schneller Tanz für einen oder mehrere Tänzer in der Ukraine und Weißrussland

Go'ral (der, -s, -e) zottig behaarte Wildziege, asiat. Hochgebirge [viell. ind.]

gor'disch (Adj.) unlösbar erscheinend (wie der gordische Knoten) [gr.]

Gor'go (die, -, -go'nen) weibliches Ungeheuer der altgriechischen Mythologie mit Schlangenhaaren und versteinerndem Blick

Gor'gon'zo'la (der, -s, -s) ein italienischer Schimmelpilzkäse

Go'ril'la (der, -s, -s) **1** großer, schwarzer Menschenaffe Afrikas **2** Türsteher, Leibwächter, Rausschmeißer (ugs.) [afrikan.-span.]

Go'rod'ki (nur Mz.) russisches Kegelspiel

Go'sa'in (der, -s, -s) in religiöser Meditation lebender Mensch in Indien [sanskr.-Hindi]

Gösch (die, -en) **1** kleine Landesflagge, die an Feiertagen im Hafen gesetzt wird **2** andersfarbige obere Ecke am Flaggenstock als Teil der Landesflagge [frz.-niederl.]

Go-slow [gəʊsləʊ] (der oder das, -s, -s) Bummelstreik, Dienst nach Vorschrift im Flugwesen [engl.]

Gos'pel (der oder das, -s, -s) = Gospelsong [engl.]

Gos'pel'song (der, -s, -s) Form des Negro Spiritual mit starkem Einfluss europäischer Musikformen

Gos'po'din (der, -s, -da) Herr (als Anrede) [russ.]

Go'swa'mi (der, -s, -s) Ehrentitel für einen Bettelasketen [sanskr.]
Go'tik (die, -, nur Ez.) ein Kunststil des (späten) Mittelalters [frz.]
go'tisch (Adj.) **1** zu den Goten gehörig **2** zur Gotik gehörig
Got'lan'di'um (das, -s, nur Ez.) = Silur
Gou'ache (auch: Gu'asch) [gwaʃ] (die, -, -n) Malerei mit Wasserfarben, die durch harzartige Mittel gebunden sind und nicht ineinander fließen [frz.]
Gou'da [gau-] (der, -s, -s) hellgelber holländischer Schnittkäse [niederl.]
Goud'ron auch: Gou'dron [gudrõ] (der, -s, nur Ez.) eine Asphaltmischung (für Abdichtungen) [frz.]
Gourde [gurd] (der, -(s), - oder -s) haitische Währungseinheit [frz.]
Gour'mand [gurmã] (der, -s, -s) **1** Schlemmer, jmd., der gerne gut und reichlich isst **2** Fresser (Schimpfwort) [frz.]
Gour'met [gurmɛ:] (der, -s, -s) Speisen- und Getränkekenner, Feinschmecker [frz.]
Gout [gu:] (der, -s, -s) Geschmack, Wohlgefallen [frz.]
gou'tie'ren [gu-] (V.) gutheißen [frz.]
Gou'ver'nan'te [gu-] (die, -, -n) Erzieherin (früher) [frz.]
Gou'ver'ne'ment [guvɛrnəmã] (das, -s, -s) Statthalterschaft; Verwaltungsbezirk [frz.]
Gou'ver'neur [guvɛrnø:r] (der, -s, -e) Statthalter; oberster Verwaltungsbeamter [frz.]
Gracht (die, -, -en) Stadtkanal (in Belgien und den Niederlanden); die daran entlangführende Straße [niederl.]
Gra'ci'o'so (der, -s, -s) komische Person in der spanischen Komödie, meist der lustige, seinen Herren parodierende Bedienstete [lat.-span.]
Grad (der, -s, - oder -e) **1** Messstufe **2** neunzigster Teil eines rechten Winkels **3** Rang
gra'da'tim (Adv.) stufenweise [lat.]
Gra'da'ti'on (die, -, -ti'o'nen) **1** Abstufung **2** Steigerung [lat.]
Gra'di'ent (der, -en, -en) Gefälle; Anstieg
gra'die'ren (V.) **1** konzentrieren, verstärken **2** abstufen **3** in Grade einteilen [lat.]
gra'du'al (Adj.) gradmäßig [lat.]
Gra'du'a'ti'on (die, -, -ti'o'nen) Gradeinteilung an Messgeräten und -gefäßen
gra'du'ell (Adj.) grad-, stufenweise [frz.]
gra'du'ie'ren (V.) **1** in Grade unterteilen **2** einen akademischen Grad verleihen
Grae'cum (auch: Grä'kum) [grɛ:-] (das, -s, nur Ez.) Griechischprüfung [lat.]
Graf'fi'a'to (der, -s, -ti) Schmuckverzierung an Tongefäßen, wobei in eine angegossene Farbschicht ein Ornament eingegraben wird [germ.-it.]
Graf'fi'ti (das, -s, -s) mit Farbspray auf Außenwände gesprühtes Bild [it.-engl.]
Graf'fi'to (das oder der, -s, -ti) in eine Mauer geritzte Inschrift [it.]
Gra'fie (auch: Gra'phie) (die, -, -n) Schreibung, Schreibweise [gr.]
Gra'fik (auch: Gra'phik) (die, -, -en) **1** (nur Ez.) künstlerische Abbildungstechnik mit zeichnerischen, farbgebenden Mitteln oder als Druckverfahren **2** so hergestelltes Bild, Werk; Illustration [gr.]
Gra'fi'ker (auch: Gra'phi'ker) (der, -s, -) Künstler im Bereich der Grafik
gra'fisch (auch: gra'phisch) (Adj.) zur Graphik gehörig, mit ihrer Hilfe; zeichnerisch vereinfacht; z.b. ein grafisches Modell
Gra'fit (auch: Gra'phit) (der, -s, -e) schwarzgrauer, metallisch glänzender Weichkohlenstoff; z.B. in Bleistiftminen, als Schmiermittel für Türschlösser u.a. [gr.-nlat.]
gra'fi'tie'ren (auch: gra'phi'tie'ren) (V.) etwas mit Grafit überziehen
gra'fi'tisch (auch: gra'phi'tisch) (Adj.) aus Grafit bestehend
Gra'fo'lo'ge (auch: Gra'pho'lo'ge) (der, -en, -en) auf dem Gebiet der Grafologie forschender Wissenschaftler [gr.-lat.]
Gra'fo'lo'gie (auch: Gra'pho'lo'gie) (die, -, nur Ez.) Deutung des Charakters aus der Handschrift [gr.]
Grain [grɛɪn] (das, -s, - oder -s) ein angelsächsisches Feingewicht, rund 0,06 Gramm [engl.]
grai'nie'ren (V.) einseitig aufrauen, körnen (von Papier) [frz.]
Grä'ko'ma'ne (der, -n, -n) besessener Imitator, Liebhaber und Bewunderer alles Griechischen [gr.-lat.]
Grä'ko'ma'nie (die, -, nur Ez.) übersteigerte Vorliebe für (das alte) Griechenland
Grä'kum (das, -s, nur Ez.) = Graecum
Gral (der, -s, nur Ez.) wundertätiger Stein oder wundertätiges Gefäß mit Heilwirkung, in dem das Blut Christi aufgefangen worden sein soll (in der mittelalterlichen Dichtung) [frz.]
Gra'mi'ne'en (nur Mz.) zusammenfassende systematische Bezeichnung der Gräser [lat.]
Gramm (das, -s, -e) eine Gewichtseinheit, 1/1000 Kilogramm [frz.]
Gram'ma'tik (die, -, nur Ez.) **1** Beschreibung des Regelsystems einer Sprache, Sprachlehre **2** Buch darüber [gr.]
Gram'ma'ti'ka'li'sa'ti'on (die, -, -ti'o'nen) das Absinken eines Wortes mit selbstständiger Bedeutung zu einem reinen grammatischen Hilfsmittel [gr.-lat.]

gram|ma|ti|ka|lisch (Adj.) zur Grammatik gehörig, nach ihren Regeln geformt
gram|ma|tisch (Adj.) = grammatikalisch
Gram|mo|phon (*auch:* Gram|mo|fon) (das, -s, -e) alter mechanischer Plattenspieler [gr.]
Gram|my [græmɪ] (der, -s, -s) amerikanischer Schallplattenpreis
gram|ne|ga|tiv (Adj.) sich rot färbende Bakterien (nach dem gramschen Färbeverfahren) (Med.)
Gra|mo|la|ta (die, -, -s) halb gefrorene Limonade [it.]
gram|po|si|tiv (Adj.) sich dunkelblau färbende Bakterien (nach dem gramschen Färbeverfahren) (Med.)
Gran (das, -s, -) altes Apothekergewicht, rund 65 Milligramm [lat.]
Grän (das, -s, -) altes Gewicht für Edelmetalle, 1/12 Karat [lat.-frz.]
Gra|na|dil|le (die, -, -n) = Grenadille
Gra|nat (das, -s, -e) meist dunkel-braunrotes Mineral, Edelstein, Härte 7 bis 7,5 [lat.]
Gra|nat|ap|fel (der, -s, -äp|fel) dem Apfel ähnelnde Beerenfrucht des Granatbaumes [lat.; dt.]
Gra|na|te (die, -, -n) mit Sprengstoff gefüllter Wurfkörper [it.]
Grand [grã:] (der, -s, -s) höchstes Spiel im Skat
Gran|de (der, -n, -n) Angehöriger des spanischen Hochadels
Gran|dez|za (die, -, nur Ez.) Würde, menschliche Größe [it.]
Grand|ho|tel [grã-] (das, -s, -s) großes Luxushotel [frz.]
gran|dig (Adj.) stark, groß, großartig [lat.-roman.]
gran|di|os (Adj.) großartig [it.]
Gran|di|o|si|tät (die, -, nur Ez.) überwältigende Großartigkeit, unvorstellbare Pracht, Erhabenheit
gran|di|o|so (Adj.) großartig, erhaben
Grand mal [grã-] (der, - -, - -, nur Ez.) großer epileptischer Anfall [frz.]
Grand Mar|nier [grãmarnieː] (der, - -, nur Ez.) ein französischer Likör auf der Grundlage von Cognac und Bitterorangen (Warenzeichen) [frz.]
Grand Prix [grãpri] (der, - -, - -) Großer (Rennsport-)Preis [frz.]
Grand|seig|neur *auch:* Grand|sei|gneur [grãsɛnœːr] (der, -s, -s oder -e) vornehmer und erfahrener älterer Herr [frz.]
gra|nie|ren (V.) aufrauen (der Metallplatte für den Kupferstich) [lat.]
Gra|nit (der, -s, -e) hartes Tiefengestein aus Feldspat, Glimmer und Quarz [it.]

gra|ni|ten (Adj.) hart wie Granit, aus Granit [lat.-it.]
gra|ni|tisch (Adj.) den Granit betreffend [lat.-it.]
Gran|ny Smith [grænɪ smɪθ] (der, - -, - -) eine grüne, saftige Apfelsorte [engl.]
Gra|nu|lat (das, -s, -e) körniges (nicht staubendes) Material [nlat.]
Gra|nu|la|ti|on (die, -, -ti|o|nen) das Granulieren
gra|nu|lie|ren (V.) **1** mit Edelmetallkörnchen verzieren (bei Schmuckstücken) **2** in Körnchenform bringen; z.B. staubförmige Futtermittel; körnchenförmig werden; z.B. eine glatte Substanz, die später granuliert hat
Gra|nu|lom (das, -s, -e) Geschwulst aus feinkörnigem Bindegewebe [lat.]
gra|nu|lös (Adj.) körnig [frz.]
Grape|fruit [greɪpfruːt] (die, -, -s) große, gelbe Zitrusfrucht mit bittersüßem Saft [engl.]
Graph (der, -en, -en) grafische Darstellung eines Größenzusammenhangs [gr.]
Gra|phem (das, -s, -e) bedeutungsunterscheidender Buchstabe (neue Linguistik) [gr.]
Gra|phe|ma|tik (die, -, nur Ez.) in der Sprachwissenschaft die Wissenschaft von den Graphemen und ihrer Bedeutung innerhalb des Alphabets [gr.]
gra|phe|ma|tisch (Adj.) die Graphematik betreffend
Gra|phe|mik (die, -, nur Ez.) = Graphematik
gra|phe|misch (Adj.) die Graphemik betreffend
Gra|phe|o|lo|gie (die, -, nur Ez.) Wissenschaft von der Verschriftung von Sprache und von den Systemen der Schreibung [gr.]
gra|phe|o|lo|gisch (Adj.) die Grapheologie betreffend
Gra|phie (die, -, -n) = Grafie
Gra|phik (die, -, -en) = Grafik
Gra|phi|ker (der, -s, -) = Grafiker
gra|phisch (Adj.) = grafisch
Gra|phit (der, -s, -e) = Grafit
gra|phi|tie|ren (V.) = grafitieren
gra|phi|tisch (Adj.) = grafitisch
Gra|pho|lo|ge (der, -en, -en) = Grafologe
Gra|pho|lo|gie (die, -, nur Ez.) = Grafologie
Grap|pa (der, -s, -s) italienischer Schnaps aus Weintrester
Grass (das, -, nur Ez.) umgangssprachlicher Ausdruck für Marihuana [engl.-amerik.]
gras|sie|ren (V.) umgehen, wüten (von Krankheiten, Gerüchten) [lat.]
Gra|ti|fi|ka|ti|on (die, -, -ti|o|nen) Sonderzuwendung an Arbeitnehmer (bes. das Weihnachtsgeld) [lat.]

gra|ti|fi|zie|ren (V.) vergüten
Gra|tin [-tɛ̃] (das, -s, -s) durch Gratinieren entstandene Speise [frz.]
gra|ti|nie|ren (V.) im Backofen nochmals erhitzen, damit eine knusprige Außenschicht entsteht; z.B. mit Käse überbacken [frz.]
gra|tis (Adj.) kostenlos [lat.]
Gra|tu|lant (der, -en, -en) Glückwunschüberbringer [lat.]
Gra|tu|la|ti|on (die, -, -ti|o|nen) Glückwunsch [lat.]
Gra|tu|la|ti|ons|cour [-ku:ɐ] (die, -, -en) offizielle Beglückwünschung [lat.-frz.]
gra|tu|lie|ren (V.) beglückwünschen [lat.]
Gra|va|men (das, -s, -mi|na) Beschwerden, Vorwürfe gegen Kirche und Klerus im 15. und 16. Jahrhundert [lat.]
Gra|va|ti|on (die, -, -ti|o|nen) Beschwerung, Belastung [lat.]
gra|ve (Adv.) ernst, feierlich, schwer (Vortragsanweisung in der Musik) [lat.-it.]
Gra|vet|ti|en (das, -s, nur Ez.) altsteinzeitliche Kulturstufe
Gra|veur [-vøːɐ] (der, -s, -e) jmd., der (beruflich) graviert; z.B. ein Stempelschneider
gra|vid (Adj.) schwanger [lat.]
Gra|vi|da (die, -, -dae) schwangere Frau [lat.]
gra|vi|de (Adj.) schwanger [lat.]
Gra|vi|di|tät (die, -, -en) Schwangerschaft
gra|vie|ren (V.) erhitzen, fein einschneiden (in harte Materialien) [frz.]
gra|vie|rend (Adj.) erschwerend; belastend [lat.]
Gra|vie|rung (die, -, -en) **1** das Gravieren **2** die eingravierte Schrift oder Verzierung [lat.]
Gra|vi|met|rie *auch:* Gra|vi|me|trie (die, -, nur Ez.) **1** Schwerkraftmessung **2** chemische Gewichtsanalyse
Gra|vis (der, -, -) Zeichen über einem Vokal (zur Betonung; z.B. in italienisch »città«) [lat.]
Gra|vi|tät (die, -, nur Ez.) gemessene Würde (veraltet) [lat.]
Gra|vi|ta|ti|on (die, -, nur Ez.) Schwerkraft
gra|vi|tä|tisch (Adj.) **1** gemessen würdig **2** lächerlich würdevoll (einherschreitend)
gra|vi|tie|ren (V.) **1** durch Schwerkraftwirkung einer Stelle zustreben **2** sich hingezogen fühlen [frz.]
Gra|vur (die, -, -en) das Gravieren; etwas Eingraviertes
Gra|vü|re (die, -, -n) Abzug von einer künstlerischen Gravur [frz.]
Gra|zie (die, -, -n) **1** eine der drei Göttinnen der Anmut **2** hübsches Mädchen (ugs.); z.B. da vorn laufen die beiden Grazien von gestern Abend **3** (nur Ez.) Anmut [lat.]
gra|zil (Adj.) zerbrechlich, zierlich [lat.]
Gra|zi|li|sa|ti|on (die, -, nur Ez.) allmählicher Wandel von groben zu grazileren Skelettformen (Anthropologie) [lat.]
Gra|zi|li|tät (die, -, nur Ez.) Zierlichkeit, von feiner Ausbildung [lat.]
gra|zi|ös (Adj.) anmutig [frz.]
gra|zi|o|so (Adv.) anmutig, lieblich (bei Musikstücken) [it.]
grä|zi|sie|ren (V.) griechisch machen; z.B. den Familiennamen Schwarzerd zu Melanchthon gräzisieren [lat.]
Grä|zis|mus (der, -, -men) altgriechische Spracheigentümlichkeit in einer anderen Sprache [nlat.]
Grä|zist (der, -zis|ten, -zis|ten) Kenner altgriechicher Sprache und Literatur [nlat.]
Grä|zis|tik (die, -, nur Ez.) die Wissenschaft von der altgriechischen Sprache und Kultur [gr.-lat.]
grä|zis|tisch (Adj.) **1** die Gräzistik betreffend **2** nach dem Vorbild des Altgriechischen
Grä|zi|tät (die, -, nur Ez.) das Wesen der altgriechischen Sprache und Gepflogenheiten [gr.-lat.]
Green|horn [griːn-] (das, -s, -s) unerfahrener Neuling, Grünschnabel [engl.]
Green|peace [griːnpiːs] (ohne Artikel) internationale Umweltschutzorganisation [engl.]
Gre|ga|ri|nen (nur Mz.) tierische Parasiten, die sich im Innern von wirbellosen Tieren einnisten [lat.]
Gre|go|ri|a|nik (die, -, nur Ez.) einstimmiger Kirchenchorgesang ohne instrumentale Begleitung in lateinischer Sprache, gregorianischer Gesang [gr.]
gre|go|ri|a|nisch (Adj.) zur Gregorianik gehörig
gre|go|ri|a|ni|sie|ren (V.) in der Art des gregorianischen Gesangs komponieren [lat.]
Gre|mi|um (das, -s, -mi|en) Ausschuss; z.B. ein beratendes Gremium von Experten [lat.]
Gre|na|der (der, -s, -) Einwohner des Inselstaates Grenada in der Karibik
Gre|na|dier (der, -s, -e) **1** Infanteriesoldat **2** niedrigster Dienstgrad in der Infanterie [lat.-it.-frz.]
Gre|na|dil|le (*auch:* Gra|na|dil|le) (die, -, -n) Frucht der tropischen Passionsblume [span.]
Gre|na|din (der oder das, -s, -s) kleine gebratene Fleischschnitte [lat.-it.-frz.]

Grenadine **Guerilla**

Gre|na|di|ne (die, -, nur Ez.) Granatapfelsirup (für Mixgetränke) [frz.]
Grey|hound [greɪhaʊnd] (der, -s, -s) **1** Windhund **2** Omnibus im Überlandverkehr in den Vereinigten Staaten [engl.]
Grib|let|te *auch:* Grib|let|te (die, -, -n) kleine gespickte Fleischschnitte [frz.]
Grif|fon [-fɔ̃] (der, -s, -s) eine rauhaarige Vorstehhundrasse [frz.]
Grill (der, -s, -s) Bratrost [lat.-frz.-engl.]
Gril|la|de [grijaːdə] (die, -, n) Rostbratstück
gril|len (V.) = grillieren [lat.-frz.-engl.]
gril|lie|ren (V.) grillen, auf dem Rost braten
Gri|mas|se (die, -, -n) verzerrtes Gesicht [frz.]
gri|mas|sie|ren (V.) Grimassen schneiden (auch krankhaft) [frz.]
Grin|go (der, -s, -s) Angelsachse, Nichtromane (als lateinamerikan. Spottname) [span.]
Gri|ot [grioː] (der, -s, -s) westafrikanischer Zauberer [frz.]
grip|pal (Adj.) zur Grippe gehörig; grippeähnlich
Grip|pe (die, -, -n) eine Virusinfektion mit Fieber [germ.-frz.]
grip|pös (Adj .) = grippal
Gri|sail|le [-saɪ-] (die, -, -n) Malerei in Grautönen [frz.]
Gri|set|te (die, -, -n) leichtlebiges Pariser Mädchen (früher) [frz.]
Gris|ly (*auch:* Grizz|ly) (der, -s, -s) amerikan. Graubär [engl.]
Gris|si|ni (nur Mz.) fingerdicke, knusprige Gebäckstangen [it.]
Grizz|ly [grɪz-] (der, -s, -s) = Grisly
Grog (der, -s, - oder -s) heißes Wasser mit Rum und Zucker [engl.]
grog|gy (Adj.) angeschlagen; erschöpft [engl.]
Groom [gruːm] (der, -s, -s) Reitknecht, Diener, Page [engl.]
groo|ven [gruː-] (V.) es sich gut gehen lassen (Jargon); z. B. beim Blues mitgrooven [engl.]
Gros [groː] (das, -, -) **1** Hauptmasse (von Personen) **2** zwölf Dutzend [frz.]
Groß|in|qui|si|tor (der, -s, -en) oberster Ankläger und Richter der spanischen Inquisition [dt.; lat.]
Gros|sist (der, -sis|ten, -sis|ten) Großhändler [dt.; frz.]
Grosz [grɔʃ] (der, -, -e (nach Zahlen: -)) kleinste polnische Währungseinheit [dt.-poln.]
gro|tesk (Adj.) übertrieben lächerlich; verzerrt [it.-frz.]

Gro|tes|ke (die, -, -n) **1** groteske Darstellung (in der Literatur) **2** ein verspieltes Ranken-Figuren-Ornament
Grot|te (die, -, -n) natürliche oder künstliche Felshöhle (in malerischer Lage am Meer, in Barockgärten) [it.]
Grou|pie [gruː-] (das, -s, -s) Mädchen, das Betterlebnisse mit Rockstars sammelt [engl.]
Grup|pen|dy|na|mik (die, -, nur Ez.) **1** Wissenschaft von der Gruppendynamik **2** gegenseitige, abgestimmte Steuerung des Verhaltens der Individuen in einer Gruppe zum Zwecke therapeutischer Lernprozesse [dt.; gr.-lat.]
grup|pen|dy|na|misch (Adj.) zur Gruppendynamik gehörend, die Gruppendynamik betreffend [dt.; gr.-lat.]
Gru|si|cal [-kl] (das, -s, -s) Gruselstück (scherzhaft) [dt.-engl.]
Gru|si|ni|er (der, -s, -) = Georgier
gru|si|nisch (Adj.) = georgisch
Gruy|ère [gryjɛr] (der, -s, -s) würziger Schweizer Hartkäse, Greyerzer [frz.]
Gu|a|ja|kol (das, -s, nur Ez.) ein aromatischer Alkohol (u.a. als fiebersenkendes Mittel) [indian.-nlat.]
Gu|a|ja|ve (die, -, -n) rundliche, gelbrote Tropenfrucht [indian.-span.]
Gu|a|na|ko (das, -s, -s) Wildform des Lamas und Alpakas [Ketschua]
Gu|a|nin (das, -s, nur Ez.) eine der vier Nucleobasen der Desoxyribonucleinsäure [Ketschua-nlat.]
Gu|a|no (der, -s, nur Ez.) südamerikanischer Seevogelkot als Dünger [Ketschua]
Gu|a|ra|ni (das, -, nur Ez.) **1** eine Indianersprache (neben Spanisch Staatssprache in Paraguay) **2** (der, -(s), - oder -s) Währungseinheit in Paraguay
Gu|ar|dia ci|vil (die, - -, nur Ez.) spanische Gendarmerie [span.]
Gu|ar|di|an (der, -s, -e) Vorsteher (eines Franziskaner-, Kapuzinerklosters) [lat.]
Gu|ar|ne|ri (die, -, -s) wertvolle Geige aus der Werkstatt der Geigenbauerfamilie Guarneri aus Cremona
Gu|ar|ne|ri|us (die, -, -rii) = Guarneri
Gu|asch (der, -s) = Gouache
Gu|a|te|mal|te|ke (der, -n, -n) Ew. Guatemalas
Gu|el|fe (der, -n, -n) italienische Anhänger der gegen den Hohenstaufenkaiser gerichteten Politik des Papstes und Gegner der Gibellinen [it.]
Gue|ril|la [gerɪlja] (der, -s, -s) bewaffneter Widerstandskämpfer (Dritte Welt) [span.]

Gue'ril'le'ro [gerɪljeːro] (der, -s, -s) mittel-, südamerikanischer Guerilla [span.]
Guide [gaɪd] (der, -s, -s) **1** Fremdenführer **2** Reisehandbuch [engl.]
Guig'nol *auch:* Gui'gnol [giɲɔl] (der, -s, -s) die Figur des Kasperle im französischen Puppentheater [frz.]
Guil'loche [gijɔʃ] (die, -, -n) verschlungene Linienmusterung (auf Banknoten, Wertpapieren) [frz.]
Guil'lo'cheur [gijɔʃøːɐ̯] (der, -s, -e) jmd., der beruflich guillochiert
guil'lo'chie'ren [gijɔʃiː-] (V.) mit einer Guilloche mustern
Guil'lo'ti'ne [gijɔ-] (die, -, -n) Fallbeil [frz.]
guil'lo'ti'nie'ren [gijɔ-] (V.) durch die Guillotine hinrichten
Gui'nea [gɪnɪ] (die, -, -s) alte englische Goldmünze; davon abgeleitete Rechnungseinheit
Gui'ne'er (der, -s, -) Ew. Guineas [berberisch]
gui'ne'isch (Adj.) zu Guinea gehörig
Gu'lag (der, -, nur Ez.) russisches Kurzwort für die Hauptverwaltung des Straflagersystems in der Sowjetunion unter der Herrschaft Stalins
Gu'lasch (das oder der, -s, -e oder -s) würziges Gericht aus gedünsteten Fleischwürfeln, Zwiebeln und Paprika [ungar.]
Gul'ly (der, -s, -s) Abwasser-Einlaufschacht der Kanalisation [engl.]
Gum'ma (das, -s, -ta oder -men) Gummigeschwulst bei Syphilis [nlat.]
Gum'mi (der, -s, -s) **1** dehnbare, vulkanisierte Kautschukmasse **2** Erzeugnis daraus [ägypt.-griech.]
Gum'mi'a'ra'bi'kum (das, -s, nur Ez.) Binde-, Klebemittel aus Akazienmilchsaft [lat.]
gum'mie'ren (V.) mit Klebstoff, wasserdichtem Kunststoff u.a. beschichten [nlat.]
Gum'mi'gutt (das, -s, nur Ez.) ein asiatisches Gummiharz; z.B. als Abführmittel [nlat.-malai.]
Gun [gʌn] (die, -, -s) oder (der oder das, -s, -s) **1** Schusswaffe **2** Spritze, um sich Rauschgift in die Venen zu spritzen [engl.-amerik.]
Gup'py (der, -s, -s) ein tropischer Zahnkarpfen, Aquarienfisch [engl.]
Gu'ra'mi (der, -s, -s) südostasiatischer Labyrinthfisch, Aquarienfisch [malai.]
Gur'kha (der, -(s), -s) **1** Angehöriger eines Volkes in Nepal **2** Elitesoldat aus diesem Volk (im brit. Kolonialreich)

Gu'ru (der, -s, -s) geistlicher Lehrmeister (im Hinduismus) [Hindi]
Gus'la (*auch:* Gus'le) (die, -, -s oder -len) südslawisches Streichinstrument [serbokroat.]
Gus'lar (der, -en, -en) Guslaspieler [serbokroat.]
Gus'le (die, -, -s oder -n) = Gusla
Gus'li (die, -, -s) harfenähnliches Klavichord, russisches Instrument des 18. Jahrhunderts [russ.]
gus'tie'ren (V.) = goutieren [lat.-it.]
gus'ti'ös (Adj.) appetitanregend, lecker [österr.]
Gus'to (der, -s, nur Ez.) Appetit; Geschmack (österr.) [it.]
Gus'to'met'rie *auch:* Gus'to'me'trie (die, -, nur Ez.) medizinische Prüfung des Geschmackssinnes mittels bestimmter Schmecklösungen [lat.-gr.]
Gut'ta'per'cha (das oder die, -, nur Ez.) kautschukähnlicher Stoff aus dem Milchsaft südostasiatischer Bäume, Isoliermaterial [malai.]
Gut'ta'ti'on (die, -, -ti'o'nen) selbsttätige Wasserausscheidung (bei Pflanzen) [lat.]
gut'tie'ren (V.) das Wasserausscheiden bei Pflanzen [lat.]
Gut'ti'o'le (die, -n, -n) Tropfflasche, Fläschchen zum Einträufeln von Medizin [lat.]
gut'tu'ral (Adj.) zur Kehle gehörig, kehlig [lat.]
Gut'tu'ral (der, -s, -e) Kehl-, Gaumenlaut
Gu'ya'ner (der, -s, -) Einwohner des Staates Guyana im Norden Südamerikas [indian.]
gym'na'si'al (Adj.) zum Gymnasium gehörig
Gym'na'si'arch (der, -en, -en) Bezeichnung für den Leiter eines antiken Gymnasiums [gr.-lat.]
Gym'na'si'ast (der, -as'ten, -as'ten) Schüler eines Gymnasiums
Gym'na'si'um (das, -s, -si'en) höhere Schule mit Abiturabschluss, Oberschule [gr.-lat.]
Gym'nast (der, -nas'ten, -nas'ten) Trainer der Athleten in der altgriechischen Gymnastik [gr.]
Gym'nas'tik (die, -, nur Ez.) Leibesübungen; rhythmisiertes Turnen [gr.]
Gym'nas'ti'ker (der, -s, -) jmd., der Gymnastik treibt
Gym'nas'tin (die, -, -tin'nen) Gymnastiklehrerin

gym|nas|tisch (Adj.) zur Gymnastik gehörig
gym|nas|ti|zie|ren (V.) die Muskeln von Pferd und Reiter systematisch durchbilden, um höchsten Anforderungen zu genügen
Gym|no|lo|gie (die, -, nur Ez.) Wissenschaft von der Leibeserziehung, der Rekreation und Therapie der Bewegungen [gr.-lat.]
Gym|nos|per|me auch: Gym|no|sper|me (die, -, -n) Nacktsamer [gr.]
Gy|nae|ce|um (das, -s, -ce|en) Gesamtmenge der weiblichen Blütenorgane einer Pflanze [gr.-lat.]
Gy|nä|kei|on (das, -s, -kei|en) das Gemach der Frauen in einem altgriechischen Haus [gr.]
Gy|nä|ko|kra|tie (die, -, -n) Gesellschaftsordnung, in der die Frau die beherrschende Position in Staat und Familie einnimmt und in der die soziale Position und der Erbgang der weiblichen Linie folgt; Frauenherrschaft [gr.]
Gy|nä|ko|lo|ge (der, -n, -n) Frauenarzt [gr.]
Gy|nä|ko|lo|gie (die, -, nur Ez.) Frauenheilkunde [gr.]
gy|nä|ko|lo|gisch (Adj.) frauenheilkundlich
Gy|nä|ko|mas|tie (die, -, -n) weibliche Brustbildung bei Männern (Med.) [gr.-lat.]
Gy|nä|ko|pho|bie (die, -, nur Ez.) Abneigung gegen alles Weibliche [gr.-lat.]
Gy|nä|kos|per|mi|um auch: Gy|nä|ko|spermi|um (das, -s, -mi|en) ein in ein X-Chromosom enthaltender Samenfaden, wodurch das Geschlecht als weiblich definiert wird [gr.-lat.]
Gy|nand|rie auch: Gy|nan|drie/Gyn|an|drie (die, -, nur Ez.) Nebeneinander männlicher und weiblicher Geschlechtsmerkmale an einem Lebewesen [gr.]
gy|nand|risch auch: gy|nan|drisch/gyn|andrisch (Adj.) zur Gynandrie gehörig
Gy|nand|ris|mus auch: Gy|nan|dris|mus/Gyn|an|dris|mus (der, -, nur Ez.) = Gynandrie
Gy|nand|ro|mor|phis|mus auch: Gy|nandro|mor|phis|mus/Gyn|an|dro|mor|phis|mus (der, -, nur Ez.) = Gynandrie [gr.-nlat.]
Gy|ri (nur Mz.) ausschließlich im Gehirn höherer Wirbeltiere und des Menschen vorkommende Hirnwindungen [lat.]
Gy|ros (das, -, -) vom Drehspieß geschnittenes Hammelfleisch [neugr.]
Gytt|ja (die, -, -jen) faulender organischer Schlamm am Seegrund [schwed.]

H

Ha|ba|ne|ra (die, -, -s) kubanisch-spanischer Tanz (Gesang), langsam und tangoähnlich
Hab|da|la (die, -, -s) Gebet am Ausgang des Sabbats, mit dem der Hausherr einer jüdischen Familie den Herrn lobpreist [hebr.]
Ha|be|as cor|pus lat. für: »du habest den Körper«; Floskel am Anfang eines mittelalterlichen Haftbefehls
Ha|be|as|kor|pus|ak|te (die, -, nur Ez.) englisches Gesetz, das einen Bürger vor willkürlicher Verhaftung schützt [lat.]
ha|be|mus Pa|pam lat. für: »wir haben einen Papst«; vorgeschriebener Ausruf nach vollzogener Papstwahl
ha|bil (Adj.) fähig, gewandt [lat.]
Ha|bi|li|tand (der, -en, -en) jmd., der sich habilitieren will
Ha|bi|li|ta|ti|on (die, -, -ti|o|nen) Verfahren zum Erwerb der Lehrbefugnis an einer Hochschule [lat.]
ha|bi|li|ta|tus (Adj.) mit Lehrberechtigung an einer Hochschule oder Universität [lat.]
ha|bi|li|tie|ren (V.) die Lehrbefugnis an einer Hochschule erwerben [lat.]
Ha|bit oder [ha-] (der oder das, -s, -e) **1** Amtstracht **2** seltsame Kleidung, Aufzug
Ha|bi|tat (das, -s, -e) bestimmter Lebensraum (einer Tier- oder Pflanzenart) [lat.]
ha|bi|tu|a|li|sie|ren (V.) zur Gewohnheit machen, werden [lat.]
Ha|bi|tu|a|ti|on (die, -, -ti|o|nen) Gewöhnung, Reaktionsermüdung hinsichtlich eines zu oft erfolgten Reizes [lat.]
Ha|bi|tué [-tyeː] (der, -s, -s) Stammgast (veraltet) [frz.]
ha|bi|tu|ell (Adj.) gewohnheitsmäßig [frz.]
Ha|bi|tus (der, -, nur Ez.) **1** Aussehen **2** Verhalten [lat.]
Há|ček [haːtʃɛk] (das, -s, -s) ein Aussprachezeichen; z.B. č = [tʃ] (im Tschechischen) [tschech.]
Ha|ché (das, -s, -s) = Haschee
Ha|ci|en|da [asien-] (die, -, -s) = Hazienda
Ha|ci|en|de|ro [asiende:ro] (der, -s, -s) = Haziendero [span.]
Ha|cker (der, -s, -) jmd., der über seinen Personalcomputer und eine Telefonleitung unberechtigt in andere Computersysteme eindringt [engl.]
Ha|dal (das, -s, nur Ez.) die Tiefsee unterhalb von 5000 Metern [gr.-nlat.]

Ha|des (der, -, nur Ez.) **1** das Reich der Toten, die Unterwelt **2** Planet, der jenseits des Pluto vermutet wird [gr.]

Ha|dith (der oder das, -, -e) Überlieferung angeblicher Aussprüche Mohammeds als hauptsächliche Quelle des Islam neben dem Koran [arab.]

Hadsch (der, -, nur Ez.) Pilgerreise nach Mekka [arab.]

Had|schar *auch:* Ha|dschar (der, -s, nur Ez.) der schwarze Stein in der Kaaba, den die Mekkapilger küssend verehren [arab.]

Had|schi *auch:* Ha|dschi (der, -s, -s) **1** Ehrentitel eines Mohammedaners, der den Hadsch durchgeführt hat **2** christlicher Jerusalempilger im Orient [arab.-türk.]

Hae|moc|cult-Test *auch:* Haem|oc|cult-Test [hɛm-] (der, -s, -s) Test auf Vorhandensein nicht sichtbaren Blutes im Kot [gr.-lat.-engl.]

Ha|fis (der, -, nur Ez.) Ehrentitel des Mannes, der den Koran auswendig kennt [arab.]

Haf|ni|um (das, -s, nur Ez.) ein Element, Metall [nlat.]

Haf|ta|ra (die, -, -roth) beim jüdischen Gottesdienst die Lesung aus den Propheten als Schluss des Wochenabschnitts [hebr.]

Ha|ga|na (die, -, nur Ez.) jüdische militärische Organisation in Palästina, aus der die reguläre Armee Israels entstand [hebr.]

Hag|ga|da (die, -, nur Ez.) erzählender Teil der mündlichen jüdischen Überlieferung (Legenden, Sprichwörter u.a.) [hebr.]

Ha|gi|o|gra|fa (*auch:* Ha|gi|o|gra|pha) (nur Mz.) = Hagiografen

Ha|gi|o|gra|fen (*auch:* Ha|gi|o|gra|phen) (nur Mz.) späteste Schriften des Alten Testaments [gr.]

Ha|gi|o|gra|fie (*auch:* Ha|gi|o|gra|phie) (die, -, -n) Lebensbeschreibung eines Heiligen, Literatur über einen Heiligen [gr.]

Ha|gi|o|lat|rie *auch:* Ha|gi|o|la|trie (die, -, -n) Heiligenverehrung [gr.]

Hai|duck (der, -du|cken, -du|cken) = Heiduck

Ha|i|ti|a|ner [ha:i-] (der, -s, -) Ew. Haitis

ha|i|tisch (Adj.) zu Haiti gehörig

Ha|kim (der, -s, -s) Arzt, Gelehrter (im Nahen Osten) [arab.].

Hal|la|li (das, -s, -s) ein Hornsignal; Ende der Jagd [frz.]

Hal|lér [-lɛ:rʃ] (der, -, -le|ru) tschechische Währungseinheit [dt.-tschech.]

hal|le|lu|ja! (Interj.) »lobet den Herrn!« [hebr.]

Hal|lo|ween [hæləʊvi:n] (das, -s, -s) der Tag vor Allerheiligen, der besonders in den Vereinigten Staaten gefeiert wird [engl.]

Hal|lu|zi|nant (der, -en, -en) jmd., der an Halluzinationen leidet [lat.]

Hal|lu|zi|na|ti|on (die, -, -ti|o|nen) Sinnestäuschung [lat.]

hal|lu|zi|na|tiv (Adj.) = halluzinatorisch

hal|lu|zi|na|to|risch (Adj.) zu einer Halluzination gehörig, in Form einer Sinnestäuschung

hal|lu|zi|nie|ren (V.) eine Halluzination haben

hal|lu|zi|no|gen (Adj.) Halluzinationen hervorrufend, fördernd [lat.-gr.]

Hal|lu|zi|no|gen (das, -s, -e) ein Element der siebenten Gruppe des Periodensystems, Salzbildner (Fluor, Chlor, Brom, Jod und Astat) [gr.]

Hal|ma (das, -s, nur Ez.) ein Brettspiel [gr.]

Ha|lo (der, -s, -s oder -lo|nen) ringförmige Lichterscheinung, »Hof«; z.B. um den Mond herum [gr.]

ha|lo|gen (Adj.) Salz bildend [gr.]

Ha|lo|gen (das, -s, -e) ein Element der siebenten Gruppe des Periodensystems, Salzbildner (Fluor, Chlor, Brom, Jod und Astat) [gr.]

Ha|lo|ge|nid (das, -s, -e) salzartige Verbindung eines Halogens mit einem Metall

ha|lo|ge|nie|ren (V.) Salz bilden [gr.]

Ha|lo|gen|lam|pe (die, -, -n) mit Edelgas gefüllte, sehr helle Glühlampe

ha|lo|phil (Adj.) salzreichen Lebensraum bevorzugend; z.B. Bakterien, Küstenpflanzen können halophil sein [gr.]

Ha|lo|phyt [-fy:t] (der, -en, -en) Salz liebende Pflanze [gr.]

Ha|lun|ke (der, -n, -n) Gauner [tschech.]

Hal|wa (die, -, -s) eine orientalische Süßigkeit aus gerösteten Sesamkörnern, Zucker u.a.

Häm (das, -s, nur Ez.) Farbstoff des Hämoglobins [gr., Kurzwort]

Ha|ma|dan (der, -s, -s) aus Kamelwolle handgeknüpfter Teppich mit stilisierten Mustern

Ha|ma|me|lis (die, -, nur Ez.) winterblütiger Zierstrauch, Zaubernuss [gr.]

Ham and Eggs [hæm ənd egz] (nur Mz.) Spiegeleier und gebratener Schinken (als Frühstück) [engl.]

Hä|man|gi|om *auch:* Häm|an|gi|om (das, -s, -e) Blutgefäßgeschwulst [gr.]

Ha|mar|tie (die, -, -n) **1** in der antiken Tragödie der Irrtum oder die Sünde, die die Verwicklungen verursachen **2** lokaler Defekt des Gewebes infolge embryonaler Fehlentwicklung des Keimgewebes (Med.) [gr.]

Ha|ma|sa (die, -, -s) Titel berühmter arabischer Anthologien [arab.]

Hä|ma|tit (der, -s, -e) ein Mineral, (schwarz-)rotes Eisenoxid [gr.-nlat.]
hä|ma|to|gen (Adj.) Blut bildend [gr.]
Hä|ma|to|lo|gie (die, -, nur Ez.) Wissenschaft vom Blut und seinen Krankheiten [gr.]
Hä|ma|tom (das, -s, -e) Bluterguss [gr.]
Hä|ma|tor|rhö (auch: Hä|ma|tor|rhöe) (die, -, -en) Blutsturz [gr.]
Hä|ma|tor|rhöe [-rø:] (die, -, -n) = Hämatorrhö
Hä|ma|tu|rie auch: Hä|mat|u|rie (die, -, -n) Blutharnen [gr.]
Ham|bur|ger (der, -s, -) weiches Brötchen, das mit Hackfleischscheiben und diversen Zutaten belegt ist [dt.-engl.]
Hä|min (das, -s, nur Ez.) ein Bestandteil des Hämoglobins
Ha|mit (auch: Ha|mite) (der, -en, -en) Angehöriger einer überwiegend nord(ost)afrikanischen Völkergruppe; z.B. Berber, Haussa, Somali [hebr.-nlat.]
Ha|mi|te (der, -n, -n) = Hamit
ha|mi|tisch (Adj.) zu den Hamiten gehörig
Ham|ma|da (die, -, -s) Fels-, Steinwüste (in Nordafrika) [arab.]
Ham|mal (der, -s, -s) Lastenträger im Vorderen Orient [arab.]
Ham|mam (der, -s, -s) Badehaus im Vorderen Orient [arab.]
Ham|mond|or|gel [hæmənd-] (die, -, -n) elektronisch verstärkte und in der Klangfarbe variierbare Orgel (in der U-Musik) [engl.-lat.]
Hä|mob|last auch: Hä|mo|blast (der, -en, -las|ten/blas|ten) Blut bildende Knochenmarkzelle [gr.]
Hä|mo|glo|bin (das, -s, nur Ez.) roter Blutfarbstoff [gr.-nlat.]
Hä|mo|ly|se (die, -, -n) krankhafte Auflösung der roten Blutkörperchen [gr.]
Hä|mo|phi|lie (die, -, -n) Bluterkrankheit [gr.]
Hä|mor|rha|gie (die, -, -n) Blutung (im Körperinnern) [gr.]
hä|mor|rho|i|dal (auch: hä|mor|ri|dal) [-ro:i-] (Adj.) zu den Hämorrhoiden gehörig, von ihnen ausgehend
Hä|mor|rho|i|de (auch: Hä|mor|ri|de) [hɛmoːroːidə] (die, -, -n) knotig verdickte Mastdarmvene [gr.]
Hä|mo|zyt (der, -en, -en) Blutkörperchen
Han|di|cap (auch: Han|di|kap) [hændikæp] (das, -s, -s) **1** behindernder Nachteil **2** gezielte Erschwernis für einen Leistungsstarken; Vorgabe für einen Leistungsschwächeren; z.B. im Pferderennsport [engl.]
Han|di|kap [hændikæp] (das, -s, -s) = Handicap
Hand-out (auch: Hand|out) [hændˌaʊt] (das, -s, -s) informierendes Schriftstück, das vor einem Seminar an alle Teilnehmer ausgegeben wird [engl.]
Hands [hændz] (das, -, -) unerlaubtes Handspiel (im Fußball; österr; schweiz.) [engl.]
Hand|schar auch: Han|dschar (der, -s, -s) orientalische Waffe in der Art eines Messers [arab.]
Han|dy|man [hændɪmæn] (der, -s, -men) Bastler, Heimwerker [engl.]
Han|gar oder [-ga:ɐ] (der, -s, -s) Flugzeughalle [germ.-frz.]
Hän|ge|par|tie (die, -, -n) abgebrochene Schachpartie, die zu einem späteren Zeitpunkt wieder aufgenommen wird [dt.-lat.-frz.]
Hang-o|ver [hæŋ-] (der, -s) Katerstimmung nach übermäßigem Konsum von Alkohol oder Drogen, Durchhänger [engl.]
han|tie|ren (V.) mit etwas beschäftigt sein, sich hörbar betätigen [frz.-niederl.]
Ha|nu|man (der, -s, -s) = Hulman [ind.]
Ha|o|ma (der, -, nur Ez.) heiliges Opfergetränk der Parsen
ha|pa|xanth auch: ha|pax|anth (Adj.) einmal blühend und dann absterbend (Bot.) [gr.-lat.]
Ha|phal|ge|sie auch: Haph|al|ge|sie (die, -, nur Ez.) außergewöhnliche Schmerzempfindlichkeit der Haut (Med.) [gr.-lat.]
hap|lo|id auch: ha|plo|id (Adj.) mit einfachem Chromosomensatz (bei Zellkernen) [gr.]
Hap|lom auch: Ha|plom (das, -s, -e) haploider Chromosomensatz
Hap|pe|ning [hæp-] (das, -s, -s) spontanes, überraschendes Geschehen (als Kunstform) [engl.]
Hap|pe|nist [hæp-] (der, -nis|ten, -nis|ten) Künstler, der Happenings veranstaltet [engl.]
hap|py [hɛpi] (Adj.) glücklich, zufrieden, selig [engl.]
Hap|py|end (auch: Hap|py End) [hɛpi-] (das, -(s), -s) glücklicher Ausgang (wie im Film) [engl.]
Hap|py|few (auch: Hap|py Few) [hæpɪfju:] (nur Mz.) die glückliche Minderheit [engl.]
Hap|tik (die, -, nur Ez.) Wiss. vom Tastsinn [gr.]
hap|tisch (Adj.) zum Tastsinn gehörig [gr.]
Hap|to|nas|tie (die, -, -n) Pflanzenbewegung, die durch einen Berührungsreiz ausgelöst wird (Bot.) [gr.-lat.]
Ha|ra|ki|ri (das, -(s), -s) japanische Art des Selbstmordes durch Bauchaufschlitzen
Ha|ram (der, -s, -s) heiliger und verbotener Bezirk im islamischen Orient [arab.]
ha|ran|gie|ren (V.) eine langweilige Rede halten (veraltet) [frz.]
Ha|rass (der, -es, -e) Lattenkiste (zum Verpacken zerbrechlichen Guts) [frz.]

Hard'co'ver (*auch:* Hard Co'ver) [-kʌv] (das, - -s, - -s) fester Bucheinband [engl.]
Hard'drink (*auch:* Hard Drink) (der, - -s, - -s) starkes alkoholisches Getränk [engl.]
Hard'li'ner [-laɪ-] (der, -s, -) jmd., der einen unnachgiebigen (»harten«) Kurs verfolgt
Hard'rock (*auch:* Hard Rock) (der, - -(s), nur Ez.) einfache, wuchtige Rockmusik, Weiterentwicklung des Rock'n' Roll [engl.]
Hard'top (das, -s, -s) festes, abnehmbares Sportwagenverdeck [engl.]
Hard'ware [-weə] (die, -, -s) Geräteteile, technische Einrichtungen einer EDV-Anlage (ohne Programm) [engl.]
Ha'rem (der, -s, -s) **1** Frauenräume eines islamischen Hauses **2** seine Bewohnerinnen [arab.-türk.]
Hä're'si'arch (der, -en, -en) Begründer und geistliches Oberhaupt einer von der offiziellen Kirchenlehre abweichenden Meinung [gr.]
Hä're'sie (die, -, -n) Ketzerei [gr.]
Hä're'ti'ker (der, -s, -) Ketzer [gr.]
hä're'tisch (Adj.) ketzerisch, vom Dogma abweichend [gr.-lat.]
Ha'ri'cots [ariko] (nur Mz.) grüne Bohnen
Har'le'kin (der, -s, -e) Spaßmacher in der Commedia dell'arte [it.]
Har'le'ki'na'de (die, -, -n) Possenspiel, Spaß [it.-frz.]
har'le'ki'nisch (Adj.) in der Art und Weise eines Harlekins, lustig wie ein Harlekin
Har'ma'ged'don (das, -, nur Ez.) Ort der letzten Schlacht zwischen den Königen der Welt und Gott (nach Apokalypse 16); Weltuntergang [hebr.]
Har'mo'nie (die, -, -n) **1** wohltönender Zusammenklang (z.B. in der Musik) **2** Wohlabgewogenheit; friedvolle Übereinstimmung [gr.]
Har'mo'nie'leh're (die, -, -n) **1** Teilgebiet der Musikwissenschaft, das sich mit den harmonischen Verbindungen von Tönen und Akkorden in einem musikalischen Satz befasst **2** sich mit den harmonischen Verbindungen von Tönen und Akkorden befassende Theorie, die von einem Musikwissenschaftler oder Komponisten aufgestellt wird [gr.-lat.]
har'mo'nie'ren (V.) eine Harmonie bilden
Har'mo'nik (die, -, nur Ez.) musikalische Harmonielehre
Har'mo'ni'ka (die, -, -s) Musikinstrument, das Töne durch luftstrombewegte Metallzungen hervorbringt [gr.]
har'mo'ni'kal (Adj.) den Gesetzen der Harmonie entsprechend, folgend, sie einhaltend
har'mo'nisch (Adj.) voller Harmonie; wohlklingend; übereinstimmend; ausgewogen

har'mo'ni'sie'ren (V.) **1** harmonisch machen **2** mit passenden Akkorden versehen
Har'mo'ni'um (das, -s, -ni'en) ein orgelähnliches Tasteninstrument [gr.-frz.]
Har'pu'ne (die, -, -n) Unterwasserspeer mit Widerhaken [frz.]
Har'pu'nier (der, -s, -e) jmd., der harpuniert
har'pu'nie'ren (V.) mit der Harpune erlegen
Har'py'ie [-pyːjə] (die, -, -n) **1** griechischer Sturmdämon in Gestalt eines (hässlichen) Mädchens mit Vogelflügeln **2** große Greifvogelart Mittel- und Südamerikas
Har'ry [hærɪ] (der, -s, nur Ez.) **1** englischer Vorname **2** Szenebegriff für Heroin [engl.]
Hart'schier (*auch:* Hat'schier) (der, -s, -e) königlich bayrischer Leibgardist [it.]
Ha'rus'pex *auch:* Ha'ru'spex (der, -, -e oder -spi'zes) altrömischer Wahrsager, Eingeweideschauer [lat.]
Ha'rus'pi'zi'um *auch:* Ha'ru'spi'zi'um (das, -s, -zi'en) Wahrsagung aus den Eingeweiden [lat.]
Ha'sard (das, -s, nur Ez.) Glücksspiel; leichtsinniges Wagnis [arab.-frz.]
ha'sar'die'ren (V.) sein Glück aufs Spiel setzen [arab.-frz.]
Ha'schee (*auch:* Ha'ché) (das, -s, -s) Gericht aus fein zerkleinerter Kochlunge, Hackfleisch oder Fleischresten [frz.]
ha'schie'ren (V.) zu Haschee machen, Fleisch fein zerkleinern
Ha'schisch (das oder der, -, nur Ez.) Rauschmittel aus den verharzten Triebspitzen einer Hanfsorte [arab.]
Hat'schier (der, -s, -e) = Hartschier
Hatt'rick *auch:* Hat'trick [hæt-] (der, -s, -s) dreifacher (Tor-)Erfolg (in einem Spiel) [engl.]
Hau'bit'ze (die, -, -n) Geschütz für Flach- und Steilfeuer [tschech.]
Haus (der, -, -) Angehöriger eines hamitischen Volkes in der Sahelzone
Hau'sa (das, -, nur Ez.) = Haussa
Haus'sa (*auch:* Hau'sa) (das, -, nur Ez.) afrikanische Sprache (West- u. Zentralafrika)
Haus'se [oːs] (die, -, -n) Ansteigen der Börsenkurse; Wirtschaftsaufschwung [frz.]
Haus'si'er [oːsjeː] (der, -s, -s) jmd., der auf eine Hausse spekuliert
haus'sie'ren [os-] (V.) im Kurswert steigen (Wertpapiere im Börsenwesen) [lat.-frz.]
Haus'tre *auch:* Haust're/Hau'stre (die, -, -n) durch Muskelzusammenziehung entstehender Dickdarmabschnitt [lat.]
Haute'cou'ture (*auch:* Haute Cou'ture) [oːtkutyːʁ] (die, - -, nur Ez.) Modeschaffen, Modelle Pariser Modeschöpfer [frz.]

Haute|vo|lee [o:tvole:] (die, -, nur Ez.) vornehmste Gesellschaftsschicht [frz.]
Haut|gout [o:gu:] (der, -s, nur Ez.) **1** Geschmack, Geruch lange genug abgehangenen Wildbrets **2** Anrüchigkeit [frz.]
Haut mal [o:mal] (das, - -, nur Ez.) = Grand mal [frz.]
Haut|re|li|ef [o:rəljɛf] (das, -s, -s oder -e) Hochrelief [frz.]
Haut-Sau|ternes [o:sotɛrn] (der, -, nur Ez.) ein weißer Bordeauxwein [frz.]
Ha|van|na (die, -, -s) Zigarre aus kubanischem Tabak [span.]
Ha|va|rie (die, -, -n) **1** Unfall(schaden) eines Schiffs oder seiner Ladung **2** kleiner Unfallschaden am Auto (österr.) [arab.-frz.]
ha|va|rie|ren (V.) **1** durch eine Havarie beschädigt werden [arab.-frz.] **2** einen Autounfall haben [österr.]
ha|va|riert (Adj.) durch eine Havarie beschädigt, durch einen Unfall beschädigt
Ha|va|rist (der, -ris'ten, -ris'ten) Eigner eines durch Havarie geschädigten Schiffes
Ha|ve|lock (der, -s, -s) langer Mantel mit einem Schulterkragen, der bis zu den Ellbogen reicht [engl.]
Ha|wa|ii|a|ner (der, -s, -) Ew. Hawaiis
ha|wa|ii|a|nisch (auch: ha|wai|isch) (Adj.) zu Hawaii gehörig
Ha|waii|gi|tar|re (die, -, -n) eine Gitarre mit gleitend-bebendem Klang
ha|wai|isch (Adj.) = hawaiianisch
Ha|zi|en|da [asien-] (die, -, -s) Landgut (in Mittel- oder Südamerika) [span.]
Ha|zi|en|de|ro (der, -s, -s) Besitzer einer Hazienda [span.]
HDTV (das, -s, nur Ez.) Abk. für »**H**igh **D**efinition **T**ele**V**ision«, Fernsehen mit höherer Bild- und Tonqualität [engl.]
Head|line [hedlaɪn] (die, -, -s) Schlagzeile [engl.]
Hea|ring [hɪə-] (das, -s, -s) Anhörung [engl.]
hea|vy [hevɪ] (Adj.) extrem (Jargon); z.B. der Film war noch heavyer [engl.]
Hea|vy|me|tal (auch: He|a|vy Me|tal) [hevɪ metl] (das, - -, nur Ez.) extremer Hardrock [engl.]
He|be|phre|nie (die, -, -n) Jugendirresein
Heb|rä|er auch: He|brä|er (der, -s, -) Israelit (im Alten und Neuen Testament)
Heb|ra|i|cum auch: He|bra|i|cum (das, -s, nur Ez.) Prüfung in der hebräischen Sprache (für Theologiestudenten) [lat.]
heb|rä|isch auch: he|brä|isch (Adj.) zu den Hebräern gehörig, in der semitischen Sprache der Israeliten oder Juden
Heb|ra|ist auch: He|bra|ist (der, -is'ten, is'ten) Hebraistikwissenschaftler

Heb|ra|is|tik auch: He|bra|is|tik (die, -, nur Ez.) Wissenschaft von hebräischer Sprache und Kultur
He|do|nik (die, -, nur Ez.) = Hedonismus [gr.]
He|do|ni|ker (der, -s, -) Anhänger des Hedonismus
He|do|nis|mus (auch: He|do|nik) (der, -, nur Ez.) philosophische Lehre vom Genuss als Lebensziel [gr.-nlat.]
He|do|nist (der, -nis'ten, -nis'ten) Vertreter der Lehre des Hedonismus [gr.-lat.]
he|do|nis|tisch (Adj.) **1** den Hedonismus betreffend, auf ihm beruhend **2** dem Lustprinzip gehorchend, es befolgend
Hed|schra auch: Hedsch|ra/He|dschra (die, -, nur Ez.) Weggang Mohammeds von Mekka nach Medina; Beginn islamischer Zeitrechnung (622 n.Chr.) [arab.]
He|ge|li|a|ner (der, -s, -) Anhänger der Philosophie Hegels [nlat.]
He|ge|mon (der, -en, -en) über andere Fürsten herrschender Fürst [gr.]
he|ge|mo|ni|al (Adj.) die Vormachtstellung habend oder sie erstrebend [gr.-lat.]
He|ge|mo|nie (die, -, -n) Vorherrschaft [gr.]
He|ge|mo|ni|kon (das, -, nur Ez.) **1** herrschender Teil der Seele, die Vernunft **2** Gott (in der Lehre der Stoiker) [gr.-lat.]
he|ge|mo|nisch (Adj.) zur Hegemonie gehörig; Hegemonie anstrebend
He|gu|me|nos (der, -, -noi) Vorsteher eines orthodoxen Klosters [gr.]
Hei|duck (auch: Hai|duck) (der, -du'cken, -du'cken) ungarischer Söldner, Freischärler; ungarischer Hofbeamter
Hel|ka|tom|be (die, -, -n) riesige (Verlust-)Menge [gr.]
Hek|tar (das oder der, -(s), -) ein Flächenmaß, 10 000 Quadratmeter [gr.-frz.]
Hek|tik (die, -, nur Ez.) übertriebene Betriebsamkeit, rastlose Unruhe [gr.]
Hek|ti|ker (der -s, -) **1** jmd., der voller Hektik agiert **2** (veraltet) jmd., der an einer Lungenschwindsucht leidet (Med.) [gr.-lat.]
hek|tisch (Adj.) **1** voller Hektik **2** mit Lungentuberkulose einhergehend **3** fiebrig erregt
hek|to|gra|fie|ren (auch: hek|to|gra|phie|ren) (V.) Vervielfältigungen mit Hilfe einer Spezialtinte und Gelatine-Druckplatte machen [gr.]
Hek|to|li|ter (der oder das, -s, -) hundert Liter [gr.-frz.]
He|lan|ca (das, -, nur Ez.) ein elastisches Nylon-Perlon-Garn (Warenzeichen) [Kunstwort]

He|li|kon (das, -s, -s) ein Blechblasinstrument (in der Militärmusik), gewundene Kontrabasstuba [gr.]
He|li|kop|ter *auch:* He|li|ko|pter (der, -s, -) Hubschrauber
He|li|o|dor (der, -s, -e) grüngelber Beryll, Schmuckstein [gr.]
He|li|o|graf (*auch:* He|li|o|graph) (der, -en, -en) **1** Fernrohr mit Kamera für Sonnenaufnahmen **2** Signalgerät für Sonnenlicht-Blinkzeichen [gr.]
he|li|o|phil (Adj.) Sonnenlicht, -wärme bevorzugend; z.B. Eidechsen sind heliophile Tiere [gr.]
He|li|os|kop *auch:* He|li|o|skop (das, -s, -e) das Sonnenlicht schwächender Filter (zur direkten Sonnenbeobachtung) [gr.]
He|li|o|the|ra|pie (die, -, nur Ez.) Heilbehandlung mit Sonnenlicht [gr.]
He|li|o|trop 1 (der, -s, -e) ein Edelstein, Blutjaspis [gr.] **2** (das, -s, -e) ein Raublattgewächs, die Zierpflanze Sonnenwende, deren Blüten nach Vanille duften [gr.]
he|li|o|zent|risch *auch:* he|li|o|zen|trisch (Adj.) auf die Sonne als Mittelpunkt bezogen [gr.-lat.]
He|li|ski|ing (das, -s, nur Ez.) Skilauf in nicht erschlossenem Gelände, bei dem der Skiläufer mit dem Hubschrauber auf den Berggipfel transportiert wird [engl.]
He|li|um (das, -s, nur Ez.) ein Element, Edelgas [gr.-nlat.]
He|lix (die, -, -li|ces [-tse:s]) spiralige Struktur (des DNA-Moleküls) [gr.]
Hel|la|di|kum (das, -s, nur Ez.) Kultur der Bronzezeit auf dem griechischen Festland [gr.-lat.]
hel|la|disch (Adj.) das Helladikum betreffend
Hel|le|ne (der, -n, -n) Grieche (der Antike)
hel|le|nisch (Adj.) altgriechisch
hel|le|ni|sie|ren (V.) = gräzisieren [gr.]
Hel|le|nis|mus (der, -, nur Ez.) spätes Griechentum, Zentren: Alexandria, Pergamon, Rhodos, Athen [gr.-lat.]
Hel|le|nist (der, -nis|ten, -nis|ten) Wissenschaftler, der sich mit der hellenistischen Sprache und Kultur beschäftigt [gr.]
Hel|le|nis|tik (die, -, nur Ez.) **1** Wissenschaft, die sich mit dem nachklassischen Griechentum befasst **2** Jude der Spätantike, der die griechische Sprache beherrscht und zur hellenistischen Kultur gehört [gr.]
hel|le|nis|tisch (Adj.) zum Hellenismus gehörig
Hel|le|no|phi|lie (die, -, nur Ez.) Vorliebe für die hellenistische Kultur [gr.]

Hel|lok|re|ne *auch:* He|lo|kre|ne (die, -, -n) Quellsumpf [gr.]
Hel|lot (*auch:* He|lo|te) (der, -en, -en) Staatssklave in Sparta [gr.]
Hel|lo|te (der, -n, -n) = Helot
Hel|lo|tis|mus (der, -, nur Ez.) eine Ernährungsgemeinschaft zwischen Tier und Pflanze, aus der ein Teil mehr Nutzen hat als der andere [gr.-lat.]
hel|ve|tisch (Adj.) zum keltischen Alpenvolk der Helvetier gehörig; die Schweiz als Staat betreffend
Hel|ve|tis|mus (der, -, -men) schweizerische Spracheigentümlichkeit; z.B. der Wandel der Vokale und Konsonanten in »Schwyzer Luutverschiebig« [gr.]
He|mip|le|gie *auch:* He|mi|ple|gie (die, -, -n) halbseitige Lähmung [gr.]
He|mis|phä|re *auch:* He|mi|sphä|re (die, -, -n) **1** Erdkugelhälfte, Halbkugel **2** Hirnhälfte [gr.]
Hem|lock (die, -, -s) asiatisches und nordamerikan. Kieferngewächs, Schierlingstanne
Hen|de|ka|gon (das, -s, -e) Elfeck [gr.]
Hen|di|a|dy|oin (das, -s, -e) Erhöhung der Ausdruckskraft durch zwei gleichbedeutende Wörter, Stilfigur; z.B. entflieh, entfahr den Haftbanden [gr.]
Hen|na (das, -s, nur Ez.) ein Weiderichgewächs warmer Länder; rotes (Haar-)Färbemittel aus seinen Wurzeln [arab.]
Hen|nin (der oder das, -s, -s) hohe Frauenhaube in der Form eines Kegels, an dessen Spitze ein Schleier angebracht war [frz.]
He|no|the|is|mus (der, -, nur Ez.) Verehrung eines höchsten Gottes unter anderen Göttern [gr.]
Hen|ry (das, -, -) Maßeinheit der Induktivität [engl.]
He|par (das, -s, -pa|ta) Leber [gr.]
he|pa|tisch (Adj.) zur Leber gehörig [gr.]
He|pa|ti|tis (die, -, -ti|ti|den) Leberentzündung [gr.]
Hep|ta|gon (das, -s, -e) Siebeneck [gr.]
Hep|ta|me|ter (der, -s, -) siebenfüßiger Vers [gr.]
Hep|tan (das, -s, nur Ez.) ein Kohlenwasserstoff mit sieben Kohlenstoffatomen [gr.]
He|ral|dik (die, -, nur Ez.) Wappenkunde [frz.]
He|ral|di|ker (der, -s, -) Wappenforscher [germ.-lat.-frz.]
he|ral|disch (Adj.) zur Heraldik gehörig
Her|bar (das, -s, -ba|ri|en) = Herbarium
Her|ba|ri|um (das, -s, -ri|en) Sammlung gepresster, getrockneter Pflanzen [lat.]
Her|bi|vo|re (der, -n, -n) Pflanzenfresser [lat.]
Her|bi|zid (das, -s, -e) chemisches Unkrautvernichtungsmittel [lat.]

he're'die'ren (V.) erben [lat.]
he're'di'tär (Adj.) erblich [frz.]
He're'di'tät (die, -, -en) 1 Erbschaft 2 Erbfolge [lat.]
He'ri'ta'bi'li'tät (die, -, nur Ez.) Erblichkeitsgrad (in der Genetik) [frz.]
Her'ku'les (der, -, -se) 1 (nur Ez.) griechische Sagengestalt, Herakles 2 überaus kräftiger Mensch
her'ku'lisch (Adj.) überaus kräftig (wie Herkules)
Her'maph'ro'dis'mus auch: Herm'a'phrodis'mus = Hermaphroditismus
Her'maph'ro'dit auch: Herm'a'phro'dit (der, -en, -en) Zwitter [gr.]
her'maph'ro'di'tisch auch: herm'a'phrodi'tisch (Adj.) zwittrig [gr.]
Her'maph'ro'di'tis'mus auch: Herm'aphro'di'tis'mus (auch: Her'maph'ro'dis'mus/Herm'a'phro'dis'mus) (der, -, nur Ez.) Zwittrigkeit [gr.-nlat.]
Her'me (die, -, -n) künstlerisch gestaltete Vierkantsäule [gr.]
Her'me'neu'tik (die, -, nur Ez.) Kunst der Auslegung (antiker Werke); philosophische Theorie des Verstehens [gr.]
her'me'neu'tisch (Adj.) mit Hilfe der Hermeneutik, auslegend
Her'me'tik (die, -, nur Ez.) 1 Alchimie, Magie (veraltet) 2 luftdichte Apparatur [gr.- lat.- engl.]
her'me'tisch (Adj.) dicht verschlossen [gr.]
her'me'ti'sie'ren (V.) luft- und wasserdicht verschließen [gr.-lat.]
Her'me'tis'mus (der, -, nur Ez.) 1 Stilrichtung der modernen italienischen lyrischen Dichtkunst 2 eine vieldeutige, mysteriöse Aussage als Hauptmerkmal einer modernen Poesie
Her'nie [-niə] (die, -, -n) Eingeweidebruch [lat.]
He'ro'en'kult (der, -es, -e) Heldenverehrung
He'ro'i'de (die, -, -n) Heldenbrief, Liebesbrief eines Heroen oder einer Heroin als Gattung der Literatur [gr.]
He'ro'ik (die, -, nur Ez.) Heldenhaftigkeit [gr.]
He'ro'in 1 (das, -s, nur Ez.) ein Rauschgift; weißer, pulverförmiger Morphinabkömmling 2 [-ro:-] (die, -, -nen) Heldin [gr.]
He'ro'i'ne (die, -, -n) Heldendarstellerin [gr.]
He'ro'i'nis'mus (der, -, nur Ez.) Heroinsucht [gr.-lat.]
he'ro'isch (Adj.) heldenhaft [gr.]
he'ro'i'sie'ren [-ro:i-] (V.) verherrlichen, zum Heros erheben
He'ro'is'mus (der, -, nur Ez.) Heldenmut, Heldentum [gr.-nlat.]

He'rold (der, -es, -e) 1 Überbringer oder Verkünder einer Botschaft 2 wappenkundiger Hofbeamter im Mittelalter [germ.-frz.]
He'ro'on (das, -, -roa) Heldenkultstätte, Grabmal [gr.]
He'ros (der, - oder -ro'en, -ro'en) 1 griechischer Halbgott 2 Held
He'ros'trat auch: He'rost'rat/He'ro'strat (der, -en, -en) Verbrecher aus Ruhm-, Geltungssucht [gr.]
he'ros'tra'tisch auch: he'rost'ra'tisch/he'rostra'tisch (Adj.) wie ein Herostrat
Her'pes (der, -, nur Ez.) Bläschenausschlag (bes. im Mundwinkel), der durch ein ständig im Körper vorhandenes Virus zeitweise verursacht wird [gr.]
Her'pe'to'lo'gie (die, -, nur Ez.) Wissenschaft von den Amphibien und Reptilien [gr.]
Hes'pe'ri'de auch: He'spe'ri'de (die, -, -n) Nymphe, die im Land gen Westen einen Baum voll goldener Äpfel hütet [gr.]
He'tä're (die, -, -n) gebildete, politisch einflussreiche Hure (im alten Griechenland)
He'tä'rie (die, -, -n) griechischer Geheimbund
he'te'ro (Adj.) Kurzform von heterosexuell [gr.]
He'te'ro (der, -s, -s) heterosexueller Mann [gr.]
He'te'ro'au'xin (das, -s, nur Ez.) bedeutendster Wachstumsstoff der höheren Pflanzen [gr.-lat.]
he'te'ro'cyc'lisch auch: he'te'ro'cy'clisch (auch: he'te'ro'zyk'lisch/he'te'ro'zy'klisch) [-tsy:-] (Adj.) außer Kohlenstoff noch andere Elemente als Ringglieder enthaltend (bei organischen Verbindungen) [gr.-lat.]
he'te'ro'dox (Adj.) andersgläubig [gr.]
He'te'ro'ga'mie (die, -, nur Ez.) Ungleichartigkeit der Partner bei der Partnerwahl [gr.-lat.]
He'te'ro'gen (Adj.) uneinheitlich, nicht homogen [gr.]
He'te'ro'ge'ne'se (die, -, nur Ez.) anomale Gewebebildung (Med.) [gr.-lat.]
He'te'ro'ge'ni'tät (die, -, nur Ez.) das Heterogensein
He'te'ro'go'nie (die, -, nur Ez.) 1 die Entstehung aus Andersartigem 2 die Entstehung aus anderen Wirkungen als den eigentlich beabsichtigten 3 spezielle Form des Generationswechsels bei Tieren, wobei sich geschlechtlich fortpflanzende Generationen mit sich aus unbefruchteten Eiern entwickelnden Generationen abwechseln [gr.-lat.]
He'te'ro'morph (Adj.) verschiedengestaltig [gr.]
he'te'ro'nom (Adj.) unselbstständig, nicht autonom [gr.]

He|te|ro|no|mie (die, -, nur Ez.) **1** von außen bezogene Gesetzgebung, Fremdgesetzlichkeit **2** Abhängigkeit von anderer als der eigenen sittlichen Gesetzlichkeit **3** Ungleichwertigkeit, Ungleichartigkeit [gr.-lat.]
he|te|ro|nym (Adj.) das Heteronym betreffend
He|te|ro|nym (das, -s, -e) **1** Bezeichnung für ein Wort, das von einem anderen Stamm gebildet ist als dasjenige, mit dem es eng zusammengehört **2** Bezeichnung für ein Wort, das in einem anderen Sprachsystem dasselbe bedeutet [gr.]
He|te|ro|ny|mie (die, -, nur Ez.) **1** Bildung sachlich zusammengehörender Wörter unterschiedlicher Wurzeln **2** die Existenz mehrerer Wörter aus unterschiedlichen Sprachen und Bereichen mit gleicher Bedeutung [gr.]
He|te|ro|phyl|lie (die, -, nur Ez.) verschiedenartige Ausbildung der Blätter (einer Pflanzenart) [gr.]
He|te|ro|plas|tik (die, -, -en) Verpflanzung tierischen Gewebes auf den Menschen [gr.]
He|te|ro|se|xu|a|li|tät (die, -, nur Ez.) auf das andere Geschlecht gerichtete Sexualität [gr.-lat.]
he|te|ro|se|xu|ell (Adj.) sexuell auf das andere Geschlecht bezogen, nicht homosexuell [gr.-lat.]
he|te|ro|zy|got (Adj.) mischerbig [gr.]
He|te|ro|zy|go|tie (die, -, nur Ez.) Mischerbigkeit [gr.]
he|te|ro|zyk|lisch auch: he|te|ro|zy|klisch (Adj.) = heterocyclisch
Het|man (der, -s, -e) oberster Kosakenführer [dt.-poln.]
heu|re|ka! (Interj.) ich hab's (gefunden, gelöst)! [gr.]
Heu|ris|tik (die, -, nur Ez.) die Kunst neue Erkenntnisse zu finden [gr.]
heu|ris|tisch (Adj.) zur Heuristik gehörig, auf ihren Methoden aufbauend; erfinderisch
Hev|ea (die, -, -ve|en) der Kautschukbaum [Ketschua-nlat.]
He|xa|e|der (der oder das, -s, -) Sechsflächner
He|xa|gon (das, -s, -e) Sechseck [gr.]
He|xa|gramm (das, -s, -e) sechseckiger Stern aus zwei ineinander geschobenen gleichseitigen Dreiecken, Davidstern [gr.]
He|xa|me|ter (der, -s, -) sechsfüßiger Vers [gr.]
He|xan (das, -s, nur Ez.) ein Kohlenwasserstoff mit sechs Kohlenstoffatomen [gr.]
He|xa|po|de (der, -n, -n) Insekt [gr.]
Hi|a|tus (der, -, -) **1** Spalt, Kluft, Lücke (in der Medizin, der Geologie) **2** Aufeinandertreffen zweier Vokale am Ende und Anfang verschiedener Wörter oder Silben; z.b. u|a in »du auch« oder i|i in »Freiin« [lat.]
Hi|ber|na|ti|on (die, -, -ti|o|nen) Winterschlaf [lat.]
Hi|bis|kus (der, -, -ken) Malvengewächs, Eibisch [lat.]
hic et nunc hier und jetzt [lat.]
Hi|cko|ry (der, -s, -s) nordamerikanisches Walnussgewächs, Nutzbaum
hic Rho|dus, hic sal|ta zeig hier, was du kannst! [lat.]
Hi|dal|go (der, -s, -s) **1** niederer spanischer Adliger **2** mexikanische Goldmünze
Hid|ro|se auch: Hi|dro|se (die, -, nur Ez.) die Schweißabsonderung [gr.]
Hid|ro|ti|kum auch: Hi|dro|ti|kum (das, -s, -ka) schweißtreibendes Mittel [gr.-nlat.]
Hie|rarch auch: Hier|arch (der, -en, -en) oberster Priester im antiken Griechenland [gr.]
Hie|rar|chie auch: Hier|ar|chie (die, -, -n) Abfolge von Rangunterschieden [gr.]
hie|rar|chisch auch: hier|ar|chisch (Adj.) als Hierarchie gegliedert
hie|rar|chi|sie|ren auch: hier|ar|chi|sie|ren (V.) Rangordnungen errichten [gr.-lat.]
hie|ra|tisch (Adj.) priesterlich [gr.]
Hi|e|ro|du|le (der oder die, -(n), -n) Tempelsklave, -sklavin im antiken Griechenland
Hi|e|ro|gly|phe (die, -, -n) **1** Bilderschriftzeichen; z.B. ägyptische Hieroglyphe, aztektische Hieroglyphe **2** unleserlicher Buchstabe (ugs.) [gr.]
Hi|e|ro|gly|phik (die, -, nur Ez.) Wissenschaft von den Hieroglyphen [gr.-lat.]
hi|e|ro|gly|phisch (Adj.) die Hieroglyphen betreffend, in der Art und Weise der Hieroglyphen [gr.]
Hi|e|ro|gramm (das, -s, -e) Zeichen einer geheimen Schrift eines altägyptischen Priesters [gr.-lat.]
Hi|e|ro|kra|tie (die, -, -n) Priesterherrschaft [gr.]
Hi|e|ro|mant (der, -en, -en) Seher, der aus geopferten Tieren weissagt [gr.-lat.]
Hi|e|ro|man|tie (die, -, nur Ez.) Weissagung aus der Beschaffenheit von Eingeweiden geopferter Tiere [gr.]
Hi|e|ro|nym (der, -s, -e) heiliger Name, der dem neuen Mitglied einer Kultgemeinschaft beim Eintritt verliehen wird [gr.-lat.]
Hi|e|ro|ny|mie (die, -, nur Ez.) Namenswechsel beim Eintritt in eine Kultgemeinschaft [gr.]
Hi|e|ro|phant (der, -en, -en) altgriechischer Oberpriester
Hi-Fi [haɪfɪ] auch [haɪfaɪ] (das, -, nur Ez.) Abk. für »High fidelity« [engl.]

high [haɪ] (Adj.) in Rauschmitteleuphorie [engl.]

High|fi|de|li|ty (*auch:* High Fi|de|li|ty) [haɪ fɪdelətɪ] (die, -, -, nur Ez.) **1** originalgetreue Tonwiedergabe **2** Musikanlage dafür [engl.]

High|life (*auch:* High Life) [haɪlaɪf] (das, -(s), nur Ez.) **1** Leben in der Highsociety **2** das ausgiebige Feiern (ugs.); z.B. am Feierabend Highlife machen [engl.]

High|lights [haɪlaɪts] (nur Mz.) Glanz-, Höhepunkte [engl.]

High|so|cie|ty (*auch:* High So|cie|ty) [haɪ səsaɪətɪ] (die, -, nur Ez.) vornehme Gesellschaft, »die oberen Zehntausend« [engl.]

High|tech (*auch:* High Tech) [haɪtɛk] (die, -, nur Ez.) hochwertige Technik; ausgefeilte Technologie [engl.]

Hi|ja|cker [haɪdʒækə] (der, -s, -) Flugzeugentführer [engl.]

Hin|di (das, -(s), nur Ez.) neuindische (Staats-)Sprache

Hin|du (der, -s, -s) Anhänger des Hinduismus

Hin|du|is|mus (der, -, nur Ez.) indische Volksreligion [pers.-nlat.]

hin|du|is|tisch (Adj.) zum Hinduismus gehörig

Hin|dus|ta|ni (das, -(s), nur Ez.) die Verkehrssprache Hindi oder Urdu [pers.]

Hip|pi|at|rie *auch:* Hipp|i|a|trie (die, -, nur Ez.) = Hippiatrik

Hip|pi|at|rik *auch:* Hipp|i|a|trik (die, -, nur Ez.) Pferdeheilkunde [gr.]

Hip|pie (der, -s, -s) bunt gekleideter, über Gewaltlosigkeit u.a. theoretisierender Drogenkonsument, »Blumenkind« (früher) [engl.]

Hip|po|drom (das, -s, -e) Reitbahn (auf Volksfesten) [gr.]

hip|po|kra|tisch (Adj.) zur Lehre des altgriechischen Arztes Hippokrates gehörig, hippokratischer Eid: zu ärztlicher Ethik verpflichtender Eid [gr.]

Hip|po|kre|ne (die, -, nur Ez.) durch Hufschlag des Pegasus entstandene (Musen-)Quelle [gr.]

Hip|po|lo|ge (der, -n, -n) Pferdekundler [gr.]

Hip|po|lo|gie (die, -, nur Ez.) Pferdekunde [gr.]

hip|po|lo|gisch (Adj.) pferdekundlich [gr.]

Hips|ter (der, -s, -) Jazzfan [engl.]

Hi|ra|ga|na (die, -, nur Ez.) japanische Silbenschrift

Hir|su|ti|es (die, -, nur Ez.) abnorm starke Behaarung (Med.) [lat.]

Hir|su|tis|mus (der, -, nur Ez.) übermäßige Körperbehaarung (bei Frauen) [lat.]

Hi|ru|din (das, -s, nur Ez.) die Blutgerinnung hemmender Stoff aus den Speicheldrüsen der Blutegel [lat.]

His|bol|lah (die, -, nur Ez.) schiitische, radikale Partei mit dem Ziel, einen islamistisch-fundamentalistischen Staat zu errichten [arab. für »Partei Gottes«]

His|pa|ni|dad *auch:* Hi|spa|ni|dad (die, -, nur Ez.) Spaniertum; das Bewusstsein aller Spanisch sprechenden Völker um ihre gemeinsame Kultur, ihre gemeinsamen Wurzeln [span.]

his|pa|ni|sie|ren *auch:* hi|spa|ni|sie|ren (V.) spanisch machen; z.B. die Versuche, das baskische Volk zu hispanisieren [nlat.]

His|pa|nis|mus *auch:* Hi|spa|nis|mus (der, -, -men) eine bewusst oder fälschlicherweise vorgenommene Übertragung einer für die spanische Sprache charakteristischen Eigenschaft oder Erscheinung auf eine nicht spanische Sprache in lexikalischer oder syntaktischer Hinsicht

His|pa|nist *auch:* Hi|spa|nist (der, -nis|ten, -nis|ten) Bezeichnung für jemanden, der sich wissenschaftlich mit der Hispanistik befasst

His|pa|nis|tik *auch:* Hi|spa|ni|stik (die, -, nur Ez.) die Wissenschaft von der spanischen Sprache und Literatur

His|pa|ni|tät *auch:* Hi|spa|ni|tät (die, -, nur Ez.) = Hispanidad

His|ta|min *auch:* Hist|a|min (das, -s, nur Ez.) ein Gewebshormon [gr.-nlat.]

His|to|ge|ne|se *auch:* Hi|sto|ge|ne|se (die, -, nur Ez.) Gewebeentstehung [gr.]

His|to|lo|gie *auch:* Hi|sto|lo|gie (die, -, nur Ez.) Wissenschaft vom Gewebe(aufbau) [gr.]

His|to|ly|se *auch:* Hi|sto|ly|se (die, -, -n) Gewebeauflösung [gr.]

His|to|rie *auch:* Hi|sto|rie (die, -, -n) **1** Weltgeschichte **2** Geschichtswissenschaft **3** (veraltet) erdichtete abenteuerliche Erzählung, Bericht [gr.-lat.]

His|to|rik *auch:* Hi|sto|rik (die, -, nur Ez.) **1** Geschichtswissenschaft **2** die Lehre von der historischen Methode der Geschichtswissenschaft [gr.-lat.]

His|to|ri|ker *auch:* Hi|sto|ri|ker (der, -s, -) Geschichtswissenschaftler, Geschichtsforscher [gr.-lat.]

His|to|ri|o|graf *auch:* Hi|sto|ri|o|graf (*auch:* His|to|ri|o|graph/Hi|sto|ri|o|graph) (der, -en, -en) Geschichtsschreiber [gr.-lat.]

His|to|ri|o|gra|fie *auch:* Hi|sto|ri|o|gra|fie (*auch:* His|to|ri|o|gra|phie/Hi|sto|ri|o|gra|phie) (die, -, nur Ez.) Geschichtsschreibung [gr.-lat.]

His|to|ri|o|lo|gie *auch:* Hi|sto|ri|o|lo|gie (die, -, nur Ez.) Studium und Kenntnis der Geschichte [gr.-lat.]

his|to̱|risch *auch:* hi|sto̱|risch (Adj.) geschichtlich (bedeutsam)
his|to|ri|sie|ren *auch:* hi|sto|ri|sie|ren (V.) das Geschichtliche (über-)betonen [gr.]
His|to|ris|mus *auch:* Hi|sto|ris|mus (der, -, nur Ez.) **1** Geschichtlichkeit; Geschichtsverständnis aus den Zusammenhängen heraus **2** Baustil (der Jahrhundertwende) mit einer Vielzahl übernommener historischer Stilformen [gr.-nlat.]
His|to|rist *auch:* Hi|sto|rist (der, -ris|ten, -ris|ten) Vertreter des Historismus [gr.-lat.]
his|to|ris|tisch *auch:* hi|sto|ris|tisch (Adj.) zum Historismus gehörig
His|to|ri|zis|mus *auch:* Hi|sto|ri|zis|mus (der, -, nur Ez.) Überbetonung des Geschichtlichen [gr.-nlat.]
His|to|ri|zi|tät *auch:* Hi|sto|ri|zi|tät (die, -, nur Ez.) Geschichtsbewusstsein, Geschichtlichkeit [gr.-lat.]
His|tri|o|ne *auch:* Hist|ri|o|ne (der, -n, -n) altrömischer Schauspieler [lat.]
Hit (der, -s, -s) etwas Erfolgreiches; Schlager
hitch|hi|ken [hɪtʃhaɪkn̩] (V.) per Anhalter fahren [engl.]
Hi|zi|ki (nur Mz.) = Iziki
Hob|bock (der, -s, -s) verschließbares Versandgefäß aus Blech; z.B. für Fett [engl.]
Hob|by (das, -s, -s) Freizeitbeschäftigung aus Liebhaberei [engl.]
Ho|bo (der, -s, -s) auf der Suche nach Jobs herumwandernder Arbeiter in den Vereinigten Staaten zu Beginn des 20. Jahrhunderts [amerik.]
hoc an|no »in diesem Jahr« [lat.]
hoc est »das ist« [lat.]
Hoche|pot [ɔʃpo] (das, -s, nur Ez.) Ragout von verschiedenem Fleisch mit Kastanien oder Rüben [frz.]
Ho|ckey [-kɪ] (das, -(s), nur Ez.) Mannschafts-Rasenspiel mit unten abgeknickten Schlägern [engl.]
Hod|scha *auch:* Ho̱dscha (der, -s, -s) **1** geistlicher Lehrer **2** Zweig der Ismailiten unter Aga Khan [pers.-türk.]
ho|fie|ren (V.) sich besonders um die Gunst von jemandem bemühen (meist um einen Vorteil zu erlangen) [frz.]
Ho|jald|re *auch:* Ho|jal|dre (der, -s, -s) spanischer Mürbeteigkuchen
Ho|ke|tus (der, -, nur Ez.) eine besondere Art der Komposition vom 12. bis zum 15. Jahrhundert, wobei die Melodie auf verschiedene Stimmen verteilt wird [lat.]
Hok|ko (der, -s, -s) baumbewohnender südamerikanischer Hühnervogel [indian.]
Ho|kus|po|kus (der, -, nur Ez.) **1** ein Zauberwort **2** Spinnerei; unnützes Tun; z.B. Was soll der ganze Hokuspokus? [viell. lat.]
Hol|ding [hǝʊl-] (die, -, -s) Dachgesellschaft mit Anteilen an einer produzierenden Tochtergesellschaft [engl.]
Hol|ding|ge|sell|schaft (die, -, -en) = Holding
Hole [hǝʊl] (das, -s, -s) Loch (beim Golfspiel) [engl.]
Hol|mi|um (das, -s, nur Ez.) ein Seltenerdmetall [schwed.-nlat.]
Ho|lo|caust oder [ho̱-] (der, -(s), -e) Massenmord; Judenvernichtung [gr.-engl.]
Ho|lo|gra|fie (*auch:* Ho|lo|gra|phie) (die, -, nur Ez.) Verfahren zur Herstellung dreidimensionaler Bilder durch Abtasten mit einem Laserstrahl [gr.]
Ho|lo|gramm (das, -s, -e) durch Holografie entstandenes Bild
Ho|lo|me|ta|bo|lie (die, -, nur Ez.) vollständige Verwandlung (eines Insekts in der Puppenruhe) [gr.]
Ho|lo|thu|rie [-riǝ] (die, -, -n) Seewalze [gr.]
ho|lo|zän (Adj.) zum Holozän gehörig
Ho|lo|zän (das, -s, nur Ez.) Abschnitt der Erdgeschichte seit der Eiszeit, geologische Gegenwart [gr.]
Hols|ter (das, -s, -) **1** offene Ledertasche, um eine Handfeuerwaffe griffbereit mit sich tragen zu können **2** Jagdtasche in der Jägersprache [niederl.-nlat.]
Home|land [hǝʊmlænd] (das, -s, -s) Selbstverwaltungsgebiet der Bantu in der Republik Südafrika [engl.]
Ho|me|ri|de (der, -n, -n) **1** Mitglied einer altgriechischen Sängervereinigung auf der Insel Chios, die sich von Homer herleitete **2** Rhapsode, der die homerischen Werke vortrug [gr.-lat.]
ho|me|risch (Adj.) wie von Homer geschrieben, breit episch
Home|rule [hǝʊmru:l] (die, -, nur Ez.) engl. für »Selbstregierung« als Schlagwort der irischen Unabhängigkeitsbewegung
Home|spun [hǝʊmspʌn] (das, -s, -s) ein grobes Streichgarngewebe [engl.]
Ho|mi|let (der, -en, -en) Prediger, Predigtlehrer [gr.]
Ho|mi|le|tik (die, -, nur Ez.) Predigtlehre (als Teil der praktischen Theologie) [gr.]
ho|mi|le|tisch (Adj.) zur Homiletik gehörig
Ho|mi|nes (Mz.) von Homo [lat.]
Ho|mi|ni|de (der, -n, -n) Menschenartiger, ausgestorbene oder gegenwärtige Menschenrasse [lat.-gr.]
Ho|mi|ni|sa|ti|on (die, -, nur Ez.) Menschwerdung. [lat.]

hominisieren | **Homonymie**

ho|mi|ni|sie|ren (V.) sich zum Menschen entwickeln [lat.]
Ho|mi|nis|mus (der, -, nur Ez.) die philosophische Lehre, die jegliche Erkenntnis nur in Beziehung zum Menschen akzeptiert, nicht als eventuelle Wahrheit an sich [lat.]
ho|mi|nis|tisch (Adj.) **1** den Hominismus betreffend, auf ihm basierend **2** auf den Menschen bezogen, nur für den Menschen geltend [lat.]
Hom|mage [ɔma:ʒ] (die, -, -n) Huldigung(sausstellung); z.B. eine Hommage an Beuys [frz.]
ho|mo (Adj.) Kurzform für homosexuell [gr.]
Ho|mo (der, -, -mi|nes) **1** frühe Form des Menschen, Angehöriger der Gattung der Hominiden **2** homosexueller Mann [gr.]
Ho|mö|ark|ton (das, -s, -ta) Figur in der Rede, bei der die Anfänge aufeinander folgender Wörter gleich oder ähnlich klingen [gr.-lat.]
Ho|mo|chro|nie (die, -, -n) gleichzeitiges Auftreten oder gleichzeitiger Beginn eines Phänomens an verschiedenen Punkten der Erde [gr.-lat.]
ho|mo|dont (Adj.) mit gleichartigen Zähnen versehen [gr.-lat.]
Ho|mo|e|mo|ti|o|na|li|tät (die, -, nur Ez.) das gefühlmäßige Angezogensein vom gleichen Geschlecht [gr.-lat.]
Ho|mo|e|rot (der, -en, -en) jmd., dessen sexuelle Wünsche und Gefühle auf gleichgeschlechtliche Partner gerichtet sind [gr.-lat.]
Ho|mo|e|ro|tik (die, -, nur Ez.) Erotik unter Homosexuellen; Homosexualität
Ho|mo|e|ro|ti|ker (der, -s, -) = Homoerot [gr.-lat.]
ho|mo|e|ro|tisch (Adj.) sich vom gleichen eigenen Geschlecht auf Grund sinnlicher Reize angezogen fühlend [gr.-lat.]
Ho|mo|e|ro|tis|mus (der, -, nur Ez.) Empfindungsweise, deren erotisch-sexuelle Wünsche auf das gleiche Geschlecht gerichtet sind, auf Grund hoher Sublimierungsleistung aber oft nur latent vorhanden [gr.-lat.]
ho|mo|fon (Adj.) = homophon
Ho|mo|fon (das, -s, -e) = Homophon
Ho|mo|fo|nie (die, -, nur Ez.) = Homophonie
ho|mo|fo|nisch (Adj.) = homophonisch
Ho|mo|ga|mie (die, -, nur Ez.) **1** gleichzeitige Reifung von männlichen und weiblichen Blütenorganen bei zwittrigen Blüten (Bot.) **2** Gleichartigkeit der Partner bei der Partnerwahl [gr.-lat.]
ho|mo|gen (Adj.) einheitlich [gr.]

ho|mo|ge|ni|sie|ren (V.) gleichmäßig vermischen; z.B. die Fetttröpfchen in frischer Milch homogenisieren [gr.]
Ho|mo|ge|ni|sie|rung (die, -, -en) Vermischung prinzipiell verschiedener Teile und Elemente [gr.-lat.]
Ho|mo|ge|ni|tät (die, -, nur Ez.) das Homogensein
Ho|mo|go|nie (die, -, nur Ez.) Entstehung aus Gleichartigem (in der Philosophie) [gr.-lat.]
ho|mo|grad (Adj.) auf qualitative Unterschiede achtend [gr.-lat.]
Ho|mo|graf (auch: Ho|mo|graph) (das, -s, -e) = Homogramm [gr.-lat.]
Ho|mo|gramm (das, -s, -e) Bezeichnung für ein Wort, das sich in der Aussprache von einem anderen unterscheidet, obwohl beide gleich geschrieben werden [gr.-lat.]
ho|mo|log (Adj.) **1** entsprechend; aus gleichen Anlagen entstanden (von Organen) **2** aufeinander folgend (in der Chemie) [gr.]
Ho|mo|log (das, -s, -e) chemische Verbindung einer homologen Reihe [gr.]
Ho|mo|lo|ga|ti|on (die, -, -ti|o|nen) Regel, wonach die Einstufung in eine bestimmte Wettbewerbskategorie bei Rennen für Automobilmodelle von der Produktion einer bestimmten Mindeststückzahl des betreffenden Modells abhängt [gr.-lat.]
Ho|mo|lo|gie (die, -, -n) das Homologsein
ho|mo|lo|gie|ren (V.) **1** einen Serienwagen in die internationale Zulassungsliste zur Einteilung in Klassen für Automobilrennen aufnehmen **2** eine Skirennstrecke nach bestimmten Normen festlegen [gr.-lat.]
Ho|mo|lo|gu|me|non (das, -s, -na) zum Kanon gehörende Schrift des Neuen Testaments [gr.]
ho|mo|morph (Adj.) Homomorphismus aufweisend [gr.-lat.]
Ho|mo|mor|phis|mus (der, -, -men) spezielle Abbildung einer algebraischen Ordnung in oder auf eine andere algebraische Ordnung [gr.-lat.]
ho|mo|nom (Adj.) gleichwertig im Sinne der Homonomie [gr.]
Ho|mo|no|mie (die, -, nur Ez.) gleichartige Aufteilung eines Gliedertierkörpers mit gleichwertigen Segmenten (Bot.) [gr.]
ho|mo|nym auch: hom|o|nym (Adj.) gleich lautend, aber bedeutungsverschieden; z.B. Tor/»Narr« und Tor/»Eingang« [gr.]
Ho|mo|nym auch: Hom|o|nym (das, -s, -e) homonymes Wort
Ho|mo|ny|mie auch: Hom|o|ny|mie (die, -, nur Ez.) die Relation zwischen homonymen Wörtern [gr.-lat.]

ho|mo|ny|misch *auch:* hom|o|ny|misch (Adj.) auf die Homonymie bezogen [gr.-lat.]

Ho|mo|nym (das, -s, -e) **1** Bezeichnung für ein ähnlich lautendes Wort oder einen Namen **2** Bezeichnung für ein Wort, das mit einem anderen teilweise synonym ist, die gleiche Sache benennt, aber vom Gefühlswert her von diesem Synonym verschieden ist [gr.-lat.]

Ho|mö|o|path (der, -en, -en) Homöopathiearzt

Ho|mö|o|pa|thie (die, -, nur Ez.) Heilmethode, bei der Gleiches mit Gleichem geheilt wird; kleinste Mengen desselben Stoffes werden eingesetzt, der die Krankheit verursacht [gr.]

ho|mö|o|pa|thisch (Adj.) zur Homöopathie gehörig

Ho|mö|o|pla|sie (die, -, nur Ez.) eine organähnliche Neubildung

ho|mö|o|po|lar (Adj.) gleichartig elektrisch geladen [gr.-lat.]

Ho|mö|o|pro|pho|ron (das, -s, -ra) rhetorische Figur, bei der aufeinander folgende Wörter gleich oder ähnlich klingende Laute aufweisen [gr.-lat.]

Ho|mö|o|op|to|ton *auch:* Ho|mö|o|pto|ton (das, -s, -ta) rhetorische Figur, bei der aufeinander folgende Wörter die gleiche Kasusendung aufweisen [gr.-lat.]

Ho|mö|os|ta|se *auch:* Ho|mö|os|ta|se *(auch:* Ho|mö|os|ta|sie/Ho|mö|os|ta|sis) (die, -, -n) Gleichgewicht der physiologischen Körperfunktionen, Stabilität von Blutdruck, Temperatur etc. [gr.-lat.]

Ho|mö|os|ta|sie *auch:* Ho|mö|os|ta|sie (die, -, -n) = Homöostase [gr.-lat.]

Ho|mö|os|ta|sis *auch:* Ho|mö|os|ta|sis (die, -, -sen) = Homöostase [gr.-lat.]

Ho|mö|os|tat *auch:* Ho|mö|os|tat (der, -en, -en) technisches System, das in seiner Stabilität nicht von den Umweltbedingungen abhängt (Kybernetik) [gr.-lat.]

ho|mö|os|ta|tisch *auch:* ho|mö|os|ta|tisch (Adj.) die Homöostase betreffend, zur Homöostase gehörend [gr.-lat.]

Ho|mö|o|te|leu|ton (das, -s, -ta) rhetorische Figur, bei der aufeinander folgende Wörter oder Wortgruppen Gleichklang aufweisen [gr.-lat.]

ho|mö|o|therm (Adj.) warmblütig, gleich bleibend warm [gr.-lat.]

Ho|mö|o|ther|mie (die, -, nur Ez.) Warmblütigkeit (Zoologie) [gr.-lat.]

ho|mo|phag (Adj.) **1** nur pflanzliche oder tierische Nahrung fressend **2** auf einem Wirtsorganismus schmarotzend [gr.-lat.]

ho|mo|phil (Adj.) = homosexuell [gr.]

Ho|mo|phi|lie (die, -, nur Ez.) = Homosexualität [gr.]

ho|mo|phob (Adj.) die Homophobie betreffend [gr.]

Ho|mo|pho|bie (die, -, -n) krankhafte Abneigung gegen und Angst vor Homosexualität [gr.]

ho|mo|phon *(auch:* ho|mo|fon) (Adj.) **1** gleichstimmig, der Hauptstimme untergeordnet **2** gleich lautend, aber verschieden geschrieben; z.B. Märe/Mähre/Meere [gr.]

Ho|mo|phon *(auch:* Ho|mo|fon) (das, -s, -e) Bezeichnung für ein Wort, das von einem anderen Wort verschieden geschrieben wird, mit diesem aber gleich lautet [gr.]

Ho|mo|pho|nie *(auch:* Ho|mo|fo|nie) (die, -, nur Ez.) eine Satztechnik in der Musik, bei der die Melodiestimme herausragt, die anderen Stimmen nur begleiten [gr.]

ho|mo|pho|nisch *(auch:* ho|mo|fo|nisch) (Adj.) auf die Homophonie bezogen, sie betreffend [gr.]

ho|mor|gan *auch:* hom|or|gan (Adj.) mit dem gleichen Artikulationsorgan gebildet (Lautlehre) [gr.-lat.]

Ho|mo sa|pi|ens (der, - -, nur Ez.) der Mensch (als wissenschaftlicher Artname); der »vernunftbegabte Mensch« (oft iron.) [lat.]

ho|mo|sem (Adj.) = synonym [gr.-lat.]

Ho|mo|se|xu|a|li|tät (die, -, nur Ez.) gleichgeschlechtliche Sexualität [gr.-lat.]

ho|mo|se|xu|ell (Adj.) in der Sexualität auf das gleiche Geschlecht gerichtet [gr.-lat.]

Ho|mo|se|xu|el|le (der oder die, -n, -n) männliche beziehungsweise weibliche homosexuelle Person [gr.-lat.]

ho|mo|the|tisch (Adj.) = synthetisch [gr.-lat.]

Ho|mo|tro|pie *auch:* Ho|mo|tro|pie (die, -, nur Ez.) fachsprachliche Bezeichnung für die homoerotisch-homosexuelle Orientierung zum eigenen Geschlecht [gr.-lat.]

Ho|mo|u|si|a|ner (der, -s, -) Anhänger der Homousie [gr.-lat.]

Ho|mö|u|si|a|ner (der, -s, -) = Homousianer [gr.-lat.]

Ho|mo|u|sie (die, -, nur Ez.) Wesensgleichheit von Gottvater und Gottsohn [gr.]

Ho|mö|u|sie (die, -, nur Ez.) = Homousie [gr.]

ho|mo|zen|trisch *auch:* ho|mo|zen|trisch (Adj.) von einem Punkt ausgehend und in einem Punkt zusammentreffend [gr.-lat.]

ho|mo|zy|got (Adj.) reinerbig [gr.-lat.]

Ho|mo|zy|go|tie (die, -, nur Ez.) Reinerbigkeit [gr.-lat.]

Ho|mun|ku|lus (der, -, -li) künstliches Menschlein [lat.]

honett

ho|nett (Adj.) ehrenhaft, rechtschaffen [frz.]
Ho|ney (der, -s, -s) 1 Honig 2 Liebling, Schatz [engl.]
Ho|ney|moon (der, -s, -s) Flitterwochen [engl.]
Ho|ni soit qui mal y pense [ɔniswakimalipɑ̃s] ein Schuft, wer Arges dabei denkt (als Wahlspruch des Hosenbandordens) [frz.]
Hon|ky|tonk (das, -, -s) Kneipe, Spelunke (in der Musik gespielt wird; in den USA); z.B. Honkytonk-Piano [engl.]
Hon|neurs [ɔnœr] (nur Mz.) Ehrenbezeigungen; die Honneurs machen: die Gastgeberpflichten erfüllen [frz.]
ho|no|ra|bel (Adj.) ehrenwert (veraltet) [frz.]
Ho|no|rant (der, -en, -en) derjenige, der einen Wechsel anstelle des Bezogenen annimmt und bezahlt [lat.]
Ho|no|rar (das, -s, -e) Bezahlung (für Freiberufler) [lat.]
Ho|no|rar|pro|fes|sor (der, -s, -en) Ehrentitel für einen nicht verbeamteten Universitätsprofessor [lat.]
Ho|no|ra|ti|o|ren (nur Mz.) die angesehensten Bürger [lat.]
Ho|no|ra|ti|o|ren|de|mo|kra|tie (die, -, nur Ez.) Bezeichnung für eine Demokratie, in der die Politiker hauptsächlich aus dem Besitz- oder Bildungsbürgertum stammen [gr.-lat.]
Ho|no|ra|ti|o|ren|par|tei (die, -, nur Ez.) Bezeichnung für eine Partei, in der sowohl Mitglieder wie Führungskräfte hauptsächlich aus dem Besitz- oder Bildungsbürgertum stammen [gr.-lat.]
ho|no|rie|ren (V.) 1 bezahlen, vergüten 2 anerkennen [frz.]
ho|no|rig (Adj.) ehrenhaft; freigebig (meist spöttisch) [lat.]
ho|no|ris cau|sa ehrenhalber [lat.]
Ho|no|ri|tät (die, -, -en) 1 Ehrenhaftigkeit 2 ehrenhafte Person [lat.]
Hon|véd (die, -, nur Ez.) die ungarische Streitmacht (von 1919–1945)
Hook (der, -s, -s) 1 Haken beim Boxen; spezieller Schlag beim Golf, bei dem der Ball in einer Kurve fliegt, die der Schlaghand entgegengesetzt ist 2 hakenartiger Handersatz an künstlichen Armen zum Greifen und Halten [engl.]
hooked [hʊkt] (Adj.) im Jargon Ausdruck für von einer harten Droge abhängig sein [engl.]
hoo|ken [hʊ-] (V.) einen Hook (1) spielen [engl.]
Hoo|li|gan [huːlɪgən] (der, -s, -s) rücksichtslos schlägernder Randalierer bei Massenveranstaltungen [engl.]
Ho|pak (der, -s, -s) = Gopak

Horolog

Hop|lit auch: Ho|plit (der, -en, -en) altgr. Fußsoldat
Ho|ra 1 (die, -, -ren) Gebetsstunde in der katholischen Kirche 2 kirchliches Gebet zu verschiedenen Tageszeiten [lat.] 3 (die, -, -s) jüdischer Volkstanz 4 rumänischer Volkstanz [gr.]
Ho|ra|ri|um (das, -s, -ri|en) Gebetbuch für Laien, Stundenbuch [lat.]
Hor|de|in (das, -, nur Ez.) Eiweißkörper in der Gerste [lat.]
Hor|de|ol|um (das, -s, -la) Abszess am Augenlid, Gerstenkorn [lat.]
Ho|re (die, -, -n) = Hora
Ho|ren (nur Mz.) griechische Göttinnen der Jahreszeiten und der sittlichen Ordnung [gr.-lat.]
Ho|ri|zont (der, -s, -e) 1 ferne Grenzlinie zwischen Himmel und Erde 2 Ausmaß der geistigen Wahrnehmung; z.B. einen begrenzten Horizont haben 3 Boden-, Gesteinsschicht (als kleinste Einheit) [gr.]
ho|ri|zon|tal (Adj.) waagrecht [gr.]
Ho|ri|zon|ta|le (die, -, -n) Waagrechte [gr.]
ho|ri|zon|tie|ren (V.) geologisch fachsprachliche Bezeichnung für das Einmessen der verschiedenen Höhenlage eines Horizonts [gr.]
hor|misch (Adj.) triebhaft zielgerichtet [gr.-engl.]
Hor|mon (das, -s, -e) von inneren Drüsen gebildeter körpereigener Wirkstoff [gr.]
hor|mo|nal (auch: hor|mo|nell) (Adj.) zu den Hormonen gehörig, durch sie bewirkt
hor|mo|nell (Adj.) = hormonal
Hor|mon|im|plan|ta|ti|on auch: Hor|mon|im|plan|ta|ti|on (die, -, -ti|o|nen) das Einpflanzen von Hormontabletten unter die Haut (Med.) [gr.-lat.]
Hor|mon|prä|pa|rat (das, -s, -e) Medikament aus künstlich erzeugtem Hormon (Med.) [gr.-lat.]
Hor|mon|the|ra|pie (die, -, -n) medizinische Behandlung mit Hormonpräparaten, um die Menge an überschüssigen oder mangelnden eigenen Hormonen auszugleichen [gr.-lat.]
Horn|back [-bæk] (das oder der, -s, -s) der verhornte Rücken einer Krokodilhaut, deren Maserung zum Vorschein kommt, wenn sie abgeschliffen wird [engl.]
Hor|ni|to (der, -s, -s) Aufwölbung in der Form eines Kegels über den Austrittsstellen von Lava [span.]
Horn|pipe [-paɪp] (die, -, -s) 1 Schalmeienart 2 traditioneller englischer Tanz [engl.]
Ho|ro|log (das, -s, -e oder -gi|en) Stundengebetbuch; Uhr [gr.]

Horologion 194 **Huerta**

Ho|ro|lo|gi|on (das, -s, -gi|en) 1 liturgisches Buch der orthodoxen Kirche, das die Texte für die Stundengebete enthält 2 (veraltet) Uhr oder Herolog [gr.-lat.]
Ho|ro|lo|gi|um (das, -s, -gi|en) = Horologion [gr.-lat.]
Ho|ros|kop *auch:* Ho|ro|skop (das, -s, -e) Schicksalsdeutung mit Hilfe der Astrologie [gr.]
ho|ros|ko|pie|ren *auch:* ho|ro|sko|pie|ren (V.) ein Horoskop erstellen [gr.-lat.]
ho|ros|ko|pisch *auch:* ho|ro|sko|pisch (Adj.) das Horoskop betreffend, auf einem Horoskop beruhend [gr.-lat.]
hor|rend (Adj.) 1 ein normales Maß extrem überschreitend 2 (veraltet) durch seinen geistigen Gehalt Entsetzen hervorrufend [lat.]
hor|ri|bel (Adj.) schrecklich (veraltet) [frz.]
hor|ri|bi|le dic|tu »es ist schrecklich davon zu sprechen« [lat.]
Hor|ri|bi|li|tät (die, -, nur Ez.) Schrecklichkeit (veraltet) [frz.]
Hor|ror (der, -s, nur Ez.) Entsetzen, Schauder, Schrecken; z.B. einen Horror vor etwas haben [lat.]
Hor|ror|trip (der, -s, -s) panischer Angstzustand während des Drogenrauschs [lat.-engl.]
hors con|cours [ɔrkōku:r] außer Wettbewerb [frz.]
Hors|d'œuv|re *auch:* Hors|d'œu|vre [ɔrdœvrə] (das, -s, -s) Vorspeise, appetitanregendes Vorgericht [frz.]
Horse (das, -s nur Ez.) in der Jargonsprache für Heroin [engl.]
Horse|pow|er (die, -, nur Ez.) Pferdestärke, in Großbritannien gebrauchte Maßeinheit der Leistung [engl.]
Hor|ta|tiv (der, -s, -e) zu einer gemeinsamen Tat auffordernder Imperativ [lat.]
Hor|ten|sie [-siə] (die, -, -n) rosafarbene oder hellblaue Gartenblume mit großen Kugelblüten [frz.-nlat.]
Hor|ti|kul|tur (die, -, nur Ez.) Gartenbau [lat.]
ho|san|na! (Interj.) = hosianna!
ho|si|an|na! (*auch:* ho|san|na!) (Interj.) Jubelruf (beim Einzug Jesu in Jerusalem) [hebr.]
Hos|pi|tal (das, -s, -e oder -tä|ler) 1 Krankenhaus 2 Pflegeheim (veraltet) [lat.]
hos|pi|ta|li|sie|ren (V.) in ein Krankenhaus oder ein Pflegeheim einliefern [lat.]
Hos|pi|ta|lis|mus (der, -, nur Ez.) 1 zusätzliche Erkrankung durch Ansteckung im Krankenhaus 2 psychische Störung bei Kindern in Pflegeheimen; z.B. dauernde Bewegungsunruhe; auch bei Zootieren [lat.]
Hos|pi|ta|li|tät (die, -, nur Ez.) Gastfreundschaft (veraltet) [lat.]

Hos|pi|ta|li|ter (der, -s, -) Mitglied einer religiösen Gemeinschaft im Mittelalter, das sich der Krankenpflege widmet [lat.]
Hos|pi|tant (der, -en, -en) jmd., der hospitiert
Hos|pi|tanz (die, -, -en) Aufenthalt zum Zwecke des Lernens in einer Organisation, einem Unternehmen, Gasthören an einer Schule oder Hochschule [lat.]
Hos|pi|tes|se (die, -, -n) als Krankenschwester und Sozialarbeiterin ausgebildete Frau, die in Krankenhäusern zur Betreuung bestimmter Gruppen von Patienten eingesetzt wird [lat.]
hos|pi|tie|ren (V.) als Gast bei Unterrichtsveranstaltungen zuhören [lat.]
Hos|piz (das, -es, -e) christliches, klösterliches Übernachtungsheim [lat.]
Hos|tess (die, -, -en) 1 Betreuerin (an Auskunftsstellen, im Reiseverkehr) 2 Prostituierte (verhüllend) [engl.]
Hos|tie [-stiə] (die, -, -n) geweihte Abendmahlsoblate [lat.]
hos|til (Adj.) feindselig (veraltet) [lat.]
Hos|ti|li|tät (die, -, -en) Feindseligkeit [lat.]
Hot (der, -s, nur Ez.) Spielweise im Jazz, bei der scharf synkopiert und akzentuiert wird [engl.-amerik.]
Hotch|potch (das, -, -es) Eintopfgericht [engl.]
Hot|dog (*auch:* Hot Dog) (der oder das, -s, -s) heißes Würstchen (mit Ketchup, Senf) in einem Brötchen [engl.]
Ho|tel (das, -s, -s) Übernachtungsbetrieb (mit Verpflegungsmöglichkeit), Gasthof [frz.]
Ho|te|li|er [-lje:] (der, -s, -s) Hotelbesitzer, -leiter
Ho|tel|le|rie (die, -, nur Ez.) Hotelgewerbe
Hot|mo|ney (*auch:* Hot Mo|ney) [-mʌnɪ] (das, -, nur Ez.) von Land zu Land transferiertes Geld, womit Währungsgewinne erzielt werden [engl.-amerik.]
Hot|pants (*auch:* Hot Pants) [-pænts] (nur Mz.) sehr enge, kurze Damenhose, »heiße Höschen« (der 70er-Jahre) [engl.]
hot|ten (V.) 1 Hotjazz spielen 2 umgangssprachlich für zu Jazzmusik tanzen [engl.]
Hot|ten|tot|te (der, -n, -n) Angehöriger eines Volkes im südlichen Afrika [niederl.]
Houp|pe|lande [uplãd] (die, -, -s) langes glockenförmiges Männeroberkleid des 14. Jahrhunderts [frz.]
Hour|di (der, -s, -s) Hohlstein aus gebranntem Ton [frz.]
Ho|ver|craft [-krɑ:ft] (das, -s, -s) Luftkissenfahrzeug [engl.]
Hu|er|ta [uɛr-] (die, -, -s) künstlich bewässertes Anbaugebiet (in Spanien)

Hugenotte | **Humanwissenschaft**

Hu|ge|not|te (der, -n, -n) **1** Anhänger des Calvinismus in Frankreich **2** Nachkomme eines aus Frankreich zur Zeit der Hugenottenverfolgung geflohenen Calvinisten [dt.-frz.]

hu|i|us an|ni »dieses Jahres« [lat.]

hu|i|us men|sis »dieses Monats« [lat.]

Huk (die, -, -en) in der Seemannssprache die Bezeichnung für eine Landzunge, die einen geradlinigen Küstenverlauf unterbricht [niederl.]

Hu|ka (die, -, -s) orientalische Wasserpfeife [arab.]

Huk|boot (das, -es, -e) kleines Beiboot des Hukers [niederl.]

Hu|ker (der, -s, -) breites und flaches Segelschiff, das in der Hochseefischerei verwendet wurde [niederl.]

Hu|la (der auch die, -(s), -s) hawaiianischer Tanz

Hu|la-Hoop (auch: Hu|la-Hopp) [-hu:p] (der, -(s), -s) Plastikreifen, der z.B. durch Hüftschwingen, um den Körper bewegt wird [polynes.-engl.]

Hulk (die, -, -en) oder (der, -es, -en) abgetakelter Schiffskörper [engl.]

Hull|man (der, -s, -s) großer Schlankaffe, »heiliger Affe« Indiens

hu|man (Adj.) **1** zum Menschen gehörig, menschentypisch; z.B. humane Fähigkeiten **2** menschenwürdig **3** menschenfreundlich [lat.]

Hu|man|bi|o|lo|ge (der, -n, -n) auf dem Gebiet der Humanbiologie tätiger Wissenschaftler [lat.]

Hu|man|bi|o|lo|gie (die, -, nur Ez.) Biologie des Menschen [lat.-gr.]

hu|man|bi|o|lo|gisch (Adj.) die Humanbiologie betreffend [lat.]

Hu|man|e|tho|lo|gie (die, -, nur Ez.) Verhaltensforschung am Menschen [lat.-gr.]

Hu|man|ge|ne|tik (die, -, nur Ez.) Abteilung der Genetik, die sich der Vererbung körperlicher, geistiger und seelischer Merkmale und Eigenschaften des Menschen widmet [lat.]

Hu|man|ge|ne|ti|ker (der, -s, -) auf dem Gebiet der Humangenetik tätiger Wissenschaftler [gr.-lat.]

hu|man|ge|ne|tisch (Adj.) die Humangenetik betreffend [gr.-lat.]

Hu|ma|ni|o|ra (nur Mz.) Bezeichnung für das griechisch-römische Altertum als Bildungsgut und Grundlage von Lehr- und Prüfungsfächern (veraltet) [lat.]

hu|ma|ni|sie|ren (V.) menschenwürdig machen [lat.]

Hu|ma|ni|sie|rung (die, -, -en) das Humanisieren [lat.]

Hu|ma|nis|mus (der, -, nur Ez.) **1** Achtung, Streben nach Menschenwürde **2** Pflege antiker Überlieferung (im 14. bis 16. Jh.) [lat.]

Hu|ma|nist (der, -nis̱|ten, -nis̱|ten) **1** Vertreter, Anhänger des Humanismus **2** jmd., der ein Gymnasium mit Griechisch und Latein (als wesentliche Bestandteile des Lehrplans) besucht hat

hu|ma|nis|tisch (Adj.) antikes Überlieferungsgut pflegend; altsprachlich [lat.]

hu|ma|ni|tär (Adj.) menschenfreundlich, menschlicher Not gedenkend [frz.]

Hu|ma|ni|ta|ris|mus (der, -, nur Ez.) Bezeichnung für eine menschenfreundliche Gesinnung [lat.]

Hu|ma|ni|tas (die, -, nur Ez.) Menschenliebe und Menschlichkeit als Basis allen sittlichen Denkens und Handelns [lat.]

Hu|ma|ni|tät (die, -, nur Ez.) das Humanitärsein

Hu|ma|ni|täts|a|pos|tel (der, -s, -) ironisierende Benennung für jmdn., der humanitäre Ideen mit kompromisslosem Einsatz durchzusetzen versucht [lat.]

Hu|man|me|di|zin (die, -, nur Ez.) die sich mit dem Menschen befassende Medizin (im Unterschied zur Tiermedizin)

Hu|man|me|di|zi|ner (der, -s, -) Arzt der Humanmedizin [lat.]

hu|man|me|di|zi|nisch (Adj.) die Humanmedizin betreffend, auf ihr basierend [lat.]

Hu|man|ö|ko|lo|ge (der, -n, -n) auf dem Gebiet der Humanökologie tätiger Wissenschaftler [lat.]

Hu|man|ö|ko|lo|gie (die, -, nur Ez.) Bereich der ökologischen Forschung, in dem man sich mit dem Verhältnis Mensch – Umwelt auseinander setzt [lat.]

hu|man|ö|ko|lo|gisch (Adj.) die Humanökologie betreffend, auf ihr basierend [lat.]

Hu|man|phy|si|o|lo|gie (die, -, nur Ez.) Wissenschaft von den normalen Lebensvorgängen beim Menschen [lat.]

Hu|man|psy|cho|lo|ge (der, -n, -n) auf dem Gebiet der Humanpsychologie tätiger Wissenschaftler [lat.]

Hu|man|psy|cho|lo|gie (die, -, nur Ez.) Wissenschaft, die sich mit der Psyche des Menschen beschäftigt [lat.]

hu|man|psy|cho|lo|gisch (Adj.) die Humanpsychologie betreffend, auf ihr basierend [lat.]

Hu|man|wis|sen|schaft (die, -, -en) allgemeine Bezeichnung für jede Einzelwissenschaft, die sich mit dem Menschen befasst, wie Soziologie, Psychologie etc. [lat.]

Hum'bug (der, -s, nur Ez.) dummes Zeug [engl.]
Hu'me'ra'le (das, -s, -lia oder -li'en) Schultertuch des kath. Geistlichen [lat.]
hu'mid (auch: hu'mi'de) (Adj.) feucht; regenreich [lat.]
hu'mi'de (Adj.) = humid
Hu'mi'di'tät (die, -, nur Ez.) das Humidsein
Hu'mi'fi'ka'ti'on (die, -, nur Ez.) Humusbildung [lat.]
hu'mi'fi'zie'ren (V.) zu Humus werden [lat.]
Hu'mi'fi'zie'rung (die, -, nur Ez.) = Humifikation [lat.]
hu'mil (Adj.) demütig; unterwürfig (veraltet)
hu'mi'li'ant (Adj.) demütigend, unterwerfend (veraltet) [lat.]
Hu'mi'li'a'ten (nur Mz.) Anhänger einer Bußbewegung im 11. und 12. Jh. [lat.]
Hu'mi'li'a'ti'on (die, -, -ti'o'nen) (veraltet) Demütigung, Unterwerfung [lat.]
Hu'mi'li'tät (die, -nur Ez.) Demut [lat.]
Hu'mor (der, -s, nur Ez.) heitere Grundhaltung; Äußerung von Frohsinn [lat.]
hu'mo'ral (Adj.) die Körperflüssigkeit betreffend [lat.]
Hu'mo'res'ke (die, -, -n) humoristische Erzählung [lat.-it.]
hu'mo'rig (Adj.) mit Humor, launig [lat.]
Hu'mo'rist (der, -ris'ten, -ris'ten) jmd., der humoristische Texte verfasst oder vorträgt
Hu'mo'ris'ti'kum (das, -s, -ka) etwas Lustiges, Humorvolles [lat.]
hu'mo'ris'tisch (Adj.) heiter, humorvoll
hu'mos (Adj.) aus Humus bestehend; humusreich
Hu'mu'lus (der, -, nur Ez.) Hopfen [germ.-lat.]
Hu'mus (der, -, nur Ez.) dunkle, fruchtbare Bodenschicht aus abgestorbener organischer Substanz [lat.]
Hund'red'weight auch: Hun'dred'weight [hʌndrədweɪt] (das, -, -s) englisches Handelsgewicht, knapp 51 Kilogramm
Hun'ga'ri'ka (nur Mz.) Schriften über Ungarn [lat.]
Hun'ga'ris'tik (die, -, nur Ez.) Wissenschaft von der ungarischen Sprache und Literatur [lat.]
Hun'ter [hʌn-] (der, -s, -) kräftiges englisches Jagdpferd
Hur'dy'gur'dy [hɜːdɪgɜːdɪ] (die, -, -s) ein Musikinstrument, Drehleier [engl.]
Hu'ri (die, -, -s) islamische Paradiesjungfrau [arab.-pers.]
Hur'ling (das, -s, nur Ez.) in Irland noch gespieltes Schlagballspiel, das dem Hockey ähnlich ist [engl.]
Hu'ron (das, -s, nur Ez.) das mittlere Algonikum in Nordamerika (Geologie)

Hur'ri'kan oder [hʌrɪkən] (der, -s, -e oder -s) Wirbelsturm (in Mittelamerika und den südlichen USA) [engl.]
Hu'sar (der, -en, -en) leicht bewaffneter (ungarischer) Reitersoldat [it.-ung.]
Hus'ky [hʌskɪ] (der, -s, -s) kanadischer Schlittenhund, Eskimohund [eskim.-engl.]
Hus'le (die, -, -n) altertümliches, geigenähnliches Streichinstrument der Wenden [slaw.]
Hus'sit (der, -en, -en) Anhänger einer religiösen aufständischen Bewegung im 15. und 16. Jh. in Böhmen [lat.]
Hus'si'tis'mus (der, -, nur Ez.) 1 Lehre der Hussiten 2 Bewegung der Hussiten [lat.]
Hus'tle (der, -s, -s) moderner Tanz, bei dem die Tänzer in Reihen stehen [germ.-engl.]
Hust'ler auch: Hus'tler (der, -s, -) den Hustle Tanzender [germ.-engl.]
Hy'a'den (nur Mz.) 1 in der griechischen Mythologie eine Gruppe von Nymphen 2 Anhäufung von Sternen im Sternbild des Stiers [gr.-lat.]
hy'a'lin (Adj.) glasartig, durchscheinend [gr.]
Hy'a'lit (der, -s, -e) durchsichtiger Quarz, Glasopal [gr.]
Hy'a'lo'plas'ma (das, -s, nur Ez.) flüssige, durchscheinende Grundsubstanz des Zellplasmas [gr.]
Hy'ä'ne (die, -, -n) ein Raubtier Asiens und Afrikas [gr.]
Hy'a'zinth (der, -s, -e) ein Mineral, Edelstein [gr.]
Hy'a'zin'the (die, -, -n) ein Liliengewächs, Zierpflanze [gr.]
hyb'rid auch: hy'brid (Adj.) von zweierlei Herkunft, zwitterhaft [gr.]
Hyb'ri'de (der oder die, -n oder -, -n) aus einer Kreuzung hervorgegangenes Lebewesen, Bastard [gr.]
Hyb'rid'fahr'zeug (das, -s, -e) Pkw mit kombiniertem Antrieb aus Verbrennungs- und Elektromotor für den Stadtverkehr
hyb'ri'disch auch: hy'bri'disch (Adj.) sich auf eine Kreuzung, eine Mischung beziehend, eine Kreuzung betreffend [lat.]
hyb'ri'di'sie'ren auch: hy'bri'di'sie'ren (V.) kreuzen [gr.]
Hyb'ri'di'sie'rung auch: Hy'bri'di'sie'rung (die, -, -en) 1 Kreuzung von Pflanzen oder Tieren, die durch Inzucht geprägt sind, zum Zwecke von Leistungs- oder Wachstumssteigerung 2 quantenmechanischer Vorgang in der Chemie [lat.]
Hyb'rid'ra'ke'te auch: Hy'brid'ra'ke'te (die, -, -n) Rakete, die sowohl durch festen als auch flüssigen Brennstoff angetrieben wird

Hybridrechner   **Hydroponik**

Hyb'rid'rech'ner auch: Hy'brid'rech'ner (der, -s, -) aus einer Mischung aus Analog- und Digitalrechner bestehender elektronischer Rechner
Hyb'ris auch: Hy'bris (die, -, nur Ez.) frevelhafter Übermut, Erhebung über die Götter (in der Antike); Vermessenheit [gr.]
Hy'dar'thro'se auch: Hy'darth'ro'se/Hyd'arthro'se/Hyd'arth'ro'se (die, -, -n) Gelenkwassersucht [gr.]
Hyd'ra auch: Hy'dra (die, -, -ren/-dren) ein Süßwasserpolyp; ein Wasserungeheuer (in der griechischen Mythologie) [gr.]
Hyd'ra'go'gum auch: Hy'dra'go'gum (das, -s, -ga) die Wasserausscheidung anregendes Mittel [gr.]
Hyd'rä'mie auch: Hy'drä'mie (die, -, -n) erhöhter Wassergehalt des Blutes [gr.]
Hyd'rant auch: Hy'drant (der, -en, -en) Zapfstelle zur Wasserentnahme aus Rohren (auf der Straße) [gr.]
Hyd'rar'gy'rum auch: Hy'drar'gy'rum (das, -s, nur Ez.) Quecksilber [gr.]
Hyd'rarth'ro'se auch: Hyd'rar'thro'se/Hy'drarth'ro'se (die, -, -n) = Hydarthrose
Hyd'rat auch: Hy'drat (das, -s, -e) Wasser enthaltende chemische Verbindung [gr.]
Hyd'ra'ta'ti'on auch: Hy'dra'ta'ti'on (die, -, -ti'o'nen) = Hydration
Hyd'ra'ti'on auch: Hy'dra'ti'on (auch: Hyd'ra'ta'ti'on/Hy'dra'ta'ti'on) (die, -, -ti'o'nen) Bildung von Hydraten [gr.]
hyd'ra'ti'sie'ren auch: hy'dra'ti'sie'ren (V.) in Hydrate umwandeln
Hyd'rau'lik auch: Hy'drau'lik (die, -, nur Ez.) Verfahren zur Kraftübertragung mittels Flüssigkeit; Anlage, Vorrichtung dazu [gr.]
hyd'rau'lisch auch: hy'drau'lisch (Adj.) auf Hydraulik beruhend
Hyd'ria auch: Hy'dria (die, -, -ri'en/dri'en) altgriechischer Krug mit einem senkrechten und zwei waagerechten Henkeln
Hyd'rid auch: Hy'drid (das, -s, -e) Verbindung von Wasserstoff und einem anderen chemischen Element [gr.]
hyd'rie'ren auch: hy'drie'ren (V.) Wasserstoff (an eine chemische Verbindung) anlagern [gr.]
Hyd'ro'bi'o'lo'gie auch: Hy'dro'bi'o'lo'gie (die, -, nur Ez.) Wissenschaft von den im Wasser lebenden Pflanzen und Tieren [gr.]
Hyd'ro'chi'non auch: Hy'dro'chi'non (das, -s, nur Ez.) eine chemische Verbindung, fotografischer Entwickler
Hyd'ro'cho'rie auch: Hy'dro'cho'rie [-ko-] (die, -, nur Ez.) Verbreitung von Samen und Früchten durch Wasser [gr.]

Hyd'ro'dy'na'mik auch: Hy'dro'dy'na'mik (die, -, nur Ez.) Wissenschaft von den strömenden Flüssigkeiten, Strömungslehre [gr.]
hyd'ro'dy'na'misch auch: hy'dro'dy'namisch (Adj.) auf Hydrodynamik beruhend
hyd'ro'en'er'ge'tisch auch: hy'dro'en'er'ge'tisch (Adj.) durch Wasserkraft angetrieben, auf Wasserkraft beruhend [gr.]
Hyd'ro'ga'mie auch: Hy'dro'ga'mie (die, -, nur Ez.) Übertragung des Blütenpollens durch Wasser als Transportmittel, Wasserbestäubung; z.B. beim Seegras [gr.]
Hyd'ro'ge'ni'um auch: Hy'dro'ge'ni'um (das, -s, nur Ez.) ein chemisches Element, Wasserstoff [gr.]
Hyd'ro'ge'o'lo'gie auch: Hy'dro'ge'o'lo'gie (die, -, nur Ez.) Grundwasserkunde [gr.]
Hyd'ro'gra'fie auch: Hy'dro'gra'fie (auch: Hyd'ro'gra'phie/Hy'dro'gra'phie) (die, -, nur Ez.) Wissenschaft vom Wasserkreislauf [gr.]
Hyd'ro'kul'tur auch: Hy'dro'kul'tur (die, -, -en) **1** (nur Ez.) Pflanzenaufzucht in Nährlösung **2** die Vorrichtung dazu mit den Pflanzen [gr.-lat.]
Hyd'ro'lo'gie auch: Hy'dro'lo'gie (die, -, nur Ez.) Wissenschaft vom Wasser [gr.]
Hyd'ro'lo'gi'um auch: Hy'dro'lo'gi'um (das, -s, -gi'en) Gerät, mit dem die Zeit durch ablaufendes Wasser gemessen wird, Wasseruhr (früher) [gr.]
Hyd'ro'ly'se auch: Hy'dro'ly'se (die, -, -n) Spaltung chemischer Verbindungen durch Wasser [gr.]
Hyd'ro'me'cha'nik auch: Hy'dro'me'cha'nik (die, -, nur Ez.) Technik der Anwendung von strömenden und ruhenden Flüssigkeiten [gr.]
Hyd'ro'me'ter auch: Hy'dro'me'ter (das, -s, -) Gerät zum Messen der Geschwindigkeit strömenden Wassers (bes. in Rohrleitungen) [gr.]
Hyd'ro'met'rie auch: Hy'dro'met'rie/Hy'dro'met'rie (die, -, nur Ez.) Messung der Geschwindigkeit strömenden Wassers [gr.]
Hyd'ro'pa'thie auch: Hy'dro'pa'thie (die, -, nur Ez.) Wasserheilkunde [gr.]
hyd'ro'phil auch: hy'dro'phil (Adj.) Wasser anziehend, Wasser liebend [gr.]
hyd'ro'phob auch: hy'dro'phob (Adj.) Wasser abstoßend, wasserscheu [gr.]
Hyd'roph'thal'mus auch: Hy'droph'thal'mus (der, -, -mi) durch Wasseransammlung vergrößerter Augapfel [gr.]
Hyd'ro'phyt auch: Hy'dro'phyt (der, -en, -en) Wasserpflanze
Hyd'ro'po'nik auch: Hy'dro'po'nik (die, -, nur Ez.) = Hydrokultur (**1**) [gr.]

Hyd|rop|sie *auch:* Hy|drop|sie (die, -, nur Ez.) Wassersucht [gr.]
Hyd|ros|phä|re *auch:* Hyd|ro|sphä|re/Hydro|sphä|re (die, -, nur Ez.) Gesamtheit der Gewässer und des Grundwassers der Erde [gr.]
Hyd|ros|ta|tik *auch:* Hyd|ro|sta|tik/Hy|drosta|tik (die, -, nur Ez.) Wissenschaft von den ruhenden Flüssigkeiten und dem Gleichgewicht ihrer Kräfte [gr.]
hyd|ros|ta|tisch *auch:* hyd|ro|sta|tisch/hydro|sta|tisch (Adj.) auf der Hydrostatik beruhend
Hyd|ro|tech|nik *auch:* Hy|dro|tech|nik (die, -, nur Ez.) Technik des Wasserbaues [gr.]
Hy|dro|the|ra|pie *auch:* Hy|dro|the|ra|pie (die, -, -n) Heilbehandlung mit Wasser [gr.]
Hyd|ro|tho|rax *auch:* Hy|dro|tho|rax (der, -(es), nur Ez.) Brustwassersucht [gr.]
Hyd|ro|xid *auch:* Hy|dro|xid (das, -s, -e) eine anorganische chemische Verbindung, die eine oder mehrere Hydroxylgruppen enthält [gr.]
Hyd|ro|xyl|grup|pe *auch:* Hy|dro|xyl|gruppe (die, -, -n) Wasserstoff-Sauerstoff-Gruppe (einer chemischen Verbindung) [gr.]
Hyd|ro|ze|le *auch:* Hy|dro|ze|le (die, -, -n) Wasseransammlung zwischen Gewebsschichten [gr.]
Hyd|ro|ze|pha|lus *auch:* Hy|dro|ze|pha|lus (der, -, -pha|len) infolge Wasseransammlung vergrößerter Schädel, Wasserkopf [gr.-lat.]
Hyd|ro|zo|on *auch:* Hy|dro|zo|on (das, -s, -zo|en) im Wasser lebendes Nesseltier [gr.]
Hy|e|to|gra|fie *(auch:* Hy|e|to|gra|phie) (die, -, nur Ez.) Messung der Niederschläge und Beschreibung ihrer Verteilung [gr.]
Hy|gi|e|ne (die, -, nur Ez.) **1** Wissenschaft von der Gesundheit **2** Gesundheitspflege, -vorsorge; **3** Sauberkeit
hy|gi|e|nisch (Adj.) auf Hygiene (**2**, **3**) beruhend, die Gesundheit erhaltend und fördernd, sauber
Hyg|ro|gramm *auch:* Hy|gro|gramm (das, -s, -e) Aufzeichnung eines Hygrometers [gr.]
Hyg|rom *auch:* Hy|grom (das, -s, -e) wässerige oder schleimige Geschwulst bei Schleimbeutelentzündung
Hyg|ro|me|ter *auch:* Hy|gro|me|ter (das, -s, -) Gerät zum Messen der Luftfeuchtigkeit [gr.]
hyg|ro|phil *auch:* hy|gro|phil (Adj.) einen feuchten Standort liebend (von Pflanzen) [gr.]
Hyg|ro|phyt *auch:* Hy|gro|phyt (der, -en, -en) einen feuchten Standort liebende Pflanze [gr.]

Hyg|ros|kop *auch:* Hy|gros|kop/Hy|gro|skop (das, -s, -e) Gerät zur ungefähren Messung der Luftfeuchtigkeit [gr.]
Hyg|ros|tat *auch:* Hy|gros|tat (der, -en, -en) Gerät zur Aufrechterhaltung einer bestimmten Luftfeuchtigkeit [gr.]
Hy|läa (die, -, nur Ez.) tropisches Gebiet mit Regenwäldern am Amazonas [gr.-lat.]
Hy|le (die, -, nur Ez.) Urstoff, Ursubstanz (in der altgriechischen Naturphilosophie)
Hy|le|mor|phis|mus (der, -, nur Ez.) philosophische Anschauung des Aristoteles, wonach alle körperlichen Substanzen aus Stoff und Form bestehen [gr.-lat.]
Hy|li|ker (der, -, -) Angehöriger derjenigen Klasse von Menschen, die auf niederster Stufe stehen und denen die Erlösung versagt bleiben wird (in der Gnosis) [gr.]
hy|lisch (Adj.) stofflich, materiell, körperlich [gr.]
Hy|lis|mus (der, -, nur Ez.) philosophische Anschauung, wonach der Stoff die einzige Substanz der Welt ist [gr.-lat.]
hy|lo|trop *auch:* hy|lot|rop (Adj.) bei gleich bleibender chemischer Konstellation in andere Formen überführbar [gr.]
Hy|lo|tro|pie *auch:* Hy|lot|ro|pie (die, -, nur Ez.) Überführbarkeit eines Stoffes in einen anderen, ohne seine chemische Zusammensetzung zu verändern [gr.-lat.]
Hy|lo|zo|is|mus (der, -s, nur Ez.) Lehre von der ursprünglichen Belebtheit aller Materie (in der altgriechischen Naturphilosophie)
hy|lo|zo|is|tisch (Adj.) den Hylozoismus betreffend [gr.]
Hy|men 1 (der, -s, -) altgriechisches Hochzeitsbild **2** (das, -s, -) dünne, ringförmige Haut am Scheideneingang (die beim ersten Geschlechtsverkehr zerreißt), Jungfernhäutchen [gr.]
Hy|me|nai|os (der, -, -oi) = Hymen [gr.]
hy|me|nal (Adj.) zum Hymen gehörend, es betreffend (Med.) [gr.-lat.]
Hym|nar (das, -s, -e) Hymnenverzeichnis
Hym|na|ri|um (das, -s, -ri|en) liturgisches Buch, das die kirchlichen Hymnen beinhaltet [gr.-lat.]
Hym|ne (die, -, -n) Lobgesang, Festgesang, preisendes Gedicht [gr.]
Hym|nik (die, -, nur Ez.) Kunst, Hymnen zu komponieren oder zu dichten
Hym|ni|ker (der, -s, -) Hymnendichter [gr.-lat.]
hym|nisch (Adj.) in der Art einer Hymne; überschwänglich, übermäßig lobend
Hym|no|de (der, -n, -n) Verfasser und Sänger von Hymnen in der Antike [gr.]
Hym|no|die (die, -, nur Ez.) Hymnendichtung [gr.]

Hym|no|graf (*auch:* Hym|no|graph) (der, -en, -en) Hymnenschreiber in der Antike [gr.]
Hym|no|lo|ge (der, -n, -n) sich auf dem Gebiet der Hymnologie betätigender Wissenschaftler [gr.-lat.]
Hym|no|lo|gie (die, -, nur Ez.) Wissenschaft von den kirchlichen Hymnen [gr.]
hym|no|lo|gisch (Adj.) die Hymnologie betreffend [gr.-lat.]
Hym|nos (der, -, -nen) = Hymne [gr.]
Hym|nus (der, -, -nen) = Hymne
Hy|pal|bu|mi|no|se (die, -, -n) verminderter Eiweißgehalt des Blutes [gr.]
Hy|päs|the|sie *auch:* Hyp|äs|the|sie (die, -, nur Ez.) herabgesetzte Empfindlichkeit (bes. der Haut) [gr.]
Hy|per|ä|mie (die, -, -n) vermehrte Durchblutung (eines Körperbezirks) [gr.]
Hy|per|äs|the|sie (die, -, nur Ez.) erhöhte Empfindlichkeit (bes. der Haut) [gr.]
Hy|per|bel (die, -, -n) **1** aus zwei getrennten Ästen bestehende geometrische Kurve, ein Kegelschnitt **2** (dichterische) Übertreibung [gr.]
Hy|per|bel|funk|ti|on (die, -, -ti|o|nen) die mathematische Größe, die aus Summe oder Differenz zweier Exponentialfunktionen entwickelt wird [gr.-lat.]
Hy|per|bo|li|ker (der, -s, -) Person, die in ihrem Ausdruck zu extremen Übertreibungen neigt [gr.-lat.]
hy|per|bo|lisch (Adj.) **1** in der Form einer Hyperbel **2** (dichterisch) übertreibend
Hy|per|bo|lo|id (der, -s, -e) aus der Drehung einer Hyperbel um ihre Achse entstehender Körper
Hy|per|bo|re|er (der, -s, -) Angehöriger eines sagenhaften, im hohen Norden lebenden Volkes (nach altgriechischer Anschauung) [gr.]
hy|per|bo|re|isch (Adj.) im hohen Norden lebend [gr.]
Hy|per|bu|lie (die, -, nur Ez.) krankhafter Drang, sich zu betätigen (besonders bei psychischen Erkrankungen) [gr.-lat.]
Hy|per|cha|rak|te|ri|sie|rung (die, -, -en) der Vorgang, etwas doch mehr als ein spezifisches Merkmal zu charakterisieren [gr.-lat.]
Hy|per|dak|ty|lie (die, -, -n) angeborene Bildung überzähliger Finger oder Zehen [gr.]
Hy|per|funk|ti|on (die, -, -ti|o|nen) Überfunktion (eines Organs) [gr.-lat.]
Hy|per|ga|mie (die, -, nur Ez.) Bezeichnung in der Soziologie für die Heirat einer Frau aus einer niederen Schicht mit einem Mann aus einer höheren Schicht [gr.-lat.]

Hy|per|ge|ni|ta|lis|mus (der, -, nur Ez.) übermäßige und frühzeitige Entwicklung der Geschlechtsorgane (Med.) [gr.-lat.]
Hy|per|geu|sie (die, -, -n) extrem und abnorm verfeinerter Geschmackssinn (Med.) [gr.-lat.]
Hy|per|gly|kä|mie *auch:* Hy|per|glyk|ä|mie (die, -, -n) vermehrter Blutzuckergehalt [gr.]
Hy|per|he|do|nie (die, -, nur Ez.) Bezeichnung in der Psychologie für ein ins krankhafte übersteigertes Lustgefühl (Med.) [gr.-lat.]
Hy|per|hid|ro|se *auch:* Hy|per|hi|dro|se (die, -, -n) übermäßiges Schwitzen [gr.]
hy|per|kor|rekt (Adj.) übermäßig korrekt [gr.-lat.]
hy|per|kri|tisch (Adj.) übermäßig kritisch [gr.-lat.]
Hy|per|kul|tur (die, -, nur Ez.) überfeinerte Kultur, Überfeinerung [gr.-lat.]
Hy|per|met|ro|pie *auch:* Hy|per|me|tro|pie (die, -, nur Ez.) Weitsichtigkeit [gr.]
hy|per|mo|dern (Adj.) übertrieben modern
Hy|pe|ron (das, -s, -ro|nen) Elementarteilchen, dessen Masse größer ist als die eines Neutrons [gr.]
Hy|per|pla|sie (die, -, -n) Vergrößerung (von Organen und Geweben) durch krankhaft gesteigerte Zellvermehrung [gr.]
hy|per|sen|si|bi|li|sie|ren (V.) übermäßig empfindlich machen [gr.-lat.]
Hy|per|so|mie (die, -, nur Ez.) Riesenwuchs [gr.]
Hy|per|ten|si|on (die, -, nur Ez.) = Hypertonie [gr.-lat.]
Hy|per|to|nie (die, -, nur Ez.) **1** gesteigerte Muskelspannung **2** erhöhter Augendruck **3** erhöhter Blutdruck [gr.]
Hy|per|to|ni|ker (der, -s, -) jmd., der an zu hohem Blutdruck leidet [gr.]
hy|per|troph (Adj.) **1** zu stark vergrößert (von Organen, Geweben) **2** übermäßig selbstbewusst [gr.]
Hy|per|tro|phie (die, -, -n) **1** übermäßige Vergrößerung (von Organen, Geweben) **2** übersteigertes Selbstbewusstsein [gr.]
Hy|per|vi|ta|mi|no|se *auch:* Hy|per|vit|a|mi|no|se (die, -, -n) Erkrankung infolge übermäßiger Aufnahme von Vitaminen [gr.]
Hy|phe (die, -, -n) haarförmiger Zellfaden (von Pilzen) [gr.]
Hyp|no|se (die, -, -n) durch Suggestion herbeigeführter Schlafzustand, in dem der Schlafende Befehle des Hypnotiseurs ausführen kann [gr.]
Hyp|no|ti|kum (das, -s, -ka) Schlafmittel [gr.-lat.]
hyp|no|tisch (Adj.) auf Hypnose beruhend

Hypnotiseur | **Hysterotomie**

Hyp|no|ti|seur [-zø:ɐ] (der, -s, -e) jmd., der einen anderen in Hypnose versetzt oder versetzen kann
hyp|no|ti|sie|ren (V.) in Hypnose versetzen
Hy|po|chon|der (der, -s, -) jmd., der sich ständig einbildet, an einer (und immer wieder neuen) Krankheit zu leiden [gr.]
Hy|po|chon|drie auch: Hy|po|chon|drie (die, -, nur Ez.) Einbildung, an immer wechselnden Krankheiten zu leiden [gr.]
hy|po|chond|risch auch: hy|po|chon|drisch (Adj.) in der Art eines Hypochonders
Hy|po|dak|ty|lie (die, -, -n) angeborenes Fehlen von Fingern oder Zehen [gr.]
Hy|po|funk|ti|on (die, -, -ti|o|nen) Unterfunktion (eines Organs) [gr.-lat.]
Hy|po|gas|tri|um auch: Hy|po|gast|ri|um/ Hy|po|ga|stri|um (das, -s, -tri|en) Unterleib
Hy|po|glos|sus (der, -, -sae) Zungenmuskelnerv [gr.]
Hy|po|gly|kä|mie auch: Hy|po|glyk|ä|mie (die, -, -n) zu geringer Blutzuckergehalt [gr.]
hy|po|gyn (Adj.) unter dem Fruchtknoten stehend, unterständig (von Blüten) [gr.]
Hy|po|kaus|tum (das, -s, -ten) Fußbodenheizung (in der Antike und im Mittelalter) [gr.-lat.]
Hy|po|kri|sie (die, -, nur Ez.) Scheinheiligkeit, Heuchelei [gr.]
hy|po|kri|tisch (Adj.) scheinheilig, heuchlerisch [gr.]
Hy|po|lim|ni|on (das, -s, -ni|en) untere Schicht eines stehenden Gewässers (und die darin lebenden Organismen) [gr.]
Hy|po|phy|se (die, -, -n) Hirnanhangdrüse
Hy|po|pla|sie (die, -, -n) Unterentwicklung (von Organen und Geweben) [gr.]
Hy|po|so|mie (die, -, -n) Kümmerwuchs [gr.]
Hy|pos|ta|se auch: Hy|po|sta|se (die, -, -n) **1** Grundlage, Unterlage **2** Stoff, Gegenstand (einer Abhandlung) **3** Personifizierung einer göttlichen Eigenschaft oder religiösen Vorstellung **4** Absinken des Blutes in tiefer gelegene Körperteile; z.B. bei Bettlägrigen; Blutstauung **5** Übergang eines Wortes in eine andere Wortart; z.B. teilnehmen in Teilnehmer [gr.]
hy|pos|ta|sie|ren auch: hy|po|sta|sie|ren (V.) **1** personifizieren, vergegenständlichen **2** unterstellen, als vorhanden voraussetzen **3** in eine andere Wortart übergehen lassen [gr.]
Hy|pos|ty|lon auch: Hy|po|sty|lon (das, -s, -la) überdachter Säulengang, Tempel mit Säulengang [gr.]
hy|po|tak|tisch (Adj.) in der Art der Hypotaxe, unterordnend

Hy|po|ta|xe (die, -, -n) Unterordnung (eines Satzes oder Satzteils unter einen anderen) [gr.]
Hy|po|ten|si|on (die, -, nur Ez.) = Hypotonie [gr.-lat.]
Hy|po|te|nu|se (die, -, -n) dem rechten Winkel gegenüberliegende Seite (im rechtwinkligen Dreieck) [gr.]
Hy|po|tha|la|mus (der, -, nur Ez.) Teil des Zwischenhirns unterhalb des Thalamus [gr.]
Hy|po|thek (die, -, -en) durch Zahlung erworbenes Pfandrecht an einem Grundstück [gr.]
hy|po|the|ka|risch (Adj.) in Form einer Hypothek
Hy|po|the|se (die, -, -n) unbewiesene Annahme, unterstellte Voraussetzung [gr.]
hy|po|the|tisch (Adj.) in der Art einer Hypothese, auf einer Hypothese beruhend, unbewiesen, unterstellend
Hy|po|to|nie (die, -, nur Ez.) **1** verminderte Muskelspannung **2** verminderter Augendruck **3** niedriger Blutdruck [gr.]
hy|po|troph (Adj.) zu wenig entwickelt (von Organen, Geweben) [gr.]
Hy|po|tro|phie (die, -, -n) mangelhafte Entwicklung (von Organen, Geweben) [gr.]
Hy|po|vi|ta|mi|no|se auch: Hy|po|vit|a|mino|se (die, -, -n) Vitaminmangelkrankheit [gr.]
Hy|pox|ä|mie auch: Hy|po|xä|mie (die, -, -n) Sauerstoffmangel im Blut [gr.]
Hy|po|zent|rum auch: Hy|po|zen|trum (das, -s, -ren/-tren) Erdbebenherd [gr.-lat.]
Hyp|si|pho|bie (die, -, -n) Höhenangst, Schwindelgefühl in großer Höhe [gr.]
Hyp|so|me|ter (das, -s, -) Gerät zur Höhenmessung [gr.]
Hyp|so|met|rie auch: Hyp|so|me|trie (die, -, nur Ez.) Höhenmessung [gr.]
Hys|te|rie auch: Hys|te|rie (die, -, -n) Erregungszustand mit abnormen seelischen und körperlichen Erscheinungen; Neigung zu unkontrollierten Gefühlsausbrüchen; Überspanntheit, Übererregtheit [gr.]
Hys|te|ri|ker auch: Hys|te|ri|ker (der, -s, -) jmd., der an Hysterie leidet
hys|te|risch auch: hy|ste|risch (Adj.) auf Hysterie beruhend, an Hysterie leidend; überspannt, übererregt
Hys|te|rop|to|se auch: Hys|te|ro|pto|se (die, -, -n) Gebärmuttervorfall [gr.]
Hys|te|ros|ko|pie auch: Hys|te|ro|sko|pie (die, -, -n) Untersuchung der Gebärmutter mit dem Gebärmutterspiegel [gr.]
Hys|te|ro|to|mie auch: Hys|te|ro|to|mie (die, -, -n) Gebärmutterschnitt [gr.]

I

IAEA (die, -, nur Ez.) Abk. für »International Atomic Energy Agency« Internationale Atomenergieagentur, Organisation der UNO zur Kontrolle kerntechnischer Anlagen [engl.]
Iam'bus (der, -, -ben) = Jambus
I'at'rik *auch:* I'a̱'trik (die, -, nur Ez.) Heilkunde [gr.]
i'at'risch *auch:* i'a̱'trisch (Adj.) zur Heilkunst gehörend (Med.) [gr.]
i'at'ro'gen *auch:* i'a'tro'gen (Adj.) durch Maßnahmen des Arztes entstanden (Med.) [gr.-lat.]
i'at'ro'lo'gisch *auch:* i'a'tro'lo̱'gisch (Adj.) die Iatrologie betreffend [gr.-lat.]
I'be'ris (die, -, -) Schleifenblume, Zierpflanze mit zahlreichen Arten [gr.-lat.]
I'be'risch (Adj.) die Pyrenäenhalbinsel betreffend [gr.-lat.]
I'be'ro'a'me'ri'ka (das, -, nur Ez.) Lateinamerika, das von Spanien und Portugal aus kolonisiert worden ist
i'be'ro'a'me'ri'ka'nisch (Adj.) Iberoamerika betreffend
i'bi'dem (Adv.) am schon erwähnten Ort, ebenda (in wissenschaftl. Texten) [lat.]
I'bis (der, -, -se) ein Schreitvogel [ägypt.]
Ibn Sohn (als Bestandteil arabischer Personennamen)
Ib'rik *auch:* I'brik (der oder das, -s, -s) orientalische Wasserkanne [pers.]
IC [i:tse:] (der, -s, -s) = Intercity
Ich'neu'mon (der oder das, -s, -e oder -s) eine nordafrikan. Schleichkatze [gr.]
I'chor (der, -s, nur Ez.) **1** bei Homer das Blut der Götter **2** in der Medizin blutige Absonderungen von Geschwüren **3** granitische Lösung, die beim Aufschmelzen von Gestein entsteht (Geol.) [gr.]
Ich'thy'ol (das, -, nur Ez.) ein Mittel gegen Furunkel, rheumatische Beschwerden u.a. (Warenzeichen) [gr.]
Ich'thy'o'lith (der, -s oder -en, -e oder -en) versteinerter Fisch(rest) [gr.]
Ich'thy'o'lo'ge (der, -n, -n) Wissenschaftler der Ichthyologie
Ich'thy'o'lo'gie (die, -, nur Ez.) Fischkunde
Ich'thy'o'sau'ri'er (der, -s, -) ausgestorbene Fischechse des Erdmittelalters [gr.]
Ich'thy'o'sau'rus (der, -, -ri'er) = Ichthyosaurier [gr.-nlat.]
Ich'thy'o̱'se (*auch:* Ich'thy'o̱'sis) (die, -, -n) Fischschuppenkrankheit [gr.]
Ich'thy'o̱'sis (die, -, -o̱'sen) = Ichthyose

I'cing [aɪsɪŋ] (das, -s, -s) unerlaubter Weitschuss oder Befreiungsschlag beim Eishockey [engl.-amerik.]
Icon Bildsymbol auf grafischen Benutzeroberflächen von Computerprogrammen, das bei Anklicken einen Befehl auslöst [engl.]
i'de'a'gen (Adj.) durch Vorstellung ausgelöst (Psych.) [gr.-lat.]
i'de'al (Adj.) nur in der Vorstellung vorhanden, nur gedacht; den höchsten Vorstellungen entsprechend, vollkommen [gr.-lat.]
I'de'al (das, -s, -e) **1** Verkörperung von etwas Vollkommenem, Idealbild **2** als höchster Wert begriffenes Ziel, Ideenverwirklichung [gr.-lat.]
i'de'a'lisch (Adj.) dem Ideal entsprechend oder nahe kommend [gr.-lat.]
i'de'a'li'sie'ren (V.) zum Ideal erheben, vollkommen gut oder schön darstellen, verklären [gr.-lat.]
I'de'a'lis'mus (der, -, nur Ez.) Glauben an Ideale, Streben nach Idealen; philosophische Anschauung, nach der nur das Geistige wirklich existiert und das Materielle nur dessen Erscheinungsform ist [gr.-lat.]
I'de'a'list (der, -lis'ten, -lis'ten) jmd., der an Ideale glaubt, nach Idealen strebt; Anhänger des philosophischen Idealismus
i'de'a'lis'tisch (Adj.) in der Art eines Idealisten; zum philosoph. Idealismus gehörig
I'de'a'li'tät (die, -, nur Ez.) ideale Beschaffenheit, Vollkommenheit; das Sein als Idee, als Vorstellung (in der Philosophie)
i'de'a'li'ter (Adj.) idealerweise [gr.-lat.]
I'de'a'ti'on (die, -, -ti'o'nen) Bildung eines Begriffs, einer Idee [gr.-lat.]
I'dee (die, -, -n) **1** Urbild, Leitbild (in der Philosophie); Gedanke, Vorstellung; z.B. keine Idee von etwas haben; Einfall; eine Idee haben **2** Kleinigkeit, Winzigkeit, »Spur«; z.B. eine Idee Zucker; [gr.]
I'dée fixe [-fɪks] (die, - -, -s -s) **1** Zwangsvorstellung **2** Grundgedanke eines musikalischen Werkes [frz.]
i'de'ell (Adj.) auf einer Idee beruhend, gedacht, gedanklich, geistig [gr.-lat.]
I'de'en'as'so'zi'a'ti'on (die, -, -ti'o'nen) unbewusst hervorgerufene und unwillkürlich sich einstellende Gedankenverbindung [gr.-lat.]
I'de'en'dra'ma (das, -s, -men) Drama mit einer von einer allgemein gültigen Idee oder Weltanschauung bestimmten Dramenhandlung [gr.-lat.]
i'dem (Adv.) derselbe, dasselbe [lat.]
I'den (nur Mz.) Mitte des Monats (im altrömischen Kalender); z.B. die Iden des März [lat.]

Identifikation (die, -, -ti̱o̱nen) Feststellung der Identität; Gleichsetzung [lat.]
i'den'ti'fi'zie'ren (V.) die Identität (von etwas oder jmdm.) feststellen; gleichsetzen, als dasselbe betrachten; sich mit etwas oder jmdm. identifizieren: ganz mit etwas oder jmdm. übereinstimmen [lat.]
I'den'ti'fi'zie'rung (die, -, -en) das Identifizieren [lat.]
i'den'tisch (Adj.) ein und dasselbe, ein und der-, dieselbe [lat.]
I'den'ti'tät (die, -, nur Ez.) völlige Gleichheit, Übereinstimmung; jmds. Identität feststellen: feststellen, wer jmd. ist; die innere (geistig-leiblich-seelische) Einheit der Persönlichkeit [lat.]
i'de'o'gen (Adj.) durch Vorstellung ausgelöst (Psych.) [gr.-lat.]
I'de'o'gra'fie (auch: I'de'o'gra'phi̱e) (die, -, -n) Bilderschrift; z.B. die chinesische Schrift [gr.]
i'de'o'gra'fisch (auch: i'de'o'gra'phisch) (Adj.) die Ideografie betreffend
I'de'o'gramm (das, -s, -e) einen Begriff, einen Gegenstand ausdrückendes Schriftzeichen; z.B. die chinesischen Schriftzeichen [gr.]
I'de'o'ki'ne'se (die, -, -n) von einer korrekten Vorstellung ausgehende Bewegung, die auf Grund krankhafter Nervenbahnen falsch ausgeführt wird (Med.) [gr.-lat.]
I'de'o'lo'ge (der, -n, -n) jmd., der eine Ideologie vertritt
I'de'o'lo'gem (das, -s, -e) Gedankengebilde, Vorstellung [gr.-lat.]
I'de'o'lo'gie (die, -, -n) Gesamtheit der Denkvorstellungen einer Gesellschaft(-sschicht); politische Theorie, politische Anschauung [gr.]
I'de'o'lo'gie'kri'tik (die, -, nur Ez.) 1 in der soziologischen Wissenschaft das Hinweisen auf die materielle Relativität einer Ideologie 2 bei Textinterpretationen die Kritik an den gesellschaftlichen Prämissen
i'de'o'lo'gisch (Adj.) zu einer Ideologie gehörig, ihr entsprechend
i'de'o'lo'gi'sie'ren (V.) zu einer Ideologie machen; aus einer Ideologie heraus betrachten und beurteilen
id est das ist, das heißt [lat.]
I'di'ob'last auch: I'di'o'bḻa̱st (der, -ḻa̱sten/-bḻa̱sten, -ḻa̱sten/-bḻa̱sten) Zelle oder Zellgruppe mit besonderen Aufgaben, die in eine andersartige Zelle oder Zellgruppe eingelagert ist [gr.]
i'di'o'chro'ma'tisch (Adj.) eigenfarbig, ohne Fremdfärbung [gr.-lat.]
I'di'o'fon (das, -s, -e) = Idiophon

i'di'o'gra'fisch (auch: i'di'o'gra'phisch) (Adj.) eigenhändig geschrieben [gr.]
I'di'o'gramm (das, -s, -e) eigenhändige Unterschrift [gr.]
I'di'o'ki'ne'se (die, -, -n) Veränderung der Erbmasse durch Umwelteinflüsse [gr.-lat.]
I'di'ok'ra'sie auch: I'di'o'kra'si̱e (die, -, -n) = Idiosynkrasie
I'di'o'lat'rie auch: I'di'o'la'tri̱e (die, -, nur Ez.) Selbstvergötterung [gr.]
I'di'o'lekt (der, -s, -e) Spracheigentümlichkeit, Ausdrucksweise einer einzelnen Person [gr.]
I'di'om (das, -s, -e) Spracheigentümlichkeit, charakteristische Redewendung oder Ausdrucksweise (einer Mundart oder einer Sprache) [gr.]
I'di'o'ma'tik (die, -, -en) Gesamtheit der Idiome (einer Mundart oder Sprache); Teil der Sprachwissenschaft, der sich mit den Idiomen befasst
i'di'o'ma'tisch (Adj.) einer Mundart oder Sprache eigentümlich, nur in ihr vorkommend [gr.]
i'di'o'ma'ti'sie'ren, sich (V.) zu einem Idiom werden [gr.-lat.]
i'di'o'pa'thisch (Adj.) selbstständig, von sich aus entstanden (Med.) [gr.-lat.]
I'di'o'phon (auch: I'di'o'fon) (das, -s, -e) selbstklingendes Musikinstrument wie Glocke, Triangel etc. [gr.-lat.]
I'di'o'plas'ma (das, -s, nur Ez.) Keimplasma
I'di'o'rhyth'mie (die, -, nur Ez.) etwas freiere, nicht so streng reglementierte Form des orthodoxen Mönchstums [gr.]
I'di'o'synk'ra'sie auch: I'di'o'syn'kra'si̱e (die, -, -n) 1 Überempfindlichkeit (gegen bestimmte Stoffe) 2 Abneigung, Widerwille [gr.]
i'di'o'synk'ra'tisch auch: i'di'o'syn'kra'tisch (Adj.) 1 gegen bestimmte Reize überempfindlich (Med.) 2 extreme Abneigung gegenüber Personen, Reizen, Anschauungen etc. (Psych.) [gr.]
I'di'ot (der, -en, -en) schwachsinniger Mensch; Dummkopf, Trottel [gr.]
I'di'o'tie (die, -, nur Ez.) Schwachsinn; Unsinnigkeit, Widersinnigkeit [gr.]
I'di'o'ti'kon (das, -s, -s oder -ken) Mundartwörterbuch; z.B. das Schweizerische Idiotikon [gr.]
i'di'o'tisch (Adj.) schwachsinnig; unsinnig, widersinnig, sehr töricht [gr.]
I'di'o'tis'mus (der, -, -men) 1 = Idiom; 2 Schwachsinn; idiotische Äußerung [gr.]
i'di'o'ty'pisch (Adj.) durch das Erbgut determiniert [gr.-lat.]

Idiotypus

I|di|o|ty|pus (der, -, -pen) das gesamte Erbgut [gr.-lat.]
I|di|o|va|ri|a|ti|on (die, -, -ti|o|nen) Veränderung der Erbmasse, Genmutation [gr.-lat.]
I|do (das, -s, nur Ez.) aus dem Esperanto weiterentwickelte künstliche Weltsprache
I|dol (das, -s, -e) Götzenbild; vergötterter, übermäßig geliebter oder bewunderter Mensch [gr.]
I|do|lat|rie *auch:* I|do|la|trie (die, -, nur Ez.) kultische Verehrung von Götzenbildern, Götzendienst [gr.]
I|do|nei|tät (die, -, -en) **1** Tauglichkeit **2** passender Zeitpunkt [lat.]
Idsch|ma (die, -, nur Ez.) Bezeichnung für die Übereinstimmung der Gelehrten als Basis für die Auslegung der islamischen Regeln und Gesetze [arab.]
I|dyll (das, -s, -e) Zustand oder Bild eines einfachen, friedlichen Lebens [gr.]
I|dyl|le (die, -, -n) Darstellung eines Idylls; z.B. die Hirtendichtung [gr.]
I|dyl|lik (die, -, nur Ez.) idyllische Atmosphäre, idyllische Wesensart [gr.-lat.]
I|dyl|li|ker (der, -s, -) jmd. mit der Neigung zu einem Idyll [gr.-lat.]
i|dyl|lisch (Adj.) in der Art eines Idylls, einfach und friedlich, beschaulich
I|ga|pó (der, -(s), -s) in Regenzeiten überschwemmter Sumpfwald Amazoniens [indian.]
Ig|lu (der oder das, -s, -s) aus Schneeblöcken bestehende, runde Hütte der Eskimos
Ig|no|rant (der, -en, -en) jmd., dem Wissen und Kenntnisse gleichgültig sind [lat.]
Ig|no|ranz *auch:* I|gno|ranz (die, -, nur Ez.) Gleichgültigkeit gegenüber Wissen und Kenntnissen [lat.]
ig|no|rie|ren *auch:* i|gno|rie|ren (V.) absichtlich nicht beachten, absichtlich übersehen [lat.]
I|gu|a|na (die, -, -nen) großer Leguan der tropischen Gebiete Amerikas [indian.-span.]
I|gu|a|no|don *auch:* I|gu|an|o|don (das, -s -s oder -don|ten) ein Pflanzen fressender Dinosaurier der Kreidezeit, der auf den Hinterbeinen lief [gr.]
I|ka|ri|er (der, -s, -) Mitglied einer Gruppe von Artisten, die auf dem Rücken liegend mit den Füßen ihre Partner durch die Luft wirbeln [gr.]
I|ke|ba|na (das, -, nur Ez.) die Kunst des japanischen symbolischen Blumenordnens
I|kon (das, -s, -e) stilisierte Abbildung eines Gegenstandes [gr.]
I|ko|ne (die, -, -n) Heiligenbild (in der Ostkirche) [gr.]

ilativ

i|ko|nisch (Adj.) **1** in der Art von Ikonen **2** anschaulich [gr.]
I|ko|nis|mus (der, -, -men) anschauliches, verständliches Bild (in den Sprachen) [gr.-lat.]
I|ko|no|du|le (der, -n, -n) Bildverehrer [gr.-lat.]
I|ko|no|du|lie (die, -, nur Ez.) Bildverehrung [gr.-lat.]
I|ko|no|graph (*auch:* I|ko|no|graf) (der, -en, -en) **1** auf dem Gebiet der Ikonographie tätiger Wissenschaftler **2** Vorrichtung für Lithographen, um ein Bild abzuzeichnen [gr.]
I|ko|no|gra|phie (*auch:* I|ko|no|gra|fie) (die, -, nur Ez.) Beschreibung und Bestimmung antiker Bildnisse; Beschreibung und Deutung alter (bes. christlicher) Bilder [gr.]
i|ko|no|gra|phisch (*auch:* i|ko|no|gra|fisch) (Adj.) zur Ikonographie gehörig, mit ihrer Hilfe
I|ko|nok|las|mus *auch:* I|ko|no|klas|mus (der, -, nur Ez.) Zerstörung von Heiligenbildern, Bildersturm [gr.-nlat.]
I|ko|nok|last *auch:* I|ko|no|klast (der, -las|ten/-klas|ten, -las|ten/klas|ten) Bilderstürmer [gr.]
i|ko|nok|las|tisch *auch:* i|ko|no|klas|tisch (Adj.) bilderstürmerisch, den Ikonoklasmus betreffend [gr.]
I|ko|no|lat|rie *auch:* I|ko|no|la|trie (die, -, nur Ez.) = Idolatrie
I|ko|no|lo|gie (die, -, nur Ez.) = Ikonographie
I|ko|nos|ta|se (die, -, -n) mit Ikonen bedeckte, dreitürige Wand zwischen Altar- und Gemeinderaum (in griech.-orthodoxen Kirchen)
I|ko|sa|e|der (der, -s, -) von 20 Flächen begrenzter Körper, Zwanzigflächner [gr.]
ik|te|risch (Adj.) mit Ikterus einhergehend, gelbsüchtig
Ik|te|rus (der, -, nur Ez.) Gelbsucht [gr.-lat.]
Ik|tus (der, -, - oder -ten) starke Betonung (im Vers); plötzliches, schweres Krankheitszeichen; Stoß, Schlag [lat.]
I|lang-I|lang (*auch:* Y|lang-Y|lang) (das, -, nur Ez.) ein Parfümrohstoff aus südostasiat. Blüten [malai.]
Il|chan (der, -s, -e) Titel der mongolischen Herrscher in Persien im 13. und 14. Jh. [mongol.-türk.]
I|le|um (das, -s, nur Ez.) unterer Teil des Dünndarms, Krummdarm [lat.]
I|le|us (der, -, -le|en) Darmverschluss [lat.]
I|lex (die oder der, -, nur Ez.) Stechpalme [lat.]
il|la|tiv (Adj.) (veraltet) folgernd, konsekutiv [lat.]

Il|la'tum (das, -s, nur Ez.) (veraltet) Vermögen, das von der Frau in die Ehe eingebracht wird [lat.]

il'le'gal (Adj.) nicht legal, gesetzwidrig, ohne amtliche Genehmigung [lat.]

Il'le'ga'li'tät (die, -, nur Ez.) Gesetzwidrigkeit, Ungesetzlichkeit [lat.]

il'le'gi'tim (Adj.) nicht legitim, ungesetzlich; illegitimes Kind; uneheliches Kind [lat.]

Il'le'gi'ti'mi'tät (die, -, nur Ez.) Ungesetzlichkeit, Unrechtmäßigkeit [lat.]

il'li'be'ral (Adj.) nicht liberal, engherzig, voller Vorurteile [lat.]

Il'li'be'ra'li'tät (die, -, nur Ez.) illiberale Gesinnung, Engherzigkeit

il'li'mi'tiert (Adj.) unbeschränkt [lat.]

il'li'quid (Adj.) zahlungsunfähig [lat.]

Il'li'qui'di'tät (die, -, nur Ez.) Zahlungsunfähigkeit [lat.]

il'li'te'rat (Adj.) ungelehrt, nicht wissenschaftlich gebildet [lat.]

il'lo'yal *auch:* il'loy'al (Adj.) nicht loyal, verräterisch, untreu [lat.]

Il'lo'ya'li'tät *auch:* Il'loy'a'li'tät (die, -, nur Ez.) illoyale Gesinnung, illoyales Verhalten, Treulosigkeit

Il'lu'mi'nat (der, -en, -en) 1 Mitglied einer geheimen Loge, eines Ordens 2 Angehöriger des Illuminatenordens; 1776 gegr., Mitglieder: Herder, Goethe, Knigge [lat.]

Il'lu'mi'na'ti'on (die, -, -ti'o'nen) Beleuchtung mit vielen kleinen Lämpchen; farbige Verzierung (von alten Handschriften); Erleuchtung, religiöse Erkenntnis [lat.]

Il'lu'mi'na'tor (der, -s, -to'ren) 1 Künstler der Buchmalerei 2 Beleuchtungseinrichtung (an optischen Geräten) [lat.]

il'lu'mi'nie'ren (V.) 1 mit vielen kleinen Lämpchen festlich erleuchten 2 farbig verzieren (in der Buchmalerei) [lat.]

Il'lu'mi'nist (der, -nis'ten, -nis'ten) = Illuminator [lat.]

Il'lu'si'on (die, -, -si'o'nen) (schöne) falsche Vorstellung, Selbsttäuschung; trügerische Sinneswahrnehmung; Vortäuschung von Wirklichkeit (in einem Kunstwerk) [lat.-frz.]

il'lu'si'o'när (Adj.) auf (schönen) falschen Vorstellungen beruhend [lat.-frz.]

il'lu'si'o'nie'ren (V.) etwas vormachen, eine Illusion wecken, vortäuschen [lat.-frz.]

Il'lu'si'o'nis'mus (der, -, nur Ez.) 1 philosophische Auffassung, dass Wahrheit und Schönheit nur Illusionen seien 2 Vortäuschung eines Raumeindrucks (auf Bildern) [lat.-frz.]

Il'lu'si'o'nist (der, -nis'ten, -nis'ten) 1 Vertreter des philosophischen Illusionismus 2 jmd., der Illusionen hat, wirklichkeitsfremder Mensch; Zauberkünstler

il'lu'si'o'nis'tisch (Adj.) = illusionär; auf dem philosophischen Illusionismus beruhend

il'lu'so'risch (Adj.) nur als Illusion bestehend, trügerisch; überflüssig, vergeblich, hinfällig

il'lus'ter (Adj.) vornehm, erlesen, glänzend, berühmt; z.B. illustre Gäste [lat.]

Il'lus'tra'ti'on *auch:* Il'lust'ra'ti'on/Il'lu'stra'ti'on (die, -, -ti'o'nen) 1 Abbildung (in einem Text, Buch) 2 Erläuterung [lat.]

il'lus'tra'tiv *auch:* il'lust'ra'tiv/il'lu'stra'tiv (Adj.) mit Hilfe von Illustrationen erläuternd, veranschaulichend

Il'lus'tra'tor *auch:* Il'lust'ra'tor/Il'lu'stra'tor (der, -s, -to'ren) jmd., der einen Text, ein Buch illustriert (hat)

il'lus'trie'ren *auch:* il'lust'rie'ren/il'lu'strie'ren (V.) mit Illustrationen ausstatten; erläutern, erklären, deutlich machen; z.B. etwas durch ein Beispiel illustrieren

Il'lus'trier'te *auch:* Il'lust'rier'te/Il'lu'strier'te (die, -, -n) Zeitschrift mit vielen Bildberichten, mit bebilderten Reportagen [lat.]

il'lu'vi'al (Adj.) durch Einschwemmung entstanden; z.B. illuviale Böden [lat.]

Il'ly'rist (der, -ris'ten, -ris'ten) auf dem Gebiet der Illyristik tätiger Wissenschaftler [lat.]

Il'ly'ris'tik (die, -, nur Ez.) Wissenschaft, die sich mit den illyrischen Sprachresten im Namengut Europas beschäftigt [lat.]

Il'me'nit (der, -s, -e) ein Mineral, Titaneisen [nlat.]

I'mage [ımıdʒ] (das, -s, -s) Vorstellung, die sich die Öffentlichkeit von einer Person, Firma u.a. gemacht hat; z.B. ein solches Verhalten schadet seinem Image [lat.-engl.]

I'mage'trans'fer [ımıdʒ-] (der, -s, nur Ez.) Versuch, das gute Image eines Produkts auf ein neues zu übertragen, z.B. Sportwagen-Design auf Sonnenbrillen [engl.]

i'ma'gi'na'bel (Adj.) vorstellbar, erdenkbar [lat.-frz.-engl.]

i'ma'gi'nal (Adj.) das vollständig ausgebildete Insekt betreffend (Bio.)

I'ma'gi'nal'sta'di'um (das, -s, -di'en) Stadium (eines Insekts) nach abgeschlossener Entwicklung [lat.]

i'ma'gi'när (Adj.) nur in der Vorstellung vorhanden, eingebildet; [lat.-frz.]

I'ma'gi'na'ti'on (die, -, -ti'o'nen) Einbildungskraft [lat.]

i'ma'gi'na'tiv (Adj.) auf Einbildung beruhend, nur in der Einbildung vorhanden [lat.]

i'ma'gi'nie'ren (V.) sich einbilden, sich ausdenken [lat.]

Imagismus

I'ma'gis'mus (der, -, nur Ez.) dichterische Schule in England und Amerika von 1912–1917, die auch in der Lyrik den Gebrauch der Alltagssprache forderte [lat.-engl.]

I'ma'gist (der, -gis'ten, -gis'ten) Verfechter des Imagismus [lat.-engl.]

i'ma'gis'tisch (Adj.) den Imagismus betreffend, zum Imagismus gehörend [lat.]

I'ma'go (die, -, -gi'nes) **1** voll entwickeltes Insekt **2** ein in der Kindheit geprägtes Bild einer geliebten Person, das als Leitbild wirkt [lat.]

I'mam (der, -s, -s oder -e) **1** Vorbeter in der Moschee, Gelehrter des Islam **2** religiöses Oberhaupt der Schiiten **3** Titel der Herrscher in Jemen [arab.]

Im'ba'lance (die, -, -s) gestörtes Gleichgewicht, Ungleichgewicht (Chemie) (Med.) [engl.]

im'be'zil (auch: im'be'zill) (Adj.) an einer mittelschweren Form von Schwachsinn leidend [lat.]

Im'be'zill (Adj.) = imbezil

Im'be'zil'li'tät (die, -, nur Ez.) mittelschwerer Schwachsinn [lat.]

Im'brog'lio auch: Imb'rog'lio/Im'bro'glio [-brɔljo] (das, -s oder -li/-gli) **1** Verwirrung, Unordnung **2** Vermischung mehrerer Taktarten (in der Musik) [ital.]

I'mi'tat (das, -es, -e) Kurzform für Imitation [lat.]

I'mi'ta'ti'on (die, -, -ti'o'nen) Nachahmung, Nachbildung [lat.]

i'mi'ta'tiv (Adj.) nachahmend, nacheifernd [lat.]

I'mi'ta'tiv (das, -s, -e) sprachwissenschaftliche Bezeichnung für ein Verb des Nachahmens; z.B. watscheln = gehen wie eine Ente [lat.]

I'mi'ta'tor (der, -s, -to'ren) jmd., der etwas nachahmen kann; z.B. Tierstimmen-Imitator [lat.]

i'mi'ta'to'risch (Adj.) nachahmend [lat.]

i'mi'tie'ren (V.) nachahmen, nachbilden [lat.]

i'mi'tiert (Adj.) nachgeahmt, künstlich nicht echt [lat.]

Im'ma'cu'la'ta (die, -, nur Ez.) die Unbefleckte, d.h. die unbefleckt Empfangene (in der kath. Kirche Beiname Marias) [lat.]

im'ma'nent (Adj.) (in etwas) enthalten, innewohnend [lat.]

Im'ma'nenz (die, -, nur Ez.) das Enthaltensein (in etwas), das Innewohnen [lat.]

Im'ma'te'ria'lis'mus (der, -, nur Ez.) philosophische Lehre, dass nur das Geistige (nicht das Materielle) wirklich sei [lat.]

im'ma'te'ri'ell (Adj.) nicht materiell, nicht körperlich, rein geistig [lat.]

Immobilismus

Im'mat'ri'ku'la'ti'on auch: Im'ma'tri'ku'la'ti'on (die, -, -ti'o'nen) Einschreibung in die Matrikel einer Hochschule [lat.]

im'mat'ri'ku'lie'ren auch: im'ma'tri'ku'lieren (V.) **1** in die Matrikel einer Hochschule einschreiben **2** anmelden; z.B. ein Kraftfahrzeug; schweiz. [lat.]

im'ma'tur (Adj.) unausgefärbt, im Stadium zwischen Jugend- und Alterskleid (in der Ornithologie) [lat.]

im'me'di'at (Adj.) unmittelbar (der höchsten Behörde, dem Staatsoberhaupt unterstehend) [lat.]

im'me'di'a'ti'sie'ren (V.) unmittelbar dem König unterstellen, reichsunmittelbar machen [lat.]

im'mens (Adj.) unermesslich, riesig (groß) [lat.]

Im'men'si'tät (die, -, nur Ez.) Unermesslichkeit [lat.]

im'men'su'ra'bel (Adj.) nicht messbar [lat.]

Im'men'su'ra'bi'li'tät (die, -, nur Ez.) Unmessbarkeit [lat.]

Im'mer'si'on (die, -, -si'o'nen) **1** Eintauchen, Untertauchen **2** Einbettung eines Körpers in einen Stoff mit bestimmten physikalischen Eigenschaften **3** Eintritt eines Himmelskörpers in den Schatten eines anderen **4** lang andauerndes Bad (in der Medizin) [lat.]

Im'mi'grant (der, -en, -en) Einwanderer [lat.]

Im'mi'gra'ti'on (die, -, -ti'o'nen) Einwanderung [lat.]

im'mi'grie'ren (V.) einwandern [lat.]

im'mi'nent (Adj.) nahe bevorstehend, drohend (bes. in der Medizin) [lat.]

Im'mis'si'on (die, -, -si'o'nen) **1** Einsetzung, Einweisung in ein Amt; das Einführen **2** Ablassen (von schädlichen Stoffen in die Erdatmosphäre, in Gewässer oder benachbarte Grundstücke) [lat.]

im'mo'bil (Adj.) unbeweglich; nicht für den Krieg bereit oder ausgerüstet; z.B. immobile Truppen [lat.]

Im'mo'bi'li'en (nur Mz.) unbewegliches Vermögen, Häuser, Grundstücke [lat.]

Im'mo'bi'li'sa'ti'on (die, -, nur Ez.) das Ruhigstellen von Gelenken oder Gliedern als medizinische Maßnahme [lat.]

Im'mo'bi'li'sa'tor (der, -s, -to'ren) Gerät, um Gelenke oder Glieder ruhig zu stellen [lat.]

im'mo'bi'li'sie'ren (V.) **1** unbeweglich machen, ruhig stellen (durch Schiene, Verband) **2** rechtlich wie Immobilien behandeln **3** der Handlungsfreiheit berauben [lat.]

Im'mo'bi'lis'mus (der, -, nur Ez.) Unbeweglichkeit, Unflexibilität als geistige Einstellung [lat.]

Im|mo|bi|li|tät (die, -, nur Ez.) Unbeweglichkeit; Zustand des Nichteinsetzbarseins (für den Krieg) [lat.]
im|mo|ra|lisch (Adj.) unsittlich, unmoralisch [lat.]
Im|mo|ra|lis|mus (der, -, nur Ez.) Ablehnung der in der eigenen Gesellschaft geltenden Moralgesetze [lat.]
Im|mo|ra|list (der, -lis|ten, -lis|ten) jmd., der Geltung und Gültigkeit der herrschenden Moral leugnet [lat.]
Im|mo|ra|li|tät (die, -, nur Ez.) Gleichgültigkeit gegenüber den geltenden Moralgesetzen, Unmoral [lat.]
Im|mor|ta|li|tät (die, -, nur Ez.) Unsterblichkeit [lat.]
Im|mor|tel|le (die, -, -n) Strohblume [lat.]
im|mun (Adj.) **1** unempfindlich (gegen bestimmte Krankheiten) **2** rechtlich nicht zu belangen, Immunität genießend (von Parlamentsangehörigen) [lat.]
Im|mun|de|fekt (der, -s, -e) Schwäche im Immunsystem [lat.]
im|mun|ge|ne|tisch (Adj.) die Entstehung und Entwicklung einer Immunität betreffend [lat.]
im|mu|ni|sie|ren (V.) unempfindlich (gegen bestimmte Krankheiten) machen [lat.]
Im|mu|ni|sie|rung (die, -, -en) das Bewirken von Immunität, in den Status der Immunität erheben [lat.]
Im|mu|ni|tät (die, -, nur Ez.) **1** Unempfindlichkeit (gegen bestimmte Krankheiten) **2** rechtlicher Schutz (von Parlamentsangehörigen) vor Strafverfolgung, Unantastbarkeit [lat.]
Im|mu|no|lo|gie (die, -, nur Ez.) Wissenschaft der Unempfindlichkeit gegen bestimmte Krankheiten [lat.-gr.]
Im|mun|sys|tem (das, -s, -e) körpereigenes Schutzsystem, das Immunität (**1**) bewirkt [lat.-gr.]
Im|mu|ta|bi|li|tät (die, -, nur Ez.) Unveränderlichkeit [lat.]
Im|pact [-pækt] (der, -s, -e) Eindruck, Wirkung (einer Werbemaßnahme), Werbewirksamkeit [lat.-engl.]
im|pair [ɛ̃pɛr] (Adj.) ungerade Zahlen (Roulettespiel) [frz.]
Im|pakt (der, -s, -e) der Einschlag eines Meteoriten [lat.-engl.]
Im|pa|la (die, -, -s) mittelgroße Gazelle der ostafrikanischen Savannen, Schwarzfersenantilope [Suaheli]
Im|pa|ri|tät (die, -, nur Ez.) Ungleichheit [lat.]
Im|pas|to (das, -s, -s oder -ti) dicker Farbauftrag (in der Malerei) [it.]

Im|peach|ment [ɪmpiːtʒmənt] (das, -s, -s) Anklage gegen einen hohen Staatsbeamten wegen Amtsmissbrauchs vor dem Senat (in den USA) [engl.]
Im|pe|di|ment (das, -es, -e) ein rechtliches Hindernis (etwas zu tun) [lat.]
im|pe|net|ra|bel auch: im|pe|ne|tra|bel (Adj.) undurchdringlich [lat.]
im|pe|ra|tiv (Adj.) befehlend, bindend, zwingend [lat.]
Im|pe|ra|tiv (der, -s, -e) **1** Befehlsform (in der Grammatik) **2** Pflichtgebot (in der Philosophie) [lat.]
im|pe|ra|ti|visch (Adj.) in der Art, Form eines Imperativs
Im|pe|ra|tor (der, -s, -to̱|ren) Herrscher, Kaiser [lat.]
Im|per|fekt (das, -s, -e) = Präteritum (Vergangenheit) [lat.]
im|per|fek|ti|bel (Adj.) zur Vervollkommnung unfähig [lat.-frz.]
Im|per|fek|ti|bi|li|tät (die, -, nur Ez.) Unfähigkeit zur Vervollkommnung [lat.-frz.]
im|per|fek|tisch (Adj.) das Imperfekt betreffend [lat.]
im|pe|ri|al (Adj.) zum Imperium gehörig, kaiserlich [lat.]
Im|pe|ri|a|lis|mus (der, -, nur Ez.) Streben (von Staaten) nach Macht und (Land-)Besitz [lat.]
Im|pe|ri|a|list (der, -lis|ten, -lis|ten) Vertreter des Imperialismus
im|pe|ri|a|lis|tisch (Adj.) auf dem Imperialismus beruhend
Im|pe|ri|um (das, -s, -ri̱|en) großes Kaiserreich, Weltreich [lat.]
im|per|me|a|bel (Adj.) undurchlässig [lat.]
Im|per|me|a|bi|li|tät (die, -, nur Ez.) Undurchlässigkeit; z.B. einer Membran [lat.]
im|per|ti|nent (Adj.) unverschämt, frech, aufsässig [lat.]
Im|per|ti|nenz (die, -, nur Ez.) Unverschämtheit, Frechheit [lat.]
im|per|zep|ti|bel (Adj.) nicht wahrnehmbar [lat.]
Im|pe|ti|go (die, -, nur Ez.) eitrige Hautentzündung mit Blasenbildung [lat.]
im|pe|tu|o̱|so (Adv.) heftig, ungestüm, stürmisch (Vortragsanweisung in der Musik) [lat.-it.]
Im|pe|tus (der, -, nur Ez.) starker Antrieb, Schwung, Ungestüm, Drang vorwärts [lat.]
Im|pi|e|tät (die, -, nur Ez.) Gottlosigkeit, Lieblosigkeit [lat.]
Imp|lan|tat auch: Im|plan|ta̱t (das, -(e)s, -e) eingepflanztes Gewebsstück [lat.]
Imp|lan|ta|ti|on auch: Im|plan|ta|ti̱|on (die, -, -ti̱|o̱|nen) Einnistung (des befruchteten Eies in

implantieren ... **Improvisateur**

die Gebärmutterschleimhaut); Einpflanzung (eines nicht körpereigenen Gewebsstücks in den Körper) [lat.]

im|lan|tie|ren *auch:* im|plan|tie|ren (V.) einpflanzen (ein Gewebsstück in den Körper) [lat.]

Im|ple|ment *auch:* Im|ple|ment (das, -es, -e) Erfüllung, Ergänzung [lat.]

im|ple|men|tie|ren *auch:* im|ple|men|tie|ren (V.) einsetzen, einbauen, einführen [lat.-engl.]

Im|ple|men|tie|rung *auch:* Im|ple|men|tie|rung (die, -, -en) das Implementieren [lat.-engl.]

Im|pli|kat *auch:* Im|pli|kat (das, -(e)s, -e) in etwas anderes Einbezogenes [lat.]

Im|pli|ka|ti|on *auch:* Im|pli|ka|ti|on (die, -, -ti|o|nen) Einbeziehung (einer Sache in eine andere unter einer bestimmten Bedingung) [lat.]

im|pli|zie|ren *auch:* im|pli|zie|ren (V.) einbeziehen, mit einschließen [lat.]

im|pli|zit *auch:* im|pli|zit (Adj.) mit eingeschlossen, inbegriffen [lat.]

im|pli|zi|te *auch:* im|pli|zi|te [-tɛ] (Adv.) einschließlich [lat.]

im|plo|die|ren *auch:* im|plo|die|ren (V.) durch Druck von außen zerstört werden [lat.]

Im|plo|si|on *auch:* Im|plo|si|on (die, -, -si|o|nen) Zerstörung (eines Hohlkörpers) durch Druck von außen [lat.]

Im|plu|vi|um *auch:* Im|plu|vi|um (das, -s, -vi|en) Becken zum Auffangen des Regenwassers (im Hof des altrömischen Hauses) [lat.]

im|pon|de|ra|bel (Adj.) (veraltet) unwägbar [lat.]

Im|pon|de|ra|bi|li|en (nur Mz.) unberechenbare, nicht vorhersehbare (nicht abwägbare) Dinge (Ereignisse, Einflüsse usw.) [lat.]

im|po|nie|ren (V.) großen Eindruck machen, Bewunderung erwecken [lat.]

Im|port (der, -s, -e) Einfuhr [lat.]

im|por|tant (Adj.) wichtig, bedeutend [lat.-frz.]

Im|por|tanz (die, -, nur Ez.) Bedeutung, Wichtigkeit [lat.-frz.]

Im|por|te (die, -, -n) Einfuhrware; importierte Zigarre [lat.]

Im|por|teur [-tøːɐ] (der, -s, -e) Kaufmann, der Waren aus dem Ausland einführt [lat.]

im|por|tie|ren (V.) etwas aus dem Ausland einführen [lat.-frz.-engl.]

im|po|sant (Adj.) groß, stattlich und eindrucksvoll [frz.]

im|pos|si|bel (Adj.) (veraltet) unmöglich [lat.]

Im|pos|si|bi|li|tät (die, -, -en) (veraltet) Unmöglichkeit [lat.]

im|po|tent (Adj.) unfähig zum Geschlechtsverkehr (von Männern) [lat.]

Im|po|tenz (die, -, nur Ez.) das Impotentsein

Im|präg|na|ti|on *auch:* Im|präg|na|ti|on/Im|präg|na|ti|on (die, -, -ti|o|nen) **1** Eindringen von mineralhaltigen Flüssigkeiten in die Poren von Gesteinen **2** Anfärben von Zellen (in der Histologie) [lat.]

im|präg|nie|ren *auch:* im|präg|nie|ren/im|präg|nie|ren (V.) mit einem Schutzmittel tränken und damit widerstandsfähig machen; z.B. Holz, Textilien [lat.]

Im|pre|sa|rio *auch:* Im|pre|sa|rio (der, -s, -s oder -ri oder -ri|en) Agent eines Künstlers, der für seinen Klienten Verträge abschließt, Engagements organisiert etc. [lat.-it.]

Im|pres|si|on *auch:* Im|pres|si|on (die, -, -si|o|nen) Sinnes-, Gefühlseindruck, der vom Bewusstsein registriert wird; Wahrnehmung [lat.]

im|pres|si|o|na|bel *auch:* im|pres|si|o|na|bel (Adj.) für Eindrücke, Empfindungen, Wahrnehmung äußerst empfänglich, beeindruckbar [lat.]

Im|pres|si|o|nis|mus *auch:* Im|pres|si|o|nis|mus (der, -, nur Ez.) Kunstrichtung Ende des 19. Jh., die den subjektiven Eindruck des Künstlers von der Wirklichkeit, seine Stimmungen, Gefühlsregungen usw. darstellen will [lat.]

Im|pres|si|o|nist *auch:* Im|pres|si|o|nist (der, -nis|ten, -nis|ten) Künstler des Impressionismus

im|pres|si|o|nis|tisch *auch:* im|pres|si|o|nis|tisch (Adj.) zum Impressionismus gehörig, im Stil des Impressionismus

Im|pres|sum *auch:* Im|pres|sum (das, -s, -sen) Vermerk über Copyright, Verlag, Verlagsort, Erscheinungsjahr usw. (in Büchern, Zeitungen und Zeitschriften) [lat.]

im|pri|ma|tur *auch:* im|pri|ma|tur lat. für: es werde gedruckt; Druckfreigabe eines Autors auf dem letzten Korrekturabzug [lat.]

Im|pri|ma|tur *auch:* Im|pri|ma|tur (das, -s, nur Ez.) Druckerlaubnis [lat.]

Im|pri|mé *auch:* Im|pri|mé [ɛ̃primeː] (der, -s, -s) bedruckter Seidenstoff [frz.]

im|pri|mie|ren *auch:* im|pri|mie|ren (V.) für druckfertig erklären, zum Druck freigeben [lat.]

Im|promp|tu *auch:* Im|promp|tu [ɛ̃prɔ̃ptyː] (das, -s, -s) frei gestaltetes Musikstück (bes. für Klavier) [frz.]

Im|pro|vi|sa|teur *auch:* Im|pro|vi|sa|teur [-tøːɐ] (der, -s, -e) zur Unterhaltung am Kla-

vier Improvisierender, jmd., der aus dem Stegreif spielt [lat.-frz.]
Im︎pro︎vi︎sa︎ti︎on *auch:* Im︎pro︎vi︎sa︎ti︎on (die, -, -ti︎o︎nen) Handlung, Vortrag aus der augenblicklichen Eingebung heraus, ohne Vorbereitung [lat.]
Im︎pro︎vi︎sa︎tor *auch:* Im︎pro︎vi︎sa︎tor (der, -s, -to︎ren) jmd., der improvisiert
im︎pro︎vi︎sa︎to︎risch *auch:* im︎pro︎vi︎sa︎to︎risch (Adj.) aus dem Stegreif, in der Art eines Improvisateurs [lat.-frz.]
im︎pro︎vi︎sie︎ren *auch:* im︎pro︎vi︎sie︎ren (V.) aus einer augenblicklichen Eingebung heraus, ohne Vorbereitung handeln, spielen, etwas vortragen, gestalten
Im︎puls (der, -es, -e) **1** plötzlicher Antrieb, Anstoß **2** Produkt aus Masse und Geschwindigkeit eines Körpers (in der Physik); Produkt aus Kraft und Dauer eines Stoßes [lat.]
im︎pul︎siv (Adj.) einem Impuls folgend, aus einem plötzlichen Antrieb heraus (handelnd)
Im︎pul︎si︎vi︎tät (die, -, nur Ez.) impulsive Wesensart, impulsives Verhalten
Im︎pu︎ta︎bi︎li︎tät (die, -, nur Ez.) Zurechnungsfähigkeit [lat.]
im︎pu︎ta︎tiv (Adj.) eine ungerechtfertigte Beschuldigung enthaltend [lat.]
im︎pu︎tie︎ren (V.) ungerechtigt beschuldigen [lat.]
in ab︎sen︎tia in Abwesenheit; z.B. einen Angeklagten in absentia verurteilen [lat.]
in abs︎trac︎to *auch:* in abst︎rac︎to/in abstrac︎to ohne Berücksichtigung der Wirklichkeit, abstrakt ausgedrückt [lat.]
in︎a︎dä︎quat *auch:* in︎ad︎ä︎quat (Adj.) nicht adäquat, nicht gleichwertig, nicht passend
In︎a︎dä︎quat︎heit *auch:* In︎ad︎ä︎quat︎heit (die, -, -en) Unangemessenheit [lat.]
in︎ak︎tiv (Adj.) **1** nicht aktiv, nicht tätig; im Ruhestand; nicht zur Teilnahme an Veranstaltungen (eines Vereins, einer Studentenverbindung) verpflichtet **2** keine Reaktion zeigend, unwirksam (in der Chemie) [lat.]
in︎ak︎ti︎vie︎ren (V.) unwirksam machen; in den Ruhestand versetzen [lat.]
In︎ak︎ti︎vi︎tät (die, -, nur Ez.) mangelnde Aktivität, Untätigkeit, Unwirksamkeit [lat.]
in︎ak︎zep︎ta︎bel (Adj.) nicht akzeptabel
In︎ak︎zep︎ta︎bi︎li︎tät (die, -, nur Ez.) Unannehmbarkeit [lat.]
in︎a︎li︎e︎na︎bel (Adj.) nicht übertragbar, unveräußerlich [lat.]
i︎nan (Adj.) nichtig, leer, hohl [lat.]
I︎na︎ni︎tät (die, -, nur Ez.) Leere, Eitelkeit, Nichtigkeit [lat.]
in︎ap︎pa︎rent (Adj.) nicht wahrnehmbar, nicht erkennbar, nicht sichtbar [lat.-engl.]

in︎ä︎qual (Adj.) (veraltet) verschieden, ungleich [lat.]
in︎ar︎ti︎ku︎liert (Adj.) undeutlich, ohne Struktur [lat.]
In︎au︎gu︎ral︎dis︎ser︎ta︎ti︎on (die, -, -en) Doktorarbeit [lat.]
In︎au︎gu︎ra︎ti︎on (die, -, -ti︎o︎nen) feierliche Einsetzung in ein akademisches Amt oder in eine Würde [lat.]
in︎au︎gu︎rie︎ren (V.) feierlich in ein Amt einsetzen; ins Leben rufen, begründen; einweihen (österr.) [lat.]
Inch [intʃ] (der oder das, -, - oder -es) angelsächsisches Längenmaß, 2,54 cm [engl.]
In︎ci︎si︎vi (nur Mz.) die Schneidezähne [lat.]
Inc︎lu︎se *auch:* In︎clu︎se (die, -, -n) Einschluss eines Lebewesens oder von Teilen davon in fossilem Harz; z.B. ein Insekt als Incluse in Bernstein [lat.]
in con︎cre︎to in Wirklichkeit, konkret ausgedrückt [lat.]
in︎cor︎po︎ra︎ted (Adj.) engl. für: eingetragen; steht bei Warenzeichen, Vereinen, Körperschaften etc. oft abgekürzt als »Inc.«. [engl.-amerik.]
In︎da︎ga︎ti︎on (die, -, -ti︎o︎nen) (veraltet) Untersuchung [lat.]
in︎de︎ci︎so [-tʃi:-] (Adj.) unbestimmt (Vortragsanweisung in der Musik) [lat.-it.]
in︎de︎fi︎ni︎bel (Adj.) unerklärbar, nicht bestimmbar, nicht definierbar [lat.]
in︎de︎fi︎nit (Adj.) unbestimmt (bes. in der Grammatik) [lat.]
in︎dek︎li︎na︎bel *auch:* in︎de︎kli︎na︎bel (Adj.) nicht deklinierbar
in︎de︎li︎kat (Adj.) unfein, unzart [lat.-frz.]
in︎dem︎ni︎sie︎ren (V.) entschädigen, vergüten [lat.-frz.]
In︎dem︎ni︎tät (die, -, nur Ez.) nachträgliche Billigung einer anfangs abgelehnten Maßnahme der Regierung durch das Parlament [lat.]
In︎de︎mons︎tra︎bel *auch:* in︎de︎monstra︎bel/in︎de︎mon︎stra︎bel (Adj.) nicht beweisbar, nicht vorführbar, nicht demonstrierbar [lat.]
In︎de︎pen︎denz (die, -, nur Ez.) Unabhängigkeit [lat.]
In︎der (der, -s, -) Ew. von Indien
in︎de︎ter︎mi︎na︎bel (Adj.) unbestimmbar, unbestimmt [lat.]
In︎de︎ter︎mi︎na︎ti︎on (die, -, nur Ez.) **1** Unbestimmtheit (Philos.) **2** (veraltet) Unentschlossenheit [lat.]
in︎de︎ter︎mi︎niert (Adj.) unbestimmt, frei, nicht festgelegt [lat.]
In︎dex (der, - oder -es, -e oder -di︎zes oder -di︎ces) alphabetisch geordnetes Verzeichnis

(von Namen, Orten, auch von verbotenen Büchern) [lat.]
in'de'zent (Adj.) nicht dezent, unanständig, unschicklich [lat.]
In'de'zenz (die, -, nur Ez.) indezentes Verhalten, Unschicklichkeit
In'di'a'ca (das, -s, nur Ez.) ein aus Südamerika stammendes, dem Volleyball ähnliches Spiel, bei dem der (einem Federball ähnliche) Ball mit der Hand geschlagen wird
In'di'a'ner (der, -s, -) Ureinwohner von Amerika
in'di'a'nisch (Adj.) zu den Indianern gehörig, von ihnen stammend
In'di'a'nist (der, -nis'ten, -nis'ten) Wissenschaftler der Indianistik
In'di'a'nis'tik (die, -, nur Ez.) Wissenschaft von den indianischen Sprachen und Kulturen
in'di'a'nis'tisch (Adj.) zur Indianistik gehörig
in'dif'fe'rent (Adj.) unbestimmt, auf keinen Reiz ansprechend; gleichgültig, keiner Seite zuneigend [lat.]
In'dif'fe'ren'tis'mus (der, -, nur Ez.) Gleichgültigkeit gegenüber bestimmten Dingen oder Anschauungen, Uninteressiertheit [lat.]
In'dif'fe'renz (die, -, nur Ez.) Unbestimmtheit; Gleichgültigkeit [lat.]
in'di'gen (Adj.) einheimisch [lat.]
In'di'ge'nat (das, -(e)s, -e) **1** (veraltet) Bürgerrecht **2** Staatsangehörigkeit [lat.]
In'di'ges'ti'on (die, -, -ti'o'nen) Verdauungsstörung [lat.]
In'dig'na'ti'on *auch:* In'di'gna'ti'on (die, -, nur Ez.) Unwilligkeit, peinliches Berührtsein [lat.]
in'dig'nie'ren *auch:* in'di'gnie'ren (V.) Unwillen hervorrufen, Entrüstung erzeugen [lat.]
in'dig'niert *auch:* in'di'gniert (Adj.) unangenehm berührt, unwillig [lat.]
In'di'go (der oder das, -s, -s) dunkelblauer, ursprünglich pflanzlicher Farbstoff [lat.]
In'di'ka'ti'on (die, -, -ti'o'nen) Anzeichen, Merkmal; Grund, ein bestimmtes Heilverfahren anzuwenden, Heilanzeige; Grund für einen Schwangerschaftsabbruch [lat.]
In'di'ka'tiv (der, -s, -e) Wirklichkeitsform des Verbs [lat.]
in'di'ka'ti'visch (Adj.) den Indikativ betreffend, im Indikativ stehend [lat.]
In'di'ka'tor (der, -s, -to'ren) **1** Anzeichen, das auf eine Entwicklung, einen Vorgang hinweist **2** Stoff, der beim Eintauchen in eine Lösung durch Farbänderung anzeigt, wie die Lösung reagiert [lat.]
In'di'ka'trix *auch:* In'di'ka'trix (die, -, nur Ez.) Hilfsmittel zur Feststellung der Krümmung einer Fläche (in der Mathematik); Maß zur Feststellung der Verzerrung einer gekrümmten Fläche bei der Abbildung (in der Kartografie) [lat.]
In'dik'ti'on (die, -, -ti'o'nen) **1** Zeitraum von 15 Jahren (im alten Rom zur Berechnung der Steuern), Römerzinszahl **2** kirchliches Aufgebot; Ansage, Ankündigung [lat.]
In'dio (der, -s, -s) Indianer Süd- und Mittelamerikas
in'di'rekt (Adj.) nicht direkt, mittelbar, auf Umwegen [lat.]
in'disch (Adj.) zu Indien gehörig; aus Indien stammend
in'dis'kret (Adj.) nicht diskret, nicht verschwiegen, zudringlich-neugierig [lat.]
In'dis'kre'ti'on (die, -, -ti'o'nen) das Indiskretsein
in'dis'ku'ta'bel (Adj.) nicht diskutabel, nicht wert, darüber zu sprechen [lat.]
in'dis'pen'sa'bel (Adj.) unerlässlich [lat.]
in'dis'po'ni'bel (Adj.) nicht verfügbar; z.B. Gelder [lat.]
in'dis'po'niert (Adj.) nicht disponiert, in nicht guter Verfassung, nicht gut bei Stimme (von Sängern) [lat.]
In'dis'po'si'ti'on (die, -, nur Ez.) nicht zufriedenstellende gesundheitliche Verfassung, Unpässlichkeit [lat.]
in'dis'pu'ta'bel (Adj.) unbestreitbar, nicht zu disputieren [lat.]
In'di'um (das, -s, nur Ez.) ein chemisches Element, Metall [nlat.]
in'di'vi'du'a'li'sie'ren (V.) als Einzelwesen betrachten; das Besondere, Eigentümliche (von etwas) hervorheben [lat.]
In'di'vi'du'a'lis'mus (der, -, nur Ez.) Auffassung, die dem Einzelmenschen, dem Einzelwesen den Vorrang vor der Gemeinschaft gibt; Vertretung der eigenen Interessen, eigenen Ziele [lat.]
In'di'vi'du'a'list (der, -lis'ten, -lis'ten) jmd., der den Individualismus praktiziert, der seine eigenen Wege geht, sich nicht in die Gemeinschaft einordnet
in'di'vi'du'a'lis'tisch (Adj.) in der Art des Individualismus, eines Individualisten
In'di'vi'du'a'li'tät (die, -, -en) eigenes, besonderes Gepräge, Eigenartigkeit; Einzelwesen in seiner Eigenart [lat.]
In'di'vi'du'a'ti'on (die, -, -ti'o'nen) Entwicklung der Eigenart des Einzelmenschen, Entwicklung der Persönlichkeit [lat.]
in'di'vi'du'ell (Adj.) in der Art eines Individuums, einem Individuum eigentümlich; je nach Art des Einzelmenschen; z.B. das ist individuell verschieden

in|di|vi|du|ie|ren (V.) eine individuelle Persönlichkeit werden, eine persönliche Struktur bekommen [lat.]
In|di|vi|du|ie|rung (die, -, -en) = Individuation [lat.]
In|di|vi|du|um (das, -s, -du|en) einzelnes Lebewesen, Einzelwesen, Einzelmensch; Kerl, Person (abwertend) [lat.]
in|di|vi|si|bel (Adj.) unteilbar [lat.]
In|diz (das, -es, -zi|en) Umstand, der auf einen bestimmten Sachverhalt schließen lässt [lat.]
in|di|zie|ren (V.) 1 auf etwas hinweisen, auf etwas schließen lassen; als ratsam erscheinen lassen 2 auf den Index (der verbotenen Bücher) setzen [lat.]
in|di|ziert (Adj.) angezeigt, ratsam [lat.]
In|di|zie|rung (die, -, -en) das Indizieren [lat.]
In|di|zi|um (das, -s, -zi|en) = Indiz (veraltet) [lat.]
In|do|ger|ma|nis|tik (die, -, nur Ez.) Wissenschaft von den indogermanischen Sprachen und Kulturen
In|dokt|ri|na|ti|on *auch:* In|dok|tri|na|ti|on (die, -, -ti|o|nen) das Indoktrinieren
in|dokt|ri|na|tiv *auch:* in|dok|tri|na|tiv (Adj.) auf indoktrinierende Art und Weise [lat.]
in|dokt|ri|nie|ren *auch:* in|dok|tri|nie|ren (V.) beeinflussen, durchdringen (im Sinne einer Doktrin) [lat.]
In|dokt|ri|nie|rung *auch:* In|dok|tri|nie|rung (die, -, -en) das Indoktrinieren [lat.]
in|do|lent (Adj.) unempfindlich gegenüber Schmerzen; gleichgültig und träge, unempfänglich (für Eindrücke) [lat.]
In|do|lenz (die, -, nur Ez.) Unempfindlichkeit gegenüber Schmerzen; träge Gleichgültigkeit, Unempfindlichkeit (gegenüber Eindrücken) [lat.]
In|do|lo|ge (der, -n, -n) Wissenschaftler der Indologie
In|do|lo|gie (die, -, nur Ez.) Wissenschaft von den indischen Sprachen und Kulturen [nlat.-gr]
in|do|lo|gisch (Adj.) zur Indologie gehörig
In|do|ne|si|er (der, -s, -) Ew. von Indonesien
in|do|ne|sisch (Adj.) zu Indonesien gehörig, von dort stammend
In|dos|sa|ment (das, -(e)s, -e) Vermerk über die Übertragung eines Wechsels (auf der Rückseite) [lat.]
In|dos|sant (der, -en, -en) = Girant
In|dos|sat (der, -en, -en) jmd., auf den ein Wechsel übertragen wird [lat.]
in|dos|sie|ren (V.) (einen Wechsel) auf jmdn. übertragen [lat.]

In|dos|so (das, -s, -s oder -si) = Indossament [lat.]
Ind|ri *auch:* In|dri (der, -s, -s) madegassischer Halbaffe, größte Lemurenart
in du|bio im Zweifel(sfall); in dubio pro reo: im Zweifelsfall (wird) für den Angeklagten (entschieden) [lat.]
In|duk|ti|on (die, -, -ti|o|nen) 1 das Schließen vom Besonderen aufs Allgemeine (in der Philosophie) 2 Erzeugung elektrischer Spannung in einem Leiter durch ein Magnetfeld 3 Auslösung eines Vorgangs (in der Biologie) [lat.]
in|duk|tiv (Adj.) 1 vom Besonderen aufs Allgemeine schließend (in der Philosophie) 2 durch Induktion wirkend (in der Physik)
In|duk|ti|vi|tät (die, -, nur Ez.) Maß für die Größe einer Induktion (2)
in|dul|gent (Adj.) nachsichtig [lat.]
In|dul|genz (die, -, -en) 1 Nachsicht 2 Erlass einer Strafe 3 Sündennachlass, Ablass [lat.]
In|dult (der oder das, -(e)s, -e) 1 Fristeinräumung für den Schuldner bei Zahlungsverzug 2 völkerrechtlich verbindliche Frist bei Kriegsausbruch, innerhalb derer sich feindliche Handelsschiffe in Sicherheit bringen können 3 zeitlich begrenzte Befreiung von einer gesetzlichen Verpflichtung im katholischen Kirchenrecht [lat.]
In|du|si|um (das, -s, -si|en) häutiges Organ von Farnen, das den Sporenbehälter bedeckt [lat.]
in|dus|tri|a|li|sie|ren *auch:* in|dust|ri|a|li|sie|ren/in|du|stri|a|li|sie|ren (V.) (in einem Land) eine Industrie aufbauen; in der Art einer Industrie gestalten; z.B. die Landwirtschaft industrialisieren
In|dus|tri|a|lis|mus *auch:* In|dust|ri|a|lis|mus/In|du|stri|a|lis|mus (der, -, nur Ez.) Überwiegen der Industrie in der Wirtschaft eines Landes
In|dus|trie *auch:* In|dust|rie/In|du|strie (die, -, -tri|en/-ri|en/-stri|en) Herstellung von Waren in großer Menge mit technischen Mitteln; Gesamtheit der dazu nötigen Betriebe [lat.]
in|dus|tri|ell *auch:* in|dust|ri|ell/in|du|stri|ell (Adj.) zur Industrie gehörig, mit Hilfe der Industrie
In|dus|tri|el|le *auch:* In|dust|ri|el|le/In|du|stri|el|le (der, -n, -n) Eigentümer eines Industriebetriebes, Unternehmer
In|dus|trie|me|la|nis|mus *auch:* In|dust|rie|me|la|nis|mus/In|du|strie|me|la|nis|mus (der, -, nur Ez.) Umfärben heller Populationen zu dunklen Formen; z.B. des weißlichen Birkenspanners zu schwarzgrauen Individuen [nlat.]
in|du|zie|ren (V.) 1 vom speziellen Einzelfall auf das Allgemeine schließen und damit

eine Gesetzmäßigkeit erstellen **2** durch bewegte Magnetfelder elektrische Ströme und Spannungen erzeugen [lat.]

In'e'di'tum (das, -s, -ta) noch nicht herausgegebene Schrift [lat.]

in'ef'fek'tiv (Adj.) nicht effektiv, unwirksam [lat.]

In'ef'fek'ti'vi'tät (die, -, nur Ez.) mangelnde Effektivität, Unwirksamkeit [lat.]

in'ef'fi'zi'ent (Adj.) nicht effizient, nicht leistungsfähig, unwirtschaftlich [lat.]

In'ef'fi'zi'enz (die, -, nur Ez.) mangelnde Effizienz, mangelnde Leistungsfähigkeit, Unwirtschaftlichkeit [lat.]

in'e'gal (Adj.) ungleich [lat.-frz.]

in'ert (Adj.) (veraltet) untätig, träge, unbeteiligt [lat.]

in'es'sen'zi'ell (*auch:* in'es'sen'ti'ell) (Adj.) unwesentlich [lat.]

in'e'xis'tent (Adj.) nicht existent, nicht vorhanden, nicht bestehend [lat.]

In'e'xis'tenz (die, -, nur Ez.) **1** das Nichtvorhandensein **2** das Enthaltensein in etwas (Philos.) [lat.]

in'ex'plo'si'bel (Adj.) nicht explodierend [lat.]

in ex'ten'so ausführlich, in allen Einzelheiten [lat.]

in fac'to in Wirklichkeit, tatsächlich [lat.]

in'fal'li'bel (Adj.) unfehlbar [lat.]

In'fal'li'bi'list (der, -lis'ten, - lis'ten) Anhänger des Dogmas von der Unfehlbarkeit des Papstes in der katholischen Kirche [lat.]

In'fal'li'bi'li'tät (die, -, nur Ez.) Unfehlbarkeit [lat.]

in'fam (Adj.) niederträchtig, gemein; abscheulich, sehr schlimm (ugs.); z.B. infame Schmerzen, es tut infam weh [lat.]

In'fa'mie (die, -, nur Ez.) niederträchtige, gemeine Handlung; Niedertracht, Gemeinheit [lat.]

in'fa'mie'ren (V.) verleumden, jmdn. für ehrlos erklären [lat.]

In'fant (der, -en, -en) Titel der spanischen und portugiesischen königlichen Prinzen (früher) [lat.-span.]

In'fan'te'rie auch [in-] (die, -, -n) zu Fuß kämpfende Truppe, Fußtruppe [lat.]

In'fan'te'rist auch [in-] (der, -ris'ten, -ris'ten) Soldat der Infanterie

in'fan'til (Adj.) in einem kindlichen Stadium zurückgeblieben, kindisch [lat.]

in'fan'ti'li'sie'ren (V.) jmd. in seiner geistigen Entwicklung auf dem Stand eines Kindes halten, bevormunden [lat.]

In'fan'ti'lis'mus (der, -, -men) das Stehenbleiben auf der Entwicklungsstufe eines Kindes in körperlicher oder geistiger oder in beider Hinsicht [lat.]

In'fan'ti'li'tät (die, -, nur Ez.) Zurückgebliebensein in einem kindlichen Stadium, Unreife [lat.]

in'fan'ti'zid (Adj.) den Kindesmord betreffend [lat.]

In'fan'ti'zid (der, -(e)s, -e) Tötung eines Jungtieres durch die Elterntiere [lat.]

In'farkt (der, -(e)s, -e) Absterben eines Gewebestückes in einem Organ (Lunge, Herz) infolge mangelnder Versorgung mit Blut [lat.]

in'far'zie'ren (V.) (in einem Gewebestück) einen Infarkt hervorrufen

In'fekt (der, -(e)s, -e) ansteckende Krankheit

In'fek'ti'on (die, -, -ti'o'nen) Ansteckung [lat.]

in'fek'ti'ös (Adj.) ansteckend [lat.]

in'fe'ri'or (Adj.) untergeordnet, ohne Verantwortung; z.B. inferiore Arbeit [lat.]

In'fe'ri'o'ri'tät (die, -, nur Ez.) das Untergeordnetsein, Abhängigkeit [lat.]

in'fer'na'lisch (Adj.) höllisch, teuflisch; kaum erträglich; z.B. ein infernalischer Gestank [lat.]

In'fer'no (das, -s, -s) Hölle, Unterwelt; entsetzliches Geschehen großen Ausmaßes; Ort, an dem sich etwas Entsetzliches ereignet (hat) [lat.]

in'fer'til (Adj.) nicht fertil, unfruchtbar [lat.]

In'fer'ti'li'tät (die, -, nur Ez.) mangelnde Fertilität, Unfruchtbarkeit

In'fight [-fait] (der, -s, -s) Schlagabtausch aus geringster Entfernung (beim Boxen) [engl.]

In'filt'rat *auch:* In'fil'trat (das, -(e)s, -e) Zellen oder Flüssigkeiten, die in Gewebe eingedrungen sind, in das sie nicht gehören [lat.]

In'filt'ra'ti'on *auch:* In'fil'tra'ti'on (die, -, -ti'o'nen) Eindringen von Zellen oder Flüssigkeiten in Gewebe, in das sie nicht gehören; Eindringen fremder Ideen (in ein Volk, eine Gesellschaftsschicht), ideologische Unterwanderung [lat.]

in'filt'rie'ren *auch:* in'fil'trie'ren (V.) (in etwas) eindringen, (etwas) durchsetzen, durchtränken; (jmdm. etwas) einflößen, eingeben [lat.]

in'fi'nit *auch* [in-] (Adj.) unbestimmt (in der Grammatik) [lat.]

in'fi'ni'te'si'mal (Adj.) ins unendliche Kleine gehend [lat.]

In'fi'ni'tiv (der, -s, -e) Grundform des Verbs, Nennform [lat.]

In'fir'mi'tät (die, -, nur Ez.) Gebrechlichkeit (Med.) [lat.]

In|fix auch [in-] (das, -es, -e) in den Wortstamm oder zwischen zwei Wortteile eingeschobenes sprachliches Element; z.B. das »s« in hoffnungsvoll [lat.]
in|fi|zie|ren (V.) anstecken; mit Krankheitserregern verunreinigen [lat.]
in flag|ran|ti auch: in fla|gran|ti während der Tat, auf frischer Tat; z.B. jmdn. in flagranti erwischen [lat.]
inf|lam|ma|bel auch: in|flam|ma|bel (Adj.) entzündbar, brennbar [lat.]
Inf|lam|ma|ti|on auch: In|flam|ma|ti|on (die, -, -ti|o|nen) Brennbarkeit, Entzündbarkeit [lat.]
inf|lam|mie|ren auch: in|flam|mie|ren (V.) in Begeisterung versetzen [lat.]
inf|la|tie|ren auch: in|fla|tie|ren (V.) 1 die Inflation unterstützen, die Geldentwertung vorantreiben 2 durch eine Inflation entwerten [lat.]
Inf|la|ti|on auch: In|fla|ti|on (die, -, -ti|o|nen) Geldentwertung [lat.]
inf|la|ti|o|när auch: in|fla|ti|o|när (Adj.) auf Inflation beruhend, sie bewirkend
inf|la|ti|o|nie|ren auch: in|fla|ti|o|nie|ren (V.) eine Inflation herbeiführen, vorantreiben; im Wert mindern, entwerten
Inf|la|ti|o|nis|mus auch: In|fla|ti|o|nis|mus (der, -, nur Ez.) Beeinflussung der Wirtschaft durch Erhöhung der umlaufenden Geldmenge [lat.]
inf|la|ti|o|nis|tisch auch: in|fla|ti|o|nis|tisch (Adj.) auf Inflationismus beruhend
inf|la|to|risch auch: in|fla|to|risch (Adj.) = inflationär
inf|le|xi|bel auch: in|fle|xi|bel (Adj.) 1 nicht flexibel, starr 2 nicht flektierbar (in der Grammatik)
Inf|le|xi|bi|li|tät auch: In|fle|xi|bi|li|tät (die, -, nur Ez.) mangelnde Flexibilität, Starrheit
Inf|lo|res|zenz auch: In|flo|res|zenz (die, -, -en) Blütenstand [lat.]
Inf|lu|enz auch: In|flu|enz (die, -, -en) 1 Einwirkung, Einfluss 2 Beeinflussung eines elektrisch ungeladenen Körpers durch Annäherung eines elektrischen Feldes [lat.]
Inf|lu|en|za auch: In|flu|en|za (die, -, nur Ez.) Grippe (veraltet)
In|fo (der, die oder das, - oder -s, -s) Information, Informationsblatt, Informationsstand [Kurzwort]
In|for|mand (der, -en, -en) jmd., der informiert wird
In|for|mant (der, -en, -en) jmd., der einen anderen informiert
In|for|ma|tik (die, -, nur Ez.) Wissenschaft von der elektronischen Datenverarbeitung [lat.]

In|for|ma|ti|ker (der, -s, -) Wissenschaftler der Informatik
In|for|ma|ti|on (die, -, -ti|o|nen) 1 Mitteilung, Nachricht, vermittelte Kenntnis 2 Folge physikalischer Signale, die Mitteilungswert haben (in der Kybernetik) [lat.]
in|for|ma|tiv (Adj.) Informationen vermittelnd, einen Einblick verschaffend
in|for|ma|to|risch (Adj.) eine vorläufige Kenntnis, einen ungefähren Einblick, Überblick verschaffend [lat.]
in|for|mell (Adj.) nicht formell, zwanglos [lat.]
in|for|mie|ren (V.) in Kenntnis setzen, mit Informationen versehen, benachrichtigen; sich informieren: sich Informationen verschaffen, sich Einblick, Überblick verschaffen
In|fo|thek (die, -, -en) Speicher für Informationen [lat.-gr.]
In|frak|ti|on auch: In|frak|ti|on (die, -, -ti|o|nen) unvollständiger Knochenbruch [lat.]
inf|ra|rot auch: in|fra|rot (Adj.) zum Bereich des Infrarots gehörig
Inf|ra|rot auch: In|fra|rot (das, -(s), nur Ez.) nicht sichtbare Wärmestrahlen, die im Spektrum jenseits des roten Lichtes liegen [lat.]
Inf|ra|struk|tur auch: In|fra|struk|tur (die, -, -en) alle für die Wirtschaft, das Militär eines Landes und für die Daseinsfürsorge der Bevölkerung notwendigen Einrichtungen und Anlagen; z.B. Verkehrsnetz, Krankenhäuser [lat.]
In|ful (die, -, -n) weiße Stirnbinde (der Priester im alten Rom); die Mitra mit den herabhängenden Bändern (der Priester in der kath. Kirche) [lat.]
in|fun|die|ren (V.) mittels Infusion in den Körper einbringen
In|fu|si|on (die, -, -si|o|nen) Einführung einer größeren Flüssigkeitsmenge mittels Hohlnadel in den Körper [lat.]
In|fu|so|ri|um (das, -s, -ri|en) einzelliges Wimpertierchen, das sich in Pflanzenaufgüssen entwickelt, Aufgusstierchen [lat.]
in ge|ne|re im Allgemeinen [lat.]
In|ge|nieur (der, -s, -e) Techniker mit wissenschaftlicher Ausbildung an einer Hoch- oder Fachschule [frz.]
in|ge|ni|ös (Adj.) sinnreich, kunstvoll, scharfsinnig; erfinderisch, scharfsinnig [lat.]
In|ge|ni|o|si|tät (die, -, -en) Erfindungsgabe, Scharfsinn [lat.]
In|ge|ni|um (das, -s, -ni|en) natürliche schöpferische Gabe, Genie, Erfindungsgabe [lat.]

Ingenuität   **inkarnieren**

In|ge|nu|i|tät (die, -, nur Ez.) **1** der natürliche Status eines Freigeborenen, Freiheit **2** Freimut, Offenheit [lat.]
In|ges|ti|on (die, -, nur Ez.) Nahrungsaufnahme [lat.]
In|got (der, -s, -s) gegossener Metallbarren oder -block; Gussform dafür [engl.]
In|gre|di|ens (das, -, -en|zi|en) = Ingredienz
In|gre|di|enz (auch: In|gre|di|ens) (die, -, -en) Bestandteil (einer Mischung, einer Arznei), Zutat [lat.]
In|gres|si|on (die, -, -si|o|nen) langsames Eindringen des Meeres in eine Senke des Festlandes [lat.]
in gros|so im Großen [it.]
In|group [-gru:p] (die, -, -s) Gruppe, der man sich zugehörig und verbunden fühlt [engl.]
Ing|wer (der, -s, nur Ez.) eine tropische und subtropische Gewürzpflanze; aus deren Wurzel hergestelltes Gewürz [ind.-frz.]
In|ha|la|ti|on (die, -, -ti|o|nen) das Einatmen, Einziehen in die Lunge [lat.]
In|ha|la|to|ri|um (das, -s, -ri|en) Raum mit Geräten zum Inhalieren von heilenden Dämpfen
in|ha|lie|ren (V.) einatmen, in die Lunge einziehen [lat.]
in|hä|rent (Adj.) (einer Sache) innewohnend, anhaftend [lat.]
In|hä|renz (die, -, nur Ez.) das Anhaften, Innewohnen; Verhältnis von Eigenschaften zu ihrem Träger (in der Philosophie) [lat.]
in|hä|rie|ren (V.) anhaften, an etwas anhängen [lat.]
in|hi|bie|ren (V.) etwas verhindern, Einhalt gebieten [lat.]
In|hi|bi|tor (der, -s, -to|ren) Hemmstoff [lat.]
in|hi|bi|to|risch (Adj.) verhindernd, verbietend [lat.]
in|ho|mo|gen (Adj.) nicht homogen, nicht gleichartig, aus nicht gleichartigen Einzelteilen oder Einzelwesen bestehend [lat.]
In|ho|mo|ge|ni|tät (die, -, nur Ez.) mangelnde Homogenität, Ungleichartigkeit [lat.]
in|hu|man (Adj.) nicht human, unmenschlich, grausam
In|hu|ma|ni|tät (die, -, nur Ez.) inhumanes Verhalten, inhumane Beschaffenheit, Unmenschlichkeit
in|in|tel|li|gi|bel (Adj.) unverständlich, nicht verstehbar, nicht erkennbar [lat.]
In|i|qui|tät auch: I'ni|qui|tät (die, -, nur Ez.) (veraltet) Härte, Unbilligkeit [lat.]
I|ni|ti|al auch: In|i|ti|al [-tsjal] (das, -s, -e) = Initiale
I|ni|ti|a|le auch: In|i|ti|a|le (auch: das I|ni|ti|al) (die, -, -n) großer Anfangsbuchstabe, Majuskel [lat.]

I|ni|ti|and auch: In|i|ti|and [-tsjand] (der, -en, -en) jmd., der in eine Gemeinschaft aufgenommen, der eingeweiht werden soll [lat.]
I|ni|ti|ant auch: In|i|ti|ant [-tsjant] (der, -en, -en) jmd., der die Initiative ergreift
I|ni|ti|a|ti|on auch: In|i|ti|a|ti|on [-tsja-] (die, -, -ti|o|nen) mit besonderen Riten verbundene Aufnahme in eine Gemeinschaft [lat.]
i|ni|ti|a|tiv auch: in|i|ti|a|tiv [-tsja-] (Adj.) den Anstoß, eine Anregung gebend; initiativ werden: die Initiative ergreifen
I|ni|ti|a|ti|ve auch: In|i|ti|a|ti|ve [-tsja-] (die, -, -n) **1** Unternehmungsfreude, Entschlusskraft; z.B. Initiative haben; Anstoß, Anregung; z.B. die Initiative ergreifen: den Anfang machen, den Anstoß geben **2** Gruppe von Personen, die sich zur Durchsetzung von Forderungen zusammengeschlossen haben; z.B. Bürgerinitiative; Volksbegehren (schweiz.) [lat.]
I|ni|ti|a|tor auch: In|i|ti|a|tor [-tsja:-] (der, -s, -to|ren) jmd., der eine Sache anregt, beginnt, den ersten Anstoß gibt [lat.]
i|ni|ti|a|to|risch auch: in|i|ti|a|to|risch (Adj.) anstiftend, einleitend, veranlassend [lat.]
i|ni|ti|i|e|ren auch: in|i|ti|i|e|ren [-itsji:-] (V.) den Anstoß (zu etwas) geben, (etwas) beginnen, anregen [lat.]
In|jek|ti|on (die, -, -ti|o|nen) **1** Einspritzung in den Körper **2** Eindringen von Magma in Gesteinsspalten **3** Einspritzen von Beton u.a. zum Festigen [lat.]
in|ji|zie|ren (V.) einspritzen [lat.]
in|jun|gie|ren (V.) (veraltet) zur Pflicht machen, jmdm. etwas anbefehlen [lat.]
In|junk|ti|on (die, -, -ti|o|nen) Befehl, Vorschrift [lat.]
In|ju|ri|ant (der, -en, -en) Beleidiger, Ehrabschneider [lat.]
In|ju|ri|at (der, -en, -en) Beleidigter [lat.]
In|ju|rie [-ria] (die, -, -n) Beleidigung durch Worte oder Taten [lat.]
in|ju|ri|ie|ren (V.) beleidigen [lat.]
in|ju|ri|ös (Adj.) beleidigend, ehrenrührig [lat.]
In|ka (der, -(s), - oder -s) Ureinwohner von Peru; Angehöriger der Adelsschicht im alten Peru; König des Inkareiches [Ketschua]
In|kan|ta|ti|on (die, -, -ti|o|nen) Beschwörung, Bezauberung [lat.]
In|kar|nat (das, -(e)s, nur Ez.) Fleischfarbe, zartrosa Farbe [lat.]
In|kar|na|ti|on (die, -, -ti|o|nen) Menschwerdung (eines göttlichen oder geistigen Wesens), Verkörperung; Eindringen der Seele in den Fötus in der Mitte der Schwangerschaft [lat.]
in|kar|nie|ren (V.) sich auf der Erde verkörpern, ein Lebewesen werden auf der Erde [lat.]

inkarniert   214   **Inkubation**

in'kar'niert (Adj.) verkörpert, Fleisch geworden [lat.]

In'kar'ze'ra'ti'on (die, -, -ti'o'nen) Einklemmung (bes. in der Medizin) [lat.]

in'kar'ze'rie'ren (V.) einklemmen [lat.]

In'kas'so (das, -s, -s oder -si) das Einziehen (von Geldforderungen) [it.]

Ink'li'na'ti'on *auch:* In'kli'na'ti'on (die, -, -ti'o'nen) **1** Neigung, Vorliebe; **2** Neigung, Anfälligkeit (für eine Krankheit) **3** Neigung der Ebene einer Planeten- oder Kometenbahn zur Ebene der Erdbahn [lat.]

ink'li'nie'ren *auch:* in'kli'nie'ren (V.) eine Inklination haben

ink'lu'die'ren *auch:* in'klu'die'ren (V.) einschließen, beinhalten [lat.]

Ink'lu'sen *auch:* In'klu'sen (nur Mz.) Bezeichnung für die Frauen und Männer, die sich einmauern ließen, um sich in Askese zu üben [lat.]

Ink'lu'si'on *auch:* In'klu'si'on (die, -, -si'o'nen) Einschluss, Einschließung [lat.]

ink'lu'si've *auch:* in'klu'si've (Präp.) einschließlich [lat.]

in'kog'ni'to *auch:* in'ko'gni'to (Adv.) unter anderem Namen, unerkannt; z.B. inkognito reisen [lat.]

In'kog'ni'to *auch:* In'ko'gni'to (das, -s, -s) Geheimhaltung des wirklichen Namens; z.B. sein Inkognito wahren, lüften, preisgeben [lat.]

in'ko'hä'rent auch [in-] (Adj.) nicht kohärent, unzusammenhängend

In'ko'hä'renz auch [in-] (die, -, nur Ez.) mangelnde Kohärenz, Zusammenhanglosigkeit

in'kom'men'su'ra'bel (Adj.) nicht vergleichbar [lat.]

in'kom'mo'die'ren (V.) belästigen, Mühe, Unbequemlichkeit bereiten (veraltet, noch scherzhaft); bitte inkommodieren Sie sich nicht!: bitte machen Sie sich nicht so viel Mühe! [lat.]

In'kom'mo'di'tät (die, -, -en) Unbequemlichkeit, Lästigkeit [lat.]

in'kom'pa'ra'bel auch [in-] (Adj.) nicht vergleichbar; nicht steigerbar (in der Grammatik) [lat.]

in'kom'pa'ti'bel (Adj.) unvereinbar, nicht zusammenpassend [lat.]

In'kom'pa'ti'bi'li'tät (die, -, nur Ez.) Unvereinbarkeit [lat.]

in'kom'pe'tent (Adj.) nicht kompetent, nicht zuständig, nicht Bescheid wissend

In'kom'pe'tenz (die, -, nur Ez.) Mangel an Kompetenz, Unzuständigkeit

in'kon'gru'ent *auch:* in'kon'gru'ent (Adj.) nicht kongruent, nicht deckungsgleich

In'kon'gru'enz *auch:* In'kon'gru'enz (die, -, nur Ez.) mangelnde Kongruenz, mangelnde Deckungsgleichheit

in'kon'se'quent (Adj.) nicht konsequent, nicht folgerichtig, nicht beständig

In'kon'se'quenz (die, -, -en) Mangel an Konsequenz, nicht folgerichtiges, unbeständiges Verhalten

in'kon'sis'tent (Adj.) nicht konsistent, nicht dauernd, keinen Bestand habend; unhaltbar

In'kon'sis'tenz (die, -, nur Ez.) Mangel an Konsistenz, Unhaltbarkeit

in'kons'tant (Adj.) nicht konstant, nicht bleibend, veränderlich

in'kon've'ni'ent (Adj.) (veraltet) unpassend, unschicklich [lat.-frz.]

In'kon've'ni'enz (die, -, -en) Unschicklichkeit, Ungehörigkeit [lat.-frz.]

in'kon'ver'ti'bel (Adj.) nicht konvertibel, nicht umkehrbar; nicht austauschbar

in'kon'zi'li'ant (Adj.) nicht konziliant, nicht entgegenkommend

In'kon'zi'li'anz (die, -, nur Ez.) Mangel an Konzilianz, Mangel an Entgegenkommen

In'kor'po'ra'ti'on (die, -, -ti'o'nen) Aufnahme in eine Gemeinschaft oder Körperschaft; Eingliederung, Eingemeindung [lat.]

in'kor'po'rie'ren (V.) aufnehmen; eingliedern, eingemeinden [lat.]

in'kor'rekt (Adj.) nicht korrekt, nicht einwandfrei, nicht richtig

Ink're'ment *auch:* In'kre'ment (das, -(e)s, -e) Zunahme, Zuwachs, Betrag, um den etwas zunimmt [lat.]

Ink'ret *auch:* In'kret (das, -(e)s, -e) von Drüsen mit innerer Sekretion in den Körper abgegebener Stoff (Hormon) [lat.]

Ink're'ti'on *auch:* In'kre'ti'on (die, -, -ti'o'nen) Absonderung ins Innere des Körpers, innere Sekretion

ink'ri'mi'nie'ren *auch:* in'kri'mi'nie'ren (V.) beschuldigen [lat.]

ink'ri'mi'niert *auch:* in'kri'mi'niert (Adj.) zur Last gelegt, öffentlich beschuldigt, öffentlich Anstoß genommen [lat.]

Ink'rus'ta'tion *auch:* In'krus'ta'ti'on (die, -, -ti'o'nen) **1** Krustenbildung, Überzug mit einer Kruste (in der Geologie) **2** farbige Verzierung durch Einlagen aus anderem Material [lat.]

ink'rus'tie'ren *auch:* in'krus'tie'ren (V.) **1** mit einer Kruste überziehen, überkrusten **2** mit Einlagen aus anderem Material farbig verzieren [lat.]

In'ku'ba'ti'on (die, -, -ti'o'nen) **1** Schlaf im Tempel (in der Antike, um göttliche Offenba-

Inkubationszeit | **insinuieren**

rung oder Heilung zu erlangen), Tempelschlaf **2** das Sicheinnisten (von Krankheitserregern im Körper) [lat.]
In'ku'ba'ti'ons'zeit (die, -, -en) Bezeichnung für den Zeitraum von der Ansteckung bis zum Ausbruch einer Krankheit (Med.) [lat.]
In'ku'ba'tor (der, -s, -to̱'ren) **1** Behälter mit medizinischen Einrichtungen zum Aufziehen zu früh geborener Kinder, Brutkasten **2** Behälter zum Brüten von Fischeiern **3** Behälter für Bakterienkulturen [lat.]
In'ku'bus (der, -, -ku̱'ben) Alpträume verursachender Dämon (im altrömischen Volksglauben); mit einer Frau Geschlechtsverkehr treibender Teufel (im Volksglauben des Mittelalters) [lat.]
in'ku'lant (Adj.) nicht kulant, ungefällig (bes. Kunden, Geschäftspartnern gegenüber) [frz.]
In'ku'lanz (die, -, nur Ez.) das Inkulantsein
In'ku'na'bel (die, -, -n) aus dem 15. Jh. dem Jh. der Erfindung der Buchdruckerkunst) stammendes Buch, Wiegendruck [lat.]
in'ku'ra'bel (Adj.) nicht heilbar [lat.]
In'laid [-leɪd] (der, -s, -e) farbig gemustertes Linoleum (schweiz.) [engl.]
in me'di'as res »mitten in die Dinge hinein«, gleich zur Sache [lat.]
in me'mo̱'ri'am zum Gedächtnis, in Erinnerung [lat.]
in na'tu̱'ra »in Natur«, leibhaftig, wirklich; in Naturalien, in Waren [lat.]
in no̱'mi'ne Dei im Namen Gottes [lat.]
in no̱'mi'ne Do̱'mi'ni im Namen des Herrn [lat.]
In'no'va'ti'on (die, -, -ti'o̱'nen) Erneuerung, Verbesserung (von technischen Verfahren usw.), Entwicklung neuer Techniken [lat.]
in'no'va'tiv (Adj.) Neues entwickelnd, erneuernd, verbessernd [lat.]
in'no'va'to'risch (Adj.) = innovativ
in nu̱'ce [-tsə] im Kern, eigentlich; in Kürze, kurz gesagt [lat.]
In'nu'en'do (das, -s, -s) Anspielung, versteckte Andeutung [lat.-engl.]
in'of'fi'zi'ell (Adj.) nicht offiziell, nicht amtlich [frz.]
in'o'pe'ra̱'bel auch [in-] (Adj.) nicht durch Operation zu heilen [frz.]
in'op'por'tun (Adj.) nicht opportun, nicht angebracht, nicht günstig [lat.]
in per'so̱'na in Person, persönlich, selbst [lat.]
in pet'to bereit, in Bereitschaft; z.B. einen Vorschlag, eine Überraschung in petto haben [lat.]
in ple̱'no vollzählig [lat.]

in pra'xi in der Praxis, beim praktischen Gebrauch, in Wirklichkeit [lat.]
in punc'to (mit Genitiv) im Punkte der ..., des ..., hinsichtlich der ..., des ..., was ... betrifft; in puncto puncti (sexti): im Punkt des (sechsten) Punktes, d.h. des sechsten Gebotes, der Keuschheit [lat.]
In'put (der oder das, -s, -s) **1** Gesamtheit der einem Computer eingegebenen Daten **2** Gesamtheit der in einem Produktionsbetrieb eingesetzten Produktionsmittel [engl.]
in'qui'rie̱'ren (V.) erforschen, untersuchen; verhören [lat.]
In'qui'si'ti'on (die, -, -ti'o̱'nen) (vom 12. bis zum 18. Jh.) von der kath. Kirche eingesetztes Gericht gegen Abtrünnige [lat.]
In'qui'si'tor (der, -s, -to̱'ren) Richter der Inquisition
in'qui'si'to'risch (Adj.) zur Inquisition gehörig; in der Art einer Inquisition, unerbittlich streng
inschallah [inʃalla] wenn Allah will, vielleicht [arab.]
In'sekt (das, -(e)s, -en) sechsfüßiges Gliedertier, Kerbtier (meist geflügelt) [lat.]
In'sek'ti'vo̱'re (der, -n, -n) Insekten fressendes Tier, Insekten fressende Pflanze [lat.]
In'sek'ti'zid (Adj.) Insekten tötend [lat.]
In'sek'ti'zid (das, -s, -e) Insekten tötendes Mittel [lat.]
In'se'mi'na'ti'on (die, -, -ti'o̱'nen) das Eindringen des Samenfadens in das Ei; künstliche Befruchtung [lat.]
In'se'rat (das, -(e)s, -e) Anzeige (in einer Zeitung, Zeitschrift) [lat.]
In'se'rent (der, -en, -en) jmd., der inseriert, der ein Inserat aufgegeben hat
in'se'rie̱'ren (V.) ein Inserat aufgeben, durch Inserat bekanntgeben
In'sert auch [-sɜːt] (das, -s, -s) in eine Fernsehsendung eingeblendete, kurze andere Sendung; z.B. Werbung [engl.]
In'ser'ti'on (die, -, -ti'o̱'nen) das Aufgeben eines Inserates; Ansatzstelle, Art des Ansatzes (eines Pflanzenteiles am Stängel, eines Muskels an Knochen u.a.) [lat.]
In'side [-saɪd] (der, -s, -s) Innenstürmer
In'si'der [-saɪ-] (der, -s, -) jmd., der in etwas eingeweiht ist, der in einem Bereich die Verhältnisse und Vorgänge kennt [engl.]
In'si'gni'en auch: **In'si̱'gni'en** (nur Mz.) Zeichen staatlicher oder ständischer Würde [lat.]
In'si'nu'a'ti'on (die, -, -ti'o̱'nen) Einflüsterung, Zuträgerei (veraltet); Unterstellung; Eingabe an ein Gericht (veraltet) [lat.]
in'si'nu'ie̱'ren (V.) jmdm. etwas zutragen, einflüstern; (jmdm. etwas) unterstellen; (beim Gericht) einreichen (veraltet) [lat.]

in|si|pid(e) (Adj.) (veraltet) fade, töricht, albern [lat.]
in|sis|tent (Adj.) auf etwas bestehend [lat.]
In|sis|tenz (die, -, nur Ez.) Hartnäckigkeit, Beharrlichkeit, Beständigkeit [lat.]
in|sis|tie|ren (V.) (auf etwas) bestehen, beharren [lat.]
in si|tu am Ort, an der Fundstelle, an der ursprünglich richtigen Stelle [lat.]
ins|kri|bie|ren auch: in|skri|bie|ren (V.) einschreiben, (in eine Liste u.a.) eintragen [lat.]
Ins|krip|ti|on auch: In|skrip|ti|on (die, -, -ti|o|nen) Einschreibung, Eintragung [lat.]
In|so|la|ti|on (die, -, -ti|o|nen) 1 Einstrahlung der Sonne (auf die Erde) 2 Sonnenstich [lat.]
in|so|lent auch [in-] (Adj.) unverschämt, anmaßend [lat.]
In|so|lenz (die, -, nur Ez.) Anmaßung, Unverschämtheit [lat.]
in|sol|vent auch [in-] (Adj.) nicht solvent, zahlungsunfähig
In|sol|venz (die, -, nur Ez.) Zahlungsunfähigkeit [lat.]
In|som|nie (die, -, nur Ez.) Schlaflosigkeit (Med.) [lat.]
in spe zukünftig; z.B. meine Schwiegermutter in spe [lat.]
Ins|pek|teur auch: In|spek|teur [-tøːɐ] (der, -s, -e) Leiter einer Aufsichtsbehörde; ranghöchster Offizier einer Streitkraft der Bundeswehr [lat.-frz.]
Ins|pek|ti|on auch: In|spek|ti|on (die, -, -ti|o|nen) prüfende Besichtigung, Aufsichtsbehörde [lat.]
Ins|pek|tor auch: In|spek|tor (der, -s, -to|ren) Aufsichtsbeamter [lat.]
Ins|pi|ra|ti|on auch: In|spi|ra|ti|on (die, -, -ti|o|nen) 1 Einatmung 2 schöpferischer Einfall, Erleuchtung [lat.]
ins|pi|ra|tiv auch: in|spi|ra|tiv (Adj.) auf Inspiration beruhend
ins|pi|ra|to|risch auch: in|spi|ra|to|risch (Adj.) = inspirativ
ins|pi|rie|ren auch: in|spi|rie|ren (V.) schöpferisch anregen, erleuchten [lat.]
Ins|pi|zi|ent auch: In|spi|zi|ent (der, -en, -en) Aufsichtsbeamter; Angestellter (beim Theater, Funk, Fernsehen), der für den reibungslosen Ablauf der Aufführungen und Sendungen sorgt [lat.]
ins|pi|zie|ren auch: in|spi|zie|ren (V.) prüfend besichtigen [lat.]
ins|ta|bil auch: in|sta|bil (Adj.) nicht stabil, unsicher
Ins|ta|bi|li|tät auch: In|sta|bi|li|tät (die, -, nur Ez.) mangelnde Stabilität, Unsicherheit

Ins|tal|la|teur auch: In|stal|la|teur [-tøːɐ] (der, -s, -e) Handwerker, der Gas- und Wasserleitungen sowie Heizungen einbaut [lat.]
Ins|tal|la|ti|on auch: In|stal|la|ti|on (die, -, -ti|o|nen) 1 Einbau von Gas- und Wasserleitungen sowie Heizungen 2 Einweisung in ein geistliches Amt 3 Anordnung von Gegenständen, mit der eine bestimmte Wirkung erreicht werden soll (in der Kunst) [lat.]
ins|tal|lie|ren auch: in|stal|lie|ren (V.) einbauen; (in ein geistliches Amt) einweisen; bequem und auf Dauer einrichten; sich installieren: sich häuslich niederlassen
Ins|tant... auch: In|stant... (in Zusammensetzungen) sofort gebrauchsfertig, sofort löslich; z.B. Instantkaffee [engl.]
Ins|tanz auch: In|stanz (die, -, -en) zuständige Behörde; z.B. Gericht [lat.]
in sta|tu nas|cen|di [-tsɛn-] im Zustand des Entstehens [lat.]
ins|ti|gie|ren auch: in|sti|gie|ren (V.) anregen, anstacheln, antreiben [lat.]
Ins|til|la|ti|on auch: In|stil|la|ti|on (die, -, -ti|o|nen) tropfenweises Einbringen (von Arzneimitteln in den Körper)
ins|til|lie|ren auch: in|stil|lie|ren (V.) tropfenweise in den Körper einbringen, einträufeln [lat.]
Ins|tinkt auch: In|stinkt (der, -(e)s, -e) angeborene Verhaltensweise, Trieb; sicheres Gefühl (für etwas)
ins|tink|tiv auch: in|stink|tiv (Adj.) aus einem Instinkt heraus, unbewusst und sicher [lat.]
Ins|ti|tut auch: In|sti|tut (das, -(e)s, -e) (zu einem bestimmten Zweck geschaffene) Anstalt; z.B. Forschungsinstitut [lat.]
Ins|ti|tu|ti|on auch: In|sti|tu|ti|on (die, -, -ti|o|nen) öffentliche (dem Staat oder der Kirche unterstehende) Einrichtung mit bestimmtem Zweck; z.B. Behörde [lat.]
ins|ti|tu|ti|o|na|li|sie|ren auch: in|sti|tu|ti|o|na|li|sie|ren (V.) zur Institution machen; in eine feste, oft starre Form bringen, erstarren [lat.]
ins|ti|tu|ti|o|nell auch: in|sti|tu|ti|o|nell (Adj.) auf einer Institution beruhend; zu einem Institut gehörig
ins|tru|ie|ren auch: inst|ru|ie|ren/in|stru|ie|ren (V.) in Kenntnis von etwas setzen, mit Anweisungen versehen, Verhaltensmaßregeln geben [lat.]
Ins|truk|teur auch: Inst|ruk|teur/In|struk|teur [-tøːɐ] (der, -s, -e) jmd., der andere anleitet, unterweist; z.B. im Gebrauch von Maschinen [frz.]

Ins'truk'ti'on *auch:* Inst'ruk'ti'on/In'strukti'on (die, -, -ti'o'nen) Anweisung, Verhaltensmaßregel [lat.]

ins'truk'tiv *auch:* inst'ruk'tiv/in'struk'tiv (Adj.) Kenntnisse vermittelnd, anschaulich und lehrreich [lat.]

Ins'truk'tor *auch:* Inst'ruk'tor/In'struk'tor (der, -s, -to'ren) Lehrer, Erzieher (veraltet) [lat.]

Ins'tru'ment *auch:* Inst'ru'ment/In'stru'ment (das, -(e)s, -e) **1** feines, kompliziertes Werkzeug **2** Gerät zum Musizieren

ins'tru'men'tal *auch:* inst'ru'men'tal/in'stru'men'tal (Adj.) **1** mit Hilfe eines Instruments **2** das Mittel bezeichnend (in der Grammatik) [lat.]

Ins'tru'men'tal *auch:* Inst'ru'men'tal/In'stru'men'tal *(auch:* Inst'ru'men'ta'lis) (der, -s, -e) das Mittel, das Werkzeug bezeichnender Fall (in der Grammatik; z.B. der slawischen Sprachen) [lat.]

Ins'tru'men'ta'lis *auch:* Inst'ru'men'ta'lis/In'stru'men'ta'lis (der, -, -ta'les) = Instrumental

ins'tru'men'ta'list *auch:* Inst'ru'men'ta'list/In'stru'men'ta'list (der, -lis'ten, -lis'ten) Musiker, der ein Instrument spielt

Ins'tru'men'ta'ri'um *auch:* Inst'ru'men'ta'ri'um/In'stru'men'ta'ri'um (das, -s, -ri'en) **1** alle für einen bestimmten Zweck nötigen Instrumente **2** alle in einem Bereich oder einer Epoche verwendeten Musikinstrumente

Ins'tru'men'ta'ti'on *auch:* Inst'ru'men'ta'ti'on/In'stru'men'ta'ti'on (die, -, -ti'o'nen) Einrichtung (eines Musikstückes, das nur für ein einziges Instrument komponiert ist) zum Spiel mit verschiedenen Instrumenten

ins'tru'men'tell *auch:* inst'ru'men'tell/in'stru'men'tell (Adj.) mit Hilfe von Instrumenten

ins'tru'men'tie'ren *auch:* inst'ru'men'tie'ren/in'stru'men'tie'ren (V.) **1** zum Spiel mit verschiedenen Musikinstrumenten einrichten **2** bei der Operation dem Arzt die Instrumente reichen

In'sub'or'di'na'ti'on (die, -, -ti'o'nen) Gehorsamsverweigerung (beim Militär) [lat.]

in'suf'fi'zi'ent (Adj.) ungenügend, nicht ausreichend [lat.]

In'suf'fi'zi'enz (die, -, -en) **1** mangelnde Leistungsfähigkeit (eines Organs) **2** Unfähigkeit, Gläubiger voll zu befriedigen [lat.]

In'sult (der, -(e)s, -e) **1** Beleidigung, Beschimpfung **2** Anfall (in der Medizin) [lat.]

in'sul'tie'ren (V.) beleidigen, beschimpfen

in sum'ma im Ganzen, insgesamt [lat.]

In'sur'gent (der, -en, -en) Aufständischer [lat.]

in'sur'gie'ren (V.) zum Aufstand aufwiegeln; einen Aufstand anzetteln [lat.]

In'sur'rek'ti'on (die, -, -ti'o'nen) Aufstand, Aufruhr [lat.]

ins'ze'na'to'risch *auch:* in'sze'na'to'risch (Adj.) die Inszenierung betreffend

ins'ze'nie'ren *auch:* in'sze'nie'ren (V.) **1** zur Aufführung (im Theater, Film, Funk, Fernsehen) gestalten, in Szene setzen **2** hervorrufen, veranlassen; z.B. einen Krach inszenieren [lat.]

Ins'ze'nie'rung *auch:* In'sze'nie'rung (die, -, -en) Gestaltung und Aufführung eines Stückes (auf der Bühne, im Film, Funk, Fernsehen); das aufgeführte Stück selbst [lat.]

In'tag'lio *auch:* In'ta'glio [-taljo] (das, -s, -li'en/-gli'en [-jən]) = Gemme [it.]

in'takt (Adj.) ganz, heil, ohne Beschädigung, einwandfrei funktionierend [lat.]

In'tar'sia (die, -, -si'en) = Intarsie

In'tar'sie *(auch:* In'tar'sia) [-siə] (die, -, -n) Einlegearbeit, Verzierung von Holz (durch andersfarbiges Holz, Elfenbein oder Perlmutt) [arab.-it.]

in'tar'sie'ren (V.) mit Intarsien verzieren

in'te'ger (Adj.) anständig, rechtschaffen, unbestechlich [lat.]

in'te'gral *auch:* in'te'gral (Adj.) ein Ganzes bildend, für sich bestehend [lat.]

In'te'gral *auch:* In'te'gral (das, -s, -e) eine Summe unendlich kleiner Größen; z.B. zur Berechnung von Flächeninhalten [lat.]

In'te'gra'ti'on *auch:* In'te'gra'ti'on (die, -, -ti'o'nen) **1** Verbindung zu einer Einheit, Herstellung eines Ganzen, Zusammenschluss, Vereinigung, Einbeziehung in ein größeres Ganzes **2** Berechnung eines Integrals

in'te'grie'ren *auch:* in'te'grie'ren (V.) **1** zu einem Ganzen vereinigen, zu einer Einheit verbinden; in ein größeres Ganzes einbeziehen **2** das Integral (von etwas) berechnen [lat.]

in'te'grie'rend *auch:* in'te'grie'rend (Adj.) unbedingt notwendig, für das Ganze unerlässlich [lat.]

in'te'griert *auch:* in'te'griert (Adj.) aus vielen Einzelteilen zusammengesetzt [lat.]

In'te'gri'tät *auch:* In'te'gri'tät (die, -, nur Ez.) das Integersein

In'te'gu'ment (das, -s, -e) Körperdecke, Haut, Fell; Hülle der Samenanlage (bei Pflanzen) [lat.]

In'tel'lekt (der, -(e)s, -e) Denk-, Erkenntnisvermögen, Verstand [lat.]

In'tel'lek'tu'a'lis'mus (der, -, nur Ez.) philosophische Auffassung, die dem Intellekt den Vorrang gegenüber dem Gefühl gibt; ausschließlich verstandesmäßiges Denken

in|tel|lek|tu|a|l|i|stisch (Adj.) zum Intellektualismus gehörig

in|tel|lek|tu|ell (Adj.) auf dem Intellekt beruhend; ausschließlich verstandesmäßig; auf den Verstand hin orientiert, geistig ausgerichtet

In|tel|lek|tu|el|le (der oder die, -n, -n) auf den Verstand hin orientierte Person, Verstandesarbeiter(in) [lat.]

In|tel|li|gence Ser|vice [ɪntelɪdʒəns sɜːvɪs] (der, - -, nur Ez.) der britische Geheimdienst [engl.]

in|tel|li|gent (Adj.) Verstandeskräfte, geistige Fähigkeiten besitzend, rasch auffassend, einsichtig [lat.]

In|tel|li|genz (die, -, nur Ez.) Verstandeskräfte, geistige Fähigkeiten, rasche Auffassungsgabe und Einsichtigkeit [lat.]

In|tel|li|genz|quo|ti|ent (der, -en, -en) in einer Zahl ausgedrückter Grad der Intelligenz im Verhältnis zum Lebensalter

in|tel|li|gi|bel (Adj.) nur durch den Intellekt erfassbar, nicht sinnlich wahrnehmbar

In|ten|dant (der, -en, -en) **1** Leiter eines Theaters, einer Rundfunk- oder Fernsehanstalt **2** (bis 1945) militärischer Verwaltungsbeamter [lat.]

In|ten|dan|tur (die, -, -en) **1** Amt des Intendanten **2** (bis 1945) militärische Verwaltungsbehörde

In|ten|danz (die, -, -en) Amt eines Intendanten; Arbeitsräume eines Intendanten; Gesamtheit der mit der Leitung eines Theaters, einer Rundfunk- und Fernsehanstalt betrauten Personen

in|ten|die|ren (V.) beabsichtigen, planen, anstreben [lat.]

In|ten|si|me|ter (das, -s, -) Messgerät (bes. für Röntgenstrahlen) [lat.-gr.]

In|ten|si|on (die, -, -si|o|nen) **1** Anspannung der inneren Kräfte **2** Inhalt einer Aussage, Sinn eines Begriffes (in der Logik) [lat.]

In|ten|si|tät (die, -, nur Ez.) **1** angespannte, gesteigerte Kraft; Ausmaß, Wirkung einer Kraft **2** Wirksamkeit, Leuchtkraft (von Farben); Eindringlichkeit (von Tönen) [lat.]

in|ten|siv (Adj.) **1** angespannt, angestrengt; z.B. intensiv arbeiten, nachdenken **2** gründlich, alle Möglichkeiten ausnutzend; z.B. intensive Landwirtschaft **3** kräftig, stark (von Gerüchen, vom Geschmack, von Eindrücken) [lat.]

in|ten|si|vie|ren (V.) verstärken, steigern

In|ten|si|vi|tät (die, -, nur Ez.) = Intensität

In|ten|siv|sta|ti|on (die, -, -ti|o|nen) in der lebensgefährlich Erkrankte ständig betreut und durch intensive ärztliche Maßnahmen (meist mit Hilfe technischer Geräte) behandelt werden [lat.]

In|ten|ti|on (die, -, -ti|o|nen) Absicht, Bestreben, Vorhaben [lat.]

In|ter|ak|ti|on (die, -, -ti|o|nen) wechselweises Vorgehen [lat.]

in|ter|al|li|iert (Adj.) mehrere Verbündete betreffend, zu mehreren Verbündeten gehörig

In|ter|bri|ga|dist (der, -dis|ten, -dis|ten) Mitglied der internationalen antifaschistischen Brigaden, die im spanischen Bürgerkrieg auf Seiten der Republikaner kämpften

In|ter|ci|ty [-sɪti] (der, -s, -s) Intercityzug, D-Zug, der zwischen bestimmten Großstädten verkehrt [lat.-engl., Kurzwort]

In|ter|den|tal (der, -s, -e) zwischen den Schneidezähnen gebildeter Laut; z.B. engl. »th« [lat.]

in|ter|de|pen|dent (Adj.) voneinander abhängig [lat.]

In|ter|de|pen|denz (die, -, nur Ez.) wechselseitige Abhängigkeit [lat.]

In|ter|dikt (das, -(e)s, -e) Verbot, kirchliche Amtshandlungen vorzunehmen [lat.]

In|ter|dik|ti|on (die, -, -ti|o|nen) Entmündigung, Untersagung, Verbot [lat.]

in|ter|dis|zi|pli|när (Adj.) mehrere (Wissenschafts-)Disziplinen umfassend [lat.]

in|ter|di|zie|ren (V.) untersagen, verbieten, entmündigen [lat.]

in|te|res|sant *auch:* in|ter|es|sant (Adj.) **1** lehrreich, aufschlussreich und spannend; z.B. ein interessanter Film; Aufmerksamkeit weckend und anziehend; z.B. ein interessanter Mann **2** nützlich, Erfolg versprechend; z.B. ein interessantes Angebot [lat.]

In|te|res|se (das, -s, -n) **1** Aufmerksamkeit, Zuwendung, Teilnahme, Neigung; z.B. Interesse erregen **2** Nutzen, Vorteil; z.B. seine Interessen wahrnehmen **3** Absicht, Bestrebung; z.B. politische, wirtschaftliche Interessen [lat.]

In|te|res|sent *auch:* In|ter|es|sent (der, -en, -en) jmd., der an etwas Interesse hat, der etwas mitmachen möchte; z.B. einen Lehrgang, der etwas kaufen möchte [lat.]

in|te|res|sie|ren *auch:* in|ter|es|sie|ren (V.) jmdn. interessieren: jmds. Interesse erregen; sich für etwas interessieren: Interesse für etwas haben, an etwas gern haben wollen; z.B. sich für Sport interessieren; sich für jmdn. interessieren: jmdn. gern kennen lernen wollen [lat.]

in|te|res|siert *auch:* in|ter|es|siert (Adj.) Interesse zeigend, aufgeschlossen, Kenntnisse erwerben wollend; z.B. interessierte Leser, Teilnehmer; an etwas interessiert sein: etwas wünschen, gern haben wollen

In·ter·fe·renz (die, -, -en) **1** Überlagerung mehrerer Schwingungen, die von derselben Quelle ausgehen **2** Beeinflussung eines biologischen Vorgangs durch einen gleichartigen anderen **3** Einwirkung einer vertrauten Sprache auf eine andere, zu erlernende; z.B. Verwechslung von Wörtern oder Lauten [lat.]

in·ter·fe·rie·ren (V.) überlagern, überschneiden [lat.]

In·ter·fe·ro·me·ter (das, -s, -) Gerät zum Messen von Licht- oder Schallwellen, das die Interferenz ausnützt [lat.-gr.]

In·ter·fe·ron (das, -s, -e) von Körperzellen zur Abwehr von Viren gebildetes Eiweiß [lat.]

in·ter·frak·ti·o·nell (Adj.) mehrere Fraktionen betreffend oder umfassend

in·ter·ga·lak·tisch (Adj.) zwischen mehreren Galaxien

in·ter·gla·zi·al (Adj.) zwischen zwei Eiszeiten [lat.]

In·ter·gla·zi·al (das, -s, -e) Zeit höherer Temperaturen zwischen zwei Eiszeiten [lat.]

In·te·ri·eur [ẽterjœːr] (das, -s, -s oder -e) Innenraum; Darstellung eines Innenraumes (in der Malerei) [frz.]

In·te·rim (das, -s, -s) vorläufiger Zustand, Zwischenzeit [lat.]

in·te·ri·mis·tisch (Adj.) vorläufig, einstweilig [lat.]

In·ter·jek·ti·on (die, -, -ti̯o̱·nen) Ausruf, der keinen Inhalt hat, sondern nur eine Empfindung ausdrückt; z.B. ach!, oh!, au!, bäh! [lat.]

in·ter·ka·lar (Adj.) in der Zählung eingeschoben (von Schaltjahren) [lat.]

in·ter·kon·fes·si·o·nell (Adj.) mehrere Konfessionen betreffend oder umfassend

in·ter·kon·ti·nen·tal (Adj.) mehrere Kontinente betreffend oder umfassend

in·ter·kos·tal (Adj.) zwischen den Rippen (befindlich) [lat.]

in·ter·kul·tu·rell (Adj.) die Beziehungen zwischen den verschiedenen Kulturen betreffend [lat.]

in·ter·li·ne·ar (Adj.) zwischen den Zeilen (Linien) stehend, zwischen die Zeilen geschrieben [lat.]

In·ter·li·ne·ar·ver·si·on (die, -, -si̯o̱·nen) Übersetzung Wort für Wort (die in alten Texten zwischen die Zeilen geschrieben wurde) [lat.]

In·ter·lu·di·um (das, -s, -di·en) Zwischenspiel (in einem größeren Musikstück) [lat.]

In·ter·lu·ni·um (das, -s, -ni·en) Zeit des Neumondes [lat.]

in·ter·me·di·är (Adj.) zwischen zwei Dingen oder Vorgängen (befindlich, sich abspielend), ein Zwischenglied bildend [lat.]

In·ter·mez·zo (das, -s, -s oder -zi) heiteres Zwischenspiel (im Drama und in der Opera seria); kurzes, oft heiteres Musikstück; lustiger Zwischenfall [lat.]

in·ter·mit·tie·rend (Adj.) zeitweilig aussetzend [lat.]

in·ter·mo·le·ku·lar (Adj.) zwischen den Molekülen (befindlich, sich abspielend)

in·tern (Adj.) **1** innerlich, im Innern; innerhalb einer Gemeinschaft (stattfindend), nur für eine Gemeinschaft (nicht für Außenstehende) bestimmt **2** im Internat wohnend [lat.]

in·ter·na·li·sie·ren (V.) in sich aufnehmen und als gültig anerkennen, verinnerlichen; in sein Inneres einschließen; z.B. einen Konflikt internalisieren [lat.]

In·ter·nat (das, -s, -e) höhere Schule, in der die Schüler(innen) auch wohnen und verpflegt werden [lat.]

in·ter·na·ti·o·nal (Adj.) zu mehreren Nationen gehörig, mehrere oder alle Nationen umfassend, nicht staatlich begrenzt [lat.]

In·ter·na·ti·o·na·le (die, -, nur Ez.) **1** Internationale Arbeiterassoziation, Vereinigung sozialistischer und sozialdemokratischer Parteien **2** Kampflied dieser Vereinigung

in·ter·na·ti·o·na·li·sie·ren (V.) international machen; z.B. Verkehrswege internationalisieren, einen (militärischen) Konflikt internationalisieren

In·ter·na·ti·o·na·lis·mus (der, -, nur Ez.) **1** Streben nach Zusammenschluss vieler Staaten **2** Wort, das in vielen Sprachen gleich lautet; z.B. Radio [lat.]

In·ter·na·ti·o·na·li·tät (die, -, nur Ez.) Zustand des Internationalseins, Überstaatlichkeit

In·ter·ne (der oder die, -n, -n) Schüler(in) eines Internats, der/die auch dort wohnt

in·ter·nie·ren (V.) in staatlichen Gewahrsam nehmen, in der Bewegungsfreiheit beschränken (Zivilpersonen eines feindlichen, Krieg führenden Staates); getrennt von gesunden Personen unterbringen, isolieren (Kranke) [lat.]

In·ter·nist (der, -nis·ten, -nis·ten) Facharzt für innere Erkrankungen [lat.]

In·ter·pel·la·ti·on (die, -, -ti̯o̱·nen) Einspruch, Einrede (veraltet); Anfrage im Parlament an die Regierung [lat.]

in·ter·pel·lie·ren (V.) im Parlament eine Anfrage an die Regierung richten; Einspruch erheben (veraltet) [lat.]

in·ter·pla·ne·tar (Adj.) = interplanetarisch

in·ter·pla·ne·ta·risch (auch: in·ter·pla·ne·tar) (Adj.) zwischen den Planeten (befindlich)

In|ter|pol (die, -, nur Ez.) Internationale kriminalpolizeiliche Kommission, eine internationale Organisation zur Verfolgung von Straftaten, die im nationalen Bereich nicht geahndet werden können [Kurzwort]
In|ter|po|la|ti|on (die, -, -ti|o|nen) **1** Errechnung von Werten, die zwischen bekannten Werten liegen (in der Mathematik) **2** nachträgliches (unberechtigtes) Einfügen von Wörtern in einen Text [lat.]
in|ter|po|lie|ren (V.) eine Interpolation vornehmen
In|ter|pret (der, -en, -en) jmd., der einen Text interpretiert; Musiker, der ein Musikstück bei seiner Darbietung interpretiert
In|ter|pre|ta|ti|on (die, -, -ti|o|nen) Ausdeutung, Auslegung, Erklärung [lat.]
in|ter|pre|ta|to|risch (Adj.) ausdeutend, auslegend, erklärend [lat.]
in|ter|pre|tie|ren (V.) (einen Text) im Sinne des Verfassers deuten, auslegen, erklären; (ein Musikstück) so darbieten, dass die Absicht des Komponisten deutlich wird [lat.]
in|ter|pun|gie|ren (V.) = interpunktieren
in|ter|punk|tie|ren (V.) mit Satzzeichen versehen [lat.]
In|ter|punk|ti|on (die, -, -ti|o|nen) Anwendung von Satzzeichen, Zeichensetzung, Gesamtheit der Satzzeichen (in einem Text) [lat.]
In|ter|reg|num auch: In|ter|re|gnum (das, -s, -nen/-gnen auch -na/-gna) vorläufig eingesetzte Regierung; Zeitraum, in dem eine vorläufige Regierung tätig ist; Zeitraum ohne Regierung [lat.]
in|ter|ro|ga|tiv (Adj.) fragend (in der Grammatik) [lat.]
In|ter|ro|ga|tiv|ad|verb (das, -s, -bi|en) fragendes Adverb; z.B. warum, wozu, wann
In|ter|ro|ga|tiv|pro|no|men (das, -s, - oder -mi|na) fragendes Pronomen; z.B. wer, was, welcher [lat.]
In|ter|rup|ti|on (die, -, -ti|o|nen) Schwangerschaftsabbruch [lat.]
In|ter|se|xu|a|li|tät (die, -, nur Ez.) Auftreten von Geschlechtsmerkmalen an einem einzigen Individuum, die normalerweise getrennt an zwei Individuen auftreten müssten [lat.]
in|ter|se|xu|ell (Adj.) Intersexualität aufweisend
In|ter|shop [-ʃɔp] (der, -s, -s) Geschäft, in dem Waren nur gegen bestimmte ausländische Währung verkauft werden (in der ehem. DDR) [lat.-engl.]
in|ter|stel|lar (Adj.) zwischen den Fixsternen (befindlich) [lat.]

in|ter|sti|ti|ell (Adj.) in Zwischenräumen (bes. zwischen Organen) liegend (von Körpergewebe oder Gewebsflüssigkeiten) [lat.]
In|ter|sti|ti|um (das, -s, -ti|en) **1** Zwischenraum (bes. zwischen Organen) **2** vorgeschriebener Zeitraum zwischen dem Empfang zweier geistlicher Weihen [lat.]
in|ter|sub|jek|tiv (Adj.) zwei oder mehreren Personen gemeinsam, von ihnen gleichermaßen nachvollziehbar [lat.]
in|ter|ter|ri|to|ri|al (Adj.) zwei oder mehrere Staaten umfassend, betreffend [lat.]
In|ter|tri|go (die, -, -gi|nes) eine Hauterkrankung, »Wolf« [lat.]
In|ter|vall (das, -s, -e) **1** zeitlicher Abstand, Pause **2** Abstand zwischen zwei gleichzeitig oder nacheinander erklingenden Tönen (in der Musik) **3** schmerz- und symptomfreie Zeitspanne (in einem Krankheitsverlauf) **4** Bereich zwischen zwei Punkten oder Zahlen (einer Skala) [lat.]
In|ter|ve|ni|ent (der, -en, -en) jmd., der interveniert
in|ter|ve|nie|ren (V.) dazwischentreten, sich einmischen, eingreifen [lat.]
In|ter|ven|ti|on (die, -, -ti|o|nen) das Dazwischentreten, Eingreifen, Einmischung [lat.]
In|ter|view [-vjuː] (das, -s, -s) Befragung einer bekannten Persönlichkeit durch einen Reporter [lat.-engl.]
in|ter|vie|wen auch: in|ter|view|en [-vjuː-] (V.) in einem Interview befragen
In|ter|vie|wer auch: In|ter|view|er [-vjuː-] (der, -s, -) jmd., der eine Person in einem Interview befragt
In|ter|vi|si|on (die, -, nur Ez.) Organisation osteuropäischer Fernsehanstalten zum Austausch oder gemeinsamen Ausstrahlen von Programmen [lat., Kurzwort]
in|ter|zel|lu|lar (auch: in|ter|zel|lu|lär) (Adj.) zwischen den Zellen (befindlich)
in|ter|zel|lu|lär (Adj.) = interzellular
in|ter|zo|nal (Adj.) zwischen zwei Zonen, zwei Bereichen
in|tes|ta|bel (Adj.) rechtlich nicht fähig, als Zeuge vor Gericht auszusagen oder ein Testament zu machen [lat.]
in|tes|ti|nal (Adj.) zum Intestinum (Darmtrakt) gehörend
In|tes|ti|num (das, -s, -nen oder -na) Eingeweide, Darm [lat.]
Inth|ro|ni|sa|ti|on auch: In|thro|ni|sa|ti|on (die, -, -ti|o|nen) das Inthronisieren
inth|ro|ni|sie|ren auch: in|thro|ni|sie|ren (V.) auf den Thron erheben, feierlich in ein Amt einsetzen; z.B. einen Bischof, den Papst inthronisieren [lat.]

In|ti|fa|da (die, -, nur Ez.) »Volkserhebung« [arab.]
in|tim (Adj.) **1** vertraut, innig, eng; z.B. ein intimer Freund **2** ganz persönlich, geheim; z.B. intime Gedanken, Wünsche **3** den sexuellen Bereich betreffend. z.B. intime Beziehungen **4** gemütlich, behaglich; z.B. eine intime Atmosphäre [lat.]
In|ti|mi|da|ti|on (die, -, -ti|o|nen) (veraltet) Einschüchterung [lat.]
In|ti|mi|tät (die, -, -en) Vertrautheit, Innigkeit; Gemütlichkeit, Behaglichkeit; Intimitäten: plumpe Vertraulichkeiten, Geschlechtsverkehr [lat.]
In|tims|phä|re auch: In|tim|sphä|re (die, -, -n) sorgfältig geschützter Bereich des persönlichen Lebens (bes. des Geschlechtsverkehrs) [lat.-gr.]
In|tim|spray [-sprei] (das, -s, -s) Geruch tilgendes Spray für das weibliche äußere Geschlechtsteil [lat.-engl.]
In|ti|mus (der, -, -mi) enger, vertrauter Freund [lat.]
In|ti|tu|la|ti|on (die, -, -ti|o|nen) (veraltet) Betitelung, Überschrift [lat.]
in|to|le|ra|bel (Adj.) so, dass man es nicht tolerieren kann, unerträglich [lat.]
in|to|le|rant (Adj.) nicht tolerant, unduldsam
In|to|le|ranz (die, -, nur Ez.) Mangel an Toleranz, Unduldsamkeit [lat.]
In|to|na|ti|on (die, -, -ti|o|nen) das Intonieren (von Streich- und Blasinstrumenten) [lat.]
in|to|nie|ren (V.) **1** den Ton ansetzen (beim Sprechen, Singen oder Spielen eines Streich- oder Blasinstruments) **2** zu singen, zu spielen beginnen, (ein Lied) anstimmen, (ein Musikstück auf Klavier oder Orgel) präludierend einleiten [lat.]
in to|to im Ganzen [lat.]
In|tou|rist [-tu-] (der, -, nur Ez.) staatliches russisches Reisebüro für Auslandsreisen [russ.]
In|to|xi|ka|ti|on (die, -, -ti|o|nen) Vergiftung [lat.]
In|tra|da auch: In|tra|da (auch: In|tra|de/In|tra|de) (die, -, -den) festliches musikalisches Einleitungsstück; z.B. in der Suite [lat.]
In|tra|de auch: In|tra|de (die, -, -n) = Intrada
in|tra|ku|tan auch: in|tra|ku|tan (Adj.) in der Haut (befindlich); in die Haut hinein [lat.]
in|tra|mo|le|ku|lar auch: in|tra|mo|le|ku|lar (Adj.) in einem Molekül (sich abspielend) [lat.]
in|tra|mus|ku|lär auch: in|tra|mus|ku|lär (Adj.) in einem Muskel (befindlich), in einen Muskel hinein (von Einspritzungen) [lat.]

in|tran|si|gent auch: in|tran|si|gent (Adj.) zu keinem Entgegenkommen bereit, nicht zu Verhandlungen geneigt, unversöhnlich [lat.]
In|tran|si|genz auch: In|tran|si|genz (die, -, nur Ez.) das Intransigentsein
in|tran|si|tiv auch: in|tran|si|tiv (Adj.) kein Akkusativobjekt fordernd (von Verben) [lat.]
In|tran|si|ti|vum auch: In|tran|si|ti|vum (das, -s, -va) intransitives Verb
in|tra|u|te|rin auch: in|tra|u|te|rin (Adj.) in der Gebärmutter, im Uterus (befindlich) [lat.]
in|tra|ve|nös auch: in|tra|ve|nös (Adj.) in einer Vene (befindlich); in eine Vene hinein (von Einspritzungen)
in|tra|zel|lu|lar auch: in|tra|zel|lu|lar (auch: in|tra|zel|lu|lär) (Adj.) in den Körperzellen (befindlich, stattfindend) [lat.]
in|tra|zel|lu|lär auch: in|tra|zel|lu|lär (Adj.) = intrazellular
in|tri|gant auch: in|tri|gant (Adj.) gern Intrigen spinnend, hinterhältig [frz.]
In|tri|ganz (die, -, nur Ez.) intrigantes Verhalten, Heimtücke, Hinterhältigkeit
In|tri|ge auch: In|tri|ge (die, -, -n) Handlung, bei der jmd. getäuscht, gegen einen anderen ausgespielt wird [frz.]
in|tri|gie|ren auch: in|tri|gie|ren (V.) Intrigen spinnen, hinterhältig vorgehen
in|trin|sisch auch: in|trin|sisch (Adj.) von innen her, aus eigenem Antrieb [lat.]
In|tro|duk|ti|on auch: In|tro|duk|ti|on (die, -, -ti|o|nen) Einleitung, Vorspiel [lat.]
In|tro|i|tus auch: In|tro|i|tus (der, -, -) **1** Chorgesang beim Eintritt des Priesters in der kath. Kirche); den Gottesdienst einleitendes Lied (in der evangelischen Kirche), einleitender Satz (einer Orgelkomposition) **2** Eingang eines Hohlorgans (bes. der Scheide) [lat.]
in|tros auch: in|tros (Adj.) auf die Blütenachse zu, nach innen gewendet (von Staubgefäßen) [lat.]
In|tro|spek|ti|on auch: In|tros|pek|ti|on/In|tro|spek|ti|on (die, -, -ti|o|nen) **1** Einsicht in das Körperinnere (in der Medizin) **2** Selbstbeobachtung, Selbstanalyse [lat.]
in|tro|spek|tiv auch: in|tros|pek|tiv/in|tro|spek|tiv (Adj.) durch Selbstbeobachtung [lat.]
In|tro|ver|si|on auch: In|tro|ver|si|on (die, -, nur Ez.) das Nachinnengekehrtsein, Hinwendung zum eigenen Inneren, zum eigenen Seelenleben [lat.]
in|tro|ver|tiert auch: in|tro|ver|tiert (Adj.) nach innen gerichtet, mehr auf das eigene Seelenleben als auf die Außenwelt gerichtet [lat.]

Int'ru'der *auch:* In'tru|der (der, -s, -) zur schnellen Information von Flugzeugträgern eingesetztes Aufklärungsflugzeug [engl.]

Int'ru'si'on *auch:* In'tru'si'on (die, -, -si'o'nen) Eindringen von Magma in die Erdkruste [lat.]

In'tu'ba'ti'on (die, -, -ti'o'nen) Einführung eines Röhrchens durch den Mund in die Luftröhre (bei Erstickungsgefahr oder zum Einbringen eines Heilmittels) [lat.]

In'tu'i'ti'on (die, -, -ti'o'nen) Erkennen eines Sachverhalts vom Gefühl her, ohne Überlegung, gefühlsmäßiges Erfassen, Eingebung [lat.]

in'tu'i'tiv (Adj.) auf Intuition beruhend

In'tu'mes'zenz (die, -, -en) Anschwellung (des Geschlechtsorgans bei sexueller Erregung) [lat.]

In'tur'ges'zenz (die, -, -en) = Intumeszenz

in'tus (Adv.) inwendig, innen; etwas intus haben: etwas gegessen, getrunken haben, etwas begriffen, gelernt haben [lat.]

I'nu'it (nur Mz.) eskim. für: Menschen; Selbstbezeichnung der Eskimos [eskim.]

I'nun'da'ti'on *auch:* In'un'da'ti'on (die, -, -ti'o'nen) Überflutung von Land [lat.]

In'va'gi'na'ti'on (die, -, -ti'o'nen) Einstülpung eines Darmteils in den nächsten [lat.]

in'va'lid (Adj.) = invalide

in'va'li'de (*auch:* in'va'lid) (Adj.) dauernd arbeits-, erwerbsunfähig; behindert [lat.]

In'va'li'de (der oder die, -n, -n) invalide Person

in'va'li'di'sie'ren (V.) für invalid erklären

In'va'li'di'tät (die, -, nur Ez.) dauernde Arbeits-, Erwerbsunfähigkeit; Behinderung [lat.]

in'va'ri'a'bel (Adj.) unveränderlich [lat.]

in'va'ri'ant (Adj.) unverändert bleibend (von Messgrößen) [lat.]

In'va'ri'an'te (die, -, -n) unveränderliche Größe (in der Mathematik) [lat.]

In'va'ri'anz (die, -, nur Ez.) Unveränderlichkeit [lat.]

In'va'si'on (die, -, -si'o'nen) **1** Einfall feindlicher Truppen **2** Eindringen von Krankheitserregern ins Blut [lat.]

In'va'sor (der, -s, -so'ren) (in ein Land) eindringender Feind [lat.]

In'vek'ti've (die, -, -n) Schmähschrift oder Schmährede, Beleidigung, Anwurf [lat.]

In'ven'tar (das, -s, -e) Gesamtheit der zu einem Raum, Grundstück, Betrieb gehörenden Gegenstände, Vermögenswerte, Tiere; Verzeichnis darüber; lebendes Inventar: Tiere; totes Inventar: Möbel, Vermögenswerte [lat.]

In'ven'ta'ri'sa'ti'on (die, -, -ti'o'nen) das Aufnehmen, Aufzeichnen des Inventars, Bestandsaufnahme [lat.]

in'ven'ta'ri'sie'ren (V.) in das Verzeichnis des Inventars aufnehmen

In'ven'ti'on (die, -, -ti'o'nen) **1** Erfindung (veraltet) **2** kleines Musikstück ohne besondere Form mit nur einem Thema [lat.]

In'ven'tur (die, -, -en) schriftliche Aufstellung des Inventars zu einem bestimmten Zeitpunkt [lat.]

in'vers (Adj.) umgekehrt [lat.]

In'ver'si'on (die, -, -si'o'nen) Umkehrung, Umstellung, Umwandlung [lat.]

In'ver'teb'rat *auch:* In'ver'te'brat (der, -en, -en) wirbelloses Tier [lat.]

in'ver'tie'ren (V.) umkehren, umstellen, umwandeln [lat.]

in'ver'tiert (Adj.) umgekehrt; sexuell zum eigenen Geschlecht hinneigend, homosexuell

in'ves'tie'ren (V.) **1** in ein Amt einweisen; z.B. Geistliche **2** langfristig anlegen; z.B. Kapital, Gelder **3** aufwenden, einsetzen; z.B. Zeit, Mühe investieren [lat.]

In'ves'ti'ti'on (die, -, -ti'o'nen) langfristiges Anlegen von Kapital [lat.]

In'ves'ti'tur (die, -, -en) Einsetzung in ein Amt

in'ves'tiv (Adj.) in Form einer Investition

In'vest'ment (das, -s, -s) = Investitionen [engl.]

In'ves'tor (der, -s, -to'ren) jmd., der Kapital investiert

in vi'no ve'ri'tas im Wein (ist, liegt) Wahrheit, d.h. wenn man getrunken hat, plaudert man leicht die Wahrheit aus [lat.]

in vit'ro *auch:* in vi'tro im Reagenzglas, d.h. im Laboratorium; einen Versuch in vitro durchführen [lat.]

In-vit'ro-Fer'ti'li'sa'ti'on *auch:* In-vi'tro-Fer'ti'li'sa'ti'on (die, -, -ti'o'nen) künstliche Befruchtung [lat.]

in vi'vo am lebenden Objekt; etwas in vivo beobachten [lat.]

In'vo'ka'ti'on (die, -, -ti'o'nen) Anrufung (Gottes und der Heiligen) [lat.]

In'vo'lu'ti'on (die, -, -ti'o'nen) Rückbildung (von Organen; z.B. der Gebärmutter nach der Entbindung oder im Alter) [lat.]

in'vol'vie'ren (V.) in sich schließen, enthalten, zur Voraussetzung haben, einbegreifen; nach sich ziehen [lat.]

In'zest (der, -(e)s, -zes'te) Geschlechtsverkehr zwischen Blutsverwandten (Eltern und Kindern oder Geschwistern) [lat.]

in'zes'tu'ös (Adj.) in der Art eines Inzests; z.B. inzestuöse Beziehung

in'zi'die'ren (V.) einschneiden, einen Einschnitt (in etwas) machen [lat.]

In|zi|si|on (die, -, -si̲o̲nen) Einschnitt, Öffnung durch Schnitt; z.B. eines Geschwürs [lat.]

In|zi|siv (der, -s, -en) Schneidezahn [lat.]

In|zi|sur (die, -, -en) Einbuchtung, Einsenkung an Knochen oder Organen [lat.]

I|on (das, -s, -en) elektrisch geladenes Teilchen [gr.]

I|o|ni|sa|ti|on (die, -, -ti̲o̲nen) Übergang von Atomen oder Molekülen in den Zustand der elektrischen Ladung von Ionen

i|o|nisch (Adj.) aus der altgriechischen Landschaft Ionien stammend

i|o|ni|sie|ren (V.) in den Zustand von Ionen versetzen, elektrisch aufladen

I|o̲|ni|um (das, -s, nur Ez.) radioaktives Zerfallsprodukt des Urans [gr.]

I|o|no|me|ter (das, -s, -) Gerät zum Messen der Ionisation [gr.]

I|o|nos|phä|re *auch:* I|o|no|sphä̲|re (die, -, nur Ez.) die ionisierte oberste Schicht der Erdatmosphäre

Io|ta (das, -(s), -s) = Jota

ip|se fe|cit hat (es) selbst gemacht (Vermerk des Künstlers auf alten Stichen und Gemälden) [lat.]

Ip|sis|mus (der, -, nur Ez.) Selbstbefriedigung, Masturbation (veraltet) [lat.]

IQ [i:ku:] (der, -s, -s) = Intelligenzquotient

I|ra|ker (der, -s, -) Ew. des Irak [arab.]

I|ra|ner (der, -s, -) Ew. des Iran

i|ra|nisch (Adj.) zum Iran gehörig, aus ihm stammend

I|ra|nist (der, -nis̲ten, -nis̲ten) Wissenschaftler der Iranistik

I|ra|nis|tik (die, -, nur Ez.) Wissenschaft von der Sprache und Kultur des Irans

i|ra|nis|tisch (Adj.) zur Iranistik gehörig

Ir|bis (der, -, -se) Schneeleopard [mongol.]

I|re (der, -n, -n) Ew. Irlands

I|re|nik (die, -, nur Ez.) theologische Lehre vom Frieden, die nach Verständigung und Aussöhnung der verschiedenen Konfessionen strebt [gr.]

i|re|nisch (Adj.) zur Irenik gehörig, friedlich, friedfertig

I|ri|dek|to|mie *auch:* I|rid|ek|to|mi̲e (die, -, -n) operative Entfernung eines Teils der Iris des Auges [gr.]

I|ri|di|um (das, -s, nur Ez.) ein Element, Edelmetall [gr.]

I|ri|do|lo|gie (die, -, nur Ez.) Diagnose von Krankheiten auf Grund von Veränderungen des Augenhintergrundes, Augendiagnose [gr.]

I|ris (die, -, Iri̲den) 1 Regenbogenhaut des Auges 2 (nur Ez.) Schwertlilie [gr.]

I|rish|cof|fee (*auch:* I|rish Cof|fee) [aɪərɪʃ kɔfɪ] (der, - -s, - -s) Kaffee mit etwas Whisky, Zucker und Schlagsahne obenauf [engl.]

I|rish|stew (*auch:* I|rish Stew) [aɪərɪʃ stju:] (das, - -s, - -s) klein geschnittenes gekochtes Hammelfleisch mit Weißkohl und Kartoffelstückchen [engl.]

i|ri|sie|ren (V.) in den Regenbogenfarben schimmern

I|ri|tis (die, -, -ti̲den) Entzündung der Iris des Auges, Regenbogenhautentzündung

I|ro|ke|se (der, -, -n) Angehöriger eines nordamerikanischen Indianerstammes

I|ro|ko (das, -s, nur Ez.) mittelhartes afrikanisches Nutzholz [Yoruba]

I|ro|nie (die, -, nur Ez.) feiner Spott, bei dem man das Gegenteil dessen sagt, was man meint; Ironie des Schicksals: Zusammentreffen von Ereignissen, das dem normalen und erwünschten Verlauf widerspricht [gr.]

I|ro|ni|ker (der, -s, -) jmd., der gern ironische Bemerkungen macht

i|ro|nisch (Adj.) auf Ironie beruhend, fein spöttisch

i|ro|ni|sie|ren (V.) ironisch darstellen oder beurteilen

I|ro|nym *auch:* Ir|o̲|nym (das, -s, -e) eine ironische Wendung als Pseudonym verwenden [lat.]

Ir|ra|di|a|ti|on (die, -, -ti̲o̲nen) 1 Ausstrahlung von Schmerzen über den betroffenen Körperteil hinaus 2 optische Täuschung, bei der eine dunkle Figur auf hellem Grund kleiner erscheint als eine gleich große helle Figur auf dunklem Grund [lat.]

ir|ra|di|ie|ren (V.) ausstrahlen [lat.]

ir|ra|ti|o|nal (Adj.) mit der Vernunft, dem Verstand nicht fassbar, nicht erklärbar; irrationale Zahl: Zahl, die nicht als gemeiner Bruch, sondern nur als Dezimalbruch mit unbegrenzt vielen, nicht periodischen Stellen dargestellt werden kann [lat.]

Ir|ra|ti|o|na|lis|mus (der, -, nur Ez.) jede philosophische Lehre, nach der Wesen und Ursprung der Welt nicht mit Verstand oder Vernunft erklärbar sind; irrationales Denken oder Verhalten [lat.]

Ir|ra|ti|o|na|li|tät (die, -, nur Ez.) das Irrationalsein, irrationale Beschaffenheit

ir|re|al (Adj.) nicht real, unwirklich [lat.]

Ir|re|a|lis (der, -, -les) Aussageweise der Unwirklichkeit, des Wunsches (im Deutschen durch den Konjunktiv wiedergegeben) [lat.]

Ir|re|a|li|tät (die, -, nur Ez.) Unwirklichkeit [lat.]

ir|re|gu|lär (Adj.) nicht regulär, nicht der Regel entsprechend; nicht den Gesetzen entsprechend, ungesetzlich; irreguläre Truppen: nicht zur staatlichen Streitmacht gehörige Truppen; z.B. Partisanen [lat.]

Ir|re|gu|la|ri|tät (die, -, nur Ez.) Unregelmäßigkeit, Ungesetzlichkeit [lat.]

ir|re|le|vant (Adj.) unerheblich, unbedeutend, unwichtig [lat.]

Ir|re|le|vanz (die, -, nur Ez.) Unerheblichkeit, Unwichtigkeit [lat.]

ir|re|li|gi|ös (Adj.) nicht religiös [lat.]

Ir|re|li|gi|o|si|tät (die, -, nur Ez.) Mangel an Religiosität [lat.]

ir|re|pa|ra|bel (Adj.) nicht reparierbar, nicht heilbar [lat.]

ir|re|ver|si|bel (Adj.) nicht reversibel, nicht umkehrbar, nicht in umgekehrter Richtung möglich [lat.]

Ir|ri|ga|ti|on (die, -, -ti|o|nen) Darmspülung, Einlauf [lat.]

Ir|ri|ga|tor (der, -s, -to|ren) Spülkanne für Einläufe [lat.]

ir|ri|ta|bel (Adj.) erregbar, reizbar (bes. von Nerven); leicht in Verwirrung zu bringen, leicht zu verunsichern (ugs.) [lat.]

Ir|ri|ta|bi|li|tät (die, -, nur Ez.) Erregbarkeit, Reizbarkeit [lat.]

Ir|ri|ta|ti|on (die, -, -ti|o|nen) Erregung, Reizung, Verwirrung, Verunsicherung (ugs.) [lat.]

ir|ri|tie|ren (V.) erregen, reizen; verwirren, unsicher machen (ugs.) [lat.]

I|sa|go|gik *auch:* Is|a|go|gik (die, -, nur Ez.) Kunst der Einführung (in eine Wissenschaft oder Lehre) [gr.]

Is|chä|mie [isçε-] (die, -, -n) Blutleere (in Organen) [gr.]

Is|chi|a|di|kus (der, -, nur Ez.) Ischiasnerv, Hüftnerv [gr.-lat.]

Is|lam (der, -s, nur Ez.) von Mohammed im 7. Jh. begründete, monotheistische (bes. in Asien und Afrika verbreitete) Religion [arab.]

is|la|misch (Adj.) zum Islam gehörig

is|la|mi|sie|ren (V.) zum Islam bekehren

is|la|mi|tisch (Adj .) = islamisch

Is|mus (der, -, -men) eine bloße Theorie, eine der vielen auf -ismus endenden Theorien

I|so|ba|re (die, -, -n) Verbindungslinie zwischen Orten mit gleichem Luftdruck [gr.]

I|so|bu|tan (das, -s, nur Ez.) ein gesättigter Kohlenwasserstoff [gr.-lat.]

I|so|chro|ma|sie [-kro-] (die, -, nur Ez.) gleiche Farbempfindlichkeit (bei fotografischen Schichten) [gr.]

i|so|chro|ma|tisch [-kro-] (Adj.) gleich empfindlich für alle Farben (von fotografischen Schichten) [gr.]

I|so|chro|ne [-kroː-] (die, -, -n) Verbindungslinie zwischen Orten, an denen eine Naturerscheinung zur gleichen Zeit auftritt [gr.]

i|so|cyc|lisch *auch:* i|so|cy|clisch (*auch:* i|so|zyk|lisch/i|so|zy|klisch) (Adj.) ringförmig und nur Kohlenstoffatome aufweisend (von organischen Verbindungen) [gr.-lat.]

I|so|ga|me|ten (nur Mz.) gleich gestaltete weibliche und männliche Geschlechtszellen

I|so|ga|mie (die, -, nur Ez.) Vereinigung von gleich gestalteten männlichen und weiblichen Geschlechtszellen [gr.]

I|sog|los|se *auch:* I|so|glos|se (die, -, -n) Linie, die das Gebiet begrenzt, in dem gleiche sprachliche oder mundartliche Wörter oder Erscheinungen auftreten [gr.]

I|so|gon (das, -s, -e) regelmäßiges Vieleck [gr.]

i|so|go|nal (Adj.) mit gleichen Winkeln versehen [gr.]

I|so|he|lie [-liə] (die, -, -n) Verbindungslinie zw. Orten mit gleicher Sonneneinstrahlung

I|so|hy|e|te (die, -, -n) Verbindungslinie zwischen Orten mit gleicher Niederschlagsmenge [gr.]

i|so|hyp|se (die, -, -n) Verbindungslinie zwischen Orten, die in gleicher Höhe über dem Meeresspiegel liegen, Höhenlinie [gr.]

I|so|la|ti|on (die, -, -ti|o|nen) **1** Vereinsamung, Vereinzelung **2** Absonderung von Personen mit einer ansteckenden Krankheit (auch von Geisteskranken), Häftlingen von allen übrigen Personen **3** Abdichtung gegen Ströme aller Art (Gas, Licht, Wärme usw.) [lat.]

I|so|la|tio|nis|mus (der, -, nur Ez.) Bestreben (von Staaten), sich von anderen Staaten abzuschließen, Auseinandersetzungen und Bündnisse zu vermeiden [lat.]

i|so|la|ti|o|nis|tisch (Adj.) auf Isolationismus beruhend

I|so|la|tor (der, -s, -to|ren) Stoff, der Ströme (Wärme, Schall, elektrischen Strom) nicht oder schlecht leitet [lat.]

i|so|lie|ren (V.) **1** absondern, von anderen Personen getrennt halten **2** gegen Ströme (Wärme, Schall, Licht, Wasser, elektrischen Strom) abdichten [lat.]

I|so|li|nie (die, -, -n) Verbindungslinie zwischen Orten, die gleiche physikalische, geografische, meteorologische usw. Werte aufweisen oder an denen Naturerscheinungen gleichzeitig auftreten [gr.]

i|so|mer (Adj.) Isomerie aufweisend

I|so|me|re (das, -n, -n) chemische Verbindung, die trotz gleicher Anzahl gleicher Atome gegenüber anderen Verbindungen infolge abweichender Anordnung der Teilchen eine andere Struktur hat [gr.]

I|so|me|rie (die, -, nur Ez.) abweichendes chemisches und physikalisches Verhalten eines Isomeren

I|so|met|rie *auch:* I|so|me|trie (die, -, nur Ez.) **1** Gleichheit der Längenverhältnisse (bei Landkarten) **2** gleiches Organwachstum in Übereinstimmung mit dem Gesamtwachstum (in der Biologie)

i|so|met|risch *auch:* i|so|me|trisch (Adj.) von gleicher Längenausdehnung, maßstabgetreu; isometrisches Training: Training durch Anspannung der Muskeln ohne Bewegung [gr.]

i|so|morph (Adj.) von gleicher Gestalt (bes. bei Kristallen) [gr.]

I|so|mor|phie (die, -, nur Ez.) das Isomorphism

I|so|pren (das, -s, nur Ez.) ein ungesättigter Kohlenwasserstoff [gr.]

I|so|seis|te (die, -, -n) Verbindungslinie zwischen Orten mit gleicher Erdbebenstärke

i|sos|mo|tisch *auch:* is|os|mo|tisch (Adj.) gleichen osmotischen Druck aufweisend (von Lösungen) [gr.]

I|sos|ta|sie *auch:* I|sos|ta|sie (die, -, nur Ez.) Zustand des Gleichgewichts zwischen einzelnen Teilen der Erdkruste [gr.]

i|so|therm (Adj.) gleiche Temperatur aufweisend [gr.]

I|so|ther|me (die, -, -n) Verbindungslinie zwischen Orten mit gleicher Temperatur zur gleichen Zeit [gr.]

I|so|ton (das, -s, -e) Atomkern, der gegenüber einem anderen die gleiche Anzahl von Neutronen, aber eine andere Anzahl von Protonen besitzt [gr.]

I|so|top (das, -s, -e) Atomkern, der gegenüber einem anderen des gleichen chemischen Elements eine unterschiedliche Masse aufweist

I|sot|ron *auch:* I|so|tron (das, -s, -tro|ne) Gerät zum Trennen von Isotopen [gr.]

i|sot|rop *auch:* i|so|trop (Adj.) nach allen Richtungen hin die gleichen physikalischen Eigenschaften aufweisend [gr.]

i|so|zyk|lisch *auch:* i|so|zy|klisch = isocyclisch

Is|ra|e|li [-ae:-] (der, -s, -s) Ew. des Staates Israel

is|ra|e|lisch [-ae:-] (Adj.) zu Israel gehörig

Is|ra|e|lit [-rae-] (der, -en, -en) Angehöriger des Volkes Israel

is|ra|e|li|tisch [-rae-] (Adj.) zu den Israeliten gehörig

Isth|mus (der, -, men) Landenge [gr.-lat.]

I|tai-I|tai (das, -, nur Ez.) durch Einwirkung von Cadmiumsulfat verursachte Krankheit, bei der es zu Nierenschäden und einer Entkalkung des Skeletts kommt [jap.]

I|ta|la (die, -, nur Ez.) älteste, um 200 in Italien entstandene lateinische Bibelübersetzung

I|ta|ler (der, -s, -) Ew. der Apennin-Halbinsel (in der Antike)

i|ta|li|a|ni|sie|ren (V.) italienisch machen, nach italienischem Muster gestalten

I|ta|li|a|nist (der, -nis|ten, -nis|ten) Italienspezialist innerhalb der Romanistik, die italienische Sprache und Literatur erforschender Wissenschaftler [lat.]

I|ta|li|e|ner (der, -s, -) **1** Ew. von Italien **2** eine Hühnerrasse

i|ta|li|e|nisch (Adj.) zu Italien gehörig

I|ta|li|ker (der, -s, -) = Italer

i|ta|lisch (Adj.) das antike Italien betreffend [lat.]

i|te, mis|sa est Schlussworte, mit denen die Gläubigen nach der römischen Messe entlassen werden, »Gehet hin, ihr seid entlassen« [lat.]

i|tem desgleichen; kurzum (veraltet) [lat.]

I|te|ra|ti|on (die, -, -ti|o|nen) **1** Verdoppelung, Wiederholung (eines Wortes oder einer Silbe; z.B. nein, nein!) **2** Rechenverfahren durch schrittweises Annähern an die Lösung [lat.]

i|te|ra|tiv (Adj.) **1** wiederholend **2** sich der Lösung schrittweise nähernd (in der Mathematik) [lat.]

I|ti|ne|rar (das, -s, -e) Straßenverzeichnis (im alten Rom); Karte mit den aufgezeichneten Routen von Reisen und Kriegszügen (im Mittelalter); Aufzeichnung der Wege (bei Expeditionen in unerforschtes Gebiet) [lat.]

I|ti|ne|ra|ri|um (das, -s, -ri|en) = Itinerar

I|vo|ri|a|ner (der, -s, -) Einwohner des westafrikanischen Staates Elfenbeinküste [zum frz. Landesnamen Côte d'Ivoire]

I|wan (der, -s, -s) Russe, sowjetischer Soldat; Gesamtheit der sowjetischen Soldaten (als Spitzname im Zweiten Weltkrieg)

I|writh *auch:* Iw|rith (das, -(s), nur Ez.) Neuhebräisch, Amtssprache in Israel

I|zi|ki (*auch:* Hi|zi|ki) (nur Mz.) tiefschwarze, fadendünne Algen (in der Vollwertküche) [jap.]

J

Jab [dʃæb] (der, -s, -s) hakenartiger Schlag aus geringster Entfernung (beim Boxen) [engl.]

Ja'bot [ʒabo:] (das, -s, -s) Rüsche an der Vorderseite von Männerhemden und Frauenblusen (zum Verdecken des Verschlusses, bes. im 18. Jh.) [frz.]

Ja'cket'kro'ne (die, -, -n) Mantelkrone für Zähne aus Porzellan oder Kunstharz [engl.-dt.]

Ja'ckett [ʒa-] (das, -s, -s) Jacke (des Herrenanzugs) [frz.]

Jac'quard [ʒaka:r] (der, -s, -s) auf besonderen Maschinen hergestellter Stoff mit kunstvollem eingewebtem Muster [frz.]

Jac'que'rie (die, -, nur Ez.) Bauernaufstand im Frankreich des 14. Jahrhunderts [frz.]

ja'de (Adj.) blassgrün [lat.-span.-frz.]

Ja'de (der oder die, -(s), nur Ez.) ein grünes Mineral, Schmuckstein [span.]

Ja'de'it (der, -s, nur Ez.) ein grünes Mineral

Jai'nis'mus [dʒai-] = Dschainismus

Jak (der, -s, -s) langhaariges Rind des asiatischen Hochgebirges [tibet.]

Ja'ko (der, -s, -s) afrikanischer Graupapagei [frz.]

Ja'ko'bi'ner (der, -s, -) **1** Mitglied der wichtigsten politischen Vereinigung während der Französischen Revolution **2** (selten) Bezeichnung für französische Dominikaner

Ja'ko'bi'ner'müt'ze (die, -, -n) die rote Wollmütze der Jakobiner während der Französischen Revolution, die zum Symbol der Freiheit wurde

ja'ko'bi'nisch (Adj.) die Jakobiner betreffend, zu den Jakobinern gehörend

Ja'ku'te (der, -n, -n) Angehöriger eines Turkvolkes in Sibirien

Ja'leo [xale:o] (der, -s, -s) lebhafter, traditioneller spanischer Tanz [span.]

Ja'lon [ʒalɔ̃] (der, -s, -s) Messlatte, Pfahl zum Abstecken (beim Vermessen von Gelände) [frz.]

Ja'lou'sette [ʒaluzet] (die, -, -n) leichte Jalousie (aus Kunststofflamellen) [frz.]

Ja'lou'sie [ʒaluzi] (die, -, -n) außen am Fenster angebrachter, aufziehbarer oder aufrollbarer Vorhang aus Lamellen oder genau aneinander passenden Brettchen, Verschluss (für Ventilatoren u.a.) aus Lamellen [frz.]

jam'bisch (Adj.) in Jamben abgefasst

Jam'bo'ree [dʒæmbəri:] (das, -s, -s) internationales Pfadfindertreffen; geselliges Beisammensein mit Unterhaltungsprogramm [engl.]

Jam'bus (auch: Iam'bus) (der, -, -ben) Versfuß aus einer betonten und einer unbetonten Silbe [gr.]

Jams (das, -, -) eine tropische Kletterpflanze mit essbaren Wurzeln [pers.-arab.]

Ja'nit'schar auch: Ja'ni'tschar (der, -en, -en) vom 14. bis zum 17. Jh. Soldat der aus christlichen Kriegsgefangenen und ihren Nachkommen gebildeten türkischen Kerntruppe

Jan'maat (der, -es, -e oder -en) scherzhafte Bezeichnung für Matrose [niederl.]

Jän'ner (der, -s, -) Januar (besonders in Süddeutschland, Österreich und der Schweiz) [lat.]

Jan'se'nis'mus (der, -, nur Ez.) katholisch-theologische Richtung im Frankreich des 17. und 18. Jahrhunderts, die gegen Rom feindlich eingestellt war [lat.]

Jan'se'nist (der, -nis'ten, -nis'ten) Anhänger des Jansenismus [lat.]

jan'se'nis'tisch (Adj.) die Jansenisten betreffend, zu den Jansenisten gehörend [lat.]

Ja'pa'no'lo'ge (der, -n, -n) Wissenschaftler der Japanologie

Ja'pa'no'lo'gie (die, -, nur Ez.) Wissenschaft von der japanischen Sprache und Kultur

Jar'di'ni'e're [ʒardinjɛːr] (die, -, -n) Schale oder Korb für Pflanzen mit Wurzeln [frz.]

Jar'gon [ʒargɔ̃] (der, -s, -s) Ausdrucksweise eines sozialen oder beruflichen Gesellschaftskreises; z.B. Schülerjargon, Medizinerjargon [frz.]

Jarl (der, -s, -s) königlicher Statthalter (in Skandinavien im Mittelalter); normannischer Edelmann [altnord.]

Jar'mul'ke (die, -, -s oder -ka) das Samtkäppchen der Juden [poln.-jidd.]

Ja'ro'wi'sa'ti'on (die, -, -ti'o'nen) künstliche Kältebehandlung von Samen und Keimlingen zum Zweck der Entwicklungsbeschleunigung [russ.-lat.]

ja'ro'wi'sie'ren (V.) Saatgut einer künstlichen Kältebehandlung aussetzen [russ.; lat.]

Jasch'mak (der, -s, -s) Schleier der wohlhabenden türkischen Frauen [türk.]

Jas'min (der, -s, -e) Strauch oder Kletterpflanze mit stark duftenden Blüten, Ölbaumgewächs [pers.-arab.]

Jas'pis (der, - oder -ses, -se) ein Mineral, Schmuckstein [hebr.-gr.]

Jas'tik (der, -s, -s) als Vorleger oder Sitzbelag verwendeter orientalischer Teppich [türk.]

Ja'ta'gan auch: -[a̱n] (der, -s, -e) türkischer Krummsäbel

Jause (die, -, -n) kleine Mahlzeit am Nachmittag [österr.-poln.]

jau'sen (*auch:* jaus'nen) (V.) die Jause einnehmen

jaus'nen (V.) = jausen

Jazz [dʒæz] oder [jats] (der, -, nur Ez.) aus der Volksmusik der schwarzen Bevölkerung Nordamerikas entstandener Musizierstil [engl.]

jaz'zen (V.) Jazzmusik spielen oder danach tanzen

Jaz'zer [dʒæzə] (der, -s, -) Musiker, der Jazzmusik spielt oder komponiert

Jeans [dʒi:nz] (nur Mz.) einfache bügelfaltenlose (Baumwoll-)Hose, »Wash-and-wear«-Freizeithose [engl.]

Jeep [dʒi:p] (der, -s, -s) kleiner, geländegängiger Kraftwagen mit Vierradantrieb (Warenzeichen) [engl.]

Je'me'nit (der, -en, -en) Einwohner der Arab. Republik Jemen und der Demokrat. Volksrepublik Jemen

Je're'mi'a'de (die, -, -n) wortreiche Klage, Gejammer [hebr.-frz.]

Je'rez [xereθ] (der, -, nur Ez.) bernsteinfarbener süßer Wein, Sherry [span.]

Jer'sey [dʒɜ:zi] (der, -s, -s) gewirkter Wollstoff [engl.]

je'su'a'nisch (Adj.) auf Jesus zurückgehend, auf Jesus bezogen [lat.]

Je'su'it (der, -en, -en) Angehöriger des von Ignatius von Loyola im 16. Jh. gegründeten Ordens (Jesuitenordens, Societas Jesu)

Je'sus Peo'ple [dʒi:zəs pi:pl] (nur Mz.) etwa seit 1970 von Amerika ausgehende religiöse Bewegung junger Leute [engl.]

Jet [dʒet] (der, -s, -s) Düsenflugzeug [engl.]

Jet'lag [dʒetlæg] (der, -s, -s) Unwohlsein, verursacht durch einen Flug über mehrere Zeitzonen [engl.]

Jet'li'ner [dʒetlaɪnə] (der, -s, -) Düsenverkehrsflugzeug [engl.]

Je'ton [ʒɔtɔ̃] (der, -s, -s) Spielmünze, Spielmarke [frz.]

Jet'set [dʒetset] (der, -s, -s) Gesamtheit von Angehörigen reicher Gesellschaftsschichten (die in Jets durch die Welt reisen)

Jet'stream [dʒetstri:m] (der, -s, -s) starker Luftstrom in hohen Schichten der Troposphäre [engl.]

Jett auch [dʒet] (der, -s, nur Ez.) harte, oft zu Schmucksteinen verarbeitete Braunkohle

jet'ten [dʒɛtn] (V.) mit dem Jet reisen

Jeu [ʒø:] (das, -s, -s) Glücks-, Kartenspiel [frz.]

jeu'en [ʒø:-] (V.) in einem Kasino, einer Spielbank spielen [lat.-frz.]

Jeu'nesse do'rée [ʒœnɛsdɔreː] (die, - -, nur Ez.) reiche, elegante, leichtlebige junge Leute [frz.]

jid'disch (Adj.) zu den Juden in Deutschland und Osteuropa gehörend, von ihnen stammend

Jid'dis'tik (die, -, nur Ez.) Wissenschaft von der jiddischen Sprache und Kultur

jid'dis'tisch (Adj.) zur Jiddistik gehörig

Jig'ger [dʒɪgə] (der, -s, -) 1 kleines Segel am hintersten Mast von Viermastern; damit ausgerüstetes Fischerboot 2 ein Golfschläger 3 Färbemaschine (Warenzeichen) 4 Flüssigkeitsmaß für Cocktails [engl.]

Jin'gle [dʒɪŋgl] (der, -s, -s) leicht ins Ohr gehender (gesungener) Werbespruch [engl.]

Jin'go [dʒɪŋgəʊ] (der, -s, -s) Bezeichnung für einen Nationalisten oder Chauvinisten in England [engl.]

Jin'go'is'mus [dʒɪŋ-] (der, -, nur Ez.) englische Bezeichnung für Chauvinismus [engl.]

Jin und Jang (das, - - -, nur Ez.) in der chinesischen Naturphilosophie die beiden Weltprinzipien, das empfangende Weibliche und das schaffende Männliche

Jit'ter'bug [dʒɪtəbʌg] (der, -s, -s) ein Modetanz (um 1945) mit akrobatischen Figuren (zu Boogie-Woogie) [engl.]

Jiu-Jit'su [dʒi:udʒɪtsu] (der, -, nur Ez.) japanischer Kampfsport, Technik zur Selbstverteidigung ohne Waffen

Jive [dʒaɪv] (der, -, nur Ez.) schnelle, schwungvolle Swingmusik; entschärfte Variante des Jitterbug [engl.]

Job [dʒɔp] (der, -s, -s) Arbeit, Beschäftigung, Gelegenheit zum Geldverdienen, Anstellung [engl.]

job'ben [dʒɔbn] (V.) Gelegenheitsarbeit verrichten; Berufsarbeit ausüben (ugs.) [engl.]

Job'ber [dʒɔbɐ] (der, -s, -) 1 Gelegenheitsarbeiter 2 Börsenspekulant; Händler (an der Londoner Börse), der nur auf eigene Rechnung Geschäfte abschließen darf [engl.]

Jockei (*auch:* Jo'ckey) [dʒɔki] (der, -s, -s) berufsmäßiger Rennreiter [engl.]

Jo'ckett'te [dʒɔ-] (die, -, -n) weiblicher Jockei

Jockey [dʒɔki] = Jockei

Jod (das, -s, nur Ez.) ein Element; Desinfektionsmittel

Jo'dis'mus (der, -, nur Ez.) Jodvergiftung

Jo'ga (der oder das, -s, nur Ez.) = Yoga

jog'gen [dʒɔ-] (V.) in der Art des Joggings gehen oder laufen

Jog'ger [dʒɔ-] (der, -s, -) jmd., der Jogging betreibt

Jog'ging [dʒɔ-] (das, -s, nur Ez.) sportliches Laufen, schnelles Gehen oder langsamer Dauerlauf [engl.]

Jo'gi (der, -s, -s) = Yogi

Joint [dʒɔɪnt] (der, -s, -s) selbst gedrehte Zigarette, deren Tabak Haschisch oder Marihuana enthält [engl.]

Joint'ven'ture (auch: Joint Ven'ture) [dʒɔɪnt ventʃə] (das, -(s), -s) Zusammenschluss von Unternehmen auf internationaler Ebene für die gemeinsame Durchführung eines Projektes [engl.]

Jo'ku'la'tor (der, -s, -to̱ren) umherziehender Sänger, Musiker und Spaßmacher zugleich (im Mittelalter) [lat.]

Jo'kus (der, -, nur Ez.) Spaß, Jux, Ulk [lat.]

Jol'le (die, -, -n) einmastiges Segelboot; flaches Ruderboot als Arbeits- oder Beiboot [niederl.]

Jom Kip'pu̱r (der, - -, nur Ez.) Versöhnungsfest, hoher jüdischer Feiertag [hebr.]

Jong'leur auch: Jon'gleur [ʒɔ̃ɡløːɐ̯] (der, -s, -e) Artist im Varieté und Zirkus), der Bälle, Teller u.a. in die Höhe wirft und auffängt [frz.]

jong'lie'ren auch: jon'glie̱'ren [ʒɔ̃-] (V.) **1** geschickt und rasch werfen und wieder auffangen; z.B. mit Bällen, Tellern jonglieren **2** geschickt etwas benutzen; z.B. mit Worten jonglieren [frz.]

Jon'ny [dʒɔ-] (der, -s, -s) umgangssprachlich salopp für Penis [engl.]

Jo'no̱n (das, -s, nur Ez.) nach Veilchen riechender Duftstoff [gr.-lat.]

Jop'pe (die, -, -n) bequeme Jacke, Hausjacke; z.B. Lodenjoppe [arab.-frz.]

Jor'da'ni'er (der, -s, -) Ew. Jordaniens

Jo'ru'ri [dʒɔː-] (das, -(s), -s) japanisches Puppenspiel mit Musik [jap.]

Jo'ta (auch: Io̱'ta) (das, -(s), -s) **1** neunter Buchstabe des griechischen Alphabets **2** Kleinigkeit, bisschen; z.B. das ist um kein Jota besser

Joule [dʒaʊl] oder [dʒuːl] (das, -(s), -) Maßeinheit der Energie [engl.]

Jour [ʒuːr] (der, -s, -e) Empfangstag (früher); Jour fixe: festgesetzter Tag, an dem man sich regelmäßig trifft [frz.]

Jour'nail'le [ʒʊrnaljə] (die, -, nur Ez.) verantwortungslos, hetzerisch arbeitende Journalisten [frz.]

Jour'na̱l [ʒʊr-] (das, -s, -e) **1** Rechnungsbuch, Tagebuch des Buchhalters **2** Zeitschrift [frz.]

Jour'na'lis'mus [ʒʊr-] (der, -, nur Ez.) Zeitungswesen; schriftstellerische Tätigkeit für Zeitungen, Zeitschriften, Rundfunk und Fernsehen [frz.]

Jour'na'list [ʒʊr-] (der, -li̱s'ten, -li̱s'ten) für Zeitungen, Zeitschriften, Funk und Fernsehen arbeitender Schriftsteller [frz.]

Jour'na'lis'tik [ʒʊr-] (die, -, nur Ez.) Zeitungswissenschaft

jour'na'lis'tisch [ʒʊr-] (Adj.) zum Journalismus, zur Journalistik gehörig, sie betreffend; in der Art eines Journalisten

jo'vi'a̱l (Adj.) betont umgänglich, leutselig, wohlwollend und etwas herablassend [lat.]

Jo'vi'a'li'tä̱t (die, -, nur Ez.) joviales Verhalten

Joy'stick (der, -s, -s) Steuerhebel für Computerspiele [engl.]

Ju'bi'lar (der, -s, -e) jmd., zu dessen Ehren ein Jubiläum gefeiert wird

Ju'bi'lä̱'um (das, -s, -lä̱en) Jahrestag (eines Ereignisses), Gedenktag [lat.]

Ju'bi'lee [dʒuːbɪliː] (das, -s, -s) religiöses Lied der Schwarzen in Nordamerika [engl.]

ju'bi'lie̱'ren (V.) jubeln; laut singen (von Vögeln) [lat.]

Ju'da̱i'ka (nur Mz.) Bücher, Bilder über das Judentum

Ju'da̱'is'mus (der, -, nur Ez.) jüdische Religion; streng am mosaischen Gesetz orientierte Richtung im Urchristentum [nlat.]

Ju'da̱'is'tik (die, -, nur Ez.) Wissenschaft von der jüdischen Geschichte und Kultur [nlat.]

Ju'di'ka'ti̱'ve (die, -, nur Ez.) richterliche Gewalt (im Staat) [lat.]

Ju'di'ka'tu̱r (die, -, -en) Rechtsprechung [lat.]

ju'di'zie̱'ren (V.) Recht sprechen (veraltet) [lat.]

Ju'do (das, -(s), nur Ez.) sportlich betriebenes Jiu-Jitsu [jap.]

Ju'do̱'ka (der, -(s), -(s)) Sportler, der Judo betreibt [jap.]

Ju'gos'la̱'we auch: Ju'go'sla̱'we (der, -n, -n) Ew. des ehemaligen Jugoslawiens

ju'gu'lar (Adj.) zum Jugulum gehörig

Ju'gu'lum (das, -s, -la) Grube über dem Brustbein zwischen den Schlüsselbeinen, Drosselgrube [lat.]

Juke'box [dʒuːk-] (die, -, -es) Musikautomat, der gegen Münzeinwurf Unterhaltungsmusik spielt [engl.]

Jul (das, -(s), nur Ez.) **1** germanisches Fest der Wintersonnwende **2** Weihnachtsfest in Skandinavien [altnord.]

Ju'lep (der oder das, -s, -s) besonders in den angelsächsischen Ländern beliebtes alkoholisches Erfrischungsgetränk [pers.-arab.-frz.-engl.]

Jul'klapp (der, -s, nur Ez.) skandinavische Sitte, am Weihnachtsabend verpackte Geschenke ins Zimmer zu werfen und dazu »Julklapp!« zu rufen, ohne sich zu zeigen; das Geschenk selbst [schwed.]

Jum|bo (der, -s, -s) = Jumbojet

Jum|bo|jet [-dʒɛt] (der, -s, -s) Großraumdüsenflugzeug [engl.]

Ju|mel|lage (die, -, -n) Städtepartnerschaft zwischen Städten verschiedener Länder [frz.]

jun|gie|ren (V.) (veraltet) verbinden, zusammenlegen [lat.]

ju|ni|or der jüngere (nach Personennamen); z.B. Walter Schulz jr. [lat.]

Ju|ni|or (der, -s, -oren) der Sohn, der Jüngere; junger Sportler (zwischen dem 18. und 23. Jahr); Jugendlicher (bes. in der Mode) [lat.]

Ju|ni|o|rat (das, -(e)s, -e) = Minorat

Ju|ni|or|chef (der, -s, -s) mitarbeitender Sohn des Chefs

Ju|ni|pe|rus (die, -, nur Ez.) Wacholder (als Heilpflanze) [lat.]

Jun|kie [dʒʌŋkɪ] (der, -s, -s) Rauschgiftsüchtiger [engl.]

Junk|tim (das, -s, -s) Verbindung mehrerer Gesetzesvorlagen, die nur gemeinsam angenommen oder abgelehnt werden können [lat.]

ju|no|nisch (Adj.) von erhabener Schönheit, von stattlicher Schönheit, wie die römische Göttin Juno [lat.]

Jun|ta [xʊ-] (die, -, -ten) Regierungsausschuss, dessen Tätigkeit zeitlich begrenzt ist (in Spanien und Lateinamerika) [span.]

Jupe (die, -s, -s) 1 Damenrock 2 (veraltet) bis zu den Knöcheln reichender Damenunterrock [arab.-it.-frz.]

Ju|pon [ʒypɔ̃] (der, -s, -s) knöchellanger Unterrock; Unterrock (schweiz.) [frz.]

Ju|ra 1 (nur Mz.) Rechtswissenschaft, Rechtslehre [lat.] 2 (der, -s, nur Ez.) eine Formation des Mesozoikums [kelt.-lat.]

Ju|ras|si|er (der, -s, -) Bw. des Schweizer Kantons Jura

ju|ras|sisch (Adj.) 1 zur Formation des Jura gehörig; z.B. eine jurassische Faltung 2 zum Schweizer Kanton Jura gehörig

Ju|ris|dik|ti|on (die, -, -ti̯o̯nen) Rechtsprechung, Gerichtsbarkeit [lat.]

Ju|ris|pru|denz (die, -, nur Ez.) Rechtswissenschaft [lat.]

Ju|rist (der, -ris̯ten, -ris̯ten) Rechtswissenschaftler, Rechtsgelehrter [lat.]

ju|ris|tisch (Adj.) zur Rechtswissenschaft gehörig, rechtlich (veraltet, noch österr.) [lat.]

Ju|ror (der, -s, -ro̯ren) Mitglied einer Jury

Jur|te (die, -, -n) rundes Filzzelt mittelasiatischer Nomaden [russ.]

Ju|ry [ʒyːri] oder [ʒyriː], auch [dʒʊərɪ] (die, -, -s) Ausschuss von Sachverständigen als Preisrichter (bei Kunstausstellungen, sportlichen, musikalischen u.a. Wettbewerben) [frz.]

Jus 1 (das, -, Ju̯ra) Recht; z.B. Jus studieren; Jus gentium: Völkerrecht; Jus naturale: Naturrecht; Jus primae noctis: Recht des Grundherrn auf die erste Nacht einer neu vermählten Leibeigenen (in der Feudalzeit) [lat.] 2 [ʒyː] (die, -, nur Ez.) Soßengrundlage aus eingekochten Kalbsknochen; Fruchtsaft (schweiz.) [frz.]

jus|tie|ren (V.) auf ein genaues Maß, die größtmögliche Schärfe einstellen; z.B. eine Waage, ein Fernglas justieren; Münzen justieren: auf das vorgeschriebene Gewicht hin prüfen [lat.]

Jus|ti|fi|ka|ti|on (die, -, -ti̯o̯nen) Genehmigung, Anerkennung der Richtigkeit [lat.]

Ju|sti|fi|ka|tur (die, -, -en) Rechnungsprüfung und -anerkennung [lat.]

jus|ti|fi|zie|ren (V.) die Richtigkeit (von etwas) prüfen und anerkennen [lat.]

Jus|ti|ti|ar (der, -s, -e) = Justiziar

Jus|ti|ti|um (das, -s, -ti̯en) Justizium

Jus|ti|zi|ar (auch: Jus|ti|ti̯ar) (der, -s, -e) für alle rechtlichen Angelegenheiten zuständiger Mitarbeiter eines Betriebes oder einer Behörde [lat.]

Jus|ti|zi|um (auch: Jus|ti|ti̯um) (das, -s, -ti̯en) Unterbrechung der Rechtspflege (durch außergewöhnliche, schwerwiegende Ereignisse) [lat.]

Ju|te (die, -, -n) eine indische Art der Lindengewächse; deren Faser; ähnliche Faser anderer Pflanzen [sanskr.]

ju|ve|nil (Adj.) jugendlich; juveniles Wasser: aus dem Erdinnern kommendes und zum ersten Mal am Wasserkreislauf teilnehmendes Wasser [lat.]

Ju|ve|ni|li|tät (die, -, nur Ez.) Jugendlichkeit [lat.]

Ju|wel (das, -s, -e) 1 geschliffener Edelstein, kostbares Schmuckstück; etwas Kostbares, Wertvolles 2 sehr tüchtiger Mensch, dem man jede Arbeit anvertrauen kann (ugs., scherzhaft) [lat.-niederl.]

Ju|we|lier (der, -s, -e) Juwelenhändler

Jux (der, -es, -e) Spaß, Ulk [lat.]

ju|xen (V.) Spaß, Jux machen

Jux|ta (die, -, -ten) Streifen an der Seite von Wert- oder ähnlichen Papieren (der zur Kontrolle abgetrennt und einbehalten werden kann) [lat.]

Jux|ta|po|si|ti|on (die, -, -ti̯o̯nen) 1 Anlagerung kleinster Teilchen an Kristalle 2 Zusammenrückung, Nebeneinanderstellung von Wörtern; z.B. Hans Guckindieluft [lat.]

K

Ka'a'ba (die, -, nur Ez.) Haupttheiligtum des Islams in der großen Moschee von Mekka [arab.]
Ka'ba (das, -s, nur Ez.) Pulver aus Kakao, Zucker u.a. (Warenzeichen); Getränk daraus
Ka'ba'che (die, -, -n) **1** Hütte ohne Komfort **2** anrüchiges Lokal, Kneipe [russ.]
Ka'ba'le (die, -, -n) hinterhältige Handlung, Intrige (veraltet) [frz.]
ka'ba'lie'ren (V.) Kabalen verüben, intrigieren (veraltet)
Ka'ba'list (der, -lis'ten -lis'ten) Intrigant, hinterlistiger Gegner [hebr.-frz.]
Ka'ba'nos'si (die, -, -) = Cabanossi
Ka'ba'rett (das, -s, -e oder -s) **1** kleine Bühne für witzige, zeitkritische Darbietungen **2** die Kunstform dieser Darbietungen **3** drehbare Platte mit abgeteilten Fächern für Speisen
Ka'ba'ret'ti'er (der, -s, -s) Inhaber oder Leiter eines Kabaretts [frz.]
Ka'ba'ret'tist (der, -tis'ten, -tis'ten) Künstler an einem Kabarett
ka'ba'ret'tis'tisch (Adj.) in der Art der Kabarettkunst [frz.]
Kab'ba'la (die, -, nur Ez.) eine jüdische Geheimlehre (bes. im Mittelalter) [hebr.]
Kab'ba'list (der, -lis'ten, -lis'ten) Anhänger, Kenner der Kabbala
Kab'ba'lis'tik (die, -, nur Ez.) Lehre der Kabbala
kab'ba'lis'tisch (Adj.) auf die Kabbala bezogen, geheimnisvoll [hebr.-frz.]
Ka'bel'jau (der, -s, -e oder -s) ein Dorschfisch (Speisefisch) der nördlichen Meere [niederl.]
Ka'bi'ne (die, -, -n) Wohn- und Schlafraum für Passagiere (auf Schiffen); sehr kleiner Raum [frz.]
Ka'bi'nett (das, -s, -e) kleiner Raum; Gesamtheit der Minister (einer Staatsregierung) [frz.]
Ka'bo'ta'ge [-ʒə] (die, -, nur Ez.) **1** Küstenschifffahrt zwischen den Häfen desselben Staates **2** Luftverkehr im Hoheitsgebiet eines fremden Staates [frz.]
Kab'rio auch: **Ka'brio** (das, -s, -s) = Cabrio
Kab'ri'o'lett auch: **Ka'bri'o'lett** (das, -s, -s) = Cabriolet
Ka'bu'ki (das, -(s), - oder -s) japanisches Volksschauspiel mit Musik und Tanz
Ka'by'le (der, -n, -n) Angehöriger eines Berbervolkes

Ka'chek'ti'ker auch: **Kach'ek'ti'ker** (der, -s, -) jmd., der an Kachexie leidet
Ka'che'xie auch: **Kach'e'xie** (die, -, -n) allgemeiner Kräfteverfall [gr.]
Ka'da'ver (der, -s, -) toter Körper eines Tieres, der schon in Verwesung übergeht [lat.]
Ka'da'ver'ge'hor'sam (der, -s, nur Ez.) blinder Gehorsam unter völliger Aufgabe des eigenen Willens und der individuellen Persönlichkeit [lat.-dt.]
Ka'da've'rin (das, -s, nur Ez.) Leichengift [lat.]
Ka'denz (die, -, -en) **1** abschließende Akkordfolge; verzierende Wiederholung des Themas durch den Solisten (im Instrumentalkonzert) **2** Art des Schlusses (beim Vers; z.B. Reim) [it.]
Ka'der (der, -s, -) erfahrene Stamm-, Kerntruppe; Gruppe von leitenden Personen (schweiz.); Gruppe ideologisch geschulter Führungskräfte; Mitglied dieser Gruppe [frz.]
Ka'dett (der, -en, -en) Zögling einer militärischen Erziehungsanstalt (mit dem Ziel des Offiziersberufes) [frz.]
Ka'di (der, -s, -s) Richter (in islamischen Ländern) [arab.]
kad'mie'ren (V.) mit einer Kadmiumschicht überziehen
Kad'mi'um (das, -s, nur Ez.) = Cadmium
ka'duk (Adj) (veraltet) hinfällig, gebrechlich [lat.]
ka'du'zie'ren (V.) bei Zahlungsverzug geleistete Einlagen und Bürgschaften als verfallen erklären [lat.]
Ka'du'zie'rung (die, -, -en) Verfallserklärung für getätigte Einlagen bei Zahlungsverzug [lat.]
Kaf (das der der, -s, nur Ez.) legendäres Gebirge in der islamischen Mythologie, das als Grenze zwischen dem Sitz der Götter und Dämonen und der Erde gilt [arab.]
Kaff (das, -s, -s oder -e) Provinznest, langweiliger kleiner Ort [zigeunerisch]
Kaf'fee auch [-fe:] (der, -s, -s) eine tropische Pflanze; deren Samen, Kaffeebohne; Getränk daraus [arab.]
Kaf'fer 1 (der, -n, -n) früher: Angehöriger eines südafrikanischen Bantuvolkes [arab.] **2** (der, -s, -) Dummkopf, Trottel [jidd.]
Ka'fil'ler (der, -s, -) Schinder, Abdecker in der Gaunersprache [hebr.-jidd.]
Ka'fil'le'rei (die, -, nur Ez.) Abdeckerei in der Gaunersprache [hebr.-jidd.]
Ka'fir (der, -s, -) abwertender Begriff für Nichtmohammedaner [arab.]
kaf'ka'esk (Adj.) unerklärlich, rätselhaft, unheimlich, bedrohlich, im Stil Kafkas
Kaf'tan (der, -s, -e) mantelartiges Oberwand der orthodoxen Juden [pers.-türk.]

Kai (*auch:* Quai) (der, -s, -s) gemauerte Anlegestelle für Schiffe [frz.]
Ka|ik (der, -s, -s) Ruderboot, leichtes Küstenfahrzeug [türk.]
Kai|man (der, -s, -e) im tropischen Südamerika beheimatetes Krokodil [indian.-span.]
Kai|nit [kai-] (der, -s, -e) ein Mineral, Düngemittel [nlat.]
Kains|mal (das, -es, -e) Zeichen der Schuld, mit dem jmd. gezeichnet ist, das jmd. sichtbar trägt
kai|ro|phob (Adj.) Situationsangst empfindend (Psych., Med.) [gr.]
Kai|ro|pho|bie (die, -, -bi|en) Situationsangst (Psych., Med.) [gr.]
Kai|ros (der, -, -roi) **1** günstiger Moment, entscheidender Augenblick, richtiger Zeitpunkt (Philos.) **2** Zeitpunkt der Entscheidung [gr.]
Ka|jak (der auch das, -s, -s) fast ganz geschlossenes, einsitziges Paddelboot der Eskimos; Sportpaddelboot
Ka|je (die, -, -n) Uferbefestigung, Schutzdeich gegen Überschwemmungen [niederl.]
ka|jo|lie|ren (V.) schmeicheln, liebkosen (veraltet) [frz.]
Ka|ka|du (der, -s, -s) ein Papagei mit Federtolle [malai.]
Ka|kao [-kau] (der, -s, -s) Samen des Kakaobaumes; daraus hergestelltes Pulver; Getränk daraus [indian.]
Ka|ke|mo|no (das, -s, -e) asiatisches hochformatiges Gemälde, das auf einer Rolle aus Seide oder Papier gemalt ist [jap.]
Ka|ker|lak (*auch:* Ka|ker|la|ke) (der, -s oder -en, -en) Küchenschabe [niederl.]
Ka|ker|la|ke (die, -, -n) = Kakerlak
Ka|ki (der, -(s), nur Ez.) = Khaki
Ka|kid|ro|se *auch:* Kak|id|ro|se (die, -, nur Ez.) stinkende Schweißsekretion (Med.) [gr.-lat.]
Ka|ko|pho|nie (die, -, -n) schlecht klingende Folge von Tönen oder Lauten, Missklang [gr.]
Kak|ta|ze|en (nur Mz.) Pflanzenfamilie der Kaktusgewächse [gr.-lat.]
Kak|tee (die, -, -n) = Kaktus
Kak|tus (der, - oder -tus|ses, -te|en oder -tusse) aus den Wüstengebieten Amerikas stammende, dickfleischige Stachelpflanze [gr.-lat.]
Ka|la-A|zar (die, -, nur Ez.) tropische Infektionskrankheit [Hindi]
Ka|la|bas|se (die, -, -n) = Kalebasse
Ka|la|bre|se *auch:* Ka|la|bre|se (die, -n, -n) Ew. von Kalabrien
Ka|la|bre|ser *auch:* Ka|la|bre|ser (der, -s, -) breitkrempiger Filzhut mit spitzem Kopf [it.]

Ka|la|mai|ka (die, -, -ken) schwungvoller ukrainischer Tanz mit Gesang [russ.]
Ka|la|mit (der, -en, -en) baumhoher Schachtelhalm des Karbons [gr.]
Ka|la|mi|tät (die, -, -en) Übelstand, Notlage, missliche Lage; Massenerkrankung von Waldbäumen, Tabakpflanzungen u.a. durch Schädlinge, mit wirtschaftlichen Auswirkungen [lat.]
Ka|lan|der (der, -s, -) Maschine zum Pressen und Prägen von Textilien und Papier [frz.]
ka|lan|dern (V.) mit dem Kalander behandeln
Ka|la|sche (die, -, -n) Schläge, eine Tracht Prügel [russ.]
ka|la|schen (V.) prügeln [russ.]
Ka|lasch|ni|kow (die, -, -s) eine Maschinenpistole russ. Bauart
Ka|la|si|ris (die, -, -) Frauen- und Männergewand im antiken Griechenland und Ägypten [ägypt.-gr.]
Ka|lau|er (der, -s, -) Wortspiel, Witz, der meist auf Wortverdrehungen und Umdeutungen beruht [frz.]
Kal|da|ri|um (das, -s, -ri|en) **1** heißes Bad im antiken Rom **2** (veraltet) warmes Gewächshaus [lat.]
Kal|dau|ne (die, -, -n) Innereien, Eingeweide des Schlachtviehs [lat.]
Kal|de|ra (die, -, -ren) = Caldera [lat.-span.]
Ka|le|bas|se (*auch:* Ka|la|bas|se) (die, -, -n) aus einem ausgehöhlten Flaschenkürbis hergestelltes Gefäß [span.-frz.]
Ka|lei|dos|kop *auch:* Ka|lei|do|skop (das, -s, -e) **1** rohrartiges Spielzeug mit Spiegeln, in dem sich bunte Glassteinchen beim Drehen zu immer neuen Mustern ordnen **2** abwechslungsreiche Folge, bunter Wechsel [gr.]
ka|lei|dos|ko|pisch *auch:* ka|lei|do|sko|pisch (Adj.) **1** das Kaleidoskop betreffend **2** ständig wechselnd, in buntem raschen Wechsel [gr.-lat.]
Ka|lei|ka (das, -s, nur Ez.) Umstand, Aufheben [poln.]
ka|len|da|risch (Adj.) nach dem Kalender [lat.]
Ka|len|da|ri|um (das, -s, -ri|en) **1** Verzeichnis von Zinsen, die am Ersten des Monats fällig waren (im alten Rom) **2** Verzeichnis der kirchlichen Gedenk- und Feiertage; Terminkalender [lat.]
Ka|len|der (der, -s, -) Verzeichnis aller Tage, Wochen und Monate des Jahres [lat.]
Ka|le|sche (die, -, -n) leichter, eleganter, vierrädriger Pferdewagen (für Personen) [poln.]
Kal|fak|ter (der, -s, -) = Kalfaktor

Kal'fak'tor (*auch:* Kal'fak'ter) (der, -s, -to'ren) Strafgefangener als Helfer des Gefängnisaufsehers, jmd., der alle möglichen Dienste verrichtet; Zwischenträger, Aushorcher [lat.]
kal'fa'tern (V.) mit Teer abdichten [gr.-it.]
Ka'li (das, -s, -s) Kalisalz, Kalium [Kurzwort]
Ka'li'an (der oder das, -s, -e) persische Wasserpfeife [pers.]
Ka'li'ban (der, -s, -e) grober, primitiver Mensch, Rohling
Ka'li'ber (das, -s, -) **1** lichte Weite (von Rohren, Schächten); Durchmesser (von Geschossen) **2** Art, Wesensart, Sorte (ugs., scherzhaft) [arab.-frz.]
ka'lib'rie'ren *auch:* ka'li'brie'ren (V.) auf das richtige Maß (Kaliber) bringen
Ka'lif (der, -en, -en) Titel islamischer Herrscher (als Nachfolger Mohammeds) [arab.]
Ka'li'fat (das, -s, -e) Amt, Herrschaftsbereich eines Kalifen
Ka'li'ko (der, -s, -s) feines, dichtes, beschichtetes Baumwollgewebe [engl.]
Ka'li'um (das, -s, nur Ez.) ein Element, Metall
Ka'li'um'per'man'ga'nat (das, -(e)s, nur Ez.) übermangansaures Kalium
Ka'lix'ti'ner (der, -s, nur Ez.) den Kelch beim Abendmahl fordernder Anhänger der gemäßigten Fraktion der Hussiten [lat.]
Kal'kül (das, -s, -e) Rechnung, Berechnung, Überlegung [frz.]
kal'ku'la'bel (Adj.) kalkulierbar, berechenbar
Kal'ku'la'ti'on (die, -, -ti'o'nen) Berechnung (von Kosten) [lat.]
Kal'ku'la'tor (der, -s, -to'ren) Rechnungsprüfer (im betrieblichen Rechnungswesen) [lat.]
kal'ku'la'to'risch (Adj.) kalkulierend, rechnungsmäßig [lat.]
kal'ku'lie'ren (V.) berechnen; die Kosten (für etwas) berechnen; überlegen, vermuten, rechnen, schätzen [lat.]
Kal'la (die, -, -s) ein afrikanisches Aronstabgewächs; eine aus Nordostamerika stammende Sumpfpflanze
Kal'le (die, -, -n) **1** Braut, Geliebte **2** Prostituierte (in der Gaunersprache) [hebr.-jidd.]
Kal'li'graph (*auch:* Kal'li'graf) (der, -en, -en) Schönschreiber [gr.]
Kal'li'gra'phie (*auch:* Kal'li'gra'fie) (die, -, nur Ez.) Kunst des Schönschreibens [gr.]
kal'li'gra'phisch (*auch:* kal'li'gra'fisch) (Adj.) in der Art der Kalligraphie, sehr genau, sehr deutlich (von der Schrift)
kal'lös (Adj.) auf einem Kallus beruhend, von Kallus überzogen

Kal'lus (der, -, -se) an Wundrändern von Pflanzen und an heilenden Knochenbrüchen neu entstandenes Gewebe [lat.]
Kal'mar (der, -s, -e) Kopffüßer [it.]
Kal'mäu'ser (der, -s, -) Stubenhocker, Grübler [Rotwelsch]
Kal'me (die, -, -n) völlige Windstille [gr.-lat.-it.-frz.]
Kal'men'gür'tel (der, -s, -) in der Meteorologie Gebiet häufiger Windstillen und nur sehr schwacher Winde [gr.-lat.-it.-frz.-dt.]
Kal'men'zo'ne (die, -, nur Ez.) in der Meteorologie Gebiet totaler Windstille in der Nähe des Äquators
Kal'mück (der, -mü'cken, -mü'cken) Angehöriger eines westmongolischen Volkes
Kal'mus (der, -, -se) ein Aronstabgewächs, Zier- und Heilpflanze [gr.-lat.]
Ka'lo'rie (die, -, -n) Maßeinheit für Wärmemenge und Energiewert (früher) [lat.]
Ka'lo'ri'me'ter (das, -s, -) Gerät zum Messen von Wärmemengen [lat.-gr.]
Ka'lo'ri'met'rie *auch:* Ka'lo'ri'me'trie (die, -, nur Ez.) das Messen von Wärmemengen [lat.-gr.]
ka'lo'ri'sie'ren (V.) mit einem Mittel gegen Rost und Korrosion überziehen [lat.]
Ka'lot'te (die, -, -n) **1** Fläche eines Kugelabschnitts (in der Mathematik), Kugelhaube **2** flache Kuppel (in der Baukunst) **3** Scheitelkäppchen **4** Schädeldecke [frz.]
Kal'pak (*auch:* Kol'pak) (der, -s, -s) hohe Mütze (der Tataren und Armenier); Husarenmütze; davon herabhängender Tuchzipfel [türk.]
Ka'lu'met (das, -s, -s) Friedenspfeife der nordamerikanischen Indianer [frz.]
Ka'lum'ni'ant (der, -en, -en) (veraltet) Verleumder, Denunziant, Ehrabschneider [lat.]
Ka'lup'pe (die, -, -n) baufälliges, primitives Haus [tschech.]
Kal'va'ri'en'berg (der, -(e)s, -e) Schädelstätte, Hinrichtungsstätte, Golgatha; Berg mit den Stationen der Leidensgeschichte Christi (und meist auch Wallfahrtskirche) [lat.]
Kal'vi'nis'mus (der, -, nur Ez.) = Calvinismus
Ka'ly'kan'thus (der, -, nur Ez.) ein Gartenzierstrauch, Gewürzstrauch [gr.]
Ka'lyp'tra *auch:* Ka'lyp'tra (die, -, -tren) Hülle um die Wurzelspitze (Farn- und Samenpflanzen); Hülle um die Sporenkapsel (Laubmoose) [gr.]
Kal'ze'o'la'rie [-riə] (die, -, -n) Pantoffelblume [lat.]
kal'zi'fi'zie'ren (V.) verkalken [lat.]
Kal'zi'um (das, -s, nur Ez.) = Calcium

Ka|ma|ril|la auch [-rɪlja] (die, -, nur Ez.) Günstlingspartei in der Umgebung eines Herrschers mit schädlichem Einfluss [span.]
Kam|bio (der, -s, -s oder -bi) Wechsel (veraltet) [it.]
Kam|bi|um (das, -s, -bi|en) das Dickenwachstum der Pflanzen veranlassendes Bildungsgewebe [lat.]
Kam|bod|scha|ner auch: Kam|bo|dscha|ner (der, -s, -) Einwohner Kambodschas
kam|brisch auch: kam|brisch (Adj.) zum Kambrium gehörig
Kamb|ri|um auch: Kam|bri|um (das, -s, nur Ez.) unterste Formation des Paläozoikums [kelt.]
Ka|mee (die, -, -n) Schmuckstein mit erhaben herausgearbeiteter figürlicher Darstellung [lat.-frz.]
Ka|me|lie [-liə] (die, -, -n) eine aus Ostasien stammende Zierpflanze [tschech.-nlat.]
Ka|mel|le (die, -, -n) Geschichte, Sache, Angelegenheit; olle Kamellen (ugs.): längst bekannte, überholte Dinge [lat.]
Ka|me|lott 1 (der, -s, -s) feines Kammgarngewebe **2** französischer Zeitungsverkäufer (der, -s, -s) [frz.]
Ka|me|ra (die, -, -s) Gerät für fotografische Aufnahmen [lat.]
Ka|me|rad (der, -en, -en) Gefährte, Genosse [lat.-frz.]
Ka|me|ra|li|en (nur Mz.) Wissenschaft von der Staatsverwaltung (veraltet) [lat.]
Ka|me|ru|ner (der, -s, -) Einwohner des zentralafrikanischen Staates Kamerun
Ka|mi (der, -, -) schintoistische Gottheit [jap.]
ka|mie|ren (V.) beim Fechten die Klinge des Gegners umgehen [it.]
Ka|mi|ka|ze (der, -, -) japanischer Pilot, der sich mit seinem Flugzeug einschließlich Bomben auf das feindliche Ziel stürzte (im Zweiten Weltkrieg)
Ka|mil|le (die, -, -n) ein Korbblütler, Heilpflanze [gr.-lat.]
ka|mi|nie|ren (V.) **1** = kamieren **2** im Kamin nach oben klettern (beim Bergsteigen) [it.]
Ka|mi|sol (das, -s, -e) Wams, Mieder, Unterjacke (im 16. Jh.) [frz.]
Ka|mö|ne (die, -, -n) italienische Quellnymphe, Muse [lat.]
Ka|mor|ra (die, - nur Ez.) süditalienischer, neapolitanischer Geheimbund, mafiaähnliche Organisation [it.]
Kam|pag|ne auch: Kam|pa|gne (auch: Campag|ne/Cam|pa|gne) [-panjə] (die, -, -n) **1** Feldzug **2** Hauptbetriebszeit (in manchen Industrien); aktives Vorgehen zu bestimmtem Zweck; z.B. Wahlkampagne, Pressekampagne [lat.-frz.]
Kam|pa|ni|le (der, -, -) = Campanile
Kamp|fer (der, -s, nur Ez.) aus dem Holz eines ostasiatischen Baumes hergestelltes Heil- und Desinfektionsmittel [Sanskrit.-lat.]
kam|pie|ren (V.) **1** im Freien lagern, zelten **2** behelfsmäßig wohnen, vorläufig untergebracht sein [lat.-it.-frz.]
Kam|put|sche|a|ner auch: Kam|pu|tsche|a|ner (der, -s, -) = Kambodschaner
Kam|sin (der, -s, -e) heißer und trockener Sandwind in der ägyptischen Wüste [arab.]
Ka|na|di|er (der, -s, -) **1** Ew. von Kanada **2** Boot der kanadischen Indianer; Sportpaddelboot [Algonkin-engl.]
ka|na|disch (Adj.) zu Kanada gehörig
Ka|nail|le (auch: Ca|nail|le) [-naljə] (die, -, -n) **1** Lump, Schuft, Schurke **2** (nur Ez.) Gesindel, Pack [frz.]
Ka|na|ke (der, -, -n) **1** Bewohner der polynesischen und Südsee-Inseln (veraltet) **2** ausländischer Arbeiter (abwertend) [polynes.]
Ka|nal (der, -s, -nä|le) **1** künstlicher Wasserweg, unterirdischer Graben; z.B. Abwasser **2** schlauchartiger Durchgang; z.B. Magen-Darm-Kanal **3** Frequenzbereich (eines Senders)
Ka|na|li|sa|ti|on (die, -, -ti|o|nen) das Kanalisieren, System von Kanälen (für Abwässer)
ka|na|li|sie|ren (V.) Kanäle (in etwas) anlegen; z.B. eine Stadt kanalisieren; schiffbar machen; z.B. einen Fluss kanalisieren
Ka|na|pee (das, -s, -s) **1** Sofa (meist scherzhaft) **2** geröstete, belegte Weißbrotscheibe [gr.-frz.]
Ka|na|ri (der, -s, -) nach den Kanarischen Inseln benannter Kanarienvogel [frz.]
Ka|na|rie (die, -, -n) Kanarienvogel in der Fachsprache [frz.]
Ka|nas|ter (das, -s, nur Ez.) = Canasta
Kan|da|re (die, -, -n) Art des Zaums, Stangengebiss (ung.)
Kan|de|la|ber (der, -s, -) mehrarmiger Leuchter, Laternenmast [frz.]
Kan|di|dat (der, -en, -en) jmd., der sich um ein Amt bewirbt; jmd., der sich darum bewirbt, gewählt zu werden; jmd., der sich einer Prüfung (an einer Hochschule) unterzieht, Prüfling [lat.]
Kan|di|da|tur (die, -, -en) Bewerbung (um ein Amt, um die Wahl) [lat.]
kan|di|die|ren (V.) sich (um ein Amt, um die Wahl für einen Sitz in einer Volksvertretung) bewerben [lat.]
kan|die|ren (V.) mit Zucker überziehen und dadurch haltbar machen [it.]

Kan'dis (der, -, nur Ez.) Zuckerstückchen in Form von Kristallen [arab.-it.]
Kan'di'ten (nur Mz.) Zuckerwaren (österr.) [it.]
Kand'schur auch: Kan'dschur (der, -s, nur Ez.) **1** übersetztes Wort Buddhas **2** die heilige Schrift des Lamaismus [tibet.]
Ka'neel (der, -s, nur Ez.) weißer Zimt [lat.-portugies.]
Ka'ne'pho're (die, -, -n) junges Mädchen, das bei Festlichkeiten Opfergeräte in einem Korb auf dem Kopf herbeitrug (im alten Griechenland)
Ka'ne'vas (der, -, -e) gitterartiges Gewebe [frz.]
Kän'gu'ru (das, -s, -s) australisches Beuteltier mit sehr langen Hinterbeinen
Ka'nis'ter (der, -s, -) tragbarer, meist viereckiger Behälter für Flüssigkeiten [gr.-lat.]
kan'ne'lie'ren (V.) mit senkrechten Rillen versehen [frz.]
Kan'ne'lü're (die, -, -n) senkrechte Rille (an Säulen) [frz.]
Kan'ni'ba'le (der, -n, -n) Menschenfresser
kan'ni'ba'lisch (Adj.) in der Art der Kannibalen; roh, grausam, brutal
Kan'ni'ba'lis'mus (der, -, nur Ez.) Sitte der Kannibalen, Teile des getöteten Feindes zu verzehren [frz.-nlat.]
Ka'non (der, -s, -s) **1** Regel, Richtschnur **2** Gesamtheit der für einen Bereich geltenden Regeln **3** musikalische Komposition, bei der die Stimmen nacheinander mit derselben Melodie einsetzen **4** (nur Ez.) Verzeichnis der Heiligen in der kath. Kirche **5** (nur Ez.) Verzeichnis der als mustergültig betrachteten Schriftsteller (in der Antike) **6** (nur Ez.) Gesamtheit der als echt anerkannten Schriften der Bibel **7** Teil der kath. Messe, Gebet während der Wandlung **8** (Mz: Ka'no'nes) Bestimmung, Vorschrift (im kath. Kirchenrecht) **9** Zeittafel (in der Astronomie) [gr.]
Ka'ko'na'de (die, -, -n) schweres Geschützfeuer, Beschießung mit Kanonen
Ka'no'ne (die, -, -n) **1** schweres Geschütz **2** jmd., der auf einem Gebiet bes. hervorragt; z.B. Sportskanone [frz.]
Ka'no'nier (der, -s, -e) Soldat, der eine Kanone bedient
ka'no'nie'ren (V.) mit Kanonen beschießen
Ka'no'nik (die, -, nur Ez.) Bestimmung der Töne und ihres Verhältnisses zueinander (in der Musik) [gr.]
Ka'no'ni'ker (der, -s, -) Angehöriger eines nach einem bestimmten Kanon (**1**) lebenden geistlichen Kapitels
ka'no'nisch (Adj.) einem Kanon (**2**) gemäß; kanonisches Recht: kath. Kirchenrecht

ka'no'ni'sie'ren (V.) in den Kanon (**4**) aufnehmen
Ka'no'nis'se (die, -, -n) Angehörige eines nach einem bestimmten Kanon (**1**) lebenden Stifts
Ka'no'pe (die, -, -n) altägyptischer Krug mit Deckel in Form eines Menschen- oder Tierkopfes zur Bestattung der Eingeweide einer Mumie [ägypt.]
Kä'no'zo'i'kum (das, -s, nur Ez.) jüngstes Zeitalter der Erdgeschichte, Tertiär und Quartär [gr.]
kan'ta'bel (Adj.) gut zu singen, sanglich [lat.]
Kan'ta'te (die, -, -n) Musikstück für Singstimmen und Chor mit Instrumentalbegleitung [lat.]
Kan'te'le (die, -, -n) finnisches Zupfinstrument mit zwischen fünf und 30 Saiten [finn.]
Kan'ter [ken-] (der, -s, -) kurzer, leichter Galopp [engl.]
kan'tern (V.) kurz und leicht galoppieren (im Pferdesport) [engl.]
Kan'ter'sieg (der, -s, -e) haushoher und leichter Sieg im Sport [engl.; dt.]
Kan'tha'ros (der, -, -roi) altgriechisches bauchiges Trinkgefäß mit zwei Henkeln (und Fuß)
Kan'ti'le'ne (die, -, -n) fließend, gebunden zu singende oder zu spielende Tonfolge [it.]
Kan'ti'ne (die, -, -n) Speiseraum mit Küche (in Betrieben, Kasernen) [it.-frz.]
Kan'ton (der, -s, -e) Wehrverwaltungsbezirk (früher in Preußen), Bundesland (der Schweiz); kleiner Verwaltungsbezirk (in Frankreich und Belgien) [frz.]
kan'to'nal (Adj.) zu einem Kanton gehörend; einen Kanton betreffend
Kan'to'nist (der, -s'ten, -nis'ten) ausgehobener Rekrut (früher) [frz.]
Kan'tor (der, -s, -to'ren) Vorsänger (im gregorianischen Gesang); Leiter des Kirchenchores und Organist [lat.]
Kan'to'rat (das, -s, -e) Amt des Kantors
Kan'to'rei (die, -, -en) **1** Wohnung des Kantors **2** Kirchenchor (evangel. Kirche)
Kant'schu auch: Kan'tschu (der, -s, -s) Riemenpeitsche [türk.-slaw.]
Kan'tus (der, -, -se) Gesang [lat.]
Ka'nu (das, -s, -s) Paddelboot (der nordamerikanischen Indianer); Sportpaddelboot, Kajak, Kanadier [karib.]
Ka'nü'le (die, -, -n) Röhrchen zum Einführen und Ableiten von Luft oder Flüssigkeit; Hohlnadel (der Injektionsspritze) [lat.-frz.]
Ka'nu'te (der, -n, -n) Kanufahrer
Kan'zel'le (die, -, -n) **1** Chorschranke in der altchristlichen Kirche **2** Windkanal (an Orgel und Harmonium) [lat.]

kan'ze'ro'gen (Adj.) Krebs erzeugend [lat.-gr.]
Kan'ze'ro'lo'ge (der, -n, -n) Facharzt für die Diagnostizierung und Behandlung von Krebserkrankungen (Med.) [lat.-gr.]
Kan'ze'ro'lo'gie (die, -, nur Ez.) Lehre von der Erkennung und Behandlung bösartiger Tumore (Med.) [lat.-gr.]
Kan'ze'ro'pho'bie (die, -, -n) Angst, an Krebs erkrankt zu sein (Med.) [lat.]
kan'ze'rös (Adj.) krebsartig [lat.]
Kanz'lei (die, -, -en) Büro eines Rechtsanwaltes, einer Behörde oder einer ähnlichen Institution [lat.]
Kanz'lei'stil (der, -(e)s, nur Ez.) schwerfällige, umständliche Sprache, altertümliche Amtssprache
Kanz'list (der, -lis'ten, -lis'ten) Angestellter in einer Kanzlei, (veraltet) Schreiber [lat.]
Kan'zo'ne (die, -, -n) provenzalische und französische lyrische Gedichtform; Lied oder sangliches Instrumentalstück [lat.]
Kan'zo'net'te (die, -, -n) kleine Kanzone
Ka'o'lin (das, -s, -e) weißer, weicher, formbarer Ton [chin.]
Ka'o'li'nit (der, -s, -e) ein Mineral
Kap (das, -s, -s) Vorsprung (einer Felsenküste) [lat.-frz.]
ka'pa'bel (Adj.) fähig, begabt, befähigt, qualifiziert [lat.-frz.]
Ka'paun (der, -s, -e) kastrierter, gemästeter Hahn [frz.]
ka'pau'nen (V.) einen Hahn kastrieren [lat.-frz.]
ka'pau'ni'sie'ren (V.) = kapaunen [lat.-frz.]
Ka'pa'zi'tät (die, -, -en) 1 Fassungs-, Aufnahmevermögen, Leistungsfähigkeit (einer Maschine); Umfang (einer Produktion in einem bestimmten Zeitraum) 2 hervorragender Fachmann [lat.]
Ka'pel'le (die, -, -n) 1 kleine Kirche 2 kleines Orchester [lat.] 3 Schmelztiegel zum Trennen von Metallen 4 Raum mit Abzug zum Untersuchen gesundheitsschädlicher Stoffe [frz.]
Ka'per 1 (der, -s, -) privates Schiff, das im Handelskrieg berechtigt war, feindliche Schiffe zu erbeuten [niederl.] 2 (die, -, -) Blütenknospe des Kapernstrauches (als Gewürz) [pers.-lat.]
ka'pern (V.) erbeuten; (jmdn.) für etwas gewinnen; (sich) etwas aneignen [niederl.]
ka'pie'ren (V.) begreifen, verstehen [lat.]
Ka'pil'la're (die, -, -n) feines Blutgefäß, Haargefäß; feines Röhrchen [lat.]
ka'pi'tal (Adj.) 1 grundlegend, hauptsächlich; z.B. ein kapitaler Irrtum 2 ein starkes, ebenmäßiges Geweih tragend (vom Hirsch, Rehbock) [lat.]
Ka'pi'tal (das, -s, -e oder -li'en) Vermögen (an Geld und Wertpapieren) [lat.]
Ka'pi'täl (das, -s, -e) = Kapitell
Ka'pi'täl'chen (das, -s, -) Großbuchstabe in der Höhe der Kleinbuchstaben [lat.]
Ka'pi'ta'le (die, -, -n) 1 Hauptstadt 2 = Kapitalis [lat.]
Ka'pi'ta'lis (die, -, nur Ez.) altrömische Schrift mit nur großen Buchstaben [lat.]
ka'pi'ta'li'sie'ren (V.) zu Kapital, zu Geld machen; z.B. Sachen kapitalisieren
Ka'pi'ta'lis'mus (der, -, nur Ez.) Wirtschaftssystem, das von privaten Unternehmern getragen und vom Gewinnstreben des einzelnen erhalten wird und bei dem der Arbeiter keinen Anteil an den Produktionsmitteln hat
Ka'pi'ta'list (der, -lis'ten, -lis'ten) Vertreter des Kapitalismus, jmd., der über viel Kapital verfügt (ugs.) [lat.]
ka'pi'ta'lis'tisch (Adj.) zum Kapitalismus gehörig
Ka'pi'tän (der, -s, -e) 1 Kommandant eines Schiffes oder zivilen Flugzeugs 2 Anführer einer Sportmannschaft [lat.-frz.]
Ka'pi'tel (das, -s, -) 1 größerer Abschnitt in einem Schriftwerk 2 Körperschaft der Geistlichen einer Dom- oder Stiftskirche [lat.]
Ka'pi'tell (*auch:* Ka'pi'täl) (das, -s, -e) oberster Teil einer Säule oder eines Pfeilers (meist künstlerisch gestaltet) [lat.]
Ka'pi'tol (das, -s, nur Ez.) 1 Stadtburg (im alten Rom) 2 Parlamentsgebäude (der USA in Washington) [lat.]
Ka'pi'tu'lant (der, -en, -en) Soldat, der sich zu einer längeren Dienstzeit verpflichtete als gesetzlich vorgeschrieben war (früher) [lat.]
Ka'pi'tu'lar (der, -s, -e) Mitglied eines geistlichen Kapitels
Ka'pi'tu'la'ti'on (die, -, -ti'o'nen) 1 Vertrag, durch den sich ein Soldat zu einer längeren als der gesetzlich vorgeschriebenen Dienstzeit verpflichtete (früher) 2 Unterwerfung (einer Truppe), Übergabe (einer Festung, Stadt usw.) [lat.]
ka'pi'tu'lie'ren (V.) 1 eine Kapitulation unterschreiben (früher) 2 den Kampf aufgeben, sich ergeben
Kap'lan *auch:* Ka'plan (der, -s, -läne/pläne) kath. Hilfsgeistlicher; kath. Geistlicher mit besonderen Aufgaben; z.B. im Heer [lat.]
Ka'po (der, -s, -s) Unteroffizier (im Soldatenjargon); Anführer einer Arbeitsgruppe von Häftlingen im Konzentrationslager [it.]

Ka·po·das·ter (der, -s, -) auf den Saiten sitzender, verschiebbarer Steg zum Verändern der Saitenlänge (bei Gitarren) [it.]
Ka·pok (der, -s, nur Ez.) Samenfaser des Kapokbaumes (zum Füllen von Polstern) [malai.]
Ka·pon·ni·e·re (der, -n, -n) bombensicherer Gang in einer Festung [lat.-span.-it.-frz.]
ka·po·res (Adj.) kaputt (ugs.) [jidd.]
Ka·pott·te (die, -, -n) kleiner, unter dem Kinn mit Band zu befestigender Damenhut (im 19. Jh.) [frz.]
Kap·ri·o·le auch: Ka·pri·o·le (die, -, -n) 1 Luftsprung (in der Reitkunst) 2 verrückter Streich [frz.]
Kap·ri·ze auch: Ka·pri·ze (die, -, -n) = Caprice (österr.)
kap·ri·zie·ren auch: ka·pri·zie·ren (V.) sich auf etwas kaprizieren: auf etwas beharren, (eigensinnig) auf etwas bestehen; auf etwas kapriziert sein: etwas besonders bevorzugen [frz.]
kap·ri·zi·ös auch: ka·pri·zi·ös (Adj.) eigenwillig, launenhaft [lat.-it.-frz.]
Kap·si·kum (das, -s, nur Ez.) scharfes Gewürz aus Mittelamerika (span. Pfeffer)
Kap·ta·ti·on (der, -, -ti·o·nen) Erbschleicherei [lat.]
kap·ta·tiv (Adj.) etwas haben wollend, etwas zu besitzen wünschend [lat.]
kap·ta·to·risch (Adj.) (veraltet) erschleichend [lat.]
Kap·ti·on (die, -, -ti·o·nen) verfänglicher Trugschluss, verfängliche Fragestellung [lat.]
Kap·ti·ös (Adj.) (veraltet) verfänglich [lat.]
Kap·ti·va·ti·on (die, -, -ti·o·nen) Gefangennahme [lat.]
kap·ti·vie·ren (V.) gefangen nehmen, für sich gewinnen [lat.]
Kap·ti·vi·tät (die, -, nur Ez.) Gefangenschaft [lat.]
Kap·tur (die, -, -en) Beschlagnahme, Aneignung [lat.]
Ka·put (der, -s, -e) Mantel, Soldatenmantel (vornehmlich in der Schweiz) [lat.]
ka·putt (Adj.) entzwei, zerbrochen, zerrissen; müde, erschöpft; körperlich und oder seelisch zerrüttet, heruntergekommen [frz.]
Ka·pu·ze (die, -, -n) am Mantel oder an der Jacke befestigte Mütze für Kopf und Hals [it.]
Ka·pu·zi·ner (der, -s, -) Angehöriger eines Zweiges des Franziskanerordens [lat.]
Kap·ver·di·er (der, -s, -) Einwohner des westafrikanischen Inselstaates Kapverden [portugies.]
Ka·ra·bi·ner (der, -s, -) Gewehr mit kurzem Lauf und geringer Schussweite [frz.]

Ka·ra·bi·ner·ha·ken (der, -s, -) Verschlusshaken, der federnd konstruiert ist und als Sicherheitshaken verwendet wird [frz.-dt.]
Ka·ra·bi·ni·er [-nje:] (der, -s, -s) 1 mit einem Gewehr der Marke Karabiner ausgerüsteter Reiter 2 Jäger [frz.]
Ka·ra·bi·ni·e·re (der, -s, -ri) italienischer Polizist [frz.-it.]
Ka·ra·cho (nur in der ugs. Redewendung) mit Karacho: mit Wucht, mit großem Schwung [span.]
Ka·raf·fe (die, -, -n) geschliffene Glasflasche mit Glasstöpsel [arab.-frz.]
Ka·ra·i·be (der, -n, -n) = Karibe
Ka·ra·kal (der, -s, -s) Wüstenluchs [türk.]
ka·ra·kol·lie·ren (V.) (veraltet) sich herumtummeln (bei Reittieren) [span.-frz.]
Ka·ra·kul (das, -s, -e) Fettschwanzschaf; dessen Fell liefert Persianerpelze [türk.]
Ka·ram·bo·la·ge [-ʒə] (die, -, -n) 1 Treffer (im Billard) 2 Zusammenstoß [frz.]
Ka·ram·bo·le (die, -, -n) 1 die rote Kugel beim Billard 2 = Carambola [frz. bzw. span.]
ka·ram·bo·lie·ren (V.) 1 eine Karambolage machen (im Billard) 2 zusammenstoßen [frz.]
Ka·ra·mell (der oder das, -s, nur Ez.) erhitzter gebräunter Zucker [frz.]
Ka·ra·mel·le (die, -, -n) Bonbon aus Milch und karamellisiertem Zucker
ka·ra·mel·lie·ren (V.) braun werden (vom Zucker in der Pfanne) [frz.]
ka·ra·mel·li·sie·ren (V.) erhitzen und bräunen, mit gebräuntem Zucker übergießen oder in Zucker bräunen [frz.]
Ka·ra·o·ke (das, -, nur Ez.) Veranstaltung, bei der die Teilnehmer ihre Lieblingssänger nachahmen und zu Instrumentalaufnahmen deren Lieder singen
Ka·rat (das, -s, -) Gewichtseinheit für Edelsteine; Maß (Feingehalt) von Gold [gr.frz.]
Ka·ra·te (das, -(s), nur Ez.) sportlich betriebene Art der Selbstverteidigung [japan.]
Ka·ra·te·ka (der, -(s), - oder -s) jmd., der Karate betreibt
Ka·rau·sche (die, -, -n) ein karpfenähnlicher Süßwasserfisch [gr.]
Ka·ra·vel·le (die, -, -n) 1 Segelschiff mit drei Masten und hohem Heckaufbau 2 französischer Flugzeugtyp [frz.]
Ka·ra·wa·ne (die, -, -n) Zug von Kaufleuten, Reisenden, Pilgern u.a. durch Wüstengebiete (meist mit Kamelen) [pers.-frz.]
Ka·ra·wan·se·rei (die, -, -en) Herberge für Karawanen
Kar·bat·sche (die, -, -n) aus Riemen geflochtene Peitsche [türk.]
kar·bat·schen (V.) mit der Riemenpeitsche schlagen [türk.]

Karbid (das, -(e)s, -e) = Carbid
Kar'bol (das, -s, nur Ez.) ein Desinfektionsmittel [lat.]
Kar'bon (das, -s, nur Ez.) eine Formation des Paläozoikums [lat.]
Kar'bo'na'de (die, -, -n) gebratenes Rippenstück, Kotelett [it.-frz.]
Kar'bo'nat (das, -(e)s, -e) = Carbonat
kar'bo'nisch (Adj.) zum Karbon gehörig, daraus stammend
Kar'bun'kel (das, -s, -) mehrere dicht nebeneinander liegende Furunkel [lat.]
Kar'da'mom (der oder das, -s, -e oder -en) ein aus Ingwergewächsen gewonnenes, scharfes Gewürz [gr.-lat.]
kar'da'nisch (Adj.) in der Fügung: kardanische Aufhängung: Vorrichtung zur drehbaren Aufhängung eines Körpers [it.]
Kar'dät'sche (die, -, -n) grobe Bürste; Brett mit Handgriff (zum Aufbringen von Putz)
kar'dät'schen (V.) mit der Kardätsche bürsten oder aufrauen [it.]
Kar'de (die, -, -n) 1 eine distelähnliche Pflanze 2 Gerät mit Auflösen von Faserbüscheln und zum Beseitigen von Verunreinigungen und kurzen Fasern (in der Spinnerei) [lat.]
kar'den (V.) mit der Karde (**2**) bearbeiten
Kar'di'a'kum (das, -s, -ka) Mittel zum Anregen der Herztätigkeit [gr.-nlat.]
kar'di'al (Adj.) das Herz betreffend, von ihm ausgehend [gr.-nlat.]
Kar'di'al'gie (die, -, -n) 1 Herzschmerz 2 Magenschmerz infolge Kardiospasmus [gr.]
kar'die'ren (V.) = karden
kar'di'nal (Adj.) wichtig, hauptsächlich [lat.]
Kar'di'nal (der, -s, -näle) 1 höchster Würdenträger nach dem Papst (in der kath. Kirche) 2 ein amerikanischer Fink 3 bowlenartiges Getränk aus Weißwein und Pomeranzen [lat.]
Kar'di'o'gramm (das, -s, -e) Aufzeichnung der Herzbewegungen [gr.]
Kar'di'o'graph (auch: Kar'di'o'graf) (der, -en, -en) Gerät zur Herstellung eines Kardiogramms
Kar'di'o'lo'gie (die, -, nur Ez.) Wissenschaft vom Herzen [gr.]
Kar'di'o'spas'mus (der, -, -men) Magenkrampf [gr.]
Ka'renz (die, -, -en) 1 Wartezeit, Sperrfrist 2 Verzicht (auf bestimmte Nahrungsmittel)
Ka'renz'zeit (die, -, -en) Wartezeit, Sperrfrist [lat.-dt.]

ka'res'sie'ren (V.) 1 schmeicheln, liebkosen 2 ein heimliches Liebesverhältnis haben [lat.-it.-frz.]
Ka'ret'te (die, -, -n) Meeresschildkröte [span.]
Ka'rez'za (die, -, nur Ez.) Form des Geschlechtsverkehrs, bei dem der Samenerguss absichtlich zurückgehalten und vermieden wird [lat.-it.]
Kar'fi'ol (der, -s, nur Ez.) Blumenkohl (österr.) [it.]
Kar'fun'kel (der, -s, -) jeder rot leuchtende Edelstein [lat.]
Kar'ga'deur (auch: Kar'ga'dor) [-døːɐ] (der, -s, -e) Begleiter und Überwacher einer Schiffsladung, der bis zur Übergabe an den Empfänger dabei ist [lat.-span.-frz.]
Kar'ga'dor (der, -s, -e) = Kargadeur [lat.-span.]
Kar'go (auch: Car'go) (der, -s, -s) Schiffsladung [span.]
Ka'ri'be (auch: Ka'ra'i'be) (der, -n, -n) Angehöriger eines mittelamerikanischen Indianervolkes
ka'ri'bisch (Adj.) zu den Kariben gehörig
Ka'ri'bu (das, -s, -s) nordamerikanisches Ren [Algonkin]
ka'rie'ren (V.) mit Karos oder sich rechtwinklig schneidenden Streifen mustern
ka'riert (Adj.) 1 gekästelt, gewürfelt 2 in der Kombination »kleinkariert«: spießig, hinterwäldlerisch [lat.-frz.]
Ka'ri'es (die, -, nur Ez.) Erkrankung mit Zerstörung der Knochen oder der festen Zahnsubstanz, Knochenfraß, Zahnfäule [lat.]
ka'ri'ka'tiv (Adj.) komisch verzerrt, in der Art einer Karikatur, übertreibend [lat.-it.]
Ka'ri'ka'tur (die, -, -en) komisch oder satirisch übertreibende (bes. zeichnerische) Darstellung [lat.-it.]
Ka'ri'ka'tu'rist (der, -, -risten, -risten) Zeichner von Karikaturen
ka'ri'ka'tu'ris'tisch (Adj.) in der Art einer Karikatur
ka'ri'kie'ren (V.) in der Art einer Karikatur darstellen
ka'ri'o'gen (Adj.) Karies verursachend [lat.]
ka'ri'ös (Adj.) von Karies befallen
Ka'ri'tas (die, -, nur Ez.) Wohltätigkeit, Nächstenliebe [lat.]
ka'ri'ta'tiv (Adj.) wohltätig
Kar'kas'se (die, -, -n) 1 Unterbau eines Gummireifens 2 im Mittelalter eine metallgerippte Brandkugel 3 Geflügelrumpf [frz.]
Kar'ma (das, -s, -s) Schicksal des Menschen, das durch sein Handeln im Lauf seiner Wiedergeburten beeinflusst wird [sanskr.]

Karmeliter 238 **Karunkel**

Kar'me'li'ter (der, -s, -) Angehöriger eines kath. Bettelordens [hebr.]
Kar'me'sin (das, -s, nur Ez.) = Karmin
Kar'min (das, -s, nur Ez.) aus der Kermes-Koschenilleschildlaus gewonnener roter Farbstoff [frz.]
Kar'ne'ol (der, -s, -e) ein rötlich brauner Schmuckstein [lat.]
Kar'ne'val (der, -s, -e oder -s) Fastnachtsfest
Kar'ne'va'list (der, -lis'ten, -lis'ten) Teilnehmer am Karneval [lat.]
kar'ne'va'lis'tisch (Adj.) den Karneval betreffend, bezüglich des Karnevals [it.]
Kar'nies (das, -es, -e) Verzierung am Gesims mit s-förmigem Querschnitt [gr.-frz.]
Kar'ni'vo're 1 (der, -n, -n) sich überwiegend von Fleisch ernährendes Tier 2 (die, -, -n) Fleisch fressende Pflanze [lat.]
Ka'ro (das, -s, -s) auf der Spitze stehendes Quadrat oder ebensolcher Rhombus; Spielkartenfarbe (roter Rhombus) [lat.]
Ka'ro'shi (der, -s, nur Ez.) Tod durch Überarbeitung [jap.]
Ka'ros'se (die, -, -n) vierrädriger, eleganter Pferdewagen (für Personen) [it.-frz.]
Ka'ros'se'rie (die, -, -n) Oberteil (von Kraftwagen) [frz.]
ka'ros'sie'ren (V.) ein Gefährt mit einer Karosserie versehen [lat.-it.-frz.]
Ka'ro'tin (das, -s, nur Ez.) = Carotin
Ka'ro'tis (die, -, -ti'den) Halsschlagader [gr.]
Ka'rot'te (die, -, -n) gelbe Rübe, Möhre [gr.-lat.]
Ka'rot'tie'ren (das, -s, nur Ez.) 1 die Auslese der Rippen bei den Tabakblättern 2 ein spezielles Verteidigungsspiel beim Billard [gr.-lat.]
Kar'pell (das, -s, -e) weibliches Geschlechtsorgan der Blüte, Fruchtblatt [gr.-nlat.]
Kar'pel'lum (das, -s, -la) = Karpell
Kar'ree (das, -s, -s) 1 Viereck 2 Rippenstück (von Kalb, Schwein oder Hammel) [frz.]
Kar're'te (die, -, -n) schlechter, alter Wagen
Kar'ret'te (die, -, -n) Schubkarren; schmalspuriges Transportfahrzeug für Gebirgstruppen; kleiner, zweirädriger Einkaufswagen (schweiz.) [it.]
Kar'ri'e're [-rie:-] (die, -, -n) 1 (nur Ez.) schneller Galopp (bei Pferden) 2 rascher beruflicher Aufstieg [frz.]
Kar'ri'e'ris'mus [-rie-] (der, -, nur Ez.) ehrgeiziges Streben, Karriere zu machen
Kar'ri'e'rist [-rie-] (der, -ris'ten, -ris'ten) jmd., der unbedingt Karriere machen will oder rücksichtslos Karriere gemacht hat
kar'ri'e'ris'tisch [-rie-] (Adj.) rücksichtslos, nach Art eines Karrieristen [lat.-frz.]

kar'ri'o'len (V.) unsinnig und schnell fahren
Kar'tät'sche (die, -, -n) mit Bleikugeln gefülltes Geschoss (früher) [it.]
Kar'tau'ne (die, -, -n) ein schweres Geschütz des 16. und 17. Jahrhunderts [lat.-it.]
Kar'tau'se (die, -, -n) Kloster der Kartäuser; Einsiedelei [frz.]
Kar'täu'ser (der, -s, -) Angehöriger eines kath. Einsiedlerordens [frz.]
Kar'tell (das, -s, -e) Vereinigung von Betrieben desselben Wirtschaftszweiges, die aber selbstständig und unter ihrem Namen arbeiten [it.-frz.]
kar'tell'lie'ren (V.) zu einem Kartell vereinigen
Kar'te'si'a'nis'mus (der, -, nur Ez.) Lehre des französischen Philosophen und Mathematikers René Descartes (1596-1650)
kar'tie'ren (V.) 1 auf einer Karte aufzeichnen, darstellen (Geo.) 2 in eine Kartei einordnen [ägypt.-gr.-lat.-frz.]
Kar'to'graf (auch: Kar'to'graph) (der, -en, -en) Zeichner oder Bearbeiter von Landkarten [lat.-gr.]
Kar'to'gra'fie (auch: Kar'to'gra'phie) (die, -, nur Ez.) (Wissenschaft von der) Herstellung von Landkarten
kar'to'gra'fie'ren (auch: kar'to'gra'phie'ren) (V.) kartografisch darstellen, in eine Karte aufnehmen [ägypt.-gr.-lat.-frz.]
kar'to'gra'fisch auch: (kar'to'gra'phisch) (Adj.) zur Kartographie gehörig, auf ihr beruhend
Kar'to'gramm (das, -s, -e) auf statistischen Daten beruhende grafische Darstellung in einer Landkarte [lat.-gr.]
Kar'ton auch [-tɔŋ] (der, -s, -s) 1 dünne Pappe, festes, steifes, dickes Papier; Pappschachtel 2 Skizze zu einem Wandgemälde [frz.]
Kar'to'na'ge [-ʒə] (die, -, -n) Verpackung aus Karton; Bucheinband aus Karton
kar'to'nie'ren (V.) in Kartons einpacken; in Karton einbinden
Kar'to'thek (die, -, -en) geordnete Sammlung von Karteikarten [lat.-gr.]
Kar'tu'sche (die, -, -n) 1 Metallhülse mit der Pulverladung eines Geschosses 2 rechteckige Fläche (für Inschriften) mit Rahmen aus halb aufgerollten Blättern (in der Baukunst) 3 Ornament aus halb aufgerollten Blättern [it.-frz.]
Ka'ru'be (die, -, -n) Johannisbrot [arab.-lat.-frz.]
Ka'run'kel (die, -, -n) kleine Warze (Med.) [lat.]

Ka|rus|sell (das, -s, -s) große, sich drehende Scheibe mit Tierfiguren, kleinen Wagen oder nur Sitzen für Fahrgäste (auf Jahrmärkten als Volksbelustigung) [arab.-it.]
Ka|ry|a|ti|de (die, -, -n) gebälktragende Säule in Form einer weiblichen Gestalt [gr.]
Ka|ry|o|lo|gie (die, -, nur Ez.) Wissenschaft vom Zellkern [gr.]
Ka|ry|o|plas|ma (das, -s, nur Ez.) Plasma des Zellkerns [gr.]
Kar|zer (der, -s, -) **1** Raum für kleine Freiheitsstrafen (früher in Schulen und an Hochschulen) **2** (nur Ez.) die Strafe selbst [lat.]
kar|zi|no|gen (Adj.) = kanzerogen [gr.]
Kar|zi|no|lo|gie (die, -, nur Ez.) Wissenschaft von den Karzinomen [gr.]
Kar|zi|nom (das, -s, -e) Krebsgeschwulst [gr.]
kar|zi|no|ma|tös (Adj.) von einem Karzinom befallen
Ka|sa|che (der, -n, -n) Einwohner von Kasachstan
Ka|sack (der, -s, -s) über Rock oder Hose getragene, mit Gürtel gehaltene Bluse [it.-frz.]
Ka|sat|schok *auch:* Ka|sa|tschok (der, -s, -s) akrobatischer Kosakentanz, bei dem die Beine aus der Hocke nach vorn geschleudert werden [russ.]
Kas|bah (die, -, -s) Schloss, Burg (in Marokko); arabisches Viertel (in afrikanischen Städten) [arab.]
Käsch (das, -(s), - oder -s) chinesisches Münzgewicht; durchlochte chinesische Münze; Kleingeld (ugs.) [tamil.]
Ka|scha (die, -, nur Ez.) russische Buchweizengrütze
Ka|schem|me (die, -, -n) schlechte, anrüchige Kneipe [Zigeunersprache]
ka|schen (V.) erwischen, verhaften [viell. engl.]
Ka|scheur (der, -s, -e) Bühnendekorateur, der plastische Teile des Bühnenbildes mit Holz, Pappe, Gips etc. baut [lat.-frz.]
ka|schie|ren (V.) mit einer Masse aus Sägespänen, Leim u.a. überziehen; z.B. Teile des Bühnenbildes kaschieren: mit buntem Papier bekleben; verdecken, verbergen [frz.]
Ka|schi|ri (das, -, nur Ez.) aus den Wurzelknollen des Manioks gewonnenes berauschendes Getränk der Indianer [indian.]
Kasch|mir (der, -s, -e) feiner Wollfaden oder Kammgarnstoff (urspr. aus dem Fell der Kaschmirziege)
Ka|scho|long (der, -s, -s) Abart des Opals [mongol.]
Ka|schu|be (der, -n, -n) Angehöriger eines westslawischen Volksstammes
ka|schu|bisch (Adj.) zu den Kaschuben gehörig
Ka|sel (die, -, -n) Messgewand (bes. der kath. Priester) [lat.]
Ka|se|mat|te (die, -, -n) schusssicherer Raum (in Festungen); gepanzerter Geschützraum (auf Kriegsschiffen) [gr.-frz.]
ka|se|mat|tie|ren (V.) etwas mit Kasematten versehen [gr.-it.-frz.]
Ka|ser|ne (die, -, -n) Gebäude zur ständigen Unterbringung von Truppen [lat.-frz.]
ka|ser|nie|ren (V.) in Kasernen unterbringen
Ka|si|no (das, -s, -s) **1** Haus für gesellige Zusammenkünfte, Speiseraum; z.B. für Offiziere; auch in Betrieben **2** Unternehmen für Glücksspiele [it.]
Kas|ka|de (die, -, -n) **1** künstlicher, in Stufen angelegter Wasserfall **2** kühner Sprung (in der Artistik) [it.]
Kas|kett (das, -s, -e) Lederhelm, einfacher Helm mit Visier [lat.-span.-frz.]
Kas|ko (der, -s, -s) **1** Schiffsrumpf, Fahrzeug (im Unterschied zur Ladung) **2** Spielart des Lombers **3** (die, -, -s) eine Versicherung gegen Schäden von außen [span.]
Kas|sa (die, -, -sen) Kasse (österr.), gegen Kassa kaufen: kaufen und bar bezahlen [it.]
Kas|sand|ra *auch:* Kas|san|dra (die, -, -ren/-dren) trojanische Königstocher, die u.a. Unheil verkündende Warnungen ausspricht [gr.]
Kas|sa|ti|on (die, -, -ti|o|nen) **1** Ungültigkeitserklärung; Aufhebung (eines Urteils); bedingungslose Entlassung (früher) **2** Musikstück aus mehreren Sätzen für Instrumente (im 18. Jh.) [lat.]
Kas|sa|ve (die, -, -n) = Maniok [indian.]
Kas|se (die, -, -n) **1** verschließbarer Geldkasten **2** Vorrat an Geld; z.B. knapp bei Kasse sein: wenig Geld haben **3** Raum oder Schalter zum Ein- und Auszahlen von Geld (in Banken, Betrieben) **4** (kurz für) Sparkasse; z.B. Geld von der Kasse holen **5** (kurz für) Krankenkasse [lat.-it.]
Kas|se|rol|le (die, -, -n) flacher Topf zum Braten und Kochen [frz.]
Kas|set|te (die, -, -n) **1** Kästchen; Papphülle für mehrere Bücher oder Schallplatten; lichtdichter Behälter für fotografische Filme oder Platten; **2** viereckiges vertieftes Feld in der Decke (eines Raumes); flacher Behälter mit eingebauten Tonbandspulen [frz.]
Kas|set|ten|re|kor|der (der, -s, -) Tonbandgerät für Tonbänder in Kassetten [frz.-engl.]

Kas'sia (die, -, -si̯en) eine tropische Heil- und Gewürzpflanze [gr.-lat.]

Kas'si'ber (der, -s, -) heimlich weitergegebene schriftliche Mitteilung zwischen Strafgefangenen und der Außenwelt oder untereinander [Rotwelsch]

Kas'si'de (die, -, -n) Gedichtgattung in Arabien [arab.]

kas'sie'ren (V.) **1** sich zahlen lassen, einziehen, sich geben lassen; z.B. Geld, die Miete, ein Honorar kassieren **2** verhaften (ugs.) [it.] **3** (V.) für ungültig erklären; z.B. ein Urteil kassieren **4** entlassen (veraltet); z.B. einen Beamten kassieren [lat.]

Kas'tag'net'te *auch:* Kas'ta'gnet'te [-njɛtə] (die, -, -n) kleines Instrument aus zwei beweglich aneinander befestigten Holzschalen, die mit einer Hand gegeneinander geschlagen werden (bes. in der span. Musik)

Kas'ta'nie [-ni̯ə] (die, -, -n) ein Laubbaum; dessen Frucht [gr.-lat.]

Kas'te (die, -, -n) gesellschaftlicher Stand mit eigenen Normen und strenger Trennung von anderen (bes. in Indien) [span.]

kas'tei'en (V.) sich kasteien: strenge Enthaltsamkeit üben, auf vieles verzichten [lat.]

Kas'tell (das, -s, -e) **1** Befestigungsanlage, Burg, Schloss **2** Aufbau auf dem Vorder- und Hinterdeck (von Schiffen) [lat.]

Kas'tel'lan (der, -s, -e) Aufseher, Verwalter (eines Schlosses, einer Burg, auch eines öffentlichen Gebäudes) [lat.]

Kas'ti'ga'ti'on (die, -, -ti̯o̱'nen) (veraltet) Züchtigung [lat.]

Kas'ti'ga'tor (der, -s, -to̱ren) Korrektor in der Frühzeit des Buchdrucks [lat.]

kas'ti'gie'ren (V.) (veraltet) züchtigen [lat.]

Kas'trat *auch:* Kast'rat/Ka'strat (der, -en, -en) kastrierter Mann, Entmannter; in der Kindheit entmannter Sänger mit Sopranstimme

Kas'tra'ti'on *auch:* Kast'ra'ti'on/Ka'stra'ti'on (die, -, -ti̯o̱'nen) das Kastrieren

kas'trie'ren *auch:* kast'rie'ren/ka'strie'ren (V.) durch Entfernen der Keimdrüsen fortpflanzungsunfähig machen, entmannen, verschneiden [lat.]

ka'su'al (Adj.) zufällig, nicht vorhersehbar [lat.]

Ka'su'a'li̯en (nur Mz.) zufällige Ereignisse; kirchliche Amtshandlungen bei besonderen Ereignissen; z.B. Taufe; Vergütung dafür

Ka'su'ar (der, -s, -e) ein australischer, straußähnlicher Laufvogel [malai.]

ka'su'ell (Adj.) den Kasus betreffend [lat.-frz.]

Ka'su'is'tik (die, -, nur Ez.) altgriechische und kath. Lehre vom richtigen Verhalten in besonderen Fällen; den Einzelfall besonders berücksichtigende Untersuchung und Beurteilung (im Rechtswesen); Haarspalterei, Wortklauberei [lat.]

ka'su'is'tisch (Adj.) zur Kasuistik gehörig

Ka'sus (der, -, -) Beugungs-, Deklinationsfall (in der Grammatik) [lat.]

Kat 1 (das, -s, nur Ez.) = Khat **2** (der, -s, -s) Katalysator (beim Personenkraftwagen) [Kurzwort]

Ka'ta'bo'lie (die, -, nur Ez.) Abbau der Stoffe (im Körper durch den Stoffwechsel) [gr.]

Ka'ta'bo'lis'mus (der, -, nur Ez.) = Katabolie

Ka'tach're'se *auch:* Ka'ta'chre'se [-çre:-] (die, -, -n) Vermischung von nicht zusammenpassenden bildlichen Ausdrücken, Stilblüte [gr.]

Ka'ta'falk (der, -s, -e) schwarz verhängtes Gestell für den Sarg (bei der Trauerfeier) [frz.]

Ka'ta'kaus'tik (die, -, nur Ez.) Brennfläche (statt des Brennpunktes) auf Hohlspiegeln beim Einfall paralleler Lichtstrahlen [gr.]

Ka'tak'la'se *auch:* Ka'ta'kla'se (die, -, -n) Zerbrechen- oder Zerriebenwerden von Mineralien im Gestein durch tektonische Kräfte [gr.]

Ka'tak'lys'mus *auch:* Ka'ta'klys'mus (der, -, -men) erdgeschichtliche Katastrophe [gr.-nlat.]

Ka'ta'kom'be (die, -, -n) unterirdische Begräbnisstätte [gr.]

Ka'ta'la'ne (der, -n, -n) Ew. von Katalonien

ka'ta'la'nisch (Adj.) zu Katalonien gehörig

Ka'ta'lek'ten (nur Mz.) Bruchstücke, Überbleibsel (veraltet) [lat.]

ka'ta'lek'tisch (Adj.) unvollendet, unvollkommen (veraltet); katalektischer Vers: Vers mit einem unvollständigen Versfuß am Schluss [gr.]

Ka'ta'lep'sie (die, -, -n) krankhafter Spannungszustand (von Muskeln), Starrkrampf

ka'ta'lep'tisch (Adj.) in Katalepsie befindlich

Ka'ta'log (der, -(e)s, -e) Verzeichnis (von Büchern, Bildern, Waren) [gr.]

ka'ta'lo'gi'sie'ren (V.) in einen Katalog aufnehmen, in einem Katalog zusammenstellen

Ka'ta'ly'sa'tor (der, -s, -to̱ren) Stoff, der eine chemische Reaktion herbeiführt oder beeinflusst, selbst aber unverändert bleibt [gr.]

Ka'ta'ly'se (die, -, -n) **1** Herbeiführung oder Beeinflussung einer chemischen Reaktion durch einen Katalysator **2** Einfügung in ein Textfragment

ka'ta'ly'sie'ren (V.) eine chemische Reaktion katalysieren: durch einen Katalysator herbeiführen oder beeinflussen

ka|ta|ly|tisch (Adj.) mit Hilfe einer Katalyse oder eines Katalysators
Ka|ta|ma|ran (der, -s, -e) Segelboot mit zwei Rümpfen nebeneinander [tamil.]
Ka|tam|ne|se *auch:* Ka|tamne|se (die, -, -n) Aufzeichnungen des Arztes über den Zustand des Patienten nach beendeter Behandlung [gr.]
Ka|ta|pho|re|se (die, -, -n) Wanderung elektrisch geladener Teilchen in einer nicht leitenden Flüssigkeit unter Einwirkung elektrischer Spannung in Richtung der Kathode
Ka|tap|la|sie *auch:* Ka|ta|pla|sie (die, -, -n) Rückbildung (von Körpergewebe) [gr.]
ka|tap|lek|tisch *auch:* ka|ta|plek|tisch (Adj.) von Kataplexie befallen
Ka|tap|le|xie *auch:* Ka|ta|ple|xie (die, -, -n) plötzliche Lähmung der Muskeln vor Schreck, Schreckstarre [gr.]
Ka|ta|pult (das, -(e)s, -e) **1** Gerät zum Schleudern (früher von Geschossen, dann von Steinen, zum Starten von Flugzeugen) **2** Schleudersitz (im Flugzeug) [gr.]
ka|ta|pul|tie|ren (V.) mittels Katapults wegschleudern, starten lassen
Ka|ta|rakt (der, -(e)s, -e) **1** Wasserfall **2** Stromschnelle **3** grauer Star (in der Medizin) [gr.]
Ka|ta|rer (der, -s, -) Einwohner des Scheichtums Katar am Persischen Golf [arab.]
Ka|tarrh (*auch:* Ka|tarr) (der, -s, -e) Schleimhautentzündung mit Absonderung von Sekret [gr.]
ka|tar|rha|lisch (*auch:* ka|tar|ra|lisch) (Adj.) mit Katarrh einhergehend
Ka|tas|ter (der oder das, -s, -) amtliches Verzeichnis steuerpflichtiger Personen (früher); amtliches Verzeichnis der Grundstücke (eines Bezirks) [gr.]
ka|tas|tro|phal *auch:* ka|tast|ro|phal/ka|tastro|phal (Adj.) in der Art, vom Ausmaß einer Katastrophe, fürchterlich
Ka|tas|tro|phe *auch:* Ka|tast|ro|phe/Ka|tastro|phe (die, -, -n) schweres Unglück, großes Unheil [gr.]
Ka|ta|to|nie (die, -, -n) mit Spannungszuständen der Muskeln einhergehende Geistesstörung [gr.]
Ka|te|che|se (die, -, -n) Religionsunterricht
Ka|te|chet (der, -en, -en) Religionslehrer (bes. außerhalb der Schule) [gr.]
Ka|te|che|tik (die, -, nur Ez.) Lehre von der Katechese
ka|te|che|tisch (Adj.) die kirchliche Unterrichtung in der Christenlehre betreffend [gr.-lat.]
ka|te|chi|sie|ren (V.) Religionsunterricht erteilen [gr.-lat.]

Ka|te|chis|mus (der, -, -men) Lehrbuch für die Katechese
Ka|te|chist (der, -chis|ten, -chis|ten) eingeborener Laienhelfer in der kath. Mission [gr.]
Ka|te|chu|me|nat (das, -s, -e) vorbereitender Unterricht für die Erwachsenentaufe [gr.]
Ka|te|chu|me|ne (der, -n, -n) Anwärter auf die Erwachsenentaufe [gr.]
Ka|te|go|rie (die, -, -n) Grundbegriff, von dem andere Begriffe abgeleitet werden können; Klasse, Gruppe, in die etwas eingeordnet werden kann [gr.]
ka|te|go|risch (Adj.) behauptend, aussagend; zwingend, unbedingt gültig; kategorischer Imperativ: unbedingt gültiges ethisches Pflichtgebot (nach Kant); mit Nachdruck, bestimmt, keinen Widerspruch duldend; z.B. etwas kategorisch fordern [gr.]
ka|te|go|ri|sie|ren (V.) in Kategorien einordnen; z.B. Begriffsklassen, -gruppen kategorisieren
ka|te|xo|chen *auch:* kat|e|xo|chen (Adj.) im eigentlichen Sinne
Kat|gut (das, -s, nur Ez.) Faden zum Vernähen von Operationswunden (der sich im Körper auflöst) [engl.]
Ka|thar|sis *auch:* [-ta-] (die, -, nur Ez.) seelische Reinigung, Läuterung (bes. im antiken Drama) [gr.]
ka|thar|tisch (Adj.) auf Katharsis beruhend
Ka|the|der (das oder der, -s, -) erhöhter Platz im Raum (für den Lehrer oder Prediger), Podium, Kanzel; Lehrstuhl (an einer Hochschule, veraltet) [gr.]
Ka|thed|ra|le *auch:* Ka|the|dra|le (die, -, -n) bischöfliche oder erzbischöfliche Kirche (in Frankreich, Spanien, England); Hauptkirche einer Stadt (in Deutschland), Dom, Münster [gr.]
Ka|the|te (die, -, -n) jede der beiden Seiten, die die Schenkel des rechten Winkels bilden (im rechtwinkligen Dreieck) [gr.]
Ka|the|ter (der, -s, -) Röhrchen (zum Ablassen von Flüssigkeiten aus Körperhöhlen) [gr.]
ka|the|te|ri|sie|ren (V.) mittels Katheters untersuchen oder von Flüssigkeit befreien; z.B. die Harnblase katheterisieren
ka|the|tern (V.) = katheterisieren
Ka|tho|de (*auch:* Ka|to|de) (die, -, -n) negative Elektrode [gr.]
Ka|tho|lik (der, -en, -en) Angehöriger der kath. Kirche
Ka|tho|li|kos (der, -, nur Ez.) Titel des Oberhauptes einiger Ostkirchen [gr.]
ka|tho|lisch (Adj.) **1** die ganze Erde umfassend, allgemein (von der Kirche Christi) **2** zur kath. Kirche gehörig; katholische Kir-

katholisieren che: die dem Papst unterstehende christliche Kirche [gr.]
ka|tho|li|sie|ren (V.) in die kath. Kirche aufnehmen, zum kath. Glauben bekehren
Ka|tho|li|zis|mus (der, -, nur Ez.) Lehre der kath. Kirche
Ka|ti|on *auch:* Kat|i|on (das, -s, -en) positiv geladenes Ion
Ka|to|de (die, -, -n) = Kathode
Kat|tun (der, -s, -e) bedruckter Baumwollstoff [arab.]
Kau|ka|si|er (der, -s, -) Ew. des Kaukasus
kau|ka|sisch (Adj.) zum Kaukasus gehörig
kau|li|flor (Adj.) unmittelbar am Stamm oder Ast ansetzend (von Blüten) [gr.-lat.]
Kau|ri (die, -, -s) Schnecke des Indischen Ozeans (ihr Gehäuse früher als Zahlungsmittel bei Naturvölkern) [Maori]
kau|sal (Adj.) auf Ursache und Wirkung beruhend, ursächlich [lat.]
Kau|sal|gie *auch:* Kaus|al|gie (die, -, -n) brennender, durch Nervenverletzung hervorgerufener Schmerz
Kau|sa|li|tät (die, -, nur Ez.) Zusammenhang von Ursache und Wirkung, Ursächlichkeit
Kau|sal|ne|xus (der, -, nur Ez.) Kausalzusammenhang [lat.]
kau|sa|tiv (Adj.) bewirkend, verursachend
Kaus|tik (die, -, -en) Brennfläche anstelle des Brennpunktes (in der Optik); Zerstörung von Körpergewebe (durch elektrischen Strom oder Chemikalien; in der Medizin) [gr.]
Kaus|ti|kum (das, -s, -ka) ätzendes Mittel (in der Medizin) [gr.-nlat.]
kaus|tisch (Adj.) ätzend, beißend, scharf [gr.]
Kau|ter (der, -s, -) Instrument zum Ausbrennen von Gewebe, Glühbrenner (in der Medizin) [gr.]
Kau|te|ri|sa|ti|on (die, -, -ti|o|nen) das Kauterisieren
kau|te|ri|sie|ren (V.) mit dem Kauter ausbrennen, zerstören
Kau|te|ri|um (das, -s -ri|en) = Kauter [gr.-lat.]
Kau|ti|on (die, -, -ti|o|nen) Hinterlegung von Geld (als Sicherheitsleistung); die hinterlegte Geldsumme [lat.]
kaut|schie|ren *auch:* kau|tschie|ren (V.) = kautschutieren
Kaut|schuk *auch:* Kau|tschuk (der, -s, -e) Milchsaft des Kautschukbaumes und einiger anderer tropischer Pflanzen [indian.]
Kaut|schuk|pa|ra|graf *auch:* Kau|tschuk-pa|ra|graf (*auch:* Kaut|schuk|pa|ra|graph/Kau-tschuk|pa|ra|graph) (der, -en, -en) Bestimmung, die auf verschiedene Weise ausgelegt (gedehnt) werden kann, Gummiparagraf
kaut|schu|tie|ren *auch:* kau|tschu|tie|ren (V.) mit Kautschuk überziehen
Ka|va|lier (der, -s, -e) **1** Reiter, Ritter (früher) **2** Begleiter einer Dame, höflicher, zuvorkommender Mann [frz.]
Ka|val|ka|de (die, -, -n) Reiteraufzug [it.]
Ka|val|le|rie auch [-ri] (die, -, -n) Reitertruppe [it.-frz.]
Ka|val|le|rist (der, -ris|ten, -ris|ten) Soldat der Kavallerie
Ka|va|ti|ne (die, -, -n) liedartiges Sologesangsstück (bes. in der Oper) oder Instrumentalstück [it.]
Ka|ve|ling (die, -, -en) kleinste Warenmenge, die ersteigert werden muss (auf Auktionen) [niederl.]
Ka|ver|ne (die, -, -n) **1** durch Gewebszerfall entstandener Hohlraum (bes. in der Lunge) **2** künstlicher unterirdischer Hohlraum (für militärische Einrichtungen, Müll u.a.) [lat.]
ka|ver|nös (Adj.) eine oder mehrere Kavernen aufweisend (in der Medizin)
Ka|vi|ar (der, -s, -e) mit Salz konservierter Rogen einiger Störarten [türk.]
Ka|wass (der, -en, -en) Polizist, Ehrenwache (im vorderen Orient) [arab.-türk.]
Ke|bab (der, -(s), -s) am Spieß gebratene Hammelfleischstückchen [türk.]
Kee|per (ki:-] (der, -s, -) Torwart [engl.]
Keep|smi|ling [ki:p smaɪlɪŋ] (das, -s, nur Ez.) optimistische Lebensauffassung auch in schwierigen Lagen [engl.]
Ke|fir (der, -s, nur Ez.) durch Zusatz von Hefe und Bakterien vergorene Milch [türk.]
Keks (der, -(es), -e) kleines, trockenes Gebäck [engl.]
Ke|lim (*auch:* Ki|lim) (der, -s, -s) gewebter Teppich oder Wandbehang (aus dem vorderen Orient) [türk.]
Kel|te (der, -n, -n) Angehöriger einer Völkergruppe in Mittel-, West- und Südeuropa
kel|tisch (Adj.) zu den Kelten gehörig
Kel|tis|tik (die, -, nur Ez.) = Keltologie
Kel|to|lo|ge (der, -n, -n) Wissenschaftler der Keltologie
Kel|to|lo|gie (die, -, nur Ez.) Wissenschaft von den keltischen Sprachen und Literaturen
Kel|vin (das, -s, -) Maßeinheit der auf den absoluten Nullpunkt (−273,15 °) bezogenen Temperatur [engl.]
Ken|do (das, -(s), nur Ez.) japanische Fechtkunst mit Schwertern oder Bambusschwertern
Ken|do|gi (das, -(s), nur Ez.) vorschriftsmäßige Wettkampfkleidung beim Kendo

Ke|ni|a|ner (der, -s, -) Einwohner des ostafrikanischen Staates Kenia
Ken|nel (der, -s, -) Zwinger für die Hunde der Parforcejagd [engl.]
Ke|no|taph (der, -s, -e) leeres Grabmal (als Gedenkstätte) [gr.]
Ken|taur (der, -en, -en) = Zentaur
Ke|ra|mik (die, -, -en) **1** (nur Ez.) Verfahren zur Herstellung von Gegenständen aus gebranntem Ton **2** (nur Ez.) Gesamtheit von Gegenständen aus gebranntem Ton **3** einzelner Gegenstand aus gebranntem Ton [gr.]
Ke|ra|mi|ker (der, -s, -) Handwerker, der Keramik herstellt
ke|ra|misch (Adj.) zur Keramik gehörig, Keramiken herstellend
Ke|ra|tin (das, -s, nur Ez.) Eiweißkörper (in Haut, Haaren und Nägeln), Hornstoff [gr.]
Ke|ra|ti|tis (die, -, -ti|ti|den) Hornhautentzündung (des Auges) [gr.]
Ke|ra|tom (das, -s, -e) hornige Geschwulst der Haut [gr.]
Ke|ra|to|plas|tik (die, -, -en) Übertragung gesunder Hornhaut auf die eines erkrankten Auges [gr.]
Ke|ra|to|se (die, -, -n) krankhafte Verhornung der Haut [gr.]
Ker|mes (der, -, -) mit rotem Saft gefüllte Eier und Hüllen der Kermesschildlaus [arab.]
Ke|ro|sin (das, -s, nur Ez.) aus Erdöl gewonnener Treibstoff [gr.]
Ke|ryg|ma (das, -s, nur Ez.) Verkündigung (bes. des Evangeliums) [gr.]
ke|ryg|ma|tisch (Adj.) zum Kerygma gehörig, verkündigend
Ke|ton (das, -s, -e) eine organische Verbindung
Ket|schua *auch:* Ke|tschua (das, -, nur Ez.) Sprache eines südamerikanischen Indianervolkes
Ket|schup (*auch:* Ket|chup) [kɛʃap] (der oder das, -s, -s) pikante, dicke Soße zum Würzen; z.B. Tomatenketschup [malai.]
Kett|car (der oder das, -s, -s) Kinderfahrzeug, das über Pedal und Kette angetrieben wird [dt.- engl.]
Key|board [kiːbɔːdʒ] (das, -s, -s) Tasteninstrument (im Jazz und Rock) [engl.]
Kha|ki (*auch:* Ka|ki) (der, -(s), nur Ez.) gelbbrauner Stoff (für Tropenuniformen) [pers.- engl.]
Khan (der, -s, -s) Titel mongolisch-türkischer Fürsten und hoher persischer Beamter
Kha|nat (das, -s, -e) Amt und Herrschaftsbereich eines Khans
Khat (*auch:* Kat) (das, -s, nur Ez.) Blätter eines südostafrikanischen Strauches, die Alkaloide enthalten und als Rauschgift gekaut werden
Khe|di|ve (der, -n, -n) Titel für den Vizekönig von Ägypten (1867-1914) [pers.- türk.]
Khmer (der, -, -) Angehöriger des kambodschanischen Staatsvolkes
Khoi|sa|ni|de (der, -n, -n) Angehöriger einer menschl. Großrasse; Buschmann, Hottentotte [afrikan.-nlat.]
Kib|buz (der, -, -e oder -im) ländliches Kollektiv in Israel [hebr.]
Kib|buz|nik (der, -s, -s) Mitglied eines Kibbuz
Ki|bit|ka (die, -, -s) **1** = Jurte **2** einfacher, überdachter russischer Bretterwagen oder Schlitten [russ.]
Kib|la *auch:* Ki|bla (die, -, nur Ez.) die Richtung nach Mekka, in die sich die Mohammedaner beim Gebet verneigen [arab.]
Kick (der, -s, -s) **1** Stoß, Tritt (beim Fußball) **2** Schwung, Anregung (ugs.) **3** Wirkung (eines Rauschgiftes) [engl.]
Kick-down (*auch:* Kickdown) [-daʊn] (das, -s, -s) Durchtreten des Gaspedals (zum raschen Beschleunigen)
ki|cken (V.) mit dem Fuß stoßen [engl.]
Ki|cker (der, -s, -) Fußballspieler (oft abwertend) [engl.]
Kick-off (*auch:* Kick|off) (der, -s, -s) Anstoß (beim Fußball; schweiz.) [engl.]
Kick|xia [kɪksja] (die, -, -xi|en) ein westafrikanisches Hundsgiftgewächs, das Kautschuk liefert [niederl.-nlat.]
Kid (das, -s, -s) feines Leder von Kalb, Lamm, Ziege [engl.]
kid|nap|pen [-næp-] (V.) entführen (um Lösegeld zu erpressen oder bestimmte Forderungen durchzusetzen) [engl.]
Kid|nap|per [-næp-] (der, -s, -) jmd., der jemanden gekidnappt hat
Kid|nap|ping [-næp-] (das, -s, nur Ez.) das Kidnappen, Kindesentführung, Menschenraub
Kids (nur Mz.) Kinder, Teenager (Szenensprache) [engl.]
Kies (der, -(es), nur Ez.) Geld (ugs.) [Rotwelsch]
Kif (der, -s, nur Ez.) = Haschisch [arab.]
kif|fen (V.) Kif rauchen
Kif|fer (der, -s, -) Haschisch oder Marihuana Rauchender im Szenejargon [arab.-amerik.]
Ki|lim (der, -s, -s) = Kelim
kil|len (V.) **1** ermorden (ugs.) [engl.] **2** flattern (vom Segel) [niederl.]
Kil|ler (der, -s, -) bezahlter Mörder [engl.]
Ki|lo (das, -s, -) Kilogramm [Kurzwort]

Ki·lo·gramm (das, -s, -) 1000 Gramm [gr.]
Ki·lo·me·ter (der, -s, -) 1000 Meter
Ki·lo·volt (das, -s, -) 1000 Volt [gr.-it.]
Ki·lo·watt (das, -s, -) 1000 Watt [gr.-engl.]
Kilt (der, -s, -s) kurzer, karierter Rock (der Schotten) [engl.]
Ki·mo·no (der, -s, -s) mantelartiges japanisches Obergewand mit weiten, angeschnittenen Ärmeln
Ki·nä·de (der, -n, -n) 1 Päderast 2 lüsterner, weichlicher Mensch [gr.]
Ki·ne·ma·thek (die, -, -en) Sammlung von (Kino-)Filmen [gr.]
Ki·ne·ma·tik (die, -, nur Ez.) = Kinetik
Ki·ne·ma·to·graph (auch: Ki·ne·ma·to·graf) (der, -en, -en) erster Apparat zur Aufnahme und Wiedergabe bewegter Bilder [gr.]
Ki·ne·ma·to·gra·phie auch: Ki·ne·ma·to·gra·fie (die, -, nur Ez.) Filmtechnik, Filmkunst (in der Frühzeit des Films)
Ki·ne·tik (die, -, nur Ez.) Wissenschaft von der Bewegung durch Kräfte [gr.]
ki·ne·tisch (Adj.) auf Bewegung beruhend
King·size (die oder das, -, nur Ez.) Großformat, Überlänge [engl.]
Ki·no (das, -s, -s) Gebäude zur Vorführung von Filmen, Filmtheater, Lichtspielhaus [gr.]
Kin·topp (der oder das, -s, -s oder -töp·pe) Kino
Ki·osk (der, -(e)s, -e) 1 kleines Verkaufshäuschen für Zeitungen, Zigaretten etc. 2 Gartenhäuschen im Orient 3 Erker vor den Räumen der oberen Stockwerke orientalischer Paläste [pers.-türk.-frz.]
Kir·gi·se (der, -n, -n) Ew. von Kirgisien
kir·gi·sisch (Adj.) zu den Kirgisen gehörig
Ki·ri·ba·ti·er (der, -s, -) Einwohner des Inselstaates Kiribati in Ozeanien [engl.-mikrones.]
Kis·met (das, -s, nur Ez.) das von Allah dem Menschen zugeteilte Schicksal (im Islam) [arab.]
Ki·su·a·he·li (das, -(s), nur Ez.) = Suaheli
Ki·tha·ra (die, -, -s oder -tha·ren) ein altgriechisches Zupfinstrument
Ki·tha·rö·de auch: Ki·thar·ö·de (der, -n, -n) Sänger und Spieler der Kithara (im alten Griechenland) [gr.]
Ki·wi 1 (die, -, -s) eiförmige Frucht der Subtropen mit brauner Schale und grünem Fruchtfleisch, das reich an Vitamin C ist [engl.] 2 (der, -s, -s) hühnergroßer, flugunfähiger Vogel Neuseelands [polynes.]
kla·bas·tern (V.) klappernd, polternd gehen [viell. it.]
Kla·mot·te (die, -, -n) 1 zertrümmerter Mauerstein 2 wertloser Gegenstand 3 altes, wieder aufgeführtes Theaterstück [viell. tschech.]

Kla·mot·ten (nur Mz.) persönliche Gegenstände, bes. Kleider [Rotwelsch]
Klan (der, -s, -e oder -s) = Clan
klan·des·tin (Adj.) heimlich (veraltet); klandestine Ehe: nicht kirchlich geschlossene und daher ungültige Ehe (früher) [lat.]
Kla·rett (der, -s, -s oder -e) gewürzter Rotwein [frz.]
kla·rie·ren (V.) die Ladung (eines Schiffes) verzollen [lat.]
Kla·ri·net·te (die, -, -n) ein Holzblasinstrument [it.]
Kla·ri·net·tist (der, -tis·ten, -tis·ten) Musiker, der Klarinette spielt [it.]
Kla·ris·se (die, -, -n) Angehörige eines kath. Nonnenordens [lat.]
Kla·ris·sin (die, -, -nen) = Klarisse
Klas·se (die, -, -n) 1 Gruppe von Lebewesen, Gegenständen, Begriffen mit gleichen Merkmalen 2 Wert-, Rangstufe, Güte, Qualität; z.B. Kaffee erster Klasse [lat.]
Klas·se·ment [-mã], schweiz. [-ment] (das, -s, -s) Einteilung; Ordnung; Rangliste (im Sport) [frz.]
Klas·si·fi·ka·ti·on (die, -, -ti·o·nen) das Klassifizieren, Einteilung in Klassen [lat.]
klas·si·fi·zie·ren (V.) in Klassen einteilen
Klas·sik (die, -, nur Ez.) durch künstlerisch bedeutende und als vorbildlich anerkannte Leistungen gekennzeichneter Zeitabschnitt (bes. die Hochblüte der griechischen und römischen antiken Kultur, der deutschen Literatur und österreichischen Musik um 1800) [lat.]
Klas·si·ker (der, -s, -) Vertreter der Klassik; als vorbildlich, richtungsweisend geltender Künstler
klas·sisch (Adj.) zur Klassik gehörig, aus ihr stammend; vorbildlich, mustergültig
Klas·si·zis·mus (der, -, nur Ez.) am Vorbild der griechisch-römischen Klassik ausgerichteter Kunststil (bes. in Europa im 16./17. Jh. und 1770–1830)
klas·si·zis·tisch (Adj.) zum Klassizismus gehörig, in der Art des Klassizismus
Klas·si·zi·tät (die, -, nur Ez.) Vorbildlichkeit, Mustergültigkeit [lat.]
klas·tisch (Adj.) aus zertrümmerten anderen Gesteinen stammend (von Sedimentgestein)
Klau·se (die, -, -n) 1 Klosterzelle, Einsiedelei; kleiner, abgesonderter, ruhiger Raum 2 Engpass, Schlucht 3 Teilfrucht (von Lippenblütlern u.a.) [lat.]
Klau·sel (der, -s, -n) Nebenbestimmung, Vorbehalt (in Verträgen) [lat.]
Klaus·ner (der, -s, -) Einsiedler, (mönchischer) Bewohner einer Klause [lat.]

Klaus|tro|phi|lie auch: Klaust|ro|phi|lie/Klau|stro|phi|lie (die, -, nur Ez.) Drang, sich abzusondern, sich einzuschließen [gr.]

Klaus|tro|pho|bie auch: Klaust|ro|pho|bie/Klau|stro|pho|bie (die, -, nur Ez.) krankhafte Furcht vor dem Aufenthalt in geschlossenen Räumen [gr.]

Klau|sur (die, -, -en) **1** (nur Ez.) Abgeschlossenheit, Einsamkeit; z.B. in Klausur leben **2** Teil eines Gebäudes (bes. eines Klosters), den Außenstehende nicht betreten dürfen **3** Prüfungsarbeit, die in einem Raum allein oder zu mehreren unter Aufsicht anzufertigen ist

Kla|vi|a|tur (die, -, -en) Gesamtheit der Tasten (eines Tasteninstruments) [lat.]

Kla|vi|chord [-kɔrt] (das, -(e)s, -e) kleines Tasteninstrument, bei dem die Saiten durch Metallplättchen angeschlagen werden [lat.-gr.]

Kla|vier (das, -s, -e) Tasteninstrument, dessen Saiten durch Filzhämmer angeschlagen werden [lat.]

Kla|vi|zim|bel (das, -s, -) = Cembalo (veraltet)

kleis|to|gam (Adj.) sich selbst befruchtend in der Art der Kleistogamie

Kleis|to|ga|mie (die, -, nur Ez.) Selbstbefruchtung (von zweigeschlechtigen Pflanzen) bei geschlossener Blüte [gr.]

Kle|ma|tis (die, -, -) = Clematis

Kle|men|ti|ne (die, -, -n) Mandarinensorte ohne Kerne [frz.]

Klep|syd|ra auch: Klep|sy|dra (die, -, -sydren/-sy|dren) Uhr, bei der die Zeit durch langsam auslaufendes Wasser gemessen wird, Wasseruhr [gr.]

Klep|to|ma|ne (der, -n, -n) jmd., der an Kleptomanie leidet

Klep|to|ma|nie (die, -, nur Ez.) Sucht zu stehlen [gr.]

kle|ri|kal (Adj.) zur kath. Kirche gehörig, sie betreffend [lat.]

Kle|ri|ka|lis|mus (der, -, nur Ez.) Streben der kath. Kirche, ihren Einfluss auf den Staat und das öffentliche Leben zu verstärken [lat.]

Kle|ri|ker (der, -s, -) kath. Geistlicher [lat.]

Kle|ri|sei (die, -, nur Ez.) Klerus (abwertend)

Kle|rus (der, -, nur Ez.) Gesamtheit der kath. Geistlichen [gr.-lat.]

Kli|ent (der, -en, -en) Auftraggeber, Kunde (bes. eines Rechtsanwalts) [lat.]

Kli|en|tel (die, -, -en) Gesamtheit der Klienten [lat.]

Kli|ma (das, -s, -s oder -ma|te) **1** charakteristischer Ablauf der Witterung (in einem Gebiet) **2** allgemeine Stimmung, Atmosphäre (in einer Gemeinschaft, bes. in einem Betrieb) [gr.]

kli|mak|te|risch (Adj.) zum Klimakterium gehörig [gr.]

Kli|mak|te|ri|um (das, -s, -ri|en) Zeitraum (bei Frauen), in dem die Tätigkeit der Eierstöcke und die Menstruation allmählich aufhören

kli|ma|tisch (Adj.) das Klima betreffend [gr.]

kli|ma|ti|sie|ren (V.) Räume klimatisieren: Luftfeuchtigkeit und Temperatur in Räumen regulieren

Kli|ma|to|lo|gie (die, -, nur Ez.) Wissenschaft vom Klima [gr.]

Kli|max (die, -, -e) **1** Höhepunkt **2** = Klimakterium **3** Steigerung zu einem stärkeren Ausdruck (Stilmittel) [gr.]

Kli|nik (die, -, -en) **1** Krankenhaus **2** (nur Ez.) Unterricht (der Medizinstudenten) am Krankenbett [gr.]

Kli|ni|kum (das, -s, -ken) **1** (nur Ez.) Ausbildung (der Medizinstudenten) im Krankenhaus **2** große, aus vielen Gebäuden bestehende Krankenhausanlage [gr.-nlat.]

kli|nisch (Adj.) zur Klinik gehörig, in der Klinik stattfindend; klinischer Tod: Stillstand von Herzschlag und Atmung, solange noch Möglichkeit zur Wiederbelebung besteht

Kli|no|me|ter (das, -s, -) Instrument zum Messen der Neigung gegen die Horizontale

Klipp (der, -s, -s) federnde Klammer; z.B. am Kugelschreiber; zum Feststecken [engl.]

Klip|per (der, -s, -) **1** schnelles Segelschiff (im 19. Jh.) **2** schnelles (amerikanisches) Verkehrsflugzeug [engl.]

Klips (der, -(es), -e) Schmuckstück mit Klammer zum Festklemmen; federnde Klammer [engl.]

Kli|schee (das, -s, -s) **1** Druckstock, Druckplatte **2** nichts sagende Nachahmung **3** abgegriffener, zu oft gebrauchter Ausdruck [frz.]

kli|schie|ren (V.) ein Klischee (von etwas) herstellen

Klis|ter (der, -, nur Ez.) weiches Skiwachs für Firnschnee

Klis|tier (das, -s, -e) Darmeinlauf [gr.]

klis|tie|ren (V.) eine Darmspülung geben, ein Klistier setzen [gr.-lat.]

kli|to|ral (Adj.) die Klitoris betreffend [gr.]

Kli|to|ris (die, -, - oder -to|ri|des) sensibelster Teil des weiblichen Geschlechtsorgans, Kitzler [gr.]

Klit|sche (die, -, -n) kleines, wenig ertragreiches Landgut [poln.]

Klo (das, -s, -s) Klosett [Kurzwort]

Klo|a|ke (die, -, -n) **1** (unterirdischer) Abwasserkanal **2** gemeinsamer Ausführungs-

gang von Darm, Harnblase und Geschlechtsorgan; z.B. bei Vögeln [lat.]
Klon (der, -s, -e) alle aus ungeschlechtlicher Fortpflanzung hervorgegangenen Nachkommen [gr.]
klo̱'nen (V.) aus ungeschlechtlicher Fortpflanzung hervorgehen (lassen) [gr.]
klo̱'nisch (Adj.) in der Art eines Klonus
Klo̱'nus (der, -, -ni) rasche, krampfartige Zuckungen [gr.-nlat.]
Klo'sett (das, -s, -s) Raum und Vorrichtung (mit Wasserspülung) zum Beseitigen der menschlichen Ausscheidungen, Abort, Toilette [engl.]
Klub (*auch:* Club) (der, -s, -s) Vereinigung von Personen zur Pflege gleicher Interessen; Gebäude, Räume dafür [engl.]
Klü̱'se (die, -, -n) Loch (in der Schiffswand für Ketten oder Taue) [niederl.]
Klü̱'ver (der, -s, -) dreieckiges Segel am Bug [niederl.]
Klys'ma (das, -s, -men) = Klistier [gr.]
Klys'tron *auch:* Klyst'ron/Kly̱'stron (das, -s, -s oder -tro̱'ne/-ro̱'ne/-stro̱'ne) Elektronenröhre zum Erzeugen kurzwelliger elektromagnetischer Strahlung [gr.]
Knas'ter (der, -s, -) schlechter Tabak [niederl.]
Knes'set(h) (die, -, nur Ez.) Parlament (in Israel) [hebr.]
Knicker'bo'cker [nɪk-] (die, -, -s) weite, unter dem Knie geschlossene, überfallende Hose [engl.]
knock-down [nɒkdaʊn] (Adj.) zu Boden geschlagen (beim Boxen) [engl.]
Knock-down (*auch:* Knock'down) [nɒkdaʊn] (der oder das, -s, -s) Schlag, der den Gegner zu Boden zwingt, das Niederschlagen (beim Boxen) [engl.]
knock-out (*auch:* knock'out) [nɒkaʊt] (Adj.) besiegt, kampfunfähig (beim Boxen) [engl.]
Knock-out (*auch:* Knock'out) [nɒkaʊt] (der oder das, -(s), -s) kampfunfähig machender Schlag; Kampfunfähigkeit, Niederlage (beim Boxen) [engl.]
Know-how [nɔʊhaʊ] (das, -(s), nur Ez.) Wissen, wie man etwas zustande bringen kann, »Gewusst wie« [engl.]
Knu̱'te (die, -, -n) Riemenpeitsche; Gewaltherrschaft [russ.]
knu̱'ten (V.) tyrannisieren, knechten, unterdrücken [germ.-russ.]
Ko'ad'ju̱'tor (der, -s, -to̱'ren) Gehilfe eines kath. Geistlichen (mit dem Recht der Nachfolge) [lat.]
Ko'a'gu'lans (das, -, -lan'tia oder -lan'zi'en) die Blutgerinnung förderndes Mittel [lat.]

Ko'a'gu'la'ti'o̱n (die, -, -ti'o̱'nen) Gerinnung, Ausflockung [lat.]
ko'a'gu'lie'ren (V.) gerinnen, ausflocken [lat.]
Ko'a̱'la (der, -s, -s) kleines australisches, einem Bären ähnelndes Beuteltier
ko'a'lie'ren (V.) eine Koalition miteinander bilden
Ko'a'li'ti'o̱n (die, -, -ti'o̱'nen) Vereinigung von Staaten oder Parteien [lat.]
Ko'au'tor (der, -s, -to̱'ren) Mitverfasser [lat.]
ko'a'xi'a̱l (Adj.) eine gemeinsame Achse habend [lat.]
Ko̱b'ra *auch:* Ko̱'bra (die, -, -s) südasiatische Brillenschlange [portugies.]
Ko̱'da (die, -, -s) = Coda
Kode (*auch:* Code) (der, -s, -s) Zeichenschlüssel; verabredetes Zeichen [engl.]
Ko̱'dex (*auch:* Co̱'dex) (der, - oder -es, -e oder -di'zes) Gesetzessammlung; Gesamtheit aller in einer Gesellschaft oder Gesellschaftsschicht maßgebenden Normen; z.B. Ehrenkodex, Sittenkodex [lat.]
ko'die'ren (V.) = codieren
Ko'di'fi'ka'ti'o̱n (die, -, -ti'o̱'nen) das Kodifizieren
ko'di'fi'zie'ren (V.) in einem Gesetzbuch zusammenfassen [lat.]
Ko'e'du'ka'ti'o̱n (die, -, -ti'o̱'nen) Gemeinschaftserziehung von Jungen und Mädchen (in Schulen) [lat.]
Ko'ef'fi'zi'ent (der, -en, -en) Faktor, der durch eine Zahl bezeichnet wird; Zahl (ohne Maßangabe), die das Verhältnis zweier Zahlen der gleichen Maßangabe ausdrückt; Zahl, die einen physikalischen oder technischen Vorgang kennzeichnet; z.B. Ausdehnungskoeffizient [lat.]
ko'er'zi̱'bel (Adj.) verdichtbar, verflüssigbar [lat.]
Ko'e'xis'tenz (die, -, nur Ez.) gleichzeitiges Vorhandensein; friedliches Nebeneinanderbestehen (verschiedener gesellschaftlicher oder anderer Systeme) [lat.]
ko'e'xis'tie'ren (V.) nebeneinander bestehen [lat.]
Kof'fe'in (*auch:* Cof'fe'i̱n) (das, -s, nur Ez.) anregender Wirkstoff (Tee, Kaffee)
Kof'fer (der, -s, -) rechteckiger Behälter zum Transportieren von Kleidung u.a. Gegenständen; ausgehobenes Bodenstück (im Straßenbau) [gr.-frz.]
Kog'nak *auch:* Ko̱'gnak [kɔnjak] (der, -s, -s) in der französischen Stadt Cognac hergestellter Branntwein [frz.]
Kog'nat *auch:* Ko̱'gnat (der, -en, -en) Blutsverwandter [lat.]

Kog|na|ti|on *auch:* Ko|gna|ti|on (die, -, nur Ez.) Blutsverwandtschaft [lat.]
kog|na|tisch *auch:* ko|gna|tisch (Adj.) den Kognaten betreffend [lat.]
Kog|ni|ti|on *auch:* Ko|gni|ti|on (die, -, -ti|o|nen) (veraltet) eine gerichtliche Untersuchung [lat.]
kog|ni|tiv *auch:* ko|gni|tiv (Adj.) auf Erkenntnis beruhend, zur Erkenntnis fähig [lat.]
Kog|no|men *auch:* Ko|gno|men (der, -s, - oder -mi|na) Familienname (im alten Rom) [lat.]
Ko|go (das, -s, -s) kleines, kunstvoll gestaltetes, getöpfertes Behältnis für Räucherwerk [jap.]
Ko|ha|bi|ta|ti|on (die, -, -ti|o|nen) einzelner Geschlechtsverkehr, Beischlaf [lat.]
ko|ha|bi|tie|ren (V.) Geschlechtsverkehr haben, den Beischlaf ausüben [lat.]
Ko|hä|rent (Adj.) zusammenhängend, verbunden mit [lat.]
Ko|hä|renz (die, -, nur Ez.) Zusammenhang [lat.]
ko|hä|rie|ren (V.) zusammenhängen [lat.]
Ko|hä|si|on (die, -, nur Ez.) durch Anziehungskraft bewirkter Zusammenhalt der Moleküle [lat.]
ko|hä|siv (Adj.) auf Kohäsion beruhend, zusammenhaltend
Ko|hi|bie|ren (V.) (veraltet) mäßigen, zurückhalten [lat.]
Ko|hi|bi|ti|on (die, -, -ti|o|nen) (veraltet) Mäßigung, Zurückhaltung [lat.]
Ko|hor|te (die, -, -n) Truppeneinheit (im alten Rom), zehnter Teil einer Legion [lat.]
Koi|ne [koine] (die, -, nur Ez.) aus den altgriechischen Dialekten entstandene Umgangssprache, Vorstufe des Neugriechischen
Koi|non (das, -, nur Ez.) **1** politischer oder sakraler Zusammenschluss im antiken Griechenland **2** Bundesstaat oder Staatenbund im Zeitalter des Hellenismus [gr.]
ko|in|zi|dent (Adj.) zusammentreffend, -fallend, zur gleichen Zeit stattfindend [lat.]
Ko|in|zi|denz (die, -, nur Ez.) Zusammentreffen (von Ereignissen, Vorgängen) [lat.]
ko|in|zi|die|ren (V.) zusammentreffen, -fallen, zur gleichen Zeit geschehen [lat.]
ko|i|tie|ren (V.) Geschlechtsverkehr haben, den Beischlaf ausüben [lat.]
Ko|i|tus (*auch:* Co|i|tus) (der, -, - oder -se) geschlechtliche Vereinigung, einzelner Geschlechtsverkehr [lat.]
Ko|je (die, -, -n) schmales Bett (in der Kajüte); kleiner, an einer Seite offener Raum für Ausstellungsgegenstände [lat.-niederl.]

Ko|jo|te (*auch:* Co|yo|te) (der, -n, -n) Wildhund Nordamerikas, Präriewolf [indian.]
Ko|ka (die, -, -s) in Peru und Bolivien heimischer Strauch, aus dessen Blättern Kokain gewonnen wird [indian.]
Ko|ka|in [-ka:in] (das, -s, nur Ez.) aus der Koka gewonnenes Rauschgift
Ko|ka|i|nis|mus [-ka:i-] (der, -, nur Ez.) Kokainsucht, Kokainvergiftung
Ko|ka|i|nist (der, -nis|ten, -nis|ten) Kokainsüchtiger [indian.-span.-lat.]
Ko|kar|de (die, -, -n) kleine Rosette (als nationales Abzeichen an der Uniformmütze) [frz.]
ko|ken (V.) Koks (Brennstoff) herstellen
ko|kett (Adj.) durch Gebärden, Mimik und Worte darauf bedacht, Männern zu gefallen, sie erotisch zu reizen [frz.]
Ko|ket|te (die, -, -n) eine Frau, die es darauf anlegt, Männern zu gefallen, mit ihnen ohne ernsthafte Absichten zu spielen [frz.]
Ko|ket|te|rie (die, -, nur Ez.) kokettes Benehmen
ko|ket|tie|ren (V.) sich kokett benehmen; mit jmdm. kokettieren: jmdn. durch kokettes Benehmen zu reizen versuchen; mit etwas kokettieren: scherzhaft etwas betonen, um Staunen oder Widerspruch hervorzurufen
Kok|ke (die, -, -n) = Kokkus
Kok|kus (der, -, -ken) kugelförmiges Bakterium [lat.]
Ko|kon [-kɔ̃:] oder [-kɔŋ] (der, -s, -s) von Insektenlarven (bes. der Seidenraupe) gesponnene Hülle, in der sich die Larve zum Insekt entwickelt [frz.]
Ko|kos|pal|me (die, -, -n) die Kokosnuss liefernde Palme [span.]
Ko|kot|te (die, -, -n) Halbweltdame, gehobeneren Ansprüchen genügende Dirne (veraltet) [frz.]
Koks 1 (der, - oder -es, -e) durch Verschwefelung gewonnener Brennstoff aus Steinoder Braunkohle [engl.] **2** (der, - oder -es, nur Ez.) = Kokain (ugs.)
kok|sen (V.) Kokain nehmen (ugs.)
Kok|zi|die [-diə] (die, -, -n) schmarotzendes Sporentierchen, Krankheitserreger [gr.]
Kok|zi|di|o|se (die, -, -n) durch Kokzidien verursachte Krankheit
Ko|la (die, -, nur Ez.) Coffein enthaltender Samen des Kolastrauchs [afrikan.]
Kol|lat|sche *auch:* Ko|la|tsche (die, -, -n) = Golatsche
Kol|chos (der, -, -cho|sen) landwirtschaftliche Produktionsgenossenschaft im Sozialismus [russ.]
Kol|cho|se (die, -, -n) = Kolchos

Ko|li'bak'te'ri'um (das, -s, -ri¦en) Dickdarmbakterium [gr.-lat.]
Ko'lib'ri *auch:* Ko'li¦bri (der, -s, -s) sehr kleiner Vogel Mittel- und Südamerikas mit bunt schillerndem Gefieder [viell. karib.]
ko'lie'ren (V.) durch ein Tuch seihen (veraltet) [lat.]
Ko'lik (die, -, -en) krampfartiger Schmerz (in einem inneren Organ) [gr.]
Ko'li¦tis (die, -, -ti¦den) Dickdarmentzündung [gr.]
kol'la'bie'ren (V.) **1** einen Kollaps erleiden **2** in sich zusammenfallen (von Sternen) [lat.]
Kol'la'bo'ra'teur [-tøːr] (der, -s, -e) jmd., der kollaboriert
Kol'la'bo'ra'ti¦on (die, -, -ti¦o¦nen) das Kollaborieren, Zusammenarbeit mit dem Feind [lat.]
kol'la'bo'rie'ren (V.) mit dem Feind oder mit der Besatzungsmacht zusammenarbeiten
Kol'la'gen (das, -s, -e) Eiweißstoff der Knochen und des Stütz- und Bindegewebes [gr.]
Kol'laps (der, -es, -e) Schwächeanfall, Zusammenbruch infolge Kreislaufversagens
Kol'lar (der, -s, -e) steifer Halskragen der katholischen Geistlichen [lat.]
kol'la'te'ral (Adj.) seitlich, auf der gleichen Körperseite; nebenherlaufend; einem Seitenzweig (einer Familie) angehörend [lat.]
Kol'la'ti¦on (die, -, -ti¦o¦nen) **1** Vergleich (zwischen Urschrift und Abschrift) **2** Zusammentragen der Druckbogen (eines Buches) **3** Ausgleich (zwischen Erben) **4** leichte Mahlzeit (an Fasttagen) [lat.]
kol'la'ti¦o'nie'ren (V.) vergleichen (auf die Richtigkeit hin); zusammentragen in der richtigen Reihenfolge, zusammenstellen (von Druckbogen) [lat.]
Kol'lau'da'ti¦on (die, -, -ti¦o¦nen) amtliche Prüfung und abschließende Genehmigung (eines Baues; schweiz.) [lat.]
kol'lau'die'ren (V.) prüfen und abschließend genehmigen (schweiz.) [lat.]
Kol'leg (das, -s, -s) Vorlesung (an einer Hochschule); kath. Studienanstalt [lat.]
Kol'le'ge (der, -n, -n) jmd., der im gleichen Beruf tätig ist; Mitarbeiter im gleichen Betrieb [lat.]
kol'le'gi'al (Adj.) wie es unter (guten) Kollegen üblich ist, freundlich-kameradschaftlich
Kol'le'gi'a'li'tät (die, -, nur Ez.) kollegiales Verhalten, kollegiale Einstellung, gutes Einvernehmen unter Kollegen
Kol'le'gi'at (der, -en, -en) **1** Mitbewohner eines Stifts **2** Schüler der Kollegstufe [lat.]

Kol'le'gi'um (das, -s, -gi¦en) Gemeinschaft von Personen mit dem gleichen Amt oder Beruf; Ausschuss [lat.]
Kol'leg'stu'fe (die, -, -n) Schulform für die drei letzten Klassen des Gymnasiums mit Ausrichtung auf Studium oder Beruf
Kol'lek'ta'ne¦en (nur Mz.) Auszüge aus literarischen oder wissenschaftlichen Werken, Lesefrüchte [lat.]
Kol'lek'te (die, -, -n) Sammlung freiwilliger Spenden (in der Kirche nach dem Gottesdienst) [lat.]
Kol'lek'teur [-tøːr] (der, -s, -e) jmd., der für wohltätige Zwecke sammelt; Lotterieeinnehmer [lat.-frz.]
Kol'lek'ti¦on (die, -, -ti¦o¦nen) Sammlung (von Gegenständen); Auswahl von Mustern, Modellen [lat.]
kol'lek'tiv (Adj.) gemeinschaftlich; umfassend [lat.]
Kol'lek'tiv (das, -s, -e) Gruppe von Personen, die zusammen an einer Sache arbeiten; Arbeitsgemeinschaft [lat.]
kol'lek'ti'vie'ren (V.) in Kollektive zusammenfassen; in das Eigentum von Kollektiven überführen
Kol'lek'ti'vis'mus (der, -, nur Ez.) Auffassung, nach der das Kollektiv den Vorrang vor dem Einzelnen hat
kol'lek'ti'vis'tisch (Adj.) auf dem Kollektivismus beruhend
Kol'lek'ti'vum (das, -s, -va) Wort, das eine Gruppe gleichartiger Lebewesen oder Dinge zusammenfasst; z.B. Vieh, Konifere, Streichinstrument [lat.]
Kol'lek'tor (der, -s, -to¦ren) Teil einer technischen Anlage, der Strahlung sammelt; z.B. Sonnenkollektor, Strom aufnimmt oder/und abgibt [lat.]
Kol'len'chym *auch:* Koll'en'chym (das, -s, -e) dehnungs- und wachstumsfähiges Festigungsgewebe von wachsenden Pflanzen [gr.]
Kol'li 1 (Mz. von) Kollo **2** (das, -s, - oder -s) Fracht-, Gepäckstück (österr.) [it.]
kol'li'die'ren (V.) zeitlich zusammentreffen; zusammenstoßen [lat.]
Kol'li'ma'ti¦on (die, -, -ti¦o¦nen) Zusammenfallen zweier Linien (bei optischen oder Messgeräten), Übereinstimmung eines Winkels mit der Einstellung auf dem Winkelmessgerät
Kol'li'si¦on (die, -, -si¦o¦nen) zeitliches Zusammentreffen; Zusammenstoß; Widerstreit; z.B. mit den Interessen anderer in Kollision kommen [lat.]
Kol'lo (das, -s, -s oder -li) Fracht-, Gepäckstück [it.]

Kol·lo·di·um (das, -s, nur Ez.) zähflüssige Lösung; z.B. zum Verschließen von Wunden [gr.-nlat.]
Kol·lo·id (das, -s, -e) Lösung, in der die gelösten Teilchen größer als 10^{-6} cm sind [gr.]
kol·lo·i·dal [-loi:-] (Adj.) die Eigenschaft eines Kolloids besitzend
Kol·lo·qui·um (das, -s, -qui·en) wissenschaftliches Gespräch [lat.]
Kol·lu·si·on (die, -, -si·o·nen) 1 sittenwidrige Vereinbarung in der Rechtswissenschaft, betrügerische Absprachen 2 Verdunkelung oder Verschleierung von Beweismaterial [lat.]
Kol·ma·ti·on (die, -, -ti·o·nen) Erhöhung des Bodens mit Hilfe sinkstoffreichen Wassers, Aufladung [it.]
Ko·lo·bom (das, -s, -e) angeborene Spaltbildung in der Regenbogenhaut oder im Gaumen [gr.]
Ko·lo·fo·ni·um (das, -s, nur Ez.) = Kolophonium
Ko·lom·bi·ne (auch: Ko·lum·bi·ne) (die, -, -n) Geliebte des Arlecchinos (in der Commedia dell'Arte) [it.]
Ko·lon (das, -s, -s oder -la) 1 Doppelpunkt 2 Dickdarm [gr.]
ko·lo·ni·al (Adj.) Kolonien betreffend, aus ihnen stammend
ko·lo·ni·a·li·sie·ren (V.) ein Land in koloniale Abhängigkeit bringen [lat.-frz.]
Ko·lo·ni·a·lis·mus (der, -, nur Ez.) Bestreben (von Staaten), Kolonien zu erobern oder zu erwerben und zu nutzen [lat.]
Ko·lo·ni·a·list (der, -lis·ten, -lis·ten) Anhänger des Kolonialismus, Ausbeuter abhängiger Länder [lat.]
ko·lo·ni·a·lis·tisch (Adj.) nach den Regeln des Kolonialismus handelnd, dem Kolonialismus entsprechend [lat.]
Ko·lo·nie (die, -, -n) 1 Ansiedlung von Personen in einem fremden Staat; ausländisches Besitztum eines Staates (bes. in Übersee) 2 Verband gesellig lebender Tiere; Verband von Zellen 3 Lager; z.B. Ferienkolonie, Verbrecherkolonie [lat.]
Ko·lo·ni·sa·ti·on (die, -, nur Ez.) das Kolonisieren
Ko·lo·ni·sa·tor (der, -s, -to·ren) jmd., der eine Kolonie erobert oder erwirbt
ko·lo·ni·sa·to·risch (Adj.) die Kolonisation betreffend [lat.]
ko·lo·ni·sie·ren (V.) 1 Kolonien erobern oder erwerben 2 urbarmachen, besiedeln und bebauen [lat.]
Ko·lo·ni·sie·rung (die, -, -en) das Kolonisieren, der Vorgang des Kolonisierens [lat.-frz.]

Ko·lo·nist (der, -nis·ten, -nis·ten) Siedler einer Kolonie
Ko·lon·na·de (die, -, -n) von Säulen flankierter Gang [frz.]
Ko·lon·ne (die, -, -n) 1 geordnete, sich vorwärts bewegende Gruppe von Personen oder Fahrzeugen 2 Arbeitstrupp 3 Reihe; z.B. Zahlenkolonne 4 Trennungssäule (bei der Destillation) [frz.]
Ko·lo·pho·ni·um (auch: Ko·lo·fo·ni·um) (das, -s, nur Ez.) beim Erhitzen von Harz entstehender Stoff (für Lacke, Leime u.a.) [gr.]
Ko·lo·ra·tur (die, -, -en) virtuoser, durch schnelle Läufe und Intervallsprünge verzierter Gesang in hoher Lage [lat.]
ko·lo·rie·ren (V.) farbig ausmalen [lat.]
Ko·lo·ris·mus (der, -, nur Ez.) durch Betonung der Farbe gekennzeichnete Art der Malerei [lat.]
Ko·lo·rist (der, -ris·ten, -ris·ten) jmd., der Zeichnungen, Stiche koloriert; Vertreter des Kolorismus [lat.]
ko·lo·ris·tisch (Adj.) die Farbgebung, Farbwirkung betreffend, betonend [lat.]
Ko·lo·rit (der, -s, -e) 1 Farbwirkung, Farbgebung 2 Klangfarbe (in der Musik) 3 Stil, Stimmung, eigentümlicher Charakter [lat.]
Ko·loss (der, -es, -se) riesiges, massiges Standbild; ebensolcher Gegenstand; großer, schwerer Mensch (ugs. scherzhaft) [gr.]
ko·los·sal (Adj.) 1 riesig, massig, schwer 2 sehr, ungeheuer, äußerst (ugs.) [gr.]
Ko·los·sa·li·tät (die, -, nur Ez.) sehr großes, riesenhaftes Ausmaß [gr.-lat.]
Ko·los·trum auch: Ko·lost·rum/Ko·lo·strum (das, -s, nur Ez.) milchartige Absonderung der Brustdrüsen kurz vor, während und kurz nach der Entbindung, erste Nahrung des Neugeborenen [lat.]
Ko·lo·to·mie (die, -, -n) operative Öffnung des Dickdarms [gr.]
Kol·pak (der, -s, -s) = Kalpak
Kol·pi·tis (die, -, -ti·den) Entzündung der weiblichen Scheide [gr.]
Kol·por·ta·ge [-schə] (die, -, -n) 1 Handel mit Büchern von Tür zu Tür (früher) 2 literarisch minderwertige Geschichte; z.B. Kolportage-Roman 3 Verbreitung von Gerüchten 4 Gerücht, unverbürgte Nachricht [frz.]
Kol·por·ta·ge·li·te·ra·tur (die, -, nur Ez.) billige Schundliteratur, unterhaltender Lesestoff ohne literarischen Wert [lat.-frz.]
Kol·por·teur [-tør] (der, -s, -e) 1 jmd., der mit Büchern hausiert 2 jmd., der Gerüchte verbreitet [frz.]
kol·por·tie·ren (V.) von Tür zu Tür feilbieten (bes. Bücher); ohne genaue Kenntnis der

Sache, als Gerücht weitererzählen; z.B. eine Nachricht k. [frz.]

Kol'ter (das, -s, -) Messer an der Pflugschar

Ko'lum'ba'ri'um (das, -s, -ri'en) Grabkammer mit Nischen für die Urnen (im alten Rom); Urnenhalle (im Krematorium) [lat.]

Ko'lum'bi'a'ner (der, -s, -) Einwohner des südamerikanischen Staates Kolumbien

Ko'lum'bi'ne (die, -, -n) = Kolombine

Ko'lum'ne (die, -, -n) senkrechte Reihe (von Zahlen u.a.); Spalte (einer Zeitungsseite); Druckseite [lat.]

Ko'lum'nist (der, -ni̱s'ten, -ni̱s'ten) jmd., der regelmäßig Artikel für eine bestimmte Seite einer Zeitung schreibt [lat.]

Ko'ma **1** (die, -, -s) durch Sonnenlicht zum Leuchten gebrachte Nebelhülle um den Kopf eines Kometen; Abbildungsfehler einer Linse in Form eines Kometenschweifs [gr.] **2** (das, -s, -s) tiefe Bewusstlosigkeit [gr.]

ko'ma'tös (Adj.) in der Art eines Komas (2)

kom'bat'tant (Adj.) kämpferisch [lat.-frz.]

Kom'bat'tant (der, -en, -en) Angehöriger einer kämpfenden Truppe [frz.]

Kom'bi (der, -s, -s) kurz für: kombinierter Personen- und Lieferwagen

Kom'bi'nat (das, -s, -e) Vereinigung von Betrieben verschiedener, aber eng zusammenarbeitender Industriezweige (in sozialistischen Staaten) [lat.]

Kom'bi'na'ti'on (die, -, -ti'o'nen) **1** Verbindung, Zusammenfügung **2** mehrere verschiedene, aber zusammengehörige und -passende Kleidungsstücke **3** Arbeitsanzug aus einem Stück **4** Verbindung mehrerer sportlicher Disziplinen in einem Wettkampf [lat.]

Kom'bi'na'to'rik (die, -, nur Ez.) Kunst, Begriffe oder Dinge zu einem System zusammenzustellen; Gebiet der Mathematik, das sich mit den Anordnungsmöglichkeiten einzelner Elemente befasst [lat.]

kom'bi'na'to'risch (Adj.) verbindend, verknüpfend, zusammenstellend [lat.]

kom'bi'nie'ren (V.) verbinden, verknüpfen, zusammenstellen, in einen (gedanklichen) Zusammenhang bringen [lat.]

Kom'bü'se (die, -, -n) Küche (auf Schiffen)

kom'bus'ti'bel (Adj.) leicht verbrennbar [lat.]

Kom'bus'ti'bi'li'en (nur Mz.) Brennstoffe [lat.]

Kom'bus'ti'on (die, -, -ti'o'nen) Verbrennung (Med.) [lat.]

Ko'me'do *auch:* Kom'e̱'do (der, -, -do'nen) Mitesser (in der Haut) [lat.]

Ko'mes'ti'bi'li'en *auch:* Kom'es'ti'bi'li'en (nur Mz.) Esswaren, Lebensmittel (veraltet) [lat.-frz.]

Ko'met (der, -en, -en) Himmelskörper mit Schweif, Schweifstern, Haarstern [gr.]

Kom'fort [-fo:ɐ] (der, -s, nur Ez.) Bequemlichkeit, Annehmlichkeit; bequeme, behagliche Einrichtung (von Wohnungen, Räumen)

kom'for'ta'bel (Adj.) Komfort aufweisend, bequem und behaglich [frz.]

Ko'mik (die, -, nur Ez.) das Komischsein, komische Wirkung [gr.]

Ko'mi'ker (der, -s, -) Darsteller komischer Rollen; Vortragskünstler, der mit seinen Darbietungen Heiterkeit erregt [gr.]

ko'misch (Adj.) zum Lachen reizend, erheiternd, spaßig; sonderbar, merkwürdig [gr.]

Ko'mi'tad'schi *auch:* Ko'mi'ta'dschi (der, -s, -s) bulgarischer Freiheitskämpfer

Ko'mi'tat (das oder der, -(e)s, -e) **1** Verwaltungsbezirk in Ungarn (früher) **2** feierliches Geleit (früher)

Ko'mi'tee (das, -s, -s) Gruppe von Personen, die mit Aufgaben für einen bestimmten Zweck betraut sind; z.B. Festkomitee [frz.]

Kom'ma (das, -s, -s oder -ma'ta) **1** Satzzeichen (kleiner, senkrechter Strich), das eine leichte Trennung bezeichnet, Beistrich; Trennungszeichen zwischen den ganzen Zahlen und den Bruchzahlen (bei Dezimalbrüchen) **2** Differenz zwischen zwei fast gleich hohen Tönen [gr.]

Kom'man'dant (der, -en, -en) Befehlshaber einer Stadt, Festung, Garnison oder eines Flugplatzes [lat.]

Kom'man'dan'tur (die, -, -en) Amtsgebäude eines Stadtkommandanten

Kom'man'deur [-dø:ɐ] (der, -s, -e) Befehlshaber einer Truppeneinheit [frz.]

kom'man'die'ren (V.) den Befehl (über etwas) haben; (jmdm.) im Befehlston Anweisungen geben; im Befehlston sprechen [lat.]

Kom'man'di'tär (der, -s, -e) Kommanditist (schweiz.) [frz.]

Kom'man'di'te (die, -, -n) Kommanditgesellschaft (veraltet); Zweigniederlassung [frz.]

Kom'man'dit'ge'sell'schaft (die, -, -en) Handelsgesellschaft, deren Teilhaber teils persönlich, teils mit ihrer Einlage haften [frz.]

Kom'man'di'tist (der, -ti̱s'ten, -ti̱s'ten) Teilhaber einer Kommanditgesellschaft, der mit seiner Einlage haftet [frz.]

Kom'man'do (das, -s, -s) **1** Befehl **2** (nur Ez.) Befehlsgewalt **3** kleine Truppe für eine bestimmte Aufgabe; z.B. Wachkommando [it.]

Kom|mas|sa|ti|on (die, -, -ti|o|nen) Zusammenlegung von Grundstücken, Flurbereinigung
kom|mas|sie|ren (V.) zusammenlegen; z.B. Grundstücke [lat.]
Kom|me|mo|ra|ti|on (die, -, -ti|o|nen) Erinnerung, Andenken (veraltet); kirchliche Gedenkfeier
Kom|men|sa|le (der, -n, -n) Schmarotzer, der sich von seinem Wirt ernährt, ihm aber nicht schadet [lat.]
kom|men|su|ra|bel (Adj.) vergleichbar, mit dem gleichen Maß messbar [lat.]
Kom|men|su|ra|bi|li|tät (die, -, nur Ez.) Vergleichbarkeit, Messbarkeit mit dem gleichen Maß [lat.]
Kom|ment [-mã] (der, -s, -s) Gesamtheit der Sitten und Gebräuche (in einer Gemeinschaft, bes. Studentenverbindungen); einzelner Brauch [frz.]
Kom|men|tar (der, -s, -e) Erklärung, Erläuterung, Stellungnahme [lat.]
Kom|men|ta|tor (der, -s, -to|ren) jmd., der etwas; z.B. literarischen Text erläutert, der Stellung zu Tagesereignissen nimmt [lat.]
kom|men|tie|ren (V.) erklären, erläutern, Stellung zu etwas nehmen [lat.]
Kom|mers (der, -es, -e) Trinkabend in feierlichem Rahmen (in Studentenverbindungen) [frz.]
Kom|merz (der, -es, nur Ez.) Handel, Verkehr, Wirtschaft [frz.]
kom|mer|zi|a|li|sie|ren (V.) öffentliche Schulden kommerzialisieren: in privatwirtschaftliche Schulden umwandeln; etwas kommerzialisieren: etwas dem Geschäft, der Geschäftemacherei preisgeben [frz.]
kom|mer|zi|ell (Adj.) Handel, Verkehr und Wirtschaft betreffend, auf ihnen beruhend; auf Geschäftemachen, Gewinn ausgerichtet
Kom|mi|li|to|ne (der, -n, -n) Mitstudent, Studiengenosse [lat.]
Kom|mis [-mi:] (der, -, -) kaufmännischer Angestellter (veraltet) [frz.]
Kom|miss (der, -es, nur Ez.) Militär, Militärdienst [lat.]
Kom|mis|sar (der, -s, -e) jmd., der im Auftrag eines Staates handelt und bestimmte Vollmachten hat; Beamter (eines bestimmten Bereichs); z.B. Kriminalkommissar [lat.]
Kom|mis|sär (der, -s, -e) = Kommissar (schweiz.) [frz.]
Kom|mis|sa|ri|at (das, -(e)s, -e) Amtsräume, Dienststelle eines Kommissars
kom|mis|sa|risch (Adj.) einstweilig, vertretungsweise [lat.]

Kom|mis|si|on (die, -, -si|o|nen) **1** Gruppe von Beauftragten **2** (nur Ez.) Auftrag, etwas in Kommission geben: den Auftrag geben, etwas zu verkaufen; etwas in Kommission nehmen: den Auftrag übernehmen, etwas zu verkaufen [lat.]
Kom|mis|si|o|när (der, -s, -e) jmd., der im eigenen Namen, aber in fremdem Auftrag Waren kauft und verkauft [frz.]
Kom|mit|tent (der, -en, -en) Auftraggeber eines Kommissionärs
kom|mod (Adj.) bequem, angenehm (veraltet, noch österr.) [frz.]
Kom|mo|de (die, -, -n) kastenförmiges, halbhohes Möbelstück mit Schubfächern [frz.]
Kom|mo|do|re (der, -s, -s oder -n) Kapitän im Admiralsrang (bei der Marine); Führer eines Geschwaders (bei der Marine und Luftwaffe); ältester, verdienter Kapitän (in der Handelsschiffahrt) [it.-engl.]
kom|mu|nal (Adj.) eine Gemeinde, einen Landkreis betreffend, zu ihr gehörig [lat.]
kom|mu|na|li|sie|ren (V.) der Gemeindeverwaltung unterstellen, in Gemeindebesitz überführen [lat.]
Kom|mu|nar|de (der, -n, -n) **1** Angehöriger der Pariser Kommune **2** Mitglied einer Wohngemeinschaft
Kom|mu|ne (die, -, -n) **1** Stadtstaat mit republikanischer Verfassung (im Mittelalter) **2** [-mün] (die, -, nur Ez.) revolutionäre Gegenregierung in Paris 1792–1871 **3** Gemeinde **4** Wohngemeinschaft junger Leute **5** (nur Ez.) kommunistische Partei, Kommunisten (abwertend) [lat.]
Kom|mu|ni|kant (der, -en, -en) Teilnehmer an der Kommunion (kath. Kirche) [lat.]
Kom|mu|ni|ka|ti|on (die, -, -ti|o|nen) Verbindung, Zusammenhang, Verständigung, Austausch von Informationen, zwischenmenschlicher Verkehr, Gespräch [lat.]
kom|mu|ni|ka|tiv (Adj.) Verständigung, zwischenmenschlichen Verkehr erstrebend, darauf beruhend [lat.]
Kom|mu|ni|kee (*auch:* Kom|mu|ni|qué) [-mynike:] (das, -s, -s) amtliche Bekanntmachung, Mitteilung (bes. einer Regierung) [frz.]
Kom|mu|ni|on (die, -, -en) Abendmahl (in der kath. Kirche) [lat.]
Kom|mu|ni|qué (das, -s, -s) = Kommunikee
Kom|mu|nis|mus (der, -, nur Ez.) wirtschaftliche und politische Lehre mit dem Ziel der Beseitigung des Privateigentums und Aufhebung der Klassengegensätze; darauf beruhende Gesellschaftsform [lat.]

Kommunist **Komplex**

Kom|mu|nist (der, -n̩s|ten, -n̩s|ten) Anhänger der Lehre des Kommunismus
kom|mu|nịs|tisch (Adj.) auf dem Kommunismus beruhend
Kom|mu|ni|tät (die, -, -en) Gemeinschaft; Gemeingut (veraltet) [lat.]
kom|mu|ni|zie̱|ren (V.) 1 zusammenhängen, in Verbindung stehen, kommunizierende Röhren: unten miteinander verbundene, oben offene Röhren, in denen eine Flüssigkeit gleich hoch steht 2 die Kommunion empfangen 3 sich verständigen, miteinander sprechen, verkehren [lat.]
kom|mu|ta̱|bel (Adj.) vertauschbar, veränderbar [lat.]
Kom|mu|ta̱|ti|o̱n (die, -, -ti|o̱|nen) 1 Vertauschbarkeit, Veränderbarkeit 2 Winkel, dessen Schenkel von der Sonne zur Erde und von der Sonne zu einem anderen Planeten gehen
kom|mu|ta̱|tiv (Adj.) vertauschend, verändernd [lat.]
Kom|mu|ta̱|tor (der, -s, -to̱|ren) = Kollektor
kom|mu|tie̱|ren (V.) vertauschen, verändern
Ko|mö|di|ạnt (der, -en, -en) Schauspieler (im 17./18. Jh.; heute meist abwertend); Heuchler [gr.-lat.]
Ko|mö|die [-diə] (die, -, -n) heiteres Schauspiel, Lustspiel; Theater, in dem Lustspiele aufgeführt werden; Täuschung, Vortäuschung, Verstellung [gr.-lat.]
Ko|mo̱|rer (der, -s, -) Einwohner des ostafrikanischen Inselstaates Komoren [arab.]
Kom|pa|gnie̱ auch: Kom|pa|gnie [-pani:] (die, -, -n) Handelsgesellschaft (veraltet, noch schweiz.) [frz.]
Kom|pa|gnon auch: Kom|pa|gnon [-njõ] (der, -s, -s) Mitinhaber, Teilhaber [lat.-frz.]
kom|pạkt (Adj.) dicht, fest, schwer zu durchdringen; stämmig, gedrungen [frz.]
Kom|pa|nie̱ (die, -, -n) 1 Einheit der Infanterie 2 Handelsgesellschaft [lat.-frz.]
kom|pa|ra̱|bel (Adj.) vergleichbar; steigerungsfähig (in der Grammatik) [lat.]
Kom|pa|ra|ti|o̱n (die, -, -ti|o̱|nen) Steigerung (des Adjektivs, in der Grammatik) [lat.]
kom|pa|ra|tiv (Adj.) vergleichend; steigernd (in der Grammatik) [lat.]
Kom|pa|ra̱|tiv (der, -s, -e) zweite Stufe der Komparation, Vergleichsstufe (in der Grammatik) [lat.]
kom|pa|rie̱|ren (V.) vergleichen (veraltet), steigern (in der Grammatik) [lat.]
Kom|pạr|se (der, -n, -n) Darsteller einer stummen Rolle (im Theater und Film) [it.]
Kom|par|se|rie̱ (die, -, -n) Gesamtheit der Komparsen

Kom|pạss (der, -es, -e) Gerät zum Feststellen der Nordsüdrichtung mittels Magnetnadel [it.]
kom|pa|ti̱|bel (Adj.) zusammenpassend, verbindbar, vereinbar; austauschbar (in der EDV) [frz.]
Kom|pa|ti|bi|li|tät (die, -, nur Ez.) Vereinbarkeit, Verbindbarkeit; Austauschbarkeit [frz.]
Kom|pẹn|di|um (das, -s, -di|en) 1 kurzgefasstes Lehrbuch 2 Sonnenblende mit ausziehbarem Balg (an Kameras) [lat.]
Kom|pen|sa|ti|o̱n (die, -, -ti|o̱|nen) das Kompensieren, Ausgleich; Aufhebung von Kräften, von Wirkungen; Erstattung, Vergütung, Verrechnung [lat.]
Kom|pen|sa̱|tor (der, -s, -to̱|ren) 1 Gerät zum Messen elektrischer Spannung 2 verbindendes Rohrstück zum Ausgleich der Längenausdehnung bei Temperaturschwankungen
kom|pen|sa̱|to̱|risch (Adj.) ausgleichend
kom|pen|sie̱|ren (V.) ausgleichen, aufheben; verrechnen [lat.]
kom|pe|tẹnt (Adj.) zuständig, urteilsfähig
Kom|pe|tẹnz (die, -, -en) Zuständigkeit, Befugnis; Fähigkeit, mit den Elementen einer Sprache umzugehen und richtige von falschen Äußerungen zu unterscheiden [lat.]
Kom|pi|la|ti|o̱n (die, -, -ti|o̱|nen) Zusammentragung, Sammlung; aus anderen Werken zusammengetragenes Werk [lat.]
Kom|pi|la̱|tor (der, -s, -to̱|ren) Verfasser einer Kompilation
kom|pi|lie̱|ren (V.) zusammentragen, zusammenstellen und ohne schöpferische Eigenleistung wiedergeben [lat.]
Kom|ple|mẹnt auch: Kom|ple|mẹnt (das, -(e)s, -e) Ergänzung, ergänzendes Element [lat.-frz.]
kom|ple|men|tär auch: kom|ple|men|tär (Adj.) ergänzend [lat.-frz.]
kom|ple|men|tie̱|ren auch: kom|ple|men|tie̱|ren (V.) ergänzen [lat.]
Kom|plẹt auch: Kom|plẹt 1 [-plɛt] (die, -, -e) abschließendes Stundengebet (in der kath. Kirche) 2 [kõplɛt] (das, -s, -s) kurzer Mantel oder lange Jacke und Kleid aus demselben Stoff [lat.-frz.]
kom|ple|tiv auch: kom|ple|tiv (Adj.) ergänzend [lat.]
kom|plẹtt auch: kom|plẹtt (Adj.) vollständig; völlig [frz.]
kom|plet|tie̱|ren auch: kom|plet|tie̱|ren (V.) vervollständigen, ergänzen [lat.]
kom|plẹx auch: kom|plẹx (Adj.) aus vielen Elementen bestehend, aber ein Ganzes bildend [lat.]
Kom|plẹx auch: Kom|plẹx (der, -es, -e) 1 Gesamtheit, aus vielen einzelnen Elemen-

ten bestehendes Ganzes **2** Gruppe von Atomen im Molekül **3** Gruppe von Vorstellungsinhalten, die ins Unterbewusstsein verdrängt worden sind und die Handlungsweise nachteilig beeinflussen [lat.]
Komp'le'xi'on *auch:* Kom'ple'xi̱on (die, -, -xi̱o̱'nen) **1** Zusammenfassung (veraltet) **2** Gesamtheit von Haar-, Augen-, Hautfarbe [lat.]
Komp'le'xi'tät *auch:* Kom'ple'xi̱tät (die, -, nur Ez.) das Komplexsein, komplexe Beschaffenheit
Komp'li'ce *auch:* Kom'pli̱'ce (der, -n, -n) = Komplize
Komp'li'ka'ti'on *auch:* Kom'pli'ka'ti̱o̱n (die, -, -ti̱o̱'nen) Schwierigkeit, erschwerender Vorfall [lat.]
Komp'li'ment *auch:* Kom'pli'ment (das, -(e)s, -e) höfliche, schmeichelhafte Redensart; Verbeugung (veraltet)
komp'li'men'tie'ren *auch:* kom'pli'men'tie̱'ren (V.) mit höflichen Redensarten begleiten, (an einen Ort) bringen; mit Geschick und sanfter Gewalt (an einen Ort) bringen [frz.]
Komp'li'ze *auch:* Kom'pli̱'ze (*auch:* Komp'li̱'ce/Kom'pli̱'ce) (der, -n, -n) Mittäter, Helfer (bei einer Straftat) [frz.]
komp'li'zie'ren *auch:* kom'pli'zie̱'ren (V.) erschweren, schwierig(er) machen [lat.]
komp'li'ziert *auch:* kom'pli'zie̱rt (Adj.) schwierig; z.B. komplizierter Knochenbruch; verwickelt, schwer durchschaubar
Komp'lott *auch:* Kom'plo̱tt (das, -(e)s, -e) Verabredung zu einer heimlichen Handlung oder einer Straftat [frz.]
komp'lot'tie'ren *auch:* kom'plot'tie̱'ren (V.) ein Komplott schmieden
Kom'po'nen'te (die, -, -n) Bestandteil (eines Ganzen, einer Kraft u.a.) [lat.]
kom'po'nie'ren (V.) nach bestimmten Gesichtspunkten, Gesetzen aufbauen, zusammensetzen; in Töne setzen, vertonen [lat.]
Kom'po'nist (der, -ni̱s'ten, -ni̱s'ten) Schöpfer eines Musikstücks, Tonsetzer, Tondichter [lat.]
Kom'po'si'te (die, -, -n) Korbblütler [lat.]
Kom'po'si'teur [-tøːɐ] (der, -s, -e) Komponist (veraltet) [frz.]
Kom'po'si'ti'on (die, -, -ti'o̱'nen) (kunstvolle) Zusammensetzung, Anordnung, (kunstvoller) Aufbau; Musikstück [lat.]
kom'po'si'ti'o'nell (Adj.) = kompositorisch
Kom'po'sit'ka'pi'tell (das, -s, -e) aus den Elementen des ionischen und korinthischen Kapitells zusammengesetztes Kapitell (einer Säule) [lat.]
kom'po'si'to'risch (Adj.) hinsichtlich der Komposition

Kom'po'si'tum (das, -s, -ta) zusammengesetztes Wort [lat.]
Kom'post (der, -(e)s, -po̱s'te) Dünger aus Pflanzenresten, Erde (und Jauche) [lat.-engl.]
kom'pos'tie'ren (V.) zu Kompost machen, werden lassen
Kom'pott (das, -(e)s, -e) mit Zucker gekochtes Obst [frz.]
Kom'pre'hen'si'on *auch:* Kom'pre̱'hensi̱o̱n (die, -, nur Ez.) Zusammenfassen von Mannigfaltigem zu einem Ganzen, Begreifen von Mannigfaltigem als Einheit [lat.]
kom'press *auch:* kom'pre̱ss (Adj.) zusammengedrängt, dicht ohne Durchschuss (in der Typografie) [lat.]
Kom'pres'se *auch:* Kom'pre̱s'se (die, -, -n) feuchter Umschlag [lat.-frz.]
kom'pres'si'bel *auch:* kom'pres'si̱'bel (Adj.) zusammendrückbar, verdichtbar [frz.]
Kom'pres'si'bi'li'tät *auch:* Kom'pres'si'bi'li̱tät (die, -, nur Ez.) Zusammendrückbarkeit, Verdichtbarkeit [frz.]
Kom'pres'si'on *auch:* Kom'pres'si̱o̱n (die, -, -si̱o̱'nen) Zusammenpressung, Zusammendrückung, Quetschung [lat.]
Kom'pres'sor *auch:* Kom'pre̱s'sor (der, -s, -so̱'ren) Vorrichtung zum Verdichten von Gasen und Dämpfen
kom'pri'mie'ren *auch:* kom'pri'mie̱'ren (V.) zusammendrücken, verdichten [lat.]
Kom'pro'miss *auch:* Kom'pro'mi̱ss (der, -es, -e) Ausgleich, Übereinkunft durch Nachgeben beider Seiten, Vergleich [lat.]
kom'pro'mit'tie'ren *auch:* kom'pro'mit'tie̱'ren (V.) bloßstellen, in eine peinliche Lage bringen [frz.]
Kom'so'mol (der, -, nur Ez.) kommunistische Jugendorganisation (in der ehem. UdSSR) [russ., Kurzwort]
Kom'so'mol'ze (der, -n, -n) Mitglied des Komsomol
Kom'tess (*auch:* Kom'tes'se) (die, -, -en) Tochter eines Grafen [frz.]
Kom'tes'se (die, -, -n) = Komtess
Kom'tur (der, -s, -e) Ordensritter; Inhaber eines Ordens höherer Klasse [lat.]
Ko'nak (der, -s, -e) Amtsgebäude, vornehmes Wohnhaus, Schloss (in der Türkei)
Kon'cha (die, -, -chen) = Konche
Kon'che (*auch:* Ko̱n'cha) (die, -, -n) **1** Apsis; Halbkuppel über der Apsis; Muschelschale **2** muschelähnlicher Teil eines Organs [gr.-lat.]
kon'chi'form (Adj.) muschelförmig [lat.]
Kon'cho'i'de (die, -, -n) aus zwei getrennten Zweigen bestehende, einer Muschel ähnliche Kurve (in der Mathematik) [lat.-gr.]

Konchylie

Kon|chy|lie [-liə] (die, -, -n) Schale der Weichtiere [gr.-lat.]
Kon|dem|na|ti|on (die -, -ti|o̯|nen) Verdammung, Verurteilung (veraltet); gerichtliche Verfügung, ein seeuntüchtig gewordenes Schiff zu verkaufen [lat.]
Kon|den|sat (das, -(e)s, -e) durch Kondensation entstandene Flüssigkeit [lat.]
Kon|den|sa|ti|on (die, -, -ti|o̯|nen) Verdichtung, Verflüssigung, Vereinigung zweier Moleküle unter Abspaltung eines einfachen Stoffes zu einem neuen Molekül [lat.]
Kon|den|sa|tor (der, -s, -to̯|ren) Gerät zum Kondensieren von Dämpfen; Gerät zum Speichern elektrischer Ladungen [lat.]
kon|den|sie|ren (V.) (sich) verdichten, (sich) verflüssigen; eindicken [lat.]
Kon|den|sor (der, -s, -so̯|ren) Sammellinse zur gleichmäßigen Beleuchtung eines Objekts (im Mikroskop oder Projektionsapparat) [lat.]
Kon|di|ti|on (die, -, -ti|o̯|nen) 1 (meist Mz.) Liefer-, Zahlungsbedingung 2 körperliche Verfassung, Leistungsfähigkeit (bes. eines Sportlers) [lat.]
kon|di|ti|o|nal (Adj.) bedingend; eine Bedingung angebend [lat.]
Kon|di|ti|o|nal (der, -s, -e) = Konditionalis
Kon|di|ti|o|na|lis (der, -, -les) Aussageweise des Verbums (im Deutschen durch den Konjunktiv wiedergegeben) [lat.]
kon|di|ti|o|nie|ren (V.) vorbereitend behandeln; bestimmten Bedingungen anpassen; so beeinflussen, dass eine bestimmte Reaktion eintreten kann (in der Psychologie) [lat.]
Kon|di|tor (der, -s, -to̯|ren) Feinbäcker [lat.]
Kon|di|to|rei (die, -, -en) Feinbäckerei (meist mit kleinem Café verbunden) [lat.]
Kon|do|lenz (die, -, -en) 1 (nur Ez.) Beileid 2 Beileidsbezeigung [lat.]
kon|do|lie|ren (V.) (jmdm.) sein Beileid aussprechen [lat.]
Kon|dom (das, -s, -e) = Präservativ [engl.]
Kon|do|mi|ni|um (das, -s, -ni|en) Gebiet, das unter der gemeinsamen Herrschaft mehrerer Staaten steht [lat.]
Kon|dor (der, -s, -e) riesiger Neuweltgeier der Gebirge Südamerikas [Ketschua]
Kon|dott|ti|e|re [-tje:-] (der, -(s), -ri) italienischer Söldnerführer im 14./15. Jh.) [it.]
Kon|du|ite [kɔ̃dɥit] (die, -, nur Ez.) Betragen, Führung (veraltet) [frz.]
Kon|dukt (der, -(e)s, -e) feierliches Geleit (veraltet); Trauergefolge (veraltet) [lat.]
Kon|duk|teur [-tøːɐ̯] (der, -s, -e) Straßenbahn-, Eisenbahnschaffner (veraltet, noch österr. und schweiz.) [frz.]

Konfiseur

Kon|duk|to|met|rie *auch:* Kon|duk|to|me|trie (die, -, nur Ez.) Bestimmung der Zusammensetzung einer chemischen Verbindung durch Messen der sich ändernden Leitfähigkeit während des Verlaufs bestimmten Reaktionen [lat.-gr.]
Kon|duk|tor (der, -s, -to̯|ren) 1 Hauptleiter (an der Elektrisiermaschine) 2 Träger und Überträger einer Erbkrankheit, der selbst gesund ist [lat.]
Kon|dy|lom (das, -s, -e) Wucherung der Haut (bes. an feuchten Körperstellen), Feigwarze
Kon|fekt (das, -(e)s, nur Ez.) feine Süßigkeiten (bes. Pralinen) [lat.]
Kon|fek|ti|on (die, -, -ti|o̯|nen) serienmäßige Herstellung von Kleidungsstücken; Bekleidungsindustrie [lat.]
Kon|fek|ti|o|när (der, -s, -e) Hersteller von Fertigkleidung; leitender Angestellter in einem Konfektionsgeschäft [lat.]
Kon|fek|ti|o|neu|se [-nø:-] (die, -, -n) weiblicher Konfektionär
kon|fek|ti|o|nie|ren (V.) serienmäßig herstellen [lat.]
Kon|fe|renz (die, -, -en) Besprechung, Beratung, Sitzung [lat.]
kon|fe|rie|ren (V.) sich beraten, miteinander Überlegungen anstellen; eine Sitzung abhalten [lat.]
Kon|fes|si|on (die, -, -si|o̯|nen) Glaubensbekenntnis; Glaubensgemeinschaft; Bekenntnisschrift [lat.]
Kon|fes|si|o|na|lis|mus (der, -, nur Ez.) Betonung, Überbetonung der Richtigkeit der eigenen Konfession; starres Festhalten an der Trennung der Konfessionen
kon|fes|si|o|nell (Adj.) hinsichtlich der Konfession
Kon|fet|ti (das, -(s), nur Ez.) kleine, bunte Papierblättchen (die beim Fasching und zu Silvester geworfen werden) [it.]
Kon|fi|gu|ra|ti|on (die, -, -ti|o̯|nen) 1 Gestaltung, Bildung (veraltet) 2 Stellung, Gruppierung [lat.]
Kon|fir|mand (der, -en, -en) Jugendlicher, der konfirmiert werden soll
Kon|fir|ma|ti|on (die, -, -ti|o̯|nen) feierliche Aufnahme in die Gemeinschaft der Erwachsenen (in der evangel. Kirche), Einsegnung
kon|fir|mie|ren (V.) die Konfirmation erteilen, einsegnen; (auch) bestätigen [lat.]
Kon|fi|se|rie (*auch:* Con|fi|se|rie, die, -, -n) feines Backwerk (schweiz.); Konditorei (schweiz.) [frz.]
Kon|fi|seur [-zøːɐ̯] (der, -s, -e) Konditor (schweiz.) [frz.]

Konfiskation

Kon·fis·ka·ti·on (die, -, -ti·o·nen) das Konfiszieren, das Konfisziertwerden, Beschlagnahme, Enteignung

kon·fis·zie·ren (V.) beschlagnahmen, entschädigungslos enteignen (seitens des Staates oder einer Behörde) [lat.]

Kon·fi·tü·re (die, -, -n) mit Zucker eingedicktes Obstmus [lat.-frz.]

Kon·flikt *auch:* Kon·flikt (der, -(e)s, -e) Widerstreit (von Gefühlen, Absichten); Streit, Zerwürfnis; militärische Auseinandersetzung [lat.]

Kon·flu·enz *auch:* Kon·flu·enz (die, -, -en) Zusammenfluss zweier gleich großer Flüsse [lat.]

kon·flu·ie·ren *auch:* kon·flu·ie·ren (V.) zusammenfließen [lat.]

Kon·fö·de·ra·ti·on (die, -, -ti·o·nen) Bündnis (von Staaten) [lat.]

kon·fö·de·rie·ren (V.) sich verbünden [lat.]

kon·fo·kal (Adj) denselben Brennpunkt aufweisend [lat.]

kon·form (Adj) übereinstimmend; mit etwas konform gehen: mit etwas übereinstimmen; mit jmdm. konform gehen: sich mit jmdm. einig sein [lat.]

Kon·for·mis·mus (der, -, nur Ez.) Streben nach Übereinstimmung, nach Anpassung [lat.]

Kon·for·mist (der, -mis·ten, -mis·ten) **1** jmd., der bestrebt ist, sich der herrschenden Meinung anzupassen **2** Anhänger der anglikanischen Kirche [lat.]

kon·for·mis·tisch (Adj.) auf Konformismus beruhend

Kon·for·mi·tät (die, -, nur Ez.) Übereinstimmung, Angepasstheit; Winkel- und Maßstabtreue [lat.]

Kon·fra·ter *auch:* Kon·fra·ter (der, -s, -) Amtsbruder (in der kath. Kirche) [lat.]

Kon·fron·ta·ti·on *auch:* Kon·fron·ta·ti·on (die, -, -ti·o·nen) **1** Gegenüberstellung (von Personen, Sachverhalten, Meinungen) **2** Auseinandersetzung [lat.]

kon·fron·tie·ren *auch:* kon·fron·tie·ren (V.) gegenüberstellen; z.B. jmdn. mit jmdm. konfrontieren; jmdn. mit einem Sachverhalt konfrontieren [lat.]

kon·fus (Adj.) verwirrt; verworren, unklar, undurchschaubar [lat.]

Kon·fu·si·on (die, -, -si·o·nen) Verwirrung, Durcheinander [lat.]

Kon·fu·zi·a·ner (der, -s, -) Anhänger des Konfuzianismus

kon·fu·zi·a·nisch (Adj.) auf der Lehre des altchinesischen Philosophen Konfuzius beruhend, sie vertretend

Konjugation

Kon·fu·zi·a·nis·mus (der, -, nur Ez.) Lehre des altchinesischen Philosophen Konfuzius

kon·ge·ni·al (Adj.) geistig ebenbürtig, geistesverwandt [lat.]

Kon·ge·ni·a·li·tät (die, -, nur Ez.) geistige Ebenbürtigkeit, Geistesverwandtschaft [lat.]

kon·ge·ni·tal (Adj.) angeboren [lat.]

Kon·ges·ti·on (die, -, -ti·o·nen) Blutandrang [lat.]

kon·ges·tiv (Adj.) auf Kongestion beruhend, sie bewirkend

Kon·glo·me·rat *auch:* Kon·glo·me·rat (das, -(e)s, -e) **1** Sedimentgestein aus Geröllen, die durch ein Bindemittel verschmolzen sind **2** Gemenge, aus verschiedenartigen, zusammengetragenen Einzelteilen bestehendes Ganzes [lat.]

Kon·glu·ti·na·ti·on *auch:* Kon·glu·ti·na·ti·on (die, -, -ti·o·nen) Zusammenballung, Verklebung (roter Blutkörperchen)

kon·glu·ti·nie·ren *auch:* kon·glu·ti·nie·ren (V.) sich zusammenballen, verkleben [lat.]

Kon·go·le·se (der, -n, -n) Ew. der Republik Kongo

kon·go·le·sisch (Adj.) zur Republik Kongo gehörig

Kon·gre·ga·ti·on *auch:* Kon·gre·ga·ti·on (die, -, -ti·o·nen) kath. Vereinigung mit einfachem oder ohne Gelübde; Verband von Klöstern innerhalb eines Ordens

Kon·gress *auch:* Kon·gress (der, -es, -e) **1** Versammlung, Tagung (größeren Umfangs) **2** Parlament (in den USA) [lat.]

kon·gru·ent *auch:* kon·gru·ent (Adj.) übereinstimmend; deckungsgleich (von Dreiecken); den gleichen Rest ergebend (von Zahlen, die durch die gleiche Zahl geteilt werden) [lat.]

Kon·gru·enz *auch:* Kon·gru·enz (die, -, nur Ez.) kongruente Beschaffenheit, Übereinstimmung

kon·gru·ie·ren *auch:* kon·gru·ie·ren (V.) übereinstimmen, sich decken [lat.]

Ko·ni·die [-diə] (die, -, -n) unmittelbar aus Pflanzenzellen entstandene Fortpflanzungszelle (bei vielen Pflanzen) [gr.]

Ko·ni·fe·re (die, -, -n) Nadelbaum [lat.]

ko·nisch (Adj.) kegelförmig [gr.-lat.]

Kon·jek·ta·ne·en (nur Mz.) gesammelte Bemerkungen, Einfälle (veraltet) [lat.]

Kon·jek·tur (die, -, -en) Vermutung (veraltet); vermutlich richtige Textverbesserung, vermutlich richtige Lesart [lat.]

Kon·ju·ga·ti·on (die, -, -ti·o·nen) **1** Bildung der Personal- und Zeitformen, Beugung, Abwandlung (der Verben) **2** vorübergehende

konjugieren   **Konnossement**

Verschmelzung zweier Einzeller (zur Fortpflanzung) [lat.]
kon'ju'gie'ren (V.) beugen, abwandeln, in die Personal- und Zeitformen setzen; z.B. Verben konjugieren [lat.]
Kon'junk'ti'on (die, -, -ti'o̱'nen) **1** Wort, das zwei Sätze oder Satzteile verbindet, Bindewort **2** Stellung zweier Himmelskörper auf dem gleichen Längengrad **3** Verbindung zweier Aussagen, die nur wahr ist, wenn jede der beiden Aussagen wahr ist (in der Logik) [lat.]
kon'junk'ti'o'nal (Adj.) durch eine Konjunktion (1) eingeleitet oder verbunden
kon'junk'tiv (Adj.) verbindend [lat.]
Ko̱n'junk'tiv (der, -s, -e) Aussageweise des Verbs, die einen Wunsch, eine Möglichkeit ausdrückt [lat.]
Kon'junk'ti̱'va (die, -, -vä) Bindehaut (des Auges) [lat.]
Kon'junk'ti'vi̱'tis (die, -, -ti̱'den) Bindehautentzündung [lat.]
Kon'junk'tu̱r (die, -, -en) Wirtschaftslage, Ablauf des Wirtschaftsgeschehens; z.B. steigende, fallende Konjunktur [lat.]
kon'junk'tu'rell (Adj.) die Konjunktur betreffend
Kon'ju'ra'ti'on (die, -, -ti'o̱'nen) Verschwörung (veraltet) [lat.]
kon'kav (Adj.) nach innen gewölbt [lat.]
Konk'la̱'ve *auch:* Kon'kla̱'ve (die, -, -n) streng abgeschlossener Versammlungsraum der Kardinäle (für die Papstwahl); die Versammlung selbst [lat.]
konk'lu'dent *auch:* kon'klu'dent (Adj.) eine bestimmte Schlussfolgerung erlaubend, schlüssig; folgerichtig [lat.]
konk'lu'die'ren *auch:* kon'klu'die'ren (V.) folgern, schließen, eine Schlussfolgerung ziehen (veraltet) [lat.]
Konk'lu'si'on *auch:* Kon'klu'si'on (die, -, -si'o̱'nen) Schlussfolgerung [lat.]
konk'lu'siv *auch:* kon'klu'siv (Adj.) folgernd, schließend [lat.]
kon'kor'dant (Adj.) **1** übereinstimmend **2** gleichmäßig gelagert (von Gesteinsschichten) [lat.]
Kon'kor'danz (die, -, -en) **1** Übereinstimmung **2** gleichmäßige Lagerung (von Gesteinsschichten) **3** übereinstimmendes Merkmal **4** alphabetisches Verzeichnis der in einem Buch vorkommenden Wörter mit Belegstellen; z.B. Bibelkonkordanz **5** eine typografische Maßeinheit [lat.]
Kon'kor'da̱t (das, -(e)s, -e) Abkommen, Übereinkunft; Vertrag zwischen einem Staat und dem Vatikan [lat.]

Konk're'ment *auch:* Kon'kre'ment (das, -(e)s, -e) körniges, aus einer Körperflüssigkeit sich abscheidendes Gebilde in einem Hohlorgan; z.B. Gallenstein [lat.]
konk're̱t *auch:* kon'kre̱t (Adj.) gegenständlich, sinnlich wahrnehmbar; anschaulich, sächlich; z.B. konkrete Vorstellungen, Angaben [lat.]
Konk're'ti'on *auch:* Kon'kre'ti'on (die, -, -ti'o̱'nen) **1** Vergegenständlichung, Veranschaulichung **2** Bildung von Konkrementen **3** kugelige Ansammlung mineralischer Stoffe (in Gestein) [lat.]
konk're'ti'sie'ren *auch:* kon'kre'ti'sie'ren (V.) konkret darstellen, anschaulich machen
Konk're'tum *auch:* Kon'kre'tum (das, -s, -ta) etwas sinnlich Wahrnehmbares bezeichnendes Substantiv [lat.]
Kon'ku'bi'na̱t (das, -(e)s, -e) eheähnliche Gemeinschaft (veraltet) [lat.]
Kon'ku'bi̱'ne (die, -, -n) Geliebte, Mätresse (veraltet) [lat.]
Kon'ku'pis'zenz (die, -, -en) Begierde, Begehrlichkeit, sündiger Trieb (in der kath. Lehre) [lat.]
Kon'kur'rent (der, -en, -en) jmd., der mit einem anderen konkurriert, Mitbewerber
Kon'kur'renz (die, -, -en) **1** Wettstreit, Wettbewerb (bes. in der Wirtschaft) **2** als Konkurrent tätige Firma, Gesamtheit der Konkurrenten **3** Verletzung mehrerer Strafgesetze auf einmal [lat.]
kon'kur'ren'zie'ren (V.) konkurrieren (schweiz., österr.) [lat.]
kon'kur'rie'ren (V.) **1** in Wettbewerb, Wettstreit stehen **2** mehrere Strafgesetze zugleich verletzen [lat.]
Kon'kurs (der, -es, -e) Zahlungsunfähigkeit, Einstellung der Zahlungen; Verfahren zur Befriedigung der Gläubiger eines zahlungsunfähigen Unternehmens [lat.]
Kon'ne'ta'bel (der, -s, -s) Befehlshaber der Reiterei (früher); Befehlshaber des Heeres (früher) [frz.]
Kon'nex (der, -es, -e) Verbindung, Zusammenhang; Umgang, Kontakt (mit jmdm.)
Kon'ne'xi'on (die, -, -xi'o̱'nen, meist Mz.) einflussreiche, vorteilhafte Beziehung, Bekanntschaft [lat.]
kon'ni'vent (Adj.) duldsam, nachsichtig (bes. von Vorgesetzten gegenüber Untergebenen, die sich im Betrieb strafbar machen) [lat.]
Kon'ni'venz (die, -, nur Ez.) konniventes Verhalten, Duldsamkeit, Nachsicht
Kon'nos'se'ment [-mã] (das, -s, -s) Frachtbrief (im Seeverkehr) [frz.]

Kon|nu|bi|um (das, -s, -bi|en) Ehegemeinschaft (veraltet) [lat.]

Ko|no|id (der, -s, -e) kegelähnlicher Körper

Kon|quis|ta|dor (der, -s, -en) spanischer Eroberer Mittel- und Südamerikas (im 16. Jh.) [span.]

Kon|rek|tor (der, -s, -to|ren) Stellvertreter des Rektors [lat.]

Kon|sek|ra|ti|on auch: Kon|se|kra|ti|on (die, -, -ti|o|nen) Weihe (in der kath. Kirche); Wandlung von Brot und Wein

kon|sek|rie|ren auch: kon|se|krie|ren (V.) weihen [lat.]

kon|se|ku|tiv (Adj.) die Folge bezeichnend, folgend [lat.]

Kon|sens (der, -es, -e) Einwilligung, Billigung; Übereinstimmung [lat.]

kon|sen|tie|ren (V.) einwilligen, billigen; übereinstimmen, einig sein [lat.]

kon|se|quent (Adj.) folgerichtig; grundsatztreu, beständig [lat.]

Kon|se|quenz (die, -, -en) 1 (nur Ez.) Folgerichtigkeit 2 (nur Ez.) Beständigkeit 3 Folge; z.B. die Konsequenzen seiner Handlungsweise tragen 4 Schlussfolgerung; z.B. die Konsequenzen aus etwas ziehen [lat.]

Kon|ser|va|ti|on (die, -, nur Ez.) das Konservieren (veraltet)

Kon|ser|va|tis|mus (der, -, nur Ez.) = Konservativismus

kon|ser|va|tiv (Adj.) am Alten, am Hergebrachten hängend, es erhalten wollend; althergebracht, seit langem üblich; z.B. konservatives Verfahren; auf Erhaltung bedacht (in der Medizin); z.B. konservative Behandlung [lat.]

Kon|ser|va|ti|vis|mus (der, -, nur Ez.) Einstellung, die das Alte, Herkömmliche erhalten möchte [lat.]

Kon|ser|va|tor (der -s, -to|ren) jmd., dem die Instandhaltung von Ausstellungsgegenständen (in Museen) und Kunstdenkmälern obliegt [lat.]

Kon|ser|va|to|rist (der, -ris|ten, -ris|ten) Schüler an einem Konservatorium

kon|ser|va|to|ris|tisch (Adj.) zu einem Konservatorium gehörend; konservatoristische Ausbildung: Ausbildung an einem Konservatorium

Kon|ser|ve (die, -, -n) in Blechdose oder Glas eingekochtes (und dadurch haltbares) Nahrungsmittel [lat.]

kon|ser|vie|ren (V.) haltbar machen (und aufbewahren); auf Schallplatte oder Tonband speichern [lat.]

Kon|sig|nant auch: Kon|si|gnant (der, -en, -en) jmd., der etwas in Kommission gibt (im Überseehandel) [lat.]

Kon|sig|na|tar auch: Kon|si|gna|tar (der, -s, -e) jmd., der etwas in Kommission nimmt (im Überseehandel) [lat.]

Kon|sig|na|ti|on auch: Kon|si|gna|ti|on (die, -, -ti|o|nen) Übergabe oder Übernahme in Kommission (im Überseehandel) [lat.]

kon|sig|nie|ren auch: kon|si|gnie|ren (V.) 1 in Kommission übergeben (im Überseehandel) 2 mit besonderem Auftrag absenden 3 beglaubigen, urkundlich niederlegen [lat.]

Kon|si|li|ar|arzt (der, -es, -ärz|te) zur Beratung hinzugezogener Arzt [lat.]

Kon|si|li|a|ri|us (der, -, -rii) = Konsiliararzt

Kon|si|li|um (das, -s, -li|en) Beratung (bes. mehrerer Ärzte über einen Krankheitsfall) [lat.]

kon|sis|tent (Adj.) 1 dicht, dickflüssig, zusammenhängend 2 sich nicht verändernd, dauerhaft; z.B. konsistenter Stoff 3 logisch, widerspruchsfrei [lat.]

Kon|sis|tenz (die, -, nur Ez.) konsistente Beschaffenheit

Kon|sis|to|ri|um (das, -s, -ri|en) Versammlung der Kardinäle unter Vorsitz des Papstes; Verwaltungsbehörde (der evangel. Kirche) [lat.]

kons|kri|bie|ren auch: kon|skri|bie|ren (V.) zum Heeres-, Kriegsdienst ausheben (früher) [lat.]

Kons|krip|ti|on auch: Kon|skrip|ti|on (die, -, -ti|o|nen) Aushebung zum Heeres-, Kriegsdienst (früher) [lat.]

Kon|sol (der, -s, -s) staatliche Schuldverschreibung [engl.]

Kon|so|le (die, -, -n) Mauervorsprung, Wandbrett [frz.]

Kon|so|li|da|ti|on (die, -, -ti|o|nen) das Konsolidieren, das Sichkonsolidieren

kon|so|li|die|ren 1 festigen, sichern, auf eine feste Grundlage stellen 2 zusammenfassen; z.B. Bilanzen, öffentliche Anleihen konsolidieren 3 kurzfristige Schulden konsolidieren: in langfristige Schulden umwandeln 4 sich konsolidieren: fest werden, verknöchern, sich verSteifen [lat.]

kon|so|nant (Adj.) gut zusammenklingend [lat.]

Kon|so|nant (der, -en, -en) Mitlaut; z.B. »b, t, s« [lat.]

Kon|so|nanz (die, -, -en) 1 harmonischer Zusammenklang 2 Häufung von Konsonanten

Kon|sor|ten (nur Mz.) Mittäter, Mitschuldige, Beteiligte [lat.]

Kon|sor|ti|um (das, -s, -ti|en) vorübergehender Zusammenschluss von Unternehmern oder Banken zur Finanzierung größerer Geschäfte mit hohem Risiko [lat.]

Kons'pi'rant *auch:* Kon'spi'rant (der, -en, -en) Verschwörer

Kons'pi'ra'ti'on *auch:* Kon'spi'ra'ti'on (die, -, -ti'o'nen) Verschwörung [lat.]

kons'pi'ra'tiv *auch:* kon'spi'ra'tiv (Adj.) verschwörerisch [lat.]

kons'pi'rie'ren *auch:* kon'spi'rie'ren (V.) sich verschwören [lat.]

Kons'tab'ler *auch:* Kon'sta'bler (der, -s, -) **1** Geschützmeister, Büchsenmeister im Rang eines Unteroffiziers (früher) **2** Polizist (in England und den USA)

kons'tant *auch:* kon'stant (Adj.) unveränderlich, gleich bleibend [lat.]

Kons'tan'te *auch:* Kon'stan'te (die, -, -n) unveränderliche Größe, gleich bleibender Wert [lat.]

Kons'tanz *auch:* Kon'stanz (die, -, nur Ez.) Unveränderlichkeit, Stetigkeit, Beständigkeit [lat.]

kons'ta'tie'ren *auch:* kon'sta'tie'ren (V.) feststellen [lat.]

Kons'tel'la'ti'on *auch:* Kon'stel'la'ti'on (die, -, -ti'o'nen) gleichzeitiges Vorhandensein, Zusammentreffen (bestimmter Umstände); Lage, die sich daraus ergibt; Stellung (von Gestirnen zueinander) [lat.]

Kons'ter'na'ti'on *auch:* Kon'ster'na'ti'on (die, -, nur Ez.) Bestürzung, Betroffensein (veraltet) [lat.]

kons'ter'nie'ren *auch:* kon'ster'nie'ren (V.) bestürzen, betroffen machen [lat.]

kons'ter'niert *auch:* kon'ster'niert (Adj.) bestürzt, betroffen und verwirrt [lat.]

Kons'ti'pa'ti'on *auch:* Kon'sti'pa'ti'on (die, -, -ti'o'nen) Darmverstopfung [lat.]

kons'ti'tu'ie'ren *auch:* kon'sti'tu'ie'ren (V.) gründen, bilden; konstituierende Versammlung: verfassunggebende Versammlung, sich konstituieren: sich bilden, sich organisieren, zusammentreten [lat.]

Kons'ti'tu'ti'on *auch:* Kon'sti'tu'ti'on (die, -, -ti'o'nen) **1** Anordnung, Zusammensetzung **2** Körperbeschaffenheit; z.B. kräftige, schwache Konstitution **3** Verfassung (eines Staates), Grundgesetz [lat.]

Kons'ti'tu'ti'o'na'lis'mus *auch:* Kon'sti'tu'ti'o'na'lis'mus (der, -, nur Ez.) Staatsform mit einer Konstitution [lat.]

kons'ti'tu'ti'o'nell *auch:* kon'sti'tu'ti'o'nell (Adj.) durch eine Konstitution gebunden; z.B. konstitutionelle Monarchie; auf Grund der körperlichen Konstitution; z.B. konstitutionelle Krankheiten

kons'ti'tu'tiv *auch:* kon'sti'tu'tiv (Adj.) grundlegend, bestimmend, wesentlich, unerlässlich; rechtsbegründend [lat.]

Kons'trik'ti'on *auch:* Konst'rik'ti'on/Konstrik'ti'on (die, -, -ti'o'nen) Zusammenschnürung, Zusammenpressung, Abschnürung [lat.]

Kons'trik'tor *auch:* Konst'rik'tor/Kon'strik'tor (der, -s, -to'ren) Schließmuskel

kons'trin'gie'ren *auch:* konst'rin'gie'ren/kon'strin'gie'ren (V.) zusammenschnüren, -pressen, abschnüren; sich zusammenziehen

kons'tru'ie'ren *auch:* konst'ru'ie'ren/konstru'ie'ren (V.) **1** nach gegebenen Größen entwerfen, bauen, zeichnen; z.B. eine Maschine, eine geometrische Figur konstruieren **2** nach grammatischen Regeln zusammenfügen; z.B. einen Satz konstruieren **3** logisch aufbauen, erfinden, sich ausdenken; z.B. einen Fall, die Handlung eines Dramas konstruieren; der Film ist, wirkt konstruiert: zu formal aufgebaut, wirklichkeitsfremd [lat.]

Kons'trukt *auch:* Konst'rukt/Kon'strukt (das, -(e)s, -e) gedankliche Konstruktion als Hilfsmittel zur Beschreibung von Erscheinungen, die nur aus Daten erschlossen werden können [lat.]

Kons'truk'teur *auch:* Konst'ruk'teur/Konstruk'teur [-tøːɐ] (der, -s, -e) Entwerfer, Erbauer (von technischen Geräten, Maschinen) [frz.]

Kons'truk'ti'on *auch:* Konst'ruk'ti'on/Konstruk'ti'on (die, -, -ti'o'nen) **1** Aufbau, Gefüge **2** Entwurf **3** zeichnerische Darstellung (einer geometrischen Figur) **4** wirklichkeitsfremde, allzu formale Darstellung [lat.]

kons'truk'tiv *auch:* konst'ruk'tiv/kon'struk'tiv (Adj.) eine Konstruktion betreffend; (sinnvoll) aufbauend; zur Entwicklung, Förderung beitragend; z.B. ein konstruktiver Vorschlag, eine konstruktive Kritik [lat.]

Kons'truk'ti'vis'mus *auch:* Konst'ruk'ti'vis'mus/Kon'struk'ti'vis'mus (der, -, nur Ez.) Richtung der Kunst, die die Konstruktionselemente ihrer Objekte bes. hervorhebt lat.]

Kons'truk'ti'vist *auch:* Konst'ruk'ti'vist/Kon'strukt'ti'vist (der, -en, -vis'ten, -vis'ten) Anhänger des Konstruktivismus

Kon'sul (der, -s, -n) höchster Staatsbeamter (im alten Rom und im napoleonischen Frankreich); ständiger Vertreter eines Staates in einem anderen Staat (mit bes. wirtschaftlichen Aufgaben) [lat.]

kon'su'la'risch (Adj.) zu einem Konsul gehörig, durch einen Konsul; z.B. konsularische Vertretung

Kon'su'lat (das, -(e)s, -e) Amt, Amtsräume eines Konsuls

Konsultation **Kontinenz**

Kon|sul|ta|ti|on (die, -, -ti|o|nen) Beratung (durch einen Wissenschaftler, bes. Arzt, oder von Vertrags-, Bündnispartnern) [lat.]
kon|sul|ta|tiv (Adj.) beratend [lat.]
kon|sul|tie|ren (V.) um fachmännischen Rat fragen; z.B. einen Arzt konsultieren [lat.]
Kon|sum (der, -s, nur Ez.) **1** Verbrauch (von Bedarfsgütern, bes. Lebensmitteln) **2** (meist [kon-]) Verkaufsstelle einer Konsumgenossenschaft [lat.]
Kon|su|ma|ti|on (die, -, -ti|o|nen) Verbrauch, Verzehr (schweiz.) [lat.]
Kon|su|ment (der, -en, -en) Verbraucher [lat.]
kon|su|mie|ren (V.) verbrauchen, verzehren [lat.]
Kon|sump|ti|on (die, -, -ti|o|nen) = Konsumtion
Kon|sum|ti|bi|li|en (nur Mz.) Verbrauchsgüter [frz.]
Kon|sum|ti|on (die, -, -ti|o|nen) **1** Verbrauch, Verzehr **2** körperliche Auszehrung (in der Medizin) **3** Aufgehen einer Straftat in einer anderen, schwerer wiegenden [lat.]
kon|sum|tiv (Adj.) auf dem Konsum beruhend, für den Konsum bestimmt
Kon|ta|gi|on (die, -, -gi|o|nen) Ansteckung [lat.]
kon|ta|gi|ös (Adj.) ansteckend [lat.]
Kon|takt (der, -(e)s, -e) **1** Berührung, Verbindung; elektrischen Strom leitende Verbindung **2** menschliche Beziehung [lat.]
Kon|tak|ten (V.) Kontakte (menschlicher, geschäftlicher Art) herstellen
Kon|tak|ter (der, -s, -) Mitarbeiter in der Werbung, der Kontakte mit der Öffentlichkeit herstellt und unterhält
kon|tak|tie|ren (V.) Kontakt aufnehmen, sich treffen, zusammenkommen, Kontakt pflegen
Kon|takt|me|ta|mor|pho|se (die, -, -n) Umwandlung (von Gestein) durch aufsteigendes Magma [lat.-gr.]
Kon|takt|per|son (die, -, -en) jmd., der mit einem anderen, der an einer ansteckenden Krankheit leidet, in Berührung gekommen ist
Kon|takt|stu|di|um (das, -s, -di|en) weitere Ausbildung nach abgeschlossenem Studium zum Kennenlernen neuer Forschungsergebnisse
Kon|ta|mi|na|ti|on (die, -, -ti|o|nen) **1** Verschmelzung zweier Wörter oder Wortteile zu einem neuen Wort; z.B. Futter und frz. fourage zu Futterage **2** Verunreinigung mit schädlichen, bes. radioaktiven Stoffen [lat.]
kon|ta|mi|nie|ren (V.) verschmelzen, sich vermischen [lat.]

kon|tant (Adj.) bar, gegen sofortige Zahlung [it.]
Kon|tan|ten (nur Mz.) Bargeld; Geldsorten; Münzen, die als Ware gehandelt werden [lat.]
Kon|tem|pla|ti|on *auch:* Kon|tem|pla|ti|on (die, -, -ti|o|nen) Betrachtung, Anschauung; betrachtende Versenkung in das Wort und Werk Gottes [lat.]
kon|tem|pla|tiv *auch:* kon|tem|pla|tiv (Adj.) (nur) betrachtend, (nur) anschauend [lat.]
kon|tem|po|rär (Adj.) zeitgenössisch, gleichzeitig [lat.]
Kon|te|nance [kõtənãs] (die, -, nur Ez.) = Contenance
Kon|ter (der, -s, -) aus der Verteidigung heraus geführter Schlag (beim Boxen) [engl.]
Kon|ter|ad|mi|ral (der, -s, -e oder -rä|le) Marineoffizier im Rang eines Generalmajors
Kon|ter|ban|de (die, -, nur Ez.) Ware, die neutrale Staaten nicht in Krieg führende Staaten einführen dürfen (im Völkerrecht); Schmuggelware [frz.]
Kon|ter|fei (das, -s, -e oder -s) Bild (einer Person), Porträt (veraltet, noch scherzhaft) [frz.]
kon|ter|fei|en (V.) ein Konterfei (von jmdm.) machen [frz.]
kon|ter|ka|rie|ren (V.) hintertreiben, behindern [frz.]
Kon|ter|mi|ne (die, -, -n) **1** von Belagerten gelegte Mine zur Abwehr (im Festungswesen) **2** Gegenmaßnahme **3** Börsenspekulation, die mit dem Fallen der Kurse rechnet [frz.]
kon|ter|mi|nie|ren (V.) Gegenmaßnahmen treffen, entgegenarbeiten [frz.]
kon|tern (V.) **1** auf die richtige Seite drehen, umdrehen **2** mit einem Gegenschlag abwehren; schlagfertig antworten [engl.]
Kon|ter|re|vo|lu|ti|on (die, -, -ti|o|nen) Gegenrevolution
kon|tes|tie|ren (V.) anfechten, bestreiten [lat.]
Kon|text (der, -es, -e) ein ein Wort umgebender Text, der oft den Sinn des Wortes erst deutlich macht; Zusammenhang [lat.]
kon|tie|ren (V.) auf ein Konto verbuchen
Kon|ti|gu|i|tät (die, -, nur Ez.) zeitliches Zusammentreffen, Zusammenfall, Berührung [lat.]
Kon|ti|nent (der, -(e)s, -e) große Landmasse, Erdteil; Festland [lat.]
kon|ti|nen|tal (Adj.) zu einem Kontinent gehörig, festländisch
Kon|ti|nenz (die, -, nur Ez.) Fähigkeit, Harn und Stuhlgang zurückzuhalten [lat.]

Kon'tin'gent (das, -(e)s, -e) Pflichtbeitrag, -anteil; begrenzte, zugeteilte Menge (von nicht frei verfügbaren Waren); bestimmte Menge von Truppen (die ein Mitglied einer Verteidigungsgemeinschaft innerhalb des Gesamtheeres zu stellen hat) [lat.]

kon'tin'gen'tie'ren (V.) einteilen und beschränkt zuteilen; z.B. Waren, Lebensmittel kontingentieren [lat.]

Kon'tin'genz (die, -, nur Ez.) 1 das Möglichsein (ohne Notwendigkeit), Zufälligkeit 2 Häufigkeit von zugleich auftretenden oder sich gleich verhaltenden Merkmalen oder Sachverhalten [lat.]

kon'ti'nu'ier'lich (Adj.) stetig, andauernd, gleichmäßig (fortschreitend) [lat.]

Kon'ti'nu'i'tät (die, -, nur Ez.) Stetigkeit, Gleichmäßigkeit (des Fortschreitens), Fortdauer [lat.]

Kon'ti'nu'um (das, -s, -nua) etwas, das ununterbrochen, gleichmäßig fortschreitet, lückenlos zusammenhängt [lat.]

Kon'to (das, -s, -s oder -ten oder -ti) ständig geführte Aufzeichnung von Ein- und Ausgaben, Guthaben und Schulden [it.]

Kon'to'kor'rent (das, -s, -e) laufende Gegenüberstellung und regelmäßige Abrechnung von Guthaben und Schulden zwischen zwei Geschäftspartnern [lat.]

Kon'tor (das, -s, -e) 1 Geschäftsräume (eines Kaufmannes; veraltet) 2 Niederlassung (einer Firma im Ausland) [frz.]

Kon'to'rist (der, -ris'ten, -ris'ten) Angestellter eines kaufmännischen Betriebes [frz.]

Kon'tor'si'on (die, -, -si'o'nen) Verrenkung [lat.]

kont'ra *auch:* kon'tra (*auch:* cont'ra/con'tra) (Präp. und Adv.) gegen, dagegen [lat.]

Kont'ra *auch:* Kon'tra (das, -s, -s) das Entgegengesetzte; das Pro und das Kontra: das Für und das Wider; Gegenansage (im Kartenspiel) [lat.]

Kont'ra'bass *auch:* Kon'tra'bass (der, -es, -bäs'se) größtes und tiefstes Streichinstrument, Bassgeige [it.]

Kont'ra'dik'ti'on *auch:* Kon'tra'dik'ti'on (die, -, -ti'o'nen) Gegensatz (zweier Begriffe oder Aussagen); Widerspruch [lat.]

kont'ra'dik'to'risch *auch:* kon'tra'dik'to'risch (Adj.) einander widersprechend, gegensätzlich [lat.]

Kont'ra'hent *auch:* Kon'tra'hent (der, -en, -en) Vertragspartner; Gegner (im Wettkampf, beim Duell) [lat.]

kont'ra'hie'ren *auch:* kon'tra'hie'ren (V.) 1 zusammenziehen (von Muskeln) 2 zum Duell fordern (veraltet) 3 abschließend; z.B. einen Vertrag kontrahieren [lat.]

Kont'ra'in'di'ka'ti'on *auch:* Kon'tra'in'di'ka'ti'on (die, -, -ti'o'nen) Umstand, der in einem besonderen Fall eine sonst zweckmäßige Behandlung als nicht geboten erscheinen lässt, Gegensatzanzeige (in der Medizin) [lat.]

kont'ra'in'di'ziert *auch:* kon'tra'in'di'ziert (Adj.) in einem besonderen Fall nicht zweckmäßig (in der Medizin) [lat.]

Kont'rakt *auch:* Kon'trakt (der, -(e)s, -e) Vertrag [lat.]

kont'rak'til *auch:* kon'trak'til (Adj.) zusammenziehbar, fähig, sich zusammenzuziehen [lat.]

Kont'rak'ti'on *auch:* Kon'trak'ti'on (die, -, -ti'o'nen) Zusammenziehung [lat.]

Kont'rak'tur *auch:* Kon'trak'tur (die, -, -en) dauernde Muskelverkürzung, Verkrümmung (in der Medizin) [lat.]

Kont'ra'post *auch:* Kon'tra'post (der, -(e)s, -e) unterschiedliche Gestaltung der beiden Körperhälften in Bewegung und Ruhe (in der bildenden Kunst) [lat.]

Kont'ra'punkt *auch:* Kon'tra'punkt (der, -(e)s, -e) das Nebeneinanderherlaufen und -führen mehrerer Stimmen in selbstständigen Melodielinien (in der Musik) [lat.]

Kont'ra'punk'tik *auch:* Kon'tra'punk'tik (die, -, nur Ez.) Lehre vom Kontrapunkt

kont'ra'punk'tisch *auch:* kon'tra'punk'tisch (Adj.) in der Art des Kontrapunkts, auf ihm beruhend

kont'rär *auch:* kon'trär (Adj.) gegensätzlich, widersprüchlich; z.B. konträre Ansichten [frz.]

Kont'rast *auch:* Kon'trast (der, -(e)s, -ras'te/-tras'te) (starker) Unterschied, Gegensatz [it.]

kont'ras'tie'ren *auch:* kon'tras'tie'ren (V.) einen Kontrast zueinander bilden, sich (stark) voneinander unterscheiden

Kont'rast'pro'gramm *auch:* Kon'trast'pro'gramm (das, -s, -e) sich (stark) von anderen Programmen unterscheidendes Programm (das dem Rundfunkhörer oder Fernsehzuschauer eine Auswahlmöglichkeit bietet)

Kont'ra'zep'ti'on *auch:* Kon'tra'zep'ti'on (die, -, nur Ez.) Empfängnisverhütung [lat.]

kont'ra'zep'tiv *auch:* kon'tra'zep'tiv (Adj.) die Empfängnis verhütend [lat.]

Kont'ra'zep'ti'vum *auch:* Kon'tra'zep'ti'vum (das, -s, -va) empfängnisverhütendes Mittel [nlat.]

Kont're *auch:* Kon'tre (der, -s, -s) Tanz mit zwei oder vier einander gegenüberstehenden Paaren, Kontretanz [frz.]

Kont'ri'bu'ti'on *auch:* Kon'tri'bu'ti'on (die, -, -ti'o'nen) von einem besiegten Land

Kontrolle   261   Konvoi

an den Sieger zu zahlende Geldsumme; Beitrag (zum Unterhalt von Besatzungstruppen oder zu einer gemeinsamen Sache) [lat.]
Kont'roll'le *auch:* Kon'trol'le (die, -, -n) Überwachung, Aufsicht; prüfende Betrachtung, Prüfung (auf eine bestimmte Sache hin); Herrschaft, Gewalt (über eine Sache; z.B. über ein Fahrzeug)
Kont'roll'ler *auch:* Kon'trol'ler (der, -s, -) Fahr-, Steuerschalter (an Elektromotoren) [engl.]
Kont'roll'leur *auch:* Kon'trol'leur [-lör] (der, -s, -e) jmd., der etwas kontrolliert; z.B. Fahrscheinkontrolleur [frz.]
kont'roll'lie'ren *auch:* kon'trol'lie'ren (V.) die Kontrolle (über etwas oder jmdn.) ausüben, überwachen, beaufsichtigen; prüfen, zur Prüfung betrachten; beherrschen, unter Aufsicht haben; z.B. ein Gebiet, ein Land kontrollieren
kont'ro'vers *auch:* kon'tro'vers (Adj.) gegeneinander gerichtet
Kont'ro'ver'se *auch:* Kon'tro'ver'se (die, -, -n) Meinungsverschiedenheit, Auseinandersetzung [lat.]
Kon'tur (die, -, -en) Umrisslinie [frz.]
kon'tu'rie'ren (V.) nur in Umrissen zeichnen, andeuten; in kräftigen Umrissen darstellen; z.B. eine klar, deutlich konturierte Gestalt (in einem Roman) [lat.]
Kon'tu'si'on (die, -, -si'o'nen) Quetschung [lat.]
Ko'nus (der, -, -se, auch -nen) Kegel, Kegelstumpf; das Schriftbild tragendes Oberteil (der Druckletter) [gr.-lat.]
Kon'vek'ti'on (die, -, -ti'o'nen) überwiegend auf- oder abwärts gerichtete Luftströmung; Transport von elektrischer Ladung oder Energie durch kleinste Teilchen in einer Strömung [lat.]
kon'vek'tiv (Adj.) auf Konvektion beruhend
Kon've'ni'enz (die, -, nur Ez.) **1** das nach den gesellschaftlichen Normen Schickliche, Erlaubte **2** Bequemlichkeit, Zuträglichkeit [lat.]
kon've'nie'ren (V.) erlaubt sein, schicklich sein, den gesellschaftlichen Normen entsprechen; bequem, angenehm, zuträglich sein [lat.]
Kon'vent (der, -s, -e) **1** Versammlung, Zusammenkunft **2** Kloster, Stift **3** Volksvertretung (in der Französischen Revolution) [lat.]
Kon'ven'ti'kel (das, -s, -) heimliche Zusammenkunft; private religiöse Versammlung
Kon'ven'ti'on (die, -, -ti'o'nen) **1** Abkommen, Vereinbarung **2** gesellschaftlicher Brauch, Norm, Herkommen **3** völkerrechtlicher Vertrag [lat.]
kon'ven'ti'o'nal (Adj.) auf einer Konvention (**1**) beruhend
kon'ven'ti'o'nell (Adj.) den gesellschaftlichen Gepflogenheiten entsprechend, herkömmlich, förmlich; mit herkömmlichen Mitteln hergestellt [frz.]
Kon'ven'tu'a'le (der, -n, -n) stimmberechtigtes Mitglied eines Konvents (**2**)
kon'ver'gent (Adj.) aufeinander zulaufend, sich annähernd; z.B. konvergente Linien; übereinstimmend, einander entsprechend; z.B. konvergente Meinungen [lat.]
Kon'ver'genz (die, -, nur Ez.) **1** konvergente Beschaffenheit **2** Entwicklung gleichartiger Merkmale bei nicht verwandten Lebewesen im gleichen Lebensraum [lat.]
kon'ver'gie'ren (V.) **1** aufeinander zustreben, zulaufen **2** übereinstimmen [lat.]
Kon'ver'sa'ti'on (die, -, -ti'o'nen) leichte, gewandte Unterhaltung (bes. über Tagesereignisse) [lat.]
Kon'ver'sa'ti'ons'le'xi'kon (das, -s, -ka) alphabetisch geordnetes, großes Nachschlagewerk über alle Wissensgebiete
Kon'ver'si'on (die, -, -si'o'nen) Umwandlung, Veränderung, Übertritt zu einer anderen Konfession; Wortartwechsel; z.B. Wechsel eines Verbs zum Substantiv: gehen – das Gehen [lat.]
Kon'ver'ter (der, -s, -) Vorrichtung zur Erhöhung der Brennweite eines Teleobjektivs [lat.-engl.]
kon'ver'ti'bel (Adj.) umwandelbar, umwechselbar; z.B. frei konvertible Währung [frz.]
Kon'ver'ti'bi'li'tät (die, -, nur Ez.) Umtauschbarkeit, Möglichkeit, umgewechselt zu werden; z.B. die Konvertibilität von Währungen [frz.]
kon'ver'tie'ren (V.) die Konfession wechseln, (zu einer anderen Konfession) übertreten; umtauschen, umwechseln; z.B. Geld in eine andere Währung konvertieren; von einem Datenträger auf einen anderen übertragen; z.B. Informationen konvertieren [lat.]
Kon'ver'tit (der, -en, -en) jmd., der zu einer anderen Konfession konvertiert ist
kon'vex (Adj.) nach außen gekrümmt; z.B. Linsen, optische Gläser [lat.]
Kon'vikt (der, -(e)s, -e) Wohnheim für kath. Schüler und Theologiestudenten; Internat (österr.) [lat.]
Kon'vik'tu'a'le (die, -, -n) in einem Konvikt lebender Schüler oder Student (veraltet)
Kon'voi (der, -s, -s) im Schutz von Fahrzeugen, Schiffen oder Flugzeugen fahrende

Fahrzeuge oder Schiffe; die begleitenden Fahrzeuge, Schiffe oder Flugzeuge, Geleitzug [frz.]
Kon'vo'ka'ti'on (die, -, -ti'o'nen) **1** Einberufung (von Körperschaften) **2** über die Verleihung der Ehrendoktorwürde entscheidendes Gremium (an englischen und amerikanischen Universitäten) [lat.]
Kon'vo'lut (das, -(e)s, -e) Bündel, Stoß (von Schriftstücken); Sammelmappe; Knäuel (von Darmschlingen) [lat.]
Kon'vul'si'on (die, -, -si'o'nen) Zuckung, Schüttelkrampf [lat.]
kon'vul'si'visch (Adj.) krampfhaft; z.B. konvulsivische Zuckungen [lat.]
kon'ze'die'ren (V.) zugestehen, erlauben, einräumen [lat.]
Kon'zent'rat auch: Kon'zen'trat (das, -(e)s, -e) sehr gehaltreiche Lösung; gedrängte Zusammenfassung [lat.]
Kon'zent'ra'ti'on auch: Kon'zen'tra'ti'on (die, -, -ti'o'nen) **1** Zusammenballung, Zusammendrängung **2** Angereichertsein, Gehalt (einer Lösung) **3** (nur Ez.) Anspannung (der geistigen Kräfte, der Aufmerksamkeit) [lat.]
kon'zent'riert auch: kon'zen'triert (Adj.) **1** geistig angespannt, mit gesammelter Aufmerksamkeit; z.B. konzentriert arbeiten **2** verdichtet, gehaltreich, einen Stoff in großer Menge enthaltend; z.B. konzentrierte Lösung
kon'zent'rie'ren auch: kon'zen'trie'ren (V.) **1** (um einen Mittelpunkt) sammeln **2** (an einem Ort) zusammenziehen, versammeln **3** verdichten, anreichern **4** sich konzentrieren: seine geistigen Kräfte, seine Aufmerksamkeit anspannen [lat.]
kon'zent'risch auch: kon'zen'trisch (Adj.) einen gemeinsamen Mittelpunkt habend, auf einen Mittelpunkt zustrebend [lat.]
Kon'zept (das, -(e)s, -e) **1** Entwurf, erste, noch zu korrigierende Niederschrift **2** Vorstellung (wie etwas getan werden soll) [lat.]
Kon'zep'ti'on (die, -, -ti'o'nen) **1** Empfängnis **2** Entwurf, Plan **3** genaue Vorstellung (von einem zu erarbeitenden Werk) [lat.]
kon'zep'ti'o'nell (Adj.) hinsichtlich der Konzeption (**2**, **3**), auf Konzeption (**2**, **3**) beruhend
Kon'zern (der, -s, -e) Vereinigung gleichartiger Unternehmen, die gemeinsam verwaltet werden, rechtlich aber selbstständig sind [lat.]
kon'zer'nie'ren (V.) zu einem Konzern vereinigen
Kon'zert (das, -(e)s, -e) **1** Aufführung von Musikwerken; Musikstück für Soloinstrument(e) und Orchester **2** Zusammenwirken (von Kräften u.a.) [lat.]

kon'zer'tant (Adj.) in der Art eines Konzerts
kon'zer'tie'ren (V.) ein Konzert geben; konzertierte Aktion: verabredetes Vorgehen von Personen(gruppen) in einer bestimmten Angelegenheit
Kon'zer'ti'na (die, -, -s) sechseckige Handharmonika
Kon'zes'si'on (die, -, -si'o'nen) **1** behördliche Genehmigung, vom Staat erteiltes Recht **2** Zugeständnis [lat.]
Kon'zes'si'o'när (der, -s, -e) jmd., der eine Konzession (für etwas) besitzt
kon'zes'si'o'nie'ren (V.) behördlich genehmigen, zulassen [lat.]
Kon'zes'siv (Adj.) einräumend (in der Grammatik) [lat.]
Kon'zil (das, -s, -e oder -li'en) Versammlung hoher kirchlicher Würdenträger (in der kath. Kirche) [lat.]
kon'zi'li'ant (Adj.) umgänglich, freundlich, entgegenkommend [lat.]
Kon'zi'li'anz (die, -, nur Ez.) konziliantes Verhalten, freundliches Entgegenkommen
kon'zi'pie'ren (V.) einen Entwurf (zu etwas) machen [lat.]
kon'zis (Adj.) kurz gefasst, bündig [lat.]
Ko'ope'ra'ti'on (die, -, -ti'o'nen) Zusammenarbeit
ko'ope'ra'tiv (Adj.) zusammenwirkend, gemeinsam [lat.]
Ko'o'pe'ra'ti've (die, -, -n) Vereinigung, Gemeinschaft mit dem Ziel der Kooperation
ko'o'pe'rie'ren (V.) zusammenarbeiten [lat.]
Ko'op'ta'ti'on (die, -, -ti'o'nen) Wahl neuer Mitglieder (durch die alten) [lat.]
ko'op'tie'ren (V.) hinzuwählen (zur Ergänzung) [lat.]
Ko'or'di'na'te (die, -, -n) **1** Zahl, die die Lage eines Punktes (im Raum oder in der Ebene) angibt **2** (Sammelbegriff für) Abszisse und Ordinate [lat.]
Ko'or'di'na'ti'on (die, -, nur Ez.) **1** Abstimmen verschiedener Vorgänge, Pläne usw. aufeinander **2** geordnetes Zusammenwirken (von Muskeln) **3** Neben-, Beiordnung (von Satzteilen, in der Grammatik) [lat.]
nem Ort) zusammenziehen, versammeln **3** verdichten, anreichern **4** sich konzentrieren: seine geistigen Kräfte, seine Aufmerksamkeit anspannen [lat.]
kon'zent'risch auch: kon'zen'trisch (Adj.) einen gemeinsamen Mittelpunkt habend, auf einen Mittelpunkt zustrebend [lat.]
Kon'zept (das, -(e)s, -e) **1** Entwurf, erste, noch zu korrigierende Niederschrift **2** Vorstellung (wie etwas getan werden soll) [lat.]

Konzeption — Kops

Kon'zep'ti'on (die, -, -ti'o'nen) 1 Empfängnis 2 Entwurf, Plan 3 genaue Vorstellung (von einem zu erarbeitenden Werk) [lat.]

kon'zep'ti'o'nell (Adj.) hinsichtlich der Konzeption (2, 3), auf Konzeption (2, 3) beruhend

Kon'zern (der, -s, -e) Vereinigung gleichartiger Unternehmen, die gemeinsam verwaltet werden, rechtlich aber selbstständig sind [lat.]

kon'zer'nie'ren (V.) zu einem Konzern vereinigen

Kon'zert (das, -(e)s, -e) 1 Aufführung von Musikwerken; Musikstück für Soloinstrument(e) und Orchester 2 Zusammenwirken (von Kräften u.a.) [lat.]

kon'zer'tant (Adj.) in der Art eines Konzerts

kon'zer'tie'ren (V.) ein Konzert geben; konzertierte Aktion: verabredetes Vorgehen von Personen(gruppen) in einer bestimmten Angelegenheit

Kon'zer'ti'na (die, -, -s) sechseckige Handharmonika

Kon'zes'si'on (die, -, -si'o'nen) 1 behördliche Genehmigung, vom Staat erteiltes Recht 2 Zugeständnis [lat.]

Kon'zes'si'o'när (der, -s, -e) jmd., der eine Konzession (für etwas) besitzt

kon'zes'si'o'nie'ren (V.) behördlich genehmigen, zulassen [lat.]

kon'zes'siv (Adj.) einräumend (in der Grammatik) [lat.]

Kon'zil (das, -s, -e oder -li'en) Versammlung hoher kirchlicher Würdenträger (in der kath. Kirche) [lat.]

kon'zi'li'ant (Adj.) umgänglich, freundlich, entgegenkommend [lat.]

Kon'zi'li'anz (die, -, nur Ez.) konziliantes Verhalten, freundliches Entgegenkommen

kon'zi'pie'ren (V.) einen Entwurf (zu etwas) machen [lat.]

kon'zis (Adj.) kurz gefasst, bündig [lat.]

Ko'ope'ra'ti'on (die, -, -ti'o'nen) Zusammenarbeit

ko'ope'ra'tiv (Adj.) zusammenwirkend, gemeinsam [lat.]

Ko'o'pe'ra'ti've (die, -, -n) Vereinigung, Gemeinschaft mit dem Ziel der Kooperation

ko'o'pe'rie'ren (V.) zusammenarbeiten [lat.]

Ko'op'ta'ti'on (die, -, -ti'o'nen) Wahl neuer Mitglieder (durch die alten) [lat.]

ko'op'tie'ren (V.) hinzuwählen (zur Ergänzung) [lat.]

Ko'or'di'na'te (die, -, -n) 1 Zahl, die die Lage eines Punktes (im Raum oder in der Ebene) angibt 2 (Sammelbegriff für) Abszisse und Ordinate [lat.]

Ko'or'di'na'ti'on (die, -, nur Ez.) 1 Abstimmen verschiedener Vorgänge, Pläne usw. aufeinander 2 geordnetes Zusammenwirken (von Muskeln) 3 Neben-, Beiordnung (von Satzteilen, in der Grammatik) [lat.]

Ko'or'di'na'tor (der, -s, -to'ren) jmd., der die Bereiche eines Sachgebietes aufeinander abstimmt (bes. die Programme der Rundfunk- und Fernsehanstalten) [lat.]

ko'or'di'nie'ren (V.) 1 aufeinander abstimmen (damit ein reibungsloses Zusammenwirken gewährleistet ist) 2 neben-, beiordnen; z.B. Sätze, Satzteile koordinieren [lat.]

Ko'pal (der, -s, -e) Harz mehrerer tropischer Bäume (zur Herstellung von Lack) [indian.-span.]

Ko'pe'ke (die, -, -n) russische Münze, 1/100 Rubel

ko'per'ni'ka'nisch (Adj.) auf der Lehre des Astronomen N. Kopernikus beruhend

Koph'ta (der, -s, nur Ez.) sagenhafter ägyptischer Magier

Ko'pie (die, -, -n) 1 Abschrift, Durchschlag 2 Abzug (in der Fotografie) 3 Nachbildung (eines Kunstwerks durch einen anderen Künstler) [lat.]

ko'pie'ren (V.) 1 abschreiben 2 (kurz für) fotokopieren 3 nachbilden; z.B. ein Gemälde, eine Plastik k. 4 nachahmen; z.B. jmdn., jmds. Sprechweise kopieren [lat.]

Ko'pi'lot (der, -en, -en) zweiter, vertretender Pilot; zweiter Fahrer (bei Autorennen)

ko'pi'ös (Adj.) reichlich, in Fülle, zahlreich (in der Medizin) [lat.-frz.]

Ko'pist (der, -pis'ten, -pis'ten) jmd., der etwas kopiert, abschreibt (veraltet)

Kop'ra *auch:* Ko'pra (die, -, nur Ez.) zerkleinerte, getrocknete Kokosnusskerne (zur Ölgewinnung) [tamil.]

Ko'pro'duk'ti'on (die, -, -ti'o'nen) Gemeinschaftsproduktion (eines Films)

Kop'ro'la'lie *auch:* Ko'pro'la'lie (die, -, nur Ez.) Ausdrucksweise, in der häufig Wörter und Wendungen gebraucht werden, die mit den menschlichen Ausscheidungen und Ausscheidungsorganen zusammenhängen [gr.]

Kop'ro'lith *auch:* Ko'pro'lith (der, -en, -en) versteinerter Kot (urweltlicher Tiere); Gebilde aus verhärtetem Kot und Mineralsalzen (im Darm) [gr.]

Kop'ro'pha'ge *auch:* Ko'pro'pha'ge (der, -n, -n) Tier, das sich vom Kot anderer Tiere ernährt [gr.]

Kop'ro'pha'gie *auch:* Ko'pro'pha'gie (die, -, nur Ez.) krankhaftes Essen des eigenen Kotes [gr.]

Kops (der, -es, -e) aus aufgewickeltem Garn gebildete Rolle [engl.]

Kop|te (der, -n, -n) christlicher Nachkomme der alten Ägypter (mit arabischer Sprache und eigener Kirche) [arab.]
kop|tisch (Adj.) zu den Kopten gehörig
Ko|pu|la (die, -, -s oder -lä) **1** Teil des Prädikats (Hilfsverb oder eine Form von scheinen, bleiben, heißen; veraltet) **2** Begattung (der Tiere) [lat.]
Ko|pu|la|ti|on (die, -, -ti|o|nen) **1** Trauung (veraltet) **2** Befruchtung **3** Veredlung (von Pflanzen) **4** Begattung (von Tieren) [lat.]
ko|pu|la|tiv (Adj.) anreihend, verbindend
ko|pu|lie|ren (V.) **1** trauen (veraltet); z.B. ein Brautpaar kopulieren **2** anreihen, verbinden **3** veredeln (in der Botanik) **4** verschmelzen (von Geschlechtszellen) **5** den Geschlechtsakt ausführen [lat.]
Ko|rah (nur in der Fügung) eine Rotte Korah: eine wilde, zügellose Bande [hebr.]
Ko|ral|le (die, -, -n) ein Hohltier tropischer Meere; aus dessen Skelett hergestellter Schmuck [gr.]
ko|ram vor aller Augen, in Gegenwart anderer (veraltet); jmdn. koram nehmen: jmdn. nachdrücklich zur Rede stellen, zurechtweisen [lat.]
Ko|ran (der, -s, nur Ez.) heilige Schrift des Islams [arab.]
ko|ran|zen (V.) = kuranzen
Kord (*auch:* Cord) (der, -s, -e) geripptes Gewebe [engl.]
Kor|del (die, -, -n) Schnur aus zusammengedrehten Fäden [frz.]
kor|di|al (Adj) umgänglich, herzlich, freundschaftlich [lat.]
Kor|di|a|li|tät (die, -, nur Ez.) kordiales Verhalten
kor|die|ren (V.) aufrauen; durch Ritzen mit schnurartigen Linien verzieren [frz.]
Kor|don [-dõ] (der, -s, -s) **1** Schnur, Band **2** Spalierbaum **3** Postenkette [frz.]
Kor|do|nett|sei|de (die, -, -n) aus mehreren Fäden gedrehter Seidenfaden [frz.]
Kor|du|an (das, -s, nur Ez.) feines Ziegen- oder Schafsleder [span.]
Ko|re (die, -, -n) weibliche Statue (in der griechischen Kunst)
Ko|re|a|ner (der, -s, -) Ew. Koreas
ko|re|a|nisch (Adj.) zu Korea gehörig
Ko|re|fe|rat (das, -(e)s, -e) = Korreferat
Ko|re|fe|rent (der, -en, -en) = Korreferent
ko|re|fe|rie|ren (V.) = korreferieren
Kor|fi|ot (der, -en, -en) Ew. von Korfu
kor|fi|o|tisch (Adj.) Korfu betreffend, von dort stammend
Ko|ri|an|der (der, -s, nur Ez.) ein Doldengewächs der Mittelmeerländer; aus seinen Früchten gewonnenes Gewürz [gr.]

Ko|ri|an|do|li (das, -(s), -) Konfetti (österr.)
Ko|rin|the (die, -, -n) getrocknete blaue Weinbeere [gr.]
Kork 1 (der, -s, nur Ez.) Rinde der Korkeiche **2** (der, -s, -en) = Korken [niederl.]
Kor|ken (der, -s, -) Pfropfen, Stöpsel aus Kork
Kor|mo|phyt (der, -en, -en) aus Wurzel, Stängel und Blättern bestehende Farn- oder Samenpflanze, Sprosspflanze [gr.]
Kor|mo|ran (der, -s, -e) ein dunkel gefärbter Tauchvogel, Ruderfüßer [frz.]
Kor|mus (der, -, nur Ez.) in Wurzel, Sprossachse und Blätter gegliederter Pflanzenkörper [gr.-lat.]
Kor|ner (der, -s, -) Vereinigung von Großkaufleuten, die Waren aufkaufen und zurückhalten, um die Preise zu steigern [engl.]
Kor|nett 1 (der, -(e)s, -s oder -e) Fähnrich der Reiterei (veraltet) **2** (das, -(e)s, -s oder -e) ein kleines Blechblasinstrument [frz.]
kor|nisch (Adj.) zu Cornwall gehörig
Ko|rol|la (die, -, -len) = Corolla
Ko|ro|na (die, -, -nen) **1** Strahlenkranz (der Sonne) **2** Heiligenschein (einer Figur in der Kunst) **3** Glimmentladung (an Hochspannungsleitungen) **4** (fröhliche) Runde [lat.]
ko|ro|nar (Adj.) zu den Herzkranzgefäßen gehörig, auf ihnen beruhend [lat.]
Ko|ro|nar|in|suf|fi|zi|enz (die, -, -en) ungenügende Durchblutung des Herzmuskels durch die Herzkranzgefäße [lat.]
Kor|po|ral (der, -s, -e oder rä|le) Unteroffizier (veraltet) [it.]
Kor|po|ra|le (das, -s, -) Tuch als Unterlage für Hostie und Kelch (in der kath. Kirche bei der Messe) [lat.]
Kor|po|ra|ti|on (die, -, -ti|o|nen) Körperschaft; Studentenverbindung [lat.]
kor|po|ra|tiv (Adj.) zu einer Korporation gehörig, körperschaftlich [lat.]
Korps (*auch:* Corps) [ko:ɐ̯] (das, - [ko:ɐ̯s], - [ko:ɐ̯s]) **1** aus mehreren Waffengattungen bestehender Truppenverband **2** Studentenverbindung **3** Gemeinschaft von Personen desselben Berufes; z.B. diplomatisches Korps [frz.]
kor|pu|lent (Adj.) dick, füllig, beleibt [lat.]
Kor|pu|lenz (die, -, nur Ez.) Beleibtheit, Körperfülle [lat.]
Kor|pus 1 (das, -, -po|ra) Sammlung von Texten (des Mittelalters oder der Antike oder als Material für sprachwissenschaftliche Untersuchungen) [lat.] **2** (der, -, nur Ez.) Schallkörper (eines Musikinstruments); Kernstück, Grundteil (eines Möbelstücks) **3** (der, -, nur

Ez.) Leib Christi **4** (der, -, -se) Körper, Leib (ugs.) [lat.]

Kor'pus (die, -, nur Ez.) ein Schriftgrad (in der Typografie) [lat.]

Kor'pus'kel (das oder die, -(s), -n) kleinstes Teilchen (der Materie), Elementarteilchen [lat.]

Kor'ral (der, -s, -e) umzäunter Platz (für eingefangene, wild lebende Tiere) [span.]

Kor'ra'si'on (die, -, -si'o'nen) Abschleifen, Abtragung (von Gestein durch Flugsand) [lat.]

Kor're'fe'rat (*auch:* Ko're'fe'rat) (das, -(e)s, -e) ergänzendes Referat zu einem Referat [lat.]

Kor're'fe'rent (*auch:* Ko're'fe'rent) (der, -en, -en) jmd., der ein Korreferat hält

kor're'fe'rie'ren (*auch:* ko're'fe'rie'ren) (V.) ein Korreferat halten

kor'rekt (Adj.) den Vorschriften entsprechend, richtig, fehlerfrei [lat.]

kor'rek'tiv (Adj.) verbessernd, ausgleichend

Kor'rek'tiv (das, -s, -e) Mittel zum Verbessern, zum Berichtigen, Ausgleichen [lat.]

Kor'rek'tor (der, -s, -to'ren) Angestellter (einer Druckerei oder eines Verlages), der den Schriftsatz auf Fehler hin prüft und verbessert [lat.]

Kor'rek'to'rat (das, -(e)s, -e) Abteilung der Korrektoren (in Druckerei oder Verlag)

Kor'rek'tur (die, -, -en) Verbesserung, Berichtigung [lat.]

kor're'lat (Adj.) wechselseitig, die notwendige Ergänzung füreinander bildend [lat.]

Kor're'lat (das, -(e)s, -e) Begriff (oder Wort), der (das) zu einem andern in wechselseitiger Beziehung steht, die notwendige Ergänzung zu einem andern bildet; z.B. »dass« als Korrelat zu »dadurch«, »Männchen« als Korrelat zu »Weibchen« [lat.]

Kor're'la'ti'on (die, -, -ti'o'nen) wechselseitige Beziehung, Aufeinanderbezogensein [lat.]

kor're'la'tiv (Adj.) = korrelat

kor're'lie'ren (V.) in wechselseitiger Beziehung stehen, aufeinander bezogen sein [lat.]

kor're'pe'tie'ren (V.) am Klavier mit einem Opernsänger dessen Gesangsrolle einstudieren [lat.]

Kor're'pe'ti'ti'on (die, -, -ti'o'nen) das Korrepetieren

Kor're'pe'ti'tor (der, -s, -to'ren) Musiker, der am Klavier mit Opernsängern deren Gesangsrolle einstudiert; Assistent des Dirigenten [lat.]

Kor'res'pon'dent *auch:* Kor're'spon'dent (der, -en, -en) Angestellter, der die (bes. ausländische) Korrespondenz führt; auswärtiger Berichterstatter; Briefpartner [lat.]

Kor'res'pon'denz *auch:* Kor're'spon'denz (die, -, -en) **1** Briefwechsel **2** das Entsprechen, das Zueinanderpassen

kor'res'pon'die'ren *auch:* kor're'spon'die'ren (V.). **1** entsprechen, zueinander passen **2** Briefe (mit jmdm.) wechseln, im Briefwechsel (mit jmdm.) stehen [lat.]

Kor'ri'dor (der, -s, -e) Flur, Gang (in einer Wohnung); schmaler Landstreifen (der durch das Hoheitsgebiet eines anderen Staates führt) [it.]

Kor'ri'gen'dum (das, -s, -da; meist Mz.) etwas zu Verbesserndes; Korrigenda: Gesamtheit der zu berichtigenden Druckfehler, Fehlerverzeichnis [lat.]

Kor'ri'gens (das, -, -gen'tia oder -gen'zi'en) geschmacksverbessernder Zusatz (zu Arzneien) [lat.]

kor'ri'gie'ren (V.) verbessern, berichtigen [lat.]

kor'ro'die'ren (V.) angreifen, zerstören, zerfressen; zerstört werden; z.B. Eisen durch Rost [lat.]

Kor'ro'si'on (die, -, -si'o'nen) Zerstörung, chemische Veränderung [lat.]

kor'ro'siv (Adj.) Korrosion bewirkend, zerstörend

kor'rum'pie'ren (V.) **1** bestechen, durch Bestechung moralisch verderben **2** fehlerhaft verändern, entstellen (bei alten Handschriften) [lat.]

kor'rum'piert (Adj.) **1** moralisch verdorben (durch Bestechung, rücksichtsloses Gewinnstreben) **2** unleserlich geworden, verdorben, entstellt (von alten Handschriften)

kor'rupt (Adj.) **1** bestechlich **2** moralisch verdorben [lat.]

Kor'rup'tel (die, -, -en) verderbte Stelle in einem Text [lat.]

Kor'rup'ti'on (die, -, -ti'o'nen) Bestechung [lat.]

Kor'sa'ge [-ʒə] (die, -, -n) auf Figur gearbeitetes, versteiftes, trägerloses Oberteil (eines Kleides), Büstenhalter und Korsett in einem Stück [frz.]

Kor'sar (der, -en, -en) **1** Seeräuberschiff; Seeräuber **2** Jolle für zwei Mann (im Segelsport) [it.]

Kor'se (der, -n, -n) Ew. von Korsika

Kor'se'lett (das, -s, -s oder -e) kleines Korsett

Kor'sett (das, -s, -s) die Figur formendes, mit Stäbchen und Schnürung oder mit Gummieinsätzen versehenes Kleidungsstück (für Frauen); dem ähnliche Vorrichtung zum Stützen der Wirbelsäule [frz.]

kor'sisch (Adj.) zu Korsika gehörig
Kor'so (der, -s, -s) **1** Wettrennen von Pferden ohne Reiter (früher) **2** festliche Auffahrt geschmückter Wagen **3** breite, prächtige, meist baumbestandene Straße [it.]
Kor'te'ge (das, -s, -s) Gefolge, Ehrengeleit [lat.-it.-frz.]
Ko'rund (der, -s, -e) ein Mineral, Edelstein, Härte 9 [sanskr.]
Ko'ru'na (die, -, -ny) Währungseinheit, 1 Koruna = 100 Heller; Krone
Kor'vet'te (die, -, -n) **1** kleines Kriegsschiff **2** Sprung in den Handstand (im Turnen) [frz.]
Ko'ry'bant (der, -en, -en) Priester der kleinasiatischen Göttin Kybele [gr.]
ko'ry'ban'tisch (Adj.) rasend begeistert, wild tobend [gr.-lat.]
Ko'ry'phäe (die, -, -n) hervorragender Könner (auf einem Gebiet) [gr.]
Ko'sak (der, -en, -en) als freier Krieger lebender Angehöriger einer ursprünglich leibeigenen, im südlichen und südöstlichen Russland angesiedelten Bevölkerungsgruppe (Ende des 18. Jh.); leichter Reiter (im alten Russland)
Ko'sche'nil'le [-nɪljə] (die, -, nur Ez.) aus einer Schildlaus gewonnener roter Farbstoff
ko'scher (Adj.) rein (nach den jüdischen Speisevorschriften); unbedenklich, in Ordnung (ugs.); z.B. die Sache kommt mir nicht ganz koscher vor [jidd.]
Ko'si'nus (der, -, - und -se) im rechtwinkeligen Dreieck die Relation von Ankathete zu Hypotenuse [lat.]
Kos'me'tik (die, -, -en) Schönheitspflege, bes. Gesichtspflege [gr.]
Kos'me'ti'ke'rin (die, -, -nen) Frau, beruflich auf dem Gebiet der Kosmetik tätig
Kos'me'ti'kum (das, -s, -ka) Mittel zur Schönheitspflege [gr.-nlat.]
kos'me'tisch (Adj.) zur Kosmetik gehörig
Kos'me'to'lo'gie (die, -, nur Ez.) Wissenschaft von der Kosmetik
kos'misch (Adj.) den Kosmos betreffend, aus ihm stammend, zu ihm gehörig
Kos'mo'bi'o'lo'ge (der, -n, -n) auf dem Gebiet der Kosmobiologie forschender Wissenschaftler [gr.-lat.]
Kos'mo'bi'o'lo'gie (die, -, nur Ez.) die Wissenschaft, die die Lebensbedingungen im Weltraum sowie die Einflüsse des Weltraums auf alles irdische Leben erforscht [gr.-lat.]
kos'mo'bi'o'lo'gisch (Adj.) die Kosmobiologie betreffend [gr.-lat.]
Kos'mo'drom *auch:* Kos'mo'drom (das, -s, -e) der ehemals sowjetische Startplatz für Weltraumraketen [gr.-russ.]

Kos'mo'go'nie (die, -, -n) Lehre, Auffassung von der Entstehung des Kosmos [gr.]
kos'mo'go'nisch (Adj.) die Kosmogonie betreffend [gr.]
Kos'mo'gramm (das, -s, -e) = Horoskop [gr.-lat.]
Kos'mo'graph (*auch:* Kos'mo'graf) (der, -en, -en) Verfasser einer Kosmographie [gr.-lat.]
Kos'mo'gra'phie (*auch:* Kos'mo'gra'fie) (die, -, -n) **1** Beschreibung der Entstehung und Entwicklung des Kosmos **2** mittelalterliche Bezeichnung für Geografie [gr.-lat.]
kos'mo'gra'phisch (*auch:* kos'mo'grafisch) (Adj.) die Kosmographie betreffend [gr.-lat.]
Kos'mo'kra'tor (der, -s, nur Ez.) in der Kunst dargestellte Vorstellung von Christus als Weltbeherrscher, auf einer Weltkugel thronend [gr.]
Kos'mo'lo'gie (die, -, nur Ez.) Wissenschaft vom Kosmos [gr.]
kos'mo'lo'gisch (Adj.) zur Kosmologie gehörig
Kos'mo'naut (der, -en, -en) Weltraumfahrer
Kos'mo'po'lit (der, -en, -en) **1** jmd., der sich allen Völkern der Erde gleichermaßen verbunden fühlt, Weltbürger **2** über die ganze Erde verbreitete Pflanzen- oder Tierart [gr.]
Kos'mos (der, -, nur Ez.) Weltall, Weltraum
Kos'ta'ri'ka'ner (der, -s, -) Einwohner von Kostarica [span.]
Kos'tüm (das, -s, -e) Kleidung (einer Epoche, einer Theaterfigur); Maskenanzug, Faschingsanzug; zweiteiliges Damenkleidungsstück aus Jacke und Rock [frz.]
Kos'tü'mi'er [-mjeː] (der, -s, -s) **1** Theaterschneider **2** Aufseher der Theatergarderoben [lat.-it.-frz.]
kos'tü'mie'ren (V.) mit einem Masken-, Faschingskostüm bekleiden, (jmdn., sich) verkleiden
Ko'tau (der, -s, -s) Kniefall mit Verbeugung bis zur Erde (früher bei den Chinesen); vor jmdm. Kotau machen: sich vor jmdm. demütigen [chin.]
Ko'te (die, -, -n) durch Höhenmessung ermittelte Höhe eines Geländepunktes [frz.]
Ko'te'lett (das, -s, -s) Rippenstück mit Knochen (vom Schwein, Kalb, Hammel) [frz.]
Ko'te'let'ten (nur Mz.) sehr kurzer Backenbart [frz.]
Ko'te'rie (die, -, -n) sich gegenseitig fordernde Gruppe, Klüngel [frz.]
Ko'thurn (der, -s, -e) Schuh mit sehr dicker Sohle (von den Schauspielern der altgriechischen Tragödie getragen); auf Kothurnen schreiten: sich sehr erhaben gebärden [gr.]

ko'tie'ren (V.) zum Handel an der Börse zulassen (von Wertpapieren) [frz.]
Ko'tie'rung (die, -, -en) die Zulassung eines Wertpapiers zur Notierung an der Börse [lat.-frz.]
Ko'til'lon [-tıljõ] oder [-tijõː] (der, -s, -s) Spiel in Form eines Gesellschaftstanzes, bei dem kleine Geschenke zu gewinnen sind [frz.]
Ko'to (die, -, -s) ein japanisches Saiteninstrument
Ko'ton (der, -s, -s) Baumwolle [arab.-frz.]
Ko'ty'le'do'ne (die, -, -n) **1** Keimblatt (der Samenpflanzen) **2** Zotte der Plazenta (bei Wiederkäuern) **3** Saugwarze [gr.]
Kra'ke (der, -n, -n) **1** Kopffüßer **2** Meeresungeheuer (in der nordischen Mythologie) [norweg.]
Kra'keel (der, -s, nur Ez.) Krach, lauter Streit [niederl.]
Kra'ke'lee (das, -s, -s) = Craquelé
kra'ke'lie'ren (V.) die Oberfläche von Keramiken oder Gläsern mit Craquelés, feinen Rissen, verzieren [frz.]
Kra'ke'lü're (die, -, -n) feiner Riss (auf alten Gemälden) [frz.]
Kra'ko'wi'ak (der, -s, -s) polnischer Nationaltanz
Kral (der, -s, -e) afrikanisches Runddorf; Viehhof in dessen Mitte [portugies.]
kra'ni'al (Adj.) zum Schädel gehörig [gr.]
Kra'ni'o'lo'gie (die, -, nur Ez.) Wissenschaft vom menschlichen Schädel [gr.]
Kra'ni'o'me'trie auch: **Kra'ni'o'me'trie** (die, -, nur Ez.) Schädelmessung [gr.]
krass (Adj.) sehr stark, extrem (groß) [lat.]
Kra'ter 1 [kraː-] (der, -s, -) kessel- oder trichterförmige Öffnung eines Vulkans **2** [-tɛːɐ] (der, -s, -e) altgriechisches Trinkgefäß mit zwei Henkeln und Fuß [gr.]
Kra'to'gen (das, -s, nur Ez.) fester, nicht mehr verformbarer Teil der Erdkruste [gr.]
Kra'ton (das, -s, nur Ez.) = Kratogen
Kraul (das, -s, nur Ez.) Schwimmstil, bei dem mit den Armen geschaufelt wird, während die Beine einen Wechselschlag ausführen [altnord.-engl.]
krau'len (V.) schwimmen, indem man die Arme abwechselnd von hinten nach vorn und unter Wasser zurückführt und die Beine locker aus der Hüfte auf und nieder schlägt [engl.]
Krau'ler (der, -s, -) im Kraulstil Schwimmender
Kra'wall (der, -s, -e) **1** großer Lärm, Krach **2** (nur Ez.) Aufruhr [frz.]
Kra'wat'te (die, -, -n) **1** Schlips, Binder, schmaler Pelzkragen **2** unerlaubter Würgegriff beim Ringkampf im griechisch-römischen Stil [dt.-frz.]
Kra'yon (der, -s, -s) Bleistift, Drehbleistift; Kreidestift (veraltet) [frz.]
kra'yon'nie'ren (V.) etwas mit Kohle oder Kreide zeichnen oder abzeichnen [lat.-frz.]
Kre'as (das, -, nur Ez.) ungebleichte Leinwand [span.]
Kre'a'ti'a'nis'mus (der, -, nur Ez.) die christliche Anschauung, dass Gott jede einzelne Seele aus dem Nichts erschaffe [lat.]
Kre'a'tin (das, -s, nur Ez.) in Muskeln vorkommendes Stoffwechselprodukt des Eiweißes [gr.]
Kre'a'ti'on (die, -, -ti'o'nen) Schöpfung, Schaffung (bes. Modeschöpfung) [frz.]
Kre'a'ti'o'nist (der, -nis'ten, -nis'ten) Wissenschaftler, der an die Schöpfung glaubt [frz.]
kre'a'tiv (Adj.) schöpferisch [frz.]
Kre'a'ti'vi'tät (die, -, nur Ez.) schöpferische Kraft [frz.]
Kre'a'tor (der, -s, -to'ren) Schöpfer [lat.]
Kre'a'tur (die, -, -en) Geschöpf, Lebewesen; bedauernswerter oder verachtenswerter Mensch; willenloser, kritiklos gehorsamer Mensch [lat.]
kre'a'tür'lich (Adj.) für ein Geschöpf typisch, einem lebenden Wesen eigen [lat.]
Kre'denz (die, -, -en) halb hoher Schrank zum Bereit- und Abstellen von Speisen und für Geschirr, Anrichte (veraltet) [lat.]
kre'den'zen (V.) etwas anbieten, auftischen, feierlich darreichen [lat.-it.]
Kre'dit 1 [-diːt] (der, -(e)s, -e) kurzfristig gegen Zins überlassene Geldmittel **2** (der, -(e)s, nur Ez.) Vertrauenswürdigkeit; bei jmdm. Kredit haben: das Vertrauen bei jmdm. genießen, Schulden in absehbarer Zeit zu bezahlen **3** [kreː-] (das, -s, -s) Habenseite (bei der Kontenführung) [lat.]
kre'di'tär (Adj.) Kredite oder das Kreditwesen betreffend [lat.-it.-frz.]
kre'di'tie'ren (V.) jmdm. etwas kreditieren: jmdm. etwas als Kredit überlassen, gutschreiben
Kre'di'tiv (das, -s, -e) Vollmacht, Beglaubigung(-sschreiben) [lat.-it.-frz.]
Kre'di'tor (der, -s, -to'ren) Gläubiger [lat.]
Kre'do (das, -s, -s) = Credo
Kre'du'li'tät (die, -, nur Ez.) (veraltet) Leichtgläubigkeit
kre'ie'ren (V.) **1** etwas Neues, eine Moderichtung, eine Rolle etc. erfinden, entwickeln **2** etwas Bedeutendes schaffen **3** einen Kardinal ernennen [lat.-frz.]

Krem (*auch:* Kre¦me) (die, -, -s, ugs. auch der, -s, -s) = Creme
Kre¦ma¦ti¦on (die, -, -ti̱o̱nen) Leichenverbrennung [lat.]
Kre¦ma¦to¦ri¦um (das, -s, -ri̱en) Anlage zur Leichenverbrennung [lat.]
Kre¦me (die, -, -s, ugs. auch der, -s, -s) = Krem
kre¦mie¦ren (V.) im Krematorium verbrennen, einäschern
Kreml (der, -(s), -) **1** Stadtburg in russischen Städten **2** (nur Ez.) Stadtburg in Moskau und Sitz der Regierung **3** (nur Ez.) die russische Regierung
Kren (der, -s, nur Ez.) Meerrettich [tschech.]
kre¦ne¦lie¦ren (V.) eine Burg mit Zinnen bestücken [frz.]
Kre¦o¦don¦ten (nur Mz.) ausgestorbene Urraubtiere [gr.-lat.]
Kre¦o¦le (der, -n, -n) **1** Nachkomme europäischer Einwanderer in Südamerika **2** in Südamerika geborener Schwarzer **3** ringförmige Ohranhänger [span.-frz.]
Kre¦o¦lin (das, -s, nur Ez.) Desinfektionsmittel, das aus Teer gewonnen wird [lat.]
Kre¦o¦sot (das, -s, nur Ez.) aus Holzteer gewonnenes Arzneimittel [gr.]
kre¦pie¦ren (V.) **1** platzen, bersten, explodieren (von Sprengkörpern) **2** verenden, sterben (von Tieren); elend zu Grunde gehen (von Menschen; ugs., derb) [lat.-it.]
Kre¦pi¦ta¦ti¦on (die, -, -ti̱o̱nen) knirschendes Geräusch beim Aneinanderreiben rauer Flächen; z.B. bei Knochenbrüchen; rasselndes Atemgeräusch bei Lungenentzündung [lat.]
Krepp (der, -s, -s oder -e) = Crêpe (**2**)
Kre¦sol (das, -s, nur Ez.) ein aromatischer Kohlenwasserstoff, Desinfektionsmittel
Kres¦zenz (die, -, nur Ez.) Wachstum, Herkunft (bes. vom Wein) [lat.]
kre¦ta¦zisch (Adj.) = kretazeisch
kre¦ta¦ze¦isch (*auch:* kre¦ta̱¦zisch) (Adj.) zur Kreide, der jüngsten Form des Mesozoikums, gehörig, kretazeische Formation: Kreideformation (in der Geologie) [lat.]
Kre¦ter (der, -s, -) Ew. von Kreta
Kre¦ti¦kus (der, -, -ti̱zi) ein antiker, drei- bis fünffüßiger Versfuß
Kre¦tin [-tē] (der, -s, -s) missgestalteter, schwachsinniger Mensch [frz.]
Kre¦ti¦nis¦mus (der, -, nur Ez.) angeborener, mit körperlicher Missbildung verbundener Schwachsinn [frz.]
kre¦ti¦no¦id (Adj.) einem Kretin ähnlich, wie ein Kretin (Med.) [gr.-lat.-nz.]
kre¦tisch (Adj.) zu Kreta gehörig
Kre¦vet¦te (*auch:* Cre¦vęt¦te) (die, -, -n) Nordseegarnele [niederl.]

Kri¦cket (das, -s, nur Ez.) englisches Ballspiel zwischen zwei Mannschaften, den Werfern und den Schlägern [engl.]
Kri¦da (die, -, nur Ez.) betrügerischer Konkurs (österr.) [lat.]
Kri¦dar (der, -s, -e) Konkursschuldner
Kri¦da¦tar (der, -s, -e) = Kridar
Kriek (der, -s, -e) **1** kleiner Wasserlauf **2** kleiner Hafen, Hafenbucht [engl.]
Kri¦mi (der, -s, -s) kurz für: Kriminalroman, -film usw.
kri¦mi¦nal (Adj.) zum Strafrecht gehörend, strafrechtlich [lat.]
Kri¦mi¦nal (das, -s, -e) österreichische Bezeichnung für ein Zuchthaus, eine Strafanstalt [lat.]
Kri¦mi¦na¦le (der, -n, -n) = Kriminaler
Kri¦mi¦na¦ler (der, -s, -) Kriminalbeamter
kri¦mi¦na¦li¦sie¦ren (V.) kriminell machen, zum Verbrechen treiben; als kriminell darstellen
Kri¦mi¦na¦li¦sie¦rung (die, -, -en) **1** das Kriminalisieren von jmdm. **2** das Kriminalisiertwerden [lat.]
Kri¦mi¦na¦list (der, -lis¦ten, -lis¦ten) Kriminalbeamter oder -wissenschaftler
Kri¦mi¦na¦lis¦tik (die, -, nur Ez.) Wissenschaft von den Verbrechen, ihren Ursachen, ihrer Aufdeckung usw., Kriminalwissenschaft [lat.]
kri¦mi¦na¦lis¦tisch (Adj.) zur Kriminalistik gehörig, auf ihr beruhend
Kri¦mi¦na¦li¦tät (die, -, nur Ez.) **1** Straffälligkeit **2** allgemeine Benennung für die strafbaren Handlungen insgesamt in einem bestimmten Gebiet, in einem bestimmten Zeitraum, von einer bestimmten Tätergruppe [lat.]
kri¦mi¦nell (Adj.) verbrecherisch; bedenklich, schwierig (ugs., scherzhaft); unzumutbar, unverschämt, rücksichtslos (ugs.) [lat.]
Kri¦mi¦nel¦le (der oder die, -n, -n) abwertende Bezeichnung für denjenigen, der eine strafbare Handlung begangen hat [lat.-frz.]
kri¦mi¦no¦gen (Adj.) zu strafbaren Handlungen führend, Verbrechen hervorrufend [lat.-gr.]
Kri¦mi¦no¦lo¦gie (die, -, nur Ez.) = Kriminalistik [lat.-gr.]
kri¦mi¦no¦lo¦gisch (Adj.) **1** die Kriminologie und ihre Arbeitsweise betreffend **2** mit den Methoden und Mitteln der Kriminologie arbeitend [lat.-gr.]
Krim¦mer (der, -s, -) Fell des Fettschwanzschafes von der Krim; dem ähnliches Wollgewebe
Kri¦no¦li¦ne (die, -, -n) stark nach hinten ausladender, über einem Gestell getragener Rock (im 19. Jh.) [frz.]

Kri|po (die, -, nur Ez.) Kurzwort für Kriminalpolizei
Kris (der, -(es), -e) malaiischer Dolch mit zweischneidiger (oft gewundener) Klinge
Kri|se (die, -, -n) **1** schwieriger, entscheidender Zustand, schwieriger Wendepunkt **2** = Krisis [gr.]
kri|seln (V.) gären, unheildrohend bevorstehen [gr.-lat.-frz.]
Kri|sis (*auch:* Kri|se) (die, -, -sen) Höhepunkt (einer Krankheit) [gr.]
Kris|tall (der, -s, -e) **1** von ebenen, gleichmäßig angeordneten Flächen begrenzter Körper **2** reines, geschliffenes Glas **3** Gegenstand daraus [gr.]
kris|tal|lin (Adj.) aus Kristallen (**1**) bestehend
Kris|tal|li|sa|ti|on (die, -, -ti|o|nen) das Kristallisieren, Kristallbildung
kris|tal|li|sie|ren (V.) Kristalle bilden
Kris|tal|lo|gra|phie (*auch:* Kris|tal|lo|gra|fie) (die, -, nur Ez.) Wissenschaft von den Kristallen (**1**) [gr.]
Kris|tal|lo|id (der, -s, -e) kristallähnlicher Körper
Kri|te|ri|um (das, -s, -ri|en) **1** kennzeichnendes, unterscheidendes Merkmal **2** Straßenrennen in Runden mit Punktewertung (im Radsport) [lat.]
Kri|tik (die, -, -en) **1** Beurteilung, Begutachtung, Wertung **2** Rüge, Tadel **3** (nur Ez.) Urteilsvermögen **4** (nur Ez.) Gesamtheit der Kritiker [gr.]
kri|ti|ka|bel (Adj.) der Kritik unterworfen, einer Kritik zu unterziehen [gr.-lat.-frz.]
Kri|ti|ka|li|tät (die, -, -en) in der Kernphysik das Kritischwerden eines Reaktors, das Erreichen des gefährlichen Punktes, wonach eine Kettenreaktion nicht mehr abreißt
Kri|ti|kas|ter (der, -s, -) jmd., der kleinliche Kritik übt
Kri|ti|ker (der, -s, -) jmd., der Kritik übt; jmd., der beruflich Kritiken (über Bücher, Theaterstücke, Filme) schreibt
Kri|ti|kus (der, -, -se) **1** Kritiker **2** kritischer Zug beim Kunstschach [gr.-lat.]
kri|tisch (Adj.) **1** gewissenhaft, streng prüfend, beurteilend **2** einen Wendepunkt ankündigend **3** gefährlich, bedrohlich [gr.]
kri|ti|sie|ren (V.) beurteilen, begutachten; tadeln, rügen [gr.]
Kri|ti|zis|mus (der, -, nur Ez.) von Kant eingeführtes Verfahren, vor der Aufstellung eines neuen philosophischen Systems die Möglichkeiten und Grenzen der menschlichen Erkenntnisfähigkeit festzustellen [gr.]
Kri|ti|zist (der, -zjs|ten, -zjs|ten) Vertreter des Kritizismus [gr.-lat.]
Kro|a|te (der, -n, -n) Ew. von Kroatien

kro|a|tisch (Adj.) zu Kroatien gehörig
Kro|cket *auch* [-kɛt] (das, -s, nur Ez.) englisches Rasenkugelspiel
kro|ckie|ren (V.) die Kugel, den Ball krockieren: wegschlagen (beim Krocket)
Kro|kant (der, -s, nur Ez.) erhärtete Masse aus Mandel- oder Nussstückchen und karamellisiertem Zucker [frz.]
Kro|ket|te (die, -, -n) in Fett gebackene Klößchen (Kartoffelbrei u.a.) [frz.]
Kro|ki (das, -s, -s) einfache Kartenskizze [frz.]
kro|kie|ren (V.) in einem Kroki darstellen
Kro|ko (das, -s, nur Ez.) kurz für: Krokodilleder
Kro|ko|dil (das, -s, -e) großes, im Wasser lebendes Reptil, Beutegreifer [gr.]
Kro|kus (der, -, - oder -se) ein Liliengewächs, Frühjahrsblume [gr.-lat.]
Krom|lech (der, -s, -e oder -e) jungsteinzeitliche Grab- und Kultstätte aus kreisförmig aufgestellten Steinen [kelt.]
Kro|ton (der, -s, -e) ein tropisches Wolfsmilchgewächs [gr.]
krud (Adj.) **1** unverdaulich **2** roh, brutal, grausam [lat.]
Kru|de|li|tät (die, -, nur Ez.) Grausamkeit, Rohheit, Grobheit [lat.]
Kru|di|tät (die, -, -en) krude Beschaffenheit
Krupp (der, -s, nur Ez.) Entzündung und Schwellung der Kehlkopfschleimhaut; z.B. Krupphusten [engl.]
Krup|pa|de (die, -, -n) = Croupade
krup|pös (Adj.) in der Art des Krupps, mit Krupp einhergehend
Kru|sta|zee (die, -, -n) Krebstier [lat.]
Kru|zi|fe|re (die, -, -n) Pflanze mit kreuzweise angeordneten Blütenblättern, Kreuzblütler [lat.]
Kru|zi|fix (das, -es, -e) plastische Darstellung des gekreuzigten Christus [lat.]
Kru|zi|fi|xus (der, -, nur Ez.) der gekreuzigte Christus (in der Kunst) [lat.]
Kry|o|lith (der, -s, -e) ein Mineral [gr.]
Kry|o|me|ter (das, -s, -) Thermometer für sehr tiefe Temperaturen [gr.]
Kryp|ta (die, -, -ten) **1** unterirdische Grabanlage **2** unterirdischer Kirchenraum **3** (nur Mz.) Krypten: verborgene Höhlen in den Rachenmandeln [gr.]
Kryp|to|ga|me (die, -, -n) blütenlose Pflanze, Sporenpflanze [gr.]
kryp|to|gen (Adj.) von unbekannter Entstehung [gr.]
Kryp|to|gramm (das, -s, -e) Verse, deren Anfangsbuchstaben oder -wörter ein Wort

Kryptographie — kultiviert

oder einen Satz ergeben, Text mit geheimer Nebenbedeutung (veraltet) [gr.]

Kryp'to'gra'phie (*auch:* Kryp'to'gra'fie) (die, -, -n) **1** Geheimschrift (veraltet) **2** bei einer Beschäftigung; z.B. beim Telefonieren entstandene Kritzelzeichnung [gr.]

kryp'to'mer (Adj.) mit bloßem Auge nicht erkennbar [gr.]

Kryp'to'nym *auch:* Krypt'o'nym (das, -s, -e) Deckname, der in mehreren Wörtern verborgen ist oder der nur aus einigen Buchstaben des wirklichen Namens besteht [gr.]

Kryp'tor'chis'mus *auch:* Krypt'or'chis'mus (der, -, nur Ez.) abnormes Zurückbleiben eines oder beider Hoden in der Bauchhöhle oder im Leistenkanal [gr.]

Kte'ni'di'um (das, -s, -di'en) kammartiges Atmungsorgan mancher Weichtiere, Kammkieme [gr.]

kte'no'id (Adj.) kammartig [gr.]

Ku'ba'ner (der, -s, -) Ew. Kubas

Ku'ba'tur (die, -, -en) **1** Erhebung in die dritte Potenz **2** Berechnung des Rauminhalts [lat.]

Kub'ba (die, -, -ben) Kuppel; Grabbau mit Kuppel (in der islamischen Baukunst) [arab.]

Ku'be'be (die, -, -n) getrocknete Frucht eines indonesischen Pfeffergewächses [arab.]

ku'bie'ren (V.) **1** in die dritte Potenz erheben **2** den Rauminhalt (von etwas) berechnen [lat.]

Ku'bik'de'zi'me'ter (der oder das, -s, -) Raummaß von je einem Dezimeter Höhe, Länge und Breite [lat.-gr.]

Ku'bik'ki'lo'me'ter (der oder das, -s, -) Raummaß von je einem Kilometer Länge, Breite und Höhe [lat.-gr.]

Ku'bik'me'ter (der oder das, -s, -) Raummaß von je einem Meter Länge, Breite und Höhe [lat.-gr.]

Ku'bik'mil'li'me'ter (der oder das, -s, -) Raummaß von je einem Millimeter Länge, Breite und Höhe [lat.-gr.]

Ku'bik'zen'ti'me'ter (der oder das, -s, -) Raummaß von je einem Zentimeter Länge, Breite und Höhe [lat.-gr.]

ku'bisch (Adj.) **1** in Form eines Kubus, würfelförmig **2** in die dritte Potenz erhoben

Ku'bis'mus (der, -, nur Ez.) Richtung in Malerei und Plastik, die die stereo- und geometrischen Formen (Würfel, Kegel, Kugel, Zylinder, Dreieck) besonders betonte [lat.]

Ku'bist (der, -bis'ten, -bis'ten) Vertreter des Kubismus

ku'bis'tisch (Adj.) zum Kubismus gehörig

Ku'bus (der, -, -ben) **1** Würfel **2** dritte Potenz [lat.]

Ku'du (der, -s, -s) eine afrikanische Antilope

ku'jo'nie'ren (V.) peinigen, quälen, schikanieren (veraltet) [lat.]

Ku'kum'ber (*auch:* Ku'ku'mer) (die, -, -n) Gurke (rheinfränkisch) [lat.]

Ku'ku'mer (die, -, -n) = Kukumber

Ku'ku'ruz (der, -es, nur Ez.) Mais (österr.) [rumän.]

Ku'lak (der, -en, -en) Großbauer (im zaristischen Russland)

ku'lant (Adj.) entgegenkommend, großzügig (im Geschäftsverkehr) [frz.]

Ku'lanz (die, -, nur Ez.) kulantes Verhalten, Großzügigkeit

Ku'li (der, -s, -s) **1** Tagelöhner, Lastträger (in Ostasien) **2** Plantagenarbeiter (in Mittel- und Südamerika) **3** Kugelschreiber **4** kleines Gefährt zum Transportieren von Handgepäck auf Bahnhöfen, Kofferkuli [neuind.]

ku'li'na'risch (Adj.) **1** auf die feinere Kochkunst bezogen **2** dem Genuss dienend, leicht Genuss verschaffend [lat.]

Ku'lis'se (die, -, -n) **1** bemalte oder plastisch gestaltete Wand (als seitlicher und hinterer Teil des Bühnenbildes) **2** Gesamtheit der Personen, die auf eigene Rechnung an der Börse spekulieren **3** Hebel mit verschiebbarem Drehpunkt [frz.]

Kul'mi'na'ti'on (die, -, -ti'o'nen) Erreichen des Höhepunktes, Durchgang durch den Höhepunkt [lat.]

kul'mi'nie'ren (V.) den Höhepunkt erreichen, den Höhepunkt durchlaufen [lat.]

Kult (*auch:* Kul'tus) (der, -(e)s, -e) mit bestimmten geregelten Handlungen ausgeübter Gottesdienst; übertriebene Verehrung; z.B. einen Kult mit etwas treiben [lat.]

Kul'te'ra'nist (der, -nis'ten, -nis'ten) Vertreter des Kultismus [lat.]

kul'tisch (Adj.) zum Kult gehörig, auf einem Kult beruhend; z.B. kultische Handlungen, kultische Verehrung

Kul'tis'mus (der, -, nur Ez.) spanischer literarischer Stil des 17. Jahrhunderts, der mittels Fremdwörter, lateinischer Syntax, Metaphern und vielfältiger Anspielungen auf die antike Mythologie gekennzeichnet ist [lat.]

Kul'ti'va'tor (der, -s, -to'ren) Gerät zum Lockern des Bodens, Grubber [lat.]

kul'ti'vie'ren (V.) **1** urbar, anbaufähig machen **2** veredeln; z.B. Pflanzen kultivieren **3** verfeinern

kul'ti'viert (Adj.) **1** gebildet und äußerlich gepflegt, von feiner Lebensart **2** sorgfältig geschult, verfeinert; z.B. kultivierter Geschmack; kultivierte Stimme; eines Sängers [lat.]

Kul'tur (die, -, -en) **1** Bebauung des Bodens **2** Anbau, Aufzucht von Pflanzen und Bakterien **3** Gesamtheit der gezogenen Pflanzen und Bakterien **4** Gesamtheit der geistigen und künstlerischen Errungenschaften eines Volkes **5** (nur Ez.) verfeinerte Lebensart [lat.]
kul'tu'ral (Adj.) die Kultur an sich betreffend [lat.]
kul'tu'ra'lis'tisch (Adj.) auf die Kultur ausgerichtet [lat.]
kul'tu'rell (Adj.) zur Kultur (4) gehörig, sie betreffend
kul'tur'his'to'risch (Adj.) kulturgeschichtlich [lat.]
Kul'tus (der, -, -te) = Kult
Kum'pan (der, -s, -e) Genosse, Gefährte [frz.]
Kum'pa'nei (die, -, -en) **1** Gruppe von Kumpanen **2** Freundschaft und Zusammengehörigkeitsgefühl unter Kumpanen [lat.-frz.]
Kum'quat (die, -, -s) kleine ostasiatische Orange [chin.]
Ku'mu'la'ti'on (die, -, -ti'o'nen) Anhäufung, Anreicherung (bes. von Giften im Körper durch ständigen Gebrauch) [lat.]
ku'mu'la'tiv (Adj.) anhäufend, sich anreichernd [lat.]
ku'mu'lie'ren (V.) (sich) anhäufen, anreichern [lat.]
Ku'mu'lus (der, -, -li) = Cumulus
Ku'myss (auch: Ku'mys) (der, -, nur Ez.) Getränk aus vergorener Stutenmilch (in Innerasien) [russ.]
ku'ne'i'form [-ne:i-] (Adj.) keilförmig [lat.]
Kung-Fu (das, -, nur Ez.) Form der Selbstverteidigung [chin.]
Kunk'ta'tor (der, -s, -to'ren) (veraltet) Unentschlossener, Zauderer [lat.]
Ku'pee (das, -s, -s) = Coupé
Ku'pel'le (die, -, -n) = Kapelle (3)
ku'pel'lie'ren (V.) in der Kupelle (Schmelztiegel) von unedlen Beimengungen trennen
Ku'pi'di'tät (die, -, nur Ez.) Lüsternheit, Geilheit, Begierde [lat.]
Ku'pi'do (die, -, nur Ez.) Verlangen, sinnliche Begierde [lat.]
ku'pie'ren (V.) **1** kürzer schneiden, stutzen **2** lochen, knipsen **3** mildern; z.B. einen Schnupfen kupieren
Kup'ris'mus auch: Ku'pris'mus (der, -, nur Ez.) Kupfervergiftung [lat.]
Kur (die, -, -en) systematisch durchgeführtes Heilverfahren [lat.]
ku'ra'bel (Adj.) heilbar [lat.]
ku'rant (Adj.) gängig, umlaufend, gültig (von Währungen, Münzen) [lat.]
Ku'rant (der, -en, -en) Kurgast (schweiz.)
ku'ran'zen (auch: ko'ran'zen) (V.) = kujonieren

Ku'ra're (das, -(s), nur Ez.) = Curare
Kü'rass (der, -es, -e) Harnisch
Kü'ras'sier (der, -s, -e) Reiter mit Kürass, schwerer Reiter (früher) [frz.]
Ku'ra'tel (die, -, -len) Vormundschaft, Pflegschaft; z.B. unter Kuratel stehen [lat.]
ku'ra'tiv (Adj.) heilend [lat.]
Ku'ra'tor (der, -s, -to'ren) **1** Vormund, Pfleger **2** Verwalter (einer Stiftung), Beamter (in der Universitätsverwaltung) [lat.]
Ku'ra'to'ri'um (das, -s, -ri'en) aufsichtsführender Ausschuss, Aufsichtsbehörde [lat.]
Kur'bet'te (die, -, -n) = Courbette
Kur'de (der, -n, -n) Angehöriger eines iranischen Volkes in Vorderasien
Kü'ret'ta'ge [-ʒə] (die, -, -n) Ausschabung (der Gebärmutter) [frz.]
Kü'ret'te (die, -, -n) Instrument zur Ausschabung der Gebärmutter [frz.]
kü'ret'tie'ren (V.) mit der Kürette ausschaben [frz.]
ku'ri'al (Adj.) zur Kurie gehörig
Ku'ri'a'len (nur Mz.) die geistlichen und weltlichen Beamten der Kurie (2)
Ku'rie [-ria] (die, -, -n) **1** Einheit von Familienverbänden (im alten Rom) **2** (nur Ez.) Versammlungsort des Senats (im alten Rom) **3** (nur Ez.) Gesamtheit der päpstlichen Behörden [lat.]
Ku'rier (der, -s, -e) Bote, Eilbote [frz.]
ku'rie'ren (V.) heilen [lat.]
ku'ri'os (Adj.) sonderbar, merkwürdig und komisch, wunderlich [lat.]
Ku'ri'o'si'tät (die, -, -en) **1** (nur Ez.) kuriose Beschaffenheit, Sonderbarkeit, Wunderlichkeit **2** sonderbarer, merkwürdiger Gegenstand
Ku'ri'o'sum (das, -s, -sa) etwas Kurioses, kurioser Sachverhalt
Kur'ku'ma (die, -, -men) ein südasiatisches Ingwergewächs, gelber Ingwer [arab.-span.]
Kur'ren'da'ner (der, -s, -) Mitglied einer Kurrende
Kur'ren'de (die, -, -n) Schülerchor, der in der Adventszeit, bei Begräbnissen u.a. gegen kleine Spenden vor den Häusern geistliche Lieder sang (früher); Jugendchor (einer evangel. Kirche) [lat.]
Kur'ri'ku'lum (das, -s, -la) = Curriculum
Kurs (der, -es, -e) **1** Fahrt-, Flugrichtung **2** Richtung (Politik) **3** Preis (von Wertpapieren, von Währungen) **4** Lehrgang [lat.]
kur'sie'ren (V.) in Umlauf sein, die Runde machen [lat.]
kur'siv (Adj.) schräg (von der Druckschrift)
kur'so'risch (Adj.) **1** fortlaufend, nacheinander, ununterbrochen **2** rasch, zum Zweck des

raschen Überblicks; z.B. etwas kursorisch lesen [lat.]
Kur'sus (der, -, -se) = Kurs (**4**)
Kur'ti'ne (die, -, -n) **1** Hauptwall einer Festungsanlage **2** in Österreich die Bezeichnung für den Mittelvorhang auf der Theaterbühne [lat.-frz.]
Kur'ti'san (der, -s, -e) Liebhaber, Höfling [lat.-it.-frz.]
Kur'ti'sa'ne (die, -, -n) Geliebte (eines hohen Adligen); vornehme Dirne [frz.]
Kurt'scha'to'vi'um *auch:* Kur'tscha'to'vi'um (das, -s, nur Ez.) ein Element, Transuran [russ.]
Kur'va'tur (die, -, -en) Krümmung, Wölbung
Kur've (die, -, -n) gekrümmte Linie, Krümmung, Biegung [lat.]
kur'ven (V.) in Kurven fahren (ugs.); in Kurven, in einer Kurve zeichnen
Kur'vi'me'ter (das, -s, -) Gerät zum Messen gekrümmter Linien (auf Landkarten), Kurvenmesser [lat.-gr]
Ku'si'ne (*auch:* Cou'si'ne) (die, -, -n) Tochter des Onkels oder der Tante [frz.]
Kus'kus (der, -, nur Ez.) in Nordafrika beliebte Speise aus einem scharfen Ragout aus klein geschnittenem Hammelfleisch, dazu Gemüse, Grieß oder Mehl in Brühe [viell. arab.]
Kus'to'de 1 (der, -n, -n) = Kustos **2** (die, -, -n) Zahl oder Buchstabe zur Kennzeichnung der einzelnen Lagen einer Handschrift (früher) **3** Wort am Ende einer Buch- oder Briefseite, das auf die folgende Seite hinweist (früher)
Kus'tos (der, -, -to'den) **1** wissenschaftlicher Verwalter einer Sammlung (bes. eines Museums, veraltet) **2** Küster (veraltet) [lat.]
ku'tan (Adj.) zur Haut gehörig [lat.]
Kut'sche (die, -, -n) Pferdewagen (für Personen) [ung.]
Kut'ter (der, -s, -) **1** Segelschiff mit einem Mast **2** Jacht mit der Takelung eines Kutters **3** Fischerboot mit Motorantrieb **4** Beiboot eines Kriegsschiffes [engl.]
Küvel'la'ge [-ʒə] (die, -, -n) wasserdichter Ausbau eines Schachtes mit gusseisernen Ringen [frz.]
Ku'vert [-vɛːɐ] oder [-vɛrt] (das, -s, -s) **1** Briefumschlag **2** Gedeck (für eine Person bei Tisch; veraltet) [frz.]
ku'ver'tie'ren (V.) in ein Kuvert (**1**) stecken
Ku'ver'tü're (die, -, -n) Masse aus Kakao, Kakaobutter und Zucker zum Überziehen (von Pralinen und Gebäck) [frz.]
Kü'vet'te (die, -, -n) **1** Abzugsgraben für Regenwasser (im Festungsbau) **2** flache Glasschale für Laboruntersuchungen [frz.]
kuv'rie'ren *auch:* ku'vrie'ren (V.) bedecken, verbergen [lat.-frz.]
Ku'wai'ter (der, -s, -) Ew. des Scheichtums Kuwait (arab.]
Ku'wei'ti [-wɛɪ-] (der, -, -s) = Kuwaiter
Kwan'non (die, -, nur Ez.) weibliche buddhistische Gottheit [jap.]
Kwan'za (die, -, -) angolanische Währungseinheit, 100 Lwei [afrikan.]
Kwass (der, - oder -ses, nur Ez.) russisches, leicht alkoholisches Getränk aus gegorenem Mehl, Salz und Brotbrei
ky'a'ni'sie'ren (V.) mit einer Quecksilberchloridlösung imprägnieren [engl.]
Ky'at (der, -, -) birmanische Währungseinheit, 100 Pyas
Ky'ber'ne'tik (die, -, nur Ez.) Wissenschaft von den Steuerungs- und Regelungsvorgängen in Technik und Biologie [gr.]
ky'ber'ne'tisch (Adj.) zur Kybernetik gehörig, auf ihr beruhend
Ky'ma (das, -s, -s) = Kymation
Ky'ma'ti'on (das, -s, -ti'en oder -s) Ornament aus stilisierten Blattformen (am griechischen Tempel) [gr.]
Ky'mo'gramm (das, -s, -e) Röntgenbild eines sich bewegenden Organs [gr.]
Ky'mo'gra'fie (*auch:* Ky'mo'gra'phie) (die, -, nur Ez.) Verfahren zur Darstellung sich bewegender Organe mittels Röntgenstrahlen [gr.]
ky'mo'gra'fie'ren (*auch:* ky'mo'gra'phieren) (V.) ein Kymogramm (von etwas) herstellen
Ky'mo'graf (*auch:* Ky'mo'graph) (der, -en, -en) Gerät zum Aufzeichnen rhythmischer Bewegungen; z.B. des Pulses [gr.]
Kym're (der, -n, -n) keltischer Bewohner von Wales
kym'risch (Adj.) zu den Kymren gehörig
Ky'ni'ker (der, -s, -) Angehöriger einer griechischen Philosophenschule im 3./4. Jh. v. Chr., die absolute Bedürfnislosigkeit erstrebte
Ky'no'lo'gie (die, -, nur Ez.) Wissenschaft von Züchtung und Dressur des Hundes [gr.]
Ky'pho'se (die, -, -n) Wirbelsäulenverkrümmung nach hinten [gr.]
Ky'rie [-riə] (das, -(s), nur Ez.) kurz für: Kyrie eleison
Ky'rie e'lei'son [-riə] (das, - -, nur Ez.) Herr, erbarme dich! (Bittruf am Anfang der kath. Messe bzw. der evangel. Liturgie) [gr.]
ky'ril'lisch (Adj.) kyrillische Schrift: kirchenslawische Schrift
Ky'ril'li'za (die, -, nur Ez.) kyrillische Schrift [slaw.]

L

La Bam'ba (die, - -, - -s) lateinamerikanischer rhythmischer Modetanz [portugies.]
Lab'da'num (das, -s, nur Ez.) = Ladanum
La'bel [leɪ] (das, -s, -) Aufklebeschildchen, Etikett, Klebemarke; (auf dem Etikett angegebene) Firmenbezeichnung (bei Schallplatten) [engl.]
La'ber'dan (der, -s, -e) gepökelter Kabeljau [niederl.]
la'bi'al (Adj.) **1** zu den Labialen gehörig, wie ein Labial **2** zum Labium gehörig
La'bi'al (der, -s, -e) Lippenlaut; z.B. »b« [lat.]
la'bil (Adj.) unsicher, schwankend, leicht aus dem Gleichgewicht zu bringen; z.B. labile Gesundheit; leicht zu beeinflussen (von Personen) [lat.]
la'bi'li'sie'ren (V.) labil werden lassen, etwas labil machen [lat.]
La'bi'li'sie'rung (die, -, nur Ez.) das Labilisieren [lat.]
La'bi'li'tät (die, -, nur Ez.) labile Beschaffenheit
La'bi'o'den'tal (Adj.) mit den Oberzähnen und der Unterlippe gebildet [lat.]
La'bi'o'den'tal (der, -s, -e) mit den Oberzähnen und der Unterlippe gebildeter Laut; z.B. »f« [lat.]
La'bi'um (das, -s, -bi'en) **1** Lippe **2** Schamlippe **3** Lippe (der Lippenblütler) **4** Unterlippe (der Insekten) **5** schräge Kante (am Oberteil der Blockflöte und der Labialpfeife der Orgel) [lat.]
La'bor (das, -s, -s oder -e) Laboratorium [Kurzwort]
La'bo'rant (der, -en, -en) ausgebildete Hilfskraft in Laboratorien
La'bo'ra'to'ri'um (das, -s, -ri'en) Arbeitsstätte für medizinische, chemische, biologische und physikalische Forschungen und Untersuchungen [lat.]
la'bo'rie'ren (V.) an etwas laborieren: sich mit etwas abplagen, mühen; etwas nicht loswerden; an einer Krankheit laborieren: eine Krankheit lange nicht überwinden [lat.]
la'bo'ri'ös (Adj.) (altertümelnd) fleißig, arbeitsam [lat.]
La Bos'tel'la (die, - -, - -s) lateinamerikanischer rhythmischer Gruppentanz
Lab'ra'dor auch: La'bra'dor (der, -s, -e) **1** Abart des Feldspats **2** eine Jagdhundrasse [engl.]
Lab'rum auch: La'brum (das, -s, -ren/-bren) Oberlippe (der Insekten) [lat.]

Labs'kaus (das, -, nur Ez.) seemännisches Eintopfgericht aus Fleisch und Fisch mit Kartoffeln und Salzgurken [engl.]
La'by'rinth (das, -s, -e) **1** Irrgarten **2** innerer Teil des Ohres (bei Menschen und Wirbeltieren) **3** Durcheinander, Wirrnis [gr.]
la'by'rin'thisch (Adj.) verschlungen angelegt, in der Art eines Labyrinths [gr.-lat.]
La'by'rin'thi'tis (die, -, -ti'den) Entzündung des Innenohrs (Med.) [lat.]
La'by'rin'tho'don auch: La'by'rinth'o'don (das, -s, -don'ten) gepanzertes Kriechtier (ausgestorben) [lat.]
La'by'rinth'or'gan (das, -s, nur Ez.) zur Atmung notwendige Kiemenhöhle der Labyrinthfische [lat.]
la'cie'ren [-si:-] (V.) mit Band durchflechten [frz.]
Lack (der, -(e)s, La'cke) Lösung aus Harzen, Kunstharzen u.a. zum Veredeln und Schützen von Oberflächen [arab.-it.]
la'ckie'ren (V.) mit Lack überziehen
Lack'mus (das oder der, -, nur Ez.) aus einer Flechte gewonnener, blauer Farbstoff, der sich in einer Säure rot, in einer Lauge wieder blau färbt [niederl.]
lac'ri'mo'so auch: la'cri'mo'so (Adv.) traurig, klagend (bei Musikstücken) [it.]
Lac'tam (auch: Lak'tam) (das, -s, -e) eine organisch-chemische Verbindung [lat.]
Lac'ta'se (auch: Lak'ta'se) (die, -, nur Ez.) ein Enzym [lat.]
Lac'to'se (auch: Lak'to'se) (die, -, nur Ez.) Milchzucker [lat.]
La'da'num (auch: Lab'da'num) (das, -s, nur Ez.) wohlriechendes, aus Zistrosen hergestelltes Harz (für Räuchermittel und Parfüme) [gr.-lat.]
lä'die'ren (V.) verletzen, beschädigen, anschlagen [lat.]
La'di'ner (der, -s, -) Angehöriger eines rätoromanischen Volkes in Südtirol
la'di'nisch (Adj.) zu den Ladinern gehörig
La'di'no (der, -s, -s) **1** Mischling aus einem indianischen und einem weißen Elternteil (in Mittelamerika) **2** (nur Ez.) ein jüdisch-spanischer Dialekt
La'dy [leɪ] (die, -, -s) Dame, adlige Frau (in England) [engl.]
la'dy'like [leɪdɪlaɪk] (Adj.) wie es sich für eine Lady gehört, damenhaft [engl.]
La'fet'te (die, -, -n) fahrbares Gestell (eines Geschützes) [frz.]
la'fet'tie'ren (V.) ein Geschütz auf eine Lafette montieren [lat.-frz.]
La'gu'ne (die, -, -n) durch einen Landstreifen oder Riffe vom Meer getrennter Meeresteil, Strandsee, Haff [it.]

La'har (der, -s, -s) Schlammstrom aus Asche und Wasser, der bei Vulkanausbrüchen austritt [malai.]
Lahn (der, -s, -e) breit gewalzter Metalldraht
Lai [lɛ:] (das, -s [lɛ:], -s [lɛ:]) zum Saitenspiel gesungenes Lied (im MA); französische und provenzalische Verserzählung (im Mittelalter) [frz.]
Laie (der, -n, -n) **1** jeder Angehörige der christlichen Kirche, der nicht Geistlicher ist **2** Nichtfachmann [lat.]
la'i'sie'ren [la:i-] (V.) in den Laienstand zurückversetzen, wieder zum Laien (**1**) machen
La'i'sie'rung [-la:i-] (die, -, -en) das Laisieren [gr.-lat.]
Laisse [lɛs] (die, -, -s) verschieden langer Abschnitt in den Chanson de Geste, der durch den Gleichklang zwischen zwei oder mehreren Wörtern verbunden ist [lat.-frz.]
Lais'sez-faire [lɛsefɛ:r] (das, -, nur Ez.) Nichteinmischung (bes. früher des Staates in die Wirtschaft), Gewährenlassen, Duldung, Ungezwungenheit, Ungebundenheit [frz.]
La'i'zis'mus [la:i-] (der, -, nur Ez.) die strikte Trennung von Kirche und Staat fordernde Weltanschauung [gr.-lat.]
La'i'zist [la:i-] (der, -zis'ten, -zis'ten) Verfechter des Laizismus [gr.-lat.]
la'i'zis'tisch [la:i-] (Adj.) **1** den Laizismus betreffend, auf dem Laizismus basierend **2** das Laientum in der katholischen Kirche hervorhebend [gr.-lat.]
La'kai (der, -en, -en) Diener in Livree (bes. in fürstlichem Dienst); übertrieben dienststeifriger, unterwürfiger Mensch [frz.]
La'ko'nik (die, -, nur Ez.) Kürze, Bündigkeit (der Ausdrucksweise) [gr.]
la'ko'nisch (Adj.) kurz, sich auf das Wesentliche beschränkend [gr.]
La'ko'nis'mus (der, -, -men) **1** (nur Ez.) = Lakonik **2** kurze, nur das Wesentliche mitteilende Aussage [gr.]
Lak'rit'ze auch: **La'krit'ze** (die, -, -n) schwarze, aus eingedicktem Saft des Süßholzes hergestellte, zähe Süßigkeit [lat.]
Lak'tam (das, -s, -e) = Lactam
Lak'ta'se (die, -, nur Ez.) = Lactase
Lak'ta'ti'on (die, -, -ti'o'nen) Milchabsonderung aus den Brustdrüsen; Zeit des Stillens; das Stillen [lat.]
lak'tie'ren (V.) Milch absondern; säugen, stillen [lat.]
Lak'to'se (die, -, nur Ez.) = Lactose
La'ku'ne (die, -, -n) **1** Hohlraum (im Körpergewebe) **2** Lücke (in einem Text) **3** kleiner Defekt in der Hirnsubstanz [lat.]

La'lem (das, -s, -e) durch die Artikulation bestimmte Sprecheinheit [gr.]
La'lo'pa'thie (die, -, -thi'en) Sprachstörung [gr.]
La'ma 1 (der, -s, -s) buddhist. Priester in Tibet **2** (das, -s, -s) kleines höckerloses Kamel Südamerikas [Ketschua]
La'ma'is'mus (der, -, nur Ez.) Form des Buddhismus in Tibet
La'ma'ist (der, -is'ten, -is'ten) Verfechter, Anhänger des Lamaismus [tibet.-lat.]
la'ma'is'tisch (Adj.) den Lamaismus betreffend, auf dem Lamaismus basierend [tibet.-lat.]
La'mäng aus der Lamäng: aus der Hand (ugs., scherzhaft); z.B. etwas gleich aus der Lamäng essen; aus der freien, kalten Lamäng: ohne Vorbereitung (ugs., scherzhaft) [eigtl. frz. la main »die Hand«]
La'man'tin (der, -s, -e) Seekuh des tropischen Amerikas [karib.]
Lam'ba'da (die, -, -s) oder (der, -s, -s) aus Brasilien stammender Modetanz in lateinamerikanischen Rhythmus [portugies.]
Lam'bi'tus (der, -, nur Ez.) gegenseitiges Küssen und Lecken der Geschlechtsteile [lat.]
Lamb're'quin auch: **Lam'bre'quin** [lɑ̃brəkɛ̃] (der, -s, -s) mit Fransen besetzter Querbehang (an Fenstern u.a.); ähnliche Verzierung aus Stein, Stuck [frz.]
Lamb'ris auch: **Lam'bris** [lɑ̃bri:] (der, -[-bri:s], -[-bri:s]) Wandverkleidung aus Holz, Marmor oder Stuck (österr.) [frz.]
Lamb'rus'co auch: **Lam'brus'co** (der, -s, -s) leicht süßer, prickelnder italienischer Rotwein [it.]
Lamb'skin [llæm-] (das, -s, -s) Lammfellimitation aus Plüsch [engl.]
Lambs'wool [læmzwu:l] (die, -, nur Ez.) Lammwolle [engl.]
La'mé (das, -s, nur Ez.) = Lamee
La'mee (auch: **La'mé**) (das, -s, -s) Seidengewebe mit Schussfäden aus feinem Metall [frz.]
la'mel'lar (Adj.) in der Art von Lamellen
La'mel'le (die, -, -n) **1** feine, dünne Scheibe, Blättchen **2** jedes der Blättchen unter dem Hut von Blätterpilzen (als Sporenträger) **3** Rippe (von Heizkörpern) [lat.]
la'men'ta'bel (Adj.) bedauernswert, beweinenswert, jämmerlich [lat.]
La'men'ta'ti'on (die, -, -ti'o'nen) Jammern, Wehklagen; Klagelied (bes. die Klagelieder (Lamentationen) Jeremias im Alten Testament) [lat.]
la'men'tie'ren (V.) laut klagen, jammern [lat.]

La'men'to (das, -s, -s) laute Klage, lautes Jammern [it.]

la'men'to'so (Adj.) traurig, wehklagend (Vortragsanweisung in der Musik) [lat.-it.]

La'met'ta (das, -s, nur Ez.) **1** sehr schmale, lange, silber- auch goldfarbene Metallstreifen (als Christbaumschmuck) **2** (viel) Ordensschmuck (an der Brust; ugs., ironisch) [it.]

La'mi'na (die, -, -nae [-ne:]) **1** Fläche des Blattes, Blattspreite (in der Botanik) **2** blattförmiger Teil eines Organs **3** dünnes Metallplättchen [lat.]

la'mi'nar (Adj.) geordnet, ruhig nebeneinanderher fließend, wirbelfrei; z.B. laminare Strömung [lat.]

la'mi'nie'ren (V.) **1** strecken (damit sich die Fasern längs richten; z.B. Spinnmaterial). **2** mit einer Folie beziehen; z.B. einen Buchdeckel laminieren [lat.]

Lam'pas (der, -, -) schwerer Damast (als Möbelbezug) [frz.]

Lam'pas'sen (nur Mz.) Längsstreifen (an den Seiten von Uniformhosen) [frz.]

Lam'pi'on [-pjɔŋ], österr., süddt. [-pjo:n] (der oder das, -s, -s) Papierlaterne mit Kerze innen [frz.]

Lamp're'te auch: **Lam'pre'te** (die, -, -n) ein fischähnliches Wirbeltier, Neunauge [lat.]

Lan'ça'de [lɑ̃sa:-] (die, -, -n) Sprung des auf die Hinterbeine aufgerichteten Pferdes nach vorn (in der hohen Schule) [frz.]

lan'cie'ren [lãsi:-] (V.) mit Geschick in der Öffentlichkeit bekannt machen oder an eine bestimmte Stelle bringen [frz.]

Land'ro'ver [lænd-, -s, -) geländegängiger Personenkraftwagen mit Vierradantrieb (Warenzeichen) [engl.]

Lan'get'te (die, -, -n) Schlingenstich (an Stoffrändern, damit sie nicht ausfransen)

Lan'go'bar'de (der, -n, -n) Angehöriger eines ostgermanischen Volkes

Lan'gus'te (die, -, -n) scherenloser, schmackhafter Panzerkrebs, der im Mittelmeer und im Atlantischen Ozean vorkommt [lat.-frz.]

La'no'lin (das, -s, nur Ez.) aus Schafwolle gewonnenes Fett (als Salbengrundlage) [lat.]

Lan'than (das, -s, nur Ez.) chemischer Grundstoff, Metall [gr.]

La'nu'go (die, -, -gi'nes) Flaumhaar (des Embryos und Neugeborenen) [lat.]

Lan'zet'te (die, -, -n) kleines, zweischneidiges Operationsmesser [frz.]

La'o'te (der, -n, -n) Ew. von Laos

La'pa'ros'kop auch: **La'pa'ro'skop** (das, -s, -e) Gerät zum Untersuchen der Bauchhöhle [gr.]

La'pa'ros'ko'pie auch: **La'pa'ro'sko'pie** (die, -, -n) Untersuchung der Bauchhöhle [gr.]

La'pa'ro'to'mie (die, -, -n) operative Öffnung der Bauchhöhle [gr.]

la'pi'dar (Adj.) kurz und das Wesentliche treffend [lat.]

La'pi'där (der, -s, -e) Schleif- und Poliermaschine [lat.]

La'pi'da'ri'um (das, -s, -ri'en) Sammlung von Steindenkmälern [lat.]

La'pil'li (nur Mz.) kleine, beim Vulkanausbruch ausgeworfene Lavastücke [lat.]

La'pis'la'zu'li (der, -s, -) ein blaues Mineral, Schmuckstein [arab.-lat.]

Lap'pa'lie (die, -, -n) belanglose Kleinigkeit, unbedeutende Angelegenheit [dt.-lat.]

Lap'sus (der, -, -) kleiner Fehler, Verstoß, Versehen; Lapsus Linguae: versehentliches Versprechen [lat.]

Lap'top [læptɔp] (der, -s, -s) tragbarer Computer, im Ggs. zu Desktop PC [engl. Kunstwort aus lapsize computer]

La'ren (nur Mz.) Schutzgeister des Hauses (in der röm. Mythologie)

lar'ghet'to (Adv.) etwas langsam und getragen (bei Musikstücken) [it.]

lar'go (Adv.) langsam und getragen (bei Musikstücken) [it.]

Lar'go (das, -s, -s oder -ghi) largo zu singender oder zu spielender Teil eines Musikstücks [it.]

la'ri'fa'ri oberflächlich, nachlässig, unsinnig [it.]

La'ri'fa'ri (das, -s, nur Ez.) törichtes, unüberlegtes Gerede, Unsinn [it.]

lar'moy'ant auch: lar'moy'ant auch [-mwajã] (Adj.) rührselig, klagend, weinerlich [frz.]

Lar'moy'anz auch: **Lar'moy'anz** (die, -, nur Ez.) Rührseligkeit, Weinerlichkeit [lat.-frz.]

Lar'nax (die, -, -na'kas) archäologische Bezeichnung für eine Urne oder einen kleinen Sarkophag [gr.]

L'art pour l'art [la:rpurla:r] (das, - - -, nur Ez.) frz. für: »die Kunst für die Kunst«, Auffassung, dass die Kunst nur nach rein künstlerischen (nicht moralischen u.a.) Gesichtspunkten zu beurteilen sei

lar'val (Adj.) zur Larve gehörig

Lar've (die, -, -n) **1** Jugendform mancher Tiere (oft mit anderer Gestalt und Lebensweise) **2** Gesichtsmaske [lat.]

La'ryn'gal (der, -s, -e) im Kehlkopf gebildeter Laut [gr.]

la'ryn'ge'al (Adj.) zum Kehlkopf gehörig, ihn betreffend [gr.]

Laryngologie 276 **Laudes**

La'ryn'go'lo'gie (die, -, nur Ez.) Lehre vom Kehlkopf [gr.]
La'ryn'gos'kop *auch:* La'ryn'go'skop (das, -s, -e) Gerät zum Untersuchen des Kehlkopfs, Kehlkopfspiegel [gr.]
La'ryn'go'to'mie (die, -, -n) Kehlkopfschnitt
La'rynx (der, -, -ryn'gen) Kehlkopf [gr.]
La'sag'ne *auch:* La'sa'gne [lasanje] (nur Mz.) italienisches Gericht aus breiten Bandnudeln, die mit Hackfleisch gefüllt und mit Käse überbacken werden [gr.-lat.-it.]
La'ser [le̲i-] (der, -s, -) Gerät zum Erzeugen stark gebündelter Lichtstrahlen gleicher Wellenlänge [engl.]
la'sie'ren (V.) mit Lasur überziehen
Lä'si'on (die, -, -si'o̲'nen) Verletzung, Funktionsstörung (in der Medizin) [lat.]
Las'so (das, -s, -s) langes Seil mit Schlinge, das geworfen wird (zum Einfangen von Tieren) [span.]
Las'tex (das, -, nur Ez.) elastisches Gewebe aus umsponnenen Gummifäden [lat.]
last, but not least [lɑ:st bʌt nɔt li:st] engl. für »zuletzt (genannt), aber nicht am geringsten« (in der Bedeutung, im Wert)
La'sur (die, -, -en) durchscheinende Lack- oder Farbschicht [lat.]
las'ziv (Adj) zweideutig; lüstern [lat.]
Las'zi'vi'tät (die, -, -en) das Laszivsein, Lüsternheit
La'tein'a'me'ri'ka'ner (der, -s, -) Bw. Süd- und Mittelamerikas mit spanischer oder portugiesischer Sprache
la'tei'nisch (Adj.) lateinische Sprache: urspr. Sprache der Latiner, dann der Ew. des Römischen Reiches
La-Tène-Kultur [-tɛn-] (die, -, nur Ez.) Kultur der mitteleuropäischen Eisenzeit [frz.]
la'tent (Adj.) verborgen, nicht in Erscheinung tretend [lat.]
La'tenz (die, -, nur Ez.) latente Beschaffenheit, Verborgenheit, Unsichtbarkeit (trotz Vorhandenseins)
la'te'ral (Adj.) seitlich, seitwärts, an der Seite (gelegen) [lat.]
La'te'ral (der, -s, -e) Laut, bei dem die Luft aus den Mundseiten und nicht durch die Mitte entweicht (Sprachwissenschaft) [lat.]
la'te'ra'li'sie'ren (V.) 1 seitlich verschieben, verlagern (Med.) 2 die Zuordnung von Gehirnhäften zu psychischen Funktionen entwickeln lassen [lat.]
La'te'ra'li'tät (die, -, nur Ez.) die Dominanz einer Körperseite wie Rechts- oder Linkshändigkeit [lat.]
La'te'ral'laut (der, -es, -e) = Lateral

La'te'ral'plan (der, -es, -plä'ne) Fläche des Längsschnittes des unter Wasser liegenden Schiffteiles
La'te'ran (der, -s, nur Ez.) päpstlicher Palast in Rom außerhalb der Vatikanstadt [it.]
la'te'rie'ren (V.) (veraltet) seitenweise zusammenzählen [lat.]
La'te'ri'sa'ti'o̲n (die, -, -ti'o̲'nen) die Entstehung von Laterit [lat.]
La'te'ri'sie'rung (die, -, -en) = Laterisation
La'te'rit (der, -s, -e) roter Verwitterungsboden in den Tropen und Subtropen
La'ter'na ma'gi'ca (die, - -, -nae -cae) [-nɛ -kɛ:] ältester Projektionsapparat [lat.]
La'tex (der, -, -ti'zes) Milchsaft einiger tropischer Pflanzen, aus dem Kautschuk u.a. hergestellt wird [gr.-lat.]
La'ti'fun'di'um (das, -s, -di'en) 1 von Sklaven bewirtschaftetes Landgut (im Römischen Reich) 2 (nur Mz.) großer Land- oder Waldbesitz [lat.]
La'ti'ner (der, -s, -) Ew. der antiken mittelitalischen Landschaft Latium
la'ti'ni'sie'ren (V.) der lateinischen Sprachform angleichen
La'ti'nis'mus (der, -, -men) in eine andere Sprache übernommene lateinische Spracheigentümlichkeit
La'ti'nist (der, -nis'ten, -nis'ten) Wissenschaftler, der sich mit der lateinischen Sprache und Literatur beschäftigt [lat.]
La'ti'ni'tät (die, -, nur Ez.) mustergültige lateinische Schreib- und Ausdrucksweise
La'tin'lo̲'ver (*auch:* La'tin Lo̲'ver) (der, - -(s), - -(s)) südländischer Liebhaber, Papagallo [engl.]
La'ti'num (das, -s, nur Ez.) Prüfung in der lateinischen Sprache
Lat'rie *auch:* La'tri̲e (die, -, nur Ez.) die Gott und Christus allein zustehende Verehrung und Anbetung [gr.-lat.]
Lat'ri'ne *auch:* La'tri̲'ne (die, -, -n) primitives Klosett, Abort [lat.]
Lat'ri'nen'pa'ro'le *auch:* La'tri̲'nen'pa'ro'le (die, -, -n) Gerücht (im Soldatenjargon)
Lau'da'num (das, -s, nur Ez.) Beruhigungs- und Schmerzmittel [lat.]
Lau'da'tio (die, -, -ti'o̲'nes) Lobrede; z.B. auf einen Preisträger [lat.]
Lau'da'ti'o̲n (die, -, -ti'o̲'nen) Lobrede [lat.]
Lau'da'tor (der, -s, -to̲'ren) Lobredner, Redner bei Preisverleihungen, der die Laudatio hält [lat.]
Lau'de'mi'um (das, -s, -mi'en) Abgabe an den Lehnsherrn [lat.]
Lau'des [-de:s] (nur Mz.) 1 Lobgesänge 2 Morgengebet (im kath. Brevier) [lat.]

lau|die|ren (V.) **1** loben **2** einen Zeugen nennen, vorschlagen (in der Rechtswissenschaft) [lat.]
Lau|dis|ten (nur Mz.) Psalmen- und Hymnensänger des 13. bis 16. Jahrhunderts [lat.]
Lau|re|at (der, -en, -en) mit dem Lorbeerkranz gekrönter Dichter; Preisträger [lat.]
Lau|te|nist (der, -nis|ten, -nis|ten) berufsmäßiger Lautenspieler [lat.]
La|va (die, -, -ven) der bei Vulkanausbrüchen ausfließende Schmelz und das durch Erstarrung aus diesem Schmelzfluss entstehende Gestein [it.]
La|va|bel (der, -s, -) weicher, waschbarer Seiden- oder Kunstseidenkrepp [frz.]
La|va|bo (das, -s, -s) Handwaschung des Priesters während der Messe; die dafür verwendeten Geräte; Waschbecken (schweiz.) [lat.]
la|ven|del (Adj.) blauviolett [lat.-it.]
La|ven|del (der, -s, -) eine Heil- und Gewürzpflanze; Duftstoff [lat.]
la|vie|ren (V.) **1** die aufgetragenen Farben (und damit die Konturen) verwischen (in der Malerei) [frz.] **2** im Zickzackkurs gegen den Wind segeln, kreuzen; geschickt vorgehen [niederl.]
lä|vo|gyr (Adj.) die Ebene des polarisierten Lichts nach links drehend [lat.-gr.]
Lä|vu|lo|se (die, -, nur Ez.) Fruchtzucker [lat.]
Law and Or|der engl. für Gesetz und Ordnung; Schlagwort bei der Bekämpfung von Kriminalität und Gewalt durch verschärfte Gesetzesvorhaben und Polizeimaßnahmen [amerik.]
La|wi|ne (die, -, -n) **1** niederstürzende Schnee-, Stein- oder Staubmasse **2** große, aufeinander folgende Menge (von Ereignissen, Dingen) [lat.]
Law|ren|ci|um [lɒ-] (das, -s, nur Ez.) ein Element, Transuran [nlat.]
lax (Adj.) schlaff, lässig, nachlässig; z.B. laxe Haltung, laxes Benehmen [lat.]
La|xans (das, -, -xan|tia oder -xan|zi|en) Abführmittel [lat.]
La|xa|tiv (das, -s, -e) = Laxans
La|xa|ti|vum (das, -s, -va) mildes Abführmittel [lat.]
la|xie|ren (V.) abführen, die Verdauung anregen [lat.]
La|xis|mus (der, -, nur Ez.) von der Kirche verurteilte Anschauung der katholischen Moraltheologie, wonach Handlungen erlaubt sind, für deren Erlaubtsein nur eine geringe Wahrscheinlichkeit besteht [lat.]

Lay-out (auch: Lay|out) [leɪaʊt] (das, -s, -s) Entwurf für die Text- und Bildgestaltung (eines Buches, einer Zeitschrift, eines Plakats u.a.) [engl.]
Lay|ou|ter [leɪaʊ-] (der, -s, -) jmd., der Lay-outs herstellt
La|za|rett (das, -(e)s, -e) Militärkrankenhaus [it.]
la|za|rie|ren (V.) einreißen, reißen (in der Medizin) [lat.]
La|za|rist (der, -ris|ten, -ris|ten) Angehöriger einer kath. Priesterkongregation für die Mission [frz.]
La|za|rus 1 Name eines Mannes, den Jesus von den Toten auferweckte **2** (der, -ses, -se) schwer Leidender, Geplagter [lat.]
La|ze|ra|ti|on (die, -, -ti|o|nen) Einriss (im Körpergewebe) [lat.]
La|zu|lith (der, -s, -e) ein Mineral, Edelstein [pers.-gr.]
LCD Abk. für »**L**iquid **C**ristal **D**isplay«, Leuchtkristallanzeige [engl.]
Lead [liːd] (das, -s, nur Ez.) Führungsstimme (in einer Jazzband) [engl.]
Lea|der [liː-] (der, -s, -) **1** Kapellmeister einer Jazzkapelle, Bandleader **2** Sportler, der im Wettkampf in Führung liegt; führende Mannschaft (in einer Meisterschaftsrunde) [engl.]
lea|sen [liː-] (V.) durch einen Leasingvertrag mieten oder vermieten [engl.]
Lea|sing [liː-] (das, -s, nur Ez.) Mieten oder Vermieten von Investitionsgütern, Autos u.a. (wobei die Miete bei einem späteren Kauf auf den Kaufpreis angerechnet wird)
le|gal (Adj.) gesetzlich [lat.]
Le|ga|li|sa|ti|on (die, -, -ti|o|nen) das Legalisieren
le|ga|li|sie|ren (V.) legal machen; amtlich bestätigen, beglaubigen [lat.]
Le|ga|lis|mus (der, -, nur Ez.) strikte Befolgung von Gesetzen, Regeln, Paragraphen und Vorschriften [lat.]
le|ga|lis|tisch (Adj.) an Paragraphen und Vorschriften kleinlich festhaltend, auf dem Legalismus basierend, zu ihm gehörend [lat.]
Le|ga|li|tät (die, -, nur Ez.) das Legalsein, Gesetzlichkeit, Verpflichtetsein dem Gesetz gegenüber [lat.]
le|gas|then auch: leg|las|then (Adj.) die Legasthenie betreffend [lat.-gr.]
Le|gas|the|nie auch: leg|las|the|nie (die, -, nur Ez.) Lese- und Rechtschreibschwäche (bei normaler Intelligenz) [gr.]
Le|gas|the|ni|ker auch: Leg|las|the|ni|ker (der, -s, -) jmd., der an Legasthenie leidet
le|gas|the|nisch auch: leg|las|the|nisch (Adj.) an Legasthenie leidend

Le׳gat (der, -en, -en) Gesandter, Statthalter (im alten Rom); päpstlicher Gesandter [lat.]
Le׳gat (das, -(e)s, -e) Vermächtnis, testamentarische Zuwendung [lat.]
Le׳ga׳tar (der, -s, -e) jmd., der ein Legat (Zuwendung) erhält
le׳ga׳to (Adv.) gebunden (zu singen oder zu spielen) [it.]
Le׳ga׳to (das, -s, -s) gebundene Sing- oder Spielweise [it.]
Le׳gen׳dar (das, -s, -e) Sammlung von Heiligenlegenden [lat.]
Le׳gen׳de (die, -, -n) **1** Erzählung über eine(n) Heilige(n) **2** lange zurückliegendes, nicht mehr nachprüfbares Ereignis **3** Erläuterung, Zeichenerklärung (zu einer Abbildung oder Landkarte) [lat.]
le׳ger [lleʒeːʀ] (Adj.) lässig, ungezwungen; z.b. legere Haltung, legeres Benehmen; bequem; z.B. legere Kleidung [frz.]
Leg׳gings (*auch:* Leg׳gins) (nur Mz.) **1** hosenähnliches, aus Leder gefertigtes Kleidungsstück der nordamerikanischen Indianer **2** eng anliegende Damenhose aus elastischem Garn [engl.]
Leg׳gins (nur Mz.) = Leggings
le׳gie׳ren (V.) **1** mischen; z.B. geschmolzene Metalle legieren **2** mit Mehl binden, eindicken; z.B. legierte Suppe [it.]
Le׳gie׳rung (die, -, -en) durch Mischung mehrerer geschmolzener Metalle entstandenes Metall [it.]
Le׳gi׳on (die, -, -gi׳o̯nen) **1** Truppeneinheit (im alten Rom) **2** (nur Ez.) Name von Freiwilligentruppen; z.B. Fremdenlegion **3** (nur Ez.) sehr große Menge [lat.]
le׳gi׳o׳när (Adj.) die Legion betreffend, von ihr ausgehend [lat.-frz.]
Le׳gi׳o׳när (der, -s, -e) Soldat einer römischen Legion [lat.]
Le׳gi׳o׳nel׳le (die, -, -n) Bakterie, die Lungenentzündung verursacht [gr.-lat.]
le׳gis׳la׳tiv (Adj.) gesetzgebend [lat.]
Le׳gis׳la׳ti׳ve (die, -n, -n) gesetzgebende Versammlung, gesetzgebende Gewalt (im Staat) [lat.]
le׳gis׳la׳to׳risch (Adj.) gesetzgeberisch [lat.]
Le׳gis׳la׳tur (die, -, -en) Gesetzgebung [lat.]
le׳gi׳tim (Adj.) **1** rechtmäßig, gesetzlich anerkannt **2** ehelich (von Kindern) **3** berechtigt, vertretbar, allgemein anerkannt [lat.]
Le׳gi׳ti׳ma׳ti׳on (die, -, -ti׳o̯nen) **1** Beglaubigung, amtliche Bestätigung **2** Ehelichkeitserklärung (für ein vor- oder unehelich geborenes Kind) **3** Ausweis [lat.]
le׳gi׳ti׳mie׳ren (V.) **1** beglaubigen, (amtlich) bestätigen **2** für ehelich erklären (Kind) **3** sich legitimieren: sich ausweisen, durch Ausweis nachweisen, wer man ist [lat.]
Le׳gi׳ti׳mi׳tät (die, -, nur Ez.) Rechtmäßigkeit, Gesetzlichkeit [lat.]
Le׳gu׳an (der, -s, -e) tropische Baumechse mit Rückenkamm [indian.-span.]
Le׳gu׳men (das, -s, -) Hülsenfrucht [lat.]
Le׳gu׳min (das, -s, nur Ez.) Eiweiß der Hülsenfrüchte [lat.]
Le׳gu׳mi׳no̯׳se (die, -, -n) Hülsenfrüchtler [lat.]
Leg׳war׳mer (der, -s, -s) wollener, fußloser Beinwärmer, der von den Knöcheln bis zu den Knien reicht [engl.]
Lek (der, - (s), - oder -s) Währungseinheit in Albanien
Lek׳ti׳on (die, -, -ti׳o̯nen) **1** Kapitel, Abschnitt im Lehrbuch **2** Lehrstunde, Vorlesung **3** Zurechtweisung [lat.]
Lek׳ti׳o׳nar (das, -s, -e oder -ri׳en) **1** liturgisches Buch mit den Bibelabschnitten für den Gottesdienst **2** das Lesepult, an dem die Lesung der vorgeschriebenen Bibelabschnitte vorgenommen wird [lat.]
Lek׳ti׳o׳na׳ri׳um (das, -s, -ri׳en) = Lektionar [lat.]
Lek׳tor (der, -s, -to̯׳ren) **1** Hochschullehrer (bes. für praktische Übungen) **2** Verlagsangestellter, der Manuskripte liest, begutachtet und bearbeitet [lat.]
Lek׳to׳rat (das, -(e)s, -e) **1** Gutachten eines Lektors (**2**) **2** Stelle eines Lektors (**2**) **3** Verlagsabteilung, in der Manuskripte gelesen und bearbeitet werden [lat.]
lek׳to׳rie׳ren (V.) als Lektor begutachten; z.B. ein Manuskript lektorieren [lat.]
Lek׳tü׳re (die, -, -n) das Lesen; Lesestoff [frz.]
Le׳ky׳thos (der, -, -ky̯׳then) altgriechisches Gefäß mit Henkel, Ausguss und Fuß [gr.]
Lem׳ma (das, -s, -ta) **1** Vordersatz eines Schlusses (in der Philosophie) **2** Hilfssatz in einer Beweisführung **3** Stichwort und Artikel in einem Lexikon [gr.]
lem׳ma׳ti׳sie̯׳ren (V.) **1** zum Stichwort für ein Nachschlagewerk machen **2** mit einem Stichwort versehen und dementsprechend ordnen [gr.-lat.]
Lem׳ming (der, -s, -e) skandinavische Wühlmaus [dän.]
Lem׳nis׳ka̯׳te (die, -, -n) mathematische Kurve in Form einer liegenden Acht [gr.]
Le׳mur (*auch:* Le׳mu̯׳re) (der, -en, -en) **1** Geist eines Verstorbenen (in der röm. Mythologie) **2** ein Halbaffe [lat.]
Le׳mu̯׳re (der, -n, -n) = Lemur
le׳mu̯׳ren׳haft (Adj.) gespenstisch [lat.]

Le·mu·ria (die, -, nur Ez.) Landmasse, die von den Geologen für die Triaszeit zwischen Vorderindien und Madagaskar angenommen wird [lat.]

le·mu·risch (Adj.) zu den Lemuren gehörend, lemurenhaft [lat.]

Le·ni·nis·mus (der, -, nur Ez.) der von W. I. Lenin weiterentwickelte Marxismus

Le·ni·nist (der, -nis̱ten, -nis̱ten) Anhänger des Leninismus

le·ni·nis·tisch (Adj.) zum Leninismus gehörig, darauf beruhend

len·ti·ku·lar (*auch:* len·ti·ku·lär) (Adj.) linsenförmig, zur Augenlinse gehörig [lat.]

len·ti·ku·lär (Adj.) = lentikular

len·to (Adv.) langsam (bei Musikstücken) [it.]

Le·o·pard (der, -s, -en) gelbschwarz gefleckte Großkatze Afrikas und Asiens [lat.]

Le·po·rel·lo (das, -s, -s) **1** Operngestalt in Mozarts Don Giovanni **2** = Leporelloliste **3** Faltblatt

Le·po·rel·lo·al·bum (das, -s, -ben) eine Bilderreihe, die harmonikaartig zusammengefaltet werden kann

Le·po·rel·lo·lis·te (die, -, -n) aufzählendes Verzeichnis der Geliebten, das harmonikaartig zusammengefaltet werden kann

Lep·ra *auch:* Le̱·pra (die, -, nur Ez.) zu starken Entstellungen führende, ansteckende Hautkrankheit, Aussatz [gr.]

Lep·rom *auch:* Le·prom (das, -s, -e) durch Lepra entstandener Knoten in der Haut

lep·rös *auch:* le·prös (Adj.) durch Lepra verursacht; an Lepra erkrankt

Lep·ton 1 (das, -s, -ta) altgriechisches Gewicht; kleine neugriechische Währungseinheit **2** (das, -s, -to̱nen) Elementarteilchen, das leichter ist als ein Proton

lep·to·som (Adj.) schmalwüchsig, schlank [gr.]

Lep·tos·pi·re *auch:* Lep·to·spi̱·re (die, -, -n) schraubenförmiges Bakterium [gr.-lat.]

Les·be (die, -, -n) = Lesbierin (ugs., leicht abwertend)

Les·bi·a·nis·mus (der, -, nur Ez.) Homosexualität bei Frauen [gr.]

Les·bi·e·rin [-biə-] (die, -, -nen) homosexuelle Frau [gr.]

les·bisch (Adj.) homosexuell (von Frauen)

Le·so·ther (der, -s, -) Einwohner des von Südafrika umschlossenen Königreichs Lesotho [Bantu]

le·tal (Adj.) tödlich (bes. von Giften) [lat.]

Le·ta·li·tät (die, -, nur Ez.) Sterblichkeit, Zahl der Todesfälle (im Verhältnis zur Zahl der Erkrankten) [lat.]

Le·thar·gie (die, -, nur Ez.) krankhafte Schlafsucht; Teilnahmslosigkeit, Trägheit, Schlaffheit [gr.]

le·thar·gisch (Adj.) an Lethargie leidend; teilnahmslos, träge, schlaff

Le·the (die, -, nur Ez.) Strom der Unterwelt, aus dem die Toten Vergessen trinken (in der altgriechischen Mythologie); das Vergessen [gr.]

Let·kiss (der, -, nur Ez.) Kettentanz mit Hüpfschritten in der Polkarhythmus, bei dem man sich häufig küssen muss (bes. um 1964) [finn.-engl.]

Let·ter (die, -, -n) Druckbuchstabe [lat.]

Leu·kä·mie *auch:* Leuk·ä·mie (die, -, -n) schwere Erkrankung durch Vermehrung der weißen Blutkörperchen [gr.]

leu·kä·misch *auch:* leuk·ä·misch (Adj.) an Leukämie erkrankt

Leu·k·an·ä·mie *auch:* Leuk·an·ä·mie/Leu·ka·nä·mie (die, -, nur Ez.) Mischform zwischen Leukämie und Blutarmut [gr.-lat.]

Leu·ko·der·mie (die, -, -n) stellenweise Entfärbung, Weißfleckigkeit der Haut [gr.]

Leu·kom (das, -s, -e) weißer Fleck oder weiße Narbe auf der Hornhaut des Auges [gr.]

Leu·ko·plast 1 (der, -plas̱ten, -plas̱ten) farbloser Bestandteil einer pflanzlichen Zelle **2** (das, -(e)s, -e) Heftpflaster [gr.-lat.]

Leu·kor·rhö (*auch:* Leu·kor·rhöe) (die, -, -en) weißlicher Ausfluss aus der Scheide (bei Gebärmutterentzündung) [gr.]

Leu·ko·zyt (der, -en, -en) weißes Blutkörperchen [gr.]

Leu·ko·zy·to·se (die, -, -n) Vermehrung der Leukozyten (als Abwehrvorgang bei Entzündung, Infektion u.a.) [gr.]

Leut·nant (der, -s, -s selten -e) Offizier der untersten Rangstufe [frz.]

Le·va·de (die, -, -n) Aufrichten des Pferdes auf die Hinterbeine (in der hohen Schule) [frz.]

Le·van·te (die, -, nur Ez.) die östlich von Italien liegenden Mittelmeerländer [lat.-it.]

Le·van·ti·ner (der, -s, -) Mischling aus einem europäischen und einem orientalischen Elternteil (in der Levante)

le·van·ti·nisch (Adj.) die Levante oder die Levantiner betreffend [lat.-it.]

Le·vée (die, -, -s) = Levee

Le·vee (*auch:* Le·vée) [ləveː] (die, -, -s) Aushebung von Rekruten (früher) [frz.]

Le·vel (der, -s, -s) Stufe, Ebene [engl.]

Le·ver [ləveː] (das, -s, -s) Morgenempfang (bei einem Fürsten; früher) [frz.]

Le·vi·a·than (der, -s, -e) **1** Meeresungeheuer, Riesenschlange **2** Maschine zum Waschen und Entfetten von Rohwolle [hebr.]

Levirat 280 **Lift**

Le|vi|rat (das, -(e)s, -e) Ehe mit der Frau des ohne Nachkommen gestorbenen Bruders (bei Naturvölkern und den Israeliten) [lat.]
Le|vi|ta|ti|on (die, -, -ti|o|nen) berührungsloses Schweben eines Körpers (Parapsychologie)
Le|vi|ten (nur Mz.) jmdm. die Leviten lesen: jmdn. energisch zurechtweisen [hebr.]
le|vi|tie|ren (V.) sich erheben, frei schweben, abheben (in der Parapsychologie) [lat.]
Lev|ko|je (die, -, -n) eine Zierpflanze, Kreuzblütler [gr.]
Lew [lɛf] (der, -s, Le|wa) Währungseinheit in Bulgarien
Lex (die, -, Le|ges [-geːs]) Gesetzesantrag, Gesetz (meist in Verbindung mit dem Namen des Veranlassers) [lat.]
Le|xem (das, -s, -e) Wort (im Sinne der Morphologie) [gr.]
Le|xe|ma|tik (die, -, nur Ez.) Lehre von den Lexemen
Le|xik (die, -, -en) Wortschatz (einer Sprache oder Fachsprache) [gr.]
Le|xi|kon (das, -s, -ka) **1** alphabetisch geordnetes Nachschlagewerk **2** Gesamtheit der Lexeme einer Sprache, Wortschatz [gr.]
le|xisch (Adj.) zur Lexik gehörig
L'hombre [lõːbrə] (das, -s, nur Ez.) = Lomber
Li (das, -, -) altes chinesisches Längenmaß; chinesisches Münzgewicht; durchlochte chinesische Kupfermünze
Li|ai|son [lieːzõ] (die, -, -s) **1** Liebesverhältnis, Liebschaft **2** Verbindung, Vereinigung, enge Bindung **3** Verbindung zweier Wörter, wobei der stumme Auslaut des ersten Wortes mit dem Anlaut des zweiten Wortes verbunden und ausgesprochen wird [frz.]
Li|a|ne (die, -, -n) Kletterpflanze des tropischen Regenwaldes [frz.]
Li|as (der oder die, -, nur Ez.) untere Abteilung des Juras [engl.]
li|as|sisch (Adj.) zum Lias gehörig, aus ihm stammend
Li|ba|ne|se (der, -n, -n) Ew. des Libanons
Li|ba|ti|on (die, -, -ti|o|nen) Trankspende, Trankopfer für Verstorbene und Götter (im alten Rom) [lat.]
Li|bell (das, -s, -e) Klageschrift (im alten Rom), Schmähschrift [lat.]
Li|bel|le (die, -, -n) **1** räuberisch lebendes, langes, schlankes Insekt mit sehr großen Augen **2** Vorrichtung an Messgeräten zur Einstellung der Horizontalen und Vertikalen; z.B. an der Wasserwaage [lat.]
Li|ber (das, -s, -) Fünffrankenstück (schweiz.)

li|be|ral (Adj.) freiheitlich gesinnt, vorurteilslos [lat.]
li|be|ra|li|sie|ren (V.) freier, großzügiger gestalten [lat.]
Li|be|ra|lis|mus (der, -, nur Ez.) politische, wirtschaftliche und gesellschaftliche Anschauung, die größtmögliche Freiheit und freie Entfaltung des Einzelnen erstrebt [lat.]
Li|be|ra|list (der, -lis|ten, -lis|ten) Anhänger des Liberalismus
li|be|ra|lis|tisch (Adj.) zum Liberalismus gehörig, auf ihm beruhend
Li|be|ra|li|tät (die, -, nur Ez.) freiheitliche, vorurteilslose Gesinnung [lat.]
Li|be|ri|er (der, -s, -) Einwohner des westafrikanischen Staates Liberia [nlat.]
Li|be|ro (der, -s, -s) freier Verteidiger, der sich auch in den Angriff einschalten kann (beim Fußball) [it.]
Li|ber|tät (die, -, nur Ez.) Freiheit [lat.]
Li|ber|tin [-tɛ̃] (der, -s, -s) Freigeist, Freidenker; ausschweifend lebender Mensch [frz.]
Li|ber|ti|na|ge [-ʒə] (die, -, nur Ez.) Zügellosigkeit, Ausschweifung [frz.]
Li|ber|ti|nis|mus (der, -, nur Ez.) Zügellosigkeit [lat.]
li|bi|di|nös (Adj.) auf Libido beruhend, triebhaft
Li|bi|do auch [-biː-] (die, -, nur Ez.) Begierde, Trieb (bes. Geschlechtstrieb) [lat.]
Lib|res|so auch: Li|bres|so (das, -s, -s) österreichisches Kaffeehaus mit Büchern, Zeitungen und Zeitschriften [lat.-it.]
lib|ret|ti|sie|ren auch: li|bret|ti|sie|ren (V.) in die Form eines Librettos bringen [lat.-it.]
Lib|ret|tist auch: Li|bret|tist (der, -en, -tis|ten, -tis|ten) Verfasser eines Librettos
Lib|ret|to auch: Li|bret|to (das, -s, -s oder -ti) Text (zu einem musikalischen Bühnenwerk); z.B. Opernlibretto [it.]
Lib|ri auch: Li|bri (Mz.) von Liber [lat.]
Li|by|er (der, -s, -) Einwohner des nordafrikanischen Staates Libyen
Li|chen (der, -s, -) **1** stark juckende Hautkrankheit mit Knötchenbildung, Knötchenflechte **2** Flechte (in der Botanik) [gr.-lat.]
Li|che|no|lo|gie (die, -, nur Ez.) Wissenschaft von den Flechten (in der Botanik) [gr.-lat.]
Li|do (der, -s, -s) Landstreifen, der einen flachen Meeresteil vor der Küste vom offenen Meer trennt [it.]
Lieue [ljøː] (die, -, -s) altes französisches Längenmaß, 4–5 km
Lift 1 (der, -(e)s, -e oder -s) Aufzug, Fahrstuhl **2** (der oder das, -s, -s) = Lifting **3** (der, -s, -s) Mitfahrgelegenheit [engl.]

Lift'boy [-bɔɪ] (der, -s, -s) Jugendlicher, der einen Lift (**1**) bedient [engl.]
lif'ten (V.) durch Lifting heben, straffen
Lif'ting (das, -s, -s) kosmetische Operation zum Straffen erschlafften Gewebes (bes. der Gesichtshaut und des Busens) [engl.]
Li'ga (die, -, -gen) **1** Bündnis, Bund **2** eine Wettkampfklasse, Spitzenklasse [span.]
Li'ga'ment (das, -(e)s, -e) Band aus Bindegewebe [lat.]
Li'ga'tur (die, -, -en) Verbindung zweier Buchstaben zu einer Drucktype; z.B. χ; Verbindung zweier Noten durch Bogen (in der Musik); Abbinden eines Blutgefäßes [lat.]
Li'gist (der, -gis'ten, -gis'ten) Angehöriger einer Liga (**1**)
Lig'nin auch: Li'gnin (das, -s, -e) festigender Bestandteil des Holzes, Holzstoff [lat.]
Lig'nit auch: Li'gnit (der, -s, -e) Braunkohle mit noch erkennbarer Holzstruktur [lat.]
Lig'nos'tone auch: Li'gnos'tone [-stəʊn] (das, -s, nur Ez.) verdichtetes, sehr hartes Pressholz (Warenzeichen) [lat.-engl.]
Lig'ro'in auch: Li'gro'in (das, -s, nur Ez.) Bestandteil des Erdöls, Leichtöl
Li'gu'la (die, -, -lae [-lɛ:]) Blatthäutchen (bei manchen Gräsern) [lat.]
Li'gus'ter (der, -s, -) ein Ölbaumgewächs, häufig als Heckenpflanze [viell. lat.]
li'ie'ren (V.) eng verbinden; sich mit jmdm. liieren: mit jmdm. eine Liebesbeziehung eingehen; mit jmdm. liiert sein: eine Liebes- oder Geschäftsbeziehung zu jmdm. unterhalten [frz.]
Li'kör (der, -s, -e) süßer Branntwein [frz.]
Lik'tor (der, -s, -to'ren) Diener eines höheren Beamten (im alten Rom) [lat.]
li'la (Adj.) hellviolett [arab.-frz.]
Li'lie [-lje] (die, -, -n) artenreiche Pflanzengruppe mit großen, trichterförmigen Blüten, Zierpflanze [lat.]
Li'li'pu'ta'ner (der, -s, -) zwergenhaft kleiner Mensch [engl.]
Li'ma'ko'lo'gie (die, -, nur Ez.) Schneckenkunde [lat.-gr.]
Lim'ba (das, -(s), nur Ez.) hartes Nutzholz aus Kamerun und dem Kongo [afrikan.]
Lim'bus (der, -, -bi) **1** Aufenthaltsort (ohne Pein) der vorchristlichen Gerechten und der ungetauft gestorbenen Kinder, Vorhölle (nach kath. Auffassung) **2** Teil des Winkelmessgeräts, auf dem die Größe des Winkels abgelesen wird **3** Blütensaum [lat.]
Lime'juice [laɪmdʒu:s] (der, -, nur Ez.) Zitronensaft (in Cocktails) [engl.]
Li'me'rick (der, -s, -s) Gedicht aus fünf Zeilen mit groteskem Schlusseffekt [engl.]
Li'mes (der, -, nur Ez.) **1** Grenzwall des Römischen Reiches **2** mathematischer Wert, dem eine Zahlenfolge zustrebt, Grenzwert [lat.]
Li'met'ta (die, -, -ten) = Limette
Li'met'te (auch: Li'met'ta) (die, -, -ten) dünnschalige Zitrone Mittelamerikas [frz.]
Li'mi'ko'le (die, -, -n) Strandläufer, Wattvogel [lat.]
Li'mit (das, -s, -s) äußerste Grenze (die nicht überschritten werden darf) [engl.]
Li'mi'ta'ti'on (die, -, -ti'o'nen) Begrenzung, Beschränkung [lat.]
li'mi'ta'tiv (Adj.) begrenzend, einschränkend
li'mi'ted [-tɪd] mit beschränkter Haftung (bei engl. und amerik. Firmennamen) [engl.]
li'mi'tie'ren (V.) begrenzen, beschränken, einschränken [lat.]
Lim'ni'graph (auch: Lim'ni'graf) (der, -en, -en) = Limnimeter [gr.]
Lim'ni'me'ter (das, -s, -) Wasserstandsanzeiger (für Seen) [gr.]
Lim'no'graph (auch: Lim'no'graf) (der, -en, -en) = Limnimeter
Lim'no'lo'gie (die, -, nur Ez.) Wissenschaft von den Binnengewässern und den in ihnen lebenden Organismen, Seenkunde [gr.]
Li'mo'na'de (die, -, -n) Getränk aus Wasser mit Obstsaft oder -essenz, Zucker (und Kohlensäure) [it.]
Li'mo'ne (die, -, -n) eine dickschalige Zitrone [pers.-it.]
li'mos (auch: li'mös) (Adj.) schlammig, sumpfig [lat.]
li'mös (Adj.) = limos
Li'mou'si'ne [-mu-] (die, -, -n) geschlossener Personenkraftwagen [frz.]
lim'pid (Adj.) durchsichtig, durchscheinend [lat.]
Lin'dan (das, -s, nur Ez.) ein Chlorkohlenwasserstoff als Schädlingsbekämpfungsmittel u.a., Umweltgift [Kunstwort]
Li'ne'al (das, -s, -e) meist mit Messskala versehenes Gerät zum Ziehen von geraden Linien [lat.]
Li'ne'a'ment (das, -(e)s, -e) Linie (in der Hand) [lat.]
li'ne'ar (Adj.) linienförmig, durch Linien dargestellt oder gebildet; kontrapunktisch abgebildet [lat.]
Li'ne'a'ri'tät (die, -, nur Ez.) lineare Beschaffenheit
Li'ne'a'tur (die, -, -en) = Liniatur
Li'net'te [-nɛt] (die, -, nur Ez.) dem Linon ähnliches Gewebe [frz.]
Lin'gam (das, -s, -s) Phallus, Penis (in der indischen Religion Sinnbild der Zeugungskraft) [sanskr.]

Lingerie 282 **Lithographie**

Lin|ge|rie [lɛ̃ʒəriː] (die, -, -n) Wäschekammer, betriebseigene Wäscherei (schweiz.) [frz.]
lin|gu|al (Adj.) zur Zunge gehörig, mit der Zunge gebildet [lat.]
Lin|gu|al (der, -s, -e) mit der Zunge gebildeter Laut [lat.]
Lin|gu|ist (der, -is̱ten, -is̱ten) Sprachwissenschaftler [lat.]
Lin|gu|is|tik (die, -, nur Ez.) Sprachwissenschaft [lat.]
lin|gu|is|tisch (Adj.) zur Linguistik gehörig
Li|ni|a|tur (auch: Li|ne|a|tur) (die, -, -en) Liniensystem, Gesamtheit von Linien
Li|nie [-ni̯ə] (die, -, -n) 1 gebogener oder gerader Strich 2 Strecke, auf der ein Verkehrsmittel regelmäßig fährt 3 das Verkehrsmittel selbst 4 Folge von Nachkommen 5 Ebene, Höhe, z.B. das liegt auf der gleichen Linie 6 Richtung, Kurs; z.B. einer Partei 7 Figur, Gestalt (ugs., scherzhaft); auf die schlanke Linie achten 8 Hinsicht; z.B. in erster Linie 9 (meist Mz.) Linien: Umrisse [lat.]
li|ni|ie|ren (auch: li|ni|e̱|ren) (V.) mit parallelen Linien versehen
li|ni|je|ren (V.) = linieren
Li|ni|ment (das, -(e)s, -e) dickflüssige Arzneimittel zum Einreiben [lat.]
Li|no|le|um (das, -s, nur Ez.) ein Fußbodenbelag aus Leinöl und Trockenstoff auf Textilunterlage [lat.]
Li|non [-nõː] (der, -s, -s) feines Baumwolloder Leinengewebe [frz.]
Li|num (das, -s, nur Ez.) Lein (als Heilpflanze); Lini semen: Leinsamen [lat.]
Li|pä|mie auch: Lip|ä|mie (die, -, -n) erhöhter Fettgehalt des Blutes [gr.]
li|pä|misch auch: lip|ä̱|misch (Adj.) an Lipämie leidend
Li|pa|rit (der, -s, -e) ein Ergussgestein [it.]
Li|pa|se (die, -, nur Ez.) Fett spaltendes Enzym [gr.]
Li|pid (das, -s, -e) Fett, fettähnlicher Stoff [gr.]
Li|pi|do|se (die, -, -n) Störung des Fettstoffwechsels [gr.]
Li|piz|za|ner (der, -s, -) eine Warmblutpferderasse (Schimmel ab 4. Lebensjahr) [it.]
li|po|id (Adj.) fettähnlich [gr.]
Li|po|id (das, -s, -e) fettähnlicher Stoff; Fett; Lipid [gr.]
Li|po|ly|se (die, -, -n) Fettspaltung, Fettverdauung [gr.]
Li|pom (das, -s, -e) Fettgeschwulst [gr.]
li|po|phil (Adj.) in Fett löslich; zu Fettansatz neigend [gr.]
li|po|phob (Adj.) nicht in Fett löslich [gr.]

Li|pu|rie auch: Lip|u|rie (die, -, -n) krankhafte Ausscheidung von Fett im Urin [gr.]
Li|que|fak|ti|on (die, -, -ti|o̱|nen) Umwandlung eines festen Stoffes in eine Flüssigkeit, Verflüssigung [lat.]
li|quid(e) (Adj.) 1 flüssig 2 zahlungsfähig [lat.]
Li|qui|da (die, -, -dä oder -qui|den) Laut, bei dem die ausströmende Atemluft durch Verengung des Mundkanals in Schwingungen versetzt wird; z.B. »r« [lat.]
Li|qui|da|ti|on (die, -, -ti|o̱|nen) das Liquidieren (1, 2); Rechnung
li|qui|die|ren (V.) 1 eine Firma liquidieren: auflösen und ihre laufenden Geschäfte abwickeln 2 Kosten, Leistungen liquidieren: fordern, berechnen 3 jmdn. liquidieren: umbringen, töten (ugs.) [lat.]
Li|quor (der, -s, -quo̱|res) Körperflüssigkeit; flüssiges Arzneimittel [lat.]
Li|ra (die, -, -re) Währungseinheit in Italien
Li|se|ne (die, -, -n) flacher Mauerstreifen (zur Gliederung einer Fläche) [frz.]
Li|ta|nei (die, -, -en) 1 vom Geistlichen und von der Gemeinde im Wechsel gesungenes Gebet 2 endlose Aufzählung oder Erzählung, langweiliges Gerede [gr.]
Li|ter (der oder das, -s, -) ein Hohlmaß, 1000 Kubikzentimeter [gr.]
Li|te|rar|his|to|ri|ker (der, -s, -) Wissenschaftler auf dem Gebiet der Literaturgeschichte
li|te|rar|his|to|risch (Adj.) die Literaturgeschichte betreffend, zu ihr gehörend
li|te|ra|risch (Adj.) zur Literatur gehörig, sie betreffend
Li|te|rat (der, -en, -en) Schriftsteller; gewandter, aber oberflächlich schreibender Schriftsteller [lat.]
Li|te|ra|tur (die, -, -en) Gesamtheit der schriftlichen Werke (eines Volkes oder einer Epoche, eines Wissens-, Fachgebietes) [lat.]
Li|te|ra|tur|his|to|ri|ker (der, -s, -) = Literarhistoriker
Li|tew|ka (die, -, -ken) bequemer, zweireihiger Uniformrock mit Umlegekragen [poln.]
Li|tha|go|gum auch: Lith|a|go|gum (das, -s, -ga) Mittel zum Abführen von Gallen-, Nieren- und Blasensteinen [gr.]
Li|thi|a|sis (die, -, -thi|a̱|sen) Steinbildung (in inneren Organen) [gr.]
Li|thi|kum (das, -s, -ka) = Lithagogum [gr.-lat.]
Li|tho|gra|phie (auch: Li|tho|gra|fie) (die, -, -n) 1 (nur Ez.) Druckverfahren, bei dem die Vorlage auf Stein übertragen und von dort abgedruckt wird, Steindruck 2 der so entstandene Abdruck, Steinzeichnung, Steindruck [gr.]

li·tho·gra·phie·ren (*auch:* li·tho·gra·fie·ren) (V.) mittels Lithographie herstellen
Li·thok·last *auch:* Li·tho·klast (der, -las·ten/-klas·ten, -las·ten/-klas·ten) Gerät zum Zertrümmern von Blasensteinen [gr.]
Li·tho·lo·gie (die, -, nur Ez.) Gesteinskunde [gr.]
Li·tho·ly·se (die, -, -n) Auflösung von Gallen-, Nieren-, Blasensteinen mit Hilfe von Medikamenten [gr.]
li·tho·phag (Adj.) Gesteine auflösend, sich in Gesteine hineinfressend (von Tieren; z.B. Bohrmuscheln) [gr.]
Li·tho·phyt (der, -en, -en) Pflanze, die auf felsigem Boden gedeiht [gr.]
Li·thos·phä·re *auch:* Li·tho·sphä·re (die, -, nur Ez.) oberste, aus Gesteinen bestehende Schicht der Erde, Erdkruste [gr.]
Li·tho·trip·sie (die, -, -n) Zertrümmerung von Blasensteinen mittels eines Lithoklasten [gr.]
Li·thur·gik *auch:* Lith·ur·gik (die, -, nur Ez.) Wissenschaft von Gebrauch und Verarbeitung von Gesteinen [gr.]
li·to·ral (Adj.) zur Küste, zum Ufer gehörig [lat.]
Li·to·ra·le (das, -s, -s) Küstenstrich, Uferzone
Li·to·ri·na (die, -, -nen) eine Strandschnecke [nlat.]
Lit·schi *auch:* Li·tschi (die, -, -s) aus China stammende, kirschgroße, rauschalige Frucht mit weißem, wohlschmeckendem Fleisch
Li·turg (der, -en, -en) die Liturgie ausführender Geistlicher
Li·tur·ge (der, -n, -n) der Geistliche, der die Liturgie, den Gottesdienst hält [gr.-lat.]
Li·tur·gie (die, -, -n) Gesamtheit der gottesdienstlichen Handlungen; Wechselgesang zwischen Geistlichem und Gemeinde (in der evangel. Kirche) [gr.]
Li·tur·gik (die, -, nur Ez.) Lehre von der Liturgie
li·tur·gisch (Adj.) zur Liturgie gehörig
live [laɪv] (Adv.) direkt (im Rundfunk und Fernsehen); z.B. eine Veranstaltung live senden, übertragen [engl.]
Live·show (*auch:* Live-Show) [laɪvʃəʊ] (die, -, -s) **1** unmittelbar, live ausgestrahlte Unterhaltungssendung mit musikalischen Einlagen **2** Peepshow, Vorführung sexueller Handlungen auf der Bühne eines Nachtclubs oder ähnlichem [engl.]
Liv·re *auch:* Li·vre (der oder das, -s, - oder -s) alte französische Gewichts- und Währungseinheit
Liv·ree *auch:* Li·vree (die, -, -n) uniformartige Kleidung (für Diener, Kutscher, Portiers u.a.) [frz.]

liv·riert *auch:* li·vriert (Adj.) in Livree gekleidet
Li·zen·ti·at (der, -en, -en) = Lizenziat (**1**) (das, -s, -e) = Lizenziat (**2**)
Li·zenz (die, -, -en) **1** behördliche Erlaubnis (zur Ausübung eines Gewerbes u.a.); z.B. von einem Verlag einem andern Verlag erteilte; Befugnis, eine Buchausgabe herauszubringen **2** Genehmigung, Erlaubnis, Befugnis [lat.]
Li·zen·zi·at (*auch:* Li·zen·ti·at) **1** (der, -en, -en) Inhaber eines Lizenziats (Hochschulgrades) **2** (das, -(e)s, -e) Hochschulgrad der evangel. Theologie (veraltet, noch österr.); Hochschulgrad (schweiz.) [lat.]
li·zen·zie·ren (V.) etwas lizenzieren: eine Lizenz für etwas erteilen
li·zen·zi·ös (Adj.) frei, ungebunden, zügellos [lat.]
Li·zi·tant (der, -en, -en) bei Versteigerungen Mitbietender; Meistbietender [lat.]
Li·zi·ta·ti·on (die, -, -ti·o·nen) Versteigerung [lat.]
li·zi·tie·ren (V.) versteigern [lat.]
Lla·no [lja:-] (der, -s, -s) steppenartige Ebene in Südamerika [span.]
Lob (der, -s, -s) über den am Netz stehenden Gegner hinweggeschlagener Ball (im Tennis und Volleyball) [engl.]
lob·ben (V.) einen Lob schlagen
Lob·by (die, -, -s) **1** Wandelhalle im Parlamentsgebäude (in England und den USA) **2** Gruppe von Personen, die die Abgeordneten im Sinne ihrer eigenen Interessen zu beeinflussen suchen [engl.]
Lob·by·ist (der, -is·ten, -is·ten) Angehöriger einer Lobby (**2**)
Lo·be·lie [-liə] (die, -, -n) eine Zierpflanze mit glockigen Blüten [nlat.]
Lo·chi·en (nur Mz.) Ausfluss aus der Scheide nach der Entbindung, Wochenfluss [gr.]
Lock·out (das, -(s), -s) Aussperrung (von Arbeitern) [engl.]
lo·co am Ort, greifbar, vorrätig in … (von Waren); z.B. loco München [lat.]
lo·co ci·ta·to [-tsi-] am angeführten Ort, an der bereits angeführten Stelle (im Buch) [lat.]
Loft (der, -(s), -s) **1** Fabrik oder Fabriketage als Wohnung **2** Neigungsgrad der Schlagfläche eines Golfschlägers [engl.]
Log (das, -s, -e oder -ge) Gerät zum Messen der Fahrgeschwindigkeit (eines Schiffes) [engl.]
lo·ga·rith·mie·ren (V.) mit Logarithmen rechnen; den Logarithmus (einer Zahl) bestimmen
lo·ga·rith·misch (Adj.) einen Logarithmus anwendend, ihm folgend; z.B. logarithmische Kurve

Lo·ga·rith·mus (der, -, -men) Zahl, mit der man eine andere Zahl potenzieren muss, um eine dritte, vorgegebene Zahl zu erhalten [gr.-lat.]

Lo·ge [-ʒə] (die, -, -n) **1** kleiner Seitenraum; z.b. Pförtnerloge (veraltet) **2** kleiner, abgeteilter Zuschauerraum mit nur wenigen Sitzplätzen (im Theater) **3** Vereinigung von Freimaurern **4** deren Versammlungsort [frz.]

log·gen (V.) mit dem Log messen

Log·ger (der, -s, -) Fischerboot mit Motor und Hilfssegel [niederl.]

Log·gia [lɔdʒa] (die, -, -gi·en [-dʒiən]) **1** nach einer oder mehreren Seiten offene Säulenhalle **2** auf einer Seite nach außen offener Raum vor einem Zimmer [it.]

lo·gie·ren [-ʒiː-] (V.) **1** beherbergen, bei sich wohnen lassen (veraltet) **2** (als Gast) wohnen [frz.]

Lo·gik (die, -, nur Ez.) **1** Lehre von den Formen und Gesetzen des Denkens, vom richtigen Schließen (aus Aussagen) **2** Fähigkeit, richtig zu denken und zu folgern [gr.]

Lo·gi·ker (der, -s, -) **1** Lehrer der Logik **2** jmd., der logisch, klar und scharf denkt

Lo·gis [-ʒiː] (das, -, - [-ʒiːs]) **1** Wohnung, Unterkunft **2** Mannschaftsraum (auf Schiffen) [frz.]

lo·gisch (Adj.) **1** zur Logik gehörig, ihr entsprechend, folgerichtig, schlüssig **2** klar, einleuchtend [gr.]

Lo·gis·mus (der, -, -men) **1** logische, gültige Schlussfolgerung **2** (nur Ez.) Lehre, dass die Welt logisch aufgebaut sei

Lo·gis·tik (die, -, nur Ez.) **1** mathematische Logik **2** Teil der (militärischen) Verwaltung für Versorgung (der Truppe) und Nachschub

lo·gis·tisch (Adj.) auf der mathematischen Logik beruhend

Lo·gi·zi·tät (die, -, nur Ez.) logische Beschaffenheit, das Logischsein

lo·go (Adj.) **1** (allein stehend oder mit »sein«) klar, selbstverständlich (bes. als Bekräftigung, ugs.); logo!; das ist doch logo! **2** (nur allein stehend) einverstanden, in Ordnung (ugs.)

Lo·go·griph (der, -s oder -en, -en) Rätsel, bei dem aus einem Wort durch Wegnehmen, Hinzufügen oder Ändern von Buchstaben ein neues Wort entstehen soll [gr.]

Lo·go·pä·de (der, -n, -n) Wissenschaftler auf dem Gebiet der Logopädie

Lo·go·pä·die (die, -, nur Ez.) Wissenschaft von den Sprachstörungen und ihrer Heilung, Sprachheilkunde [gr.]

lo·go·pä·disch (Adj.) zur Logopädie gehörig, auf ihr beruhend

Lo·gos (der, -, -goi) **1** Wort, Rede, Lehre **2** Begriff, Sinn **3** (nur Ez.) Vernunft, göttliche Vernunft, Weltvernunft [gr.]

Loi·pe (die, -, -n) Spur zum Skilanglauf [norweg.]

Lok (die, -, -s) kurz für: Lokomotive

lo·kal (Adj.) **1** örtlich, einen Ort, Bereich betreffend, auf einen Ort, Bereich begrenzt **2** den Ort bezeichnend (in der Grammatik) [lat.]

Lo·kal (das, -s, -e) **1** Gaststätte **2** Raum für Zusammenkünfte [lat.]

Lo·kal·a·näs·the·sie auch: Lo·kal·an·äs·the·sie (die, -, -n) örtliche Betäubung [lat.-gr.]

Lo·ka·li·sa·ti·on (die, -, -ti·o·nen) das Lokalisieren

lo·ka·li·sie·ren (V.) **1** auf einen Ort, Bereich begrenzen, beschränken **2** den Ort, Bereich (von etwas) bestimmen [lat.]

Lo·ka·li·tät (die, -, -en) **1** Raum, Gebäude, Lokal **2** (Mz.) die Lokalitäten: die Toilette (ugs.) [lat.]

Lo·kal·ko·lo·rit (das, -s, nur Ez.) künstlerische Darstellung der Umgebung, der Landschaft um einen Schauplatz, des Lebens an einem Schauplatz [lat.]

Lo·kal·pat·ri·o·tis·mus auch: Lo·kal·pa·tri·o·tis·mus (der, -, nur Ez.) übertriebene Begeisterung für die engere Heimat [lat.]

Lo·kal·pos·se (die, -, -n) volkstümliche, an eine Landschaft oder Stadt gebundene Komödie [lat.]

Lo·ka·tiv (der, -s, -e) den Ort bezeichnender Kasus; z.B. im Lateinischen [lat.]

Lo·ko·mo·bi·le (die, -, -n) fahrbare Dampfmaschine [lat.]

Lo·ko·mo·ti·on (die, -, -ti·o·nen) den Ort verändernde Bewegung; z.B. der Gang [lat.]

Lo·kom·o·ti·ve (die, -, -n) auf Schienen geführte Zugmaschine für Eisenbahnwagen [lat.]

lo·ko·mo·to·risch (Adj.) auf Lokomotion beruhend

Lo·kus (der, -, -se) Toilette (ugs.) [lat.]

Lom·bard (der oder das, -s, -e) Darlehen gegen Pfand [frz.]

Lom·bar·de (der, -n, -n) Ew. der Lombardei; aus der Lombardei stammender Pfandleiher (Ende des MA)

Lom·ber (auch: Lomb·re) (das, -s, nur Ez.) Kartenspiel für drei Spieler mit französischen Karten ohne 8, 9, 10 [frz.]

Lom·bre auch: Lom·bre [lɔ̃brə] (das, -, nur Ez.) = Lomber

Long·drink (der, -s, -s) Mischgetränk mit viel Flüssigkeit und wenig Alkohol [engl.]

Longe [lõːʒ] (die, -, -n) lange Leine (an der Pferde bei der Dressur im Kreis geführt werden, für Schwimmschüler sowie für Sportler beim Erlernen schwieriger Übungen in größerer Höhe) [frz.]

lon|gie|ren (V.) an der Longe führen (Pferde)

Lon|gi|met|rie auch: Lon|gi|me|trie (die, -, -n) Längenmessung

lon|gi|tu|di|nal (Adj.) in der Längsrichtung, längs gerichtet; die geografische Länge betreffend [lat.]

Long|sel|ler (der, -s, -) Buch, das sich lange Zeit gut verkauft [engl.]

Look [lʊk] (der, -s, -s) Aussehen, Äußeres [engl.]

Loo|ping [luː-] (das oder der, -s, -s) Flug in senkrechter Schleife, Überschlag (im Kunstflug) [engl.]

Lord (der, -s, -s) Titel für Angehörige des englischen hohen Adels, auch als Anrede; Träger dieses Titels

Lor|do|se (die, -, -n) Wirbelsäulenverkrümmung nach vorn [gr.]

Lo|re (die, -, -n) kleines, offenes Schienenfahrzeug (meist mit kegelförmigem Längsschnitt, zum Kippen) [engl.]

Lo|ret|te (die, -, -n) Lebedame, leichtfertiges Mädchen [frz.]

Lorg|net|te auch: Lor|gnet|te [-ɲɛt] (die, -, -n) Stielbrille (früher) [frz.]

lorg|net|tie|ren auch: lor|gnet|tie|ren [-ɲɛtiː-] (V.) **1** durch eine Stielbrille, eine Lorgnette betrachten **2** scharf mustern [frz.]

Lorg|non auch: Lor|gnon [-ɲõː] (das, -s, -s) Stielbrille für nur ein Auge [frz.]

Lo|ri (der, -s, -s) **1** ein Halbaffe Südostasiens und Afrikas mit kurzem oder ohne Schwanz **2** Papagei Südostasiens mit Borstenzunge [malai.] **3** (das, -s, -s) = Lore

Lo|ro|kon|to (das, -s, -ten) Konto, das eine Bank für eine andere Bank führt [it.]

Lost Ge|ne|ra|ti|on (auch: Lost ge|ne|ra|tion) (die, -, -) (Adj.) Bezeichnung für die Gruppe der jungen amerikanischen Schriftsteller der Zwanzigerjahre, die durch die Erlebnisse des Ersten Weltkrieges desillusioniert und pessimistisch waren **2** die junge amerikanische und europäische Generation nach dem Ersten Weltkrieg [engl.]

Lo|ti|on [ləʊʃn] (die, -, -s) oder [-tsjoːn] (die, -, -ti|o|nen) Gesichtswasser [engl.]

Lo|tos (der, -, -) ein Seerosengewächs Vorderasiens und Indiens [gr.]

Lot|te|rie (die, -, -n) Zahlenglücksspiel, bei dem Lose gekauft und gezogen werden; Verlosung, Glücksspiel mit Karten [niederl.]

Lot|to (das, -s, -s) Art Lotterie, bei der auf Zahlen gewettet wird; Kartenspiel für Kinder [it.]

Lou|is [luːi] (der, -, - [luːis]) Zuhälter [frz.]

Lou|is|dor [lui-] (der, -s, -e oder -) französische Goldmünze (im 17. Jh., vom Namen Ludwigs XIII)

Loup de mer [ludəmɛːr] (der, - - -, -s -) ein Speisefisch, Seewolf [frz.]

Lo|xod|ro|me auch: Lo|xo|dro|me (die, -, -n) Linie, die alle Längenkreise der Erde unter dem gleichen Winkel schneidet [gr.]

lo|xo|go|nal (Adj.) schiefwinklig [gr.]

lo|yal auch: loy|al [lwaja:l] (Adj.) regierungstreu; treu, zu jmdm. haltend, Abmachungen einhaltend, redlich [frz.]

Lo|ya|li|tät auch: Loy|a|li|tät (die, -, nur Ez.) loyales Verhalten, Treue, Redlichkeit

Lu|es (die, -, nur Ez.) = Syphilis [lat.]

lu|e|tisch (Adj.) = luisch

Luf|fa (die, -, -s) **1** ein tropisches Kürbisgewächs **2** aus dessen Fruchtfasern hergestellter Schwamm (zum Frottieren, als Einlage für Tropenhelme u.a.) [arab.]

Lu|i|ker (der, -s, -) jmd., der an der Krankheit Lues leidet

lu|isch (Adj.) auf Lues beruhend, an Lues leidend

luk|ra|tiv auch: lu|kra|tiv (Adj.) einträglich, Gewinn bringend

luk|rie|ren auch: lu|krie|ren (V.) (altertümelnd) einen Gewinn machen, gewinnen [lat.]

Lu|kub|ra|ti|on auch: Lu|ku|bra|ti|on (die, -, -ti|o|nen) (altertümelnd) wissenschaftliches Arbeiten bei Nacht [lat.]

lu|ku|lent (Adj.) (altertümelnd) klar, lichtvoll [lat.]

lu|kul|lisch (Adj.) üppig, reichhaltig und erlesen; z.B. ein lukullisches Mahl [lat.]

Lu|kul|lus (der, -, -se) Schlemmer (nach dem römischen Feldherrn Lucius L. Lucullus) [lat.]

Lum|ba|go (die, -, nur Ez.) **1** Muskelrheumatismus im Bereich der Lendenwirbelsäule, Hexenschuss **2** meist tödliche Muskelerkrankung des Pferdes, Harnwinde [lat.]

lum|bal (Adj.) zu den Lenden gehörig, von ihnen ausgehend, Lenden… [lat.]

Lum|ber|jack [lʌmbədʒæk] (der, -s, -s) Leder- oder Tuchjacke mit gestrickten Bündchen an Taille und Ärmeln [engl.]

Lu|men (das, -s, - oder -mi|na) **1** innerer Durchmesser von schlauchförmigen Hohlorganen **2** Hohlraum in pflanzlichen und tierischen Zellen und Organen **3** Maßeinheit des Lichtstroms **4** Könner, intelligenter Mensch, »Licht«, »Leuchte« (ugs., scherzh.) [lat.]

Lu|mi|nes|zens (die, -, -en) Leuchten eines Stoffes ohne Erhöhung der Temperatur [lat.]

lu|mi|nes|zie|ren (V.) Lumineszens zeigen, kalt leuchten

Lu|mi|no|phor (der, -s, -e) Stoff, der nach Bestrahlung mit Licht einige Zeit leuchtet, Leuchtstoff [lat.-gr.]

lu|mi|nos (Adj.) = luminös

lu|mi|nös (auch: lu|mi|nos) (Adj.) **1** leuchtend **2** lichtvoll, vortrefflich (veraltet) [lat.]

Lum|pa|zi|va|ga|bun|dus (der, -, -di oder -se) Herumtreiber, Landstreicher (scherzhaft) [latinisierend]

Lump|sum [lʌmpsʌm] (die, -, -s) Pauschalsumme [engl.]

lu|nar (Adj.) zum Mond gehörig [lat.]

Lu|na|ri|um (das, -s, -ri|en) Gerät zum Darstellen der Mondbewegung [lat.]

Lu|na|ti|ker (der, -s, -) jmd., der an Lunatismus leidet

lu|na|tisch (Adj.) mondsüchtig [lat.]

Lu|na|tis|mus (der, -, nur Ez.) Mondsüchtigkeit [lat.]

Lunch [lʌntʃ] (der, -s, -s) leichte Mittagsmahlzeit [engl.]

lun|chen [lʌntʃn] (V.) den Lunch einnehmen [engl.]

Lü|net|te (die, -, -n) **1** halbmondförmiges Feld (über Fenstern, Türen u.a.) **2** Vorrichtung an Maschinen zum Unterstützen langer Werkstücke [frz.]

Lu|nu|la (die, -, -lä oder -nu|len) **1** halbmondförmiger bronzezeitlicher Halsschmuck **2** halbmondförmiger Hostienbehälter **3** halbmondförmiger weißer Fleck (an Finger- und Zehennagel) [lat.]

lu|nu|lar (Adj) halbmondförmig [lat.]

Lu|pe (die, -, -n) Vergrößerungsglas [frz.]

Lu|pi|ne (die, -, -n) ein Schmetterlingsblütler, Futter- und Zierpflanze [lat.]

Lu|pi|no|se (die, -, -n) Vergiftung (von Wiederkäuern) bei Fütterung mit bitteren Lupinen

lu|pös (Adj.) von Lupus befallen

Lu|pu|lin (das, -s, nur Ez.) aus Hopfen gewonnener Bitterstoff (zur Bierbrauerei und als Beruhigungsmittel) [lat.]

Lu|pus (der, -, - oder -se) tuberkulöse Hauterkrankung mit Knötchen- und Narbenbildung, Wolf [lat.]

lu|sin|gan|do (Adv.) schmeichelnd, zart, spielerisch (bei Musikstücken) [it.]

Lus|ter (der, -s, -) Kronleuchter (österr.) [frz.]

Lüs|ter (der, -s, -) **1** Kronleuchter **2** glänzender Überzug auf Keramiken **3** glänzend machendes Mittel (für Lederwaren u.a.) **4** ein glänzendes Halbwollgewebe [frz.]

Lus|tra|ti|on auch: Lust|ra|ti|on/Lu|stra|ti|on (die, -, -ti|o|nen) kultische Reinigung (durch Opfer u.a.) [lat.]

lus|tra|tiv auch: lust|ra|tiv/lu|stra|tiv (Adj.) kultisch reinigend [lat.]

lus|trie|ren auch: lust|rie|ren/lu|strie|ren (V.) kultisch reinigen (durch Opfer u.a.) [lat.]

lüs|trie|ren auch: lüst|rie|ren/lü|strie|ren (V.) glänzend machen (Gewebe, Garne) [frz.]

Lus|trum auch: Lust|rum/Lu|strum (das, -s, Lus|tra oder Lus|tren) alle fünf Jahre stattfindendes Reinigungsopfer und daher auch Zeitraum von fünf Jahren (im alten Rom) [lat.]

Lu|te|in (das, -s, nur Ez.) gelber Farbstoff (in Eidotter, Butter, grünen Blättern) [lat.]

Lu|te|om (das, -s, -e) Eierstockgeschwulst [lat.]

Lu|te|ti|um (das, -s, nur Ez.) ein chemischer Grundstoff, Metall [lat.]

Lux (das, -, -) Maßeinheit für die Beleuchtungsstärke [lat.]

Lu|xa|ti|on (die, -, -ti|o|nen) Verrenkung [lat.]

lu|xie|ren (V.) verrenken [lat.]

lu|xu|rie|ren (V.) üppig, übermäßig wachsen (in der Botanik, Zoologie); üppig vorhanden sein [lat.]

lu|xu|ri|ös (Adj.) üppig, prächtig, verschwenderisch [lat.]

Lu|xus (der, -, nur Ez.) üppige, reiche, kostbare Ausstattung, Prunk, Verschwendung [lat.]

Lu|zer|ne (die, -, -n), auch Alfalfa, ein Schmetterlingsblütler, Futterpflanze [frz.]

lu|zid (Adj.) durchsichtig, hell [lat.]

Lu|zi|di|tät (die, -, nur Ez.) Durchsichtigkeit, Helligkeit [lat.]

Lu|zi|fe|rin (das, -s, nur Ez.) Leuchtstoff (von manchen Tieren und Pflanzen) [lat.]

lu|zi|fe|risch (Adj.) teuflisch

Lyd|dit (das, -s, nur Ez.) ein Sprengstoff

Ly|ko|po|di|um (das, -s, -di|en) artenreiche Sporenpflanzengruppe, Bärlapp (Heilpflanze) [gr.]

Lymph|a|de|ni|tis auch: Lym|pha|de|ni|tis (die, -, -ti|den) Lymphknotenentzündung [lat.]

Lymph|a|de|nom auch: Lym|pha|de|nom (das, -s, -e) = Lymphom

Lymph|an|gi|om auch: Lym|phan|gi|om (das, -s, -e) gutartige Lymphgefäßgeschwulst [lat.-gr.]

Lymph|an|gi|tis auch: Lym|phan|gi|tis (die, -, -ti|den) Lymphgefäßentzündung [lat.-gr.]

lym|pha|tisch (Adj.) die Lymphe, Lymphknoten und -gefäße betreffend, von ihnen ausgehend
Lym|phe (die, -, -n) **1** (nur Ez.) hellgelbe Körperflüssigkeit **2** Impfstoff gegen Pocken [lat.]
Lym|phom (das, -s, -e) Lymphknotengeschwulst [lat.]
Lym|phos|ta|se (die, -, -n) Lymphstauung [lat.-gr.]
Lym|pho|zyt (der, -en, -en) im lymphatischen Gewebe entstehende Zelle [lat.-gr.]
Lym|pho|zy|to|se (die, -, -n) krankhafte Vermehrung der Lymphozyten [lat.-gr.]
lyn|chen (V.) mittels Lynchjustiz verurteilen und töten
Lynch|jus|tiz (die, -, nur Ez.) ungesetzliche Justiz (des Volkes) zur Selbsthilfe [engl.-lat.]
Ly|ra (die, -, -ren) **1** ein Zupfinstrument in der altgriechischen Musik **2** Glockenspiel (in der Militärmusik) **3** ein Streichinstrument (zwischen Fidel und Violine) **4** Drehleier [gr.]
Ly|rik (die, -, nur Ez.) rhythmische Dichtungsart in Versen, die Gefühle, Stimmungen, Erlebnisse ausdrückt, oft mit Reimen und in Strophen gegliedert [gr.]
Ly|ri|ker (der, -s, -) Dichter, der überwiegend Lyrik schreibt
ly|risch (Adj.) **1** zur Lyrik gehörig, in der Art der Lyrik **2** stimmungs-, gefühlsbetont
ly|ri|sie|ren (V.) etwas dichterisch oder musikalisch extrem stimmungsvoll darbieten, gefühlsbetont gestalten [gr.-lat.]
Ly|ris|mus (der, -, -men) **1** (nur Ez.) gefühls-, stimmungsbetonte Darstellung **2** lyrisches Element (in einer Dichtung), lyrische Einzelheit [gr.-nlat.]
Ly|ri|zi|tät (die, -, nur Ez.) das Lyrischsein, lyrische Beschaffenheit
Ly|se (die, -, -n) = Lysis
ly|si|gen (V.) durch Auflösung entstanden [gr.-lat.]
Ly|sin (das, -s, -e) Stoff, der körperfremde Zellen und Krankheitserreger auflösen kann
Ly|sis (die, -, -sen) **1** allmählicher Rückgang des Fiebers **2** Auflösung von körperfremden Zellen und Krankheitserregern [gr.]
Lys|sa (die, -, nur Ez.) Tollwut [gr.-lat.]
Lys|so|pho|bie (die, -, nur Ez.) krankhafte Angst, an Tollwut zu erkranken beziehungsweise erkrankt zu sein [gr.-lat.]
ly|ze|al (Adj.) das Lyzeum betreffend, zum Lyzeum gehörend [gr.-lat.]
Ly|ze|um (das, -s, -ze|en) höhere Mädchenschule (früher) [gr.]

M

Mä|an|der (der, -s, -) in regelmäßigen Windungen verlaufender Fluss; Ornament aus einer regelmäßig rechtwinklig gebrochenen Linie [gr.]
mä|and|rie|ren *auch:* mä|an|drie|ren (V.) in der Art eines Mäanders verlaufend
mä|and|risch *auch:* mä|an|drisch (Adj.) in der Art eines Mäanders
Mac [mæk] (vor schottischen und irischen Familiennamen) Sohn des ...; z.B. MacKenzie
Mac|chia (*auch:* Mac|chie) [makia] (die, -, -chi|en [-kiən]) niedriger, dichter, immergrüner Buschwald der Mittelmeerländer [it.]
Mac|chie [makjə] (die, -, -n) = Macchia
Ma|che|te auch [-tʃeː-] (die, -, -n) breites, langes Messer, Buschmesser [span.]
Ma|che|tik (die, -, nur Ez.) Kampflehre, Gefechtslehre [gr.]
Ma|chi|a|vel|lis|mus [makia-] (der, -, nur Ez.) Politik, die dem Machtstreben den Vorrang vor der Moral gibt [it.]
Ma|chi|na|ti|on (die, -, -ti|o|nen) heimtückischer Anschlag, Machinationen: Ränke, Winkelzüge [lat.]
ma|chi|nie|ren (V.) (veraltet) intrigieren, Ränke schmieden [lat.]
Ma|chis|mo [-tʃɪs-] (der, -, nur Ez.) vermeintliches Bewusstsein der männlichen Überlegenheit, Männlichkeitswahn [span.]
Ma|cho [tʃo-] (der, -s, -s) sich betont männlich-überlegen gebärdender Mann [span.]
Ma|chor|ka (der, -s, nur Ez.) russischer Tabak [russ.]
Ma|cker (der, -s, -) Freund, Bekannter (eines Mädchens); Kollege; Anführer (ugs.)
Ma|da|gas|se (der, -n, -n) Einwohner von Madagaskar
ma|da|gas|sisch (Adj.) Madagaskar betreffend, zu ihm gehörig
Ma|dam 1 [-dam] (die, -, -s oder -en) Hausherrin; dicke Frau (ugs., abwertend) **2** [mɛdəm] (die, -, -s) engl. Anrede für: Frau [frz.]
Ma|dame [-dam] (die, -, Mes|dames [mɛdam]) Frau (als französische Anrede)
made in [meɪd ɪn] hergestellt in; z.B. made in Germany [engl.]
Ma|dei|ra [deː-] (der, -s, -s) Süßwein von der portugiesischen Insel Madeira
Ma|de|moi|selle [madmwazɛl] (die, -, Mes|de|moi|selles [madmwazɛl]) Fräulein (als französische Anrede)

Mad'jar *auch:* Ma'djar (*auch:* Mag'yar) (der, -en, -en) Ungar

Ma'don'na (die, -, -nen) **1** (nur Ez.) die Jungfrau Marias, Mutter Jesu, Muttergottes **2** Darstellung der Jungfrau Maria (in der Kunst) [it.]

Mad're'po're *auch:* Ma'dre'po're (die, -, -n) Steinkoralle [it.]

Mad'ri'gal *auch:* Ma'dri'gal (das, -s, -e) Hirtenlied; lyrisches Gedicht der Renaissance; Kunstlied (im 16./17. Jh) [it.]

mad'ri'ga'lesk *auch:* ma'dri'ga'lesk ((Adj.) das Madrigal betreffend, im Stil eines Madrigals [it.]

Mad'ri'ga'lis'mus *auch:* Ma'dri'ga'lis'mus (der, -s, nur Ez.) mehrstimmiger Kompositionsstil des 16. Jahrhunderts [it.-lat.]

Mad'ri'ga'list *auch:* Ma'dri'ga'list (der, -lis'ten, -lis'ten) Komponist eines Madrigals [it.-lat.]

Mad'ri'ga'lis'tik *auch:* Ma'dri'ga'lis'tik (die, -, nur Ez.) die Kunst, die Lehre der Madrigalkomposition [it.-lat.]

mad'ri'ga'lis'tisch *auch:* ma'dri'ga'lis'tisch (Adj.) = madrigalesk [it.-lat.]

Ma'es'tà [mae-] (die, -, nur Ez.) Darstellung der thronenden Madonna (in der Kunst) [it.]

ma'es'to'so [maɛ-] (Adv.) majestätisch (bei Musikstücken) [it.]

Ma'es'tro *auch:* Ma'est'ro/Ma'e'stro [-mae-] (der, -s, -tri/-ri/-stri) Meister, Lehrer; Künstler, Dirigent [it.]

Mä'eu'tik (*auch:* Mai'eu'tik) (die, -, nur Ez.) Methode, aus dem Schüler die richtige Antwort durch Fragen herauszulocken, »Hebammenkunst« [gr.]

Maf'fia (die, -, nur Ez.) = Mafia

Ma'fia (*auch:* Maf'fia) (die, -, nur Ez.) terroristischer Geheimbund (bes. auf Sizilien) [it.]

Ma'fi'o'so (der, -(s), -si) Angehöriger der Mafia

Ma'fi'o'te (der, -, -n) = Mafioso

Ma'ga'zin (das, -s, -e) **1** Vorratsraum oder -haus, Lagerraum oder -haus **2** Aufbewahrungsräume für die Bücher einer Bibliothek **3** Patronenkammer (in Handfeuerwaffen) **4** unterhaltende, bebilderte Zeitschrift **5** über Tagesereignisse informierende Rundfunkoder Fernsehsendung, oft mit Musik [arab.-frz.]

Ma'ga'zi'neur [-nøːʁ] (der, -s, -e) Lagerverwalter (österr.) [frz.]

ma'ga'zi'nie'ren (V.) ins Magazin aufnehmen, im Magazin aufbewahren

Mag'da'lé'ni'en [-njẽ] (das, -s, nur Ez.) Stufe der jüngeren Altsteinzeit [frz.]

Ma'gen'ta [-dʒɛn-] (das, -s, nur Ez.) roter synthetischer Farbstoff [it.]

mag'gi'o're [madʒo:-] = Dur [it.]

Magh'reb *auch:* Ma'ghreb (der, -, nur Ez.) **1** der Westen **2** die im westlichen Teil der arabisch-mohammedanischen Welt angesiedelten Staaten Tunesien, Nordalgerien, Marokko [arab.]

magh're'bi'nisch *auch:* ma'ghre'bi'nisch (Adj.) nordafrikanisch, zum Westen gehörig [arab.]

Ma'gie (die, -, nur Ez.) Zauberkunst, Geisterbeschwörung [gr.]

Ma'gi'er [-giɐ] (der, -s, -) Zauberer, Geisterbeschwörer [gr.]

Ma'gi'ker (der, -s, -) **1** persischer Zauberpriester **2** Zauberkünstler [pers.-gr.-lat.]

ma'gisch (Adj.) **1** auf Magie beruhend, mit ihrer Hilfe **2** geheimnisvoll

Ma'gis'ter (der, -s, -) **1** Lehrer (früher) **2** akademischer Grad **3** (in Österreich Titel für) Apotheker [lat.]

ma'gis'tral *auch:* ma'gist'ral/ma'gi'stral (Adj.) bereitet nach ärztlicher Anweisung [lat.]

Ma'gis'tra'le *auch:* Ma'gist'ra'le/Ma'gi'stra'le (die, -, -n) **1** die Hauptdurchgangsstraße, Hauptverkehrslinie einer Großstadt [lat.] **2** repräsentative Einkaufsstraße mit Geschäften, Gaststätten etc. [lat.-russ.]

Ma'gis'trat *auch:* Ma'gist'rat/Ma'gi'strat (der, -(e)s, -e) **1** hoher Beamter (im alten Rom) **2** Stadtverwaltung **3** Mitglied der Regierung (schweiz.) [lat.]

Mag'ma (das, -, -men) geschmolzenes Gestein (im Erdinnern) [gr.]

mag'ma'tisch (Adj.) wie Magma, aus dem Magma stammend

mag'na cum lau'de *auch:* ma'gna cum lau'de mit großem Lob (bei der Doktorprüfung) [lat.]

Mag'nat *auch:* Ma'gnat (der, -en, -en) **1** Angehöriger des hohen Adels (früher in Polen und Ungarn) **2** Großgrundbesitzer **3** Großindustrieller

Mag'ne'sia *auch:* Ma'gne'sia (die, -, nur Ez.) Magnesiumoxid

Mag'ne'sit *auch:* Ma'gne'sit (der, -s, -e) ein Mineral, Edelstein [gr.]

Mag'ne'si'um *auch:* Ma'gne'si'um (das, -s, nur Ez.) ein Element, Metall [gr.-nlat.]

Mag'net *auch:* Ma'gnet (der, -en, -en) **1** Eisen anziehender Körper **2** von elektrischem Strom durchflossene Spule mit Eisenkern [gr.]

mag'ne'tisch *auch:* ma'gne'tisch (Adj.) **1** Eisen, Kobalt oder Nickel anziehend **2** auf Magnetismus (2) beruhend

Mag·ne·ti·seur *auch:* Ma·gne·ti·seur [-zøːɐ] (der, -s, -e) Heilkundiger, der Magnetismus (**2**) anwendet
mag·ne·ti·sie·ren *auch:* ma·gne·ti·sie·ren (V.) **1** magnetisch machen **2** mit Magnetismus (**2**) behandeln
Mag·ne·tis·mus *auch:* Ma·gne·tis·mus (der, -, nur Ez.) **1** das Magnetischsein; Fähigkeit, Eisen, Kobalt oder Nickel anzuziehen **2** Fähigkeit (von manchen Menschen), Heilkräfte auszustrahlen und wirksam werden zu lassen **3** darauf beruhendes Heilverfahren
Mag·ne·tit *auch:* Ma·gne·tit (der, -s, -e) ein Mineral, Magnetiteisenerz
Mag·ne·to·graph *auch:* Ma·gne·to·graph (*auch:* Mag·ne·to·graf/Ma·gne·to·graf) (der, -en, -en) Gerät, das selbsttätig erdmagnetische Schwankungen aufzeichnet [gr.]
Mag·ne·to·me·ter *auch:* Ma·gne·to·me·ter (das, -s, -) Gerät zum Messen des Erdmagnetismus und der magnetischen Feldstärke [gr.]
Mag·ne·ton *auch:* Ma·gne·ton (das, -s, -(s)) Maßeinheit für magnetische Stärke (von Elementarteilchen)
Mag·ne·to·path *auch:* Ma·gne·to·path (der, -en, -en) = Magnetiseur [gr.]
Mag·ne·to·pa·thie *auch:* Ma·gne·to·pa·thie (die, -, nur Ez.) auf Magnetismus (**2**) beruhendes Heilverfahren
Mag·ne·tron *auch:* Mag·net·ron/Ma·gne·tron (das, -s, -s oder -tro·ne) eine Elektronenröhre, die magnetische Energie verwendet
mag·ni·fik *auch:* ma·gni·fik (Adj.) prächtig, ausgezeichnet (veraltet) [frz.]
Mag·ni·fi·kat *auch:* Ma·gni·fi·kat (das, -(s), -s) **1** Lobgesang (im Lukasevangelium) **2** auf diesen Text komponiertes Chorwerk [lat.]
Mag·ni·fi·kus *auch:* Ma·gni·fi·kus (der, -, -fi·zi) Bezeichnung für den Rektor einer Hochschule [lat.]
Mag·ni·fi·zenz *auch:* Ma·gni·fi·zenz (die, -, -en) (Titel und Anrede für) Rektor (einer Hochschule) [lat.]
Mag·no·lie *auch:* Ma·gno·lie (-lie) (die, -, -n) ein Zierbaum mit tulpenähnlichen Blüten [frz.]
Mag·yar *auch:* Ma·gyar (-dʒaːr) (der, -en, -en) = Madjar
Ma·ha·go·ni (das, -s, nur Ez.) rötliches Holz des Mahagonibaumes Mittelamerikas sowie zahlreicher ähnlicher Baumarten [indian.]
Ma·ha·rad·scha *auch:* Ma·ha·rad·scha (der, -s, -s) indischer Großfürst [sanskr.]
Ma·ha·ra·ni (die, -, -s) Ehefrau eines Maharadschas
Ma·ha·ri·schi (der, -s, -s) Respekt bezeugende Bezeichnung für einen geistig-religiösen Führer in Indien [Hindi]
Ma·hat·ma (der, -s, -s) indischer Ehrentitel für geistig hoch stehenden Mann
Mah·di (der, -s, nur Ez.) von den Moslems erwarteter, von Gott gesandter Prophet, der das Werk Mohammeds vollenden wird
Mai·den [meɪdn] (das, -s, -) junges, bei Rennen noch nicht erprobtes Rennpferd [engl.]
Mai·eu·tik (die, -, nur Ez.) = Mäeutik
Mail·box [meɪl-] (die, -, -en oder -es) papierlose Nachrichtenübermittlung (von Büro zu Büro) über Postleitung, elektronischer Briefkasten [engl.]
Mai·ling [meɪl-] (das, -s, nur Ez.) fachsprachliche Bezeichnung für das Versenden von Werbematerial auf dem postalischen Weg [amerik.]
Mail·or·der (*auch:* Mail-Or·der) [meɪl-] (die, -, nur Ez.) Vertrieb von Waren nach Bestellung auf Grund von Prospekten [engl.]
Main·li·ner [meɪnlaɪnɐ] (der, -s, -) Rauschgiftsüchtiger, der sich selbst intravenös spritzt [engl.]
Main·stream (*auch:* Main Stream) [meɪn-striːm] (der, -(s), nur Ez.) Hauptrichtung; z.B. Mainstreamrock: Rockmusik in der jeweiligen Moderichtung (ohne Neues) [engl.]
Mais (der, -es, -e) eine aus Amerika stammende bis zu 3 m hoch werdende Getreidepflanze [indian.-span.]
Mai·so·nette [mɛzɔnɛt] (die, -, -s oder -n) mehrstöckige Wohnung (innerhalb eines größeren Hauses) [frz.]
Maître de Plai·sir [mɛtrə do plɛziːɐ] (der, - -, -s - -) jmd., der eine unterhaltende gesellschaftliche Veranstaltung leitet (veraltet, noch scherzhaft) [frz.]
Mait·res·se *auch:* Mai·tres·se [mɛ-] = Mätresse
Mai·ze·na (das, -s, nur Ez.) Maisstärke
Ma·jes·tas Do·mi·ni (die, - -, nur Ez.) Darstellung des thronenden Christus [lat.]
Ma·jes·tät (die, -, -en) **1** (nur Ez.) Erhabenheit, Würde **2** (nur Ez.) Titel und Anrede für: Kaiser, König **3** Kaiser, König; die Majestäten: das kaiserliche, königliche Paar [lat.]
ma·jes·tä·tisch (Adj.) würdevoll, erhaben, hoheitsvoll [lat.]
ma·jeur [maʒœːr] = Dur [frz.]
Ma·jo·li·ka (die, -, -li·ken) = Fayence [it.]
Ma·jo·nä·se (die, -, -n) = Mayonnaise
ma·jor [meɪdʒə] = Dur [engl.]
Ma·jor (der, -s, -e) **1** militärischer Rang zwischen Hauptmann und Oberstleutnant **2** Offizier in diesem Rang [lat.]
Ma·jo·ran oder [ma-] (das, -s, nur Ez.) eine Gewürzpflanze, Lippenblütler [frz.]

Ma|jo|rat (das, -(e)s, -e) **1** Recht des ältesten Sohnes auf das Erbgut, Ältestenrecht **2** das Erbgut selbst [lat.]
Ma|jor|do|mus (der, -, -) oberster Hofbeamter; Befehlshaber des Heeres (bei den fränkischen Königen) [lat.]
ma|jo|renn (Adj.) volljährig, mündig (veraltet) [lat.]
ma|jo|ri|sie|ren (V.) durch Stimmenmehrheit besiegen, überstimmen [lat.]
Ma|jo|ri|tät (die, -, nur Ez.) Stimmenmehrheit [lat.]
Ma|jorz (der, -(e)s, nur Ez.) Mehrheitswahl (schweiz.) [lat.]
Ma|jus|kel (die, -, -n) Großbuchstabe [lat.]
ma|ka|ber (Adj.) schaurig, an den Tod erinnernd; mit dem Tod, dem Grausigen spaßend
Ma|ka|dam (der oder das, -s, -e) ein Straßenbelag [engl.]
ma|ka|da|mi|sie|ren (V.) mit Makadam beschichten
Ma|kak (der, -s oder -en, -en) ein meerkatzenartiger Affe; z.B. der Rhesus [portugies.]
Ma|ka|ris|mus (der, -, -men) Seligpreisung [gr.]
Make-up [meɪkʌp] (das, -s, -s) **1** Verschönerung mit kosmetischen Mitteln **2** Creme zum Glätten und Tönen der Gesichtshaut [engl.]
Ma|ki (der, -s, -s) = Lemur (2)
Mak|ka|ro|ni (nur Mz.) lange, dünne, röhrenförmige Nudel [it.]
mak|ka|ro|nisch (Adj.) in schlechtem Latein abgefasst, aus lateinischen Brocken und latinisierten Wörtern [it.]
mak|ka|ro|ni|sche Dich|tung (die, -n -, nur Ez.) Knödeldichtung, wobei in die verwendete Sprache lateinische Wörter eingestreut werden [it.]
mak|ka|ro|ni|sie|ren (V.) lateinische Wörter in einem anderssprachigen Zusammenhang verwenden [it.]
Ma|ko (der, die oder das, -(s), nur Ez.) ägyptische Baumwolle; daraus hergestelltes Gewebe [ägypt.]
Mak|ra|mee auch: Ma|kra|mee (das, -s, -s) **1** arabische Knüpftechnik **2** in dieser Knüpftechnik gefertigte Werk [arab.-türk.-it.]
Mak|re|le auch: Ma|kre|le (die, -, -n) ein Meeresfisch, Speisefisch [niederl.]
Mak|ro|bi|o|tik auch: Ma|kro|bi|o|tik (die, -, nur Ez.) **1** Kunst, das Leben zu verlängern **2** gesunde Ernährungsweise auf der Grundlage von Getreide und Gemüse [gr.]
mak|ro|ke|phal auch: ma|kro|ke|phal (Adj.) = makrozephal

Mak|ro|kli|ma auch: Ma|kro|kli|ma (das, -s, nur Ez.) Klima eines größeren Gebietes [gr.]
Mak|ro|kos|mos auch: Ma|kro|kos|mos (der, -, nur Ez.) Weltall, Weltraum [gr.]
Mak|ro|me|lie auch: Ma|kro|me|lie (die, -, nur Ez.) Riesenwuchs
Mak|ro|mo|le|kül auch: Ma|kro|mo|le|kül (das, -s, -e) aus tausend und mehr Atomen aufgebautes Molekül [gr.]
Mak|ro|ne auch: Ma|kro|ne (die, -, -n) kleines Gebäck aus Mandeln, Haselnüssen o.Ä., Zucker und Eiweiß [frz.]
Mak|ro|po|de auch: Ma|kro|po|de (der, -n, -n) ein Labyrinthfisch, Aquarienfisch [gr.]
Mak|ro|so|mie auch: Ma|kro|so|mie (die, -, nur Ez.) Riesenwuchs
mak|ro|ze|phal auch: ma|kro|ze|phal (auch: mak|ro|ke|phal/ma|kro|ke|phal) (Adj.) mit abnorm großem Kopf versehen [gr.]
Ma|ku|la|tur (die, -, nur Ez.) schadhafte, fehlerhafte, ausgeschiedene Druckbogen; Papierabfälle, Altpapier [lat.]
ma|ku|lie|ren (V.) zu Makulatur machen, einstampfen
Ma|la|chit (der, -s, -e) ein grünes Mineral [gr.]
ma|la|d(e) (Adj.) krank, erschöpft, sehr müde und lustlos [frz.]
Ma|la|ga (der, -s, -s) Süßwein aus der spanischen Provinz Malaga
Ma|la|ga|sy (das, -, nur Ez.) die malaiische Sprache Madagaskars, madagass. Sprache
Ma|la|gue|ña [malagɛnja] (die, -, -s) spanischer Tanz, während der Sänger innerhalb eines ständig wiederholten Themas frei improvisieren kann [span.]
Ma|laie (der, -n, -n) Angehöriger einer Völkergruppe in Südostasien (bes. Indonesien)
ma|lai|isch (Adj.) zu den Malaien gehörig, von ihnen stammend
Ma|lai|se (auch: Ma|lä|se) [-lɛː-] (die, -, -n; österr. das, -s, -n) **1** Übelkeit, Unbehagen **2** ungünstiger Umstand, widrige Sache [frz.]
Ma|la|ko|lo|gie (die, -, nur Ez.) Wissenschaft von den Weichtieren [gr.]
Ma|la|ria (die, -, nur Ez.) in warmen Ländern auftretende Infektionskrankheit mit Fieberanfällen, Sumpffieber, Wechselfieber [it.]
Ma|lä|se (die, -, -n) = Malaise
Ma|la|wi|er (der, -s, -) Einwohner des südostafrikanischen Staates Malawi; dem früheren Nyassaland [Bantu]
Ma|la|ya|lam (das, -, nur Ez.) eine drawidische Sprache
ma|lay|sisch (Adj.) zu Malaysia gehörig
Ma|la|zie (die, -, -n) Erweichung (von Gewebe, bes. der Knochen) [gr.]

Ma|le|di|ver (der, -s, -) Einwohner des südasiatischen Inselstaates Malediven [arab.]
ma|le|di|zie|ren (V.) verwünschen [span.]
Ma|le|fi|kant (der, -en, -en) Übeltäter [lat.]
Ma|le|fi|kus (der, -, - oder -fi|zi) = Malefikant [lat.]
Ma|le|fiz (das, -es, -e) Übeltat, Missetat (veraltet) [lat.]
Ma|le|fi|zer (der, -s, -) = Malefizkerl [lat.]
Ma|le|fiz|kerl (der, -s, -e) **1** ein bewunderter Draufgänger **2** jmd., über den man sich ärgert (in beiden Bedeutungen ein Ausdruck der Umgangssprache) [lat.-dt.]
Ma|le|sche (die, -, -n; meist Mz.) Maleschen: Unannehmlichkeiten, Scherereien [frz.]
Mal|heur [malø:ɐ] (das, -s, -e) Missgeschick, kleiner Unfall, kleines Unglück [frz.]
mal|ho|nett [malo-] (Adj.) unredlich, unfein [lat.-frz.]
Ma|li|ce [-s] (die, -, -n) Bosheit, boshafte Äußerung [frz.]
Ma|li|er (der, -s, -) Einwohner des westafrikanischen Staates Mali
ma|lig|ne *auch:* ma|li|gne (Adj.) bösartig (von Geschwülsten) [lat.]
Ma|lig|ni|tät *auch:* Ma|li|gni|tät (die, -, nur Ez.) Bösartigkeit (Med.) [lat.]
ma|li|zi|ös (Adj.) boshaft, hämisch [frz.]
mal|kon|tent (Adj.) unzufrieden, missvergnügt [lat.-frz.]
mal|len (V.) sich drehen, umspringen (vom Wind) [niederl.]
Malm (der, -(e)s, nur Ez.) obere Abteilung des Juras [engl.]
Mal|loc|chio *auch:* Mal|oc|chio [-ɔkio] (der, -s, - oder -chi [-ki]) böser Blick [it.]
ma|lo|chen (V.) schwer arbeiten, schuften (ugs.) [jidd.]
Ma|lo|cher (der, -s, -) Arbeiter [hebr.-jidd.]
Ma|los|sol (der, -s, nur Ez.) schwach gesalzener Kaviar [russ.]
Mal|te|ser (der, -s, -) **1** Ew. von Malta **2** Schoßhundrasse mit sehr langem, weißem Haar, das seidig schimmert
mal|te|sisch (Adj.) zu Malta gehörig
Mal|thu|si|a|nis|mus (der, -, nur Ez.) Lehre des englischen Nationalökonomen Th. R. Malthus, dass die Erdbevölkerung schneller zunehme als der Bodenertrag und deshalb drastische Mittel zur Begrenzung der Bevölkerungszahl notwendig seien [engl.-nlat.]
Mal|to|se (die, -, nur Ez.) Malzzucker [engl.]
mal|trä|tie|ren *auch:* mal|trä|tie|ren (V.) **1** misshandeln, peinigen **2** überbeanspruchen, rücksichtslos (mit etwas) umgehen (ugs., scherzhaft) [frz.]

Ma|lus (der, - oder -ses, - oder -se) **1** nachträglicher Prämienaufschlag (bei Häufung von Schadensfällen in der Versicherung) **2** Punktnachteil, Abschlag [lat.]
Mal|va|sier (der, -s, nur Ez.) ein süßer Südwein [gr.-it.]
Mal|ve (die, -, -n) eine Heil- und Zierpflanze
Mam|ba (die, -, -s) eine afrikanische Giftschlange
Mam|bo (der, -(s), nur Ez.) lateinamerikan. Tanz um 1950 [afrokuban.]
Ma|me|luck (*auch:* Ma|me|luk) (der, -lu|cken, -lu|cken) **1** türkischer Sklave am persischen und ägyptischen Hof (früher) **2** Angehöriger eines ägyptischen Herrschergeschlechts (vom 13. bis Anfang des 16. Jh.) [arab.]
Ma|me|luk (der, -en, -en) = Mameluck
Ma|mil|la (die, -, -len) Brustwarze [lat.]
Mam|ma (die, -, -mae [-mɛ:]) **1** Brustdrüse **2** Zitze [lat.]
Mam|ma|lia (nur Mz.) Säugetiere [lat.]
Mam|mo|gra|fie *auch:* Mam|mo|gra|phie (die, -, -n) Röntgenuntersuchung der weiblichen Brust [lat.-gr.]
Mam|mon (der, -s, nur Ez.) Geld, Reichtum (abwertend) [gr.-jidd.]
Mam|mut (das, -s, -s oder -e) ausgestorbener Elefant der Eiszeit mit langer Behaarung [jakut. oder tungus.-russ.]
Mam|sell (die, -, - oder -en) **1** Fräulein (veraltet, noch scherzhaft) **2** Wirtschafterin (in Hotels und auf Landgütern) [frz.]
Ma|na (das, -(s), nur Ez.) einem leblosen Gegenstand zugeschriebene Ausstrahlungskraft; z.B. das Mana eines Steins [polynes.]
Mä|na|de (die, -, -n) ekstatische Begleiterin des griechischen Weingottes Dionysos [gr.]
Ma|nage|ment [mænɪdʒmənt] (das, -s, -s) **1** wirtschaftliche Leitung (eines Unternehmens) **2** Gesamtheit der leitenden Angestellten [engl.]
Ma|nage|ment-Buy-out (das, -(s), nur Ez.) Übernahme einer Aktiengesellschaft durch die Unternehmensführung mit Hilfe von Aktienkäufen [engl.]
ma|na|gen [mɛnɪdʒn] (V.) **1** zu Stande bringen, bewerkstelligen **2** betreuen (und in den Vordergrund bringen); z.B. einen Sportler managen [engl.]
Ma|na|ger [mɛnɪdʒə] (der, -s, -) **1** Leiter (eines Unternehmens) **2** Betreuer (eines Sportlers oder Künstlers) [engl.]
Man|ches|ter [mæntʃɪstə] (der, -s, nur Ez.) kräftiger Kordsamt [engl.]

Man|da|la (das, -(s), -s) kreisförmiges oder viereckiges Bild mit deutlichem Mittelpunkt (bes. als Hilfsmittel zur Meditation; in den indischen Religionen) [sanskr.]

Man|dant (der, -en, -en) Kunde, Auftraggeber (eines Rechtsanwalts, Steuerberaters) [lat.]

Man|da|rin (der, -s, -e) europäische Bezeichnung für: hohen chinesischen Beamten (früher) [portugies.]

Man|da|ri|ne (die, -, -n) kleine, süße, apfelsinenähnliche Frucht

Man|dat (das, -(e)s, -e) **1** Auftrag, Vollmacht **2** Amt eines gewählten Abgeordneten **3** von einem Staat verwaltetes Gebiet [lat.]

Man|da|tar (der, -s, -e) jmd., der ein Mandat erhalten hat, der im Auftrag eines anderen handelt; z.B. Steuerberater; Abgeordneter (österr.) [lat.]

man|da|tie|ren (V.) bevollmächtigen, beauftragen [lat.]

Man|da|tor (der, -s, -to|ren) Bezeichnung für den Boten in Byzanz [lat.]

Man|da|tum (das, -s, -ta) in der katholischen Kirche die Fußwaschungszeremonie am Gründonnerstag [lat.]

Man|di|bel (die, -, -n) **1** Unterkieferknochen (bei Wirbeltieren und beim Menschen) **2** Mandibeln: erstes Paar der Mundwerkzeuge (bei Insekten und Krebsen) [lat.]

Man|din|go (der, -s, -s) künstlicher Penis, der von Frauen zu masturbatorischen und gleichgeschlechtlichen Praktiken verwendet wird [afrikan.]

Man|do|la (*auch:* Man|do|ra) (die, -, -len) ein Zupfinstrument (größer und eine Oktave tiefer als die Mandoline) [it.]

Man|do|li|ne (die, -, -n) ein Zupfinstrument

Man|do|ra (die, -, -ren) = Mandola

Man|dor|la (die, -, -dor|len) mandelförmiger Heiligenschein um die ganze Gestalt (in der Kunst) [it.]

Mand|ra|go|ra *auch:* Man|dra|go|ra (auch: Mandra|go|re/Man|dra|go|re) (die, -, -ren) ein Nachtschattengewächs, dessen (nach dem Volksglauben zauberkräftige) Wurzel als »Alraune« bezeichnet wird [viell. pers.]

Mand|rill *auch:* Man|drill (der, -s, -e) ein afrikanischer Affe mit buntfarbigem Gesicht und Hinterteil [span.-engl.]

Mand|schu *auch:* Man|dschu (der, -s, -s oder -) **1** Angehöriger eines tungusischen Volksstammes **2** (das, -s, nur Ez.) dessen Sprache

Ma|ne|ge (-ʒə) (die, -, -n) kreisrunder Platz für Darbietungen (im Zirkus); Reitbahn [frz.]

Ma|nen (nur Mz.) die guten Geister der Verstorbenen (in der römischen Mythologie)

Man|ga|be (die, -, -n) ein meerkatzenartiger afrikanischer Affe

Man|gan (das, -s, nur Ez.) ein Element, Metall [gr.]

Man|ga|nit (der, -s, -e) ein Mineral [gr.-nlat.]

Man|go (die, -, -s oder -go|nen) eine tropische, eiförmige größere Frucht [malai.]

Man|gus|te (die, -, -n) = Ichneumon

Ma|ni|chä|er (der, -s, -) Anhänger des Manichäismus

Ma|ni|chä|is|mus (der, -, nur Ez.) eine altpersische, mit christlichen Elementen durchsetzte Religion [pers.-nlat.]

Ma|ni|chi|no [-ki:-] (der, -s, -s) Gliederpuppe (für Kleiderentwürfe) [frz.-it.]

Ma|nie (die, -, -n) **1** mit Erregung, übersteigertem Selbstgefühl u.a. verbundene Gemütskrankheit **2** leidenschaftliche Liebhaberei, Trieb, Sucht [gr.]

Ma|nier (die, -, -en) **1** (nur Ez.) Art und Weise, Eigenart **2** (nur Ez.) gekünstelte Nachahmung bestimmter Formen **3** (meist Mz.) Umgangsformen, Benehmen [frz.]

ma|nie|riert (Adj.) gekünstelt, übertrieben, verfeinert [frz.]

Ma|nie|riert|heit (die, -, -en) Künstelei, Unnatürlichkeit des Ausdrucks [lat.-frz.]

Ma|nie|ris|mus (der, -, nur Ez.) eine Stilrichtung in der Kunst zwischen Renaissance und Barock; gekünstelte Nachahmung eines Stils

Ma|nie|rist (der, -ris|ten, -ris|ten) Vertreter des Manierismus [frz.]

ma|nie|ris|tisch (Adj.) in der Art des Manierismus

ma|nier|lich (Adj.) mit guten Manieren, wohlerzogen

ma|ni|fest (Adj.) deutlich erkennbar, offenkundig [lat.]

Ma|ni|fest (das, -fes|tes, -fes|te) **1** Grundsatzerklärung, Darlegung eines Programms **2** öffentliche Erklärung **3** Verzeichnis der Ladung (eines Schiffes) [lat.]

Ma|ni|fes|tant (der, -en, -en) **1** Teilnehmer an einer Demonstration (veraltet, noch schweiz.) **2** jmd., der einen Offenbarungseid leistet oder geleistet hat [lat.]

Ma|ni|fes|ta|ti|on (die, -, -ti|o|nen) **1** das Erkennbar-, Offenbarwerden **2** öffentliche Erklärung **3** Demonstration (schweiz.) [lat.]

ma|ni|fes|tie|ren (V.) öffentlich erklären, darlegen; sich manifestieren: erkennbar, sichtbar werden

Ma|ni|hot (der, -s, -s) = Maniok

Ma|ni|kü|re (die, -, -n) **1** (nur Ez.) Pflege der Fingernägel **2** Friseuse oder Kosmetikerin,

maniküren die zugleich Maniküre betreibt **3** Kästchen mit den Geräten für die Fingernagelpflege [frz.]

ma|ni|kü|ren (V.) die Fingernägel pflegen

Ma|ni|ok (der, -s, -s) ein südamerikanisches Wolfsmilchgewächs mit essbarer Wurzel [Tupi-span.]

Ma|ni|pel 1 (der, -s, -) Abteilung einer Kohorte (im alten Rom) **2** (der oder die, -(s), - oder -n) gesticktes, über dem linken Unterarm getragenes Band des Messgewandes [lat.]

Ma|ni|pu|lant (der, -en, -en) jmd., der andere manipuliert

Ma|ni|pu|la|ti|on (die, -, ti|o|nen) **1** Zurichten und Färben (von Fellen) **2** Handgriff, Kunstgriff, geschicktes Vorgehen **3** gezielte, aber unmerkliche Beeinflussung [lat.]

ma|ni|pu|la|tiv (Adj.) in der Art einer Manipulation (**3**)

Ma|ni|pu|la|tor (der, -s, -to|ren) **1** Zauberkünstler, Taschenspieler **2** jmd., der andere manipuliert **3** Gerät, mit dem radioaktive, staubempfindliche oder ähnliche Gegenstände aus größerer Entfernung oder durch Schutzwände hindurch bewegt werden können [lat.]

ma|ni|pu|la|to|risch (Adj.) mit Hilfe einer Manipulation (**3**)

ma|ni|pu|lier|bar (Adj.) beeinflussbar, lenkbar, handhabbar [lat.]

ma|ni|pu|lie|ren (V.) **1** (Felle) zurichten und färben **2** geschickte Handgriffe machen, (etwas) geschickt handhaben **3** (in eine bestimmte Richtung) steuern, lenken; jmdn. manipulieren; gezielt, aber unmerklich beeinflussen [lat.]

Ma|ni|pu|lie|rer (der, -s, -) = Manipulator (**2**) [lat.]

Ma|ni|pu|lie|rung (die, -, -en) = Manipulation (**3**) [lat.]

ma|nisch (Adj.) an Manie (**1**) leidend

ma|nisch-dep|res|siv *auch:* **ma|nisch-depres|siv** (Adj.) psychologischer Fachbegriff für krankhafte, unvermittelte Stimmungsschwankungen von großer Heiterkeit bis tiefster Schwermut [gr.-lat.]

Ma|nis|mus (der, -, nur Ez.) Verehrung der Manen, Totenkult

Ma|ni|tu (der, -s, nur Ez., auch ohne Artikel) allen Dingen und Naturerscheinungen innewohnende, übersinnliche Macht (bei nordamerikanischen Indianern) [Algonkin]

man|kie|ren (V.) **1** mangeln, fehlen **2** verfehlen [lat.-it.-frz.]

Man|ko (das, -s, -s) **1** Fehlbetrag **2** Fehler, Mangel [it.]

Man|na (das, -(s), nur Ez.) **1** vom Himmel stammende Nahrung der Juden bei ihrer Wanderung durch die Wüste (im AT) **2** Saft aus der Rinde mancher Bäume **3** Ausscheidung der in den Mittelmeerländern vorkommenden Mannaschildlaus [hebr.]

Man|ne|quin [-kɛ̃] (das, -s, -s) **1** Gliederpuppe (für Maler und Bildhauer), Schaufensterpuppe (früher) **2** Frau, die neue Modelle der Damenmode vorführt [niederl.-frz.]

Man|nit (der, -s, -e) ein in Manna (**2**), Oliven, Sellerie vorkommender, süßer Alkohol

Ma|no|me|ter (das, -s, -) Gerät zum Messen des Druckes von Gasen und Flüssigkeiten, Druckmesser [gr.]

ma|no des|tra *auch:* **ma|no dest|ra/ma|no de|stra** mit der rechten Hand (zu spielen; in der Musik) [it.]

ma non tan|to aber nicht so sehr (in der Musik); z.B. allegro ma non tanto [it.]

ma non trop|po aber nicht sehr (in der Musik); z.B. allegro ma non troppo [it.]

ma|no si|nis|tra *auch:* **ma|no si|nist|ra/ma|no si|nis|tra** mit der linken Hand (zu spielen; bei Musikstücken) [it.]

Ma|nö|ver (das, -s, -) **1** Truppen-, Flottenübung größeren Ausmaßes **2** Wendung, Bewegung (des Schiffes oder Flugzeugs) **3** Maßnahme, Vorgehen zur Täuschung eines anderen [frz.]

ma|növ|rie|ren *auch:* **ma|nö|vrie|ren** (V.) **1** ein Manöver (**1**, **2**) ausführen **2** geschickt und gezielt vorgehen (um jmdn. oder sich in eine bestimmte Lage zu bringen); z.B. jmdn. in eine unangenehme Lage manövrieren [frz.]

Man|sar|de (die, -, -n) ausgebautes Dachgeschoss, Dachzimmer [frz.]

Man|schet|te (die, -, -n) **1** Aufschlag (am langen Hemd- oder Blusenärmel) **2** Hülle aus Krepppapier (für Blumentöpfe) **3** ein verbotener Griff am Hals (beim Ringen) **4** Dichtungsring (an Maschinenteilen) **5** (Mz.) Manschetten: Handfesseln (in der Gaunersprache); Manschetten haben: Angst haben (ugs.) [frz.]

Man|tik (die, -, nur Ez.) Wahrsagekunst [gr.]

Man|til|le [-tɪljə] (die, -, -n) **1** Schulterumhang (für Frauen; früher); Kopf und Schultern bedeckendes Spitzentuch [span.]

Man|tis|se (die, -, -n) hinter dem Komma stehende Zahl (bei Logarithmen) [lat.]

Mant|ra *auch:* **Man|tra** (das, -s, -s, nur Ez.) Lebensweisheit, Lebensformel, magische Bedeutung, über die meditiert wird; z.B. ein Wort mit einer bestimmten Kraft; Hinduismus, Esoterikszene; sein Mantra absingen [ind.]

Ma|nu|al (das, -s, -e) **1** Tagebuch (veraltet) **2** Tastenreihe, die mit den Händen gespielt wird (an Orgel und Cembalo) [lat.]

ma'nu'ell (Adj.) mit der Hand, Hand... [lat.]
Ma'nu'fak'tur (die, -, -en) **1** Herstellung mit der Hand, Handarbeit **2** mit der Hand hergestellter Gegenstand der Industrie **3** Betrieb, in dem die Waren mit der Hand hergestellt werden (früher) [lat.]
ma'nu'fak'tu'rie'ren (V.) mit der Hand herstellen [lat.]
ma'nu pro'pria *auch:* ma'nu pro'pria eigenhändig (veraltet) [lat.]
Ma'nus'kript *auch:* Ma'nu'skript (das, -(e)s, -e) mit der Hand oder Maschine geschriebener Text (als Druckvorlage) [lat.]
Man'za'nil'la [-anɪlja] (der, -s, nur Ez.) ein nach Kamille duftender Süßwein [span.]
Ma'o'is'mus (der, -, nur Ez.) von Mao Tse-tung entwickelte chinesische Form des Kommunismus [chin.-nlat.]
Ma'o'ist (der, -isten, -isten) Anhänger des Maoismus
ma'o'is'tisch (Adj.) den Maoismus betreffend, auf ihm beruhend
Ma'o'look (der, -s, nur Ez.) unter Mao in China eingeführte uniformartige Kleidung, die aus einem Anzug mit hochgeschlossener blauer oder grüner Jacke und einer Schirmmütze in den gleichen Farben besteht [chin.-engl.]
Ma'o'ri 1 (der, -s, -s oder -) Eingeborener Neuseelands **2** (das, -(s), nur Ez.) dessen Sprache
Ma'quet'te [-kɛt] (die, -, -n) Entwurf, Skizze, Modell [frz.]
Ma'qui'sard [makiza:] (der, -s, -s) Mitglied der französischen Widerstandsbewegung »Maquis« (im Zweiten Weltkrieg) [frz.]
Ma'ra'bu (der, -s, -s) ein Schreitvogel (Südasiens und Afrikas) mit Kehlsack [arab.]
Ma'ra'but (der, -(e)s oder -, -s oder -) islamischer Einsiedler
Ma'ra'ca (die, -, -s) mit Körnchen gefüllte, gestielte Kugelrassel (als Begleitinstrument in der lateinamerikan. Musik) [portugies.]
ma'ran'tisch (Adj.) abgezehrt, verfallen, schwach [gr.]
Ma'ras'chi'no [-ki:-] (der, -s, -s) aus einer jugoslawischen Sauerkirsche hergestellter Likör [it.]
Ma'ras'mus (der, -, nur Ez.) körperlicher und geistiger Kräfteverfall [gr.]
Ma'ra'thon 1 (der, -s, -s) der Langstreckenlauf über die Marathondistanz von 42,2 km **2** (das, -s, -s) überdurchschnittlich lange Dauerndes [gr.]
mar'ca'to (Adv.) markant, deutlich hervorgehoben (zu spielen; bei Musikstücken) [it.]

Mar'che'se [-ke:-] (der, -(s), -n) Angehöriger des italienischen Adels zwischen Graf und Herzog [it.]
Mar'cia [martʃa] (die, -, -s oder -cie [-tʃe]) Marsch; Marcia funebre: Trauermarsch [it.]
Ma're (das, -, - oder -ria) dunkle Ebene auf der Oberfläche von Himmelskörpern; z.B. des Mondes [lat.]
Ma'rel'le (die, -, -n) = Marille
Ma'ren'da (die, -, -den) = Marende
Ma'ren'de (*auch:* Ma'ren'da) (die, -, -n) Nachmittagsmahlzeit, Vesper (schweiz.) [it.]
Ma'ren'go (der, -s, -s) schwarzweiß meliertes Wollgewebe [it.]
Mar'ga'rin (die, -, -en) = Margarine (österr.)
Mar'ga'ri'ne (*auch:* Mar'ga'rin) (die, -, -n) aus pflanzlichen oder pflanzlichen und tierischen Fetten hergestelltes Speisefett [gr.]
Mar'ge (die, -, -n) **1** Abstand, Spanne, Spielraum **2** Spanne zwischen Einkaufs- und Verkaufspreis, zwischen Kursen [frz.]
Mar'ge'ri'te (die, -, -n) eine Wiesen- und Ackerblume [frz.]
mar'gi'nal (Adj.) **1** auf dem Rand (einer Buchseite u.a.) stehend **2** am Rande, auf der Grenze liegend **3** nebensächlich **4** randständig (von Samenanlagen; in der Botanik)
Mar'gi'nal (das, -s, -li'en) = Marginalie [lat.]
Mar'gi'na'lie (*auch:* Mar'gi'na'le) (die, -, -li'en) an den Rand geschriebene Bemerkung; kleine Überschrift auf dem Rand der Buchseite [lat.-frz.]
mar'gi'na'li'sie'ren (V.) einen Text mit Marginalien versehen [lat.]
Mar'gi'na'lis'mus (der, -, nur Ez.) eine nicht von absoluten Werten, sondern von Grenzwerten ausgehende Theorie der Volkswirtschaft [lat.]
Mar'gi'na'li'tät (die, -, nur Ez.) Existenz am Rande einer gesellschaftlichen Gruppe oder zwischen zwei Gruppen, Marginalexistenz [frz.]
Ma'ri'a'ge [-ʒə] (die, -, -n) **1** Ehe, Heirat (veraltet) **2** Zusammentreffen von König und Dame (im Kartenspiel) [frz.]
ma'ri'a'nisch (Adj.) zur Jungfrau Maria gehörig
Ma'ri'hu'a'na (das, -s, nur Ez.) aus den getrockneten und zerriebenen Blättern des mexikan. Hanfs hergestelltes Rauschgift
Ma'ril'le (*auch:* Ma'rel'le) (die, -, -n) = Aprikose (österr.) [it.]
Ma'rim'ba (die, -, -s) xylophonähnl. Musikinstrument mit Resonanzkörpern [afrikan.-span.]

ma'rin (Adj.) zum Meer gehörig, aus dem Meer stammend, im Meer lebend [lat.]
Ma'ri'na'de (die, -, -n) saure, gewürzte Tunke (zum Einlegen von Fleisch oder Fisch); die darin eingelegten Fleisch- oder Fischteile [frz.]
Ma'ri'ne (die, -, nur Ez.) Gesamtheit der Schiffe (einschließlich Besatzungen) und der dem Seehandel und Seekrieg dienenden Einrichtungen (eines Staates) [lat.]
Ma'ri'ner (der, -s, -) Soldat der Marine
ma'ri'nie'ren (V.) in eine Marinade einlegen
Ma'ri'o'lat'rie *auch:* Ma'ri'o'la'trie (die, -, nur Ez.) Verehrung der Jungfrau Maria [hebr.-gr.]
Ma'ri'o'lo'gie (die, -, nur Ez.) Lehre von der Jungfrau Maria [hebr.-gr.]
Ma'ri'o'net'te (die, -, -n) **1** kleine, an Fäden aufgehängte und durch sie bewegte Gliederpuppe **2** willenloser, andern als Werkzeug dienender Mensch [frz.]
ma'ri'tim (Adj.) **1** zum Meer, zur See gehörig; maritimes Klima: Seeklima **2** zum Seewesen gehörig [lat.]
mar'kant (Adj.) **1** deutlich ausgeprägt, auffallend **2** scharf geschnitten (von Gesichtszügen) [frz.]
Mar'ka'sit (der, -s, -e) ein Mineral, Schmuckstein [arab.-nlat.]
Mar'ke'ten'der (der, -s, -) Händler, der die kämpfende Truppe begleitet und mit Lebensmitteln und Dingen des täglichen Bedarfs versorgt (früher) [it.]
Mar'ke'te'rie (die, -, -n) = Intarsie [frz.]
Mar'ke'ting (das, -, nur Ez.) den Absatz fördernde Politik (eines Unternehmens) [engl.]
mar'kie'ren (V.) **1** kennzeichnen, durch ein Zeichen hervorheben **2** vortäuschen **3** andeuten, andeutungsweise singen oder spielen (bei Theaterproben) **4** (ein Tor) schießen, erzielen **5** eine Duftmarke setzen (von manchen Tieren), ein wenig Harn lassen (um das eigene Revier zu bezeichnen) [frz.]
Mar'kie'rung (die, -, -en) **1** das Markieren **2** Zeichen, das etwas markiert
Mar'ki'se (die, -, -n) **1** aufrollbares Dach aus Stoff (als Sonnenschutz) **2** ein Edelsteinschliff [frz.]
Mar'ki'set'te (*auch:* Mar'qui'set'te) [-zet] (der oder die, -, nur Ez.) gitterartiger Gardinenstoff [frz.]
Mark'ka (die, -, -) Währungseinheit in Finnland [germ.-finn.]
Mar'kör (der, -s, -e) **1** Schiedsrichter, Zähler der Punkte (beim Billard) **2** beim Billard bedienender Kellner (österr.) **3** Gerät zum Ziehen der Furchen auf dem Acker oder Beet [frz.]
Mar'me'la'de (die, -, -n) mit Zucker eingekochter Fruchtbrei [portugies.-it.]
Mar'mor (der, -s, -e) ein (meist schön geäderter) Kalkstein [gr.]
mar'mo'riert (Adj.) wie Marmor gemustert, geädert
Ma'ro'cain [-kɛ̃] (der, -s, -s) ein krepppartiges Gewebe [frz.]
ma'ro'de (Adj.) marschunfähig; müde, erschöpft [frz.]
Ma'ro'deur [-dø:ɐ̯] (der, -s, -e) plündernder Nachzügler einer (kämpfenden) Truppe [frz.]
ma'ro'die'ren (V.) plündernd umherziehen (von Soldaten) [frz.]
Ma'rok'ka'ner (der, -s, -) Einwohner des Königreichs Marokko in Nordwestafrika [arab.]
Ma'ro'ne (die, -, -n oder -ni) Frucht der Edelkastanie [it.]
Ma'ro'quin [-kɛ̃] (das, -s, nur Ez.) weiches marokkanisches Ziegen- oder Schafleder [frz.]
Mar'rot'te (die, -, -n) wunderliche Laune, Vorliebe oder Gewohnheit [frz.]
Mar'quess [mɑːkwɪs] (der, -, -) Angehöriger des englischen Adels zwischen Graf und Herzog
Mar'quis [-kiː] (der, -, - [kiːs]) Angehöriger des französischen Adels zwischen Graf und Herzog
Mar'qui'se [-kiː-] (die, -, -n) Ehefrau oder Tochter eines Marquis
Mar'qui'set'te [-kizet] = Markisette
Mar'sa'la (der, -s, -s) ein Süßwein aus der sizilianischen Stadt Marsala
Mar'seil'lai'se [marsɛjɛːz] (die, -, nur Ez.) aus einem Revolutionslied entstandene französische Nationalhymne
Mar'su'pi'a'li'er (der, -s, -) Beuteltier [gr.-lat.]
mar'ti'a'lisch [-tsja:-] (Adj.) wild, kriegerisch, grimmig [lat.]
Mär'ty'rer (der, -s , -) **1** Christ, der für seinen Glauben gestorben ist **2** jmd., der für seine Überzeugung Leiden erduldet [gr.]
Mar'ty'ri'um (das, -s, -ri'en) Tod für den Glauben, für eine Überzeugung; Qual, großes Leiden, Pein [gr.-lat.]
Mar'ty'ro'lo'gi'um (das, -s, -gi'en) Verzeichnis der Märtyrer (**1**) [gr.-lat.]
Ma'ry Jane [mɛəri dʒeɪn] (die, - -, nur Ez.) Marihuana (verhüllend) [engl.]
Mar'zi'pan (das oder der, -s, -e) Süßigkeit aus geriebenen Mandeln, Zucker u.a. [it.]

Ma'schi'ne (die, -, -n) 1 Gerät, das Kraft überträgt (Kraftmaschine) oder Arbeitsgänge selbsttätig verrichtet (Arbeitsmaschine) 2 (kurz für) Schreib-, Wasch-, Nähmaschine 3 Motorrad 4 Flugzeug 5 Rennwagen 6 dicke, behäbige Frau (ugs., scherzhaft) [lat.-frz.]

Ma'schi'ne'rie (die, -, -n) Gesamtheit von zusammenarbeitenden Maschinen; Ablauf von Vorgängen, in den man kaum oder gar nicht eingreifen kann [lat.-frz.]

Ma'schi'nist (der, -nis'ten, -nis'ten) Facharbeiter, der eine oder mehrere Maschinen bedient und überwacht

Mas'ka'ron auch [-rō] (der, -s, -e) fratzenhaftes Gesicht (als Ornament in der Baukunst) [it.-frz.]

Mas'ke (die, -, -n) 1 Nachbildung eines Gesichts oder Tierkopfes aus Pappe 2 durch Perücke und Schminke verändertes Gesicht (eines Schauspielers) 3 das halbe Gesicht bedeckendes Stück Stoff mit Löchern für die Augen (zum Unkenntlichmachen auf Bällen) 4 Verkleidung 5 verkleidete Person 6 Haube zum Schutz von Gesicht und Kopf; z.B. Gasmaske 7 kosmetische Creme, die auf das Gesicht aufgetragen wird und eine Weile einwirken muß 8 Schablone zum Abdecken von Negativen beim Belichten 9 Verstellung, Vortäuschung

Mas'ke'ra'de (die, -, -n) 1 Verkleidung 2 Fest mit Masken (5), Maskenball [frz.]

mas'kie'ren (V.) 1 mit einer Maske (1, 3) verhüllen 2 verkleiden, vermummen 3 verdecken, verbergen, tarnen

Mas'kott'chen (das, -s, -) kleine Puppe oder Tier (auch Mensch), der Glück bringen soll [frz.]

Mas'kot'te (die, -, -n) = Maskottchen

mas'ku'lin auch [-li:n] (Adj.) männlich, männlichen Geschlechts, männliche Wesenszüge, männliches Äußeres zeigend [lat.]

Mas'ku'li'num auch [-li:-] (das, -s, -na) männliches Substantiv [lat.]

Ma'so'chis'mus (der, -, nur Ez.) geschlechtliche Befriedigung durch Erdulden körperlicher und/oder seelischer Misshandlungen [nlat.]

Ma'so'chist (der, -chis'ten, -chis'ten) jmd., der Masochismus betreibt

Mas'sa'ge [-ʒə] (die, -, -n) mechanische Einwirkung mit den Händen auf den Körper oder auf Körperteile (Kneten, Klopfen u.a.) zu Heilzwecken [frz.]

Mas'sai (der, -s, - oder -s) Angehöriger eines ostafrikanischen Volksstammes

Mas'sa'ker (das, -s, -) massenweise grausame Tötung, Blutbad, Gemetzel [frz.]

mas'sak'rie'ren auch: mas'sa'krie'ren (V.) brutal töten, niedermetzeln [frz.]

Mas'sel (der, -s, nur Ez.) Glück; z.B. Massel haben [hebr.-jidd.]

Mas'seur [-søːʀ] (der, -s, -e) jmd., der berufsmäßig Massagen ausführt [frz.]

Mas'seu'se [-søː-] (die, -, -n) weiblicher Masseur (veraltet, heutige Bezeichnung:) Masseurin

mas'sie'ren (V.) mit Massage behandeln [frz.]

mas'siv (Adj.) 1 aus einheitlichem Material, dicht, fest 2 voll, nicht hohl und nicht mit anderer Masse gefüllt; z.B. Figur aus massiver Schokolade 3 dauerhaft, kräftig 4 groß, wuchtig; z.B. massiver Bau 5 sehr energisch, sehr deutlich, grob; z.B. massiv werden; massive Vorwürfe [frz.]

Mas'siv (das, -s, -e) Masse alter Gesteine, die durch Abtragung freigelegt wurden, Grundgebirge; Gebirgsstock, mehrere zusammenhängende Berge [frz.]

Mas'si'vi'tät (die, -, nur Ez.) massive Beschaffenheit

Mas'ta'ba (die, -, -s) rechteckiges, altägyptisches Grab [arab.]

Mas'ter (der, -s, -) 1 (in England Anrede für) junger Herr 2 (in England und den USA) akademischer Grad 3 Anführer einer Parforcejagd 4 Leiter; z.B. Showmaster [engl.]

Mas'tiff (der, -s, -s) große, schwere englische Hunderasse [engl.]

Mas'ti'ka'tor (der, -s, -to'ren) Knetmaschine

Mas'ti'tis (die, -, -ti'ti'den) Brustdrüsenentzündung [gr.]

Mas'tix (der, -(e)s, nur Ez.) 1 ein Harz (für Lack, Kitt, als Kaumittel u.a.) 2 ein Straßenbelag aus Asphalt und Steinen [lat.]

Mas'to'don (das, -s, -s oder -don'ten) ein ausgestorbenes Rüsseltier, viell. Vorläufer des Elefanten [gr.]

Mas'tur'ba'ti'on (die, -, -ti'o'nen) geschlechtliche Selbstbefriedigung [lat.]

mas'tur'bie'ren (V.) sich geschlechtlich selbst befriedigen [lat.]

Ma'sur'ka (die, -, -ken oder -s) feuriger polnischer Tanz [poln.]

Ma'ta'dor (der, -s, -e) 1 Stierkämpfer, der dem Stier den Todesstoß gibt 2 durch eine Fähigkeit sich hervortuender Mann 3 Sieger [span.]

Match [mætʃ] (das, -s, -s auch -e) Wettkampf, Wettspiel [engl.]

Ma'te (V.) (die, -) 1 ein südamerikanisches Stechpalmengewächs 2 (der, -, nur Ez.) aus dessen Blättern hergestellter, leicht koffeinhaltiger Tee [Ketschua]

Ma'ter (die, -, -n) in Pappe geprägtes, negatives Abbild einer Druckvorlage zur Herstellung von Galvanos [lat.]

Ma'ter do'lo'ro'sa (die, - -, nur Ez.) »schmerzensreiche Mutter«, Darstellung der Gottesmutter im Schmerz [lat.]

ma'te'ri'al (Adj.) stofflich, körperlich; sich auf den Inhalt beziehend [lat.]

Ma'te'ri'al (das, -s, -ri'a'li'en) 1 Rohstoff, Werkstoff 2 Zutaten 3 Unterlagen, Schriftstücke, Belege (für eine Arbeit, Sammlung u.a.) [lat.]

Ma'te'ri'a'li'sa'ti'on (die, -, -ti'o'nen) das Materialisieren, das Sichmaterialisieren

ma'te'ri'a'li'sie'ren (V.) 1 in Materie umwandeln; z.B. Energiestrahlung materialisieren 2 in eine körperliche Erscheinung verwandeln, körperlich, stofflich werden lassen; sich materialisieren: zu einer körperlichen Erscheinung werden (im Okkultismus) [lat.]

Ma'te'ri'a'lis'mus (der, -s, nur Ez.) Lehre, dass die Materie das einzig Wirkliche in der Welt sei und das Geistige nur dessen Eigenschaft und Wirkung [lat.]

Ma'te'ri'a'list (der, -ljs'ten, -ljs'ten) 1 Anhänger des Materialismus 2 jmd., für den Besitz, Gewinn, leibliche Genüsse usw. das Wesentl. he sind

ma'te'ri'a'lis'tisch (Adj.) auf dem Materialismus beruhend

Ma'te'ri'a'li'tät (die, -, nur Ez.) das Stofflich-, Körperlichsein, Stofflichkeit [lat.]

Ma'te'rie [-ria] (die, -, -n) 1 (nur Ez.) Urstoff, Ursubstanz, Ungeformtes 2 Stoff, Substanz (in der Physik) 3 die außerhalb des Bewusstseins vorhandene Wirklichkeit 4 Gegenstand, Thema (einer Arbeit, Untersuchung u.a.) [lat.]

ma'te'ri'ell (Adj.) 1 zur Materie gehörig, aus Materie bestehend, stofflich, körperlich, gegenständlich 2 geldlich, hinsichtlich des Besitzes; z.B. es geht ihm materiell sehr gut

ma'tern (V.) in eine Mater prägen

ma'tern (Adj.) zur Mutter, Mutterschaft gehörig, mütterlich (veraltet) [lat.]

Ma'the'ma'tik (die, -, nur Ez.) Wissenschaft von den Zahlen und Figuren [gr.]

Ma'the'ma'ti'ker (der, -s, -) Wissenschaftler auf dem Gebiet der Mathematik

ma'the'ma'tisch (Adj.) zur Mathematik gehörig, auf ihr beruhend

Ma'ti'nee (die, -, -n) künstlerische Veranstaltung am Vormittag [frz.]

Mat'rat'ze auch: Ma'trat'ze (die, -, -n) langes, rechteckiges Polster (hauptsächlich für Betten) [arab.- it.]

Mät'res'se auch: Mä'tres'se (auch: Maitres'se/Mai'tres'se) (die, -, -n) Geliebte (bes. eines Fürsten) [frz.]

mat'ri'ar'cha'lisch auch: ma'tri'ar'cha'lisch (Adj.) auf dem Matriarchat beruhend

Mat'ri'ar'chat auch: Ma'tri'ar'chat (das, -s, -e) Gesellschaftsform, in der die Mutter die erste Stelle in der Familie innehat und in der die weibliche Erbfolge gilt [lat.-gr.]

Mat'ri'ca'ri'ae flos auch: Ma'tri'ca'ri'ae flos (die, - -, nur Ez.) Kamillenblüten (als Heilmittel) [lat.]

Mat'ri'kel auch: Ma'tri'kel (die, -, -n) Verzeichnis (von Personen) [lat.]

mat'ri'li'ne'al auch: ma'tri'li'ne'al (auch: mat'ri'li'ne'ar/ma'tri'li'ne'ar) (Adj.) mutterrechtlich, bezüglich der Erbfolge der mütterlichen Seite folgend [lat.]

mat'ri'li'ne'ar auch: ma'tri'li'ne'ar (Adj.) = matrilineal

Mat'ri'lo'ka'li'tät auch: Ma'tri'lo'ka'li'tät (die, -, nur Ez.) in matrilinealen Kulturkreisen die Übersiedlung des Mannes in die Familie der Frau [lat.]

mat'ri'mo'ni'al auch: ma'tri'mo'ni'al (Adj.) ehelich, zur Ehe gehörend, die Ehe betreffend [lat.]

mat'ri'mo'ni'ell auch: ma'tri'mo'ni'ell (Adj.) = matrimonial [lat.]

mat'ri'sie'ren auch: ma'tri'sie'ren (V.) Papier anfeuchten (Buchwissenschaft) [lat.-frz.]

Mat'rix auch: Ma'trix (die, -, -tri'zen oder -tri'zes oder tri'ces) 1 Mutterboden, Muttersubstanz; z.B. Keimschicht der Haarzwiebel, Nagel-, Krallenbett der Wirbeltiere, Hülle der Chromosomen, Gestein, in das Mineralien eingebettet sind 2 in senkrechten und waagerechten Reihen angeordnetes Schema von Elementen einer Menge (in der Mathematik) [lat.]

Mat'ro'ne auch: Ma'tro'ne (die, -, -n) ältere, würdige, stattliche Frau [lat.]

Mat'ro'se auch: Ma'tro'se (der, -n, -n) Seemann (nach dreijähriger Lehrzeit); Soldat der Kriegsmarine im untersten Dienstrang [frz.-niederl.]

matsch (Adj.) 1 besiegt (im Kartenspiel) 2 müde, erschöpft [it.]

Matsch (der, -(e)s, nur Ez.) völliger Verlust eines Spiels (im Kartenspiel) [it.]

Ma'tur (das, -s, nur Ez.) = Abitur (veraltet) [lat.]

Ma'tu'ra (die, -, nur Ez.) = Abitur (österr., schweiz.) [lat.]

Ma'tu'rand (der, -en, -en) = Abiturient (schweiz.) [lat.]

Ma'tu'rant (der, -en, -en) = Abiturient (österr.) [lat.]

Ma|tu|ri|tät (die, -, nur Ez.) Reife (veraltet); Hochschulreife (schweiz.) [lat.]

Ma|tu|tin (die, -, -e oder -en) nächtliches Stundengebet [lat.]

Mat|ze (die, -, nur Ez.) ungesäuertes Osterbrot (der Juden) [hebr.]

Mau|re (der, -n, -n) Berber (in der Antike); Berber-Araber (im MA); arabisch-berberischer Ew. von Mauretanien (heute)

Mau|res|ke (*auch:* Mo|res|ke) (die, -, -n) Ornament aus stilisierten Blüten und Blättern (in der islamischen Kunst) [frz.]

Mau|re|ta|ni|er (der, -s, -) Einwohner des Staates Mauretanien in Nordwestafrika

mau|risch (Adj.) zu den Mauren gehörig, von ihnen stammend

Mau|ri|ti|er (der, -s, -) Einwohner des südostafrikanischen Inselstaates Mauritius

Mau|schel (der, -s, -) 1 Moses 2 armer Jude [hebr.-jidd.]

mau|scheln (V.) 1 Mauscheln spielen 2 jiddisch sprechen 3 unverständlich reden, murmeln 4 unsaubere Geschäfte machen [jidd.]

Mau|scheln (das, -s, nur Ez.) ein Kartenspiel

Mau|so|le|um (das, -s, -le|en) großräumiges, prachtvolles Grabmal [gr.]

mauve [mo:v] (Adj.) malvenfarbig, helllila [frz.]

Ma|xi (ohne Artikel) knöchellange Mode, knöchellange Kleidung (ugs.) [lat.]

Ma|xil|la (die, -, -lae [-lɛ:] oder -len) 1 Oberkiefer (der Wirbeltiere) 2 (Mz.) Maxillen: zweites und drittes Paar der Mundwerkzeuge (von Insekten und Krebsen) [lat.]

ma|xil|lar (Adj.) zur Maxilla gehörig

ma|xi|mal (Adj.) größtmöglich, höchstmöglich [lat.]

Ma|xi|me (die, -, -n) Grundsatz, Leitsatz, Lebensregel [lat.]

ma|xi|mie|ren (V.) den Höchstwert, die größtmögliche Steigerung (von etwas) anstreben [lat.]

Ma|xi|mum (das, -s, -ma) Höchstwert, Höchstmaß [lat.]

Ma|ya 1 (der, -s, - oder -s) Angehöriger eines Indianervolkes in Mittelamerika 2 (das, -(s), nur Ez.) dessen Sprache

May|day [meɪdeɪ] (das, -s, nur Ez.) neuere Bezeichnung für: SOS [frz.-engl.]

Ma|yon|nai|se (*auch:* Ma|jo|nä|se) [-nɛ:zə] (die, -, -n) kalte Tunke aus Eidotter, Öl und Gewürzen [frz.]

Mä|zen (der, -s, -e) Kunstfreund und reicher Förderer von Künstlern [lat.]

Mä|ze|na|ten|tum (das, -(e)s, nur Ez.) finanzielle Unterstützung eines Künstlers, freigebige Kunstpflege [lat.]

mä|ze|na|tisch (Adj.) als Mäzen handelnd, nach Art und Weise eines Mäzens [lat.]

Ma|ze|ra|ti|on (die, -, -ti|o|nen) 1 Erweichung von menschlichem und tierischem Gewebe unter Luftabschluss durch Wasser; z.B. bei Wasserleichen 2 Verfahren zum Auflösen von tierischem Gewebe 3 Gewinnung von Extrakten durch Auslaugen von Pflanzenteilen in Wasser bei Zimmertemperatur [lat.]

ma|ze|rie|ren (V.) Mazeration (bei etwas) durchführen, erweichen, auflösen, auslaugen

Ma|zis (der, -, nur Ez.) Gewürz aus den getrockneten Samenhüllen der Muskatnuss [frz.]

Ma|zur|ka [-zʊr-] (die, -, -ken oder -s) = Masurka

mea cul|pa (es ist) meine Schuld [lat.]

Me|cha|nik (die, -, -en) 1 (nur Ez.) Wissenschaft von den Kräften und ihrer Einwirkung auf Körper 2 Getriebe, Mechanismus [lat.]

Me|cha|ni|ker (der, -s, -) 1 Facharbeiter, der Maschinen instand hält 2 Facharbeiter für schwierige feine Metallarbeiten, Feinschlosser, Feinmechaniker [lat.]

me|cha|nisch (Adj.) 1 auf Mechanik beruhend, mit Hilfe eines Mechanismus 2 durch äußere Kräfte bewirkt; z.B. mechanische Abnutzung 3 gedankenlos, gewohnheitsmäßig

me|cha|ni|sie|ren (V.) auf mechanische Arbeitsweise umstellen, auf Betrieb durch Maschinen einstellen

Me|cha|nis|mus (der, -, -men) 1 bewegliche technische Vorrichtung, Getriebe, Triebwerk 2 gesetzmäßiger oder gewohnheitsmäßiger Ablauf [lat.]

me|cha|nis|tisch (Adj.) nur mechanische Ursachen (im Naturgeschehen) anerkennend

Me|dail|le [-daljə] (die, -, -n) 1 Münze ohne Geldwert; z.B. Gedenkmünze 2 ehrende Auszeichnung in Form einer Münze [frz.]

Me|dail|leur [-daljø:r] (der, -s, -e) Künstler, der Prägestempel für Medaillen herstellt

me|dail|lie|ren [-dalji:-] (V.) jmdn. mit einer Medaille auszeichnen [[gr.-lat.-it.-frz.]

Me|dail|lon [-dajɔ̃] (das, -s, -s) 1 rundes oder ovales Ornament 2 rundes oder ovales, gerahmtes Bildchen 3 runde oder ovale Kapsel (als Anhänger) 4 rund oder oval geschnittene Scheibe Fleisch [frz.]

Me|dia (die, -, -diä oder -di|en) 1 stimmhafter Verschlusslaut; z.B. »d, b« 2 mittlere Schicht der Wand von Blut- und Lymphgefäßen [lat.]

me|di|al (Adj.) 1 nach der Mitte, der Mittellinie zu gelegen 2 die Eigenschaften eines Mediums (5) habend [lat.]

Me·dia·man (*auch:* Me·dia-Man) [miːdjəmæn] (der, -s, -men [mən]) Angestellter einer Firma, der für die Werbung in den Medien (siehe Medium **2**) zuständig ist [engl.]
me·di·an (Adj.) in der Mitte befindlich, die Mitte bildend [lat.]
Me·di·a·ne (die, -, -n) Symmetrieebene durch einen Körper [lat.]
Me·di·an·te (die, -, -n) mittlerer Ton (der Tonleiter) [lat.]
me·di·at (Adj.) **1** mittelbar (veraltet) **2** nicht dem Reich direkt, sondern einem Reichsstand unterstehend (im alten Dt. Reich) [lat.]
Me·di·a·ti·on (die, -, -ti̱o̱nen) Vermittlung, vermittelndes Dazwischentreten (bes. zwischen Staaten) [lat.]
me·di·a·ti·sie·ren (V.) aus der reichsunmittelbaren Stellung herausnehmen und einem Landesherrn unterstellen [lat.]
me·di·ä·val (Adj.) mittelalterlich [lat.]
Me·di·ä·vist (der, -vis̱ten, -vis̱ten) Wissenschaftler auf dem Gebiet der Mediävistik
Me·di·ä·vis·tik (die, -, nur Ez.) Wissenschaft von der Geschichte und Kultur des Mittelalters [lat.]
Me·di·en (Mz. von) Media, Medium
Me·di·ka·ment (das, -(e)s, -e) Arzneimittel
me·di·ka·men·tös (Adj.) mit Hilfe von Medikamenten
Me·di·ka·ti·on (die, -, -ti̱o̱nen) Verabreichung, Anwendung eines Medikaments
Me·di·kus (der, -, -di̱zi oder -se) Arzt (ugs., scherzhaft) [lat.]
me·dio, Me·dio Mitte, am 14./15. Tag eines Monats; z.B. medio, Medio Januar (Kaufmannssprache) [lat.]
me·di·o·ker (Adj.) mittelmäßig [lat.]
Me·di·o·thek (die, -, -en) Sammlung von Medien (siehe Medium **2**); Räume, Gebäude dafür
Me·di·sance [-sãs] (die, -, -n) Verleumdung, üble Nachrede (veraltet) [frz.]
Me·di·ta·ti·on (die, -, -ti̱o̱nen) **1** religiöse Versenkung **2** tiefes, entspanntes Nachsinnen [lat.]
me·di·ta·tiv (Adj.) in der Art der Meditation, auf ihr beruhend
me·di·ter·ran (Adj.) zum Mittelmeer, zu den Mittelmeerländern gehörig, daraus stammend, mittelmeerisch, mittelländisch [lat.]
me·di·tie·ren (V.) Meditation ausüben, betreiben; über etwas meditieren: tief über etwas nachsinnen
Me·di·um (das, -s, -di̱en) **1** Mittel, Hilfsmittel **2** etwas, das Informationen vermittelt; z.B. Zeitung, Plakat, Tonband **3** Stoff, in dem physikalische Vorgänge ablaufen **4** Form des Verbs, bei der sich das Geschehen auf das Subjekt bezieht (im Dt. durch die reflexive Form wiedergegeben) **5** Person, die in der Lage ist, Botschaften aus dem Jenseits aufzunehmen (im Okkultismus) [lat.]
Me·di·zin (die, -, -en) **1** (nur Ez.) Wissenschaft vom gesunden und kranken Menschen, von den Krankheiten, Heilkunde **2** Arznei, Heilmittel [lat.]
Me·di·zi·ner (der, -s, -) jmd., der Medizin studiert hat oder studiert
me·di·zi·nisch (Adj.) **1** auf der Medizin (**1**) beruhend, mit ihrer Hilfe **2** auf einer Medizin (**2**) beruhend **3** in der Art einer Medizin (**2**)
Med·ley [medlɪ] (das, -s, -s) bunte Folge von Melodien, Potpourri [engl.]
Mé·doc (der, -s, -s) Rotwein aus der südwestfranzösischen Landschaft Médoc
Me·du·se (die, -, -n) **1** (nur Ez.) weibliches Ungeheuer, dessen Blick jeden versteinert, der es ansieht (in der griechischen Mythologie) **2** eine Qualle [gr.]
mee·ten [miː-] (V.) ein Meeting abhalten (ugs.)
Mee·ting [miː-] (das, -s, -s) Treffen, Zusammenkunft [engl.]
me·fi·tisch (Adj.) aus Schwefelquellen stammend, übelriechend [lat.]
Me·ga... Vorsilbe in den Bedeutungen »sehr groß, riesenhaft; millionenfach« [gr.]
Me·ga·chip [-tʃɪp] (das, -s, -s) ein elektronisches Bauelement, das eine große Menge elektrischer Schaltungen trägt [gr.-engl.]
Me·ga·fon (das, -s, -e) = Megaphon
Me·ga·lith (der, -en, -en) großer, unbehauener Steinblock eines vorgeschichtlichen Grabmals [gr.]
Me·ga·lith·kul·tur (die, -, nur Ez.) durch Megalithen und Schnurkeramik gekennzeichnete Kultur der Jungsteinzeit
Me·ga·li·thi·ker (der, -s, -) Angehöriger der Megalithkultur
me·ga·lo·man (Adj.) größenwahnsinnig [gr.]
Me·ga·lo·ma·nie (die, -, nur Ez.) Größenwahnsinn [gr.]
Me·ga·phon (*auch:* Me·ga·fon) (das, -s, -e) trichterförmiges Gerät zum Verstärken der Stimme, Sprachrohr (meist mit Mikrofon) [gr.]
Me·gä·re (die, -, -n) eine der Erinnyen; rasende, wütende Frau [gr.]
Me·ga·ron (das, -s, -ra) älteste griechische Hausform aus nur einem Raum; (später) Hauptraum des griechischen Hauses
Me·ga·star (der, -s, -s) Steigerung von Superstar, herausragender Star [gr.-engl.]
Me·ga·the·ri·um (das, -s, -ri̱en) ausgestorbenes südamerikanisches Riesenfaultier [gr.]

Mei|o|se (die, -, -n) Reifungsteilung, Teilung des Zellkerns, wobei die Chromosomenzahl halbiert wird [gr.]
Mek|ka (das, -s, -s) Zentrum für eine bestimmte Sache, das von den Anhängern dieser Sache besucht wird (nach der im Islam heiligen Stadt Mekka) [arab.]
Me|ko|ni|um (das, -s, nur Ez.) schwärzlicher Stuhlgang des Neugeborenen, Kindspech [gr.]
Me|la|min (das, -s, nur Ez.) ein Kunstharz [gr.-nlat.]
Me|lan|cho|lie [-ko-] (die, -, nur Ez.) Schwermut, Trübsinn, bis zur Gemütskrankheit reichende Traurigkeit [gr.]
Me|lan|cho|li|ker [-ko:-] (der, -s, -) jmd., der zur Melancholie neigt, schwermütiger Mensch
me|lan|cho|lisch [-ko:-] (Adj.) an Melancholie leidend, trübsinnig, traurig, schwermütig
me|la|ne|sisch (Adj.) zu Melanesien, einer pazifischen Inselgruppe nordöstlich von Australien, gehörig [gr.]
Me|lange [-lã:ʒ] (die, -, -n) 1 Mischung 2 buntfarbiges Garn 3 Milchkaffee (österr.) [frz.]
Me|la|nin (das, -s, nur Ez.) Farbstoff, der bei Mensch und Tier die schwarze oder braune Haut- und Haarfarbe hervorbringt [gr.]
Me|la|nis|mus (der, -, nur Ez.) 1 krankhafte Dunkelfärbung der Haut 2 Auftreten von dunkelfarbigen Exemplaren innerhalb einer hellen Art (bei Tieren) [gr.]
Me|la|nit (der, -s, -e) schwarzes Mineral, Edelstein [gr.]
Me|la|no|se (die, -, nur Ez.) = Melanismus (1)
Me|las|ma (das, -s, -men) krankhafte Bildung schwärzlicher Flecken auf der Haut [gr.]
Me|las|se (die, -, -n) Rückstand bei der Zuckergewinnung [frz.]
me|lie|ren (V.) mischen, sprenkeln [lat.-frz.]
me|liert (Adj.) verschiedenfarbig gemischt; z.B. meliertes Haar, meliertes Garn; grau meliert [frz.]
Me|lik (die, -, nur Ez.) gesungene Lyrik [gr.]
Me|li|o|ra|ti|on (die, -, -ti|o|nen) Verbesserung (bes. des Bodens) [lat.]
me|li|o|ra|tiv (Adj.) verbessernd [lat.]
Me|li|o|ra|ti|vum (das, -s, -va) Bezeichnung in der Sprachwissenschaft für ein Wort, dessen Bedeutung sich ins Positive gewandelt hat [lat.]
me|li|o|rie|ren (V.) verbessern (bes. den Boden) [lat.]

me|lisch (Adj.) liedhaft, sanglich [gr.]
Me|lis|ma|tik (die, -, nur Ez.) Kunst, Stil der Verzierung einer Melodie [gr.]
me|lis|ma|tisch (Adj.) verziert; melismatischer Gesang: Gesang, bei dem eine Silbe auf mehrere Noten verteilt wird [gr.]
Me|lis|se (die, -, -n) eine Heil- und Gewürzpflanze, nach Zitrone duftender Lippenblütler [gr.-lat.]
Me|lo|die (die, -, -n) einprägsame, ausdrucksvolle, in sich geschlossene Folge von Tönen [gr.]
Me|lo|dik (die, -, nur Ez.) 1 Lehre von der Gestaltung einer Melodie 2 Eigenart hinsichtlich der Melodie(n), Art der Melodie(n)
Me|lo|di|ker (der, -s, -) Komponist melodischer Tonfolgen [gr.]
Me|lo|di|on (das, -s, -s) Tasteninstrument [gr.-lat.]
me|lo|di|ös (Adj.) schon in der Melodie wohlklingend, harmonisch
me|lo|disch (Adj.) hinsichtlich der Melodie, die Melodie betreffend; (auch) = melodiös
Me|lo|dist (der, -dis|ten, -dis|ten) Melodiekomponist für Kirchenlieder [gr.-lat.]
Me|lo|dram (das, -s, -en) 1 melodramatischer Teil einer Oper 2 = Melodrama [gr.-lat.]
Me|lo|dra|ma (auch: Me|lo|dram) (das, -s, -men) 1 gesprochene Dichtung mit Musikbegleitung 2 rührseliges Bühnenstück 3 leidenschaftliche, tränenreiche Auseinandersetzung [gr.]
me|lo|dra|ma|tisch (Adj.) 1 in der Art eines Melodramas 2 leidenschaftlich und tränenreich, rührselig
Me|lo|ma|ne (der oder die, -n, -n) ein von der Musik Besessener [gr.-lat.]
Me|lo|ma|nie (die, -, nur Ez.) Musikbesessenheit [gr.-lat.]
Me|lo|mi|mik (die, -, nur Ez.) die Umsetzung des Inhalts eines Musikstückes in einen Tanz oder Ähnliches [gr.-lat.]
Me|lo|ne (die, -, -n) 1 ein Kürbisgewächs 2 runder, steifer Herrenhut [gr.]
Me|los (das, -, nur Ez.) Melodie, Melodielinie
Memb|ran auch: Mem|bran (auch: Membra|ne/Mem|bra|ne) (die, -, -en) 1 dünnes, schwingfähiges Blättchen (zum Übertragen von Schallwellen) 2 dünnes Häutchen; z.B. Trommelfell, feine Oberflächenschicht [lat.]
Memb|ra|ne auch: Mem|bra|ne (die, -, -n) = Membran
Me|men|to (das, -s, -s) 1 Mahnung, Mahnruf 2 Fürbitte (in der kath. Messe) [lat.]
Me|men|to mo|ri! Gedenke des Todes! Denke an den Tod! [lat.]

Me'mo (das, -s, -s) Merk-, Notizzettel [lat.]
Me'moi'ren [-mwa:-] (nur Mz.) Lebenserinnerungen (die zeitgeschichtlich interessant sind)
me'mo'ra'bel (Adj.) denkwürdig [lat.]
Me'mo'ra'bi'li'en (nur Mz.) Erinnerungen, Denkwürdigkeiten [lat.]
Me'mo'ran'dum (das, -s, -den) **1** Tagebuch (veraltet) **2** Denkschrift, (meist politische) Stellungnahme [lat.]
Me'mo'ri'al 1 [-a:l] (das, -s, -e oder-ri'a'li'en) Tagebuch; Notizbuch; Bittschrift; Gedenkfest (für einen Toten) **2** [məmɔ:rɪəl] (das, -s, -s) sportlicher Wettkampf zum Gedenken an einen Toten [lat.-engl.]
me'mo'rie'ren (V.) auswendig lernen [lat.]
Me'na'ge [-ʒə] (die, -, -n) **1** kleines Gestell für Essig, Öl, Salz, Pfeffer usw. zur Mahlzeit auf dem Tisch **2** Traggestell für große Essensbehälter **3** militärische Verpflegung (österr.) [frz.]
Me'na'ge'rie [-ʒə-] (die, -, -n) Tierschau (oft mit Zirkus verbunden); Tierpark, Tiergehege (veraltet) [frz.]
Men'ar'che (die, -, nur Ez.) erste Regelblutung [gr.]
Men'de'le'vi'um (das, -s, nur Ez.) ein Element, Transuran [russ.]
Men'di'kant (der, -en, -en) Bettelmönch [lat.]
Me'ne'te'kel (das, -s, -) Unheil verkündendes Zeichen, drohendes Warnzeichen [semit.]
Men'hir (der, -s, -e) unbehaute, kultisch verwendete Steinsäule der Jungsteinzeit [breton.]
Me'nin'gi'tis (die, -, -ti'den) Gehirnhautentzündung [gr.]
Me'nis'kus (der, -, -ken) **1** halbmondförmiger Zwischenknorpel im Kniegelenk **2** gewölbte Oberfläche einer in einer Röhre stehenden Flüssigkeit **3** Linse mit zwei nach derselben Seite gekrümmten Flächen (in der Optik) [gr.]
Men'no'nit (der, -en, -en) Angehöriger einer evangelischen Freikirche, der u.a. den Waffendienst ablehnt und die Erwachsenentaufe befürwortet [dt.-nlat.]
Me'no'pau'se (die, -, -n) Aufhören der Menstruation in den Wechseljahren [gr.]
Me'no'ra (die, -, -) siebenarmiger Leuchter der Juden [hebr.]
Me'nor'rha'gie (die, -, -n) zu starke und zu lange Menstruation [gr.]
Me'nor'rhö (*auch:* Me'nor'rhöe) (die, -, -en) = Menstruation [gr.]
Me'nos'ta'se *auch:* Me'no'sta'se (die, -, -n) Ausbleiben der Menstruation [gr.]

Men'sa (die, -, -sen) kurz für: **1** Mensa Domini: Tisch des Herrn, Altar **2** Mensa academica: akademischer (Mittags-)Tisch, Speiselokal für Studenten mit verbilligtem Mittagessen [lat.]
Men'sche'wik (der, -en, -en) Anhänger des Menschewismus
Men'sche'wis'mus (der, -, nur Ez.) die gemäßigte Richtung der russischen sozialdemokratischen Arbeiterpartei [russ.-nlat.]
Men'sis (die, -, -ses [-zeːs]) = Menstruation
Mens'trua'ti'on *auch:* Menst'rua'ti'on/Menstrua'ti'on (die, -, -ti'o'nen) Monatsblutung, Regelblutung (der Frau) [lat.]
mens'tru'ie'ren *auch:* menst'ru'ie'ren/menstru'ie'ren (V.) die Menstruation haben
Men'sul (die, -, -n) veraltetes geografisches Messgerät, Messtisch [lat.]
Men'sur (die, -, -en) **1** Maß, Maßverhältnis, Messung **2** Abstand zweier Fechter von einander **3** studentischer Zweikampf (mit Säbel oder Degen) **4** Verhältnis der Maße von Musikinstrumenten **5** Maß, das das Verhältnis der Notenwerte zueinander bestimmt **6** Messglas, Messzylinder [lat.]
men'su'ra'bel (Adj.) messbar [lat.]
Men'su'ral'no'ta'ti'on (die, -, nur Ez.) Notenschrift, in der die Dauer der Töne (gemäß der Mensur) festgelegt ist (13. Jh. bis 1600)
men'su'riert (Adj.) in bestimmten Maßverhältnissen zueinander stehend [lat.]
men'tal (Adj.) zum Geist gehörig, auf ihm beruhend, geistig [lat.]
Men'ta'li'tät (die, -, -en) Geistesart, Denkweise, Anschauungsweise, geistige Einstellung [lat.]
Men'tal're'ser'va'ti'on (die, -, -ti'o'nen) stiller (nur in Gedanken gemachter) Vorbehalt [lat.]
Men'tal'sug'ges'ti'on (die, -, -ti'o'nen) Gedankenübertragung [lat.]
Men'tha (die, -, nur Ez.) Minze (als Heilpflanze) [gr.]
Men'thol (das, -s, nur Ez.) Bestandteil des Pfefferminzöls [lat.]
Men'tor (der, -s, -to'ren) väterlicher Berater, Erzieher, Lehrer [gr.]
Me'nu [-nyː] (das, -s, -s) = Menü (schweiz.)
Me'nü (das, -s, -s) **1** festgelegte Speisenfolge **2** Mahlzeit aus mehreren Gängen **3** Übersicht über die Möglichkeiten eines Computerprogramms [frz.]
Me'nu'ett (das, -s, -e) altfranzösischer Volkstanz; höfischer Gesellschaftstanz (im 17. Jh.); Satz der Sinfonie, Sonate, Suite u.a. [frz.]
me'phis'to'phe'lisch (Adj.) in der Art des Mephistopheles, teuflisch

Mer|ce|rie [-sə-] (die, -, -n) Kurzwarengeschäft (schweiz.)
Mer|ce|ri|sa|ti|on (die, -, nur Ez.) = Merzerisation
Mer|chan|di|sing [mɜːtʃəndaɪzɪŋ] (das, -s, nur Ez.) Gesamtheit der absatz- und verkaufsfördernden Maßnahmen (eines Unternehmens) [engl.]
Me|ren|ke (die, -, -n) = Meringe
Me|ri|di|an (der, -s, -e) **1** der die Pole verbindende geografische Längenkreis **2** größter Kreis an der Himmelskugel, der durch Zenit, Südpunkt, Nadir und Nordpunkt verläuft [lat.]
me|ri|di|o|nal (Adj.) zum Meridian gehörig
Me|ri|di|o|na|li|tät (die, -, nur Ez.) südliche Lage oder Richtung (Geografie) [lat.]
Me|rin|ge (die, -, -n) Gebäck aus Eischnee und Zucker, Baiser [frz.]
Me|ri|no (der, -s, -s) **1** aus nordafrikanisch-spanischer Züchtung stammendes Schaf mit feiner, reinweißer Wolle **2** Gewebe aus dieser Wolle [span.]
Me|ris|tem (das, -s, -e) Gewebe (der Pflanzen), aus dem durch Teilung neues Gewebe entsteht, Bildungsgewebe [gr.]
Me|ri|ten (nur Mz.) Verdienste [lat.]
me|ri|tie|ren (V.) verdienen, wert sein, sich verdient machen [lat.-frz.]
Me|ri|tok|ra|tie *auch:* Me|ri|to|kra|tie (die, -, -n) die Vorherrschaft einer durch Leistung und Verdienst definierten Schicht in einer leistungsorientierten Gesellschaft, Verdienstadel [lat.-gr.]
me|ri|tok|ra|tisch *auch:* me|ri|to|kra|tisch (Adj.) die Meritokratie betreffend [gr.-lat.]
me|ri|to|risch (Adj.) (veraltet) verdienstlich [lat.]
Me|ri|tum (das, -s, -ri|ten) das Verdienst [lat.]
mer|kan|til (Adj.) den Handel betreffend, auf ihm beruhend, kaufmännisch [it.]
mer|kan|ti|lisch (Adj.) = merkantil [lat.-it.-frz.]
Mer|kan|ti|lis|mus (der, -, nur Ez.) Wirtschaftspolitik (im 16.–18. Jh.) zur Förderung des Außenhandels und der Industrie [it.]
Mer|kan|ti|list (der, -en, -en) Verfechter des Merkantilismus [lat.-it.-frz.]
mer|kan|ti|lis|tisch (Adj.) auf dem Merkantilismus beruhend
Mer|ku|ri|a|lis|mus (der, -, nur Ez.) Quecksilbervergiftung [lat.]
Mer|lan (der, -s, -e) ein Schellfisch der europäischen Küstengewässer [frz.]
Mer|le (die, -, -n) Amsel [lat.]
Mer|lin *auch* [-liːn] (der, -s, -e) kleiner Falke Nordeuropas [engl.]

Mer|sey-Beat [mɜːzɪbiːt] (der, -(s), nur Ez.) modische Richtung der Liverpool-Bands, verpoppte Rockmusik (um 1962) [engl.]
Mer|ze|ri|sa|ti|on (*auch:* Mer|ce|ri|sa|ti|on) (die, -, nur Ez.) das Merzerisieren
mer|ze|ri|sie|ren (V.) verdichten und glänzend machen (Baumwolle) [engl.]
Me|sa (die, -, -s) Tafelberg [span.]
Me|sal|li|ance *auch:* Mes|al|li|ance [-aljãs] (die, -, -n) nicht standesgemäße Heirat (oder Liebschaft), Missheirat [frz.]
Mes|ca|lin (das, -s, nur Ez.) = Meskalin
me|schant (Adj.) boshaft, gemein, niederträchtig [frz.]
me|schug|ge (Adj.) verrückt (ugs.) [jidd.]
Mes|dames [medam] (Mz. von) Madame
Me|sen|chym *auch:* Mes|en|chym (das, -s, -e) embryonales Gewebe, aus dem sich alle Bindegewebe entwickeln [gr.]
Mes|ka|lin (*auch:* Mes|ca|lin) (das, -s, nur Ez.) aus einem mexikanischen Kaktus (Peyotl) gewonnenes Rauschgift [indian.-span.]
Me|sob|last *auch:* Me|so|blast (das, -(e)s, -las|te/blas|te) mittleres Keimblatt (des menschlichen und tierischen Embryos) [gr.]
Me|so|derm (das, -s, -e) = Mesoblast
Me|so|karp (das, -s, -e) fleischiges Gewebe der Steinfrüchte [gr.]
me|so|ke|phal (Adj.) = mesozephal
Me|so|ke|pha|lie (die, -, nur Ez.) = Mesozephalie
Me|so|li|thi|kum (das, -s, nur Ez.) mittlere Steinzeit [gr.]
Me|son (das, -s, -so|nen) ein Elementarteilchen [gr.]
Me|sot|ron *auch:* Me|so|tron (das, -s, -tro|nen) = Meson
me|so|ze|phal (*auch:* me|so|ke|phal) (Adj.) mit mittellanger Kopfform versehen [gr.]
Me|so|ze|pha|lie (*auch:* Me|so|ke|pha|lie) (die, -, nur Ez.) mittellange Kopfform [gr.]
Me|so|zo|i|kum (das, -s, nur Ez.) mittleres Zeitalter der Erdgeschichte, Erdmittelalter (Trias, Jura, Kreide) [gr.]
Mes|sa|li|na (die, -, -nen) **1** grausame Frau des römischen Kaisers Claudius **2** zügellose, genusssüchtige Frau [lat.]
Mes|se (die, -, -n) **1** Hauptgottesdienst (in der kath. Kirche) **2** dafür komponiertes Musikwerk für Singstimmen und Orchester **3** Ausstellung von Industriewaren **4** Jahrmarkt **5** Aufenthalts- und Speiseraum der Offiziere oder Unteroffiziere (auf Schiffen) **6** deren Tischgemeinschaft [engl.]
Mes|ser (der, -, -) Herr (als Anrede für höher gestellte Personen in der italienischen Komödie) [it.]

Mes|si|a|de (die, -, -n) Dichtung, die das Leben und Leiden des Messias schildert

mes|si|a|nisch (Adj.) **1** zum Messias gehörig, von ihm ausgehend **2** zum Messianismus gehörig

Mes|si|a|nis|mus (der, -, nur Ez.) Glaube an die Erlösung durch den verheißenen Messias

Mes|si|as (der, -, nur Ez.) **1** der den Juden verheißene Erlöser (im Alten Testament) **2** (Beiname für) Jesus Christus (im Neuen Testament) [hebr.]

Mes|sieurs [mesjø:] (Mz. von) Monsieur

Mes|ti|ze (der, -n, -n) Mischling aus einem indianischen und einem weißen Elternteil [span.]

Me|ta|bo|lie (die, -, -n) Umwandlung, Veränderung (in der Biologie) [gr.]

me|ta|bo|lisch (Adj.) zur Metabolie, zum Metabolismus gehörig, darauf beruhend

Me|ta|bo|lis|mus (der, -, nur Ez.) Stoffwechsel [gr.]

Me|ta|ge|ne|se (die, -, -n) Wechsel zwischen einer sich geschlechtlich und einer sich ungeschlechtlich fortpflanzenden Generation, Generationswechsel [gr.]

Me|tall (das, -s, -e) chemisches Element, das sich durch Glanz, Undurchsichtigkeit sowie die Fähigkeit, Elektrizität und Wärme zu leiten und mit anderen ähnlichen Stoffen Legierungen zu bilden, auszeichnet [gr.-lat.]

Me|tall|lo|gie (die, -, nur Ez.) Wissenschaft von den Metallen und ihren Verarbeitungsmöglichkeiten [gr.]

Me|tall|lo|gra|phie (die, -, nur Ez.) Wissenschaft von den Metallen [gr.]

Me|tall|lur|gie (die, -, nur Ez.) Wissenschaft von der Gewinnung und Verarbeitung von Metallen, Hüttenkunde [gr.]

me|ta|morph (Adj.) fähig, den Zustand, die Gestalt zu wandeln [gr.]

Me|ta|mor|pho|se (die, -, -n) Umwandlung, Umgestaltung; z.B. vom Ei über die Larve zum Insekt [gr.]

Me|ta|pher (die, -, -n) bildlicher Ausdruck; z.B. am häuslichen Herd statt »zu Hause« [gr.]

Me|ta|pho|rik (die, -, nur Ez.) Verwendung von Metaphern [gr.]

me|ta|pho|risch (Adj.) in übertragenem Sinne, bildlich, mit Hilfe einer Metapher

Me|ta|phra|se (die, -, -n) wortgetreue Übersetzung; z.B. eines Gedichtes in Prosa [gr.]

Me|ta|phy|sik (die, -, nur Ez.) Lehre von den Urgründen und nicht erkenn- und erfahrbaren Zusammenhängen des Seins, vom Übersinnlichen [gr.]

me|ta|phy|sisch (Adj.) zur Metaphysik gehörig

Me|ta|pla|sie (die, -, -n) Umwandlung eines Gewebes in ein anderes, ähnliches [gr.]

Me|ta|spra|che (die, -, -n) wissenschaftliche Beschreibung und Analyse einer Sprache

Me|tas|ta|se *auch:* Me|ta|sta|se (die, -, -n) an eine andere Stelle des Körpers gewanderter Ableger einer Geschwulst, Tochtergeschwulst [gr.]

me|ta|sta|sie|ren *auch:* me|ta|sta|sie|ren (V.) Metastasen bilden

Me|ta|theo|rie (die, -, -n) Theorie über eine Theorie

Me|ta|the|se (die, -, -n) Umstellung von Lauten bei der Übernahme des Wortes in eine andere Sprache oder Sprachstufe oder -ebene; z.B. Brigitte gegenüber Birgit [gr.]

Me|ta|zen|trum *auch:* Me|ta|zen|trum (das, -s, -ren/-tren) Schnittpunkt der vertikalen Achse (eines geneigten Schiffes) und der Auftriebsrichtung [gr.-lat.]

Me|ta|zo|on (das, -s, -zo|en) vielzelliges Tier

Me|tem|psy|cho|se *auch:* Met|em|psy|cho|se (die, -, -n) Seelenwanderung [gr.]

Me|te|or (der, -s, -e) Gesteinsstück aus dem Weltraum, das beim Eintritt in die Erdatmosphäre verglüht, Sternschnuppe [gr.]

Me|te|o|ris|mus (der, -, -men) starke Blähungen im Darm [gr.]

Me|te|o|rit (der, -en, -en) nicht verglühtes, in die Erdatmosphäre eingedrungenes Bruchstück eines Meteors [gr.]

Me|te|o|ro|graph (der, -en, -en) Gerät zum selbsttätigen Aufzeichnen von Luftdruck, -temperatur und -feuchtigkeit [gr.]

Me|te|o|ro|lo|ge (der, -n, -n) Wissenschaftler auf dem Gebiet der Meteorologie

Me|te|o|ro|lo|gie (die, -, nur Ez.) Wissenschaft vom Wetter und Klima [gr.]

me|te|o|ro|lo|gisch (Adj.) zur Meteorologie gehörig, mit ihrer Hilfe

Me|ter (der oder das, -s, -) Längenmaß [gr.]

Me|tha|don (das, -s, nur Ez.) Ersatzdroge für Heroin [gr.-lat.]

Me|than (das, -s, nur Ez.) farb- und geruchloses, brennbares Gas [gr.]

Me|tha|nol (das, -s, nur Ez.) = Methylalkohol

Me|tho|de (die, -, -n) planmäßiges Verfahren, planmäßiges Vorgehen; Planmäßigkeit; z.B. Methode in etwas bringen [gr.]

Me|tho|dik (die, -, nur Ez.) Lehre von den verschiedenen Methoden (eines Bereichs; z.B. des Unterrichtens)

Me|tho|di|ker (der, -s, -) jmd., der nach einer bestimmten Methode, mit Methode handelt

me|tho|disch (Adj.) auf einer Methode beruhend; hinsichtlich der Methode

Me'tho'dis'mus (der, -, nur Ez.) aus der anglikanischen Kirche hervorgegangene Bewegung mit dem Ziel der religiösen Erneuerung
Me'tho'dist (der, -dis'ten, -dis'ten) Anhänger des Methodismus [gr.]
me'tho'dis'tisch (Adj.) zum Methodismus gehörig
Me'tho'do'lo'gie (die, -, nur Ez.) Lehre von den wissenschaftlichen Methoden
Me'thu'sa'lem (der, -s, -s) sehr alter Mann
Me'thyl (das, -s, nur Ez.) einwertiger Rest des Methans, Grundlage vieler organisch-chemischen Verbindungen [gr.]
Me'thyl'al'ko'hol (der, -s, nur Ez.) sehr giftiger Alkohol
Me'thy'la'min auch: Me'thyl'a'min (das, -s, nur Ez.) leicht nach Ammoniak riechendes, brennbares Gas
Me'ti'er [-tje:] (das, -s, -s) Handwerk, Beruf; z.B. das ist sein Metier: das kann er sehr gut, darin weiß er Bescheid [frz.]
Me'tö'ke auch: Met'ö'ke (der, -n, -n) zugewanderter Einwohner (einer altgriechischen Stadt), der freier Bürger war, aber keine politischen Rechte hatte [gr.]
Me'to'ny'mie auch: Met'o'ny'mie (die, -, -n) Gebrauch eines Begriffes für einen anderen, verwandten Begriff; z.B. »die ganze Firma« für »alle Angestellten der Firma« [gr.]
Me'to'pe auch: Met'o'pe (die, -, -n) meist mit Relief verziertes Feld zwischen den Triglyphen (am dorischen Tempel) [gr.]
Met'rik auch: Me'trik (die, -, -en) 1 Lehre von den Versmaßen, Kunst des Gebrauchs der Versmaße 2 Lehre vom Takt (in der Musik) [gr.]
met'risch auch: me'trisch (Adj.) zur Metrik gehörig, hinsichtlich der Metrik 2 auf dem Meter als Grundmaß aufbauend; z.B. metrisches Maßsystem [gr.]
Met'ro auch: Me'tro (die, -, -s) Untergrundbahn (ursprünglich die in Paris) [frz.]
Met'ro'lo'gie auch: Me'tro'lo'gie (die, -, nur Ez.) Lehre von den Maßen und Gewichten [gr.]
Met'ro'nom auch: Me'tro'nom (das, -s, -e) auf ein bestimmtes Tempo einstellbares Gerät, das durch Ticken den Takt angibt [gr.]
Met'ro'po'le auch: Me'tro'po'le (die, -, -n) 1 Hauptstadt 2 Mittelpunkt, Knotenpunkt [gr.]
Met'ro'po'lit auch: Me'tro'po'lit (der, -en, -en) 1 Erzbischof (in der kath. Kirche) 2 leitender Geistlicher (in der Ostkirche) [gr.]
met'ro'po'li'tan auch: me'tro'po'li'tan (Adj.) zu einem Metropoliten gehörig

Met'ror'rha'gie auch: Me'tror'rha'gie (die, -, -n) Blutung aus der Gebärmutter außerhalb der Menstruation [gr.]
Met'rum auch: Me'trum (das, -s, -ren/ -tren) 1 Versmaß 2 Taktmaß [gr.-lat.]
Met'ta'ge [-ʒə] (die, -, -n) Zusammenstellung der Schriftsatzes zu einer Buch- oder Zeitungsseite, Umbruch [frz.]
Met'teur [-tø:ɐ] (der, -s, -e) Schriftsetzer, der den Schriftsatz zu Seiten zusammenstellt
Meu'ble'ment auch: Meub'le'ment [mœbləmã] (das, -s, nur Ez.) Gesamtheit der Möbel (einer Wohnung, veraltet) [frz.]
Me'xi'ka'ner (der, -s, -) Einwohner des mittelamerikanischen Staates Mexiko [aztek.]
Mez'za'ma'jo'li'ka (die, -, -ken) eine Art Fayence mit fehlerhaftem Scherben, die mit weißer Erde bemalt und mit Glasur überzogen ist, Halbmajolika [it.]
Mez'za'nin (das, -s, -e) Zwischengeschoss über dem Erdgeschoss (in Renaissance- und Barockbauten) [it.]
mez'za vo'ce [-vo:tʃe] mit halber Stimme, halblaut (zu singen) [it.]
mez'zo'for'te (Adv.) mittellaut (bei Musikstücken) [it.]
mez'zo'pi'a'no (Adv.) mittelleise, halbleise (bei Musikstücken) [it.]
Mez'zo'sop'ran auch: Mez'zo'so'pran (der, -s, -e) mittlere Stimmlage (bei Frauen) zwischen Sopran und Alt [it.]
Mez'zo'tin'to (das, -s, -s oder -ti) 1 (nur Ez.) Art des Kupferstichs, bei der die Zeichnung in der aufgerauten Platte mit dem Schabeisen glatt geschabt wird, sodass sie heller hervortritt, Schabkunst 2 Erzeugnis dieses Verfahrens, Schabkunstblatt [it.]
Mi'di (ohne Artikel) halblange Mode, halblange Kleidung [viell. engl.]
Mid'life'cri'sis (auch: Mid'life-Cri'sis) [mɪdlaɪf kraɪsɪs] (die, -, nur Ez.) im mittleren Lebensalter auftretende berechtigte oder unberechtigte Erkenntnis darüber, das erstrebte Ziel nicht erreicht zu haben und nicht mehr erreichen zu können [engl.]
Mid'rasch auch: Mi'drasch (der, -, nur Ez.) 1 Auslegung des Alten Testaments nach den vorgeschriebenen Verfahren der jüdischen Schriftgelehrten 2 Sammlung dieser Schriftauslegungen [hebr.]
Mid'ship'man [-ʃɪpmən] (der, -s, -men [-mən]) 1 Leutnant zur See (in der britischen Marine) 2 Offiziersanwärter, Oberfähnrich (in der Marine der USA) [engl.]
Mig'non auch: Mi'gnon [miɲõ] (die, -, -s) 1 jugendliche Geliebte 2 Schriftgrad von sieben typographischen Punkten (veraltet) [frz.]

Mignonette | **Miktion**

Mig′no′nette *auch:* Mi′gno′nette [miɲɔnɛt] (die, -, -s) 1 klein gemusterter Kattun 2 feine Spitze [frz.]
Mig′non′ne *auch:* Mi′gnon′ne [miɲɔn] (die, -, -s) (veraltet) Liebchen [frz.]
Mig′rä′ne *auch:* Mi′grä′ne (die, -, -n) anfallsweise auftretender, heftiger, meist halbseitiger und oft mit Erbrechen begleiteter Kopfschmerz [gr.-frz.]
Mig′ra′ti′on *auch:* Mi′gra′ti′on (die, -, -ti′o′nen) Wanderung (von Personengruppen, Zugvögeln, Parasiten, Erdöl und Erdgas) [lat.]
mig′rie′ren *auch:* mi′grie′ren (V.) wandern (von Personengruppen, Zugvögeln, Parasiten u.a.) [lat.]
Mih′rab *auch:* Mi′hrab [-xra:] (der, -(s), -s) Gebetsnische auf der nach Mekka gelegenen Seite (des islamischen Tempels) [arab.]
Mijn′heer (*auch:* Myn′heer) [mønɛːr] (der, -s, -s) Herr (als niederländische Anrede)
Mi′ka′do 1 (der, -s, -s) Kaiser (früher in Japan); wichtigstes Stäbchen im Mikado (2) **2** (das, -s, -s) Geschicklichkeitsspiel mit dünnen Holzstäbchen
Mik′rat *auch:* Mi′krat (das, -s, -e) sehr stark verkleinertes, nur durch ein Mikroskop lesbares Schriftstück [gr.]
Mik′ro′a′na′ly′se *auch:* Mi′kro′a′na′ly′se (die, -, -n) Analyse kleinster Stoffmengen
Mik′ro′bar *auch:* Mi′kro′bar (das, -s, -) ein Millionstel Bar
Mik′ro′be *auch:* Mi′kro′be (die, -, -n) mikroskopisch kleines, pflanzliches oder tierisches Lebewesen [gr.]
Mik′ro′che′mie *auch:* Mi′kro′che′mie (die, -, nur Ez.) Chemie kleinster Mengen
Mik′ro′fa′rad *auch:* Mi′kro′fa′rad (das, -s, -) ein Millionstel Farad
Mik′ro′fiche *auch:* Mi′kro′fiche [-fiʃ] (der, -s, -s) etwa postkartengroßer Mikrofilm, der mehrere 100 Reihen von Mikrokopien enthält [gr.-frz.]
Mik′ro′film *auch:* Mi′kro′film (der, -s, -e) Film, auf dem stark verkleinerte Texte aufgenommen sind [gr.]
Mik′ro′fon *auch:* Mi′kro′fon (*auch:* Mik′ro′phon/Mi′kro′phon) (das, -s, -e) Gerät zur Umwandlung von Schallwellen in elektrische Wellen
mik′ro′ke′phal *auch:* mi′kro′ke′phal (Adj.) = mikrozephal
Mik′ro′ke′pha′lie *auch:* Mi′kro′ke′pha′lie (die, -, nur Ez.) = Mikrozephalie
Mik′ro′kli′ma *auch:* Mi′kro′kli′ma (das, -s, nur Ez.) Klima in einem räumlich begrenzten Gebiet (bes. in Bodennähe)

Mik′ro′ko′pie *auch:* Mi′kro′ko′pie (die, -, -n) mittels Fotografie stark verkleinerte Text- oder Bildvorlage
Mik′ro′kos′mos *auch:* Mi′kro′kos′mos (der, -, nur Ez.) 1 die Welt der Kleinstlebewesen 2 die (vergleichsweise kleine) Welt des Menschen (gegenüber dem Weltall) [gr.]
Mik′ro′me′ter *auch:* Mi′kro′me′ter (das, -s, -) 1 ein Millionstel Meter 2 Gerät zum Messen sehr kleiner Größen [gr.]
Mik′ron *auch:* Mi′kron (das, -s, -) = Mikrometer (veraltet) [gr.]
Mik′ro′ne′si′er *auch:* Mi′kro′ne′si′er (der, -s, -) Einwohner der Föderierten Staaten von Mikronesien; z.B. der Yap-Inseln [gr.]
mik′ro′ne′sisch *auch:* mi′kro′ne′sisch (Adj.) zur pazifischen Inselwelt, zu Mikronesien gehörig
Mik′ro′or′ga′nis′mus *auch:* Mi′kro′or′ga′nis′mus (der, -, -men) = Mikrobe
Mik′ro′phon *auch:* Mi′kro′phon (das, -s, -e) = Mikrofon
Mik′ro′phy′sik *auch:* Mi′kro′phy′sik (die, -, nur Ez.) Physik der Moleküle und Atome
Mik′ro′phyt *auch:* Mi′kro′phyt (der, -en, -en) pflanzliche Mikrobe [gr.]
Mik′ro′pro′zes′sor *auch:* Mi′kro′pro′zes′sor (der, -s, -so′ren) Schaltzentrale eines Computers [gr.-lat.]
Mik′ros′kop *auch:* Mi′kros′kop/Mi′kro′skop (das, -s, -e) Gerät zum Vergrößern sehr kleiner Gegenstände [gr.]
Mik′ros′ko′pie *auch:* Mi′kros′ko′pie/Mik′ro′sko′pie (die, -, -n) Untersuchung mit dem Mikroskop
mik′ros′ko′pie′ren *auch:* mi′kros′ko′pie′ren/mi′kro′sko′pie′ren (V.) mit dem Mikroskop untersuchen
mik′ros′ko′pisch *auch:* mi′kros′ko′pisch/mi′kro′sko′pisch (Adj.) mit Hilfe des Mikroskops, nur mit Mikroskop erkennbar; sehr klein, winzig (scherzhaft)
Mik′ro′so′mie *auch:* Mi′kro′so′mie (die, -, nur Ez.) Zwergwuchs
Mik′ro′thek *auch:* Mi′kro′thek (die, -, -en) Sammlung von Mikrokopien; Behälter dafür [gr.]
Mik′ro′tom *auch:* Mi′kro′tom (das, -s, -e) Gerät zur Herstellung feinster Gewebeschnitte (zur mikroskopischen Untersuchung) [gr.]
mik′ro′ze′phal *auch:* mi′kro′ze′phal (*auch:* mik′ro′ke′phal) (Adj.) mit abnorm kleinem Kopf versehen [gr.]
Mik′ro′ze′pha′lie *auch:* Mi′kro′ze′pha′lie (*auch:* Mik′ro′ke′pha′lie/Mi′kro′ke′pha′lie) (die, -, nur Ez.) abnorm kleine Kopfform [gr.]
Mik′ti′on (die, -, -ti′o′nen) Harnlassen, Wasserlassen [lat.]

Milan   **Mine**

Mi'l**an** *auch* [mi:-] (der, -s, -e) ein Greifvogel mit gegabeltem Schwanz [frz.]
Mi'la'ne'se (der, -n, -n) Ew. von Mailand
Mi'li'ar'tu'ber'ku'lo'se (die, -, -n) bes. schwere Tuberkulose mit hirsekorngroßen Tuberkeln, die den ganzen Körper ergreifen kann [lat.]
Mi'li'eu [-ljø:] (das, -s, -s) **1** Umgebung, Gesamtheit der Lebensumstände (eines Lebewesens) **2** Welt der Prostituierten (schweiz.) [frz.]
mi'li'tant (Adj.) kämpferisch, streitbar, betont energisch [lat.]
Mi'li'tanz (die, -, nur Ez.) kämpferisches, streitbares Verhalten [lat.]
Mi'li'tär **1** (das, -s, nur Ez.) Gesamtheit der Streitkräfte **2** (der, -s, -s) hoher Offizier [frz.]
Mi'li'ta'ria (nur Mz.) das Militär betreffende Angelegenheiten (veraltet); Bücher, Bilder über das Militär [lat.]
mi'li'tä'risch (Adj.) zum Militär gehörig, entsprechend, in der Art des Militärs
mi'li'ta'ri'sie'ren (V.) mit Truppen und militärischen Einrichtungen ausstatten
Mi'li'ta'ris'mus (der, -, nur Ez.) Vorherrschaft, starker Einfluss des Militärs (im Staat); militärische Gesinnung
Mi'li'ta'rist (der, -ɪs'ten, -ɪs'ten) Anhänger des Militarismus
mi'li'ta'ris'tisch (Adj.) zum Militarismus gehörend, auf ihm beruhend
Mi'li'ta'ry [-tərɪ] (die, -, -s) Prüfung im Reitsport, die aus Dressur, Geländeritt und Springen besteht [engl.]
Mi'li'um (das, -s, nur Ez.) Ansammlung von kleinen, harten Knötchen unter der Oberfläche der Haut im Gesicht, Hautgrieß [lat.]
Mi'liz (die, -, -en) **1** kurz ausgebildete Truppe **2** halbmilitärische Polizei (in kommunistischen Staaten) [lat.]
Mi'li'zi'o'när (der, -s, -e) Angehöriger der Miliz
Mille'fleurs [milflœ:r] (der, -, nur Ez.) Stoff mit Streublumenmuster [frz.]
Mil'le Mig'lia *auch:* Mil'le Mi'glia [-mɪlja] (die, -, nur Ez.) größtes Langstreckenrennen für Sportwagen in Italien [it.]
mil'le'nar (Adj.) tausendfältig, tausendfach [lat.]
Mil'len'ni'um (das, -s, -ni'en) Zeitraum von tausend Jahren [lat.]
Mill'am'pere [-pe:ɐ] (das, -s, -) Maßeinheit für die Stromstärke, 1/1000 Ampere
Mil'li'ar'där (der, -s, -e) jmd., der ein Vermögen von mehr als einer Milliarde Mark besitzt
Mil'li'ar'de (die, -, -n) tausend Millionen [frz.]

Mil'li'ards'tel (das, -s, -) der milliardste Teil
Mil'li'bar (das, -s, -) Maßeinheit des Luftdrucks, 1/1000 Bar
Mil'li'gramm (das, -s, -) 1/1000 Gramm
Mil'li'liter (der oder das, -s, -) 1/1000 Liter
Mil'li'me'ter (der oder das, -s, -) 1/1000 Meter
Mil'li'on (die, -, -en) 1000 mal 1000 [it.]
Mil'li'o'när (der, -s, -e) jmd., der ein Vermögen von mehr als einer Million Mark besitzt
Mil'li'ons'tel (das, -s, -) der millionste Teil
Mil'li'pond (das, -s, -) 1/1000 Pond
Mil'reis [-reiʃ] (das, -, -) Währungseinheit in Portugal und Brasilien, 1000 Reis (früher) [portugies.]
Mi'me (der, -n, -n) Schauspieler (veraltet) [gr.]
mi'men (V.) **1** als Schauspieler darstellen **2** vortäuschen, so tun, als ob; z.B. die Beleidigte mimen [gr.]
Mi'me'se (die, -, -n) schützende äußere Ähnlichkeit von Tieren mit leblosen Gegenständen ihrer Umgebung [lat.]
Mi'me'sis (die, -, -me'sen) **1** spottende Wiederholung der Worte eines anderen (in der Rhetorik) **2** Charakterisierung eines anderen, indem man ihm Worte in den Mund legt, die kennzeichnend für ihn sind **3** Nachahmung von Gebärden [lat.]
Mi'mik (die, -, nur Ez.) Mienenspiel, Wechsel des Gesichtsausdrucks [gr.-lat.]
Mi'mik'ry *auch:* Mi'mi'kry (die, -, nur Ez.) schützende äußere Ähnlichkeit wehrloser Tiere mit wehrhaften Tieren oder mit Gegenständen ihrer Umgebung [lat.-engl.]
mi'misch (Adj.) mit Hilfe der Mimik, hinsichtlich der Mimik
Mi'mo'se (die, -, -n) **1** eine Pflanze mit gefiederten Blättern, die bei Berührung zusammenlegen **2** übertrieben empfindlicher, leicht gekränkter Mensch (ugs.) [gr.-frz.]
Mi'mus (der, -, -men) **1** Schauspieler der Antike) **2** improvisierte Darstellung derber, komischer Szenen aus dem Alltag (im Mittelalter) **3** Possenreißer, der solche Szenen vorführte [gr.-lat.]
Mi'na'rett (das, -s, -e) Turm der Moschee (von dem aus die Gebetsstunden ausgerufen werden) [arab.]
Mi'naud'rie *auch:* Mi'nau'drie/Min'aud'rie/ Min'au'drie (die, -, nur Ez.) geziertes Verhalten, geziertes Benehmen [frz.]
Mi'ne (die, -, -n) **1** unterirdischer Gang **2** Sprengkörper, der durch Lunte, Berührung u.a. zum Explodieren gebracht wird **3** Bergwerk **4** Erzlagerstätte **5** Einlage, farbgebender Teil (von Bleistiften und Kugelschreibern) [frz.]

Mi|ne|ral (das, -s, -e oder -ra|li|en) anorganischer Stoff als Bestandteil der Erdkruste [nlat.]
Mi|ne|ra|li|sa|ti|on (die, -, nur Ez.) das Mineralisieren
mi|ne|ra|lisch (Adj.) aus Mineralien entstanden, Mineralien enthaltend
mi|ne|ra|li|sie|ren (V.) zum Mineral werden; die Bildung von Mineralien (in etwas) bewirken
Mi|ne|ra|lo|ge (der, -n, -n) Wissenschaftler der Mineralogie
Mi|ne|ra|lo|gie (die, -, nur Ez.) Wissenschaft von den Mineralen
mi|ne|ra|lo|gisch (Adj.) zur Mineralogie gehörig
Mi|nes|tra *auch:* Mi|nest|ra/Mi|ne|stra (die, -, -tren/-ren) = Minestrone
Mi|nes|tro|ne *auch:* Mi|nest|ro|ne/Mi|ne|stro|ne (die, -, -ni) italienische Gemüsesuppe
mi|neur [-nœːr] = Moll [frz.]
Mi|neur [-nœːɐ] (der, -s, -e) **1** Bergarbeiter (früher) **2** für das Minenlegen ausgebildeter Soldat (früher) [frz.]
Mi|ni (ohne Artikel) sehr kurze Kleidermode; sehr kurze Kleidung [lat.]
Mi|ni|a|tor (der, -s, -to|ren) Maler, Zeichner von Miniaturen, Buchmaler [lat.]
Mi|ni|a|tur (die, -, -en) **1** gemaltes oder gezeichnetes Bild (in einer alten Handschrift oder einem alten Buch) **2** sehr kleines, zierliches Bildnis [lat.]
mi|ni|a|tu|ri|sie|ren (V.) verkleinern [lat.-it.]
Mi|ni|a|tu|ri|sie|rung (die, -, -en) Verkleinerung [lat.-it]
Mi|ni|a|tu|rist (der, -ris|ten, -ris|ten) = Miniator
Mi|ni|bi|ki|ni (der, -s, -s) sehr knapper, wenig Körper bedeckender zweiteiliger Badeanzug
Mi|ni|car (der, -s, -s) **1** Kleinstwagen **2** Kleintaxi [engl.]
mi|nie|ren (V.) unterirdische Gänge anlegen, Stollen legen [kelt.-lat.-frz.]
Mi|ni|golf (das, -s, nur Ez.) dem Golf ähnliches Spiel mit kleinen Schlägern auf kleiner Spielfläche
mi|ni|mal (Adj.) sehr klein, sehr gering, kleinstmöglich [lat.]
Mi|ni|mal|art (*auch:* Mi|ni|mal Art) [mɪnɪmlɑːt] (die, - -, nur Ez.) Richtung der modernen Kunst, die mit den einfachsten geometrischen Formen und geringfügigsten Abweichungen von diesen arbeitet [engl.]
mi|ni|mie|ren (V.) den kleinsten Wert (von etwas) anstreben [lat.]
Mi|ni|mum (das, -s, -ma) kleinster Wert, kleinstes Maß [lat.]

Mi|nis|ter (der, -s, -) Mitglied der Regierung (eines Staates oder Landes), Leiter eines Ministeriums [lat.]
Mi|nis|te|ri|a|le (der, -n, -n) **1** unfreier Dienstmann im Hof- und Kriegsdienst (im MA) **2** Angehöriger des niederen Adels (im 14./ 15. Jh.) [lat.]
mi|nis|te|ri|ell (Adj.) zu einem Minister oder Ministerium gehörend, von ihm ausgehend
Mi|nis|te|ri|um (das, -s, -ri|en) oberste Verwaltungsbehörde (eines Staates oder Landes) [lat.]
Mi|nis|ter|prä|si|dent (der, -en, -en) **1** Leiter der Regierung eines Bundeslandes der Bundesrepublik Deutschland **2** Leiter der Regierung (in anderen Ländern) **3** Vorsitzender des Ministerrates (in der ehem. DDR)
Mi|nis|trant *auch:* Mi|nist|rant/Mi|ni|strant (der, -en, -en) Gehilfe des Priesters (in der kath. Messe), Messdiener [lat.]
mi|nis|trie|ren *auch:* mi|nist|rie|ren/mi|ni|strie|ren (V.) als Ministrant bei der Messe dienen
mi|nor [maɪnə] = Moll [engl.]
Mi|no|rat (das, -(e)s, -e) **1** Recht des jüngsten Sohnes auf das Erbgut, Jüngstenrecht **2** das Erbgut selbst [lat.]
mi|no|re = Moll [it.]
mi|no|renn (Adj.) minderjährig (veraltet)
Mi|no|rit (der, -en, -en) Franziskaner, Minderbruder [lat.]
Mi|no|ri|tät (die, -, -en) Minderheit, Minderzahl [lat.]
Mi|no|taur (der, -s, nur Ez.) = Minotaurus
Mi|no|tau|rus (*auch:* Mi|no|taur) (der, -, nur Ez.) Menschen fressendes Ungeheuer auf Kreta mit dem Kopf eines Stieres und Leib eines Menschen (in der griechischen Mythologie) [gr.]
Mins|trel *auch:* Minst|rel/Min|strel (der, -s, -s) Spielmann und Sänger im Dienst eines Adligen (in England im Mittelalter) [engl.]
Mi|nu|end (der, -en, -en) Zahl, von der eine andere Zahl abgezogen werden soll [lat.]
mi|nus (Adj.) **1** weniger (in der Mathematik) **2** unter dem Gefrierpunkt, unter null Grad
Mi|nus (das, -, nur Ez.) Fehlbetrag, Verlust, Mangel, Nachteil [lat.]
Mi|nus|kel (die, -, -n) Kleinbuchstabe [lat.]
Mi|nu|te (die, -, -n) **1** 60. Teil einer Stunde **2** 100. Teil eines Gons [lat.]
mi|nu|ti|ös (Adj.) = minuziös
mi|nu|zi|ös (*auch:* mi|nu|ti|ös) (Adj.) genau bis ins Kleinste, bis in die Einzelheiten [lat.]
Mi|o|zän (das -s, nur Ez.) zweitjüngste Abteilung des Tertiärs [gr.]

Mirabelle   308   **Mixedpickles**

Mi|ra|bel|le (die, -, -n) kleine, gelbe, kugelrunde Pflaume [frz.]
Mi|ra|kel (das, -s, -) **1** Wunder, wunderbares Ereignis **2** Legendenspiel des MA, Mirakelspiel [lat.]
mi|ra|ku|lös (Adj.) wunderbar (veraltet) [lat.]
Mi|sand|rie *auch:* Mi|san|drie (die, -, nur Ez.) krankhafte Abneigung gegen Männer, Männerfeindlichkeit (bei Frauen) [gr.]
Mi|san|throp *auch:* Mi|santh|rop/Misan|throp (der, -en, -en) Menschenfeind
Mi|san|thro|pie *auch:* Mi|santh|ro|pie/Misan|thro|pie (die, -, nur Ez.) Menschenfeindlichkeit [gr.]
mi|san|thro|pisch *auch:* mi|santh|ro|pisch/mis|an|thro|pisch (Adj.) menschenfeindlich
Misch|pol|ke (die, -, nur Ez.) Verwandtschaft; Gesellschaft (abwertend) [hebr.-jidd.]
Mi|se (die, -, -n) **1** Einsatz (beim Glücksspiel) **2** auf einmal bezahlte Versicherungsprämie [frz.]
mi|se|ra|bel (Adj.) schlecht, elend, erbärmlich; z.B. mir geht es miserabel; eine miserable Leistung [lat.-frz.]
Mi|se|re (die, -, -n) Not, Elend [lat.]
Mi|se|re|se (das, -s, nur Ez.) **1** Anfangswort (und Bezeichnung) des 51. Psalms, Bußpsalm **2** Kotbrechen (bei Darmverschluss) [lat.]
Mi|se|ri|kor|die [-diə] (die, -, -n) kleiner, oft geschnitzter Vorsprung an der Unterseite der Klappsitze im Chorgestühl (als Stütze beim längeren Stehen) [lat.]
Mi|so (das, -(s), nur Ez.) aus Sojabohnen, Getreide und Salz gewonnenes Würzmittel (Vollwertküche) [jap.]
Mi|so|gam (der, -s oder -en, -en) Ehefeind [gr.]
Mi|so|ga|mie (die, -, nur Ez.) Ehescheu [gr.]
Mi|so|gyn (der, -s, -en) Frauenfeind [gr.]
Mi|so|gy|nie (die, -, nur Ez.) krankhafte Abneigung gegen Frauen, Frauenfeindlichkeit (bei Männern) [gr.]
Mi|so|lo|gie (die, -, nur Ez.) Feind der Logik, Feind der Vernunft, Gegner sachlicher, vernunftgeregelter Auseinandersetzung [gr.-lat.]
Mi|so|pä|die (die, -, -n) krankhafter Hass auf die eigenen Nachkommen [gr.-lat.]
Miss (die, -, Mis|ses [-sɪz]) Fräulein (als Anrede in englischsprachigen Ländern) [engl.]
Mis|sal (*auch:* Mis|sa|le) (das, -s, -e) Buch mit den Lesungen für die kath. Messe, Messbuch [lat.]
Mis|sa|le (das, -s, -) = Missal
Mis|sing|link (*auch:* Mis|sing Link) (das, -s, --s) fehlendes Bindeglied (in einer Entwicklung, bes. vom Affen zum Menschen) [engl.]

Mis|si|on (die, -, -si|o|nen) **1** ernster, wichtiger Auftrag, Sendung **2** (nur Ez.) Verbreitung der christlichen Lehre, Bekehrung der Heiden (Äußere Mission); Innere Organisation der evangel. Kirche zur religiösen Erneuerung und Unterstützung Bedürftiger **3** Gruppe von Personen, die mit besonderem Auftrag ins Ausland entsandt worden ist [lat.]
Mis|si|o|nar (der, -s, -e) Geistlicher in der Mission (**2**)
mis|si|o|nie|ren (V.) als Missionar tätig sein, Mission treiben; andere zu etwas bekehren wollen (ugs., scherzhaft)
Mist (der, -s, -e) leichter Nebel (in der Seemannssprache) [engl.]
mis|ten (V.) leicht neblig sein (in der Seemannssprache)
Mis|ter (der, -s, -) (in englischsprachigen Ländern Anrede für) Herr (in Verbindung mit dem Namen)
Mis|tral *auch:* Mist|ral/Mi|stral (der, -s, nur Ez.) kalter Nordwind in Südfrankreich [frz.]
Mis|tress *auch:* Mist|ress/Mi|stress [-strɪs] (die, -, -es) (in englischsprachigen Ländern) **1** (Anrede für) Frau **2** Hausfrau, Herrin
Mis|zel|la|ne|en (nur Mz.) kleine Aufsätze, kleine Artikel in wissenschaftlichen Zeitschriften [lat.]
Mis|zel|len (nur Mz.) = Miszellaneen
Mi|to|se (die, -, -n) indirekte Teilung des Zellkerns, wobei die Chromosomenzahl gleich bleibt [gr.]
Mit|ra *auch:* Mi|tra (die, -s oder -ren/-tren) **1** Stirnbinde (im alten Griechenland) **2** hohe, mützenartige Kopfbedeckung (von Herrschern im alten Orient) **3** Bischofsmütze aus zwei hohen, etwa dreieckigen Teilen (in der kath. Kirche) [lat.]
Mit|rail|leu|se *auch:* Mi|trail|leu|se [mitraʃø:zə] (die, -, -n) französisches Schnellfeuergeschütz, Vorläufer des Maschinengewehrs [frz.]
Mixed [mɪkst] (das, - oder -s, - oder -s) Spiel zwischen zwei Paaren, gemischtes Doppel (im Tennis, Tischtennis, Badminton) [engl.]
Mixed|grill (*auch:* Mixed Grill) [mɪkst-] (der, - -s, - -s) mehrere verschiedene, gegrillte Fleischstücke und Würstchen [engl.]
Mixed|me|dia (*auch:* Mixed Me|dia) [mɪkst mi:dja] (die, - -, nur Ez.) künstlerische Veranstaltung, die verschiedene Kunstzweige umfasst (Musik, Theater, Film, Tanz usw.) [engl.]
Mixed|pick|les (*auch:* Mix|pick|les/Mixed Pick|les) [mɪkst pɪklz] (nur Mz.) pikant gewürzte, in Essig eingelegte Stückchen roher Gemüsesorten [engl.]

mi'xen (V.) mischen; z.B. einen Cocktail mixen [engl.]
Mi'xer (der, -s, -) 1 jmd., der Getränke mischt; z.B. Barmixer 2 elektrisches Gerät zum Zerkleinern und Mischen 3 Techniker, der die getrennt aufgenommenen Tonspuren von gesprochenem Text, Musik und Geräuschen auf einem Tonband vereinigt, Tonmeister (beim Film und Fernsehen) [engl.]
Mix'pick'les [-pɪkls] (nur Mz.) = Mixedpickles
Mix'tum com'po'si'tum (das, - -, -ta -ta) Gemisch, Durcheinander [lat.]
Mix'tur (die, -, -en) 1 Mischung; z.B. von flüssigen Arzneimitteln 2 Orgelregister, bei dem auf jeder Taste der durch Oktave, Quinte, Terz oder Septime verstärkte Ton erklingt
Mne'me (die, -, nur Ez.) 1 Gedächtnis, Erinnerung 2 das Vermögen, wichtige Informationen im Gedächtnis zu speichern [gr.]
Mne'mis'mus (der, -, nur Ez.) die Anschauung, dass alle lebenden Organismen eine Mneme haben [gr.-lat.]
Mne'mo'nik (die, -, nur Ez.) das Verfahren, durch bestimmte, systematische Übungen die Gedächtnisleistung zu optimieren, sich etwas leichter einzuprägen [gr.]
Mne'mo'ni'ker (der, -s, -) jmd., der die Mnemonik beherrscht [gr.]
mne'mo'nisch (Adj.) die Mnemonik betreffend [gr.]
Mne'mo'tech'nik (die, -, -en) = Mnemonik [gr.]
Mne'mo'tech'ni'ker (der, -s, -) = Mnemoniker [gr.]
mne'mo'tech'nisch (Adj.) = mnemonisch [gr.]
mnes'tisch (Adj.) die Mneme betreffend [gr.]
Mob (der, -s, nur Ez.) Gesindel, Pack, Pöbel [engl.]
Mob'bing (das, -s, nur Ez.) 1 Angriffsverhalten von Vogelgruppen gegenüber Greifen, Eulen (Verhaltensforschung) 2 Schikanieren von Arbeitskolleg(inn)en, mit der Absicht, sie vom Arbeitsplatz zu vertreiben [engl.]
Mö'bel (das, -s, -) Gegenstand der Einrichtung einer Wohnung; großer, unhandlicher Gegenstand (ugs., scherzhaft) [frz.]
mo'bil (Adj.) 1 beweglich, nicht an einen Standort gebunden 2 munter, gesund 3 kriegsbereit [frz.]
Mo'bi'le (das, -s, -s) Zimmerschmuck aus an Drähten und Fäden frei hängenden Gegenständen, die sich beim geringsten Luftzug bewegen [lat.]
Mo'bi'li'ar (das, -s, nur Ez.) Gesamtheit der Möbel (einer Wohnung, eines Hauses)

Mo'bi'li'sa'ti'on (die, -, nur Ez.) das Mobilisieren
mo'bi'li'sie'ren (V.) 1 beweglich machen 2 in Bewegung setzen, zum Handeln veranlassen 3 kriegsbereit machen [lat.]
Mo'bi'li'tät (die, -, nur Ez.) 1 Beweglichkeit 2 Häufigkeit des Wohnsitzwechsels [lat.]
möb'lie'ren *auch:* mö'blie'ren (V.) mit Möbeln ausstatten, einrichten
Mobs'ter (der, -s, -) Bandit, Gangster [lat.-engl.-amerik.]
Moc'ca (der, -, -s) = Mokka (österr.)
mo'dal (Adj.) 1 die Art und Weise bezeichnend (in der Grammatik) 2 durch die Verhältnisse, die Umwelt bestimmt [lat.]
Mo'da'li'tät (die, -, nur Ez.) Art und Weise (eines Geschehens, des Denkens, Seins usw.) [lat.]
Mo'dal'no'ta'ti'on (die, -, nur Ez.) Notenschrift, die nur den ungefähren Rhythmus festlegt (Vorläufer der Mensuralnotation)
Mo'de (die, -, -n) Brauch, Sitte (bes. sich zu kleiden und zu frisieren) zu einem bestimmten Zeitpunkt; (elegante) dem Zeitgeschmack entsprechende Kleidung [frz.]
Mo'del (der, -s, -) 1 Maßeinheit für die Berechnung architektonischer Verhältnisse (in der Antike und Renaissance) 2 Hohlform (für Gebäck u.a.) 3 geschnittener Stempel (für Tapeten- und Textildruck) [lat.]
Mo'dell (das, -s, -e) 1 Vorbild, Muster 2 Entwurf oder Nachbildung in stark verkleinertem Maßstab (für oder von Bauten, von Maschinen; z.B. Flugzeugen u.a.) 3 Holz- oder Tonform für die Herstellung eines Gussform 4 vereinfachte, nur die wesentlichsten Züge aufweisende Darstellung (einer geistigen Vorstellung; z.B. Denkmodell, eines komplizierten Gegenstandes u.a.) 5 Person oder Gegenstand als Vorbild für Maler, Bildhauer, Fotografen u.a. 6 Mannequin [it.]
Mo'dell'eur [-løːɐ] (der, -s, -e) Facharbeiter, der Modelle entwirft, Musterformer
mo'del'lie'ren (V.) aus Ton, Wachs, Knetmasse oder ähnlichem weichem Material formen [it.]
mo'de'rat (Adj.) maßvoll, gemäßigt [lat.]
Mo'de'ra'ti'on (die, -, -ti'o'nen) Leitung einer Diskussion oder erläuternde Leitung einer Funk- oder Fernsehsendung [lat.]
mo'de'ra'to (Adv.) mäßig schnell, mäßig bewegt (in der Musik) [it.]
Mo'de'ra'tor (der, -s, -to'ren) 1 Leiter einer Diskussion 2 Sprecher, der eine Rundfunk- oder Fernsehsendung mit verbindenden und erläuternden Worten begleitet 3 Substanz, die die Geschwindigkeit von Neutronen auf die

moderieren — **Moloch**

für die Kernspaltung notwendige Geschwindigkeit abbremst [lat.]

mo'de'rie'ren (V.) 1 mäßigen, einschränken (veraltet) 2 eine Sendung verbinden, erläuternde Worte in einer Rundfunk- oder Fernsehsendung sprechen [lat.]

mo'dern (Adj.) 1 der Mode entsprechend 2 der Gegenwart, der augenblicklichen Zeit entsprechend; z.B. die moderne Musik [lat.]

Mo'der'ne (die, -, nur Ez.) moderne Richtung (der Kunst); die heutige Zeit

mo'der'ni'sie'ren (V.) der heutigen Zeit, dem Zeitgeschmack entsprechend umgestalten [frz.]

Mo'der'nis'mus (der, -, nur Ez.) 1 liberale, wissenschaftlich-kritische Richtung innerhalb der kath. Kirche (von Papst Pius X. 1907 verurteilt) 2 Bejahung alles Modernen, Streben nach Modernem

mo'der'nis'tisch (Adj.) zum Modernismus gehörig, von ihm ausgehend

Mo'der'ni'tät (die, -, nur Ez.) das Modernsein, moderne Beschaffenheit

mo'dest (Adj.) maßvoll, bescheiden (veraltet) [lat.]

Mo'di'fi'ka'ti'on (die, -, -ti'o'nen) 1 das Modifizieren, Umgestaltung 2 durch äußere Einflüsse verursachte Abweichung vom Normalen (bei Lebewesen) 3 abweichende Erscheinungsform eines chemischen Stoffes infolge unterschiedlicher physikalischer Eigenschaften [lat.]

Mo'di'fi'ka'tor (der, -s, -to'ren) etwas, das eine modifizierende Wirkung hat

mo'di'fi'zie'ren (V.) verändern, umgestalten, verstärken oder abschwächen [lat.]

Mo'dis'tin (die, -, -nen) Herstellerin von Damenhüten, Putzmacherin [frz.]

Mo'dul (der, -s, -n) 1 = Model (1) 2 Maß für die Berechnung von Zähnen (an Zahnrädern) 3 Verhältniszahl 4 Materialkonstante [lat.-engl.]

Mo'du'la'ti'on (die, -, -ti'o'nen) 1 Abwandlung, Veränderung; z.B. der Frequenz 2 Übergang von einer Tonart in die andere 3 Abstufung von Tonstärke und Klangfarbe [lat.]

mo'du'lie'ren (V.) 1 abwandeln, verändern 2 von einer Tonart in eine andere übergehen 3 eine Frequenz verändern [lat.]

Mo'dus (der, -, -di) 1 Art und Weise, Form (eines Geschehens, Ablaufs); Modus Vivendi: Art und Weise des Miteinanderlebens 2 Verbform, die die Art und Weise einer Aussage angibt (Indikativ, Konjunktiv, Imperativ) 3 Melodie, nach der verschiedene Lieder gesungen werden können 4 Kirchentonart [lat.]

Mo'gul (der -s, -n) Angehöriger eines islamischen Herrschergeschlechts in Indien [pers.]

Mohair (auch: Mo'här) [-hɛːɐ] (der oder das, -s, -s) Haar der Angoraziege; daraus hergestellter, haariger Wollfaden oder Stoff [arab.-frz.]

Mo'ham'me'da'ner (der, -s, -) = Moslem

mo'ham'me'da'nisch (Adj.) = islamisch

Mo'här (der oder das, -s, -s) = Mohair

Mo'hi'ka'ner (der, -s, -) Angehöriger eines ausgestorbenen nordamerikanischen Indianerstammes

Moi'ra (die, -, nur Ez.) von den Göttern dem Menschen zugeteiltes Schicksal (nach altgriechischem Glauben) [gr.]

Moi'ré [mwa-] 1 (der oder das, -s, -s) Seiden- oder Kunstfasergewebe oder Pelz mit wellenförmiger Musterung 2 (das, -s, -s) störende punktförmige Musterung (auf Reproduktionen); störende strichförmige Musterung (auf Fernsehbildern) [frz.]

moi'rie'ren [mwa-] (V.) mit wellenförmiger Musterung versehen [frz.]

mo'kant (Adj.) spöttisch, boshaft [frz.]

Mo'kas'sin (der, -s, -s) bestickter, wildlederner Stiefel ohne Absatz (bei nordamerikanischen Indianern); ungefütterter Lederschuh aus weichem Leder [Algonkin]

mo'kie'ren (V.) sich mokieren: sich lustig machen, spötteln [frz.]

Mok'ka (auch: Moc'ca) (der, -s oder -) eine Kaffeesorte mit kleinen Bohnen; starker Kaffee daraus [arab.]

Mol (das, -s, -e) Stoffmenge, die gleich dem Molekulargewicht in Gramm ist [Kurzwort]

mo'lar (Adj.) auf 1 Mol bezogen; molare Lösung: Lösung, die 1 Mol eines Stoffes in 1 Liter enthält

Mo'lar (der, -s, -e) Backenzahn [lat.]

Mo'le (die, -, -n) vom Ufer senkrecht vorspringender Hafendamm [it.] 2 abgestorbene Leibesfrucht [gr.-lat.]

Mo'le'kül (das, -s, -e) kleinstes, aus zwei oder mehr Atomen bestehendes Teilchen einer chemischen Verbindung [frz.]

mo'le'ku'lar (Adj.) zu den Molekülen gehörend

Mo'les'ten (nur Mz) Beschwerden, Belästigungen (veraltet) [lat.]

Moll 1 (das, -, nur Ez.) Tongeschlecht mit kleiner Terz im Dreiklang der Tonika 2 (der, -s, -s oder e) = Molton [lat.]

Moll'us'ke (die, -, -n) Tier mit knochen- und wirbellosem Körper, Weichtier [lat.]

Mo'lo (der, -s, -s) = Mole (1) (österr.)

Mo'loch (der, -s, -e) 1 Macht, die alles verschlingt 2 eine australische Echse [hebr.-gr.]

mol'to (Adv.) sehr (in der Musik); z.B. allegro molto [it.]
Mol'ton (der, -s, -s) weiches, beidseitig gerautes Baumwollgewebe [frz.]
Mo'lyb'dän (das, -s, nur Ez.) Element, Metall [gr.]
Mo'ment 1 (der, -(e)s, -e) kurze Zeitspanne, Augenblick **2** (das, -(e)s, -e) Produkt aus der Größe einer Kraft und dem Hebelarm; z.B. Drehmoment; Merkmal, Umstand, Gesichtspunkt [lat.]
mo'men'tan (Adj.) im Moment, augenblicklich
Mo'ment mu'si'cal (moməmyzikal] (das, - -, -s mu'si'caux [moməmyziko]) kurzes, stimmungsvolles Musikstück (bes. für Klavier) [frz.]
Mo'na'de (die, -, -n) in sich vollkommene, unteilbare Einheit [gr.]
Mo'na'do'lo'gie (die, -, nur Ez.) Lehre von den Monaden [gr.]
Mo'narch *auch:* Mon'arch (der, -en, -en) Alleinherrscher, Kaiser, König, Fürst [gr.]
Mo'nar'chie *auch:* Mon'ar'chie (die, -, -n) Staatsform mit einer einzigen Person als Staatsoberhaupt [gr.]
mo'nar'chisch *auch:* mon'ar'chisch (Adj.) zur Monarchie, zum Monarchen gehörig, von ihr, ihm ausgehend
Mo'nar'chis'mus *auch:* Mon'ar'chis'mus (der, -, nur Ez.) Streben, die Monarchie zu erhalten, eine Monarchie durchzusetzen, Betonung der Rechte des Monarchen [gr.-nlat.]
Mo'nar'chist *auch:* Mon'ar'chist (der, -chisten, -chisten) Anhänger des Monarchismus
mo'nar'chis'tisch *auch:* mon'ar'chis'tisch (Adj.) auf dem Monarchismus beruhend
Mo'nas'te'ri'um (das, -s, -rien) Kloster [lat.]
mo'nas'tisch (Adj.) mönchisch [lat.]
mo'nau'ral *auch:* mon'au'ral (Adj.) **1** (nur) ein Ohr betreffend, für nur ein Ohr bestimmt **2** einkanalig (in der Technik) [gr.-lat.]
Mo'na'zit (der, -s, -e) ein Mineral [gr.]
Mon'da'min (das, -s, nur Ez.) Maisstärke (Warenzeichen) [engl.]
mon'dän (Adj.) betont elegant und lässig, überlegen [frz.]
mon'di'al (Adj.) weltweit, weltumspannend [lat.]
Mon'di'al (das, -s, nur Ez.) Bezeichnung für eine künstliche Weltsprache [lat.]
Mo'ne'gas'se (der, -n, -n) Ew. von Monaco
mo'ne'gas'sisch (Adj.) zu Monaco gehörig
Mo'nem (das, -s, -e) die kleinste Spracheinheit, die eine eigene Bedeutung besitzt [gr.]
mo'ne'tär (Adj.) geldlich [lat.]

Mo'ne'ta'ris'mus (der, -, nur Ez.) die Theorie in der Wirtschaftswissenschaft, wonach die Wirtschaft hauptsächlich über die Geldmenge gesteuert werden solle, weil ihr eine besondere Bedeutung zukommt [lat.]
Mo'ne'ta'rist (der, -risten, -risten) Verfechter des Monetarismus [lat.]
mo'ne'ta'ris'tisch (Adj.) den Monetarismus betreffend, auf dieser Theorie beruhend [lat.]
Mo'ne'ten (nur Mz.) Geld (ugs.) [lat.]
mo'ne'ti'sie'ren (V.) zu Geld machen, in Bargeld umwandeln, z.B. Grundstücke monetisieren
Mo'ne'ti'sie'rung (die, -, nur Ez.) die Umwandlung in Geld [lat.]
Mo'ney'ma'ker (*auch:* Mo'ney-Ma'ker) [mʌnɪmeɪkə] (der, -s, -) jmd. (bes. Geschäftsmann), der aus allem Geld herauszuschlagen sucht [engl.]
Mon'go'le (der, -n, -n) **1** Angehöriger eines aus zahlreichen Stämmen bestehenden Volkes in Ostasien **2** Ew. der Mongolischen Volksrepublik
mon'go'lid (Adj.) zu der in Ostasien heimischen Großrasse der Mongolen gehörig
mon'go'lisch (Adj.) zu den Mongolen gehörig
Mon'go'lis'mus (der, -, nur Ez.) mit Schwachsinn und mongolider Gesichtsbildung verbundene Entwicklungsstörung
Mon'go'list (der, -listen, -listen) Wissenschaftler der Mongolistik
Mon'go'lis'tik (die, -, nur Ez.) Wissenschaft von den mongolischen Sprachen und Kulturen
mon'go'lo'id (Adj.) **1** einige Merkmale der mongolischen Rasse aufweisend **2** an Mongolismus leidend, heute Downsyndrom genannt
mo'nie'ren (V.) beanstanden, rügen, tadeln, mahnen [lat.]
Mo'ni'lia (die, -, nur Ez.) ein Schlauchpilz, Erreger von Pflanzenkrankheiten [lat.]
Mo'nis'mus (der, - nur Ez.) eine Anschauung, die alles von einer Grundannahme ausgehend erklärt [gr.-lat.]
Mo'nist (der, -nisten, -nisten) Anhänger des Monismus [gr.-lat.]
mo'nis'tisch (Adj.) den Monismus betreffend, auf ihm basierend [gr.-lat.]
Mo'ni'tor (der, -s, -to'ren) **1** Bildschirm, auf dem das gesendete Bild kontrolliert werden kann (beim Fernsehen) **2** Gerät zur Überwachung elektronischer Anlagen und radioaktiver Strahlung [lat.]
Mo'ni'tum (das, -s, -ta) Tadel, Rüge, Beanstandung [lat.]
mo'no (Adj.) kurz für: monophon

Mo|no|chord [-kɔrt] (das, -s, -e) altgriechisches Musikinstrument zur Bestimmung von Tonhöhen und Intervallen [gr.]
mo|no|chrom [-kroːm] (Adj.) einfarbig [gr.]
mo|no|cyc|lisch (Adj.) = monozyklisch
Mo|no|die auch: Mon|o|die (die, -, -n) einstimmiger, unbegleiteter, (nach 1600) vom Generalbass begleiteter Gesang, = Homophonie [gr.]
mo|no|disch auch: mon|o|disch (Adj.) in der Art der Monodie
Mo|no|dra|ma (das, -s, -men) Drama mit nur einer handelnden und sprechenden Person [gr.]
mo|no|gam (Adj.) auf nur einen Geschlechtspartner ausgerichtet; in Einehe lebend [gr.]
Mo|no|ga|mie (die, -, -n) Ehe mit nur einem Partner [gr.]
Mo|no|ge|ne|se (die, -, -n) ungeschlechtliche Fortpflanzung [gr.]
Mo|no|go|nie (die, -, -n) = Monogenese
Mo|no|gramm (das, -s, -e) die Anfangsbuchstaben des Vor- und Nachnamens [gr.]
Mo|no|gra|phie (auch: Mo|no|gra|fie) (die, -, -n) Abhandlung über einen einzelnen Gegenstand oder über eine einzige Person [gr.]
mo|no|hyb|rid auch: mo|no|hy|brid (Adj.) sich nur in einer einzigen Erbanlage unterscheidend [gr.]
Mo|no|hyb|ri|de auch: Mo|no|hy|bri|de (der, -n, -n) Bastard, der aus der Kreuzung eines monohybriden Elternpaares hervorgegangen ist [gr.]
Mo|no|kel auch: Mon|o|kel (das, -s, -) Brille für nur ein Auge, Einglas [gr.]
mo|nok|lin auch: mo|no|klin (Adj.) monoklines Kristallsystem: Kristallsystem, das zwei senkrecht aufeinander stehende Achsen und eine nicht im rechten Winkel dazu stehende Achse aufweist [gr.]
Mo|no|ko|ty|le|do|ne (die, -, -n) einkeimblättrige Pflanze [gr.]
Mo|no|kul|tur (die, -, -en) Anbau nur einer einzigen Pflanze (auf einer Fläche) [gr.-lat.]
Mo|no|lith (der, -en, -en) Steinblock; aus einem einzigen Stein gemeißeltes Bildwerk [gr.]
Mo|no|log (der, -s, -e) Selbstgespräch [gr.]
mo|no|lo|gi|sie|ren (V.) einen Monolog führen
Mo|nom (das, -s, -e) aus nur einem Glied bestehende mathematische Größe [gr.]
mo|no|man (Adj.) an Monomanie leidend, von einer fixen Idee besessen
Mo|no|ma|ne (der, -n, -n) jmd., der an Monomanie leidet, von einer fixen Idee besessen ist

Mo|no|ma|nie (die, -, nur Ez.) krankhaft übersteigerter Trieb, Besessenheit von einer Wahnidee [gr.]
mo|no|mer (Adj.) aus einzelnen, selbstständigen Molekülen bestehend [gr.]
Mo|no|mer (das, -s, -e) monomerer Stoff
mo|no|misch (Adj.) in der Art eines Monoms, aus einem einzigen Glied bestehend
mo|no|phag (Adj.) sich von nur einer Pflanzen- oder Tierart ernährend [gr.]
Mo|no|pha|ge (der, -n, -n) monophag lebendes Tier
Mo|no|pha|gie (die, -, nur Ez.) Ernährung nur von einer einzigen Pflanzen- oder Tierart [gr.]
mo|no|phon (Adj.) auf Monophonie beruhend, einkanalig
Mo|no|pho|nie (die, -, nur Ez.) Tonaufzeichnung und/oder -wiedergabe über nur einen Kanal [gr.]
Mo|noph|thong auch: Mo|no|phthong (der, -s, -e) einfacher Vokal; z.B. a, e [gr.]
Mo|no|ple|gie (die, -, -n) Lähmung eines einzelnen Gliedes oder Gliedteiles [gr.]
Mo|no|pol (das, -s, -e) Vorrecht, alleiniger Anspruch (etwas zu produzieren oder mit etwas zu handeln) [gr.]
mo|no|po|li|sie|ren (V.) etwas monopolisieren: sich das Monopol über etwas aneignen, etwas in einer Hand vereinigen
Mo|no|po|lis|mus (der, -, nur Ez.) Streben, den Markt durch Monopole zu beherrschen
Mo|no|po|list (der, -|is|ten, -|is|ten) Inhaber eines Monopols; Anhänger des Monopolismus
Mo|nop|te|ros auch: Mo|no|pte|ros (der, -, -te|ren/-pte|ren) kleiner Säulenrundbau [gr.]
Mo|no|the|is|mus (der, -, nur Ez.) Glaube an einen einzigen Gott [gr.-lat.]
mo|no|the|is|tisch (Adj.) in der Art des Monotheismus; z.B. monotheistische Religion
mo|no|ton (Adj.) eintönig, gleichförmig [gr.]
Mo|no|to|nie (die, -, nur Ez..) Eintönigkeit, Gleichförmigkeit [gr.]
Mo|no|xid auch: Mon|o|xid (das, -s, -e) Sauerstoffverbindung, die nur ein Sauerstoffatom enthält [gr.]
Mo|nö|zie auch: Mon|ö|zie (die, -, nur Ez.) Auftreten von männlichen und weiblichen Blüten auf derselben Pflanze, Einhäusigkeit [gr.]
mo|no|zyk|lisch auch: mo|no|zy|klisch (auch: mo|no|cyc|lisch/mo|no|cy|clisch) (Adj.) nur einen Benzolring enthaltend [gr.-lat.]
Mon|seig|neur auch: Mon|sei|gneur [mɔ̃sɛɲøːɐ] (der, -s, -e oder -s) Prinz, hoher Geistlicher (franz. Titel)

Mon'sieur [məsjøː] (der, -s, Mes'sieurs [mɛßjoː]) Herr (als französische Anrede)
Mon·sig'no·re auch: Mon'si'gno're [monsiɲoːre] (der, -(s), -no'ri/-gno'ri) hoher geistlicher Würdenträger in Italien (Titel) [it.]
Mons'ter (das, -s, -) = Monstrum
Mons'te'ra (die, -, -rae [rɛː]) eine tropische Kletterpflanze mit Luftwurzeln, Aronstabgewächs [lat.]
Mons'tranz auch: Monst'ranz/Mon'stranz (die, -, -en) Behälter zum Zeigen der geweihten Hostie [lat.]
mons'trös auch: monst'rös/mon'strös (Adj.) **1** missgestaltet, unförmig, groß und hässlich, groß und beeindruckend **2** ungeheuerlich [lat.]
Mons·tro·si'tät auch: Monst'ro·si'tät/Monstro'si'tät (die, -, nur Ez.) monströses Aussehen
Mons'trum auch: Monst'rum/Mon'strum (das, -s, -tren oder -tra) **1** missgestaltetes Wesen, Ungeheuer **2** großer, schwerer Gegenstand, Ungetüm (ugs., scherzhaft) [lat.]
Mon'sun (der, -s, -e) halbjährlich wechselnder Wind in Asien [arab.-it.]
Mon'ta·ge [-ʒə] (die, -, -n) **1** Zusammenbau und Aufstellen (einer Maschine) **2** Zusammenstellen der einzelnen Einstellungen eines Films zu einem Ganzen nach künstlerischen Gesichtspunkten **3** Zusammensetzung einer Bildkomposition aus einzelnen Fotografien oder Teilen davon (Fotomontage) sowie das Bild selbst **4** Werk der modernen Kunst, das aus Teilen zusammengesetzt ist, die ursprünglich nicht zusammengehören [frz.]
mon'tan (Adj.) zum Bergbau und Hüttenwesen gehörig [lat.]
mon·ta'nis·tisch (Adj.) = montan
Mont'bre·tie [mɔ̃brɛːtsia] (die, -, -n) ein südafrikanisches Schwertliliengewächs [frz.]
Mon'teur [-tøːʀ] (der, -s, -e) Facharbeiter für die Montage von Maschinen
mon'tie·ren (V.) zusammenbauen, -fügen, -setzen, aufbauen, befestigen [frz.]
Mon'tur (die, -, -en) Dienstkleidung, Uniform (veraltet); Arbeitsanzug [frz.]
Mo·nu'ment (das, -(e)s, -e) großes Denkmal, Mahnmal [lat.]
mo·nu·men'tal (Adj.) **1** denkmalartig **2** groß und wuchtig, gewaltig [lat.]
Mo·nu·men·ta·li'tät (die, -, nur Ez.) monumentale Beschaffenheit, Größe und Wuchtigkeit
Mo'ped (das, -s, -s) leichtes Motorrad mit Pedalen [Kurzwort]
Mopp (der, -s, -s) besenartiges Gerät mit Fransen aus Baumwolle (statt der Borsten) [engl.]
mop'pen (V.) mit dem Mopp kehren
mop'sen (V.) geringfügig stehlen [Rotwelsch]
Mo'ral (die, -, nur Ez.) **1** System von Grundsätzen und Regeln für das richtige Verhalten des Einzelnen in der Gemeinschaft **2** darauf beruhende innere Einstellung, Haltung, Sittlichkeit **3** Lehre von der Moral (**1**) **4** Standhaftigkeit, Kampfesmut; z.B. die Moral der Truppe ist gut, schlecht **5** Gehalt, der beherzigt werden soll, Lehre, Folgerung; z.B. die Moral von der Geschichte
Mo'ra'lin (das, -s, nur Ez.) übertriebene, allzu betonte Moral (**1**)
mo'ra'lisch (Adj.) **1** auf Moral (**1**, **2**, **4**) beruhend **2** hinsichtlich der Moral (**1**, **2**, **4**)
mo·ra·li'sie·ren (V.) Moral (**1**, **2**) predigen, sich allzu sehr dafür einsetzen; Betrachtungen über Moral (**1**) anstellen
Mo·ra'lis·mus (der, -, nur Ez.) **1** Anerkennung der Moral (**1**) **2** Überbetonung der Moral (**1**)
Mo·ra'list (der, -lis'ten, -lis'ten) **1** sich nach der Moral (**1**) richtender Mensch **2** Schriftsteller, der sich mit Moral (**2**) beschäftigt **3** jmd., der die Moral (**1**, **2**) allzu sehr betont
Mo·ra·li'tät (die, -, -en) **1** (nur Ez.) moralische Gesinnung, Bewusstsein von der Richtigkeit der Moral (**1**) **2** lehrhaftes Schauspiel im MA, in dem Tugenden und Laster personifiziert wurden
Mo'rä·ne (die, -, -n) von einem Gletscher abgelagerter Gesteinsschutt [frz.]
Mo·ra'to·ri·um (das, -s, -ri'en) Zahlungsaufschub [lat.]
mor'bid (Adj.) **1** kränklich **2** brüchig, morsch, angekränkelt [lat.]
Mor·bi·di'tät (die, -, nur Ez.) morbide Beschaffenheit
Mor'dent (der, -s, -e) einmaliger Wechsel mit dem nächst tieferen Ton, Pralltriller [it.]
Mo'res (nur Mz.) jmdn. Mores lehren: jmdm. Anstand beibringen, jmdm. energisch die Meinung sagen [lat.]
Mo'res'ca (auch: Mo'ris'ca) (die, -, nur Ez.) maurischer Tanz (im 15./17. Jh.) [it.]
Mo'res'ke (die, -, -n) = Maureske
mor·ga'na·tisch (Adj.) morganatische Ehe: nicht standesgemäße Ehe, bei der der unebenbürtige Partner nicht die vollen Rechte erhielt (früher) [lat.]
Morgue [mɔrg] (die, -, -n) berühmtes Leichenschauhaus in Paris [germ.-frz.]
mo'ri·bund (Adj.) kurz vor dem Tode stehend, dem Sterben nahe, todgeweiht [lat.]
Mo'ris'ca (die, -, nur Ez.) = Moresca

Mo|ris|ke (der, -n, -n) nach dem Ende der arabischen Herrschaft in Spanien zurückgebliebener Maure, der sich hatte taufen lassen
Mor|mo|ne (der, -n, -n) Angehöriger einer (nach dem Propheten Mormon benannten) nordamerikanischen Sekte auf christlicher Grundlage
mo|ros (Adj.) (veraltet) verdrießlich, mürrisch [lat.]
Mo|ro|si|tät (die, -, nur Ez.) Verdrießlichkeit, Grämlichkeit [lat.]
Mor|phem (das, -s, -e) kleinste bedeutungstragende sprachliche Einheit; z.B. die zwei Morpheme in lust(ig) [gr.-frz.]
Mor|phe|ma|tik (die, -, nur Ez.) Wissenschaft von den Morphemen
Mor|phin (das, -s, nur Ez.) ein Alkaloid des Opiums, Mittel zur Schmerzlinderung [gr.]
Mor|phi|nis|mus (der, -, nur Ez.) Vergiftung durch Gewöhnung an Morphin, Morphiumsucht
Mor|phi|nist (der, -nis|ten, -nis|ten) jmd., der an Morphinismus leidet
Mor|phi|um (das, -s, nur Ez.) = Morphin
Mor|pho|ge|ne|se (die, -, -n) Entwicklung der äußeren Form (von Lebewesen) [gr.]
mor|pho|ge|ne|tisch (Adj.) zur Morphogenese gehörig
Mor|pho|ge|nie (die, -, -n) = Morphogenese
Mor|pho|lo|gie (die, -, nur Ez.) 1 Wissenschaft von der Formenbildung, der Entwicklung der Formen 2 Wissenschaft von den Formveränderungen der Wörter durch Deklination und Konjugation, Formenlehre [gr.]
mor|pho|lo|gisch (Adj.) 1 zur Morphologie gehörig, auf ihr beruhend 2 hinsichtlich der Form
Mor|pho|me|trie auch: Mor|pho|me|trie (die, -, nur Ez.) Messung der äußeren Formen (von Organen u.a.); Messung der Geländeformen [gr.]
Mor|se|al|pha|bet (das, -(e)s, nur Ez.) von dem Nordamerikaner S. Morse erfundenes Alphabet aus Punkten und Strichen zur Übermittlung von Nachrichten mit Hilfe von Ton- oder Lichtsignalen
mor|sen (V.) mit Hilfe des Morsealphabets übermitteln
Mor|ta|del|la (die, -, nur Ez.) eine Wurstsorte aus Kalb- oder Schweinefleisch mit Speckwürfeln (und Pistazienstückchen) [it.]
Mor|ta|li|tät (die, -, nur Ez.) Sterblichkeit; Verhältnis der Sterbefälle zur Gesamtzahl der betreffenden Personengruppe [lat.]
Mor|ti|fi|ka|ti|on (die, -, -en) das Mortifizieren

mor|ti|fi|zie|ren (V.) 1 absterben lassen, abtöten; z.B. Körpergewebe mortifizieren; Begierden mortifizieren 2 für ungültig erklären [lat.]
Mor|tu|a|ri|um (das, -s, -ri|en) 1 ein von den Erben zu bezahlender Betrag, der beim Tod eines Hörigen im Mittelalter fällig war 2 Bestattungsort [lat.]
Mo|ru|la (die, -, nur Ez.) maulbeerähnlicher Verband von Zellen, früheste Entwicklungsstufe des Embryos, Maulbeerkeim [lat.]
Mo|sa|ik (das, -s, -en) aus verschiedenfarbigen Steinchen oder Glasstückchen zusammengesetztes Bild oder Ornament (auf Mauern oder Fußböden) [frz.]
mo|sa|isch (Adj.) von Moses stammend
Mo|sa|ist (der, -is|ten, -is|ten) Mosaiken fertigender Künstler, Künstler, der mit Musivgold arbeitet [gr.-lat.-it.-frz.]
mo|sa|is|tisch (Adj.) Mosaiken betreffend [gr.-lat.-it.-frz.]
Mo|sa|i|zist (die, -zis|ten, -zis|ten) = Mosaist [gr.-lat.it.-frz.]
Mo|sam|bi|ker (der, -s, -) Einwohner des südostafrikanischen Staates Mosambik
Mo|schee (die, -, -n) islamisches Gotteshaus [arab.-frz.]
Mo|schus (der, -, nur Ez.) aus der Absonderung der Geschlechtsdrüse des Moschustiers (asiatische Hirschart) gewonnener Duftstoff [pers.-gr.]
Mos|ki|to (der, -s, -s) tropische Stechmücke
Mos|lem (der, -s, -s) Angehöriger des Islams [arab.]
mos|le|mi|nisch (Adj.) = moslemisch
mos|le|misch (Adj.) zu den Moslems, zum Islam gehörig
Mos|li|me (die, -, -n) weiblicher Moslem
mos|so (Adv.) lebhaft bewegt, rasch (bei Musikstücken) [it.]
Mo|tel (das, -s, -s) Hotel mit kleinen Appartements und Garagen (an Autostraßen) [engl.]
Mo|tet|te (die, -, -n) mehrstimmiges Gesangsstück für Chor (meist ohne Instrumentalbegleitung) [it.]
Mo|ti|li|tät (die, -, nur Ez.) Beweglichkeit, Bewegungsmöglichkeit (der Muskeln) [lat.]
Mo|ti|on (die, -, -ti|o|nen) 1 Bewegung (veraltet) 2 schriftlicher Antrag im Parlament (schweiz.) 3 Abwandlung der Adjektive nach dem Genus [lat.]
Mo|tiv (das, -s, -e) 1 Beweggrund, Antrieb, Grund (aus dem man etwas tut, sagt) 2 kennzeichnender Bestandteil des Inhalts einer Dichtung, z.B. das Motiv des verzauberten Prinzen 3 kleinste melodische Einheit (eines

Motivation **Muli**

Musikstücks) **4** Gegenstand der Darstellung (in der bildenden Kunst und Malerei) [frz.]
Mo|ti|va|ti|on (die, -, -ti|o|nen) Gestimmtheit, Bereitschaft (etwas zu tun, zu sagen) [lat.]
mo|ti|vie|ren (V.) **1** den Beweggrund, das Motiv (für etwas) angeben, erklären; z.B. seine Tat motivieren **2** jmdn. motivieren: jmdm. ein Motiv geben (etwas zu tun, zu sagen)
mo|ti|viert (Adj.) **1** voller Antrieb, Interesse **2** durchsichtig, auf den Benennungsgrund hin durchschaubar (von Wörtern); z.B. sind onomatopoetische Bezeichnungen motiviert [frz.]
Mo|ti|vik (die, -, nur Ez.) Kunst der Verarbeitung von (musikalischen) Motiven
mo|ti|visch (Adj.) das Motiv, die Motive betreffend, hinsichtlich des Motivs, der Motive
Mo|to|cross (auch: Mo|to-Cross) (das, -, -e) Geländefahrt als Wettbewerb für Geschwindigkeit und Geschicklichkeit (im Motorsport) [engl.]
Mo|to|drom (das, -s, -e) Rundrennbahn für Motorfahrzeuge
Mo|tor auch [-to:ɐ] (der, -s, -to̱ren) **1** Kraftmaschine zum Erzeugen von Bewegung **2** treibende Kraft [lat.]
Mo|to|rik (die, -, nur Ez.) **1** Gesamtheit der willkürlichen Bewegungen (des Körpers) **2** gleichmäßig sich wiederholender Bewegungsablauf **3** gleichmäßiger, lebhafter Rhythmus [lat.]
mo|to|risch (Adj.) auf Motorik beruhend
mo|to|ri|sie|ren (V.) mit Kraftmaschinen, mit Motorfahrzeugen ausstatten; motorisiert sein: ein Kraftfahrzeug besitzen (ugs.)
Mot|to (das, -s, -s) Leitspruch, Wahlspruch; einem Buch oder Kapitel vorangestellter Spruch zur Kennzeichnung des Inhalts oder der beabsichtigten Aussage [it.]
mou|il|lie|ren [muji:-] (V.) Konsonanten mouillieren: weich aussprechen, beim Aussprechen ein j nachklingen lassen [frz.]
Mou|la|ge [mula:ʒ] (die, -, -n) Abguss, Abdruck; farbiges Wachsmodell; z.B. eines Organs [frz.]
Mou|li|né [mu-] (der, -s, -s) Garn aus verschiedenfarbigen Fäden; Gewebe daraus [frz.]
mou|li|nie|ren [mu-] (V.) aus verschiedenfarbigen Fäden zusammendrehen [frz.]
Mound [maʊnd] (der, -s, -s) Grab- oder Tempelhügel (im vorkolumbianischen Amerika) [engl.]
Mount [maʊnt] (der, -, nur Ez.) Berg (vor Eigennamen) [engl.]
Mousse [mu:s] (die, -, -s) Süßspeise mit Eischnee [frz.]
Mous|seux (der, -, -) Schaumwein [frz.]

mous|sie|ren [musi:-] (V.) prickeln, schäumen [frz.]
Mous|té|ri|en [musterjɛ̃:] (das, -s, nur Ez.) Stufe der jüngeren Altsteinzeit [frz.]
Mo|vens (das, -, nur Ez.) treibende Kraft, Antriebskraft [lat.]
Mo|vie [mu:vɪ] (das, -s, -s) Bezeichnung für ein Kino oder einen Kinofilm [lat.-frz.-engl.-amerik.]
mo|vie|ren (V.) **1** ein Wort nach dem jeweiligen Geschlecht abwandeln **2** zu einer maskulinen Personenbezeichnung die feminine Bezeichnung bilden [lat.]
Mo|vie|rung (die, -, -en) das Movieren [lat.]
Mo|vi|men|to (das, -s, -ti) das Zeitmaß, das Tempo (in der Musik) [lat.-it.]
Moz|a|ra|ber (der, -s, -) christlicher Ew. Spaniens während der arabischen Herrschaft, der die maurische Sprache und Kultur angenommen hatte [arab.]
Mu|cor (der, -s, nur Ez.) ein Schimmelpilz
Mu|de|jar [-dɛxar] (der, -s, -ja̱ren [xa]) nach der arabischen Herrschaft in Spanien zurückgebliebener Maure [arab.-span.]
Mu|de|jar|stil [-dɛxar-] (der, -(e)s, nur Ez.) spanische Kunstrichtung, die nach arabischen Kunsthandwerkern benannt ist (besonders in der Architektur)
Mu|dscha|hed|din auch: Mud|scha|hed|din (Mz.) Sammelbezeichnung für moslemische Rebellengruppen in Afghanistan [paschtu f. heilige Krieger]
Mu|ez|zin (der, -s, -s) islamischer Beamter, der die Gebetsstunden ausruft [arab.-türk.]
Muff (der, -s, -e) Kleidungsstück aus Pelz für beide Hände [frz.]
Muf|fe (die, -, -n) Verbindungsstück für Rohre und Kabel [frz.]
Muf|fin [mʌf-] (das, -s, -s) brötchenartiges Kleingebäck aus Hefe- oder Mürbeteig [engl.]
Muff|lon (das, -s, -s) Wildschaf (auf Korsika und Sardinien) [frz.]
Muf|ti (der, -s, -s) islamischer Rechtsgelehrter [arab.]
Mu|i|ra-pu|a|ma (das, -(s), nur Ez.) eine Droge aus dem Holz eines brasilianischen Ölbaumgewächses, als Stärkungsmittel mit aphrodisischer Wirkungsrichtung, Potenzholz [indian.]
mu|kös (Adj.) schleimig [lat.]
Mu|lat|te (der, -n, -n) Mischling aus einem schwarzen und einem weißen Elternteil [span.]
Mu|le|ta (die, -, -s) das rote Tuch der Stierkämpfer [lat.-span.]
Mu|li (das, -s, -s) Maulesel (österr.) [lat.]

Mul|ti (der, -s, -s) kurz für: multinationales Unternehmen (ugs.)
mul|ti|la|te|ral (Adj.) viele Personen oder Staaten umfassend oder betreffend [lat.]
mul|ti|me|di|al (Adj.) mehrere Medien (1, 2) umfassend, für mehrere Medien bestimmt
Mul|ti|me|di|a|sys|tem (auch: Mul|ti-Me|dia-Sys|tem) (das, -s, -e) Unterrichtssystem, das mehrere Medien benutzt
Mul|ti|mil|li|o|när (der, -s, -e) jmd., der ein Vermögen von vielen Millionen Mark besitzt
mul|ti|na|ti|o|nal (Adj.) mehrere Staaten umfassend, in mehreren Staaten vorhanden
Mul|ti|pa|ra (die, -, -pa|ren) Frau, die schon mehrere Kinder geboren hat [lat.]
mul|ti|pel (Adj.) vielfach, vielfältig; multiple Sklerose: Erkrankung des Zentralnervensystems mit vielen sich verhärtenden Herden und fortschreitenden Lähmungen [lat.]
Mul|ti|ple|choice (auch: Mul|ti|ple Choice) [mʌltɪplt ʃɔɪs] (das oder die, -, nur Ez.) Test, bei dem man aus mehreren zur Auswahl gegebenen Antworten die richtige herausfinden soll [engl.]
mul|ti|plex (Adj.) vielfach [lat.]
Mul|ti|pli|kand (der, -en, -en) Zahl, die mit einer anderen multipliziert werden soll; z.B. die 6 in 3 x 6 [lat.]
Mul|ti|pli|ka|ti|on (die, -, -ti|o|nen) das Vervielfachen von Zahlen, das Malnehmen [lat.]
mul|ti|pli|ka|tiv (Adj.) vervielfachend [lat.]
Mul|ti|pli|ka|tor (der, -s, -to|ren) die multiplizierende Zahl; z.B. die 3 in 3 x 6 [lat.]
mul|ti|pli|zie|ren (V.) vervielfachen, malnehmen [lat.]
mul|ti|va|lent (Adj.) mehrwertig, vielwertig; multivalenter Test, Test der mehrere Lösungen zulässt
Mul|ti|va|lenz (die, -, nur Ez.) Mehr-, Vielwertigkeit [lat.]
Mu|lus (der, -, -li) **1** lat. für Maulesel **2** veraltete Bezeichnung für einen Studienanfänger [lat.]
Mu|mie [-miə] (die, -, -n) einbalsamierte Leiche [pers.-it.]
Mu|mi|fi|ka|ti|on (die, -, -ti|o|nen) Mumifizieren
mu|mi|fi|zie|ren (V.) **1** einbalsamieren (und dadurch vor Verwesung schützen) **2** eintrocknen, absterben lassen (in der Medizin) [lat.]
Mu|mi|fi|zie|rung (die, -, -en) Einbalsamierung eines Leichnams zum Schutz vor Verwesung [pers.-arab.-lat.]
Mum|my [mʌmɪ] (der, -s, -s) Auftraggeber eines Ghostwriters [engl.]
Mumps (der, -, nur Ez.) Infektionskrankheit mit schmerzhafter Entzündung und Anschwellung der Ohrspeicheldrüsen, Ziegenpeter [engl.]
Mun|go (der, -s, -s) eine Schleichkatze Indiens [tamil.]
Mu|ni|ti|on (die, -, nur Ez.) Schießmaterial (bes. Geschosse) für Feuerwaffen [lat.]
mu|ni|zi|pal (Adj.) städtisch (veraltet) [lat.]
Mu|ni|zi|pi|um (das, -s, -pi|en) Stadtverwaltung, Stadtgemeinde (veraltet) [lat.]
Mu|rä|ne (die, -, -n) aalartiger Fisch warmer Meere [gr.-lat.]
mu|ri|a|tisch (Adj.) Kochsalz enthaltend (von Heilquellen) [lat.]
Mu|ring (die, -, -e) Vorrichtung zum Auswerfen zweier Anker [engl.]
Mu|sa|get (der, -en, -en) Freund der Musen, Gönner von Kunst und Wissenschaft [gr.lat.]
Mus|ca|det [myskadeː] (der, -s, -s) leichter, trockener französischer Weißwein [frz.]
Mu|schik (der, -s, -s) Bauer in Russland unter der Zarenherrschaft [russ.]
Musch|ko|te (der, -n, -n) Fußsoldat, Infanterist (früher, abwertend) [frz.]
Mu|se (die, -, -n) Göttin der Kunst oder Wissenschaft [gr.]
mu|se|al (Adj.) zum Museum gehörig
Mu|sel|man (der, -en, -en) = Moslem (veraltet)
Mu|sette [-zɛt] (die, -, -n oder -s) **1** französische Form des Dudelsacks **2** ländlicher Tanz mit Bassbegleitung, die den Dudelsack nachahmt **3** Satz der Suite [frz.]
Mu|se|um (das, -s, -se|en) Räume, Gebäude zum Ausstellen von Gegenständen aus Kunst und Wissenschaft [lat.]
Mu|si|cal [mjuːzɪkl] (das, -s, -s) heitervolkstümliches Singspiel (meist mit aktuellem Stoff) [engl.]
Mu|si|cal|clown (auch: Mu|si|cal-Clown) [mjuːzɪkl klaʊn] (der, -s, -s) Clown, der komische und zugleich virtuose musikalische Darbietungen auf verschiedenen Instrumenten zeigt [engl.]
Mu|sic|box (die, -, -es) = Musikbox
mu|siert (Adj.) = musivisch
Mu|sik (die, -, -en) **1** (nur Ez.) Kunst, Töne nach- und nebeneinander nach bestimmten Regeln zu einem in sich geschlossenen Werk zusammenzustellen **2** das Erzeugnis, Werk dieser Kunst selbst **3** Gesamtheit der Werke dieser Kunst (einer Epoche, eines Künstlers) **4** Musikkapelle; z.B. die Musik spielte einen Walzer [lat.]
mu|si|ka|li|en (nur Mz.) Notenbücher
mu|si|ka|lisch (Adj.) **1** zur Musik gehörig, hinsichtlich der Musik **2** für Musik begabt **3** klangvoll, wie Musik

Musikalität

Mu·si·ka·li·tät (die, -, nur Ez.) **1** Begabung für Musik **2** musikalische Wirkung
Mu·si·kant (der, -en, -en) **1** Musiker, der Unterhaltungs- und Tanzmusik spielt **2** sehr musikalischer, musikbesessener, musikverständiger Mensch
mu·si·kan·tisch (Adj.) musikverständig, musikbesessen
Mu·sik·box (auch: Mu·sic·box) (die, -, -en) Automat, der nach Einwurf von Münzen Schallplatten spielt
Mu·si·ko·lo·ge (der, -n, -n) Musikwissenschaftler [lat.-gr.]
Mu·si·kus (der, -, -se oder -si·zi) Musiker (veraltet, noch scherzhaft)
mu·sisch (Adj.) **1** zu den Musen gehörig, von ihnen stammend **2** begabt, empfänglich für Kunst, Kunst liebend; musisches Gymnasium, Gymnasium, das die künstlerischen Fächer in den Vordergrund stellt
mu·si·visch (Adj.) mosaikartig, mit farbigen Steinchen, Glasstückchen verziert [lat.]
mu·si·zie·ren (V.) **1** gemeinsam Musik machen **2** mit Musikinstrumenten darbieten
Mus·ka·rin (das, -s, nur Ez.) Gift des Fliegenpilzes (früher als Rauschmittel verwendet) [lat.]
Mus·kat (der, -(e)s, -e aus den Samen des tropischen Muskatnussbaumes gewonnenes Gewürz [sanskr.-frz.]
Mus·ka·tel·ler (der, -s, -) eine Traubensorte mit muskatähnlichem Geschmack; Wein daraus
Mus·kel (der, -s, -n) der Bewegung dienendes Organ (bei Mensch und Tier) [lat.]
Mus·ke·te (die, -, -n) Gewehr mit großem Kaliber (früher) [it.-frz.]
Mus·ke·tier (der, -s, -e) mit Muskete bewaffneter Soldat
Mus·ko·vit (der, -s, -e) ein Mineral [lat.]
mus·ku·lär (Adj.) zu den Muskeln gehörig, von ihnen ausgehend
Mus·ku·la·tur (die, -, -en) Gesamtheit der Muskeln
mus·ku·lös (Adj.) mit starken, kräftigen Muskeln ausgestattet
Mus·lim (der, -s, -s) = Moslem
mus·li·misch (Adj.) = moslemisch
Mus·se·lin (der, -s, -e) feines Woll- oder Baumwollgewebe [it.-frz.]
Mus·se·ron [-rõ] (der, -s, -s) nach Knoblauch riechender Pilz [frz.]
Mus·tang (der, -s, -s) verwildertes, in der Prärie Nordamerikas lebendes Pferd [span.]
Mu·ta (der, -, -tä) = Explosiv [lat.]
mu·ta·bel (Adj.) veränderlich [lat.]
Mu·ta·bi·li·tät (die, -, nur Ez.) Veränderlichkeit [lat.]

Myotomie

mu·ta·gen (Adj.) Mutationen hervorrufend [lat.-gr.]
Mu·tant (auch: die Mu·tan·te) (der, -en, -en) durch Mutation entstandenes Lebewesen
Mu·tan·te (die, -, -n) = Mutant
Mu·ta·ti·on (die, -, -ti·o·nen) **1** plötzliche Veränderung im Erbgut **2** Stimmwechsel, Stimmbruch [lat.]
mu·ta·tis mu·tan·dis mit gewisser Abänderung nur ungefähr passend (bei Vergleichen) [lat.]
Mu·ta·zis·mus (der, -, -men) = Mutismus
mu·tie·ren (V.) **1** sich plötzlich erblich verändern **2** im Stimmwechsel sein [lat.]
Mu·ti·la·ti·on (die, -, -ti·o·nen) Verstümmelung [lat.]
mu·ti·lie·ren (V.) verstümmeln [lat.]
Mu·tis·mus (auch: Mu·ta·zis·mus) (der, -, nur Ez.) krankhafte, seelisch begründete Stummheit [lat.]
Mu·tist (der, -tis·ten, -tis·ten) jmd., der an Mutismus leidet
mu·tu·al (auch: mu·tu·ell) (Adj.) gegenseitig, wechselseitig [lat.]
Mu·tu·a·lis·mus (der, -, nur Ez.) **1** gegenseitige Duldung **2** nicht lebensnotwendige, aber für beide Partner nützliche Wechselbeziehung (zwischen Pflanzen oder Tieren) [lat.]
Mu·tu·a·li·tät (die, -, nur Ez.) Gegenseitigkeit, Wechselseitigkeit [lat.]
mu·tu·ell (Adj.) = mutual
My·al·gie (die, -, -n) Muskelschmerz [gr.]
My·e·li·tis (die, -, -li·ti·den) Rückenmarkentzündung [gr.]
My·ko·lo·gie (die, -, nur Ez.) Wissenschaft von den Pilzen [gr.]
My·kor·rhi·za (die, -, -zen) Lebensgemeinschaft zwischen den Wurzeln höherer Pflanzen und Pilzen [gr.]
My·ko·se (die, -, -n) durch Pilze hervorgerufene Erkrankung [gr.]
My·la·dy [mıleıdı] Lady, Dame (als engl. Anrede)
My·lord [mılɔ:d] Lord (als Anrede) [engl.]
Myn·heer (der, -s, -s) = Mijnheer
My·o·kard (das, -s, nur Ez.) Herzmuskel [gr.]
My·o·kar·di·tis (die, -, -di·ti·den) Herzmuskelentzündung [gr.]
My·o·lo·gie (die, -, nur Ez.) Wissenschaft von den Muskeln [gr.]
My·om (das, -s, -e) gutartige Muskelgeschwulst [gr.]
My·o·pa·thie (die, -, -n) Muskelerkrankung [gr.]
My·o·pie (die, -, -n) Kurzsichtigkeit [gr.]
My·o·to·mie (die, -, -n) chirurgische Muskeldurchtrenung [gr.]

My·ri·a·de (die, -, -n) **1** Menge von 10 000 **2** unzählbare Menge [gr.]
My·ri·o·po·de (der, -n, -n) Tausendfüßer [gr.]
Myr·rhe (*auch:* My̱r·re) (die, -, -n) aus ostafrikanischen Bäumen gewonnenes, wohlriechendes Harz [semit.-gr.]
Myr·te (die, -, -n) immergrüner Baum oder Strauch des Mittelmeergebietes mit weißen Blüten [gr.]
mys·te·ri·ös (Adj.) geheimnisvoll, rätselhaft, nicht durchschaubar [gr.-lat.]
Mys·te·ri·um (das, -s, -ri̱·en) **1** Geheimlehre, geheimer Götterkult (früher) **2** Geheimnis **3** (Mz.) Mysterien: kultische Spiele; geistliche Dramen des Mittelalters [gr.-lat.]
Mys·ti·fi·ka·ti·on (die, -, -ti̱·o̱·nen) das Mystifizieren
mys·ti·fi·zie·ren (V.) geheimnisvoll, rätselhaft machen, mit einem geheimnisvollen Schleier umgeben [gr.-lat.]
Mys·tik (die, -, nur Ez.) **1** Streben, durch geistige Versenkung und Askese die Vereinigung mit dem Göttlichen zu erleben **2** religiöse Richtung auf dieser Grundlage [gr.]
Mys·ti·ker (der, -s, -) Anhänger der Mystik
mys·tisch (Adj.) **1** zur Mystik gehörend, von ihr ausgehend **2** geheimnisvoll, rätselhaft, dunkel
Mys·ti·zis·mus (der, -, nur Ez.) religiöse Schwärmerei, Wunderglaube [gr.-lat.]
My·the (die, -, -n) = Mythos
my·thisch (Adj.) zu den Mythen gehörig, auf einem Mythos beruhend, sagenhaft
My·tho·lo·gie (die, -, -n) **1** Lehre von den Mythen **2** Gesamtheit der Mythen (eines Volkes) [gr.]
my·tho·lo·gisch (Adj.) zur Mythologie gehörig, auf ihr beruhend
my·tho·lo·gi·sie·ren (V.) in der Art eines Mythos darstellen
My·thos (*auch:* My̱·thus) (der, -, -then) **1** überlieferte Geschichte, Sage (von Göttern, Helden, Entstehung der Welt usw.) **2** zur Legende gewordene, lange zurückliegende Begebenheit; (auch) bedeutende, verehrte Persönlichkeit der Geschichte [gr.]
My·thus (der, -, -then) = Mythos [gr.-lat.]
My·ti·lus (die, -, nur Ez.) essbare Muschel nordeuropäischer Meere, Miesmuschel [gr.-lat.]
Myx·ö·dem *auch:* Myxö̱·dem (das, -s, -e) auf Unterfunktion der Schilddrüse beruhende körperliche und geistige Erkrankung mit starken Hautschwellungen [gr.]
My·xom (das, -s, -e) gutartige Geschwulst aus Schleim bildendem Gewebe [gr.]

N

Na·bob (der, -s, -s) Statthalter einer indischen Provinz (früher); reicher Mann [arab.]
Na·dir (der, -s, nur Ez.) dem Zenit gegenüberliegender Punkt auf der Himmelskugel, Fußpunkt [arab.]
Nae·vus (der, -, -vi) Mal, Muttermal (Med.) [lat.]
Na·gai·ka (die, -, -s) aus Lederriemen geflochtene Peitsche der Kosaken [tatar.]
Na·ga·na (die, -, nur Ez.) fiebrige Seuche bei Haustieren in Afrika, die von der Tsetsefliege übertragen wird [Zulu]
Na·gu·a·lis·mus (der, -, nur Ez.) mittelamerikanischer Aberglaube an einen persönlichen Schutzgeist, den man sich in Form eines Tieres oder einer Pflanze vorstellt und mit dem man schicksalhaft verbunden ist [aztek.-gr.-lat.]
Na·hua (die, - oder -s, - oder -s) indianisches Volk in Mexiko
Na·hu·atl (das, -(s), nur Ez.) Sprache der Nahua
Nai·ra (die, -, -) nigerianische Währungseinheit, 100 Kabo
na·iv (Adj.) **1** kindlich, treuherzig, ohne Hintergedanken, arglos, unbefangen **2** ursprünglich, natürlich; z.B. naive Malerei **3** einfältig, töricht [frz.]
Na·i·ve [nai:-] (die, -n, -n) jugendliche Liebhaberin (als Rollenfach im Theater) [frz.]
Na·i·vi·tät [nai:-] (die, -, nur Ez.) naives Verhalten, naives Denken
Na·iv·ling (der, -s, -e) einfältiger, törichter Mensch (ugs., scherzhaft)
Na·ja·de (die, -, -n) **1** in Quellen und Flüssen lebende Nymphe (in der griechischen Mythologie) **2** Süßwasser- oder Flussmuschel [gr.]
Na·liw·ka (die, -, -ki) russischer Branntwein aus Früchten [russ.]
Na·mas (das, -, nur Ez.) das fünfmalige tägliche Stundengebet der Mohammedaner [sanskr.-pers.-türk.]
Name·drop·ping (das, -s, -s) die Strategie, Namen bekannter Persönlichkeiten so in ein Gespräch einfließen zu lassen, dass sie als persönliche Bekannte des Sprechers erscheinen und diesen dadurch aufwerten [engl.]
Nan·du (der, -s, -s) straußähnlicher Laufvogel Südamerikas [indian.]
Nä·nie [-niə] (die, -, -n) altrömische Totenklage [lat.]
Na·nis·mus (der, -, nur Ez.) Zwergwuchs

Nan'king (der, -s, -e oder -s) glatter Baumwollstoff, der meist als Futter verwendet wird

Nan'no'plank'ton (das, -s, nur Ez.) feines Plankton, das durch Zentrifugieren gewonnen wird [gr.-lat.]

Na'no'cu'rie [-ky-] (das, -(s), -) ein Milliardstel Curie (in Österreich für Becquerel)

Na'no'me'ter (das, -s, -) ein Milliardstel Meter [gr.]

Na'os (der, -, nur Ez.) **1** wichtigster Raum im antiken griechischen Tempel, in dem sich das Kult- oder Götterbild befand **2** in der orthodoxen Kirche der Hauptraum für die Gläubigen [gr.]

Na'palm (das, -s, nur Ez.) schwer löschbare Mischung aus Benzin, Öl, Naphthen, Palmitinsäure u.a. für Brandbomben [Kunstwort]

Naph'tha (das oder die, -s oder -, nur Ez.) (veraltet) Roherdöl [pers.-gr.-lat.]

Naph'tha'lin (das, -s, nur Ez.) ein im Steinkohlenteer vorkommender aromatischer Kohlenwasserstoff [nlat.]

Naph'then (das, -s, -e) eine gesättigte organische Verbindung [nlat.]

Na'po'le'on'dor (der, -s, -) französische Goldmünze zur Zeit Napoleons I. und III.

Na'po'li'tain (das, -s, -s) kleines Schokoladentäfelchen [frz.]

Na'po'li'taine (die, -, nur Ez.) flanellähnliches Wollgewebe

Nap'pa (das, -s, nur Ez.) waschbares Glacéleder aus Ziegen- oder Schafffell [engl.]

nap'pie'ren (V.) (veraltet) maskieren [frz.]

Nar'de (die, -, -n) Sammelbezeichnung: wohlriechende Pflanze zur Herstellung von Salben u.a. [gr.]

Nar'gi'leh (die oder das, -(s), -s) orientalische Wasserpfeife [türk.]

Nar'ko'a'na'ly'se (die, -, -n) psychiatrische Befragung (des Patienten) im seelisch aufgelockerten Zustand nach Verabreichung eines Narkotikums [gr.]

Nar'ko'ma'nie (die, -, nur Ez.) = Narkotismus [gr.]

Nar'ko'se (die, -, -n) künstlich herbeigeführter Zustand der Bewusstlosigkeit und Schmerzunempfindlichkeit [gr.]

Nar'ko'ti'kum (das, -s, -ka) Betäubungsmittel [gr.-lat.]

nar'ko'tisch (Adj.) auf Narkose beruhend, durch Narkose herbeigeführt, betäubend

Nar'ko'tis'mus (der, -, nur Ez.) Sucht nach Betäubungsmitteln [gr.-lat.]

Nar'ra'ti'on (die, -, -ti'o'nen) Erzählung, Bericht [lat.]

nar'ra'tiv (Adj.) erzählend, in erzählender Form ausführen, darstellen [lat.]

Nar'ra'ti'vik (die, -, nur Ez.) die Wissenschaft, die sich mit der Kunst des Erzählens beschäftigt, die die Erzählstrukturen erforscht [lat.]

Nar'ra'tor (der, -s, -to'ren) Erzähler, Romancier [lat.]

nar'ra'to'risch (Adj.) **1** den Erzähler betreffend **2** die Erzählung betreffend **3** erzählerisch [lat.]

Nar'thex (der, -, -thi'zes [-titse:s]) Vorhalle im Innern einer altchristlichen und byzantinischen Basilika [gr.]

Nar'wal (der, -s, -e) ein grauweißer, dunkel gefleckter Wal des nördlichen Eismeers mit langem Stoßzahn (beim Männchen)

Nar'ziss (der, - oder -es, -e) eitler, sich selbst bewundernder Mensch [gr.]

Nar'zis'se (die, -, -n) Zierpflanze, ein Amaryllisgewächs [gr.]

Nar'ziss'mus (der, -, nur Ez.) krankhafte Eitelkeit, Selbstbewunderung; erotische Hinwendung zum eigenen Körper [gr.-nlat.]

Nar'zisst (der, -en, -en) jmd., der an Narzissmus leidet

nar'zisst'tisch (Adj.) in der Art des Narzissmus, krankhaft eitel

NA'SA (die, -, nur Ez.) Abk. für »**N**ational **A**eronautics and **S**pace **A**dministration«, Weltraumbehörde der USA [engl.]

na'sal (Adj.) zur Nase gehörig, durch die Nase (gesprochen) [nlat.]

Na'sal (der, -s, -e) durch die Nase gesprochener Laut; z.B. m, ng [nlat.]

na'sa'lie'ren (V.) durch die Nase aussprechen; z.B. nasalierter Laut [nlat.]

Na'sa'lie'rung (die, -, -en) einen Laut als Nasal, durch die Nase, aussprechen [lat.]

Na'sal'laut (der, -es, -e) = Nasal [lat.-dt.]

Na'sal'vo'kal (der, -s, -e) nasalierter Vokal [lat.]

NASDA (die, -, nur Ez.) japanische Raumfahrtbehörde [jap. Kurzwort]

Na'si-go'reng (auch: Na'si'go'reng) (das, -s, nur Ez.) scharf gewürzte indonesische Speise aus Reis, Fleisch und Gemüse (auch Krabben)

Na'si'rä'er (der, -s, -) Jude, der ein spezielles Gelübde zur Enthaltsamkeit abgelegt hat; z.P. Johannes der Täufer oder Samson [hebr.-gr.]

Na'so'bem (das, -s, -e) auf seinen Nasen gehendes Fabeltier (von Christian Morgenstern) [lat.-gr.]

Nas'tie (die, -, -n) durch Reiz ausgelöste Bewegung von festgewachsenen Pflanzen (wobei die Richtung des Reizes gleichgültig ist) [gr.]

naszierend (Adj.) im Werden sein, entstehend [lat.]

Nas'zi'tu'rus (der, -, -ri) ungeborene Leibesfrucht, die zwar erbfähig, aber nicht rechtsfähig ist (in der Rechtswissenschaft) [lat.]

Na'ta'li'ci'um (das, -s, -ci'en) Heiligenfest, Todestag eines Märtyrers, der als Geburtstag zum ewigen Leben gefeiert wird [lat.]

Na'ta'li'tät (die, -, nur Ez.) Häufigkeit der Geburten im Verhältnis zu einer bestimmten Personenzahl [lat.]

Na'ti'on (die, -, -ti'o'nen) innerhalb einer Staatsgrenze lebende Gemeinschaft von Menschen mit gemeinsamer Herkunft, Sprache, kultureller und politischer Entwicklung [frz.]

na'ti'o'nal (Adj.) zur Nation gehörig, charakteristisch für eine Nation; die Interessen der eigenen Nation vertretend

Na'ti'o'nale (die, -s, -) Angaben zur Person, Personalien (österr.) [frz.]

Na'ti'o'nal'e'pos (das, -, -pen) Heldenepos eines Volkes, in dem spezielle Wesensmerkmale eben dieses Volkes strukturelle Handlungs- und Strukturmerkmale sind [lat.]

Na'ti'o'nal'hym'ne (die, -, -n) Lied, das die Zugehörigkeit zum eigenen Land und zur eigenen Nation zum Ausdruck bringt und bei feierlichen Anlässen gesungen oder gespielt wird [frz.-gr.]

na'ti'o'na'li'sie'ren (V.) 1 verstaatlichen, in staatlichen Besitz überführen 2 jmdn. nationalisieren: jmdm. die Staatsbürgerschaft verleihen [frz.]

Na'ti'o'na'li'sie'rung (die, -, -en) 1 Verstaatlichung 2 Verleihung der Staatsangehörigkeit [lat.]

Na'ti'o'na'lis'mus (der, -, nur Ez.) übersteigertes Bewusstsein von der Macht und Bedeutung der eigenen Nation [frz.-nlat.]

Na'ti'o'na'list (der, -lis'ten, -lis'ten) jmd., der die Macht und Bedeutung der eigenen Nation übertrieben betont

na'ti'o'na'lis'tisch (Adj.) in der Art des Nationalismus, eines Nationalisten

Na'ti'o'na'li'tät (die, -, -en) 1 Zugehörigkeit zu einer Nation, Staatsangehörigkeit 2 in einem fremden Staat lebende Volksgruppe, nationale Minderheit

Na'ti'o'nal'ö'ko'no'mie (die, -, nur Ez.) Volkswirtschaftslehre [gr.]

Na'ti'o'nal'so'zi'a'lis'mus (der, -, nur Ez.) radikale nationalistische politische Bewegung in Deutschland, deren Führer 1933–45 die Macht ausübten [lat.]

Na'ti'o'nal'so'zi'a'list (der, -lis'ten, -lis'ten) Anhänger, Vertreter des Nationalsozialismus

na'ti'o'nal'so'zi'a'lis'tisch (Adj.) auf dem Nationalsozialismus beruhend, zu ihm gehörig

Na'ti'o'nal'the'a'ter (das, -s, -) 1 Theater, in dem überwiegend die Stücke der eigenen Nation aufgeführt werden 2 besonders schönes und großes Theater (einer Stadt oder eines Landes)

Na'tis (die, -, -tes) 1 Gesäßbacke 2 (nur Mz.) Gesäß [lat.]

na'tiv (Adj.) 1 angeboren 2 auf natürliche Weise entstanden, im Naturzustand befindlich [lat.]

Na'tive [neitiv] (der, -s, -s) Eingeborener einer britischen Kolonie [engl.]

Na'ti'vis'mus (der, -, nur Ez.) Auffassung, dass dem Menschen bestimmte Vorstellungen und Verhaltensweisen angeboren seien [nlat.]

na'ti'vis'tisch (Adj.) in der Art des Nativismus, auf ihm beruhend

Na'ti'vi'tät (die, -, -en) 1 Geburt, Geburtsstunde 2 Stand der Gestirne bei der Geburt (in der Astrologie) [lat.]

NATO (auch: Na'to) (die, -, nur Ez.) Abk. für »North Atlantic Treaty Organization«, Nordatlantikpakt [engl.]

Nat'ri'um auch: Na'tri'um (das, -s, nur Ez.) chemisches Element, Alkalimetall [arab.-nlat.]

Nat'ron auch: Na'tron (das, -s, nur Ez.) doppeltkohlensaures Natrium [arab.]

Nat'té (der, -s, -s) feines, glänzendes Gewebe in Panama- oder Würfelbindung, das für Wäsche, Damenkleider oder Vorhänge verwendet wird [lat.-frz.]

Na'tur (die, -, -en) 1 (nur Ez.) den Menschen umgebende Welt (soweit sie nicht von ihm geschaffen ist) 2 (nur Ez.) Wald, Wiese, Feld und Gewässer mit Pflanzen und Tieren 3 (nur Ez.) im ursprünglichen Zustand Befindliches oder Belassenes 4 Körperbeschaffenheit, Wesensart, Veranlagung 5 (durch bestimmte Körperbeschaffenheit, Wesensart gekennzeichneter) Mensch; z.B. er ist eine robuste, heitere Natur [lat.]

na'tu'ral (Adj.) = naturell

Na'tu'ra'li'en (nur Mz.) 1 Naturerzeugnisse, Lebensmittel, Rohstoffe 2 Gegenstände einer naturkundlichen Sammlung (selten) [lat.]

Na'tu'ra'li'sa'ti'on (die, -, -ti'o'nen) 1 Einbürgerung, Verleihung der Staatsbürgerschaft 2 allmähliche Anpassung (von Tieren und Pflanzen) an einen Lebensraum 3 Ausstopfen (von Tierbälgen) [lat.]

na'tu'ra'li'sie'ren (V.) 1 einbürgern, (jmdm.) die Staatsbürgschaft gewähren 2 ausstopfen

Naturalismus

(Tierbälge) **3** sich naturalisieren: sich an einen Lebensraum anpassen [lat.]
Na|tu|ra|lis|mus (der, -, nur Ez.) **1** Richtung in der Kunst, die eine möglichst genaue Wiedergabe der Wirklichkeit erstrebt **2** Wirklichkeitstreue, Wirklichkeitsnähe [nlat.]
Na|tu|ra|list (der, -lis|ten, -lis|ten) Anhänger des künstlerischen Naturalismus
na|tu|ra|lis|tisch (Adj.) zum Naturalismus gehörig, auf ihm beruhend, in der Art des Naturalismus
Na|tu|ral|res|ti|tu|ti|on (die, -, -ti|o|nen) Wiederherstellung des ursprünglichen Zustandes (nach einem Schadensfall), Schadenersatz [lat.]
na|ture [-tyːr] (Adj.) = naturell [frz.]
na|tu|rell (Adj.) ohne künstlichen Zusatz, natürlich, ungefärbt [frz.]
Na|tu|rell (das, -s, -e) Wesensart, Gemütsart; z.B. er hat ein heiteres Naturell [frz.]
Na|tu|ris|mus (der, -, nur Ez.) Freikörperkultur, Nacktkultur (veraltet) [nlat.]
Na|tu|rist (der, -ris|ten, -ris|ten) Anhänger des Naturismus
Nau|arch (der, -en, -en) Flottenführer im alten Griechenland [gr.-lat.]
Nau|ma|chie (die, -, -n) **1** Seeschlacht im antiken Griechenland **2** Darstellung einer Seeschlacht in den römischen Amphitheatern [gr.-lat.]
Naup|li|us auch: Nau|pli|us (der, -, -li|en/ -pli|en) frei schwimmende Larve niederer Krebstiere [gr.-lat.]
Nau|ra (die, -, nur Ez.) Wasserschöpfrad in Mesopotamien [arab.]
Nau|ri|er (der, -s, -) Einwohner des ozeanischen Inselstaates Nauru
Nau|sea (die, -, nur Ez.) Übelkeit (bes. bei Seekrankheit) [gr.-lat.]
Nau|te (die, -, -n) Süßigkeit aus Mohn, Nüssen und Honig, die von jüdischen Familien an Tag des Purimfestes gegessen wird [hebr.-jidd.]
Nau|tik (die, -, nur Ez.) Wissenschaft von der Führung eines Schiffes, seiner Standortbestimmung, der Berechnung von Wind und Wetter usw., Schiffahrtskunde [gr.]
Nau|ti|ker (der, -s, -) jmd., der die Nautik beherrscht
Nau|ti|lus (der, -, - oder -se) Kopffüßer mit schneckenhausähnlicher, in Kammern unterteilter Schale, Perlboot [lat.]
nau|tisch (Adj.) zur Nautik gehörig, mit ihrer Hilfe
Na|vel (die, -, -s) Sorte kernloser Orangen [engl.]
Na|vets [navɛː] (nur Ez.) weiße Rübchen [frz.]

Necessaire

Na|vi|cert (das, -s, -s) Unbedenklichkeitszeugnis für neutrale Handelsschiffe, das von Konsulaten einer Krieg führenden Nation ausgestellt wird [lat.-engl.]
Na|vi|cu|la (die, -, -lae) Gefäß in der katholischen Kirche, in dem der Weihrauch aufbewahrt wird [lat.]
Na|vi|ga|teur [navigatøːʀ] (der, -s, -e) die Navigation beherrschender Seemann [lat.-frz.]
Na|vi|ga|ti|on (die, -, nur Ez.) Standort- und Kursbestimmung sowie Einhaltung des Kurses (eines Schiffes oder Flugzeuges) [lat.]
na|vi|gie|ren (V.) Standort und Kurs (eines Schiffes oder Flugzeuges) bestimmen [lat.]
Na|xa|lit (der, -en, -en) Anhänger einer linksradikalen politischen Bewegung in Indien
Nay (der, -s, -s) flötenähnliches Blasinstrument in Persien und den arabischen Ländern [pers.-arab.]
Na|za|rä|er (der, -s, -) **1** Beiname Jesu **2** Mitglied der syrischen Judenchristen [hebr.-gr.-lat.]
Na|za|re|ner (der, -s, -) **1** Ew. von Nazareth **2** (nur Ez.) der Nazarener: Jesus Christus **3** Angehöriger einer Gruppe deutscher Maler, die eine Erneuerung ihrer Kunst im Sinne der mittelalterlichen Maler erstrebte
Na|zi (der, -s, -s) Kurzwort für Nationalsozialist (abwertend)
Na|zis|mus (der, -, nur Ez.) Kurzwort für Nationalsozialismus (abwertend)
Na|zis|se (die, -, -n) Kurzwort für Nationalsozialistin [lat.]
na|zis|tisch (Adj.) Kurzwort für nationalsozialistisch (abwertend)
Ne|a|po|li|ta|ner (der, -s, -) Ew. von Neapel
ne|a|po|li|ta|nisch (Adj.) zu Neapel gehörig, von dort stammend
Ne|ark|tis (die, -, nur Ez.) Grönland, Kanada, Nordamerika und Mexiko umfassender Bereich (in der Tier- und Pflanzengeografie)
ne|ark|tisch (Adj.) zur Nearktis gehörig
Ne|arth|ro|se auch: Ne|ar|thro|se (die, -, -n) **1** krankhafte Bildung eines Gelenks; z.B. an den Bruchstellen eines Knochens **2** chirurgische Neubildung eines Gelenks [gr.]
neb|bich! **1** wenn schon! was tut's? **2** schade! [jidd.]
Neb|bich (der, -s, -e) abwertende Bezeichnung für jemanden, der als unwichtig angesehen wird, ein Niemand, ein Unbedeutender [jidd.]
Ne|ces|saire (auch: Nes|ses|sär) [nesesɛːʀ] (das, -s, -s) Behälter für kleine Gegenstände eines bestimmten Bereichs; z.B. für Nagelpflege, Näh-, Waschzeug [frz.]

Neck (der, -s, -s) Wassergeist, Wassermann [schwed.]
Ne̱ʹcking (das, -s, nur Ez.) Austausch von Zärtlichkeiten unter Jugendlichen [engl.]
Need [ni:d] (das, -s, nur Ez.) in der Psychologie die Bezeichnung für die Gesamtheit von Bedürfnissen, Wünschen und Haltungen etc. [engl.]
Ne̱ʹfas (das, -, nur Ez.) das von den Göttern Verbotene in der römischen Antike [lat.]
Neʹgaʹti̱ʹon (die, -, -ti̱o̱nen) Verneinung; Verneinungswort; z.B. nicht [lat.]
neʹga̱ʹtiv (Adj.) **1** verneinend **2** ablehnend **3** ungünstig; z.B. negative Auswirkung **4** ohne Ergebnis **5** keine Krankheitserreger aufweisend; z.B. negativer Befund **6** kleiner als null **7** in den Farben bzw. in den Helligkeitswerten gegenüber dem Original vertauscht (in der Fotografie) **8** mehr Elektronen als Protonen aufweisend [lat.]
Neʹga̱ʹtiv (das, -s, -e) fotografisch aufgenommenes Bild nach dem Entwickeln, bei dem gegenüber dem Original die Helligkeitswerte vertauscht sind bzw. die Komplementärfarben erscheinen [lat.]
Neʹgaʹti̱ʹvi̱sʹmus (der, -, nur Ez.) **1** negative, ablehnende Haltung **2** Widerstand gegen Beeinflussung von außen sowie gegen den eigenen Trieb (bei Geisteskranken)
Neʹgaʹti̱ʹvi̱ʹtä̱t (die, -, nur Ez.) verneinendes, ablehnendes Verhalten [lat.]
Ne̱ʹger (der, -s, -) (abwertend) Ew. des größten Teils von Afrika mit dunkler Haut und schwarzem, krausem Haar; Nachkomme der nach Amerika verschleppten, schwarzen Afrikaner [span.]
neʹgie̱ʹren (V.) verneinen, ablehnen [lat.]
Neglʹlekʹti̱ʹon auch: Neʹglekʹti̱ʹon (die, -, -ti̱o̱nen) Vernachlässigung [lat.]
Negʹliʹgee̱ auch: Neʹgliʹge̱e̱ (auch: Negʹliʹge̱ʹ/ Neʹgliʹge̱ʹ) [-ʒeː] (das, -s, -s) bequeme, aufreizend-lässige Frauenkleidung (für morgens nach dem Aufstehen) [frz.]
negʹliʹgeant auch: neʹgliʹgeant (Adj.) nachlässig, sorglos, unachtsam [lat.-frz.]
Negʹliʹgenz auch: Neʹgliʹge̱nz (die, -, -en) Nachlässigkeit, Sorglosigkeit, Unachtsamkeit [lat.-frz.]
negʹliʹgie̱ʹren auch: neʹgliʹgie̱ʹren (V.) vernachlässigen [lat.-frz.]
neʹgoʹzi̱ʹa̱ʹbel (Adj.) handelsfähig (Ökonomie) [lat.-roman.]
Neʹgoʹzi̱ʹant (der, -en, -en) Geschäftsmann, Kaufmann [lat.-roman.]
Neʹgoʹzi̱ʹa̱ʹti̱ʹon (die, -, -ti̱o̱nen) **1** Verkauf von Wertpapieren **2** Verkauf oder Verwertung eines Wechsels [lat.-roman.]

neʹgoʹzi̱ʹie̱ʹren (V.) Handel treiben [lat.-roman.]
negʹri̱d auch: neʹgri̱d (Adj.) zu den Negern gehörig, die Rassenmerkmale der Neger
Negʹri̱ʹde auch: Neʹgri̱ʹde (der, -n, -n) dunkelhäutige Afrikaner (als rassenkundliche Bezeichnung)
Negʹri̱lʹle auch: Neʹgri̱lʹle (der, -n, -n) = Pygmäe [lat.-span.]
Negʹri̱ʹto auch: Neʹgri̱ʹto (der, -s, -s) Angehöriger eines kleinwüchsigen negroiden Volkes auf den Philippinen, Andamanen und auf Malakka [span.]
Négʹri̱ʹtu̱ʹde auch: Néʹgri̱ʹtu̱ʹde [-tyːd] (die, -, nur Ez.) aus der Rückbesinnung der Schwarzen auf ihre afrikanische Kulturtradition entstandene Einstellung [frz.]
negʹro̱ʹid auch: neʹgro̱ʹid (Adj.) den Negriden ähnlich [frz.-gr.]
Negʹro̱ʹi̱ʹde auch: Neʹgro̱ʹi̱ʹde (der oder die, -n, -n) den Negriden ähnliche Merkmale Aufweisende(r) [lat.-span.]
Negʹroʹspiʹri̱ʹtuʹal auch: Neʹgroʹspiʹri̱ʹtuʹal [niːgrəʊ spɪrɪtʃʊəl] (das oder der, -s, -s) geistliches Volkslied der Schwarzen im Süden der USA mit schwermütiger Melodie und synkopiertem Rhythmus [engl.]
Ne̱ʹgus (der, -, -se) Kaiser (früher Titel des Kaisers von Äthiopien) [amhar.]
Nekʹro̱ʹlog auch: Neʹkro̱ʹlog (der, -s, -e) **1** Nachruf auf einen Verstorbenen **2** Verzeichnis der Todestage von Angehörigen einer kirchlichen Gemeinschaft (im MA) [gr.]
Nekʹroʹlo̱ʹgi̱ʹum auch: Neʹkroʹlo̱ʹgi̱ʹum (das, -s, -gi̱en) = Nekrolog (**2**) [gr.-lat.]
Nekʹroʹmant auch: Neʹkroʹmant (der, -en, -en) Geisterbeschwörer, Totenbeschwörer [gr.-lat.]
Nekʹroʹmanʹti̱e̱ auch: Neʹkroʹmanʹti̱e̱ (die, -, -n) **1** Geister-, Totenbeschwörung **2** darauf beruhende Weissagung
Nekʹroʹpha̱ʹge auch: Neʹkroʹpha̱ʹge (der, -n, -n) Tier, das sich nur von toten Organismen ernährt [gr.]
Nekʹroʹphiʹli̱e̱ auch: Neʹkroʹphiʹli̱e̱ (die, -, nur Ez.) krankhafter Trieb, an Toten sexuelle Handlungen vorzunehmen [gr.]
Nekʹroʹpho̱ʹbi̱e̱ auch: Neʹkroʹpho̱ʹbi̱e̱ (die, -, nur Ez.) krankhafte Furcht vor Toten oder vor dem Tod [gr.]
Nekʹropʹsi̱e̱ auch: Neʹkropʹsi̱e̱ (die, -, -n) Leichenöffnung [gr.]
Nekʹro̱ʹse auch: Neʹkro̱ʹse (die, -, -n) Absterben von Zellen oder Gewebe, Gewebstod [gr.]
nekʹro̱ʹtisch auch: neʹkro̱ʹtisch (Adj) auf Nekrose beruhend, abgestorben

Nek'tar (der, -s, nur Ez.) **1** Unsterblichkeit verleihender Trank (der griechischen Götter) **2** zuckerhaltige Absonderung des Nektariums **3** Getränk aus Fruchtfleisch, Zucker und Wasser [gr.]
Nek'ta'ri'ne (die, -, -n) Art des Pfirsichs mit glatter Haut [nlat.]
nek'ta'risch (Adj.) **1** süß wie Nektar **2** göttlich [gr.-lat.]
Nek'ta'ri'um (das, -s, -ri'en) Honigdrüse (der Blüten) [gr.-lat.]
nek'tie'ren (V.) verknüpfen, verbinden [lat.]
Nek'ti'on (die, -, -ti'o'nen) Verknüpfung mehrerer gleichartiger Satzteile oder Sätze (Sprachwissenschaft) [lat.]
Nek'tiv (das, -s, -e) koordinierende Konjunktion in der Sprachwissenschaft [lat.]
Nek'ton (das, -s, nur Ez.) biologische Bezeichnung für die Gesamtheit aller sich im Wasser aktiv bewegenden Tiere [gr.]
Ne'ky'ia (die, -, -ky'ien) Totenbeschwörung, Totenopfer [gr.]
Ne'ky'man'tie (die, -, nur Ez.) = Nekromantie [gr.-lat.]
Nel'son [-sn] (der, -s, -s) am Nacken ansetzender Griff (beim Ringen), Nackenhebel [engl.]
Ne'ma'to'de (der, -n, -n) Fadenwurm [gr.]
Ne'me'sis (die, -, nur Ez.) strafende, ausgleichende Gerechtigkeit [gr.]
Ne'o'dym (das, -s, nur Ez.) chemisches Element, Metall [gr.]
Ne'o'fa'schis'mus (der, -, nur Ez.) faschistische Bestrebungen nach dem Zweiten Weltkrieg
Ne'o'gen (das, -s, nur Ez.) jüngere Abteilung des Tertiärs, Jungtertiär [gr.]
Ne'o'klas'si'zis'mus (der, -, nur Ez.) an den Klassizismus anknüpfender Kunststil (20. Jh.)
Ne'o'li'thi'kum (das, -s, nur Ez.) Jungsteinzeit
ne'o'li'thisch (Adj.) zum Neolithikum gehörig, aus ihm stammend [gr.]
Ne'o'lo'gis'mus (der, -, -men) neue Wortbildung; z.B. Alpha-Entspannung [gr.]
Ne'on (das, -s, nur Ez.) chemisches Element, ein Edelgas [gr.]
Ne'o'na'zis'mus (der, -, nur Ez.) nationalsozialistische Bestrebungen nach dem Zweiten Weltkrieg (abwertend)
Ne'o'phyt (der, -en, -en) **1** jmd., der getauft und in die Gemeinde neu aufgenommen worden ist (im Urchristentum) **2** in einen Geheimbund Aufgenommener **3** Pflanze, die in historischer Zeit in ein fremdes Gebiet gebracht wurde und sich dort eingebürgert hat
Ne'o'plas'ma (das, -s, -men) anomale Gewebsbildung, Geschwulst [gr.]

Ne'o'te'nie (die, -, -n) Fähigkeit, sich bereits im Larvenstadium fortzupflanzen; z.B. beim Axolotl [gr.]
Ne'o've'ris'mus (der, -, nur Ez.) von Italien ausgehende Kunstströmung zur Erneuerung des Verismus nach dem Zweiten Weltkrieg [gr.-lat.]
Ne'o'zo'i'kum (das, -s, nur Ez.) jüngstes Zeitalter der Erdgeschichte, Känozoikum, Erdneuzeit [gr.]
Ne'pa'le'se (der, -n, -n) Ew. des südasiatischen Königreichs Nepal
Ne'per (das, -s, -) Maßeinheit für die Verstärkung und Dämpfung von elektrischen und akustischen Schwingungen [engl.]
Ne'pho'me'ter (das, -s, -) Gerät zum Messen der Dichte und Zuggeschwindigkeit von Wolken [gr.]
Ne'phos'kop auch: **Ne'pho'skop** (das, -s, -e) Gerät zum Bestimmen der Richtung und Geschwindigkeit des Wolkenzuges [gr.]
Neph'rit auch: **Ne'phrit** (der, -s, -e) grünes bis graugrünes Mineral, Schmuckstein [gr.]
Neph'ri'tis auch: **Ne'phri'tis** (die, -, -ri'ti'den/-phri'ti'den) Nierenentzündung [gr.]
Neph'rom auch: **Ne'phrom** (das, -s, -e) Nierengeschwulst [gr.]
Neph'ro'se auch: **Ne'phro'se** (die, -, -n) nicht entzündliche Nierenerkrankung mit Gewebszerstörung [gr.]
Ne'po'te (der, -n, -n) **1** Neffe **2** Enkel **3** Vetter **4** Verwandter [lat.]
ne'po'ti'sie'ren (V.) nahe Verwandte begünstigen [lat.]
Ne'po'tis'mus (der, -, nur Ez.) Bevorzugung von Verwandten beim Vergeben von Ämtern usw., Vetternwirtschaft [lat.]
ne'po'tis'tisch (Adj.) durch Nepotismus begünstigt, den Nepotismus betreffend [lat.]
Nepp (der, -s, nur Ez) Forderung zu hoher Preise, Übervorteilung [Rotwelsch]
nep'pen (V.) einen zu hohen Preis (von jmdm.) verlangen, übervorteilen [Rotwelsch]
nep'tu'nisch (Adj.) den römischen Gott des Meeres betreffend [lat.]
Nep'tu'nis'mus (der, -, nur Ez.) Annahme der Geologen, wonach sämtliches Gestein Ablagerung im Wasser sei [lat.]
Nep'tu'nist (der, -nis'ten, -nis'ten) Vertreter des Neptunismus [lat.]
Nep'tu'ni'um (das, -s, nur Ez.) ein Element, radioaktives Metall [lat.]
Ne're'i'de (die, -, -n) **1** Meerjungfrau **2** frei schwimmender Borstenwurm des Meeres
ne'ri'tisch (Adj.) zum Küstengewässer, zum Flachmeer gehörig [gr.]
Nerv (der, -s, -en) **1** faser- oder strangartiges Gebilde im Körper zur Weiterleitung von

nerval — Neutralisation

Reizen **2** (nur Mz.) geistige, seelische Spannkraft; z.B. **gute, schlechte Nerven haben 3** Rippe, Leitbündelstrang (im Blatt), Blatt-' ader **4** Ader (im Insektenflügel) **5** Sehne (veraltet) **6** kritischer Punkt, empfindliche Stelle; z.B. mit einer Bemerkung einen Nerv treffen [lat.]

ner'val (Adj.) zur Tätigkeit der Nerven gehörig, durch sie bewirkt

Ner'va'tur (die, -, -en) Gesamtheit der Nerven (im Blatt oder Insektenflügel)

ner'ven (V.) belästigen, stören, nervös machen (ugs.)

ner'vig (Adj.) sehnig, schmal und kräftig; z.B. nervige Hände

nerv'lich (Adj.) die Nerven betreffend, hinsichtlich des Nervenzustandes

ner'vös (Adj.) **1** zu den Nerven gehörend, die Nerven betreffend; z.B. nervöser Reflex, nervöse Erschöpfung **2** reizbar, unruhig

Ner'vo'si'tät (die, -, nur Ez.) Reizbarkeit, Unruhe, Erregtheit [lat.]

Ner'vus Re'rum (der, - -, nur Ez.) treibende Kraft, Triebfeder [lat.]

Nes'ca'fé (der, -s, -s) pulverförmiger, löslicher Bohnenkaffee (Warenzeichen) [schweiz.]

Nes'chi [neski] (das oder die, -, nur Ez.) arabische Schreibschrift [arab.]

Nes'ses'sär (das, -s, -s) = Necessaire

Nes'tor (der, -s, -to'ren) **1** Ältester (in einer Gemeinschaft oder auf einem Wissensgebiet) **2** weiser alter Mann, kluger, alter Berater [gr.]

Net'su'ke [netsuke] (die, -, -(s)) oder (das, -(s), -(s)) kleine Plastik aus Holz oder Elfenbein am Gürtel, die, einem Knopf ähnlich, zum Befestigen kleinerer Gegenstände dient [jap.]

net'to (Adv.) **1** nach Abzug der Unkosten, Steuern usw. **2** ohne Verpackung [it.]

Net'to're'gis'ter'ton'ne (die, -, -n) Maß für den Nutzraum eines Schiffes, Abk. NRT

neu'a'pos'to'lisch (Adj.) der neuapostolischen Religionsgemeinschaft angehörend, dem neuapostolischen Bekenntnis entsprechend

Neu'me (die, -, -n) Notenhilfszeichen im Mittelalter vor der Erfindung der Notenschriftzeichen (Mus.) [gr.-lat.]

neu'mie'ren (V.) **1** ein Musikstück in Neumen niederschreiben **2** einen Text mit Neumen versehen [gr.-lat.]

Neu'mi'nu'te (die, -, -n) der hundertste Teil eines Gons in der Mathematik [dt.-lat.]

neu'ral (Adj.) Nerven betreffend, von den Nerven ausgehend [gr.]

Neu'ral'gie *auch:* Neur'al'gie (die, -, -n) anfallsweise auftretender Nervenschmerz [gr.]

neu'ral'gisch *auch:* neur'al'gisch (Adj.) auf einer Neuralgie beruhend; neuralgischer Punkt: schwieriger, empfindlicher Punkt

Neu'ras'the'nie *auch:* Neur'as'the'nie (die, -, -n) Nervenschwäche

Neu'ras'the'ni'ker *auch:* Neur'as'the'ni'ker (der, -s, -) jmd., der an Neurasthenie leidet [gr.]

Neu'rek'to'mie *auch:* Neur'ek'to'mie (die, -, -n) chirurgische Entfernung eines Nervenstücks [gr.]

Neu'rin (das, -s, nur Ez.) in faulendem Fleisch entstehendes, starkes Gift [gr.]

Neu'rit (der, -en, -en) lang gestreckter, der Reizleitung dienender Fortsatz der Nervenzelle [gr.]

Neu'ri'tis (die, -, -ri'ti'den) Nervenentzündung [gr.]

Neu'ro'der'ma'to'se (die, -, -n) nervöse Hauterkrankung [gr.]

Neu'ro'der'mi'tis (die, -, -mi'ti'den) entzündliche, von Nerven ausgehende Hauterkrankung mit starkem Juckreiz, Juckflechte

neu'ro'gen (Adj.) von Nerven ausgehend

Neu'ro'lo'ge (der, -n, -n) Wissenschaftler, Arzt auf dem Gebiet der Neurologie

Neu'ro'lo'gie (die, -, nur Ez.) Wissenschaft von den Nerven [gr.]

neu'ro'lo'gisch (Adj.) zur Neurologie gehörig, mit ihrer Hilfe

Neu'rom (das, -s, -e) Geschwulst aus wuchernden Nervenfasern und -zellen [gr.]

Neu'ron (das, -s, -ren oder -ro'nen) aus einer Nervenzelle mit ihren Fortsätzen bestehende Einheit des Nervensystems [gr.]

Neu'ro'pa'tho'lo'gie (die, -, nur Ez.) Wissenschaft von den Nervenerkrankungen [gr.]

Neu'ro'se (die, -, -n) meist auf unverarbeiteten seelischen Konflikten beruhende seelische (und oft auch körperliche) Störung [gr.]

Neu'ro'ti'ker (der, -s, -) jmd., der an einer Neurose leidet

neu'ro'tisch (Adj.) **1** auf einer Neurose beruhend **2** an einer Neurose leidend

Neu'ro'to'mie (die, -, -n) chirurgische Durchtrennung eines Nervs, Nervenschnitt [gr.]

Neu'ro'to'xin (das, -s, -e) die Nerven angreifendes Gift [gr.]

neut'ral *auch:* neu'tral (Adj.) **1** unabhängig, unbeteiligt, keine Partei ergreifend, an keine Partei, kein Bündnis gebunden **2** nicht am Krieg teilnehmend **3** sächlich (in der Grammatik) **4** weder basisch noch sauer reagierend, weder positiv noch negativ (in der Chemie, Physik) **5** zu allem passend; z.B. neutrale Farbe [lat.]

Neut'ra'li'sa'ti'on *auch:* Neu'tra'li'sa'ti'on (die, -, -ti'o'nen) das Neutralisieren

neut|ra|li|sie|ren *auch:* neu|tra|li|sie|ren (V.) **1** vertraglich zur Neutralität verpflichten **2** unwirksam machen **3** durch Zugabe einer Säure oder Base an der sauren oder basischen Reaktion hindern **4** unterbrechen und eine bestimmte Zeit nicht bewerten; z.B. einen Wettkampf neutralisieren [lat.]

Neut|ra|lis|mus *auch:* Neu|tra|lis|mus (der, -, nur Ez.) Grundsatz der Nichteinmischung (bes. in der Politik)

Neut|ra|li|tät *auch:* Neu|tra|li|tät (die, -, nur Ez.) das Neutralsein, neutrales Verhalten [lat.]

Neut|ri|no *auch:* Neu|tri|no (das, -s, -s) masseloses, elektrisch neutrales Elementarteilchen [it.]

Neut|ron *auch:* Neu|tron (das, -s, -tro|nen) ungeladenes Elementarteilchen mit wenig größerer Masse als das Proton [lat.]

Neut|rum *auch:* Neu|trum (das, -s, -ren/-tren oder -ra/-tra) sächliches Substantiv, sächliches Geschlecht [lat.]

New|age (*auch:* New Age) [njuː eɪdʒ] (das, - -, nur Ez.) engl. für: neues Zeitalter; Weltbild mit esoterischen und okkulten Inhalten

New|co|mer [njuːkʌmə] (der, -s, -) jmd., der noch nicht lange bekannt ist, aber bereits Erfolg hat [engl.]

New Deal [njuː diːl] (der, - -, nur Ez.) Bezeichnung für das wirtschaftliche und soziale Reformprogramm des amerikanischen Präsidenten Roosevelt [engl.]

New|look (*auch:* New Look) [njuː lʊk] (der, - -s, -s) neues Aussehen, neues Äußeres, neuer Stil (bes. in der Mode) [engl.]

New-Or|leans-Jazz [njuːɔːliːnz dʒæz] (der, - -, nur Ez.) frühester improvisierender Stil des Jazz [engl.]

New|ton [njuːtn] (das, -s, -) Maßeinheit der Kraft, 0,1 Kilopond [engl.]

Ne|xus (der, -, -) Zusammenhang, Verbindung; z.B. Kausalnexus [lat.]

Ne|zes|si|tät (die, -, -en) Notwendigkeit [lat.]

Ni|ca|ra|gu|a|ner (der, -s, -) Ew. des mittelamerikanischen Staates Nicaragua [indian.]

Ni|co|tin (das, -s, nur Ez.) = Nikotin

Ni|da|ti|on (die, -, -ti|o|nen) Einnistung des befruchteten Eies in die Gebärmutterschleimhaut (bei Säugetieren und Menschen) [lat.]

Ni|el|lo (das, -s, -s oder -li) in Metall (bes. Gold oder Silber) eingeritzte und mit schwarzer Masse (aus Blei u.a.) ausgefüllte Zeichnung [it.]

Ni|ge|ri|a|ner (der, -s, -) Einwohner des westafrikanischen Staates Nigeria

Nig|ger (der, -s, -) Schwarzer (abwertend) [frz.-engl.]

Nig|rer *auch:* Ni|grer (der, -s, -) Einwohner des westafrikanischen Staates Niger

Nig|ro|mant *auch:* Ni|gro|mant (der, -en, -en) Wahrsager, Zauberer, Magier [lat.-gr.]

Nig|ro|man|tie *auch:* Ni|gro|man|tie (die, -, nur Ez.) die schwarze Kunst, Zauberei, Magie [lat.-gr.]

Nig|ro|sin *auch:* Ni|gro|sin (das, -s, -e) indigoähnlicher Farbstoff [lat.]

Ni|hi|lis|mus (der, -, nur Ez.) **1** philosophische Auffassung, dass alles Bestehende, Seiende nichtig sei **2** Verneinung aller Werte, Ziele

Ni|hi|list (der, -lis|ten, -lis|ten) Anhänger des Nihilismus [nlat.]

ni|hi|lis|tisch (Adj.) auf dem Nihilismus beruhend, alles verneinend

Ni|ko|tin (*auch:* Ni|co|tin) (das, -s, nur Ez.) giftiges Alkaloid des Tabaks [frz.]

Ni|ko|ti|nis|mus *auch:* Ni|co|ti|nis|mus (der, -, nur Ez.) Nikotinvergiftung [frz.-nlat.]

Nim|bos|tra|tus *auch:* Nim|bost|ra|tus/Nimbo|stra|tus (der, -, nur Ez.) dichte, tief herabhängende, gleichmäßig dunkle Regenwolke [lat.]

Nim|bus (der, -, -se) **1** Heiligenschein **2** Ansehen, Würde, glanzvoller Ruf; z.B. im Nimbus der Heiligkeit stehen; das schadet seinem Nimbus **3** Ausstrahlung, Zauberkreis; z.B. ihn umgibt der Nimbus eines großen Künstlers [lat.]

Nim|rod (der, -s, -e) leidenschaftlicher Jäger [hebr.]

Nin|ja [nɪnʒa] (der, -s, -s) vermummter japanischer (Schwert-)Kämpfer, Schattenkrieger

Ni|ob (das, -s, nur Ez.) ein Element, hellgrau glänzendes Schwermetall

Nip|pes (nur Ez.) kleine Gegenstände (bes. aus Porzellan oder Glas, die zur Zierde aufgestellt sind) [frz.]

Nir|wa|na (das, -(s), nur Ez.) Zustand des wunschlosen, friedvollen Nichtseins (im Buddhismus) [sanskr.]

Nit|rat *auch:* Ni|trat (das, -(e)s, -e) Salz der Salpetersäure [gr.-lat.]

Nit|rid *auch:* Ni|trid (das, -s, -e) Verbindung aus Stickstoff und Metall [gr.-lat.]

nit|rie|ren *auch:* ni|trie|ren (V.) mit konzentrierter Schwefel- und Salpetersäure behandeln [gr.-lat.]

Nit|ri|fi|ka|ti|on *auch:* Ni|tri|fi|ka|ti|on (die, -, -ti|o|nen) Oxidation von Ammoniak durch Bodenbakterien [lat.]

nit|ri|fi|zie|ren *auch:* ni|tri|fi|zie|ren (V.) durch Bodenbakterien Nitrate bilden [lat.]

Nit|rit *auch:* Ni|trit (das, -s, -e) Salz der salpetrigen Säure [gr.-lat.]

Nit|ro|gly|ce|rin *auch:* Ni|tro|gly|ce|rin (*auch:* Nit|ro|gly|ze|rin/Ni|tro|gly|ze|rin) (das, -s, nur

nitros Ez.) ein hoch empfindlicher Sprengstoff [gr.]
nit'ros *auch:* ni'tros (Adj.) Stickstoffoxid enthaltend [gr.-lat.]
nit'sche'wo *auch:* ni'tsche'wo macht nichts! (ugs.) [russ.]
ni'val (Adj.) zum Schnee gehörig, im Schnee lebend [lat.]
Ni'val (das, -s, -) Bezeichnung für ein Gebiet, das ständig oder über lange Zeiträume mit Schnee und Eis bedeckt ist [lat.]
Ni'veau [-voː] (das, -s, -s) **1** waagerechte Ebene in bestimmter Höhe **2** Höhenlage, Höhenstufe **3** Energiezustand; z.B. eines Atoms **4** Stufe, Stand; z.B. Bildungsniveau **5** geistige Höhe, geistiger, künstlerischer Rang; z.B. er hat kein Niveau; sein Vortrag hat Niveau [frz.]
Ni'vel'le'ment [nivɛlmã] (das, -s, nur Ez.) **1** das Nivellieren, Einebnung **2** Messen von Höhenunterschieden **3** dessen Ergebnis [frz.]
ni'vel'lie'ren (V.) **1** auf einheitliche Höhe bringen, gleichmachen, einebnen **2** die Höhenunterschiede (von Punkten im Gelände) feststellen **3** durch Ausgleichen beseitigen; z.B. Gegensätze nivellieren [frz.]
ni'vel'li'tisch (Adj.) das Nivellement betreffend [lat.-frz.]
No (das, - oder -s, - oder -s) nach strengen Regeln aufgebautes altjapanisches Singspiel
no'bel (Adj.) **1** vornehm, edel **2** großzügig, freigebig [lat.-frz.]
No'bel'li'um (das, -s, nur Ez.) chemisches Element, ein Transuran [schwed.-nlat.]
No'bi'les (nur Mz.) die Angehörigen des Amtsadels im antiken Rom [lat.]
No'bi'li (nur Mz.) die adeligen Geschlechter in den ehemaligen Freistaaten Italiens [lat.-it.]
No'bi'li'tät 1 (die, -, nur Ez.) der Amtsadel im antiken Rom [lat.] **2** (die, -, -en, nur Mz.) die hohen Herrschaften (ironisch)
No'bi'li'ta'ti'on (die, -, -ti'o̱nen) die Erhebung in den Adelsstand [lat.]
no'bi'li'tie'ren (V.) in den Adelsstand erheben [lat.]
No'bi'li'tie'rung (die, -, -en) = Nobilitation [lat.]
Nob'les'se *auch:* No'bles'se [-blɛs] (die, -, nur Ez.) **1** Vornehmheit, Edelmut; Noblesse oblige: Adel verpflichtet (vornehm zu handeln) **2** Großzügigkeit, Freigebigkeit [frz.]
No'bo'dy [nəʊbədɪ] (der, -s, -s) ein Niemand, jmd., der noch ein Niemand ist [engl.]
Noc'turne [-tyrn] (das, -s, -s) = Notturno [frz.]
No'dus (der, -, -di) **1** Knoten; z.B. Gicht-, Lymphknoten **2** verdickte Ansatzstelle (des Blattes) **3** Verdickung, Knauf [lat.]

No'e'sis (die, -, nur Ez.) das Denken, Denkakt [gr.]
No'e'tik (die, -, nur Ez.) Lehre vom Denken und Erkennen [gr.]
no i'ron [nəʊ aɪən] bügelfrei (Hinweis in Textilien) [engl.]
Nok'tam'bu'lis'mus *auch:* Nokt'am'bu'lismus (der, -, nur Ez.) Nachtwandeln, Schlafwandeln [lat.]
no'lens vo'lens lat. für: »(halb) nicht wollend, (halb) wollend, wohl oder übel« [lat.]
No'li'me'tan'ge're (das, -, -) **1** Kraut, das seine Samen bei Berührung wegschleudert, Springkraut, Rührmichnichtan **2** Worte des auferstandenen Christus zu Maria Magdalena, als er ihr am Grab erscheint; Darstellung dieser Szene in der Kunst) [lat.]
No'ma'de (der, -n, -n) Angehöriger eines nicht sesshaften Volkes [gr.]
no'ma'disch (Adj.) in der Art von Nomaden, wandernd, nicht sesshaft
no'ma'di'sie'ren (V.) nicht sesshaft leben, umherziehen wie Nomaden
No'ma'dis'mus (der, -, nur Ez.) **1** nomadische Gesellschafts-, Lebens- und Wirtschaftsform **2** fortwährende Wanderung von Tierarten in größeren Verbänden zum Zwecke der Nahrungssuche oder zur Befriedigung des Bewegungsdranges [gr.-lat.]
No'men (das, -s, -mi'na) **1** Wort, das dekliniert werden kann (bes. Substantiv); Nomen agentis: von einem Verb abgeleitetes Substantiv; z.B. Läufer **2** Name (veraltet); Nomen est omen: der Name ist ein Zeichen, d.h., der Name gibt schon einen Hinweis; Nomen proprium: Eigenname [lat.]
No'men'kla'tur (die, -, -en) Gesamtheit der Fachausdrücke (eines Wissensbereiches, einer Kunst); Verzeichnis dieser Fachausdrücke [lat.]
no'mi'nal (Adj.) **1** in der Art eines Nomens (1), als Nomen **2** zum Nennwert (im Bankwesen) [lat.]
No'mi'na'tiv (der, -s, -e) erster Fall der Deklination, Werfall [lat.]
no'mi'nell (Adj.) **1** zum Nomen gehörig **2** (nur) dem Namen nach, nicht in der Praxis
no'mi'nie'ren (V.) benennen, bestimmen ernennen [lat.]
No'mo'gramm (das, -s, -e) zeichnerische Darstellung des Zusammenhanges zwischen veränderlichen Größen (in der Mathematik) [gr.]
No'mo'gra'phie (*auch:* No'mo'gra'fi̱e) (die, -, nur Ez.) Verfahren, mit Hilfe von Nomogrammen mathematische Probleme zu lösen [gr.]

Nomos

No'mos (der, -, -moi) **1** Gesetz, Rechtsvorschrift, Norm **2** Sitte, Herkommen, Brauch **3** Singweise (in der altgriechischen Musik) [gr.]
Non (die, -, -en) = None (**1**, **2**)
No'na (die, -, -nen) = None (**3**)
Non'cha'lance [nɔ̃ʃalɑ̃ːs] (die, -, nur Ez.) Lässigkeit, Ungezwungenheit [lat.-frz.]
non'cha'lant [nɔ̃ʃalɑ̃] (Adj.) lässig, unbekümmert, formlos [lat.-frz.]
No'ne (die, -, -n) **1** neunter Ton der diatonischen Tonleiter **2** Intervall von neun Tönen **3** Gebet zur neunten Stunde des Tages (etwa 3 Uhr nachmittags; in der kath. Kirche) [lat.]
No'nett (das, -(e)s, -e) Musikstück für neun Instrumente; die neun Spieler dieser Instrumente [it.]
Non-Fic'tion-Li'te'ra'tur [-fɪkʃn-] (die, -, nur Ez) Sammelbegriff für: Sach- und Fachbücher [engl.]
non'fi'gu'ra'tiv (Adj.) ungegenständlich (in der Malerei) [lat.]
No'ni'us (der, -, -ni'en oder -se) Hilfsmaßstab (an Messinstrumenten) zum Ablesen von Zehntelgrößen der kleinsten Einheiten des Instruments [lat.]
Non'kon'for'mis'mus (der, -, nur Ez.) Haltung, die nicht mit der herrschenden Meinung übereinstimmt [lat.]
Non'kon'for'mist (der, -mis'ten, -mis'ten) jmd., dessen Meinung nicht mit der herrschenden Meinung übereinstimmt [lat.]
non'kon'for'mis'tisch (Adj.) **1** auf Nonkonformismus beruhend **2** sich in seiner Meinung nicht nach der Mehrheit richtend **3** im Sinne eines Nonkonformisten denkend oder handelnd [lat.-engl.]
Non'kon'for'mi'tät (die, -, nur Ez.) Nichtübereinstimmung, Unangepasstheit [lat.-engl.]
non o'let »es (das Geld) stinkt nicht«, d.h. man merkt dem Geld nicht an, ob es auf unsaubere Weise verdient worden ist [lat.]
Non'plus'ul'tra *auch:* Non'plus'ul'tra (das, -, nur Ez.) Schönstes, Bestes, Höchstes [lat.]
Non'pro'li'fe'ra'tion [-reɪʃn] (die, -, nur Ez.) Nichtweitergabe (von Kernwaffen an andere Länder) [engl.]
Non'sens (der, -, nur Ez.) Unsinn, dummes Zeug [engl.]
Non'stop... (*auch:* Non-Stop-...) (in Zusammensetzungen) ohne Halt zu machen, ohne Zwischenlandung, ununterbrochen [engl.]
Non'va'leur [nɔ̃valœːr] (der, -s, -s) **1** wertlos gewordenes oder wertlos erscheinendes Wertpapier **2** unrentable Investition **3** veraltete, unverkäufliche Ware [frz.]

Nostrokonto

non'ver'bal (Adj.) etwas durch optische Zeichen wie Mimik, Gestik an Stelle von Sprache vermittelnd [lat.]
Norm (die, -, -en) **1** allgemein geltende Regel, Richtschnur, Vorschrift; z.B. gesellschaftliche Normen **2** Vorschrift für Größen, Qualitäten u.a.; z.B. DIN-Norm **3** vorgeschriebene Arbeitsleistung **4** auf der ersten Seite eines Druckbogens unten stehende Ziffer des Bogens mit dem Namen des Verfassers und der Kurzform des Buchtitels [lat.]
nor'mal (Adj.) **1** der Norm entsprechend **2** gewöhnlich, durchschnittlich, üblich **3** geistig gesund
Nor'mal (das, -s, -e) **1** genauer Maßstab einer Maßeinheit als Kontrollwerkzeug für andere Maßstäbe **2** Kurzwort für Normalbenzin [gr.-lat.]
Nor'ma'li'en (nur Mz.) Grundformen, Regeln, Vorschriften [lat.]
nor'ma'li'sie'ren (V.) wieder normal machen, auf das normale Maß, in den normalen Zustand zurückführen; sich normalisieren: wieder in den normalen Zustand zurückkehren
Nor'ma'li'tät (die, -, nur Ez.) das Normalsein, normale Beschaffenheit
Nor'mal'null (das, -s, nur Ez.) festgelegte Höhe, von der alle Höhenmessungen ausgehen [lat.]
Nor'man'ne (der, -n, -n) **1** = Wikinger **2** Ew. der Normandie
nor'ma'tiv (Adj.) als Norm geltend, maßgeblich
nor'men (V.) nach einer Norm bemessen in den Maßen einheitlich festlegen
nor'mie'ren (V.) = normen
No'so'gra'fie (*auch:* No'so'gra'phie) (die, -, nur Ez.) Beschreibung der Krankheiten [gr.]
No'so'lo'gie (die, -, nur Ez.) systematische Einordnung und Kennzeichnung der Krankheiten [gr.]
Nos'tal'gie *auch:* Nostal'gie (die, -, nur Ez.) Sehnsucht nach einer vergangenen Zeit (die als besser, glücklicher betrachtet wird) [gr.]
Nos'tal'gi'ker *auch:* Nost'al'gi'ker (der, -s, -) sich der Nostalgie Hingebender [gr.-lat.]
nos'tal'gisch *auch:* nost'al'gisch (Adj.) in der Art der Nostalgie, sehnsüchtig
nos'tri'fi'zie'ren *auch:* nost'ri'fi'zie'ren/no'stri'fi'zie'ren (V.) **1** einbürgern; z.B. einen Ausländer nostrifizieren **2** staatlich anerkennen; z.B. ein ausländisches Examen nostrifizieren [lat.]
Nos'tro'kon'to *auch:* Nost'ro'kon'to/Nostro'kon'to (das, -s, -ten) Konto, das eine Bank bei einer anderen Bank für sich führen lässt [lat.]

No'ta (die, -, -s) 1 Aufzeichnung, Notiz, Anmerkung 2 Auftrag; z.B. etwas in Nota geben, nehmen 3 Rechnung [lat.]
no'ta'bel (Adj.) bemerkenswert, merkwürdig [lat.-frz.]
No'ta'beln (nur Mz.) 1 die führende Oberschicht (in Frankreich vom 14. Jh. bis 1789) 2 gebildete, angesehene Personen [lat.]
no'ta'be'ne (Adv.) 1 wohlgemerkt! (eingeschoben) 2 was ich noch sagen wollte, übrigens, nebenbei bemerkt [lat.]
No'ta'be'ne (das, -s, -s) Merkzeichen, Vermerk [lat.]
No'ta'bi'li'tät (die, -, -en) 1 Vornehmheit, 2 vornehme Persönlichkeit [lat.-frz.]
No'tar (der, -s, -e) staatlich vereidigter Jurist, der berechtigt ist Schriftstücke zu beglaubigen und Rechtsgeschäfte zu beurkunden [lat.]
No'ta'ri'at (das, -(e)s, -e) Amt und Büro eines Notars
no'ta'ri'ell (Adj.) durch einen Notar; z.B. eine Unterschrift notariell beglaubigen lassen
No'ta'ti'on (die, -, -ti'o'nen) 1 Aufzeichnung in Notenschrift (von Musikstücken) 2 Aufzeichnung (einer Schachpartie) [lat.]
No'te (die, -, -n) 1 musikalisches Schriftzeichen 2 (Mz.) Noten: Notenbücher und -hefte 3 Beurteilung (einer Leistung), Zensur (meist durch Ziffer ausgedrückt) 4 Bewertung (im Sport, durch Punkte ausgedrückt) 5 Anmerkung; z.B. Fußnote 6 Geldschein 7 schriftliche Mitteilung (einer Regierung an eine andere) 8 Eigenart, Prägung; z.B. der Raum hat eine besondere Note [lat.]
Note'book (das, -s, -s) tragbarer Computer im DIN-A4-Format [engl.]
Note'pad (nəʊtpæd] (das, -s, -s) auch Pen-Computer, auf dessen Bildschirm Daten mit einem elektronischen Stift eingegeben werden [engl.]
no'tie'ren (V.) 1 in wenigen Worten aufschreiben (zum besseren Merken); jmdn. notieren: jmds. Namen und Adresse aufschreiben 2 in Notenschrift aufzeichnen 3 festsetzen und veröffentlichen; einen Kurswert notieren [lat.]
No'tie'rung (die, -, -en) 1 schriftliches Vermerken, Aufzeichnen 2 das Aufzeichnen von Musik in Noten 3 Kurs- und Preisfestsetzung an der Börse [lat.]
No'ti'fi'ka'ti'on (die, -, -ti'o'nen) 1 Anzeige, Benachrichtigung 2 Übergabe einer diplomatischen Note, offizielle, mit Rechtsfolgen verbundene Benachrichtigung im Völkerrecht [lat.]
no'ti'fi'zie'ren (V.) benachrichtigen, anzeigen [lat.]

No'tiz (die, -, -en) kurze schriftliche Aufzeichnung, Bemerkung; von etwas oder jmdm. keine Notiz nehmen: etwas oder jmnd. nicht beachten [lat.]
no'to'risch (Adj.) 1 wie jeder weiß, für alle erkennbar; z.B. er ist notorisch unbegabt 2 gewohnheitsmäßig; z.B. ein notorischer Lügner [lat.]
Not'tur'no (das, -s, -s oder -ni) für nächtliche Aufführung bestimmtes, stimmungsvolles Musikstück [lat.-it.]
Nou'gat (das oder der, -s, -s) = Nugat
Nou'veau'té [nuvote:] (die, -, -s) Neuheit, Neuigkeit [frz.]
No'va (die, -, -vä) 1 neuer Stern 2 plötzlich stark aufleuchtender Fixstern 3 = Mz. von Novum [lat.]
No'va'ti'on (die, -, -ti'o'nen) 1 Erneuerung 2 Umwandlung einer Schuld [lat.]
No've'cen'to [-tʃɛn-] (das, -s, nur Ez.) künstlerische Stilepoche in Italien nach 1900 [it.]
No'vel'le (die, -, -n) 1 ein ungewöhnliches Ereignis schildernde, sich steigernde Erzählung mit Schlusseffekt 2 Nachtrag zu einem Gesetz [frz.]
No'vel'let'te (die, -, -n) kleine Novelle
no'vel'lie'ren (V.) ergänzen oder ändern; z.B. ein Gesetz novellieren [lat.-frz.]
No'vel'list (der, -lis'ten, -lis'ten) Verfasser einer Novelle (1)
No'vel'lis'tik (die, -, nur Ez.) Novellendichtung
no'vel'lis'tisch (Adj.) 1 die Novelle betreffend 2 die Novellistik betreffend 3 in der Art einer Novelle [lat.-it.]
No'vi'tät (die, -, -en) Neuheit, Neuerscheinung [lat.]
No'vi'ze (der, -n, -n) Mönch während der Probezeit bis zum Ablegen der Gelübde [lat.]
No'vi'zi'at (das, -(e)s, -e) Probezeit (eines Mönchs oder einer Nonne) bis zum Ablegen der Gelübde [lat.]
No'vi'zin (die, -, -nen) Nonne während der Probezeit [lat.]
No'vo'ca'in (das, -s, nur Ez.) Mittel zur örtlichen Betäubung (Warenzeichen) [Kunstwort]
No'vum (das, -s, -va) Neuheit, neue Sache, neue Betrachtungsweise [lat.]
No'xe (die, -, -n) Ursache einer Krankheit, schädigender Umstand [lat.]
Nu'an'ce [nyɑ̃:sə] (die, -, -n) winzige Kleinigkeit, feiner Unterschied; z.B. eine Nuance heller; es handelt sich nur um Nuancen [frz.]
nu'an'cie'ren [nyɑ̃si:-] (V.) mit feinen Unterschieden darstellen, fein abstufen, geringfügig verändern [frz.]

nuanciert 329 **nuptial**

nu'an'ciert [nŭɑ̃s-] (Adj.) **1** pointiert **2** differenziert [lat.-frz.]
Nuc'le'o'ba'se auch: Nu'cle'o'ba'se (die, -, -n) organische Stickstoffverbindung als Bestandteil der in den Zellkernen vorkommenden Nucleinsäuren [lat.-gr.]
Nuc'le'us auch: Nu'cle'us (auch: Nuk'le'us/ Nu'kle'us) (der, -, -lei/-clei [-klei:]) **1** Zellkern **2** Atomkern **3** Kern der Zwischenwirbelscheibe **4** Steinrest, von dem in vorgeschichtlicher Zeit Stücke zur Herstellung von Werkzeugen abgeschlagen worden sind [lat.]
Nu'dis'mus (der, -, nur Ez.) Nacktkultur [lat.]
Nu'dist (der, -dis'ten, -dis'ten) Anhänger des Nudismus
nu'dis'tisch (Adj.) den Nudismus betreffend [lat.]
Nu'di'tät (die, -, -en) **1** (nur Ez.) Nacktheit **2** (pikante) Darstellung des nackten Körpers **3** sexuell anzügliche Bemerkung [lat.]
Nu'gat (auch: Nou'gat) [nu:-] (das oder der, -s, -s) Süßigkeit aus Kakao, Kakaobutter, Zucker, geriebenen Mandeln [frz.]
Nug'get [nʌɡɪt] (das, -s, -s) Goldklümpchen [engl.]
nuk'le'ar auch: nu'kle'ar (Adj.) **1** zum Atomkern gehörig, von ihm ausgehend **2** zur Kernspaltung gehörig, auf ihr beruhend [lat.]
Nuk'le'on auch: Nu'kle'on (das, -s, -le'o'nen/ -kle'o'nen) Baustein des Atomkerns, Proton, Neutron [lat.]
Nuk'le'us auch: Nu'kle'us (der, -, -lei/-klei) = Nucleus
Nuk'lid auch: Nu'klid (das, -s, -e) durch Ordnungs- und Massenzahl bestimmte Atomart [lat.]
null (Zahlw.) **1** nicht einer, nicht eins, kein; z.B. null Fehler; null Uhr fünf: fünf Minuten nach 24 Uhr; einen Grad über, unter null **2** nichts; z.B. null und nichtig (verstärkend): ungültig [lat.]
Null (die, -, -en) **1** Ziffer, Zahl 0 **2** bedeutungsloser, nichts leistender Mensch (ugs.) **4** (der oder das, -s, -s) Spiel, bei dem der Spieler keinen Stich machen darf, Nullspiel (beim Skat) [lat.]
nul'la poe'na si'ne le'ge [- pø:na - -] »keine Strafe ohne Gesetz« [lat.]
Null-Bock-Ge'ne'ra'ti'on (die, -, nur Ez.) duch Desinteresse gekennzeichnete, junge Generation (ugs.)
Null'di'ät (die, -, nur Ez.) Diät fast ohne Kalorienzufuhr
Null'li'fi'ka'ti'on (die, -, -ti'o'nen) das Nullifizieren

null'li'fi'zie'ren (V.) für ungültig, für nichtig erklären [lat.]
Null'li'pa'ra (die, -, -pa'ren) Frau, die noch kein Kind geboren hat [lat.]
Nul'li'tät (die, -, -en) **1** (nur Ez.) Wertlosigkeit **2** (nur Ez.) Ungültigkeit **3** Nichtigkeit, unbedeutende Sache, unbedeutende Person
Null'o'pe'ra'ti'on (die, -, -ti'o'nen) Eingabe in einen Computer, die keinen Rechenvorgang bewirkt, sondern Speicherkapazität freihält [lat.]
Null'ou'vert [-uvε:r] (der, -s, -s) Spiel, bei dem der Spieler seine Karten vor dem ersten Stich (nach älterer Regel: nach dem ersten Stich) offen hinlegen muss (beim Skat) [frz.]
Null'punkt (der, -(e)s, -e) den Wert Null angebender Punkt
Null'se'rie [-riə] (die, -, -n) versuchsweise hergestellte Serie (vor Beginn der Serienproduktion)
Null'ta'rif (der, -s, -e) Tarif von null Mark; z.B. eine Fahrt zum Nulltarif: eine unentgeltliche Fahrt
Nu'men (das, -s, nur Ez.) göttliches Wesen ohne Gestalt, aber mit Wirkkraft [lat.]
Nu'me'ra'le (das, -s, -lia oder -li'en) Zahlwort; z.B. drei, dreimal [lat.]
nu'me'risch (Adj.) der Zahl nach, auf Zahlen beruhend [lat.]
Nu'me'ro (mit nachfolgender Zahl) Nummer (veraltet); z.B. Numero drei [lat.]
Nu'me'rus (der, -, -ri) **1** Zahl **2** Zahlform, Singular, Plural [lat.]
Nu'me'rus clau'sus (der, -, -) beschränkte Anzahl an Zulassungen für ein Studium oder einen Beruf
nu'mi'nos (Adj.) göttlich [lat.]
Nu'mis'ma'tik (die, -, nur Ez.) Wissenschaft von den Münzen [lat.]
Num'mer (die, -, -n) **1** Zahl, Kennzahl, Kennziffer **2** einzelnes Exemplar (einer Zeitung, Zeitschrift) **3** einzelne Darbietung (im Zirkus u.a.) **4** Mensch, Person (ugs., scherzhaft); z.B. eine ulkige Nummer [lat.]
num'me'rie'ren (V.) mit fortlaufenden Nummern, Zahlen versehen [lat.]
Num'mu'lit (der, -en, -en) versteinertes einzelliges Meerestier des Tertiärs [lat.]
Nun'ti'a'tur (die, -, -en) Amt und Amtsgebäude eines Nuntius
Nun'ti'us (der, -, -ti'en) diplomatischer Vertreter des Vatikans bei einer ausländischen Regierung [lat.]
nup'ti'al (Adj.) ehelich, hochzeitlich (veraltet) [lat.]

Nup|tu|ri|en|ten (nur Mz.) Brautleute [lat.]
Nurse [nɜːs] (die, -, -s) englische Bezeichnung für: Kinderpflegerin, Kinderkrankenschwester [engl.]
Nu|ta|ti|on (die, -, -ti|o|nen) **1** periodische Schwankung **2** Krümmungsbewegung (von Pflanzen bei ungleichem Wachstum) [lat.]
Nut|ria auch: Nu|tria (die, -, -s) Nagetier Südamerikas, Biberratte, Sumpfbiber; dessen Pelz [span.]
nut|rie|ren auch: nu|trie|ren (V.) ernähren [lat.]
Nu|tri|ment auch: Nu|tri|ment (das, -(e)s, -e) Nahrungsmittel [lat.]
Nut|ri|ti|on auch: Nu|tri|ti|on (die, -, nur Ez.) Ernährung [lat.]
nut|ri|tiv auch: nu|tri|tiv (Adj.) nahrhaft [lat.]
Nyk|ta|lo|pie (die, -, -n) Nachtblindheit [gr.]
Nyk|ti|nas|tie (die, -, -n) Schlafbewegung (der Pflanzen; z.B. das Zusammenklappen der Blätter beim Sauerklee) [gr.]
Nyk|tit|ro|pie auch: Nyk|ti|tro|pie (die, -, -n) = Nyktinastie [gr.]
Nyk|tit|ro|pis|mus auch: Nyk|ti|tro|pis|mus (der, -, -men) = Nyktinastie [gr.]
Ny|lon [naɪ-] (das, -s, -s) **1** (nur Ez.) eine Kunstfaser (Warenzeichen) **2** (Mz.) Nylons: Strümpfe aus Nylon (veraltet) [engl.]
Nym|pha (die, -, -phae oder -phen) kleine Schamlippe (Med.) [gr.-lat.]
Nym|phäa (die, -, -phä|en) See-, Wasserrose
Nym|phä|um (das, -s, -phä|en) **1** Heiligtum einer Nymphe (**1**) **2** künstlerisch gestaltete Brunnenanlage (bes. als Abschluss von langen Gartenwegen) [gr.-lat.]
Nymph|chen (das, -s, -) sehr junges verführerisches Mädchen [gr.-lat.]
Nym|phe (die, -, -n) **1** weibliche Naturgottheit (der griechischen Mythologie); z.B. Baumnymphe, Quellnymphe **2** Entwicklungsstufe mancher Insekten zwischen Larve und Puppe **3** kleine Schamlippe [gr.]
nym|pho|man (Adj.) an Nymphomanie leidend, mannstoll
Nym|pho|ma|nie (die, -, nur Ez.) krankhaft gesteigerter Geschlechtstrieb (bei Frauen), Mannstollheit [gr.]
Nym|pho|ma|nin (die, -, -nen) an Nymphomanie leidende Frau
nym|pho|ma|nisch (Adj.) = nymphoman [gr.-lat.]
Nys|tag|mus (der, -, nur Ez.) Zittern des Augapfels, Augenzittern [gr.-lat.]

O

OAS (die, -, nur Ez.) Abk. für »**O**rganization of **A**merican **S**tates«, Organisation amerikanischer Staaten [engl.]
O|a|se (die, -, -n) **1** von Wüste umgebenes Gebiet mit Grundwassernähe und reichem Pflanzenwachstum **2** Ort der Ruhe [gr.]
OAU (die, -, nur Ez.) Abk. für »**O**rganization for **A**frican **U**nity«, Organisation für afrikanische Einheit [engl.]
Ob|duk|ti|on (die, -, -ti|o|nen) Leichenöffnung (zur Feststellung der Todesursache) [lat.]
Ob|du|ra|ti|on (die, -, -ti|o|nen) Verhärtung von Körpergewebe (Med.) [lat.]
ob|du|rie|ren (V.) verhärten (Med.) [lat.]
Ob|du|zent (der, -en, -en) jmd., der eine Obduktion vorzunehmen hat
ob|du|zie|ren (V.) eine Leiche obduzieren; (zur Feststellung der Todesursache) öffnen [lat.]
O|be|di|enz auch: Ob|e|di|enz (die, -, nur Ez.) **1** Gehorsam (eines Geistlichen gegenüber seinem Vorgesetzten) **2** Anhängerschaft eines Kandidaten (für die Papst- oder Bischofswahl) [lat.]
O|be|lisk (der, -en, -en) vierkantiger, sich nach oben verjüngender Pfeiler [gr.]
O|bi (der oder das, -s, -s) **1** breiter Kimonogürtel aus Seide **2** Gürtel der Kampfbekleidung beim Judo [jap.]
Ob|jekt (das, -(e)s, -e) **1** Gegenstand, Sache (um die es sich handelt) **2** Gegenstand (des Wahrnehmens, Erkennens) **3** substantivisches Satzglied, das eine Ergänzung zum Verb bildet, Satzergänzung **4** Gegenstand des Alltagslebens, der (künstlich umgestaltet) als Kunstwerk betrachtet wird; z.B. ein Bettgestell als Objekt von Beuys [lat.]
Ob|jek|ti|on (die, -, -ti|o|nen) Übertragung einer Empfindung auf einen Gegenstand, Sachverhalt oder eine Erscheinung; z.B. Empfindung eines Hauses als düster [lat.]
ob|jek|tiv (Adj.) **1** gegenständlich, wirklich, tatsächlich **2** unparteiisch, sachlich, vorurteilsfrei [lat.]
Ob|jek|tiv (das, -s, -e) dem Gegenstand zugewandte Linse (eines optischen Gerätes) [lat.]
Ob|jek|ti|va|ti|on (die, -, -ti|o|nen) das Objektivieren, Vergegenständlichung [lat.]
ob|jek|ti|vie|ren (V.) **1** zum Objekt machen, vergegenständlichen **2** von persönlicher Betrachtungsweise, subjektivem Einfluss be-

Objektivismus

freien; z.B. eine Auffassung, Vorstellung objektivieren

Ob|jek|ti|vis|mus (der, -, nur Ez.) **1** philosophische Lehre, dass es vom Subjekt unabhängige Werte und Wahrheiten gibt **2** Streben nach objektiven Maßstäben [lat.]

ob|jek|ti|vis|tisch (Adj.) zum Objektivismus gehörig, darauf beruhend, in der Art des Objektivismus

Ob|jek|ti|vi|tät (die, -, nur Ez.) objektive Betrachtungsweise, Vorurteilsfreiheit [lat.]

Ob|last auch: O|blast (die, -, -las|te/-blas|te) Verwaltungsbezirk (in der ehem. UdSSR) [russ.]

Ob|la|te auch: O|bla|te (die, -, -n) **1** kleine, dünne Scheibe aus Weizenmehl (als Unterlage für Kleingebäck) **2** noch nicht geweihte Hostie **3** dünne Waffel [lat.]

Ob|la|ti|on auch: O|bla|ti|on (die, -, -en) **1** = Offertorium **2** Opfergabe der Gläubigen in der Eucharistiefeier, Kollekte [lat.]

ob|li|gat auch: o|bli|gat (Adj.) **1** unerlässlich, notwendig **2** als Begleitinstrument selbstständig geführt (und deshalb nicht weglassbar); z.B. obligates Cembalo [lat.]

Ob|li|ga|ti|on auch: O|bli|ga|ti|on (die, -, -ti|o|nen) **1** Verpflichtung, Verbindlichkeit **2** festverzinsliches Wertpapier [lat.]

Ob|li|ga|ti|o|när auch: O|bli|ga|ti|o|när (der, -s, -e) Inhaber einer Obligation (**2**) (schweiz.)

ob|li|ga|to|risch auch: o|bli|ga|to|risch (Adj.) vorgeschrieben, nicht weglassbar, als Pflicht auferlegt; z.B. obligatorische Vorlesungen; der obligatorische Blumenstrauß zum Geburtstag (scherzhaft) [lat.]

Ob|li|ga|to|ri|um auch: O|bli|ga|to|ri|um (das, -s, -ri|en) Pflicht, Verpflichtung, Pflichtfach (schweiz.) [lat.]

ob|li|geant auch: o|bli|geant (Adj.) (veraltet) verbindlich, gefällig [lat.-frz.]

ob|li|gie|ren auch: o|bli|gie|ren (V.) (veraltet) jmd. zu Dank verpflichten [lat.-frz.]

Ob|li|go auch: O|bli|go (das, -s, -s) Verpflichtung, Haftung, ohne Obligo: ohne Gewähr [lat.]

Ob|li|te|ra|ti|on auch: O|bli|te|ra|ti|on (die, -, -ti|o|nen) **1** Löschung, Tilgung **2** Ausfüllung (eines Hohlraums durch krankhaft wachsendes Gewebe) [lat.]

ob|li|te|rie|ren auch: o|bli|te|rie|ren (V.) **1** löschen, tilgen **2** verstopfen, ausfüllen; z.B. ein Blutgefäß obliterieren [lat.]

ob|long auch: o|blong (Adj.) (veraltet) länglich, rechteckig [lat.]

O|boe (die, -, -n) ein Holzblasinstrument mit näselndem Klang [frz.]

Obskurantismus

O|bo|ist (der, -is|ten, -is|ten) Oboenspieler

O|bo|lus (der, -, - oder -lus|se) **1** kleine Münze und Gewichtseinheit (im alten Griechenland) **2** kleine Geldgabe, kleiner Beitrag [gr.-lat.]

ob|ru|ie|ren (V.) (veraltet) überladen, belasten [lat.]

Ob|se|kra|ti|on auch: Ob|se|kra|ti|on (die, -, -ti|o|nen) Beschwören, inständiges Bitten [lat.]

ob|sek|rie|ren auch: ob|se|krie|ren (V.) beschwören, eindringlich bitten [lat.]

Ob|se|qui|en (nur Mz.) = Exequien

ob|ser|va|bel (V.) bemerkenswert, beachtenswert [lat.]

Ob|ser|vant (der, -en, -en) Mönch, der der strengeren Richtung (von zweien) eines Ordens angehört [lat.]

Ob|ser|vanz (die, -, -en) **1** die strengere von zwei vorhandenen Regeln oder Richtungen (bes. eines Mönchsordens) **2** Gewohnheitsrecht [lat.]

Ob|ser|va|ti|on (die, -, -ti|o|nen) **1** wissenschaftliche Beobachtung **2** Wahrnehmung, Erfahrung [lat.]

Ob|ser|va|tor (der, -s, -to|ren) wissenschaftlicher Beobachter an einem (astronomischen) Observatorium

Ob|ser|va|to|ri|um (das, -s, -ri|en) Beobachtungsstation (in der Astronomie, Meteorologie, Geophysik) [lat.]

ob|ser|vie|ren (V.) **1** wissenschaftlich beobachten **2** überwachen; z.B. einen Tatverdächtigen observieren [lat.]

Ob|ses|si|on (die, -, -si|o|nen) Zwangsvorstellung

ob|ses|siv (Adj.) in der Art einer Zwangsvorstellung [lat.]

Ob|si|di|an (das, -s, -e) schwarzes, glasiges Gestein vulkanischen Ursprungs, Lavaglas, Edelstein, Härte ca 5,5 [lat.]

Ob|sig|na|ti|on auch: Ob|sig|na|ti|on (die, -, -ti|o|nen) **1** Bestätigung, Genehmigung **2** Versiegelung [lat.]

ob|sig|nie|ren auch: ob|sig|nie|ren (V.) bestätigen, genehmigen [lat.]

obs|kur auch: ob|skur (Adj.) unklar, dunkel, undurchschaubar, schwer verständlich, bedenklich, verdächtig [lat.]

Obs|ku|rant auch: Ob|sku|rant (der, -en, -en) (veraltet) Dunkelmann [lat.]

Obs|ku|ran|tis|mus auch: Ob|sku|ran|tis|mus (der, -, nur Ez.) **1** der Versuch, anderen bewusst Wissen und Informationen vorzuenthalten, selbstständiges Denken zu behindern und sie als Übernatürliches glauben zu lassen **2** feindselige Haltung gegenüber Aufklärung und Fortschritt [lat.]

obs·ku·ran·tis·tisch *auch:* ob·sku·ran·tistisch (Adj.) dem Obskurantismus entsprechend [lat.]

Obs·ku·ri·tät *auch:* Ob·sku·ri·tät (die, -, -en) obskure Beschaffenheit

Ob·so·les·zenz (die, -, nur Ez.) das Veralten [lat.]

ob·so·les·zie·ren (V.) veralten, ungebräuchlich werden, aus der Mode kommen [lat.]

ob·so·let (Adj.) veraltet, nicht mehr gebräuchlich [lat.]

Obs·ta·kel *auch:* Ob·sta·kel (das, -s, -) Hindernis [lat.]

Obs·tet·rik *auch:* Obs·te·trik/Ob·stet·rik (die, -, nur Ez.) die Wissenschaft von der Geburtshilfe [lat.]

obs·ti·nat *auch:* ob·sti·nat (Adj.) eigensinnig, widerspenstig, störrisch

Obs·ti·na·ti·on *auch:* Ob·sti·na·ti·on (die, -, nur Ez.) Eigensinn, Widerspenstigkeit [lat.]

Obs·ti·pa·ti·on *auch:* Ob·sti·pa·ti·on (die, -, -ti·o·nen) Verstopfung [lat.]

obs·ti·pie·ren *auch:* ob·sti·pie·ren (V.) verstopfen, die Verdauung hemmen; obstipiert sein: an Verstopfung leiden [lat.]

obs·tru·ie·ren *auch:* obst·ru·ie·ren/ob·stru·ie·ren (V.) 1 behindern, hemmen, verzögern 2 verstopfen (in der Medizin) [lat.]

Obs·truk·ti·on *auch:* Obst·ruk·ti·on/Ob·struk·ti·on (die, -, -ti·o·nen) Behinderung, Hemmung, Verzögerung, Störung [lat.]

obs·truk·tiv *auch:* obst·ruk·tiv/ob·struk·tiv (Adj.) behindernd, hemmend, verzögernd [lat.]

obs·zön *auch:* ob·szön (Adj.) unanständig, anstößig [lat.]

Obs·zö·ni·tät *auch:* Ob·szö·ni·tät (die, -, -en) 1 (nur Ez.) Unanständigkeit, Anstößigkeit 2 unanständige, anstößige Bemerkung oder Darstellung [lat.]

Oc·ca·si·on (die, -, -si·o·nen) = Okkasion [lat.-frz.]

Och·lo·kra·tie (die, -, -n) entartete Demokratie, Pöbelherrschaft [gr.]

och·lo·kra·tisch (V.) die Ochlokratie betreffend [gr.]

O·cker (der oder das, -s, -) eisenoxidhaltige Tonerde; daraus hergestellter, gelbbrauner Farbstoff; gelbbraune Farbe [gr.-lat.]

Oc·tan (*auch:* Ok·tan) (das, -s, -e) ein gesättigter Kohlenwasserstoff [lat.]

O·dal (das, -s, -e) Boden- und Grundbesitz eines adligen germanischen Familienverbandes (altnord.)

O·da·lis·ke (die, -, -n) weiße Sklavin in einem türkischen Harem (früher) [türk.-frz.]

Odds (nur Mz.) 1 Wette mit ungleichen Einsätzen 2 Vorgabe (im Sport) [engl.]

O·de (die, -, -n) feierliches Gedicht in freien Rhythmen [gr.]

Ö·dem (das, -s, -e) Schwellung durch krankhafte Ansammlung von wässeriger Flüssigkeit in Zellen und Geweben [gr.]

ö·de·ma·tös (Adj.) in der Art eines Ödems, mit Ödemen einhergehend

O·de·on (das, -s, -s) 1 rundes Gebäude für künstlerische Aufführungen (in der Antike) 2 (Name für) Tanz-, Theatersaal, Vergnügungsstätte [gr.]

O·de·um (das, -s, -de·en) antiker theaterähnlicher Rundbau für Musik- und Theateraufführungen [gr.-lat.]

O·deur (ɔdœːr) (das, -s, -s oder -e) 1 wohlriechender Duft 2 seltsamer undefinierbarer Geruch [lat.-frz.]

o·di·os (Adj.) = odiös

o·di·ös (*auch:* o·di·os) (Adj.) widerwärtig, verhasst [lat.]

O·di·o·si·tät (die, -, -en) Gehässigkeit, Widerwärtigkeit [lat.]

ö·di·pal (Adj.) vom Ödipuskomplex bestimmt, dem Ödipuskomplex entsprechend [isr.-lat.]

Ö·di·pus·kom·plex *auch:* Ö·di·pus·kom·plex (der, -es, -e) in früher Kindheit sich entwickelnde, übersteigerte Bindung an den andersgeschlechtlichen Elternteil [gr.-lat.]

O·di·um (das, -s, -di·en) 1 übler Beigeschmack 2 Makel, unangenehme Note [lat.]

O·don·to·lo·gie (die, -, nur Ez.) Wissenschaft von den Zähnen, Zahnheilkunde [gr.]

O·dor (der, -s, -do·res) Geruch [lat.]

o·do·rie·ren (V.) nicht riechende Stoffe mit riechenden Substanzen anreichern [lat.]

O·do·rie·rung (die, -, -en) das Odorieren [lat.]

O·dys·see (die, -, -n) 1 lange, hindernisreiche Reise oder Unternehmung 2 Irrfahrt des Odysseus (gr. Mythologie) [gr.]

OECD (die, -, nur Ez.) Abk. für »**O**rganization for **E**conomic **C**ooperation and **D**evelopment«, Organisation für wirtschaftliche Zusammenarbeit und Entwicklung [engl.]

Œufs d'es·car·got [ødɛskargoː] (nur Mz.) Schneckeneier (als Delikatesse) [frz.]

Œu·vre *auch:* Œu·vre (œːvrə) (das, -s, -s) 1 (frz. Bezeichnung für) Opus 2 Werk, Gesamtwerk (eines Künstlers) [frz.]

off (Adv.) 1 ausgeschaltet (Vermerk auf elektrischen oder elektronischen Geräten) 2 hinter der Bühne, außerhalb der Leinwand oder des Bildschirms [engl.]

Off (das, -s, -s) Bereich außerhalb des Bildschirms oder der Leinwand; z.B. Sprecher, Stimme aus dem Off; im Off bleiben [engl.]

of|fen|siv (Adj.) angriffslustig, angreifend, feindselig [lat.]
Of|fen|si|ve (die, -, -n) **1** Angriffshaltung, feindselige Haltung **2** Angriffsschlacht [lat.]
Of|fe|rent (der, -en, -en) derjenige, der jemandem eine Offerte macht [lat.]
of|fe|rie|ren (V.) anbieten [lat.]
Of|fert (das, -(e)s, -e) = Offerte (österr.)
Of|fer|te (auch: das Of|fert) (die, -, -n) schriftliches Angebot (einer Ware) [frz.]
Of|fer|to|ri|um (das, -s, -ri|en) Darbringung von Brot und Wein (in der kath. Messe) [lat.]
Of|fice 1 [ɒfɪs] (das, -, -s [-fɪsɪz]) Büro, Dienststelle [engl.] **2** [ɔfis] (das, -, -s) Anrichteraum in Gaststätten (schweiz.) [frz.]
Of|fi|ci|um (das, -s, -ci|en) = Offizium
Of|fi|zi|al (der, -s, -e) Vertreter des Bischofs im Offizialat
Of|fi|zi|a|lat (das, -(e)s, -e) bischöfliche Gerichtsbehörde (in der kath. Kirche) [lat.]
Of|fi|zi|ant (der, -en, -en) den Gottesdienst haltender Geistlicher (in der kath. Kirche) [lat.]
of|fi|zi|ell (Adj.) **1** öffentlich, in der Öffentlichkeit **2** amtlich, von einer Behörde ausgehend; z.B. offizielle Verlautbarung **3** förmlich, den gesellschaftlichen Formen entsprechend; z.B. ein offizieller Besuch [lat.-frz.]
Of|fi|zier (der, -s, -e) Soldat vom Leutnant an aufwärts [frz.]
Of|fi|zin (die, -, -en) **1** Druckerei (veraltet) **2** Apotheke (veraltet) [lat.]
of|fi|zi|nal (auch: of|fi|zi|nell) (Adj.) arzneilich; als Arzneimittel amtlich anerkannt [lat.]
of|fi|zi|nell (Adj.) = offizinal
of|fi|zi|ös (Adj.) nicht ganz offiziell, halbamtlich [frz.]
Of|fi|zi|um (auch: Of|fi|ci|um) (das, -s, -zi|en) **1** Obliegenheit, Dienstpflicht (veraltet) **2** Gottesdienst (der kath. Kirche) [lat.]
off li|mits Zutritt verboten [engl.]
off|line [-lain] indirekt mit einer EDV-Anlage verbunden, im Zwischenspeicher gesammelt, dafür bestimmt [engl.]
Off|set (der, -s, -s) ein Flachdruckverfahren, bei dem die Druckfarbe von der Druckplatte durch Gummituch auf das Papier übertragen wird
Off|shore (auch: Off-Shore [-ʃɔːɐ̯]) (in Zusammensetzungen) etwas entfernt von der Küste, im Meer; z.B. ein Offshorevorkommen von Erdöl [engl.]
O|ger (der, -s, -) Menschen fressendes Ungeheuer (im frz. Märchen) [frz.]
o|gi|val (Adj.) spitzbogig [frz.]
o|gy|gisch (Adj.) uralt [gr.-lat.]
o.k., O.K. [əʊkei] = okay, Okay
O|ka|pi (das, -s, -s) der Giraffe ähnliches Tier, aber mit kürzerem Hals [afrikan.]
O|ka|ri|na (die, -, -s oder -ri|nen) kleines, gänseeigroßes Blasinstrument mit weichem, flötenähnlichem Ton [it.]
okay [əʊkei] in Ordnung, recht so [engl.]
Okay [əʊkei] (das, -s, -s) Zustimmung, Genehmigung [engl.]
O|ke|a|ni|de (die, -, -n) Meeresnymphe [gr.-lat.]
Ok|ka|si|on (auch: Oc|ca|si|on) (die, -, -si|o|nen) Gelegenheit (veraltet), Gebrauchtwagen (schweiz.)
ok|ka|si|o|nell (Adj.) gelegentlich (veraltet) [lat.]
ok|klu|die|ren (V.) verschließen, absperren [lat.]
Ok|klu|si|on (die, -, -si|o|nen) **1** Sperre, Hemmung **2** normale Stellung der Zähne beim Aufeinanderbeißen **3** Aufeinandertreffen von Warm- und Kaltfront **4** Verschluss eines Hohlorgans [lat.]
ok|klu|siv (Adj.) sperrend, hemmend [lat.]
ok|kult (Adj.) **1** verborgen, geheim **2** übersinnlich, mit dem Übersinnlichen zusammenhängend [lat.]
Ok|kul|tis|mus (der, -, nur Ez.) Lehre von den über- oder außersinnlichen Erscheinungen [lat.]
Ok|kul|tist (der, -tis|ten, -tis|ten) Anhänger des Okkultismus [lat.]
ok|kul|tis|tisch (Adj.)- zum Okkultismus gehörig, darauf beruhend
Ok|kul|to|lo|ge (der, -n, -n) sich auf dem Gebiet des Okkultismus betätigender Wissenschaftler [lat.-gr.]
Ok|kult|tä|ter (der, -s, -) eine dem Okkultismus ergebene, von abergläubischen Vorstellungen bestimmte Person, die sich als Wunderheiler, Wahrsager etc. betätigt und damit gegen Vorschriften und Gesetze des Strafrechts verstößt [lat.-dt.]
Ok|ku|pant (der, -en, -en) jmd., der etwas okkupiert (hat)
Ok|ku|pa|ti|on (die, -, -ti|o|nen) **1** Besetzung (fremden Staatsgebietes) **2** Aneignung (herrenloses Gutes) [lat.]
Ok|ku|pa|tiv (das, -s, -e) Verbum des Beschäftigtseins
ok|ku|pie|ren (V.) **1** besetzen, mit Beschlag belegen **2** sich aneignen **3** sehr okkupiert sein: sehr beschäftigt sein (mit etwas), gedanklich sehr in Anspruch genommen sein
Ok|ku|pie|rung (die, -, -en) das Okkupieren, das Besetzen [lat.]
Ok|kur|renz (die, -, -en) Bezeichnung in der Sprachwissenschaft für das Vorkommen einer sprachlichen Einheit in einem Text oder einem Kommunikationsakt [lat.-engl.]

ok'no'phil (Adj.) aus Verlustangst den Partner mit seiner Liebe erdrückend [gr.]

Ö'ko'lo'gie (die, -, nur Ez.) Wissenschaft von den Beziehungen zwischen den Lebewesen und ihrem Lebensraum [gr.]

ö'ko'lo'gisch (Adj.) zur Ökologie gehörig, darauf beruhend; die Beziehungen zwischen Lebewesen und ihrem Lebensraum betreffend, darauf beruhend

Ö'ko'nom (der, -en, -en) 1 Landwirt, Gutsverwalter (veraltet) 2 Wirtschaftswissenschaftler (selten) [gr.]

Ö'ko'no'mie (die, -, nur Ez.) 1 Wirtschaftswissenschaft 2 Sparsamkeit, sparsames Umgehen (mit den vorhandenen Mitteln) [gr.]

Ö'ko'no'mik (die, -, nur Ez.) 1 Wirtschaftskunde 2 Wirtschaftlichkeit, Sparsamkeit 3 wirtschaftliche Verhältnisse [gr.]

ö'ko'no'misch (Adj.) 1 zur Ökonomie (1) gehörig, darauf beruhend 2 sparsam, wirtschaftlich; z.B. mit den Mitteln umgehen

ö'ko'no'mi'sie'ren (V.) auf eine wirtschaftliche, sparsame Grundlage stellen, wirtschaftlich gestalten [gr.-lat.]

Ö'ko'no'mis'mus (der -, nur Ez.) Betrachtung nur vom ökonomischen Standpunkt aus

ö'ko'no'mis'tisch (Adj.) auf Ökonomismus beruhend, einseitig ökonomisch

Ö'ko'sys'tem (das, -s, -e) kurz für: ökologisches System, Einheit von Lebewesen und ihrem Lebensraum

Ö'ko'top (das, -s, -e) in den Beziehungen zwischen Lebewesen und ihrem Lebensraum einheitliches, ausgeglichen gestaltetes Gebiet [gr.]

Ö'ko'tro'pho'lo'ge (der, -n, -n) Haushalts- und Ernährungswissenschaftler [gr.]

Öko'tro'pho'lo'gie (die, -, nur Ez.) Wissenschaft von Haushalt und Ernährung [gr.]

Ö'ko'ty'pus (der, -, -pen) einem bestimmten Lebensraum angepasste Tier- oder Pflanzengruppe [gr.-lat.]

Ok'ra auch: O'kra (die, -, -s) gelbgrüne Gemüseschote der südöstlichen Mittelmeerländer [gr.]

Ok'rosch'ka auch: O'krosch'ka (die, -, nur Ez.) eine Kaltschale aus Fleisch, Eiern und Rahm [russ.]

Ok'ta'chord [-kɔ-] (das, -(e)s, -e) achtsaitiges Instrument [gr.-lat.]

Ok'ta'e'der (der oder das, -s, -) von acht Flächen begrenzter Körper [gr.]

Ok'ta'gon (das, -s, -e) = Oktogon

Ok'tan (das, -s, -e) = Octan

Ok'tant (der, -en -en) 1 Achtelkreis 2 Winkelmessgerät für die astronomische Navigation [gr.]

Ok'tav 1 (das, -s, -e) Buchformat in der Größe eines Achtelbogens 2 (die, -, -en) = Oktave (österr.) [lat.]

Ok'ta've (die, -, -n) achter Ton der diatonischen Tonleiter; Intervall von acht Tönen [lat.]

ok'ta'vie'ren (V.) eine Oktave höher spielen (als angegeben)

Ok'tett (das, -(e)s, -e) Musikstück für acht Singstimmen oder Instrumente; Gruppe der acht Sänger oder Spieler [lat.]

Ok'to'gon (auch: Ok'ta'gon) (das, -s, -e) Achteck [gr.]

ok'to'go'nal (Adj.) achteckig [gr.]

Ok'to'po'de (der, -n, -n) achtarmiger Tintenfisch, Achtfüßer [gr.]

okt'roy'ie'ren auch: okt'ro'yie'ren/ok'troy-ie'ren/ok'tro'yie'ren [-trwaji:-] oder [-troi:-] (V.) jmdm. etwas oktroyieren; jmdm. etwas auferlegen, aufzwingen, jmdn. zu etwas zwingen [frz.]

o'ku'lar (Adj.) mit dem Auge, für das Auge, Augen... [lat.]

O'ku'lar (das, -s, -e) dem Auge zugewandte Linse (in optischen Geräten) [lat.]

O'ku'la'ti'on (die, -, -ti'o'nen) das Okulieren

o'ku'lie'ren (V.) durch Einsetzen des Auges eines Pfropfreises in die eingeschnittene Rinde (einer anderen Pflanze) veredeln [lat.]

Ö'ku'me'ne (die, -, -n) 1 (nur Ez.) die bewohnte Erde (als Lebensraum der Menschen) 2 die ökumenische Bewegung [gr.-lat.]

ö'ku'me'nisch (Adj.) die ganze bewohnte Erde betreffend, zu ihr gehörend; ökumenische Bewegung: Bestrebung der nicht katholischen Christen zur Einigung in allen religiösen Fragen; ökumenisches Konzil: Konzil der Vertreter der kath. Kirchen; ökumenische Trauung: Trauung eines Brautpaares, das zwei verschiedenen Konfessionen angehört, durch je einen Geistlichen dieser Konfessionen

Ö'ku'me'nis'mus (der, -, nur Ez.) Versuch der katholischen Kirche seit dem Zweiten Vatikanischen Konzil, alle christlichen Konfessionen zusammenzuführen [gr.-lat.]

Ok'zi'dent (der, -s, nur Ez.) Abendland [lat.]

ok'zi'den'tal (auch: ok'zi'den'tal) (Adj.) zum Okzident gehörig, abendländisch

ok'zi'den'ta'lisch (Adj.) = okzidental [lat.]

ok'zi'pi'tal (Adj.) das Hinterhaupt betreffend (Med.) [lat.]

Ok'zi'ta'nisch (das, -, nur Ez.) = Provenzalisch

Ol'die (der, -s, -s) 1 alter, beliebter, wieder gespielter Schlager oder Film 2 wertvolle alte Schallplatte 3 Angehöriger der älteren Generation (ugs.) [engl.]

Old′ti‖mer [-tar-] (der, -s, -) **1** altes Fahrzeug, Schiff oder Flugzeug aus der Anfangszeit der Technik **2** bewährtes, langjähriges Mitglied (ugs.) [engl.]

o‖lé! spanischer Ausruf der Begeisterung und Anfeuerung, etwa: los!, Hurra!

O‖le‖an′der (der, -s, -) ein Zierstrauch der Mittelmeerländer, ein Hundsgiftgewächs [gr.]

O‖le‖as′ter (der, -, nur Ez.) wild wachsende Variante des Ölbaums [gr.-lat.]

O‖le′at (das, -s, -e) Salz der Ölsäure [lat.]

O‖le′fin (das, -s, -e) ein ungesättigter Kohlenwasserstoff [lat.]

O‖le′in (das, -s, -e) Ölsäure [lat.]

O‖le′um (das, -s, -lea) **1** Öl **2** rauchende Schwefelsäure [lat.]

ol‖fak′to′risch (Adj.) zum Olfaktorius gehörig, den Geruchssinn betreffend [lat.]

Ol′fak‖to′ri′um (das, -s, -ri′en) Riechstoff

Ol′fak‖to′ri′us (der, -, nur Ez.) Riechnerv, [lat.]

O‖li′ba′num (das, -s, nur Ez.) Weihrauch [lat.]

O‖li′fant (der, -(e)s, -e) elfenbeinernes Jagd- und Trinkhorn des MA [gr.-frz.]

O‖li′gä′mie auch: O‖lig‖ä′mi‖e (die, -, -n) Blutarmut (infolge Verminderung der Blutmenge) [gr.]

O‖li′gar′chie auch: O‖lig‖ar′chi‖e (die, -, -n) Herrschaft einer kleinen Gruppe, einer kleinen Oberschicht [gr.]

o‖li′go‖phag (Adj.) sich von nur wenigen Futterpflanzen oder Beutetieren ernährend [gr.]

O‖li′go‖pha′ge (der, -n, -n) oligophag lebendes Tier

O‖li′go‖pha′gie (die, -, nur Ez.) Ernährungsweise von nur wenigen Futterpflanzen oder Beutetieren [gr.]

o‖li′go‖troph (Adj.) humus-, nährstoffarm; z.B. ein oligotrophes Gewässer [gr.]

O‖li′go‖zän (das, -s, nur Ez.) mittlere Abteilung des Tertiärs [gr.]

O′lim (nur in den Wendungen) seit, zu Olims Zeiten; seit, vor undenklich langer Zeit [lat.]

O‖li′ve (die, -, -n) Steinfrucht des Ölbaums [gr.-lat.]

O‖li′vin (das, -s, nur Ez.) olivgrünes Mineral, Eisenmagnesiumsilicat

O′lymp (der, -s, nur Ez.) **1** Wohnsitz der Götter (in der griechischen Mythologie) **2** der oberste Rang im Theater (ugs., scherzhaft)

O‖lym′pia (das, -s, nur Ez.) **1** altgriechische Kultstätte auf dem Peloponnes **2** Olympische Spiele [gr.]

O‖lym′pi‖a′de (die, -, -n) **1** Zeitraum von vier Jahren zwischen zwei Olympischen Spielen (im alten Griechenland) **2** die Olympischen Spiele (heute) **3** (auch) Wettbewerb (gelegentlich in Zusammensetzungen)

O‖lym′pi‖er (der, -s, -) **1** Bewohner des Olymps **2** Mann von ruhiger, erhabener Überlegenheit

O‖lym′pi‖o′ni‖ke (der, -n, -n) Teilnehmer an, Sieger bei den Olympischen Spielen

o‖lym′pisch (Adj.) **1** zum Olymp gehörend **2** zu den Olympischen Spielen gehörend **3** gelassen, überlegen; z.B. mit olympischer Ruhe

Om heilige Silbe der Brahmanen, die als Mittel der Meditation gesprochen wird [sanskr.]

O′ma′ner (der, -s, -) Einwohner des Sultanats Oman [arab.]

Omb′ra′ge auch: Om′bra‖ge (die, -, nur Ez.) **1** Schatten **2** Verdacht, Misstrauen [lat.-frz.]

Omb′ré auch: Om′bré (der, -(s), -s) farblich schattierendes Textil [lat.-frz.]

omb′riert auch: om′briert (Adj.) schattiert [lat.-frz.]

Omb′ro′graf auch: Om′bro‖graf (auch: Ombro′graph/Om′bro‖graph) (der, -en, -en) Gerät zum Aufzeichnen der Regenmenge, Regenmesser [gr.]

Omb′ro′me′ter auch: Om′bro‖me′ter (das, -s, -) = Ombrograf

Om′buds′mann (der, -(e)s, -män′ner) Beauftragter des Parlaments, der die Bürger gegenüber Behörden vertreten kann [schwed.]

O′me′ga (das, -s, -s) letzter Buchstabe des griechischen Alphabets

O′me′lett (auch: die O′me‖lette) [ɔm-] (das, -(e)s, -e oder -s) in der Pfanne gebackene Speise aus Eiern, Eischnee, Mehl, Zucker und Milch [frz.]

O′me′lette [ɔmlɛt] (die, -, -n) = Omelett

O′men (das, -s, - oder -mi′na) Zeichen, Vorzeichen, Vorbedeutung; z.B. das ist ein gutes, böses Omen [lat.]

O′mer′tà (die, -, nur Ez.) das Gesetz des Schweigens (in der Mafia) [it.]

O′mik′ron auch: O‖mi′kron (das, -s, -s) 15. Buchstabe des griechischen Alphabets

o‖mi′nös (Adj.) **1** von schlimmer Vorbedeutung (veraltet) **2** bedenklich, anrüchig [lat.]

O′mis′siv′de‖likt (das, -(e)s, -e) strafbare Unterlassung; z.B. einer Hilfeleistung [lat.]

Om′ni′bus (der, -, oder -ses, -se) Kraftwagen zur Beförderung einer größeren Menge von Personen [lat.]

om′ni′po′tent (Adj.) allmächtig [lat.]

Om′ni′po′tenz (die, -, nur Ez.) Allmacht (Gottes); absolute Machtstellung [lat.]

om′ni′prä′sent (Adj.) allgegenwärtig [lat.]

Om'ni'prä'senz (die, -, nur Ez.) Allgegenwart (Gottes) [lat.]

Om'ni'um (das, -s, -ni'en) 1 aus mehreren Wettbewerben bestehendes Bahnradrennen 2 Rennen, an dem jedes Pferd teilnehmen kann [lat.]

Om'ni'vo're (der, -n, -n) Tier, das sich von Pflanzen und Tieren ernährt, Allesfresser [lat.]

O'mo'pha'gie (die, -, nur Ez.) das Verspeisen des rohen Fleisches eines geopferten Tieres, um sich dessen Kraft anzueignen [gr.-lat.]

Om'rah (die, -, nur Ez.) kleine Pilgerfahrt nach Mekka [arab.]

on (Adv.) 1 angeschaltet (Vermerk auf elektrischen oder elektronischen Geräten) 2 auf der Leinwand, auf dem Bildschirm sichtbar [lat.]

On (das, -, nur Ez.) Bereich innerhalb des Bildes, auf der Leinwand, auf dem Bildschirm; z.B. Sprecher im On; im On bleiben [engl.]

O'na'ger (der, -s, -) 1 Wurfmaschine (im alten Rom) 2 Halbesel Südwestasiens [gr.]

O'na'nie (die, -, nur Ez.) = Masturbation [hebr.]

o'na'nie'ren (V.) = masturbieren [hebr.]

O'na'nist (der, -nis'ten, -nis'ten) jemand, der sich in sexueller Hinsicht selbst befriedigt [engl.]

o'na'nis'tisch (Adj.) die Selbstbefriedigung betreffend

On'dit [ɔ̃di:] (das, -(s), -s) Gerücht; z.B. einem Ondit zufolge [frz.]

On'du'la'ti'on (die, -, -ti'o'nen) das Ondulieren

on'du'lie'ren (V.) in Wellen legen (bes. mit der Brennschere); das Haar ondulieren [frz.]

One-Man-Show (die, -, -s) eine Veranstaltung, die ein Unterhaltungskünstler allein gestaltet [engl.]

One'step (der, -s, -s) nordamerikanischer Tanz [engl.-amerik.]

O'ni'o'ma'nie (die, -, nur Ez.) krankhafter Kauftrieb (Med.) [gr.-lat.]

On'ko'lo'gie (die, -, nur Ez.) Wissenschaft von den Geschwülsten [gr.]

on'line [-lain] direkt mit einer EDV-Anlage verbunden, in den Computer eingespeichert [engl.]

Ö'no'lo'gie (die, -, nur Ez.) Wissenschaft vom Weinbau [gr.]

O'no'man'tie (die, -, nur Ez.) das Wahrsagen aus Namen [gr.]

O'no'ma'si'o'lo'gie (die, -, nur Ez.) Zweig der Sprachwissenschaft, der untersucht, welche Wörter für jeweils einen Begriff gebraucht werden oder gebraucht worden sind, Bezeichnungslehre [gr.]

O'no'mas'tik (die, -, nur Ez.) Wissenschaft von den Namen, Namenkunde [gr.]

O'no'mas'ti'kon (das, -s, -ka) Namenverzeichnis (in der Antike und im Mittelalter)

O'no'ma'to'lo'gie (die, -, nur Ez.) = Onomastik [gr.]

O'no'ma'to'po'e'sie (die, -, nur Ez.) = Onomatopöie [gr.]

o'no'ma'to'po'e'tisch (Adj.) in der Art der Onomatopöie, lautnachahmend, lautmalend

O'no'ma'to'pö'ie (die, -, nur Ez.) Nachahmung von Klängen, Geräuschen durch Wörter, Lautmalerei [gr.]

Ö'no'me'ter (das, -s, -) Gerät zum Messen des Alkoholgehalts vom Wein [gr.]

on the rocks über Eiswürfel gegossen (von Getränken) [engl.]

on'tisch (Adj.) seiend, dem Sein nach, unabhängig vom Bewusstsein betrachtet [gr.]

On'to'ge'ne'se (die, -, -n) Entwicklung eines Lebewesens von der befruchteten Eizelle bis zur Geschlechtsreife [gr.]

on'to'ge'ne'tisch (Adj.) zur Ontogenese gehörig, auf ihr beruhend

On'to'ge'nie (die, -, nur Ez.) = Ontogenese [gr.]

On'to'lo'gie (die, -, nur Ez.) Lehre vom Sein [gr.]

on'to'lo'gisch (Adj.) zur Ontologie gehörig, auf ihr beruhend

O'nus (das, -, -ne'ra) 1 Bürde, Last 2 Verbindlichkeit in der Rechtswissenschaft [lat.]

O'nyx (der, -(es), -e) ein Mineral, ein Quarz, Schmuckstein [gr.]

O'o'ge'ne'se (*auch:* O'vo'ge'ne'se) [o:o-] (die, -, -n) Bildung, Entwicklung der Eizelle [gr.]

o'o'ge'ne'tisch [o:o-] (Adj.) auf Oogenese beruhend

O'o'lith [o:o-] (der, -s oder -en, -e oder -en) aus kleinen Kalkkügelchen bestehendes Gestein; z.B. Kalkoolith, Rogenstein [gr.]

O'o'lo'gie [o:o-] (die, -, nur Ez.) Lehre von den Vogeleiern [gr.]

o'pak (Adj.) durchscheinend, trüb [lat.]

O'pal (der, -s, -e) in zarten Farben schimmerndes Mineral, Schmuckstein [gr.-lat.]

O'pa'les'zenz (die, -, nur Ez.) das Opalesizieren

o'pa'les'zie'ren (V.) in zarten Farben schimmern (wie der Opal)

o'pa'li'sie'ren (V.) = opaleszieren

O'pan'ke (die, -, -n) absatzloser Schuh der Südslawen mit aufgebogener Spitze [serb.]

Op-Art (die, -, nur Ez.) Kunstrichtung, bei der (durch wechselnde Beleuchtung u.a.) optische Effekte erzielt werden [engl.]

O'pa'zi'tät (die, -, nur Ez.) opake Beschaffenheit, Trübheit

Open'air'fes'ti'val (auch: Open-Air-Fes'ti-val) [-eə] (das, -s, -s) Veranstaltung im Freien (bes. mit Popmusik) [engl.]

O'per (die, -, -n) in Musik gesetztes Bühnenstück; Gebäude dafür [it.]

o'pe'ra'bel (Adj.) so beschaffen, dass man es operieren kann

O'pe'ra'teur [-tø:ɐ] (der, -s, -e) 1 Arzt, der operiert 2 Vorführer im Lichtspieltheater 3 = Operator (1) [frz.]

O'pe'ra'ti'on (die, -, -ti'o'nen) 1 chirurgischer Eingriff 2 militärische Unternehmung, Truppenbewegung 3 Rechenvorgang 4 Verfahren, Ablauf, Arbeitsvorgang [lat.]

o'pe'ra'tiv (Adj.) 1 mit Hilfe einer Operation (1, 2) 2 planvoll, voraus-, weit schauend

O'pe'ra'tor (der, -s, -to'ren) 1 [ˈɔpəreɪtə] jmd., der beruflich eine EDV-Anlage bedient 2 Mittel, Verfahren zur Durchführung einer Operation (3, 4) [lat.-engl.]

O'pe'ret'te (die, -, -n) unterhaltendes, heiteres Bühnenstück mit Musik und gesprochenen Dialogen [it.]

o'pe'rie'ren (V.) 1 einen chirurgischen Eingriff (an jmdm.) vornehmen 2 eine Operation (2) durchführen 3 vorgehen, handeln; z B. geschickt, vorsichtig operieren; 4 mit etwas operieren: etwas (geschickt) benutzen [lat.]

O'phi'o'lat'rie auch: O'phi'o'la'trie (die, -, nur Ez.) religiöse Verehrung der Schlange als Vermittlerin der Erkenntnis [gr.]

O'phir (das, -s, nur Ez.) sagenhaftes Goldland im Alten Testament [hebr.-gr.-lat.]

O'phit 1 (der, -en, -en) Anhänger der Ophiolatrie, Schlangenanbeter 2 (der, -s, -e) ein Mineral [gr.]

o'phi'tisch (Adj.) zur Sekte der Ophiten, die die Schlange des Paradieses als Erkenntnisvermittlerin verehren, gehörend [gr.]

Oph'thal'mi'at'rie auch: Oph'thal'mi'a'trie (die, -, nur Ez.) Wissenschaft vom Auge und von den Augenkrankheiten, Augenheilkunde

Oph'thal'mo'lo'gie (die, -, nur Ez.) = Ophthalmiatrie

Oph'thal'mos'kop auch: Oph'thal'mo'skop (das, -s, -e) Gerät zum Untersuchen des Auges, Augenspiegel [gr.]

Oph'thal'mos'ko'pie auch: Oph'thal'mo'sko'pie (die, -, -n) Untersuchung mit dem Ophthalmoskop

O'pi'at (das, -(e)s, -e) Opium enthaltendes Arzneimittel

O'pi'um (das, -s, nur Ez.) aus dem Saft des Schlafmohns gewonnenes Arznei- und Rauschmittel [gr.-lat.]

O'pos'sum (das, -s, -s) Beutelratte Nordamerikas; deren Fell [Algonkin]

Op'po'nent (der, -en, -en) Gegner im Streitgespräch, in der Diskussion [lat.]

op'po'nie'ren (V.) die gegenteilige Meinung vertreten, widersprechen; gegen etwas opponieren: gegen etwas sprechen [lat.]

op'po'niert (Adj.) entgegengestellt, dagegengesetzt, gegenüberstehend [lat.]

op'por'tun (Adj.) nützlich, passend, (in der augenblicklichen Situation) günstig

Op'por'tu'nis'mus (der, -, nur Ez.) Anpassung an die jeweilige Lage, sofern dies Vorteile bringt, Handeln, Vorgehen, wie es im Augenblick am günstigsten ist [lat.]

Op'por'tu'nist (der, -en, -is'ten) jmd., der sich in seinem Handeln der jeweiligen Situation anpasst, der so handelt, wie es augenblicklich am günstigsten ist [lat.]

op'por'tu'nis'tisch (Adj.) in der Art eines Opportunisten, sich jeweils der augenblicklichen Lage anpassend [lat.]

Op'por'tu'ni'tät (die, -, nur Ez.) Zweckmäßigkeit (in der augenblicklichen Situation)

op'po'si'tär (Adj.) gegensätzlich, einen Gegensatz ausdrückend [lat.]

Op'po'si'ti'on (die, -, -ti'o'nen) 1 Gegensatz, Widerstand; z.B. in der Opposition sein; Opposition machen: widersprechen, sich widersetzen 2 Gesamtheit der nicht zur Regierung gehörigen Parteien bzw. der mit dem Handeln der Regierung nicht einverstandenen Parteien und Bevölkerungsgruppen 3 entgegengesetzte Stellung, Stellung im Winkel von 180° (in der Astronomie) 4 Stellung gegenüber [lat.]

op'po'si'ti'o'nell (Adj.) 1 in der Opposition (1) befindlich, gegensätzlich, widersetzlich 2 zur Opposition (2) gehörig

Op'pres'si'on (die, -, -si'o'nen) 1 Bedrückung, Unterdrückung 2 Beklemmung [lat.]

op'pres'siv (Adj.) gegensätzlich, einen Gegensatz ausdrückend [lat.]

Op'pro'ba'ti'on (die, -, -ti'o'nen) Beschimpfung, Tadel, Verweis [lat.]

Op'tant (der, -en, -en) jmd., der optiert, der die Möglichkeit zu optieren hat

op'ta'tiv (Adj.) im Optativ stehend, einen Wunsch ausdrückend

Op'ta'tiv (der, -s, -e) Verbform, die einen Wunsch ausdrückt (im Deutschen durch den Konjunktiv wiedergegeben) [lat.]

op'tie'ren (V.) 1 für jmdn., für einen Staat optieren: sich für jmdn., für die Zugehörigkeit zu einem Staat entscheiden 2 auf etwas optieren: vom Vorkaufsrecht für etwas Gebrauch machen [lat.]

Op|tik (die, -, -en) **1** (nur Ez.) Wissenschaft vom Licht **2** aus geschliffenen Linsen bestehendes System zur Verstärkung der Leistung des Auges **3** optische Wirkung **4** Betrachtungsweise (ugs.) [lat.]

Op|ti|ker (der, -s, -) Hersteller von optischen Geräten; Händler mit optischen Geräten

op|ti|mal (Adj.) der, die, das Beste, bestmöglich [lat.]

op|ti|mie|ren (V.) so gut wie möglich gestalten oder ausnutzen [lat.]

Op|ti|mis|mus (der, -, nur Ez.) positive, bejahende, zuversichtliche Einstellung, Lebensbejahung [lat.]

Op|ti|mist (der, -mis|ten, -mis|ten) jmd., der dem Leben und allen Dingen positiv, bejahend, zuversichtlich gegenübersteht [lat.]

op|ti|mis|tisch (Adj.) in der Art des Optimismus, eines Optimisten, bejahend, zuversichtlich

Op|ti|mum (das, -s, -ma) günstigstes Verhältnis, günstigstes Ergebnis, Bestes, Höchstmaß [lat.]

Op|ti|on (die, -, -ti|o|nen) **1** das Optieren, Entscheidung (für jmdn. oder einen Staat) **2** Vorkaufsrecht [lat.]

op|tisch (Adj.) **1** zum Sehen gehörig, optische Täuschung: Täuschung infolge falscher Wahrnehmung durch die Augen **2** zum Licht gehörig **3** mit einer Optik (**2**) ausgestattet; z.B. optische Geräte **4** hinsichtlich des äußeren Eindrucks, der äußeren Wirkung

Op|to|met|rie auch: Op|to|me|trie (die, -, nur Ez.) Messen der Sehkraft, der Sehschärfe [gr.]

o|pu|lent (Adj.) reichhaltig, reichlich, üppig; z.B. ein opulentes Mahl [lat.]

O|pu|lenz (die, -, nur Ez.) opulente Beschaffenheit, Reichhaltigkeit, Üppigkeit

O|pun|tie [-tsiə] (die, -, -n) ein Kaktusgewächs mit fleischigen, essbaren Früchten, Feigenkaktus [lat.]

O|pus (das, -, -pe¹ra) Werk, Kunstwerk; einzelnes Werk (eines Künstlers); Opus postumum (*auch fälschlich:* posthumum): nachgelassenes Werk, nach dem Tode veröffentlichtes Werk [lat.]

O|ra|kel (das, -s, -) **1** Stätte, an der Seherinnen in der Antike ihre Weissagungen oder Aussagen zu anstehenden Entscheidungen verkündeten **2** durch das Orakel erhaltene, rätselhafte Aussage [lat.]

o|ra|kel|haft (Adj.) rätselhaft, undurchschaubar [lat.-dt.]

o|ra|keln (V.) in Andeutungen sprechen, sich rätselhaft ausdrücken [lat.]

o|ral (Adj.) zum Mund gehörig, durch den Mund; z.b. orale Einnahme eines Arzneimittels; mit dem Mund; mündlich; z.b. orale Überlieferung [lat.]

o|range [ɔrãː3] (Adj.) von der Farbe der Orange, apfelsinenfarbig, rötlichgelb

O|range [ɔrãː3ə] (die, -, -n) eine Zitrusfrucht, Apfelsine [frz.]

O|ran|gea|de [ɔrãːʒaːdə] (die, -, -n) Orangenlimonade

O|ran|geat [ɔrãːʒaːt] (das, -s, nur Ez.) klein geschnittene, kandierte Schalen von Orangen

O|ran|ge|rie [ɔrãːʒə-] (die, -, -n) Gewächshaus zum Züchten von Apfelsinenbäumen; Garten mit Apfelsinenbäumen (bes. in Schlossparks) [frz.]

O|rang-U|tan (der, -s, -s) ein Menschenaffe auf Borneo und Sumatra [malai.]

O|rant (der, -en, -en) betende Gestalt [lat.]

O|ra|tor (der, -s, -to|ren) begabter, schwungvoller Redner (in der Antike) [lat.]

O|ra|to|ri|a|ner (der, -s, -) Angehöriger eines Oratoriums (**2**) [lat.]

o|ra|to|risch (Adj.) rednerisch; z.B. mit oratorischem Schwung [lat.]

O|ra|to|ri|um (das, -s, -ri|en) **1** Betraum, Hauskapelle **2** Kongregation von Priestern und Laien (zur Seelsorge und Erziehung) **3** episch-dramatisches Musikwerk für Chor, Solostimmen und Orchester [lat.]

Or|bis (der, -, nur Ez.) **1** Kreis, Erdkreis **2** Umlaufbahn eines künstlichen Satelliten [lat.]

Or|bi|ta (die, -, -tae [-tεː]) Augenhöhle [lat.]

or|bi|tal (Adj.) **1** zur Orbita gehörig **2** in einem Orbit befindlich

Or|bi|tal (das, -s, -e) bestimmte, energetisch bedingte Umlaufbahn eines Elektrons, das sich um einen Atomkern bewegt [lat.]

Or|ches|ter [-kɛ-] (das, -s, -) Gesamtheit von Spielern verschiedener Instrumente zum Zusammenspiel unter Leitung eines Dirigenten

Or|ches|tra *auch:* Or|chest|ra/Or|che|stra [-kɛ-] (die, -, -tren/-ren/-stren) Raum vor dem Chor (im altgriech. Theater) [gr.]

or|ches|tral *auch:* or|chest|ral/or|che|stral [-kɛ-] (Adj.) in der Art eines Orchesters; z.B. orchestraler Klang, zu einem Orchester gehörig, durch ein Orchester [gr.]

Or|ches|tra|ti|on *auch:* Or|chest|ra|ti|on/ Or|che|stra|ti|on [-kɛ-] (die, -, -ti|o|nen) das Orchestrieren, Bearbeitung für Orchester

or|ches|trie|ren *auch:* or|chest|rie|ren/or|che|strie|ren [-kɛ-] (V.) für Orchester bearbeiten, so bearbeiten, dass es von einem Orchester gespielt werden kann; z.B. ein Klavierstück orchestrieren

Or|ches|tri|on *auch:* Or|chest|ri|on/Or|che|stri|on [-kɛ-] (das, -s, -tri|en/-ri|en/-stri|en) mechanisches Musikinstrument (Vorläufer des Grammophons); Drehorgel [gr.]

Or|chi|dee *auch:* [-de:] (die, -, -n) in vielen Arten vorkommende Pflanze mit eigentümlich gestalteten, schönen Blüten [gr.-frz.]

Or|chis 1 (der, -, -) Hoden **2** (die, -, -) eine Orchidee, Knabenkraut [gr.]

Or|chi|tis (die, -, -chi|ti|den) Hodenentzündung [gr.]

Or|der (die, -, -s oder -n) **1** Befehl, Anordnung, Order parieren: gehorchen (veraltet) **2** Auftrag [frz.]

or|dern (V.) einen Auftrag (für etwas) erteilen, bestellen [frz.]

Or|di|na|le (die, -, -n) Ordnungszahl, einordnendes Zahlwort; z.B. erster [lat.]

or|di|när (Adj.) **1** landläufig, gebräuchlich (veraltet) **2** zum Ladenpreis, das Buch kostet ordinär zehn Mark **3** gewöhnlich, unfein, unanständig [lat.]

Or|di|na|ri|at (das, -(e)s, -e) **1** Amt eines Ordinarius (**1**) **2** bischöfliche Verwaltungsbehörde

Or|di|na|ri|um (das, -s, -ri|en) **1** Staats-, Gemeindehaushalt **2** handschriftlich aufgezeichnete Gottesdienstordnung (in der kath. Kirche) [lat.]

Or|di|na|ri|us (der, -, -ri|en) **1** ordentlicher Professor (einer Hochschule) **2** Klassenlehrer (einer höheren Schule; veraltet) **3** Inhaber eines kirchlichen Amtes, dem die Rechtsprechung zukommt; z.B. Diözesanbischof [lat.]

Or|di|na|te (die, -, -n) parallel zur senkrechten Achse (im Koordinatensystem) gemessener Linienabschnitt [lat.]

Or|di|na|ti|on (die, -, -ti|o|nen) **1** Priesterweihe (in der kath. Kirche) **2** Einsetzung eines Pfarrers (in der evang. Kirche) **3** ärztliche Verordnung **4** Sprechstunde (des Arztes) **5** Untersuchungszimmer (des Arztes) (österr.) [lat.]

or|di|nie|ren (V.) **1** zum Priester weihen (in der kath. Kirche) **2** als Pfarrer einsetzen (in der evang. Kirche) **3** ärztlich verordnen **4** Sprechstunde halten (von Ärzten) [lat.]

Or|don|nanz (*auch:* Or|do|nanz) (die, -, -en) Soldat, der einem Offizier für bestimmte Aufgaben zugeteilt ist

Or|do|vi|zi|um (das, -s, nur Ez.) eine Formation des Paläozoikums [kelt.-nlat.]

Ordre *auch:* Or|dre (die, -, -s) = Order

Öre (das oder die, -(s), -) Währungseinheit in Dänemark, Schweden, Norwegen

O|re|a|de (die, -, -n) Bergnymphe (in der griechischen Mythologie)

O|re|ga|no (der, -(s), nur Ez.) = Origano

Or|fe (die, -, -n) ein Karpfenfisch [gr.]

Or|gan (das, -s, -e) **1** Körperteil mit bestimmter Funktion; z.B. Sinnesorgan **2** Stimme (ugs.); z.B. ein lautes Organ haben **3** Personengruppe oder Behörde mit bestimmten Aufgaben; z.B. ausführendes Organ **4** Zeitung oder Zeitschrift (die für einen Fachbereich oder im Sinne einer Partei schreibt); **5** Empfänglichkeit; z.B. dafür habe ich kein Organ [gr.]

Or|gan|dy (der, -s, -s) festes, durchscheinendes Baumwollgewebe [frz.]

Or|ga|nell (das, -s, -en) einem Organ ähnliches Teil eines einzelligen Lebewesens [gr.]

Or|ga|ni|sa|ti|on (die, -, -ti|o|nen) **1** (nur Ez.) das Organisieren (**1**) **2** Aufbau, Gliederung, Ordnung **3** Personengruppe, die sich zu einem bestimmten Zweck zusammengeschlossen hat, Verband, Vereinigung [lat.]

Or|ga|ni|sa|tor (der, -s, -to|ren) jmd., der etwas organisiert (**1**)

or|ga|ni|sa|to|risch (Adj.) zum Organisieren gehörig, hinsichtlich der Organisation

or|ga|nisch (Adj.) **1** zu einem Organ gehörig, hinsichtlich der Organe; z.B. ihm fehlt organisch nichts **2** von einem Organ ausgehend; z.B. organische Erkrankung **3** der belebten Natur angehörig, sich damit befassend; z.B. organische Verbindung, organische Chemie **4** auf natürliche Weise, gesetzmäßig, das hat sich organisch entwickelt

or|ga|ni|sie|ren (V.) **1** planvoll, sinnvoll gestalten, aufbauen, einrichten **2** geschickt oder auf nicht ganz einwandfreie Weise beschaffen (ugs.) **3** sich organisieren: sich einer Partei oder Gewerkschaft anschließen, sich dazu zusammenschließen [lat.]

or|ga|nis|misch (Adj.) zu einem Organismus gehörend, in der Art eines Organismus

Or|ga|nis|mus (der, -, -men) **1** Lebewesen **2** sinnvoll gegliedertes Ganzes [lat.]

Or|ga|nist (der, -nis|ten, -nis|ten) Orgelspieler

or|ga|no|gen (Adj.) aus organischen Stoffen, aus Organismen gebildet, entstanden; aus organischen Stoffen bestehend [gr.]

or|ga|no|id (Adj.) organähnlich [gr.]

Or|ga|no|lo|gie (die, -, nur Ez.) **1** Wissenschaft von den Organen **2** Lehre vom Bau der Musikinstrumente [gr.]

Or|ga|non (das, -s, nur Ez.) **1** Gesamtheit der logischen Schriften des Aristoteles **2** logische Schrift [gr.]

Orgas|mus (der, -, -men) Höhepunkt der geschlechtlichen Erregung [gr.-lat.]

or|gas|tisch (Adj.) auf dem Orgasmus beruhend

Or|gi|as|mus (der, -, nur Ez.) ausschweifendes Feiern kultischer Feste (im alten Griechenland) [gr.-lat.]

or|gi|as|tisch (Adj.) zum Orgiasmus gehörend; in der Art von Orgien, ausschweifend, wild, zügellos

Or|gie [-giə] (die, -, -n) wilde kultische Feier (im alten Griechenland); wildes, zügelloses Trinkgelage [gr.]

O|ri|ent (der, -s, nur Ez.) Morgenland [lat.]

O|ri|en|ta|le (der, -n, -n) Bewohner des Orients, Morgenländer

o|ri|en|ta|lisch (Adj.) zum Orient gehörig, aus ihm stammend, morgenländisch

O|ri|en|ta|list (der, -listen, -listen) Wissenschaftler der Orientalistik

O|ri|en|ta|lis|tik (die, -, nur Ez.) Wissenschaft von den Sprachen und Kulturen des (vorderen) Orients

o|ri|en|ta|lis|tisch (Adj.) zur Orientalistik gehörend

o|ri|en|tie|ren (V.) **1** jmdn. orientieren: jmdn. (von etwas) in Kenntnis setzen, benachrichtigen **2** sich orientieren: sich Kenntnisse (über etwas) verschaffen; sich zurechtzufinden suchen, seinen Standort bestimmen; z.B. sich nach den Sternen orientieren; sich an seinem Bruder orientieren: sich seinen Bruder zum Vorbild nehmen **3** etwas orientieren: etwas nach einer Himmelsrichtung ausrichten, bauen [frz.]

O|ri|gano (*auch:* O|re|ga|no) (der, -(s), nur Ez.) = Origanum [it.]

Ori|ga|num (*auch:* O|ri|ga|no/O|re|ga|no) (das, -s, nur Ez.) Dost, wilder Majoran [lat.]

o|ri|gi|nal (Adj.) **1** echt, eigenhändig (hergestellt), urschriftlich; z.B. die Unterschrift ist original **2** schöpferisch, eigenständig; das Bild ist eine originale Leistung [lat.]

O|ri|gi|nal (das, -s, -e) **1** erste, eigenhändige Niederschrift, ursprüngliche Fassung, Urtext **2** eigenhändig, vom Künstler selbst gemaltes Bild **3** eigenartiger, bemerkenswerter, meist auch witziger Mensch [lat.]

O|ri|gi|na|li|tät (die, -, nur Ez.) **1** Ursprünglichkeit, Echtheit **2** Eigenart, bemerkenswerte Besonderheit [lat.]

o|ri|gi|när (Adj.) ursprünglich; z.B. die originäre Form eines Wortes [frz.]

o|ri|gi|nell (Adj.) **1** eigenartig, besonders, neuartig **2** merkwürdig und witzig; z.B. ein origineller Kerl; eine originelle Bemerkung [lat.]

Or|kan (der, -s, -e) Sturm der höchsten Windstärke, sehr starker Sturm [span.-niederl.]

Or|kus (der, -, nur Ez.) Unterwelt (in der römischen Mythologie) [lat.]

Or|log (der, -s, -e und -s) (veraltet) Krieg [niederl.]

Or|lon (das, -s, nur Ez.) weiche, wollähnliche Kunstfaser (Warenzeichen)

Or|na|ment (das, -(e)s, -e) Verzierung, Schmuck; Schmuckform [lat.]

or|na|men|tal (Adj.) als Ornament schmückend

or|na|men|tie|ren (V.) mit Ornamenten ausstatten, verzieren

Or|na|men|tik (die, -, nur Ez.) **1** Gesamtheit, Art der Ornamente; z.B. eines Bauwerks, eines Kunststils **2** Kunst der Verzierung

Or|nat (der, -(e)s, -e) feierliche Amtskleidung

Or|nis (die, -, nur Ez.) Vogelwelt, Gesamtheit der Vögel; z.B. einer Landschaft [gr.]

Or|ni|tho|ga|mie (die, -, nur Ez.) Bestäubung (von Blüten) durch Vögel [gr.]

Or|ni|tho|lo|ge (der, -n, -n) Wissenschaftler, Kenner der Ornithologie

Or|ni|tho|lo|gie (die, -, nur Ez.) Wissenschaft von den Vögeln, Vogelkunde [gr.]

Or|ni|tho|phi|lie (die, -, nur Ez.) = Ornithogamie [gr.]

Or|ni|tho|se (die, -, -n) von Vögeln auf Menschen übertragbare Krankheit, Papageienkrankheit [gr.]

o|ro|gen (Adj.) gebirgsbildend [gr.]

Oro|ge|ne|se (die, -, nur Ez.) Bildung von Gebirgen [gr.]

o|ro|ge|ne|tisch (Adj.) zur Orogenese gehörig, auf ihr beruhend

O|ro|gra|phie (*auch:* O|ro|gra|fie) (die, -, nur Ez.) Beschreibung der Geländeformen der Erdoberfläche [gr.]

Or|phe|um (das, -s, -phe|en) Konzertsaal [gr.-lat.]

Or|phik (die, -, nur Ez.) altgriechische Geheimlehre über die Entstehung der Welt, die Unsterblichkeit der Seele, Seelenwanderung u.a. [gr.]

Or|phi|ker (der, -s, -) Anhänger der Orphik [gr.-lat.]

or|phisch (Adj.) **1** zur Orphik gehörend, auf ihr beruhend **2** geheimnisvoll, dunkel

Or|phis|mus (der, -, nur Ez.) = Orphik [gr.-lat.]

Or|phi|zis|mus (der, -, nur Ez.) = Orphik [gr.-lat.]

Or|ping|ton [-tn] **1** (die, -, -s) zur Mast geeignete Entenrasse **2** (das, -s, -s) eine Haushuhnrasse [engl.]

Or|tho|chro|ma|sie [-kro-] (die, -, nur Ez.) Empfindlichkeit für alle Farben (außer Rot) [gr.]

Or|tho|don|tie (die, -, -n) kieferorthopädische Zahnregulierung [gr.]

or'tho'dox (Adj.) **1** rechtgläubig, orthodoxe Kirche, die von Rom getrennte kath. Kirche, Ostkirche **2** streng, starr an einer Lehrmeinung festhaltend [gr.]
Or'tho'do'xie (die, -, nur Ez.) **1** Rechtgläubigkeit **2** starres Festhalten an einer Lehrmeinung [gr.]
or'thod'rom *auch:* or'tho'drom (Adj.) in der Art einer Orthodrome
Or'thod'ro'me *auch:* Or'tho'dro'me (die, -, -n) kürzeste Verbindungslinie zwischen zwei Punkten auf der Erdoberfläche [gr.]
Or'tho'e'pie (die, -, nur Ez.) der Hochsprache entsprechende richtige Aussprache der Wörter [gr.]
Or'tho'e'pik (die, -, nur Ez.) = Orthoepie
Or'tho'ge'ne'se (die, -, -n) stammesgeschichtliche Entwicklung von einigen Lebewesen in gerader Linie von einer Ursprungsform an [gr.]
Or'tho'gon (das, -s, -e) Rechteck [gr.]
or'tho'go'nal (Adj.) rechtwinklig [gr.]
Or'tho'gra'phie *(auch:* Or'tho'gra'fie) (die, -, -n) richtige Schreibung der Wörter, Rechtschreibung [gr.]
or'tho'gra'phisch *(auch:* or'tho'gra'fisch) (Adj.) zur Orthographie gehörig, hinsichtlich der Orthographie
or'tho'ke'phal (Adj.) = orthozephal
Or'thok'las *auch:* Or'tho'klas (der, -es, -e) ein Mineral, Kalifeldspat [gr.]
Or'tho'pä'de (der, -n, -n) Facharzt der Orthopädie
Or'tho'pä'die (die, -, nur Ez.) Fachgebiet der Medizin, das sich mit der Behandlung von Fehlern und Erkrankungen der Haltungs- und Bewegungsorgane (Knochen, Gelenke, Muskeln) befasst [gr.]
or'tho'pä'disch (Adj.) zur Orthopädie gehörig, mit ihrer Hilfe, in ihr verwendet
Or'tho'pä'dist (der, -disten, -disten) Hersteller von orthopädischen Geräten
Or'thop'tik *auch:* Orth'op'tik (die, -, nur Ez.) Behandlung von Fehlern der Augenmuskeln [gr.]
Or'thop'tis'tin *auch:* Orth'op'tis'tin (die, -, -nen) Helferin des Augenarztes, die Sehschärfenprüfungen, Augenmuskeltraining u.a. durchführt [gr.]
Or'thos'kop *auch:* Or'tho'skop (das, -s, -e) Mikroskop zur Untersuchung von Kristallen [gr.]
Or'thos'ko'pie *auch:* Or'tho'sko'pie (die, -, nur Ez.) unverzerrte Wiedergabe durch Linsen [gr.]
or'tho'ze'phal *(auch:* or'tho'ke'phal) (Adj.) mit mittelhoher Kopfform versehen [gr.]
Or'tho'ze'pha'lie (die, -, -n) mittelhohe Kopfform [gr.]
Or'to'lan (der, -s, -e) ein Singvogel, Gartenammer [it.]
Os'car (der, -s, -s) Name der Statue, die in der Filmbranche als Academy-Award vergeben wird [amerik.]
Os'ma'ne (der, -n, -n) türkischer Ew. des ehemaligen Osmanischen Reiches
Os'mi'um (das, -s, nur Ez.) ein Element, Schwermetall [gr.]
Os'mo'se (die, -, -n) Konzentrationsausgleich der Zellflüssigkeit (durch eine halb durchlässige Membran) [gr.]
os'mo'tisch (Adj.) zur Osmose gehörig
Ö'so'pha'gus (der, -, -gi) Speiseröhre [gr.]
Os'sa'ri'um *(auch:* Os'su'a'ri'um) (das, -s, -ri'en) **1** Urne zum Aufbewahren von Gebeinen (in der Antike) **2** Raum, Gebäude zur Aufbewahrung von Gebeinen, Beinhaus (auf Friedhöfen) [lat.]
Os'si'fi'ka'ti'on (die, -, -ti'o'nen) **1** Knochenbildung **2** Verknöcherung (von Gewebe) [lat.]
os'si'fi'zie'ren (V.) verknöchern [lat.]
Os'su'a'ri'um (das, -s, -ri'en) = Ossarium
os'ten'ta'tiv *auch:* o'sten'ta'tiv (Adj.) augenfällig, betont, herausfordernd deutlich; z.B. jmdn. ostentativ übersehen, nicht beachten [lat.]
os'ten'siv *auch:* o'sten'siv (Adj.) = ostentativ
Os'te'o'blas'tom *auch:* Os'te'o'blas'tom = Osteom
Os'te'o'ek'to'mie (die, -, -n) Herausmeißeln eines Knochenstücks [gr.]
os'te'o'gen (Adj.) von den Knochen ausgehend [gr.]
Os'te'o'ge'ne'se (die, -, -n) Knochenbildung [gr.]
os'te'o'id (Adj.) knochenähnlich [gr.]
Os'te'o'lo'gie (die, -, nur Ez.) Wissenschaft von den Knochen [gr.]
Os'te'o'ly'se (die, -, -n) Auflösung von Knochengewebe [gr.]
Os'te'om (das, -s, -e) Geschwulst im Knochengewebe [gr.]
Os'te'o'ma'la'zie (die, -, nur Ez.) Knochenerweichung [gr.]
Os'te'o'my'e'li'tis (die, -, -li'ti'den) Knochenmarkentzündung [gr.]
Os'te'o'plas'tik (die, -, -en) Knochenersatz [gr.]
Os'te'o'to'mie (die, -, -n) operative Durchtrennung eines Knochens [gr.]
Os'te'ria (die, -, -ri'en) italienische Gaststätte
os'ti'nat (Adj.) ständig wiederholt, immer wiederkehrend (in der Musik) [it.]

Os|ti|tis (die, -, -ti|ti|den) Knochenentzündung [gr.]

Ost|ra|kon *auch:* Os|tra|kon (das, -s, -ka) Scherbe eines Tongefäßes (im alten Griechenland als Schreibmaterial verwendet) [gr.]

Ost|ra|zis|mus *auch:* Os|tra|zis|mus/O|stra|zis|mus (der, -, nur Ez.) Volksabstimmung mittels Ostraka (siehe Ostrakon), auf Grund deren ein Bürger verbannt werden konnte, Scherbengericht (im alten Athen) [gr.-lat.]

Öst|ro|gen *auch:* Ös|tro|gen/Ö|stro|gen (das, -s, nur Ez.) ein weibliches Geschlechtshormon [gr.]

Os|zil|la|ti|on (die, -, -ti|o|nen) das Oszillieren

Os|zil|la|tor (der, -s, -to|ren) **1** Gerät zum Erzeugen elektrischer Schwingungen **2** schwingendes physikalisches System [lat.]

os|zil|lie|ren (V.) **1** schwingen, pendeln **2** sich heben und senken [lat.]

Os|zil|lo|gramm (das, -s, -e) Aufzeichnung einer Schwingung [gr.]

Os|zil|lo|graph (*auch:* Os|zil|lo|graf) (der, -en, -en) Gerät zur Aufzeichnung von Schwingungen [lat.-gr.]

O|tal|gie *auch:* Ot|al|gie (die, -, -n) Ohrenschmerz [gr.]

O|ti|a|trie *auch:* O|ti|at|rie/Ot|i|at|rie/Ot|i|a|trie (die, -, nur Ez.) = Otologie [gr.]

O|ti|tis (die, -, -ti|ti|den) Ohrenentzündung [gr.]

O|to|lith (der, -en, -en) Steinchen als Teil des Gleichgewichtsorgans im Ohr [gr.]

O|to|lo|gie (die, -, nur Ez.) Wissenschaft vom Ohr, Ohrenheilkunde [gr.]

O|tos|kle|ro|se *auch:* O|to|skle|ro|se (die, -, -n) Verknöcherung des Mittelohres [gr.]

O|tos|kop *auch:* O|to|skop (das, -s, -e) Gerät zur Untersuchung des Innenohres, Ohrenspiegel [gr.]

O|tos|ko|pie *auch:* O|to|sko|pie (die, -, -n) Untersuchung mit dem Otoskop [gr.]

ot|ta|va in der Oktave (zu spielen); ottava alta: eine Oktave höher; ottava bassa: eine Oktave tiefer [it.]

Ot|to|ma|ne (die, -, -n) breites Ruhebett (veraltet) [frz.]

Ounce [aʊns] (die, -, -s) [aʊnsɪz] englische und amerikanische Gewichtseinheit, Unze, 28,35 g

out [aʊt] (Adv.) **1** aus, im Aus, außerhalb des Spielfeldes **2** nicht modern, aus der Mode; out sein [engl.]

Out [aʊt] (das, -s, -s) Bereich außerhalb des Spielfeldes [engl.]

Out|cast [aʊtkɑːst] (der, -s, -s) jmd., der von seiner Gesellschaft nicht anerkannt wird, Paria [engl.]

Out|fit [aʊt-] (das, -s, -s) Ausrüstung, Ausstattung [engl.]

Out|law [aʊtlɔː] (der, -s, -s) **1** jmd., der gegen die Gesetze seiner Gesellschaft verstößt, Verbrecher **2** jmd., der aus der Gesellschaft ausgestoßen worden ist, Geächteter [engl.]

Out|put [aʊt-] (der, -s, -s) **1** von einem Unternehmen produzierte Güter, Ausstoß **2** Ausgangsleistung (einer Antenne oder eines Verstärkers) **3** von einer EDV-Anlage ausgegebene, ausgedruckte Daten, Ausdruck [engl.]

out|side [aʊtsaɪd] (Adj.) außerhalb des Spielfeldes (schweiz.) [engl.]

Out|si|der [aʊtsaɪdə] (der, -s, -) Außenseiter [engl.]

Ou|ver|tü|re [u-] (die, -, -n) **1** einleitendes instrumentales Vorspiel (zu einer Oper, Operette oder Suite) **2** Suite (des Bach) [frz.]

Ou|zo [uːzo] (der, -s, -s) = Uso

o|val (Adj.) eiförmig, länglich-rund [frz.]

O|val (das, -s, -e) ovale Form, ovale Fläche [frz.]

o|va|ri|al (Adj.) zum Ovarium gehörig, von dort stammend, dort stattfindend

O|va|ri|ek|to|mie (die, -, -n) operative Entfernung eines Eierstocks (oder beider) [lat.-gr.]

O|va|ri|o|to|mie (die, -, -n) = Ovariektomie

O|va|ri|um (das, -s, -ri|en) paarige weibliche Keimdrüse, Eierstock [lat.]

O|va|ti|on (die, -, -ti|o|nen) stürmische Beifallskundgebung [lat.]

O|ver|all [əʊvərɔːl] (der, -s, -s) Arbeits- oder Schutzanzug aus einem Stück [engl.]

o|ver|dressed [-drest] (Adj.) zu vornehm, zu feierlich gekleidet [engl.]

O|ver|drive [-] (der, -s, -s) zusätzlicher Gang im Getriebe (eines Kraftfahrzeugs), der bei einer gewissen Geschwindigkeit die Motordrehzahl und damit den Kraftstoffverbrauch herabsetzt [engl.]

O|ver|head|pro|jek|tor (*auch:* O|ver|head-Pro|jek|tor) [-hed-] (der, -s, -to|ren) Gerät, das mit Hilfe eines Spiegels Bild und Text vom Pult des Vortragenden hinter diesen auf die Wand projiziert [engl.-lat.]

O|ver|kill (der, -s, -s) Waffenvorrat (eines Staates), der größer ist als notwendig wäre, um einen Gegner zu vernichten [engl.]

O|ver|ride [əʊvəraɪd] (der, -(s), -s) Vorrichtung zur Vergrößerung der Vorschubgeschwindigkeit (beim Computer) [engl.]

O|ver|state|ment [-steɪt-] (das, -s, nur Ez.) übertreibende Ausdrucksweise [engl.]

O¦vi¦dukt (der, -(e)s, -e) Kanal zwischen Eierstock und Gebärmutter, Eileiter [lat.]
o¦vi¦par (Adj.) Eier legend [lat.]
O¦vi¦pa¦rie (die, -, nur Ez.) Fortpflanzung durch Ablage von Eiern, die außerhalb des Mutterleibes oder während der Ablage befruchtet werden [lat.]
O¦vo¦ge¦ne¦se (die, -, -n) = Oogenese
o¦vo¦id (Adj.) eiförmig [lat.-gr.]
o¦vo¦vi¦vi¦par (Adj.) Eier mit mehr oder weniger entwickelten Embryonen legend [lat.]
O¦vu¦la¦ti¦on (die, -, -ti¦o¦nen) Austritt eines Eies aus dem Eierstock, Eisprung [lat.]
O¦vum (das, -s, -va) Eizelle [lat.]
O¦xa¦lat (das, -s, -e) Salz der Oxalsäure [gr.-lat.]
O¦xid (*auch:* O¦xyd) (das, -s, -e) Verbindung eines chemischen Elements mit Sauerstoff [gr.-frz.]
O¦xi¦da¦ti¦on (*auch:* O¦xy¦da¦ti¦on) (die, -, -ti¦o¦nen) das Oxidieren
o¦xi¦die¦ren (V.) sich mit Sauerstoff verbinden [gr.-frz.]
O¦xi¦di¦met¦rie *auch:* O¦xi¦di¦me¦trie (die, -, nur Ez.) Bestimmen der Menge einer Substanz mit Hilfe von Oxidationsvorgängen [gr.]
O¦xyd (das, -s, -e) = Oxid
O¦xy¦da¦ti¦on (die, -, -ti¦o¦nen) = Oxidation
O¦xy¦ge¦ni¦um (das, -s, nur Ez.) Sauerstoff [gr.]
O¦xy¦mo¦ron (das, -s, -ra) Redefigur aus zwei sich widersprechenden Begriffen; z.B. alter Knabe, weißer Rabe [gr.]
O¦ze¦an (der, -s, -e) großes zusammenhängendes Gewässer der Erdoberfläche, Weltmeer
O¦ze¦a¦na¦ri¦um (das, -s, -ri¦en) großes Aquarium mit Meerwasser [gr.-lat.]
o¦ze¦a¦nisch (Adj.) **1** zum Ozean gehörig **2** zu Ozeanien gehörig
O¦ze¦a¦nis¦tik (die, -, nur Ez.) Wissenschaft von den Sprachen und Kulturen der Völker Ozeaniens
O¦ze¦a¦no¦gra¦phie (*auch:* O¦ze¦a¦no¦gra¦fie) (die, -, nur Ez.) Wissenschaft von den Ozeanen, Meereskunde [gr.]
O¦ze¦a¦no¦lo¦gie (die, -, nur Ez.) = Ozeanographie [gr.]
O¦zel¦le (die, -, -n) primitives Lichtsinnesorgan (niederer Tiere) [lat.]
O¦ze¦lot (der, -s, -s oder -e) mittelgroße, gelbschwarze Raubkatze Südamerikas; deren Fell [indian.]
O¦zon (der, -s, nur Ez.) giftige Form des Sauerstoffs, die in hohen Luftschichten die kurzwellige UV-Strahlung zurückhält [gr.]
O¦zo¦nos¦phä¦re *auch:* O¦zo¦no¦sphä¦re (die, -, nur Ez.) obere Schicht der Erdatmosphäre mit starkem Ozongehalt [gr.]

P

Pä¦an (der, -s, -e) feierliches Dank- und Preislied im antiken Griechenland [gr.-lat.]
Pace [peɪs-] (die, -, nur Ez.) Geschwindigkeit, in der ein Pferderennen, Geländeritt u.a. gelaufen wird [engl.]
Pace¦ma¦cher [peɪs-] (der, -s, -) = Pacemaker [engl.-dt.]
Pace¦ma¦ker (*auch:* Pace¦ma¦cher) (der, -s, -) **1** Schrittmacher, führendes Pferd in einem Rennen, das für ein anderes das Tempo vorgibt **2** Schrittmacherzelle der glatten Muskulatur (Med.), **3** elektrisches Gerät zur Anregung der Herztätigkeit, Herzschrittmacher (Med.) [engl.]
Pa¦chul¦ke (der, -n, -n) ungehobelter, grober Mensch [poln.]
Pa¦chy¦ak¦rie *auch:* Pa¦chy¦a¦krie (die, -, -n) Finger- und Zehenverdickung (Med.) [gr.-lat.]
Pa¦ci¦fi¦cal¦e [patsifikal-] (das, -s, nur Ez.) lateinische Bezeichnung für das mit Darstellungen Christi, Mariens oder anderer Heiliger verzierte Täfelchen, das früher zur Weitergabe des liturgischen Friedenskusses in der Messe diente [lat.]
Pack (das, -, -s) Gewicht für Leinen, Wolle und Ähnliches [engl.]
Pa¦ckage¦tour (die, -, -en) durch ein Reisebüro bis in alle Einzelheiten organisierte Tour mit dem eigenen Wagen [engl.]
Pack¦fong (das, -s, nur Ez.) eine Kupfer-Zink-Nickel-Legierung, die im 18. Jh. aus China eingeführt wurde [chin.]
Pä¦da¦go¦ge *auch:* Päd¦a¦go¦ge (der, -n, -n) Wissenschaftler der Pädagogik; Lehrer, Erzieher
Pä¦da¦go¦gik *auch:* Päd¦a¦go¦gik (die, -, nur Ez.) Erziehungswissenschaft [gr.]
Pä¦da¦go¦gi¦kum *auch:* Päd¦a¦go¦gi¦kum (das, -s, -ka) Prüfung in Erziehungswissenschaft für Lehramtskandidaten innerhalb der ersten Staatsexamens [gr.-lat.]
pä¦da¦go¦gisch *auch:* päd¦a¦go¦gisch (Adj.) zur Pädagogik gehörig, auf ihr beruhend; erzieherisch
pä¦da¦go¦gi¦sie¦ren *auch:* päd¦a¦go¦gi¦sie¦ren (V.) etwas unter pädagogischen Gesichtspunkten betrachten, für pädagogische Zwecke auswerten [gr.-lat.]
Pä¦da¦go¦gi¦um *auch:* Päd¦a¦go¦gi¦um (das, -s, -gi¦en) **1** Erziehungsanstalt **2** auf ein Studium an einer pädagogischen Hochschule vorbereitende Schule [gr.-lat.]

Pä|da|tro|phie *auch:* Pä|dat|ro|phie/Päd|a-tro|phie/Päd|at|ro|phie (die, -, nur Ez.) ernste Ernährungsstörung bei Kleinkindern (Med.) [gr.-lat.]

Pa|dauk (das, -s, nur Ez.) hartes Edelholz eines in Afrika und Asien beheimateten Baumes [engl.]

Pad|del (das, -s, -) freihändig zu führendes Ruder mit Blatt an einem oder an beiden Enden [engl.]

pad|deln (V.) **1** mit dem Paddelboot fahren **2** wie ein Hund schwimmen

Pad|dock [pædək] (der, -s, -s) eingezäunter Weideplatz für Pferde [engl.]

Pad|dy [pædɪ] **1** (der, -s, nur Ez.) ungeschälter Reis; Speise daraus [malai.-engl.] **2** (der, -s, -s) Ire, Irländer (scherzhaft) [engl.]

Pä|de|rast *auch:* Päd|e|rast (der, -en, -en/-ras|ten) Mann, der Päderastie betreibt [gr.]

Pä|de|ras|tie *auch:* Päd|e|ras|tie (die, -, nur Ez.) geschlechtliche Beziehung zwischen Männern und Knaben

Pä|di|a|ter *auch:* Päd|i|a|ter (der, -s, -) Facharzt der Pädiatrie, Kinderarzt [gr.]

Pä|di|a|trie *auch:* Pä|di|at|rie/Päd|i|a|trie/Päd|i|at|rie (die, -, nur Ez.) Wissenschaft von den Kinderkrankheiten, Kinderheilkunde

pä|di|a|trisch *auch:* pä|di|at|risch/päd|i|a-trisch/päd|i|at|risch (Adj.) zur Kinderheilkunde gehörend, auf ihr basierend [gr.-lat.]

Pa|di|schah (der, -s, -s) islamischer Fürst (früher) (Titel) [pers.]

Pä|do (der, -s, -s) Kurzwort für Pädosexueller oder Pädophiler [gr.]

Pä|do|au|di|o|lo|ge (der, -n, -n) Spezialist auf dem Gebiet der Pädoaudiologie [gr.-lat.]

Pä|do|au|di|o|lo|gie (die, -, nur Ez.) **1** Wissenschaft vom Hören und den Hörstörungen im Kindesalter **2** Hörerziehung des Kindes [gr.-lat.]

pä|do|au|di|o|lo|gisch (Adj.) die Pädoaudiologie betreffend, auf der Pädoaudiologie basierend [gr.-lat.]

Pä|do|don|tie *auch:* Päd|o|don|tie (die, -, nur Ez.) Kinderzahnheilkunde [gr.]

Pä|do|ge|ne|se (die, -, nur Ez.) ungeschlechtliche Fortpflanzung im Larvenstadium [gr.]

Pä|do|ge|ne|sis (die, -, nur Ez.) = Pädogenese

pä|do|ge|ne|tisch (Adj.) sich im Larvenstadium fortpflanzend [gr.-lat.]

Pä|do|lo|ge (der, -n, -n) im Bereich der Pädologie Forschender [gr.-lat.]

Pä|do|lo|gie (die, -, nur Ez.) Kinder- und Jugendpsychologie [gr.]

pä|do|lo|gisch (Adj.) die Pädologie betreffend, auf der Pädologie basierend [gr.-lat.]

pä|do|phil (Adj.) die Pädophilie betreffend, auf der Pädophilie basierend [gr.-lat.]

Pä|do|phi|le (der, -n, -n) jmd. der zu Kindern erotisch-sexuelle Zuneigung empfindet [gr.-lat.]

Pä|do|phi|lie (die, -, nur Ez.) erotische Zuneigung Erwachsener zu Kindern [gr.]

Pä|do|se|xu|el|le (der, -n, -n) = Pädophile [gr.-lat.]

Pa|douk (das, -s, nur Ez.) = Padauk

Pad|re *auch:* Pa|dre (der, -s, -s) Vater (Anrede für italienische Ordenspriester)

Pad|ro|na *auch:* Pa|dro|na (die, -, -ne) italienische Hausherrin, Wirtin

Pad|ro|ne *auch:* Pa|dro|ne (die, -, -ni) italienischer Hausherr, Wirt

Pa|du|a|na (die, -, -nen) **1** weit verbreiteter Tanz des 16. Jhs. **2** = Pavane [it.]

Pa|el|la [-εlja] (die, -, -s) spanische Speise aus Reis, Fleisch und Muscheln oder Fisch u.a.

Pa|fe|se (*auch:* Pо|fe|se) (die, -, -n) in Milch eingeweichte, in Fett gebackene Weißbrotscheibe (österr.) [it.]

Pa|gaie (die, -, -n) Paddel mit Blatt an nur einem Ende [malai.]

pa|gan (Adj.) heidnisch [lat.]

pa|ga|ni|sie|ren (V.) dem Heidentum zuführen [lat.]

Pa|ga|nis|mus (der, -, -men) **1** (nur Ez.) Heidentum **2** heidnisches Element im christlichen Glauben und Brauchtum [lat.]

Pa|gat (der, -(e)s, -e) Tarockkarte [it.]

pa|ga|to|risch (Adj.) Zahlungen betreffend, auf verrechnungsmäßigen Buchungen basierend [lat.-it.]

Pa|ge [-ʒə] (der, -n, -n) **1** junger Adliger im Dienst eines Fürsten, Edelknabe **2** junger livrierter Diener [it.-frz.]

Pa|ge|rie [-ʒə-] (die, -, -n) Ausbildungsanstalt für Pagen [frz.]

Pa|gi|na (die, -, -nae [-nε:]) Seite (im Buch); Seitenzahl [lat.]

pa|gi|nie|ren (V.) mit Seitenzahlen bezeichnen [lat.]

Päg|ni|um *auch:* Päg|ni|um (das, -s, -nia/-gnia) kleines scherzhaftes Gedicht in der altgriechischen Dichtung [gr.]

Pa|go|de (die, -, -n) **1** turmartiger buddhistischer Tempel in China und Japan **2** (der, -n, -n) kleine, sitzende ostasiatische Götterfigur mit beweglichem Kopf [sanskr.]

Pah|le|wi (das, -(s), nur Ez.) = Pehlewi

Pai|deia (die, -, nur Ez.) Erziehungsideal im antiken Griechenland, das besonders die musische, sportliche und politische Bildung betonte [gr.]

Pai|deu|ma (das, -s, nur Ez.) Kulturseele (Philos.) [gr.]
Pai|di|bett (das, -(e)s, -en) Kinderbett mit verstellbarem Boden (Warenzeichen) [gr.-dt.]
pail|le [pɑjə] (Adj.) strohfarben, strohgelb [lat.-frz.]
Pail|let|te [pajɛtə] (die, -, -n) kleines rundes Metallplättchen (das auf Kleider aufgenäht wird) [frz.]
Pain (der oder das, -s, -s) Fleischkuchen [lat.-frz.]
Paint-in [paint-] (das, -s, -s) Ausstellung von Bildern, in der das Publikum (bes. Kinder) auch selbst malen kann [engl.]
pair [pɛːr] (Adj.) gerade (im Roulette) [frz.]
Pair [pɛːr] (der, -s, -s) Angehöriger des Hochadels (früher in Frankreich) [frz.]
Pai|rie [pɛriː] (die, -, nur Ez.) Würde eines Pairs
Pai|ring (das, -s, nur Ez.) Partnerschaft, partnerschaftliches Verhalten [engl.]
Pa|ka (das, -s, -s) südamerikanisches Nagetier [indian.-span.]
Pa|ket (das, -(e)s, -e) **1** zusammengelegte und verschnürte gleichartige Dinge; z.B. Aktenpaket, Kleiderpaket **2** eingepackte Dinge (als Postsendung) **3** mehrere politische Pläne, Vorschläge usw., die zusammen vorgebracht und behandelt werden [frz.]
pa|ke|tie|ren (V.) als Paket(e) verpacken
Pa|kis|ta|ni (der, -(s), - oder -s) Ew. von Pakistan
Pa|ko|til|le (die, -, -n) den Seeleuten gehörendes, frachtfreies Gepäck auf einem Schiff [niederl.-span.-frz.]
Pakt (der, -(e)s, -e) Vertrag, Bündnis, Vereinbarung [lat.]
pak|tie|ren (V.) **1** einen Pakt abschließen **2** heimlich etwas vereinbaren
Pak|tum (das, -s, -ten) (veraltet) = Pakt [lat.]
Pa|lä|anth|ro|po|lo|ge *auch:* Pa|lä|an|thro|po|lo|ge (der, -n, -n) Wissenschaftler, der sich mit der Abstammung und Entwicklung des Menschen beschäftigt [gr.-lat.]
Pa|lä|anth|ro|po|lo|gie *auch:* Pa|lä|an|thro|po|lo|gie (*auch:* Pa|lä|o|anth|ro|po|lo|gie/Pa|lä|o|an|thro|po|lo|gie) (die, -, nur Ez.) Wissenschaft von der Abstammung und Entwicklung des Menschen [gr.]
pa|lä|anth|ro|po|lo|gisch *auch:* pa|lä|an|thro|po|lo|gisch (Adj.) die Paläanthropologie betreffend, auf der Paläanthropologie basierend [gr.-lat.]
Pa|lä|ark|tis (die, -, nur Ez.) Bereich, der Europa und Teile von Asien und Afrika umfasst (in der Tier- und Pflanzengeografie) [gr.]

pa|lä|ark|tisch (*auch:* pa|lä|o|ark|tisch) (Adj.) zur Paläarktis gehörig
Pa|la|din (der, -s, -e) **1** jeder der zwölf Begleiter Karls des Großen **2** treuer Gefolgsmann [lat.]
Pa|la|don (das, -s, nur Ez.) Kunststoff für Zahnersatz
Pa|lais [-lɛː] (das, - [-lɛːs], -[-lɛːs]) Palast, Schloss
pa|lä|neg|rid *auch:* pa|lä|ne|grid (Adj.) die Merkmale eines bestimmten afrikanischen Rassentyps habend [gr.-lat.-span.]
Pa|lan|kin (der, -s, -s oder -e) indische Sänfte [sanskr.-frz.]
Pa|lä|o|anth|ro|po|lo|gie *auch:* Pa|lä|o|an|thro|po|lo|gie (die, -, nur Ez.) = Paläanthropologie [gr.-lat.]
pa|lä|o|ark|tisch (Adj.) = paläarktisch [gr.]
Pa|lä|o|bi|o|lo|gie (die, -, nur Ez.) Forschungsbereich, der sich mit fossilen Organismen und ihren Relationen zur Umwelt beschäftigt [gr.-lat.]
Pa|lä|o|gra|phie (*auch:* Pa|lä|o|gra|fie) (die, -, nur Ez.) Wissenschaft von den Schriften und Schreibmaterialien der Antike und des MA [gr.]
Pa|lä|o|li|thi|kum (das, -s, nur Ez.) Altsteinzeit [gr.]
Pa|lä|on|to|lo|gie (die, -, nur Ez.) Wissenschaft von den ausgestorbenen Tieren und Pflanzen vergangener Erdzeitalter [gr.]
Pa|lä|o|zän (das, -s, nur Ez.) älteste Abteilung des Tertiärs [gr.]
Pa|lä|o|zo|i|kum (das, -s, nur Ez.) Epoche der Erdgeschichte, in der die ersten Spuren von Leben auftraten, Erdaltertum [gr.]
Pa|las (der, -, -se) Haupthaus einer Ritterburg [lat.-frz.]
Pa|läs|tra *auch:* Pa|lä|st|ra/Pa|lä|stra (die, -, -tren/-ren/-stren) Übungsplatz der Ringer im antiken Griechenland [gr.-lat.]
pa|la|tal (Adj.) zum Gaumen gehörig, am Gaumen gebildet [lat.]
Pa|la|tal (der, -s, -e) am vorderen Mund am harten Gaumen gebildeter Laut; z.B. g, k vor i und e [lat.]
Pa|la|ta|lis (die, -, -les) = Palatal [lat.]
pa|la|ta|li|sie|ren (V.) = mouillieren [lat.]
Pa|la|tal|laut (der, -(s), -e) Gaumenlaut, Palatal [lat.-dt.]
Pa|la|tin (der, -s, -e) **1** Pfalzgraf (früher) **2** Stellvertreter des Königs (in Ungarn bis 1848) [lat.]
Pa|la|ti|nat (das, -(e)s, -e) Pfalzgrafschaft [lat.-frz.]
Pa|la|ti|ne (die, -, -n) **1** Umrandung für den Halsausschnitt aus Pelz, Stoff oder Spitze **2** Hals- oder Brusttuch [lat.-frz.]

pa|la|ti|nisch (Adj.) **1** den Palatin betreffend **2** pfälzisch [lat.-frz.]
Pa|lat|schin|ke *auch:* Pa|la|tschin|ke (*auch:* Pa|lat|schin|ken) (die, -, -n) gefüllter Eierkuchen (österr.) [ung.]
Pa|la|tum (das, -s, -ta) Gaumen [lat.]
Pa|la|ver (das, -s, -) Verhandlung, Unterredung, langes (überflüssiges) Gerede [portugies.]
pa|la|vern (V.) verhandeln; sich miteinander unterhalten [portugies.]
Pa|laz|zo (der, -s, -zi) Schloss, großes, vornehmes Wohnhaus (in Italien)
Pa|lea (die, -, -le|en) **1** Spreuschuppe bei Farnen und Korbblütlern **2** Blütenspelze der Gräser [lat.]
Pa|le|tot [-to:] (der -s, -s) **1** zweireihiger, leicht taillierter Herrenmantel (früher) **2** dreiviertellanger (Damen- oder Herren-)Mantel [frz.]
Pa|let|te (die, -, -n) **1** runde Scheibe (mit Loch für den Daumen) zum Anrühren der Farben beim Malen **2** Platte zum Stapeln von Waren (die mit dem Gabelstapler gehoben und gesenkt werden kann) **3** (reiche) Auswahl; z.B. eine Palette von Möglichkeiten [frz.]
pa|let|ti (nur in der Wendung) alles paletti! (ugs.) alles in Ordnung! [viell. it.]
pa|let|tie|ren (V.) mit der Palette (**2**) stapeln
pa|let|ti|sie|ren (V.) etwas auf einer Palette stapeln [lat.-frz.]
Pa|li|la|lie (die, -, nur Ez.) krankhafte Wiederholung von Wörtern oder Sätzen (Med.) [gr.-lat.]
Pa|lim|ne|se *auch:* Pa|li|mne|se (die, -, nur Ez.) Wiedererinnerung an etwas bereits Vergessenes (Med.) [gr.-lat.]
Pa|limp|sest *auch:* Pa|lim|psest (der oder das, -(e)s, -e) beschriebenes Pergament, das schon einmal beschrieben und wieder gereinigt worden war (in der Antike und im MA) [gr.]
Pa|lind|rom *auch:* Pa|lin|drom (das, -s, -e) Wort oder Satz, das bzw. der vorwärts und rückwärts gelesen werden kann und den gleichen oder einen anderen Sinn ergibt; z.B. Reittier; Leg in eine so helle Hose nie'n Igel [gr.]
Pa|lin|ge|ne|se (die, -, -n) **1** Wiedergeburt (im Buddhismus) **2** Wiederholung von stammesgeschichtlichen Merkmalen während der Embryonalentwicklung **3** Bildung neuen Gesteins durch wiederholtes Schmelzen und Aufsteigen von Eruptivgestein [gr.]
Pa|li|sa|de (die, -, -n) Pfahl (einer Befestigung); Hindernis aus Pfählen [frz.]
Pa|li|san|der (der, -s, -) ein südamerikanisches Edelholz [span.]
pa|li|san|dern (Adj.) aus Palisanderholz [indian.-frz.]
pa|li|sie|ren (V.) junge, neu eingesetzte Bäume so anbinden, dass sie in einer bestimmten Richtung wachsen [lat.-frz.]
Pa|li|um (das, -s, -li|en) **1** mantelartiger Umhang (im alten Rom) **2** Kaisermantel (im MA) **3** lange, mit Kreuzen verzierte, über Brust, Schultern und Rücken reichende Binde (des päpstlichen und bischöflichen Ornats) **4** Großhirnrinde [lat.]
Pal|la (die, -, -s) **1** Frauenmantel im alten Rom **2** gesticktes Leinentuch, das über den Messkelch gelegt wird [lat.]
Pal|la|di|a|nis|mus (der, -, nur Ez.) besonders in Westeuropa und in England gepflegter Architekturstil im 17. und 18. Jh. [lat.]
Pal|la|di|um (das, -s, -di|en) **1** Kultbild der griechischen Göttin Pallas Athene in Troja **2** schützendes Heiligtum **3** (nur Ez.) chemisches Element, ein Metall [gr.-lat.]
Pal|lasch (der, -(e)s, -e) schwerer Säbel [türk.-ung.]
Pal|la|watsch (der, -s, -e) **1** Blödsinn, Unsinn, Durcheinander **2** Versager, Niete [it.]
Pal|li|a|ta (die, -, -ten) Komödie des antiken Rom mit griechischem Stoff und griechischen Kostümen [lat.]
pal|li|a|tiv (Adj.) die Beschwerden einer Krankheit lindernd, schmerzlindernd [lat.]
Pal|li|a|tiv (das, -s, -e) Mittel, das die Beschwerden, aber nicht die Ursache einer Krankheit beseitigt; schmerzlinderndes Mittel [lat.]
Pal|lia|ti|vum (das, -s, -va) = Palliativ
Pal|li|no (der, -(s), -s) kleine Setzkugel (beim Boccia) [it.]
Pal|lo|graph (der, -en, -en) (veraltet) Vibrograph [gr.]
Pal|lo|ti|ner (der, -s, -) Mitglied einer katholischen Vereinigung zur Förderung des Laienapostolats und der Mission [it.]
Pal|lo|ti|ne|rin (die, -, -nen) Schwester in einer katholischen Missionskongregation [it.]
Palm (der, -s, -e) altes Maß zum Messen von Rundhölzern [lat.]
Pal|me (die, -, -n) hoher, schlanker Baum der Tropen mit gefiederten Blättern und unverzweigtem Stamm [lat.]
Pal|met|te (die, -, -n) einem Palmenblatt ähnliche, fächerförmige Verzierung
pal|mie|ren (V.) **1** beide Augen mit den Händen verdecken (Med.) **2** bei einem Trick etwas hinter der Hand verschwinden lassen [lat.-frz.]
Pal|min (das, -s, nur Ez.) aus der Kokosnuss gewonnenes Speisefett [Kunstwort]

Pal'mi'tat (das, -(e)s, -e) Salz der Palmitinsäure [lat.-frz.]
Pal'mi'tin (das, -s, nur Ez.) Hauptbestandteil der meisten Fette [lat.-frz.]
Palm'top (der, -s, -s) ungefähr handtellergroßer Computer [engl.]
Pa'lo'lo'wurm (der, -es, -wür'mer) in der Südsee heimischer Borstenwurm [polynes.-dt.]
pal'pa'bel (Adj.) tastbar, erfühlbar [lat.]
Pal'pa'ti'on (die, -, -ti'o'nen) Untersuchung durch Palpieren
pal'pa'to'risch (Adj.) befühlend, abtastend (Med.) [lat.]
Pal'pe (die, -, -n) fühlerartiger, mit Sinnesorganen ausgestatteter Anhang (der Mundwerkzeuge von Insekten) [lat.]
pal'pie'ren (V.) mit den Fingerspitzen betastend, beklopfend untersuchen [lat.]
Pal'pi'ta'ti'on (die, -, -ti'o'nen) beschleunigter Puls, Herzklopfen [lat.]
pal'pi'tie'ren (V.) schlagen, klopfen (Med.) [lat.]
Pa'lu'da'ri'um (das, -s, -ri'en) Anlage zur Haltung von Moor- und Sumpfpflanzen und -tieren [lat.]
Pa'ly'no'lo'gie (die, -, nur Ez.) Wissenschaftszweig der Botanik, der die Blütenpollen erforscht [gr.-lat.]
Pa'mir'schaf (das, -(e)s, -e) Wildschaf im Hochland von Pamir
Pam'pa (die, -, -s) Grassteppe Südamerikas [Ketschua]
Pam'pel'mu'se (die, -, -n) große gelbe, säuerlich bittere Zitrusfrucht [niederl.]
Pam'pe'ro (der, -s, -s) kalter und stürmischer Wind in der Pampa Argentiniens [indian.-span.]
Pamph'let auch: Pam'phlet (das, -(e)s, -e) politische Streit-, Schmähschrift [engl.]
Pamph'le'tist auch: Pam'phle'tist (der, -tisten, -tis'ten) Verfasser eines Pamphlets
pamph'le'tis'tisch auch: pam'phle'tis'tisch (Adj.) in der Art eines Pamphlets [engl.-frz.]
Pa'na'che [-ʃəː] (das, -s, -s) = Panaschee
Pa'na'de (die, -, -n) Weißbrot und Ei (für Füllungen); Semmelbrösel und Ei (zum Panieren) [it.-frz.]
pan'af'ri'ka'nisch auch: pan'a'fri'ka'nisch (Adj.) alle afrikanischen Staaten, den Panafrikanismus betreffend, auf ihm basierend [gr.-lat.]
Pan'af'ri'ka'nis'mus auch: Pan'a'fri'ka'nis'mus (der, -, nur Ez.) der Versuch, die ökonomische und politische Kooperation aller afrikanischen Staaten zu fördern [gr.-lat.]
Pa'na'gia auch: Pan'a'gia (die, -, -gi'en) (auch: Pan'ha'gia) **1** der Beiname Marias

2 (nur Ez.) liturgisches Marienmedaillon des Bischofs **3** Marienbild in der dreitürigen Bilderwand im Altarraum **4** Brotsegnung zu Ehren Marias [gr.]
Pa'na'ma (der, -s, -s) **1** Gewebe in Würfelbindung **2** breitkrempiger Strohhut
Pa'na'ma'er (der, -s, -) Einwohner des mittelamerikanischen Staates Panama
pan'a'me'ri'ka'nisch (Adj.) alle amerikanischen Staaten, den Panamerikanismus betreffend, auf ihm basierend [gr.-lat.]
Pan'a'me'ri'ka'nis'mus (der, -, nur Ez.) der Versuch, die ökonomische und politische Kooperation aller amerikanischen Staaten zu fördern [gr.-lat.]
Pa'na'me'se (der, -n, -n) = Panamaer
Pa'na'ri'ti'um (das, -s, -ti'en) Fingerentzündung [lat.]
Pa'nasch (der, -(e)s, -e) Federbusch (als Helmzier) [lat.-frz.]
Pa'na'schee (das, -s, -s) Kompott oder Speiseeis aus verschiedenen Sorten (veraltet) [frz.]
pa'na'schie'ren (V.) **1** mit bunten Streifen mustern **2** seine Stimme für mehrere Kandidaten (verschiedener Parteien) abgeben [frz.]
Pa'na'schie'rung (die, -, -en) weiße Musterung an Pflanzenblättern, die durch den Mangel an Blattgrün in den Farbstoffträgern hervorgerufen wird [lat.-it.-frz.]
Pa'na'schü're (die, -, -n) weiße Musterung auf Pflanzenblättern [frz.]
Pa'na'the'nä'en auch: Pan'a'the'nä'en (nur Mz.) jährliches Fest zu Ehren der Athene im antiken Athen [gr.]
Pa'nax (der, -, -) Araliengewächs, auch als Ginseng geläufig [gr.-lat.]
Pa'na'zee auch: Pan'a'zee (die, -, -n) Wundermittel, Allheilmittel [gr.-lat.]
pan'chro'ma'tisch [-kro-] (Adj.) für alle Farben gleich empfindlich (von Filmen) [gr.]
Pan'da (der, -s, -s) Kleinbär; großer Panda: Bambusbär; kleiner Panda: Katzenbär [nepales.]
Pan'dai'mo'ni'on (das, -s, -ni'en) = Pandämonium [gr.]
Pan'dä'mo'ni'um (auch: Pan'dai'mo'ni'on) (das, -s, -ni'en) Gesamtheit aller bösen Geister; ihr Versammlungsort (in der griechischen Mythologie) [gr.lat.]
Pan'da'ne (die, -, -n) Schraubenbaum [malai.]
Pan'da'nus (der, -, -) = Pandane [malai.-lat.]
Pan'dek'ten (nur Mz.) Sammlung von Rechtsgrundsätzen (Hauptteil des Corpus Iuris Civilis) [gr.]

Pan'dek'tist (der, -t̲i̲s'ten, -t̲i̲s'ten) Bezeichnung eines deutschen Zivilrechtlers für römisches Recht im 19. Jh. [gr.-lat.]

Pan'de'mi̲e (die, -, -n) über Länder sich ausbreitende Seuche [gr.]

pan'de'misch (Adj.) sich über mehrere Landstriche ausbreitend, erweiternd (Med.) [gr.]

Pan'de̲r'ma (der, -s, -s) türkischer Gebetsteppich

Pan'der'mi̲t (der, -s, -e) seltenes Mineral, das in feinen Knollen vorkommt [lat.]

Pan'de̲'ro (der, -s, -s) Schellentrommel der Basken [span.]

Pa̲n'dit (der, -s, -e) Gelehrter (indischer Titel) [sanskr.]

Pan'do̲'ra (die, -, nur Ez.) die erste Frau in der griechischen Mythologie, die Hüterin des Unheils [gr.]

Pand'scha̲'bi 1 *auch:* Pan'dscha̲'bi (der, - oder -s, - oder -s) Ew. des Pandschabs **2** (das, - oder -s, nur Ez.) dessen Sprache

Pan'du̲r (der, -en, -en) bewaffneter ungarischer Diener; ungarischer Infanterist (17./ 18. Jh.)

Pa'ne̲el (das, -s, -e) Täfelung, einzelnes Brettchen der Täfelung [niederl.]

pa'nee'li̲e'ren (V.) mit Paneel verkleiden

Pa'ne'gy'ri'ker *auch:* Pan'e̲'gy'ri'ker (der, -s, -) Verfasser von Panegyrika [gr.-lat.]

Pa'ne'gy'ri'kon *auch:* Pan'e̲'gy'ri'kon (das, -s, -ka) liturgisches Buch der orthodoxen Kirche mit Lobreden auf die Heiligen [gr.]

Pa'ne'gy'ri'kos *auch:* Pan'e̲'gy'ri'kos (der, -, -koi) Fest-, Lobrede, Lobgedicht (in der Antike) [gr.]

Pa'ne'gy'ri'kus *auch:* Pan'e̲'gy'ri'kus (der, -, -ken) = Panegyrikos [lat.]

pa'ne'gy'risch *auch:* pan'e̲'gy'risch (Adj.) lobnerisch, den Panegyrikos betreffend [gr.]

Pa̲'nel [pænl] (das, -s, -s) **1** eingegrenzte Fläche; z.B. bei Druckmustern oder auf Werbemitteln **2** repräsentativ ausgewählte Personengruppe, die regelmäßig nach einem bestimmten Programm befragt wird [engl.]

pa̲'nem et cir'ce̲n'ses »Brot und (Zirkus)-Spiele«, d.h. Lebensunterhalt und Vergnügen (Forderung des römischen Volkes an die Kaiser) [lat.]

Pa'nen'the'i̲s'mus *auch:* Pan'en'the'i̲s'mus (der, -, nur Ez.) philosophische Lehre, dass das Weltall, die Natur in Gott eingeschlossen seien [gr.-lat.]

pa'nen'the'i̲s'tisch *auch:* pan'en'the'i̲s'tisch (Adj.) den Panentheismus betreffend, auf ihm basierend [gr.-lat.]

Pa'net'to̲'ne (der, -s, -ni) italienischer Hefekuchen mit kandierten Früchten [it.]

Pan'eu'ro̲'pa (ohne Artikel, -s, nur Ez.) die künftige Gemeinschaft aller europäischen Staaten [gr.-lat.]

pan'eu'ro'pä̲'isch (Adj.) gesamteuropäisch [gr.-lat.]

Pa̲n'film (der, -(e)s, -e) mit panchromatischer Schicht ausgestatteter Film

Pa̲n'flö'te (die, -, -n) Holzblasinstrument aus fünf bis sieben verschieden langen Pfeifen, Faunflöte [gr.-dt.]

Pan'ge̲'ne (nur Mz.) kleinste Zellteilchen, die nach Darwin zur Vererbung erworbener Eigenschaften dienen [gr.-lat.]

Pan'ge'ne'sis'the'o'rie (die, -, nur Ez.) Vererbungstheorie Darwins, wonach kleinste Zellteilchen auch später erworbene Eigenschaften weitervererben können [gr.-lat.]

pan'ger'ma̲'nisch (Adj.) den Pangermanismus betreffend, auf ihm basierend [gr.-lat.]

Pan'ger'ma'ni̲s'mus (der, -, nur Ez.) politische Anschauung, die die Gemeinsamkeiten aller germanischen Völker betont [gr.-lat.]

Pan'go̲'lin (der, -s, -e) ein Säugetier, Schuppentier [malai.]

Pan'ha'gi̲a (die, -, -gi'en) = Panagia [gr.]

pan'hel'le̲'nisch (Adj.) alle Griechen betreffend, zu ihnen gehörend [gr.]

Pan'hel'le'ni̲s'mus (der, -, nur Ez.) der Versuch, alle griechischen Länder in einem großen griechischen Reich zu vereinigen [gr.-lat.]

Pa̲'ni (die, -, -s) Bezeichnung für Herrin, Frau [slaw.-poln.]

Pa'ni̲er 1 (das, -s, -e) Fahne, Banner, Wahlspruch **2** (die, -, nur Ez.) österreichische Bezeichnung für Panade [germ.-frz.]

pa'ni̲e'ren (V.) in Ei und Mehl oder Semmelbrösel wälzen (vor dem Braten) [frz.]

Pa̲'nik (die, -, -en) plötzlich ausbrechende Angst und Verwirrung (bes. bei Menschenansammlungen) [gr.]

pa̲'nisch (Adj.) **1** in der Art einer Panik, angstvoll und verwirrt; z.B. in panischer Flucht **2** das ganze Innere erfüllend; z.B. panische Angst

Pan'is'la'mi̲s'mus (der, -, nur Ez.) der Versuch, alle islamischen Länder in einem großen islamischen Reich zu vereinigen [gr.-lat.]

pan'is'la'mi̲s'tisch (Adj.) alle islamischen Länder und Menschen betreffend, zu ihnen gehörend [gr.-lat.]

Pa̲n'je (der, -s, -s) russischer Bauer (scherzhaft, abwertend) [russ.]

Pan'kar'di̲'tis (die, -, -di̲'ti̲'den) Entzündung aller Schichten der Herzwand [gr.]

Pank·ra·ti·on *auch:* Pan·kra·ti·on (das, -s, -s) Verbindung von Ring- und Faustkampf (im alten Griechenland) [gr.]

Pank·re·as *auch:* Pan·kre·as (das, -, nur Ez.) Bauchspeicheldrüse [gr.]

Pan·lo·gis·mus (der, -, nur Ez.) die philosophische Anschauung, wonach das Universum eine logische Ordnung hat und das ganze Universum als Verwirklichung der Vernunft verstanden wird [gr.-lat.]

Pan·mi·xie (die, -, -n) ungezielte Vermischung von Erbanlagen bei zufälliger Kreuzung [gr.]

Pan·ne [pan] (der, -s, -s) Spiegelsamt [lat.-frz.]

Pan·ne (die, -, -n) Unfall, Schaden, Störung, Missgeschick [frz.]

Pan·neau [-noː] (der, -s, -s) **1** Platte oder Tafel aus Holz zum Bemalen **2** Sattelkissen für Kunstreiter [frz.]

Pan·ni·ku·li·tis (die, -, -li·ti·den) Entzündung des Unterhautfettgewebes (Med.) [lat.]

Pan·ny·chis (die, -, nur Ez.) nächtliche Vorfeier hoher Feste der Ostkirche [gr.]

Pa·nop·ti·kum *auch:* Pan·op·ti·kum (das, -s, -ken) **1** Wachsfigurenkabinett **2** Kuriositätenkabinett [gr.]

pa·nop·tisch *auch:* pan·op·tisch (Adj.) von überall einsehbar [gr.-lat.]

Pa·no·ra·ma *auch:* Pan·o·ra·ma (das, -s, -men) **1** Rundblick (über eine Landschaft) **2** Rundbild (zur Vortäuschung einer weiten Landschaft) [gr.]

pa·no·ra·mie·ren *auch:* pan·o·ra·mie·ren (V.) durch Schwenken der Filmkamera ein weiträumiges Bild vorführen [gr.]

Pan·pho·bie (die, -, -n) krankhafte Furcht vor allen Ereignissen in der Außenwelt (Med.) [gr.-lat.]

Pan·ple·gie (die, -, -n) vollständige Lähmung der Muskulatur (Med.) [gr.-lat.]

Pan·psy·chis·mus (der, -, nur Ez.) die philosophische Anschauung, wonach alle Natur, auch die nicht belebte, beseelt ist [gr.-lat.]

Pan·ro·man (das, -s, nur Ez.) Welthilfssprache, Vorgängerin des Universals

Pan·se·xu·a·lis·mus (der, -, nur Ez.) frühe Richtung der Psychoanalyse Sigmund Freuds, die von nur sexuellen Trieben ausgeht, in ihnen allen Ursprung von seelischen Krankheiten sieht [gr.-lat.]

Pans·flö·te (die, -, -n) = Panflöte

Pan·si·nu·si·tis (die, -, -ti·den) Entzündung der Nasennebenhöhlen (Med.) [gr.-lat.]

Pan·sla·wis·mus (der, -, nur Ez.) der Versuch, alle slawischen Länder in einem großen slawischen Reich zu vereinigen [gr.-lat.]

Pan·sla·wist (der, -wis·ten, -wis·ten) Anhänger des Panslawismus [gr.-lat.]

pan·sla·wis·tisch (Adj.) den Panslawismus betreffend, auf ihm basierend [gr.-lat.]

Pan·so·phie (die, -, nur Ez.) religiös-philosophische Bewegung des 16.–18. Jhs., die ein weltweites Gelehrten- und Friedensreich anstrebte [gr.-lat.]

pan·so·phisch (Adj.) die Pansophie betreffend, auf ihr basierend, zu ihr gehörend [gr.-lat.]

Pan·sper·mie (die, -, nur Ez.) Theorie in der Biologie, wonach das Leben auf der Erde durch Keime von anderen Planeten entsteht [gr.-lat.]

pan·tag·ru·e·lisch *auch:* pan·ta·gru·e·lisch (Adj.) derb, heftig, lebensprall (nach Rabelais, Romanfigur Pantagruel)

Pan·ta·le·on (das, -s, -s) Hackbrett mit Darm- und Drahtsaiten sowie einem doppelten Resonanzboden

Pan·ta·lo·ne (der, -s, -ni) komischer Alter (Figur der Commedia dell'Arte) [it.]

Pan·ta·lons [pãtalõ] (nur Mz.) lange Männerhosen (die während der Frz. Revolution in Mode kamen) [frz.]

pan·ta·rhei »alles fließt«, d.h. alles ist in ununterbrochenem Werden und Vergehen [gr.]

Pan·te·lis·mus (der, -, nur Ez.) die philosophische Anschauung, wonach das gesamte Seiende teleologisch erklärbar ist [gr.-lat.]

Pan·ter (der, -s, -) = Panther

Pan·the·is·mus (der, -, nur Ez.) philosophische Lehre, dass Gott überall in der Natur sei, dass Gott und die Welt eins seien [gr.-lat.]

Pan·the·ist (der, -is·ten, -is·ten) Anhänger des Pantheismus [gr.-lat.]

pan·the·is·tisch (Adj.) den Pantheismus betreffend, auf ihm basierend [gr.-lat.]

Pan·the·lis·mus (der, -, nur Ez.) die philosophische Anschauung, wonach der Wille der innerste Kern aller Dinge ist [gr.-lat.]

Pan·the·on (das, -s, -s) **1** Tempel für alle Götter (in der Antike) **2** Ehrentempel **3** Gesamtheit der Götter (eines Volkes) [gr.]

Pan·ther (*auch:* Pan·ter) (der, -s, -) = Leopard [gr.]

Pan·ti·ne (die, -, -n) großer Pantoffel [frz.]

Pan·tof·fel (der, -s, -n) Hausschuh ohne Fersenteil [it.]

pan·tof·feln (V.) mit einem pantoffelförmigen Werkzeug Leder weich klopfen [frz.]

Pan·to·graf (*auch:* Pan·to·graph) (der, -en, -en) Gerät zum vergrößernden oder verkleinernden Übertragen von Zeichnungen, Storchschnabel [gr.]

Pan|to|gra|fie (*auch:* Pan|to|gra|phie) (die, -, -n) mit einem Pantografen gefertigtes Bild [gr.-lat.]
Pan|to|kra|tor (der, -s, -to̱|ren) **1** (nur Ez.) Allesbeherrscher (Bez. für Gott oder den auferstandenen Christus) **2** Darstellung des thronenden Christus (in der Kunst) [gr.]
Pan|to|let|te (die, -, -n) leichter Schuh ohne Fersenteil [it.-frz.]
Pan|to|me|ter (das, -s, -) ein Winkelmessgerät [gr.]
Pan|to|mi|me 1 (die, -, -n) Darstellung einer Handlung oder eines Vorgangs nur mit Bewegungen, Gebärden und Mienenspiel **2** (der, -n, -n) Künstler, der solche Handlungen und Vorgänge darstellt [gr.]
Pan|to|mi|mik (die, -, nur Ez.) Kunst der Pantomime (**1**) [gr.]
pan|to|mi|misch (Adj.) in der Art einer Pantomime (**1**); z.B. sich pantomimisch verständlich machen
pan|to|phag (Adj.) alles fressend, pflanzliche und tierische Nahrung verdauend (Zoologie) [gr.-lat.]
Pan|to|pha|ge (der, -n, -n) Tier, das sich von Pflanzen und Tieren ernährt, Allesfresser [gr.]
Pan|to|pha|gie (die, -, nur Ez.) Allesfresserei (Zoologie) [gr.-lat.]
Pant|ra|gis|mus *auch:* Pan|tra|gis|mus (der, -, nur Ez.) das das menschliche Leben bestimmende, tragische und unüberwindbare Weltgesetz vom Kampf zwischen dem Einzelnen und der Umwelt [gr.-lat.]
Pant|ry *auch:* Pan|try [pæn-] (die, -, -s) Anrichteraum, Speisekammer (auf Schiffen und in Flugzeugen) [engl.]
Pant|schen-La|ma *auch:* Pan|tschen-La|ma (der, -(s), -s) zweites Oberhaupt des Lamaismus [tibet.]
Pan|tun (das, -s, -s) malaiische, vierzeilige Gedichtform [malai.]
Pan|ty [pæntɪ] (die, -, -s) **1** Miederhöschen **2** Strumpfhose [engl.]
Pä|nu|la (die, -, -len) rund geschnittenes Übergewand im antiken Rom [gr.-lat.]
Pä|nul|ti|ma *auch:* Pän|ul|ti|ma (die, -, -mä oder -men) vorletzte Silbe eines Wortes (in der lat. Grammatik) [lat.]
pa|nur|gisch *auch:* pan|ur|gisch (Adj.) (veraltet) listig, verschmitzt [gr.]
Pan|vi|ta|lis|mus (der, -, nur Ez.) die philosophische Anschauung, wonach das ganze Weltall lebendig ist [gr.-lat.]
pan|vi|ta|lis|tisch (Adj.) den Panvitalismus betreffend, auf ihm basierend [gr.-lat.]
Pä|on (der, -s, -e) in der antiken Metrik verwendeter Versfuß mit drei kurzen und einer langen Silbe [gr.-lat.]
Pä|o|nie [-niə] (die, -, -n) Pfingstrose [gr.]
Pa|pa (der, -s, -s) **1** Vater **2** kirchliche Bezeichnung des Papstes **3** Titel höherer geistlicher Würdenträger in der orthodoxen Kirche [gr.-lat.]
Pa|pa|bi|li (nur Mz.) Bezeichnung für die Kardinäle, die potentielle Papstkandidaten sind [lat.-it.]
Pa|pa|gal|lo (der, -s, -li) einheimischer junger Mann (in Mittelmeerländern, bes. Italien), der sich Touristinnen für Liebesabenteuer zur Verfügung stellt [it.]
Pa|pa|gay|os (nur Mz.) kalte Fallwinde in den Anden [span.]
Pa|pa|gei (der, -s, -en) gelehriger, farbenprächtiger tropischer Vogel [westafrikan.]
Pa|pa|in (das, -s, nur Ez.) pflanzliches Enzym, das Eiweiß spaltet [span.-lat.]
pa|pal (Adj.) päpstlich [gr.-lat.]
Pa|pa|lis|mus (der, -, nur Ez.) kirchenrechtliches System, nach dem der Papst die oberste Gewalt ausübt [lat.]
Pa|pa|list (der, -lis|ten, -lis|ten) Anhänger des Papalismus [gr.-lat.]
pa|pa|lis|tisch (Adj.) im Sinne des Papalismus, den Papalismus betreffend [gr.-lat.]
Pa|pal|sys|tem (das, -s, nur Ez.) = Papalismus
Pa|pa|raz|zo (der, -s, -zi) aufdringlicher Fotoreporter, Skandaljournalist [it.]
Pa|pas (der, -, -) Geistlicher (der Ostkirche)
Pa|pat (das oder der, -(e)s, nur Ez.) Amt und Würde des Papstes [lat.]
Pa|pa|ve|ra|zee [-tseːə] (die, -, -n) Mohngewächs [lat.]
Pa|pa|ve|rin (das, -s, nur Ez.) ein Alkaloid des Opiums, Schlafmittel, krampflösendes Mittel [lat.]
Pa|pa|ya (die, -, -s) eine melonenähnliche Frucht [karib.]
Pa|pel (die, -, -n) kleine entzündliche Erhebung auf der Haut, Bläschen [lat.]
Pa|per [peɪpə] (das, -s, -s) Schriftstück, schriftliche Unterlage [engl.]
Pa|per|back [peɪpəbæk] (das, -s, -s) broschiertes Buch mit biegsamem Einband [engl.]
Pa|pe|te|rie (die, -, -n) Schreibwarenhandlung (schweiz.) [frz.]
Pa|pe|te|rist (der, -ris|ten, -ris|ten) schweizerische Bezeichnung für einen Schreibwarenhändler [gr.-lat.-frz.]
Pa|pier (das, -s, -e) **1** sehr dünnes, biegsames Material zum Beschreiben, Bemalen, Bedrucken, Einpacken in den verschiedensten Größen **2** Schriftstück, Vertrag **3** Wert-

papier, Aktie, Pfandbrief 4 (Mz.) Papiere: Ausweise [gr.-lat.]
Pa'pier'ma'schee (*auch:* Pa'pier'ma'ché) [-maʃeː] (das, -s, -s) formbares Hartpapier [frz.]
Pa'pi'lio'na'ze'en (nur Mz.) Familie der Schmetterlingsblütler (Botanik) [lat.]
Pa'pil'la (die, -, -lae) 1 Brustwarze 2 Erhebung an der Organoberfläche 3 haarähnliche Ausstülpung an der Pflanzenoberhaut [lat.]
pa'pil'lar (Adj.) in der Art einer Papille, warzenartig
Pa'pil'le (die, -, -n) kleine Erhebung auf der Haut mit rissiger Oberfläche [lat.]
Pa'pil'lom (das, -s, -e) warzenartige Geschwulst [lat.]
Pa'pil'lon [-jɔ̃] (der, -s, -s) 1 französisch für: Schmetterling 2 flatterhafter Mensch 3 feinfädiges Wollgewebe [lat.-frz.]
pa'pil'lös (Adj.) warzig (Med.; Biologie) [lat.]
Pa'pil'lo'te [-jɔtə] (die, -, -n) Lockenwickel aus Papier [frz.]
pa'pil'lo'tie'ren (V.) die einzelnen Haarsträhnen auf Papilloten aufwickeln, um das Haar zu wellen [lat.-frz.]
Pa'pi'ros'sa (die, -, -sy) russische Zigarette mit langem, hohlem Mundstück
Pa'pis'mus (der, -, nur Ez.) Papsttum, Papsttreue (abwertend) [lat.]
Pa'pist (der, -pis'ten, -pis'ten) Anhänger des Papstes (abwertend)
pa'pis'tisch (Adj.) den Papismus betreffend, auf ihm basierend, päpstlich [lat.]
Pap'pa'ta'ci'fie'ber (*auch:* Pap'pa'ta'ci-Fieber) [-tʃi] (das, -s, nur Ez.) im Mittelmeergebiet, Süd- und Ostasien auftretende Infektionskrankheit mit Hautausschlag und dreitägigem Fieber, Dreitagefieber [it.]
Pap'ri'ka *auch:* Pa'pri'ka (der, -s, -s) ein Nachtschattengewächs; dessen hohle, vitaminreiche Frucht; daraus hergestelltes, scharfes Gewürz [lat.-ung.]
pap'ri'zie'ren *auch:* pa'pri'zie'ren (V.) mit Paprika würzen [lat.-ung.]
Pa'pua (der, - oder -s, - oder -s) Eingeborener von Neuguinea
Pa'pua-Neu'gui'ne'er (der, -s, -) Einwohner des Staates Papua-Neuguinea auf der Osthälfte der Insel Neuguinea
Pa'pu'la (die, -, -lae) = Papel [lat.]
pa'pu'lös (Adj.) papelartig [lat.]
Pa'py'rin (das, -s, nur Ez.) Pergamentpapier [gr.-lat.]
Pa'py'ro'lo'ge (der, -n, -n) Wissenschaftler auf dem Gebiet der Papyrologie [gr.-lat.]
Pa'py'ro'lo'gie (die, -, nur Ez.) Wissenschaft von den Papyri (s. Papyrus 3) [gr.]

pa'py'ro'lo'gisch (Adj.) die Papyrologie betreffend [gr.-lat.]
Pa'py'rus (der, -, -ri) 1 ein Riedgras des tropischen Afrika 2 aus dessen Halmmark gewonnenes Schreibmaterial (in der Antike) 3 Schriftstück daraus [gr.-lat.]
Par (das, -(s), -s) für jedes Loch (Golf) festgelegte Mindestanzahl von Schlägen [engl.]
Pa'ra (der, -s, - oder -s) kleinste türkische (früher) und jugoslawische Währungseinheit [pers.-türk.]
Pa'ra'ba'se (die, -, -n) satirisch-politischer Einschub aus Gesang und Rezitation in der antiken Komödie [gr.]
Pa'ra'bel (die, -, -n) 1 eine mathematische, symmetrische, ins Unendliche laufende Kurve 2 lehrhafte Erzählung [gr.]
Pa'ra'bel'lum (die, -, -s) Kunstwort für Parabellumpistole [lat.]
Pa'ra'bel'lum'pis'to'le (die, -, -n) Selbstladepistole
Pa'ra'bi'ont (der, -en, -en) Lebewesen, das in Parabiose lebt
Pa'ra'bi'o'se (die, -, -n) Zusammenleben zweier gleichartiger, miteinander verwachsener Lebewesen; z.B. von siamesischen Zwillingen [gr.]
Pa'ra'blacks [paːrəblæks] (nur Mz.) Kunststoffklötze, die an den Skispitzen montiert werden, um ein Überkreuzen der Skier zu verhindern [engl.]
Pa'rab'lep'sie *auch:* Pa'rab'lep'sie (die, -, -n) Sehstörung [gr.lat.]
Pa'ra'bol'an'ten'ne (die, -, -n) Antenne zum Empfang von Ultrakurzwellen in Form eines paraboloiden Hohlspiegels [gr.-lat.-it.]
pa'ra'bo'lisch (Adj.) in der Art einer Parabel
Pa'ra'bo'lo'id (der, -s, -e) durch Drehung einer Parabel (2) entstehender Körper
Pa'ra'bol'spie'gel (der, -s, -) Hohlspiegel in Form eines Paraboloids [gr.-lat.-dt.]
Pa'ra'de (die, -, -n) 1 prunkvoller Aufmarsch, Vorbeimarsch (von Truppen) 2 Abwehr eines Angriffs (im Sport) 3 Verringern der Gangart oder Anhalten (des Pferdes beim Reiten) [span.-frz.]
Pa'ra'den'ti'tis (die, -, -ti'ti'den) = Parodontitis [gr.-lat.]
Pa'ra'den'to'se (die, -, -n) = Parodontose [gr.-lat.]
pa'ra'die'ren (V.) 1 feierlich vorbei-, aufmarschieren 2 auffällig aufgehängt, aufgestellt sein 3 mit etwas paradieren: mit etwas prunken
Pa'ra'dies (das, -es, -e) 1 Garten Gottes, Himmel 2 Vorhalle mit Brunnen (in der altchristlichen Basilika) 3 Ort der Freude [gr.]

pa|ra|die|sisch (Adj.) **1** das Paradies betreffend **2** herrlich, friedlich, wunderbar [gr.-lat.]

Pa|ra|dig|ma (das, -s, -men oder -ta) Denkmuster; Beispiel [gr.-lat.]

pa|ra|dig|ma|tisch (Adj.) **1** als Muster oder Beispiel fungierend **2** das Paradigma betreffend **3** die Relationen zwischen sprachlichen Elementen betreffend [gr.-lat.]

Pa|ra|dig|men|wech|sel (der, -s, -) Wechsel des Denkmusters [gr.-lat.-dt.]

Pa|ra|dor (der oder das, -s, -e) für Touristen geschaffenes, staatliches Luxushotel in Spanien [span.]

pa|ra|dox (Adj.) widersinnig, in sich einen Widerspruch enthaltend [gr.-lat.]

Pa|ra|dox (das, -es, -e) auf eine höhere Wahrheit hinweisende, scheinbar falsche Aussage [gr.-lat.]

Pa|ra|do|xa (Mz.) von Paradoxon [gr.-lat.]

pa|ra|do|xal (Adj.) = paradox [gr.-lat.]

Pa|ra|do|xie (die, -, -n) das Widersinnige, der Widerspruch in sich [gr.]

Pa|ra|do|xi|tät (die, -, -en) das Paradoxsein [gr.-lat.]

Pa|ra|do|xon (das, -s, -xa) = Paradox [gr.-lat.]

Pa|raf|fin auch: Par|af|fin (das, -s, -e) zur Fertigung von Bohnerwachs oder Kerzen geeignetes, farbloses Gemisch unlöslicher gesättigter Kohlenwasserstoffe [lat.]

pa|raf|fi|nie|ren auch: par|af|fi|nie|ren (V.) mit Paraffin behandeln [lat.]

pa|raf|fi|nisch auch: par|af|fi|nisch (Adj.) aus Paraffin bestehend, dem Paraffin entsprechend [lat.]

Pa|ra|ge|ne|se (auch: Pa|ra|ge|ne|sis) (die, -, nur Ez.) geologische Bezeichnung für das gesetzmäßige Vorkommen bestimmter Mineralien bei der Bildung von Gesteinen [gr.-lat.]

Pa|ra|ge|ne|sis (die, -, nur Ez.) = Paragenese [gr.-lat.]

pa|ra|ge|ne|tisch (Adj.) die Paragenese betreffend [gr.-lat.]

Pa|ra|geu|sie (die, -, -n) abnorme Geschmacksempfindung (Med.) [gr.-lat.]

Pa|ra|gi|um auch: Par|a|gi|um (das, -s, -gi|en) Entschädigung nachgeborener Prinzen mit Landbesitz [lat.]

Pa|ra|gli|ding [pɑːrəɡlaɪdɪŋ] (das, -s, nur Ez.) das Fliegen mit fallschirmähnlichen Gleitsegeln [engl.]

Pa|rag|no|sie auch: Pa|ra|gno|sie (die, -, -n) übersinnliche Wahrnehmung [gr.-lat.]

Pa|rag|nost auch: Pa|ra|gnost (der, -nos|ten/-gnos|ten, -nos|ten/-gnos|ten) Medium mit übersinnlichen Wahrnehmungsfähigkeiten [gr.-lat.]

Pa|ra|graf (auch: Pa|ra|graph) (der, -en, -en) Abschnittszeichen in wissenschaftlichen Werken oder Gesetzbüchern [gr.-lat.]

Pa|ra|gra|fie (auch: Pa|ra|gra|phie) (die, -, -n) Störung der Fähigkeit zu schreiben durch Vertauschung von Buchstaben, Silben oder ganzen Wörtern [gr.-lat.]

pa|ra|gra|fie|ren (auch: pa|ra|gra|phie|ren) (V.) in Paragrafen einteilen [gr.-lat.]

Pa|ra|gramm (das, -s, -e) den Sinn scherzhaft entstellende Buchstabenänderung in einem Wort oder Namen [gr.-lat.]

Pa|ra|gram|ma|tis|mus (der, -, -men) Sprechstörung, durch die der Satzbau auseinander bricht [gr.-lat.]

Pa|ra|gram|ma|zis|mus (der, -, -men) Sprechstörung, bei der an Stelle von g und k ein d und t gesprochen wird (Med.; Psychologie) [gr.-lat.]

Pa|ra|gu|a|yer auch: Pa|ra|gu|ay|er (der, -s, -) Einwohner des südamerikanischen Staates Paraguay

Pa|ra|ki|ne|se (die, -, -n) Störung im geordneten Ablauf der Bewegungen [gr.]

Pa|rak|la|se auch: Pa|ra|kla|se (die, -, -n) durch Erdbeben u.a. entstandene Spalte im Gestein [gr.]

Pa|rak|let auch: Pa|ra|klet (der, -(e)s oder -en, -e oder -en) Fürsprecher, Helfer, bes. der Heilige Geist [gr.]

Pa|ra|ku|sie auch: Par|a|ku|sie (die, -, -n) = Parakusis

Pa|ra|ku|sis auch: Par|a|ku|sis (auch: Pa|ra|ku|sie) (die, -, -ses) Störung der akustischen Wahrnehmung (Med.) [gr.-lat.]

Pa|ra|la|lie (die, -, -n) Sprachstörung durch Lautverwechslungen und Lautveränderungen (Med.) [gr.-lat.]

Pa|ra|le|xie (die, -, -n) Lesestörung durch Verwechslung der gelesenen Wörter (Med.) [gr.-lat.]

Pa|ral|ge|sie auch: Par|al|ge|sie (die, -, -n) gestörte Schmerzempfindung, wobei Schmerzreize als angenehm empfunden werden (Med.) [gr.-lat.]

Pa|ral|gie auch: Par|al|gie (die, -, -n) = Paralgesie [gr.-lat.]

Pa|ra|li|po|me|non (das, -s, -na) Nachtrag, Ergänzung (zu einem literarischen Werk) [gr.]

Pa|ra|li|po|pho|bie (die, -, nur Ez.) Bezeichnung für die zwanghafte Vorstellung, dass es Unheil mit sich bringt, wenn man bestimmte Handlungen nicht ausführt (Psychologie) [gr.-lat.]

Pa|ra|lip|se (die, -, -n) die rhetorische Figur, etwas besonders zu betonen, indem man vorgibt, es übergehen zu wollen [gr.]

pa|ral|lak|tisch *auch:* par|al|lak|tisch (Adj.) auf Parallaxe beruhend [gr.]

Pa|ral|la|xe *auch:* Par|al|la|xe (die, -, -n) **1** Winkel, der dadurch entsteht, dass ein Punkt von zwei verschiedenen Punkten auf einer Geraden betrachtet wird **2** Entfernung eines Sterns, die aus einem solchen Winkel (zwischen Stern und zwei Punkten auf einer Gerade) bestimmt werden kann **3** Unterschied zwischen dem Bildausschnitt im Sucher der Kamera und dem Ausschnitt, der auf dem Film erscheint

pa|ral|lel *auch:* par|al|lel (Adj.) **1** in gleichem Abstand nebeneinander (verlaufend) **2** vergleichbar ähnlich und gleichzeitig [gr.]

Pa|ral|le|le *auch:* Par|al|le|le (die, -, -n) **1** Gerade, die in gleichem Abstand neben einer anderen Geraden verläuft **2** ähnlicher, vergleichbarer Fall, ähnliches Ereignis [gr.]

Pa|ral|lel|e|pi|ped *auch:* Par|al|lel|e|pi|ped (das, -s, -e) von drei Paaren parallelen Ebenen begrenzter Körper; z.B. Würfel [gr.]

Pa|ral|lel|e|pi|pe|don *auch:* Par|al|lel|e|pi|pe|don (das, -s, -da oder -peden) = Parallelepiped

Pa|ral|le|lis|mus *auch:* Par|al|le|lis|mus (der, -, -men) **2** Übereinstimmung **2** gleichmäßiger Bau (von Sätzen oder Satzgliedern) [gr.]

Pa|ral|le|li|tät *auch:* Par|al|le|li|tät (die, -, nur Ez.) das Parallelsein, Gleichheit, Ähnlichkeit

Pa|ral|le|lo|gramm *auch:* Par|al|le|lo|gramm (das, -s, -e) von zwei Paaren paralleler Seiten begrenztes Viereck [gr.]

Pa|ral|lel|pro|jek|ti|on *auch:* Par|al|lel|projek|ti|on (die, -, -ti|o|nen) durch parallele Strahlen auf einer Ebene zeichnerisch dargestelltes, räumliches Gebilde

Pa|ra|lo|gie (die, -, -n) **1** Vernunftwidrigkeit **2** falscher Gebrauch von Wörtern und dadurch Verfehlen eines Problems **3** krankhaftes Vertauschen von Wörtern [gr.]

Pa|ra|lo|gis|mus (der, -, -men) Fehlschluss [gr.-lat.]

Pa|ra|lo|gis|tik (die, -, nur Ez.) die Verwendung von Trugschlüssen in der Logik [gr.-lat.]

Pa|ra|ly|se (die, -, -n) völlige Lähmung, progressive Paralyse: fortschreitende Gehirnerweichung (Spätstadium der Syphilis) [gr.]

pa|ra|ly|sie|ren (V.) **1** lähmen **2** unwirksam machen, lahmlegen [gr.]

Pa|ra|ly|sis (die, -, -ly|sen) = Paralyse [gr.lat.]

Pa|ra|ly|ti|ker (der, -s, -) jmd., der an Paralyse leidet

pa|ra|ly|tisch (Adj.) auf Paralyse beruhend, daran leidend

Pa|ra|me|di|zin (die, -, nur Ez.) bezüglich Diagnose und Behandlung von Krankheiten von der Schulmedizin abweichende Anschauung [gr.-lat.]

Pa|ra|ment (das, -(e)s, -e) Gegenstand aus Stoff (Tuch, Decke, Vorhang) für gottesdienstliche Zwecke [lat.]

Pa|ra|men|tik (die, -, nur Ez.) **1** wissenschaftliche Paramentenkunde **2** Kunst der Paramentenfertigung [lat.]

Pa|ra|me|ter (der, -s, -) **1** entweder konstante oder unbestimmte Hilfsgröße (für mathematische Berechnungen) **2** Unterstellung bestimmter Bedingungen (zur Berechnung von technischen Abläufen) **3** veränderliche Größe, durch die ein Wirtschaftsprozess beeinflusst werden kann; z.B. Kosten [gr.]

pa|ra|mi|li|tä|risch (Adj.) halbmilitärisch [gr.-lat.-frz.]

Pa|ra|mi|mie (die, -, nur Ez.) Bezeichnung für das Missverhältnis zwischen einem seelischen Zustand und seiner mimischen oder gestischen Umsetzung (Psychologie) [gr.-lat.]

Pa|ram|ne|sie *auch:* Pa|ra|mne|sie (die, -, -n) Gedächtnisstörung, Erinnerungstäuschung, wobei sich der Erinnernde an Ereignisse zu erinnern glaubt, die überhaupt nicht stattgefunden haben [gr.-lat.]

Pa|rä|ne|se *auch:* Par|ä|ne|se (die, -, -n) Mahnpredigt, Rede oder Schrift zur Ermahnung [gr.-lat.]

pa|rä|ne|tisch *auch:* par|ä|ne|tisch (Adj.) **1** die Paränese betreffend, in der Art einer Paränese verfasst **2** ermahnend [gr.-lat.]

Pa|rang (der, -s, -s) malaiische Stichwaffe [malai.]

Pa|ra|noia (die, -, nur Ez.) mit Wahnvorstellungen verbundene Geisteskrankheit [gr.]

pa|ra|no|id (Adj.) der Paranoia ähnlich

Pa|ra|no|i|ker (der, -s, -,) jmd., der an Paranoia leidet

pa|ra|no|isch (Adj.) **1** die Paranoia betreffend **2** geistesgestört (Med.) [gr.-lat.]

Pa|ra|no|is|mus (der, -, nur Ez.) eine Form des Verfolgungswahns [gr.-lat.]

Pa|ra|no|mie (die, -, -n) (veraltet) Gesetzwidrigkeit [gr.]

pa|ra|nor|mal (Adj.) übersinnlich, nicht natürlich erklärbar [gr.-lat.]

Pa|ra|pett (das, -s, -e) Brustwehr eines Walles [lat.-it.]

Pa|ra|pha|sie (die, -, -n) mit Verwechslung von Wörtern, Silben, Buchstaben verbundene Sprachstörung [gr.]

Pa|ra|phe (die, -, -n) Namenszeichen, Namenszug, Stempel mit dem Namenszeichen

pa'ra'phie'ren (V.) mit der Paraphe unterzeichnen [gr.]
pa'ra'phil (Adj.) die Paraphilie betreffend [gr.]
Pa'ra'phi'lie (die, -, -n) von der als normal angesehenen Form sexueller Betätigung abweichendes Verhalten [gr.]
Pa'ra'phra'se (die, -, -n) **1** Wiedergabe mit anderen Worten, Umschreibung **2** freie Übertragung (aus einer anderen Sprache) **3** musikalische Verzierung [gr.]
pa'ra'phra'sie'ren (V.) **1** mit anderen Worten wiedergeben, umschreiben **2** verzieren; z.B. eine Melodie paraphrasieren [gr.]
pa'ra'phras'tisch (Adj.) in der Art einer Paraphrase
Pa'ra'phre'nie (die, -, -n) leichte Schizophrenie mit Wahnvorstellungen [gr.-lat.]
Pa'ra'phro'sy'ne (die, -, nur Ez.) Fieberwahnsinn, durch Fieber bedingte Verwirrtheit (Med.) [gr.]
Pa'ra'phy'se (die, -, -n) **1** sterile Zelle bei Pilzen **2** haarähnliche Zellen bei Moosen und Farnen [gr.]
Pa'ra'pla'sie (die, -, -n) krankhafte Bildung, Missbildung [gr.]
Pa'ra'plas'ma (das, -s, -men) Zellprotoplasma [gr.-lat.]
Pa'ra'ple'gie (die, -, -n) Lähmung symmetrisch gegenüberliegender Gliedmaßen, doppelseitige Lähmung [gr.]
Pa'rap'luie *auch:* Pa'ra'pluie [-plyː] (der oder das, -s, -s) Regenschirm (veraltet, noch scherzhaft) [frz.]
Pa'rap'sis *auch:* Par'ap'sis (die, -, nur Ez.) Störung des Tastsinnes, Unfähigkeit der Erkennung von Dingen durch Ertasten (Med.) [gr.-lat.]
Pa'ra'psy'cho'lo'gie (die, -, nur Ez.) Zweig der Psychologie, der sich mit außersinnlichen Erscheinungen befasst
Pa'rarth'rie *auch:* Par'ar'thrie/Par'arth'rie (die, -, -n) Sprachstörung, die durch fehlerhafte Artikulation gekennzeichnet ist (Med.) [gr.-lat.]
Pa'ra'san'ge (die, -, -n) Wegemaß im alten Persien [pers.-gr.-lat.]
Pa'ra'sche (die, -, -n) **1** ein Abschnitt der Thora **2** Gesetzeslesung aus diesem Abschnitt im jüdischen Gottesdienst [hebr.]
Pa'ra'sem (Adj.) in der Sprachwissenschaft semantisch nebengeordnet [gr.-lat.]
Pa'ra'sem (das, -s, -e) in der Sprachwissenschaft semantisch nebengeordneter Begriff [gr.-lat.]
Pa'ra'sit (der, -en, -en) **1** Lebewesen, das von anderen lebt und dieses dadurch schädigt oder beeinträchtigt, Schmarotzer **2** jmd., der auf Kosten anderer lebt [gr.]
pa'ra'si'tär (Adj.) in der Art eines Parasiten, schmarotzerisch
pa'ra'si'tisch (Adj.) parasitär, in der Art eines Schmarotzers [gr.-lat.]
Pa'ra'si'tis'mus (der, -, nur Ez.) Leben, Art eines Parasiten, Schmarotzertum
Pa'ra'si'to'lo'ge (der, -n, -n) sich mit dem Bereich der Parasitologie beschäftigender Forscher [gr.-lat.]
Pa'ra'si'to'lo'gie (die, -, nur Ez.) Wissenschaft von den Parasiten (**1**)
pa'ra'si'to'lo'gisch (Adj.) die Parasitologie betreffend, ihr zugeordnet [gr.-lat.]
pa'ra'si'tot'rop *auch:* pa'ra'si'to'trop (Adj.) gegen Parasiten wirkend (Med.) [gr.-lat.]
Pa'ra'ski (der, -, nur Ez.) Wintersportdisziplin, die aus einer Kombination von Fallschirmspringen und Riesenslalom besteht
Pa'ra'sol 1 (der oder das, -s, -s) Sonnenschirm (veraltet) **2** (der, -n, -n) ein essbarer Blätterpilz, Schirmpilz [it.]
Pa'räs'the'sie *auch:* Par'äs'the'sie (die, -, -n) anomale Körperempfindung; z.B. Kribbeln, Eingeschlafensein von Gliedern [gr.]
Pa'ra'sym'pa'thi'kus (der, -, nur Ez.) dem Sympathikus entgegengesetzt wirkender Teil des vegetativen Nervensystems [gr.-lat.]
pa'rat (Adj.) gebrauchsfertig, bereit, vorrätig; z.B. einen Gegenstand, eine Entschuldigung parat haben [lat.]
pa'ra'tak'tisch (Adj.) in der Art einer Parataxe, nebenordnend
Pa'ra'ta'xe (die, -, -n) Nebeneinander, Nebenordnung (von Hauptsätzen) [gr.]
Pa'ra'ta'xie (die, -, -x|en) **1** Störung zwischenmenschlicher Beziehungen durch Projektionen subjektiver, aber falscher Vorstellungen auf den Partner **2** nicht perspektivische Wiedergabe [gr.-lat.]
Pa'ra'ta'xis (die, -, -xen) = Parataxe [gr.-lat.]
Pa'ra'thi'on (das, -s, nur Ez.) Wirkstoff in Insektiziden, E 605 [gr.]
Pa'ra'ty'phus (der, -, nur Ez.) dem Typhus ähnliche Infektionskrankheit
pa'ra'ty'pisch (Adj.) nicht erblich (Med.) [gr.-lat.]
pa'ra've'nös (Adj.) neben einer Vene sich befindend (Med.) [gr.-lat.]
Pa'ra'vent [-vã] (der, -s, -s) zusammenklappbarer Wandschirm [frz.]
pa'ra'ver'teb'ral *auch:* pa'ra'ver'te'bral (Adj.) neben einem Wirbel oder der Wirbelsäule sich befindend (Med.) [gr.-lat.]
par a'vi'on [paravjõ] durch Luftpost (Vermerk auf Postsendungen) [frz.]

Pa|ra|zen|te|se (die, -, -n) Durchstechen (bes. des Trommelfells) [gr.]
pa|ra|zent|ral *auch:* pa|ra|zen|tral (Adj.) neben den Gehirnwindungen sich befindend (Med.) [gr.-lat.]
pa|ra|zent|risch *auch:* pa|ra|zen|trisch (Adj.) um den Mittelpunkt liegend, sich um das Zentrum bewegend [gr.-lat.]
par|bleu! [-blø:] Nanu! Donnerwetter! (veraltet) [frz.]
Par|cours [-kuːɐ] (der, - [-kuːɐs], - [-kuːɐs]) von den Pferden zu durchlaufende Rennstrecke bei Hindernisrennen [frz.]
par dis|tance [-stɑ̃s] aus der Entfernung, über eine gewisse Entfernung, mit jmdm. par distance verkehren, förmlich, nicht freundschaftlich [frz.]
par|don! [-dɔ̃] Verzeihung!, entschuldigen Sie! [frz.]
Par|don [-dɔ̃] (der, -, nur Ez.) Verzeihung, Gnade, Begnadigung; z.B. keinen Pardon geben
par|do|na|bel (Adj.) (altertümelnd) verzeihlich, entschuldbar [lat.-frz.]
par|do|nie|ren (V.) jmdm. pardonieren: jmdm. Pardon geben, verzeihen, jmdn. begnadigen, schonen
Par|dun (*auch:* die Par|du|ne) (das, -s, -s) Tau, das Masten und Stangen von hinten hält [niederl.]
Par|du|ne (die, -, -n) = Pardun
Pa|re|che|se *auch:* Par|ech|e|se (die, -, -n) in der Rhetorik das Zusammenstellen hinsichtlich des Lautes gleicher Wörter mit unterschiedlicher Herkunft [gr.]
Pa|ren|chym *auch:* Par|en|chym (das, -s, -e) 1 bes. dem Stoffaustausch dienendes, saftiges, dünnwandiges pflanzliches Gewebe, Grundgewebe 2 Organ-, Drüsengewebe [gr.]
pa|ren|tal (Adj.) zur Generation der Eltern gehörig, von ihr stammend [lat.]
Pa|ren|tel (die, -, -en) Gesamtheit des Stammvaters und seiner Nachkommen [lat.]
pa|ren|te|ral *auch:* par|en|te|ral (Adj.) nicht über den Verdauungsweg, parenterale Nahrungsaufnahme: Nahrungsaufnahme über die Körperoberfläche durch Infusion u.a. [gr.]
Pa|ren|the|se *auch:* Par|en|the|se (die, -, -n) 1 Klammer (als Satzzeichen) 2 in Klammern oder Gedankenstriche eingeschlossener, eingeschobener Satz oder Satzteil [gr.]
pa|ren|the|tisch *auch:* par|en|the|tisch (Adj.) eingeschoben, nebenbei (erwähnt) [gr.]
Pa|re|re (das, -s, -s) 1 Gutachten über kaufmännische Streitsachen 2 in Österreich das ärztliche Attest, das eine Einweisung in eine psychiatrische Klinik ermöglicht [lat.-it.]

Pa|rer|gon *auch:* Par|er|gon (das, -s, -ga) 1 Nachtrag, Anhang (zu einem literarischen Werk) 2 (Mz.) Parerga: gesammelte kleine Schriften [gr.]
Pa|re|se (die, -, -n) 1 Erschlaffung 2 leichte Lähmung eines Muskels oder einer Muskelgruppe (Med.) [gr.]
pa|re|tisch (Adj.) geschwächt, teilweise gelähmt [gr.]
par ex|cel|lence [parɛksəlɑ̃:s] im wahrsten Sinne des Wortes, beispielhaft, schlechthin [frz.]
Par|fait [parfɛː] (das, -s, -s) 1 Fleisch- oder Fischpastete 2 Halbgefrorenes [frz.]
Par|force [-fɔrs] (die, -, -n) Hetzjagd zu Pferd mit Hunden [frz.]
Par|füm (*auch:* Par|fum) (das, -s, -s oder -e) wässrig-alkoholische Lösung von Duftstoffen [frz.]
Par|fü|me|rie (die, -, -n) 1 Industrie zur Herstellung von Parfüms 2 Geschäft, in dem Parfüms, Seifen, kosmetische Mittel usw. verkauft werden [frz.]
Par|fü|meur [-møːɐ] (der, -s, -e) Fachmann in der Parfümherstellung [lat.-it.-frz.]
par|fü|mie|ren (V.) 1 wohlriechend machen, mit Duftstoff versetzen 2 mit Parfüm bestäuben, betupfen
Pa|ri (der, -(s), nur Ez.) Nennwert; z.B. Wertpapiere stehen unter, über Pari [it.]
Pa|ria (der, -s, -s) 1 außerhalb der Kasten stehender oder der niedersten Kaste angehöriger Inder 2 von der Gesellschaft Ausgestoßener [tamil.]
pa|rie|ren (V.) 1 abwehren, auffangen; z.B. einen Hieb parieren 2 zum Stehen bringen; z.B. das Pferd parieren [lat.-frz.] 3 (V.) gehorchen [lat.]
Pa|ri|fi|ka|ti|on (die, -, -ti|o|nen) (altertümelnd) Gleichstellung [lat.]
Pa|ri|ser (der, -s, -) umgangssprachlich salopp für Präservativ
Pa|ri|si|enne [-zjɛn] (die, -, nur Ez.) 1 französisches Freiheitslied in der Revolution von 1830 2 mit Metallfäden durchwirktes Seidengewebe [frz.]
pa|ri|tal (Adj.) 1 an der Wand des Fruchtknotens stehend 2 zur Wand (des Körpers, eines Organs) hin gelegen, seitlich 3 zum Scheitelbein gehörig [lat.]
Pa|ri|tät (die, -, -en) 1 Gleichstellung, Gleichberechtigung, Gleichwertigkeit 2 Verhältnis des Wertes zweier Währungen [lat.]
pa|ri|tä|tisch (Adj.) gleich gestellt, gleichberechtigt, gleichwertig [lat.]
Park (der, -s, -s) 1 sehr großer, meist baumreicher Garten 2 Gesamtheit der Fahrzeuge

(eines Betriebes, meist in Zusammensetzungen); z.B. Fuhrpark, Wagenpark [engl.]
Par'ka (der, -s, -s) knielanger, meist wattierter Anorak mit Kapuze [eskim.]
Park-and-ride-Sys'tem [-ənraɪd-] (das, -s, nur Ez.) Verkehrssystem, bei dem von auswärts kommende Kraftfahrer ihre Fahrzeuge am Stadtrand abstellen und mit öffentlichen Verkehrsmitteln ins Zentrum fahren [engl.]
par'ken (V.) **1** stehen lassen, abstellen; z.B. einen Wagen am Stadtrand parken **2** abgestellt sein, vorübergehend stehen; z.B. parkende Autos **3** seinen Wagen abstellen, stehen lassen; z.B. kann ich hier parken? [engl.]
Par'kett (das, -(e)s, -e oder -s) **1** Fußbodenbelag aus Holzbrettchen, die in Mustern aufgeklebt oder -genagelt werden; sich auf dem Parkett bewegen können (ugs.): sich in guter Gesellschaft einwandfrei und ungezwungen benehmen können **2** vordere Reihen im Zuschauerraum (des Theaters) **3** Raum zum Abschließen der Geschäfte (an der Pariser Börse) **4** (auch) Börsenverkehr [frz.]
Par'kett'te (die, -, -n) Brettchen des Parkettbodens (österr.)
par'kett'tie'ren (V.) mit Parkett (**1**) belegen
par'kie'ren (V.) = parken (schweiz.)
Par'kin'so'nis'mus (der, -, -men) nach dem Arzt Parkinson benannte Schüttellähmung [lat.]
Par'la'ment (das, -(e)s, -e) aus gewählten Vertretern des Volkes bestehende Gruppe von Personen mit beratender oder gesetzgebender Funktion, Abgeordnetenhaus [frz.-engl.]
Par'la'men'tär (der, -s, -e) Vermittler (zwischen zwei feindlichen Heeren), der eine Mitteilung überbringt oder den Waffenstillstand einleitet [frz.]
Par'la'men'ta'ri'er (der, -s, -) Mitglied eines Parlaments
par'la'men'ta'risch (Adj.) zum Parlament gehörig, von ihm ausgehend, in ihm üblich, stattfindend
par'la'men'ta'ri'sie'ren (V.) den Parlamentarismus einführen [gr.-lat.-frz.]
Par'la'men'ta'ris'mus (der, -, nur Ez.) Regierungsform, bei der das Parlament an der Regierung mitwirkt
par'la'men'tie'ren (V.) (altertümelnd) unterhandeln, verhandeln [gr.-lat.-frz.]
par'lan'do (Adv.) im Sprechgesang, halb sprechend, halb singend [it.]
Par'lan'do (das, -s, -s oder -di) Sprechgesang (in der Oper) [it.]
par'lie'ren (V.) fließend sprechen, rasch und eifrig sprechen; sich angeregt unterhalten

Par'lo'graph (der, -en, -en) Diktiermaschine [gr.-lat.-frz.]
Par'me'lia (die, -, -li'en) Schüsselflechte auf Rinden und Steinen [gr.-lat.]
Par'me'san (der, -s, nur Ez.) Hartkäse aus Parma (bes. zum Reiben)
Par'nass (der, -es, nur Ez.) Berg der Musen (in der griechischen Mythologie); Reich der Dichtkunst
par'nas'sisch (Adj.) den Parnass betreffend, zu ihm gehörend [gr.-lat.]
Par'nas'sos (der, -, nur Ez.) = Parnass [gr.-lat.]
Par'nas'sus (der, -, nur Ez.) = Parnass [gr.-lat.]
Par'nes (der, -, -) Vorsteher einer jüdischen Gemeinde [hebr.]
pa'ro'chi'al auch: par'o'chi'al (Adj.) zur Parochie gehörend
Pa'ro'chie auch: Par'o'chie (die, -, -n) Pfarrbezirk [gr.]
Pa'ro'die auch: Par'o'die (die, -, -n) **1** komische, übertreibende Nachahmung (eines literarischen Werkes oder eines Stils, z.B. Tanzstils) **2** Unterlegung einer Melodie mit anderem Text oder umgekehrt **3** Austausch von geistlichen und weltlichen Texten und Kompositionen **4** Austausch von Kompositionen innerhalb des eigenen Gesamtwerkes [gr.]
pa'ro'die'ren auch: par'o'die'ren (V.) in der Parodie (**1**) verspotten
pa'ro'disch auch: par'o'disch (Adj.) die Parodie betreffend, die Mittel der Parodie anwendend [gr.-lat.- frz.]
Pa'ro'dist auch: Par'o'dist (der, -dis'ten, -dis'ten) jmd., der etwas parodiert
Pa'ro'dis'tik auch: Par'o'dis'tik (die, -, nur Ez.) die Kunst der Parodie, der Gebrauch der Parodie [gr.-lat.-frz.]
pa'ro'dis'tisch auch: par'o'dis'tisch (Adj.) in der Art einer Parodie
Pa'ro'don'ti'tis auch: Par'o'don'ti'tis (auch: Pa'ra'den'ti'tis) (die, -, -ti'ti'den) Zahnfleischentzündung [gr.]
Pa'ro'don'to'se auch: Par'o'don'to'se (auch: Pa'ra'den'to'se) (die, -, -n) krankhafte Rückbildung des Zahnfleisches und Zahnbettgewebes [gr.]
Pa'ro'dos auch: Par'o'dos (der, -, -) das Einzugslied des Chores in der antiken Tragödie [gr.]
Pa'rö'ke auch: Par'ö'ke (der, -n, -n) Bewohner des Byzantinischen Reiches ohne oder mit nur geringem Bürgerrecht [gr.]
Pa'ro'le (die, -, -n) **1** Wort(e) als Erkennungszeichen **2** Leitspruch, Wahlspruch, Spruch als Aufforderung oder Zielsetzung; z.B. Wahlparole [frz.]

Pa|ro|li (das, -s, -s) Verdoppelung des ersten Einsatzes (im Pharaospiel); jmdm. Paroli bieten: jmdm. entgegentreten, Widerstand leisten, sich energisch widersetzen [it.-frz.]

Pa|rö|mi|a|kus *auch:* Par|ö|mi|a|kus (der, -, -a|zi) altgriechischer Sprichververs [gr.-lat.]

Pa|rö|mie *auch:* Par|ö|mie (die, -, -n) altgriechischer Denkspruch, Sprichwort [gr.]

Pa|rö|mi|o|graph *auch:* Par|ö|mi|o|graph (der, -en, -en) Gelehrter, der die Denksprüche und Sprichworte zusammenstellt [gr.]

Pa|rö|mi|o|lo|gie *auch:* Par|ö|mi|o|lo|gie (die, -, nur Ez.) Wissenschaft von den Sprichwörtern [gr.]

Pa|ro|no|ma|sie *auch:* Par|o|no|ma|sie (die, -, -n) in der Rhetorik das Zusammenstellen hinsichtlich des Lautes gleicher Wörter mit gleicher Herkunft [gr.-lat.]

pa|ro|no|mas|tisch *auch:* par|o|no|mas|tisch (Adj.) die Paronomasie betreffend, zu ihr gehörend [gr.-lat.]

Pa|ro|ny|chie *auch:* Par|o|ny|chie (die, -, -n) = Panaritium [gr.]

Pa|ro|ny|mie *auch:* Par|o|ny|mie (die, -, nur Ez.) das Ableiten von einem Stammwort in der Sprachwissenschaft [gr.]

Pa|ro|ny|mik *auch:* Par|o|ny|mik (die, -, nur Ez.) ein Teilgebiet der Sprachwissenschaft, das die Paronymie betrifft [gr.-lat.]

pa|ro|ny|misch *auch:* par|o|ny|misch (Adj.) die Paronymie betreffend, vom gleichen Stamm abgeleitet [gr.-lat.]

Pa|ro|ny|mon *auch:* Par|o|ny|mon (das, -s, -ma oder -ny|me) Wort, das mit anderen vom gleichen Stamm abgeleitet ist [gr.-lat.]

Pa|ro|re|xie *auch:* Par|o|re|xie (die, -, -n) medizinische Bezeichnung für das krankhafte Verlangen, nach ungewöhnlichen oder unverdaulichen Speisen [gr.-lat.]

Pa|ros|mie *auch:* Par|os|mie (die, -, -n) Störung in der Wahrnehmung von Gerüchen (Med.) [gr.-lat.]

Pa|ros|phre|sie *auch:* Par|os|phre|sie (die, -, -n) = Parosmie [gr.lat.]

Pa|ro|tis *auch:* Par|o|tis (die, -, -o|ti|den) Ohrspeicheldrüse [gr.]

Pa|ro|ti|tis *auch:* Par|o|ti|tis (die, -, -ti|ti|den) Entzündung der Parotis [gr.]

pa|ro|xys|mal *auch:* par|o|xys|mal (Adj.) schubweise auftretend, anfallsweise auftretend, sich steigernd (Med.) [gr.-lat.]

Pa|ro|xys|mus *auch:* Par|o|xys|mus (der, -, -men) **1** anfallartiges Auftreten und höchste Steigerung einer Krankheitserscheinung **2** aufs Höchste gesteigerter tektonischer Vorgang (bes. vulkanischer Ausbruch) [gr.]

Par|rhe|sie (die, -, nur Ez.) (veraltet) rednerische Freimütigkeit [gr.]

Par|ri|ci|da (*auch:* Par|ri|zi|da) (der, -s, -s) Verwandten- oder Vatermörder [lat.]

Par|ri|zi|da (der, -s, -s) = Parricida [lat.]

Par|se (der, -n, -n) Anhänger des Parsismus

par|sen (V.) maschinenlesbare Daten analysieren, segmentieren und kodieren (EDV) [engl.]

Par|sing (das, -s, nur Ez.) das Parsen (EDV) [engl.]

par|sisch (Adj.) die Parsen betreffend, zum Parsismus gehörend, auf ihm basierend [pers.-lat.]

Par|sis|mus (der, -, nur Ez.) eine Form der Lehre Zarathustras in Persien und (heute noch) in Indien

Pars pro to|to (das, - - -, - - -) Redefigur, bei der ein Teilbegriff statt des Gesamtbegriffs verwendet wird; z.B. »Brot« statt »Nahrung« [lat.]

Part (der, -s, -e oder -s) **1** Teil, Anteil **2** Stimme (eines Vokal- oder Instrumentalstücks) **3** Rolle (in einem Theaterstück) [lat.]

par|ta|gie|ren [-ʒiːrən] (V.) (veraltet) teilen, verteilen [lat.-frz.]

Par|te (die, -, -n) Todesanzeige (österr.) [it.]

Par|tei (die, -, -en) **1** Gruppe von Personen mit den gleichen politischen Ansichten, die sich zur Durchsetzung ihrer Ziele vereinigt haben **2** Partner (eines Vertrages) **3** Gegner (im Rechtsstreit) **4** jede von zwei oder mehreren gegeneinander spielenden oder miteinander streitenden Gruppen **5** Mieter (einer Wohnung) [frz.]

Par|te|ke (die, -, -n) Stückchen Brot als Almosen [gr.-lat.]

par|terre [-tɛr] (Adv.) im Parterre; z.B. parterre wohnen; parterre sein (ugs.): niedergeschlagen sein

Par|terre [-tɛr] (das, -s, -s) **1** Erdgeschoss **2** mittlere und hintere Sitzreihen im Zuschauerraum (veraltet) **3** Gesamtheit kunstvoll angelegter Blumenbeete [frz.]

Par|terre|ak|ro|ba|tik *auch:* Par|terre|a|kro|ba|tik [-tɛr-] (die, nur Ez.) artistisches Bodenturnen

Par|the|ni|en (nur Mz.) altgriechische Hymnen für die Chöre der Jungfrauen [gr.]

Par|the|no|ge|ne|se (die, -, -n) **1** Geburt eines Gottes oder Helden durch eine Jungfrau (in der Mythologie) **2** Entstehung einer Eizelle ohne Befruchtung, Jungfernzeugung [gr.]

par|the|no|ge|ne|tisch (Adj.) ohne Befruchtung entstehend, die Parthenogenese betreffend [gr.-lat.]

par|the|no|karp (Adj.) ohne Befruchtung entstanden, die Parthenokarpie betreffend [gr.-lat.]

Parthenokarpie — Pas de deux

Par'the'no'kar'pie (die, -, -n) Entstehung von (samenlosen) Früchten ohne Befruchtung, Jungfernfrüchtigkeit [gr.]
par'ti'al (Adj.) = partiell [lat.]
Par'ti'al'ob'li'ga'ti'on (die, -, -ti'o'nen) Teilschuldverschreibung [lat.]
Par'tie (die, -, -n) **1** Teil, Abschnitt, Ausschnitt; z.B. die obere Partie des Bildes **2** Rolle (in Oper, Operette, Oratorium) **3** Warenmenge (meist Rest); z.B. eine Partie Handtücher **4** Ausflug (veraltet, noch in Zusammensetzungen); z.B. Landpartie **5** einzelnes Spiel; z.B. eine Partie Schach **6** Heiratsmöglichkeit; z.B. eine gute Partie machen: einen reichen Partner heiraten; eine gute Partie sein: viel Geld mit in die Ehe bringen [frz.]
par'ti'ell [-tsjɛl] (Adj.) teilweise (vorhanden) [frz.]
Par'ti'kel (die, -, -n) **1** kleiner Bestandteil, Teilchen **2** undeklinierbares Wort; z.B. Adverb [lat.]
par'ti'ku'lar (auch: par'ti'ku'lär) (Adj.) nur als Teil vorhanden, einzeln [lat.]
par'ti'ku'lär (Adj.) = partikular
Par'ti'ku'la'ris'mus (der, -, nur Ez.) **1** Bestreben (von kleinen Ländern oder Teilstaaten), die eigenen Interessen gegenüber dem Ganzen durchzusetzen **2** Klein-, Vielstaaterei [lat.]
Par'ti'ku'la'rist (der, -ris'ten, -ris'ten) Anhänger des Partikularismus (**1**)
par'ti'ku'la'ris'tisch (Adj.) auf dem Partikularismus (**1**) beruhend
Par'ti'san (der, -s oder -en, -en) Angehöriger einer im Rücken des Feindes kämpfenden, nicht zu einem Truppenverband gehörigen Gruppe, Freischärler [it.-frz.]
Par'ti'sa'ne (die, -, -n) spießartige Waffe mit zweischneidiger Klinge (im 15.–17. Jh.) [it.-frz.]
Par'ti'ta (die, -, -ten) = Suite [it.]
Par'ti'te (die, -, -n) bestimmte Warenmenge [it.]
Par'ti'ti'on (die, -, -ti'o'nen) **1** Teilung, Einteilung **2** Zerlegung eines Begriffs in seine Merkmale (in der Logik) [lat.]
par'ti'tiv (Adj.) teilend, eine Teilung bezeichnend [lat.]
Par'ti'tur (die, -, -en) Aufzeichnung aller Stimmen eines vielstimmigen Musikstücks Takt für Takt untereinander [lat.-it.]
Par'ti'zip (das, -s, -e oder -zi'pi'en) Form des Verbs, die wie ein Adjektiv gebraucht und dekliniert werden kann, Mittelwort (im Präsens oder Perfekt) [lat.]
Par'ti'zi'pa'ti'on (die, -, -ti'o'nen) das Partizipieren, Teilhabe

par'ti'zi'pi'al (Adj.) in der Art, mit Hilfe eines Partizips
par'ti'zi'pie'ren (V.) an etwas partizipieren: an etwas teilhaben, einen Anteil von etwas bekommen [lat.]
Part'ner (der, -s, -) jmd., der mit jmdm. etwas zusammen tut, unternimmt, der an etwas teilhat, der an derselben Stelle wie jmd. beteiligt ist; z.B. Geschäftspartner, Ehepartner, Tanzpartner [engl.]
par'tout [-tu:] (Adv.) unbedingt, durchaus; z.B. er will partout dabei sein [frz.]
Par'tus (der, -, -) Geburt, Entbindung (Med.) [lat.]
Par'ty [-tɪ] (die, -, -s) geselliges Beisammensein, zwangloses Fest [engl.]
Pa'ru'sie auch: Par'u'sie (die, -, nur Ez.) **1** Wiederkunft Christi zum jüngsten Gericht **2** Anwesenheit der Ideen in den Dingen (bei Plato) [gr.]
Par've'nü (der, -s, -s) Emporkömmling [frz.]
Par'ze (die, -, -n) jede der drei Schicksalsgöttinnen (in der griech. und römischen Mythologie)
Par'zel'le (die, -, -n) kleines vermessenes Stück Bauland (als kleinste im Grundbuch eingetragene Einheit) [frz.]
par'zel'lie'ren (V.) in Parzellen aufteilen
Pas [pa] (der, -, - [pas]) Tanzschritt; Folge von Tanzschritten; Pas de deux: Tanz zu zweit (im Ballett), Pas de trois: Tanz zu dritt [frz.]
Pas'cal (das, -s, -) Maßeinheit für den Luftdruck
Pasch (der, -s, -e oder Pä'sche) **1** Wurf mit mehreren Würfeln, bei dem auf allen Würfeln die gleiche Augenzahl erscheint **2** Dominostein mit der gleichen Augenzahl auf beiden Hälften **3** zwei oder mehrere dicht zusammenstehende Gewinnzahlen (beim Lotto) [niederl.]
Pa'scha (der, -s, -s) **1** höherer Beamter oder Offizier (früher in der Türkei und Ägypten) **2** anspruchsvoller Mann, der sich gern bedienen lässt (ugs., scherzhaft) [türk.]
Pa'scha'lik (das, -s, -e oder -s) **1** Paschawürde **2** Amtsbezirk eines Paschas [türk.]
pa'schen (V.) **1** würfeln [niederl.] **2** schmuggeln [hebr.]
Pa'scher (der, -s, -) umgangssprachliche Bezeichnung für Schmuggler [hebr.]
pa'scholl! vorwärts! los! [russ.]
Pasch'tu (das, -(s), nur Ez.) Amtssprache in Afghanistan
Pas de deux [padədø:] (der, - -, - -) Balletttanz für einen Solotänzer und eine Solotänzerin [lat.-frz.]

Pas de trois [padətrwa] (der, - -, - -) Balletttanz für drei Tänzer [lat.-frz.]

Pa|se̱o (der, -s, -s) **1** Einzug der Matadore in die Arena beim Stierkampf **2** Promenade, Spaziergang [lat.-span.]

Pa|si|gra|phi̱e (die, -, -n) Allgemeinschrift ohne Laute, die von allen Völkern verstanden wird [gr.-lat.]

Pa|si|la̱|lie (die, -, nur Ez.) Wissenschaft von den künstlichen Weltsprachen [gr.-lat.]

Pa|si|lin|gua (die, -, nur Ez.) Welthilfssprache, die Steiner 1885 aufgestellt hat [gr.-lat.]

Pa|si|lo̱|gie (die, -, nur Ez.) = Pasilalie [gr.-lat.]

Pa̱s|lack (der, -s, -s) umgangssprachlich für jemanden, der für andere schuften muss [slaw.]

Pa̱|so (der, -, -s) **1** Pass, Gebirgspass **2** komisches Zwischenspiel im klassischen spanischen Theater [lat.-span.]

Pa̱|so do̱b|le *auch:* Pa̱|so do̱|ble (der, - -, - -) rascher Gesellschaftstanz im 2/4-Takt [span.]

Pa̱s|pel (die, -, -n) schmaler Stoffstreifen zur Verzierung (an Nähten von Kleidungsstücken) [frz.]

pas|pe|li̱e|ren (V.) mit einer Paspel, mit Paspeln verzieren

pa̱s|peln (V.) = paspelieren

Pas|quill (das, -s, -e) Spott-, Schmähschrift [it.]

Pas|quill|ant (der, -en, -en) Verfasser oder Verbreiter einer Spott- oder Schmähschrift [it.]

Pas|qui|na̱|de (die, -, -n) = Pasquill [it.-frz.]

pas|sa̱|bel (Adj.) leidlich, ganz gut, annehmbar; z.B. eine passable Leistung [frz.]

Pas|sa|ca̱g|lia *auch:* Pas|sa|ca̱|glia [-kalja] (die, -, -li̱en/-gli̱en) [-kaljən] **1** spanisch-italienischer Tanz **2** langsames Instrumentalstück im Dreiertakt mit ostinatem Bass [span.-it.]

Pas|sa̱|de (die, -, -n) kurzer Galopp mit Fußwechsel beim Wenden (in der hohen Schule) [frz.]

Pas|sa̱|ge [-ʒə] (die, -, -n) **1** das Durchgehen, Durchfahren, Überqueren, Durchgang, Durchfahrt **2** Meerenge (als Möglichkeit zur Durchfahrt) **3** überdachte Ladenstraße **4** schnelle Tonfolge, Lauf **5** langsamer Trab mit schwungvoll gehobenen Vorderbeinen (in der hohen Schule) [frz.]

pas|sa̱|ger (Adj.) (bei Krankheiten) nur vorübergehend auftretend (Med.) [lat.-frz.]

Pas|sa|gier [-ʒiːɐ] (der, -s, -e) Fahrgast, Fluggast [frz.]

Pas|sah (das, -s, nur Ez.) achttägiges jüdisches Fest im März [hebr.]

Pas|sa|mez|zo (der, -s, -zi) **1** traditioneller italienischer Tanz **2** Teil einer Suite [lat.-it.]

Pas|sant (der, -en, -en) Vorübergehender, Fußgänger [frz.]

Pas|sat (der, -(e)s, -e) beständiger, in Richtung auf den Äquator wehender Wind in den Tropen; Nordostpassat, Südostpassat [niederl.]

pas|se̱e (*auch:* pas|sé) (Adj.) vorbei, vergangen, nicht mehr modern; z.B. das ist passee [frz.]

Passe|par|tout [paspartuː] (das oder der, -s, -s) **1** Bilderrahmen aus Karton **2** für alle Türen eines Gebäudes passender Schlüssel, Hauptschlüssel (veraltet) **3** längere Zeit geltende Fahr- oder Eintrittskarte (veraltet, noch schweiz.) [frz.]

Passe|pied [paspjeː] (der, -s, -s) alter französischer Rundtanz in raschem Dreiertakt [frz.]

pas|sie̱|ren (V.) **1** sich ereignen, geschehen, (jmdm.) zustoßen **2** überschreiten, überfliegen, überqueren **3** etwas, jmdn. passieren: an etwas, jmdm. vorbeigehen; z.B. den Wachtposten passieren **4** breiartig machen, zermusen; z.B. geschälte Tomaten passieren

Pas|si|flo̱|ra (die, -, -ren) eine Kletterpflanze, Passionsblume [lat.]

pas|sim (Adv.) hier und da, an verschiedenen Stellen (bei der Angabe von Belegstellen in Texten) [lat.]

Pas|sio̱ (die, -, nur Ez.) das Erdulden, das Erleiden [lat.]

Pas|si|o̱n (die, -, -si̱o̱nen) **1** starke Vorliebe, starke Liebhaberei, Leidenschaft **2** (nur Ez.) Leidensgeschichte Christi **3** deren Darstellung (in der Kunst) [lat.]

Pas|si|o̱|nal (das, -s, -e) = Passionar

Pas|si|o̱|na̱|le (das, -s, -) = Passionar

Pas|si|o̱|nar (das, -s, -e) Buch mit Legenden von Heiligen und Märtyrern [lat.]

pas|si|o̱|na̱|to (Adv.) leidenschaftlich (in der Musik) [it.]

Pas|si|o̱|na̱|to (das, -s, -s oder -ti) leidenschaftlicher musikalischer Vortrag [it.]

pas|si|o|nie̱|ren (V.) sich begeistern, sich leidenschaftlich für etwas engagieren [lat.-frz.]

pas|si|o|niert (Adj.) leidenschaftlich, begeistert (für etwas); z.B. ein passionierter Fußballspieler [frz.]

Pas|si|o̱ns|spiel (das, -es, -e) volkstümliche Darstellung der Leidensgeschichte Christi [lat.-frz.]

pas|siv *auch:* [pas-] (Adj.) **1** nicht tätig, nichts bewirkend **2** untätig, träge

Pa̱s|siv (das, -s, -e) Handlungsform des Verbs, die ausdrückt, dass mit dem Subjekt

etwas geschieht, getan wird, Leideform [lat.]
Pas'si'va (nur Mz.) Schulden, Verbindlichkeiten [lat.]
pas'si'vie'ren (V.) 1 (in der Bilanz) von der Habenseite auf die Sollseite setzen 2 in den Zustand herabgesetzter Reaktionsfähigkeit überführen (in der Chemie bei Metallen) 3 ins Passiv setzen [lat.]
pas'si'visch (Adj.) im Passiv (stehend)
Pas'si'vis'mus (der, -, nur Ez.) vollständiger Verzicht auf Aktivität [lat.]
Pas'si'vi'tät (die, -, nur Ez.) 1 passives Verhalten, Untätigkeit, Trägheit 2 herabgesetzte Reaktionsfähigkeit, Widerstandsfähigkeit gegen chemische Einflüsse [lat.]
Pas'so'me'ter (das, -s, -) = Pedometer
Pas'sus (der, -, -) Abschnitt, Stelle (in einem Text) [lat.]
Pas'ta 1 (die, -, -ten) = Paste; z.B. Zahnpasta 2 (die, -, -te) italienische Nudelspeise [it.]
Pas'ta a'sciut'ta (auch: Pas'ta'sciut'ta) [pastaʃʊta] (die, - -, Pas'te a'sciut'te [pasteʃʊte]) italienische Speise aus Nudeln mit Tomaten- oder Hackfleischsoße und geriebenem Käse
Pas'te (auch: Pas'ta) (die, -, -n) dicke, streichbare Masse [it.]
Pas'tell (das, -s, -e) Zeichnung mit sanften, hellen Farben (Pastellfarben), die aus Kreide, Ton und Bindemitteln bestehen [it.]
pas'tel'len (Adj.) mit Pastellfarben gemalt, in der Art, wie mit Pastellfarben [gr.-lat.-it.-frz.]
Pas'te'te (die, -, -n) 1 mit fein geschnittenem Fleisch, Fisch oder Gemüse gefülltes Blätterteiggebäck 2 bes. feine Leberwurst [it.]
Pas'teu'ri'sa'ti'on [-stø-] (die, -, -ti'o'nen) der Vorgang der Entkeimung und Haltbarmachung von Lebensmitteln durch schonendes Erhitzen [lat.-frz.]
pas'teu'ri'sie'ren [-stø-] (V.) durch kurzes Erhitzen keimfrei und haltbar machen [lat.]
Pas'teu'ri'sie'rung [-stø-] (die, -, -en) das Pasteurisieren [lat.-frz.]
Pas'tic'cio [-stitʃo] (das, -s, -s oder -ci [-stitʃi]) 1 in betrügerischer Absicht in der Art eines bekannten Malers gemaltes Bild 2 aus den Werken verschiedener Komponisten zusammengestellte Oper mit neuem Text, Flickoper [it.]
Pas'tie [-stiʃ] (die, -, -n) = Pasticcio [frz.]
Pas'til'le (die, -, -n) Kügelchen (zum Lutschen oder Einnehmen) [lat.]
Pas'ti'nak (auch: die Pas'ti'na'ke) (der, -s, -e) ein Doldengewächs mit essbarer Wurzel [lat.]

Pas'ti'na'ke (die, -, -n) = Pastinak
Pas'tor auch [-stoːɐ] (der, -s, -to'ren) Geistlicher, Pfarrer [lat.]
pas'to'ral (Adj.) 1 in der Art der Hirten, ländlich, idyllisch 2 zum Pastor gehörig, ihm zustehend 3 in der Art eines Pastors, belehrend und würdevoll
Pas'to'ral (die, -, nur Ez.) die praktische Theologie der katholischen Kirche, die Lehre von der Seelsorge, Pastoraltheologie [lat.]
Pas'to'ra'le 1 (die, -, -n) ländlich-idyllisches Musikstück; Schäferspiel der Barockzeit; Darstellung einer Szene aus dem Leben von Hirten 2 (das, -s, -s) Krummstab (des kath. Bischofs) [lat.]
Pas'to'ra'li'en (nur Mz.) die Angelegenheiten des Pfarramtes [lat.]
Pas'to'rat (das, -(e)s, -e) Amt und Amtsräume sowie Wohnung des Pastors, Pfarramt, Pfarrhaus
Pas'to'ra'ti'on (die, -, -ti'o'nen) die seelsorgerische Betreuung der Pfarrgemeinde oder einer Anstalt, eines Krankenhauses etc. [lat.]
Pas'to'rel'le (auch: Pas'tou'rel'le) (die, -, -n) Hirten-, Schäferlied (Zwiegespräch zwischen Schäfer und Schäferin) [it.]
Pas'to'rin (die, -, -nen) weiblicher Pastor
pas'tos (Adj.) dickflüssig, dick aufgetragen
pas'tös (Adj.) aufgedunsen, aufgeschwemmt [it.]
Pas'to'si'tät (die, -, nur Ez.) pastose Beschaffenheit, Dickflüssigkeit
Pas'tou'rel'le [-stu-] (die, -, -n) = Pastorelle [frz.]
Pass (der, -es, Päs'se) 1 Einschnitt im Gebirge als Übergangsweg 2 Wechsel (von manchen Wildarten) 3 Personalausweis (für Reisen ins Ausland) 4 Ornament des gotischen Maßwerks aus mehreren Dreiviertelkreisen 5 Ballabgabe, Zuspiel (im Sport) 6 Gangart (mancher Vierfüßler), bei der beide Beine derselben Seite zur gleichen Zeit vorgesetzt werden, Passgang [it.]
Patch'work [pætʃwɜːk] (das, -s, -s) Gegenstand (Stoff, Decke, Wandbehang), der aus vielen, in Farbe und Form verschiedenen Stoff- oder Lederstückchen zusammengesetzt ist [engl.]
Pa'te (der, -n, -n) Zeuge bei der Taufe bzw. Firmung, der sich zur Mitverantwortung für die christliche Erziehung des Kindes verpflichtet [lat.]
Pa'tel'la (die, -, -len) Kniescheibe [lat.]
pa'tel'lar (Adj.) zur Patella gehörig, von ihr ausgehend
Pa'tel'lar're'flex (der, -(e)s, -e) Reflex (Ausschlag des Unterschenkels) beim Schlag unter die Patella, Kniesehnenreflex

Pa|te|ne (die, -, -n) Teller zur Darreichung der Hostie (beim Abendmahl) [lat.]

pa|tent (Adj.) **1** geschickt, tüchtig und hilfsbereit; z.B. ein patenter Kerl **2** praktisch, leicht zu handhaben [nlat.]

Pa|tent (das, -(e)s, -e) **1** Recht zur alleinigen Benutzung und Verwertung einer Erfindung sowie die Urkunde darüber **2** Urkunde über die Ernennung zum Offizier **3** Erlaubnis zur Ausübung eines Berufes oder einer Tätigkeit sowie die Urkunde darüber (schweiz.) [lat.]

pa|ten|tie|ren (V.) **1** durch Patent (**1**) vor Nachahmung und Verwertung schützen **2** durch Bleibad veredeln

Pa|tent|re|zept (das, -(e)s, -e) einfache, alle Schwierigkeiten behebende Lösung

Pa|ter (der, -s, - oder -tres) Vater (Anrede für Ordenspriester) [lat.]

Pa|ter|fa|mi|li|as (der, -, -) Familienoberhaupt, Familienvater [lat.]

Pa|ter|na|lis|mus (der, -, nur Ez.) väterliche Bevormundung, bevormundende Fürsorge [lat.]

pa|ter|na|lis|tisch (Adj.) in der Art des Paternalismus, bevormundend

pa|ter|ni|tär (Adj.) **1** die Vaterschaft betreffend **2** von einer patriarchalischen Gesellschaftsordnung bestimmt [lat.]

Pa|ter|ni|tät (die, -, nur Ez.) Vaterschaft [lat.]

Pa|ter|nos|ter 1 (das, -s, -) Vaterunser **2** (der, -s, -) Aufzug ohne Tür, der ohne anzuhalten fährt [lat.]

Pa|ter|pec|ca|vi (das, -, -) reuevolles Geständnis [lat.]

pa|te|ti|co (Adv.) leidenschaftlich, erhaben, pathetisch (Vortragsanweisung in der Musik) [gr.-lat.-it.]

Pa|ther|gie *auch:* Path|er|gie (die, -, -gi|en) Bezeichnung für alle Gewebeerkrankungen (Med.) [gr.-lat.]

Pa|the|tik (die, -, nur Ez.) erhabene Feierlichkeit, übertriebenes Pathos

pa|thé|tique [pateti:k] (Adj.) leidenschaftlich, erhaben, pathetisch [gr.-lat.-frz.]

pa|the|tisch (Adj.) feierlich, erhaben

pa|tho|gen (Adj.) krankheitserregend [gr.]

Pa|tho|ge|ne|se (die, -, -n) Gesamtheit der Faktoren, die an der Entstehung und Entwicklung einer Krankheit beteiligt sind (Med.) [gr.-lat.]

pa|tho|ge|ne|tisch (Adj.) die Pathogenese betreffend, ihr angehörend (Med.) [gr.-lat.]

Pa|thog|no|mik *auch:* Pa|tho|gno|mik (die, -, nur Ez.) **1** Krankheitserkennung aus charakteristischen Symptomen **2** Deutung des seelischen Befindens aus Mimik und Gestik (Med.) [gr.-lat.]

pa|thog|no|mo|nisch *auch:* pa|tho|gno|mo|nisch (Adj.) für eine Krankheit charakteristisch (Med.) [gr.-lat.]

Pa|thog|nos|tik *auch:* Pa|tho|gnos|tik (die, -, nur Ez.) Krankheitserkennung aus charakteristischen Symptomen (Med.) [gr.-lat.]

pa|thog|nos|tisch *auch:* pa|tho|gnos|tisch (Adj.) für ein Krankheitsbild kennzeichnend, charakteristisch (Med.) [gr.-lat.]

Pa|tho|gra|phie (die, -, -n) die Erforschung und Darstellung von Krankheitseinflüssen auf die Entwicklung und Leistung des Menschen (Med.) [gr.-lat.]

Pa|tho|lo|ge (der, -n, -n) auf dem Gebiet der Pathologie forschender Wissenschaftler [gr.-lat.]

Pa|tho|lo|gie (die, -, nur Ez.) Wissenschaft vom kranken Menschen, von den Krankheiten [gr.]

pa|tho|lo|gisch (Adj.) **1** zur Pathologie gehörig, auf ihr beruhend **2** krankhaft

Pa|tho|pho|bie (die, -, -n) die krankhafte Angst, krank zu sein oder zu werden (Med.) [gr.-lat.]

Pa|tho|psy|cho|lo|gie (die, -, nur Ez.) Wissenschaft von den Krankheitserscheinungen im Seelenleben [gr.]

Pa|thos (das, -, nur Ez.) leidenschaftlich bewegter, feierlicher Gefühlsausdruck [gr.]

Pa|ti|ence [pasjã:s] (die, -, -n) Geduldsspiel mit Karten [frz.]

Pa|ti|ens (das, -, nur Ez.) Ziel des Geschehens im Satz, Akkusativobjekt [lat.]

Pa|ti|ent [-tsjent] (der, -en, -en) Kranker, der von einem Arzt behandelt wird [lat.]

Pa|tin (die, -, -nen) weiblicher Pate

Pa|ti|na (die, -, nur Ez.) **1** grünliche Schicht auf Gegenständen aus Kupfer und Kupferlegierungen, Edelrost **2** Spuren häufigen Gebrauchs, leichte Abgenutztheit [it.]

pa|ti|nie|ren (V.) mit künstlicher Patina überziehen

Pa|tio (der, -s, -s) Innenhof (im südspanischen Haus)

Pa|tis|se|rie (die, -, -n) **1** feines Backwerk (veraltet, noch schweiz.) **2** Konditorei (veraltet, noch schweiz.) [frz.]

Pa|tis|si|er [-sje:] (der, -s, -s) Konditor, Zuckerbäcker [gr.-lat.-frz.]

Pat|na|reis (der, -es, -e) nach der indischen Stadt Patna benannter Langkornreis

Pa|tois [-twa] (das, -, nur Ez.) **1** Mundart der französischen Landbevölkerung **2** provinzielle unkorrekte Sprache [frz.]

Pat|ri|arch *auch:* Pa|tri|arch (der, -en, -en) **1** Stammvater (bes. der Israeliten), Erzvater **2** Titel einiger Bischöfe der kath. und der

Ostkirche **3** Oberbischof der Ostkirche **4** alter, ehrwürdiger Mann [gr.]
Pat'ri'ar'cha'de *auch:* Pa'tri'ar'cha̱'de (die, -, -n) ihre Themen aus den Patriarchengeschichten des Alten Testaments schöpfende epische Dichtung des 18. Jhs. [gr.-lat.]
pat'ri'ar'chal *auch:* pa'tri'ar'cha̱l (Adj.) = patriarchisch [gr.-lat.]
pat'ri'ar'cha̱'lisch *auch:* pa'tri'ar'cha̱'lisch (Adj.) **1** zum Patriarchen gehörig, ihm zustehend **2** zum Patriarchat gehörig, auf ihm beruhend **3** ehrwürdig, altväterlich **4** väterlich-herrisch, väterlich-bevormundend
Pat'ri'ar'chat *auch:* Pa'tri'ar'chat (das, -(e)s, -e) **1** Gesellschaftsform, in der der Vater den Vorrang in der Familie genießt, Vaterherrschaft **2** Amt, Würde eines Patriarchen (**2**, **3**)
pat'ri'ar'chisch *auch:* pa'tri'a̱r'chisch (Adj.) auf dem Patriarchat (**1**) beruhend
pat'ri'li'ne'al *auch:* pa'tri'li'ne'a̱l (*auch:* pat'ri'li'ne'ar) (Adj.) vaterrechtlich, in der Erblinie der väterlichen Linie nachkommend [gr.-lat.]
pat'ri'li'ne'ar *auch:* pa'tri'li'ne'a̱r (Adj.) = patrilineal [gr.-lat.]
pat'ri'mo'ni'al *auch:* pa'tri'mo'ni'a̱l (Adj.) zum Patrimonium gehörig, auf ihm beruhend
Pat'ri'mo'ni'um *auch:* Pa'tri'mo̱'ni'um (das, -s, -ni'en) **1** väterliches Erbgut (im römischen Recht) **2** Patrimonium Petri: Grundbesitz der römischen Kirche; Kirchenstaat [lat.]
Pat'ri'ot *auch:* Pa'tri'o̱t (der, -en, -en) jmd., der sein Vaterland liebt und für es eintritt [lat.]
pat'ri'o̱'tisch *auch:* pa'tri'o̱'tisch (Adj.) vaterlandsliebend, vaterländisch gesinnt [lat.]
Pat'ri'o'tis'mus *auch:* Pa'tri'o'tis'mus (der, -, nur Ez.) Vaterlandsliebe [lat.]
Pat'ris'tik *auch:* Pa'tris'tik (die, -, nur Ez.) Wissenschaft von den Schriften der Kirchenväter [lat.]
Pat'ris'ti'ker *auch:* Pa'tris'ti'ker (der, -s, -) auf dem Gebiet der Patristik forschender Wissenschaftler [lat.]
pat'ris'tisch *auch:* pa'tris'tisch (Adj.) zur Patristik gehörig
Pat'ri'ze *auch:* Pa'tri̱'ze (die, -, -n) Prägestempel mit erhaben herausgearbeitetem Bild [lat.]
pat'ri'zi'al *auch:* pa'tri'zi'a̱l (Adj.) = patrizisch [lat.]
Pat'ri'zi'at *auch:* Pa'tri'zi'a̱t (das, -(e)s, -e) Gesamtheit der Patrizier [lat.]
Pat'ri'zi'er *auch:* Pa'tri̱'zi'er (der, -s, -) **1** Angehöriger des Adels (im alten Rom) **2** wohlhabender, vornehmer Bürger (im MA) [lat.]

pat'ri̱'zisch *auch:* pa'tri̱'zisch (Adj.) zu den Patriziern gehörig, von ihnen stammend, vornehm, wohlhabend
Pat'ro'lo'ge *auch:* Pa'tro'lo̱'ge (der, -n, -n) = Patristiker [gr.- lat.]
Pat'ro'lo'gie *auch:* Pa'tro'lo'gi̱e (die, -, nur Ez.) = Patristik [gr.]
pat'ro'lo̱'gisch *auch:* pa'tro'lo̱'gisch (Adj.) = patristisch [gr.-lat.]
Pat'ron *auch:* Pa'tro̱n (der, -s, -e) **1** Schutzherr seiner freigelassenen Sklaven (im alten Rom) **2** Schutzheiliger **3** Stifter (einer Kirche) **4** Schiffseigentümer, Handelsherr **5** Kerl, Bursche (abwertend); z.B. ein großer, übler Patron [lat.]
Pat'ro'na *auch:* Pa'tro̱'na (die, -, -nä) Schutzheilige [lat.]
Pat'ro'na'ge *auch:* Pa'tro'na̱'ge [-ʒə] (die, -, -n) Bevorzugung von Günstlingen [frz.]
Pat'ro'nanz *auch:* Pa'tro'na̱nz (die, -, nur Ez.) **1** Patronage **2** österreichisch für Patronat [lat.]
Pat'ro'nat *auch:* Pa'tro'na̱t (das, -(e)s, -e) **1** Amt eines Patrons (**1**, **2**) mit bestimmten Rechten verbundene Stellung eines Patrons (**3**) **3** Schirmherrschaft
Pat'ro'ne *auch:* Pa'tro̱'ne (die, -, -n) **1** Sprengstoff- und Zündvorrichtung enthaltender Behälter **2** lichtdichter Behälter (für Kleinbildfilm) **3** auf kariertem Papier aufgezeichnetes Muster (für Jacquardweberei) [frz.]
pat'ro'nie'ren *auch:* Pa'tro'ni̱e'ren (V.) Zimmerwände mit Hilfe einer Schablone bemalen (österr.) [lat.-frz.]
Pat'ro'nin *auch:* Pa'tro̱'nin (die, -, -nen) Schutzherrin, Schutzheilige [lat.]
pat'ro'ni'sie'ren *auch:* pa'tro'ni'si̱e'ren (V.) (veraltet) beschützen, begünstigen [lat.-frz.]
Pat'ro'ny'mi'kon *auch:* Pa'tro'ny̱'mi'kon (das, -s, -ka) vom Namen des Vaters abgeleiteter Name; z.B. Petersen, Iwanowitsch [gr.]
pat'ro'ny'misch *auch:* pa'tro'ny̱'misch (Adj.) das Patronymikon betreffend [gr.-lat.]
Pat'rouil'le *auch:* Pa'trouil'le [-truljə] (die, -, -n) **1** Gruppe von Soldaten (zur Erkundung oder Bewachung), Streife **2** Erkundungs-, Bewachungsgang; z.B. Patrouille gehen [frz.]
pat'rouil'lie'ren *auch:* pa'trouil'li̱e'ren [-truljiː-] (V.) Patrouille gehen, als Wachtposten auf und ab gehen, die Runde machen [frz.]
Pat'ro'zi'ni'um *auch:* Pa'tro'zi̱'ni'um (das, -s, -ni'en) **1** Vertretung durch einen Patron vor Gericht (im alten Rom) **2** Rechtsschutz des Gutsherrn gegen Stadt und Staat für seine Untergebenen (im MA) **3** Schutzherrschaft (eines Heiligen über eine Kirche) **4** Fest dieses Heiligen [lat.]

Pat'schu'li (das, -s, -s) ein Lippenblütler Südostasiens, aus dessen Blüten ein ätherisches Öl zur Parfümherstellung gewonnen wird [tamil.]
patt (Adj.) zugunfähig (im Schach) [it.]
Patt (das, -s, -s) **1** zugunfähige Stellung, unentschiedener Ausgang **2** Stellung zweier Parteien, in der keine einen Angriff riskieren kann [it.]
Pat'tern [pætən] (das, -s, -s) Muster, Modell, Schema, bes. Verhaltens-, Denkschema; auch Satzbaumuster [engl.]
pat'tie'ren (V.) rastern, mit Notenlinien versehen [frz.]
Pat'ti'nan'do (das, -s, -s oder -di) Ausfallschritt beim Fechten [it.]
Pau'kal (der, -s, -e) eine kleine Anzahl ausdrückender Numerus [lat.]
Pau'kant (der, -en, -en) Fechter, Zweikämpfer in der (veralteten) Studentensprache [dt.-lat.]
Paume'spiel [poːmʃpiːl] (das, -(e)s, -e) traditionelles französisches Ballspiel [lat.-frz.-dt.]
pau'pe'rie'ren (V.) sich kümmerlich entwickeln (von Pflanzen, bes. Bastarden) [lat.]
Pau'pe'ris'mus (der, -, nur Ez.) Verarmung (großer Teile der Bevölkerung), Massenarmut, Verelendung [lat.]
Pau'pe'ri'tät (die, -, nur Ez.) Armut, Dürftigkeit [lat.]
pau'schal (Adj.) **1** abgerundet zusammenfassend **2** Einzelheiten nicht berücksichtigend, ungenau, zu allgemein; z.B. ein pauschales Urteil [nlat.]
Pau'scha'le (die, -, -n) Preis für alle Leistungen zusammen (statt für jede einzelne Leistung), einmal zu zahlende größere Summe (statt mehrerer kleiner) [nlat.]
pau'scha'lie'ren (V.) zu einer Pauschale zusammenzählen, auf- oder abrunden
pau'scha'li'sie'ren (V.) pauschal betrachten oder behandeln, Einzelheiten zu wenig beachten
Pau'se (die, -, -n) Unterbrechung, Rast, Zeit des Ausruhens [gr.-lat.]
Pau'se (die, -, -n) Durchzeichnung, mit Hilfe durchsichtigen Papiers hergestelltes Doppel
pau'sen (V.) durchzeichnen, eine Pause (Kopie von etwas) machen
pau'sie'ren (V.) eine Pause (Rast) machen, rasten, ausruhen
Pa'va'ne (die, -, -n) langsamer Reigentanz, Schreittanz [it.]
Pa've'se (die, -, -n) großer Schild zum Schutz der Armbrustschützen im Mittelalter [it.]

Pa'vi'an (der, -s, -e) Affe mit langer Schnauze und roten Gesäßschwielen [frz.]
Pa'vil'lon [-vijõ] oder [-viljõ] (der, -s, -e) **1** kleines, leicht gebautes, meist rundes Gartenhaus **2** vorspringender Eckbau (an Barockschlössern) **3** frei stehender Ausstellungsstand **4** großes, viereckiges Zelt (auf Volksfesten) [frz.]
Pa'vo'naz'zo (der, -, nur Ez.) dem carrarischen Marmor ähnlicher Marmor [lat.-frz.]
Pa'vor (der, -s, nur Ez.) Angst, Schreck als Anfall erlebt (Med.) [lat.]
Paw'lat'sche (die, -, -n) **1** Balkon **2** baufälliges Haus **3** Bretterbühne [tschech.]
Pax (die, -, nur Ez.) **1** Friede **2** Friedensgruß **3** Friedenskuss in der katholischen Eucharistiefeier [lat.]
Pax (der, -es, -e) Abkürzung für Fluggast, Passagier im Fachjargon
Pax Chris'ti (die, - -, nur Ez.) katholische Weltfriedensbewegung, die auf den Bischof von Lourdes zurückgeht [lat.]
Pax Ro'ma'na (die, - -, nur Ez.) **1** Römischer Friede als Bezeichnung für das befriedete römische Kaiserreich **2** Name einer internationalen katholischen Studentenvereinigung [lat.]
Pay'back [peɪbæk] (das, -s, -s) Rückgewinnung (investierten Kapitals) [engl.]
Pay'ing'guest (auch: Pay'ing Guest) [peɪɪŋgest] (der, - - oder - -s, - -s) Gast in einer Familie, der für Unterkunft und Verpflegung etwas zahlt [engl.]
Pay'out [peɪaʊt] (das, -s, -s) = Payback [engl.]
Pa'zi'fik (der, -s, nur Ez.) der Pazifische Ozean [lat.-engl.]
Pa'zi'fi'ka'ti'on (die, -, -tiọnen) Befriedung, Beruhigung [lat.]
pa'zi'fisch (Adj.) zum Pazifik gehörig
Pa'zi'fis'mus (der, -, nur Ez.) Bestreben, den Frieden unter allen Umständen zu erhalten, Ablehnung des Krieges [lat.]
Pa'zi'fist (der, -fisten, -fisten) Anhänger des Pazifismus
pa'zi'fis'tisch (Adj.) zum Pazifismus gehörig, auf ihm beruhend
pa'zi'fi'zie'ren (V.) etwas befreien [lat.]
Pa'zis'zent (der, -en, -en) veraltete Bezeichnung in der Rechtswissenschaft für jemanden, der einen Vertrag oder einen Vergleich schließt [lat.]
pa'zis'zie'ren (V.) einen Vertrag oder einen Vergleich schließen (veraltet) [lat.]
PC [peːtseː] (der, -(s), -s) = **P**ersonal**c**omputer
PCP [peːtseːpeː] (das, -, nur Ez.) = **P**enta**c**hlor**p**henol

Peak [pi:k] (der, -s, -s) **1** Berggipfel, Spitze **2** spitzes Maximum einer Kurve **3** Stadtteil und Berg von Hongkong [engl.]

Pe'dal (das, -s, -e) **1** Fußhebel zum Bedienen eines Mechanismus **2** Tastenreihe, die mit den Füßen bedient wird (an der Orgel) **3** Fuß (ugs., scherzhaft) [lat.]

pe'da'len (V.) schweizerisch mundartlich für: Rad fahren [lat.]

Pe'da'le'rie (die, -, -n) Pedalanlage in einem Fahrzeug [lat.]

Pe'da'leur [-løːɐ] (der, -s, -s oder -e) umgangssprachlich scherzhaft für Radfahrer, Radsportler [lat.-frz.]

Pe'dal'kla'vi'a'tur (die, -, -en) mit den Füßen zu spielende Klaviatur bei Tasteninstrumenten [lat.]

pe'dant (Adj.) = pedantisch (österr.) [gr.-it.-frz.]

Pe'dant (der, -en, -en) übertrieben genauer, übertrieben ordentlicher Mensch [lat.]

Pe'dan'te'rie (die, -, nur Ez.) übertriebene Genauigkeit, übertriebene Ordnungsliebe

pe'dan'tisch (Adj.) übertrieben genau, übertrieben ordentlich [lat.]

Pe'dan'tis'mus (der, -, nur Ez.) (altertümelnd) Pedanterie [gr.-it.-frz.]

Pe'dell (der, -s, -e) Hausmeister (früher an Schulen und Hochschulen) [lat.]

Pe'dest (der oder das, -des'tes, -des'te) (altertümelnd) Podest [lat.]

pe'des'trisch *auch:* pe'dest'risch/pe'destrisch (Adj.) (altertümelnd) niedrig, prosaisch, gewöhnlich [lat.]

Pe'dig'ree *auch:* Pe'di'gree [-griː] (der, -s, -s) **1** Stammbaum (von Tieren, bes. Pferden und Hunden) **2** militärisches Führungszeugnis (österr.) [engl.]

Pe'di'kü're (die, -, -n) **1** (nur Ez.) Pflege der Fußnägel **2** Fußpflegerin [frz.]

pe'di'kü'ren (V.) die Fußnägel pflegen [frz.]

Pe'dis'kript *auch:* Pe'di'skript (das, -(e)s, -e) mit den Füßen geschriebenes Schriftstück [lat.]

Pe'do'lo'gie (die, -, nur Ez.) Bodenkunde

Pe'do'me'ter *(auch:* Po'do'me'ter) (das, -s, -) Gerät, das eine zu Fuß zurückgelegte Wegstrecke dadurch misst, dass es die bei jedem Schritt entstehende Erschütterung aufzeichnet, Schrittzähler, Wegzähler [lat.-gr.]

Pe'dum (das, -s, -da) Krummstab des Bischofs [lat.]

Pee'ling [piːlɪŋ] (das, -s, -s) die kosmetische Schälung der Gesichtshaut, um die Unreinheiten der Haut zu entfernen [engl.]

Peep'show [piːpʃoʊ] (die, -, -s) Unternehmen für die Zurschaustellung nackter Frauen, die gegen Münzeinwurf durch ein Fensterchen betrachtet werden können [engl.]

Peer [pɪə] (der, -s, -s) **1** Angehöriger des englischen hohen Adels **2** Mitglied des Oberhauses im britischen Parlament

Pee'rage [pɪərɪdʒ] (die, -, nur Ez.) Würde eines Peers, Gesamtheit der Peers

Pe'ga'sus (der, -, nur Ez.) geflügeltes Pferd, Sinnbild der Dichtkunst und der dichterischen Fantasie; den Pegasus besteigen: zu dichten beginnen [gr.-lat.]

Pe'ge (die, -, -n) Quelle von weniger als 20 °C Temperatur, kalte Quelle [gr.]

Peh'le'wi *(auch:* Pah'le'wi) [pɛç-] (das, -(s), nur Ez.) mittelpersische Sprache und Schrift

Pei'es (nur Mz.) Schläfenlocken (der orthodoxen Juden) [hebr.-jidd.]

Pe'jo'ra'ti'on (die, -, -ti'o'nen) Verschlechterung der Bedeutung eines Wortes im Lauf seiner Geschichte; z.B. ordinär [lat.]

pe'jo'ra'tiv (Adj.) bedeutungsverschlechternd [lat.]

Pe'jo'ra'ti'vum (das, -s, -va) abwertend verwendetes Wort mit einem verkleinernden oder abschwächenden Suffix [lat.]

Pe'ka'ri (der, -s, -s) wildschweinähnliches Tier Amerikas [indian.]

Pe'ke'sche (die, -, -n) **1** mit Pelz und Litzen verzierter polnischer Überrock **2** mit Schnüren verzierte, festliche Jacke (der Verbindungsstudenten) [poln.]

Pe'ki'ne'se (der, -n, -n) eine langhaarige Zwerghundrasse

Pe'koe [piːkəʊ] (der, -s, nur Ez.) gute Teesorte aus dünnen Blättern oder Blattspitzen

pek'tan'gi'nös *auch:* pekt'an'gi'nös (Adj.) die Angina pectoris betreffend [lat.]

Pek'tin (das, -s, -e) quellfähiger, das Gelieren bewirkender Stoff in saurem Obst [gr.]

pek'to'ral (Adj.) zur Brust(höhle) gehörig, von ihr ausgehend [lat.]

Pek'to'ra'le (das, -(s), -s oder -li'en) **1** Brustschmuck (im MA) **2** Brustkreuz (hoher kath. geistlicher Würdenträger) [lat.]

pe'ku'ni'är (Adj.) geldlich, hinsichtlich der Geldmittel [lat.]

pek'zie'ren (V.) eine Dummheit machen, etwas Schlimmes anstellen [lat.]

Pe'la'de (die, -, -en) krankhafter Haarausfall [lat.-frz.]

pe'la'gi'al (Adj.) = pelagisch

Pe'la'gi'al (das, -s, nur Ez.) **1** Meere und große Binnenseen als Lebensraum **2** die darin lebenden Organismen [lat.]

Pe'la'gi'a'ner (der, -s, -) Anhänger des Pelagianismus [lat.]

Pe'la'gi'a'nis'mus (der, -, nur Ez.) die menschliche Freiheit des Willens betonende

pelagisch | **Pennalismus**

Lehre des Pelagius, die von der Kirche verurteilt wird [lat.]
pe'la'gisch (Adj.) zum Pelagial gehörig, darin lebend; (ständig) auf dem offenen Meer lebend; z.B. Seevögel im Winter
Pel'lar'go'nie [-niə] (die, -, -n) Zierpflanze mit großen, leuchtenden Blütendolden, Storchschnabelgewächs (als Balkonblume beliebt)
pêle-mêle (Adv.) durcheinander [frz.]
Pele'mele [pɛlmɛl] (das, -s, nur Ez.) 1 Durcheinander 2 Süßspeise aus Früchten und Vanillecreme [frz.]
Pel'le'ri'ne (die, -, -n) weiter Umhang; z.B. Regenpelerine, Lodenperlerine [frz.]
Pe'li'kan (der, -s, -e) großer Vogel mit Kehlsack und Schwimmhäuten, Ruderfüßer [gr.]
Pel'lag'ra *auch:* Pel'la'gra (die, -, nur Ez.) durch Vitaminmangel (bes. B₂) hervorgerufene Krankheit mit Hautausschlag [it.-gr.]
Pel'lets (nur Mz.) kleine Kugeln oder gekrümmte Plättchen aus elastischem Material (für Verpackungszwecke) [engl.]
pel'lu'zid (Adj.) lichtdurchlässig, durchscheinend [lat.]
Pel'lo'ta (die, -, nur Ez.) baskisches Ballspiel, bei dem der Ball mit Schlägern gegen eine Wand geschleudert wird [span.]
Pel'lo'ton (das, -s, -s) 1 Schützenzug 2 Exekutionskommando 3 Hauptfeld bei Straßenrennen [lat.-frz.]
Pel'lot'te (die, -, -n) kleines Polster (als Schuheinlage u.a.) [frz.]
Pel'tast (der, -ˌtas'ten, -ˌtas'ten) leicht bewaffneter Fußsoldat im alten Griechenland [gr.-lat.]
Pem'mi'kan (der, -s, nur Ez.) 1 getrocknetes, zerstampftes, mit Fett übergossenes Dauerfleisch (der nordamerikanischen Indianer) 2 Konserve aus Fleischpulver und Fett [Algonkin]
Pem'phi'gus (der, -, nur Ez.) Erkrankung der Haut und Schleimhaut mit Blasenbildung [gr.-lat.]
Pe'nal'ty [-nltɪ] (der, -(s), -s) Strafstoß (beim Fußball und Eishockey) [engl.]
Pe'na'ten (nur Mz.) Haus und Herd schützende Götter (in der römischen Mythologie)
Pence [pens] (Mz. von) Penny
Pen'chant [pɑ̃ʃɑ̃] (der, -s, -s) Hang, Neigung [lat.-frz.]
PEN-Club (der, -s, nur Ez.) internationale Vereinigung von Schriftstellern (**p**oets, **e**ssayists, **n**ovellists) [engl.]
Pen'dant [pɑ̃dɑ̃] (das, -s, -s) einem andern ähnlicher, entsprechender Gegenstand, Gegenstück [frz.]

Pen'del (das, -s, -) unter dem Einfluss einer Kraft frei schwingender Körper [lat.]
pen'dent (Adj.) unerledigt, anhängig, noch schwebend [lat.-it.]
Pen'den'tif [pɑ̃dɑ̃-] (das, -s, -s) dreieckiger Bauteil, der eine Ecke eines quadratischen Unterbaus mit der darüber liegenden runden Kuppel verbindet, Bogenzwickel [frz.]
Pen'denz (die, -, -en) noch in der Schwebe befindliche Angelegenheit, unerledigte Sache [lat.]
Pen'du'le [pɑ̃dy:l] (die, -, -n) = Pendüle [lat.-frz.]
Pen'dü'le (*auch:* Pen'du'le) (die, -, -n) kleine Pendeluhr, Stutzuhr [frz.]
pe'net'ra'bel *auch:* pe'ne'tra'bel (Adj.) durchdringend, durchdringbar [lat.-frz.]
pe'net'rant *auch:* pe'ne'trant (Adj.) 1 durchdringend; z.B. ein penetranter Geruch 2 hartnäckig, aufdringlich, sich nicht abweisen lassend [lat.]
Pe'net'ranz *auch:* Pe'ne'tranz (die, -, nur Ez.) 1 penetrante Beschaffenheit 2 in Prozent ausgedrückte Häufigkeit, mit der sich ein Merkmal bei Lebewesen mit gleichem Erbgut ausbilden kann [lat.]
Pe'net'ra'ti'on *auch:* Pe'ne'tra'ti'on (die, -, -ti'o'nen) das Penetrieren, Durchdringung
pe'net'rie'ren *auch:* pe'ne'trie'ren (V.) 1 durchdringen, durchsetzen 2 mit dem Penis unangenehm oder gewaltsam in die weibliche Scheide eindringen (Wort der Frauenszene) [lat.]
Pen'gö (der, -s, - oder -s) Währungseinheit in Ungarn (bis 1946)
pe'ni'bel (Adj.) sorgfältig, sehr genau [frz.]
Pe'ni'bi'li'tät (die, -, nur Ez.) Sorgfalt, große Genauigkeit [frz.]
Pe'ni'cil'lin (*auch:* Pe'ni'zil'lin) [-tsi-] (das, -s, nur Ez.) ein Antibiotikum [lat.]
Pe'ni'cil'li'um [-tsi-] (das, -s, nur Ez.) der Schimmelpilz, aus dem das Penicillin gewonnen wird [lat.]
Pen'in'su'la (die, -, -lae [-lɛ:]) Halbinsel [lat.]
pen'in'su'lar (Adj.) zu einer Halbinsel gehörend [lat.]
pen'in'su'la'risch (Adj.) = peninsular [lat.]
Pe'nis (der, -, -se oder Pe'nes [-ne:s]) Begattungsorgan vieler Tiere und des Menschen, männliches Glied, Zeugungsglied [lat.]
Pe'ni'zil'lin (das, -s, nur Ez.) = Penicillin
Pen'nal (das, -s, -e) höhere Schule (veraltet)
Pen'nä'ler (der, -s, -) Schüler eines Pennals (veraltet) [lat.]
Pen'na'lis'mus (der, -, nur Ez.) Bezeichnung für das Dienstverhältnis zwischen jün-

geren und älteren Studenten deutscher Universitäten im 16. und 17. Jahrhundert [lat.]
Pen'ne (die, -, -n) = Pennal (Schülersprache, veraltet)
Pen'ne (die, -, -n) Kneipe [hebr.]
pen'nen (V.) schlafen (ugs.) [Rotwelsch]
Pen'ner (der, -s, -) Landstreicher, Stadtstreicher [Rotwelsch]
Pen'ni (der, -s, - oder -s oder -niä) Währungseinheit in Finnland, 1/100 Markka
Pen'ny [-nɪ] (der, -s, Pence [pɛns] oder -s) Währungseinheit in Großbritannien, 1/100 Pfund [engl.]
Pen'ny'weight [-nɪweɪt] (das, -, -) britische Gewichtseinheit für Münzen, Metalle, Edelsteine [engl.]
pen'see [pãseː] (Adj.) dunkellila [frz.]
Pen'see [pãseː] (das, -s, -s) Stiefmütterchen [frz.]
pen'si'e'ro'so (Adv.) tiefsinnig, gedankenschwer (Vortragsanweisung in der Musik) [lat.-it.]
Pen'si'on [pã-] bayr., österr., schweiz. [pɛn-] (die, -, -si'o'nen) 1 Ruhestand (von Beamten) 2 Ruhegehalt (von Beamten) 3 (meist kleines) Hotel, in dem man auch verköstigt wird 4 Verköstigung (in der Unterkunft); z.B. Zimmer mit, ohne Pension 5 = Pensionat (veraltet) [frz.]
Pen'si'o'när [pã-] bayr., österr., schweiz. [pɛn-] (der, -s, -e) 1 Ruheständler, Beamter in Pension 2 Gast in einer Pension (3) 3 Zögling eines Pensionats (veraltet)
Pen'si'o'nat [pã-] bayr., österr., schweiz. [pɛn-] (das, -(e)s, -e) Internat (veraltet) [frz.]
pen'si'o'nie'ren [pã-] bayr., österr., schweiz. [pɛn-] (V.) in den Ruhestand versetzen [frz.]
Pen'si'o'nist [pã-] bayr., österr., schweiz. [pɛn-] (der, -nis'ten, -nis'ten) = Pensionär
Pen'sum (das, -s, -sa oder -sen) 1 Arbeit von bestimmtem Umfang, die in einer bestimmten Zeit erledigt werden soll; z.B. mein tägliches Pensum 2 in einer bestimmten Zeit durchzunehmender Lehrstoff; z.B. Unterrichtspensum [lat.]
Pen'ta'chlor'phe'nol (das, -s, nur Ez.) ein Chlorkohlenwasserstoff, Umweltgift in Lösungsmitteln [gr.]
Pen'ta'chord [-pɛkɔrt] (das, -(e)s, -e) Saiteninstrument mit fünf Saiten [gr.]
Pen'ta'de (die, -, -n) Bezeichnung in der Meteorologie für den Zeitraum von fünf aufeinander folgenden Tagen [gr.-lat.]
Pen'ta'e'der (der, -s, -) von fünf Flächen begrenzter Körper [gr.]

Pen'ta'gon (das, -s, -e) 1 Fünfeck 2 [pɛn-] das fünfeckige Verteidigungsministerium der USA in Washington [gr.]
pen'ta'go'nal (Adj.) fünfeckig [gr.]
Pen'ta'gramm (das, -s, -e) fünfzackiger Stern, der mit fünf gleich langen Linien in einem Zug gezeichnet werden kann [gr.]
Pen'ta'me'ron auch: Pent'a'me'ron (auch: Pen'ta'me'ro'ne) (das, -s, nur Ez.) Sammlung von neapolitanischen Märchen, die an fünf Tagen erzählt wurden [gr.]
Pen'ta'me'ro'ne auch: Pent'a'me'ro'ne (das, -s, nur Ez.) = Pentameron
Pen'ta'me'ter (der, -s, -) antiker Vers mit fünf (im Deutschen sechs) Hebungen, der mit dem Hexameter zusammen ein Distichon bildet [gr.]
Pen'tan (der, -s, -e) ein gesättigter Kohlenwasserstoff [gr.]
Pen'ta'pris'ma (das, -s, -men) fünfkantiges Prisma (in optischen Systemen) [gr.]
Pen'ta'teuch (der, -s, nur Ez.) die fünf Bücher Mosis im AT [gr.]
Pent'ath'lon (der, -s, nur Ez.) aus fünf verschiedenen Einzelkämpfen bestehender Wettkampf, Fünfkampf (in der Antike) [gr.]
Pen'ta'to'nik (die, -, nur Ez.) auf einer Tonleiter von fünf Tönen beruhende Musik, Fünftonmusik [gr.]
pen'ta'to'nisch (Adj.) zur Pentatonik gehörig
Pent'haus (das, -es, -häu'ser) Wohnung auf dem flachen Dach eines größeren Wohnhauses [engl.]
Pent'house (das, -, -s) = Penthaus
Pen'ti'men'ti (nur Mz.) wieder sichtbar gewordene Linien oder Untermalungen auf Gemälden [lat.-it.]
Pent'lan'dit (der, -s, -e) ein Mineral, Eisennickelkies [engl.]
Pen'to'de auch: Pent'o'de (die, -, -n) Elektronenröhre mit fünf Elektroden [gr.]
Pen'to'se (die, -, -n) aus fünf Kohlenstoffatomen bestehender Zucker [gr.]
Pe'num'bra auch: Pe'num'bra/Pe'um'bra (die, -, nur Ez.) Rand eines Sonnenflecks, der nicht ganz dunkel ist [lat.]
Pe'nun'se (auch: Pe'nun'ze/Pe'nun'ze) (die, -, -n) Geld (ugs.) [Rotwelsch]
Pe'nun'ze auch: Pe'nun'ze (die, -, -n) = Penunse [poln.]
Pe'nu'ria auch: Pen'u'ria (die, -, nur Ez.) belastender, drückender Geldmangel [lat.]
Pe'on (der, -en, -en) eingeborener Tagelöhner in Lateinamerika [span.]
Pe'o'na'ge [-ʒə] engl. [piːənɪdʒ] (die, -, nur Ez.) Lohnsystem in Lateinamerika, das durch

Vorschüsse zur Verschuldung der Peonen führte (früher) [span.-engl.]
Pep (der, -s, nur Ez.) Schwung, Elan [engl.]
Pe|pe|rin (der, -s, -e) vulkanisches Tuffgestein [sanskr.-lat.-it.]
Pe|pe|ro|ne (die, -s, -ni) kleine, scharfe, in Essig eingelegte Paprikafrucht [it.]
Pe|pe|ro|ni (die, -, -) = Peperone
Pe|pi|ni|e|re (die, -, -n) (altertümelnd) Baumschule [frz.]
Pe|pi|ta 1 (das, -(s), nur Ez.) kleines Hahnentrittmuster **2** (der, -s, -s) Gewebe mit diesem Muster [span.]
Pep|lon *auch:* Pe|plon (das, -s, -s oder -len/-plen) langes, weites, ärmelloses, gegürtetes Obergewand (bes. für Frauen, im alten Griechenland)
Pep|los *auch:* Pe|plos (der, -, -len/-plen) = Peplon
Pep-Pill (die, -, -s) anregendes Mittel [engl.]
Pep|ping (der, -s, -e oder -s) kleiner Apfel [engl.]
Pep|sin (das, -s, -e) ein Enzym des Magensaftes [gr.]
Pep|tid (das, -s, -e) beim Abbau von Proteinen entstehender Stoff [gr.]
per (Präp.) durch, mit; z.B. per Eilboten [lat.]
per Adres|se über die Anschrift von, wohnhaft bei [lat.]
per an|num jährlich (veraltet) [lat.]
per cas|sa in bar, gegen Bargeld [it.]
per con|to auf Rechnung [it.]
Per|cus|sion (die, -, -s) = Perkussion (**5**)
per de|fi|ni|ti|o|nem wie es sich schon im Wort ausdrückt, wie es schon der Ausdruck sagt [lat.]
per|du [-dy:] (Adv.) verloren, weg [frz.]
pe|remp|to|risch *auch:* per|emp|to|risch (Adj.) aufhebend, vernichtend, ungültig machend [lat.]
pe|ren|nie|rend *auch:* per|en|nie|rend (Adj.) **1** überwinternd, ausdauernd, mehrere Jahre blühend **2** das ganze Jahr hindurch Wasser führend [lat.]
Pe|rest|roi|ka *auch:* Pe|res|troi|ka/Pe|re|stroi|ka (ohne Artikel) Reform, Umgestaltung (in der Sowjetunion) [russ.]
per ex|em|plum *auch:* per ex|em|plum zum Beispiel (veraltet) [lat.]
per|fekt (Adj.) **1** vollkommen (ausgebildet); z.B. sie ist im Kochen perfekt **2** fließend; z.B. perfekt Französisch sprechen **3** abgemacht, abgeschlossen, gültig; z.B. die Sache ist perfekt [lat.]
Per|fekt (das, -s, -e) Zeitform des Verbs, die eine Handlung, einen Vorgang, Zustand als vergangen und abgeschlossen bezeichnet; z.B. ich bin viel gereist [lat.]

per|fek|ti|bel (Adj.) vollendungsfähig, zur Vervollkommnung befähigt [lat.]
Per|fek|ti|bi|lis|mus (der, -, nur Ez.) aufklärerische Position, wonach der Sinn jeglicher Geschichte in der fortschreitenden Vervollkommnung der Menschheit liegt [lat.]
Per|fek|ti|bi|list (der, -lis|ten, -lis|ten) Anhänger des Perfektibilismus [lat.]
Per|fek|ti|bi|li|tät (die, -, nur Ez.) die Fähigkeit, Befähigung zur Vervollkommnung [lat.]
Per|fek|ti|on (die, -, -ti|o|nen) Vollendung, Vollkommenheit [lat.]
per|fek|ti|o|nie|ren (V.) vollkommen machen [lat.]
Per|fek|ti|o|nie|rung (die, -, nur Ez.) das Perfektionieren, das Vervollkommnen [lat.]
Per|fek|ti|o|nis|mus (der, -, nur Ez.) **1** philosophische Lehre von der Vervollkommnung des Menschen (als Ziel der Menschheitsentwicklung) **2** übertriebenes Streben nach Vollkommenheit (bes. in technischer Hinsicht) [lat.]
Per|fek|ti|o|nist (der, -nis|ten, -nis|ten) **1** jmd., der übertrieben nach Perfektion strebt **2** Angehöriger einer nordamerikanischen Sekte, die durch innere Wiedergeburt vollkommene Sündlosigkeit erstrebt
per|fek|ti|o|nis|tisch (Adj.) allzu sehr auf Perfektion bedacht
per|fek|tisch (Adj.) das Perfekt betreffend [lat.]
per|fek|tiv (Adj.) eine zeitliche Begrenzung eines Geschehens ausdrücken [lat.]
Per|fek|tiv (das, -s, -e) Aktionsart des Verbs, die das Ende einer Handlung, eines Geschehens, Zustandes ausdrückt (in slawischen Sprachen) [lat.]
per|fek|ti|vie|ren (V.) ein Verb mit Hilfe von Partikeln in die perfekte Aktionsart überführen (Sprachwissenschaft) [lat.]
per|fek|tivisch (Adj.) = perfektiv
per|fid (Adj.) heimtückisch, niederträchtig
per|fide (Adj.) = perfid
Per|fi|die (die, -, -n) **1** (nur Ez.) Heimtücke, Niedertracht **2** perfide Tat
Per|fi|di|tät (die, -, nur Ez.) = Perfidie (**1**)
per|fo|rat (Adj.) durchlöchert [lat.]
Per|fo|ra|ti|on (die, -, -ti|o|nen) **1** Durchlöcherung, Durchbohrung (in der Medizin) **2** durchlochte Linie [lat.]
Per|fo|ra|tor (der, -s, -to|ren) **1** Gerät zum Perforieren (von Papier) **2** Gerät zum Übertragen von Texten auf Lochkarten [lat.]
per|fo|rie|ren (V.) durchdringen, durchbrechen, durchstoßen (in der Medizin) **2** mit gleichmäßigen Lochreihen versehen [lat.]
Per|for|mance (die, -, -s) künstlerische Aktion, Happening [engl.]

per|for|ma|tiv (Adj.) eine Handlung sprachlich äußernd und gleichzeitig vollziehend (jmdm. Glück wünschen) [lat.-engl.]

per|for|ma|to|risch (Adj.) = performativ [lat.-engl.]

per|ga|me|nen (Adj.) (veraltet) aus Pergament [gr.-lat.]

Per|ga|ment (das, -(e)s, -e) **1** enthaarte, geglättete Tierhaut als Schreibmaterial **2** Schriftstück auf solcher Haut [lat.]

per|ga|men|ten (Adj.) aus Pergament [gr.-lat.]

Per|ga|men|ter (der, -s, -) der Pergamenthersteller [gr.-lat.]

per|ga|men|tie|ren (V.) **1** ein Papier fertigen, das dem Pergament ähnlich ist **2** Baumwollgewebe durch Schwefelsäure pergamentähnlich machen [gr.-lat.]

Per|ga|min (auch: Per|ga|myn) (das, -s, nur Ez.) durchscheinendes, dem Pergament ähnliches Papier [gr.-lat.]

Per|ga|myn (das, -s, nur Ez.) = Pergamin [gr.-lat.]

Per|go|la (die, -, -len) Laube, Laubengang (meist von Kletterpflanzen umrankt) [it.]

per|hor|res|zie|ren (V.) verabscheuen, mit Nachdruck zurückweisen [lat.]

Pe|ri (der oder die, -(s), -s) feenhaftes Wesen (der altpersischen Mythologie) [pers.]

Pe|ri|anth (das, -s, -e) **1** Blütenhülle (bei Bedecktsamern) **2** blattartige Hülle um die Fortpflanzungsorgane (bei Moosen) [gr.]

Pe|ri|arth|ri|tis auch: Pe|ri|ar|thri|tis (die, -, -ri|ti|den/-thri|ti|den) Entzündung der Umgebung von Gelenken [gr.]

Pe|ri|bo|los (der, -, -loi) **1** Umfriedung **2** heiliger Bezirk rund um den antiken Tempel [gr.]

Pe|ri|chond|ri|tis auch: Pe|ri|chon|dri|tis (die, -, -ri|ti|den/-dri|ti|den) Knorpelhautentzündung [gr.]

Pe|ri|chond|ri|um auch: Pe|ri|chon|dri|um (das, -s, -ri|en/-dri|en) Knorpelhaut [gr.]

pe|ri|cu|lum in mo|ra es ist gefährlich zu zögern, (d.h. »Gefahr ist im Verzug«) [lat.]

Pe|ri|dot (der, -s, -e) ein Mineral, auch Chrysolith oder Olivin, Edelstein [frz.]

Pe|ri|e|ge|se (die, -, -n) Beschreibung von Orten und Ländern besonders im antiken Griechenland [gr.-lat.]

Pe|ri|e|get (der, -en, -en) der Verfasser von Orts-, Länder-, Bau- oder Denkmalsbeschreibungen besonders im antiken Griechenland [gr.-lat.]

pe|ri|e|ge|tisch (Adj.) die Periegeten oder die Periegesen betreffend [lat.]

Pe|ri|gä|um (das, -s, -gä|en) Punkt der geringsten Entfernung auf der Bahn eines Himmelskörpers von der Erde, Erdnähe [gr.]

Pe|ri|hel (das, -s, -e) Punkt der geringsten Entfernung auf der Bahn eines Himmelskörpers von der Sonne, Sonnennähe [gr.]

Pe|ri|kard (das, -(e)s, -e) Hülle des Herzens, Herzbeutel [gr.]

Pe|ri|kar|di|tis (die, -, -di|ti|den) Herzbeutelentzündung [gr.]

Pe|ri|karp (das, -(e)s, -e) Fruchtwand (bei Früchten von Samenpflanzen) [gr.]

Pe|rik|las auch: Pe|ri|klas (der, - oder -es, -e) ein Mineral [gr.]

pe|rik|li|tie|ren auch: pe|ri|kli|tie|ren (V.) sich in Gefahr begeben, wagen, sich einer Gefahr aussetzen [lat.]

Pe|ri|ko|pe (die, -, -n) **1** zum Vorlesen während des Gottesdienstes bestimmter Bibelabschnitt **2** größerer metrischer Abschnitt, Strophengruppe [gr.]

pe|ri|ku|lös (Adj.) (veraltet) gefährlich, misslich [lat.]

Pe|ri|me|ter (das, -s, -) Gerät zum Bestimmen der Größe des Gesichtsfeldes [gr.]

pe|ri|na|tal (Adj.) die Zeit kurz vor, während oder nach der Entbindung betreffend, in diesen Zeitraum fallend [gr.-lat.]

Pe|ri|ne|um (das, -s, -ne|en) Abschnitt zwischen After und Geschlechtsteil, Damm [gr.-nlat.]

Pe|ri|o|de (die, -, -n) **1** Zeitabschnitt **2** Abschnitt einer Formation der Erdgeschichte **3** Umlaufzeit (eines Himmelskörpers) **4** Schwingungsdauer **5** Menstruation, Regel **6** mehrfach zusammengesetzter Satz **7** sich unendlich wiederholende Zahl oder Zahlengruppe hinter dem Komma eines Dezimalbruches **8** musikalischer Satz aus 8 oder 16 Takten mit zwei einander entsprechenden Teilen [gr.]

Pe|ri|o|di|kum (das, -s, -ka) regelmäßig erscheinende Zeitschrift [gr.-lat.]

pe|ri|o|disch (Adj.) regelmäßig (wiederkehrend), in gleichen Abständen [gr.-lat.]

pe|ri|o|di|sie|ren (V.) in Zeitabschnitte einteilen [gr.-nlat.]

Pe|ri|o|di|zi|tät (die, -, nur Ez.) periodische Wiederkehr [gr.-nlat.]

Pe|ri|o|do|lo|gie (die, -, nur Ez.) die Lehre vom Bau musikalischer Sätze [gr.-lat.]

Pe|ri|o|don|ti|tis (die, -, -ti|ti|den) Wurzelhautentzündung der Zähne [gr.]

Pe|ri|ö|ke (der, -n, -n) freier Einwohner des alten Sparta ohne politische Rechte [gr.]

pe|ri|o|ral (Adj.) in der Nähe des Mundes, um den Mund herum sich befindend (Med.) [gr.-lat.]

Pe'ri'ost (das, -ostes, -oste) Knochenhaut [gr.]
Pe'ri'os'ti'tis (die, -, -titiden) Knochenhautentzündung [gr.]
Pe'ri'pa'te'ti'ker (der, -s, -) Schüler des Aristoteles [gr.]
pe'ri'pa'te'tisch (Adj.) die Peripatetiker betreffend [gr.-lat.]
Pe'ri'pa'tos (der, -, nur Ez.) Wandelgang [gr.]
Pe'ri'pe'tie (die, -, -n) Wendepunkt, Umschwung (bes. im Drama) [gr.]
pe'ri'pher (Adj.) am Rand, an der Peripherie liegend; unwichtig, unbedeutend, nur am Rand interessierend [gr.]
Pe'ri'phe'rie (die, -, -n) **1** Umfangslinie, äußere Linie (bes. des Kreises) **2** Rand; z.B. an der Peripherie der Stadt [gr.]
pe'ri'phe'risch (Adj.) = peripher [gr.-lat.]
Pe'riph'ra'se *auch:* Pe'ri'phra'se (die, -, -n) Umschreibung, Bezeichnung durch eine Eigenschaft; z.B. »Blauer« für »Hundertmarkschein« [gr.]
pe'riph'ra'sie'ren *auch:* pe'ri'phra'sie'ren (V.) mit einer Periphrase umschreiben
Pe'rip'te'ros *auch:* Pe'ri'pte'ros (der, -, -ren) griechischer Tempel mit umgebendem Säulengang [gr.]
Pe'ris'kop *auch:* Pe'ri'skop (das, -s, -e) Fernrohr, mit dem man über Hindernisse hinweg und (bei U-Booten) in getauchtem Zustand über die Wasserfläche sehen kann [gr.]
Pe'ris'tal'tik *auch:* Pe'ri'stal'tik (die, -, nur Ez.) wellenförmige Bewegung (von Hohlorganen; z.B. der Speiseröhre) [gr.]
pe'ris'tal'tisch *auch:* pe'ri'stal'tisch (Adj.) wellenförmig (fortschreitend) [gr.]
Pe'ris'ta'se *auch:* Pe'ri'sta'se (die, -, -n) Gesamtheit der auf ein Lebewesen vor und nach der Geburt einwirkenden Einflüsse [gr.]
Pe'ris'te'ri'um (das, -s, -rien) mittelalterlicher Behälter für Hostien in Form einer Taube [gr.-lat.]
Pe'ris'tyl *auch:* Pe'ri'styl (das, -s, -e) von Säulen umgebener Innenhof (des altgriechischen Hauses) [gr.]
Pe'ris'ty'li'um *auch:* Pe'ri'sty'li'um (das, -s, -li'en) = Peristyl [gr.-lat.]
Pe'ri'to'ne'um (das, -s, -ne'en) Bauchfell [gr.-lat.]
Pe'ri'to'ni'tis (die, -, -nitiden) Bauchfellentzündung [gr.]
Per'kal (der, -s, -e) feinfädiges, dichtes Baumwollgewebe (für Wäsche) [pers.]
Per'ju'rant (der, -en, -en) veraltete Bezeichnung in der Rechtswissenschaft für einen Meineidigen [lat.]
Per'ju'ra'ti'on (die, -, -ti'onen) veraltete Bezeichnung in der Rechtswissenschaft für einen Meineid [lat.]
Per'ka'lin (das, -s, -e) Baumwollgewebe für Bucheinbände [pers.-türk.-frz.]
Per'ko'lat (das, -(e)s, -e) durch Perkolation gewonnener Auszug
Per'ko'la'ti'on (die, -, -ti'onen) Gewinnung von Auszügen aus kleinstgeschnittenen Pflanzen auf kaltem Wege durch ständig fließendes Lösungsmittel [lat.]
per'ko'lie'ren (V.) durch Perkolation gewinnen [lat.]
Per'kus'si'on (die, -, -si'onen) **1** Erschütterung, Stoß **2** Zündung durch Schlag auf ein Zündhütchen **3** ärztliche Untersuchung durch Beklopfen **4** Vorrichtung am Harmonium, die Hämmerchen gegen die Metallzungen schlagen lässt (zum Erzeugen klarerer Töne) [lat.] **5** [pəkʌʃn] (die, -, -s) Schlagzeug in Jazz-, Rockbands [lat.-engl.]
per'kus'siv (Adj.) vom Rhythmus geprägt, bestimmt, durch rhythmische Geräusche erzeugt [lat.]
per'kus'so'risch (Adj.) mittels Perkussion
per'ku'tan (Adj.) durch die Haut hindurch [lat.]
per'ku'tie'ren (V.) beklopfen (in der Medizin) [lat.]
per'ku'to'risch (Adj.) = perkussorisch [lat.]
Per'la'tor (der, -s, -toren) kleine Vorrichtung für Wasserhähne, die ein weiches Fließen des Wassers ohne Spritzen ermöglicht [nlat.]
Per'lon (das, -s, nur Ez.) eine Kunstfaser (Warenzeichen) [Kunstwort]
Per'lus'tra'ti'on *auch:* Per'lust'ra'ti'on/Per'lu'stra'ti'on (die, -, -ti'onen) das Perlustrieren (österr.)
per'lus'trie'ren *auch:* per'lust'rie'ren/per'lu'strie'ren (V.) zur Feststellung der Identität genau untersuchen (österr.); z.B. einen Verdächtigen perlustrieren [lat.]
Perm (das, -s, nur Ez.) jüngste Formation des Paläozoikums [russ.]
per'ma'nent (Adj.) ununterbrochen, ständig, dauernd [lat.]
Per'ma'nenz (die, -, nur Ez.) ununterbrochene Dauer, in Permanenz: ununterbrochen, dauernd [lat.]
Per'man'ga'nat (das, -s, -e) Salz der Übermangansäure
per'me'a'bel (Adj.) durchlässig, durchdringbar [lat.]
Per'me'a'bi'li'tät (die, -, nur Ez.) **1** Durchlässigkeit, Durchdringlichkeit **2** Verhältnis von magnetischer Induktion und magnetischer Feldstärke (im magnetischen Feld) [lat.]

per'mis'siv (Adj.) Freizügigkeit gewährend, frei handeln und sich bewegen lassend [lat.]
Per'mis'si'vi'tät (die, -, nur Ez.) Freizügigkeit, Gewährenlassen [lat.]
per'mu'ta'bel (Adj.) vertauschbar, austauschbar [lat.]
Per'mu'ta'ti'on (die, -, -ti'o'nen) Vertauschung, Umstellung der Reihenfolge [lat.]
per'mu'tie'ren (V.) vertauschen, austauschen, umstellen [lat.]
Per'ni'o'sis (die, -, -sen) Frostschaden (der Haut), Frostbeulen [lat.]
per'ni'zi'ös (Adj.) bösartig, unheilbar [lat.-frz.]
Per'nod [-noː] (der, -s, -s) alkoholisches Getränk aus Wermut, Anis u.a. [frz.]
per'o'ral (Adj.) durch den Mund [lat.]
Per'o'xid (das, -s, -e) sauerstoffreiche chemische Verbindung [lat.]
per pe'des zu Fuß (ugs., scherzhaft) [lat.]
Per'pen'di'kel (das, -s, -) **1** Uhrpendel **2** Abstand zwischen dem (gedachten) Senkrechten durch Vorder- und Achtersteven (eines Schiffes, entspricht dessen Länge) [lat.]
per'pen'di'ku'lar (Adj.) senkrecht, die Senkrechte betonend [lat.]
Per'pe'tu'um mo'bi'le (das, - -, - -s oder -tua -bi'lia) **1** praktisch nicht konstruierbare Maschine, die sich ohne Energiezufuhr ständig bewegt **2** Musikstück voller gleichmäßiger schneller Bewegung [lat.]
perp'lex auch: per'plex (Adj.) verblüfft, überrascht [lat.]
per pro'cu'ra (Abk.: p.p.) in Vollmacht (vor dem Namen in der Unterschrift); z.B. et cetera p.p.[lat.]
Per'ron [-rõ] österr., schweiz. [-rɔn] (der, -s, -s) **1** Bahnsteig (veraltet) **2** Plattform (der Straßenbahn, früher) [frz.]
per sal'do wie der Saldo zeigt, auf Grund des Saldos; z.B. per saldo noch 1000,– DM auf dem Konto haben [it.]
per se durch sich selbst [lat.]
Per'sen'ning (auch: Pre'sen'ning) (die, -, -s oder -en) wasserdichtes Gewebe (für Segel, Zeltbahnen); Schutzüberzug daraus [niederl.]
Per'ser (der, -s, -) **1** Ew. von Persien **2** aus Persien stammender Teppich
Per'se've'ranz (die, -, nur Ez.) Beharrlichkeit [lat.]
Per'se've'ra'ti'on (die, -, -ti'o'nen) beharrliches Wiederauftauchen, Wiederkehren (von Vorstellungen im Bewusstsein) [lat.]
per'se've'rie'ren (V.) immer wiederkehren, immer wieder auftauchen (von Vorstellungen im Bewusstsein) [lat.]
Per'shing [pɜːʃɪŋ] (die, -, -s) eine US-amerikanische Rakete

Per'si'a'ner (der, -s, -) Fell des neugeborenen Karakulschafes
Per'si'co (der, -s, -s) = Persiko
Per'sif'la'ge auch: Per'si'fla'ge [-ʒə] (die, -, -n) geistreiche Verspottung (bes. literarisch, filmisch) [frz.]
per'sif'lie'ren auch: per'si'flie'ren (V.) geistreich verspotten [frz.]
Per'si'ko (auch: Per'si'co) (der, -s, -s) ein Pfirsichlikör; z.B. Rixdorfer mit Persiko: eine Berliner Weiße mit einem Schuss Persiko [frz.]
per'sis'tent (Adj.) beharrlich, anhaltend [lat.]
Per'sis'tenz (die, -, nur Ez.) Beharrlichkeit, Ausdauer, Dauerhaftigkeit [lat.]
Per'son (die, -, -en) **1** Mensch als Einzelwesen; z.B. Fahrkarten für zehn Personen **2** Mensch in seiner Eigenart **3** Mensch als Teil der staatlichen Gemeinschaft; juristische Person: Gruppe, Vereinigung, Körperschaft, die rechtlich als in einziger Mensch behandelt wird **4** Frau, Mädchen; z.B. eine reizende Person; diese Person! (abwertend) **5** Figur, Gestalt (im Theaterstück, Film) **6** Sprecher, Angesprochener (in der Grammatik); z.B. erste, zweite Person [lat.]
Per'so'na gra'ta (die, - -, nur Ez.) gern gesehener, willkommener Mensch [lat.]
Per'so'na ingra'ta auch: Per'so'na in'gra'ta (die, - -, nur Ez.) **1** nicht mehr gern gesehener, unwillkommener, in Ungnade gefallener Mensch **2** nicht mehr erwünschter ausländischer Diplomat [lat.]
per'so'nal (Adj.) **1** durch eine Person bestimmt, eine Person bezeichnend; z.B. die personalen Formen des Verbs **2** = personell [lat.]
Per'so'nal (das, -s, nur Ez.) Gesamtheit der Diener, der dienstleistenden Angestellten [lat.]
Per'so'nal'com'pu'ter [-pjuː-] (der, -s, -) kleiner Computer für den persönlichen Bedarf
Per'so'na'li'en (nur Mz.) Angaben über Name, Wohnung, Personenstand, Beruf usw. einer Person
per'so'nal'in'ten'siv (Adj.) nach Möglichkeit Personen (statt Maschinen) einsetzend
Per'so'na'li'tät (die, -, -en) Persönlichkeit, Gesamtheit der eine Person kennzeichnenden Eigenschaften
Per'so'nal'pro'no'men (das, -s, - oder -mi'na) persönliches Fürwort; z.B. ich, er [lat.]
Per'so'nal'u'ni'on (die, -, -en) **1** Vereinigung zweier selbstständiger Staaten unter ei-

nem Herrscher **2** Vereinigung mehrerer Ämter in der Hand einer Person [lat.]
Per'so'na non gra'ta = Persona ingrata
per'so'nell (Adj.) das Personal betreffend
Per'so'ni'fi'ka'ti'on (die, -, -ti'o'nen) das Personifizieren, Personifiziertwerden, Vermenschlichung
per'so'ni'fi'zie'ren (V.) als Person darstellen, vermenschlichen; z.B. eine Eigenschaft
Pers'pek'tiv *auch:* Per'spek'tiv (das, -s, -e) kleines Fernrohr [lat.]
Pers'pek'ti've *auch:* Per'spek'ti've (die, -, -n) **1** scheinbares Aufeinanderzulaufen von parallelen Linien in der Tiefe des Raumes und ihre scheinbare Verkürzung **2** Darstellung des Raumes und räumlicher Gegenstände auf einer ebenen Fläche **3** Blickwinkel; z.B. aus seiner Perspektive sieht das anders aus **4** Zukunftsaussicht [lat.]
pers'pek'ti'visch *auch:* per'spek'ti'visch (Adj.) die Perspektive betreffend, hinsichtlich der Perspektive, räumlich; z.B. perspektivisches Sehen: räumliches Sehen
Pers'pek'ti'vis'mus *auch:* Per'spek'ti'vismus (der, -, nur Ez.) philosophische Lehre, dass die Erkenntnis der Welt durch die persönliche Perspektive des Betrachters bestimmt werde
Pers'pi'ra'ti'on *auch:* Per'spi'ra'ti'on (die, -, nur Ez.) Hautatmung
Per'tu'ba'ti'on (die, -, -ti'o'nen) Durchblasung der Tuba, des Eileiters [lat.]
Per'tur'ba'ti'on (die, -, -ti'o'nen) Störung in den Bewegungen (eines Gestirns) [lat.]
Per'tus'sis (die, -, nur Ez.) Keuchhusten [lat.]
Pe'ru'a'ner (der, -s, -) Einwohner des südamerikanischen Staates Peru
Pe'rü'cke (die, -, -n) **1** zur Frisur zusammengearbeitete Haare oder Fasern (als Haarersatz) **2** krankhafte Wucherung am Gehörn oder Geweih [frz.]
per ul'ti'mo am letzten Tag des Monats (zu zahlen, zu liefern) [lat.]
per'vers (Adj.) widernatürlich, unnatürlich (bes. im geschlechtlichen Bereich) [lat.]
Per'ver'si'on (die, -, -si'o'nen) krankhafte Abweichung vom Natürlichen, Normalen (bes. in geschlechtlicher Hinsicht) [lat.]
Per'ver'si'tät (die, -, -en) das Perverssein, perverse Beschaffenheit oder Veranlagung
per'ver'tie'ren (V.) **1** vom Normalen, Üblichen abweichen, sich zum Negativen verändern **2** verfälschen, falsch, verhängnisvoll anwenden [lat.]
Per'zent (das, -(e)s, -e) = Prozent (österr.) [lat.]

per'zen'tu'ell = prozentual (österr.) [lat.]
per'zep'ti'bel (Adj.) wahrnehmbar, erfassbar, begreiflich [lat.]
Per'zep'ti'bi'li'tät (die, -, nur Ez.) perzeptible Beschaffenheit, Wahrnehmbarkeit
Per'zep'ti'on (die, -, -ti'o'nen) **1** Wahrnehmung (als erste Stufe zur Erkenntnis) **2** Aufnahme von Reizen (durch Sinneszellen) [lat.]
per'zep'tiv (Adj.) auf Perzeption beruhend, durch sie ermöglicht
per'zep'to'risch (Adj.) = perzeptiv
per'zi'pie'ren (V.) wahrnehmen, mit den Sinneszellen aufnehmen [lat.]
Pe'sa'de (die, -, -n) = Levade [frz.]
Pe'se'ta (die, -, -ten) Währungseinheit in Spanien
Pe'so (der, -s, -s oder -) Währungseinheit in Mittel- und Südamerika u.a. [span.]
Pes'sar (das, -s, -e) ring- oder schalenförmiger Körper, der auf den Gebärmuttermund aufgesetzt wird (zum Stützen oder zur Empfängnisverhütung) [lat.]
Pes'si'mis'mus (der, -, nur Ez.) Neigung, nur die Schattenseiten des Lebens und der Welt zu sehen, negative Lebenseinstellung [lat.]
Pes'si'mist (der, -mis'ten, -mis'ten) jmd., der nur die Schattenseiten des Lebens und der Welt sieht, Schwarzseher [lat.]
pes'si'mis'tisch (Adj.) in der Art des Pessimismus, eines Pessimisten, schwarzseherisch
Pes'si'mum (das, -s, -ma) das Schlechteste, Ungünstigste, das Schlechtestmögliche [lat.]
Pest (die, -, nur Ez.) **1** schwere epidemische Infektionskrankheit **2** etwas Unerträgliches, sehr Unangenehmes, Übel [lat.]
Pes'ti'lenz (die, -, -en) schwere Seuche (veraltet) [lat.]
Pes'ti'zid (das, -(e)s, -e) chemisches Schädlingsbekämpfungsmittel [lat.]
Pe'tal (das, -s, -en) Kronblatt (einer Blüte) [lat.]
Pe'tar'de (die, -, -n) **1** mit Sprengstoff gefülltes Gefäß (früher zum Sprengen von Festungstoren) **2** knallender Feuerwerkskörper [frz.]
Pe'te'chi'en (nur Mz.) punktförmige Hautblutungen [it.]
Pe'ti'ti'on (die, -, -ti'o'nen) Bittschrift, Eingabe [lat.]
Pe'tits Fours [pətifuːɐ] (nur Mz.) feine, kleine, würfelförmige Gebäckstücke mit farbiger Zuckerglasur [frz.]
Pet're'fakt *auch:* Pe'tre'fakt (das, -(e)s, -e oder -en) Versteinerung [lat.]
Pet'ri'fi'ka'ti'on *auch:* Pe'tri'fi'ka'ti'on (die, -, -ti'o'nen) das Versteinern, Versteinerung (als Vorgang) [lat.]

pet|ri|fi|zie|ren *auch:* pe|tri|fi|zie|ren (V.) versteinern [lat.]
Pet|ro|che|mie *auch:* Pe|tro|che|mie (die, -, nur Ez.) **1** Wissenschaft von der chemischen Zusammensetzung der Gesteine **2** (unkorrekte, aber übliche Bezeichnung für) Petrolchemie [gr.]
Pet|ro|ge|ne|se *auch:* Pe|tro|ge|ne|se (die, -, -n) Entstehung der Steine [gr.]
Pet|ro|gly|phe *auch:* Pe|tro|gly|phe (die, -, -n) vorgeschichtliche Felszeichnung [gr.]
Pet|ro|gra|phie *auch:* Pe|tro|gra|phie (die, -, nur Ez.) Wissenschaft von den Gesteinen, ihrer Zusammensetzung, Klassifizierung usw., beschreibende Gesteinskunde [gr.]
Pet|rol|che|mie *auch:* Pe|trol|che|mie (die, -, nur Ez.) Wissenschaft vom Erdöl und Erdgas [gr.]
Pet|ro|le|um *auch:* Pe|tro|le|um (das, -s, nur Ez.) Destillationsprodukt des Erdöls [gr.-lat.]
Pet|ro|lo|gie *auch:* Pe|tro|lo|gie (die, -, nur Ez.) Wissenschaft von der Bildung und Umwandlung der Gesteine [gr.]
Pet|schaft (das, -s, -e) Siegelstempel [tschech.]
Pet|ti|coat [-kɔut] (der, -s, -s) weiter, steifer Unterrock [engl.]
Pet|ting (das, -s, -s) sexuelles Spiel ohne Geschlechtsakt (bes. bei Jugendlichen) [engl.]
pet|to in petto
Pe|tu|nie [-niₑ] (die, -, -n) ein Nachtschattengewächs aus Südamerika mit trichterförmigen Blüten, als Balkonpflanze beliebt [indian.]
peu à peu [pøapø:] nach und nach [frz.]
pe|xie|ren (V.) = pekzieren
Pfef|fe|ro|ne (der, -, -ni oder -n) = Peperoni (österr.)
Pfef|fe|ro|ni (der, -, -) = Peperoni (österr.)
Pha|go|zyt (der, -en, -en) weißes Blutkörperchen das eingedrungene Krankheitserreger unschädlich machen kann, Fresszelle [gr.]
Pha|lanx (die, -, -lan|gen) **1** geschlossene Schlachtreihe in mehreren Gliedern (in der Antike) **2** geschlossene, Widerstand leistende Front **3** Finger-, Zehenglied [gr.]
phal|lisch (Adj.) **1** in der Art eines Phallus; z.B. phallisches Symbol **2** zum Phalluskult gehörig [gr.]
Phal|lus (der, -, -li oder -len) erigiertes männliches Glied [gr.-lat.]
Phal|lus|kult (der, -(e)s, -e) kultische Verehrung des Phallus als Fruchtbarkeitssymbol
Pha|ne|ro|ga|me (die, -, -n) Blütenpflanze [gr.]

Phä|no|lo|gie (die, -, nur Ez.) Wissenschaft von den jahreszeitlich wechselnden Erscheinungsformen bei Tieren und Pflanzen [gr.]
Phä|no|men (das, -s, -e) **1** mit den Sinnen wahrnehmbare Erscheinung **2** seltenes, ungewöhnliches Ereignis **3** Mensch mit außergewöhnlicher Begabung [gr.]
phä|no|me|nal (Adj.) außergewöhnlich, sehr erstaunlich [gr.]
Phä|no|me|no|lo|gie (die, -, nur Ez.) Lehre von den Erscheinungen der Dinge, von den Dingen, wie sie sich darbieten [gr.]
phä|no|me|no|lo|gisch (Adj.) zur Phänomenologie gehörig
Phä|no|typ (der, -s, -en) Erscheinungsbild (eines Lebewesens) [gr.]
Phan|ta|sie (die, -, -n) = Fantasie
phan|ta|sie|ren (V.) = fantasieren
Phan|tas|ma (das, -s, -men) Sinnestäuschung, Trugbild [gr.]
Phan|tas|ma|go|rie (die, -, -n) **1** Zauberbild, Trugbild, Wahngebilde **2** Darstellung von Geistererscheinungen, Trugbildern usw. auf der Bühne [gr.]
phan|tas|ma|go|risch (Adj.) in der Art einer Phantasmagorie (**1**)
Phan|tast (der, -en, -en) = Fantast
phan|tas|tisch (Adj.) = fantastisch
Phan|tom (das, -s, -e) **1** Trugbild, unwirkliche Erscheinung **2** Nachbildung eines Körperteils (als Unterrichtsmittel) [gr.]
Phä|o|phy|zee [-tse:ə] (die, -, -n) Braunalge, Tang
Pha|rao 1 (der, -s, -ra|o|nen) König, Herrscher (im alten Ägypten) **2** (das, -s, nur Ez.) ein französisches Kartenglücksspiel [ägypt.]
pha|ra|o|nisch (Adj.) zu den Pharaonen gehörig, von ihnen stammend
Pha|ri|sä|er (der, -s, -) **1** Angehöriger der führenden altjüdischen religiös-politischen, streng gesetzestreuen Partei **2** selbstgerechter, engstirniger Mensch [hebr.-lat.]
pha|ri|sä|isch (Adj.) **1** zu den Pharisäern (**1**) gehörig, von ihnen ausgehend **2** selbstgerecht und engstirnig, heuchlerisch
Phar|ma|ko|lo|gie (die, -, nur Ez.) Wissenschaft von den Arzneimitteln [gr.]
Phar|ma|kon (das, -s, -ka) Arzneimittel
Phar|ma|zeut (der, -en, -en) Fachmann auf dem Gebiet der Pharmazeutik, Apotheker
Phar|ma|zeu|tik (die, -, nur Ez.) Lehre von der Zubereitung und Anwendung der Arzneien [gr.]
Phar|ma|zeu|ti|kum (das, -s, -ka) = Pharmakon [gr.]
phar|ma|zeu|tisch (Adj.) zur Pharmazeutik gehörig, auf ihr beruhend

Phar'ma'zie (die, -, nur Ez.) = Pharmazeutik
Pha'ryn'gi'tis (die, -, -gi'ti'den) Rachenkatarrh [gr.]
Pha'ryn'go'lo'gie (die, -, nur Ez.) Wissenschaft vom Rachen [gr.]
Pha'ryn'gos'kop *auch:* Pha'ryn'gos'kop (das, -s, -e) Gerät zur Untersuchung des Rachens, Rachenspiegel [gr.]
Pha'ryn'gos'ko'pie *auch:* Pha'ryn'gos'ko'pie (die, -, -n) Untersuchung des Rachens mit dem Pharyngoskop
Pha'rynx (der, -, -ryn'gen) Rachen [gr.]
Pha'se (die, -, -n) **1** Abschnitt (einer Entwicklung), Stufe **2** Zustandsform **3** eine von drei Stromleitungen **4** Schwingungszustand (an einem bestimmten Wellenabschnitt) [gr.-frz.]
pha'sisch (Adj.) in Phasen (**1**) verlaufend, wiederkehrend
Phel'lo'gen (das, -s, -e) Kork bildendes Pflanzengewebe [gr.]
Phe'nol (das, -s, -e) Karbolsäure [gr.-frz.]
Phe'ro'mon (das, -s, -e) Stoff, der von manchen Tieren nach außen abgegeben wird und auf Tiere der gleichen Art bestimmte Wirkung ausübt; z.B. Sexuallockstoff [gr.]
Phi (das, -s, -s) einundzwanzigster griechischer Buchstabe
Phi'a'le (die, -, -n) flache, altgriechische Opfer- oder Trinkschale
Phi'lanth'rop *auch:* Phi'lan'throp/Phil'anthrop (der, -en, -en) Menschenfreund
Phi'lanth'ro'pie *auch:* Phi'lan'thro'pie/Philan'thro'pie (die -, nur Ez.) Menschenliebe, Menschenfreundlichkeit [gr.]
phi'lanth'ro'pisch *auch:* phi'lan'thro'pisch/phil'an'thro'pisch (Adj.) menschenliebend, menschenfreundlich [gr.]
Phi'la'te'lie *auch:* Phil'a'te'lie (die, -, nur Ez.) Briefmarkenkunde, Sammeln von Briefmarken [gr.]
Phi'la'te'list *auch:* Phil'a'te'list (der, -lis'ten, -lis'ten) Kenner der Philatelie, jmd., der systematisch Briefmarken sammelt
Phil'har'mo'nie (die, -, -n) Name für: **1** Gesellschaft zur Pflege der Musik **2** sehr gutes Orchester **3** Konzertsaal [gr.]
Phil'har'mo'ni'ker (der, -s, -) **1** Angehöriger eines philharmonischen Orchesters **2** (Mz.) Gesamtheit der Musiker eines philharmonischen Orchesters
phil'har'mo'nisch (Adj.) zur Musikliebe und -pflege gehörend, damit beschäftigt; philharmonisches Orchester: (Name für) sich der Musikpflege besonders widmendes Orchester [gr.]

Phil'hel'le'nis'mus (der, -, nur Ez.) romantisch-politische Bewegung zur Unterstützung der Griechen in ihrem Kampf gegen die Türken [gr.]
Phi'lip'pi'ka (die, -ken) leidenschaftliche, kämpferische Rede, heftige Strafrede [gr.]
Phi'lip'pi'ner (der, -s, -) = Filipino
Phi'lis'ter (der, -s, -) **1** Angehöriger eines nichtsemitischen Volkes in Palästina **2** engstirniger, kleinbürgerlicher Mensch
phi'lis'trös *auch:* phi'list'rös/phi'li'strös (Adj.) engstirnig, kleinbürgerlich [hebr.]
Phi'lo'den'dron (der, -s, -ren/-dren) **1** eine tropische Kletterpflanze mit glattrandigen Blättern, ein Aronstabgewächs **2** eine Kletterpflanze mit großen, zerschlitzten Blättern, Monstera [gr.]
Phi'lo'lo'ge (der, -n, -n) Wissenschaftler der Philologie
Phi'lo'lo'gie (die, -, nur Ez.) Sprach- und Literaturwissenschaft [gr.]
phi'lo'lo'gisch (Adj.) **1** zur Philologie gehörend, darauf beruhend **2** wissenschaftlich trocken
Phi'lo'se'mit (der, -en, -en) den Juden freundlich gesinnter Mensch, Gegner des Antisemitismus [gr.]
Phi'lo'soph (der, -en, -en) **1** jmd., der nach den Ursprüngen der Welt und des Seins fragt, nach Wahrheit und Erkenntnis strebt **2** Begründer einer Philosophie (**1**)
Phi'lo'so'phem (das, -s, -e) Ergebnis philosophischer Forschung, philosophischer Ausspruch, Lehrsatz [gr.]
Phi'lo'so'phie (die, -, -n) Lehre vom Sein, von den Ursprüngen der Welt, vom Denken [gr.]
phi'lo'so'phie'ren (V.) Philosophie treiben, sich mit philosophischen Fragen beschäftigen, nachdenklich, grübelnd darüber reden
phi'lo'so'phisch (Adj.) zur Philosophie gehörend, darauf beruhend, in der Art eines Philosophen [gr.]
Phi'mo'se (die, -, -n) Verengung der Vorhaut (des Penis) [gr.]
Phi'o'le (die, -, -n) kleine, birnenförmige Glasflasche mit langem Hals [gr.-lat.]
Phle'bi'tis (die, -, -bi'ti'den) Venenentzündung [gr.]
Phleg'ma (das, -s, nur Ez.) Trägheit, träge Ruhe, Langsamkeit [gr.]
Phleg'ma'ti'ker (der, -s, -) phlegmatischer Mensch
Phleg'ma'ti'kus (der, -, -se) phlegmatischer Mensch (ugs., scherzhaft)
phleg'ma'tisch (Adj.) voller Phlegma, träge, durch nichts aus der Ruhe zu bringen
Phleg'mo'ne (die, -, -n) Entzündung des Zellgewebes [gr.]

Phlox (der, -es, -e) Zierpflanze mit kugeligen, leuchtend farbigen Blütenständen [gr.]
Pho'bie (die, -, -n) krankhafte Furcht (vor bestimmten Dingen, Tätigkeiten, Situationen) [gr.]
Phon (das, -s, -) Maßeinheit der Lautstärke [gr.]
Pho'nem (das, -s, -e) kleinste lautliche, bedeutungsunterscheidende Einheit; z.b. das u und a in Buch und Bach [gr.]
Pho'ne'tik (die, -, nur Ez.) **1** Art und Erzeugung der Laute, das Sprechen **2** Wissenschaft davon, Lautlehre [gr.]
Pho'ne'ti'ker (der, -s, -) Wissenschaftler der Phonetik
pho'ne'tisch (Adj.) zur Phonetik (**1**) gehörig, hinsichtlich der Phonetik
pho'nisch (Adj.) zur Stimme, zum Ton, zum Klang gehörig, darauf beruhend [gr.]
Phö'nix (der, -(es), -e) Vogel, der sich selbst verbrennt und verjüngt aus der Asche aufsteigt, Sinnbild der Unsterblichen (in der ägyptischen Mythologie) [gr.]
Pho'no'dik'tat (*auch:* Fo'no'dik'tat) (das, -(e)s, -e) auf Tonband gesprochenes Diktat [gr.-lat.]
pho'no'gen (*auch:* fo'no'gen) (Adj.) zum Sprechen im Rundfunk und Fernsehen geeignet; z.B. phonogene Stimme [gr.]
Pho'no'gramm (*auch:* Fo'no'gramm) (das, -s, -e) Aufzeichnung von Tönen auf Schallplatte, Tonband usw. [gr.]
Pho'no'kof'fer (*auch:* Fo'no'kof'fer) (der, -s, -) transportabler Plattenspieler mit Verstärker und Lautsprecher [gr.-frz.]
Pho'no'lith (der, -en, -en) ein Ergussgestein das beim Anschlagen hell klingt, Klingstein [gr.]
Pho'no'lo'gie (*auch:* Fo'no'lo'gie) (die, -, nur Ez.) Wissenschaft von den Lauten hinsichtlich ihrer Bedeutung für die Wörter [gr.]
pho'no'lo'gisch (*auch:* fo'no'lo'gisch) (Adj.) zur Phonologie gehörend, auf ihr beruhend
Pho'no'me'ter (*auch:* Fo'no'me'ter) (das, -s, -) Gerät zum Messen von Tönen und zum Prüfen des Hörvermögens [gr.]
Pho'no'thek (*auch:* Fo'no'thek) (die, -, -en) Sammlung von Tonaufzeichnungen (Schallplatten, Tonbändern, Kassetten) [gr.]
Pho'no'ty'pis'tin (*auch:* Fo'no'ty'pis'tin) (die, -, -nen) Angestellte, die Phonodiktate in Maschinenschrift überträgt [gr.-lat.]
Phos'gen (das, -s, nur Ez.) ein farbloses, giftiges Gas, das nach faulendem Heu riecht, Kampfgas [gr.]
Phos'phat (das, -(e)s, -e) Salz der Phosphorsäure; z.B. tragen Phosphate in Waschmitteln zur Gewässerverschmutzung bei
Phos'phid (das, -(e)s, -e) Verbindung von Phosphor mit einem Metall
Phos'phit (das, -s, -e) Salz der phosphorigen Säure
Phos'phor (der, -s, nur Ez.) ein chemisches Element [gr.]
Phos'pho'res'zenz (die, -, nur Ez.) vorübergehendes Leuchten mancher Stoffe nach Bestrahlung mit Lichtwellen [gr.]
phos'pho'res'zie'ren (V.) nach Bestrahlung mit Lichtwellen (vorübergehend) leuchten; z.B. Schneeflächen, die am Alpenglühen phosphoreszieren
Phos'pho'ris'mus (der, -, nur Ez.) Phosphorvergiftung
pho'to..., Pho'to... = foto..., Foto...
Pho'ton (das, -s, -to'nen) = Foton
Pho'to'syn'the'se (die, -, nur Ez.) = Fotosynthese
Phra'se (die, -, -n) **1** Satz, Teil eines Satzes **2** abgegriffene, leere Redensart **3** kleiner, selbstständiger Abschnitt eines Musikstücks
Phra'se'o'lo'gie (die, -, -n) **1** Gesamtheit der für eine Sprache kennzeichnenden Redensarten und Redewendungen **2** Sammlung solcher Redensarten [gr.]
phra'se'o'lo'gisch (Adj.) zu einer Phraseologie gehörend; phraseologisches Wörterbuch: Wörterbuch der für eine Sprache kennzeichnenden Redensarten und Redewendungen
phra'sie'ren (V.) in kleine, melodisch-rhythmische Abschnitte einteilen; z.B. ein Musikstück phrasieren [gr.]
phre'ne'tisch (Adj.) geistesgestört [gr.]
Phre'no'lo'gie (die, -, nur Ez.) = Kraniologie [gr.]
phry'gisch (Adj.) **1** zu Phrygien gehörig, daraus stammend **2** phrygische Tonart: eine altgriechische Tonart; eine Kirchentonart
Phtha'le'in (das, -s, -e) ein synthetischer Farbstoff
Phthi'si'ker (der, -s, -) jmd., der an Phthisis erkrankt ist
Phthi'sis (die, -, -sen) **1** Lungentuberkulose **2** allgemeiner körperlicher Verfall, Auszehrung, Schwindsucht [gr.]
Phyl'lit (der, -s, -e) kristallines, schieferiges Gestein [gr.]
Phyl'lo'kak'tus (der, -, -te'en) Blattkaktus mit großen Blüten [gr.-lat.]
Phyl'lo'po'de (der, -n, -n) Blattfußkrebs [gr.]
Phy'lo'ge'ne'se (die, -, -n) Stammesgeschichte (der Lebewesen) [gr.]
phy'lo'ge'ne'tisch (Adj.) zur Phylogenese gehörig, stammesgeschichtlich
Phy'lo'ge'nie (die, -, -n) = Phylogenese

Phy∙si∙a∙ter *auch:* Phys∙i∙a∙ter (der, -s, -) Naturheilkunde anwendender Arzt [gr.]
Phy∙si∙at∙rie *auch:* Phy∙si∙a∙trie/Phys∙i∙a∙trie (die, -, nur Ez.) Naturheilkunde
Phy∙sik (die, -, nur Ez.) Wissenschaft von den Grundgesetzen der Natur, von Aufbau und Bewegungen der unbelebten Natur, von den Kraftfeldern und Strahlungen [gr.]
phy∙si∙ka∙lisch (Adj.) zur Physik gehörig, sie betreffend, physikalische Chemie Zweiggebiet der Chemie, das sich mit den physikalischen Erscheinungen in chemischen Vorgängen befasst; physikalische Therapie = Physiotherapie
Phy∙si∙ker (der, -s, -) Wissenschaftler der Physik
Phy∙si∙ko∙che∙mi∙ker (der, -s, -) Wissenschaftler der physikalischen Chemie
Phy∙si∙kum (das, -s, -ka) medizinische Zwischenprüfung in den naturwissenschaftlichen Fächern und in Anatomie nach dem vierten Semester [gr.-lat.]
Phy∙si∙kus (der, -, -se) Kreis-, Bezirksarzt (früher) [gr.-lat.]
Phy∙si∙og∙no∙mie *auch:* Phy∙si∙o∙gno∙mie (die, -, -n) äußere Erscheinung (eines Lebewesens), bes. Gesichtszüge und Gesichtsausdruck [gr.]
Phy∙si∙og∙no∙mik *auch:* Phy∙si∙o∙gno∙mik (die, -, nur Ez.) Deutung der Physiognomie hinsichtlich der charakterlichen Eigenschaften
phy∙si∙og∙no∙misch *auch:* phy∙si∙o∙gno∙misch (Adj.) zur Physiognomie gehörig, sie betreffend
Phy∙si∙o∙lo∙ge (der, -n, -n) Wissenschaftler der Physiologie [gr.]
Phy∙si∙o∙lo∙gie (die, -, nur Ez.) Wissenschaft von den Vorgängen im gesunden Lebewesen
phy∙si∙o∙lo∙gisch (Adj.) zur Physiologie gehörig, sie betreffend
Phy∙si∙o∙the∙ra∙pie (die, -, -n) Heilbehandlung mit natürlichen Mitteln, wie Wasser, Luft, Wärme [gr.]
Phy∙sis (die, -, nur Ez.) natürliche körperliche Beschaffenheit (eines Lebewesens)
phy∙sisch (Adj.) die Physis betreffend, zur Physis gehörig, hinsichtlich der Physis; z.B. er ist physisch krank (nicht seelisch); in der Natur begründet, natürlich
phy∙to∙gen (Adj.) 1 aus Pflanzen entstanden 2 durch pflanzliche Stoffe verursacht; z.B. phytogene Allergie [gr.]
Phy∙to∙pa∙tho∙lo∙gie (die, -, nur Ez.) Wissenschaft von den Pflanzenkrankheiten [gr.]
Phy∙to∙pha∙ge (der, -n, -n) Tier, das sich von Pflanzen ernährt, Pflanzenfresser [gr.]
Phy∙to∙the∙ra∙pie (die, -, nur Ez.) Heilpflanzenkunde [gr.]
Pi (das, -(s), -s) 1 sechzehnter griechischer Buchstabe 2 (nur Ez.) Zahl, die das Verhältnis von Kreisumfang und Kreisdurchmesserangibt (unendlicher Dezimalbruch, 3, 14…), ludolfsche Zahl
Pi∙a∙ce∙re [-tʃeː-] (das, -, nur Ez.) nach Belieben, Willkür (beim musikalischen Vortrag) [lat.-it.]
pi∙a∙ce∙vo∙le [-tʃe:-] (Adv.) lieblich, gefällig (Vortragsanweisung in der Musik) [lat.-it.]
Pi∙af∙fe (die, -, -n) Trab auf der Stelle (in der hohen Schule) [frz.]
pi∙af∙fie∙ren (V.) eine Piaffe ausführen
Pia ma∙ter (die, - -, nur Ez.) weiche Gehirnhaut (Med.) [lat.]
Pia ma∙ter spi∙na∙lis (die, - - -, nur Ez.) weiche Haut des Rückenmarks (Med.) [lat.]
pi∙an∙gen∙do (Adv.) klagend, weinend (Vortragsanweisung in der Musik) [lat.-it.]
Pi∙a∙ni∙no (das, -s, -s) kleines Klavier [it.]
pi∙a∙nis∙si∙mo (Adv.) sehr leise (bei Musikstücken) [it.]
Pi∙a∙nis∙si∙mo (das, -s, -s oder -mi) sehr leises Spielen oder Singen [lat.-it.]
pi∙a∙nis∙sis∙si∙mo (Adv.) so leise wie möglich (bei Musikstücken) [it.]
Pi∙a∙nist (der, -nis∙ten, -nis∙ten) Klavierspieler [it.]
pi∙a∙nis∙tisch (Adj.) zum Klavierspiel gehörig, hinsichtlich des Klavierspiels; z.B. pianistische Begabung
pi∙a∙no (Adv.) leise (bei Musikstücken) [it.]
Pi∙a∙no (das, -s, -s) 1 leises Spielen oder Singen, leise zu spielende oder zu singende Stelle 2 Klavier [it.]
Pi∙a∙no∙ak∙kor∙de∙on (das, -s, -s) Akkordeon mit Klaviertastatur auf der Melodieseite [lat.-it.]
Pi∙a∙no∙chord [-kɔ-] (das, -(e)s, -e) kleines Übungsklavier [lat.-it.-gr.]
Pi∙a∙no∙for∙te (das, -s, -s) Klavier (veraltet) [it.]
Pi∙a∙no∙la (das, -s, -s) automatisch spielendes Klavier [it.]
Pi∙a∙rist (der, -ris∙ten, -ris∙ten) Mitglied eines priesterlichen Lehrordens [lat.]
Pi∙as∙sa∙va (die, -, -ven) Blattfaser verschiedener Palmen, aus der Matten, Bürsten, Taue hergestellt werden [indian.-portugies.]
Pi∙as∙ter (der, -s, -) Währungseinheit in Ägypten, Syrien, im Libanon und Sudan, 1/100 Pfund, auf Zypern 1/180 Pfund [it.]
Pi∙at∙ti (nur Mz.) Musikinstrument (Schlaginstrument) aus zwei Becken [it.]
Pi∙a∙zet∙ta (die, -, -te) kleine Piazza [it.]
Pi∙az∙za (die, -, -ze) Platz, Marktplatz (in Italien)

Pib|roch *auch:* Pi|broch (der, -s, -s) traditionelles schottisches Musikstück mit Variationen für den Dudelsack [schott.-engl.]
Pi|ca [piːka] (die, -, nur Ez.) genormte Schriftgröße der Schreibmaschinenschrift [lat.]
Pi|ca|dor (*auch:* Pi|ka|dor) (der, -s, -es) berittener Stierkämpfer, der den Stier durch Lanzenstiche in den Nacken reizt [span.]
Pi|ca|ro [pikaro] (der, -s, -s) spanische Bezeichnung für Schelm, Spitzbube [span.]
Pic|ca|lil|li [pɪkəlɪlɪ] (nur Mz.) eine Art Mixedpickles [engl.]
Pic|ci|o|li|ni [pitʃoliːni] (nur Mz.) eingemachte Oliven [it.]
Pic|col|lo = Pikkolo
Pi|cker (der, -s, -) Teil des mechanischen Webstuhls, das den Schiffchen durch das Fach schlägt [engl.]
Pick|les [pɪklz] (nur Mz.) = Mixedpickles [engl.]
Pick|nick (das, -s, -s oder -e) kalte Mahlzeit im Freien während eines Ausflugs [frz.-engl.]
pick|ni|cken (V.) ein Picknick abhalten
Pick-up [-ʌp] (der, -s, -s) kleiner, offener Pritschenwagen, Kleinlaster (ursprünglich in der Landwirtschaft, heute auf dem Freizeitmarkt) [engl.]
pi|co|bel|lo (Adj.) = pikobello [it.]
Pi|co|fa|rad (das, -s, -) ein Billionstel Farad
Pi|cot [-koː] (der, -s, -s) **1** Häkchen oder Zäckchen am Rand von Spitzen **2** Spitzkeil [frz.]
Pi|co|ta|ge (die, -, -n) Ausbau eines wasserdichten Grubenschachts mit Spitzkeilen [frz.]
Pid|gin|eng|lisch (*auch:* Pid|gin-Eng|lisch) [pɪdʒɪn-] (das, -, nur Ez.) **1** Mischsprache aus Englisch und Chinesisch als Verkehrssprache zwischen Europäern und Ostasiaten **2** vereinfachtes Englisch als Verkehrssprache zwischen Europäern und Afrikanern, in Papua-Neuguinea u.a. [engl.]
pid|gi|ni|sie|ren (V.) eine Sprache durch verminderten Gebrauch ihrer Morphologie zum Pidgin machen [engl.]
Pie [paɪ] (die, -, -s) in den angelsächsischen Ländern beliebte warme Fleisch- oder Obstpastete [engl.]
Pi|e|ce [pjɛːs] (die, -, -n) Musikstück, Theaterstück (veraltet) [frz. bzw. engl.]
Pie|des|tal [pje-] (das, -s, -e) Sockel, kleines Gestell, kleines Podest [it.-frz.]
pi|e|no (Adv.) voll, mit voller Stimme (Vortragsanweisung in der Musik) [lat.-it.]
Pier (der, -s, -e oder -s; seemannssprachl. die, -, -s) senkrecht oder schräg zum Ufer verlaufender Hafendamm [engl.]

Pi|e|ri|den (nur Mz.) die nach Pierien, der südlichsten Küstenlandschaft des alten Mazedoniens, benannten Musen [gr.-lat.]
Pi|er|rette [pjɛrɛt] (die, -, -n) weiblicher Pierrot
Pi|er|rot [pjɛroː] (der, -s, -s) komisch-melancholische Figur mit weiß geschminktem Gesicht (in der frz. Pantomime) [frz.]
Pi|e|tà (*auch:* Pi|e|ta) [piːe-] (die, -, -s) Darstellung Marias mit dem Leichnam Christi auf den Knien [it.]
Pi|e|tät [piːe-] (die, -, nur Ez.) Ehrfurcht vor den Toten; Achtung, Rücksichtnahme gegenüber dem religiösen Empfinden anderer [lat.]
Pi|e|tis|mus [piːe-] (der, -, nur Ez.) Bewegung in der evangel. Kirche gegen die protestantische Orthodoxie zur Erneuerung des kirchlichen Lebens auf Grund einer gefühlsbetonten Gläubigkeit und praktischen Nächstenliebe (im 17./18. Jh.) [lat.]
Pi|e|tist [piːe-] (der, -tis|ten, -tis|ten) Anhänger des Pietismus
pi|e|tis|tisch [piːe-] (Adj.) zum Pietismus gehörig, auf ihm beruhend
pi|e|to|so (Adv.) andächtig, mitleidsvoll (Vortragsanweisung in der Musik) [lat.-it.]
Pi|e|tra du|ra *auch:* Pi|et|ra du|ra (die, - -, nur Ez.) **1** harter Stein **2** Bezeichnung für Florentiner Mosaik [it.]
Pi|e|zo|che|mie [pieː-] (die, -, nur Ez.) Erforschung chemischer Wirkungen unter hohem Druck [gr.-arab.]
Pi|e|zo|e|lek|tri|zi|tät *auch:* Pi|e|zo|e|lek|tri|zi|tät [pieː-] (die, -, nur Ez.) durch Druck entstehende elektrische Spannung (bei manchen Kristallen) [gr.]
Pi|e|zo|me|ter [pieː-] (das, -s, -) Gerät zum Messen der Zusammendrückbarkeit von Flüssigkeiten und Gasen [gr.]
Pif|fe|ra|ri (nur Mz.) die Hirten, die zur Weihnachtszeit in Rom die Querpfeife blasen [it.]
Pif|fe|ra|ro (der, -s, -ri) Querpfeife, Schalmei [it.]
Pif|fe|ro (der, -s, -ri) = Pifferaro [it.]
Pi|geon|eng|lish (*auch:* Pi|geon-Eng|lish) [pɪdʒɪn ɪŋglɪʃ] (das, -, nur Ez.) = Pidginenglisch
Pig|ment (das, -(e)s, -e) **1** Farbstoff (menschlicher und tierischer Zellen) **2** fein zerriebener, unlöslicher, mit einem Bindemittel versetzter Farbstoff [lat.]
Pig|men|ta|ti|on (die, -, nur Ez.) das Pigmentieren, das Pigmentiertwerden
pig|men|tie|ren (V.) **1** mit Pigment färben **2** in kleinste Teilchen zerreiben

Pig|no|le auch: Pi|gno̱|le (auch: Pig|no̱|lie/ Pi|gno̱|lie) [-njoː-] (die, -, -n) Samenkern der Pinie [it.]
Pi|gno̱|lie [-njoːliə] (die, -, -n) = Pignole
Pi|ja|cke (die, -, -n) blaue Überjacke für den Seemann [engl.-dt.]
Pi|ji|ki (nur Mz.) die Felle der Rentierkälber [lapp.]
Pik 1 (der, -s, nur Ez.) Groll, Abneigung; einen Pik auf jmdn. haben: jmdn. nicht leiden können **2** (das, -s, -s) Farbe des französischen Kartenspiels, Schippe [frz.]
Pi|ka|de (die, -, -n) Urwaldpfad, Durchhau [lat.-span.]
Pi|ka|dor (der, -s, -es) = Picador
pi|kant (Adj.) **1** kräftig gewürzt **2** anzüglich, geistvoll-zweideutig [frz.]
Pi|kan|te|rie (die, -, -n) **1** (nur Ez.) Anzüglichkeit, geistvolle Zweideutigkeit **2** pikante Bemerkung
pi|ka|resk (Adj.) in der Art des Picaro [span. Schelm], vom Picaro handelnd; pikaresker Roman: Schelmenroman [span.]
pi|ka|risch (Adj.) = pikaresk [span.]
Pi|ka|zis|mus (der, -, -men) **1** medizinische Bezeichnung für das krankhafte Verlangen, nach ungewöhnlichen oder unverdaulichen Speisen **2** krankhaftes sexuelles Verlangen, mit den Sekreten des Geschlechtspartners versehene Nahrungsmittel zu sich zu nehmen [lat.]
Pi|ke (die, -, -n) Spieß (des Landknechts); von der Pike auf: von der untersten Stufe an, von den Anfangsgründen an [frz.]
Pi|kee (auch: Pi|qué) (der oder das, -s, -s) Baumwollgewebe mit erhabenem Muster [frz.]
Pi|kett (das, -(e)s, -e) **1** (nur Ez.) ein französisches Kartenspiel **2** einsatzbereite Mannschaft (beim Heer und bei der Feuerwehr; schweiz.) [frz.]
pi|kie|ren (V.) **1** mit dem Pflanzholz ins Freie pflanzen **2** zusammen- oder festnähen, ohne dass die Stiche sichtbar werden [frz.]
pi|kiert (Adj.) etwas gekränkt, leicht beleidigt
Pik|ko|lo (auch: Pic|co|lo) **1** (der, -s, -s) Kellnerlehrling **2** (die, -, -(s)) kleine Sektflasche (Warenzeichen) **3** (das oder der, -s, -s) kleine Querflöte, Pikkoloflöte [it.]
pi|ko|bel|lo (Adj.) sehr fein, tadellos [niederl.-it.]
Pi|kör (der, -s, -e) Vorreiter (bei der Parforcejagd) [frz.]
pi|ko|tie|ren (V.) einen Grubenschaft wasserdicht ausbauen [lat.-frz.]
Pik|rin|säu|re auch: Pi|krin|säu|re (die, -, -n) explosive organische Verbindung (chem.)

Pik|ro|pe|ge auch: Pi|kro|pe|ge (die, -, -n) Quelle mit Bitterwasser [gr.]
Pik|to|gramm (das, -s, -e) Bild, Zeichen mit international verständlicher Bedeutung; z.B. Verkehrszeichen [lat.-gr.]
Pik|to|gra|phie (auch: Pik|to|gra|fie) (die, -, -phi|en/-fi|en) Schrift, in der ein Wort oder eine Wortgruppe durch ein Bild wiedergegeben wird, Bilderschrift [lat.-gr.]
pik|to|gra|phisch (auch: pik|to|gra|fisch) (Adj.) die Piktographie betreffend [lat.-gr.]
Pi|kul (der oder das, -s, -) **1** asiatisches Gewichtsmaß **2** indonesisches Hohlmaß [malai.]
Pi|lar (der, -en, -en) zwei Pfosten, zwischen denen das Pferd während der Dressur angebunden wird [span.]
Pi|las|ter (der, -s, -) Wandpfeiler [it.]
Pi|lau (der, -s, nur Ez.) = Pilaw
Pi|law (auch: Pi|lau) [-laf] (der, -s, nur Ez.) oriental. Speise aus Hammel- oder Geflügelfleisch mit Reis
Pil|chard [-tʃəd] (der, -s, -s) Sardine [engl.]
Pile [paɪl] (das, -s, -s) Kernreaktor [engl.]
Pi|lea (die, -, -s) südamerikanische Kanonierblume [lat.]
pi|lie|ren (V.) stampfen, zerstoßen [lat.-frz.]
pill|lie|ren (V.) landwirtschaftlicher Fachbegriff für das Anreichern der Aussaat mit Nährstoffen und das Formen zu Kügelchen, Pillen [lat.-frz.]
Pi|lo|se (die, -, -n) außergewöhnlicher Haarwuchs (Med.) [lat.]
Pi|lo|sis (die, -, -sen) = Pilose [lat.]
Pi|lot (der, -en, -en) **1** Flugzeugführer **2** Autorennfahrer **3** ein räuberisch lebender Knochenfisch **4** strapazierfähiges Baumwollgewebe [it.-frz.]
Pi|lo|te (die, -, -n) Pfahl zum Einrammen
Pi|lot|film (der, -(e)s, -e) einer neuen Fernsehserie vorausgehender Film in Spielfilmlänge, mit dem die Charaktere eingeführt werden und das Interesse des Publikums geweckt werden soll [gr.-it.-frz.-dt.]
pi|lo|tie|ren (V.) **1** Pfähle pilotieren: einrammen [frz.] **2** V) einen Rennwagen pilotieren: steuern [it.-frz.]
Pi|lot|pro|jekt (das, -(e)s, -e) Ausführung einer Pilotstudie
Pi|lot|stu|die [-diə] (die, -, -n) vorbereitende, wegweisende Untersuchung
Pi|me|lo|se (die, -, nur Ez.) Fettleibigkeit (Med.) [gr.-lat.]
Pi|ment (das oder der, -(e)s, nur Ez.) aus den unreifen, getrockneten Beeren eines mittelamerikanischen Baumes gewonnenes Gewürz, Jamaikapfeffer [lat.-span.]

Pin (der, -s, -s) **1** getroffener Kegel beim Bowling **2** Stift, der zum Nageln von Knochen verwendet wird (Med.) **3** Stecknadel [engl.]
Pi¦na¦ko¦thek (die, -, -en) Gemäldesammlung; Gebäude dafür [gr.]
Pi¦nas¦se (die, -, -n) **1** dreimastiges Segelschiff (früher) **2** Beiboot (heute) [frz.]
Pin¦board [-bɔːd] (das, -s, -s) Pinnwand, Brett zum Anstecken von Merkzetteln und Notizen [engl.]
Pin¦ce¦nez [pɛ̃sneː] (das, - [-neːs], - [-neːs]) Brille ohne Bügel, Zwicker, Kneifer [frz.]
Pi¦ne¦al¦or¦gan (das, -s, -e) äußerst lichtempfindliches Sinnesorgan der Reptilien [gr.-lat.]
Pine¦ap¦ple [paɪnæpl] (der, -(s), -s) Ananas, -saft (in Cocktails) [engl.]
Pi¦nen (das, -s, -e) Hauptbestandteil der Terpentinöle [lat.]
Ping¦pong (das, -s, nur Ez.) amateurhaft betriebenes Tischtennis [engl.]
Pin¦gu¦in (der, -s, -e) flugunfähiger, aber schwimmfähiger Vogel der Antarktis
Pi¦nie [-niə] (die, -, -n) Kiefer der Mittelmeerländer [lat.]
pink (Adj.) rosa [engl.]
Pink¦col¦our [-kʌlə] (das, -s, nur Ez.) roter Farbstoff, der in der Porzellan- und Fayencemalerei benutzt wird [engl.]
Pin¦ke (die, -, nur Ez.) Geld [Rotwelsch]
Pin¦na (die, -, nur Ez.) Vogelmuschel des Mittelmeeres [lat.]
Pi¦no¦le (die, -, -n) Teil einer Spitzendrehbank, in dem die Spitze gelagert ist [lat.-it.]
Pint [paɪnt] (das, -s, -) englisches und nordamerikanisches Flüssigkeitsmaß, 0,5 l
Pin¦te (die, -, -n) **1** altes Flüssigkeitsmaß, 0,9 l **2** Blechkanne (schweiz.) **3** kleines, einfaches Wirtshaus, Kneipe [frz.]
Pin-up-Girl [pɪnʌpgɜːl] (das, -s, -s) **1** Bild eines anziehenden, leicht bekleideten Mädchens (aus einer illustrierten Zeitschrift ausgeschnitten und an die Wand geheftet) **2** einem solchen Bild gleichendes Mädchen [engl.]
pinx. (Abk.) = pinxit [lat.]
pin¦xit (Abk.: pinx.) hat (es) gemalt (Vermerk auf Gemälden vor oder nach dem Namen des Künstlers) [lat.]
Pin Yin (das, - -, nur Ez.) offizielles chinesisches Transkriptionssystem zur Wiedergabe der einheimischen Schreibweisen in lateinischer Schrift; z.B. wird »Peking« in Pin Yin zu »Beijing«
Pin¦zet¦te (die, -, -n) kleines Instrument mit zwei geraden, federnden Schenkeln zum Greifen [frz.]

pin¦zie¦ren (V.) entspitzen, bei Pflanzen die Kopftriebe abschneiden [frz.]
Pi¦om¦bi (nur Mz.) **1** Bleidächer **2** durch den dort inhaftierten Casanova berühmt gewordenes Staatsgefängnis in Venedig [lat.-it.]
Pi¦on (der, -, -s) **1** Fußsoldat **2** Bauer beim Schach [lat.-frz.]
Pi¦on (das, -s, -o̱nen) Elementarteilchen [gr.]
Pi¦o¦nier (der, -s, -e) **1** für technische Arbeiten an der Front (Wege-, Brückenbau u.a.) ausgebildeter Soldat **2** Bahnbrecher, Wegbereiter **3** Angehöriger der Kinderorganisation »Junge Pioniere« der ehem. DDR [frz.]
Pi¦pa (die, -, -s) chinesisches Zupfinstrument mit vier Saiten
Pipe [paɪp] **1** (die oder das, -(s), -s) englisches und nordamerikanisches Flüssigkeitsmaß (für Wein und Branntwein), 400–570 l **2** (die, -, -s) durch vulkanische Ausbrüche entstandenes, röhrenförmiges Gebilde [engl.]
Pipe¦line [paɪplaɪn] (die, -, -s) Rohrleitung (bes. für Erdöl und Erdgas) [engl.]
Pi¦pet¦te (die, -, -n) Glasröhrchen zum Ansaugen von kleinen Flüssigkeitsmengen [frz.]
Pi¦ran¦ha (auch: Pi¦ra¦ya) [-ranja] (der, -s, -s) kleiner, räuberisch lebender, in Schwärmen auftretender Fisch Südamerikas [indian.-portugies.]
Pi¦rat (der, -en, -en) Seeräuber [gr.-lat.]
Pi¦ra¦te¦rie (die, -, nur Ez.) Seeräuberei
Pi¦ra¦ya (der, -s, -s) = Piranha
Pi¦ro¦ge (die, -, -n) Einbaum der Eingeborenen Südamerikas mit seitlich aufgesetzten Planken [karib.]
Pi¦rog¦ge (die, -, -n) mit Fleisch oder Fisch, Reis oder Kraut gefüllte russ. Hefepastete
Pi¦ro¦plas¦mo¦se (die, -, -n) malariaähnliche Rinderkrankheit, die durch Zecken übertragen wird [lat.-gr.]
Pi¦rou¦et¦te [-ru-] (die, -, -n) **1** mehrmalige Drehung um die eigene Längsachse (im Ballett, Eiskunstlauf) **2** Drehung des Pferdes im Galopp um den inneren Hinterfuß (in der hohen Schule) **3** Drehung, um sich aus einem Griff zu befreien (beim Ringen) [frz.]
pi¦rou¦et¦tie¦ren [-ru-] (V.) eine Pirouette ausführen
Pi¦sang (der, -s, -e) Banane [malai.]
Pi¦sang¦fres¦ser (der, -s, -) tropischer Waldvogel, Bananenfresser [malai.; dt.]
Pi¦sang¦hanf (der, -s, nur Ez.) = Manilahanf [malai.-dt.]
Pis¦ci¦na [-tsi-] (die, -, -nen) **1** Taufbecken (im Baptisterium) **2** Ausgussbecken (für das während der gottesdienstlichen Handlungen gebrauchte Wasser; in der kath. Kirche) [lat.]
Pis¦soir [-swaːɐ] (das, -s, -s) Bedürfnisanstalt (für Männer) [frz.]

Pis|ta|zie (die, -, -n) 1 immergrüner Baum oder Strauch des Mittelmeeres 2 Frucht des Pistazienbaumes [pers.-gr.-lat.]

Pis|te (die, -, -n) 1 Hang zum Rodeln und Skifahren 2 Radrennbahn 3 Rollbahn (auf Flugplätzen) 4 Einfassung der Manege (im Zirkus) 5 nicht ausgebauter, aber für Kraftfahrzeuge befahrbarer Weg [it.-frz.]

Pis|till (das, -s, -e) 1 Stößel (des Mörsers), Stampfer 2 Stempel (der Blüte) [lat.]

Pis|tol (das, -s, -en) (veraltet) = Pistole [tschech.]

Pis|to|le (die, -, -n) kleine Handfeuerwaffe

Pis|to|le (die, -, -n) Goldmünze in Spanien u.a. (früher) [viell. it.]

Pis|ton [stõ] (das, -s, -s) 1 Kolben (bei Pumpen) 2 Ventil (von Blechblasinstrumenten) 3 = Kornett 4 Zündstift (bei alten Gewehren) [it.]

Pi|ta (die, -, -s) griechisches Fladenbrot [neugr.]

Pi|ta|val (der, -s, -s) nach dem französischen Rechtsgelehrten benannte Sammlung von Strafrechtsfällen

Pitch|pine [pɪtʃpaɪn] (die, -, -s) Holz nordamerikanischer Kiefern [engl.]

Pi|thek|anth|ro|pus auch: Pi|thek|an|thropus (der, -, -pi) Vorform des Menschen auf Java und in China, Affenmensch [gr.-lat.]

pi|the|ko|id (Adj.) affenähnlich [gr.-lat.]

pi|to|ya|bel (Adj.) [pitwaja:bl] (altertümelnd) kläglich, erbärmlich [lat.-frz.]

Pit|tings (nur Mz.) kleine, durch Korrosion entstandene Vertiefungen auf Maschinenteilen [engl.]

pit|to|resk (Adj.) malerisch [it.]

più (Adv.) mehr (in der Musik); z.B. più allegro [it.]

Pi|va (die, -, -ven) 1 italienisch für Dudelsack 2 schneller italienischer Tanz [lat.-it.]

Pi|vot [-voː] (der, -s, -s) Zapfen, um den ein Kran oder Geschütz geschwenkt werden kann [frz.]

Piz (der, -es, -e) Spitze (bes. in Namen von Bergen) [rätoroman.]

Piz|za (die, -, -s oder -ze oder -zen) italienische Speise in runder Form aus Hefeteig mit verschiedenstem Belag, bes. Tomaten, Salami und Käse

Piz|ze|ria (die, -, -ri|en) italienische Gaststätte, in der es bes. Pizza gibt

piz|zi|ca|to (Adv.) mit den Fingern gezupft (zu spielen; auf Streichinstrumenten) [it.]

Piz|zi|ca|to (das, -s, -ti) Spiel mit gezupften (nicht gestrichenen) Saiten [it.]

Pla|ce|bo [-tseː-] (das, -s, -s) Medikament ohne Inhaltsstoffe, das trotzdem wirken kann [lat.]

Place|ment [plasmɑ̃] (das, -s, -s) 1 Anlage (von Kapital) 2 Absatz (von Waren) 3 = Platzierung [frz.]

Pla|cen|ta (die, -, -s oder -ten) = Plazenta

pla|cet [-tset] lat. für: es wird genehmigt, es gefällt [lat.]

pla|ci|do (Adv.) [plaːtʃido] gemessen, ruhig (Vortragsanweisung in der Musik) [lat.-it.]

pla|cie|ren [-tsi:-]oder [-si:-] = platzieren (veraltet)

Pla|ci|tum [-tsi-] (das, -s, -ta) Gutachten, Verordnung [lat.]

Plä|deur [-dœːɐ] (der, -s, -e) (altertümelnd) Strafverteidiger [lat.-frz.]

plä|die|ren (V.) auf etwas plädieren: im Plädoyer beantragen; z.B. auf drei Jahre Gefängnis, auf Freispruch plädieren; für etwas plädieren: für etwas sprechen, sich (mit Worten) für etwas einsetzen [frz.]

Plä|do|yer auch: Plä|doy|er [-dwajeː] oder [-dɔyeː] (das, -s, -s) zusammenfassende Rede (des Staatsanwalts oder Verteidigers) vor Gericht [frz.]

Pla|fond [-fɔ̃] (der, -s, -s) Zimmerdecke (veraltet) [frz.]

pla|fo|nie|ren (V.) nach oben hin begrenzen, beschränken (schweiz.) [frz.]

Pla|gi|ar (der, -s, -e) (altertümelnd) Plagiator [lat.]

Pla|gi|a|ri|us (der, -, -rii) (altertümelnd) Plagiator [lat.]

Pla|gi|at (das, -(e)s, -e) Verwendung des wissenschaftlichen oder künstlerischen (bes. schriftlichen) Werkes (oder Teile davon) eines anderen im eigenen Werk oder Veröffentlichung als eigenes Werk, Diebstahl geistigen Eigentums [lat.-frz.]

Pla|g|ia|tor (der, -s, -to|ren) jmd., der ein Plagiat begangen hat

pla|gi|a|to|risch (Adj.) den Plagiator betreffend [lat.]

pla|gi|ie|ren (V.) als eigenes geistiges Werk ausgeben, was ein anderer geschaffen hat

Pla|gi|ok|las auch: Pla|gi|o|klas (der, -es, -e) eine Gruppe vo Mineralen, Feldspat [gr.]

Plaid [plæd] (das, -s, -s) Reisedecke, großes Tuch (meist kariert) [engl.]

Pla|kat (das, -(e)s, -e) großes Blatt Papier mit Werbung oder Bekanntmachung [niederl.]

pla|ka|tie|ren (V.) als Plakat öffentlich aushängen, ankleben, anschlagen

Pla|ka|tie|rung (die, -, -en) das Plakatieren, das öffentliche Anschlagen von Plakaten [niederl.]

Pla|ka|ti|on (die, -, -ti|o|nen) = Plakatierung [niederl.]

pla'ka'tiv (Adj.) sehr oder allzu deutlich, nachdrücklich, betont in der Art eines Plakats
Pla'ket'te (die, -, -n) kleine Platte mit Bild oder Text (zum Anstecken oder als Gedenkmünze) [frz.]
plan (Adj.) flach, eben, platt [lat.]
Pla'nar (das, -s, -e) Kunstbegriff für ein spezielles Kameraobjektiv
Pla'na'rie [-riə] (die, -, -n) Strudelwurm mit stark abgeplattetem Körper [lat.]
Planche (die, -, -n) Fechtbahn [lat.-frz.]
Plan'chet'te (die, -, -n) Anlage, Gerät zum automatischen Schreiben für ein spiritistisches Medium [lat.-frz.]
Pla'net (der, -en, -en) Himmelskörper, der sich auf einer elliptischen Bahn um die Sonne bewegt und nicht selbst leuchtet, Wandelstern [gr.]
pla'ne'tar (Adj.) = planetarisch [gr.-lat.]
Pla'ne'ta'ri'en = (Mz. von) Planetarium [gr.- lat.]
pla'ne'ta'risch (auch: pla'ne'tar) (Adj.) zu den Planeten gehörig, in der Art von Planeten
Pla'ne'ta'ri'um (das, -s, -ri'en) 1 Gerät zum Darstellen der Lage, Größe und Bewegung der Himmelskörper 2 Gebäude mit Kuppel, in der diese Erscheinungen dargestellt werden [gr.-lat.]
Pla'ne'to'id (der, -en, -en) kleiner Planet [gr.]
Pla'ne'to'lo'gie (die, -, nur Ez.) die Wissenschaft, die sich mit der geologischen Erforschung von Planeten und ihrer Oberfläche beschäftigt [gr.-lat.]
pla'nie'ren (V.) plan, flach machen, einebnen
Pla'ni'fi'ka'teur [-tø:ɐ] (der, -s, -e) Spezialist für die Gesamtplanung der Volkswirtschaft [lat.-frz.]
Pla'ni'fi'ka'ti'on (die, -, -ti'o'nen) die Erstellung eines gesamtökonomischen, staatlich organisierten Programmes [lat.]
Pla'ni'glob (das, -s, -en) Darstellung der Erdhalbkugeln auf einer Ebene [lat.]
Pla'ni'glo'bi'um (das, -s, -bi'en) zweidimensionale kartographische Darstellung der Erdhälften [lat.]
Pla'ni'met'rie auch: Pla'ni'me'trie (die, -, nur Ez.) Gebiet der Geometrie, das sich mit den Flächeninhalten ebener Figuren befasst [lat.-gr.]
plan'kon'kav (Adj.) auf einer Seite plan, auf der andern Seite konkav (von Linsen)
plan'kon'vex (Adj.) auf einer Seite plan, auf der andern Seite konvex (von Linsen)
Plank'ter (der, -s, -e) = Planktont
Plank'ton (das, -s, nur Ez.) Gesamtheit der frei im Wasser ohne Eigenbewegung schwebenden Organismen [gr.]

plank'to'nisch (auch: plank'ton'tisch) (Adj.) das Plankton betreffend [gr.]
Plank'tont (der, -en, -en) einzelner Organismus des Planktons
plank'ton'tisch (Adj.) = planktonisch
pla'no (Adj.) glatt, ohne Falz (Fachbegriff bei Druckbogen) [lat.]
Plan'ta'ge [-ʒə] (die, -, -n) große Pflanzung; z.B. Teeplantage, Erdbeerplantage [frz.]
plan'tar (Adj.) die Fußsohle betreffend, zu ihr gehörend [lat.]
Plaque [plak] (die, -, -s) 1 Hautfleck (Med.) 2 Zahnbelag (Med.) 3 durch Bakterienauflösung entstandenes, rundes Loch in einem Nährboden (Biologie) [frz.]
Pla'qué [plake:] (das, -s, -s) eine plattierte Arbeit [frz.]
Plä'san'te'rie (die, -, -n) Scherz, Belustigung [lat.-frz.]
Plä'sier (das, -s, -e) Vergnügen, Spaß [frz.]
plä'sier'lich (Adj.) vergnüglich, heiter, angenehm [lat.-frz.]
Plas'ma (das, -s, -men) 1 Protoplasma 2 flüssiger Bestandteil des Blutes 3 ein Aggregatzustand, elektrisch leitendes Heißgas
Plas'mo'di'um (das, -s, -di'en) 1 Einzeller, Schmarotzer im Blut, Malariaerreger 2 Protoplasmakörper [gr.-lat.]
Plas'mon (das, -s, nur Ez.) Gesamtheit des Erbgutes im Zytoplasma [gr.]
plas'ti'fi'zie'ren (V.) weicher, geschmeidiger machen [gr.-lat.]
Plas'tik (die, -, -en) 1 (nur Ez.) Bildhauerkunst 2 Erzeugnis der Bildhauerkunst; z.B. Statue 3 chirurgischer Ersatz von zerstörten oder entfernten Organ- und Gewebeteilen; das so ersetzte Teil selbst 4 Kunststoff [gr.]
Plas'ti'lin (das, -s, nur Ez.) farbige Knetmasse zum Modellieren (Warenzeichen)
plas'tisch (Adj.) 1 der Plastik (1) gehörend 2 in der Art einer Plastik, räumlich 3 knetbar, formbar 4 anschaulich, deutlich
Plas'ti'zi'tät (die, -, nur Ez.) 1 Formbarkeit, Knetbarkeit, Geschmeidigkeit 2 Anschaulichkeit [gr.-nlat.]
Plas'tron auch: Plast'ron/Pla'stron [-strɔ̃] (das, -s, -s) 1 Brustpanzer (im MA) 2 Polster für Brust und Arm (bei Fechtübungen) 3 breite Krawatte (zum festlichen Anzug) 4 verzierter Latz (an Frauenkleidern; früher) [it.-frz.]
Pla'ta'ne (die, -, -n) Laubbaum mit glatter, sich blättrig ablösender Rinde [lat.]
Pla'teau [-to:] (das, -s, -s) 1 Hochebene 2 ebene Fläche auf einem Felsen [frz.]
pla'te'resk (Adj.) kleinfigurig, kleinteilig; plateresker Stil: Ornamentstil der spanischen Spätgotik [span.]

Plateresk (das, -es, nur Ez.) plateresker Stil [gr.-lat.-span.]
Platin (das, -s, nur Ez.) chemisches Element, ein Edelmetall [span.]
Platine (die, -, -n) eine Leiterplatte; z.B. als Träger einer Speichererweiterung im Computer [frz.]
platinieren (V.) mit Platin überziehen
Platinit (das, -s, nur Ez.) in der Technik Platin ersetzende Eisen-Nickel-Legierung
Platinoid (das, -es, -e) aus Kupfer, Nickel, Zink und Wolfram bestehende Legierung zur Fertigung elektrischer Widerstände [span.-gr.]
Platitude (die, -, -n) = Plattitüde [frz.]
Platoniker (der, -s, -) Verfechter von Platos Philosophie, des Platonismus [gr.-lat.]
platonisch (Adj.) **1** zur Philosophie Platos gehörend **2** nicht sinnlich, rein geistig-seelisch; z.B. platonische Liebe
Platonismus (der, -, nur Ez.) Weiterentwicklung der Philosophie Platos [gr.-lat.]
Plattitüde (auch: Platitude) (die, -, -n) nichtssagende, geistlose Redensart
platzieren (V.) **1** an eine Stelle bringen, setzen, werfen, schlagen usw. **2** unterbringen, anlegen; z.B. Kapital platzieren; jmdn. platzieren: jmdm. einen Platz zuweisen [frz.]
Platzierung [-tsi:-] (die, -, -en) **1** das Platzieren **2** Einlauf (beim Pferderennen)
plausibel (Adj.) einleuchtend, klar, verständlich [lat.]
plausibilisieren (V.) plausibel machen, erklären
plausibilisieren (V.) = plausibilieren
Plausibilität (die, -, nur Ez.) das Begreiflichsein, Plausibelsein [lat.-frz.]
plausibilisieren (V.) = plausibilisieren [lat.-frz.]
Playa (die, -, -s) **1** spanisches Wort für Strand **2** Salztonebene in Trockengebieten [span.]
Play-back (auch: Playback) [pleɪbæk] (das, -s, -s) **1** Abstimmung der Bildmotive mit den vorher aufgenommenen Tonstreifen (im Film und Fernsehen) **2** Verfahren, bei dem der Sänger zu dem vorher auf Tonband aufgenommenen Gesang beim Filmen nur noch die Lippen bewegt (im Film und Fernsehen) [engl.]
Playboy [pleɪbɔɪ] (der, -s, -s) junger Mann, der auf Grund seines Reichtums seinem Vergnügen leben kann [engl.]
Playgirl [pleɪgɜ:l] (das, -s, -s) junges, attraktives Mädchen, das auf Grund seines Reichtums seinem Vergnügen leben kann oder einen reichen Mann als ständigen Begleiter hat [engl.]

Playmate [pleɪmeɪt] (das, -s, -s) in Magazinen hüllenlos abgebildetes Mädchen [engl.]
Play-off [pleɪɒf-] (das, -, -) Ausscheidungsrunde, Entscheidungsspiel (im Eishockey); z.B. ein Play-off-Modus zwischen den vier besten Mannschaften der Liga [engl.]
Plazenta (auch: Placenta) (die, -, -s oder -ten) Organ, das während der Schwangerschaft den Stoffwechsel zwischen Mutter und Kind dient, Mutterkuchen [lat.]
Plazentalier (der, -s, -) Säugetier, dessen Embryo sich mit Hilfe einer Plazenta entwickelt
Plazentation (die, -, -tionen) Bildung der Plazenta
Plazet (das, -s, -s) Einwilligung, Zustimmung [lat.]
Plazidität (die, -, nur Ez.) Ruhe, Sanftheit (veraltet) [lat.]
Pleban (der, -s, -e) Seelsorger [lat.]
Plebanus (der, -, -ni) = Pleban [lat.]
Plebejer (der, -s, -) **1** Angehöriger der Plebs (im alten Rom) **2** ungehobelter, ungebildeter Mensch [lat.]
plebejisch (Adj.) **1** zu den Plebejern (**1**) gehörig **2** in der Art eines Plebejers (**2**), ungehobelt, ungebildet
Plebiszit (das, -s, -e) Volksabstimmung [lat.]
plebiszitär (Adj.) durch ein Plebiszit, auf einem Plebiszit beruhend
Plebs 1 (die, -, nur Ez.) das Volk, die niederen Volksschichten **2** (der, -, nur Ez.) das ungebildete, niedere Volk, Pöbel (abwertend) [lat.]
Pléiade [plejaːd] (die, -, nur Ez.) Gruppe von sieben französischen Dichtern im 16. Jahrhundert [gr.-lat.-frz.]
Plejas [plejas] (die, -, nur Ez.) Gruppe von sieben Tragikern im alten Alexandria [gr.]
Pleinair auch: Plein'air [plɛnɛːr] (das, -s, -s) **1** Art der Freilichtmalerei **2** ein in dieser Art gefertigtes Bild [frz.]
Pleinairismus auch: Plein'airismus [plɛnɛːrɪsmʊs] (der, -, nur Ez.) Malerei in der freien Natur, Freilichtmalerei
Pleinairist auch: Plein'airist [plɛnɛːrɪst] (der, -rɪsten, -rɪsten) Vertreter der Freilichtmalerei [frz.]
Pleinairmalerei auch: Plein'airmalerei [plɛnɛːr-] (die, -, nur Ez.) die Freilichtmalerei [frz.-dt.]
Pleinpouvoir [plɛ̃puvwaːr] (das, -s, -s) unbeschränkte Vollmacht [frz.]
Pleistozän (das, -s, nur Ez.) älteste Abteilung des Quartärs, Diluvium [gr.]

plei'te (Adv.) ohne Geldmittel, zahlungsunfähig; z.b. pleite sein; pleite gehen: Bankrott machen [Rotwelsch]

Plei'te (die, -, -n) 1 Zahlungsunfähigkeit; z.b. die Firma hat Pleite gemacht: Bankrott gemacht 2 Misserfolg, Reinfall (ugs.) [Rotwelsch]

Plekt'ron *auch:* Plek'tron (das, -s, -ren/-tren) Plättchen (aus Kunststoff, Metall), mit dem die Saiten eines Zupfinstruments angerissen werden [gr.]

Plekt'rum *auch:* Plek'trum (das, -s, -ren/-tren) = Plektron

Ple'num (das, -s, nur Ez.) Vollversammlung, Versammlung aller Mitglieder [lat.]

Ple'o'chro'is'mus [-kro-] (der, -, nur Ez.) Eigenschaft mancher Kristalle, bei Bestrahlung mit Licht in verschiedenen Richtungen verschiedene Farben zu zeigen, Mehrfarbigkeit [gr.]

ple'o'morph (Adj.) = polymorph

Ple'o'nas'mus (der, -, -men) Häufung sinngleicher oder sinnverwandter Ausdrücke; z.b. schon bereits, neu renovieren [gr.]

ple'o'nas'tisch (Adj.) in der Art eines Pleonasmus

Ple'si'anth'ro'pus *auch:* Ple'si'an'thro'pus (der, -, -pi) ausgestorbene, südafrikanische Frühform des Menschen [gr.]

Ple'si'o'sau'ri'er (der, -s, -) Saurier der Jura- und Kreidezeit mit flossenähnlichen Gliedmaßen [gr.]

Pleu'ra (die, -, -ren) Rippenfell, Brustfell [gr.]

pleu'ral (Adj.) zur Pleura gehörig

Pleu'reu'se [plœrø:zə] (die, -, -n) 1 Trauerflor, Trauerrand (veraltet) 2 Straußenfedern (als Hutschmuck) [frz.]

Pleu'ri'tis (die, -, -ri'ti'den) Rippenfellentzündung [gr.]

Pleus'ton (das, -s, nur Ez.) Gesamtheit der an der Wasseroberfläche treibenden Organismen [gr.]

ple'xi'form (Adj.) geflechtartig (von Nerven, Blut- oder Lymphgefäßen) [lat.]

Ple'xus (der, -, -) Geflecht aus Nerven, Blut- oder Lymphgefäßen [lat.]

Plin'se (die, -, -n) 1 Art Eierkuchen; z.b. Hefeplinse 2 Kartoffelpuffer [slaw.]

Plin'the (die, -, -n) Sockel (von Säulen, Pfeilern, Statuen) [gr.-lat.]

Pli'o'zän (das, -s, nur Ez.) jüngste Abteilung (des Tertiärs) [gr.]

Plis'see (das, -s, -s) schmale, gepresste Falten rundherum (im Rock) [frz.]

plis'sie'ren (V.) mit Plissee versehen, in schmale Falten legen und pressen

Plom'ba'ge [-ʒə] (die, -, -n) veraltet für Plombe [lat.-frz.]

Plom'be (die, -, -n) 1 mit Draht oder Faden versehene kleine Platte (zum Verschließen von Behältern, Räumen, auch als Gütezeichen) 2 Masse, mit der ein erkrankter, ausgebohrter Zahn gefüllt ist [frz.]

plom'bie'ren (V.) mit einer Plombe versehen oder füllen

plo'siv (Adj.) als Plosiv artikuliert [lat.]

Plo'siv (der, -es, -e) Bezeichnung in der Sprachwissenschaft für den Explosivlaut [lat.]

Plo'siv'laut (der, -(e)s, -e) = Explosivlaut [lat.]

Plot (der oder das, -s, -s) 1 Aufbau, Entwicklung der Handlung, Konflikt (im Drama, Roman) 2 grafische Darstellung eines Ergebnisses (in der EDV) [engl.]

plot'ten (V.) mit einem Plotter zeichnen, darstellen [engl.]

Plot'ter (der, -s, -) Gerät zur Darstellung eines Plots (2) [engl.]

Plöt'ze (die, -, -n) ein Karpfenfisch, Rotauge [poln.]

Plum'bum (das, -s, nur Ez.) Blei [lat.]

Plu'meau [plymo:] (das, -s, -s) Federbett [frz.]

Plum'pud'ding [plʌm-] (der, -s, -s) Rosinenkuchen [engl.]

Plu'mu'la (die, -, -lae) Knospe beim Pflanzenkeimling [lat.]

Plun'ger (*auch:* Plun'scher) [plʌndʒə] (der, -s, -) langer Kolben an Arbeitsmaschinen [engl.]

Plun'scher (der, -s, -) = Plunger

plu'ral (Adj.) pluralistisch, den Pluralismus betreffend [lat.]

Plu'ral (der, -s, -e) Zahlform des Substantivs, Pronomens, Adjektivs und Verbs; die eine Vielzahl oder mehrmals Vorkommendes bezeichnet, Mehrzahl [lat.]

Plu'ra'le'tan'tum (das, -s, -s oder -li'a'tan'tum) Wort, das nur im Plural vorkommt; z.b. Einkünfte [lat.]

Plu'ra'lis (der, -, -les) veraltet für Plural [lat.]

plu'ra'lisch (Adj.) als Plural, im Plural

Plu'ra'lis Ma'jes'ta'tis (der, - -, nur Ez.) die Pluralform »wir« statt »ich« (von Herrschern oder von Autoren im eigenen Werk gebraucht) [lat.]

Plu'ra'lis'mus (der, -, nur Ez.) 1 philosophische Lehre, nach der die Welt aus vielen selbständigen Wesen besteht und keine Einheit bildet 2 Nebeneinanderbestehen vieler unterschiedlicher gesellschaftlicher Gruppen, Wert- und politischer Systeme u.a. [lat.]

Plu'ra'list (der, -lis'ten, -lis'ten) Verfechter des Pluralismus [lat.]

plu·ra·lis·tisch (Adj.) auf dem Pluralismus beruhend, aus vielen unterschiedlichen Gruppen, Systemen usw. bestehend
Plu·ra·li·tät (die, -, nur Ez.) Mehrheit, Vielheit [lat.]
plu·ri·lin·gue (Adj.) vielsprachig, in mehreren Sprachen verfasst [lat.]
Plu·ri·pa·ra (die, -, -pa̱ren) mehrfache Mutter (Med.) [lat.]
plus (Adv.) **1** und, dazu, zuzüglich, hinzurechnen **2** über null Grad; z.B. drei Grad plus [lat.]
Plus (das, -, -) **1** Überschuss, Mehrbetrag, Gewinn **2** Vorteil [lat.]
Plüsch (der, -(e)s, -e) Gewebe mit langem, aufrecht stehendem Flor [it.-frz.]
Plus·quam·per·fekt (das, -s, -e) Zeitform des Verbs, die ein vergangenes Geschehen bezeichnet, das noch vor einem ebenfalls vergangenen Geschehen liegt; z.B. ich hatte schon gegessen, als ... [lat.]
Plu·to·krat (der, -en, -en) **1** Angehöriger, Anhänger der Plutokratie **2** reicher Mann [gr.]
Plu·to·kra·tie (die, -, -n) Staatsform, in der die Macht von einer reichen Oberschicht ausgeübt wird [gr.]
plu·to·kra·tisch (Adj.) zur Plutokratie gehörend, auf ihr beruhend
plu·to·nisch (Adj.) **1** zur Unterwelt gehörig (in der griechischen Mythologie) **2** auf Plutonismus beruhend
Plu·to·nis·mus (der, -, nur Ez.) Gesamtheit aller Vorgänge und Erscheinungen, die auf dem Emporstehen von Stoffen aus dem Erdinnern beruhen, Vulkanismus
Plu·to·nist (der, -en, -ni̱sten, -ni̱sten) Anhänger des Plutonismus [gr.-lat.]
Plu·to·nit (der, -s, -e) plutonisches Gestein [gr.-lat.]
Plu·to·ni·um (das, -s, nur Ez.) chemisches Element, ein Transuran [gr.-nlat.]
Plu·vi·a·le (das, -s, -(s)) **1** Umhang der kath. Geistlichen bei manchen gottesdienstlichen Handlungen **2** Krönungsmantel (von Königen und Kaisern; früher) [lat.]
Plu·vi·o·graph (der, -en, -en) Gerät zur selbsttätigen Aufzeichnung der Menge von Niederschlägen [lat.-gr.]
Plu·vi·o·me·ter (das, -s, -) Gerät zum Messen der Niederschläge, Regenmesser [lat.-gr.]
Pneu (der, -s, -s) **1** (kurz für) Pneumothorax **2** (kurz für) Pneumatik (**1**)
Pneu·ma (das, -s, nur Ez.) **1** luftartige Substanz, Lebensprinzip, Lebenskraft (in der griechischen Philosophie) **2** Geist Gottes (in der Theologie) [gr.]

Pneu·ma·tik (die, -, -en) **1** Luftreifen (österr.) **2** Lehre von der Luft und anderen Gasen **3** deren technische Anwendung [gr.]
Pneu·ma·ti·ker (der, -s, -) **1** Vertreter einer antiken ärztlichen Auffassung, wonach im Atem der Träger des Lebens zu sehen ist **2** Angehöriger der höchsten Stufe des Menschen, der allein es vorbehalten ist, Gott zu erkennen (Gnosis) [gr.-lat.]
Pneu·ma·ti·sa·ti·on (die, -, -ti̱o̱nen) Bildung lufthaltiger Zellen in Geweben oder Knochen (Med.) [gr.-lat.]
pneu·ma·tisch (Adj.) **1** zum Pneuma gehörig, darauf beruhend **2** vom Geist Gottes erfüllt (in der Gnosis)
Pneu·ma·tis·mus (der, -, nur Ez.) die philosophische Anschauung, wonach die Wirklichkeit eine Erscheinungsform des Geistes ist [gr.-lat.]
Pneu·ma·to·chord [-kɔrt] (das, -s, -e) Harfe, deren Saiten durch Wind zum Schwingen gebracht werden, Windharfe, Äolsharfe [gr.]
Pneu·ma·to·lo·gie (die, -, nur Ez.) **1** Lehre vom Pneuma (**1**) **2** Lehre vom Heiligen Geist, von den Engeln und Dämonen (in der Theologie) [gr.]
Pneu·ma·to·me·ter (das, -s, -) Gerät zum Messen der Ein- und Ausatmung [gr.]
Pneu·mek·to·mie *auch:* Pneum|ek|to|mie (die, -, -en) = Pneumonektomie
Pneu·mo·graph (der, -en, -en) Gerät zum Aufzeichnen der Bewegungen des Brustkorbs bei der Atmung [gr.]
Pneu·mo·ko·ni·o·se (die, -, -n) Erkrankung der Lunge infolge jahrelangen Einatmens von Staub, Staublunge [gr.]
Pneu·mo·ly·se (die, -, -n) operative Ablösung eines Lungenflügels von der Brustwand (zum Ruhigstellen) [gr.]
Pneu·mo·nek·to·mie *auch:* Pneu|mon|ek|to|mie (die, -, -en) operative Entfernung eines Lungenflügels [gr.]
Pneu·mo·nie (die, -, -n) Lungenentzündung [gr.]
Pneu·mo·tho·rax (der, -es, -e) krankhafte Füllung eines Brustfellraumes mit Luft, auch künstlich zur Ruhigstellung eines Lungenflügels [gr.]
Poc·cet·ta (*auch:* Po|chet|te) [-tʃɛ-] (die, -, -ten) kleine, etwas höher gestimmte Taschengeige der alten Tanzmeister [germ.-it.]
Po·chet·te (die, -, -n) = Poccetta [germ.-it.]
po·chie·ren (*auch:* po|schie|ren) [-ʃi:-] (V.) in wenig Flüssigkeit fast kochend garen; Eier pochieren: Eier aufschlagen, in fast kochendes Essigwasser gleiten lassen und garen [frz.]
Po·cket·ka·me·ra (die, -, -s) Taschenkamera [engl.]

Pock'holz (das, -es, nur Ez.) Holz des Guajakbaumes (Heilmittel)

po'co (Adv.) wenig (bei Musikstücken); z.b. poco adagio; poco a poco: nach und nach [it.]

Po'dag'ra auch: Po̱d'a'gra/Po̱d'ag'ra (das, -s, nur Ez.) Gicht der großen Zehe [gr.]

po'dag'risch auch: pod'a'grisch/pod'ag̱risch (Adj.) an Fußgicht leidend (Med.) [gr.-lat.]

Po'dag'rist auch: Pod'a'grist/Pod'ag'rist (der, -ris'ten/-gris'ten, -ris'ten/-gris'ten) (alterttümelnd) an Fußgicht Leidender (Med.) [gr.-lat.]

Po'dal'gie auch: Pod'al'gie (die, -, -n) Fußschmerzen (Med.) [gr.-lat.]

Po'dest (das, -des't(e)s, -des'te) 1 kleines Podium 2 Treppenabsatz [lat.]

Po'des'ta (der, -s, -s) Ortsvorsteher, Bürgermeister in Italien [lat.-it.]

Po'dex (der, -es, -e) Gesäß, Popo (scherzhaft) [lat.]

Po'di'um (das, -s, -di'en) etwas höher als der Fußboden liegender, zweiter Fußboden im Raum [lat.]

Po'do'me'ter (das, -s, -) = Pedometer [gr.]

Po'do'phyll'lin (das, -s, nur Ez.) starkes Abführmittel [lat.]

Pod'sol (der, -s, nur Ez.) mineralsalzarmer, wenig fruchtbarer Boden, Bleicherde [russ.]

Po'em (das, -s, -e) Gedicht [gr.-lat.]

Po'e'sie [po:e-] (die, -, -n) 1 (nur Ez.) Dichtkunst, bes. in gebundener Rede, in Versen 2 Erzeugnis dieser Kunst, Dichtung 3 (nur Ez.) Stimmungszauber [gr.]

Po'et (der, -en, -en) Dichter [gr.-lat.]

Poe'ta lau're'a'tus (der, - -, -tae -ti) 1 mit dem Lorbeerkranz bekränzter Dichter (in der Antike) 2 (im MA und noch in England) mit gewissen Vorrechten ausgestatteter, größter Dichter [lat.]

Po'e'tas'ter [po:e-] (der, -s, -) schlechter Dichter [lat.]

Po'e'tik [poe:-] (die, -, nur Ez.) 1 Lehre von der Poesie (1) 2 Lehrbuch der Poesie (1) 3 poetische Beschaffenheit [gr.-lat.]

po'e'tisch [poe:-] (Adj.) voller Poesie, stimmungsvoll, dichterisch überhöht, über das Alltägliche hinausgehoben

po'e'ti'sie'ren [po:e-] (V.) poetisch gestalten, mit Poesie (3) durchdringen

Po'e'to'lo'gie [po:e-] (die, -, nur Ez.) = Poetik [gr.]

po'e'to'lo'gisch (Adj.) zur Poetik (1) gehörig

Po'fe'se (die, -, -n) = Pafese

Po'gat'sche auch: Po'ga'tsche (die, -, -n) süßer Eierkuchen mit Grieben [ung.]

Pog'rom auch: Po'grom (der oder das, -s, -e) gewalttätige Ausschreitungen gegen rassische, religiöse, nationale Gruppen; z.B. Judenprogrom [russ.]

Poi'ki'lo'ther'me (der, -n, -n) Tier, dessen Körpertemperatur von der Temperatur seiner Umgebung abhängt, Kaltblüter, Wechselwarmblüter [gr.]

Poi'lu [pwaly:] (der -s, -s) französischer Soldat (als Spitzname im 1. Weltkrieg) [frz.]

Point [pwẽ] (der, -s, -s) 1 Stich (im Kartenspiel) 2 Auge, Punkt (auf dem Würfel) [frz.]

Poin'te [pwẽ:tə] (die, -, -n) Höhepunkt, Knalleffekt (eines Witzes, einer Erzählung) [frz.]

Poin'ter [pɔɪn-] (der, -s, -) geschcekter engl. Vorstehhund [engl.]

poin'tie'ren [pwẽ-] (V.) den Höhepunkt, das Wesentliche (einer Sachen) hervorheben, betonen, pointiert erzählen: spannend, den Höhepunkt hervorhebend erzählen

poin'tiert [pwẽ-] (Adj.) betont, zugespitzt, auf den Punkt gebracht [lat.-frz.]

poin'til'lie'ren [pwɛ-] (V.) in der Art des Pointillismus malen; mit der Technik des Pointillismus [lat.-frz.]

Poin'til'lis'mus [pwɛ-] (der, -, nur Ez.) Richtung der Malerei am Ende des Impressionismus, die mit dichtem Nebeneinandersetzen von Punkten aus unvermischten Farben besondere Wirkung erstrebte [frz.-nlat.]

Poin'til'list [pwɛ-] (der, -lis'ten, -lis'ten) Vertreter des Pointillismus

poin'til'lis'tisch [pwɛ-] (Adj.) zum Pointillismus gehörig, in der Art des Pointillismus

Po'kal (der, -s, -e) Trinkgefäß aus Edelmetall oder Kristall mit Fuß und oft Deckel (gelegentlich als Preis bei Wettbewerben) [gr.-it.]

Po'ker (das, -s, nur Ez.) ein Kartenglücksspiel

po'kern (V.) Poker spielen [engl.]

po'ku'lie'ren (V.) kräftig trinken, zechen (veraltet) [lat.]

Pol (der, -s, -e) 1 Drehpunkt, Zielpunkt, Mittelpunkt 2 Endpunkt der Erdachse (Nordpol, Südpol) 3 Schnittpunkt der verlängerten Erdachse mit dem Himmelsgewölbe (Himmelspol) 4 Punkt, der eine bestimmte Bedeutung hat, Bezugspunkt 5 Aus- und Eintrittsstelle des Stromes (bei elektrischen Stromquellen) sowie der Kraftlinien (beim Magneten) [gr.-lat.]

po'lar (Adj.) 1 zum Nord- oder Südpol gehörig, in ihrer Umgebung gelegen oder vorkommend 2 gegensätzlich

Po'la'ri'sa'ti'on (die, -, -ti'o'nen) 1 Herausbildung von Gegensätzen 2 gegensätzliches

Verhalten (von chemischen Stoffen oder Erscheinungen) 3 Polarisation des Lichts: Vereinigung aller Lichtschwingungen in einer Ebene [frz.]

po|la|ri|sie|ren (V.) 1 Licht polarisieren: in eine Schwingungsebene bringen 2 sich polarisieren: sich zu Gegensätzen entwickeln, Gegensätze herausbilden [frz.]

Po|la|ri|tät (die, -, nur Ez.) 1 Vorhandensein zweier Pole (s. Pol 2, 3, 5) 2 Gegensätzlichkeit

Po|la|roid|ka|me|ra (die, -, -s) Kamera, die wenige Minuten nach der Aufnahme das fertige Bild liefert (Warenzeichen)

Pol|der (der, -s, -) eingedeichtes Marschland [niederl.]

Po|le|mik (die, -, -en) 1 wissenschaftlicher (meist in der Öffentlichkeit ausgetragener) Streit 2 unsachliche Kritik, unsachlicher Angriff [gr.-frz.]

Po|le|mi|ker (der, -s, -) 1 ein in einer polemischen Auseinandersetzung Stehender 2 zur Polemik neigender, scharfe Kritik Übender [gr.-frz.]

po|le|misch (Adj.) 1 in der Art einer Polemik 2 unsachlich und feindselig, unsachlich angreifend

po|le|mi|sie|ren (V.) 1 wissenschaftlich streiten 2 unsachlich Kritik üben, unsachlich angreifen [gr.-frz.]

Po|le|mo|lo|gie (die, -, nur Ez.) Konfliktforschung, Kriegsforschung [gr.-frz.]

Pol|en|ta (die, -, nur Ez.) italienische Speise aus Maisgrieß

Po|len|te (die, -, nur Ez.) Polizei (abwertend) [Rotwelsch]

Po|li|ce [-li:s] (die, -, -n) Urkunde über eine abgeschlossene Versicherung [it.-frz.]

Po|li|chi|nel|le [-ʃinɛl] (der, -s, -s) = Pulcinella [it.-frz.]

Po|li|ci|nel|lo [-tʃi-] (der, -(s), -li) = Pulcinella

Po|lier (der, -s, -e) Vorarbeiter (der Maurer und Zimmerer) [frz.]

po|lie|ren (V.) 1 glänzend machen 2 fein schleifen [frz.]

Po|li|kli|nik (die, -, -en) Krankenhaus (oder Abteilung davon) zur ambulanten Behandlung [gr.]

Po|li|ment (das, -(e)s, -e) 1 zum Polieren geeignetes Material 2 fettige Unterlage für Blattgold [lat.-frz.]

Po|lio (die, -, nur Ez.) = Poliomyelitis [Kurzwort]

Po|li|o|my|e|li|tis (die, -, -li|ti|den) Kinderlähmung [gr.]

Po|lis (die, -, -leis) Stadtstaat (im alten Griechenland)

Pol|it|bü|ro (das, -s, -s) kurz für: Politisches Büro, zentrales leitender Ausschuss einer kommunistischen Partei

Po|li|tes|se (die, -, -n) Hilfspolizistin (bes. für den ruhenden Verkehr) [Verbindung von Polizei und Hostess]

Po|li|tik (die, -, nur Ez.) 1 alle Maßnahmen zur Führung eines Staates oder Gemeinwesens 2 berechnendes Verhalten oder Vorgehen [gr.]

Po|li|ti|kas|ter (der, -s, -) jmd., der über Politik redet, ohne etwas davon zu verstehen

Po|li|ti|ker (der, -s, -) jmd., der tätig an der Politik teilnimmt

Po|li|ti|kum (das, -s, -ka) Sache, Erscheinung von politischer Bedeutung [gr.-nlat.]

po|li|tisch (Adj.) zur Politik gehörig, darauf beruhend, hinsichtlich der Politik

po|li|ti|sie|ren (V.) 1 über Politik reden 2 etwas politisieren: in den Bereich der Politik bringen, zu einer politischen Sache machen

Po|li|to|lo|ge (der, -n, -n) Wissenschaftler der Politologie

Po|li|to|lo|gie (die, -, nur Ez.) Wissenschaft von der Politik [gr.]

po|li|to|lo|gisch (Adj.) zur Politologie gehörig, auf ihr beruhend

Po|li|tur (die, -, -en) 1 (nur Ez.) durch Polieren hervorgebrachter Glanz 2 Mittel zum Polieren

Po|li|zei (die, -, nur Ez.) 1 Behörde, die über die Erhaltung der öffentlichen Ordnung und Sicherheit zu wachen hat 2 deren Amtsräume oder Amtsgebäude 3 Gesamtheit der Polizisten, Gruppe von Polizisten [gr.-lat.]

Po|li|zist (der, -zis|ten, -zis|ten) Beamter der Polizei

Po|liz|ze (die, -, -n) = Police (österr.)

Pol|ka (die, -, -s) böhmischer Rundtanz [tschech.]

Pol|len (der, -s, -) Blütenstaub [lat.]

Pol|lu|ti|on (die, -, -ti|o|nen) unwillkürlicher Samenerguss (bes. im Schlaf) [lat.]

Po|lo (das, -s, nur Ez.) dem Hockey ähnliches Ballspiel zu Pferde (oder vom Fahrrad aus) [tibet.]

Po|lo|nai|se [-nɛ:-] (die, -, -n) = Polonäse

Po|lo|nä|se (auch: Po|lo|nai|se) (die, -, -n) 1 polnischer Schreittanz (meist zur Eröffnung des Tanzes) 2 Reihenpolonäse, bei der man sich, die Hände auf den Schultern des Vordermannes, durchs Lokal bewegt (im Fasching) [frz.]

Po|lo|ni|um (das, -s, nur Ez.) chemisches Element, ein Metall [lat.]

Po|ly|a|mid (das, -s, -e) ein Kunststoff; z.B. Nylon [gr.]

Po|ly|an|drie *auch:* Po|ly|an|drie (die, -, nur Ez.) Ehegemeinschaft einer Frau mit mehreren Männern, Vielmännerei [gr.]

Po|ly|arth|ri|tis *auch:* Po|ly|ar|thri|tis (die, -, -ri|ti|den/-ri|ti|den) Entzündung mehrerer Gelenke zugleich [gr.]

Po|ly|ä|thy|len (das, -s, nur Ez.) ein Kunststoff [gr.]

Po|ly|chä|te (der, -n, -n) Borstenwurm [gr.]

po|ly|chrom [-kro:m] vielfarbig [gr.]

Po|ly|chro|mie [-kro-] (die, -, nur Ez.) Vielfarbigkeit [gr.]

Po|ly|e|der (der, -s, -) von drei oder mehr Flächen begrenzter Körper [gr.]

Po|ly|es|ter (der, -s, -) ein Kunststoff [gr.]

po|ly|fon (Adj.) = polyphon

Po|ly|fo|nie (die, -, nur Ez.) = Polyphonie

po|ly|gam (Adj.) **1** in Polygamie lebend **2** mit mehreren Partnern zugleich sexuell verkehrend **3** ein- und zweigeschlechtige Blüten aufweisend [gr.]

Po|ly|ga|mie (die, -, nur Ez.) Ehegemeinschaft mit mehreren Partnern (Polyandrie, Polygynie), bes. Ehegemeinschaft mit mehreren Frauen [gr.]

po|ly|gen (Adj.) durch mehrere Erbfaktoren bestimmt; durch mehrere Ursachen ausgelöst [gr.]

Po|ly|ge|nie (die, -, nur Ez.) durch mehrere Erbfaktoren bewirkte Ausbildung eines Merkmals [gr.]

po|ly|glott (Adj.) **1** mehrsprachig; z.B. polyglottes Wörterbuch **2** viele Sprachen sprechend [gr.]

Po|ly|glot|te 1 (die oder die -, -n) Buch, Wörterbuch in mehreren Sprachen **2** (der oder die, -n, -n) jmd., der viele Sprachen spricht [gr.]

Po|ly|gon (das, -s, -e) Vieleck [gr.]

po|ly|go|nal (Adj.) vieleckig [gr.]

Po|ly|graph (*auch:* Po|ly|graf) (der, -en, -en) Gerät zum Aufzeichnen mehrerer körperlicher Vorgänge zugleich, aus denen sich Erregungszustände ablesen lassen (in der Kriminologie als sogenannter »Lügendetektor« verwendet) [gr.]

Po|ly|gy|nie (die, -, nur Ez.) Ehegemeinschaft eines Mannes mit mehreren Frauen, Vielweiberei [gr.]

Po|ly|his|tor (der, -s, -to|ren) jmd., der Kenntnisse auf vielen Gebieten hat; z.B. wurde Leibniz als letzter Polyhistor bezeichnet [gr.]

po|ly|hyb|rid (Adj.) *auch:* po|ly|hy|brid (Adj.) sich in mehreren erblichen Merkmalen unterscheidend (von pflanzlichen und tierischen Bastarden) [gr.]

po|ly|karp (Adj.) in einem bestimmten Zeitraum mehrmals Früchte tragend [gr.]

po|ly|mer (Adj.) aus Molekülketten bestehend

Po|ly|mer (das, -s, -e) aus Molekülketten bestehende Verbindung [gr.]

Po|ly|me|ter (das, -s, -) Gerät zum Messen von Temperatur, Luftfeuchtigkeit, Taupunkt u.a. [gr.]

po|ly|morph (Adj.) in vielen Gestalten auftretend, vielgestaltig [gr.]

Po|ly|mor|phie (die, -, nur Ez.) Vielgestaltigkeit [gr.]

Po|ly|mor|phis|mus (der, -, nur Ez.) = Polymorphie

Po|ly|ne|si|er (der, -s, -) Ew. Polynesiens

po|ly|ne|sisch (Adj.) zu Polynesien gehörig, von dort stammend

Po|ly|nom (das, -s, -e) mathematischer Ausdruck aus mehr als zwei Gliedern, die zu addieren oder zu subtrahieren sind [gr.]

Po|lyp (der, -en, -en) **1** (oft gestielte) Schleimhautgeschwulst **2** Kopffüßer (veraltet, noch ugs.) **3** fest sitzendes Nesseltier, Nessler [gr.]

Po|lyp (der, -s, -en) Polizist (ugs., scherzhaft) [Rotwelsch]

po|ly|phag (Adj.) sich von verschiedenen Pflanzen und Tieren ernährend [gr.]

Po|ly|pha|ge (der, -n, -n) polyphag lebendes Tier, Allesfresser

Po|ly|pha|gie (die, -, nur Ez.) Ernährung von verschiedenen Pflanzen und Tieren [gr.]

po|ly|phon (*auch:* po|ly|fon) (Adj.) mehrstimmig [gr.]

Po|ly|pho|nie (*auch:* Po|ly|fo|nie) (die, -, nur Ez.) Musik mit mehreren selbstständig geführten Stimmen, Mehrstimmigkeit [gr.]

po|ly|plo|id (Adj.) mehr als zwei Chromosomensätze aufweisend [gr.]

Po|ly|pty|chon (das, -s, -chen) Flügelaltar mit mehr als zwei Flügeln [gr.]

Po|ly|sac|cha|rid [-zaxa-] (das, -s, -e) aus zahlreichen Molekülen einfacher Zucker aufgebautes Kohlenhydrat [gr.]

Po|ly|se|mie (die, -, -n) mehrfache Bedeutung einer Lautform; z.B. Feld, in den Bedeutungen »Anbaugebiet, Tätigkeitsbereich, Kriegsschauplatz« [gr.]

Po|ly|sper|mie (die, -, -n) Verschmelzung mehrerer Samenzellen mit einer Eizelle (bei der Befruchtung) [gr.]

Po|ly|sty|rol (das, -s, -e) ein Kunststoff [gr.]

Po|ly|syl|la|bum (das, -s, -ba) aus vielen Silben bestehendes Wort [gr.]

po|ly|syn|de|tisch (Adj.) in der Art eines Polysyndetons, durch das gleiche Bindewort verbunden

Po|ly|syn|de|ton (das, -s, -ta) durch das gleiche Bindewort verbundene Wörter oder Sätze [gr.]

Polysynthese / **Popmusik**

Po|ly|syn|the|se (die, -, -n) Zusammenfassung vieler Teile [gr.]
po|ly|syn|the|tisch (Adj.) aus vielen Teilen zusammengesetzt [gr.]
Po|ly|tech|ni|kum (das, -s, -ken) höhere technische Fachschule [gr.-nlat.]
Po|ly|the|is|mus (der, -, nur Ez.) Glaube an viele Götter, Vielgötterei [gr.-nlat.]
po|ly|the|is|tisch (Adj.) zum Polytheismus gehörig
po|ly|to|nal (Adj.) mehrere Tonarten gleichzeitig in verschiedenen Stimmen aufweisend
Po|ly|to|na|li|tät (die, -, nur Ez.) Nebeneinander mehrerer Tonarten in den verschiedenen Stimmen (eines Musikstücks) [gr.]
po|ly|trop (Adj.) sehr anpassungsfähig (von Organismen) [gr.]
Po|ly|u|re|than (das, -s, -e) ein Kunststoff, der durch Polymerisation von Alkoholen und Isocyanaten hergestellt wird [gr.-nlat.]
po|ly|va|lent (Adj.) in mehrfacher Beziehung wirksam; z.B. von Arzneimitteln [gr.-lat.]
Po|ly|vi|nyl|a|ce|tat (das, -s, -e) ein Kunststoff [gr.-lat.]
Po|ly|vi|nyl|chlo|rid (das, -s, nur Ez.) = PVC
Po|ly|zyt|hä|mie (die, -, -n) krankhafte Vermehrung der roten Blutkörperchen [gr.]
Po|ma|de (die, -, -n) parfümiertes Fett; z.B. Haarpomade, Lippenpomade [it.]
po|ma|di|sie|ren (V.) mit Pomade einreiben (Haare)
Po|me|ran|ze (die, -, -n) kleine, orangenähnliche Zitrusfrucht mit bitterem Geschmack [it.]
Pom|mer (der, -s, -) altes, schalmeiähnliches Holzblasinstrument, Bombarde [frz.]
Pom|mes (nur Mz.) = Pommes frites (ugs.); z.B. Pommes mit Majo: Pommes frites mit Majonäse (norddt.)
Pom|mes al|lu|mettes [pɔmzalymɛt] (nur Mz.) streichholzdünn geschnittene Pommes frites [frz.]
Pom|mes chips [pɔmʃips] (nur Mz.) roh in Fett gebackene Kartoffelscheibchen [frz.]
Pom|mes frites [pɔmfrit] (nur Mz.) roh in Fett gebackene Kartoffelstäbchen [frz.]
Po|mo|lo|gie (die, -, nur Ez.) Wissenschaft vom Obstbau [lat.-gr.]
Pomp (der, -s, nur Ez.) sehr große Pracht, übertriebener Aufwand [frz.]
Pom|pa|dour [-duːɐ] (der, -s, -s) beutelförmige Damenhandtasche (früher) [frz.]
Pom|pon [pɔ̃pɔ̃] (der, -s, -s) dicke, runde Quaste, Bommel [frz.]
pom|pös (Adj.) übertrieben prächtig, pomphaft [frz.]

pon|ceau [pɔ̃soː] (Adj.) hochrot [frz.]
Pon|cho [-tʃo] (der, -s, -s) viereckiger Umhang der süd- und mittelamerikanischen Indianer mit einem Loch in der Mitte für den Kopf; (auch) modischer Umhang [indian.]
Pö|ni|tent (der, -en, -en) Beichtender, Büßender (in der kath. Kirche) [lat.]
Pö|ni|ten|ti|ar (der, -s, -e) Beichtvater in der kath. Kirche [lat.]
Pö|ni|tenz (die, -, -en) Buße, Bußübung (in der kath. Kirche) [lat.]
Pon|ti|fex (der, -, -ti|fi|ces oder -ti|fi|zes [-tseːs]) Oberpriester (im alten Rom); Pontifex maximus: Titel des Kaisers, später des Papstes [lat.]
pon|ti|fi|kal (Adj.) zum Bischof gehörig, ihm zustehend, von ihm durchgeführt, bischöflich [lat.]
Pon|ti|fi|ka|li|en (nur Mz.) 1 Amtshandlungen des Bischofs 2 Gewänder und Abzeichen, die er dabei trägt [lat.]
Pon|ti|fi|kat (das oder der, -(e)s, -e) Amt, Würde, Amtszeit des Bischofs bzw. des Papstes [lat.]
Pon|ton *auch* [pɔ̃tɔ̃] (der, -s, -s) 1 breiter, flacher Kahn als Teil einer schwimmenden Brücke 2 Schwimmkörper; z.B. schwimmendes Dock [frz.]
Po|ny 1 (das, -s, -s) Vertreter einer kleinen Pferderasse 2 (der, -s, -s) glatte, die Stirn bedeckende Haare [engl.]
Pool [puːl] (der, -s, -s) 1 Vereinigung von Firmen zur gemeinsamen Beteiligung am Gewinn 2 Spieleinsatz [engl.]
Pool [puːl] (der, -s, -s) Schwimmbecken, Swimmingpool [engl.]
Pop... (in Zusammensetzungen) modern und auffallend (in den 70er Jahren); z.B. Popfarbe [engl.]
Po|panz (der, -es, -e) 1 Schreckgespenst 2 spaßige Gestalt, Strohpuppe 3 vom Willen anderer abhängiger Mensch [tschech.]
Pop-Art (die, -, nur Ez.) Richtung der modernen Kunst, die mit Zusammenstellung von Gegenständen des Alltags bestimmte Wirkungen zu erzielen sucht [engl.]
Pop|corn (das, -s, nur Ez.) durch Rösten aufgequollene und aufgeplatzte Maiskörner, Puffmais [engl.]
Po|pe (der, -n, -n) Geistlicher (der russisch- und griechisch-orthodoxen Kirche) [russ.]
Po|pe|lin (*auch:* die Po|pe|li|ne) (der, -s, -e) fester Baumwollstoff (für Herrenhemden, Mäntel u.a.) [frz.]
Po|pe|li|ne [-lin] (die, -, -n) = Popelin
Pop|mu|sik (die, -, nur Ez.) dem Beat und Rock nahe stehende Unterhaltungsmusik [engl.-lat.]

Pop|per (der, -s, -) eleganter, angepasster Jugendlicher [viell. engl.]
pop|pig (Adj.) modern und auffallend, grell bunt [engl.]
po|pu|lär (Adj.) volkstümlich, im Volk beliebt, dem Volk verständlich, beim Volk Zustimmung findend [lat.]
po|pu|la|ri|sie|ren (V.) populär machen, dem Volk nahe bringen
Po|pu|la|ri|tät (die, -, nur Ez.) populäre Beschaffenheit, populäre Art, Beliebtheit beim Volk, Volkstümlichkeit
Po|pu|la|ti|on (die, -, -ti|o|nen) 1 Bevölkerung 2 Gesamtheit der Angehörigen einer Pflanzen- oder Tierart in einem Gebiet 3 Gesamtheit der Sterne gleichen Alters, ähnlicher räumlicher Stellung und chemischer Zusammensetzung 4 Klasse von Gegenständen, die zu untersuchen sind (in der Statistik) [lat.]
Po|re (die, -, -n) 1 feine Öffnung, feines Loch 2 Mündung der Schweißdrüsen (in der Haut) [lat.]
Por|no (der, -s, -s) kurz für: pornografischer Roman oder Film, pornografisches Heft
Por|no|gra|fie (*auch:* Por|no|gra|phie) (die, -, nur Ez.) aufreizende Darstellung sexueller Vorgänge mit primitiven Mitteln [gr.]
por|no|gra|fisch (*auch:* por|no|gra|phisch) (Adj.) zur Pornografie gehörig, auf ihr beruhend
po|rös (Adj.) mit Poren versehen, durchlässig
Po|ro|si|tät (die, -, nur Ez.) poröse Beschaffenheit, Durchlässigkeit
Por|phyr (der, -s, -e) feinkörniges Ergussgestein mit Einsprenglingen von Kristallen [gr.]
Por|ree (der, -s, -s) Lauch [lat.]
Por|ridge [-rɪdʒ] (der, -s, nur Ez.) Haferbrei (in angelsächsischen Ländern Frühstücksspeise) [engl.]
Port (der, -s, -s) 1 Hafen 2 Zufluchtsort [lat.]
Por|ta|ble *auch:* Por|tab|le [pɔːtəbl] (das, -s, -s) tragbares Fernsehgerät [engl.]
Por|tal (das, -s, -e) hohes, breites Tor (oft architektonisch verziert) [lat.]
Por|ta|men|to (das, -s, -ti) weiches, gleitendes Verbinden von Tönen (beim Gesang und Spielen von Streichinstrumenten) [it.]
Por|ta|tiv (das, -s, -e) kleine, tragbare Orgel
Porte|feuille [pɔrtəfœj] (das, -s, -s) (veraltet) 1 Brieftasche 2 Amtsbereich (eines Ministers) 3 Bestand an Wertpapieren (einer Bank) [frz.]
Porte|man|teau [pɔrtmɑ̃toː] (das, -s, -s) zwei Morpheme, die zu einem verschmolzen sind; z.B. am = an dem [frz.]
Porte|mon|naie (das, -s, -s) = Portmonee

Porte|pee (das, -s, -s) Quaste am Degen oder Säbel (des Offiziers) [frz.]
Por|ter [pɔː-] (der oder das, -s, -) dunkles englisches Bier [engl.]
Por|ter|house [-haus] (das, -, nur Ez.) Schnittart für Steaks, Stück von der dicksten Stelle des Nierenstücks mit Filet und Lende [engl.]
Por|ti|er [-tjeː] (der, -s, -s) Pförtner [frz.]
Por|ti|e|re [-tjɛːrə] (die, -, -n) Vorhang zu beiden Seiten der Tür aus schwerem Stoff [frz.]
por|tie|ren (V.) zur Wahl vorschlagen
Por|ti|kus (der, -, - oder -ken) Säulenhalle [lat.]
Por|ti|on (die, -, -ti|o|nen) abgemessene Menge (bes. von Speisen) [lat.]
Port|mo|nee (*auch:* Porte|mon|naie [-nɛː]) (das, -s, -s) Geldbeutel, Geldtasche, -börse [frz.]
Por|to (das, -s, -ti) Gebühr (für Postsendungen) [it.]
Por|trait (das, -s, -s) [-trɛː] = Porträt
Por|trät (*auch:* Por|trait) [-trɛː] (das, -s, -s) Bildnis [frz.]
por|trä|tie|ren (V.) jmdn. porträtieren: von jmdm. ein Porträt malen oder zeichnen
Por|trä|tist (der, -tis|ten, -tis|ten) Porträtmaler
Por|tu|gie|se (der, -n, -n) Ew. von Portugal
Por|tu|gie|ser (der, -s, -) 1 eine Traubensorte 2 Wein daraus
por|tu|gie|sisch (Adj.) zu Portugal gehörig, daraus stammend
Por|tu|lak (der, -s, -s oder -e) eine Zier- und Gemüsepflanze, deren Blätter als Salat gegessen werden [lat.]
Por|zel|lan (das, -s, -e) 1 feine, weiße Tonware 2 Gegenstände, Geschirr daraus [it.]
Po|sa|men|ten (nur Mz.) Borten, Schnüre, Litzen, Bänder (die als Kleiderbesatz dienen) [frz.]
Po|sau|ne (die, -, -n) ein Blechblasinstrument mit zwei ineinander liegenden Rohren, von denen eins verschiebbar ist [frz.]
po|sau|nen (V.) 1 auf der Posaune spielen 2 laut rufen, laut verkünden (ugs., scherzhaft)
Po|sau|nist (der, -nis|ten, -nis|ten) Posaunenspieler
po|schie|ren (V.) = pochieren
Po|se (die, -, -n) 1 bestimmte Haltung, Stellung 2 gekünstelte, wichtigtuerische Haltung [frz.]
Po|seur [-zøːɐ] (der, -s, -e) jmd., der sich gern in Pose setzt, der gern posiert

po׳sie׳ren (V.) **1** eine bestimmte Pose einnehmen **2** sich gekünstelt, wichtigtuerisch benehmen

Po׳si׳ti׳on (die, -, -ti׳o׳nen) **1** Bejahung **2** Setzung, Aufstellung (einer These) **3** Haltung, Stellung (in der sich jmd. befindet) **4** Stellung (im Beruf) **5** Standort, Lage (eines Flugzeugs, Schiffes, Gestirns) **6** Stellung (in einem System) **7** einzeln aufgeführter Gegenstand (in einer Liste, bes. Warenliste) [lat.]

po׳si׳ti׳o׳nell (Adj.) hinsichtlich der Position, der Stellung, Lage

po׳si׳tiv (V.) **1** bejahend, zustimmend **2** günstig, angenehm, erfreulich, vorteilhaft **3** größer als null; z.B. positive Zahlen **4** Krankheitserreger aufweisend; z.B. positiver Befund **5** mehr Protonen als Elektronen aufweisend [lat.]

Po׳si׳tiv 1 (der, -s, -e) nicht gesteigerte Form, Grundform der Adjektive, Grundstufe **2** (das, -s, -e) Lichtbild, bei dem die Helligkeitswerte oder Farben der Wirklichkeit entsprechen **3** (das, -s, -e) kleine Orgel

Po׳si׳ti׳vis׳mus (der, -, nur Ez.) philosophische Lehre, die das Wirkliche, Tatsächliche als allein maßgebend für die Erkenntnis betrachtet und jegliche Metaphysik ablehnt [lat.]

Po׳si׳ti׳vist (der, -vis׳ten, -vis׳ten) Anhänger des Positivismus

po׳si׳ti׳vis׳tisch (Adj.) zum Positivismus gehörig

Po׳si׳ti׳vum (das, -s, -va) positive Sache [lat.]

Po׳sit׳ron *auch:* Po׳si׳tron (das, -s, -ro׳nen /-tro׳nen) Elementarteilchen mit elektrisch positiver Ladung [lat.- gr.]

Po׳si׳tur (die, -, -en) für eine bestimmte Situation eingenommene Haltung, Stellung; z.B. sich in Positur setzen [lat.]

pos׳ses׳siv (Adj.) besitzanzeigend (in der Grammatik) [lat.]

Pos׳ses׳siv׳pro׳no׳men (das, -s, - oder -na) besitzanzeigendes Fürwort; z.B. mein, unser

Pos׳ses׳si׳vum (das, -s, -va) = Possessivpronomen

Post (die, -, nur Ez.) **1** (meist staatliches) Unternehmen zum Befördern von Briefen, Paketen, Geldsendungen u.a., zum Vermitteln von Telefongesprächen, Telegrammen **2** Gebäude dafür, Postamt **3** durch die Post (**1**) beförderte Sendung, Postsendung **4** Zustellung von Postsendungen; z.B. Briefpost, Paketpost **5** Postkutsche (früher) [lat.]

pos׳ta׳lisch (Adj.) zur Post (**1**) gehörig, sie betreffend; z.B. postalische Angaben, postalische Einrichtungen; mit Hilfe der Post; z.B. auf postalischem Wege, durch sie befördert; z.B. postalische Sendung

Pos׳ta׳ment (das, -(e)s, -e) Sockel, Unterbau [it.-lat.]

post Chris׳tum (na׳tum) nach Christus bzw. nach Christi Geburt [lat.]

Pos׳ten (der, -s, -) **1** jmd., bes. Soldat, der Wache steht, Wachposten, Wache **2** Stellung (im Beruf), Amt **3** Menge gleicher Waren; z.B. ein Posten Taschentücher **4** Einzelbetrag (in einer Rechnung); z.B. ein Posten

Pos׳ter (das, -s, -e) Plakat (für Dekorationszwecke) [engl.]

poste res׳tante [pɔstrɛstɑ̃:t] postlagernd (veraltet) [frz.]

pos׳te׳ri׳or (Adj.) **1** verspätet **2** verschoben [lat.]

Pos׳te׳ri׳o׳ri׳tät (die, -, nur Ez.) **1** das Spätersein, späteres Erscheinen **2** Nachstehen im Amt (veraltet) [lat.]

post fes׳tum »nach dem Fest«, hinterher [lat.]

post׳gla׳zi׳al (Adj.) nach der Eiszeit, nacheiszeitlich [lat.]

post׳hum = postum

pos׳tie׳ren (V.) an einer Stelle aufstellen [lat.]

Pos׳til׳le (die, -, -n) Buch mit erbaulichen Betrachtungen, Erzählungen u.a., Erbauungsbuch, Andachtsbuch [lat.]

Pos׳til׳li׳on [-stiljoːn] (der, -s, -e) **1** Kutscher einer Postkutsche **2** ein gelber Falter, Posthörnchen [it.]

Pos׳til׳lon d'A׳mour [pɔstijɔ̃damuːr] (der, -, -s -) Überbringer eines Liebesbriefes, auch einer mündlichen Liebesbotschaft [frz.]

Post׳lu׳di׳um (das, -s, -di׳en) Nachspiel (in der Musik) [lat.]

post׳mor׳tal (Adj.) nach dem Tode (eintretend, eingetreten) [lat.]

post mor׳tem nach dem Tod [lat.]

post׳na׳tal (Adj.) nach der Geburt, nach der Entbindung (eintretend, eingetreten) [lat.]

post׳nu׳me׳ran׳do (Adv.) nach dem Empfang; z.B. postnumerando bezahlen [lat.]

Pos׳to (nur in der Fügung:) Posto fassen: sich aufstellen, einen Platz einnehmen [it.]

post׳o׳pe׳ra׳tiv (Adj.) nach der Operation (eintretend, eingetreten) [lat.]

Post׳skript (das, -(e)s, -e) Nachschrift (unter einem Brief) [lat.]

Post׳skrip׳tum (das, -s, -ten oder -ta) = Postskript

Pos׳tu׳lant (der, -en, -en) **1** Bewerber **2** Mitglied eines kath. Ordens während der Probezeit [lat.]

Pos'tu'lat (das, -(e)s, -e) **1** einleuchtende, aber nicht beweisbare Annahme **2** sittliche Forderung **3** Probezeit vor dem Eintritt in einen kath. Orden [lat.]
pos'tu'lie'ren (V.) **1** als wahr, glaubhaft annehmen **2** als sittliche Forderung aufstellen
pos'tum (*auch*: post'hum) (Adj.) nach dem Tode des Verfassers, Komponisten (veröffentlicht), nachgelassen; z.B. ein postum erschienenes Werk [lat.]
Pot (das, -s, nur Ez.) Haschisch, Marihuana [engl.]
po'tent (Adj.) **1** leistungsfähig, mächtig **2** vermögend, zahlungskräftig **3** fähig zum Geschlechtsverkehr [lat.]
Po'ten'tat (der, -en, -en) Herrscher, regierender Fürst [lat.]
po'ten'ti'al (Adj.) = potenzial
Po'ten'ti'al (das, -s, -e) = Potenzial
Po'ten'ti'a'lis (der, -, -les) = Potenzialis
po'ten'ti'ell (Adj.) = potenziell
Po'ten'ti'o'me'ter (das, -s, -) = Potenziometer
Po'tenz (die, -, -en) **1** Leistungsfähigkeit, Kraft **2** Fähigkeit zum Geschlechtsverkehr **3** Produkt mehrerer gleichartiger Faktoren; eine Zahl in die vierte Potenz erheben: sie viermal mit sich selbst malnehmen **4** Verdünnungsgrad (eines Arzneimittels; in der Homöopathie) [lat.]
po'ten'zi'al (*auch*: po'ten'ti'al) (Adj.) **1** als Möglichkeit vorhanden **2** eine Möglichkeit ausdrückend [lat.]
Po'ten'zi'al (*auch*: Po'ten'ti'al) (das, -s, -e) **1** Maß (an Leistungsfähigkeit, Möglichkeiten) **2** Maß für die Stärke eines Kraftfeldes an einem Punkt im Raum [lat.]
Po'ten'zi'a'lis (*auch*: Po'ten'ti'a'lis) (der, -, -les [-le:s]) Aussageweise des Verbs, die eine Möglichkeit ausdrückt [lat.]
po'ten'zi'ell (*auch*: po'ten'ti'ell) (Adj.) möglich, denkbar, als Möglichkeit vorhanden [lat.-frz.]
Po'ten'zi'o'me'ter (*auch*: Po'ten'ti'o'me'ter) (das, -s, -) Gerät zum Teilen einer elektrischen Spannung in Teilspannungen, Spannungsleiter [lat.]
po'ten'zie'ren (V.) **1** in die Potenz (**3**) erheben, mit sich selbst malnehmen **2** sich stark steigern, sich stark erhöhen [lat.]
Pot'pour'ri [-puri] (das, -s, -s) **1** Zusammenstellung mehrerer Musikstücke oder mehrerer Melodien aus einem Musikstück zu einem neuen Musikwerk **2** Allerlei, bunte Mischung [frz.]
Poul'ard (das, -s, -s) = Poularde
Poul'lar'de [pu-] (die, -, -n) gemästetes Huhn [frz.]

Poule [pu:l] (die, -, -n [pu:lən]) Spieleinsatz [frz.]
Pound [paʊnd] (das, -s, -s oder -) **1** britische und nordamerikanische Gewichtseinheit 453,6 g **2** britische Währungseinheit, Pfund [engl.]
Pour le Mé'rite [purləmerit] (der, - - -, nur Ez.) 1740–1918 und seit 1952 hoher deutscher Verdienstorden [frz.]
Pous'sa'ge [pusa:ʒə] (die, -, -n) Liebschaft, Liebesverhältnis (veraltet) [frz.]
pous'sie'ren [pusi:-] (V.) ein Liebesverhältnis (mit jmdm.) haben oder beginnen (veraltet); z.B. mit jmdm. poussieren [frz.]
Pou'voir [puvwa:r] (das, -s, -s) Handlungsvollmacht (österr.) [frz.]
po'wer (Adj.) arm, armselig, dürftig [lat.-frz.]
Po'wer [paʊə] (die, -, nur Ez.) Kraft, Stärke (ugs.) [engl.]
po'wern [paʊɐn] (V.) Macht ausüben, nach Macht streben; sich voll einsetzen (ugs.) [engl.]
Po'wer'play [paʊəpleɪ] (das, -s, nur Ez.) voller Einsatz (um einen Rückstand auszugleichen; z.B. im Fußball) [engl.]
Po'widl (der, -s, nur Ez.) Pflaumenmus (österr.) [tschech.]
PR [pe:ɛr] (der, nur Ez.) = **P**ublic **R**elations
Prä (das, -s, -s) **1** Vorrang; z.B. er hat das Prä **2** Vorteil; z.B. ein Prä jmdm. gegenüber haben [lat.]
Prä'am'bel (die, -, -n) **1** Vorspiel (im Orgel-, Lautenspiel) **2** Einleitung (zu einem Staatsvertrag, einer Verfassungsurkunde) [lat.]
Prä'ben'dar (der, -s, -e) Inhaber einer Präbende, Pfründner
Prä'ben'de (die, -, -n) mit Einkünften verbundenes Kirchenamt, Pfründe [lat.]
Prä'des'ti'na'ti'on (die, -, nur Ez.) Vorbestimmung [lat.]
prä'des'ti'nie'ren (V.) vorbestimmen; für etwas prädestiniert sein: für etwas besonders geeignet sein [lat.]
Prä'di'kant (der, -en, -en) Hilfsprediger (in der evangel. Kirche) [lat.]
Prä'di'kat (das, -(e)s, -e) **1** Titel, Rangbezeichnung; z.B. Adelsprädikat **2** Bewertung, Beurteilung; z.B. das Prädikat »sehr gut« erhalten **3** besondere Bezeichnung für eine Bewertung; z.B. ein Wein mit dem Prädikat »Kabinett« **4** Satzteil (Verb), der eine Tätigkeit, einen Zustand des Subjekts ausdrückt [lat.]
prä'di'ka'tiv (Adj.) als Prädikat (**3**); z.B. prädikative Verwendung

Prä|dik|ti|on (die, -, -ti|o|nen) Voraussage [lat.]
prä|dis|po|nie|ren (V.) vorausbestimmen; für eine Krankheit prädisponiert sein: für eine Krankheit besonders empfänglich sein [lat.]
Prä|dis|po|si|ti|on (die, -, -ti|o|nen) Empfänglichkeit (für eine Krankheit) [lat.]
Prä|do|mi|na|ti|on (die, -, nur Ez.) das Vorherrschen [lat.]
prä|do|mi|nie|ren (V.) vorherrschen [lat.]
prae|cox [prɛ:-] (Adj.) vorzeitig (auftretend, eintretend) [lat.]
Prä|e|xis|tenz (die, -, -en) das Vorherbestehen, das Vorhandensein vorher; z.B. der Seele vor ihrem Eintritt in den Körper [lat.]
Prä|fa|ti|on (die, -, -ti|o|nen) Gesang des Priesters vor der Wandlung (in der kath. Messe) [lat.]
Prä|fekt (der, -en, -en) 1 hoher Beamter (im alten Rom) 2 hoher Verwaltungsbeamter eines Departements (in Frankreich) 3 Schüler, der die Aufsicht über jüngere Schüler führt (in englischen Internaten) 4 Mitglied eines Schulchores, der den Chorleiter vertreten kann 5 kath. Geistlicher mit besonderen Aufgaben [lat.]
Prä|fek|tur (die, -, -en) Amt und Amtsräume eines Präfekten (1, 2)
Prä|fix *auch* [-fɪks] (das, -es, -e) Vorsilbe [lat.]
prä|gla|zi|al (Adj.) vor der Eiszeit, voreiszeitlich [lat.]
Prag|ma|tik (die, -, nur Ez.) 1 Ausgerichtetsein auf das Nützliche, Sinn für das Sachliche, für Tatsachen 2 Dienstordnung (österr.) 3 Zweig der Sprachwissenschaft, der das Sprachverhalten des Menschen untersucht
Prag|ma|ti|ker (der, -s, -) 1 Vertreter des Pragmatismus 2 jmd., dessen Handeln und Denken nur auf den praktischen Nutzen ausgerichtet ist [gr.]
prag|ma|tisch (Adj.) 1 auf die Tatsachen bezogen, (nur) die Tatsachen berücksichtigend 2 auf den praktischen Nutzen ausgerichtet 3 zur Pragmatik (3) gehörig, Sprachverhalten betreffend [gr.]
Prag|ma|tis|mus (der, -, nur Ez.) philosophische Lehre, dass nur das Handeln des Menschen für die Erkenntnis maßgebend sei und das Handeln und Denken auf den praktischen Nutzen gerichtet sein sollte [gr.]
Prag|ma|tist (der, -tis|ten, -tis|ten) Vertreter, Anhänger des Pragmatismus
präg|nant *auch:* prä|gnant (Adj.) kurz und treffend, kurz und genau [lat.]
Präg|nanz *auch:* Prä|gnanz (die, -, nur Ez.) prägnante Beschaffenheit, Kürze und Genauigkeit

Prä|his|to|rie [-riə] (die, -, nur Ez.) geschichtlicher Zeitraum vor den ersten schriftlichen Aufzeichnungen, Vorgeschichte [lat.]
Prä|his|to|ri|ker (der, -s, -) Wissenschaftler der Prähistorie
prä|his|to|risch (Adj.) zur Prähistorie gehörig, vorgeschichtlich
Prä|ju|diz (das, -, -e) 1 richterliche Entscheidung, die für spätere Entscheidungen in ähnlichen Fällen maßgebend ist 2 Vorwegnahme einer Entscheidung (aus zwingenden Gründen) 3 vorgefasste Meinung [lat.]
prä|ju|di|zie|ren (V.) einer Entscheidung vorgreifen [lat.]
Prä|kamb|ri|um *auch:* Prä|kam|bri|um (das, -s, nur Ez.) Sammelbezeichnung für: Archaikum und Algonkium
Präk|lu|si|on (die, -, -si|o|nen) Verweigerung; z.B. eines Anspruchs; im Rechtswesen [lat.]
präk|lu|siv (Adj.) ausschließend, ein Recht verwirkend [lat.]
Prä|kog|ni|ti|on *auch:* Prä|ko|gni|ti|on (die, -, nur Ez.) außersinnliche Wahrnehmung, Voraussehen künftiger Ereignisse (in der Parapsychologie) [lat.]
prä|ko|lum|bisch (Adj.) vor der Entdeckung durch Kolumbus; das präkolumbische Amerika
Prä|ko|ni|sa|ti|on (die, -, -ti|o|nen) das Präkonisieren
prä|ko|ni|sie|ren (V.) vor den Kardinälen feierlich zum Bischof ernennen [lat.]
Prak|rit *auch:* Pra|krit (das, -s, nur Ez.) mehrere mitteindische Mundarten zwischen 500 v. Chr. und 1000 n. Chr.
prak|ti|fi|zie|ren (V.) in die Praxis umsetzen in der Praxis anwenden, praktizieren [lat.]
Prak|tik (die, -, -en) 1 Ausübung, Handhabung, Verfahren 2 Kniff, Trick [lat.]
prak|ti|ka|bel (Adj.) 1 brauchbar, benutzbar, durchführbar 2 fest, zum Begehen eingerichtet, nicht gemalt (von Dekorationsteilen auf der Bühne) [lat.]
Prak|ti|kant (der, -en, -en) jmd., der sein Praktikum macht
Prak|ti|ker (der, -s, -) jmd., der bes. für praktische Arbeit geeignet ist, der praktische Erfahrung hat, der praktisch vorgeht
Prak|ti|kum (das, -s, -ka) 1 Ausbildung in der praktischen Arbeit (als Teil der Ausbildung) 2 Kurs mit praktischen Übungen
Prak|ti|kus (der, -, -se) Praktiker, praktischer Mensch (ugs., scherzhaft)
prak|tisch (Adj.) 1 in der Praxis, in Wirklichkeit; z.B. das ist praktisch unmöglich 2 leicht zu handhaben, gut brauchbar, zweckmäßig 3 zu einem Praktikum gehörig, mit

Übungen verbunden; z.B. praktische Ausbildung **4** geschickt, einfallsreich. z.b. ein praktischer Mensch **5** praktischer Arzt: Arzt für alle Krankheiten, Arzt ohne Spezialausbildung
prak'ti'zie'ren (V.) **1** in der Praxis anwenden, praktisch durchführen **2** geschickt (an eine Stelle) bringen, setzen, legen, stellen **3** in der Praxis tätig sein; praktizierender Arzt, Arzt mit eigener Praxis, nicht an der Hochschule tätiger Arzt [gr.-nlat.]
Prä'lat (der, -en, -en) **1** geistlicher Würdenträger (mit bestimmten Befugnissen; in der kath. Kirche) **2** leitender Geistlicher (in einigen evangel. Landeskirchen) [lat.]
Prä'la'tur (die, -, -en) Amt und Amtsräume eines Prälaten
Prä'li'mi'na'ri'en (nur Mz.) **1** einleitende diplomatische Verhandlungen **2** Vorbereitungen, Einleitung [lat.]
Pra'li'ne (*auch:* Pra'li'nee/Pra'li'né) (die, -, -n) Süßigkeit aus Schokolade mit Füllung [frz.]
Pra'li'né (das, -s, -s) = Praline
Pra'li'nee (das, -s, -s) = Praline (österr.)
prä'lu'die'ren (V.) als Einleitung frei gestaltend etwas spielen (auf dem Klavier oder der Orgel) [lat.]
Prä'lu'di'um (das, -s, -di'en) musikalisches Vorspiel [lat.]
Prä'mie (die, -, -n) **1** Preis, Belohnung (für eine Leistung) **2** regelmäßig zu zahlende Versicherungssumme [lat.]
prä'mie'ren (*auch:* prä'mi'ie'ren) (V.) mit einer Prämie auszeichnen
prä'mi'ie'ren (V.) = prämieren
Prä'mis'se (die, -, -n) Voraussetzung, Vordersatz (eines logischen Schlusses) [lat.]
prä'mor'tal (Adj.) vor dem Tode (eintretend, eingetreten) [lat.]
Pra'na (das, -(s), nur Ez.) Odem, Lebensenergie (Hinduismus, Esoterik-Szene) [ind.]
prä'na'tal (Adj.) vor der Geburt, vor der Entbindung (eintretend, eingetreten) [lat.]
Prä'no'va (die, -, -vä) Fixstern im Übergang zu einer Nova [lat.]
prä'nu'me'ran'do (Adv.) vor dem Empfang, im Voraus; z.B. pränumerando bezahlen [lat.]
Prä'pa'rat (das, -(e)s, -e) **1** etwas, das für einen bestimmten Zweck sachgemäß zubereitet worden ist; z.B. medizinisches, kosmetisches Präparat **2** (für mikroskopische Untersuchung) vorbereitetes Gewebsstück eines Organismus **3** getrocknete Pflanze oder ausgestopftes Tier (zu Lehrzwecken) [lat.]
Prä'pa'ra'ti'on (die, -, -ti'o'nen) **1** Vorbereitung für den Unterricht (veraltet) **2** Zubereitung, Herstellung eines Präparates [lat.]

Prä'pa'ra'tor (der, -s, -to'ren) jmd., der beruflich Präparate (**3**) herstellt
prä'pa'rie'ren (V.) **1** zerlegen, zerschneiden (für Lehrzwecke); z. B. Gewebsteile von toten Organismen präparieren **2** dauerhaft, haltbar machen; z.B. Pflanzen, tote Tiere präparieren **3** lesen und übersetzen (als Vorbereitung für den Unterricht); z.b. einen Text präparieren **4** sich präparieren: sich für den Unterricht vorbereiten [lat.]
Prä'pon'de'ranz (die, -, nur Ez.) Vorherrschaft (bes. eines Staates); Übergewicht [lat.]
prä'pon'de'rie'ren (V.) vorherrschen, die Vorherrschaft ausüben; das Übergewicht haben, überwiegen [lat.]
Prä'po'si'ti'on (die, -, -ti'o'nen) Wort, das ein räumliches, zeitliches, logisches Verhältnis zu einem andern Wort angibt, Verhältniswort; z.B. in, nach, für [lat.]
prä'po'si'ti'o'nal (Adj.) mit einer Präposition verbunden; z.B. präpositionales Attribut
prä'po'tent (Adj.) **1** übermächtig (veraltet) **2** aufdringlich, überheblich (österr.) [lat.]
Prä'po'tenz (die, -, -en) Übermacht (veraltet) [lat.]
Prä'pu'ti'um (das, -s, -ti'en) Vorhaut (des männlichen Gliedes) [lat.]
Prä'raf'fa'e'lit (der, -en, -en) Angehöriger einer 1848 gegründeten Vereinigung von englischen Malern, die im Sinne der Vorläufer von Raffael der Kunst einen neuen, seelisch vertieften Inhalt zu geben suchten
Prä'rie (die, -, -n) Grassteppe im mittleren Westen Nordamerikas [frz.]
Prä'ro'ga'tiv (das, -s, -e) Vorrecht (bes. des Herrschers) [lat.]
Prä'ro'ga'ti've (die, -, -n) = Prärogativ
Prä'sens (die, -, -sen'tia oder -sen'zi'en) Zeitform des Verbs, die ein Geschehen, einen Zustand als gegenwärtig bezeichnet, Gegenwartsform; z.B. ich lese, er ist krank; historisches Präsens: Gegenwartsform, die um der größeren Lebendigkeit willen ein bereits vergangenes Geschehen schildert [lat.]
prä'sent (Adj.) **1** gegenwärtig, anwesend **2** im Gedächtnis; z.B. einen Vorfall nicht präsent haben [lat.]
Prä'sent (das, -(e)s, -e) Geschenk [lat.]
Prä'sen'tant (der, -en, -en) jmd., der etwas vorlegt, präsentiert; z.B. Präsentant einer Urkunde, eines fälligen Wechsels
Prä'sen'ta'ti'on (die, -, -ti'o'nen) das Präsentieren, Vorlegen; z.B. Präsentation eines fälligen Wechsels
prä'sen'tie'ren (V.) vorlegen, zeigen, vorzeigen; z.B. einen fälligen Wechsel präsentieren; das Gewehr präsentieren: das Gewehr

Präsenz

senkrecht vor den Körper halten (als Ehrenbezeigung) [lat.]
Prä'senz (die, -, nur Ez.) Anwesenheit, Gegenwart [lat.]
Prä'senz'bib'li'o'thek *auch:* Prä'senz'bi'bli'o'thek (die, -, -en) Bibliothek, in der die Bücher nur im Lesesaal benutzt werden dürfen (nicht ausleihbar)
Pra'se'o'dym (das, -s, nur Ez.) chemisches Element, Metall [gr.]
Prä'ser'va'tiv (das, -s, -e) hauchdünner Gummi, der über den Penis gestreift wird, Schutzmittel, Verhütungsmittel [lat.]
Prä'ser've (die, -, -n) nicht völlig keimfreie Konserve, Halbkonserve [lat.]
Prä'ses (der, -, -si'des oder -si'den) 1 Vorstand eines kath. kirchlichen Vereins 2 Vorsitzender; z.B. einer evangel. Synode [lat.]
Prä'si'dent (der, -en, -en) Vorsitzender (einer Versammlung); Leiter (einer Behörde, Akademie, eines Vereins); Oberhaupt (einer Republik) [lat.]
prä'si'di'al (Adj.) zum Präsidenten, Präsidium gehörig, von ihm ausgehend
prä'si'die'ren (V.) die Leitung innehaben; eine Versammlung präsidieren (schweiz.): eine Versammlung leiten [lat.]
Prä'si'di'um (das, -s, -di'en) 1 Vorsitz, Leitung 2 leitende Gruppe 3 Amtsgebäude des Präsidenten; z.B. Polizeipräsidium [lat.]
präs'krip'tiv *auch:* prä'skrip'tiv (Adj.) auf Vorschriften beruhend; präskriptive Grammatik: eine Grammatik, die nicht versucht, die Regeln einer Sprache abzubilden, sondern sie ihr vorzuschreiben [lat.]
prä'su'mie'ren (V.) voraussetzen, vermuten, annehmen [lat.]
Prä'sum'ti'on (die, -, -ti'o'nen) Voraussetzung, Vermutung, Annahme [lat.]
prä'sum'tiv (Adj.) auf einer Voraussetzung, Vermutung beruhend [lat.]
Prä'ten'dent (der, -en, -en) jmd., der Anspruch auf etwas (ein Amt, bes. den Thron) hat oder erhebt [lat.]
prä'ten'die'ren (V.) beanspruchen, fordern; auf etwas prätendieren: Anspruch auf etwas erheben
Prä'ten'ti'on (die, -, -ti'o'nen) Anspruch, Forderung [lat.]
prä'ten'ti'ös (Adj.) anspruchsvoll, anmaßend
Prä'te'ri'tum (das, -s, -ta) Zeitform des Verbs, Vergangenheit; z.B. ich kam [lat.]
Prä'tor (der, -s, -to'ren) höchster Justizbeamter (im alten Rom) [lat.]
Prä'to'ri'a'ner (der, -s, -) Angehöriger der Leibwache (der Kaiser und Feldherren im alten Rom) [lat.]

Premiere

Prau (die, -, -e) Segelboot der Malaien mit Auslegern [malai.]
prä'va'lent (Adj.) vorherrschend, überwiegend [lat.]
Prä'va'lenz (die, -, nur Ez.) das Vorherrschen, Überwiegen [lat.]
Prä'ven'ti'on (die, -, -ti'o'nen) 1 das Zuvorkommen; z.B. mit einer Rechtshandlung 2 Vorbeugung, Abschreckung (durch gerichtliche Maßnahmen) [lat.]
prä'ven'tiv (Adj.) vorbeugend [lat.]
Pra'xis (die, -, -xen) 1 (nur Ez.) praktische Ausübung oder Anwendung, Tätigkeit in der Wirklichkeit 2 (nur Ez.) praktische Erfahrung, Berufserfahrung z.B. Praxis (auf einem Gebiet) haben 3 (nur Ez.) Tätigkeitsbereich (eines Arztes oder Anwalts) 4 Räume zur Ausübung dieser Tätigkeit 5 (nur Ez.) Sprechstunde; z.B. Praxis halten [gr.]
Prä'ze'denz (die, -, -en) Vorrang, Vortritt (bes. in der Rangordnung der kath. Kirche) [lat.]
Prä'ze'denz'fall (der, -es, -fäl'le) Fall, der für spätere ähnliche Fälle beispielhaft ist oder sein kann
Prä'zep'tor (der, -s, -to'ren) Erzieher, Lehrer (veraltet) [lat.]
Prä'zes'si'on (die, -, -si'o'nen) abweichende Bewegung der Achse eines rotierenden Körpers unter Einwirkung einer äußeren Kraft [lat.]
Prä'zi'pi'ta'ti'on (die, -, -ti'o'nen) Ausfällung, Ausflockung [lat.]
prä'zi'pi'tie'ren (V.) ausfällen, ausflocken [lat.]
Prä'zi'pu'um (das, -s, -pua) Betrag, der vor der Aufteilung des Gewinns einer Gesellschaft an einen Gesellschafter für besondere Leistungen gezahlt wird [lat.]
prä'zis (*auch:* prä'zi'se) (Adj.) 1 genau, sorgfältig 2 treffend, eindeutig [lat.]
prä'zi'se (Adj.) = präzis
prä'zi'sie'ren (V.) genauer, treffender ausdrücken [lat.]
Prä'zi'si'on (die, -, nur Ez.) Genauigkeit, Sorgfalt [lat.]
Pre'del'la (die, -, -s oder -len) Sockel (des Flügelaltars) [it.]
pre'kär (Adj.) schwierig, bedenklich, misslich, unangenehm; z.B. eine prekäre Lage [frz.]
Pré'lude [-ly:d] (der, -s, -s) 1 (frz. Bezeichnung für) Präludium 2 frei gestaltetes Musikstück für Klavier oder Orchester
Pre'mi'er [prəmjeː] (der, -s, -s) kurz für Premierminister
Pre'mi'e're (die, -, -n) Ur- oder Erstaufführung [frz.]

Pre|mi|er|mi|nis|ter [-mjeː-] (der, -s, -) erster Minister (in Großbritannien und einigen anderen Ländern), Leiter der Regierung [frz.-lat.]
Pres|by|ter (der, -s, -) **1** Gemeindeältester (im Christentum) **2** Angehöriger des Presbyteriums (**2**) **3** Priester (in der kath. Kirche) [gr.]
Pres|by|te|ri|a|nis|mus (der, -, nur Ez.) Kirchenverwaltung durch Presbyter und Geistliche (in der evang.-reformierten Kirche)
Pres|by|te|ri|um (das, -s, -ri|en) **1** Chorraum (der Kirche) **2** von der Gemeinde gewählter Kirchenvorstand (in der evangel.-reformierten Kirche) **3** Priesterschaft (in der kath. Kirche) [gr.-nlat.]
Pre|sen|ning (die, -, -e(n) oder -s) = Persenning
pres|sant (Adj.) eilig, dringlich [frz.]
pres|sie|ren (V.) eilig, dringlich sein; z.B. die Sache pressiert; es pressiert; es pressiert mir: ich habe es eilig [frz.]
Pres|si|on (die, -si|o|nen) Erpressung, Nötigung, Zwang, Druck [lat.]
Pres|sure|group (auch: Pres|sure-Group) [preʃəgruːp] (die, -, -s) Gruppe (von Personen), die mit Propaganda, oft auch mit Druckmitteln bei einer Partei, Regierung, bei der Verwaltung usw. ihre Interessen durchzusetzen sucht [engl.]
Pres|tige [-stiːʒ] (das, -s, nur Ez.) äußeres Ansehen, Geltung [frz.]
pres|tis|si|mo (Adv.) sehr schnell (bei Musikstücken) [it.]
pres|to (Adv.) schnell (in der Musik) [it.]
pre|ti|ös (Adj.) = preziös
Pre|ti|o|sen (auch: Pre|zi|o|sen) [-tsjoː-] (nur Mz.) kostbarer Schmuck (veraltet, noch scherzhaft) [lat.]
pre|zi|ös (auch: pre|ti|ös) (Adj.) geziert, gekünstelt [frz.]
Pre|zi|o|sen (nur Mz.) = Pretiosen
Pri|a|mel (die, -, -n) Spruchgedicht des späten MA mit überraschender Schlusswendung
Pri|a|pis|mus (der, -, nur Ez.) anhaltende, schmerzhafte Erektion des Penis [gr.]
Prim (die, -, -en) **1** Morgengebet (des kath. Breviers) **2** eine bestimmte Haltung der Klinge (beim Fechten) **3** = Prime (**1**) [lat.]
pri|ma (Adj.) **1** erstklassig **2** hervorragend, ausgezeichnet **3** tüchtig, kameradschaftlich, charakterlich einwandfrei; z.B. ein prima Kerl
Pri|ma (die, -, -men) jede der beiden letzten Klassen des Gymnasiums (Oberprima, Unterprima) [lat.]
Pri|ma|bal|le|ri|na (die, -, -nen) erste Solotänzerin (einer Balletttruppe) [it.]
Pri|ma|don|na (die, -, -nen) erste Sängerin (einer Opernbühne; früher) [it.]
Pri|ma|ge [-ʒə] (die, -, -n) Zuschlag zu den Frachtkosten, der dem Kapitän eines Schiffes vom Auftraggeber gewährt werden kann, Primgeld [frz.]
Pri|ma|ner (der, -s, -) Schüler der Prima
Pri|mar (der, -s, -e) = Primararzt
pri|mär (Adj.) **1** zuerst vorhanden, zuerst entstanden, ursprünglich; z.b. eine primäre Infektion **2** die Grundlage, Voraussetzung bildend; z.b. eine primäre Frage [lat.-frz.]
Pri|mär|af|fekt (der, -(e)s, -e) erste krankhafte Veränderung im Körper, erstes Anzeichen (einer Infektionskrankheit)
Pri|mar|arzt (der, -es, -ärz|te) leitender Arzt einer Krankenhausabteilung (österr.)
Pri|ma|ri|us (der, -, -ri|en) **1** erster Geiger (in der Kammermusik) **2** = Primararzt [lat.]
Pri|mär|li|te|ra|tur (die, -, nur Ez.) die dichterischen Werke, die Quellen (im Unterschied zur Sekundärliteratur)
Pri|mas (der, -, -se) **1** oberster Bischof der kath. Kirche (eines Landes) mit besonderen Rechten **2** (-, -maʃ) erster Geiger einer Zigeunerkapelle [lat. bzw. ung.]
Pri|mat 1 (der oder das, -(e)s, -e) erster Rang, erste Stelle, Vorrangstellung, Erstgeburtsrecht **2** (der, -en, -en) Angehöriger der höchstentwickelten Ordnung der Säugetiere (Halbaffe, Affe, Mensch) [lat.]
pri|ma vis|ta »auf den ersten Blick«, vom Blatt, ohne geübt zu haben; ein Musikstück prima vista spielen [it.]
pri|ma vol|ta beim ersten Mal (in der Musik) [it.]
Pri|me (die, -, -n) **1** erster Ton der diatonischen Tonleiter, Primton **2** Angabe des Verfassers und abgekürzten Titels auf der ersten Seite eines Druckbogens [lat.]
Pri|meur [primœːʀ] (der, -s, -s) neuer Wein (bes. Beaujolais Primeur) [frz.]
Pri|mi|pa|ra (die, -, -pa|ren) Frau, die zum ersten Mal ein Kind bekommt, Erstgebärende [lat.]
pri|mi|tiv (Adj.) **1** ursprünglich, auf niedriger Kulturstufe stehend, primitive Völker: Naturvölker **2** einfach, dürftig, kunstlos **3** geistig anspruchslos, mit engem geistigem Horizont **4** sehr vereinfacht (um der Deutlichkeit willen) [lat.]
Pri|mi|ti|vis|mus (der, -, nur Ez.) Richtung der Kunst, die sich an die Kunst der Naturvölker anlehnt [lat.]
Pri|mi|ti|vi|tät (die, -, nur Ez.) das Primitivsein, primitive Beschaffenheit
Pri|miz (die, -, -en) erste Messe eines neu geweihten kath. Geistlichen [lat.]

Pri|mi|zi|ant (der, -en, -en) neu geweihter kath. Priester

Pri|mi|zi|en (nur Mz.) die als Opfer den Göttern dargebrachten ersten Früchte oder ersten jungen Tiere des Jahres, Erstlinge (im alten Rom) [lat.]

pri|mo erster, erste, erstes (in der Musik); primo tempo: erstes Tempo; primo violino: erste Geige [it.]

Pri|mo (das, -s, nur Ez.) erste Stimme (beim vierhändigen Klavierspiel) [it.]

Pri|mo|ge|ni|tur (die, -, -en) Erbfolgerecht des Erstgeborenen [lat.]

Pri|mu|la (die, -, nur Ez.) Primel, Schlüsselblume (als Heilpflanze); z.B. Primulae radix: Wurzel der Schlüsselblume [lat.]

Pri|mus (der, -, -se) bester Schüler (einer Schulklasse), Klassenbester, Klassenerster (veraltet); Primus inter pares: Erster unter Ranggleichen [lat.]

Prim|zahl (die, -, -en) Zahl, die nur durch 1 und durch sich selbst teilbar ist; z.B. 13

Prince of Wales [prɪns əv weɪlz] (der, - - -, nur Ez.) Prinz von Wales (Titel des englischen Thronfolgers)

Prin|te (die, -, -n) harter, flacher, rechteckiger Lebkuchen [niederl.]

Prin|ted in Ger|ma|ny [prɪntɪd ɪn dʒɜːmənɪ] in Deutschland gedruckt (Vermerk in Büchern) [engl.]

Prin|ter (der, -s, -) Ausgabeeinheit eines Computers, Drucker [engl.]

Prin|zeps (der, -, -zi|pes [-pe:s]) **1** Senator, der bei Abstimmungen als Erster gefragt wurde (im alten Rom) **2** römischer Kaiser (seit Augustus Titel) **3** Landesfürst [lat.]

Prin|zip (das, -s, -e oder -zi|pi|en) **1** Regel, Richtschnur **2** Grundlage, Ursprung; im Prinzip: im Grunde, eigentlich **3** Gesetzmäßigkeit; z.B. Lebensprinzip [lat.]

Prin|zi|pal (der, -s, -e) **1** Geschäftsinhaber, Lehrherr **2** (das, -s, -e) ein Orgelregister, die Grundlage des Gesamtklanges bildende Hauptstimme [lat.]

prin|zi|pi|ell (Adj.) **1** auf einem Prinzip beruhend; z.B. prinzipielle Fragen **2** hinsichtlich des Prinzips; z.B. das ist prinzipiell richtig **3** dem Prinzip entsprechend, grundsätzlich; etw. prinzipiell ablehnen

Pri|or (der, -s, -o|ren) **1** Vorsteher (eines Klosters) **2** Stellvertreter (eines Abtes) [lat.]

Pri|o|rat (das, -(e)s, -e) Amt, Würde eines Priors

Pri|o|ri|tät (die, -, -en) Vorrang, Prioritäten: Wertpapiere, die vor andern der gleichen Art bevorzugt sind; Prioritäten setzen: bestimmten Dingen den Vorrang geben [lat.]

Pri|se (die, -, -n) **1** Menge (einer pulverigen oder körnigen Masse), die man mit drei Fingerspitzen fassen kann; z.B. eine Prise Salz **2** von einem Krieg führenden Staat beschlagnahmtes feindliches oder Konterbande führendes, neutrales Handelsschiff bzw. dessen Ladung

Pris|ma (das, -s, -men) **1** von ebenen Flächen begrenzter Körper, bei dem Deck- und Grundfläche kongruent und parallel, die Seitenflächen Parallelogramme sind **2** keilförmiger Körper, der Licht reflektiert oder es in seine Spektralfarben zerlegt (in der Optik) [gr.]

pris|ma|tisch (Adj.) in der Art eines Prismas

Pris|ma|to|id (der, -s, -e) einem Prisma ähnlicher Körper

pri|vat (Adj.) **1** nicht öffentlich, nicht für die Öffentlichkeit bestimmt, einzelnen vorbehalten; z.B. privater Eingang **2** die eigene Person angehend, persönlich; z.B. private Gründe **3** nicht staatlich; z.B. privates Unternehmen, private Schule **4** häuslich, familiär, vertraut; z.B. in privatem Kreis [lat.]

Pri|vat (ohne Artikel) Privatperson; z.B. Vermietung von Privat an Privat; Verkauf nur an Privat

Pri|vat|do|zent (der, -en, -en) nicht im Beamtenverhältnis stehender Hochschullehrer

Pri|va|ti|er [-tje:] (der, -s, -s) jmd., der privatisiert

pri|va|tim (Adv.) persönlich, vertraulich; z.B. privatim mit jmdm. sprechen [lat.]

Pri|vat|i|ni|ti|a|ti|ve auch: Pri|vat|in|i|ti|a|ti|ve [-ɪnɪtsjaː-] (die, -, -n) eigener Antrieb

pri|va|ti|sie|ren (V.) vom eigenen Vermögen oder einer nicht staatlichen Rente leben, ohne beruflich zu arbeiten [lat.]

pri|va|tis|si|me [-me] (Adv.) streng vertraulich; z.B. jmdm. etwas privatissime mitteilen [lat.]

Pri|va|tis|si|mum (das, -s, -mi) **1** Vorlesung für nur eine kleine Hörerzahl **2** Ermahnung unter vier Augen [lat.]

Pri|vat|per|son (die, -, -en) nicht mit einer staatlichen Institution, einem Unternehmen usw. verbundene Person

Pri|vi|leg (das, -s, -e oder -le|gi|en) Vorrecht, Sonderrecht [lat.]

pri|vi|le|gie|ren (V.) mit Privilegien ausstatten; z.B. privilegierte Schichten oder Personen der Gesellschaft

Prix [priː] (der, -, -) Preis; Grand Prix: großer Preis [frz.]

pro 1 (Präp.) für, je; z.B. pro Person, pro Stück zehn Mark **2** (Adv.) für, dafür; er ist pro: er ist für die Sache (von der die Rede ist) [lat.]

Pro (das, -s, nur Ez) das Pro: das Für, das, was dafür spricht; das Pro und das Kontra: das Für und das Wider, das, was dafür und was dagegen spricht [lat.]

pro an'no jährlich, für ein Jahr; er verdient pro anno soundso viel [lat.]

Pro'band (der, -en, -en) **1** jmd., für den eine Ahnentafel aufgestellt wird **2** Versuchsperson [lat.]

pro'bat (Adj.) bewährt, erprobt; z.B. ein probates Mittel [lat.]

Prob'lem auch: Pro'blem (das, -s, -e) **1** schwierige Frage **2** Schwierigkeit; z.B. da gibt es keine Probleme; mit etwas Probleme haben [gr.]

Prob'le'ma'tik auch: Pro'ble'ma'tik (die, -, nur Ez.) Schwierigkeit (einer Sache) [gr.]

prob'le'ma'tisch auch: pro'ble'ma'tisch (Adj.) schwierig, Schwierigkeiten bereitend [gr.]

prob'le'ma'ti'sie'ren auch: pro'ble'ma'ti'sie'ren (V.) schwierig machen, zum Problem machen

Pro'ce'de're (auch: Pro'ze'de're) [-tse:-] (das, -, -) Vorgehensweise, Ablauf bei der Lösung eines bestimmten (Arbeits-)Problems [lat.]

pro cen'tum [-tsɛ-] auf hundert (Stück, Personen), vom Hundert [lat.]

Pro'de'kan (der, -s, -e) Vertreter des Dekans (einer Hochschule) [lat.]

pro do'mo zum eigenen Vorteil, Nutzen, für sich selbst; z.B. pro domo sprechen [lat.]

Prod'rom auch: Pro'drom (das, -s, -e) Vorzeichen einer Krankheit [gr.]

Pro'duct'place'ment (auch: Pro'duct-Place'ment (das, -s, nur Ez.) Werbung durch Platzieren von Waren oder Firmennamen; z.B. in Filmen [engl.]

Pro'dukt (das, -(e)s, -e) **1** Erzeugnis **2** Ergebnis [lat.]

Pro'duk'ti'on (die, -, -ti'o̱nen) **1** Herstellung, Erzeugung, Herstellungsabteilung **2** Erzeugnis; z.B. der Film ist eine dänische Produktion **3** Gesamtheit der Erzeugnisse; z.B. ein Teil der Produktion geht ins Ausland [lat.]

pro'duk'tiv (Adj.) **1** Produkte erzeugend, hervorbringend, fruchtbar **2** schöpferisch; z.B. produktive Arbeit

Pro'duk'ti'vi'tät (die, -, nur Ez.) **1** Fähigkeit, Produkte hervorzubringen, Leistungsfähigkeit, Ergiebigkeit **2** schöpferische Kraft [lat.]

Pro'du'zent (der, -en, -en) Hersteller, Erzeuger [lat.]

pro'du'zie'ren (V.) **1** herstellen, erzeugen, schaffen **2** sich produzieren: seine Fähigkeiten zur Schau stellen, etwas vorführen, vormachen [lat.]

pro'fan (Adj.) **1** weltlichen (nicht kirchlichen) Zwecken dienend; z.B. profanes Bauwerk **2** alltäglich, gewöhnlich [lat.]

Pro'fa'na'ti'on (die, -, nur Ez.) Entwürdigung, Entweihung [lat.]

pro'fa'nie'ren (V.) entweihen, entwürdigen, ins Alltägliche herabziehen [lat.]

Pro'fa'ni'tät (die, -, nur Ez.) profane Beschaffenheit

Pro'fess 1 (der, -es, -e) Ordensmitglied nach Ablegung der Gelübde **2** (die, -, -en) Ablegung der Ordensgelübde [lat.]

Pro'fes'si'on (die, -, -si'o̱nen) Beruf [lat.]

Pro'fes'sio'nal [-feʃənl] (der, -s, -s) Berufssportler, (meist) Profi [engl.]

pro'fes'sio'na'li'sie'ren (V.) zum Beruf, zur Geldquelle machen [lat.]

Pro'fes'sio'na'lis'mus (der, -, nur Ez.) berufliche Ausübung (des Sports) [lat.]

pro'fes'sio'nell (Adj.) berufsmäßig [lat.]

Pro'fes'sio'nist (der, -nisten, -nisten) ausgebildeter Arbeiter, Fachmann (österr.) [lat.]

Pro'fes'sor (der, -s, -soren) **1** Hochschullehrer im Beamtenverhältnis **2** verdienter Gelehrter oder Künstler (Ehrentitel) **3** Lehrer an einer höheren Schule (früher Titel) [lat.]

pro'fes'so'ral (Adj.) **1** zu einem Professor gehörig, ihm zustehend **2** in der Art eines Professors, gemessen, würdevoll (ugs., scherzhaft)

Pro'fes'sur (die, -, -en) Lehramt an einer Hochschule, Lehrstuhl [lat.]

Pro'fi (der, -s, -s) jmd., der etwas beruflich betreibt, bes. Berufssportler [lat.]

Pro'fil (das, -s, -e) **1** Seitenansicht **2** Längsschnitt oder Querschnitt **3** Kerbung, Riffelung (von Schuhsohlen, Reifen) **4** Höhe und/oder Breite (eines Tor-, Brückenbogens u.a.) **5** ausgeprägte Eigenart **6** klare, eindeutige Haltung [it.-frz.]

pro'fi'lie'ren (V.) **1** mit einem Profil versehen; z.B. Reifen **2** sich profilieren: seine persönliche Eigenart ausbilden, sich in einer Richtung deutlich entwickeln, eine klare Haltung einnehmen

Pro'fil'neu'ro'se (die, -, -n) Neurose auf Grund angestrengten Bestrebens, sich zu profilieren

Pro'fit (der, -(e)s, -e) Gewinn, Vorteil [lat.]

pro'fi'ta'bel (Adj.) Profit einbringend, Gewinn bringend

pro'fi'tie'ren (V.) einen Gewinn, Vorteil (von etwas) haben [frz.]

pro for'ma der Form wegen, um den nötigen, üblichen Formalitäten zu genügen [lat.]

Pro'fos (der, -es oder -en, -e oder -en) Leiter des Militärstrafgerichts (im MA) [lat.-niederl.]
pro'fund (Adj.) gründlich, in die Tiefe reichend, grundlegend; z.B. profunde Kenntnisse haben [lat.]
pro'fus (Adj.) allzu reichlich; sehr stark [lat.]
Pro'ges'te'ron (das, -s, nur Ez.) ein Gelbkörperhormon [lat.]
Prog'no'se auch: Pro'gno'se (die, -, -n) Voraussage [gr.]
prog'nos'tisch auch: pro'gnos'tisch (Adj.) voraussagend [gr.]
pro'gnos'ti'zie'ren (V.) voraussagen, vorher erkennen [gr.]
Pro'gramm (das, -s, -e) 1 Plan, Pläne, Vorhaben 2 öffentliche Darlegung der Tätigkeiten und Ziele (einer Partei, einer literarischen Richtung u.a.) 3 Folge von Darbietungen; z.B. Rundfunkprogramm 4 Übersicht darüber 5 Gesamtheit von inhaltlich zusammengehörigen Darstellungen (in der Malerei und bildenden Kunst) 6 Gesamtheit mehrerer angebotener, gleicher oder zusammengehöriger Waren 7 Anweisung für eine Rechenoperation (in der EDV) 8 Folge von Schaltvorgängen [gr.]
Pro'gram'ma'tik (die, -, -en) Zielsetzung [gr.]
Pro'gram'ma'ti'ker (der, -s, -) jmd., der ein Programm (2) aufgestellt hat
pro'gram'ma'tisch (Adj.) 1 einem Programm (2) entsprechend 2 zielsetzend, richtungsweisend
pro'gram'mie'ren (V.) 1 ein Programm (für etwas) entwerfen, aufstellen 2 mit Anweisungen für Rechenvorgänge versehen (in der EDV); z.B. einen Computer programmieren 3 programmierter Unterricht; Unterricht, bei dem der Lernstoff in kleine Lernschritte unterteilt ist, die jederzeit überprüft werden können 4 programmierte Verhaltensweisen: durch die Entwicklungsgeschichte festgelegte Verhaltensweisen
Pro'gram'mie'rer (der, -s, -) jmd., der Programme (7, 8) erarbeitet
Pro'gramm'mu'sik (auch: Pro'gramm-Musik) (die, -, -en) Musik, die außermusikalische Töne; z.B. Geräusche, auch Vorgänge mit musikalischen Mitteln wiederzugeben sucht
Prog're'di'enz auch: Pro'gre'di'enz (die, -, nur Ez.) fortschreitende Verschlimmerung (einer Krankheit) [lat.]
Prog'ress auch: Pro'gress (der, -es, -e) Fortgang, Fortschritt [lat.]
Prog'res'si'on auch: Pro'gres'si'on (die, -, -si'o'nen) Steigerung, Fortschreiten, Zunahme [lat.]
Prog'res'sist auch: Pro'gres'sist (der, -sis'ten, -sis'ten) Anhänger einer Fortschrittspartei [lat.]
prog'res'siv auch: pro'gres'siv (Adj.) 1 fortschreitend, sich entwickelnd, zunehmend 2 fortschrittlich [lat.]
Pro'hi'bi'ti'on (die, -, -ti'o'nen) 1 Verbot (veraltet) 2 Verbot der Herstellung von Alkohol [lat.]
Pro'hi'bi'tio'nist (der, -nis'ten, -nis'ten) Anhänger des Verbots der Herstellung von Alkohol
pro'hi'bi'tiv (Adj.) verbietend, verhindernd; vorbeugend [lat.]
Pro'jekt (das, -(e)s, -e) 1 Plan, Vorhaben, Absicht 2 Entwurf 3 geplante oder in Erarbeitung befindliche Sache [lat.]
Pro'jek'teur [-tø:ɐ] (der, -s, -e) jmd., der Projekte erarbeitet, Planer [lat.-frz.]
pro'jek'tie'ren (V.) planen, entwerfen [lat.]
Pro'jek'til (das, -s, -e) Geschoss [frz.]
Pro'jek'ti'on (die, -, -ti'o'nen) 1 Abbildung eines räumlichen Gebildes auf einer Ebene 2 Abbildung der Erdoberfläche auf einer Ebene 3 Wiedergabe eines Bildes auf einer Wand mittels Lichtstrahlen 4 Übertragung von eigenen Wünschen, Gefühlen u.a. auf einen anderen mit der Vorspiegelung, es seien dessen Wünsche, Gefühle usw. [lat.]
Pro'jek'tor (der, -s, -to'ren) Gerät zur Projektion (3)
pro'ji'zie'ren (V.) 1 abbilden; z.B. ein räumliches Gebilde auf eine Fläche projizieren; ein Bild mittels Lichtstrahlen auf eine Wand projizieren 2 übertragen; z.B. eigene Wünsche auf eine andere Person projizieren: sich einreden, die andere Person habe diese Wünsche [lat.]
Prok'la'ma'ti'on auch: Pro'kla'ma'ti'on (die, -, -ti'o'nen) öffentliche Erklärung, Bekanntmachung [lat.]
prok'la'mie'ren auch: pro'kla'mie'ren (V.) öffentlich bekanntmachen, verkünden [lat.]
Pro'kon'sul (der, -s, -n) Statthalter einer Provinz, der vorher Konsul war (im alten Rom) [lat.]
Pro'ku'ra (die, -, -ren) im Handelsregister eingetragene Handlungsvollmacht [lat.]
Pro'ku'ra'tor (der, -s, -to'ren) 1 Provinzstatthalter (im alten Rom) 2 jeder der neun höchsten Staatsbeamten (in der Republik Venedig) 3 Vertreter (einer Person im kath. kirchlichen Prozess) 4 Vermögensverwalter (im Kloster) [lat.]
Pro'ku'rist (der, -ris'ten, -ris'ten) Angestellter eines Unternehmens, der die Prokura hat
pro'la'bie'ren (V.) aus der Öffnung hervortreten, vorfallen (von inneren Organen) [lat.]

Pro'laps (der, -es, -e) Heraustreten aus der Öffnung, Ausstülpung, Vorfall (eines inneren Organs) [lat.]

Pro'let (der, -en, -en) **1** Proletarier (abwertend) **2** ungebildeter, ungehobelter Mensch

Pro'le'ta'ri'at (das, -(e)s, -e) Klasse der Proletarier

Pro'le'ta'ri'er (der, -s, -) **1** Angehöriger der vermögenslosen Klasse, die nicht besteuert wurde (im alten Rom) **2** abhängiger Lohnempfänger ohne Besitz an Produktionsmitteln (nach Marx und Engels) [lat.]

pro'le'ta'risch (Adj.) **1** zu den Proletariern gehörig **2** ungebildet, ungehobelt, gewöhnlich

pro'le'ta'ri'sie'ren (V.) zu Proletariern machen

pro'li'fe'ra'tiv (Adj.) infolge Zellvermehrung wuchernd (in der Medizin) [lat.]

Pro'li'fe'ra'ti'on (die, -, -ti'o'nen) **1** Wucherung infolge Zellvermehrung **2** [-reɪʃn] (die, -, nur Ez.) Weitergabe von Kernwaffen oder kerntechnischen Verfahren an Länder, die keine Kernwaffen besitzen [lat. bzw. lat.-engl.]

pro'li'fe'ra'rie'ren (V.) infolge Zellvermehrung wuchern [lat.]

Pro'lo (der, -s, -s) Spießbürger; Prolet (ugs.)

Pro'lon'ga'ti'on (die, -, -ti'o'nen) Verlängerung (einer Frist); Stundung (einer Schuld) [lat.]

pro'lon'gie'ren (V.) **1** verlängern; z.B. eine Frist prolongieren **2** hinausschieben; z.B. einen Termin prolongieren **3** stunden; z.B. eine Schuld prolongieren [lat.]

pro me'mo'ria zur Erinnerung an, zum Gedächtnis von [lat.]

Pro'me'na'de (die, -, -n) **1** Spaziergang (veraltet) **2** ebener, bequemer Weg zum Spazierengehen [frz.]

pro'me'nie'ren (V.) spazieren gehen, schlendern [frz.]

Pro'me'thi'um (das, -s, nur Ez.) ein Element, Metall [gr.-lat.]

pro mil'le auf tausend (Stück, Personen), vom Tausend [lat.]

Pro'mil'le (das, -(s), -) ein Tausendstel [lat.]

pro'mi'nent (Adj.) allgemein bekannt, bedeutend (von Personen) [lat.]

Pro'mi'nenz (die, -, nur Ez.) Gruppe, Gesamtheit prominenter Personen

Pro'mis'ku'i'tät (die, -, nur Ez.) Geschlechtsverkehr mit häufig wechselnden Partnern [lat.]

Pro'mo'ter (der, -s, -) Veranstalter (von sportlichen Berufswettkämpfen, Festivals u.a.) [engl.]

Pro'mo'ti'on (die, -, -ti'o'nen) Erlangen, Verleihen der Doktorwürde [lat.]

Pro'mo'tor (der, -s, -to̱ren) Förderer, Manager [lat.]

pro'mo'vie'ren (V.) die Doktorarbeit schreiben, die Doktorwürde erlangen; jmdn. promovieren: jmdm. die Doktorwürde verleihen [lat.]

prompt (Adj.) sofort, umgehend, sehr rasch danach; ohne nachzudenken, ohne etwas zu merken; z.B. er ist prompt in die Falle gegangen [lat.]

Pro'mul'ga'ti'on (die, -, -ti'o̱'nen) öffentliche Bekanntmachung, Veröffentlichung; z.B. eines Gesetzes [lat.]

pro'mul'gie'ren (V.) öffentlich bekannt geben, veröffentlichen [lat.]

Pro'no'men (das, -s, - oder -mi'na) Wort, das für ein Nomen steht oder auf ein Nomen hinweist, Fürwort; z.B. ich, mein, dieser, jeder [lat.]

pro'no'mi'nal (Adj.) als Pronomen (verwendet)

pro'non'ciert [-nɔ̃siːɐt] (Adj.) **1** deutlich; z.B. etwas prononciert aussprechen **2** deutlich ausgesprochen und daher nachdrücklich; z.B. etwas prononciert zum Ausdruck bringen [frz.]

Pro'pä'deu'tik (die, -, nur Ez.) Einführung in eine Wissenschaft, Vorübung [gr.]

Pro'pa'gan'da (die, -, nur Ez.) werbende Tätigkeit, Werbung (bes. im politischen Bereich) [lat.]

Pro'pa'gan'dist (der, -dis'ten, -dis'ten) jmd., der Propaganda treibt

pro'pa'gan'dis'tisch (Adj.) Propaganda machend, werbend; z.B. propagandistische Tätigkeit

pro'pa'gie'ren (V.) etwas propagieren: für etwas Propaganda machen

Pro'pan (das, -s, nur Ez.) ein geruchs- und farbloser, gasförmiger Kohlenwasserstoff (als Heizgas verwendet) [gr.]

Pro'pel'ler (der, -s, -) Schraube zum Antrieb (von Flugzeugen und Schiffen) [lat.]

Pro'pen (das, -s, nur Ez.) ein ungesättigter Kohlenwasserstoff [gr.]

pro'per (Adj.) reinlich und ordentlich [frz.]

Pro'phet (der, -en, -en) **1** Verkünder einer göttlichen Botschaft **2** jmd., der Künftiges voraussagt, Weissager [gr.]

Pro'phe'tie (die, -, -n) Weissagung [gr.]

pro'phe'tisch (Adj.) weissagend, voraussagend [gr.]

pro'phe'zei'en (V.) voraussagen, weissagen [gr.]

Pro'phy'lak'ti'kum (das, -s, -ka) vorbeugendes Mittel [gr.]

pro'phy'lak'tisch (Adj.) vorbeugend [gr.]

Pro|phy|la|xe (die, -, -n) Vorbeugung, Verhütung (von Krankheiten) [gr.]
Pro|po|lis (die, -, nur Ez.) Kittharz, Baustoff der Bienenwabe mit keimtötender Wirkung [lat.-gr.]
pro|po|nie|ren (V.) vorschlagen (veraltet) [lat.]
Pro|por|ti|on (die, -, -ti|o|nen) 1 Größenverhältnis 2 Verhältnisgleichung (in der Mathematik) [lat.]
pro|por|ti|o|nal (Adj.) eine Proportion ausdrückend, im gleichen Verhältnis
Pro|por|ti|o|na|li|tät (die, -, nur Ez.) Beschaffenheit hinsichtlich der Proportionen, Verhältnismäßigkeit
pro|por|ti|o|niert (Adj.) hinsichtlich der Größen-, Maßverhältnisse; z.B. ein gut, richtig proportioniertes Bauwerk; eine schlecht proportionierte Figur [lat.]
Pro|porz (der, -es, -e) Proportionalwahl, Verhältniswahl (schweiz.)
Pro|py|lä|en (nur Mz.) Säulenvorhalle; Durchgang mit Säulen zu beiden Seiten [gr.]
Pro|rek|tor (der, -s, -to|ren) Stellvertreter des Rektors (einer Hochschule) [lat.]
Pro|ro|ga|ti|on (die, -, -ti|o|nen) Verlängerung (der Amtszeit), Aufschub, Vertagung [lat.]
pro|ro|ga|tiv (Adj.) aufschiebend, verlängernd [lat.]
pro|ro|gie|ren (V.) aufschieben, vertagen, verlängern [lat.]
Pro|sa (die, -, nur Ez.) erzählende Sprachform (ohne Reim und Rhythmus); z.B. er schreibt eine gute, kunstvolle Prosa 2 erzählende Dichtung, (Sammelbegriff für) Roman, Erzählung, Novelle usw. [lat.]
Pro|sa|ik (die, -, nur Ez.) Nüchternheit, Sachlichkeit [lat.]
Pro|sa|i|ker (der, -s, -) 1 = Prosaist 2 nüchterner, sachlicher Mensch ohne Sinn für Poesie
pro|sa|isch (Adj.) 1 in Prosa (abgefasst) 2 nüchtern, sachlich, alltäglich
Pro|sa|ist (der, -is|ten, -is|ten) Schriftsteller, der überwiegend Prosa schreibt
Pro|se|ku|ti|on (die, -, -ti|o|nen) gerichtliche Verfolgung [lat.]
Pro|se|lyt (der, -en, -en) jmd., der soeben zu einer anderen Religion übergetreten ist; Proselyten machen: Leute rasch bekehren, ohne sie wirklich überzeugt zu haben [gr.]
Pro|se|mi|nar (das, -s, -e) vorbereitendes, einführendes Seminar (an einer Hochschule) [lat.]
Pro|sen|chym *auch:* Pros|en|chym (das, -s, -e) Verband aus faserähnlichen Zellen, Grundform des Pflanzengewebes [gr.]

pro|sit! wohl bekomm's! auf dein, Ihr Wohl! [lat.]
Pro|sit (das, -s, -s) das Zutrinken, Trunk zu jmds. Wohl; z.B. ein Prosit auf das Geburtstagskind [lat.]
Pro|so|die *auch:* Pros|o|die (die, -, nur Ez.) 1 Art der Behandlung der Sprache in Vers und Rhythmus, Abmessung der Länge und Betonung der Silben 2 Gesamtheit der sprachlichen Erscheinungen bei der gesprochenen Rede, Tonfall, Betonung usw. 3 Verhältnis zwischen Ton und Wort (in der Musik) [gr.]
Pro|so|dik *auch:* Pros|o|dik (die, -, nur Ez.) = Prosodie
pro|so|disch *auch:* pros|o|disch (Adj.) zur Prosodie gehörig, hinsichtlich der Prosodie
Pros|pekt *auch:* Pro|spekt (der, -(e)s, -e) 1 bildliche Darstellung, Ansicht (eines Gebäudes, Platzes, einer Stadt, meist perspektivisch verkürzt) 2 Leinwand mit darauf gemalter oder projizierter Landschaft (als hinterer Abschluss der Bühne), Rundhorizont 3 zum Kirchenraum hin verziertes Gehäuse der Orgel (Orgelprospekt) 4 bebilderte Werbeschrift; z.B. Verlagsprospekt [lat.]
pros|pek|tie|ren *auch:* pro|spek|tie|ren (V.) durch geologische Beobachtungen erkunden, untersuchen; z.B. Lagerstätten prospektieren [lat.]
Pros|pek|ti|on *auch:* Pro|spek|ti|on (die, -, -ti|o|nen) das Prospektieren
pros|pek|tiv *auch:* pro|spek|tiv (Adj.) 1 eine Möglichkeit, Aussicht, Weiterentwicklung in sich schließend 2 vorausschauend [lat.]
pros|pe|rie|ren *auch:* pro|spe|rie|ren (V.) gedeihen, sich gut entwickeln (bes. wirtschaftlich) [lat.]
Pros|pe|ri|tät *auch:* Pro|spe|ri|tät (die, -, nur Ez.) Gedeihen, Blüte (bes. wirtschaftlich) [lat.]
prost! = prosit! (ugs.)
Pros|ta|ta *auch:* Pro|sta|ta (die, -, -tae [-tɛː]) am Anfang der Harnröhre liegende Drüse, in der die Samenflüssigkeit gebildet wird, Vorsteherdrüse (beim Mann und männlichen Säugetier) [gr.]
Pros|ta|ti|tis *auch:* Pro|sta|ti|tis (die, -, -ti|ti|den) Entzündung der Prostata
pros|ti|tu|ie|ren *auch:* pro|sti|tu|ie|ren (V.) 1 öffentlich bloßstellen 2 missbrauchen (für einen niedrigen Zweck) 3 sich prostituieren: Prostitution betreiben; (um eines Vorteils willen) etwas tun, was dem eigenen Ansehen schadet
Pros|ti|tu|ier|te *auch:* Pro|sti|tu|ier|te (die, -n, -n) Frau, die sich gewerbsmäßig Männern zum Geschlechtsverkehr zur Verfügung stellt, Dirne, Hure, Nutte [lat.]

Pros|tra|ti|on *auch:* Prost|ra|ti|on/Pro|stra|ti|on (die, -, -ti|o|nen) **1** Kniefall, Sichniederwerfen **2** starke Erschöpfung [lat.]

Pros|ty|los *auch:* Pro|sty|los (der, -, -loi) griechischer Tempel mit Säulenvorhalle

Pros|ze|ni|um *auch:* Pro|sze|ni|um (das, -s, -ni|en) Platz vor der Skene (im antiken Theater); vorderer Teil der Bühne zwischen Vorhang und Rampe [gr.lat.]

Pro|tac|ti|ni|um *auch:* Prot|ac|ti|ni|um (das, -s, nur Ez.) chemisches Element, ein Metall [gr.-lat.]

Pro|ta|go|nist *auch:* Prot|a|go|nist (der, -nis|ten, -nis|ten) **1** erster Schauspieler (im altgriechischen Theater) **2** Vorkämpfer, Bahnbrecher **3** (auch) Handelnder, Beteiligter [gr.]

Pro|tand|rie *auch:* Pro|tan|drie/Prot|andrie (die, -, nur Ez.) Entwicklung der männlichen Blütenteile vor den weiblichen (bei zweigeschlechtlichen Pflanzen) [gr.]

Pro|te|gé [-ʒeː] (der, -s, -s) jmd., der protegiert wird, Schützling, Günstling

pro|te|gie|ren [-ʒiː-] (V.) fördern, begünstigen [lat.-frz.]

Pro|te|in (das, -s, -e) Eiweiß [gr.-nlat.]

Pro|tek|ti|on (die, -, -ti|o|nen) Förderung, Begünstigung, Bevorzugung [lat.]

Pro|tek|tor (der, -s, -to|ren) **1** jmd., der einen andern protegiert, Förderer, Gönner **2** Schutzherr, Schirmherr

Pro|tek|to|rat (das, -(e)s, -e) **1** Schutzherrschaft (über ein Gebiet) **2** unter Schutzherrschaft stehendes Gebiet [lat.]

Pro|ter|and|rie *auch:* Pro|ter|an|drie (die, -, nur Ez.) = Protandrie

Pro|te|ro|zo|i|kum (das, -s, nur Ez.) = Archäozoikum

Pro|test (der, -(e)s, -tes|te) **1** Einspruch, Widerspruch, Missfallenskundgebung **2** Beurkundung, dass ein Wechsel vergeblich präsentiert worden ist; einen Wechsel zu Protest gehen lassen: beurkunden lassen, dass ein Wechsel nicht angenommen oder eingelöst worden ist [lat.]

Pro|tes|tant (der, -en, -en) Angehöriger der protestantischen Kirche

pro|tes|tan|tisch (Adj.) zum Protestantismus gehörig, zur protestantischen Kirche gehörig, protestantische Kirche: die aus der Reformation hervorgegangene, evangelische Kirche

Pro|tes|tan|tis|mus (der, -, nur Ez.) aus der Reformation hervorgegangene Richtung der christlichen Kirche, die die verschiedenen evangelischen Kirchen umfasst, protestantische Konfession

pro|tes|tie|ren (V.) Einspruch, Widerspruch erheben, sein Missfallen äußern [lat.]

Pro|the|se (die, -, -n) künstlicher Ersatz eines abgenommenen Gliedes oder mehrerer gezogener Zähne; z.B. Armprothese, Zahnprothese [gr.]

Pro|the|tik (die, -, nur Ez.) Anfertigung von Prothesen

pro|to|gen (Adj.) am Fundort entstanden [gr.]

Pro|to|gy|nie (die, -, nur Ez.) Entwicklung der weiblichen Blütenteile vor den männlichen (bei zweigeschlechtigen Pflanzen) [gr.]

Pro|to|koll (das, -s, -e) **1** gleichzeitige Niederschrift (einer Verhandlung oder eines Verhörs); eine Aussage zu Protokoll geben oder nehmen: eine Aussage niederschreiben (lassen) **2** Gesamtheit der Regeln über die äußeren Formen im diplomatischen Verkehr [gr.-lat.]

Pro|to|koll|ant (der, -en, -en) jmd., der das Protokoll (**1**) führt

pro|to|kol|la|risch (Adj.) in Form eines Protokolls, als Protokoll; z.B. eine Unterredung protokollarisch festhalten, die Aussage ist protokollarisch belegt

pro|to|kol|lie|ren (V.) das Protokoll führen; im Protokoll festhalten, aufzeichnen

Pro|ton (das, -s, -to|nen) positiv geladenes Elementarteilchen [gr.]

Pro|to|phyt (der, -en, -en) einzellige Pflanze [gr.]

Pro|to|plas|ma (das, -s, nur Ez.) Grundsubstanz der lebenden Zelle [gr.]

Pro|to|typ (der, -s, -ty|pen) **1** Urbild, Muster, besonders ausgeprägter, beispielhafter Typ **2** erste Ausführung eines Fahrzeugs, Flugzeugs, einer Maschine zur Erprobung vor Beginn der Serienanfertigung **3** Rennwagen, der nur als Einzelstück hergestellt wird [gr.]

pro|to|ty|pisch (Adj.) urbildlich, das Muster betreffend [gr.]

Pro|to|zo|on (das, -s, -zo|en) einzelliges Tier [gr.]

prot|ra|hie|ren *auch:* pro|tra|hie|ren (V.) durch Dosierung die Wirkung einer Behandlung verzögern oder verlängern (Med.) [lat.]

prot|ra|hiert *auch:* pro|tra|hiert (Adj.) verzögert oder verlängert wirkend (Med.) [lat.]

Prot|rak|ti|on *auch:* Pro|trak|ti|on (die, -, -ti|o|nen) bewusste Verzögerung einer Behandlung (Med.) [lat.]

Prot|rep|tik *auch:* Pro|trep|tik (die, -, nur Ez.) der Teil didaktischen Schrifttums in der Antike, der die Studierenden zum Studium ermahnte oder ermunterte [gr.]

prot|rep|tisch *auch:* pro|trep|tisch (Adj.) ermunternd, ermahnend, die Protreptik betreffend [gr.]

Prot|ru|si|on *auch:* Pro|tru|si|on (die, -, -si|o|nen) Verlagerung eines Organs nach außen (Med.) [lat.]

Pro|tu|be|ranz (die, -, -en) **1** Eruption von Gasmassen (in der Sonne) **2** Vorsprung (an Knochen, Organen) [lat.]

pro|ty|pisch (Adj.) vorbildlich, mustergültig [gr.-lat.]

Pro|ty|pon (das, -s, -pen) Vorbild, Muster [gr.]

Pro|ty|pus (der, -, -pen) = Protypon [gr.]

Pro|ve|ni|enz (die, -, -en) Herkunft, Ursprung [lat.]

Pro|ven|za|le (der, -n, -n) Ew. der Provence

pro|ven|za|lisch (Adj.) zur Provence gehörig

Pro|ven|za|lisch (das, -, nur Ez.) romanische Sprache im Süden Frankreichs

Pro|verb (das, -s, -en) Sprichwort [lat.]

pro|ver|bi|al (*auch:* pro|ver|bi|ell) (Adj.) sprichwörtlich [lat.]

pro|ver|bi|a|lisch (Adj.) = proverbial [lat.-frz.]

pro|ver|bi|ell (Adj.) = proverbial [lat.-frz.]

Pro|ver|bi|um (das, -s, -bi|en) = Proverb [lat.]

Pro|vi|ant (der, -s, nur Ez.) Lebensmittel für einen begrenzten Zeitraum; z.B. Reiseproviant [it.]

pro|vi|an|tie|ren (V.) verproviantieren, mit Proviant versorgen, Proviant beschaffen [lat.-it.-frz.]

pro|vi|den|ti|ell (Adj.) = providenziell

Pro|vi|denz (die, -, nur Ez.) Vorsehung (veraltet) [lat.]

pro|vi|den|zi|ell (*auch:* pro|vi|den|ti|ell) (Adj.) von der Vorsehung bestimmt [lat.]

Pro|vinz (die, -, -en) **1** Verwaltungsgebiet **2** ländliche und meist kulturell etwas rückständige Gegend [lat.]

pro|vin|zi|al (Adj.) zu einer Provinz gehörig

Pro|vin|zi|al (der, -s, -e) Vorsteher einer (mehrere Klöster umfassenden) Ordensprovinz

Pro|vin|zi|a|le (der, -n, -n) Bewohner der Provinz [lat.]

Pro|vin|zi|a|lis|mus (der, -, -men) **1** (nur Ez.) Kleinbürgerlichkeit, kulturelle Rückständigkeit (wie in der Provinz) **2** mundartlicher Ausdruck; z.B. Schrippe (berlinisch) für »Brötchen«, Gaudi (bayr.) für »Spaß«

Pro|vin|zi|a|list (der, -lis|ten, -lis|ten) kulturell rückständiger Kleinbürger [lat.]

pro|vin|zi|ell (Adj.) kleinstädtisch, etwas beschränkt, kulturell rückständig (wie in der Provinz)

Pro|vinz|ler (der, -s, -) = Provinzialist [lat.-dt.]

pro|vinz|le|risch (Adj.) **1** in der Art eines Provinzlers (abwertend) **2** ländlich [lat.-dt.]

Pro|vi|si|on (die, -, -si|o|nen) **1** Vergütung durch prozentualen Anteil am Gewinn **2** Vermittlungsgebühr [lat.]

Pro|vi|sor (der, -s, -so|ren) Verwalter einer Apotheke [lat.]

pro|vi|so|risch (Adj.) behelfsmäßig, vorläufig; z.B. eine provisorische Reparatur [lat.]

Pro|vi|so|ri|um (das, -s, -ri|en) vorläufiger, vorübergehender Zustand, behelfsmäßige Lösung [lat.]

Pro|vi|ta|min *auch:* Pro|vit|a|min (das, -s, -e) Vorstufe eines Vitamins

pro|vo|kant (Adj.) herausfordernd; z.B. eine provokante Bemerkung [lat.]

Pro|vo|kant (der, -en, -en) (veraltet) Herausforderer, Kläger, Provokateur [lat.]

Pro|vo|ka|teur (der, -s, -e) Provozierer, Aufwiegler [lat.-frz.]

Pro|vo|ka|ti|on (die, -, -ti|o|nen) **1** Herausforderung **2** künstliche Reizung von Krankheitssymptomen (Med.) [lat.]

pro|vo|ka|tiv (Adj.) = provokatorisch

pro|vo|ka|to|risch (*auch:* pro|vo|ka|tiv) (Adj.) eine Provokation bezweckend; z.B. provokatorisches Verhalten [lat.]

pro|vo|zie|ren (V.) **1** jmdn. provozieren: zu einer unbedachten Handlung verleiten, veranlassen, aufreizen **2** etwas provozieren: herausfordern; z.B. Widerspruch provozieren **3** künstlich hervorrufen; z.B. eine Krankheitserscheinung provozieren [lat.]

pro|xi|mal (Adj.) der Körpermitte zu gelegen, dem zentralen Teil eines Körpergliedes zu gelegen (Med.) [lat.]

Pro|ze|de|re (das, -, -) = Procedere [lat.]

pro|ze|die|ren (V.) verfahren, vorgehen, zu Werke gehen [lat.]

Pro|ze|dur (die, -, -en) schwieriges Verfahren, langwieriger Ablauf [lat.]

pro|ze|du|ral (Adj.) den äußeren Verlauf einer Sache betreffend, verfahrensmäßig [lat.]

Pro|zent (das, -(e)s, -e oder (nach Mengenangaben) -) Hundertstel; Prozente bekommen: Preisnachlass erhalten, einen Gewinnanteil bekommen [lat.]

pro|zen|tisch (Adj.) = prozentual [lat.-it.]

pro|zen|tu|al (Adj.) in Prozenten (gerechnet, ausgedrückt), in einem bestimmten Verhältnis zum Ganzen

pro|zen|tu|ell (Adj.) = prozentual

pro|zen|tu|ie|ren (V.) etwas in Prozenten ausdrücken [lat.-it.]

Pro|zess (der, -es, -e) **1** Ablauf, Verlauf; z.B. Reifungsprozess, Lernprozess, chemischer Prozess **2** Rechtsstreit, Gerichtsverfahren [lat.]

pro|zes|sie|ren (V.) einen Prozess (2) führen
Pro|zes|si|on (die, -, -si|o|nen) **1** feierlicher Umzug (in der kath. Kirche); z.B. Fronleichnamsprozession **2** große Menge von in Reihen hintereinander gehenden Menschen [lat.]
Pro|zes|sor (der, -s, -so|ren) Funktionseinheit in digitalen Rechenanlagen [lat.]
pro|zes|su|al (Adj.) **1** einen Prozess, Verlauf, Ablauf betreffend **2** eine Gerichtsverhandlung betreffend [lat.]
Pro|zes|su|a|list (der, -lis|ten, -lis|ten) auf dem Gebiet des Verfahrensrechts tätiger Wissenschaftler [lat.]
pro|zyk|lisch *auch:* pro|zy|klisch (Adj.) dem jeweils gegenwärtigen Zustand der Konjunktur entsprechend [lat.-gr.]
prü|de (Adj.) übertrieben empfindlich (im Hinblick auf sexuelle Dinge), zimperlich [frz.]
Prü|de|rie (die, -, nur Ez.) übertriebene Empfindlichkeit (im Hinblick auf sexuelle Dinge), Zimperlichkeit [frz.]
Prü|nel|le (die, -, -n) unreif geerntete, geschälte, entsteinte, getrocknete Pflaume [frz.]
Pru|nus (die, -, nur Ez.) Gattung der Steinobstgewächse [gr.-lat.]
pru|ri|gi|nös (Adj.) juckend, mit Hautjucken verbunden (Med.) [lat.]
Pru|ri|go (der oder die, -(s), nur Ez.) Hauterkrankung mit juckenden Knötchen [lat.]
Pru|ri|tus (der, -, nur Ez.) Hautjucken, Juckreiz [lat.]
Pry|ta|ne (der, -n, -n) Mitglied der regierenden Behörde in altgriechischen Staaten [gr.-lat.]
Pry|ta|nei|on (das, -s, -nei|en) Versammlungsort der Prytanen [gr.]
Pry|ta|ne|um (das, -s, -ne|en) = Prytaneion [gr.-lat.]
psa|li|gra|phisch (Adj.) die Psaligraphie betreffend [gr.-lat.]
Psa|li|gra|phie (die, -, -phi|en) **1** (nur Ez.) Kunst des Scherenschnitts **2** Scherenschnitt [gr.]
Psalm (der, -s, -en) geistliches Lied (im Alten Testament) [gr.]
Psal|mist (der, -mis|ten, -mis|ten) Psalmdichter oder -sänger [gr.]
Psal|mo|die *auch:* Psalm|o|die (die, -, -n) Singen von Psalmen im Sprechgesang [gr.]
psal|mo|die|ren *auch:* psalm|o|die|ren (V.) im Sprechgesang singen [gr.]
psal|mo|disch *auch:* psalm|o|disch (Adj.) die Psaligraphie betreffend [gr.-lat.]
Psal|ter (der, -n, -) **1** (nur Ez.) Buch der Psalmen im AT **2** = Psalterium **3** Teil des Magensystems der Wiederkäuer, Blättermagen [gr.]

Psal|te|ri|um (das, -s, -ri|en) dreieckiges oder trapezförmiges Zupfinstrument des MA [gr.-nlat.]
Psam|mit (der, -s, -e) Sandstein [gr.-lat.]
psam|mo|phil (Adj.) Sand liebend (Fachbegriff der Botanik für bestimmte Pflanzen und Tiere) [gr. -lat.]
Psel|lis|mus (der, -, nur Ez.) das Stammeln (Med.) [gr.-lat.]
Pseu|dand|ro|nym *auch:* Pseu|dan|dro|nym/Pseud|and|ro|nym/Pseud|an|dro|nym (das, -s, -e) aus einem männlichen Namen bestehender Deckname einer Frau [gr.-lat.]
Pseu|dan|thi|um *auch:* Pseud|an|thi|um (das, -s, -thi|en) Scheinblüte von Pflanzen (Botanik) [gr.-lat.]
Pseu|darth|ro|se *auch:* Pseu|dar|thro|se/Pseud|arth|ro|se/Pseud|ar|thro|se (die, -, -n) an Bruchstellen von Knochen sich bildendes, falsches Gelenk [gr.]
pseu|do nachgeahmt, nachgemacht, nicht echt [lat.]
Pseu|do|gy|nym (das, -s, -e) aus einem weiblichen Namen bestehender Deckname eines Mannes [gr.-lat.]
Pseu|do|lo|gie (die, -, -n) krankhafte Sucht zu lügen (Med., Psych.) [gr.-lat.]
pseu|do|lo|gisch (Adj.) krankhaft lügnerisch, zwanghaft verlogen (Med., Psych.) [gr.-lat.]
pseu|do|nym *auch:* pseud|o|nym (Adj.) unter einem Decknamen; z.B. ein pseudonym erschienenes Buch [gr.]
Pseu|do|nym *auch:* Pseud|o|nym (das, -s, -e) Deckname (eines Schriftstellers) [gr.]
Pseu|do|po|di|um (das, -s, -di|en) vorübergehend gebildeter Fortsatz als Plasma, der zur Fortbewegung dient, Scheinfüßchen (bei Wurzelfüßern) [gr.-lat.]
Psi (das, -(s), -s) **1** 23. griechischer Buchstabe **2** Träger außersinnlicher Wahrnehmungen (in der Parapsychologie)
Psi|lo|me|lan (der, -s, -e) ein Mineral, Hartmanganerz [gr.]
Psit|ta|ko|se (die, -, -n) bei Papageien auftretende, auf den Menschen übertragbare Infektionskrankheit, Papageienkrankheit [gr.]
Pso|ri|a|sis (die, -, -sen) Schuppenflechte
Psy|cha|go|gik *auch:* Psych|a|go|gik (die, -, nur Ez.) Heilpädagogik (für Gesunde und Kranke) [gr.]
Psy|che (die, -, -n) **1** Seele, seelisch-geistiges Leben **2** Frisiertoilette mit dreiteiligem Spiegel (österr.) [gr.]
psy|che|de|lisch (*auch:* psy|cho|de|lisch) (Adj.) bewusstseinserweiternd [gr.]

Psy|chi|a|ter auch: Psych|i|a|ter (der, -s, -) Facharzt für Geistes- und Gemütskrankheiten [gr.]

Psy|chi|at|rie auch: Psy|chi|a|trie/Psych|iat|rie/Psych|i|a|trie (die, -, nur Ez.) Wissenschaft von den Geistes- und Gemütskrankheiten

psy|chi|at|rie|ren auch: psy|chi|a|trie|ren/ psych|i|a|trie|ren/psych|i|a|trie|ren (V.) auf den Geisteszustand hin untersuchen (österr.) [gr.]

psy|chi|at|risch auch: psy|chi|a|trisch/ psych|i|a|trisch/psych|i|a|trisch (Adj.) zur Psychiatrie gehörend, auf ihr beruhend, mit ihrer Hilfe

Psy|chi|ker (der, -s, -) Angehöriger der mittleren Stufe des Menschen, der allein zu Glauben und sittlicher Erkennntnis fähig ist, nicht aber Gott zu erkennen (Gnosis) [gr.]

psy|chisch (Adj.) zur Psyche gehörig, seelisch, hinsichtlich des seelischen Zustandes

Psy|chis|mus (der, -, -men) **1** idealistische Anschauung, wonach das Psychische der Kern aller Wirklichkeit ist **2** psychische Verhaltensweise, Erscheinung [gr.-lat.]

Psy|cho|a|na|ly|se (die, -, -n) Verfahren zur Heilung psychischer Störungen [gr.]

psy|cho|a|na|ly|sie|ren (V.) mit den Mitteln und Methoden der Psychoanalyse vorgehen, behandeln [gr.-lat.]

Psy|cho|a|na|ly|ti|ker (der, -s, -) Psychologe auf dem Gebiet der Psychoanalyse

psy|cho|a|na|ly|tisch (Adj.) zur Psychoanalyse gehörig, mit ihrer Hilfe, die Psychoanalyse betreffend

Psy|cho|bi|o|lo|gie (die, -, nur Ez.) die Anschauung, die psychischen Vorgänge als bloße Funktionen von Nerven und Gehirn zu betrachten [gr.-lat.]

psy|cho|de|lisch (Adj.) = psychedelisch [gr.-engl.]

Psy|cho|dra|ma (das, -s, -men) Monodrama, in dem die seelischen Konflikte der handelnden Person dargestellt werden

psy|cho|gen (Adj.) durch seelische Vorgänge verursacht [gr.]

Psy|cho|ge|ne|se (die, -, -n) Entstehung und Entwicklung der Seele beziehungsweise des Seelenlebens [gr.-lat.]

Psy|cho|ge|ne|sis (die, -, -ne|sen) = Psychogenese [gr.-lat.]

Psy|cho|ge|nie (die, -, nur Ez.) psychische Ursache einer Erkrankung [gr.-lat.]

Psy|chog|los|sie auch: Psy|cho|glos|sie (die, -, -n) seelisch bedingtes Stottern (Med.) [gr.]

Psy|chog|no|sie auch: Psy|cho|gno|sie (die, -, nur Ez.) das Erkennen und Deuten von Psychischem [gr.-lat.]

Psy|chog|nos|tik auch: Psy|cho|gnos|tik (die, -, nur Ez.) auf psychologischen Untersuchungen und Forschungen basierende Menschenkenntnis [gr.-lat.]

Psy|chog|nos|ti|ker auch: Psy|cho|gnosti|ker (der, -s, -) auf dem Gebiet der Psychognostik forschender Wissenschaftler [gr.-lat.]

psy|chog|nos|tisch auch: psy|cho|gnostisch (Adj.) die Psychognostik betreffend, auf ihr basierend [gr.-lat.]

Psy|cho|gramm (das, -s, -e) durch Psychographie gewonnenes Bild (einer Persönlichkeit) [gr.]

Psy|cho|graph (der, -en, -en) Anlage, Gerät zum automatischen Aufschreiben aus dem Unterbewusstsein kommender Aussagen [gr.-lat.]

Psy|cho|gra|phie (die, -, -phi|en) Untersuchung der seelischen Struktur und Verfassung einer Person auf Grund von schriftlichen und mündlichen Äußerungen ihrer selbst und anderer über sie [gr.]

psy|cho|id (Adj.) seelenähnlich, in der Art einer Seele [gr.]

Psy|cho|id (das, -(e)s, nur Ez.) nach C. G. Jung das Seelenähnliche, das unfähig zu Bewusstsein an den Instinkt gebunden ist und das zur Tiefenschicht des kollektiven Unbewussten gehört [gr.-lat.]

Psy|cho|lo|ge (der, -n, -n) Wissenschaftler der Psychologie; jmd., der Menschen beobachten, durchschauen und beurteilen kann

Psy|cho|lo|gie (die, -, nur Ez.) Wissenschaft von der Seele, vom Seelenleben [gr.]

psy|cho|lo|gisch (Adj.) zur Psychologie gehörig

psy|cho|lo|gi|sie|ren (V.) unter psychologischen Gesichtspunkten betrachten, die psychischen Ursachen, Beweggründe beleuchten

Psy|cho|path (der, -en, -en) im seelisch-geistig-charakterlichen Bereich gestörter Mensch [gr.]

Psy|cho|pa|thie (die, -, -thi|en) Störung im geistig-seelisch-charakterlichen Bereich [gr.]

psy|cho|pa|thisch (Adj.) auf einer Psychopathie beruhend; an einer Psychopathie leidend

Psy|cho|phar|ma|kon (das, -s, -ka) auf die Psyche wirkendes Arzneimittel [gr.]

Psy|cho|se (die -, -n) seelische Krankheit [gr.]

Psy|cho|so|ma|tik (die, -, nur Ez.) Wissenschaft von der Bedeutung seelischer Störungen für die Entstehung einer physischen Krankheit [gr.]

psy|cho|so|ma|tisch (Adj.) auf die Einheit von Seele und Körper beruhend; durch seeli-

sche Störungen oder Vorgänge verursacht oder beeinflusst [gr.]
Psy'cho'the'ra'peut (der, -en, -en) mit den Verfahren der Psychotherapie behandelnder Arzt oder Psychologe
Psy'cho'the'ra'pie (die, -, nur Ez.) Behandlung seelischer Störungen oder Krankheiten durch seelische Beeinflussung [gr.]
Psy'cho'ti'ker (der, -s, -) jmd., der an einer Psychose leidet
psy'cho'tisch (Adj.) auf einer Psychose beruhend; an einer Psychose leidend
Psy'chro'me'ter (das, -s, -) Gerät zum Messen der Luftfeuchtigkeit [gr.]
Pte'ri'do'phyt (der, -en, -en) Farnpflanze
Pte'ro'po'de (der, -n, -n) Meeresschnecke mit ruderförmigem Fuß, Ruderschnecke [gr.]
Pto'le'mä'er (der, -s, -) Angehöriger eines altägyptischen Herrschergeschlechts
Pto'ma'in (das, -s, nur Ez.) Leichengift [gr.]
Pub [pʌb] (das, -s, -s) engl. Bezeichnung für: kleine Gastwirtschaft
pu'be'ral (Adj.) mit der Geschlechtsreife zusammenhängend, zu ihr gehörend [lat.]
pu'ber'tär (Adj.) zur Pubertät gehörend
Pu'ber'tät (die, -, nur Ez.) Zeit der beginnenden Geschlechtsreife [lat.]
pu'ber'tie'ren (V.) in der Pubertät sein
Pu'bes (die, -, -) **1** Behaarung der Scham **2** Schamgegend, die äußeren Genitalien [lat.]
pu'bes'zent (Adj.) geschlechtsreif, heranwachsend (Med.) [lat.]
Pu'bes'zenz (die, -, nur Ez.) Ausbildung der sekundären Geschlechtsmerkmale [lat.]
pu'bisch (Adj.) die Behaarung der Scham, die Schamgegend, die äußeren Genitalien betreffend [lat.]
pub'li'ce *auch:* pu'bli'ce [-tse] (Adv.) öffentlich [lat.]
Pub'li'ci'ty *auch:* Pu'bli'ci'ty [pʌblɪsətɪ] (die, -, nur Ez.) Bekanntsein in der Öffentlichkeit [engl.]
Pub'lic're'la'tions *auch:* Pu'blic're'la'tions (*auch:* Pub'lic Re'la'tions/Pu'blic Re'la'tions) [pʌblɪk rɪleɪʃnz] (nur Mz.) Arbeit in der Öffentlichkeit, Kontaktpflege, Bemühen um das Vertrauen der Öffentlichkeit [engl.]
pub'lik *auch:* pu'blik (Adj.) in der Öffentlichkeit bekannt [lat.]
Pub'li'kan'dum *auch:* Pu'bli'kan'dum (das, -s, -da) öffentliche Anzeigen, zu Veröffentlichendes [lat.]
Pub'li'ka'ti'on *auch:* Pu'bli'ka'ti'on (die, -, -ti'o'nen) **1** Veröffentlichung **2** veröffentlichtes Schriftwerk [lat.]
Pub'li'kum *auch:* Pu'bli'kum (das, -s, nur Ez.) **1** Gesamtheit der Zuschauer, Zuhörer, Leser, Besucher **2** Öffentlichkeit, Allgemeinheit [lat.]

pub'li'zie'ren *auch:* pu'bli'zie'ren (V.) veröffentlichen [lat.]
Pub'li'zie'rung *auch:* Pu'bli'zie'rung (die, -, -en) die Veröffentlichung eines Werkes [lat.]
Pub'li'zist *auch:* Pu'bli'zist (der, -zis'ten, -zis'ten) **1** Zeitungswissenschaftler **2** jmd., der für Zeitungen und Zeitschriften schreibt [lat.]
Pub'li'zis'tik *auch:* Pu'bli'zis'tik (die, -, nur Ez.) Zeitungswissenschaft [lat.]
pub'li'zis'tisch *auch:* pu'bli'zis'tisch (Adj.) zur Publizistik gehörend, zeitungswissenschaftlich
Pub'li'zi'tät *auch:* Pu'bli'zi'tät (die, -, nur Ez.) das Publiksein, Bekanntsein in der Öffentlichkeit
Puck (der, -s, -s) aus einer Hartgummischeibe bestehender Spielball (beim Eishockey) [engl.]
Pud (das, -(s), -) altes russisches Gewicht, 16,38 kg
pud'deln (V.) aus Roheisen Schweißstahl gewinnen [engl.]
Pud'ding (der, -s, -s) **1** im Wasserbad gekochte, warme Speise **2** kalte, gestürzte Süßspeise [engl.]
pu'den'dal (Adj.) die Schamgegend, die äußeren Genitalien betreffend, zu ihr beziehungsweise ihnen gehörend (Med.) [lat.]
Pu'der (der, -s, -) sehr feines Pulver (als Heilmittel und Mittel zur Körperpflege) [frz.]
Pu'du (der, -s, -s) südamerikanischer Zwerghirsch [indian.-span.]
Pu'eb'lo *auch:* Pu'e'blo **1** (der, - oder -s, - oder -s) Angehöriger eines im Südwesten der USA lebenden Indianervolkes **2** (das, -s, -s) Siedlung der Pueblos aus terrassenartig übereinander gebauten, kastenförmigen Häusern [span.]
pu'e'ril (Adj.) kindlich; kindisch [lat.]
Pu'e'ri'lis'mus (der, -, nur Ez.) krankhaftes Kindischsein [lat.]
Pu'e'ri'li'tät (die, -, nur Ez.) Kindlichkeit, kindliches Verhalten [lat.]
Pu'er'pe'ra (die, -, -rä) Wöchnerin (Med.) [lat.]
pu'er'pe'ral (Adj.) das Wochenbett betreffend, zu ihm gehörend (Med.) [lat.]
Pu'er'pe'ral'fie'ber (das, -s, nur Ez.) Kindbettfieber [lat.]
Pu'er'pe'ri'um (das, -s, -ri'en) der Zeitraum von etwa sechs Wochen nach der Entbindung (Med.) [lat.]
Pu'er'to'ri'ca'ner (der, -s, -) Ew. von Puerto Rico, einer Antilleninsel, deren Einwohner Bürger der USA sind [span.]
Pu'gi'lis'mus (der, -, nur Ez.) (veraltet) Boxsport, Faustkampf [lat.]

Pu·gi·list (der, -lis·ten, -lis·ten) veraltete Bezeichnung für einen Faustkämpfer, Boxer [lat.]
Pu·gi·lis·tik (die, -, nur Ez.) = Pugilismus [lat.]
pu·gi·lis·tisch (Adj.) den Boxkampf betreffend, boxsportlich [lat.]
Pul·ci·nel·la [-tʃi-] (der, -(s), -le) Hanswurst (in der Commedia dell'Arte) [it.]
Pulk (auch: Pul·ka) (der -s, -e) 1 lockerer Verband militärischer Kraftfahr- oder Flugzeuge 2 Trupp, Schar, dichter Haufen; z.B. Menschenpulk [poln.]
Pul·ka (der, -s, -s) = Pulk
pul·len (V.) 1 rudern 2 ungestüm vorwärts drängen (vom Reitpferd) [engl.]
Pul·li (der, -s, -s) Pullover, bes. kurzärmeliger oder ärmelloser Pullover [engl.]
Pull·man (der, -s, -s) Kurzwort für Pullmanwagen [engl.]
Pull·man·kap·pe (die, -, -n) österreichische Bezeichnung für Baskenmütze [engl.-dt.]
Pull·man·wa·gen (der, -s, -) ein nach dem amerikanischen Konstrukteur benannter komfortabler Schnellzugwagen [engl.; dt.]
Pul·lo·ver auch: Pull·o·ver (der, -s, -s) gestricktes oder gewirktes Kleidungsstück für den Oberkörper, das man über den Kopf zieht [engl.]
Pul·lun·der auch: Pull·un·der auch [-ʌn-] (der, -s, -) ärmelloser Pullover, unter dem man eine Bluse trägt [engl.]
Pulp (der, -s, -en) 1 Fruchtmark 2 Faserbrei (bei der Papierherstellung) [lat.]
Pul·pa (die, -, -pae [-pɛː]) weiches, gefäß- und nervenreiches Gewebe in der Zahnhöhle, Zahnmark [lat.]
Pul·pi·tis (die, -, -pi·ti·den) Entzündung der Pulpa [lat.-gr.]
pul·pös (Adj.) fleischig, weich, aus weicher Masse [lat.]
Pul·que [-kə] (der, -s, nur Ez.) berauschendes Getrank der Indianer Mexikos aus Agavensaft
Puls (der -es, -e) an manchen Stellen des Körpers (bes. innen am Handgelenk) fühlbarer Herzschlag [lat.]
Pul·sar (der, -s, -e) Stern, der regelmäßig Radiostrahlung abgibt [lat.]
Pul·sa·ti·on (die, -, -ti·o·nen) 1 rhythmische Tätigkeit des Herzens 2 dadurch bewirkte regelmäßige Druckwelle in den Arterien 3 regelmäßige Veränderung (eines Sterndurchmessers oder einer Größe in einem elektrischen System) [lat.]
Pul·sa·tor (der, -s, -to·ren) Gerät, das eine rhythmische Bewegung, einen Druckwechsel erzeugt; z.B. in der Melkmaschine [lat.]

pul·sen (V.) = pulsieren
pul·sie·ren (V.) sich rhythmisch, stoßweise, wellenartig bewegen; z.B. das Blut pulsiert; pulsierendes Leben in einer Stadt [lat.]
Pul·si·on (die, -, -si·o·nen) regelmäßige stoßende oder schlagende Bewegung [lat.]
Pul·ver (das, -s, -) 1 feste, fein zerriebene Masse 2 Arzneimittel in dieser Form; z.B. ein Pulver einnehmen 3 Schießpulver (veraltet) 4 Geld (ugs.) [lat.]
Pul·ve·ri·sa·tor (der, -s, -to·ren) Gerät zum Pulverisieren
pul·ve·ri·sie·ren (V.) zu Pulver zerreiben
Pu·ma (der, -s, -s) eine Raubkatze Amerikas [Ketschua]
Pump (der, -s, nur Ez.) das Leihen, Borgen (ugs.) [Rotwelsch]
pum·pen (V.) borgen, leihen (ugs.) [Rotwelsch]
Pumps [pœmps] (nur Mz.) leichte, ausgeschnittene Damenschuhe ohne Verschluss mit hohem oder halb hohem Absatz [engl.]
Pu·na (die, -, nur Ez.) steppenähnliche Hochebene der südamerikanischen Anden [indian.-span.]
Pu·na·lu·a·e·he (die, -, nur Ez.) ehemaliges Ehearrangement auf Hawaii, wonach unter den Verwandten der gleichen Generation Frauen- und Männergemeinschaft herrschte [polynes.-dt.]
Punch [pʌntʃ] (der, -s, -s) 1 Boxhieb 2 Boxtraining am Punchingball 3 Schlagkraft (eines Boxers) [engl.]
Pun·cher [pʌntʃə] (der, -s, -) 1 am Punchingball trainierender Boxer 2 Boxer mit starker Schlagkraft [engl.]
Pun·ching·ball [pʌntʃɪŋ-] (der, -(e)s, -bäl·le) frei hängender, schwerer Ball zum Trainieren für Boxer [engl.]
Punk (auch: Pun·ker) [pʌŋk] (der, -s, -s) 1 stark vereinfachte, extrem schnell gespielte Rockmusik 2 Anhänger dieser Musik (in skurriler Aufmachung, wie Irokesenschnitt u.a.) [engl.]
Pun·ker [pʌŋkə] (der, -s, -) = Punk (2)
Punkt (der, -(e)s, -e) 1 geometrische Größe ohne Ausdehnung, Schnittstelle zweier Linien 2 sehr kleiner Fleck 3 kleines Satzzeichen (bes. am Schluss des Satzes) 4 Notenzeichen, das eine Note um ihren halben Wert verlängert 5 Stelle, Ort; z.B. Aussichtspunkt 6 Angelegenheit, Gegenstand (der Erörterung); z.B. in diesem Punkt stimme ich zu 7 Bewertungseinheit (im Spiel, Sport); z.B. Minuspunkt 8 (nur Ez.) genau (in Zeitangaben); z.B. Punkt zwei Uhr 9 Maßeinheit des Schriftsatzes (typographischer Punkt); z.B. eine Schrift von acht Punkt [lat.]

Punk'tat (das, -(e)s, -e) durch Punktion entnommene Körperflüssigkeit

Punk'ta'ti'on (die, -, -ti'o'nen) **1** Kennzeichnung der Vokale in der hebräischen Schrift durch Punkte unter oder über den Konsonanten **2** unverbindlicher Vorvertrag, Festlegung der wichtigsten Punkte [lat.]

punk'tie'ren (V.) **1** durch Punkte andeuten **2** mit einem Punkt (4) versehen **3** jmdn. punktieren: an jmdm. eine Punktion vornehmen [lat.]

Punk'ti'on (die, -, -ti'o'nen) Entnahme von Flüssigkeit aus einer Körperhöhle mittels Hohlnadel [lat.]

punk'tu'ell (Adj.) nur einzelne Punkte betreffend, auf bestimmte Punkte bezogen

Punk'tum! Schluss! und damit Punktum! [lat.]

Punk'tur (die, -, -en) **1** = Punktion **2** Einstechen von Nadeln (in den Körper)

Punsch (der, -(e)s, -e) heißes Getränk aus Rum oder Arrak und Wasser oder Tee mit Zucker, Zitronensaft und Gewürz [sanskr.]

Pun'ze (die, -, -n) **1** meißelartiges Gerät zum Verzieren von Leder oder Metall mit erhabenen Mustern **2** Prüfzeichen für den Gehalt an Edelmetall [it.]

pun'zen (V.) = punzieren

pun'zie'ren (*auch:* pun'zen) (V.) mit der Punze verzieren oder stempeln

Pu'pill (der, -en, -en) Mündel, Pflegling [lat.]

pu'pil'lar (Adj.) **1** zur Pupille gehörig **2** = pupillarisch

pu'pil'la'risch (Adj.) das Mündel betreffend, zum Mündel gehörig (im Rechtswesen, veraltet) [lat.]

Pu'pil'le (die, -, -n) kreisrunde Öffnung der Regenbogenhaut (des Auges), Sehloch [lat.]

pu'pi'ni'sie'ren (V.) eine Pupinspule einbauen

pu'pi'par (Adj.) Larven gebärend, die sich sofort verpuppen [lat.]

pur (Adj.) rein, unverdünnt, unvermischt [lat.]

Pu'ra'na (das, -s, -s) **1** alte Erzählung **2** mythisch-religiöse Schriften des Hinduismus [sanskr.]

Pü'ree (das, -s, -s) Brei; z.B. Erbspüree [frz.]

Pur'ga (die, -, -gi) Schneesturm in Sibirien und Nordrussland [russ.]

Pur'gans (das, -, -gan'tia oder -gan'zi'en) Abführmittel [lat.]

Pur'ga'ti'on (die, -, -ti'o'nen) **1** Reinigung, Läuterung **2** gerichtliche Rechtfertigung [lat.]

pur'ga'tiv (Adj.) die Verdauung anregend, abführend [lat.]

Pur'ga'tiv (das, -s, -e) starkes Abführmittel (Med.) [lat.]

Pur'ga'ti'vum (das, -s, -va) = Purgativ [lat.]

Pur'ga'to'ri'um (das, -s, -ri'en) Fegefeuer [lat.]

pur'gie'ren (V.) die Verdauung anregen, abführen [lat.]

pü'rie'ren (V.) zu Püree machen

Pu'ri'fi'ka'ti'on (die, -, -ti'o'nen) Reinigung (bes. des Kelches in der kath. Kirche) [lat.]

Pu'ri'fi'ka'to'ri'um (das, -s, -ri'en) Tuch zum Reinigen des Kelches (in der kath. Kirche) [lat.]

pu'ri'fi'zie'ren (V.) reinigen, läutern (veraltet) [lat.]

Pu'rim (das, -s, nur Ez.) ein jüdisches Fest im Februar/März [hebr.]

Pu'rin (das, -s, -e) organische Verbindung aus der Nukleinsäure des Zellkerns [lat.]

Pu'ris'mus (der, -, nur Ez.) (übertriebenes) Bestreben, die Sprache von Fremdwörtern rein zu halten oder ein Bauwerk (bes. Kirche) von stilfremden Elementen zu befreien [lat.]

Pu'rist (der, -ris'ten, -ris'ten) Anhänger des Purismus

pu'ris'tisch (Adj.) in der Art des Purismus

Pu'ri'ta'ner (der, -s, -) **1** Anhänger des Puritanismus **2** übertrieben sittenstrenger Mensch

pu'ri'ta'nisch (Adj.) **1** zum Puritanismus gehörig, auf ihm beruhend, von ihm ausgehend **2** übertrieben sittenstreng, übertrieben einfach und sparsam

Pu'ri'ta'nis'mus (der, -, nur Ez.) calvinistische Richtung in der englischen protestantischen Kirche [lat.]

Pu'ri'tät (die, -, nur Ez.) Reinheit, Sittenreinheit [lat.]

Pu'ro'hi'ta (der, -s, -s) indischer Hauptgeistlicher und Berater des Königs während der Hochzeit der wedischen Religion [lat.]

Pur'pur (der, -s, nur Ez.) **1** bläulich rote Farbe **2** festliches Gewand in dieser Farbe (von Herrschern und Kardinälen) [gr.-lat.]

Pur'pu'rin (das, -s, nur Ez.) roter Farbstoff aus der Krappwurzel (Färberröte) [lat.]

Pur'ser [pɜːr-] (der, -s, -) **1** Bezeichnung für den Zahlmeister auf einem Schiff **2** Chefsteward im Flugzeug [engl.]

pu'ru'lent (Adj.) eitrig [lat.]

Pu'ru'lenz (die, -, -en) Eiterung [lat.]

pu'schen (*auch:* pu'shen) (V.) antreiben, vorantreiben, in Schwung bringen [engl.]

Push [puʃ] (der, -s, -s) **1** kräftige Unterstützung durch Werbung **2** spezieller Schlag beim Golf [engl.]

pu'shen (V.) = pu'schen

Pusher [puʃ-] (der, -s, -) mit harten Drogen handelnder Rauschgiftdealer [engl.]

Pus|tel (die, -, -n) entzündetes oder eitriges Hautbläschen [lat.]
pus|tu|lös (Adj.) voller Pusteln, mit Pusteln einhergehend
Pusz|ta (die, -, -ten) Grassteppe (bes. in Ungarn) [ung.]
pu|ta|tiv (Adj.) irrtümlich [lat.]
Put|re|fak|ti|on *auch:* Pu|tre|fak|ti|on (die, -, -ti|o|nen) Verwesung, Fäulnis [lat.]
Put|res|zenz *auch:* Pu|tres|zenz (die, -, nur Ez.) Verwesung, Fäulnis [lat.]
put|res|zie|ren *auch:* pu|tres|zie|ren (V.) verwesen, faulen [lat.]
put|rid *auch:* pu|trid faulig, übel riechend, verwesend (Med.) [lat.]
Put|te (*auch:* der Put|to) (die, -, -n) kleine Engelsfigur (in der bildenden Kunst bes. des Barocks) [it.]
put|ten (V.) den Ball so schlagen, dass er (am Ende der Spielbahn) ins Loch rollt (beim Golf) [engl.]
Put|ter (der, -s, -) Golfschläger zum Putten
Put|to (der, -s, -ti oder -ten) = Putte
puz|zeln [pazln] (V.) ein Puzzle spielen
Puz|zle [pazl] (das, -s, -s) Geduldsspiel, bei dem aus vielen kleinen Einzelteilen ein Bild zusammengesetzt werden muss [engl.]
Puz|zo|lan (das, -s, -e) eine Tonerdeverbindung (Bindemittel) [it.]
PVC [pe:fautse:] (das, -s, nur Ez.) Abk. für »**P**oly**v**inyl**c**hlorid«; weit verbreiteter Kunststoff, der u.a. für Fußbodenbeläge Verwendung findet
Py|ä|mie (die, -, -n) Blutvergiftung durch Verschleppung von Eitererregern im Blut [gr.]
Py|arth|ro|se *auch:* Py|ar|thro|se (die, -, -n) eitrige Gelenkentzündung [gr.]
Py|e|li|tis (die, -, li|ti|den) Nierenbeckenentzündung [gr.]
Py|e|lo|gramm (das, -s, -e) Röntgenaufnahme der Niere [gr.]
Pyg|mäe (der, -n, -n) Angehöriger mehrerer zwergwüchsiger Völker in Afrika und Südostasien [gr.]
pyg|mä|isch (Adj.) zwergwüchsig [gr.-lat.]
pyg|mo|id (Adj.) zu den Pygmoiden gehörend, sie betreffend [gr.-lat.]
Pyg|mo|i|de (die oder der, -n, -n) kleinwüchsiger Mensch mit Merkmalen des Pygmäen [gr.-lat.]
Py|ja|ma [-ʒa:-] (der, -s, -s) Schlafanzug [Hindi]
Pyk|ni|ker *auch:* Py|kni|ker (der, -s, -) Mensch mit pyknischem Körperbau
pyk|nisch *auch:* py|knisch (Adj.) gedrungen, untersetzt und zu Fettansatz neigend [gr.]

Pyk|no|me|ter *auch:* Py|kno|me|ter (das, -s, -) Gerät zum Bestimmen des spezifischen Gewichts von Flüssigkeiten [gr.]
Py|lon (*auch:* die Py|lo|ne) (der, -en, -en) 1 Eingangstor mit zwei wuchtigen Türmen zu beiden Seiten (in der ägyptischen Baukunst) 2 Seil oder Kette tragender Pfeiler (einer Hängebrücke) 3 kleiner Kegel (zum Sperren einer Straße) [gr.]
Py|lo|ne (die, -, -n) = Pylon
Py|lo|ro|spas|mus (der, -, -men) Krampf des Magenpförtners, Pförtnerkrampf [gr.]
Py|lo|rus (der, -, -ren) Magenpförtner [gr.]
py|o|gen (Adj.) Eiterung erregend [gr.]
Py|or|rhö (die, -, -en) Eiterfluss [gr.]
py|ra|mi|dal (Adj.) 1 in der Form einer Pyramide 2 riesig, gewaltig, gigantisch [ägypt.-gr.-lat.]
Py|ra|mi|de (die, -, -n) 1 Körper mit einem Quadrat als Grundfläche und dreieckigen Seitenflächen, die in einer Spitze zusammenlaufen 2 altägyptisches Grabbau [gr.]
Py|ra|no|me|ter *auch:* Pyr|a|no|me|ter (das, -s, -) meteorologisches Gerät zum Messen der Sonnen- und Himmelsstrahlung [gr.]
Py|re|ti|kum (das, -s, -ka) Fieber erzeugendes Mittel [gr.-nlat.]
Py|rit (der, -s, -e) ein Mineral, Schwefelkies, Eisenkies [gr.]
py|ro|gen (Adj.) 1 Fieber hervorrufend 2 aus Magma entstanden [gr.]
Py|ro|ly|se (die, -, -n) Zersetzung von chemischen Verbindungen durch hohe Temperatur [gr.]
Py|ro|ma|ne (der, -n, -n) jmd., der an Pyromanie leidet
Py|ro|ma|nie (die, -, nur Ez.) krankhafter Trieb zur Brandstiftung [gr.]
Py|ro|me|ter (das, -s, -) Gerät zum Messen hoher Temperaturen [gr.]
py|ro|phor (Adj.) selbstentzündlich [gr.]
Py|ro|tech|nik (die, -, nur Ez.) Herstellung und Gebrauch von Feuerwerkskörpern, Munition und Sprengstoffen [gr.]
Py|ro|tech|ni|ker (der, -s, -) jmd., der in der Pyrotechnik arbeitet, Feuerwerker
Pyr|rhus|sieg (der, -(e)s, -e) Scheinsieg; mit großen Verlusten verbundener Triumph, der eher einer Niederlage gleicht (nach opferreichen Siegen des Königs Pyrrhus von Epirus)
Py|thia (die, -, -thi|en) Weissagerin (ugs., scherzhaft) [gr.]
py|thisch (Adj.) geheimnisvoll, rätselhaft, orakelhaft [gr.]
Py|thon (der, -s, -s oder -tho|nen) Eier legende Riesenschlange [gr.]
Py|xis (die, -, -xi|den oder -xi|des [-de:s]) Hostienbehälter im Tabernakel [gr.]

Q

qua (Präp.) **1** als, in der Eigenschaft als; z.B. qua Philologe lehne ich das ab **2** gemäß; z.B. qua Testament [lat.]

Qua'der (der, -s, -) **1** von drei Paar einander gegenüberliegenden Seiten begrenzter Körper **2** rechteckig behauener Block [lat.]

Quad'rant *auch:* Qua'dr<u>a</u>nt (der, -en, -en) **1** Viertelkreis **2** Gerät zum Messen von Höhen über dem Horizont (früher) [lat.]

Quad'rat *auch:* Qua'dr<u>a</u>t (das, -(e)s, -e) **1** Viereck aus vier gleichen, rechtwinklig aufeinander stehenden Seiten **2** zweite Potenz; z.B. eine Zahl ins Quadrat erheben [lat.]

Quad'rat'de'zi'me'ter *auch:* Qua'dr<u>a</u>t'de'zi'me'ter (der oder das, -s, -) Quadrat, dessen Seiten je 1 dm lang sind [lat.-gr.]

quad'ra'tisch *auch:* qua'dr<u>a</u>'tisch (Adj.) **1** in der Form eines Quadrats **2** in die zweite Potenz erhoben

Quad'rat'ki'lo'me'ter *auch:* Qua'dr<u>a</u>t'ki'lo'me'ter (der oder das, -s, -) Quadrat, dessen Seiten je 1 km lang sind [lat.-gr.]

Quad'rat'me'ter *auch:* Qua'dr<u>a</u>t'me'ter (der oder das, -s, -) Quadrat, dessen Seiten je 1 m lang sind [lat.-gr.]

Quad'rat'mil'li'me'ter *auch:* Qua'dr<u>a</u>t'mil'li'me'ter (der oder das, -s, -) Quadrat, dessen Seiten je 1 mm lang sind [lat.-gr.]

Quad'ra'tur *auch:* Qua'dra't<u>u</u>r (die, -, -ren) das Quadrieren

Quad'rat'zen'ti'me'ter *auch:* Qua'dr<u>a</u>t'zen'ti'me'ter (der oder das, -s, -) Quadrat, dessen Seiten je 1 cm lang sind [lat.-gr.]

quad'rie'ren *auch:* qua'dr<u>ie</u>'ren (V.) mit sich selbst malnehmen, ins Quadrat erheben

Quad'ri'ga *auch:* Qua'dr<u>i</u>'ga (die, -, -gen) zweirädriger Wagen mit vier nebeneinander gespannten Pferden (in der Antike) [lat.]

Quad'ril'le *auch:* Qua'dr<u>i</u>l'le (kadri:ja) (die, -, -n) Tanz mit vier einander gegenüberstehenden Tänzern oder Paaren [frz.]

Quad'ril'li'on *auch:* Qua'dril'l<u>i</u>'on (die, -, -en) vierte Potenz einer Million, 10^{24} [lat.]

Quad'ri'nom *auch:* Qua'dri'n<u>o</u>m (das, -s, -e) viergliedrige mathematische Größe [lat.]

quad'ro'phon *auch:* qua'dro'ph<u>o</u>n (*auch:* quad'ro'f<u>o</u>n/qua'dro'f<u>o</u>n) (Adj.) mit Hilfe der Quadrophonie, vierkanalig

Quad'ro'pho'nie *auch:* Qua'dro'pho'n<u>ie</u> (*auch:* Quad'ro'fo'n<u>ie</u>/Qua'dro'fo'n<u>ie</u>) (die, -, nur Ez.) Stereophonie mit vier Kanälen und vier Lautsprechern [lat.-gr.]

Quad'ru'pel *auch:* Qua'dr<u>u</u>'pel (das, -s, -) vier zusammengehörige Zahlen oder mathematische Größen [lat.]

Qua<u>es</u>'tio [kvɛ-] (die, -, -ti'<u>o</u>'nes [-neːs] juristische Frage [lat.]

Quag'ga (das, -s, -s) ausgerottetes Zebra Südafrikas [hottentott.]

Quai [keː] (der, -s, -s) frz. Schreibung von: Kai

Quä'ker (der, -s, -) Angehöriger einer englisch-amerikanischen, evangelischen Gemeinschaft [engl.]

quä'ke'risch (Adj.) nach Art und Weise der Quäker [engl.]

Qua'li'fi'ka'ti'<u>o</u>n (die, -, -ti'<u>o</u>'nen) **1** das Qualifizieren, Ausbildung **2** Befähigung, Eignung **3** Befähigungsnachweis [lat.]

qua'li'fi'zie'ren (V.) **1** fähig machen, geeignet machen, ausbilden; z.B. jmdn. oder sich qualifizieren; seine Kenntnisse qualifizieren ihn zum Abteilungsleiter **2** beurteilen, einstufen [lat.]

qua'li'fi'ziert (Adj.) **1** Kenntnisse, Fähigkeiten erfordernd; z.B. qualifizierte Arbeit **2** Kenntnisse, Fähigkeiten besitzend; z.B. qualifizierter Arbeiter

Qua'li'fi'zie'rung (die, -, -en) das Qualifizieren [lat.]

Qua'li'tät (die, -, -en) **1** Beschaffenheit, Art; z.B. Stoff von sehr fester, rauer, weicher Qualität **2** Güte, Sorte; z.B. erste, beste Qualität **3** Eigenschaft, Fähigkeit **4** (gute) Färbung (eines Vokals) [lat.]

qua'li'ta'tiv (Adj.) bezüglich der Qualität

Qua'li'ta'tiv (das, -s, -e) = Adjektiv (in der Sprachwissenschaft) [lat.]

Qu<u>a</u>nt (das, -s, -en) kleinste, nicht weiter teilbare physikalische Größe [lat.]

qu<u>a</u>n'teln (V.) in Quanten darstellen

quan'ti'fi'zie'ren (V.) in Zahlen, Mengenbegriffen, messbaren Größen darstellen [lat.]

quan'ti'sie'ren (V.) = quanteln

Quan'ti'tät (die, -, -en) **1** Menge, Anzahl, Größe **2** Dauer (eines Vokals) [lat.]

quan'ti'ta'tiv (Adj.) bezüglich der Quantität

Quan'ti'té nég'li'gea'ble *auch:* Quan'ti'té nég'li'gea'ble [kãtite: negliʒa:bl] (die, - -, nur Ez.) geringfügige und daher außer Acht zu lassende Menge, Belanglosigkeit [frz.]

Qu<u>a</u>n'tum (das, -s, -ten) abgemessene Menge, gewisse Menge; z.B. ein ordentliches Quantum [lat.]

Qua'ran'tä'ne [ka-] (die, -, nur Ez.) Absonderung (von kranken oder wahrscheinlich infizierten Personen, um die Ausbreitung epidemischer Krankheiten zu verhindern oder zu beschränken) [frz.]

Quark [kvɔ:k] (das, -s, -s) hypothetisches Elementarteilchen [engl.]
Quart (das, -s, -e) **1** altes Maß für Flüssigkeiten 0,24–1,1 l **2** altes Buchformat in Größe eines Viertelbogens **3** (die, -, -en) eine Haltung der Klinge (beim Fechten) **4** = Quarte [lat.]
Quar'ta (die, -, -ten) dritte Klasse des Gymnasiums [lat.]
Quar'tal (das, -s, -e) Vierteljahr [lat.]
Quar'ta'na (die, -, nur Ez.) Malaria mit Fieberanfällen an jedem vierten Tag [lat.]
Quar'ta'ner (der, -s, -) Schüler der Quarta
Quar'tär (das, -s, nur Ez.) jüngste Formation des Känozoikums [lat.]
Qu'ar'te (die, -, -n) **1** vierte Stufe der diatonischen Tonleiter **2** Intervall von vier Stufen
Quar'ter [kwɔ:-] (das, -s, -s) **1** englische Gewichtseinheit, 12,7 kg **2** englisches und amerikanisches Hohlmaß, etwa 290 l **3** amerikanisches Getreidemaß, 21,7 kg [lat.-engl.]
Quar'tett (das, -(e)s, -e) **1** Musikstück für vier Instrumente oder Singstimmen **2** die ausführenden Musiker oder Sänger **3** Kartenspiel für Kinder [lat.-it.]
Quar'tier (das, -s, -e) **1** Unterkunft; z.B. Nachtquartier **2** Stadtviertel (schweiz.; österr.) [lat.-frz.]
Quar'to'le (die, -, -n) Gruppe von vier Noten im Taktwert von drei oder sechs Noten [lat.-it.]
Qua'sar (der, -s, -e) sternähnliches Objekt mit starker Radiostrahlung [lat.]
qua'si (Adj.) gewissermaßen, sozusagen, gleichsam [lat.]
Quas'sie [-siə] (die, -, -n) südamerikanischer Baum, aus dessen Holz ein Bitterstoff gewonnen wird
Quäs'tor (der -s, -to̲ren) **1** hoher Finanzbeamter (im alten Rom) **2** für die Kasse verantwortlicher Beamter (an Hochschulen) **3** Kassierer (eines Vereins; schweiz.) [lat.]
Quäs'tur (die, -, -en) **1** Amt des Quästors (im alten Rom) **2** Abrechnungs-, Kassenstelle (an Hochschulen) [lat.]
Qua'tem'ber (der, -s, -) jeder der vier Fastentage zu Beginn einer Jahreszeit (in der kath. Kirche) [lat.]
qua'ter'när (Adj.) aus vier Bestandteilen zusammengesetzt [lat.]
Qua'ter'ne (die, -, -n) vier Gewinnzahlen auf einmal [it.]
Qua'ter'nio (der, -s, -ni'o̲'nen) aus vier Einheiten bestehendes Ganzes [lat.]

Quatt'ro'cen'tist *auch:* Quat'tro'cen'tı̣st [-tʃɛn-] (der, -tı̣s'ten, -tı̣s'ten) Künstler des Quattrocentos
Quatt'ro'cen'to *auch:* Quat'tro'cen'to [-tʃɛn-] (das, -(s), nur Ez.) künstlerische Stilepoche in Italien von 1400 bis 1500 [it.]
Queb'ra'cho *auch:* Que'bra'cho [kebratʃo] (der, -s, nur Ez.) **1** sehr hartes Holz einiger südamerikanischer Bäume **2** daraus gewonnener Gerbstoff [span.]
Quee'chie [kwi:tʃi] (der, -s, -s) alberner Teenager, der alles »süß« findet [engl.]
Queen [kwi:n] (die, -, -s) englische Königin (Titel)
Quem'pas (der, -, nur Ez.) Lieder im Wechselgesang über die Weihnachtsgeschichte [lat.]
Que're̲lle (die, -, -n) Streit, Streitigkeit [lat.]
Que'ru'lant (der, -en, -en) Nörgler, jmd., der an allem etwas auszusetzen hat [lat.]
Que'ru'lanz (die, -, nur Ez.) querulatorisches Verhalten, wobei das Gefühl des Nörglers, Recht zu haben, krankhaft übersteigert ist [lat.]
Que'ru'la'ti'on (die, -, -ti'o̲'nen) Beschwerden, Klage [lat.]
que'ru'la'to'risch (Adj.) streitsüchtig, nörglerisch [lat.]
que'ru'lie'ren (V.) an allem etwas auszusetzen haben, sich beschweren, nörgeln [lat.]
Quer'ze'tin (das, -s, nur Ez.) in einigen Pflanzen enthaltener, gelber Farbstoff (heute als Arzneimittel verwendet) [lat.-frz.]
Quer'zit (der, -s, nur Ez.) in Eicheln enthaltener Zucker [lat.]
Quet'zal 1 (der, -s, -s) zu den Trogons gehöriger Vogel Mittelamerikas mit langen, metallisch grünen Schwanzfedern **2** (der, -s, -) Währungseinheit in Guatemala, 100 Centavos [indian.-span.]
Queue [kø:] **1** (das oder der, -s, -s) Billardstock **2** (die, -, -s) Ende einer marschierenden Kolonne; lange Reihe (wartender Personen) [frz.]
Quib'ble [kwɪbl] (das, -s, -s) **1** spitzfindige Ausrede **2** sophistisch-witziges Wortspiel [engl.]
Quiche [kiʃ] (die, -, -s) herzhafter, warm gegessener Kuchen mit Auflage von Speckstückchen, Käse, geschlagenen Eiern, Sahne u.a.; Quiche Lorraine: lothringischer Kuchen [frz.]
Quick'stepp (der, -s, -s) stampfend-rhythmischer Standardtanz [engl.]
Qui'dam (der, -s, -) ein gewisser Jemand [lat.]

Quid|di|tät (die, -, nur Ez.) das Was-Sein (eines Dinges) [lat.]
Quid|pro|quo (das, -s, -s) Missverständnis, Verwechslung [lat.]
Qui|es|zenz (die, -, nur Ez.) **1** Ruhe **2** Ruhestand [lat.]
qui|es|zie|ren (V.) **1** ruhen **2** jmd. in den Ruhestand versetzen [lat.]
Qui|e|tis|mus [kvi:e-] (der, -, nur Ez.) **1** Lehre, die das Einswerden mit Gott durch das willen- und wunschlose Ergeben in seinen Willen erstrebt **2** Lebens- und Geisteshaltung in völliger innerer Ruhe [lat.]
Qui|e|tist [kvi:e-] (der, -tis|ten, -tis|ten) Anhänger des Quietismus [lat.]
qui|e|tis|tisch [kvi:e-] (Adj.) in der Art des Quietismus
qui|e|to [kuie:to] (Adv.) ruhig (bei Musikstücken) [it.]
Quilt [kɪlt] (der, -s, -s) aus Stoffresten gefertigte, bunt gemusterte Steppdecke [engl.]
quil|ten [kɪl-] (V.) einen Quilt anfertigen [engl.]
Quin|dar [kɪn-] (der, -, -dar|ka) Währungseinheit in Albanien, 1/100 Lek
quin|que|lie|ren (V.) **1** zwitschern, singen (von Vögeln) **2** leise vor sich hin singen, trällern [lat.]
Quint (die, -, -en) **1** = Quinte (2) **2** eine Haltung der Klinge (beim Fechten) [lat.]
Quin|ta (die, -, -ten) zweite Klasse des Gymnasiums [lat.]
Quin|tal frz. [kẽ-], span. und portugies. [kin-] (der -s, -) Gewichtseinheit in Spanien, Mittel- und Südamerika, 45–59 kg (früher) [arab.]
Quin|ta|na (die, -, nur Ez.) Infektionskrankheit mit Fieberanfällen an jedem fünften Tag, Fünftagefieber [lat.]
Quin|ta|ner (der, -s, -) Schüler der Quinta
Quin|te (die, -, -n) **1** fünfte Stufe der diatonischen Tonleiter **2** Intervall von fünf Stufen [lat.]
Quin|ter|ne (die, -, -n) fünf Gewinnzahlen auf einmal [it.]
Quint|es|senz (die, -, -en) Ergebnis, Wesen, Kern (einer Sache) [lat.]
Quin|tett (das, -(e)s, -e) **1** Musikstück für fünf Instrumente oder Singstimmen **2** die ausführenden Musiker oder Sänger [lat.-it.]
Quin|til|li|on (die, -, -en) fünfte Potenz einer Million, 10^{30} [lat.]
Quin|to|le (die, -, -n) Gruppe von fünf Noten im Taktwert von vier (auch drei oder sechs) Noten [lat.-it.]
Qui|pro|quo (das, -s, -s) Verwechslung (von zwei Personen) [lat.]

Qui|pu [kɪ-] (das, -s oder -, -s oder -) als Verständigungsmittel dienende Knotenschnüre verschiedener Farbe und Länge (bei den Inkas) [Ketschua]
Qui|ri|nal (der, -s, nur Ez.) **1** einer der sieben Hügel Roms **2** Sitz des italienischen Staatspräsidenten [lat.]
Qui|ri|te (der, -n, -n) Bezeichnung für einen römischen Vollbürger in der Antike [lat.]
Quis|ling (der, -s, -e) Verräter, Kollaborateur [norweg.]
Quis|qui|li|en (nur Mz.) belanglose Kleinigkeiten, Nichtigkeiten, Abfall [lat.]
quitt (Adj.) ausgeglichen, frei von Schulden; z.B. mit jmdm. quitt sein oder werden [frz.]
quit|tie|rien (V.) **1** den Empfang (von etwas) bescheinigen; z.B. einen Betrag, eine Lieferung quittieren; eine Rechnung quittieren; **2** den Empfang eines Rechnungsbetrages bescheinigen **3** beantworten; etwas mit einem dankbaren Blick quittieren **4** (in der Werbung) den Dienst quittieren; den Dienst aufgeben, den Abschied nehmen [frz.]
Quit|tung (die, -, -en) **1** Empfangsbescheinigung **2** unangenehme Folgen, Vergeltung; z.B. die Quittung für eine Verhaltensweise bekommen [frz.]
Qui vive [kivi:v] (das, nur in der Wendung) auf dem Qui vive sein: aufpassen, aufmerksam, wachsam sein [frz.]
Quiz [kvɪs] (das, -, -) Frage- und Antwortspiel [engl.]
Quiz|mas|ter [kwɪz-] (der, -s, -) Leiter eines Quiz [engl.]
quiz|zen [kvɪsn] (V.) ein Quiz spielen
quod e|rat de|mons|tran|dum *auch:* - - de|monst|ran|dum/de|mon|stran|dum was zu beweisen war (Formel am Schluss einer Beweisführung) [lat.]
Quod|li|bet (das, -s, -s) **1** mehrstimmiges Gesangsstück mit humorvollen Texten und wechselnden Melodien **2** buntes Durcheinander (veraltet) [lat.]
Quo|rum (das, -s, nur Ez.) für einen Beschluss in einer Körperschaft notwendige Zahl anwesender Mitglieder [lat.]
Quo|ta|ti|on (die, -, -ti|o|nen) **1** Berechnung eines Anteils **2** Kursnotierung (an der Börse) [nlat.]
Quo|te (die, -, -n) verhältnismäßiger Anteil [lat.]
Quo|ti|ent (der, -en, -en) **1** Ergebnis einer Division **2** Zähler und Nenner eines Bruches
quo|tie|ren (V.) den Preis oder Kurs (von etwas) angeben [lat.]
quo|ti|sie|ren (V.) in Quoten aufteilen

R

Ra|batt (der, -(e)s, -e) Preisnachlass [it.]
Ra|bat|te (die, -, -n) schmales Zierbeet [frz.]
ra|bat|tie|ren (V.) Rabatt gewähren
Ra|batz (der, -es, nur Ez.) **1** Geschrei, mit Lärm verbundenes Toben, Krach **2** lautstark vorgebrachter Protest [dt.-frz.-niederl.]
Ra|bau (der, -s oder -en, -en) **1** Rabauke **2** kleines graues Exemplar einer Renette, einer süßen Apfelsorte [dt.-frz.-niederl.]
Ra|bau|ke (der, -n, -n) Rohling, grobschlächtiger Kerl [dt.-frz.-niederl.]
Rab|bi (der, -(s), -s oder -bi|nen) Titel eines Rabbiners; jüdischer Schriftgelehrter [hebr.]
Rab|bi|nat (das, -(e)s, -e) Amt, Würde eines Rabbiners [hebr.-lat.]
Rab|bi|ner (der, -s, -) jüdischer Geistlicher
rab|bi|nisch (Adj.) zu einem Rabbiner gehörig
Rab|bit-Punch [ræbɪt pʌntʃ] (der, -s, -s) ein im Boxsport unerlaubter Schlag ins Genick oder an den Unterteil des Schädels [engl.]
ra|bi|at (Adj.) rücksichtslos handelnd; wütend [lat.]
Ra|bi|es (die, -, nur Ez.) Tollwut [lat.]
Ra|bu|list (der, -lis|ten, -lis|ten) Haarspalter; Rechtsverdreher [lat.]
Ra|bu|lis|tik (die, -, nur Ez.) Gerede eines Rabulisten
ra|bu|lis|tisch (Adj.) haarspalterisch, in der Art eines Rabulisten vorgetragen, die Rabulistik betreffend [lat.]
Ra|bu|se (die, -, nur Ez.) **1** Plünderung, Raub, Verlust, Wirrwarr **2** ein Kartenspiel [tschech.]
Ra|ce|mat (das, -es, -e) Gemisch, das aus rechts- und linksdrehenden Molekülen besteht [lat.]
Ra|chi|tis (die, -, -chi|ti|den) schwere Vitamin-D-Mangelkrankheit mit Knochenverbiegungen [gr.]
ra|chi|tisch (Adj.) an Rachitis leidend, durch sie hervorgerufen
Rack [ræk] (das, -s, -s) Regal (für eine Stereoanlage) [engl.]
Ra|cket (auch: Ra|kett) [ræk-] (das, -s, -s) Tennisschläger [frz.-engl.]
Ra|cke|teer [rækətɪə] (der, -s, -s) Erpresser, Gangster [engl.-amerik.]
Ra|ckett (das, -s, -e) Holzblasinstrument des 16. bis 17. Jahrhunderts
Rac|lette auch: Ra|clette [-klɛt] (das, -s, -s) schweizerisches (Gesellschafts-)Essen, bei dem Käse mit Beilagen (bes. Pellkartoffeln) in einem Spezialgerät geschmolzen wird [frz.]
Rad (das, -(s), -) Maßeinheit der Energiedosis (früher) [engl., Kurzwort]
Ra|dar (der oder das, -s, -e) Funkmessverfahren; Gerät dafür [engl., Kurzwort]
Rad|dop|pio (der, -s, -s) spezielle Figur beim Fechten [it.]
ra|di|al (Adj.) strahlenförmig aus einem Punkt hervortretend [lat.]
Ra|di|a|li|tät (die, -, nur Ez.) strahlenförmige Anordnung [lat.]
Ra|di|al|li|nie (die, -, -n) österreichische Bezeichnung für eine Straße oder Straßenbahnlinie, die vom Zentrum zum Stadtrand führt [lat.]
Ra|di|al|rei|fen (der, -s, -) Gürtelreifen [lat.-dt.]
Ra|di|al|sym|met|rie auch: Ra|di|al|symme|trie (die, -, nur Ez.) Grundstruktur von Körpern bestimmter Lebewesen, die neben einer Hauptachse mehrere untereinander gleiche senkrechte Nebenachsen aufweisen [lat.]
ra|di|al|sym|met|risch auch: ra|di|al|symme|trisch (Adj.) die Radialsymmetrie betreffend, in dieser Art angeordnet [lat.]
Ra|di|al|tur|bi|ne (die, -, -n) Dampf- oder Wasserturbine [lat.]
Ra|di|ant (der, -en, -en) Winkel, dessen Bogenmaß 1 ist [lat.]
ra|di|är|sym|met|risch auch: ra|di|är|symme|trisch (Adj.) = radialsymmetrisch [lat.-frz.]
Ra|di|äs|the|sie (die, -, nur Ez.) die in der Wissenschaft nicht unbestrittene Fähigkeit bestimmter Menschen, Erdstrahlungen mit Hilfe von Wünschelruten wahrzunehmen und auf diese Weise Wasseradern oder Ähnliches aufzuspüren [lat.-gr.]
ra|di|äs|the|tisch (Adj.) die Radiästhesie betreffend, auf ihr basierend [lat.-gr.]
Ra|di|a|ta (nur Mz.) veraltete Bezeichnung für Hohltiere mit strahligem Bau [lat.]
Ra|di|a|ti|on (die, -, -ti|o|nen) Strahlung [lat.]
Ra|di|a|tor (der, -s, -to|ren) Wärmestrahler
Ra|dic|chio [-dikio] (der, -s, -chi [-ki]) dunkelviolettrote, etwas bittere Salatpflanze [it.]
Ra|di|en (nur Mz.) **1** Mz. von Radius **2** Flossenstrahlen der Fische **3** Strahlen der Vogelfeder **4** Achsen oder Strahlen radialsymmetrischer Tiere [lat.]
ra|die|ren (V.) **1** (mit dem Radiergummi) wegschaben **2** mit der Radiernadel in einen Ätzgrund auf einer Kupferplatte einritzen (als grafisches Verfahren) [lat.]
Ra|die|rer (der, -s, -) **1** Künstler der radiert (**2**) **2** Radiergummi (ugs.)

Ra|die|rung (die, -, -en) **1** Tiefdruckverfahren, bei dem von der in eine Wachs-Harz-Schicht eingeritzten Zeichnung Abzüge gemacht werden **2** durch das Radierverfahren hergestellte Grafik [lat.]

ra|di|kal (Adj.) **1** gründlich, restlos **2** bis zum Äußersten gehend **3** politisch extrem [lat.]

Ra|di|kal (das, -s, -e) **1** Atom oder Molekül mit freiem Elektron **2** durch Wurzelzeichen erhaltener mathematischer Ausdruck [lat.]

Ra|di|kal (das, -s, -e) **1** Bezeichnung in der Psychologie für eine Grundeigenschaft zum Aufbau einer Person, die nicht auf andere Eigenschaften zurückgeht **2** Grundelement des chinesischen Schriftzeichens **3** sehr reaktionsfähige Gruppe von Atomen [lat.-frz.]

Ra|di|ka|lin|ski (der, -s, -s) abwertende Bezeichnung für einen politisch radikalen Menschen [lat.-frz.]

ra|di|ka|li|sie|ren (V.) politisch radikal machen

Ra|di|ka|li|sie|rung (die, -, -en) Entwicklung zu einer radikalen Anschauung, Haltung, Form [lat.]

Ra|di|ka|lis|mus (der, -, nur Ez.) grundsätzlich ablehnende Haltung gegenüber Bestehendem (bes. in der Politik)

Ra|di|ka|list (der, -lis|ten, -lis|ten) Vertreter des Radikalismus [lat.-frz.]

ra|di|ka|lis|tisch (Adj.) den Radikalismus betreffend, auf ihm basierend, in der Art des Radikalismus [lat.-frz.]

Ra|di|kand (der, -en, -en) Zahl, aus der die Wurzel gezogen werden soll [lat.]

Ra|di|ku|la (die, -, nur Ez.) botanische Bezeichnung für die Keimwurzeln von Samenpflanzen [lat.]

ra|di|lär (Adj.) strahlig, strahlenförmig symmetrisch [frz.]

Ra|dio (das auch der, -s, -s) Rundfunk(gerät) [lat.-engl.]

ra|di|o|ak|tiv (Adj.) Radioaktivität aufweisend

Ra|di|o|ak|ti|vi|tät (die, -, nur Ez.) Aussenden von Strahlung bei instabilem, zerfallendem Atomkern [lat.]

Ra|di|o|ast|ro|no|mie *auch:* Ra|di|o|as|tro|no|mie/Ra|di|o|a|stro|no|mie (die, -, nur Ez.) astronomisches Forschungsgebiet, das sich mit der aus bestimmten Himmelsgebieten einfallenden, kurzwelligen Strahlung befasst [lat.-gr.]

Ra|di|o|bi|o|che|mie (die, -, nur Ez.) Gebiet der Radiochemie, auf dem hauptsächlich biochemische Vorgänge und Materialien mit radiochemischen Methoden untersucht werden [lat.-gr.]

Ra|di|o|bi|o|lo|gie (die, -, nur Ez.) Strahlenbiologie [gr.]

Ra|di|o|che|mie (die, -, nur Ez.) Chemie radioaktiver Elemente und Substanzen

ra|di|o|che|misch (Adj.) die Radiochemie betreffend, auf ihr basierend, mit der Methode der Radiochemie [lat.-gr.]

Ra|di|o|e|le|ment (das, -(e)s, -e) chemischer Grundstoff mit natürlicher Radioaktivität [lat.-gr.]

Ra|di|o|fre|quenz|strah|lung (die, -, -en) elektromagnetische Strahlung aus dem Weltraum

Ra|di|o|gen (das, -s, -e) Element, das durch den Zerfall eines radioaktiven Stoffes entsteht [lat.-gr.]

Ra|di|o|go|ni|o|me|ter (das, -s, -) Winkelmesser bei der Funkpeilung [lat.-gr.]

Ra|di|o|go|ni|o|met|rie *auch:* Ra|di|o|go|ni|o|me|trie (die, -, nur Ez.) die Winkelmessung bei der Funkpeilung [lat.-gr.]

Ra|di|o|gra|fie (*auch:* Ra|di|o|gra|phie) (die, -, -fi|en/phi|en) Röntgenuntersuchung [lat.-gr.]

Ra|di|o|gramm (das, -s, -e) veraltete postalische Bezeichnung für ein Funktelegramm [lat.-gr.]

Ra|di|o|in|di|ka|tor (der, -s, -to|ren) ein auf künstlichem Wege radioaktiv gemachtes Isotop [lat.-gr.]

Ra|di|o|in|ter|fe|ro|me|ter (das, -s, -) Gerät zur Verbesserung der Auflösung beim Radioteleskop [lat.-gr.]

Ra|di|o|jod|test (der, -(e)s, -s oder -e) Test der Schilddrüsenfunktion durch die Einnahme von radioaktiv angereichertem Jod und anschließender Messung der Radioaktivität [lat.-gr.]

Ra|di|o|kar|bon|me|tho|de (die, -, nur Ez.) Verfahren zur Bestimmung des Alters ehemalig organischer Materialien durch Feststellung ihres Gehalts an radioaktivem Kohlenstoff [lat.-gr.]

Ra|di|o|la|rie [-riə] (die, -, -n) Kleinstlebewesen mit filigranem (Kieselsäure-)Skelett, Strahlentierchen [lat.]

Ra|di|o|la|ri|en|schlamm (der, -(e)s, -e oder -schläm|me) Ablagerung von Skeletten abgestorbener Strahlentierchen [lat.-gr.]

Ra|di|o|la|rit (der, -s, nur Ez.) rotbraunes hartes Gestein, das aus den Skeletten der Radiolarien entstanden ist [lat.-gr.]

Ra|di|o|lo|ge (der, -n, -n) Facharzt für Röntgenologie und Strahlenheilkunde [lat.-gr.]

Ra|di|o|lo|gie (die, -, nur Ez.) Strahlenkunde (bes. im medizinischen Bereich; z.B. Röntgendiagnostik) [lat.-gr.]

ra|di|o|lo|gisch (Adj.) die Radiologie betreffend, auf ihr basierend [lat.-gr.]
Ra|di|o|ly|se (die, -, -n) durch ionisierende Strahlung hervorgerufene Veränderung in einem chemischen System [lat.-gr.]
Ra|di|o|me|ter (das, -s, -) Messgerät für Lichtstrahlungsdruck [lat.-gr.]
Ra|di|o|met|rie auch: Ra|di|o|me|trie (die, -, nur Ez) **1** Messung von Wärmestrahlung **2** Messung von radioaktiver Strahlung [lat.-gr.]
ra|di|o|phon (Adj.) die Radiophonie betreffend, auf ihr basierend [lat.-gr.]
Ra|di|o|pho|nie (die, -, nur Ez.) drahtloses Fernsprechwesen [lat.-gr.]
Ra|di|o|re|kor|der (der, -s, -) aus Radio und Kassettenrecorder kombiniertes Gerät zur Aufnahme und Wiedergabe [lat.-gr.]
Ra|di|os|ko|pie auch: Ra|di|o|sko|pie (die, -, -n) Durchleuchtung mit Röntgenstrahlen (Med.) [lat.-gr.]
Ra|di|o|son|de (die, -, -n) die Erdatmosphäre erforschendes, meteorologisches Gerät, das aus Messgeräten und einem Kurzwellensender besteht und an Wetterballons aufgelassen wird [lat.-gr.]
Ra|di|o|te|le|fo|nie (die, -, nur Ez.) drahtloses Fernsprechwesen [lat.-gr.]
Ra|di|o|te|le|gra|fie (die, -, nur Ez.) drahtlose Fernübertragung mit Hilfe vereinbarter Zeichen [lat.-gr.]
Ra|di|o|te|les|kop auch: Ra|di|o|te|les|kop (das, -s, -e) Parabolspiegel-Antenne der Radioastronomie [lat.-gr.]
Ra|di|o|the|ra|pie (die, -, nur Ez.) Behandlung von Krankheiten mit radioaktiven Strahlen oder Röntgenstrahlen [lat.-gr.]
Ra|di|um (das, -s, nur Ez.) ein Element, radioaktives Metall [nlat.]
Ra|di|us (der, -, -di|en) halber Durchmesser, Halbmesser (bei Kreisen, Kugeln) [lat.]
Ra|dix (die, -, -di|zes) Wurzel (einer Arzneipflanze, eines Organs) [lat.]
ra|di|zie|ren (V.) aus einer Zahl die Wurzel ziehen [lat.]
Ra|dom (das, -s, -s) Wetterschutzkuppel (um Radaranlagen) [engl., Kurzwort]
Ra|don (das, -s, nur Ez.) ein radioaktives Edelgas [nlat.]
Ra|do|ta|ge [-ʒə] (die, -, -n) leeres, sinnloses Geschwätz [frz.]
Ra|do|teur [-tø:ɐ] (der, -s, -e) Schwätzer, Quassler [frz.]
ra|do|tie|ren (V.) ungehemmt schwatzen, quasseln [frz.]
Rad|scha auch: Ra|dscha (der, -s, -s) indischer Fürst [Hindi]

Raf|fi|a|bast (der, -es, nur Ez.) aus den Blättern der Raffia gewonnener Bast [madagass.-lat.-dt.]
Raf|fi|na|de (die, -, -n) Kristallzucker [frz.]
Raf|fi|na|ge [-naʒə] (die, -, -n) Veredlung, Verfeinerung [lat.-frz.]
Raf|fi|nat (das, -(e)s, -e) das veredelte und verfeinerte (Raffinations-)produkt [lat.-frz.]
Raf|fi|na|ti|on (die, -, -ti|o|nen) das Raffinieren
Raf|fi|ne|ment [-mã] (das, -s, nur Ez.) = Raffinesse
Raf|fi|ne|rie (die, -, -n) Anlage zum Reinigen und Veredeln; z.B. von Zucker, Erdöl [frz.]
Raf|fi|nes|se (die, -, -n) **1** Verfeinerung, besondere Ausstattung **2** Gerissenheit [frz.]
Raf|fi|neur [-nø:ɐ] (der, -s, -e) Gerät zum Feinmahlen von Holzschliff [frz.]
raf|fi|nie|ren (V.) in einer Anlage reinigen und veredeln; z.B. Zucker, Erdöl [frz.]
raf|fi|niert (Adj.) **1** mit Raffinesse (zusammengestellt, erdacht); z.B. eine raffinierte Mischung von Düften **2** gerissen; z.B. ein raffiniertes Biest [frz.]
Raf|fi|niert|heit (die, -, -en) Gerissenheit, Schläue, Durchtriebenheit [lat.-frz.]
Raf|fi|no|se (die, -, nur Ez.) in Zuckerrübenmelasse vorkommendes Kohlehydrat [lat.-frz.]
raf|rai|chie|ren auch: ra|frai|chie|ren (auch: ref|rai|chie|ren/re|frai|chie|ren) [rafrɛʃiːrən] (V.) kochende Lebensmittel mit kaltem Wasser abschrecken [frz.]
Raf|ting (das, -s, nur Ez.) Bezeichnung für das Wildwasserfahren im Schlauchboot in Gruppen [engl.]
Rag [ræg] (der, -s, nur Ez.) = Ragtime [Kurzwort]
Ra|ga (der, -s, -s) spezielle Art von Melodie in der indischen Musik [sanskr.-Hindi]
Ra|ge [-ʒə] (die, -, nur Ez.) aufgeregte Wut; höchste Empörung [frz.]
Ra|gi|o|ne [-dʒo:-] (die, -, -n) ins Handelsregister eingetragene Firma (schweiz.) [it.]
Rag|lan|är|mel auch: Ra|glan|är|mel (der, -s, -) Ärmelschnitt, bei dem Ärmel und Schulterteil ein Stück bilden [engl.-dt.]
Rag|na|rök (die, -, nur Ez.) Götterdämmerung, Weltuntergang [isländ.]
Ra|gout [-guː] (das, -s, -s) Schmorgericht aus mundgerechten Stücken in heller Soße; z.B. Kalbsragout, Wildragout [frz.]
Ra|gout fin [raguɛ̃ fɛ̃] (das, - -, -s -s) Geflügelragout in Blätterteig [frz.]
Rag|time [rægtaɪm] (der, -(s), nur Ez.) stark synkopierter, früher (Klavier-)Jazz [engl.]

Raid [reɪd] (der, -s, -s) militärische Operation, begrenzter militärischer Streifzug [engl.]
Rai'gras (das, -es, nur Ez.) Futterpflanze in Eurasien und Afrika [engl.-dt.]
Rail'le'rie [rɑjəriː] (die, -, -n) (altertümelnd) Scherz, Spöttelei [lat.-frz.]
rail'lie'ren [rɑjiːrən] (V.) (altertümelnd) scherzen, spotten, verspotten [frz.]
Ra'is [raiːs] (der, -, -e oder Ru'a'sa) **1** Titel führender Persönlichkeiten, besonders des Präsidenten **2** Träger dieses Titels [arab.]
Rai'son (die, -, nur Ez.) [rɛzɔ̃] = Räson
Ra'jah (der, -, -) ehemals türkischer Untertan, der nicht dem Islam angehörte [arab.-türk.]
ra'jo'len (V.) tief pflügen oder umgraben [niederl.-frz.-dt.]
Ra'kan (der, -s, -s) japanische Bezeichnung für einen Heiligen der obersten Stufe, der als Gott verehrt wird [sanskr.-jap.]
Ra'ke'te (die, -, -n) durch Rückstoß angetriebener Flugkörper [it.]
Ra'ke'ten'ap'pa'rat (der, -(e)s, -e) bei der Rettung von Schiffbrüchigen verwendetes Gerät, mit dem eine Rettungsleine zum gestrandeten Schiff geschossen wird [germ.-it.]
Ra'ke'ten'ba'sis (die, -, -sen) (meist militärische) Anlage, von der aus Raketen abgeschossen werden [germ.-it.]
Ra'kett (das, -s, -e oder -s) = Racket [arab.-frz.-engl.]
Ra'ki (der, -(s), -s) türkischer Anis-Rosinen-Schnaps [arab.]
Ra'ku (das, -s, nur Ez.) nach einer japanischen Töpferfamilie benannte Keramikart [jap.]
ral'len'tan'do (Adv.) langsamer werdend (bei Musikstücken) [it.]
Ral'li'e'ment [-limɑ̃] (das, -s, -s) **1** die Sammlung verstreuter Truppen **2** die Annäherung der katholischen Kirche an die französische Republik gegen Ende des 19. Jahrhunderts [lat.-frz.]
ral'li'ie'ren (V.) verstreute Truppen sammeln [lat.-frz.]
Rall'lye [rali] oder [rælɪ] (die, -, -s) Motorsport-Wettfahrt (in Etappen, mit Sonderprüfungen), Sternfahrt [frz.-engl.]
Ra'ma'dan (der, -(s), nur Ez.) islamischer Fastenmonat [arab.]
Ra'ma'gé [-ʒeː] (der, -, -s) Gewebe mit rankenartiger Jacquardmusterung [lat.-frz.]
Ra'ma'ja'na (das, -s, nur Ez.) religiöses indisches Nationalepos, das von den Taten des göttlichen Helden Rama berichtet [sanskr.]
Ra'ma'san (der, -s, nur Ez.) türkische und persische Bezeichnung für Ramadan [arab.-türk.-pers.]

ra'mas'sie'ren (V.) **1** (altertümelnd) anhäufen, zusammenfassen **2** unruhig und schlampig arbeiten, unordentlich arbeiten [frz.]
ra'mas'siert (Adj.) dick, gedrungen, untersetzt [frz.]
Ra'ma'su'ri (die, -, nur Ez.) großer Wirbel, Durcheinander [rumän.]
Ramb'la auch: Ram'bla (die, -, -s) **1** Promenade, breite Flanierstraße in Spanien, speziell in Katalonien **2** ausgetrocknetes Bett der Regenbäche in Spanien **3** Bezeichnung für den Boden eines bereits leicht bewachsenen Flußsediments [arab.-span.]
Ram'bur (der, -s, -e) säuerliche Apfelsorte [frz.]
ra'men'tern (V.) rumoren, lärmen [dt.]
Ra'mie (die, -, -n) ein südasiatisches Nesselgewächs, Faserpflanze [malai.]
Ra'mi'fi'ka'ti'on (die, -, -ti'o'nen) Verzweigung bei Pflanzen (Botanik) [lat.]
ra'mi'fi'zie'ren (V.) sich verzweigen (in der Botanik auf Pflanzen bezogen) [lat.]
Ram'ming (die, -, -s) Fachbegriff der Seemannssprache für eine Kollision, einen Zusammenstoß [engl.]
ram'po'nie'ren (V.) stark beschädigen [frz.]
Ra'mus (der, -, -mi) **1** Zweig eines Nervs, einer Arterie oder einer Vene **2** ein einem Ast ähnlicher Teil eines Knochens (Med.) [lat.]
Ranch [rɛntʃ] (die, -, -(e)s) amerikanische Farm (mit Rinder-, Pferdezucht) [span.-engl.]
Ran'cher [rɛntʃə] (der, -s, -) Ranchbesitzer [span.-engl.]
Ran'che'ria [rantʃ-] (die, -, -s) kleine Siedlung in Südamerika [span.-engl.]
Ran'che'ro [-tʃeː-] (der, -s, -s) ein auf einem Landgut, einer Ranch Lebender und Arbeitender [span.-engl.]
Ran'cho (der, -(s), -s) kleiner Wohnplatz, Hütte [span.-engl.]
Rand (der, -(s), -) südafrikanische Währungseinheit [engl.]
Ran'dal (-s, -) Lärm, Gejohle
Ran'da'le (die, -, nur Ez.) das Randalieren
Ran'da'leur [-løːɐ] (der, -s, -e) jmd., der randaliert (veraltet)
ran'da'lie'ren (V.) lautstark und zerstörerisch tätig werdend umherziehen [Kunstwort]
ran'do'mi'sie'ren (V.) eine Zufallsstichprobe machen [engl.]
Ran'ger [reɪndʒə] (der, -s, -s) **1** berittener amerikanischer Polizist; Waldhüter **2** speziell ausgebildeter Soldat für den Einsatz hinter den feindlichen Linien [engl.]
ran'gie'ren [-ʃiː-] (V.) **1** verschieben; z.B. einen Waggon rangieren **2** einen bestimmten

Rang einnehmen; z.B. in der Weltbestenliste auf Platz 3 rangieren [frz.]
Ran|kü|ne (die, -, -n) heimliche Feindschaft; Groll [frz.]
Ra|nu|la (die, -, -lä) Zyste nahe des Zungenbändchens, Froschgeschwulst (Med.) [lat.]
Ra|nun|kel (die, -, -n) ein Hahnenfußgewächs, Zierblume [lat.]
Ran|zi|on (die, -, -zi|o̱nen) Lösegeld zum Freikauf von Kriegsgefangenen oder auch gekaperten Schiffen [lat.-frz.]
ran|zi|o|nie̱|ren (V.) Kriegsgefangene oder gekaperte Schiffe freikaufen [lat.-frz.]
Rap [ræp] (der, -s, -s) rhythmischer Sprechgesang in Reimen (als Musikform der 80er-Jahre) [engl.]
Ra|pa|zi|tät (die, -, nur Ez.) (veraltet) Raubgier [lat.]
Ra|phia (die, -, -phi|en) eine tropische Palme, Faserpflanze [madagass.]
ra|pid (Adj.) = rapide
ra|pi|da|men|te (Adv.) sehr schnell, rasend (Vortragsanweisung in der Musik) [lat.-it.]
ra|pi|de (Adj.) sehr schnell; z.B. eine rapide Entwicklung [frz.]
Ra|pi|di|tät (die, -, nur Ez.) Blitzesschnelle, Windeseile [lat.-frz.]
ra|pi|do (Adv.) sehr schnell, rasch (Vortragsanweisung in der Musik) [lat.-it.]
Ra|pier (das, -s, -e) eine Fechtwaffe, Florett-Vorläufer [frz.]
Rap|pell (der, -s, nur Ez.) 1 Rückberufung eines Gesandten 2 das Schreiben zur Abberufung [lat.-frz.]
Rap|ping [ræpɪŋ] (das, -s, nur Ez.) = Rap [engl.]
Rap|port (der, -(e)s, -e) 1 dienstlicher Bericht (bes. beim Militär) 2 Kontakt zwischen Psychotherapeut und Patient [frz.]
rap|por|tie̱|ren (V.) einen Rapport (1) machen
Rapp|roche|ment *auch:* Rap|proche|ment [rapʀɔʃmã] (das, -s, -s) Wiederversöhnung, die politische Wiederversöhnung [lat.-frz.]
Rap|tus (der, -, -se) plötzliche Geistesstörung; Koller [lat.]
Ra|pu|se (die, -, nur Ez.) 1 Plünderung, Raub, Verlust, Wirrwarr 2 ein Kartenspiel [tschech.]
rar (Adj.) selten, aber gefragt, nur in geringer Menge oder Anzahl existent [lat.-frz.]
Ra̱|ra (nur Mz.) seltene Bücher [lat.]
Ra̱|ra a̱|vis (die, - -, -) 1 seltener Vogel 2 etwas Seltenes, Rares [lat.]
Ra|re|fi|ka|ti|on (die, -, -ti|o̱nen) Gewebsschwund, speziell der Knochen (Med.) [lat.]

ra|re|fi|zie̱|ren (V.) 1 auflockern, verdünnen 2 schwinden (von Gewebe oder Knochen in der Medizin) [lat.]
Ra|ri|tät (die, -, -en) Seltenheit [lat.]
Ras (der, -, -) 1 abessinischer Titel 2 Vorgebirge, Berggipfel [arab.]
ra|sant (Adj.) 1 rasch, schwungvoll 2 flach verlaufend (bei der Flugbahn eines Geschosses) [frz.]
Ra|sanz (die, -, nur Ez.) das Rasantsein
Ra|seur [razø:ɐ] (der, -s, -e) altertümelnd für Barbier [lat.-frz.]
Rash [ræʃ] (der, -(es), -s) masern- oder scharlachartiger Hautausschlag [lat.-frz.-engl.]
ra|sie̱|ren (V.) 1 (Bart-)Haare kurz abschneiden, abschaben 2 durch Entlangstreifen beschädigen (ugs.); z.B. eine Leitplanke rasieren [frz.]
Ras|kol (der, -, nur Ez.) Spaltung, Kirchenspaltung, Schisma [russ.]
Ras|kol|nik (der, -s, -i oder -en) Sektenangehöriger in Russland, speziell der sogenannten Altgläubigen seit dem 17. Jahrhundert [russ.]
Rä|son (*auch:* Rai|son) [-zõ] oder [-zɔŋ] (die, -, nur Ez.) Einsicht, Vernunft [frz.]
rä|so|na̱|bel (Adj.) 1 vernünftig 2 gehörig [lat.-frz.]
Rä|so|neur [-nø:ɐ] (der, -s, -e) jmd., der räsoniert
rä|so|nie̱|ren (V.) Unmut äußern, nörgeln
Rä|son|ne|ment [-mã] (das, -s, -s) 1 vernünftige Überlegung, Beurteilung, sinnvolle Abwägung 2 (etwas abwertend) Vernünftelei [lat.-frz.]
Ras|pa (die, -, -s) um 1950 aufgekommener lateinamerikanischer Gesellschaftstanz [span.]
Ras|sis|mus (der, -, nur Ez.) Rassenhetze, verquere Rassendenken [lat.-it.-frz.]
Ras|sist (der, -sis|ten, -sis|ten) Verfechter des Rassismus [lat.-it.-frz.]
ras|sis|tisch (Adj.) den Rassismus betreffend, auf ihm basierend, zu ihm gehörend [lat.-it.-frz.]
Ras|ta (der, -s, -s) Kurzform von Rastafari
Ras|ta|fa|ri (der, -s, -s) 1 Anhänger einer religiösen Bewegung in Jamaika, die den äthiopischen Kaiser als Gott verehrt 2 Anhänger und Vertreter einer Musikrichtung, die von traditioneller jamaikanischer Musik beeinflusst ist [engl.]
Ras|tral *auch:* Rast|ral/Ra|stral (das, -s, -e) fünfzinkiges Gerät zum Ziehen von Notenlinien [lat.]
ras|trie̱|ren *auch:* rast|rie̱|ren/ra|strie̱|ren (V.) Notenlinien ziehen [lat.]

Ra'sul Al'lah (der, - -, nur Ez.) **1** der Gesandte, der Prophet Gottes **2** Bezeichnung für Mohammed [arab.]
Ra'sur (die, -, -en) **1** das Rasieren; rasierte Haut **2** das Radieren, radierte Stelle [lat.]
Rät (*auch:* Rhät) (das, -s, nur Ez.) Abschnitt der Erdgeschichte, Stufe des Keupers [nlat.]
Ra'ta'fia (die, -s, -s) Fruchtlikör [frz.-it.]
Ra'ta'touille [ratatuj] (die, -, nur Ez.) französischer Aubergineneintopf (mit Tomaten Zwiebeln u.a.)
Ra'te (die, -, -n) **1** Teilzahlungsbetrag **2** Zahlenverhältnis; z.B. die sinkende Rate an Eheschließungen [it.]
Rä'ter (der, -s, -) Ew. von Rätien
Ra'te'ro (der, -s, -s) Gauner, Taschendieb [span.]
ra'tier'lich (Adj.) in Raten (Kaufmannssprache) [lat.-it.-dt.]
Ra'ti'fi'ka'ti'on (die, -, -ti'o'nen) das Ratifizieren
ra'ti'fi'zie'ren (V.) genehmigen, annehmen (von zwischenstaatlichen Verträgen) [lat.]
Ra'ti'fi'zie'rung (die, -, -en) Bestätigung oder Genehmigung eines von der Regierung abgeschlossenen Vertrages durch eine gesetzgebende Institution [lat.]
Ra'ti'né (der, -s, -s) ratinierter Stoff
Ra'ting [reɪ-] (das, -s, nur Ez.) **1** Methode zur Einschätzung und Beurteilung von Personen oder Situationen mit Hilfe von Ratingskalen (Med.; Psych.) **2** Einschaltquote beim Fernsehen [engl.]
Ra'ting (das, -s, nur Ez.) Prüfung der Kreditwürdigkeit von Unternehmen [engl.]
ra'ti'nie'ren (V.) die Oberfläche kräuseln, wellen (von Stoffen) [frz.]
Ra'tio (die, -, nur Ez.) Vernunft [lat.]
Ra'ti'on (die, -, -ti'o'nen) zugeteilte Menge (an Nahrungsmitteln) [frz.]
ra'ti'o'nal (Adj.) vernunftgemäß [lat.]
Ra'ti'o'na'le (das, -, nur Ez.) als Auszeichnung dienender, liturgischer Schulterschmuck einiger katholischer Bischöfe [lat.]
Ra'ti'o'na'li'sa'tor (der, -s, -to'ren) mit der Durchführung von Rationalisierungsmaßnahmen betrauter Angestellter eines Unternehmens [lat.]
ra'tio'na'li'sie'ren (V.) **1** zweckmäßig vereinfachen (von Arbeitsabläufen) **2** rechtfertigen (in der Psychologie) [frz.]
Ra'ti'o'na'li'sie'rung (die, -, -en) Straffung und Vereinheitlichung veralteter Verfahren durch zweckmäßigere und durchdachtere Methoden [lat.]
Ra'ti'o'na'lis'mus (der, -, nur Ez.) Vernunftglaube [lat.]

Ra'ti'o'na'list (der, -lis'ten, -lis'ten) Anhänger des Rationalismus
ra'ti'o'na'lis'tisch (Adj.) dem Rationalismus entsprechend, ihn betreffend, auf ihm basierend [lat.]
Ra'ti'o'na'li'tät (die, -, nur Ez.) das Rationalsein
ra'ti'o'nell (Adj.) zweckmäßig [frz.]
ra'ti'o'nie'ren (V.) etwas Knappes planmäßig kontrollieren, einschränken und zuteilen [frz.]
rä'tisch (Adj.) zu Rätien gehörig
Ra'ton'ku'chen (der, -s, -) Napfkuchen [frz.-dt.]
Rä'to'ro'ma'ne (der, -n, -n) Nachkomme der rätischen Bevölkerung in der Schweiz, in den Dolomiten und Friaul
rä'to'ro'ma'nisch (Adj.) zu den Rätoromanen gehörig
Rat'tan (das, -s, -e) aus Rotangpalmen gewonnenes Rohr, das zur Fertigung von Korbwaren verwendet wird [malai.-engl.]
ra'va'gie'ren (V.) (altertümelnd) verheeren, verwüsten [lat.-frz.]
Ra've'lin (der, -s, -s) Außenwerk vor den Hauptwällen alter Festungen [it.-frz.]
Ra'vi'o'li (nur Mz.) gefüllte Nudeltäschchen, Maultaschen [it.]
ra'vi'van'do (Adv.) schneller werdend, sich wieder belebend (Vortragsanweisung in der Musik) [lat.-it.]
Ra'yé [rɛjeː] (der, -s, -s) fein längs gestreifter Stoff [frz.]
Ra'yon *auch:* Ray'on [rɛjɔ̃] (der, -s, -s) Abteilung, Dienstbereich [german.-frz.]
Ra'yon'chef *auch:* Ray'on'chef [rɛjɔ̃-] (der, -s, -s) Abteilungsleiter eines Warenhauses [lat.-frz.]
ra'yo'nie'ren [rɛjɔ̃-] (V.) zuweisen, nach Bezirken einteilen (österr.) [lat.-frz.]
Ra'ze'mat (das, -(e)s, -e) Gemisch, das aus rechts- und linksdrehenden Molekülen besteht [lat.]
ra'ze'misch (Adj.) die Eigenschaften eines Razemates habend [lat.]
ra'ze'mös (*auch:* ra'ze'mös) (Adj.) traubenförmig (bezüglich der Verzweigung von Pflanzen) [lat.]
ra'ze'mös (Adj.) = razemos [lat.]
Raž'nji'ći [raʒnjitʃi] (das, -s, -s) jugoslawisches Gericht aus würzigen Fleischstücken [serbokroat.]
Raz'zia (die, -, -zi'en oder -s) polizeiliche Fahndungsaktion (in Lokalen) [arab.-frz.]
Re (das, -s, -s) Entgegnung auf Kontra (beim Skat) [lat.]

Rea|der (riː-] (der, -s, -) Lesebuch mit Texten verschiedener Autoren zu einem (Wissenschafts-)Thema [engl.]

Rea|dy|made (*auch:* Rea|dy-made) [redɪmeɪd] (das, -, -s) als Kunstwerk deklarierter Gebrauchsgegenstand [engl.]

Re|af|fe|renz (die, -, nur Ez.) die Rückmeldung über eine ausgeführte Bewegung, die über die Nervenbahnen erfolgt [lat.]

Re|a|gens (das, -, -gen|zi|en) jeder Stoff, der mit einem anderen verbunden eine bestimmte Reaktion hervorruft und diesen dadurch identifiziert [lat.]

Re|a|genz (das, -es, -gen|zi|en) = Reagens [lat.]

Re|a|genz|glas (das, -es, -glä|ser) Prüf- und Experimentierglas in Zylinderform [lat.-dt.]

Re|a|gen|zi|en Mz. von Reagens und Reagenz [lat.]

re|a|gi|bel (Adj.) sensibel reagierend, bei geringsten Anlässen reagierend [lat.]

Re|a|gi|bi|li|tät (die, -, nur Ez.) die Eigenschaft oder das Vermögen, sehr sensibel zu reagieren [lat.]

re|a|gie|ren (V.) 1 eine chemische Reaktion eingehen 2 auf etwas ansprechen [lat.]

Re|akt (der, -(e)s, -e) in der Psychologie jegliche Antworthandlung auf Verhaltensweisen der Mitmenschen, die eine Erwiderung, eine Ablehnung, ein Mitmachen etc. sein kann [lat.]

Re|ak|tant (das, -en, -en) der Stoff, der mit einem anderen eine Reaktion eingeht [lat.]

Re|ak|tanz (die, -, -en) 1 ein Blindwiderstand, der durch Kapazitäten und Induktivitäten in Wechselstromkreisen bewirkt wird 2 Widerstand auf persönliche Einschränkung [lat.]

Re|ak|ti|on (die, -, -ti|o|nen) 1 das Reagieren 2 reaktionäres Bestreben; alle Reaktionäre

re|ak|ti|o|när (Adj.) politisch rückschrittlich [frz.]

Re|ak|ti|o|när (der, -s, -e) politischer Rückschrittler [frz.]

Re|ak|ti|ons|ge|schwin|dig|keit (die, -, -en) die Zeit, die ein chemischer, physiologischer oder ähnlicher Prozess für seinen Ablauf benötigt [lat.-dt.]

Re|ak|ti|ons|norm (die, -, -en) die in der Regel angeborene Art und Weise, wie ein Organismus auf Umweltreize reagiert [lat.dt.]

re|ak|tiv 1 zurückwirkend 2 reaktionsfähig

Re|ak|tiv (das, -s, -e) psychische Verhaltensweise, die unmittelbar auf Umweltreize zurückzuführen sind [lat.]

re|ak|ti|vie|ren (V.) wieder aktiv werden lassen, wieder einstellen; wieder wirksam werden lassen [lat.-frz.]

Re|ak|ti|vi|tät (die, -, nur Ez.) 1 das Reaktivsein 2 Maß für die Zahl der Kernspaltungen eines Reaktors

Re|ak|tor (der, -s, -to|ren) chemischer, physikalischer Reaktionsbehälter (bes. ein Kernreaktor)

re|al (Adj.) wirklich; sachlich [lat.]

Re|al (der, -s, -es oder portugies. Reis) alte Münze (in Spanien, Portugal und Brasilien)

Re|al|akt (der, -(e)s, -e) rein tatsächliche, nicht rechtsgeschäftliche Handlung, die nur auf einen äußeren Erfolg gerichtet ist, an den jedoch vom Gesetz Rechtsfolgen geknüpft sind, wie etwa der Erwerb eines Besitzes (Rechtswissenschaft) [lat.]

Re|al|de|fi|ni|ti|on (die, -, -ti|o|nen) in der Philosophie eine Sachbestimmung, die sich auf den Wirklichkeitsgehalt der zu definierenden Sache bezieht [lat.]

Re|al|ein|kom|men (das, -s, -) Einkommen unter dem Gesichtspunkt der tatsächlichen Kaufkraft [lat.-dt.]

Re|a|len (nur Mz.) in der Philosophie die letzten wirklichen Bestandteile des Seins [lat.]

Re|al|en|zyk|lo|pä|die *auch:* Re|al|en|zy|klo|pä|die (die, -, -n) Lexikon, das die Sachbegriffe einer Wissenschaft oder eines Wissenschaftsgebietes enthält [lat.-gr.]

Re|al|gar (der, -s, -e) ein arsenhaltiges Mineral, Rauschrot [arab.-frz.]

Re|al|gym|na|si|um (das, -s, -si|en) ehemalige, dem heutigen neusprachlichen Gymnasium entsprechende, höhere Lehranstalt [lat.-gr.]

Re|a|li|en (nur Mz.) 1 wirkliche Dinge 2 Sachkenntnisse 3 Sachwissen vermittelnde Schulfächer [lat.]

Re|a|lign|ment [rɪəlaɪn-] (das, -s, nur Ez.) Neufestsetzung von Wechselkursen nach einer Frist des Floatings [engl.]

Re|al|in|dex (der, -es, -e oder -di|zes) Sachverzeichnis, Sachregister [lat.]

Re|al|in|ju|rie (die, -, -n) tätliche Beleidigung [lat.]

Re|al|ins|pi|ra|ti|on *auch:* Re|al|in|spi|ra|ti|on (die, -, -ti|o|nen) die Eingebung des sachlichen Inhalts der Heiligen Schrift durch den Heiligen Geist [lat.]

Re|a|li|sat (das, -s, -e) künstlerisches Erzeugnis, Werk [lat.]

Re|a|li|sa|ti|on (die, -, -ti|o|nen) das Realisieren

Re|a|li|sa|tor (der, -s, -to|ren) 1 Hersteller, Autor, Fertiger 2 geschlechtsbestimmender Faktor in den Fortpflanzungszellen des Menschen und vieler Tiere und Pflanzen [lat.]

re|a|li|sie|ren (V.) **1** verwirklichen **2** sich bewusst machen **3** zu Geld machen [lat.]
Re|a|li|sie|rung (die, -, -en) das Realisieren [lat.]
Re|a|lis|mus (der, -, nur Ez.) **1** Wirklichkeitssinn **2** philosophische Lehre von einer menschenunabhängigen, aber wahrnehmbaren Realität **3** Kunstrichtung, die sich an der Wirklichkeit orientiert; z.B. in der Literatur, Malerei [lat.]
Re|a|list (der, -lis|ten, -lis|ten) **1** jmd., der Wirklichkeitssinn besitzt **2** Realismuskünstler
Re|a|lis|tik (die, -, nur Ez.) Realitätsbezug, Wirklichkeitsnähe
re|a|lis|tisch (Adj.) realitätsbezogen, wirklichkeitsnah; nüchtern-sachlich
Re|a|li|tät (die, -, -en) **1** Wirklichkeit, Tatsache **2** (nur Mz.) = Immobilien (österr.) [frz.]
re|a|li|ter (Adv.) in Wirklichkeit [lat.]
Re|al|ka|ta|log (der, -(e)s, -e) Bücherverzeichnis, das nach dem sachlichen Inhalt des betreffenden Werkes angelegt ist, Sachkatalog [lat.]
Re|al|kon|kor|danz (die, -, -en) eine ein alphabetisches Verzeichnis von Dingen enthaltende Konkordanz [lat.]
Re|al|kon|kur|renz (die, -, nur Ez.) mehrfache Übertretung des Strafgesetzes, Tatenmehrheit [lat.]
Re|al|le|xi|kon (das, -s, -ka) Lexikon, das die Sachbegriffe einer Wissenschaft oder eines Wissenschaftsgebietes enthält, Realenzyklopädie [lat.]
Re|a|lo (der, -s, -s) Anhänger oder Mitglied der Partei der Grünen, der sich im Gegensatz zu den Fundalisten an den realen Begebenheiten und Machbarkeiten orientiert [lat.]
Re|al|po|li|tik (die, -, nur Ez.) eine Politik, die sich nüchtern an den realen Begebenheiten und Machbarkeiten orientiert und nicht um moralische oder ideologische Grundsätze oder nationale Überlegungen und Ressentiments kümmert [lat.]
Re|al|prä|senz (die, -, nur Ez.) die wirkliche Gegenwart Christi in Brot und Wein beim heiligen Abendmahl [lat.]
Re|al|re|pug|nanz *auch:* Re|al|re|pu|gnanz (die, -, nur Ez.) nach Kant der in der Sache liegende Widerspruch im Gegensatz zu dem im Begriff liegenden [lat.]
Re|al|u|ni|on (die, -, -ni|o|nen) die Verbindung selbstständiger Staaten durch gemeinsame Institutionen [lat.]
re|a|ma|teu|ri|sie|ren (V.) einen Berufssportler wieder in den Amateurstatus versetzen [lat.-frz.]

Re|a|ni|ma|ti|on (die, -, -ti|o|nen) Wiederbelebung [lat.]
re|a|ni|mie|ren (V.) wiederbeleben (Med.) [lat.]
re|ar|mie|ren (V.) wieder bewaffnen, ein Kriegsschiff wieder ausrüsten [lat.]
Re|as|se|ku|ranz (die, -, -en) Rückversicherung [lat.]
re|as|su|mie|ren (V.) ein Verfahren wieder aufnehmen (Rechtswissenschaft) [lat.]
Re|as|sump|ti|on (die, -, -ti|o|nen) Wiederaufnahme eines Verfahrens in der Rechtswissenschaft [lat.]
Re|au|mur [re:omy:ɐ] (das, -, -) veraltete Temperatureinheit mit 80 Gradeinteilungen zwischen Gefrier- und Siedepunkt des Wassers
Re|bab (der, -, -s) arabisches Streichinstrument [pers.-arab.]
Reb|bach (der, -(s), nur Ez.) = Reibach
Re|bec (der, -s, -s) mittelalterliches Musikinstrument in Form einer gehälfteten Birne mit zwei bis drei Saiten [pers.-arab.-span.-frz.]
Re|bell (der, -en, -en) Aufrührer, Aufständischer, Empörer [frz.]
re|bel|lie|ren (V.) sich auflehnen, sich öffentlich empören, um eine Änderung durchzusetzen [frz.]
Re|bel|li|on (die, -, -li|o|nen) Aufruhr, offene Auflehnung [frz.]
re|bel|lisch (Adj.) wie ein Rebell, aufrührerisch
Re|bound [ri:baʊnd] (der, -s, -s) vom Korbring oder Brett abprallender Ball (beim Basketball) [engl.]
Re|bus (der oder das, -, -se) Bilderrätsel [lat.]
Re|call|test [rɪkɔːl -] (der, -s, -s) Prüfungsmethode, mit der untersucht wird, welche Werbeaussagen, -appelle etc. bei den Versuchspersonen im Gedächtnis haften geblieben sind [engl.]
Ré|ca|mie|re [rekamjɛːr] (die, -, -n) Sofa ohne Rückenlehne, aber mit hochgezogenen Armlehnen [frz.]
Re|cei|ver [rɪsiː-] (der, -s, -) Hi-Fi-Radio mit Verstärker [engl.]
Re|cha|bit (der, -en, -en) Angehöriger einer altisraelitischen religiösen Gemeinschaft, die am Nomadentum festhielt [hebr.]
Ré|chaud [reʃoː] (der oder das, -s, -s) Warmhaltevorrichtung mit Brenner; z.B. für Fondue-Gerichte [frz.]
Re|cher|che [-ʃɛrʃə] (die, -, -n) Nachforschung [frz.]
Re|cher|cheur [-ʃɛrʃøːɐ] (der, -s, -e) jmd., der recherchiert

re|cher|chie|ren [-ʃɛrʃiː-] (V.) Nachforschungen anstellen; z.B. im Zeitungswesen [frz.]

re|ci|pe! [-tsi-] nimm! (auf Rezepten) [lat.]

Re|ci|tal [rɪsaɪtl] (das, -s, -s) Solistenkonzert; Konzert mit Werken nur eines Komponisten [frz.-engl.]

re|ci|tan|do [-tsi-] (Adv.) sprechend, vortragend (bei Musikstücken) [it.]

re|com|man|dé [-mãde:] frz. für: eingeschrieben (Postwesen) [lat.-frz.]

Re|con|quis|ta (die, -, nur Ez.) Kampf der christlichen Bevölkerung Spaniens gegen die arabische Herrschaft im Mittelalter [lat.-span.]

Re|cor|der (der, -s, -) = Rekorder

rec|te (Adv.) richtig [lat.]

re|cy|celn [rɪsaɪk-] (V.) dem Recyclingprozess zuführen [engl.]

Re|cyc|ling auch: Re|cy|cling [rɪsaɪk-] (das, -s, nur Ez.) Wiederaufbereitung, -verwendung (von Wertstoffen im Müll) [engl.]

Re|cyc|ling|pa|pier auch: Re|cy|cling|papier [rɪsaɪk-] (das, -, nur Ez.) aus 100 Prozent Altpapier hergestelltes Papier [engl.]

Re|dak|teur [-tø:ɐ] (der, -s, -e) Verlags-, Rundfunkangestellter, der Veröffentlichungen, Beiträge beurteilt (und ausformuliert)

Re|dak|ti|on (die, -, -ti|o|nen) 1 alle Redakteure einer publizierenden Einrichtung 2 Arbeit eines Redakteurs; z.B. die Redaktion zu einem Manuskript machen [frz.]

re|dak|ti|o|nell (Adj.) zur Redaktion gehörig, manuskriptbearbeitend

Re|dak|tor (der, -s, -to|ren) 1 wissenschaftlicher Redakteur, Herausgeber 2 = Redakteur (schweiz.) [lat.]

Re|dak|tri|ce [-s] (die, -, -n) Redakteurin (österr.)

Red|di|ti|on (die, -, -ti|o|nen) 1 Rückgabe 2 Vorbringen eines Rechtsgrundes [lat.]

Re|demp|to|rist auch: Red|emp|to|rist (der, -ris|ten, -ris|ten) Mitglied der katholischen Kongregation vom allerheiligsten Erlöser, die im 18. Jahrhundert gegründet wurde und sich besonders in der Missionsarbeit betätigt [lat.]

red|hi|bie|ren (V.) Gekauftes wegen eines Mangels zur Zeit des Kaufs gegen Kaufpreiserstattung zurückgeben [lat.]

Red|hi|bi|ti|on (die, -, -ti|o|nen) die Rückgabe einer gekauften Sache wegen eines verborgenen Mangels zur Zeit des Kaufs gegen Kaufpreiserstattung [lat.]

red|hi|bi|to|risch (Adj.) 1 die Redhibition betreffend 2 eine Redhibition zum Ziel habend [lat.]

re|di|gie|ren (V.) die Arbeit eines Redakteurs verrichten, für die Veröffentlichung bearbeiten [frz.]

re|di|mie|ren auch: red|i|mie|ren (V.) (veraltet) (Kriegs-)gefangene freikaufen [lat.]

Re|din|gote (die, -, -n) taillierter Damenmantel mit Reverskragen [engl.-frz.]

Red|in|te|gra|ti|on auch: Red|in|te|gra|ti|on (die, -, -ti|o|nen) Wiedereingliederung, Wiederherstellung [lat.]

Re|dis|kont (der, -s, -e) Weiterverkauf eines diskontierten Wechsels durch die Bank [it.]

re|dis|kon|tie|ren (V.) einen diskontierten Wechsel durch die Bank weiterverkaufen [it.]

Re|dis|tri|bu|ti|on auch: Re|dist|ri|bu|ti|on/ Re|di|stri|bu|ti|on (die, -, -ti|o|nen) Korrektur der Einkommensverteilung durch finanzwirtschaftliche Maßnahmen [lat.]

re|di|vi|vus (Adj.) wieder erstanden [lat.]

Re|don|dil|la (die, -, -s) Strophe mit vier achtsilbigen Versen, die in Romanzen und Dramen verwendet werden [lat.-span.]

Re|dopp (der, -s, -s) kürzester Galopp in der hohen Schule des Reitens [lat.-it.]

Re|dou|te (die, -, -n) 1 großer Maskenball 2 ein Festungswerk [frz.]

Re|dox|sys|tem auch: Red|ox|sys|tem (das, -s, -e) chemisches System mit Reduktions- und Oxidationsmittel im Gleichgewicht [Kurzwort]

Red|res|se|ment auch: Re|dres|se|ment [-mã] (das, -s, -s) das Redressieren

red|res|sie|ren auch: re|dres|sie|ren (V.) einrenken; orthopädisch korrigieren [frz.]

Re|dub|lie|ren auch: re|du|blie|ren (V.) (veraltet) verstärken, verdoppeln [lat.-frz.]

Re|duit [redɥi] (das, -s, -s) Verteidigungsanlage im Zentrum einer Festung, die vor Beschuss sicher ist [lat.-frz.]

Re|duk|ta|se (die, -, -n) reduzierendes Enzym in der Milch [lat.]

Re|duk|ti|on (die, -, -ti|o|nen) 1 das Reduzieren 2 Sauerstoffentzug

re|dun|dant auch: red|un|dant (Adj.) überreichlich; überflüssig, z.B. eine bedeutungsüberladene Worterklärung [lat.]

Re|dun|danz auch: Red|un|danz (die, -, -en) das Redundantsein

Re|dup|li|ka|ti|on auch: Re|du|pli|ka|ti|on (die, -, -ti|o|nen) Verdopplung (eines Lautes) [lat.]

re|dup|li|zie|ren auch: re|du|pli|zie|ren (V.) verdoppeln [lat.]

Re|du|zent (der, -en, -en) ein Organismus (wie Bakterien oder Pilze) der organische Stoffe mineralisiert, in anorganische überführt [lat.]

re|du|zi|bel (Adj.) reduzierbar

re|du|zie|ren (V.) 1 etwas verringern; sich vermindern 2 Sauerstoff entziehen [lat.]
Re|du|zie|rung (die, -, -en) das Reduzieren [lat.]
Red|wood [-wʊd] (das, -s, -s) Mammutbaum(holz) [engl.]
Reel [riːl] (der, -s, -s) schottischer und irischer Tanz kreolischen Ursprungs [engl.]
re|ell (Adj.) 1 begründet, wirklich; z.B. eine reelle Chance 2 anständig, zuverlässig; z.B. eine reelle Geschäftsverbindung [frz.]
Re|el|li|tät (die, -, nur Ez.) Ehrlichkeit, Redlichkeit, Anständigkeit im Geschäftsleben [lat.-frz.]
Re|en|ga|ge|ment [-āgaʒmã:] (das, -s, -s) Wiederverpflichtung [frz.]
ree|sen (V.) voller Eifer erzählen, übertreiben, Seemannsgarn spinnen (Seemannssprache) [engl.]
Re|e|vo|lu|ti|on (die, -, -ti|o|nen) Wiederkehr der geistigen Funktionen nach einem epileptischen Anfall (Med.) [lat.]
Re|ex|port (der, -(e)s, -e) Ausfuhr importierter Waren [lat.]
Re|ex|por|ta|ti|on (die, -, -ti|o|nen) = Reexport [lat.]
Re|fait (das, -s, -e) Kartenspiel mit unentschiedenem Ausgang [lat.-frz.]
Re|fak|tie (die, -, -n) Vergütung für unbrauchbare Ware [lat.]
re|fak|tie|ren (V.) Nachlass gewähren [lat.-niederl.]
Re|fek|to|ri|um (das, -s, -ri|en) Klosterspeisesaal [lat.]
Re|fe|rat (das, -(e)s, -e) 1 kurzer, erörternder Vortragsbericht 2 Arbeitsfeld eines Referenten (2) [lat.]
Re|fe|ree (der, -s, -s) Schiedsrichter, Ringrichter [engl.]
Re|fe|ren|da Mz. von Referendum [lat.]
Re|fe|ren|dar (der, -s, -e) Akademiker im Vorbereitungsdienst auf die Beamtenlaufbahn [lat.]
Re|fe|ren|da|ri|at (das, -(e)s, -e) Vorbereitungsdienst für Referendare [lat.]
Re|fe|ren|dum (das, -s, -da oder -den) Volksentscheid [lat.]
Re|fe|rens (das, -, -ren|tia) in einem Satz das erste Glied einer aus zwei Objekten bestehenden Beziehung, das das handelnde Objekt wiedergibt (im Beispielsatz »Der Matador tötete den Stier« ist Matador das Referens) (Sprachwissenschaft) [lat.]
Re|fe|rent (der, -en, -en) 1 jmd., der ein Referat hält 2 Sachbearbeiter
re|fe|ren|ti|ell (Adj.) = referenziell
Re|fe|renz (die, -, -en) 1 Empfehlung, günstige Auskunft über jmdn. 2 Beziehung eines Wortes zur realen Welt (in der Linguistik) [frz.]

re|fe|ren|zi|ell (auch: re|fe|ren|ti|ell) (Adj.) die Referenz betreffend [lat.]
re|fe|rie|ren (V.) ein Referat halten, berichten
re|fi|nan|zie|ren (V.) fremde Mittel aufnehmen, um selbst jemand anderem Kredit zu gewähren [lat.-frz.]
Ref|la|ti|on auch: Re|fla|ti|on (die, -, -ti|o|nen) Ausweitung des Geldumlaufs (als finanzpolitische Maßnahme) [lat.]
ref|la|ti|o|när auch: re|fla|ti|o|när (Adj.) zur Reflation gehörig, durch Reflation
Ref|lek|tant auch: Re|flek|tant (der, -en, -en) Bewerber [lat.]
ref|lek|tie|ren auch: re|flek|tie|ren (V.) 1 nachdenken 2 zurückstrahlen, spiegeln [lat.]
Ref|lek|tor auch: Re|flek|tor (der, -s, -to|ren) Rückstrahler; z.B. ein Parabolspiegel [lat.]
ref|lek|to|risch auch: re|flek|to|risch (Adj.) reflexbedingt
Ref|lex auch: Re|flex (der, -es, -e) 1 nicht vom Willen gesteuerte, rasche Reaktion 2 Lichtwiderschein
Ref|le|xi|on auch: Re|fle|xi|on (die, -, -xi|o|nen) das Reflektieren
ref|le|xiv auch: re|fle|xiv (Adj.) 1 sich auf das Subjekt des Satzes zurückbeziehend (vom Verb durch ein Pronomen), rückbezüglich 2 durch Reflexion (erkannt) [lat.]
Ref|le|xiv auch: Re|fle|xiv (das, -s, -e) = Reflexivpronomen
Ref|le|xiv|pro|no|men auch: Re|fle|xiv|pro|no|men (das, -s, - oder -mi|na) rückbezügliches Fürwort [lat.]
Ref|le|xi|vum auch: Re|fle|xi|vum (das, -s, -xi|va) = Reflexivpronomen
Ref|lex|zo|nen|the|ra|pie auch: Re|flex|zo|nen|the|ra|pie (die, -, -n) die Therapie, bei der eine bestimmte Stelle am Körper (Fuß, Hand etc.) massiert wird, um eine andere Stelle des Körpers zu beeinflussen [lat.]
Ref|lux auch: Re|flux (der, -es, nur Ez.) medizinischer Fachbegriff für Rückfluss (zum Beispiel beim Erbrechen) [lat.]
Re|form (die, -, -en) verbessernde Neuordnung [frz.]
Re|for|ma|ti|on (die, -, -ti|o|nen) 1 Wiederherstellung (eines frühen Zustandes); Erneuerung 2 (nur Ez.) eine religiöse Bewegung des 16. Jhs., Vorstufe des Protestantismus [lat.]
Re|for|ma|tor (der, -s, -to|ren) jmd., der eine Reformation durchführt, Erneuerer
re|for|ma|to|risch (Adj.) zur Reformation gehörig, erneuernd, umgestaltend

Re|for|mer (der, -s, -) Erneuerer, Verbesserer, jmd., der etwas umgestaltet [lat.-frz.-engl.]

re|for|me|risch (Adj.) nach Erneuerung, Verbesserung strebend, Reformen durchführend [lat.-frz.]

Re|form|haus (das, -es, -häu|ser) Fachgeschäft für vollwertige und vitaminreiche Nahrungsmittel [lat.-frz.-dt.]

re|for|mie|ren (V.) verbessernd neuordnen [frz.]

re|for|miert (Adj.) evangelisch-reformiert [lat.]

Re|for|mier|te (der oder die, -n, -n) Mitglied der reformierten Kirche [lat.]

Re|for|mie|rung (die, -, -en) Verbesserung, Neugestaltung [lat.]

Re|for|mis|mus (der, -, nur Ez.) Politik gemäßigter sozialer Reformen

Re|for|mist (der, -mis|ten, -mis|ten) Anhänger des Reformismus

re|for|mis|tisch (Adj.) den Reformismus betreffend, auf ihn bezogen [lat.]

Re|form|kom|mu|nis|mus (der, -, nur Ez.) nationale Besonderheiten berücksichtigende Variante des Kommunismus, die die orthodoxe Linie Moskaus ablehnt [lat.]

Re|form|kon|zil (das, -s, -e oder -zi|li|en) Kirchenversammlung des 15. und 16. Jahrhunderts mit dem Ziel, die katholische Kirche des Spätmittelalters umzugestalten [lat.]

Re|form|pä|da|go|gik auch: Re|form|päd|a|go|gik (die, -, nur Ez.) pädagogische Bewegung, die besonders auf die Psychologie des Kindes Rücksicht nimmt und stures Erlernen von Wissen ablehnt [lat.]

Re|fos|co (der, -s, -s) dunkelroter dalmatinischer Wein [it.]

ref|rai|chie|ren auch: re|frai|chie|ren (V.) = rafraichieren [frz.]

Ref|rain auch: Re|frain [rəfrɛ̃] (der, -s, -s) Kehrreim [frz.]

ref|rak|tär auch: re|frak|tär (Adj.) medizinisch unbeeinflussbar [lat.]

Ref|rak|ti|on auch: Re|frak|ti|on (die, -, -ti|o|nen) Richtungsänderung eines Lichtstrahls durch Brechung [lat.]

Ref|rak|to|me|ter auch: Re|frak|to|me|ter (das, -s, -) Brechzahlmesser [lat.-gr.]

Ref|rak|to|met|rie auch: Re|frak|to|met|rie/Re|frak|to|me|trie (die, -, nur Ez.) die physikalische Lehre von der Bestimmung der Brechungsgrößen [lat.-gr.]

ref|rak|to|met|risch auch: re|frak|to|met|risch/re|frak|to|me|trisch (Adj.) mit Hilfe eines Refraktometers durchgeführt [lat.-gr.]

Ref|rak|tor auch: Re|frak|tor (der, -s, -to|ren) astronomisches Fernrohr mit Sammellinse [lat.]

Ref|rak|tu|rie|rung auch: Re|frak|tu|rie|rung (die, -, -en) erneutes Brechen eines Knochens bei schlecht verheiltem Knochenbruch aus operativen Gründen (Med.) [lat.]

Ref|ri|ge|ran|tia auch: Re|fri|ge|ran|tia (nur Mz.) kühlende, erfrischende Mittel [lat.]

Ref|ri|ge|ran|zi|en auch: Re|fri|ge|ran|zi|en (nur Mz.) = Refrigerantia [lat.]

Ref|ri|ge|ra|ti|on auch: Re|fri|ge|ra|ti|on (die, -, -ti|o|nen) Erkaltung [lat.]

Ref|ri|ge|ra|tor auch: Re|fri|ge|ra|tor (der, -s, -to|ren) Gefrieranlage [lat.]

Re|fu|ge [-fyːʒ] (das, -[fyːʒ], -s) Schutzhütte, Notquartier in den Bergen [lat.-frz.]

Re|fu|gi|al|ge|biet (das, -(e)s, -e) Gebiet, in das sich in ihrem Lebensraum bedrohte Arten zurückziehen mit dem Ziel der Arterhaltung [lat.-dt.]

Re|fu|gié [refyʒjeː] (der, -s, -s) Glaubensflüchtling (bes. Hugenotte) [frz.]

Re|fu|gi|um (das, -s, -gi|en) Zufluchtsstätte [lat.]

re|fun|die|ren (V.) (veraltet) zurückzahlen, ersetzen [lat.]

Re|fus (der, -, nur Ez.) = Refus [lat.-frz.]

Re|fus auch: Re|füs (der, -, -) Ablehnung, Weigerung, Verweigerung, abschlägige Antwort [lat.-frz.]

re|fü|sie|ren (V.) ablehnen (veraltet) [frz.]

Re|fu|si|on (die, -, -si|o|nen) Rückerstattung, Rückgabe [lat.]

Re|fu|ta|ti|on (die, -, -ti|o|nen) **1** (veraltet) Widerlegung **2** Aufkündigung des Lehens durch den Vasallen [lat.]

Reg (die, -, -) hamitische Bezeichnung für eine Geröllwüste

re|gal (Adj.) königlich, fürstlich [lat.]

Re|gal (das, -s, -e) Fächergestell [viell. lat.]

Re|gal (das, -s, -li|en) nutzbares, dem König zustehendes Hoheitsrecht [lat.]

re|ga|lie|ren (V.) **1** unentgeltlich bewirten, freihalten **2** sich an etwas gütlich tun, satt essen [frz.]

Re|ga|li|tät (die, -, -en) Anspruch auf Regalien

Re|gat|ta (die, -, -ten) Bootswettfahrt [it.]

Re|gel|a|ti|on (die, -, nur Ez.) das erneute Gefrieren von Wasser zu Eis bei Druckentlastung nach vorheriger Schmelzung bei Druckzunahme [lat.]

Ré|gence [-ʒɑ̃s] (die, -, nur Ez.) französische Kunstrichtung um 1720

Re|gen|cy [riːdʒənsɪ] (das, -, nur Ez.) englische Kunstrichtung um 1815

Re|ge|ne|ra|ti|on (die, -, -ti|o|nen) 1 Neubildung (von Gewebe, Zellen); Heilungsvorgang 2 Neubelebung, Erholung [lat.]
re|ge|ne|ra|tiv (Adj.) 1 durch Regeneration entstanden 2 Regeneration bewirkend
re|ge|ne|ra|to|risch (Adj.) = regenerativ
re|ge|ne|rie|ren (V.) 1 neu bilden (von Gewebe, Zellen) 2 neu beleben, erholen, wiederherstellen [lat.]
Re|gent (der, -en, -en) regierender Monarch; dessen Stellvertreter [lat.]
Re|gent|schaft (die, -, -en) 1 Amtszeit eines Regenten 2 Herrschaft eines Regenten [lat.-dt.]
Re|gest (das, -(e)s, -ges|ten) knappe Zusammenfassung eines Urkundeninhalts [lat.]
Re|ges|tum (das, -s, -ta) = Regest
Reg|gae [regeɪ] (der, -, nur Ez.) jamaikanische Stilrichtung der Rockmusik [viell. engl.]
Re|gie [-ʒi:] (die, -, nur Ez.) 1 (künstlerische) Leitung, Inszenierung (von Bühnenstücken, Filmen) 2 (öffentliche) Verwaltung; z.B. eine Maßnahme unter staatlicher Regie [frz.]
Re|gie|en [-ʒi:-] (nur Mz.) Verwaltungskosten (österr.) [frz.]
re|gie|ren (V.) 1 (be)herrschen, leiten 2 fördern; z.B. die Präposition »trotz« regiert den Genitiv [lat.]
Re|gime [-ʒi:m] (das, -(e)s, -s) Regierung (meist abwertend) [frz.]
Re|gi|ment (das, -(e)s, -er oder -e) 1 ein Truppenverband 2 (nur Ez.) Macht, Befehlsgewalt; z.B. zu Hause das Regiment führen [lat.]
Re|gi|o|lekt (der, -(e)s, -e) Dialekt in geografischer, nicht soziologischer Hinsicht [lat.]
Re|gi|on (die, -, -gi|o|nen) Bereich, Gegend; Planungsfeld [lat.]
re|gi|o|nal (Adj.) zu einer Region gehörig, gebietsmäßig
Re|gi|o|na|lis|mus (der, -, -men) 1 Bestreben innerhalb einer Region, eines Staatsteiles mehr Eigenständigkeit zu erlangen 2 Spracheigentümlichkeit einer Region
Re|gi|o|na|list (der, -lis|ten, -lis|ten) Verfechter des Regionalismus [lat.]
Re|gi|o|nal|li|ga (die, -, -gen) Spielklasse verschiedener Sportarten auf regionaler Ebene [lat.]
Re|gi|o|nal|pro|gramm (das, -s, -e) Rundfunk- und Fernsehprogramm für ein bestimmtes Sendegebiet, eine Region [lat.]
re|gi|o|när (Adj.) einen bestimmten Bereich des Körpers betreffend (Med.) [lat.]
Re|gis|seur [-ʒisø:ɐ] (der, -s, -e) Regieleiter
Re|gis|ter (das, -s, -) 1 Verzeichnis; z.B. ein alphabetisches Register der Stichwörter 2 Ton-, Stimmbereich (einer Orgel, eines Sängers) [lat.]
re|gis|tered [rɛdʒɪstəd] 1 in ein Register eingetragen; patentiert 2 eingeschrieben (bei Postsendungen) [engl.]
Re|gis|tra|tur auch: Re|gist|ra|tur/Re|gi|stra|tur (die, -, -en) 1 Ablagestelle, in der der Schriftverkehr geordnet wird; das Registrieren 2 alle Registerzüge (einer Orgel)
re|gis|trie|ren auch: re|gist|rie|ren/re|gi|strie|ren (V.) 1 in einem Register erfassen, ordnend verzeichnen 2 bewusst, aber schweigend wahrnehmen; z.B. eine Fehlleistung eines Mitarbeiters registrieren 3 die Register einer Orgel ziehen
Reg|le|ment auch: Re|gle|ment [-mã] (das, -s, -s), Dienstvorschrift; Regeln, Bestimmungen (in einer Sportart) [frz.]
reg|le|men|ta|risch auch: re|gle|men|ta|risch (Adj.) dem Reglement gemäß
reg|le|men|tie|ren auch: re|gle|men|tie|ren (V.) einem Reglement unterwerfen, streng regeln
Reg|le|men|tie|rung auch: Re|gle|men|tie|rung (die, -, -en) 1 das Reglementieren 2 die Unterstellung einer Person oder Personengruppe unter behördliche Aufsicht [lat.]
Reg|let|te auch: Re|glet|te (die, -, -n) flaches Metallstück, das (beim Handsatz) zwischen die Buchstabenzeilen gelegt wird und im Druck den Zwischenraum bewirkt [frz.]
Reg|re|di|ent auch: Re|gre|di|ent (der, -en, -en) einen Regress in Anspruch Nehmender [lat.]
reg|re|die|ren auch: re|gre|die|ren (V.) 1 auf Früheres zurückgreifen, zurückgehen 2 in Regress nehmen [lat.]
Reg|ress auch: Re|gress (der, -es, -e) 1 Ersatzanspruch, Rückgriff auf den Verantwortlichen 2 Rückschluss von der Ursache auf die Wirkung [lat.]
Reg|res|sand auch: Re|gres|sand (der, -en, -en) veränderliche Größe eines Regressionsvorganges [lat.]
Reg|res|sat auch: Re|gres|sat (der, -en, -en) Rückgriffsschuldner, den der Gläubiger in Anspruch genommen hat, für dessen Haftung einstehen muß [lat.]
Reg|res|si|on auch: Re|gres|si|on (die, -, -si|o|nen) Zurückweichen; Rückfall; Abnahme [lat.]
reg|res|siv auch: re|gres|siv (Adj.) 1 zurückgreifend (durch einen Regress) 2 zurückweichend; abnehmend (durch Regression)
Reg|res|si|vi|tät auch: Re|gres|si|vi|tät (die, -, nur Ez.) regressives Verhalten [lat.]

Re|gu|la|fal|si (die, -, nur Ez.) ein mathematisches Näherungsverfahren [lat.]
re|gu|lär (Adj.) **1** vorschriftsmäßig; z.B. eine reguläre Entscheidung **2** regelmäßig; z.B. ein reguläres Vieleck [lat.]
Re|gu|lar (der, -s, -e) ein feierliches Gelübde ablegendes Mitglied eines katholischen Ordens [lat.]
Re|gu|la|ri|en (nur Mz.) auf der Tagesordnung stehende, geschäftliche Angelegenheiten [lat.]
Re|gu|la|ri|tät (die, -, nur Ez.) das Regulärsein
Re|gu|la|ti|on (die, -, -ti|o|nen) Ausgleich, Regelung [lat.]
re|gu|la|tiv (Adj.) ausgleichend, regelnd [lat.]
Re|gu|la|tiv (das, -s, -e) **1** regelndes Element; z.B. Einsparungen als Regulativ für den Staatshaushalt **2** Vorschrift [lat.]
Re|gu|la|tor (der, -s, -to|ren) regulierende Vorrichtung
re|gu|la|to|risch (Adj.) regulierend, steuernd [lat.]
re|gu|lie|ren (V.) regeln, ordnen [lat.]
Re|gu|lie|rung (die, -, -en) **1** Regelung **2** das Erreichen eines gleichmäßigen korrekten Ganges einer Maschine, eines Motors etc. **3** Begradigung eines Flusslaufs [lat.]
re|gu|li|nisch (Adj.) aus reinem Metall bestehend [lat.]
Re|gu|lus (der, -, -li oder -se) **1** aus Erzen ausgeschmolzener Metallklumpen **2** Gattung von Singvögeln [lat.]
Re|gur (der, -s, nur Ez.) Schwarzerde in Südindien [Hindi]
Re|ha|bi|li|tand (der, -en, -en) jmd., der rehabilitiert wird
Re|ha|bi|li|ta|ti|on (die, -, -ti|o|nen) das Rehabilitieren
Re|ha|bi|li|ta|ti|ons|zent|rum auch: Re|ha|bi|li|ta|ti|ons|zen|trum (das, -s, -ren/-tren) Heilanstalt zur Wiedereingliederung (Sucht-)Kranker [lat.]
re|ha|bi|li|ta|tiv (Adj.) die Rehabilitation betreffend, ihr dienend [lat.]
re|ha|bi|li|tie|ren (V.) **1** den ursprünglichen guten Ruf wiederherstellen, frühere Ehrenrechte zurückgeben **2** wieder eingliedern (von Kranken, Süchtigen etc.) [lat.]
Re|ha|bi|li|tie|rung (die -, -en) **1** Wiederherstellung von Ansehen, Prestige, Rechten **2** Wiedereingliederung eines Kranken, eines Versehrten etc. in Gesellschaft und Berufsleben [lat.]
Re|haut [rəo:] (der, -s, -s) Erhöhung, die lichte Stelle auf Gemälden [lat.-frz.]
Rei|bach (der, -s, nur Ez.) sehr vorteilhaftes Geschäft, (betrügerischer) Gewinn [jidd.]

Rei|fi|ka|ti|on (die, -, -ti|o|nen) Konkretisierung, Vergegenständlichung [lat.-engl.]
rei|fi|zie|ren (V.) konkretisieren, eine Reifikation leisten [lat.-engl.]
Re|im|plan|ta|ti|on auch: Re|im|plan|ta|ti|on (auch: Re|plan|ta|ti|on) (die, -, -ti|o|nen) Wiedereinpflanzung; z.B. eines aus dem Zahnbett gerissenen Zahns [lat.]
Re|im|port (der, -(e)s, -e) das Wiedereinführen schon ausgeführter Güter [lat.]
Re|im|por|ta|ti|on (die, -, -ti|o|nen) = Reimport [lat.]
re|im|por|tie|ren (V.) schon ausgeführte Güter wiedereinführen [lat.]
Rei|ne|clau|de (die, -, -n) [rɛnklo:d] = Reneklode
Rei|net|te [re-] (die, -, -n) = Renette (österr., schweiz.)
Re|in|fek|ti|on (die, -, -ti|o|nen) Wiederansteckung
Re|in|fu|si|on (die, -, -si|o|nen) intravenöse Wiederzuführung von verlorenem oder vorher entnommenem Blut in den Blutkreislauf (Med.) [lat.]
Re|in|kar|na|ti|on (die, -, -ti|o|nen) (Wieder-)Eintritt der Seele in einen Körper, Wiederfleischwerdung [lat.]
re|in|kar|nie|ren (V.) sich wiederverkörpern
re|ins|tal|lie|ren (V.) in ein Amt, einen Aufgabenbereich wiedereinsetzen [lat.]
Re|in|teg|ra|ti|on auch: Re|in|te|gra|ti|on (die, -, -ti|o|nen) Wiedereingliederung, Wiederherstellung [lat.]
re|in|teg|rie|ren auch: re|in|te|grie|ren (V.) wiedereingliedern [lat.]
re|in|ves|tie|ren (V.) frei gewordene Kapitalerträge erneut anlegen, wieder investieren [lat.]
Rei|zi|a|num (das, -s, -na) lyrisches Versmaß in der antiken Dichtung [lat.]
Re|jek|ti|on (die, -, -ti|o|nen) **1** Abstoßung transplantierter Organe durch den Organismus des Organempfängers (Med.) **2** in der Rechtswissenschaft die Ablehnung oder Verwerfung eines Vertrages, einer Klage etc. [lat.]
Ré|jouis|sance [reʒwisã:s] (die, -, -n) heiterer Satz einer Suite im 17. und 18. Jahrhundert [lat.-frz.]
Re|ka|les|zenz (die, -, -en) Wiedererwärmung, Wiedererhitzung (Chemie) [lat.]
Re|ka|pi|tu|la|ti|on (die, -, -ti|o|nen) Wiederholung [lat.]
re|ka|pi|tu|lie|ren (V.) wiederholen [lat.]
Rek|la|mant auch: Re|kla|mant (der, -en, -en) Beschwerde Führender, jmd., der Einspruch gegen etwas erhebt [lat.]
Rek|la|man|te auch: Re|kla|man|te (die, -, -n) Kennzeichen der einzelnen Lagen einer Handschrift [lat.]

Rek|la|ma|ti|on *auch:* Re|kla|ma|ti|on (die, -, -ti|o|nen) das Reklamieren
Rek|la|me *auch:* Re|kla|me (die, -, -n) Werbung [frz.]
rek|la|mie|ren *auch:* re|kla|mie|ren (V.) beanstanden, sich über einen Mangel beschweren; zurückfordern [lat.]
Rek|li|na|ti|on *auch:* Re|kli|na|ti|on (die, -, -ti|o|nen) das Rückbiegen einer verkrümmten Wirbelsäule, mit anschließender Fixierung in dieser Stellung in einem Gipsbett [lat.]
Rek|lu|sen *auch:* Re|klu|sen (nur Mz.) Männer und Frauen, die sich zur Askese einmauern ließen [lat.]
Re|ko|die|rung (die, -, -en) die Umsetzung in die Zielsprache nach der Analyse der Ausgangssprache (Dekodierung), beispielsweise beim Übersetzen [lat.]
Re|kog|ni|ti|on *auch:* Re|ko|gni|ti|on (die, -, -ti|o|nen) die gerichtliche oder amtliche Beglaubigung der Echtheit einer Person, Sache oder Urkunde [lat.]
re|kog|nos|zie|ren *auch:* re|ko|gnos|zie|ren (V.) erforschen, erkunden [lat.]
Re|kog|nos|zie|rung *auch:* Re|ko|gnos|zie|rung (die, -, -en) Erkundung, Identifizierung [lat.]
Re|kom|bi|na|ti|on (die, -, -ti|o|nen) Neuzusammenstellung; z.B. als genetischer Vorgang [lat.]
Re|kom|man|da|ti|on (die, -, -ti|o|nen) 1 Einschreibsendung (österr.) 2 Empfehlung (veraltet) [lat.]
re|kom|man|die|ren (V.) 1 einschärfen, eindringlich empfehlen 2 österreichische Bezeichnung für einschreiben lassen (Postwesen) [lat.-frz.]
Re|kom|pa|ra|ti|on (die, -, -ti|o|nen) Wiedererwerbung [lat.]
Re|kom|pens (die, -, -en) das Rekompensieren, Entschädigen [lat.]
Re|kom|pen|sa|ti|on (die,-,-ti|o|nen) 1 = Rekompens 2 Wiederherstellung eines ausgeglichenen Zustandes nach gestörten Organfunktionen [lat.]
re|kom|pen|sie|ren (V.) entschädigen [lat.]
Re|kom|po|si|ti|on (die, -e, -ti|o|nen) in der Sprachwissenschaft die Neubildung eines zusammengesetzten Wortes, wobei auf die ursprüngliche Form eines der Kompositionsglieder zurückgegriffen wird [lat.]
Re|kom|po|si|tum (das, -s, -ta) in der Sprachwissenschaft ein durch eine Rekomposition entstandenes Wort [lat.]
Re|kons|ti|tu|ti|on *auch:* Re|kon|sti|tu|ti|on (die, -, -ti|o|nen) Wiederherstellung [lat.]
re|kons|tru|ie|ren *auch:* Re|konst|ru|ie|ren/ re|kon|stru|ie|ren (V.) 1 nachbilden, den früheren Zustand nach alten Vorlagen wiederherstellen; z.b. ein zerstörtes Fachwerkhaus rekonstruieren 2 aus dem Gedächtnis genau darstellen; z.B. einen Vorfall rekonstruieren [lat.]
Re|kons|truk|ti|on *auch:* Re|konst|ruk|ti|on/ Re|kon|struk|ti|on (die, -, -en) das Rekonstruieren
re|kons|truk|tu|ra|bel *auch:* re|konst|ruk|tu|ra|bel/re|kon|struk|tu|ra|bel (Adj.) nachvollziehbar, darstellbar [lat.]
re|kon|va|les|zent (Adj.) genesend [lat.]
Re|kon|va|les|zent (der, -en, -en) Genesender [lat.]
Re|kon|va|les|zenz (die, -, nur Ez.) Genesung [lat.]
re|kon|va|les|zie|ren (V.) genesen, gesunden (Med.) [lat.]
Re|kon|zi|li|a|ti|on (die, -, -ti|o|nen) 1 Neuweihe (einer Kirche) 2 Wiederaufnahme, Lossprechung eines Exkommunizierten [lat.]
Re|kord (der, -s, -e) Höchstleistung (im Sport) [engl.]
Re|kor|der *(auch:* Re|cor|der) (der, -s, -) Tonbandgerät [engl.]
Rek|re|a|ti|on *auch:* Re|kre|a|ti|on (die, -, -ti|o|nen) Erholung (veraltet) [lat.]
Rek|re|di|tiv *auch:* Re|kre|di|tiv (das, -s, -e) die schriftliche Bestätigung eines Staatsoberhauptes, dass er ein diplomatisches Abberufungsschreiben erhalten hat [lat.]
rek|re|ie|ren *auch:* re|kre|ie|ren (V.) sich erholen (veraltet) [lat.]
Rek|ri|mi|na|ti|on *auch:* Re|kri|mi|na|ti|on (die, -, -ti|o|nen) (veraltet) Gegenklage, Gegenbeschuldigung (Rechtswissenschaft) [lat.]
rek|ri|mi|nie|ren *auch:* re|kri|mi|nie|ren (V.) Gegenklage erheben, den Kläger beklagen (Rechtswissenschaft) [lat.]
Rek|ru|des|zenz *auch:* Re|kru|des|zenz (die, -, -en) erneute Verschlimmerung einer Krankheit (Med.) [lat.]
Rek|rut *auch:* Re|krut (der, -en, -en) Soldat in der Grundausbildung [frz.]
rek|ru|tie|ren *auch:* re|kru|tie|ren (V.) 1 einberufen (als Rekrut; veraltet) 2 sich zusammensetzen; z.B. die Mehrzeit der Fremdarbeiter rekrutiert sich aus Türken und Griechen 3 (Arbeitskräfte) beschaffen [frz.]
rek|tal (Adj.) zum Mastdarm gehörig, im Mastdarm; z.B. Fieber rektal messen [lat.]
Rek|tan|gel *auch:* Rekt|an|gel (das, -s, -) (veraltet) Rechteck [lat.]
rek|tan|gu|lär *auch:* rekt|an|gu|lär (Adj.) (veraltet) rechtwinkelig [lat.]
Rek|ta|pa|pier (das, -s, -e) unübertragbares Wertpapier, Namenspapier [lat.]
Rek|tas|zen|si|on *auch:* Rekt|as|zen|si|on (die, -, -si|o|nen) eine astronomische Koordinate (ähnlich der geografischen Länge) [lat.]

rek'te (Adv.) = recte
Rek|ti|fi|ka|ti|on (die, -, -ti|o|nen) das Rektifizieren [lat.]
rek|ti|fi|zie|ren (V.) **1** berichtigen **2** reinigen; durch Destillation trennen **3** Länge eines Kurvenbogens (durch Integrieren) errechnen
Rek|ti|on (die, -, -ti|o|nen) Eigenschaft eines Wortes, den Kasus eines untergeordneten Wortes zu bestimmen [lat.]
Rek|to (das, -s, -s) Vorderseite eines Blattes, eines Buches, einer Handschrift, eines Papyrus [lat.]
Rek|tor (der, -s, -to|ren) **1** Schulleiter **2** leitender Geistlicher (einer Filialkirche) [lat.]
Rek|to|rat (das, -(e)s, -e) Amt, Räume eines Rektors
Rek|tos|kop auch: Rek|to|skop (das, -s, -e) Mastdarmspiegel [lat.]
Rek|tum (das, -s, -ta) Mastdarm [lat.]
re|kul|ti|vie|ren (V.) unfruchtbar gewordenen Boden wieder nutzbar machen, erneut als Kulturland nutzen [lat.-frz.]
Re|ku|pe|ra|ti|on (die, -, -ti|o|nen) **1** Luftvorwärmung durch Abgase **2** Wiedererlangung (veraltet) [lat.]
Re|ku|pe|ra|tor (der, -s, -to|ren) Vorwärmer in Feuerungsanlagen [lat.]
Re|kur|rens|fie|ber (das, -s, nur Ez.) Rückfallfieber (Med.) [lat.]
re|kur|rent (Adj.) schrittweise auf Bekanntes zurückgreifend, zurückgehend [lat.]
Re|kur|renz (die, -, nur Ez.) Eigenschaft einer Grammatik, mit der nach bestimmten Formationsregeln unendlich viele Sätze gebildet werden können [lat.]
re|kur|rie|ren (V.) **1** Zuflucht nehmen (veraltet) **2** Beschwerde gegen Justizorgane einlegen **3** Bezug nehmen, zurückgreifen [lat.]
Re|kurs (der, -es, -e) **1** Berufung, Beschwerde gegen ein Justizorgan **2** Bezugnahme, Rückgriff [lat.]
Re|kur|si|on (die, -, nur Ez.) = Rekurrenz [lat.]
re|kur|siv (Adj.) schrittweise auf Bekanntes zurückgehend, zurückgreifend [lat.]
Re|kur|si|vi|tät (die, -, nur Ez.) = Rekurrenz [lat.]
Re|ku|sa|ti|on (die, -, -ti|o|nen) in der Rechtswissenschaft die Ablehnung eines für befangen erachteten Richters [lat.]
Re|lais (das, - [lɛːs], - [lɛːs]) **1** Poststationenreihe; Pferdewechselstelle (früher) **2** elektrische Schalteinrichtung, die mit geringen Strömen größere steuert [frz.]
Re|lais|sta|ti|on [rəlɛː-] (die, -, -ti|o|nen) Empfangsstation, die Nachrichten weiterleitet; z.B. ein Verstärker in einem Überseekabel, ein Satellit [frz.]
Re|lance [-lüs] (die, -, -n) in der Schweiz das Wiederaufgreifen einer politischen Idee [frz.]
Re|laps (der, -es, -e) Rückfall (in der Medizin) [lat.]
Re|la|ti|on (die, -, -ti|o|nen) Beziehung, Verhältnis; z.B. die Relation eines Pronomens zu einem Substantiv [lat.]
re|la|ti|o|nal die Relation betreffend, auf ihr basierend, in Beziehung stehend [lat.]
Re|la|ti|o|na|lis|mus (der, -, nur Ez.) die Anschauung, daß Wahrheiten nur bezüglich menschlicher Auffassung gültig und nicht absolut wahr sind [lat.]
Re|la|ti|o|nis|mus (der, -, nur Ez.) = Relationalismus [lat.]
Re|la|ti|ons|ad|jek|tiv (das, -s, -e) ein Adjektiv, das eine allgemeine Beziehung ausdrückt und in der Regel nicht steigerungsfähig ist [lat.]
re|la|tiv (Adj.) **1** bedingt, verhältnismäßig, auf etwas bezogen **2** ziemlich, eingeschränkt **3** auf ein vorhergehendes Wort bezogen (Relativpronomen) [lat.]
Re|la|tiv (das, -s, -e) = Relativpronomen
Re|la|tiv|ad|jek|tiv (das, -s, -e) = Relationsadjektiv [lat.]
Re|la|tiv|ad|verb (das, -s, -bi|en) bezügliches Umstandswort [lat.]
re|la|ti|vie|ren (V.) **1** in eine Beziehung setzen **2** einschränken [lat.]
re|la|ti|visch (Adj.) das Relativ betreffend, als Relativ verwendet [lat.]
Re|la|ti|vis|mus (der, -, nur Ez.) Anschauung, dass Wahrheiten nur bezüglich menschlicher Auffassung gültig sind (und nicht absolut) [lat.]
Re|la|ti|vist (der, -vis|ten, -vis|ten) Verfechter der Anschauung, dass alle Erkenntnis nur subjektiv ist, es keine objektive Wahrheit gibt, Vertreter des Relativismus [lat.]
re|la|ti|vis|tisch (Adj.) **1** den philosophischen Relativismus betreffend, auf ihm basierend **2** die Relativitätstheorie betreffend, auf ihr basierend **3** die Relativität betreffend [lat.]
Re|la|ti|vi|tät (die, -, -en) das Relativsein
Re|la|ti|vi|täts|the|o|rie (die, -, nur Ez.) Einsteins Theorie, die Raum und Zeit relativiert, sodass sie nur bezüglich eines Bewegungszustandes im System gelten
Re|la|tiv|pro|no|men (das, -s, - oder -mi|na) bezügliches Fürwort; z.B. »welche« in »Die Frau, welche...« [lat.]
Re|la|tiv|satz (der, -es, -sät|ze) Nebensatz oder Gliedteilsatz, der durch ein Relativ eingeleitet ist [lat.-dt.]

Re|la|ti|vum (das, -s, -va) = Relativpronomen

Re|la|tor (der, -s, -to̱ren) mehrstellige, zur Vorhersage eines Merkmals herangezogene Variable in der Statistik [lat.]

Re|la|tum (das, -s, -ta) in einem Satz das zweite Glied einer aus zwei Objekten bestehenden Beziehung, das das Objekt wiedergibt, auf das die Handlung gerichtet ist (im Beispielsatz »Der Matador tötete den Stier« ist der Stier das Relatum) (Sprachwissenschaft) [lat.]

Re|launch (der oder das, -es, -es) verstärkter Werbeinsatz für ein Produkt, das schon geraume Zeit auf dem Markt ist [engl.]

Re|la|xans (das, -, -xa̱n|tia oder -xa̱n|zi|en) Arzneimittel, das (Muskel-)Entspannung, Erschlaffung bewirkt [lat.]

Re|la|xa|ti|on (die, -, -ti|o̱nen) **1** Erschlaffung, Entspannung **2** verzögerte Reaktion eines Körpers auf Außeneinwirkungen (in der Physik) [lat.]

re|laxed [rılækst] (Adj.) entspannt, locker (ugs.) [engl.]

Re|lea|ser [rıliːsə-] (der, -s, -) bei der Behandlung von Rauschgiftsüchtigen mitwirkender Sozialarbeiter oder Psychotherapeut [engl.]

Re|lease|zent|rum *auch:* Re|lease|zen|trum [rıliːs-] (das, -s, -ren/-tren) Selbsthilfeorganisation zur Beratung Drogensüchtiger [engl.-lat.]

Re|le|ga|ti|on (die, -, -ti|o̱nen) das Relegieren

re|le|gie|ren (V.) von einer (Hoch-)Schule verweisen [lat.]

re|le|vant (Adj.) erheblich, wichtig [lat.]

Re|le|vanz (die, -, nur Ez.) Erheblichkeit, Wichtigkeit [lat.]

Re|le|va|ti|on (die, -, -ti|o̱nen) **1** Erleichterung **2** Befreiung von einer rechtlichen Verbindlichkeit (Rechtswissenschaft) [lat.]

re|li|a|bel (Adj.) verlässlich, zuverlässig [lat.-frz.-engl.]

Re|li|a|bi|li|tät (die, -, nur Ez.) Prüf-, Testgenauigkeit (eines psycholog. Verfahrens) [lat.]

Re|li|ef (das, -s, -s oder -e) **1** aus einer Fläche erhaben herausgearbeitetes Bildwerk **2** plastische Landkarte [frz.]

re|li|e|fie|ren (V.) mit einem Relief ausstatten, mit einem Relief versehen [lat.-frz.]

Re|li|e|fie|rung (die, -, -en) das Herausarbeiten eines Reliefs [lat.-frz.]

Re|li|ef|in|tar|sia (*auch:* Re|li|ef|in|tar|sie) (die, -, -si|en) Kombination von Einlegearbeit und Schnitzerei [lat.- frz.]

Re|li|ef|in|tar|sie (die, -, -n) = Reliefintarsia [lat.-frz.]

Re|li|ef|kli|schee (das, -s, -s) Rasterätzung mit reliefartiger Prägung auf der Rückseite, wodurch die entsprechenden Stellen auf der Vorderseite besser zur Geltung kommen (im Buchdruck) [lat.-frz.]

Re|li|gio (die, -, -nes) religiöse katholische Vereinigung mit eigener Regel und öffentlichen Gelübden [lat.]

Re|li|gi|on (die, -, -gi|o̱nen) Glaube an eine übersinnliche, nicht menschliche Leitgestalt; Glaubensbekenntnis [lat.]

re|li|gi|ös (Adj.) zu einer Religion gehörig; fromm, gläubig [lat.]

Re|li|gi|o|se (der oder die, -n, -n) Mitglied religiöser Genossenschaften (im katholischen Kirchenrecht) [lat.]

Re|li|gi|o|si|tät (die, -, nur Ez.) Gläubigkeit [lat.]

re|li|gi|o|so (Adv.) andächtig, feierlich (Vortragsanweisung im Musik) [lat.-it.]

re|likt (Adj.) in Resten vorhanden, vorkommend [lat.]

Re|likt (das, -(e)s, -e) Überbleibsel (aus einer vergangenen Epoche) [lat.]

Re|lik|ten (nur Mz.) **1** Hinterbliebene (veraltet) **2** Hinterlassenschaft (veraltet) [lat.]

Re|li|qui|ar [-kwi-] (das, -s, -e) Reliquienbehälter

Re|li|quie [-kwiə] (die, -, -n) Überrest eines Heiligen; Teil seiner Kleidung u.a. (als Gegenstand kultischer Verehrung) [lat.]

Re|lish [relıʃ] (das, -s, -es [-is]) dicke Würzsoße (aus zerkleinerten Mixedpickles; z.B. zu Schnellgerichten) [engl.-lat.]

Rem (das, -, -) Maßeinheit für die biologische Wirksamkeit radioaktiver Strahlung [engl., Kurzwort]

Re|make [riːmeɪk] (das, -s, -s) Neufassung; z.B. einer Schallplatte mit verbesserter Tontechnik [engl.]

re|ma|nent (Adj.) verbleibend, zurückbleibend [lat.]

Re|ma|nenz (die, -, -en) das Verbleiben, Zurückbleiben; z.B. die Remanenz im zerebralen Erinnerungsbereich [lat.]

Rem|bours [rãbuːr] (der, -, -) Auslagenerstattung (im Überseehandel) [frz.]

Re|me|di|um (das, -s, -di|en oder -dia) **1** Heilmittel **2** zulässige Abweichung vom Münzgewicht [lat.]

Re|mig|rant *auch:* Re|mi|grant (der, -en, -en) zurückkehrender Emigrant [lat.]

Re|mi|nis|zenz (die, -, -en) wohlwollende Rückerinnerungsgeste; Anklang; z.B. eine Collage als Reminiszenz an Dalis Kunstschaffen [lat.]

re|mis [rəmiː] (Adj.) unentschieden (beim Schach) [frz.]

Re|mi|se (die, -, -n) **1** Abstellschuppen für Wagen **2** Feldgehölz als Äsungs- und Deckungsplatz (für Niederwild) [frz.]

re|mi|sie|ren (V.) ein Remis erzielen, im Schach unentschieden spielen

Re|mis|si|on (die, -, -si̱o̱nen) **1** Rücksendung **2** vorübergehende Besserung (eines Krankheitsbildes) [lat.]

Re|mit|ten|de (die, -, -n) vom Buchhändler an den Verlag zurückgesandtes (unverkäufliches, beschädigtes) Buch [lat.]

Re|mit|tent (der, -en, -en) Wechselnehmer [lat.]

re|mit|tie|ren (V.) **1** zurücksenden (von Büchern) **2** vorübergehend nachlassen, zurückgehen (von Krankheitserscheinungen) [lat.]

re|mons|trie|ren *auch:* re|monst|rie|ren/ re|mon|strie|ren (V.) Einwände erheben [lat.]

Re|mon|te *auch* [-mõ-] (die, -, -n) junges Militärpferd, Ausbildungspferd [frz.]

Re|mou|la|de [-mu-] (die, -, -n) kalte Majonäsesoße mit Kräutern und Gewürzen [frz.]

Re|mu|ne|ra|ti|on (die, -, -ti̱o̱nen) Entschädigung, Sondervergütung (österr.) [lat.]

Ren (das, -s, -s oder Re̱ne) eine hochnordische Hirschart [skandinav.]

Re|nais|sance [rənɛːsˈ] (die, -, -n) **1** (nur Ez.) Wiederbelebung antiker Kunst- und Kulturformen im 13. bis 16. Jh. **2** Wiederbelebung früherer Kunst- und Kulturformen [frz.]

re|nal (Adj.) zu den Nieren gehörig [lat.]

Ren|dant (der, -en, -en) Gemeindekassenführer [lat.]

Ren|de|ment [rãdmã] (das, -s, -s) Rohstoffausbeute, -gehalt [frz.]

Ren|dez|vous *(auch:* Ren|dez-vous; schweiz.) [rãdevuˈ] (das, - [-wus], - [-wus]) **1** Verabredung (zweier Verliebter), Stelldichein **2** Weltraum-Koppelmanöver [frz.]

Ren|di|te (die, -, -n) Gewinn, Verzinsung (aus einer Kapitalanlage) [it.]

Re|ne|gat (der, -en, -en) Abtrünniger [frz.]

Re|ne|klo|de *auch:* Re|ne|klo̱de *(auch:* Rei|ne|clau|de) (die, -, -n) runde, violette oder grüngelbe Pflaumensorte [frz.]

Re|net|te *(auch:* Rei|neṯte) (die, -, -n) gelber Apfel mit roter Streifung; z.B. Cox Orange [frz.]

re|ni|tent (Adj.) widersetzlich [lat.]

Re|ni|tenz (die, -, -en) Widersetzlichkeit [lat.]

Ren|kont|re *auch:* Ren|kon|tre [rãkõtrə] (das, -s, -s) feindselige Begegnung (veraltet) [frz.]

Re|nom|mee (das, -s, -s) Ansehen, Ruf [frz.]

re|nom|mie|ren (V.) prahlen [frz.]

re|nom|miert (Adj.) mit gutem Ruf, namhaft

Re|nom|mist (der, -mis̱ten, -mis̱ten) Prahler [frz.]

Re|non|ce [rənõs] (die, -, -n) Fehlfarbe (beim Kartenspiel) [frz.]

Re|no|va|ti|on (die, -, -ti̱o̱nen) das Renovieren

re|no|vie|ren (V.) erneuern, in Stand setzen (von Gebäuden, Räumen) [lat.]

ren|ta|bel (Adj.) lohnend, vorteilhaft [frz.]

Ren|ta|bi|li|tät (die, -, nur Ez.) das Rentabelsein, Wirtschaftlichkeit

Ren|te (die, -, -n) regelmäßiges Einkommen aus Versicherungs-, Versorgungsansprüchen oder Vermögen [frz.]

Ren|ti|er [-tjeː] (der, -s, -s) jmd., der von einer Rente lebt (veraltet) [frz.]

ren|tie|ren (V.) Gewinn bringen, sich lohnen [frz.]

Re|nu|me|ra|ti|on (die, -, -ti̱o̱nen) Rückzahlung

re|nu|me|rie|ren (V.) zurückzahlen [lat.]

re|nun|zie|ren (V.) abdanken [lat.]

Re|or|ga|ni|sa|ti|on (die, -, -ti̱o̱nen) Umorganisation, Neuregelung [lat.]

re|or|ga|ni|sie|ren (V.) umorganisieren, neu regeln [lat.]

re|pa|ra|bel (Adj.) reparierbar

Re|pa|ra|ti|on (die, -, -en) **1** Ersatz geschädigten Gewebes (durch den Körper selbst) **2** (nur Mz.) Zahlungsverpflichtung einer besiegten Staatsmacht, Kriegsentschädigung [lat.]

Re|pa|ra|tur (die, -, -en) Instandsetzung [lat.]

re|pa|rie|ren (V.) in Stand setzen [lat.]

re|par|tie|ren (V.) aufteilen (von Kosten); zuteilen (von Wertpapieren) [frz.]

Re|par|ti|ti|on (die, -, -ti̱o̱nen) das Repartieren

re|pat|ri|ie|ren *auch:* re|pa|tri|ie|ren (V.) in die Heimat zurückführen, zurückkehren lassen (von Kriegsgefangenen); wieder einbürgern [lat.]

Re|pel|lent (das, -s, -s) chemisches Insektenabschreckungsmittel; z.B. eine stark riechende Substanz, die gegen Mückenstiche auf die Haut gerieben wird [lat.-engl.]

Re|per|toire [-twaːr] (das, -s, -s) alle eingeübten Darbietungsnummern (eines Künstlers), einstudierter Vorrat [frz.]

Re|pe|tent (der, -en, -en) Schüler, der eine Klasse wiederholt [frz.]

re|pe|tie|ren (V.) wiederholen (eine Lernübung, eine Schulklasse) [lat.]

Re|pe|ti|ti|on (die, -, -ti|o|nen) das Repetieren, Wiederholung

Re|pe|ti|tor (der, -s, -to|ren) jmd., der mit Studierenden den Lehrstoff nochmals durchnimmt, Einpauker [lat.]

Re|pe|ti|to|ri|um (das, -s, -ri|en) 1 Wiederholungsunterricht 2 Wiederholungslehrbuch [lat.]

Re|plan|ta|ti|on (die, -, -ti|o|nen) = Reimplantation

re|plan|tie|ren (V.) = reimplantieren

Rep|lik auch: Re|plik (die, -, -en) 1 Erwiderung (auf eine These); Einrede (bei Gericht) 2 Nachbildung eines Kunstwerks (durch den Künstler selbst) [lat.]

rep|li|zie|ren auch: re|pli|zie|ren (V.) 1 durch eine Replik antworten 2 eine Replik anfertigen

re|po|ni|bel (Adj.) reponierbar

re|po|nie|ren (V.) wieder einrichten (von ausgekugelten Gelenken u.a.) [lat.]

Re|port (der -(e)s, -e) 1 Bericht (nach eingehender Untersuchung) 2 Aufschlag bei Prolongationsgeschäften [lat.-engl.]

Re|por|ta|ge [-ʒə] (die, -, -n) Reporterbericht [frz.]

Re|por|ter (der, -s, -) Berichterstatter (für Presse, Rundfunk, Fernsehen) [frz.-engl.]

Re|po|si|ti|on (die, -, -ti|o|nen) das Reponieren

rep|rä|sen|ta|bel auch: re|prä|sen|ta|bel (Adj.) ansehnlich, wirkungsvoll, vorzeigbar [frz.]

Rep|rä|sen|tant auch: Re|prä|sen|tant (der, -en, -en) Abgeordneter; Interessenvertreter [frz.]

Rep|rä|sen|tanz auch: Re|prä|sen|tanz (die, -, -en) 1 Unternehmens-, Interessenvertretung 2 (nur Ez.) das Repräsentativsein

Rep|rä|sen|ta|ti|on auch: Re|prä|sen|ta|ti|on (die, -, -ti|o|nen) 1 Vertretung; z.B. die Repräsentation der Minderheiten durch einen Abgeordneten 2 würdiges Gehabe; gesellschaftliches Auftreten; Zurschaustellung [frz.]

rep|rä|sen|ta|tiv auch: re|prä|sen|ta|tiv (Adj.) 1 etwas statistisch richtig zeigend, typisch für den Bevölkerungsdurchschnitt 2 zur Repräsentation (2) gehörig, ansehnlich, repräsentabel

rep|rä|sen|tie|ren auch: re|prä|sen|tie|ren (V.) 1 vertreten; darstellen 2 repräsentabel auftreten

Rep|res|sa|lie auch: Re|pres|sa|lie [-liə] (die, -, -n) Druckmittel; Vergeltungsmaßnahme [lat.]

Rep|res|si|on auch: Re|pres|si|on (die, -, -si|o|nen) Unterdrückung, Bedürfnishemmung [lat.]

rep|res|siv auch: re|pres|siv (Adj.) Repression ausübend, unterdrückend

Rep|rint auch: Re|print [ri:-] (das, -s, -s) Neudruck; z.B. eines vergriffenen Buches [engl.]

Rep|ri|se auch: Re|pri|se (die, -, -n) 1 Wiederholung (eines Bühnenstücks, eines Sonatenteils) 2 kompensierende Erholung (des Börsenkurses) 3 Nachhieb (beim Fechten) [frz.]

rep|ri|va|ti|sie|ren auch: re|pri|va|ti|sie|ren (V.) verstaatlichtes Eigentum in Privatbesitz zurückführen [lat.]

Rep|ro auch: Re|pro (die oder das, -(s), -s) = Reproduktion (1) [Kurzwort]

Rep|ro|duk|ti|on auch: Re|pro|duk|ti|on (die, -, -ti|o|nen) 1 Nachbildung; Wiedergabe (durch ein Druckverfahren) 2 Fortpflanzung [lat.]

Rep|ro|duk|tiv auch: Re|pro|duk|tiv (Adj.) 1 nachbildend 2 wieder erzeugend [lat.]

rep|ro|du|zie|ren auch: re|pro|du|zie|ren (V.) 1 nachbilden; wiedergeben (durch ein Druckverfahren) 2 sich fortpflanzen [lat.]

Rep|ro|gra|fie auch: Re|pro|gra|fie (die, -, -fi|en) = Reprographie

Rep|ro|gra|phie auch: Re|pro|gra|phie (auch: Rep|ro|gra|fie) (die, -, -phi|en/-fi|en) Kopierverfahren, drucktechnisches Reproduktionsverfahren

Rep|til (das, -s, -e) Kriechtier [lat.]

Re|pub|lik auch: Re|pu|blik (die, -, -en) Staat, der nicht von einem Fürsten regiert wird [lat.]

Re|pub|li|ka|ner auch: Re|pu|bli|ka|ner (der, -s, -) Vertreter einer (konservativen) US-Partei [lat.]

re|pub|li|ka|nisch auch: re|pu|bli|ka|nisch (Adj.) zu einer Republik, zu den Republikanern gehörig

Re|pun|ze (die, -, -n) Feingehaltsstempel (auf Edelmetall) [lat.]

re|pun|zie|ren (V.) mit einer Repunze kennzeichnen

Re|pu|ta|ti|on (die, -, nur Ez.) Ansehen [lat.]

re|pu|tier|lich (Adj.) achtbar (veraltet) [lat.]

Re|qui|em (das, -s, -s oder -qui|en) 1 kath. Totenmesse 2 Komposition über dieses Thema [lat.]

re|qui|es|cat in pa|ce [-tse] er, sie ruhe in Frieden [lat.]

re|qui|rie|ren (V.) beschlagnahmen (für Militärzwecke) [lat.]

Re|qui|sit (das, -(e)s, -en) Zubehör (bes. für die Bühnenausstattung) [lat.]

Re|qui|si|teur [-tø:ɐ] (der, -s, -e) Requisitenverwalter

Re|qui|si|ti|on (die, -, -ti|o|nen) das Requirieren
Re|search [rɪsɜːtʃ] (das, -(s), -s) Markt-, Meinungsforschung [engl.]
Re|se|da (die, -, -s) = Resede
Re|se|de (auch: Re|se|da) (die, -, -n) die Färberpflanze, Zierpflanze [lat.]
Re|sek|ti|on (die, -, -ti|o|nen) das Resezieren
Re|ser|vat (das, -(e)s, -e) **1** Schutzgebiet (für Pflanzen, Tiere, Volksgruppen) **2** Sonderrecht [lat.]
Re|ser|va|tio men|ta|lis (die, - -, -ti|o|nes -les) geheimer Vorbehalt, nur gedanklicher, unausgesprochener Vorbehalt [lat.]
Re|ser|va|ti|on (die, -, -ti|o|nen) Ureinwohnern zugewiesenes Gebiet (in den USA), Reservat [lat.]
Re|ser|ve (die, -, -n) **1** Rücklage; Vorrat **2** (nur Ez.) alle Reservisten; Ersatztruppe **3** Zurückhaltung; z.B. jmdn. aus der Reserve locken
re|ser|vie|ren (V.) freihalten, zurückhalten; vorbestellen [frz.]
re|ser|viert (Adj.) zurückhaltend, unnahbar
Re|ser|vist (der, -vis|ten, -vis|ten) Wehrpflichtiger, der nicht mehr im aktiven Dienst ist, aber noch zu Reserveübungen herangezogen werden kann
Re|ser|voir [-vwaːr] (das, -s, -e) Sammelbehälter, Speicher (für Wasser) [frz.]
Re|si|dent (der, -en, -en) Schutzmachtvertreter, Statthalter [frz.]
Re|si|denz (die, -, -en) Wohnsitz eines hohen weltlichen oder geistlichen Würdenträgers; Hauptstadt (einer Monarchie) [lat.]
re|si|die|ren (V.) als Residenz bewohnen, Hof halten
Re|si|du|um (das, -s, -du|en) Rest, Rückstand (in der Chemie, Medizin) [lat.]
Re|sig|na|ti|on auch: Re|si|gna|ti|on (die, -, -ti|o|nen) das Resignieren
re|sig|na|tiv auch: re|si|gna|tiv (Adj.) = resigniert
re|sig|nie|ren auch: re|si|gnie|ren (V.) den Mut verlieren, nach Negativerlebnissen sich in das Schicksal ergeben [lat.]
re|sig|niert auch: re|si|gniert (Adj.) mutlos, schicksalergeben, entsagend [lat.]
Ré|sis|tance [-stãːs] (die, -, nur Ez.) französische Widerstandsbewegung im Zweiten Weltkrieg
re|sis|tent (Adj.) gefeit, widerstandsfähig [lat.]
Re|sis|tenz (die, -, -en) das Resistentsein
re|sis|tie|ren (V.) widerstehen; ausdauern [lat.]

re|so|lut (Adj.) sich energisch durchsetzend [frz.]
Re|so|lu|ti|on (die, -, -ti|o|nen) Entschließung, das Einreichen politischer Forderungen [frz.]
Re|so|nanz (die, -, -en) **1** Mitschwingen (eines Körpers) **2** Anteilnahme; Widerhall [lat.]
Re|so|pal (das, -s, nur Ez.) ein Kunststoff; z.B. als Küchentischbeschichtung (Warenzeichen) [Kunstwort]
re|sor|bie|ren (V.) aufsaugen [lat.]
Re|sorp|ti|on (die, -, -ti|o|nen) das Aufsaugen; z.B. von Geruchsstoffen durch die Schleimhaut, fettlöslichen Verbindungen durch die Haut
re|so|zi|a|li|sie|ren (V.) in die Gesellschaft wieder eingliedern [lat.]
Res|pekt auch: Re|spekt (der, -(e)s, nur Ez.) Hochachtung, bewundernde Scheu [frz.]
res|pek|ta|bel auch: re|spek|ta|bel (Adj.) achtbar, Respekt einflößend
res|pek|tie|ren auch: re|spek|tie|ren (V.) achten, Respekt entgegenbringen; Rücksicht nehmen
res|pek|ti|ve auch: re|spek|ti|ve (Konj.) beziehungsweise [lat.]
Res|pi|ra|ti|on auch: Re|spi|ra|ti|on (die, -, nur Ez.) Atmung [lat.]
res|pi|ra|to|risch auch: re|spi|ra|to|risch (Adj.) zur Atmung gehörig [lat.]
res|pi|rie|ren auch: re|spi|rie|ren (V.) atmen [lat.]
res|pon|die|ren auch: re|spon|die|ren (V.) im Responsorium entgegnen
Res|ponse auch: Re|sponse [rɪspɒns] (die, -, -s [is]) Antwort (auf einen Stimulus) [engl.]
Res|pon|so|ri|um auch: Re|spon|so|ri|um (das, -s, -ri|en) liturgischer Wechselgesang [lat.]
Res|sen|ti|ment [rəsãtimã] (das, -s, -s) unterschwellige (unbegründete) Abneigung [frz.]
Res|sort [-oːr] (das, -s, -s) Aufgabenbereich (innerhalb eines Ministeriums) [frz.]
Res|source [-sursə] (die, -, -n) Hilfsquelle; Existenzgrundlage [frz.]
Res|tant auch: Re|stant (der, -en, -en) **1** Schuldner **2** Reststück [lat.]
Res|tanz auch: Re|stanz (die, -, -en) Restbetrag (schweiz.) [lat.]
Res|tau|rant auch: Re|stau|rant [-storã] (das, -s, -s) Speisegaststätte für gehobene Ansprüche [frz.]
Res|tau|ra|teur auch: Re|stau|ra|teur [-storatøːr] (der, -s, -e) Gastwirt (veraltet) [frz.]
Res|tau|ra|ti|on auch: Re|stau|ra|ti|on (die, -, -ti|o|nen) **1** das Restaurieren **2** = Restaurant (österr.)

res|tau|ra|tiv *auch:* re|stau|ra|tiv (Adj.) politisch wiederherstellend [frz.]
Res|tau|ra|tor *auch:* Re|stau|ra|tor (der, -s, -to̲|ren) jmd., der beruflich Kunstwerke restauriert
res|tau|rie|ren *auch:* re|stau|rie|ren (V.) 1 Kunstwerke erhalten oder wiederherstellen 2 frühere (politische) Zustände herstellen [frz.]
res|ti|tu|ie|ren *auch:* re|sti|tu|ie|ren (V.) 1 zurückerstatten 2 wiedereinsetzen [lat.]
Res|ti|tu|ti|on *auch:* Re|sti|tu|ti|on (die, -, -ti̲o̲|nen) 1 Rückerstattung, Wiedergutmachung 2 Wiederherstellung
Res|trik|ti|on *auch:* Rest|rik|ti|on/Re|strikti|on (die, -, -ti̲o̲|nen) Be-, Einschränkung [lat.]
res|trik|tiv *auch:* rest|rik|tiv/re|strik|tiv (Adj.) be-, einschränkend [frz.]
res|trin|gie|ren *auch:* rest|rin|gie|ren/re|strin|gie|ren (V.) be-, einschränken [lat.]
Re|sul|tan|te (die, -, -n) Summe sich überlagernder physikalischer Kräfte [frz.]
Re|sul|tat (das, -(e)s, -e) Ergebnis [frz.]
re|sul|ta|tiv (Adj.) ein Resultat hervorbringend
re|sul|tie|ren (V.) als Ergebnis, Folge haben [frz.]
Re|sü|mee (das, -s, -s) zusammenfassendes Ergebnis, Schlussfolgerung, das Resümee ziehen: das Wesentliche festhalten [frz.]
re|sü|mie|ren (V.) ein Resümee machen, zusammenfassen
Re|sur|rek|ti|on (die, -, -ti̲o̲|nen) Auferstehung [lat.]
Re|ta|bel (das, -s, -s) Altaraufsatz [frz.]
Re|tar|da|ti|on (die, -, -ti̲o̲|nen) Verzögerung (in der Entwicklung) [frz.]
re|tar|die|ren (V.) verzögern [frz.]
re|tar|diert (Adj.) zurückgeblieben; verzögert [frz.]
Re|ten|ti|on (die, -, -ti̲o̲|nen) Zurück(be)haltung [frz.]
re|ti|ku|lar (Adj.) = retikulär
re|ti|ku|lär (*auch:* re|ti|ku|la̲r) (Adj.) netzartig; z.B. bei Bindegewebszellen [lat.]
Re|ti|na (die, -, -nae [-nɛː]) Netzhaut [lat.]
Re|ti|ni|tis (die, -, -ni̲ti̲|den) Netzhautentzündung [lat.-gr.]
Re|ti|ra|de (die, -, -n) militärischer Rückzug (veraltet) [frz.]
re|ti|rie|ren (V.) sich zurückziehen (meist scherzhaft) [frz.]
Re|tor|si|on (die, -, -si̲o̲|nen) spontane Vergeltung; z.B. im Strafrecht [frz.]
Re|tor|te (die, -, -n) birnenförmiges Destilliergefäß; aus der Retorte: künstlich [frz.]
Re|tor|ten|ba|by [-be:bi] (das, -s, -s) durch künstliche Befruchtung entstandenes Baby (ugs.) [frz.-engl.]

Re|tour [-tuːɐ] (Adv.) zurück [frz.]
Re|tour|kut|sche [-tuːɐ-] (die, -, -n) erwiderter Vorwurf, zurückgegebene Beleidigung [frz.-ungar.]
re|tour|nie|ren [-tur-] (V.) zurückgeben, -senden [frz.]
Ret|rai|te *auch:* Re|trai|te [rətrɛːt] (die, -, -n) 1 Rückzug (veraltet) 2 Zapfenstreich (der Kavallerie) [frz.]
Re|trak|ti|on (die, -, -ti̲o̲|nen) Schrumpfung, Verkürzung (eines Organs) [lat.]
Re|tri|bu|ti|on (die, -, -ti̲o̲|nen) Erstattung, Rückgabe [lat.]
Ret|rie|ver *auch:* Re|trie|ver (der, -s, -s) eine kanadische Jagdhundrasse [frz.-engl.]
ret|ro|da|tie|ren *auch:* re|tro|da|tie|ren (V.) rückdatieren [lat.]
Ret|ro|flex *auch:* Re|tro|flex (der, -es, -e) mit zurückgebogener Zungenspitze gebildeter Laut; z.B. das s und t im Schwedischen [lat.]
ret|ro|grad *auch:* re|tro|grad (Adj.) rückläufig, entgegen der Hauptrichtung laufend [lat.]
ret|ros|pek|tiv *auch:* ret|ro|spek|tiv/re|trospek|tiv (Adj.) rückblickend [lat.]
Ret|ros|pek|ti|ve *auch:* Ret|ro|spek|ti|ve/Re|trospek|ti|ve (die, -, -n) 1 Rückblick 2 rückblickende Zusammenfassung; z.B. eine filmische Retrospektive auf die 50er-Jahre; Rückschau (auf ein Kunstschaffen) [lat.]
Ret|ro|zes|si|on *auch:* Re|tro|zes|si|on (die, -, -si̲o̲|nen) 1 Wiederabtretung 2 Rückversicherung (des Rückversicherers selbst) [lat.]
Ret|si|na (der, -s, -s) geharzter griechischer Wein [gr.-lat.]
Re|turn [rɪtɜːn] (der, -s, -s) zurückgeschlagener Ball (beim Tennis) [engl.]
Re|tu|sche [-ʃəɐ] (die, -, -n) manuelle Korrektur (von Farbtönen, Verschönerung) von Fotoaufnahmen, reproduzierten Bildern [frz.]
Re|tu|scheur [-ʃøːɐ] (der, -s, -e) jmd., der beruflich Retuschen vornimmt
re|tu|schie|ren (V.) 1 Retuschen vornehmen 2 beschönigen, schönfärben
Re|u|ni|on *auch:* Re̲u̲|ni|on [-ynjɔ̃] (die, -, -s) gesellige Veranstaltung (in Kurorten; veraltet) [frz.]
re|üs|sie|ren (V.) Erfolg haben; glücken [it.-frz.]
Re|val|va|ti|on (die, -, -ti̲o̲|nen) Währungsaufwertung [lat.]
Re|van|che [-vãːʃ] oder [-vãʃə] (die, -, -n) 1 Rache 2 Möglichkeit, eine Wettkampfniederlage auszugleichen [frz.]
re|van|chie|ren [-vãʃiː-] oder [-vãʃiː-] (V.) 1 sich rächen 2 sich erkenntlich zeigen [frz.]
Re|van|chis|mus [-vãʃɪs-] oder [-vãʃɪs-] (der, -, nur Ez.) Wiedervergeltungspolitik [frz.-nlat.-russ.]

Re'veille [rɛvɛj] (die, -, -n) Wecksignal (früher) [frz.]
Re've'nue [rəvəny] (die, -, -n) Vermögen(seinkünfte) [frz.]
Re've'rend (der, -s, -s) englischer Geistlicher [lat.-engl.]
Re've'renz (die, -, -en) Ehrerbietung; Ehrenbezeigung, seine Reverenzen machen [lat.]
Re've'rie (die, -, -n) musikalische Träumerei [frz.]
Re'vers (der, -es, -e) **1** Münzrückseite **2** Verpflichtungserklärung [lat.]
Re'vers [-vɛːr] (das oder der, -, -) Aufschlag, Umschlag mit Kragen (an Jacken, Mänteln) [frz.]
Re'verse [rɪvɜːs] (das, -, nur Ez.) Umschaltautomatik, die es ermöglicht, die Rückseite eines Tonbandes zu spielen, ohne die Kassette aus dem Gerät zu nehmen [engl.]
re'ver'si'bel (Adj.) umkehrbar [frz.]
Re'ver'si'bi'li'tät (die, -, nur Ez.) Umkehrbarkeit [lat.]
Re'ver'sib'le auch: **Re'ver'si'ble** [-vɛrsiːblə] (der, -s, -s) beidseitig tragbarer Stoff mit unterschiedlicher Vorder- und Rückseite [frz.]
re'vi'die'ren (V.) überprüfen und korrigieren [lat.]
Re'vier (das, -s, -e) **1** Jagdbezirk **2** Polizeistation **3** Sanitätsbereich **4** Bergbaugebiet **5** Territorium; Tätigkeitsfeld [frz.]
Re'view [rɪvjuː] (die, -, -s) Rundschau, Übersicht (als englischer Zeitschriftentitel) [lat.-engl.]
Re'vi're'ment [-mã] (das, -s, -s) Umbesetzung (im diplomatischen Dienst) [frz.]
re'vi'si'bel (Adj.) juristisch anfechtbar [frz.]
Re'vi'si'on (die, -, -si'o'nen) **1** das Revidieren **2** Überprüfung
Re'vi'si'o'nis'mus (der, -, nur Ez.) Bestreben, starre (marxistische) Denkregeln aufzulösen
Re'vi'sor (der, -s, -so'ren) Buchprüfer [lat.]
Re'vi'val [rɪvaɪvl] (das, -s, -s) Wiederbelebung; z.B. einer Musikepoche [engl.]
Re'vo'ka'ti'on (die, -, -ti'o'nen) Widerruf [lat.]
Re'vol'te (die, -, -n) bewaffneter Aufstand (einer kleinen Gruppe) [frz.]
re'vol'tie'ren (V.) eine Revolte machen; sich auflehnen
Re'vo'lu'ti'on (die, -, -ti'o'nen) Umsturz; stürmische Änderung, Umwälzung [frz.]
re'vo'lu'ti'o'när (Adj.) in der Art einer Revolution, umstürzlerisch; sensationell neu
Re'vo'lu'ti'o'när (der, -s, -e) Umstürzler [frz.]
re'vo'lu'ti'o'nie'ren (V.) völlig neuartig gestalten, umwälzen [frz.]

Re'vo'luz'zer (der, -s, -) Möchtegernrevolutionär [frz.-it.]
Re'vol'ver (der, -s, -) **1** Faustfeuerwaffe mit Trommelmagazin **2** drehbare Vorrichtung (an Maschinen u.a.) [lat.-engl.]
re'vol'vie'ren (V.) zurückdrehen [lat.]
re'vo'zie'ren (V.) widerrufen [lat.]
Re'vue [-vyː] (die, -, -n) **1** Rundschau, Überblick (als Zeitschriftentitel) **2** farbiges Bühnenstück, musikalisches Ausstattungsstück [frz.]
Rex (der, -, Re'ges) König [lat.]
Re'yon auch: Rey'on [rɛjõ] (der oder das, -, nur Ez.) Kunstseide [frz.]
Re'zen'sent (der, -en, -en) Verfasser einer Rezension
re'zen'sie'ren (V.) neue Texte, wissenschaftliche Arbeiten (in einem Fachblatt) besprechen [lat.]
Re'zen'si'on (die, -, -si'o'nen) **1** das Rezensieren; Buchbesprechung **2** Schriftenvergleich vor einer textkritischen Bearbeitung (zur Wiederherstellung des Urtextes)
re'zent (Adj.) gegenwärtig vorkommend; z.B. eine rezente Tierart [lat.]
Re'zept (das, -(e)s, -e) **1** ärztliche Verordnung **2** Kochanweisung, Anleitung [lat.]
re'zep'tie'ren (V.) ein Rezept ausstellen
Re'zep'ti'on (die, -, -ti'o'nen) **1** das Rezipieren **2** Empfangsstelle (eines Hotels) [lat.]
re'zep'tiv (Adj.) aufnehmend; empfänglich
Re'zep'tor (der, -s, -to'ren) Sinneszelle [lat.]
Re'zep'tur (die, -, -en) **1** Arzneimittelzubereitung nach Rezept; Raum dafür **2** Arzneimittelzusammensetzung
Re'zes'si'on (die, -, -si'o'nen) Konjunkturrückgang [lat.]
re'zes'siv (Adj.) überdeckt, zurücktretend, nicht dominant (von Erbfaktoren) [lat.]
Re'zes'si'vi'tät (die, -, nur Ez.) das Rezessivsein
re'zi'div (Adj.) rückfällig [lat.]
Re'zi'div (das, -s, -e) Rückfall [lat.]
re'zi'di'vie'ren (V.) als Rückfall wiederkehren [lat.]
Re'zi'pi'ent (der, -en, -en) **1** jmd., der etwas rezipiert **2** Vakuumgefäß
re'zi'pie'ren (V.) sich zu eigen machen, (gedanklich) aufnehmen, verstehend lesen [lat.]
re'zi'p'rok auch: **Re'zi'p'rok** (Adj.) umgekehrt, wechselseitig, den Kehrwert (einer Zahl) betreffend [lat.]
Re'zi'p'ro'zi'tät auch: **Re'zi'p'ro'zi'tät** (die, -, nur Ez.) das Reziproksein, Gegen-, Wechselbezüglichkeit
Re'zi'ta'ti'on (die, -, -ti'o'nen) das Rezitieren
Re'zi'ta'tiv (der, -s, -e) begleiteter Solisten-Sprechgesang; z.B. in der Oper [it.]

Re|zi|ta|tor (der, -s, -to|ren) jmd., der etwas rezitiert
re|zi|tie|ren (V.) Dichtung angemessen, ausdrucksvoll vortragen [lat.]
Rha|bar|ber (der, -s, nur Ez.) ein Knöterichgewächs, u.a. Kompottpflanze [gr.-lat.]
Rha|ga|de (die, -, -n) Hautschrunde [gr.]
Rham|nus (der, -, nur Ez.) Kreuzdorn (als Heilpflanze) [gr.-lat.]
Rhap|so|de (der, -n, -n) altgriechischer fahrender Sänger
Rhap|so|die (die, -, -n) **1** Vortrag eines Rhapsoden **2** Tonstück in (balladenähnlicher) freier Form (über ein folkloristisches Thema)
rhap|so|disch (Adj.) **1** in der Art einer Rhapsodie **2** bruchstückhaft
Rhät (das, -s, nur Ez.) = Rät
Rhe|ni|um (das, -s, nur Ez.) ein Element, hartes Schwermetall [nlat.]
Rhe|o|lo|gie (die, -, nur Ez.) (Physik) Verformbarkeit von Körpern, auf die von außen eine Kraft einwirkt, Fließkunde [gr.]
Rhe|os|tat auch: Rhe|o|stat (der, -(e)s oder -en, -e oder -en) genau regelbarer elektrischer Widerstand [gr.]
Rhe|sus (der, -, -) ein asiatischer Affe, Makake [nlat.]
Rhe|sus|fak|tor (der, -s, -en) ein vererbliches Blutkörperchenmerkmal, das zu Unverträglichkeiten in der Schwangerschaft und bei Transfusionen führen kann [nlat.]
Rhe|tor (der, -s, -to|ren) antiker Redner; Beredsamkeitslehrer, Redekünstler [gr.]
Rhe|to|rik (die, -, nur Ez.) **1** Redekunst **2** Schönrednerei [gr.]
Rhe|to|ri|ker (der, -s, -) **1** jmd., der die Rhetorik (1) beherrscht **2** Schönredner [gr.]
rhe|to|risch (Adj.) **1** zur Rhetorik (1) gehörig **2** schönrednerisch
Rhe|um (das, -s, nur Ez.) Rhabarber (als Heilpflanze) [gr.-lat.]
Rheu|ma (das, -s, nur Ez.) = Rheumatismus [Kurzwort]
Rheu|ma|ti|ker (der, -s, -) jmd., der an Rheumatismus leidet
rheu|ma|tisch (Adj.) zum Rheumatismus gehörig, daran leidend
Rheu|ma|tis|mus (der, -, -men) eine Erkrankung des Kollagens im Bindegewebe, die sich u.a. auf Muskeln und Gelenke auswirkt, Gliederreißen [gr.-nlat.]
Rheu|ma|to|lo|ge (der, -n, -n) Rheumafacharzt
Rhi|ni|tis (die, -, -ti|den) Nasenschleimhautentzündung [gr.]
Rhi|no|lo|gie (die, -, nur Ez.) Nasenheilkunde
Rhi|no|ze|ros (das, -, -se) Nashorn [gr.]

Rhi|zom (das, -s, -e) Wurzelstock [gr.]
Rho (das, -(s), -s) siebzehnter Buchstabe des griechischen Alphabets
Rho|di|um (das, -s, nur Ez.) ein Element, Platinmetall [gr.-nlat.]
Rho|do|den|dron auch: Rho|do|den|dron (der, -s, -ren/-dren) ein Heidekrautgewächs, Zierstrauch [gr.]
Rho|do|nit (der, -s, -e) rosarotes Mineral mit schwarzer Marmorierung, Mangankiesel [gr.]
Rho|dop|sin auch: Rhod|op|sin (das, -s, nur Ez.) Sehpurpur [gr.]
rhom|bisch (Adj.) rautenförmig [gr.]
Rhom|bo|e|der (der, -s, -) durch sechs Rhomben begrenzter Körper
Rhom|bus (der, -, -ben) Raute [gr.- lat.]
Rho|ta|zis|mus (der, -, -men) Entwicklung des Lautes »s« zu »r«; z.B. mittelhochdeutsch »verliesen« wird zu »verlieren« [gr.-nlat.]
Rhythm and Blues [rɪðəm ənd bluːz] (der, - -, nur Ez.) Rockmusik mit durchgängigen Gitarrenriffs [engl.]
Rhyth|mik (die, -, nur Ez.) rhythmischer Ausdruck; Rhythmuslehre
Rhyth|mi|ker (der, -s, -) Rhythmusmusiker
rhyth|misch (Adj.) voller Rhythmus; in einem bestimmten Rhythmus
rhyth|mi|sie|ren (V.) rhythmisch machen
Rhyth|mus (der, -, -men) **1** durchgängiger Taktverlauf, musikalische Gliederung nach gleichen Zeitabschnitten **2** gleichmäßig abfolgende Bewegung; z.B. Laufrhythmus **3** Gliederung durch gleichartige Elemente; z.B. ornamentale Rhythmus [gr.-lat.]
Ria (die, -, -s) flussartig schmale Meeresbucht; z.B. im Nordwesten Spaniens [span.]
Ri|al (der, -(s), - oder -s) eine Währungseinheit (u.a. im Iran, im Jemen) [span.-arab.]
Ri|bat|tu|ta (die, -, -ten) langsam beginnender, mit fortschreitender Dauer immer schneller werdender Triller in der Musik [lat.-it.]
Ri|bi|sel (die, -, -n) Johannisbeere (österr.) [it.]
Ri|bof|la|vin auch: Ri|bo|fla|vin (das, -s, -e) Vitamin B_2 [nlat.]
Ri|bo|se (die, -, -n) einfacher Zucker (in lebenden Zellen) [Kunstwort]
Ri|bo|som (das, -s, -en) Proteinkörnchen (das in lebenden Zellen Eiweiße biosynthetisiert) [Kunstwort]
Ri|cer|car [-tʃɛr-] (das, -s, -e) = Ricercare
Ri|cer|ca|re auch: Ri|cer|ca|re [-tʃɛr-] (das, -(s), -ri) vielstimmiges Instrumentalstück des 16./17. Jhs, Vorform der Fuge [it.]
Ri|ckett|sie [-tsiə] (die, -, -n) Angehörige einer Bakteriengattung; z.B. als Erreger des Fleckfiebers [engl.-nlat.]

Ri¦deau [-doː] (der, -s, -s) Gardine (schweiz.) [frz.]
ri¦di¦kül (Adj.) lächerlich (veraltet) [frz.]
Ri¦di¦kül (das, -s, -e) Handarbeitstäschchen (veraltet) [frz.]
Ri¦el (der, -, -) kambodschanische Währungseinheit, 100 Sen
ri¦en ne va plus [rjẽnnəvaply:] nichts geht mehr (beim Roulett) [frz.]
Ries (das, -es, -) ein altes Papiermaß; z.B. 500 Bogen [arab.]
Riff (der, -s, -s) ständig wiederholtes, bestimmendes Klangelement; z.B. im Rhythm and Blues [engl.]
ri¦gid (auch: ri¦gi¦de) (Adj.) starr; unnachsichtig [lat.]
ri¦gi¦de (Adj.) = rigid
Ri¦gi¦di¦tät (die, -, nur Ez.) = das Rigidsein
Ri¦go¦le (die, -, -n) Auflockerung der Bodenschicht (für Anpflanzungen) [frz.]
Ri¦go¦ris¦mus (der, -, nur Ez.) starrer Moralismus; Unerbittlichkeit [nlat.]
Ri¦go¦rist (der, -ri̱sten, -ri̱sten) Vertreter des Rigorismus [lat.]
ri¦go¦ris¦tisch (Adj.) den Rigorismus betreffend, auf ihm basierend [lat.]
ri¦go¦ros (Adj.) äußerst streng [frz.]
Ri¦go¦ro¦si¦tät (die, -, nur Ez.) das Rigorossein, Unerbittlichkeit
ri¦go¦ro¦so (Adv.) genau, taktstreng (bei Musikstücken) [it.]
Ri¦go¦ro¦sum (das, -s, -sa) mündlicher Teil der Doktorprüfung [nlat.]
Rig¦we¦da (der, -, nur Ez.) Sammlung der ältesten indischen Opferhymnen und Teil der Weden [sanskr.]
Ri¦kam¦bio (der, -s, -bi̱en) = Ritratte [it.]
ri¦ko¦schet¦tie¦ren (V.) (veraltet) aufschlagen, abprallen [frz.]
Rik¦scha (die, -, -s) Fahrrad mit einem Vorbau zur Gepäck- und Personenbeförderung (in Südostasien) [jap.-engl.]
Riks¦mål [-moːl] (das, -(s), nur Ez.) = Bokmål
ri¦la¦sci¦an¦do [-ʃan-] (Adv.) im Takt nachlassend, langsamer werdend (Vortragsanweisung in der Musik) [lat.-it.]
Ri¦mes¦se (die, -, -n) 1 Fechtangriff aus der Ausgangsstellung 2 in Zahlung gegebener Wechsel [it.]
Ri¦na¦sci¦men¦to [-ʃi-] italienisch für Renaissance [lat.-it.]
rin¦for¦zan¦do (Adv.) verstärkt (bei Musikstücken) [it.]
Ring¦git (der, -, -) malaysische Währungseinheit, 100 Sen
ri¦pi¦e¦no (Adv.) voll besetzt, mit dem ganzen Orchester [it.]
Ri¦pos¦te (die, -, -n) unmittelbarer Gegenstoß (beim Fechten) [it.]
ri¦pos¦tie¦ren (V.) beim Fechten nach einem parierten Angriff unmittelbar einen Gegenstoß ausführen [lat.-it.]
Rips (der, -es, -e) gerippter Stoff; z.B. Gabardine [engl.]
ri¦pu¦a¦risch (Adj.) zur Mundart im Raum Köln-Aachen gehörig [lat.]
Ri¦sa¦lit (der, -s, -e) Gebäudeteil, der in ganzer Höhe der Fassade hervortritt [it.]
Ri¦schi (der, -s, -s) Seher und Weiser, dem man die Hymnen des Rigweda zu verdanken glaubt [sanskr.]
Ri¦si¦ko (das, -s, -ken) Wagnis [it.]
Ri¦si¦pi¦si (das, -(s), -) Erbsen mit Butterreis und Parmesan [it.]
ris¦kant (Adj.) gewagt, gefährlich [it.-frz.]
ris¦kie¦ren (V.) wagen, etwas aufs Spiel setzen [it.-frz.]
ri¦so¦lu¦to (Adv.) entschlossen, kraftvoll (Vortragsanweisung in der Musik) [lat.-it.]
Ri¦sor¦gi¦men¦to (das, -s, nur Ez.) 1 Wiedererstehen 2 Einigungsbestrebungen im 19. Jahrhundert in Italien [lat.-it.]
Ri¦sot¦to (das auch der, -s, -s) Reis mit Tomatensoße und Parmesan [it.]
Ris¦pet¦to auch: Ri¦spet¦to (das, -s, -ti) 1 Verehrung 2 Verehrung der Geliebten 3 Gedichtform, die aus sechs oder zehn Versen besteht [lat.-it.]
Ris¦pos¦ta auch: Ri¦spos¦ta (die, -, -ten) die Antwortstimme in der Fuge, die nachahmende Stimme im Kanon (Musik) [lat.-it.]
ris¦so¦lé (Adj.) knusprig, braun gebraten [lat.-frz.]
Ris¦so¦le (die, -, -n) kleine Pastete [lat.-frz.]
Ris¦so¦let¦te (die, -, -n) geröstetes, mit Hackfleisch belegtes Brötchen [lat.-frz.]
ris¦tor¦nie¦ren auch: ri¦stor¦nie̱ren (V.) ein Ristorno vornehmen
Ris¦tor¦no auch: Ri¦stoṟno (der oder das, -s, -s) Prämienrückgabe an den Versicherungsnehmer, Rückbuchung [it.]
ris¦veg¦li¦an¦do auch: ri¦sve̱gli¦an¦do [rizvelijando] (Adv.) wieder munterer, wieder lebhafter werdend (Vortragsanweisung in der Musik) [lat.-it.]
Ri¦ta (das, -, nur Ez.) die Wahrheit, das Recht als höchstes Prinzip der wedischen Religion [sanskr.]
ri¦tar¦dan¦do (Adv.) langsamer werdend (bei Musikstücken) [it.]
ri¦te (Adv.) gerade noch ausreichend (als Doktorprüfungsnote) [lat.]
Ri¦ten¦kong¦re¦ga¦ti¦on auch: Ri̱ten¦kongre¦ga̱ti¦on (die, -, nur Ez.) Kardinalskongregation für die Liturgie der römisch-katholi-

schen Kirche und die Prozesse für die Selig- und Heiligsprechungen [lat.]
ri'te'nu'to (Adv.) zögernd (bei Musikstücken) [it.]
ri'tor'nan'do al tem'po (Adv.) zum Hauptzeitmaß zurückkehrend (Vortragsanweisung in der Musik) [it.]
Ri'tor'nell (das, -s, -e) **1** musikalischer Wiederholungssatz **2** eine Gedichtform nach dem Schema a–b–a [it.]
Rit'rat'te *auch:* Ri'trat'te (die, -, -n) Rückwechsel (Finanzwesen) [it.]
ri'tu'al (Adj.) = rituell
Ri'tu'al (das, -s, -e oder -a'li'en) **1** religiöser Brauch **2** schematisiertes, feierliches Vorgehen; z.B. das Ritual der Weihnachtsvorbereitungen [lat.]
Ri'tu'a'le (die, -, nur Ez.) das liturgische Buch für die Amtshandlungen des katholischen Priesters [lat.]
ri'tu'a'li'sie'ren (V.) als Ritual gestalten
Ri'tu'a'li'sie'rung (die, -, -en) Verselbstständigung einer Verhaltensweise zu einem Zeremoniell, zu einem Ablauf nach fest gefügter Ordnung [lat.]
Ri'tu'a'lis'mus (der, -, nur Ez.) eine Fraktion der anglikanischen Kirche im 19. Jahrhundert, die den Kultus umgestalten wollte [lat.]
Ri'tua'list (der, -lis'ten, -lis'ten) Anhänger des Ritualismus [lat.]
ri'tua'li'stisch (Adj.) **1** das Ritual betreffend, **2** das Ritual befolgend **3** den Ritualismus betreffend [lat.]
ri'tu'ell (*auch:* ri'tu'al) (Adj.) zu einem Ritual oder Ritus gehörig
Ri'tus (der, -, -ten) religiöse Zeremonie; festgelegter, symbolträchtiger Handlungsablauf [lat.]
Ri'va'le (der, -n, -n) gegnerischer Mitbewerber, Nebenbuhler [frz.]
ri'va'li'sie'ren (V.) um die Gunst streiten, wetteifern [frz.]
Ri'va'li'tät (die, -, -en) feindseliger Wettbewerb, Nebenbuhlerschaft [frz.]
Ri'ver 1 Fluss **2** Bezeichnung der feinsten Farbqualität bei Brillanten: weiß mit blauem Schimmer [engl.]
ri'ver'so (Adv.) rückwärts zu spielen, in umgekehrter Reihenfolge der Töne zu spielen (Vortragsanweisung in der Musik) [lat.-it.]
Ri'yal (der, -(s), - oder -s) eine Währungseinheit (u.a. in Saudi-Arabien, Katar) [span.-arab.]
Ri'zi'nus (der, -, - oder - se) ein Wolfsmilchgewächs, tropischer Baum [lat.]
Ri'zi'nus'öl (das, -s, nur Ez.) Öl aus den Samen des Rizinus, Abführmittel [lat.]

Roa'die [rəʊ-] (der, -s, -s) Rockgruppenbegleiter, der u.a. die technischen Anlagen aufbaut [engl.]
Roads'ter [rəʊ-] (der, -s, -) = Cabriolet [engl.]
Roa'ring Twen'ties [rɔːr-] (nur Mz.) engl. für die »brüllenden zwanziger« Jahre des 20. Jahrhunderts, die infolge der guten wirtschaftlichen Situation der Nachkriegszeit besonders in den USA und Westeuropa gekennzeichnet waren von Vergnügungssucht und Verbrechertum [amerik.]
Roast'beef [rəʊstbiːf] (das, -s, -s) kalter, halb roher Rinderlendenbraten [engl.]
Rob'ber (der, -s, -) Doppelpartie im Bridge- oder Whistspiel [engl.]
Ro'be (die, -, -n) **1** kostbares Abendkleid **2** Amtstracht von Geistlichen und Gerichtspersonal [germ.-frz.]
Ro'be'ron'de (die, -, -n) Kleid des 18. Jahrhunderts mit runder Schleppe [frz.]
Ro'bi'nie [-niə] (die, -, -n) ein Schmetterlingsblütler, Park-, Alleebaum [frz.-nlat.]
Ro'bin'so'na'de (die, -, -n) Abenteuer(roman) in der Art der literarischen Figur des Robinson Crusoe, Schiffbrüchigenabenteuer
Ro'bo'rans (das, -, -ran'tia oder -ran'zi'en) Stärkungsmittel [lat.]
Ro'bot (die, -, -en) (veraltet) Frondienst [tschech.]
ro'bo'ten (V.) schwer arbeiten [poln.-tschech.]
Ro'bo'ter (der, -s, -) gesteuerter Apparat für bestimmte Arbeiten, Maschinenmensch [tschech.]
Ro'bu'rit (der, -s, nur Ez.) Sicherheitssprengstoff [lat.]
ro'bust (Adj.) kräftig, stämmig, widerstandsfähig [lat.]
Ro'cail'le [-kajə] (die, -, -s oder -n) muschelförmiges Ornament (des Rokoko) [frz.]
Roch (der, -, nur Ez.) besonders starker Riesenvogel des arabischen Märchens [pers.-arab.]
Ro'cha'de *auch* [-θa:-] (die, -, -n) Platzwechsel zwischen König und Turm (beim Schachspiel) [frz.]
Ro'chett [-ʃet] (das, -s, -s) Chorhemd (eines kath. Geistlichen) [frz.]
ro'chie'ren [-θi:-] (V.) **1** eine Rochade machen **2** eine Mannschaftsposition auswechseln
Rock (der, -, nur Ez.) **1** Riesenvogel (arabischer, persischer Märchen) **2** Musik von Bands mit Elektroverstärkern; z.B. Rock and Roll [engl.]
Rock and Roll [rɒk ənd rəʊl] (der, - - -, nur Ez.) Rockmusik der 50er-Jahre, parallel dazu

rocken jugendliche Protestkultur (Teddyboys, Rocker); Tanzstil nach seinem Rhythmus [engl.]
ro|cken (V.) Rockmusik machen, dazu tanzen
Ro|cker (der, -s, -) Mitglied einer jugendlichen, streng hierarchisierten Motorradbande, für die Lederbekleidung und das Motorrad Lebensinhalt und Statussymbole sind [amerik.]
Rock 'n' Roll [rɒkənrəʊl] (der, - - -, nur Ez.) = Rock and Roll
Ro|de|ña [-ja] (die, -, -s) spanischer Nationaltanz mit Gitarren- und Kastagnettenbegleitung [lat.-span.]
Ro|deo (das, -s, -s) Show-Wettkampf (in den USA und Kanada), bei dem es u.a. darum geht, möglichst lange auf einem noch nicht zugerittenen Mustang zu bleiben [span.-engl.]
Ro|do|mon|ta|de (die, -, -n) Prahlerei (veraltet) [it.-frz.]
Ro|kam|bo|le (die, -, -n) Perlzwiebel, Brutzwiebel verschiedener Laucharten [dt.-frz.]
Ro|ko|ko (das, -(s), nur Ez.) Endphase des Barocks mit leichteren, zierlicheren Stilformen [frz.]
rol|lie|ren (V.) 1 einen dünnen Stoff für den Saum umlegen 2 systematisch und turnusmäßig auswechseln 3 die Oberfläche eines zylindrischen Werkstückes einebnen [lat.-frz.-dt.]
Roll|lo (das, -s, -s) = Rouleau [frz.-dt.]
Rom (der, -, -a) 1 Mann, Ehemann 2 Zigeuner (als Selbstbezeichnung) [sanskr.]
Ro|ma|dur (der, -(s), -s) ein französischer Weichkäse
Ro|man (der, -s, -e) Prosaerzählung mit großem Seitenumfang, die ein Personenschicksal behandelt [frz.]
Ro|man|ci|er [-mãsjeː] (der, -s, -s) Romanschriftsteller [frz.]
Ro|ma|ne (der, -n, -n) Angehöriger eines europäischen Volkes, dessen Sprache sich aus dem Lateinischen entwickelt hat; z.B. Portugiese, Rumäne [lat.]
Ro|ma|nia (die, -, nur Ez.) der romanische Sprach-, Kulturbereich (in Europa)
Ro|ma|nik (die, -, nur Ez.) eine Stilepoche (der Architektur) um 1000 bis 1250 [lat.]
ro|ma|nisch (Adj.) 1 zu den Romanen gehörig 2 zur Romanik gehörig
ro|ma|ni|sie|ren (V.) romanisch machen; latinisieren
Ro|ma|nis|mus (der, -, nur Ez.) 1 romanische Spracheigentümlichkeit, Sprache 2 eine Richtung der niederländischen Malerei im 16. Jh. [nlat.]
Ro|ma|nist (der, -n|sten, -n|sten) Romanistikwissenschaftler

Ro|ma|nis|tik (die, -, nur Ez.) 1 Wissenschaft von den romanischen Sprachen und Literaturen 2 römische Rechtslehre
ro|ma|nis|tisch (Adj.) die Romanistik betreffend [lat.]
Ro|ma|ni|tät (die, -, nur Ez.) romanisches Kulturbewusstsein [lat.]
Ro|man|tik (die, -, nur Ez.) 1 eine Geistes-, Kunstbewegung (in Deutschland, England) um 1800 bis 1830 2 romantische Stimmung
Ro|man|ti|ker (der, -s, -) 1 Vertreter der Romantik (1) 2 jmd., der romantisch ist
ro|man|tisch (Adj.) 1 zur Romantik (1) gehörig 2 traumhaft, stimmungsvoll, idealisierend [frz.-engl.]
ro|man|ti|sie|ren (V.) 1 im Stil der Romantik (1) gestalten 2 schönfärben
Ro|man|ti|zis|mus (der, -, -men) sich auf die Romantik beziehende Geisteshaltung [lat.]
ro|man|ti|zis|tisch (Adj.) den Romantizismus betreffend, auf diesem basierend, ihm entsprechend [lat.]
Ro|man|ze (die, -, -n) 1 volksliedhafte Verserzählung (um einen populären Helden) 2 liedhaftes Instrumental- oder Gesangsstück 3 romantisches Liebeserlebnis [frz.]
Ro|man|ze|ro (der, -s, -s) Sammlung von spanischen Romanzen [lat.-span.]
Rom|mee (*auch:* Rom|mé) (das, -s, nur Ez.) ein Kartenspiel
Ron|da|te (die, -, -n) Drehüberschlag auf ebener Erde [lat.-it.]
Ron|de [rɔ̃ːd] (die, -, -n) nächtlicher Gang zur Kontrolle der Wachen (bei der Marine), der durchführende Offizier selbst [frz.]
Ron|deau [rɔ̃doː] (das, -s, -s) 1 eine Gedichtform, Ringelgedicht 2 Rondell [frz.]
Ron|dell (das, -s, -e) 1 rundes Beet (in Parks oder als Verkehrsinsel) 2 runder Platz 3 Rundbau [frz.]
Ron|do (das, -s, -s) Musikstück mit mehrfach wiederholtem Hauptthema (bes. als Schlusssatz) [it.]
Rond|schrift (die, -, nur Ez.) eine Zierschrift [lat.-frz.-dt.]
rönt|ge|ni|sie|ren (V.) österreichisch für röntgen [dt.]
Rönt|ge|no|gra|phie (*auch:* Rönt|ge|no|gra|fie) (die, -, -n) Untersuchung mit Bildaufnahme mit Röntgenstrahlen [dt.-gr.]
rönt|ge|no|gra|phisch (*auch:* rönt|ge|no|gra|fisch) (Adj.) durch Röntgenographie erfolgend [dt.-gr.]
Rönt|ge|no|lo|ge (der, -n, -n) Facharzt für Röntgenologie [dt.-gr.]
Rönt|ge|no|lo|gie (die, -, nur Ez.) von dem deutschen Physiker Röntgen begründetes

Teilgebiet der Physik, in dem die Eigenschaften, die Möglichkeiten und die Wirkungen von Röntgenstrahlen erforscht werden [dt.-gr.]

Roo|ming-in [ruː-] (das, -(s), nur Ez.) Unterbringung des Babys im Zimmer der Mutter (auf der Entbindungsstation) [engl.]

Roque|fort [rɔkfoːr] (der, -s, -s) fetter, scharf gewürzter Grünschimmelkäse [frz.]

Ro|ra|te (das, -, -) Votivmesse im Advent zu Ehren der Jungfrau Maria [lat.]

Ro|sa|ri|um (das, -s, -ri|en) Rosengarten [lat.]

ro|sé (Adj.) rosa (bei Kleidungsstücken, vom Wein) [frz.]

Ro|sé (der, -, -) hellrötlicher Wein, Weißherbst [frz.]

Ro|se|no|bel (der, -s, -) alte englische Goldmünze

Ro|se|o|la (die, -, -len) = Roseole

Ro|se|o|le (auch: Ro|se|o|la) (die, -, -n) linsenförmige Hautrötung (u.a. bei Syphilis) [lat.]

Ro|set|te (die, -, -n) Verzierung in Form einer Rose [frz.]

Ro|si|nan|te (die, -, -n) schlechtes Pferd (scherzhaft) [span.]

Ro|si|ne (die, -, -n) getrocknete Weinbeere [lat.-frz.]

Ros|tra auch: Rost|ra/Ro|stra (die, -, -tren/-ren/-stren) altrömische Rednertribüne [lat.]

Ros|trum auch: Rost|rum/Ro|strum (das, -s, -tren/-ren/-stren) Fortsätze wie Schnäbel oder Ähnliches am vorderen Ende eines Tierkörpers [lat.]

Ro|ta (die, -, nur Ez.) Gerichtshof der katholischen Kirche [lat.-it.]

Ro|tang (der, -s, -e) dünnstämmige Palme, Schilfpalme; z.B. als Peddigrohr verbreitet

Ro|ta|print (die, -, -s) Offset-Druckmaschine (für kleinformatige Akzidenzen; Warenzeichen) [nlat.-engl.]

Ro|ta|ri|er (der, -s, -) Mitglied des Rotary Clubs

Ro|ta Ro|ma|na (die, -, nur Ez.) päpstliches Berufungsgericht [lat.]

Ro|ta|ry Club [rəʊtərɪ klʌb] (der, - -, -s) weltweite, in Clubs organisierte Vereinigung von Männern (u.a. zur Freundschaftspflege) [engl.]

Ro|ta|ti|on (die, -, -ti|o|nen) das Rotieren

ro|tie|ren (V.) sich ausdauernd um die eigene Achse drehen [lat.]

Ro|tis|se|rie (die, -, -ri|en) französisches Grillrestaurant

Ro|tor (der, -s, -to|ren) rotierendes Maschinenteil; Hubschrauberpropeller [lat.-engl.]

Rott|ta (auch: Rot|te) (die, -, -ten) Zupfinstrument aus dem 9. Jahrhundert [kelt.-lat.]

Rot|te (die, -, -ten) = Rotta [kelt.-lat.]

Ro|tu|lus (der, -, -li) **1** Rädchen, Rolle **2** Stapel Urkunden **3** Aktenverzeichnis **4** Theaterrolle [lat.]

Ro|tun|de (die, -, -n) Rundbau [lat.]

Ro|tü|re (die, -, nur Ez.) (veraltet) abwertende Bezeichnung für die Schicht der Bürgerlichen, der Nichtadeligen [lat.-frz.]

Roué [rueː] (der, -s, -s) Lebemann [frz.]

Rouge [ruːʒ] (das, -(s), nur Ez.) **1** rote Schminke **2** Rot (beim Roulette) [frz.]

Rouge et noir [ruːʒenwaːr] (das, -, nur Ez.) ein Kartenspiel (in Spielkasinos) [frz.]

Rou|la|de [ru-] (die, -, -n) gefüllte, zusammengerollte (Rind-)Fleischscheibe, die in einer Kasserolle geschmort wird [frz.]

Rou|leau [ruloː] (das, -s, -s) Rollvorhang (aus festem Material) [frz.]

Rou|lett [ru-] (das, -(s), -e) = Roulette

Rou|lette (auch: Rou|lett) [rulɛt] (das, -s, -s) Glücksspiel, bei dem man auf Zahlen von 1–36 und die 0 setzt und damit versucht, das gleiche Nummernfach der Drehscheibe zu erraten, die anschließend bewegt wird [frz.]

rou|lie|ren [ru-] (V.) (altertümelnd) umlaufen, rollieren [lat.-frz.]

Round|ta|ble|kon|fe|renz (auch: Round-Table-Kon|fe|renz) [raʊnd teɪbl-] (die, -, -en) Konferenz ohne Hierarchie, Gespräch am runden Tisch [engl.]

Route [ruː-] (die, -, -n) Fahr-, Wegstrecke; z.B. die Haute Route [frz.]

Rou|ti|ne [ru-] (die, -, nur Ez.) durch Erfahrung gewonnene Fertigkeit; mechanische Gewohnheitsübung [frz.]

Rou|ti|ni|er [rutinjeː] (der, -s, -s) jmd., der Routine (im positiven Sinne) hat

rou|ti|niert [ru-] (Adj.) wie ein Routinier, geübt

Row|dy [raʊdɪ] (der, -s, -s) streitlustiger Rüpel [engl.]

Ro|ya|lis|mus (auch: Roy|a|lis|mus) (der, -, nur Ez.) Königstreue

Ro|ya|list (auch: Roy|a|list) (der, -lis|ten, -lis|ten) Königstreuer [frz.]

ro|ya|lis|tisch (auch: roy|a|lis|tisch) (Adj.) königstreu, sich zur Königsherrschaft bekennend [frz.]

ru|ba|to (Adv.) mit Temposchwankungen (bei Musikstücken) [it.]

Rub|ber [rʌb-] (der, -s, nur Ez.) Gummi, Kautschuk [engl.]

Ru|bel (der, -s, -) ehem. sowjetische, dann russische Währungseinheit [russ.]

Ru|bi|di|um (das, -s, nur Ez.) ein Element, Weichmetall [nlat.]

Ru|bin (der, -s, -e) roter Korund, Schmuckstein [lat.]

Rub'rik *auch:* Ru'brik (die, -, -en) **1** Überschrift **2** Ordnungsspalte, Kategorie [lat.]
rub'ri'zie'ren *auch:* ru'bri'zie'ren (V.) **1** in eine Rubrik einfügen **2** mit Überschriften versehen (veraltet)
Rub'rum *auch:* Ru'brum (das, -s, -ra/-bra) Aktenaufschrift mit Kurzangaben über den Inhalt [lat.]
Rud'be'ckie (die, -, -n) nordamerikanischer Korbblütler, Zierblume, »Sonnenhut«
Ru'di'ment (das, -(e)s, -e) **1** Rest eines funktionslosen Organs; z.B. der Blinddarmwurmfortsatz beim Menschen **2** Überbleibsel aus der Vergangenheit; z.B. die Rudimente der einstigen Monarchien [lat.]
ru'di'men'tär (Adj.) andeutungsweise vorhanden, rückgebildet, (zum Rudiment) verkümmert
Rug'by [rʌgbi] (das, -s, nur Ez.) ein kampfbetontes Ballspiel [engl.]
Ru'in (der, -s, nur Ez.) Verderb, Zusammenbruch [frz.]
Ru'i'ne (die, -, - n) verfallenes Gebäude [frz.]
ru'i'nie'ren (V.) vernichten, zerstören, zu Grunde richten [frz.]
ru'i'nös (Adj.) den Ruin bringend
Rum (der, -s, -s) Zuckerrohr- oder Melassebranntwein [engl.]
Rum'ba (die oder der, -, oder -s, -s) ein lateinamerikanischer Gesellschaftstanz [span.]
Ru'mor (der, -s, nur Ez.) Lärm, Tumult (veraltet) [lat.]
ru'mo'ren (V.) dumpf lärmen [lat.]
Rump'steak [-steɪk] (das, -s, -s) gebratenes (oder geschmortes) Rinderlendenstück [engl.]
Run [rʌn] (der, -s, -s) **1** Ansturm (bes. auf eine Bank in Krisenzeiten) **2** Lauf des Baseball-Schlagmannes [engl.]
Ru'pi'ah (die, -, - oder -s) indonesische Währungseinheit [Hindi]
Ru'pie [-piə] (die, -, -n) Währungseinheit (u.a. in Indien, Pakistan) [Hindi]
Rup'tur (die, -, -en) **1** Zerreißung (von Gewebe) **2** Gesteinsriss [lat.]
ru'ral (Adj.) ländlich (veraltet) [lat.]
Rush'hour (*auch:* Rush-Hour) [rʌʃaʊə] (die, -, -s) Stoßzeit, Hauptverkehrszeit [engl.]
Rus'ti'ka (die, -, nur Ez.) Mauer aus unregelmäßigen, roh behauenen Natursteinquadern
rus'ti'kal (Adj.) **1** in der Art bäuerlicher Volkskunst **2** ländlich, deftig [lat.]
Ru'the'ni'um (das, -s, nur Ez.) ein Element, Platinmetall [nlat.]
Ru'til (der, -s, -e) ein Mineral, Titandioxid
Ru'ti'lis'mus (der, -, nur Ez.) **1** Rothaarigkeit **2** übermäßige Neigung zum Erröten

S

Sa'ba'dil'le (die, -, -n) ein mittelamerikanisches Liliengewächs mit alkaloidhaltigen Samen, »Läusekraut« [span.]
Sa'ba'yon [-jɔ̃] (das, -s, -s) Weinschaumcreme [frz.]
Sab'bat (der, -s, -e) Ruhetag der jüdischen Woche, Freitag- bis Samstagabend [hebr.]
Sab'ba'ta'ri'er (der, -s, -) Angehöriger bestimmter christlicher Sekten, bei denen der Sabbat geheiligt wurde [hebr.-gr.-lat.]
Sab'ba'tist (der, -tis'ten, -tis'ten) = Sabbatarier
Sa'bi'nis'mus (der, -, nur Ez.) Erkrankung durch das stark abführend wirkende Sabinaöl des Sadebaumes [lat.]
Sa'bo'ta'ge [-ʒə] (die, -, -n) gewollte Vereitelung; gezielte Zerstörung (aus politischer Absicht) [frz.]
Sa'bo'teur [-tø:ɐ] (der, -s, -e) jmd., der Sabotage treibt
sa'bo'tie'ren (V.) Sabotage treiben
Sab're *auch:* Sa'bre (der, -s, -s) in Israel geborenes, jüdisches Einwandererkind [hebr.]
Sac'cha'ri'me'ter [zaxa-] (das, -s, -) Senkwaage zur Bestimmung des Zuckergehalts einer Lösung [gr.]
Sac'cha'rin (*auch:* Sa'cha'rin) [zaxa-] (das, -s, nur Ez.) Süßstoff [sanskr.-Pali-gr.-lat.]
Sac'cha'ro'me'ter [zaxa-] (das, -s, -) = Saccharimeter
Sac'cha'ro'se [zaxa-] (die, -, nur Ez.) Rohrzucker [sanskr.-Pali-gr.-lat.]
Sa'cha'rin (das, -s, nur Ez.) = Saccharin
Sa'chet [-ʃeː] (das, -s, -s) kleines, mit duftenden Kräutern gefülltes Kissen [frz.]
Sad'du'zä'er (der, -s, -) Angehöriger einer altjüdischen politisch-religiösen Gruppe
Sa'de'baum (der, -s, -bäu'me) in heißen Regionen wachsender Nadelbaum [lat.-dt.]
Sadh'hu [sa:du] (der, -(s), -s) als Heiliger geltender hinduistischer Asket, indischer Wandermönch [sanskr.]
Sa'dis'mus (der, -, nur Ez.) lustbetonte Neigung zu Grausamkeiten (als sexuelle Perversion) [frz.-nlat.]
Sa'dist (der, -dis'ten, -dis'ten) jmd., der seinem Hang zum Sadismus nachgeht
sa'dis'tisch (Adj.) zum Sadismus gehörig, lustbetont grausam
Sa'do'ma'so (der, -, nur Ez.) = Sadomasochismus (ugs.)
Sa'do'ma'so'chis'mus (der -, nur Ez.) lustbetonte Neigung zum Austeilen und Empfan-

gen von Grausamkeiten (als sexuelle Perversion) [frz.-nlat.]
sa¹do¹ma¹so¹chis¹tisch (Adj.) anderen oder sich selbst körperliche und seelische Schmerzen zufügend
Sa¹fa¹ri (die, -, -s) Gesellschaftsreise in Afrika [arab.-Suaheli]
Safe [seɪf] (der, -s, -s) Geldschrank; Bankfach [engl.]
Saf¹fi¹an (der, -s, nur Ez.) weiches (gefärbtes) Ziegenleder [pers.-poln.]
Saff¹lor auch: Saf¹flor = Saflor
Saf¹lor auch: Sa¹flor (auch: Saff¹lor/Saf¹flor) (der, -s, -e) Färberdistel [arab.-it.]
Saf¹ran auch: Sa¹fran (der, -s, nur Ez.) Speisefärbemittel und Gewürz aus den Narben einer mediterranen Krokusart [arab.-it.]
Sa¹ga (die, -, -s) isländische Prosaerzählung (über Leben und Kampf von Bauern); ausführliche Erzählung (ugs.)
Sage-femme [saʒfam] (die, -, -s) über gynäkologisches Wissen verfügende Frau, Hebamme [frz.]
sa¹git¹tal (Adj.) parallel zur Mittelachse; von vorn nach hinten verlaufend (in der Anatomie) [lat.]
Sa¹go (der, -s, nur Ez.) Stärkemehl aus Palmmark [mal.]
Sag¹ra¹da¹rin¹de auch: Sa¹gra¹da¹rin¹de (die, -, nur Ez.) in Nordamerika vorkommende Faulbaumrinde (ein Abführmittel) [span.-dt.]
Sa¹gum (das, -s, -ga) römischer Soldatenmantel aus dickem Wollstoff [kelt.-lat.]
Sa¹hib (der, -(s), -s) Herr (als Anrede für einen Europäer in Indien und Pakistan) [arab.]
Sai¹ga (die, -, -s) in Asien vorkommende, dem Schaf ähnelnde Antilope [russ.]
Saint-Si¹mo¹nis¹mus (der, -, nur Ez.) nach dem frz. Sozialtheoretiker C.H. de Saint Simon (1760–1825) benannte, sozialistische, im 19. Jahrhundert entwickelte Theorie, nach der u.a. Produktionsmittel Gemeineigentum sein sollten [lat.]
Saint-Si¹mo¹nist (der, -nis¹ten, -nis¹ten) Anhänger der sozialistischen Theorie des Saint-Simonismus
Sai¹son [sɛzɔ̃ː] (die, -, -s) Hauptzeit (für den Tourismus-, Modegeschäft u.a.); Spielzeit (beim Theater) [frz.]
sai¹so¹nal [sɛ-] (Adj.) saisonbedingt
Sa¹ke (der, -(s), nur Ez.) japanischer Reiswein
sak¹ka¹diert (Adj.) medizinischer Ausdruck für ruckartig, stoßartig; z.B. von Atem [frz.]
Sak¹ko [auch: -koː] (das oder der, -s, -s) Anzugjacke, Herrenjackett [it.]
sak¹ral auch: sa¹kral (Adj.) 1 zum Gottesdienst gehörig, geweiht 2 zum Kreuzbein gehörig [lat.]

Sak¹ral¹bau auch: Sa¹kral¹bau (der, -s, -ten) im Gegensatz zum Profanbau ein kirchliches Bauwerk
Sak¹ra¹ment auch: Sa¹kra¹ment (das, -(e)s, -e) göttliches Gnadenzeichen, geheiligte Handlung [lat.]
sak¹ra¹men¹tal auch: sa¹kra¹men¹tal (Adj.) zum Sakrament gehörig
Sak¹ra¹men¹ta¹li¹en auch: Sa¹kra¹men¹ta¹li¹en (nur Mz.) Gegenstände, Handlungen des Sakraments
Sak¹ra¹ments¹häus¹chen auch: Sa¹kra¹ments¹häus¹chen (das, -s, -) kunstvoll verzierter, turmartiger Schrein in gotischen Kirchen, in dem die geweihten Hostien aufbewahrt werden
Sak¹ri¹fi¹zi¹um auch: Sa¹kri¹fi¹zi¹um (das, -s, -zi¹en) katholisches (Mess-)Opfer [lat.]
Sak¹ri¹leg auch: Sa¹kri¹leg (das, -s, -e) Entweihung, (religiöser) Frevel [lat.]
Sak¹ri¹le¹gi¹um auch: Sa¹kri¹le¹gi¹um (das, -s, -gi¹en) = Sakrileg
Sak¹ris¹tan auch: Sa¹kris¹tan (der, -s, -e) Küster [lat.]
Sak¹ris¹tei auch: Sa¹kris¹tei (die, -, -en) Kirchennebenraum (als Umkleide, für rituelle Gerätschaften u.a.) [lat.]
Sak¹ro¹dy¹nie auch: Sa¹kro¹dy¹nie (die, -, nur Ez.) medizinischer Begriff für Schmerzen in der Kreuzbeingegend
sak¹ro¹sankt auch: sa¹kro¹sankt (Adj.) geheiligt, unverletzlich [lat.]
sä¹ku¹lar (Adj.) 1 einmalig nur alle hundert Jahre wiederkehrend 2 weltlich [lat.]
Sä¹ku¹la¹ri¹sa¹ti¹on (die, -, nur Ez.) das Säkularisieren
sä¹ku¹la¹ri¹sie¹ren (V.) kirchlichen Besitz aufheben und einziehen; verweltlichen [lat.]
Sä¹ku¹la¹ri¹sie¹rung (die, -, nur Ez.) 1 Ablösung des Individuums, des Staats oder einzelner Gruppen von der Bindung an die Kirche seit dem ausgehenden Mittelalter; Verweltlichung 2 Erlaubnis für Ordensgeistliche, außerhalb des Klosters zu leben
Sä¹ku¹lar¹kle¹ri¹ker (der, -s, -) Geistlicher, der nicht an ein Kloster gebunden ist, Weltgeistlicher
Sä¹ku¹lum (das, -s, -la) Jahrhundert [lat.]
Sa¹lam! (auch: Sa¹lem!) Friede! (als islamische Grußformel) [arab.]
Sa¹la¹man¹der (der, -s, -) überwiegend landbewohnender Schwanzlurch, Erdmolch [lat.]
Sa¹la¹mi (die, -, -s) italienische oder ungarische Hartwurst [it.]
Sa¹la¹mi¹tak¹tik (die, -, nur Ez.) schrittweise Taktik, ein längerfristiges (politisches) Ziel durch kleinere Übergriffe oder Forderungen,

die die Gegenseite nach und nach anerkennt bzw. erfüllt, zu errreichen

Sa|lan|ga|ne (die, -, -n) südostasiatischer Vogel, dessen Speichelnester zu »Schwalbennestersuppe« verarbeitet werden [malai.]

Sa|lär (das, -s, -e) Gehalt, Lohn [frz.]

sa|la|rie|ren (V.) besolden, durch Einkommen vergüten (schweiz.) [frz.]

Sal|chow [-ço] (der, -s, -s) ein Schlittschuh-Drehsprung [schwed.]

sal|die|ren (V.) 1 den Saldo ermitteln 2 bezahlen

Sal|do (der, -s, -s oder -den oder -di) Unterschied zwischen Soll- und Habenseite (eines Kontos); Restbetrag [it.]

Sa|lem! = Salam!

Sa|lep (der, -s, -e) aus den Wurzelknollen von Knabenkraut hergestelltes Heilmittel [arab.]

Sales|ma|na|ger (auch: Sales-Ma|na|ger) [seɪlzmænɪdʒə] (der, -s, -) Verkaufsleiter [engl.]

Sales|pro|mo|ter (auch: Sales-Pro|mo|ter) [seɪlz-] (der, -s, -) jmd., der Salespromotion betreibt, Ausbilder des Verkaufspersonals, Vertriebsberater

Sales|pro|mo|tion (auch: Sales-Pro|mo|tion) [seɪlzprəməʊʃn] (die, -, nur Ez.) Verkaufsförderung (durch Werbung) [engl.]

Sa|let|tel (das, -s, - oder -n) Gartenhäuschen (österr.) [it.]

Sa|li|er (nur Mz.) kriegerische Kulttänze aufführende Priester im antiken Rom [lat.]

Sa|li|ne (die, -, -n) Salzwerk [lat.]

sa|li|nisch (Adj.) salzartig

sa|lisch (Adj.) überwiegend aus Kieselsäure und Tonerde bestehend (von Mineralien) [lat.]

Sa|li|zin (das, -s, nur Ez.) Mittel gegen Fieber [lat.]

Salk|vak|zi|ne (die, -, nur Ez.) nach dem amerikanischen Bakteriologen J.E. Salk benannter Impfstoff gegen Kinderlähmung

Salm (der, -s, -e) 1 Lachs (Fischart) [lat.] 2 umgangssprachlich für inhaltsloses Gerede, Geschwätz [gr.-lat.]

Sal|mi|ak oder [-ak] (der oder das, -s, nur Ez.) Ammoniumchlorid; z.B. in wässriger Lösung als Reinigungsmittel [lat.]

Sal|mo|nel|le (die, -, -n) Bakterium, das Darminfektionen hervorruft [engl.-nlat.]

Sal|mo|ni|den (nur Mz.) Lachsfische [lat.]

sa|lo|mo|nisch (Adj.) weise und gerecht (wie der biblische König Salomo)

Sa|lon [-lɔŋ] auch [-lõː] (der, -s, -s) 1 Empfangs-, Ausstellungsraum; Kosmetik-, Modegeschäftsraum u.a. 2 Empfang (für literarisch Interessierte u.a.; veraltet) [frz.]

Sa|lon|da|me (die, -, -n) Rolle der weltgewandten, eleganten, teils intriganten Dame der Gesellschaft im Schauspiel

Sa|lon|mu|sik (die, -, nur Ez.) im 19. Jahrhundert beliebte, leichte Unterhaltungsmusik

Sa|lon|or|ches|ter (das, -s, -) kleines Ensemble aus Streichern und Klavier für Unterhaltungsmusik

Sa|loon [səluːn] (der, -s, -s) Bar in Städten des sogenannten Wilden Westens [amerik.]

sa|lopp (Adj.) bequem, zwanglos [frz.]

Sal|pe (die, -, -n) gallertiges Manteltier [gr.]

Sal|pe|ter (der, -s, nur Ez.) Alkalimetallsalz einer Mineralsäure (als Düngemittel) [lat.]

Sal|pin|gi|tis (die, -, -tiden) medizinischer Begriff für Eileiterentzündungen [gr.-lat.]

Sal|pinx (die, -, -pin|gen) 1 altgriechisches trompetenähnliches Instrument 2 röhrenförmiges Organ (Eileiter, Ohrtrompete) [gr.]

Sal|sa (die, -, nur Ez.) auf südamerikanischer Volksmusik aufbauende Rockmusik [span.]

Sal|se (die, -, -n) Schlammkegel, Schlammaufsprudelung (in Sumpfgebieten) [it.]

Sal|ta|rel|lo (der, -s, -li) italienischer Hüpftanz

sal|ta|to (Adv.) mit springendem Bogen (u.a. bei Violinstücken) [it.]

Sal|ta|to (das, -s, -s) Technik von Streichern, mit hüpfendem Bogen zu spielen, um ein sogenanntes Staccato zu erzeugen

Sal|tim|boc|ca [-boka] (das, -s, -s) doppeltes Kalbsschnitzel mit Salbei, rohem Schinken, Käse und Weißweinsoße [it.]

Sal|to (der, -s, -s oder -ti) Luftrolle, freier Überschlag [it.]

Sal|to mor|ta|le (der, - -, - - oder -ti -li) Dreifachsalto

Sa|lü schweiz. [sa-] (als Grußformel) Hallo, grüß dich, mach's gut [frz.]

sa|lu|ber (Adj.) heilsam, (körperlich) gesund [lat.]

Sa|lub|ri|tät auch: **Sa|lu|bri|tät** (die, -, nur Ez.) das Salubersein

Sa|lu|ki (der, -s, -s) persischer Windhund [arab.]

Sa|lut (der, -s, -e) militärischer Ehrengruß; Ehrensalve [lat.]

sa|lu|tie|ren (V.) mit Ehrenbezeigung (militärisch) grüßen [lat.]

Sa|lu|tist (der, -tis|ten, -tis|ten) Heilsarmist [lat.]

Sal|var|san (das, -s, nur Ez.) Arzneimittel zur Syphilisbehandlung (früher; Warenzeichen) [Kunstwort]

Sal|va|ti|on (die, -, -ti|o|nen) Rettung (veraltet) [lat.]

Sal|va|tion|ar|my (*auch:* Sal|va|tion-Ar|my) [sælveɪʃn a:mɪ] (die, - -, nur Ez.) Heilsarmee [engl.]

Sal|va|tor (der, -s, -to̱ren) **1** (Christus als) Erlöser **2** (nur Ez.) ein Münchner Starkbier (Warenzeichen) [lat.]

sal|va ve|nia mit Verlaub (veraltet) [lat.]

sal|ve (als Grußformel) sei gegrüßt (meist scherzhaft) [lat.]

Sal|ve (die, -, -n) gleichzeitiges Abfeuern (mehrerer Gewehre oder Geschütze) [lat.]

Sal|via (die, -, nur Ez.) Salbei (als Heilpflanze)

sal|vo er|ro|re Irrtum vorbehalten [lat.]

Sa|ma|ri|ter (der, -s, -) barmherziger (Sanitäts-)Helfer [hebr.-lat.]

Sa|ma|ri|um (das, -s, nur Ez.) ein Element, Metall [nlat.]

Sa|mar|kand (der, -(s), -s) nach der russischen Stadt benannter, geknüpfter Teppich mit Medaillonmuster auf gelbem Grund

Sam|ba (der oder die, -(s), -s) ein brasilianischer Tanz; rhythmisches Trommeln, Trillerpfeifen brasilianischer Sportfans; z.B. erstmals war die Samba auch bei den alpinen Skiweltmeisterschaften zu hören [afrikan.-portugies.]

Sam|bals (nur Mz.) indonesisches Reisegewürz [malai.]

Sam|bi|er (der, -s, -) Einwohner von Sambia im südlichen Afrika, dem früheren Nordrhodesien

sam|bisch (Adj.) zum afrikanischen Staat Sambia gehörig

Sa|me (der, -n, -n) = Lappe (als Eigenbezeichnung)

Sa|mi|el (der, -s, nur Ez.) Satan; z.B. Samiel hilf: Ausruf beim Würfeln [hebr.-gr.]

sä|misch (Adj.) fettgegerbt (von Leder) [slaw.]

Sa|mi|sen (die, -, -) dreisaitige, in Japan erfundene Gitarre, die mit einem Kiel gezupft wird [jap.]

Sa|mo|je|de (der, -n, -n) **1** Angehöriger eines nordsibirischen Nomadenvolks **2** eine Schlittenhundrasse

Sa|mos (der, -, -) ein süßer griechischer Wein

Sa|mo|war (der, -s, -e) russ. Teemaschine

Sam|pan (der, -s, -s) flaches, breites Wohnboot (in Südostasien) [chin.]

Samp|le *auch:* Sam|ple [sɑ:mpl] (das, -(s), -s) **1** repräsentative Stichprobe **2** in der Markt- und Meinungsforschung aus einer größeren Menge repräsentativ ausgewählte Gruppe von Individuen **3** Warenprobe [engl.]

Samp|ler *auch:* Sam|pler [sɑ:mp-] (der, -s, -) Langspielplatte, auf der (Hit-)Musikstücke (einer Gruppe) zusammengestellt sind [engl.]

Sam|sa|ra (der, -, nur Ez.) in indischen Erlösungsreligionen immer wiederkehrende Abfolge von Tod und Wiedergeburt, deren Aufhebung angestrebt wird [sanskr.]

Sa|mum (der, -s, -s) trockenheißer Wüstenwind, Sandwind (in Arabien, Nordafrika) [arab.]

Sa|mu|rai (der, -(s), - oder -s) japanischer Ritter; Schwertträger mit strengen Ehrbegriffen [jap.]

sa|na|bel (Adj.) heilbar [lat.]

Sa|na|to|gen (das, -s, nur Ez.) Aufbaumittel aus hochwertigem Eiweiß [lat.-gr.]

Sa|na|to|ri|um (das, -s, -ri̱en) von Ärzten geleitete Erholungsstätte [lat.]

San|cho Pan|sa [-tʃo-] (der, - -, - -s) bauernschlauer Helfer [span.]

Sanc|ta Se|des (die, - -, nur Ez.) Heiliger Stuhl [lat.]

sanc|ta simp|li|ci|tas! *auch:* sanc|ta sim|pli|ci|tas! [-tsi-] heilige Einfalt! (als Ausruf angesichts der naiven Dummheit von jmdm.) [lat.]

Sanc|ti|tas (die, -, nur Ez.) Heiligkeit (des Papstes) [lat.]

Sanc|tus (das, -, -) kath. Messegesang, Lobgesang [lat.]

San|dal (das, -s, -s) schmales, langes, spitz zulaufendes türkisches Boot [pers.-arab.-türk.]

San|da|le (die, -, -n) flacher Riemenschuh

San|da|let|te (die, -, -n) leichte Sandale [frz.]

San|da|rak (der, -s, -s) ein Zypressenharz (für fotografische Lacke u.a.) [sanskr.-gr.]

San|der (der, -s, -) Sand-, Geröllfläche (in Island)

San|di|nist (der, -ni̱sten, -ni̱sten) Anhänger der nationalen Befreiungsfront in Nicaragua

Sand|schach *auch:* San|dschak (der, -s, -s) **1** alte türkische Fahne **2** türkisches Lehnsgebiet

Sand|wich (das oder der, -s oder -es, -s oder -e oder -es) zusammengeklappte belegte Weißbrotschnitte [engl.]

Sand|wich|tech|nik (die, -, nur Ez.) die Verbindung von Platten unterschiedlicher Stärke und Materialien, bei der Herstellung von Skiern und Flugzeugen bevorzugtes Verfahren

San|for (ohne Artikel) Kennzeichnung für Baumwollgewebe, die nicht eingehen

san|fo|ri|sie|ren (V.) Gewebe dahingehend präparieren, dass sie nicht eingehen

Sang|ria *auch:* San|gri̱a (die, -, -s) spanisches Rotweinmischgetränk mit Früchten
Sang|ri̱|ta *auch:* San|gri̱|ta (die, -, -s) mexikanischer Tomatensaft mit Gewürzen (Warenzeichen) [span.]
San|gu|i|ni|ker (der, -s, -) Mensch mit heiterer, temperamentvoller Grundstimmung [lat.]
san|gu|i|nisch (Adj.) wie ein Sanguiniker
san|gu|i|no|lent (Adj.) medizinischer Ausdruck für blutvermischt; z.B. Urin
Sa̱|ni (der, -s, -s) = Sanitäter [Kurzwort]
sa|nie̱|ren (V.) 1 bessern, heilen 2 bewohnbar machen, modernisieren 3 die wirtschaftliche Leistungsfähigkeit wiederherstellen; die Geldnot überwinden [lat.]
sa|ni|tär (Adj.) gesundheitsdienlich, hygienefördernd, hygienisch [frz.]
sa|ni|ta̱|risch (Adj.) = sanitär (schweiz.) [lat.]
Sa|ni|tät (die, -, nur Ez.) Militärgesundheitswesen (schweiz.) [lat.]
Sa|ni|tä|ter (der, -s, -) jmd., der beruflich erste Hilfe leistet, Krankenpfleger [lat.]
sa|ni|ti|zed [sænɪtaɪzd] (Adj.) frei von Bakterien [engl.]
Sank|ti|on (die, -, -ti|o̱|nen) das Sanktionieren; Strafmaßnahme
sank|ti|o|nie̱|ren (V.) 1 zum Gesetz erklären 2 gutheißen 3 Normabweichungen durch bestimmte, einschränkende Maßnahmen verurteilen, Sanktionen verhängen [lat.]
Sankt|tis|si|mum (das, -s, nur Ez.) Allerheiligstes [lat.]
Sank|tu̱|ar (das, -s, -e) = Sanktuarium
Sank|tu|a̱|ri|um (das, -s, -ri|en) 1 Altarraum in der katholischen Kirche 2 Reliquienschrein sowie dessen Aufbewahrungsort [lat.]
San-Ma|ri̱|ne|se (der, -n, -n) Einwohner der Republik San Marino im mittleren Italien
Sann|ya̱|sin (der, -, -) Angehöriger einer auf hinduistischem Gedankengut aufbauenden Sekte [sanskr.]
Sans|cu|loṯ|te [sākylɔt] (der, -n, -n) radikaler Republikaner (während der Französischen Revolution)
San|se|vi|e̱|ria (*auch:* San|se|vi|e̱|rie) (die, -, -ri|en) tropisches Liliengewächs, Faser-, Zierpflanze [it.-nlat.]
San|se|vi|e̱|rie (die, -, -n) = Sansevieria
Sanskrit (das, -s, nur Ez.) Sans|krit (das, -s, nur Ez.) Altindisch (als Gelehrtensprache)
sansk|ri̱|tisch *auch:* sans|kri̱|tisch (Adj.) zum Sanskrit gehörig
Sans|sou̱|ci [sāsusi:] franz. für »ohne Sorge« (als Name von Schlössern) [frz.]
Saṉ|ta Claus [sæntəklɔ:z] amerikanische Bezeichnung für den Weihnachtsmann [niederl.-engl.-amerik.]

San-To|me̱|er (der, -s, -) Einwohner der westafrikanischen Inselrepublik São Tomé und Principe [portugies.]
sa̱|pe|re au̱|de 1 lat. für »wage es, weise zu sein« (Horaz) 2 nach Kant »habe Mut, dich deines eigenen Verstandes zu bedienen!« = Wahlspruch der Aufklärung [lat.]
Sa|phir oder [sa:-] (der, -s, -e) 1 blauer Korund, Schmuckstein 2 Plattenspielernadel [semit.-gr.]
sa|pi|eṉ|ti sa̱t für den Eingeweihten genug (der Erklärung) [lat.]
Sa|pi̱|ne (die, -, -n) Werkzeug zum Wegziehen von Baumstämmen [frz.]
Sa|po|nin (das, -s, -e) Pflanzenglykosid (als Waschmittelzusatz) [lat.]
Sap|pe (die, -, -n) Laufgraben (im Stellungskrieg) [frz.]
sap|phisch [zafɪʃ] oder [zapfɪʃ] (Adj.) 1 leidenschaftlich bewegt (wie die Strophen der Dichterin Sappho) 2 lesbisch [gr.]
Sap|phis|mus (der, -, nur Ez.) lesbische Liebe [gr.]
Sap|rä|mie *auch:* Sa|prä|mi̱e (die, -, -mi̱|en) schwere Blutvergiftung [gr.-lat.]
sap|ris̱|ti *auch:* sa|pris|ti Ausruf höchsten Erstaunens [lat.-frz.]
Sap|ro̱|bie *auch:* Sa|pro̱|bie (die, -, -n) = Saprobiont
Sap|ro|bi|ont *auch:* Sa|pro|bi|ont (der, -en, -en) Lebewesen, das sich von Zersetzungsstoffen ernährt; z.B. Schlammamöben [gr.]
sap|ro|gen *auch:* sa|pro|gen (Adj.) Fäulnis erregend [gr.]
Sap|ro|pel *auch:* Sa|pro|pel (das, -s, -e) Faulschlamm [gr.]
Sap|ro|pha̱|gen *auch:* Sa|pro|pha̱|gen (nur Mz.) Pflanzen oder Tiere, die sich von faulenden Stoffen ernähren
sap|ro|phil *auch:* sa|pro|phil (Adj.) als Organismus auf/in/von faulenden Stoffen lebend
Sap|ro|phyt *auch:* Sa|pro|phyt (der, -en, -en) pflanzlicher Saprobiont; z.B. bestimmte Bakterien [gr.]
sap|ro|phy̱|tisch *auch:* sa|pro|phy̱|tisch (Adj.) als Pflanze auf/von faulenden Stoffen lebend
Sa̱|rab (der, -s, -s) schwerer, handgeknüpfter Teppich [iran.]
Sa|ra|baṉ|de (die, -, -n) langsamer und ruhiger spanischer Tanz; ein Satz der Suite [arab.-span.]
Sa|ra|fa̱n (der, -s, -e) ausgeschnittenes russisches Frauenkleid, das über einer Bluse getragen wurde [pers.-russ.]
Sa|ra|ze̱|ne (der, -n, -n) muslimischer Bewohner des Mittelmeerraums (früher) [arab.]

sa|ra|ze|nisch (Adj.) die Sarazenen betreffend, zu ihnen gehörend
Sar|de (der, -n, -n) Ew. Sardiniens
Sar|del|le (die, -, -n) kleiner Heringsfisch warmer Meere; derselbe Fisch filetiert in Würzmarinade [it.]
Sar|di|ne (die, -, -n) kleiner Heringsfisch (größer als die Sardelle, auch Pilchard) gemäßigter Meere (der besonders in Ölkonserven verarbeitet wird) [it.]
sar|disch (Adj.) zu Sardinien gehörig
sar|do|nisch (Adj.) hämisch, (grimmig) verkrampft; sardonisches Lachen: scheinbares Lachen (bei Gesichtsmuskelkrampf); bösartiges Lachen [gr.-lat.]
Sar|do|nyx *auch:* Sard|o|nyx (der, -(es), -e) braunweißer Onyx, Schmuckstein [gr.]
Sa|ri (der, -s, -s) Wickelgewand (indischer Frauen) [Hindi]
Sar|kas|mus (der, -, -men) beißender Hohn [gr.-lat.]
sar|kas|tisch (Adj.) beißend höhnisch [gr.]
Sar|kom (*auch:* Sar|ko|ma) (das, -s, -e) bösartige Bindegewebsgeschwulst [gr.]
Sar|ko|ma (das, -s, -ta) = Sarkom
sar|ko|ma|tös (Adj.) zum Sarkom gehörig, sich als Sarkom ausbreitend
Sar|ko|phag (der, -s, -e) Prunksarg (aus Marmor, Bronze u.a.) [gr.]
Sa|rong (der, -s, -s) langer, gewickelter Hüftrock (indonesischer Frauen) [malai.]
Sa|ros|pe|ri|o|de (die, -, -n) astronomischer Begriff für die Phase, nach der sich eine Sonnen- und Mondfinsternis annähernd wiederholen (1 Sarosperiode = 18 Jahre und 11 Tage) [gr.]
Sar|rass (der, -es, -e) schwerer Säbel [poln.]
Sar|ru|so|phon [sarysɔfoːn] (das, -s, -e) nach dem frz. Militärkapellmeister Sarrus benanntes Blechblasinstrument [frz.-gr.]
Sar|sa|pa|ril|la [-rɪlja] (die, -, -s) = Sarsaparille
Sar|sa|pa|ril|le (*auch:* Sar|sa|pa|ril|la) (die, -, -n) tropische Stechwinde; deren saponinhaltige Wurzel (als harntreibendes Mittel) [span.]
Sar|se|nett (der, -(e)s, -e) Futterstoff aus Baumwolle [gr.-lat.-frz.-engl.]
Sas|saf|ras *auch:* Sas|sa|fras (der, -, -) amerikanisches Lorbeergewächs, Fenchelholzbaum [indian.-frz.]
Sas|sa|ni|de (der, -n, -n) Angehöriger eines 224–651 regierenden persischen Herrschergeschlechts [pers.]
sas|sa|ni|disch (Adj.) das Herrschergeschlecht der Sassaniden betreffend
Sa|tan (der, -s, -e) **1** (nur Ez.) der Teufel **2** bösartiger Mensch [hebr.]

Sa|ta|nas (der, -, -se) = Satan [hebr.-gr.]
sa|ta|nisch (Adj.) teuflisch [hebr.]
Sa|ta|nis|mus (der, -, nur Ez.) **1** Teufelsverehrung **2** in der Literatur thematische Darstellung des Bösen, Krankhaften und Grausamen
Sa|tel|lit (der, -en, -en) **1** technischer Flugkörper in Erdumlaufbahn **2** Himmelskörper, der einen Planeten umkreist, »Mond«
Sa|tel|li|ten|staat (der, -es, -en) abwertender Begriff für einen nur formal selbstständigen Staat, der tatsächlich jedoch abhängig ist von den Weisungen eines anderen Staates
Sa|tel|li|ten|stadt (die, -, -städ|te) Wohn- und Schlafstadt im Einzugsbereich einer Großstadt
Sa|tin [-tɛ̃] (der, -s, -s) feinfädiger, glänzender Atlasstoff [arab.-frz.]
Sa|ti|na|ge [-ʒə] (die, -, -n) das Satinieren
sa|ti|nie|ren (V.) eine glänzende, glatte Oberfläche geben (bei Leder, Papier) [frz.]
Sa|ti|nier|ma|schi|ne (die, -, -n) Maschine mit Walzen, die Papier oder Leder glättet [lat.]
Sa|ti|re (die, -, -n) Spottschrift, Ironisierung [lat.]
Sa|ti|ri|ker (der, -s, -) jmd., der Satiren verfasst; Spötter
sa|ti|risch (Adj.) in der Art einer Satire, spöttisch
Sa|tis|fak|ti|on (die, -, -ti|o|nen) Genugtuung, Wiederherstellung der Ehre (durch Duell) [lat.]
Sat|rap *auch:* Sa|trap (der, -en, -en) altpersischer Provinzstatthalter [gr.]
Sat|ra|pie *auch:* Sa|tra|pie (die, -, -pi|en) Statthalteramt
Sat|sang (das oder das, -s, nur Ez.) Unterrichtung in Kult und Methode einer Meditation [sanskr.]
Sat|su|ma (die, -, -s) kernlose Mandarine [jap.]
Sa|tu|ra|ti|on (die, -, -ti|o|nen) Sättigung (bei der Zuckerherstellung) [lat.]
sa|tu|rie|ren (V.) sättigen; befriedigen
sa|tu|riert (Adj.) gesättigt anspruchslos; politisch inaktiv und selbstzufrieden [lat.]
Sa|tur|nis|mus (der, -, -men) medizinischer Begriff für Bleivergiftung [lat.]
Sa|tyr (der, -s oder -n, -n) altgriechischer Fruchtbarkeitsdämon, derb-lüsterner Bockmensch
Sa|ty|ri|a|sis (die, -, nur Ez.) übermäßiger, bis zum krankhaften gesteigerter Geschlechtstrieb bei Männern [gr.-lat.]
Sau|ce [zo:sə] (die, -, -n) = Soße
Sau|ci|e|re [sosjɛːrə] (die, -, -n) Soßengefäß mit Gießrand [frz.]

sau|cie|ren [sosiːrən] (V.) Tabak mit einer beizenden Soße tränken
Sau|di (der, -s, -s) Einwohner von Saudi-Arabien
Sau|na (die, -, -s oder -nen) finnisches Schwitzbad
sau|nen (V.) = saunieren
sau|nie|ren (V.) in die Sauna gehen
Sau|ri|er (der, -s, -) oft riesenwüchsige Echse des Erdmittelalters [gr.]
Sau|ro|lith (der, -en, -en) versteinerter Saurier [gr.]
Sau|ro|po|de (der, -n, -n) Sammelbegriff für Pflanzen fressende Riesensaurier
Sau|ter|nes [sotɛrn] (der, -, -) schwerer, süßer Weißwein aus der Gegend südlich von Bordeaux [frz.]
sau|tie|ren [so-] (V.) kurz braten; in heißem Fett schwenken [frz.]
sauve qui peut! [sovkipøː] rette sich, wer kann! [frz.]
Sa|van|ne (die, -, -n) baumbestandene Tropengrassteppe [indian.]
Sa|va|rin (der, -s, -s) Hefekuchen, der mit Rum getränkt wird
Sa|voir-vi|vre auch: Sa|voir-vi|vre [savwarviːvrə] (das, -, nur Ez.) Lebenskunst [frz.]
Sa|vo|yar|de auch: Sa|voy|ar|de (der, -n, -n) Ew. von Savoyen
Sa|xi|fra|ga auch: Sa|xi|fra|ga (der, -s, -gen) eine Pflanzengattung, Steinbrech [lat.]
sa|xo|ni|sche Tek|to|nik (die, -n -, -n -en) geologischer Begriff für Bruchfaltengebirgsformen nördlich der Alpen
Sa|xo|phon auch: Sa|xo|fon (das, -s, -e) ein Blechblasinstrument mit Klarinettenmundstück [niederl.-gr.]
Sa|xo|pho|nist (auch: Sa|xo|fo|nist) (der, -nis|ten, -nis|ten) Saxophonspieler
sa|zer|do|tal (Adj.) priesterlich (veraltet)
Sa|zer|do|ti|um (das, -s, nur Ez.) Priester-, Papstwürde (veraltet) [lat.]
Sbir|re (der, -n, -n) veraltete Bezeichnung für einen im Kirchenstaat tätigen Geheimagenten; Scherge
Scag|li|o|la auch: Sca|gli|o|la [skalioːla] (die, -, nur Ez.) für Marmorimitate verwendetes Material, Stuckmarmor [it.]
Sca|ling [skeɪlɪŋ] (das, -s, nur Ez.) Größenanpassung der Bildvorlagen für die Verwendung in Prospekten oder Anzeigen [engl.]
Scam|pi (nur Mz.) Garnelen [it.]
Scan|di|um (das, -s, nur Ez.) ein Element, Leichtmetall [nlat.]
Scan|ner [skæn-] (der, -s, -) ein optisches Gerät zur Wiedergabe durch einen (Laser-) Strahl abgetasteter Gegenstände [engl.]

Scat [skæt] (der, -s, nur Ez.) das Singen bedeutungsloser Silben (im Jazz) [engl.]
Scat|te|ring-Ver|fah|ren [skætətɪŋ] (das, -s, nur Ez.) nachrichtentechnisches Verfahren zur Erzielung von Überreichweiten [engl.]
sce|man|do [ʃemando] Anweisung im Notentext für abnehmende Lautstärke, schwächer werdend [lat.-ital.]
Sce|na|rio [ʃen-] (das, -s, -ri|en) = Szenario
Scene [siːn] (die, -, nur Ez.) maßgebliche Personen für einen Trend (bei Jugendlichen; ugs.); ihr Umfeld [engl.]
Schab|ber (der, -, -) kleines Brecheisen [hebr.]
Schab|bes (der, -, -) = Sabbat [jidd.]
Scha|bot|te (die, -, -n) Unterbau für einen Maschinenhammer [frz.]
Schab|ra|cke auch: Scha|bra|cke (die, -, -n) sattelförmige Verkleidung (auf andersfarbigem Grund); sich farblich abhebende Decke unter dem Sattel [türk.]
Schach (das, -s, nur Ez.) ein Brettspiel; Stellung, in der der König unmittelbar bedroht ist [pers.]
Scha|cher (der, -s, nur Ez.) unlautere Geschäftemacherei [hebr.-jidd.]
scha|chern (V.) **1** Tauschhandel betreiben (abwertend) **2** raffgierig Geld anhäufen [hebr.-jidd.]
schach|matt (Adv.) **1** unfähig, den König beim Schachspiel auf ein Feld zu setzen, das nicht vom Gegner bedroht ist, eine Schachpartie verlierend **2** in seiner Handlungsfähigkeit gelähmt [pers.-arab.-roman.]
schäch|ten (V.) nach jüdischer und islamischer Religionsvorschrift durch Schlagaderschnitt schlachten [hebr.]
Scha|duf (der, -s, -s) Schöpfvorrichtung, bei der eine Kelle an einem Hebebaum befestigt ist [ägypt.]
Scha|fi|it (der, -en, -en) Gelehrter an einer mohammedanischen Rechtsschule [arab.]
Scha|fott (das, -(e)s, -e) Hinrichtungstribüne, Blutgerüst [lat.-niederl.]
Schah (der, -s, -s) iranischer Monarch [pers.]
Schah-in-Schah (der, -s, -s) Bezeichnung für den höchsten Herrscher im monarchistisch regierten Iran [pers.]
Schai|tan (der, -s, -e) Teufel, Dämon [arab.]
Schai|wa (der, -s, -s, meist Mz.) Angehöriger einer hinduistischen Religionsgemeinschaft, die den Gott Schiwa verehrt [sanskr.]
Scha|kal (der, -s, -e) mittelgroßer Wildhund warmer Länder [sanskr.-türk.]

Scha′ka′ré (der, -s, -s) in Südamerika vorkommende, breitmaulige Krokodilart [indian.-portugies.]
Schak′tas (nur Mz.) die Göttin Schaktas verehrende Hinduisten [sanskr.]
Schak′ti (die, -, nur Ez.) die Kraft der Hochgöttin/des Hochgottes im Hinduismus, der/die bildlich meist weiblich dargestellt wird [sanskr.]
Schal (der, -s, -s oder -e) langes, wärmendes Halstuch [pers.-engl.]
Scha′lom! Friede! (als Grußformel in Israel)
Schal′lot′te (die, -, -n) kleine Zwiebelart, Esslauch [frz.]
Scha′lup′pe (die, -, -n) großes, einfaches Boot; schlechtes Schiff (ugs.) [niederl.-frz.]
Schal′war (der, -s, -s) im Orient von Frauen getragene lange, weite Hose mit blauer Farbe [pers.-türk.]
Scha′ma′de (die, -, -n) Aufgabesignal (durch Trompetenstoß; früher) [frz.]
Scha′ma′ne (der, -n, -n) ekstatischer Geisterheiler, Zauberpriester (nordasiatischer Völker) [tungus.]
Scha′ma′nis′mus (der, -, nur Ez.) Glaube an außerirdische Kontaktaufnahme durch einen Schamanen
Scham′bock (der, -s, -e und -s) Nilpferdpeitsche [niederl.]
Scham′mes (der, -, -) Synagogendiener [hebr.-jidd.]
Scha′mott (der, -s, nur Ez.) = Schamotte
Scha′mot′te (*auch:* der Scha′mott) (die, -, nur Ez.) feuerfester Tonstein (zum Ofenausbau) [viell. frz.]
scha′mot′tie′ren (V.) mit Schamotte ausbauen
Scham′pon (das, -s, -s) = Shampoo
scham′po′nie′ren (V.) = shampoonieren
schang′hai′en (V.) (von der chinesischen Stadt Schanghai abgeleitet) einen Matrosen zum Anheuern pressen
Schang′ri′la *auch:* Schan′gri′la (das, -(s), nur Ez.) mystischer Ort (Hinduismus, Esoterik-Szene) [ind.]
Schan′ker (der, -s, -) Geschwür an den äußeren Geschlechtsteilen [frz.]
Schan′tung′sei′de (die, -, -n) nach der chinesischen Provinz Schantung benannte Wildseide; Stoff aus Kunstfaser mit wildseidenähnlicher Oberflächenstruktur
Schap′pe (die, -, -n) Stoff aus Abfallseide [frz.]
Scha′ra′de (die, -, -n) Rätsel, bei dem die Silben eines zusammengesetzten Wortes pantomimisch dargestellt werden [frz.]

Scha′raff (der, -s, nur Ez.) in Israel vorkommender, heißer Wüstenwind [hebr.]
Schä′re (die, -, -n) kleine Felsinsel [schwed.]
Scha′rja (*auch:* Sche′rja) (die, -, nur Ez.) im Koran und Hadith niedergeschriebene Regelungen für das gesamte islamische Leben [arab.]
Schar′lach (der, -s, nur Ez.) **1** eine durch rötlichen Hautausschlag gekennzeichnete Infektionskrankheit **2** kräftiges Rot, himbeerrot
Schar′la′tan (der, -s, -e) jmd., der Kenntnisse oder Fähigkeiten vortäuscht [it.]
Schar′la′ta′ne′rie (die, -, -n) Tat, Vorgehensweise eines Scharlatans [it.-frz.]
Scharm (der, -(e)s, nur Ez.) = Charme
Schar′müt′zel (das, -s, -) unbedeutendes Kleingefecht [germ.-it.]
schar′müt′zie′ren (V.) flirten (veraltet)
Schar′nier (das, -s, -e) Drehgelenk; z.B. an Türen [frz.]
Schär′pe (die, -, -n) breite Leibbinde (als Ehrenzeichen) [frz.]
Schar′pie (die, -, -n) zerzupfter Stoff (als früheres Verbandsmaterial) [frz.]
schar′rie′ren (V.) Steine mit Steinmetzeisen behauen [lat.-frz.]
Schar′te′ke (die, -, -n) altes, verschmutztes/vergilbtes, wertloses Buch, dicker Schmöker [niederdt.]
Schar′wen′zel (der, -s, -) **1** in Kartenspielen der Bube bzw. Unter **2** umgangssprachlich einer, der jedem zu Diensten ist **3** in der Jägersprache Bezeichnung für Pudel [tschech.]
schar′wen′zeln (V.) jmdn. dauernd schmeichlerisch begleiten
Schasch′lik (der oder das, -s, -s) auf einem Spieß gebratene oder gegrillte Fleisch-, Speck-, Innereien-, Zwiebelstückchen u.a. [türk.-russ.]
schas′sen (V.) hinauswerfen (ugs.) [frz.]
Scha′tul′le (die, -, -n) Geld-, Schmuckkästchen [germ.-it.]
Sche′be′cke (die, -, -n) Schiff mit zwei bis drei Masten, mit dem im 17./18. Jahrhundert das Mittelmeer befahren wurde [arab.-span.-it.-frz.]
Scheck (der, -s, -s) gedrucktes Formular mit einer Zahlungsanweisung [engl.]
Sche′da (die, -, -den) veraltet für ein Einzelblatt [lat.]
Sched′bau (der, -(e)s, -ten) einstöckiges Bauwerk mit Satteldach [engl.]
Sched′dach (das, -s, -dächer) aus verschiedenen großen und geneigten Flächen bestehendes Dach, Sattel- oder Sägedach [engl.]

Scheich (der, -s, -s oder -e) islamischer Ehrentitel (für Stammesführer, weltliche und geistliche Würdenträger) [arab.]
Sche|kel (der, -s, -) israelische Währungseinheit [hebr.]
Schelf (der oder das, -s, -e) untermeerischer Festlandssockel [engl.]
Schel|lack (der, -s, -la|cke) ein von Schildläusen produzierter, harzartiger Stoff (der früher zu Schallplatten verarbeitet wurde)
Sche|ma (das, -s, -s oder -ta) Muster, Form; vereinfachte Darstellung [gr.]
sche|ma|tisch (Adj.) zu einem Schema gehörig, vereinfacht
sche|ma|ti|sie|ren (V.) nach einem Schema behandeln, einem Schema unterwerfen
Sche|ma|tis|mus (der, -, -men) **1** (geistloses) Festhalten an einem Schema **2** Amtspersonenverzeichnis (österr.) [gr.-nlat.]
Schen (das, -s, -s) chinesische Mundharmonika [chin.]
Sche|ol (der, -s, nur Ez.) das Totenreich im Alten Testament [hebr.]
Sche|ria (die, -, nur Ez.) = Scharia
Sche|rif (der, -en, -e oder -en) Nachkomme Mohammeds [arab.]
scher|zan|do (ske-) (Adv.) heiter, scherzend (bei Musikstücken) [it.]
Scher|zo (sker-) (das, -s, -s oder -zi) scherzando gespieltes Musikstück; schneller Sonatensatz [it.]
Schi (der, -(s), - oder -er) = Ski
Schia (die, -, nur Ez.) eine Hauptrichtung des Islams (der die Schiiten anhängen) [arab.]
Schib|bo|leth (das, -s, -e oder -s) Erkennungszeichen, Losungswort [hebr.]
schick (Adj.) modisch; schön (oft ironisch) [frz.]
Schick (der, -s, nur Ez.) schickes Aussehen
Schi|cke|ria (die, -, nur Ez.) unangenehme, schicke Personengruppe [frz.-it.]
Schi|cki|mi|cki (die, -, -s) jemand, der immer schick im Trend ist (ugs.)
Schi|is|mus (der, -, nur Ez.) Lehre der Schia
Schi|it (der, -en, -en) Anhänger der Schia
schi|i|tisch (Adj.) zur Schia gehörig
Schi|ka|ne (die, -, -n) **1** böswillig bereitete Schwierigkeit; mit allen Schikanen: mit allem Luxus **2** schwieriger Kurvenabschnitt (bei Autorennen) [frz.]
schi|ka|nie|ren (V.) Schikanen bereiten, peinigen
schi|ka|nös (Adj.) Schikanen bereitend
Schi|ko|ree (der, -s, -s) = Chicorée
Schi|mä|re (auch: Chi|mä|re) (die, -, -n) Hirngespinst, Trugbild [gr.-frz.]

schi|mä|risch (auch: chi|mä|risch) (Adj.) trügerisch [gr.-lat.-frz.]
Schim|pan|se (der, -n, -n) Menschenaffe [afrikan.]
schim|pan|so|id (Adj.) den Schimpansen ähnlich [afrikan.-gr.]
Schi|na|kel (der, -s, -n) kleines (Ruder-)Boot; schlechtes Boot (österr.) [ung.]
Schin|to|is|mus (auch: Shin|to|is|mus) (der, -, nur Ez.) eine japanische Religion (mit Verehrung von Naturkräften u.a.) [jap.-nlat.]
Schin|to|ist (auch: Shin|to|ist) (der, -is|ten, -is|ten) Anhänger des Schintoismus
Schi|ras (der, -, -) ein persischer Teppich
Schi|rok|ko (der, -s, -s) trocken-warmer Südwind (in den Mittelmeerländern) [arab.-it.]
Schir|wan (der, -s, -s) ein kaukasischer Teppich
Schis|ma (das, -s, -men) Kirchenspaltung [gr.]
Schis|ma|ti|ker (der, -s, -) jmd., der ein Schisma bewirkt; Anhänger einer schismatischen Gruppe
schis|ma|tisch (Adj.) zu einem Schisma gehörig, ein Schisma bewirken, kirchenspalterisch
schi|zo|gen (Adj.) durch Spaltung entstanden (in der Botanik) [gr.]
Schi|zo|go|nie (die, -, -n) ungeschlechtliche Vermehrung durch Zellteilung [gr.]
schi|zo|id (Adj.) leicht schizophren [gr.]
Schi|zo|my|zet (der, -en, -en, meist Mz.) sich ungeschlechtlich durch Zellteilung vermehrende Bakterie, Spaltpilz
Schi|zo|pha|sie (die, -, -n) Äußerung zusammenhangloser Wörter und Sätze
schi|zo|phren (Adj.) **1** an Schizophrenie leidend **2** absurd, unverständlich
Schi|zo|phre|nie (die, -, nur Ez.) seelische Krankheit mit Selbstentfremdungserlebnissen u.a.; z.B. Paranoia [gr.]
schi|zo|thym (Adj.) an einer latent vorhandenen Schizophrenie leidend
Schi|zo|thy|mie (die, -, nur Ez.) Veranlagung zur Schizophrenie, die nicht virulent wird
Schlach|ta (die, -, nur Ez.) polnischer Adel (früher) [dt.-poln.]
Schla|mas|sel (der oder das, -s, nur Ez.) umgangssprachliche Bezeichnung für Widrigkeiten, Unglück [jidd.]
Schle|mihl (der, -s, -e) **1** Unglücksrabe **2** Schlitzohr [hebr.]
Schmal|te (die, -, -n) blaufarbene Schmelze aus Kobalt [germ.-it.]
Schma|sche (die, -, -n) Fell totgeborener Lämmer [poln.]

Schmon'zes (der, -, nur Ez.) dummes Geschwätz [jidd.]

Schmu (der, -, -) kleine, auf nicht ganz ehrliche Weise zur Seite gebrachte Geldbeträge [jidd.]

Schmug'gel (der, -s, nur Ez.) Ausführen von Waren ohne Zoll zu bezahlen, Schleichhandel [niederdt.]

schmug'geln (V.) Ware außer Landes bringen ohne Zoll zu bezahlen, Schleichhandel betreiben [niederdt.]

Schock (der, -s, -s) schwerer körperlicher oder seelischer Erschütterungszustand [frz.-engl.]

scho'ckant (Adj.) empörend (veraltet) [frz.]

scho'cken (V.) 1 = schockieren 2 durch künstlichen Schock behandeln

Scho'cker (der, -s, -) etwas Schockierendes (bes. ein Film); schockierende Person

scho'ckie'ren (V.) empören; Grauen einjagen [frz.]

Schock'the'ra'pie (die, -, -n) Erwirken von Heilung bei seelischen Erkrankungen, indem der Patient erneut einem Schock ausgesetzt wird

Scho'far (der, -(s), -fa'roth) Widderhorn, das am jüdischen Neujahrstag geblasen wird [hebr.]

scho'fel (Adj.) kleinlich; schäbig [hebr.-jidd.]

Scho'ko'la'de (die, -, -n) 1 Kakaomasse mit Milch, Gewürzen u.a. 2 heißes Milchgetränk daraus [mex.]

scho'ko'la'den (Adj.) aus Schokolade

scho'ko'lie'ren (V.) etwas mit einem Schokoladenüberzug versehen [mex.-span.-niederl.-lat.]

Scho'lar (der, -en, -en) fahrender Schüler (im Mittelalter) [lat.]

Scho'las'tik (die, -, nur Ez.) 1 eine mittelalterliche Kirchenphilosophie 2 engstirnige Schulweisheit [gr.]

Scho'las'ti'ker (der, -s, -) 1 Vertreter der Scholastik (1) 2 Buchstabengelehrter

scho'las'tisch (Adj.) 1 zur Scholastik (1) gehörig 2 haarspalterisch, scheingelehrt

Scho'las'ti'zis'mus (der, -, nur Ez.) = Scholastik (2) [gr.-nlat.]

Scho'lie (die, -, -n) erklärende Anmerkung (die von einem Gelehrten an schwierigen Textstellen von Klassikern vorgenommen wurde) [gr.]

Scho'li'on (das, -s, -li'en) = Scholie

Scho'ner (der, -s, -) mehrmastiges Segelschiff mit Gaffelsegeln [engl.]

Schöps (der, -es, -e) Hammel (österr.) [tschech.]

Scho'se (die, -, -n) = Chose

Schott (der, -s, -s) nordafrikanische Salzwüste, Salzsumpf [arab.]

Schot'te (der, -n, -n) Ew. Schottlands

schot'tisch (Adj.) zu Schottland gehörig

schraf'fen (V.) = schraffieren

schraf'fie'ren (V.) mit (schrägen) Parallelstrichen bedecken; z.B. eine Schattenfläche in einer Zeichnung schraffieren [it.-frz.]

Schraf'fur (die, -, -en) schraffierte Fläche

Schrap'nell (das, -s, -e oder -s) Artilleriegeschoss mit Sprengladung, die kurz vor dem Auftreffen zerbirst [engl.]

Schred'der (der, -s, -) technische Vorrichtung zum Verschrotten von Autowracks [engl.]

Schrimp (der, -s, -s) = Shrimp

Schwa (das, -s, -s) Laut, der in unbetonten Silben anstelle des vollen Vokals gesprochen wird [hebr.]

Schwad'ron auch: Schwa'dron (die, -, -en) kleinste Kavallerieeinheit [it.]

Schwad'ro'na'de auch: Schwa'dro'na'de (die, -, -n) das Schwadronieren

Schwad'ro'neur auch: Schwa'dro'neur [-nø:ɐ] (der, -s, -e) jmd., der schwadroniert

schwad'ro'nie'ren auch: schwa'dro'nie'ren (V.) breit, lautstark und aufdringlich erzählen [it.-frz.]

schwoi'en [ʃvɔyən] (V.) durch Strömung oder Wind vor Anker bewegt werden (bei Schiffen) [altnord.-niederl.]

Sci'ence'fic'tion (auch: Sci'ence-Fic'tion) [saɪənsfɪkʃn] (die, -, nur Ez.) Literatur über Geschehnisse in der Zukunft (mit Schilderung naturwissenschaftlicher Sachverhalte) [engl.]

sci'li'cet [stsi:litset] (Adv.) nämlich [lat.]

sci'ol'to [ʃolto] in Phrasierung und Dynamik frei, Anweisung im Notentext [lat.-it.]

Scoop [sku:p] (der, -s, -s) Sondermeldung in den Medien [engl.]

Scor'da'tu'ra (die, -, -ren) = Skordatur [it.]

Score [skɔːr] (der, -s, -s) Spielstand; Punktzahl [engl.]

Scotch [skɒtʃ] (der, -s, -s) schottischer Whisky [engl.]

Scotch'ter'rier [skɒtʃ-] (der, -s, -) kleine schwarze Hunderasse mit langer Stirn- und Schnauzenbehaarung [engl.]

Scot'land Yard (der, -, nur Ez.) Hauptsitz der Kriminalpolizei in London [engl.]

Scout [skaʊt] (der, -s, -s) Pfadfinder [engl.]

Scrab'ble [skræbl] (das, -s, nur Ez.) ein Wortlegespiel (Warenzeichen) [engl.]

Scraps (nur Mz.) aus den bodennahen Blättern der Tabakpflanze hergestellter Tabak [altnord.-engl.]

Scrib'ble [skrɪbl] (das, -s, -s) Entwurf, Skizze (für eine Werbegrafik) [engl.]
Scrip (der, -s, -s) Gutschein; amerikanisches Besatzungsgeld (in Deutschland) [engl.]
Script'girl [-gɜːl] (das, -s, -s) Sekretärin des Regisseurs (im Filmatelier) [engl.]
Scrub [skrʌb] (der, -s, nur Ez.) trockenes australisches Dornbuschland [engl.]
sculp'sit hat es gestochen (hinter dem Namen eines Kupferstechers) [lat.]
SDI [ɛsdiːaɪ] (das, -, nur Ez.) Abk. für »Strategic Defense Initiative«, amerik. Forschungsprojekt für ein Raketenabwehrsystem im Weltraum in den 80er-Jahren des 20. Jahrhunderts [engl.]
Seal [siːl] (der oder das, -s, -s) Pelz des Seebären [engl.]
Seal'skin [siːl-] (der oder das, -s, -s) = Seal
Sé'ance [seɑ̃ːs] (die, -, -n) spiritistische Sitzung [lat.-frz.]
Sea'son (die, -, -s) englische Bezeichnung für Zeiten des Hochbetriebs, Saison [engl.]
Se'bor'rhö (auch: Se'bor'rhöe) (die, -, -en) übermäßige Absonderung der Talgdrüsen (bes. am Kopf, im Gesicht) [lat.-gr.]
Se'bor'rhöe [-røː] (die, -, -n) = Seborrhö
sec'co (Adj.) trocken [ital.]
Sec'co'ma'le'rei (die, -, -en) Wandmalerei auf trockenem Untergrund [lat.-it.]
Se'cen'to [-tʃɛn-] (das, -(s), nur Ez.) = Seicento
se'con'da vol'ta erste Wiederholung eines Teils in einem Musikstück [lat.-it.]
se'cond-hand [sɛkəndhænd] (Adj.) gebraucht (bes. von Kleidung) [engl.]
Sec'ret Ser'vice auch: Se'cret Ser'vice [siːkrɪt sɜːvɪs] (der, - -, nur Ez.) britischer Geheimdienst [engl.]
Sec'ti'o au'rea (die, --, nur Ez.) bestimmtes, ausgewogenes Verhältnis zweier verschieden großer Teilstrecken zueinander, bei dem sich der kleinere Teil zum größeren ebenso verhält wie der größere zum Ganzen, goldener Schnitt [lat.]
se'da'tiv (Adj.) beruhigend [lat.]
Se'da'tiv (das, -s, -e) = Sedativum
Se'da'ti'vum (das, -s, -va) Beruhigungsmittel [lat.]
Se'dez (das, -es, nur Ez.) aus 16-blättrigen Bögen gebundenes Buch [lat.]
Se'di'le (das, -s, -liˀen) **1** Sitz ohne Lehne für die amtierenden Priester beim Hochamt **2** ausklappbarer Sitz im Chorgestühl [lat.]
Se'di'ment (das, -(e)s, -e) abgelagertes Gestein; Gesteinsschicht [lat.]
se'di'men'tär (Adj.) durch Sedimentation entstanden, abgelagert

Se'di'men'ta'ti'on (die, -, -ti'o'nen) Ablagerung (von festem Material, Gestein) [lat.]
Se'dis'va'kanz (die, -, -en) Zeitraum, in dem ein Bischofs-, Papststuhl nach dem Tod des Inhabers unbesetzt bleibt [lat.]
Se'di'ti'on (die, -, -ti'o'nen) veraltet für Aufstand, Aufruhr
se'di'ti'ös (Adj.) aufständisch, aufrührerisch [lat.]
Se'duk'ti'on (die, -, -ti'o'nen) veraltet für Verführung [lat.]
se'du'zie'ren (V.) veraltet für: verführen [lat.]
Seg'ment (das, -(e)s, -e) **1** Abschnitt, Teilstück (von etwas Gegliedertem) **2** Fläche, die eine Gerade (oder Ebene) von einem Kreis (oder einer) Kugel abschneidet **3** sprachlich bedeutungsvoller Abschnitt; z.B. die Morpheme, Phoneme eines Wortes [lat.]
seg'men'tal (Adj.) als Segment, segmentförmig
seg'men'tär (Adj.) aus Segmenten gebildet
Seg'men'ta'ti'on (die, -, -ti'o'nen) Aufgliederung in Segmente
seg'men'tie'ren (V.) in Segmente teilen
Seg'no auch: Se'gno [sɛɲo] (das, -s, -s) Zeichen im Notentext, ab dem oder bis zu dem ein Teil wiederholt werden soll [lat.-it.]
Seg're'ga'ti'on auch: Se'gre'ga'ti'on (die, -, -ti'o'nen) räumliche Trennung, Absonderung (von Bevölkerungsgruppen) [lat.]
seg're'gie'ren auch: se'gre'gie'ren (V.) eine Segregation vornehmen
Se'gui'dil'la [zeɡidɪlja] (die, -, nur Ez.) spanischer Tanz, den die Tänzer selbst mit Kastagnetten begleiten, oder mit Gitarrenbegleitung [lat.-span.]
Sei'cen'to (auch: Se'cen'to) [seitʃɛnto] (das, -(s), nur Ez.) das 17. Jh. als italienische Stilepoche
Seiches [sɛːʃ] (nur Mz.) Schwingungen des Wasserspiegels (in Buchten, Seen) [frz.]
Seig'nette'salz auch: Sei'gnette'salz [sɛɲɛt-] abführend wirkendes Kaliumnatriumsalz der Weinsäure [frz.]
Seig'neur auch: Sei'gneur [sɛɲøːɐ̯] (der, -s, -s) **1** französischer Lehnsherr **2** = Grandseigneur
Seis'mik (die, -, nur Ez.) = Seismologie
seis'misch (Adj.) zur Seismologie gehörig; zu einem Erdbeben gehörig
Seis'mo'gramm (das, -s, -e) Aufzeichnung eines Seismographen [gr.]
Seis'mo'graph (auch: Seis'mo'graf) (der, -en, -en) Gerät, das selbsttätig Erdbeben misst und Schwingungsstöße in Seismogrammen aufzeichnet [gr.]
Seis'mo'lo'gie (die, -, nur Ez.) Erdbebenkunde [gr.]

seis·mo·lo·gisch (Adj.) zur Seismologie gehörig, mit ihrer Hilfe
Sejm (der, -s, nur Ez.) poln. Volksvertretung
Se·junk·ti·on [-tsjo:n] (die, -, -ti·o·nen) fehlende oder eingeschränkte Fähigkeit, Bewusstseinsinhalte zu verbinden [lat.]
Se·kans (der, -, -ka·n·ten) Verhältnis der Hypotenuse zur Ankathete (im rechtwinkligen Dreieck) [lat.]
Se·kan·te (die, -, -n) Gerade, die eine Kurve schneidet [lat.]
Se·kel (der, -s, -) altes hebräisches, orientalisches Gewicht [hebr.]
sek·kant (Adj.) lästig (österr.) [it.]
sek·kie·ren (V.) 1 jmdn. schikanieren, quälen 2 jmdn. necken [it.]
Se·kond (die, -, -en) eine Klingenhaltung (beim Fechten) [it.]
sek·ret auch: se·kret (Adj.) geheim (veraltet) [lat.]
Sek·ret auch: Se·kret (das, -(e)s, -e) Drüsenabsonderung [lat.]
Sek·re·tär auch: Se·kre·tär (der, -s, -e) 1 Schreiber (früher) 2 Geschäfts-, Schriftführer; Beamter des mittleren Dienstes 3 Schreibschrank 4 ein hochbeiniger afrikanischer Greifvogel [frz.]
Sek·re·ta·ri·at auch: Se·kre·ta·ri·at (das, -(e)s, -e) Verwaltungsabteilung, Dienststelle eines Sekretärs (**2**)
Sek·re·ta·rie auch: Se·kre·ta·rie (die, -, -n) päpstliche Behörde
Sek·re·ta·ri·us auch: Se·kre·ta·ri·us (der, -, -rii) veraltet für Sekretär [lat.]
sek·re·tie·ren auch: se·kre·tie·ren (V.) 1 (als Sekret) absondern 2 unter Verschluss halten; z.B. Schriftstücke
Sek·re·ti·on auch: Se·kre·ti·on (die, -, -ti·o·nen) Absonderung (von Drüsenstoffen, von Lösungen in Gestein) [lat.]
sek·re·to·risch auch: se·kre·to·risch (V.) zur Sekretion gehörig
Sekt (der, -(e)s, -e) Schaumwein [it.-frz.]
Sek·te (die, -, -n) Glaubensgemeinschaft, die sich von einer bereits bestehenden religiösen Großgruppierung losgelöst hat [lat.]
Sek·tie·rer (der, -s, -) Abweichler; Sektenangehöriger
sek·tie·re·risch (Adj.) Anhänger einer Sekte sein [lat.]
Sek·ti·on (die, -, -ti·o·nen) 1 das Sezieren 2 Gruppe, Unterabteilung, Bereich
Sek·tor (der, -s, -to·ren) 1 Abschnitt, Teilgebiet 2 Ausschnitt (eines Kreises, einer Kugel) [lat.]
Se·kund (die, -, -en) = Sekunde (**2**) (österr.)
Se·kun·da (die, -, -den) zehntes und elftes Schuljahr (an Gymnasien) [lat.]

Se·kun·da·ner (der, -s, -) Schüler der Sekunda
Se·kun·dant (der, -en, -en) Zweikampfbetreuer; z.b. beim Boxen; Duellbeistand, -zeuge [lat.]
Se·kun·danz (die, -, -en) 1 Aufgaben eines Sekundanten 2 Beistand [lat.]
se·kun·där (Adj.) 1 zweitrangig, untergeordnet 2 nachträglich [lat.]
Se·kun·där·in·fek·ti·on (die, -, -ti·o·nen) nochmalige Infektion (eines bereits infizierten Kranken) [lat.]
Se·kun·där·li·te·ra·tur (die, -, nur Ez.) Schrifttum über bereits bestehende Texte; z.b. die Interpretationen eines Gedichts
Se·kun·dar·schu·le (die, -, -n) in der Schweiz eine höhere Volksschule
Se·kun·där·sta·tis·tik (die, -, -en) Auswertung von Informationen, die primär nicht zu statistischen Zwecken gesammelt wurden
Se·kun·dar·stu·fe (die, -, n) Klassen der Hauptschule (5.–9. Schuljahr) 2 Klassen des Gymnasiums (5.–13. Schuljahr)
Se·kun·de (die, -, -n) 1 sechzigster Teil einer Minute 2 (auch: Se·kund) zweite Stufe der diatonischen Tonleiter [lat.]
se·kun·die·ren (V.) als Sekundant beistehen, helfen
Se·kun·do·ge·ni·tur (die, -, -en) Besitzrecht der Linie der zweitgeborenen Söhne in Fürstenhäusern [lat.]
Se·ku·rit (das, -s, nur Ez.) ein splittersicheres Glas (Warenzeichen) [Kunstwort]
Se·ku·ri·tät (die, -, nur Ez.) Sicherheit (veraltet) [lat.]
Se·la (das, -s, -s) ein alttestamentliches Psalmenzeichen [hebr.]
Se·la·don (das, -s, -s) grünglasiertes chinesisches Porzellan [frz.]
Se·lam (der, -s, nur Ez.) Wohlbefinden, Friede als arabische Grußformel [arab.]
Se·lam a·lei·kum arab. für: Friede sei mit Euch! (Gruß)
Seld·schu·ke auch: Sel·dschu·ke (der, -n, -n) Angehöriger eines türkischen Herrschergeschlechts in Kleinasien, im Iran (früher)
se·lek·tie·ren (V.) auswählen [lat.]
Se·lek·ti·on (die, -, -ti·o·nen) 1 Auswahl, Auslese 2 Auslese und Fortentwicklung der bestangepassten Lebewesen, Zuchtwahl [lat.]
se·lek·ti·o·nie·ren (V.) = selektieren
se·lek·tiv (Adj.) 1 auswählend 2 trennscharf (bei Radios) [lat.-engl.]
Se·lek·ti·vi·tät (die, -, nur Ez.) das Selektivsein
Se·len (das, -s, nur Ez.) ein Element [gr.]
Se·le·nat (das, -(e)s, -e) Salz der Selensäure [gr.]

Selenit   **Senhorita**

Se|le|nit (der, -s, -e) Gips [gr.]
Se|le|no|gra|phie *(auch:* Se|le|no|gra|fie) (die, -, -n) Mondbeschreibung (durch kartographische Darstellung) [gr.]
Se|le|no|lo|ge (der, -n, -n) Mondforscher, Mondgeologe [gr.-lat.]
Se|le|no|lo|gie (die, -, nur Ez.) Wissenschaft von der geologischen Beschaffenheit des Mondes [gr.-lat.]
se|le|no|lo|gisch (Adj.) die Mondkunde betreffend [gr.-lat.]
Se|len|zel|le (die, -, -n) Fotozelle, die Lichtimpulse in elektrische Stromschwankungen umwandelt
Self|made|man [selfmeıdmæn] (der, -, -men) jmd., der aus eigener Kraft wohlhabend geworden ist [engl.]
Self|ser|vice (der, -, nur Ez.) Selbstbedienung [engl.]
Sel|le|rie (der, -s, -s) ein Doldengewächs, Gemüse-, Würzpflanze [gr.]
Sel|ler-Tel|ler (der, -s, -) (wöchentliche) Hitliste der bestgehenden Buchtitel [engl.]
Sem (das, -s, -e) kleinstes bedeutungsunterscheidendes Merkmal [gr.]
Se|man|tik (die, -, nur Ez.) Lehre von der Bedeutung von Wörtern und sprachlichen Zeichen [gr.]
se|man|tisch (Adj.) zur Semantik gehörig
Se|ma|phor (das oder der, -s, -e) Signalmast mit verstellbaren Armen [gr.]
Se|ma|si|o|lo|gie (die, -, nur Ez.) = Semantik (ältere Bezeichnung); historische (Wort-)Bedeutungslehre [gr.]
Se|mé (das, -, nur Ez.) **1** mit Ornamenten, Wappen und anderen Motiven verzierter Bucheinband im 16. bis 18. Jahrhundert **2** gleichmäßige Anordnung verschiedener Motive um ein Wappen [lat.-frz.]
Se|mei|o|gra|phie *(auch:* Se|mei|o|gra|fie) (die, -, nur Ez.) Zeichenschrift, Notenschrift [gr.-lat.]
Se|mem (das, -s, -e) semantisches Merkmal; z.B. das Merkmal »weiblich« beim Wort »Löwin«
Se|mes|ter (das, -s, -) Studienhalbjahr [lat.]
se|mes|tral *auch:* se|mes|tral/se|me|stral (Adj.) veraltet für halbjährig [lat.]
Se|mi|fi|na|le (das, -s, -) Halbfinale, Vorschlussrunde [lat.-it.]
Se|mi|ko|lon (das, -s, -s oder -la) Strichpunkt [lat.-gr.]
se|mi|lu|nar (Adj.) halbmondförmig [lat.]
Se|mi|nar (das, -s, -e auch -na|ri|en) Bildungsstätte; Fortbildungskurs; Gemeinschaft von Lernenden [lat.]
Se|mi|na|rist (der, -ris|ten, -ris|ten) Seminarteilnehmer

se|mi|na|ris|tisch (Adj.) das Seminar, den Seminaristen betreffend [lat.]
Se|mi|o|lo|gie (die, -, nur Ez.) = Semiotik
Se|mi|o|tik (die, -, nur Ez.) **1** Lehre von den sprachlichen Zeichen und ihrer Nachrichtenfunktion **2** = Symptomatologie [gr.]
se|mi|o|tisch (Adj.) zur Semiotik gehörig
se|mi|per|me|a|bel (Adj.) halbdurchlässig, z. B. eine semipermeable Membran [lat.]
Se|mit (der, -en, -en) Angehöriger einer Sprach- (und Völker-)Familie im Nahen Osten und in Nordafrika; z.B. Araber, Israeli, Äthiopier [hebr.-nlat.]
se|mi|tisch (Adj.) zu den Semiten gehörig
Se|mi|tist (der, -tis|ten, -tis|ten) Wissenschaftler für neusemitische Sprachen und Literatur [lat.]
Se|mi|tis|tik (die, -, nur Ez.) Wissenschaft von den semitischen Sprachen und Literaturen, Teilgebiet der Orientalistik
se|mi|tis|tisch (Adj.) zur Semitistik gehörig
Se|mi|to|ni|um (das, -s, -nia und -ni|en) Halbtonschritt in der Musik [lat.]
sem|per ali|quid hae|ret [-hɛ:-] immer bleibt etwas hängen (bei übler Nachrede) [lat.]
sem|per idem immer der-, dasselbe [lat.]
semp|li|ce *auch:* sem|pli|ce [-plitʃe] Vortragsanweisung im Notentext mit der Bedeutung einfach, schlicht [lat.-it.]
sem|pre *auch:* sem|pre Anweisung im Notentext mit der Bedeutung »immer« [lat.]
Sen (der, -(s), - oder -s) kleinste Währungseinheit (u.a. in Indonesien, Japan, Malaysia) [chin.]
Se|nat (der, -(e)s, -e) **1** altrömischer Ältestenrat **2** Regierung (u.a. in Hamburg, Berlin) **3** Richterkollegium **4** beratendes Gremium; Selbstverwaltungsgremium **5** erste Kammer (der US-Volksvertretung) [lat.]
Se|na|tor (der, -s, -to|ren) Senatsmitglied
se|na|to|risch (Adj.) zum Senat gehörig
Se|ne|gal|le|se (der, -n, -n) Einwohner der Republik Senegal in Westafrika
Se|ne|ga|wur|zel (die, -, -n) als Heilmittel verwendete Wurzel einer nordamerikanischen Kreuzblume [indian.-dt.]
Se|ne|schall (der, -s, -e) für die Hofhaltung zuständiger Beamter während der Merowingerzeit [germ.-frz.]
Se|nes|zenz (die, -, nur Ez.) das (biologische) Altern [lat.]
Sen|hor *auch:* Se|nhor [sɛɲo:ɐ] (der, -s, -es) Herr (als portugiesische Anrede)
Sen|ho|ra *auch:* Se|nho|ra [seɲo:ra] (die, -, -s) Frau (als portugiesische Anrede)
Sen|ho|ri|ta *auch:* Se|nho|ri|ta (die, -, -s) Fräulein (als portugiesische Anrede)

se'nil (Adj.) altersschwach, vergreist [lat.]
Se'ni'li'tät (die, -, nur Ez.) das Senilsein
se'ni'or der Ältere (hinter einem Familiennamen) [lat.]
Se'ni'or (der, -s, -en) **1** der Ältere, Älteste; ältester Sportler (einer Mannschaft, Wettkampfdisziplin) **2** (nur Mz.) ältere Bürger [lat.]
Se'ni'o'rat (das, -(e)s, -e) Ältestenrecht, -würde [lat.]
Sen'nes'blät'ter (nur Mz.) als Abführmittel verwendete, getrocknete Blätter verschiedener indischer und ägyptischer Pflanzen [arab.-roman.-dt.]
Se'ñor [-ˈnoːɐ] (der, -s, -es) Herr (als spanische Anrede)
Se'ño'ra [-ˈnoːra] (die, -, -s) Frau (als spanische Anrede)
Se'ño'ri'ta [-ɲo-] (die, -, -s) Fräulein (als spanische Anrede)
Sen'sal (der, -s, -e) freiberuflicher Makler (österr.) [it.]
Sen'sa'lie (auch: Sen'sa'rie) [-liə] (die, -, -n) Maklergebühr (österr.) [it.]
Sen'sa'rie [-riə] (die, -, -n) = Sensalie
Sen'sa'ti'on (die, -, -ti'o'nen) **1** Aufsehen erregendes Ereignis **2** Empfindung [frz.]
sen'sa'ti'o'nell (Adj.) Aufsehen erregend [frz.]
sen'si'bel (Adj.) empfindsam; reizempfindlich [frz.]
Sen'si'bi'li'sa'tor (der, -s, -to'ren) chemischer Stoff, der die Lichtempfindlichkeit fotografischer Schichten erhöht [lat.]
sen'si'bi'li'sie'ren (V.) empfindlich(er) machen [frz.]
Sen'si'bi'li'sie'rung (die, -, -en) **1** angeborene oder durch Krankheit angeregte Fähigkeit des Körpers, Antikörper zu bilden **2** durch z.B. Impfung veranlasste Bildung von Antikörpern [lat.]
Sen'si'bi'li'tät (die, -, nur Ez.) das Sensibelsein
sen'si'tiv (Adj.) sehr sensibel [frz.]
sen'si'ti'vie'ren (V.) fotografische Schichten stark empfindlich machen [lat.]
Sen'si'ti'vi'ty-Trai'ning [sensɪtɪvəti treɪnɪŋ] (das, -s, nur Ez.) Therapiemethode, in Gruppen bestimmte menschliche Verhaltensweisen verstehen und damit umgehen zu lernen [engl.]
Sen'si'to'met'rie auch: Sen'si'to'me'trie (die, -, nur Ez.) Messung der Empfindlichkeit fotografischer Schichten
sen'so'mo'to'risch (Adj.) zum Zusammenwirken der Sinneseindrücke und der Bewegung gehörig, darauf beruhend [lat.]

Sen'sor (der, -s, -so'ren) Messfühler (der über einen chemischen, physikalischen Zustand Auskunft gibt und ihn beeinflusst) [lat.]
sen'so'ri'ell (Adj.) = sensorisch
Sen'so'ri'en (Mz.) die Zellen in der Großhirnrinde, die für die bewusste Wahrnehmung von Sinnesreizen zuständig sind [lat.]
sen'so'risch (Adj.) zu den Sinnesorganen, -wahrnehmungen gehörig [lat.]
Sen'so'ri'um (das, -s, nur Ez.) alle Sinneswahrnehmungen; der sie hervorbringende Gehirnbereich [lat.]
Sen'su'a'lis'mus (der, -, nur Ez.) philosophische Lehre, die Erkenntnis auf Sinneswahrnehmung zurückführt [lat.]
Sen'su'a'list (der, -lis'ten, -lis'ten) Vertreter des Sensualismus
sen'su'a'lis'tisch (Adj.) den Sensualismus betreffend
Sen'su'a'li'tät (die, -, nur Ez.) Wahrnehmungsvermögen [lat.]
sen'su'ell (Adj.) mit den Sinnen wahrnehmbar [frz.]
Sen'sus (der, -, -) Sinn, Wahrnehmung [lat.]
Sen'tenz (die, -, -en) Urteil mit Anspruch auf Allgemeingültigkeit; Sinnspruch [lat.]
sen'ten'zi'ös (Adj.) als Sentenz formuliert [frz.]
Sen'ti'ment [sãtimã] (das, -s, -s) Empfindung, (negatives) Gefühl [frz.]
sen'ti'men'tal (Adj.) übertrieben gefühlvoll, rührselig [frz.]
Sen'ti'men'ta'le (die, -n, -n) Rollenfach der jugendlich-sentimentalen Mädchengestalt im Schauspiel
sen'ti'men'ta'li'sie'ren (V.) veraltet für: sich affektiert benehmen [lat.-frz.-engl.]
Sen'ti'men'ta'li'tät (die, -, -en) das Sentimentalsein, Rührseligkeit
sen'za (Adv.) ohne; z.B. senza pedale, senza sordino: ohne Pedal, ohne Dämpfer (in der Musik) [it.]
Se'pa'ran'dum (das, -s, -da, meist Mz.) Medikament, das besonders sicher verwahrt wird wie Opiate oder Gift [lat.]
se'pa'rat (Adj.) abgesondert, einzeln [lat.]
Se'pa'ra'ta (Mz.) Sonderdrucke [lat.]
Se'pa'ra'ti'on (die, -, -ti'o'nen) Absonderung, Abtrennung [lat.]
Se'pa'ra'tis'mus (der, -, nur Ez.) Streben nach Separation (eines Staatsteiles) [lat.]
Se'pa'ra'tist (der, -tis'ten, -tis'ten) Separatismusanhänger
Se'pa'ra'tor (der, -s, -to'ren) Trennvorrichtung [lat.]
se'pa'ra'tis'tisch (Adj.) **1** den Separatismus betreffend **2** eine Neigung zum Separa-

tismus habend **3** die Meinungen des Separatismus vertretend
Sé|pa|rée (auch: Se|pa|ree) (das, -s, -s) abgetrennter Raum, Nebenraum; z.B. um ungestört zu zweit zu speisen [frz.]
se|pa|rie|ren (V.) absondern, trennen [lat.]
Se|phar|dim (nur Mz.) von der Iberischen Halbinsel ausgewanderte, Spanisch sprechende Juden [hebr.]
se|phar|disch (Adj.) die Sephardim betreffend
se|pia (Adj.) stumpf, schwärzlich graubraun
Se|pia (die, -, -pi|en) **1** ein Tintenfisch **2** Farbe aus seinem Drüsensekret [gr.]
Se|pi|o|lith (der, -en, -en) Meerschaum [gr.]
Se|poy [siː-] (der, -s, -s) Eingeborenensoldat der britisch-indischen Kolonialtruppe [pers.]
Sep|pu|ku (das, -(s), -s) = Harakiri [jap.]
Sep|sis (die, -, -sen) Blutvergiftung [gr.]
Sep|te (die, -, -n) = Septime [lat.]
Sept|en|nat (das, -(e)s, -e) Zeitraum von sieben Jahren [lat.]
Sept|en|ni|um (das, -s, -ni|en) = Septennat
sep|tent|ri|o|nal auch: sep|ten|tri|o|nal (Adj.) nördlich [lat.]
Sep|tett (das, -(e)s, -e) **1** siebenstimmiges Musikstück **2** siebenköpfiges Musikerensemble [lat.]
Sep|tim (die, -, -en) = Septime
Sep|ti|ma (die, -, -men) siebente Gymnasiumsklasse (österr.) [lat.]
Sep|ti|me (auch: Sep|tim) oder [sɛp-] (die, -, -n) siebente Stufe der diatonischen Tonleiter; über sieben Töne reichendes Intervall [lat.]
sep|tisch (Adj.) **1** zur Sepsis gehörig **2** nicht keimfrei
Sep|to|le (die, -, -n) Gruppe von sieben Noten auf den Wert von sechs oder acht Noten [lat.]
Sep|tu|a|ge|si|ma (die, -, nur Ez.) neunter Sonntag vor Ostern [lat.]
Sep|tu|a|gin|ta (die, -, nur Ez.) älteste und wichtigste Übersetzung des Alten Testaments ins Griechische [lat.]
Sep|tum (das, -s, -ta oder -ten) Scheidewand; z.B. der Nase [lat.]
se|quen|ti|ell (Adj.) = sequenziell [lat.]
Se|quenz (die, -, -en) **1** Aufeinanderfolge, Reihe **2** Wiederholung einer Tonfolge auf höherer oder tieferer Tonstufe [lat.]
se|quen|zi|ell (auch: se|quen|ti|ell) (Adj.) Schritt für Schritt zu verarbeiten (bei Ausweisungen eines Computerprogramms) [lat.]
se|quen|zie|ren (V.) eine Sequenz durchführen [lat.]
Se|ques|ter (der, -s, -) **1** jmd., der bis zur Klärung eines Streitfalles vom Gericht als Verwalter eingesetzt ist **2** oder (das, -s, -) abgestorbenes, abgelöstes Stück Knochengewebe [lat.]

Se|ques|tra|ti|on auch: Se|quest|ra|ti|on/ Se|que|stra|ti|on (die, -, -ti|o|nen) Sachwahrung durch einen Sequester (**1**)
se|ques|trie|ren auch: se|quest|rie|ren/se|que|strie|ren (V.) **1** durch einen Sequester (**1**) verwahren, zwangsverwalten **2** einen Sequester (**2**) bilden
Se|quo|ia (die, -, -ien) = Sequoie
Se|quo|ie (auch: Se|quo|ia) (die, -, -n) Mammutbaum [indian.-nlat.]
Sé|rac (der, -s, -s) durch einen stärkeren Gefällsknick ausgelöster Eisbruch oder Gletschersturz [frz.]
Se|ra|fim (Mz.) = Seraphim
Se|rail oder [-raj] (das, -s, -s) Sultanspalast [pers.-türk.]
Se|raph (der, -s, -e oder -im) sechsflügliger Engel mit Schlangenleib [hebr.]
Se|ra|phim (auch: Se|ra|fim) (Mz. von) Seraph
se|ra|phisch (Adj.) wie ein Seraph, engelsgleich
Ser|be (der, -n, -n) Ew. Serbiens
ser|bisch (Adj.) zu Serbien gehörig
se|ren (Adj.) heiter (veraltet) [lat.]
Se|re|na|de (die, -, -n) **1** Abendmusik, Ständchen **2** freies, fünf- bis siebensatziges Instrumentalstück [it.]
Se|re|nis|si|mus (der, -, -mi) **1** Durchlaucht (als Fürstenanrede; veraltet) **2** Fürst eines Kleinstaats (ironisierend) [lat.]
Se|re|ni|tät (die, -, nur Ez.) veraltet für Heiterkeit
Serge [sɛrʒ] (die auch der, -, -n) ein Futterstoff (aus Seide u.a.) [frz.]
Ser|geant [-ʒɑ̃ː] oder [sɑːdʒənt] (der, -en oder -s, -en oder -s) Unteroffizier [frz.-engl.]
Se|rial [sɪərɪəl] (das, -s, -s) **1** Fernsehserie **2** Fortsetzungsroman [engl.]
Se|rie [-riə] (die, -, -n) Folge, Reihe (von etwas Gleichartigem) [lat.]
se|ri|ell (Adj.) **1** als Serie, nacheinander gereiht; z.B. Bildfolgen seriell verbinden **2** sich auf die zwölf Töne der Zwölftonmusik in der Komposition beziehend, feststehende Tonreihen verwendend [frz.]
Se|ri|fe (die, -, -n) kleiner Ansatz- oder Abschlussstrich, Querstrich (bei Antiquabuchstaben) [viell. niederl.]
Se|ri|gra|phie (auch: Se|ri|gra|fie) (die, -, -n) Siebdruck [lat.-gr.]
se|ri|ös (Adj.) **1** ernsthaft **2** gediegen; vertrauenswürdig [frz.]
Se|ri|o|si|tät (die, -, nur Ez.) das Seriössein; Vertrauenswürdigkeit

Se|rir (die, -, -e) Kies- oder Geröllwüste in Libyen [arab.]
Ser|mon (der -s, -e) langweiliges, weitschweifiges Gerede [lat.]
Se|ro|lo|gie (die, -, nur Ez.) Wissenschaft vom Serum [lat.-gr.]
se|rös (Adj.) **1** serumähnliche Drüsenflüssigkeit absondernd **2** serumhaltig
Ser|pen|tin (der, -s, -e) grünliches, »genattertes« Mineral [lat.]
Ser|pen|ti|ne (die, -, -n) in Schlangenlinien verlaufender Weg, die einzelne Windung selbst [lat.]
Ser|tao [sertã:u] (der, -, -s) schwer zu durchquerendes, trockenes Wald- und Buschgebiet in Brasilien [portugies.]
Se|rum (das, -s, -ra oder -ren) wässrige Blutflüssigkeit (ohne die Blutkörperchen u.a.); dieselbe Flüssigkeit mit Immunkörpern als Impfstoff [lat.]
Ser|val (der, -s, -e oder -s) großohrige, hochbeinige Wildkatze afrikanischer Steppen [portugies.]
Ser|ve|latwurst (die, -, -) = Zervelatwurst
Ser|vice 1 [sɜːvɪs] (der, -, -s [-vɪsɪz]) Bedienung, Kundendienst **2** Aufschlag, -ball (im Tennis) **3** [-viːs] (das, -, - [-viːsə]) zusammengehöriges (Porzellan-)Geschirr [frz. bzw. engl.]
ser|vie|ren (V.) Speisen auftragen; bedienen [frz.]
Ser|vie|re|rin (die, -, -nen) weibliche Bedienung in einem Lokal
Ser|vi|et|te (die, -, -n) Mundtuch, Papier zum Mund-, Händeabwischen [frz.]
ser|vil (Adj.) unterwürfig dienstfeifrig [lat.]
Ser|vi|lis|mus (der, -, -men) **1** demütiges, unterwürfiges Verhalten (ohne Plural) **2** von Unterwürfigkeit geprägte Handlungsweise [lat.]
Ser|vus! (als bayr.-österr. Grußformel) grüß dich! mach's gut! [lat.]
Se|sam (der, -s, -s) ein tropisches Gewächs, dessen essbarer Samen [semit.-gr.]
Se|sel (der, -s, -) Bergfenchel [gr.-lat.]
ses|sil (Adj.) fest sitzend; z.B. ein sessiles Korallentier [lat.]
Ses|si|on [seʃn] (die, -, -s) freies Zusammenspiel von (Jazz-, Rock-)Musikern [lat.-engl.]
Ses|terz (der, -es, -e) altrömische Silbermünze [lat.]
Ses|ti|ne (die, -, -n) **1** sechszeilige Strophe **2** aus sechs Strophen mit je sechs Zeilen bestehende Gedichtform mit einer dreizeiligen Schlussstrophe [lat.-it.]
Set (das oder der, -(s), -s) **1** Satz zusammengehöriger Dinge; z.B. Bastelset **2** sechs Spiele (im Tennis) **3** Untersetzer (für Gläser, Geschirr) [engl.]
Set|te|cen|to [-tʃen-] (das, -(s), nur Ez.) das 18. Jahrhundert als italienische Kunstepoche
Set|ter (der, -s, -) langhaariger (braunroter) englischer Jagdhund, Vorstehhund
Set|ting (das, -s, -s) Umgebung von Drogensüchtigen und Dealern [engl.]
Sett|le|ment [setlmənt] (das, -s, -s) **1** Siedlung, Kolonie **2** (nur Ez.) am Ende des 19. Jahrhunderts auftretende soziale Bewegung in England [engl.]
Se|ve|ri|tät (die, -, -en) veraltete Bezeichnung für »Strenge« [lat.]
Sè|vres|por|zel|lan (auch: Sè|vres-Por|zellan) [sɛːvrə-] (das, -s, nur Ez.) in der staatlichen Porzellanmanufaktur in dem Pariser Vorort Sèvre hergestelltes, besonders kostbares Porzellan
Sex (der, -(es), nur Ez.) **1** = Sexualität **2** Geschlechtsverkehr (ugs.) [engl., Kurzwort]
Se|xa|ge|si|ma (die, -, nur Ez.) achter Sonntag vor Ostern [lat.]
Sex and Crime [seks ənd kraɪm] Filme oder auch Zeitschriften mit thematischer Verknüpfung von Sexualität und kriminellen Handlungen [engl.]
Sex|ap|peal (auch: Sex-Ap|peal) [-əpiːl] (der, -(s), nur Ez.) sexuelle Anziehungskraft [engl.]
Se|xo|lo|gie (die, -, nur Ez.) Wissenschaft vom Geschlechtsverkehr, Sexualforschung [lat.-gr.]
Sext (die, -, -en) **1** drittes Tagesgebet des Breviers zur sechsten Tagesstunde (12 Uhr) **2** = Sexte (österr.) [lat.]
Sex|ta (die, -, -ten) erste Gymnasiumsklasse [lat.]
Sext|ak|kord (der, -es, -e) in der Harmonielehre die erste Umkehrung des Dreiklangs mit der Terz im Bass [lat.]
Sex|ta|ner (der, -s, -) Schüler der Sexta
Sex|tant (der, -en, -en) Winkelmessgerät zur Ermittlung der Gestirnshöhe über dem Horizont (in der Seefahrt) [lat.]
Sex|te (auch: Sext; österr.) (die, -, -n) sechster Ton der diatonischen Tonleiter; Tonintervall von der ersten bis zur sechsten Stufe [lat.]
Sex|tett (das, -(e)s, -e) Musikstück für sechs Personen; die Musiker selbst [lat.]
Se|xu|al|hor|mon (das, -s, -e) Geschlechtshormon
se|xu|a|li|sie|ren (V.) die Sexualität betonen
Se|xu|a|li|tät (die, -, nur Ez.) Geschlechtlichkeit, Geschlechtsleben [lat.]
Se|xu|al|or|gan (das, -s, -e) Geschlechtsorgan

sexuell se'xu'ell (Adj.) geschlechtlich [frz.]
Se'xus (der, -, nur Ez.) = Sexualität [lat.]
se'xy (Adj.) sexuell reizvoll [engl.]
Sey'chel'ler [zeʃɛlɐ] (der, -s, -) Einwohner der ostafrikanischen Inselrepublik Seychellen
se'zer'nie'ren (V.) absondern; z.B. ein Sekret sezernieren [lat.]
Se'zes'si'on (die, -, -si'o̱'nen) Loslösung, Trennung; z.B. einer Künstlergruppe von der herrschenden Kunstrichtung [lat.]
Se'zes'si'o'nist (der, -ni̱s'ten, -ni̱s'ten) Angehöriger einer Sezession [lat.]
se'zes'si'o'nis'tisch (Adj.) zur Sezession gehörig, losgelöst
Se'zes'si'ons'krieg (der, -s, nur Ez.) der nordamerikanische Bürgerkrieg von 1861 bis 1865 [lat.-engl.-dt.]
Se'zes'si'ons'stil (der, -s, nur Ez.) Wiener Jugendstil (um 1897)
se'zie'ren (V.) anatomisch untersuchen; genau zergliedern [lat.]
sfor'zan'do (Adv.) = sforzato
sfor'za'to (auch: sfor'zan'do) (Adv.) stark betont (bei Musikstücken) [it.]
sfu'ma'to (Adv.) verschwimmend (gemalt) [it.]
Sgraf'fi'to (das, -s, -s oder -ti) Fassadenverzierung, bei der die Muster in noch feuchte Putzschichten eingekratzt werden, Kratzputz [it.]
Shag [ʃæg] (der, -s, nur Ez.) fein geschnittener Pfeifentabak [engl.]
Shake [ʃeɪk] (der, -s, -s) **1** ein Modetanz der 60er-Jahre mit schüttelnden Körperbewegungen **2** ein Mixgetränk; z.B. Milchshake [engl.]
Shake'hands [ʃeɪkhændz] (das, -, nur Ez.) das Händeschütteln [engl.]
Sha'ker [ʃeɪkɐ] (der, -s, -) Mixbecher [engl.]
Sham'poo (auch: Scham'pon/Sham'poon) [ʃæmpu:] (das, -s, -s) Haarwaschmittel [Hindi-engl.]
Sham'poon [ʃampo:u] (das, -s, -s) = Shampoo
sham'poo'nie'ren (auch: scham'po'nie̱'ren) [ʃampo-] (V.) die Haare mit Shampoo einreiben, waschen
Shan'ty [ʃæntɪ] (das, -s, -s) Seemannslied [engl.]
Share [ʃeɐ] (der, -, -s) = Aktie [engl.]
Shar-Pei [ʃar-] (der, -(s), -s) chinesischer Faltenhund
She'riff [ʃe-] (der, -s, -s) höchster Vollzugsbeamter (einer englischen Grafschaft); gewählter Beamter mit Vollzugsbefugnissen (in den USA) [engl.]
Sher'pa [ʃɛr-] (der, -s, -s) Angehöriger eines tibetanischen Volks, oft als Lastenträger für Gipfelexpeditionen angeworben [tibet.-engl.]
Sher'ry [ʃerɪ] (der, -s, -s) Aperitifwein aus Jerez de la Frontera in Spanien [span.-engl.]
Shet'land [ʃet-] (der, -s, -s) grober Wollstoff von den Shetlandinseln [engl.]
Shi'at'zu auch: Shi'a̱'tzu (das, -, nur Ez.) = Akupressur [chines.]
Shi'gel'le [ʃi-] (die, -, -n, meist Mz.) zu den Salmonellen gehörende Bakterienart [nlat.]
Shil'ling [ʃɪl-] (der, -s, - oder -s) englische Währungseinheit, 1/20 Pfund (früher)
Shim'my [ʃɪmɪ] (der, -s, -s) nordamerikanischer Gesellschaftstanz, Schütteltanz (um 1920) [engl.]
Shin'to'is'mus [ʃɪn-] = Schintoismus
Shin'to'ist (der, -i̱s'ten, -i̱s'ten) = Schintoist
Shirt [ʃɜ:t] (das, -s, -s) kurzärmeliges Hemd aus Baumwolle [engl.]
Shit [ʃɪt] (der, -s, nur Ez.) = Haschisch (Jargon) [engl.]
sho'cking [ʃɒk-] (Adj.) anstößig, schockierend [engl.]
Shoo'ting'star (auch: Shoo'ting-Star) [ʃu:-] (der, -s, -s) jmd., der (durch einen Hit) ganz plötzlich an der Spitze steht [engl.]
Shop [ʃɒp] (der, -s, -s) Geschäft, Laden [engl.]
Shop'ping [ʃɒp-] (das, -s, -s) Einkaufsbummel [engl.]
Shop'ping'cen'ter [ʃɒpɪŋsentə] (das, -s, -) Einkaufszentrum [engl.]
Shorts [ʃɔ:ts] (nur Mz.) kurze oder knielange Hosen [engl.]
Short'sto'ry (auch: Short Sto'ry) [ʃɔ:tstɔ:rɪ] (die, - -, -s) Kurzgeschichte [engl.]
Show [ʃo:] (der oder [ʃəʊ] (die, -, -s) Unterhaltungsschau, -darbietung [engl.]
Show'bu'si'ness [ʃəʊbɪznɪs] (das, -, nur Ez.) Unterhaltungsbranche [engl.]
Show-down (auch: Show'down) [ʃəʊdaʊn] (der, -s, -s) dramatischer Entscheidungskampf (in Wildwestfilmen) [engl.]
Show'man [ʃəʊmən] (der, -s, -men) Mann im Showgeschäft; jmd., der sich in den Vordergrund spielt [engl.]
Show'mas'ter [ʃo:-] oder [ʃəʊ-] (der, -s, -) jmd., der eine Show leitet [engl.]
Sho'yu [ʃo:ju] (die, -, -s) Sojasoße aus Sojabohnen, Weizen und Meersalz [jap.]
Shred'der (auch: Schred'der) [ʃred-] (der, -s, -) Maschine zum Zerkleinern schrottreifer Autos [engl.]
Shrimp (auch: Schrimp) [ʃrɪmp] (der, -s, -s) Garnele [engl.]
Shunt Shunt [ʃʌnt] (der, -s, -s) Nebenschlusswiderstand [engl.]

Sial 454 **Sikh**

Si|al (das, -s, nur Ez.) oberer Teil der Erdkruste [nlat., Kurzwort]
Si|a|me|se (der, -n, -n) = Thai (veraltet)
si|a|me|sisch (Adj.) zu Siam (Thailand) gehörig, siamesische Zwillinge: miteinander verwachsene Zwillinge
Si|a|mo|sen (nur Mz.) Sammelbegriff für Schürzenstoffe mit Karo- oder Streifenmuster in Leinenwebart [lat.]
Si|bi|lant (der, -en, -en) Zischlaut; z.B. »sch« [lat.]
si|bi|lie|ren (V.) Laute zu Sibilanten machen [lat.]
si|bi|risch (Adj.) **1** zu Sibirien gehörig **2** frostig kalt (ugs.)
Si|byl|le (die, -, -n) altgriechische Wahrsagerin, alte Seherin
Si|byl|li|nen (nur Mz.) Weissagungsbücher aus dem hellenistisch-jüdischen Kulturraum [gr.-lat.]
si|byl|li|nisch (Adj.) geheimnisvoll weissagend (wie eine Sybille)
sic! es steht wirklich so da! (bei Zitaten, in denen Fehler stehen; als Zusatz in eckigen Klammern) [lat.]
Si|ci|li|a|no [-tʃi-] (der, -(s), -s oder -ni) langsamer, ländlicher Tanz aus Sizilien [it.]
sic tran|sit glo|ria mun|di so vergeht der Ruhm der Welt [lat.]
si|de|risch (Adj.) zu den Sternen gehörig, auf sie bezogen [lat.]
Si|de|rit (der, -s, -e) ein Mineral, Eisenspat
Si|de|ro|nym (das, -s, -e) Deckname, der aus einem astronomischen Ausdruck besteht [lat.-gr.]
Si|de|ro|pe|nie (die, -, nur Ez.) Eisenmangel im Körper [gr.-lat.]
si|de|ro|phil (Adj.) eine Affinität zu Eisen habend (bei bestimmten Stoffen), sich mit eisenhaltigen Farbstoffen leicht färben lassend (bei chemischen Elementen) [gr.-lat.]
Si|de|ros|phä|re auch: Si|de|ro|sphä|re (die, -, nur Ez.) eisen-, nickelhaltiger Erdkern [gr.]
si|e|na (Adj.) die nach der italienischen Stadt Siena benannte rotbraune Farbe
Si|e|na (das, -, nur Ez.) rotbraune Farbe (aus gebrannter Tonerde) [it.]
Si|er|ra (die, -, -s oder -ren) Gebirgszug in spanischen geografischen Namen)
Si|er|ra-Le|o|ner (der, -s, -) Einwohner des westafrikanischen Staates Sierra Leone
Si|es|ta (die, -, Si|es|ten) Mittagsruhe (in südl. Ländern) [span.]
Si|gel (auch: Si|gle) (das, -s, -) Kürzel; z.B. in der Stenografie [lat.]
Sight|see|ing [saɪtsiːɪŋ] (das, -s, nur Ez.) touristische Besichtigungsfahrt [engl.]
Sig|le auch: Si|gle (die, -, -n) = Sigel [frz.]

Sig|ma (das, -s, -s) achtzehnter Buchstabe des griechischen Alphabets
Sig|ma|tis|mus (der, -, nur Ez.) Lispeln, S-Laute nicht als Zischlaute aussprechen können [gr.-lat.]
Sig|nal auch: Si|gnal (das, -s, -e) **1** Zeichen, mit dem eine Nachricht übertragen wird **2** Verhalten, das eine Information übermittelt [frz.]
Sig|na|le|ment auch: Si|gna|le|ment [-mã] (das, -s, -s) kurze Charakterisierung (einer Person) [frz.]
sig|na|li|sie|ren auch: si|gna|li|sie|ren (V.) etwas durch ein Signal ankündigen, Zeichen geben
Sig|na|tar auch: Si|gna|tar (der, -s, -e) Unterzeichner (eines internationalen Vertrages) [lat.]
sig|na|tum auch: si|gna|tum unterzeichnet (als Vermerk auf Schriftstücken) [lat.]
Sig|na|tur auch: Si|gna|tur (die, -, -en) **1** festgelegte Ordnungszeichen; z.B. als Bereichsangabe auf einem Buchrücken **2** Unterschrift; Namenszeichen [lat.]
Sig|net auch: Si|gnet [siɲeː] (das, -s, -s) Zeichen (eines Verlags, einer Firma) [frz.]
sig|nie|ren auch: si|gnie|ren (V.) mit einem Namenszeichen versehen; unterzeichnen [lat.]
sig|ni|fi|kant auch: si|gni|fi|kant (Adj.) **1** wichtig **2** typisch [lat.]
Sig|ni|fi|kant auch: Si|gni|fi|kant (der, -en, -en) nur der Zeichenkörper ohne Inhalt [lat.]
Sig|ni|fi|kanz auch: Si|gni|fi|kanz (die, -, nur Ez.) Bedeutsamkeit, Wesentlichkeit [lat.]
Sig|ni|fi|kat auch: Si|gni|fi|kat (das, -(e)s, -e) Inhalt eines sprachlichen Zeichens [lat.]
sig|ni|fi|ka|tiv auch: si|gni|fi|ka|tiv (Adj.) bedeutungsunterscheidend in Bezug auf sprachliche Einheiten [lat.]
sig|ni|tiv auch: si|gni|tiv (Adj.) symbolisch [lat.]
Sig|nor auch: Si|gnor [siɲoːɐ] (der, -, -i) Herr (als italienische Anrede mit nachfolgendem Namen; siehe Signore)
Sig|no|ra auch: Si|gno|ra [-ɲoː-] (die, -, -s oder -re) Frau (als italienische Anrede)
Sig|no|re auch: Si|gno|re [-ɲoː-] (der, -, -ri) Herr (als italienische Anrede ohne nachfolgenden Namen; siehe Signor)
Sig|no|ri|na auch: Si|gno|ri|na [-ɲo-] (die, -, -s oder -ne) Fräulein (als italienische Anrede)
Sig|num auch: Si|gnum (das, -s, -na/-gna) Zeichen, Signatur [lat.]
Sig|rist auch: Si|grist (der, -ris|ten, -ris|ten) Küster [lat.]
Sikh (der, -s, -s) Angehöriger einer aus Indien stammenden Religion (gekennzeichnet

Sik'ka'tiv (das, -s, -e) Trocknungsbeschleuniger; z.B. für Ölfarben [lat.]
Si'la'ge [-ʒə] (die, -, -n) gärendes Grünfutter im Silo [frz.]
Sild (der, -s, -e) eingelegter Junghering [norweg.]
Si'len (der, -s, -e) dicker, berauschter Satyr
Si'len'ti'um (das, -s, -ti'en) Ruhe (als auffordernder Anruf); das Schweigen [lat.]
Sil'hou'et'te [silwɛt] (die, -, -n) Umriss; Schattenriss [frz.]
sil'hou'et'tie'ren [silwe-] (V.) Scherenschnitt machen oder im Schattenriss zeichnen [frz.]
Si'li'ca'gel [-geːl] (das, -s, nur Ez.) Kieselgel, Siliciumdioxid (als Trocknungsmittel)
Si'li'cat (das, -(e)s, -e) = Silikat
Si'li'ci'um (-tsi-) (das, -s, nur Ez.) = Silizium
Si'li'con (das, -s, -e) = Silikon
Si'li'co'se (die, -, -n) = Silikose
si'lie'ren (V.) Futterpflanzen als Silage einlagern
Si'li'fi'ka'ti'on (die, -, nur Ez.) Verkieselung [nlat.]
si'li'fi'zie'ren (V.) verkieseln [nlat.]
Silikat (auch: Silicat) (das, -(e)s, -e) Salz einer Kieselsäure [nlat.]
Silikon (auch: Silicon) (das, -s, -e) ein elastischer Kunststoff [nlat.]
Silikose (auch: Silicose) (die, -, -n) Quarzstaublunge (bei Glasschleifern) [lat.-gr.]
Silizi'um (auch: Silici'um) (das, -s, nur Ez.) ein Element, das [lat.]
Sil'len (nur Mz.) altgriechische Spottgedichte auf Dichter und Philosophen unter Verwendung Homerischer Verse [gr.]
Sil'lo'graph (der, -en, -en) Schreiber von Sillen [gr.-lat.]
Si'lo (der auch das, -s, -s) zylindrischer Großspeicher (für Futtermittel, Zement u.a.) [span.]
Si'lur (das, -s, nur Ez.) ein mittlerer Abschnitt des Erdzeitalters Paläozoikum [nlat.]
si'lu'risch (Adj.) **1** das Silur betreffend **2** im Silur entstanden
Sil'vae [-vɛː] (nur Mz.) Gedichtsammlungen der Antike und des Mittelalters [lat.]
Sil'ves'ter (der oder das, -s, -) der 31. Dezember [lat.]
Si'ma 1 (das, -s, nur Ez.) unterer Teil der Erdkruste; Magmazone [nlat., Kurzwort] **2** (die, -, -s oder -men) Traufe (an antiken Tempeln) [lat.]
Si'mand'ron auch: Si'man'dron (das, -s, -ren/-dren) hölzerne Trommel, mit der in orthodoxen Klöstern zu den Gebetsstunden gerufen wird [gr.]
Sim'bab'wer (der, -s, -) Einwohner des Staates Simbabwe im südlichen Afrika [Bantu]
si'mi'le (Adj.) ebenso, im Notentext die Anweisung, die vorgegebene Figur entsprechend fortzusetzen [lat.-it.]
Si'mi'li (das oder der, -s, -s) Nachahmung (von Edelsteinen) [lat.]
Si'mo'nie (die, -, -n) Ämterkauf [lat.]
si'mo'nisch (Adj.) zur Simonie gehörig, durch Ämterkauf, Amtserschleichung
si'mo'nis'tisch (Adj.) = simonisch
sim'pel (Adj.) sehr einfach; geistig anspruchslos [lat.]
Sim'pel (der, -s, -) umgangssprachlich für **1** naiv-dummer Mensch **2** Eingebildeter
sim'peln (V.) **1** unüberlegt sprechen **2** vor sich hin starren
Simp'lex auch: Sim'plex (das, -(es), -e oder -li'zia/-pli'zia) einfaches, nicht zusammengesetztes Wort; z.B. »Wand« im Gegensatz zum Kompositum »Hauswand« [lat.]
simp'li'ci'ter auch: sim'pli'ci'ter [-tsi-] (Adv.) schlechthin [lat.]
Simp'li'fi'ka'ti'on auch: Sim'pli'fi'ka'ti'on (die, -, -ti'o'nen) das Simplifizieren [lat.]
simp'li'fi'zie'ren auch: sim'pli'fi'zie'ren (V.) zu stark vereinfachen
Simp'li'fi'zie'rung auch: Sim'pli'fi'zie'rung (die, -, -en) Vereinfachung [lat.]
Simp'li'zi'tät auch: Sim'pli'zi'tät (die, -, nur Ez.) Einfachheit; Einfalt [lat.]
Simp'lum auch: Sim'plum (das, -s, -la/-pla) einfacher Steuersatz [lat.]
Si'mu'lant (der, -en, -en) jmd., der simuliert
Si'mu'la'ti'on (die, -, -ti'o'nen) das Simulieren
Si'mu'la'tor (der, -s, -to'ren) Vorrichtung, die etwas simuliert; z.B. ein Windkanal
si'mu'lie'ren (V.) **1** vortäuschen (bes. eine Krankheit) **2** realistisch nachbilden; z.B. die Verhältnisse in einem Raumschiff [lat.]
si'mul'tan (Adj.) gleichzeitig; z.B. einen Dialog simultan dolmetschen [lat.]
Si'mul'ta'ne'i'tät (auch: Si'mul'ta'ne'i'tät) [-neːi-] (die, -, nur Ez.) Gleichzeitigkeit [lat.]
Si'mul'ta'ne'um [-neːum] (das, -s, nur Ez.) vertragliche Vereinbarung verschiedener Konfessionen kirchliche Einrichtungen gemeinsam zu nutzen [lat.]
Si'mul'ta'ni'tät (die, -, nur Ez.) = Simultaneität
si'ne an'no ohne Jahr (als Vermerk in Bibliografien, wenn in einem Buch kein Erscheinungsjahr angegeben ist) [lat.]

si|ne i̱ra et stu̱|dio ohne Hass und Eifer, unparteiisch [lat.]
Si|ne|ku̱|re (die, -, -n) verpflichtungsfreie Pfründe [lat.]
si̱|ne lo̱|co ohne Ort (→ sine anno) [lat.]
si̱|ne tem|po̱|re zur ausgewiesenen Uhrzeit (nicht eine Viertelstunde später, wie bei cum tempore; z.b. als Angabe in Vorlesungsverzeichnissen) [lat.]
Sin|fo|ni̱e (auch: Sym|pho|ni̱e) (die, -, -n) großes, mehrstimmiges Orchesterwerk; zusammenklingende Fülle [it.]
Sin|fo|ni̱et|ta (die, -, -ten) kleine Sinfonie
Sin|fo̱|nik (auch: Sym|pho̱|nik) (die, -, nur Ez.) Lehre, Kunst sinfonischen Gestaltens
Sin|fo̱|ni|ker (auch: Sym|pho̱|ni|ker) (der, -s, -) **1** Angehöriger eines Sinfonieorchesters **2** Sinfonienkomponist
sin|fo̱|nisch (auch: sym|pho̱|nisch) (Adj.) wie eine Sinfonie [gr.-lat.-it.]
Sin|ga|pu̱|rer (der, -s, -) Einwohner des südostasiatischen Staates Singapur [ind.]
Sin|gle [sɪŋgl] **1** (der, -(s), -s) jmd., der ohne Partner lebt **2** (die, -, -s) kleine Schallplatte **3** (das, -(s), -s) Einzelspiel (im Tennis) [engl.]
sin|gu|lä̱r (Adj.) einzeln, vereinzelt [lat.]
Sin|gu|lar (der, -s, -e) Einzahl (in der Grammatik) [lat.]
Sin|gu|la|re|tan|tum (das, -s, -s oder -ri|a|tan|tum) Substantiv, das nur im Singular vorkommt; z.B. Hass, Weltall [lat.]
sin|gu|la|risch (Adj.) zum Singular gehörig, im Singular stehend
Sin|gu|la|ri|tät (die, -, -en) **1** (nur Ez.) das Singularsein **2** regelmäßig wiederkehrende Wettererscheinung; z.B. die Wärmeperiode vor Weihnachten
si|nis|ter (Adj.) finster, unheilvoll [lat.]
Si|no|lo̱|ge (der, -n, -n) Sinologiewissenschaftler
Si|no|lo|gi̱e (die, -, nur Ez.) Wissenschaft über Sprache, Literatur, Geschichte und Religion Chinas [lat.-gr.]
si|no|lo̱|gisch (Adj.) zur Sinologie gehörig
Siṉ|to (der, -s, -ti) Zigeunerstamm
si|nu|ö̱s (Adj.) faltige, gewundene Oberflächenstruktur von Organen oder Organteilen [lat.]
Si̱|nus (der, -, - oder -se) **1** eine Winkelfunktion, Verhältnis der Gegenkathete zur Hypotenuse **2** Ausbuchtung, Höhlung (in der Medizin) [lat.]
Si̱|oux [-uks] oder [su:] (der, -, -) nordamerikanischer (Prärie-)Indianer; z.B. Crow
Si̱|pho [-fo] (der, -s, -pho̱|nen) Atmungsröhre; z.B. bei im Watt vergrabenen Muscheln [lat.]

Si|phon [-fɔ:] oder [-fo:n] (der, -s, -s) **1** U-förmiger Geruchsverschluss; z.b. ein Rohrstück einer Abwasserleitung **2** Gefäß, das mit Kohlensäurepatronen gefüllt wird und aus dem durch Druck auf einen Hebel sprudelnde Getränke ausgeschenkt werden [frz.]
Sir [sɜ:] (der, -s, -s) Herr (als englische Anrede); Angehöriger des niedrigen englischen Adels [frz.-engl.]
Si̱|re [si:r] (der, -s, -s) Majestät (als französische Anrede)
Si̱|re̱|ne (die, -, -n) **1** altgriechische Meeresdämonin, schöne, Unheil bringende Frau **2** Gerät, das Heulsignale abgibt **3** ein Säugetier, Seekuh
Sir|ta̱|ki (der, -s, -s) neugriechischer (Männer-)Rundtanz; Lied mit schneller werdendem Rhythmus, zu dem Sirtaki getanzt wird
Si̱|rup (der, -s, -e) zähe, süße Flüssigkeit; z.B. Ahornsirup, Rübenzuckersirup [arab.-lat.]
Si̱|sal (der, -s, nur Ez.) Blattfasern der Sisalagave; z.B. für Seile [mex.]
sis|tie̱|ren (V.) **1** aufhalten, vorläufig beenden **2** festnehmen und zur Wache bringen [lat.]
Sis|tie̱|rung (die, -, -en) **1** in der Rechtswissenschaft die vorläufige Einstellung eines Verfahrens **2** Aufnehmen der Personalien durch die Polizei [lat.]
Sis̱|trum auch: Si̱st|rum/Si̱|strum (das, -s, -tren/-ren/-stren) antike ägyptische Rassel [gr.-lat.]
Si̱|sy̱|phus|ar|beit (die, -, nur Ez.) nach der griechischen mythologischen Gestalt des Sisyphos, der von den Göttern dazu verdammt war, immer wieder einen Stein einen Hang hinaufzurollen, bezeichnete nutzlose, nie enden wollende Arbeit oder Anstrengung [gr.-dt.]
Si̱|tar (der, -, -s) ein indisches Zupfinstrument [pers.-Hindi]
Sit-in (das, -(s), -s) Sitzstreik (als passiver Protest) [engl.]
Siṯ|tich (der, -s, -e) kleiner, langschwänziger Papagei [gr.-lat.]
Si|tu|a|ti|on (die, -, -ti|o̱|nen) Lage, Zustand [frz.]
Si|tu|a|ti|o|nist (der, -nis|ten, -nis|ten) Mensch, der sich nur auf seinen Vorteil bedacht jeder Meinung und Gegebenheit anpasst [lat.-frz.]
si|tu|a|tiv (Adj.) zu einer bestimmten Situation gehörig, durch sie hervorgerufen
si|tu|iert (Adj.) in einer bestimmten Lebenslage; (wohl)gestellt [frz.]
Si|tu|ie̱|rung (die, -, -en) das an einen bestimmten Ort, in eine bestimmte Lage gesetzt werden

Si|tu|la (die, -, -tu|len) vorgeschichtliches Bronzegefäß [lat.]
Si|tus (der, -, - [-tu:s]) Lagebezeichnung (von Körperorganen u.a.) [lat.]
sit ve|nia ver|bo ich bitte, mir diese Ausdrucksweise nachzusehen [lat.]
Six Days [-deɪz] (nur Mz.) Sechstagerennen [engl.]
Si|zi|lia|ne (die, -, -n) aus Sizilien stammende Gedichtform, der Stanze ähnlich
Si|zi|lia|ner (der, -s, -) Ew. Siziliens
si|zi|lia|nisch (Adj.) zu Sizilien gehörig
Ska|bi|es (die, -, nur Ez.) Krätze [lat.]
ska|bi|ös (Adj.) an Skabies leidend, krätzig
Ska|bi|o|se (die, -, -n) eine Wiesenblume; z.B. die hellviolette Taubenskabiose [lat.]
Skai (das, -(s), nur Ez.) ein Kunstleder; z.B. für Umhängetaschen (Warenzeichen) [Kunstwort]
Ska|la (die, -, -len) **1** gestufte Reihenfolge von etwas Zusammengehörigem (bes. von Farbtönen; z.B. Rotskala **2** Maßeinteilung (aus feinen Strichen) [it.]
ska|lar (Adj.) durch einen Skalenwert gekennzeichnet
Ska|lar (der, -s, -e) **1** richtungsunabhängige Größe, die durch einen Zahlenwert vollständig gekennzeichnet ist; z.B. die Temperatur **2** ein Aquarienfisch, Segelflosser [lat.]
Skal|de (der, -n, -n) altnordischer Dichter und Sänger
ska|lie|ren (V.) eine mit einer Skala verbundene Werthierarchie zur statistischen Auswertung bilden [lat.-it.]
Skalp (der, -s, -e) Kopfhaut mit Haaren (als Trophäe nordamerikanischer Indianer) [engl.]
Skal|pell (das, -s, -e) ärztliches Messerchen mit fest stehender Klinge [lat.]
skal|pie|ren (V.) die Kopfhaut rundum einschneiden und den Skalp abziehen
Skan|dal (der, -s, -e) großes, Aufsehen erregendes Ärgernis [frz.]
Skan|da|lon (das, -s, nur Ez.) das, was zum Skandal führt, was Anstoß erregt [gr.]
skan|da|lös (Adj.) unglaublich, ungeheuer; Anstoß erregend [gr.-lat.-frz.]
skan|die|ren (V.) die Hebungen (von Versen) stark betonen [lat.]
Skan|di|na|vi|er (der, -s, -) Ew. Skandinaviens (Norweger, Schwede, Finne und Däne)
skan|di|na|visch (Adj.) zu Skandinavien gehörig
Ska|po|lith (der, -s, -e) ein Mineral, Aluminiumsilicat [gr.]
Ska|pu|lier (das, -s, -e) Schulterkleid (mancher kath. Orden) [lat.]

Ska|ra|bä|us (der, -, -bä|en) ein Mistkäfer, Pillendreher; dessen Nachbildung als altägyptisches Amulett [gr.-lat.]
Ska|ra|muz (der, - und -es, -e) Charaktertyp des aufschneiderischen Soldaten in der italienischen Stegreifkomödie und des französischen Lustspiels [lat.-germ.]
Ska|ri|fi|ka|ti|on (die, -, -ti|o|nen) kleiner Schnitt in die Haut zur Blut- oder Flüssigkeitsabnahme [gr.-lat.]
ska|ri|fi|zie|ren (V.) die Haut leicht ritzen, um Blut zu diagnostischen oder therapeutischen Zwecken zu entnehmen [gr.-lat.]
Skat (der, -s, nur Ez.) ein Kartenspiel; zwei Karten, die als »Skat« verdeckt bleiben [it.]
Skate|board [skeɪtbɔːd] (das, -s, -s) kleines Rollbrett (als Sport- und Spielgerät) [engl.]
ska|ten (V.) Skat spielen
Ska|ter (der, -s, -) Skatspieler
Ska|tol (das, -s, nur Ez.) ein übel riechendes Zersetzungsprodukt (im Kot) [gr.]
Ska|to|lo|gie (die, -, nur Ez.) **1** (medizinische) Untersuchung des Kots **2** Fäkalsprache
ska|to|lo|gisch (Adj.) **1** die wissenschaftliche Untersuchung von Kot betreffend **2** eine Vorliebe für eine schmutzige, schlüpfrige Ausdrucksweise habend
Ska|to|pha|gie (die, -, nur Ez.) = Koprophagie [gr.]
Ska|to|phi|lie (die, -, nur Ez.) eine als nicht normal geltende Vorliebe für Schmutz
Skeet [skiːt] (das, -(s), -s) Tontaubenschießen [engl.]
Ske|le|ton (der, -s, -s) kleiner, flacher Stahlrohr-Rennschlitten [engl.]
ske|le|to|to|pisch (Adj.) die auf das Skelett bezogene Angabe der Lage eines Organs bezeichnend [gr.-lat.]
Ske|lett (das, -(e)s, -e) **1** Gerippe, Knochengerüst **2** tragende Konstruktion; z.B. Stahlskelett [gr.]
ske|let|tie|ren (V.) **1** das Skelett bloßlegen; z.B. Piranhas, die ein Rind skelettieren **2** bis auf die Blattrippen kahl fressen; z.B. Blattkäfer, die einen Strauch skelettieren [gr.]
Ske|no|gra|phie (die, -, nur Ez.) altgriechische Bühnendekorationsmalerei [gr.]
Skep|sis (die, -, nur Ez.) Zweifel(-sucht); philosophisches Anzweifeln der Möglichkeit, Wahrheit zu erkennen [gr.]
Skep|ti|ker (der, -s, -) jmd., der voller Skepsis ist
skep|tisch (Adj.) zur Skepsis gehörig, zur Skepsis neigend
Skep|ti|zis|mus (der, -, nur Ez.) grundsätzliche Skepsis [gr.-nlat.]
Sketch (*auch:* Sketsch) [sketʃ] (der, -(e)s, -e) kurzes, witziges (Bühnen-)Stück [engl.]

Sketsch (der, -(e)s, -e) = Sketch
Ski (*auch:* Schi) [ʃi] (der, -s, -er oder -e) eins von zwei schmalen Brettern mit Haltevorrichtung für den Fuß zum Gleiten auf Schnee [norweg.]
Ski¦a¦gra¦phie (die, -, -n) Technik in der Malerei, durch gemalte Schatten eine Raumwirkung zu erzielen [gr.-lat.]
Ski¦bob [ʃi:-] (der, -s, -s) lenkbarer Sitzschlitten mit Skikufen [norweg.-engl.]
Skiff (das, -s, -e) schmales, leichtes Rennruderboot [engl.]
Skiff¦le *auch:* Skif¦fle [-fl] (der, -(s), nur Ez.) Jazzmusik auf Waschbrettern u.a. [engl.]
Ski¦fu¦ni [ʃi:-] (der, -s, -s) Schlittenlift (schweiz.) [norweg.-it.]
Ski¦kjö¦ring [ʃi:jø:rɪŋ] (das, -s, nur Ez.) Skifahren, während man sich von einem Pferd, Motorschlitten ziehen lässt [norweg.]
Skin (der, -s, -s) = Skinhead [Kurzwort]
Skin¦head [-hed] (der, -s, -s) gewalttätiger Jugendlicher mit kahl geschorenem Kopf [engl.]
Skink (der, -s, -e) glatthäutige, kurzbeinige Echse warmer Länder [gr.-lat.]
Skip¦per (der, -s, -) Jachtkapitän [niederl.-engl.]
Skiz¦ze (die, -, -n) **1** flüchtige Zeichnung (als Entwurf, zu Studienzwecken) **2** umrisshafte Schilderung [it.]
skiz¦zie¦ren (V.) **1** eine Skizze machen **2** umrisshaft schildern
Skla¦ve (der, -n, -n) jmd., der in völliger Zwangsabhängigkeit von jmdm. lebt; willenlos Ergebener [gr.-lat.]
Skla¦ve¦rei (die, -, nur Ez.) Knechtschaft, die die völlige Rechtlosigkeit des Betroffenen mit einschließt
skla¦visch (Adj.) wie ein Sklave, willenlos ergeben, abhängig
Skle¦ra (die, -, -ren) das Weiße im Auge, Augenlederhaut [gr.]
Skle¦ri¦tis (die, -, -ri¦ti¦den) Skleraentzündung
Skle¦ro¦der¦mie (die, -, -n) krankhafte Hautverhärtung, »Maskengesicht« [gr.]
Skle¦rom (das, -s, -e) Bindegewebsverhärtung [gr.]
Skle¦ro¦me¦ter (das, -s, -) Gerät zum Bestimmen der Härte von Mineralien
Skle¦ro¦se (die, -, -n) krankhafte Organverhärtung [gr.]
Skle¦ro¦ti¦ker (der, -s, -) jmd., der an Sklerose leidet
skle¦ro¦tisch (Adj.) an Sklerose leidend, sklerosekrank
Sko¦li¦on (das, -s, -li¦en) altgriechischer Rundgesang

Sko¦li¦o¦se (die, -, -n) seitliche Rückgratverbiegung [gr.]
Sko¦lo¦pen¦der (der, -s, -) tropischer Riesenhundertfüßer [gr.]
skon¦tie¦ren (V.) das Skonto abziehen
Skon¦to (das oder der, -s, -s) geringfügiger Preisnachlass (bei Barzahlung) [it.]
Skont¦ra¦ti¦on *auch:* Skon¦tra¦ti¦on (die, -, -ti¦o¦nen) das Skontrieren
skont¦rie¦ren *auch:* skon¦trie¦ren (V.) Ein- und Ausgänge mengenmäßig aufzeichnen (in der Kaufmannssprache) [it.]
Skont¦ro *auch:* Skon¦tro (das, -s, -s) Buch mit den Ergebnissen des Skontrierens
Skoo¦ter [sku:-] (der, -s, -) = Autoskooter
Sko¦po¦phi¦lie (die, -, -n) krankhafte Schaulust, Neugier [gr.]
Skop¦ze (der, -n, -n) Angehöriger einer russischen Sekte, nach der die Erbsünde durch Selbstverstümmelung gesühnt werden kann [russ.]
Skor¦but (der, -(e)s, nur Ez.) Vitamin-C-Mangelkrankheit [lat.]
skor¦bu¦tisch (Adj.) an Skorbut erkrankt
Skor¦da¦tur (*auch:* Scor¦da¦tu¦ra) (die, -, -en) Umstimmung von Saiten (um besondere Klangwirkungen zu erzielen) [it.]
Skor¦pi¦on (der, -s, -e) dickleibiges Spinnentier mit Krebsscheren und einem Giftstachel am (hoch gekrümmten) Schwanz [gr.-lat.]
Sko¦tom (das, -s, -e) Sehnerverkrankung mit blinden Stellen im Gesichtsfeld [gr.]
Sko¦to¦pho¦bie (die, -, -n) krankhafte Angst, beobachtet zu werden [gr.]
Skri¦bent (der, -en, -en) Schreiberling, Vielschreiber [lat.]
Skri¦bi¦fax (der, -(e)s, -e) scherzhafte Bezeichnung für einen viel schreibenden Menschen, Schreiberling [lat.]
Skript (das, -(e)s, -en oder -s) Manuskript; kurze schriftliche Aufzeichnung [lat.-engl.]
Skrip¦tor (der, -s, -to¦ren) Buchschreiber in Antike und Mittelalter [lat.]
Skrip¦to¦ri¦um (das, -s, -ri¦en) mittelalterliche Klosterschreibstube [lat.]
Skrip¦tum (das, -s, -ten) = Skript [lat.]
skro¦fu¦lös (Adj.) zur Skrofulose gehörig, daran erkrankt
Skro¦fu¦lo¦se (die, -, -n) Verlaufsform der Tuberkulose, Lymphknotenschwellung des Halsraumes [lat.]
skro¦tal (Adj.) zum Skrotum gehörig
Skro¦tum (das, -s, -ta) Hodensack [lat.]
Skru¦pel (der, -s, -) Bedenken, Gewissensbisse [lat.]
skru¦pu¦lös (Adj.) voller Skrupel

Skru|pu|lo|si|tät (die, -, -en) übertriebene Bedenklichkeit
Sku|ban|ki (nur Mz.) Nockerln aus Kartoffelbrei (österr) [tschech.]
skul|len (V.) sportlich rudern [engl.]
Skul|ler (der, -s, -) Ruderboot, bei dem zwei Ruder von einer Person bedient werden
skulp|tie|ren (V.) als Skulptur gestalten
Skulp|tur (die, -, -en) Bildhauerkunst; durch sie entstandenes Werk [lat.]
skulp|tu|ral (Adj.) wie eine Skulptur [lat.]
skulp|tu|rie|ren (V.) = skulptieren
Skunk (der, -s, -s oder -e) ein amerikanischer Marder, Stinktier [Algonkin-engl.]
skur|ril (Adj.) sonderbar, schrullig, sehr ungewöhnlich [lat.]
Skur|ri|li|tät (die, -, -en) das Skurrilsein
Skye|ter|ri|er [skaɪ-] (der, -s, -) sehr langleibige, kurzbeinige Hunderasse mit bis zu den Füßen reichendem grauem Seidenhaar [engl.]
Sky|light [skaɪlaɪt] (das, -s, -s) Oberlicht (auf Schiffen) [engl.]
Sky|line [skaɪlaɪn] (die, -, -s) Umrisse einer Stadt (am Horizont); z.B. die Skyline von Manhattan [engl.]
Sla|lom (der, -s, -s) Torlauf (beim Skifahren); Kajak-, Kanufahrt durch Tore; Zickzackfahrt [norweg.]
Slang [slæŋ] (der, -s, -s) Umgangssprache (manchmal abwertend) [engl.]
Slap|stick [slæp-] (der, -s, -s) groteske Komik der Stummfilmzeit; z.B. Tortenwerfen [engl.]
slar|gan|do Anweisung im Notentext langsamer werden [lat.-it.]
Sla|we (der, -n, -n) Angehöriger einer indogermanischen Sprach- und Volksgruppe in Ost- und Südosteuropa
sla|wisch (Adj.) zu den Slawen gehörig
sla|wi|sie|ren (V.) slawisch machen
Sla|wis|mus (der, -, -men) slawische Spracheigentümlichkeit in einer nicht slawischen Sprache; z.B. die Namensendung »-itz« im Dt. [nlat.]
Sla|wist (der, -wis|ten, -wis|ten) Slawistikwissenschaftler
Sla|wis|tik (die, -, nur Ez.) Wissenschaft von den slawischen Sprachen und Literaturen (sowie Kulturen)
sla|wis|tisch (Adj.) zur Slawistik gehörig
Sla|wo|phi|le (der, -n, -n) 1 jmd., der eine besondere Vorliebe für die slawischen Sprachen und Kultur hat 2 Anhänger einer politisch-philosophischen Richtung im Russland des 19. Jahrhunderts, die die Besonderheit der Kultur und Geschichte Russlands gegenüber den restlichen europäischen Staaten betonte [slaw.-gr.]

Sli|bo|witz (der, -(es), -e) = Sliwowitz [serb.]
Slice [slaɪs] (der, -, -s [-is]) angeschnittener Ball; z.B. im Badminton, Golf, Tennis [engl.]
Slip (der, -s, -s) 1 Damenunterhöschen 2 schiefe Ebene, die ins Wasser führt (in Werften) 3 Abrechnungszettel (im Börsenwesen) [engl.]
Sli|pon (der, -s, -s) bequemer, sportlicher Mantel für Herren mit angeschnittenen Ärmeln [engl.]
slip|pen (V.) 1 auf einem Slip (2) entlanggleiten lassen 2 lösen; z.B. eine Ankerkette 3 seitwärts nach unten gleiten (von Flugzeugen) [engl.]
Slip|per (der, -s, -) leichter Flachschuh (zum Hineinschlüpfen); Hausschuh [engl.]
Sli|wo|witz (*auch:* Sli|bo|witz) (der, -(es), -e) Zwetschgenwasser (aus Jugoslawien, Österreich) [kroat.]
Slo|gan [-gən] (der, -s, -s) Schlagwort (in der Werbung, bei Wahlkampagnen) [schott.-engl.]
Slo|ka (der, -s, -s) aus zwei 16-silbigen Versen bestehende Strophe, die in der Sanskritdichtungen verwendet wird [sanskr.]
Sloop (*auch:* Slup) [sluːp] (die, -, -s) ein Küstensegelschiff [niederl.-engl.]
Slop (der, -s, -s) 2/4-taktiger Tanz, bei dem sich die Partner in Reihen gegenüberstehen [engl.-amerik.]
Slou|ghi [sluːgi] (der, -s, -s) glatthaariger, meist sandfarbener Windhund Nordafrikas [arab.]
slow [sloʊ] (Adj.) Tempobezeichnung in der Jazzmusik [amerik.l
Slo|wa|ke (der, -n, -n) Ew. der Slowakei
slo|wa|kisch (Adj.) zur Slowakei gehörig
Slo|we|ne (der, -n, -n) Ew. Sloweniens
slo|we|nisch (Adj.) zu Slowenien gehörig
Slow|fox [sloʊ-] (der, -(es), -e) langsamer Foxtrott [engl.]
Slow|mo|tion (*auch:* Slow Mo|tion) [sloʊməʊʃn] (die, -, nur Ez.) Zeitlupe [engl.]
Slum [slʌm] (der, -s, -s) Elendsviertel (in Großstädten) [engl.]
Slump [slʌmp] (der, -(s), -s) starkes Abfallen der Börsenkurse [engl.]
Slup (die, -, -s) = Sloop
Slush [slʌʃ] (das, -(s), Slu¹shes [slʌʃɪz]) trinkbare Eiscreme (aus Amerika) [engl.]
Small|talk (*auch:* Small Talk) [smɔːltɔːk] (der, - -s, - -s) Konversation; belangloses Gerede; z.B. bei Stehempfängen [engl.]
Sma|ragd (der, -(e)s, -e) grüner Beryll, Schmuckstein [semit.-gr.]
smart (Adj.) pfiffig, gewitzt; flott [engl.]

Smash [smæʃ] (der, -(s), -s) Schmetterball, -schlag (beim Tennis) [engl.]
Smog (der, -(s), -s) Dunst aus Abgasen und Rauch (bei Inversionswetterlage über Großstädten) [engl.]
Smok'ar'beit (die, -, -en) Stickerei, die durch Raffung des Stoffes besondere Muster erzielt [engl.-dt.]
Smo'king (der, -s, -s) dunkler Herrenabendanzug mit Seidenrevers [engl.]
Smör'gås'bord [-gos-] (der, -s, -s) Tisch, auf dem zahlreiche kleine kalte Speisen angerichtet sind (bes. in Schweden)
Smör're'bröd (das, -s, -s) bunt belegtes Brot (nach dänischer Art)
smor'zan'do (Adv.) ersterbend, immer schwächer werdend (bei Musikstücken) [it.]
Smyr'na (der, -s, -s) nach der heute Izmir genannten Stadt benannter, groß gemusterter Teppich aus langen Knüpffäden
Snack [snæk] (der, -s, -s) Imbiss [engl.]
Snack'bar [snæk-] (die, -, -s) Nebentheke mit Snacks (in Bars u.a.); Imbissstube [engl.]
Snif'fing (das, -s, nur Ez.) Einatmen von Klebstoffdämpfen, um in einen Rauschzustand zu kommen [engl.]
Snob (der, -s, -s) jmd., der sich durch Extravaganz, überfeinerten Lebensstil aus der Masse hervorheben möchte
Sno'bis'mus (der, -, -men) Lebensführung, Art eines Snobs [engl.-nlat.]
sno'bis'tisch (Adj.) wie ein Snob
Snow [snəʊ] (der, -s, nur Ez.) engl. für: Schnee; Name für weißpulvrige Rauschmittel, Kokain [amerik.]
Snow'board [snəʊbɔːd] (das, -s, -s) Gleitbrett zum Schneesurfen [engl.]
Snow'mo'bil [snəʊmobiːl] (das, -s, -e) für Fahrten auf Schnee geeignetes, motorisiertes Fortbewegungsmittel [engl.-lat.]
Soap-Ope'ra [səʊpɒpərə] (die, -, -s) engl. für: Seifenoper; in Funk und Fernsehen ausgestrahlte Fortsetzungsgeschichten mit melodramatischem Inhalt, die in den USA häufig von Waschmittelproduzenten finanziert wurden
so'a've (Adv.) mild, süß (bei Musikstücken)
So'a've (der, -(s), -) gelblicher Wein aus Venetien [it.]
So'bor (der, -, nur Ez.) Konzil der russisch-orthodoxen Kirche [russ.]
Sob'ri'e'tät *auch:* So'bri'e'tät (die, -, nur Ez.) Mäßigkeit (veraltet) [lat.]
Soc'cer [sɒkə] (das oder der, -s, nur Ez.) amerikanische Bezeichnung für Fußballspiel [engl.]
Soc'cus (der, -, nur Ez.) **1** leichter, flacher Frauenschuh in der Antike **2** zum Kostüm des Komödienschauspielers gehöriger Schuh (im Gegensatz zum Kothurn genannten Schuh des Tragödiendarstellers) [gr.-lat.]
So'ci'e'tas Je'su [-tsie:] (die, - -, nur Ez.) der Jesuitenorden [lat.]
So'da (das, -s, nur Ez.) **1** Natriumcarbonat; ein weißes Pulver, das in Wasser basisch reagiert **2** basisches, Soda enthaltendes Mineralwasser [it.]
So'da'le (der, -n, -n) jmd., der einer Sodalität angehört
So'da'li'tät (die, -, -en) katholische Bruderschaft [lat.]
So'da'lith (der, -s oder -en, -e(n)) ein Mineral, Natriumaluminiumsilicat; Edelstein [it.-gr.]
So'da'was'ser (das, -s, nur Ez.) Mineralwasser mit Kohlensäure
So'di'um (das, -s, nur Ez.) in England und Frankreich Bezeichnung für Natrium [span.-lat.]
So'do'ku (das, -, nur Ez.) durch einen Rattenbiss hervorgerufene, entzündliche Krankheit [jap.]
So'do'mie (die, -, nur Ez.) eine sexuelle Perversion, Geschlechtsverkehr mit Tieren [hebr.-lat.]
So'do'mit (der, -en, -en) jmd., der Sodomie treibt
so'do'mi'tisch (Adj.) zur Sodomie gehörig, Sodomie treibend
So'fa (das, -s, -s) Polsterliege mit Arm- und Rücklehnen [arab.]
Sof'fit'te (die, -, -n) **1** vom Schnürboden herabhängende Dekoration als obere Bühnenbegrenzung **2** röhrenförmige Glühlampe, der von beiden Seiten Spannung zugeführt wird [it.-frz.]
Sof'fit'ten'lam'pe (die, -, -n) Glühlampe in Form einer Röhre
soft (Adj.) weich, bestimmte Art der Vortragsweise im Jazz [engl.]
Sof'ta (der, -s, -s) Student an einer islamischen Hochschule [pers.-türk.]
Soft'drink (*auch:* Soft Drink) (der, - -s, - -s) alkoholfreies oder leicht alkoholisches Getränk [engl.]
Sof'tie (der, -s, -s) weichlicher Mann [engl.]
Soft'ware [-weə] (die, -, -s) Programme, Speichermethoden (*eines* EDV-Systems) [engl.]
So'har (der, -, nur Ez.) Hauptwerk der jüdischen Kabbala [hebr.]
soig'niert *auch:* soi'gniert [swaɲiːɐt] (Adj.) gepflegt, stilvoll; z.B. ein soignierter älterer Herr [frz.]
Soi'ree [swa-] (die, -, -re'en) besondere Abendveranstaltung [frz.]

So|ja (das oder die, -, -jen) Eiweiß, Lecithin der Sojabohne [chines.]
So|ja|boh|ne (die, -, -n) südostasiatische, eiweißreiche Hülsenfrucht [jap.-niederl.-dt.]
Sok|ra|ti|ker auch: So|kra|ti|ker (der, -s, -) Anhänger der Lehre Sokrates', Sokratesschüler, sokratischer Mensch
sok|ra|tisch auch: so|kra|tisch (Adj.) zur Lehre des altgriechischen Philosophen Sokrates gehörig, einsichtig, weise
Sol 1 (der, -(s), - oder -s) peruanische Währungseinheit [span.] **2** (das, -s, -e) kolloidale Lösung [lat., Kurzwort]
so|la fi|de allein durch den Glauben [lat.]
So|la|nin (das, -s, -e) giftiges Alkaloid (in Nachtschattengewächsen) [nlat.]
So|la|num (das, -s, -nen) Gattung der Nachtschattengewächse; z.B. Kartoffel, Tomate [lat.]
so|lar (auch: so|la|risch) (Adj.) zur Sonne gehörig, von ihr herrührend [lat.]
So|lar|e|ner|gie (die, -, nur Ez.) Sonnenenergie [lat.-gr.]
so|la|risch (Adj.) = solar
So|la|ri|um (das, -s, -ri|en) Anlage zur Bräunung des Körpers mit einer Lichtquelle, die dem Sonnenspektrum ähnliche Strahlung aussendet [lat.]
So|lar|ple|xus oder [-plɛ̯-] (der, -, nur Ez.) großes Nervenknotengeflecht unterm Zwerchfell, Sonnengeflecht [lat.]
Sol|da|nel|la (die, -, -len) ein Primelgewächs, Alpenglöckchen [it.]
Sol|da|tes|ka (die, -, -ken) zügellose Soldatenschar [it.]
so|lenn (Adj.) feierlich, festlich [frz.]
So|len|ni|tät (die, -, nur Ez.) Feierlichkeit (veraltet)
Sol|fa|ta|ra (die, -, -ren) = Solfatare
Sol|fa|ta|re auch: Sol|fa|ta|ra (die, -, -n) schwefelhaltige Heißdampfquelle [it.]
sol|feg|gie|ren [-dʒi:-] (V.) ein Solfeggio singen
Sol|feg|gio (das, -s, -gien) Singübung auf Tonsilben (bes. »do, re, mi, fa, so«.) [it.]
so|lid (Adj.) = solide
so|li|da|risch (Adj.) übereinstimmend; mitverantwortlich [frz.]
so|li|da|ri|sie|ren (V.) sich unterstützend auf jmds. Seite stellen [frz.]
So|li|da|ri|tät (die, -, nur Ez.) **1** das Solidarischsein, wechselseitige Verbundenheit **2** eine polnische Gewerkschaftsorganisation
so|li|de (auch: so|lid) (Adj.) gediegen, maßvoll; zuverlässig [lat.]
so|li|die|ren (V.) bekräftigen; sichern (veraltet) [lat.]
So|li|di|tät (die, -, nur Ez.) das Solidesein

So|list (der, -lis|ten, -lis|ten) jmd., der etwas allein vorträgt, Solomusiker
so|li|tär (Adj.) einzeln; nicht Staaten bildend; z.B. eine solitäre Wespenart [frz.]
So|li|tär (der, -s, -e) **1** großer, einzeln gefasster Diamant **2** ein Stiftestockspiel für eine Person [frz.]
So|li|tü|de (die, -, -n) Einsamkeit (als Name von Schlössern) [frz.]
Sol|mi|sa|ti|on (die, -, -ti|o|nen) Sechstonreihe mit Tonsilben (do, re, mi, fa, so, la, si entsprechend c, d, e, f, g, a, h) [lat.]
sol|mi|sie|ren (V.) entsprechend der Solmisation singen
so|lo (Adj.) allein, einzeln [it.]
So|lo (das, -s, -s oder -li) **1** Einzeldarbietung; z.B. in der Musik; Instrumentalpassage innerhalb eines Musikstücks **2** Einzelspiel (beim Fußball, Kartenspiel) [it.]
so|lo|nisch (Adj.) weise vermittelnd (wie der altgriechische Staatsmann Solon)
So|lö|zis|mus (der, -, -men) grober sprachlicher Fehler, Satzbaufehler [gr.-lat.]
Sols|ti|ti|um auch: Sol|sti|ti|um (das, -s, -ti|en) Sonnwende [lat.]
so|lu|bel (Adj.) löslich (von chemischen Substanzen) [lat.]
So|lu|tio (das, -, -nes) = Solution
So|lu|ti|on (auch: So|lu|tio) (die, -, -ti|o|nen) Arzneilösung [lat.]
So|lut|ré|en auch: So|lu|tréen [sɔlytreɛ̃] (das, -(s), nur Ez.) Kulturstufe der jüngeren Altsteinzeit [frz.]
Sol|vens (das, -, -ven|tia oder -ven|zi|en) schleimlösendes Mittel [lat.]
sol|vent (Adj.) zahlungsfähig [lat.]
Sol|venz (die, -, -en) Zahlungsfähigkeit [lat.]
sol|vie|ren (V.) **1** (auf)lösen **2** (ab)zahlen
So|ma (das, -s, -ta) Körper (in der Medizin) [gr.]
So|ma|li 1 (der, -(s), -s oder So|ma|len) Ew. von Somalia **2** (das, -(s), nur Ez.) dessen Sprache
so|ma|tisch (Adj.) zum Soma gehörig, körperlich
So|ma|to|lo|gie (die, -, nur Ez.) Wissenschaft vom menschlichen Körper [gr.]
Somb|re|ro auch: Som|bre|ro (der, -s, -s) breitrandiger (Stroh-)Hut (v.a. Mexiko) [span.]
som|nam|bul (Adj.) schlafwandlerisch [frz.]
Som|nam|bu|lis|mus (der, -, nur Ez.) das Schlafwandeln [frz.-nlat.]
som|no|lent (Adj.) benommen (nach Gehirnschädigung) [lat.]
Som|no|lenz (die, -, nur Ez.) das Somnolentsein

So|na|gramm (das, -s, -e) Darstellung einer Tonfolge in grafischer Struktur; z.b. um Vogelgesänge optisch zu vergleichen [lat.-gr.]

So|nant (der, -en, -en) Selbstlaut, Vokal [lat.]

So|na|te (die, -, -n) mehrsätziges Instrumentalstück [it.]

So|na|ti|ne (die, -, -n) kleine Sonate

Son|de (die, -, -n) **1** biegsamer, dünner Stab zum Untersuchen von Körperhöhlen **2** Probebohrung **3** physikalisches Messgerät; z.b. Raumsonde [frz.]

son|die|ren (V.) **1** mit einer Sonde untersuchen **2** vorsichtig erkunden, vorfühlen

So|ne (die, -, -) Maßeinheit für Lautstärke [lat.]

So|nett (das, -(e)s, -e) Gedicht mit dem Reimschema abba abba cde cde [it.]

Song (der, -s, -s) (kritisches, balladenhaftes) Lied; z.b. ein Song im Sinne B. Brechts; Lied (der U-Musik) [engl.]

Son|ny|boy (der, -s, -s) junger Mann, der das Glück auf seiner Seite hat, und dies auch ausstrahlt [engl.]

So|no|gra|phie (die, -, -n) Ultraschalluntersuchung; z.b. an Schwangeren [lat.-gr.]

so|nor (Adj.) klangvoll, tief und wohltönend

So|nor (der, -s, -e) klanglicher Laut im Gegensatz zu den Geräuschlauten [lat.]

So|no|ri|tät (die, -, nur Ez.) Klangfülle eines Lautes, in der Sprachwissenschaft Grad der Stimmhaftigkeit [lat.]

So|phia (die, -, nur Ez.) nach Plato das nur von der Seele in seiner Reinheit erfahrbare Wissen von den göttlichen Ideen [gr.-lat.]

So|phis|ma (das, -s, -men) = Sophistik

So|phis|mus (der, -, -men) Spitzfindigkeit; Scheinbeweis [gr.-lat.]

So|phist (der, -phis|ten, -phis|ten) spitzfindiger Mensch, Scheingelehrter [gr.]

So|phis|te|rei (die, -, -en) Spitzfindigkeit in der Argumentation

so|phis|ti|ca|ted [səfɪstɪkeɪtɪd] (Adj.) überspannt; weltmännisch [engl.]

So|phis|tik (die, -, nur Ez.) Argumentation eines Sophisten

so|phis|tisch (Adj.) spitzfindig, scheingelehrt [gr.]

Soph|ro|sy|ne *auch:* So|phro|sy|ne (die, -, nur Ez.) in der Antike die duch Vernunft und Besonnenheit erlangte Mäßigung und Beherrschung aller Begierden [gr.-lat.]

so|pi|ran|do (Adv.) als Vortragsanweisung in Notentexten, seufzend [lat.-it.]

So|por (der, -s, nur Ez.) Schlafsucht [lat.]

so|po|rös (Adj.) stark benommen [lat.]

sop|ra *auch:* so|pra (Adv.) oben; mit übergreifender Hand (auf dem Klavier) zu spielen [it.]

Sop|ran *auch:* So|pran (der, -s, -e) höchste Stimmlage (bei Frauen und Knaben); höchstgestimmtes Instrument; z.B. Sopranflöte [it.]

Sop|ra|nist *auch:* So|pra|nist (der, -nis|ten, -nis|ten) Knabe, der im Sopran singt

Sop|ra|por|te *auch:* So|pra|por|te (die, -, -n) Verzierung über dem Türrahmen; z.B. in der Barockbaukunst [it.]

so|ra|bis|tisch (Adj.) die Sorabistik betreffend [lat.]

Sor|bet oder [-be:] (das oder der, -s, -s) eisgekühlter Fruchtsaft (mit Sahne); Halbgefrorenes [arab.-frz.]

Sor|bett (der oder das, -(e)s, -e) = Sorbet [arab.-türk.-it.-fr.]

Sor|bit (der, -s, nur Ez.) ein süßer, kristalliner Alkohol (der z.b. in Vogelbeeren vorkommt) [nlat.]

Sor|di|ne (die, -, -n) Dämpfer bei Musikinstrumenten; z.b. bei Blechblasinstrumenten [lat.-it.]

Sor|di|no (der, -s, -ni) Dämpfer bei Musikinstrumenten [it.]

sor|do (Adv.) gedämpft, Anweisung im Notentext

Sor|dun (der oder das, -(e)s, -e) **1** Holzblasinstrument aus dem 16./17. Jahrhundert mit Doppelrohrblatt von dumpfem Klang **2** dunkel klingendes Orgelregister

So|re (die, -, -n) Diebesgut [hebr.]

Sor|gho (der, -s, -) = Sorghum [it.]

Sor|ghum (*auch:* Sor|gho) (das, -s, -s) ein afrikanisches Getreide, Möhrenhirse [lat.]

So|ro|rat (das, -(e)s, nur Ez.) bei nordamerikanischen Indianern verbreitete Sitte, dass ein Witwer die jüngere Schwester seiner verstorbenen Frau heiratet [lat.]

Sorp|ti|on (die, -, -ti|o|nen) Aufnahme eines Gases durch einen flüssigen Stoff und eines gelösten Stoffes durch einen festen [lat.]

Sor|te (die, -, -n) **1** Art, Gattung, Güteklasse, Qualität **2** ausgelesene Pflanzenart oder Frucht **3** Devisen (nur Mz.)

Sor|tes (nur Mz.) in der Antike für Orakel verwendete Eichenstäbchen oder Bronzeplättchen [lat.]

sor|tie|ren (V.) ordnen, nach gleichen Eigenschaften zusammentun [it.]

Sor|tie|rer (der, -s, -) = Sortiermaschine

sor|tiert (Adj.) **1** die verschiedensten Waren anbietend **2** ausgesucht, erlesen, von hoher Qualität

Sor|ti|le|gi|um (das, -s, -gi|en) durch Werfen von Losen ermittelte Weissagung [lat.]

Sor·ti·ment (das, -(e)s, -e) **1** Warenangebot, -auswahl **2** Ladenbuchhandlung mit Lager [it.]

Sor·ti·men·ter (der, -s, -) jmd., der in einem Sortiment (**2**) arbeitet

Sor·ti·ments·buch·han·del (der, -s, -) Zweig im Buchhandel, der in Ladengeschäften eine breite Auswahl von Titeln aus verschiedenen Fachbereichen und Verlagen anbietet

Sor·ti·ta (die, -, -ten) Auftrittsarie der Heldin in altitalienischen Opern [it.]

SOS [ɛsoːɛs] (das, -, nur Ez.) angeblich Abk. für »**S**ave **O**ur **S**ouls«, internationaler Notruf [engl.]

So·ße (auch: Sau·ce) (die, -, -n) **1** gewürzte (gebundene) Flüssigkeit (als Beigabe zu Speisen) **2** schmutzige, unappetitliche Flüssigkeit (ugs.) [frz.]

sos·te·nu·to (Adv.) getragen (bei Musikstücken) [it.]

Sos·te·nu·to (das, -s, -s oder -ti) mäßig langsames Musikstück [lat.-it.]

So·ter (der, -, -e) Erlöser, Retter (bes. als Beiname Christi) [griech.]

So·te·ri·o·lo·gie (die, -, nur Ez.) Lehre von einem Soter; Heilslehre

so·te·ri·o·lo·gisch (Adj.) die Soteriologie betreffend

Sot·nie (die, -, -n) Abteilung von 100 Mann im Heer der Kosaken [russ.]

Sot·tie (die, -, -s) possenähnliches Theaterstück in Frankreich (15./16. Jahrhundert), das sich meist gegen den Papst richtete [frz.]

Sot·ti·se (die, -, -n) Narretei (veraltet) [frz.]

sot·to (Adv.) unten (bei gekreuzten Händen auf der Klaviertastatur) [it.]

Sou [suː] (der, -, - oder -s) französische Münze (früher); 5-Centime-Stück (ugs.)

Soub·ret·te auch: Sou·bret·te [su-] (die, -, -n) heitere, komische Sopransängerin [frz.]

Souche [suʃ] (die, -, -n) zur Überprüfung der Echtheit zurückbehaltener Teil eines Wertpapiers [frz.]

Sou·chong (der, -s, -s) Teesorte mittlerer Qualität [frz.-chin.]

Souf·flé auch: Souf·flé / Souf·flee (auch: Souf·flee / Souf·flee) [suf-] (das, -s, -s) lockerer Auflauf, Mehlspeise mit Ei [frz.]

Souf·fleur auch: Souf·fleur [sufløːʀ] (der, -s, -e) jmd., der beruflich soufliert

souf·flie·ren auch: souf·flie·ren [suf-] (V.) den Rollentext im Theater zuflüstern

Soul [saʊl] (der, -, nur Ez.) eine Stilrichtung der Rockmusik, wie sie von Farbigen in den USA gespielt wird [engl.]

Sound [saʊnd] (der, -s, nur Ez.) Klang [engl.]

Sound·check [saʊndtʃɛk] (der, -s, -s) Überprüfen der Anlage, Stimmen der Instrumente (unter dem Auftritt) [engl.]

Sound·track [saʊndtræk] (der, -s, -s) Filmmusik, Tonstreifen [engl.]

Sou·per [supeː] (das, -s, -s) festliches Abendessen [frz.]

sou·pie·ren [su-] (V.) ein Souper einnehmen

Sour [saʊə] (der, -(s), -s) saures Mixgetränk auf der Basis von Likör und Mineralwasser [engl.]

Source·pro·gramm [sɔːs-] (das, -s, -e) in einer höheren Programmiersprache oder in Assembler geschriebenes Computerprogramm, Quellprogramm [engl.]

Sou·sa·phon [suːzafoːn] (das, -s, -e) nach dem amerikanischen Komponisten J. Ph. Sousa benanntes, tief klingendes Blechblasinstrument, das im nordamerikanischen Jazz verwendet wird [amerik.]

Sou·ta·che [sutaʃ] (die, -, -n) schmaler, kordelähnlicher Besatz [frz.]

sou·ta·chie·ren [sutaʃiː-] (V.) mit einer Soutache verzieren

Sou·ta·ne (auch: Su·ta·ne) [su-] (die, -, -n) langes, enges Gewand kath. Geistlicher; z.B. die schwarze Soutane eines Pfarrers, die violette Soutane eines Prälaten [it.-frz.]

Sou·ta·nel·le [su-] (die, -, -s) nur knielange Soutane

sou·te·nie·ren [-niː-] (V.) veralteter Begriff für: unterstützen, behaupten [lat.-frz.]

Sou·ter·rain [sutɛrɛ̃] (das, -s, -s) Kellergeschoss [frz.]

Sou·tien [sutjɛ̃] (das, -s, -s) **1** veraltet für Beistand, Unterstützung **2** veraltet für Unterstützungstruppen [frz.]

Sou·ve·nir [suvə-] (das, -s, -s) Gegenstand als Andenken

sou·ve·rän [suvə-] (Adj.) überlegen; unumschränkt (herrschend) [frz.]

Sou·ve·rän [suvə-] (der, -s, -e) **1** Herrscher **2** alle Stimmbürger (schweiz.) [frz.]

Sou·ve·rä·ni·tät [suvə-] (die, -, nur Ez.) **1** das Souveränsein **2** Herrschergewalt **3** Unabhängigkeit

So·ve·reign [sɔvrɪn] (der, -s, - oder -s) eine englische Goldmünze

Sow·chos (der, -, -en) = Sowchose

Sow·cho·se (auch: der Sow·chos) (die, -, -n) landwirtschaftliches Staatsgut (in der ehem. Sowjetunion) [russ.]

Sow·jet auch: So·wjet oder [sɔ-] (der, -s, -s) russ. für: Rat; Regierungs- bzw. Verwaltungsbehörde (in der ehem. Sowjetunion); z.B. der Oberste Sowjet [russ.]

sow·je·tisch auch: so·wje·tisch (Adj.) zur Sowjetunion gehörig

Sow|jet|u|ni|on *auch:* So|wjet|u|ni|on (die, -, nur Ez.) Kurzwort für die Union der sozialistischen Sowjetrepubliken (= UdSSR); europäisch-asiatischer Staatenbund (1922–1991), gegründet von Lenin

So|zi (der, -s, -s) = Sozialdemokrat (ugs., oft abwertend)

So|zia (die, -, -s) scherzhaft für eine Motorradbeifahrerin [lat.]

so|zi|a|bel (Adj.) gesellschaftlich anpassungsfähig, umgänglich [frz.]

So|zi|a|bi|li|tät (die, -, nur Ez.) das Soziabelsein

so|zi|al (Adj.) **1** gesellschaftlich; z.b. seine sozialen Kontakte richten sich nur auf Gleichgesinnte **2** gemeinnützig; z.B. sozialer Wohnungsbau; mitfühlend; z.B. ein sozialer Helfer **3** gesellig lebend; z.b. eine soziale Wespenart [lat.]

So|zi|al|de|mo|krat (der, -en, -en) Angehöriger einer Partei, die soziale Gerechtigkeit mit Hilfe der Demokratie anstrebt

So|zi|a|li|sa|ti|on (die, -, nur Ez.) Einordnungsprozess in die Gesellschaft, Normen-, Werteübernahme [lat.]

so|zi|a|li|sie|ren (V.) **1** verstaatlichen **2** eine Sozialisation durchmachen

So|zi|a|lis|mus (der, -, -men) **1** (nur Ez.) Lehre des Karl Marx; Vorstufe des Kommunismus **2** eine politische Bewegung, die versucht, die kapitalistische Ordnung zu verändern

So|zi|a|list (der, -lis|ten, -lis|ten) Anhänger des (eines) Sozialismus

so|zi|a|lis|tisch (Adj.) zum Sozialismus gehörig

So|zi|e|tät (die, -, -en) **1** Gesellschaft, Verein **2** Verband von Lebewesen [frz.]

So|zi|o|ge|ne|se (die, -, nur Ez.) Entstehung und Entwicklung milieubedingter Umstände; z.B. Krankheiten [lat.-gr.]

So|zi|o|gramm (das, -s, -e) grafische Darstellung der Beziehung zwischen Einzelnen in einer Gruppe [lat.-gr.]

So|zi|o|gra|phie (die, -, nur Ez.) Wissenschaft von den einzelnen Gesellschaftsformen (in verschiedenen Gebieten) [lat.-gr.]

So|zi|o|lekt (der, -(e)s, -e) Gruppensprache; z.B. der Jargon der Mediziner [lat.-gr.]

So|zi|o|lin|gu|is|tik (die, -, nur Ez.) Teilgebiet der Linguistik, das sich mit der sozialen Bedingtheit des Sprachverhaltens befasst [lat.]

so|zi|o|lin|gu|is|tisch (Adj.) die Soziolinguistik betreffend

So|zi|o|lo|ge (der, -n, -n) Soziologiewissenschaftler

So|zi|o|lo|gie (die, -, nur Ez.) Wissenschaft von der Gesellschaft [lat.-gr.]

so|zi|o|lo|gisch (Adj.) zur Soziologie gehörig

So|zi|o|lo|gis|mus (der, -, nur Ez.) Neigung, alle geistigen und kulturellen Phänomene als Produkt gesellschaftlicher Zustände zu erklären; Überbewertung der Soziologie

So|zi|o|met|rie *auch:* So|zio|me|trie (die, -, nur Ez.) Analyse sozialer Beziehungen in kleinen Gruppen [lat.-gr.]

so|zi|o|met|risch *auch:* so|zi|o|me|trisch (Adj.) die Soziometrie betreffend; in der Art der Soziometrie

so|zi|o|morph (Adj.) gesellschaftsgeformt

So|zi|o|the|ra|pie (die, -, -pien) Behandlung, die darauf zielt, den Patienten wieder in die Gesellschaft einzugliedern

So|zi|us (der, -, -se) **1** Teilhaber **2** Beifahrersitz (bes. eines Motorrades) [lat.]

So|zi|us|sitz (der, -es, -e) Rücksitz eines Motorrades

Spa|da (die, -, -s) ein Degen [span.]

Spa|dil|le (spadıljə) (die, -, -n) Pik-Ass als höchste Trumpfkarte im Lomber [gr.-lat. span.-frz.]

Spa|gat (der oder das, -(e)s, -e) Spreizen der Beine mit durchgedrückten Knien, sodass sie am Boden eine Gerade bilden [it.]

Spa|ghet|ti (*auch:* Spa|get|ti) (nur Mz.) sehr lange, dünne Nudeln [it.]

Spa|gi|rik (die, -, nur Ez.) **1** Alchimie **2** Zubereitung von mineralisch-chemischen Medikamenten [gr.-lat.]

Spa|gi|ri|ker (der, -s, -) Goldmacher, Alchimist

spa|gi|risch (Adj.) alchimistisch; spagirische Kunst: Alchimie

Spag|no|lett *auch:* Spa|gno|lett (spaɲolet) (der, -(e)s, -e) **1** angerauter Baumwollstoff in Leinwandbindung [span.-it.-frz.]

Spa|hi (der, -s, -s) Angehöriger einer aus Nordafrikanern bestehenden französischen Kavallerieeinheit (früher) [pers.-türk.-frz.]

Spa|lett (das, -(e)s, -e) hölzerner Fensterladen [österr.]

Spa|lier (das, -s, -e) **1** gitterartiges Gestell, an dem Pflanzen emporwachsen; z.B. ein Spalier für Birnen; die Pflanzen selbst **2** Doppelreihe von Personen, Menschengasse (zur Ehrung einer Persönlichkeit) [it.]

Spa|lier|obst (das, -es, nur Ez.) Früchte von Baumpflanzen, die an Gittern hochgezogen werden

Spand|ril|le *auch:* Span|dril|le (die, -, -n) Bogenwickel in der Architektur [lat.-roman.]

Spa'ni'el (der, -s, -s) mittelgroßer Hund mit langen Schlappohren (aus einer Rassengruppe ursprünglicher Stöberhunde; z.B. Cockerspaniel, King Charles Spaniel) [frz.-engl.]

Spa'ni'er (der, -s, -) Ew. Spaniens

Spa'ni'o'le (der, -n, -n) Nachkomme der im 15. Jh. aus Spanien vertriebenen Juden, Sephardim

spa'nisch (Adj.) zu Spanien gehörig

Spar'ring (das, -s, nur Ez.) Übungsboxkampf mit Kopfschutz [engl.]

Spar'ta'ki'a'de (die, -, -n) einer Olympiade ähnliche Sportveranstaltung des ehem. Ostblocks

Spar'ta'kist (der, -kis'ten, -kis'ten) Angehöriger des radikalsozialistischen Spartakusbundes, des Vorläufers der KPD

Spar'ta'kus'bund (der, -es, nur Ez.) 1917 gegründete stark links orientierte Bewegung, die sich ab 1918 »Kommunistische Partei« nannte

Spar'ta'ner (der, -s, -) Ew. des altgriechischen Stadtstaates Sparta

spar'ta'nisch (Adj.) 1 zu Sparta, den Spartanern gehörig 2 überaus einfach; z.B. eine spartanische Wohneinrichtung, spartanisches Essen

Spar'te (die, -, -n) Abteilung, Fach [it.]

Spar'te'rie (die, -, nur Ez.) aus Span oder Bast hergestelltes Flechtwerk [gr.-lat.-frz.]

spar'tie'ren (V.) ein Musikstück aus einzelnen Stimmen für Orchester arrangieren [lat.-it.]

spas'ma'tisch (Adj.) = spasmisch

spas'misch (Adj.) krampfartig [gr.]

spas'mo'disch (Adj.) = spasmisch

spas'mo'gen (Adj.) einen Krampf auslösend; z.B. Wirkung eines Arzneimittels

Spas'mo'ly'ti'kum (das, -s, -ka) krampflösendes Mittel [gr.]

Spas'mus (der, -, -men) Muskelkrampf [gr.-lat.]

Spas'ti'ker (der, -s, -) jmd., der durch Spasmus gelähmt ist

spas'tisch (Adj.) = spasmisch

Spa'tha (die, -, -then) 1 Blatt von Palmen- und Aronstabgewächsen, das den Blütenstand umschließt 2 zweischneidiges germanisches Langschwert [gr.-lat.]

spa'ti'o'nie'ren (V.) mit Spatium setzen

spa'ti'ös (Adj.) geräumig, weit (vom Druckbild)

Spa'ti'um (das, -s, -ti'en) Abstand zwischen Druckbuchstaben [lat.]

spa'zie'ren ge'hen (V.) ohne Ziel im Freien ein Stück Weg zu Fuß gehen

Spea'ker [spi:-] (der, -s, -) Sprecher, Sitzungsleiter; z.B. im englischen Unterhaus

spe'die'ren (V.) absenden; befördern (von Frachtgut) [it.]

Spe'di'teur [-tø:ɐ] (der, -s, -e) jmd., der beruflich Frachtgut befördert, Umzüge ausführt [it.-frz.]

Spe'di'ti'on (die, -, -ti'o'nen) 1 das Spedieren 2 Frachtunternehmen; Versandabteilung

spe'di'tiv (Adj.) zügig (schweiz.) [it.]

Speech [spi:tʃ] (der, -es, -e oder -es [is]) Ansprache [engl.]

Speed [spi:d] 1 (der, -s, -s) Spurt, Temposteigerung 2 (das, -s, -s) Aufputschmittel (ugs.) [engl.]

Speed'way [spi:dweɪ] (der, -s, -s) Autorennstrecke [engl.]

Spek'ta'bi'li'tät (die, -, -en) Hochschuldekan (als Anrede; veraltet) [lat.]

spek'ta'bel (Adj.) veraltet für: sehenswert

Spek'ta'kel 1 (der, -s, nur Ez.) Aufruhr; Lärm 2 (das, -s, -) Aufsehen erregender Vorgang, Schauspiel [lat.]

spek'ta'keln (V.) Aufruhr, Lärm machen [lat.]

spek'ta'ku'lär (Adj.) Aufsehen erregend [frz.]

spek'ta'ku'lös (Adj.) geheimnisumwittert, seltsam (veraltet) [lat.]

Spek'ta'ku'lum (das, -s, -la) scherzhaft für Anblick, Schauspiel [lat.]

Spek'ta'tor (der, -s, -toren) Zuschauer [lat.]

spek'tral *auch:* spek'tral (Adj.) zum Spektrum gehörig

Spek'tral'a'na'ly'se *auch:* Spek'tral'a'na'ly'se (die, -, -n) chemische, physikalische Stoffanalyse mit Hilfe des ausgesandten Spektrums

Spek'tral'ap'pa'rat *auch:* Spek'tral'ap'parat (der, -(e)s, -e) Apparat, um Lichtstrahlen in das Spektrum zu zerlegen

Spek'tral'far'ben *auch:* Spek'tral'far'ben (nur Mz.) die bei der spektralen Zerlegung von Licht entstehenden sieben Farben

Spek'tral'li'nie *auch:* Spek'tral'li'nie (die, -, -n) in einer bestimmten Wellenlänge abgespaltetes Licht, das daher einfarbig ist

Spek'tro'graph *auch:* Spek'tro'graph (*auch:* Spek'tro'graf) (der, -en, -en) Vorrichtung, die eine Strahlung in ihr Spektrum zerlegt

Spek'tro'me'ter *auch:* Spek'tro'me'ter (das, -s, -) Gerät zum Ausmessen eines Strahlenspektrums [lat.-gr.]

Spek'tros'kop *auch:* Spek'tros'kop/Spektro'skop (das, -s, -e) Gerät zur Beobachtung und Untersuchung eines Strahlenspektrums [lat.-gr.]

Spek'trum *auch:* Spek'trum (das, -s, -ren/-tren) 1 durch prismatische Lichtzerlegung

Spekulant 466 **speziös**

entstandenes farbiges Band 2 bunte Vielfalt; z.b. das ganze Spektrum der Wissenschaften [lat.]

Spe'ku'lant (der, -en, -en) jmd., der spekuliert, gewagte Geschäfte, Handlungen ausführt

Spe'ku'la'ti'on (die, -, -ti'o'nen) das Spekulieren

Spe'ku'la'ti'us (der, -, -) flaches, hartes Gewürzgebäck in Form von Figuren [lat.]

spe'ku'la'tiv (Adj.) 1 nur gedanklich, vage 2 waghalsig [lat.]

spe'ku'lie'ren (V.) 1 versuchen, durch Ausnutzen von Preisschwankungen Geschäfte zu machen; riskante Geschäfte machen 2 mutmaßen 3 berechnend auf etwas warten (ugs.) [lat.]

Spe'ku'lum (das, -s, -la) Gerät mit kleinem Spiegel zum Untersuchen von Körperhöhlen, einfaches Endoskop [lat.]

Spe'lä'o'lo'gie (die, -, nur Ez.) Höhlenforschung [gr.]

spe'lä'o'lo'gisch (Adj.) die Speläologie betreffend [gr.-lat.]

Spe'lun'ke (der, -, -n) verrufene, schmutzige Kneipe [gr.-lat.]

spen'da'bel (Adj.) großzügig [dt.-französisierend]

spen'die'ren (V.) in spendabler Weise geben, schenken

Spen'ser (der, -s, -) = Spenzer

Spen'zer (*auch:* Spen'ser) (der, -s, -) eng anliegendes Jäckchen; z.B. über einer Trachtenbluse zu tragen

Spe'renz'chen (nur Mz.) 1 umgangssprachlich für Ausflüchte, Umstände 2 umgangssprachlich für besonders teure Vergnügungen oder Gegenstände [lat.-dt.]

Spe'ren'zi'en (nur Mz.) = Sperenzchen

Sper'ma (das, -s, -men oder -ta) Samenzellen und Sekrete der Samenblase, Samen(flüssigkeit) [gr.]

Sper'ma'ti'de (die, -, -n) bei Mensch und Tier noch unreife männliche Samenzelle [gr.-lat.]

sper'ma'to'gen (Adj.) 1 männliche Samenzellen bildend 2 dem Samen entstammend

Sper'ma'to'ge'ne'se (die, -, -n) Spermabildung (in den Hoden) [gr.]

Sper'ma'to'pho're (die, -, -n) Samenpaket (das z.B. Molchweibchen bei der Paarung aufnehmen) [gr.]

Sper'ma'to'phy'ten (nur Mz.) Oberbegriff für Samenpflanzen

Sper'ma'tor'rhö (*auch:* Sper'ma'tor'rhöe) (die, -, -en) unwillkürlicher Samenfluss [gr.]

Sper'ma'tor'rhöe [-rø:] = Spermatorrhö

Sper'ma'to'zo'on (das, -s, -zo'en) Samenzelle [gr.]

Sper'ma'ze'ti (das, -s, nur Ez.) Walart [gr.-lat.]

Sper'mi'o'ge'ne'se (die, -, -n) = Spermatogenese

Sper'mi'um (das, -s, -mi'en) Samenzelle (bei Mensch und Tier) [nlat.]

Spe'sen (nur Mz.) Auslagen, Unkosten (bei der Erledigung eines Geschäftsauftrags) [it.]

Spe'ze'rei (die, -, -en) Gewürze (veraltend); Kolonialwaren (österr.) [it.]

Spe'ze'rei'wa'ren (nur Mz.) 1 veraltet für Lebensmittel 2 in der Schweiz Gemischtwaren

Spe'zi (der, -s, -s) 1 in bestimmten Regionen: der beste Freund 2 (nur Ez.) Mixgetränk aus Cola und Limonade [lat.-dt.]

spe'zi'al (in zusammengesetzten Wörtern) = speziell

Spe'zi'a'li'en (nur Mz.) veraltet für Besonderheiten

Spe'zi'a'li'sa'ti'on (die, -, -ti'o'nen) = Spezialisierung [lat.-frz.]

spe'zi'a'li'sie'ren (V.) sich auf ein besonderes (Sach-, Wissens-)Gebiet beschränken, konzentrieren [frz.]

Spe'zi'a'li'sie'rung (die, -, -en) Konzentration auf ein bestimmtes Fachgebiet, wobei man besondere Kenntnis darin erlangt

Spe'zi'a'list (der, -lis'ten, -lis'ten) 1 jmd., der sich spezialisiert hat, umfassende Kenntnisse auf einem Gebiet hat 2 Lebewesen mit eingeschränkten Ansprüchen; z.B. ein Nahrungsspezialist

spe'zi'a'lis'tisch (Adj.) in der Art eines Spezialisten

Spe'zi'a'li'tät (die, -, -en) Besonderheit [frz.]

spe'zi'ell (Adv.) besonders, eigens

Spe'zie'rer (der, -s, -) in der Schweiz: Gemischtwarenhändler [lat.-it.]

Spe'zi'es [-tsie:s] (die, -, -) Art [lat.]

Spe'zi'fi'ka'ti'on (die, -, -ti'o'nen) das Spezifizieren

Spe'zi'fi'kum (das, -s, -ka) Besonderheit [lat.]

spe'zi'fisch (Adj.) kennzeichnend, eigentümlich, arteigen, spezifisches Gewicht: Gewicht eines Stoffes im Verhältnis zum Volumen [lat.]

Spe'zi'fi'tät (die, -, -en) 1 Besonderheit 2 in der Chemie eine charakteristische Reaktion

spe'zi'fi'zie'ren (V.) näher bezeichnen, im einzelnen aufzählen [lat.]

Spe'zi'men (das, -, -mi'na) Probearbeit [lat.]

spe'zi'ös (Adj.) 1 ansehnlich 2 scheinbar [lat.-frz.]

Sphagnum (das, -s, nur Ez.) Gattung der Torf-, Sumpf-, Teichmoose [gr.-lat.]
Sphäre (die, -, -n) **1** Himmelsgewölbe (veraltet) **2** Bereich, Umfeld, Wirkungskreis [gr.]
Sphä|ren|har|mo|nie (die, -, nur Ez.) harmonische Töne, die durch die Bewegung der Planeten entstehen, für den Menschen jedoch nicht hörbar sind (nach der Lehre des griechischen Philosophen Pythagoras)
Sphä|ren|mu|sik (die, -, nur Ez.) = Sphärenharmonie
sphä|risch (Adj.) kugelig gewölbt [gr.]
Sphä|ro|id (das, -(e)s, -e) nahezu kugelförmiger Körper; Rotationsellipsoid; die Erdkugel [gr.]
sphä|ro|i|disch (Adj.) kugelähnlich
Sphä|ro|lith (der, -s oder -en, -e oder -en) strahlenförmig angeordnete Verklitterung von verschiedenen Mineralien
sphä|ro|li|thisch (Adj.) radialstrahlig zusammengefügt (bei manchen glasigen oder kristallinen Gesteinen)
Sphä|ro|lo|gie (die, -, nur Ez.) der Bereich der Geometrie, der sich mit der Kugel befasst
Sphä|ro|me|ter (das, -s, -) Gerät zum Messen der Krümmung von Kugelflächen, Linsen [gr.]
sphe|no|id (Adj.) keilförmig [gr.]
sphe|noi|dal (Adj.) keilförmig [gr.]
Sphe|no|ze|pha|lie (die, -, -n) keil- oder eiförmige, von der Norm abweichende Kopfform
Sphink|ter (der, -s, -te|re) Schließmuskel [gr.]
Sphinx (die oder der, -, Sphin|gen oder -e) Fabelwesen mit Frauenkopf und geflügeltem Löwenleib; rätselhafte, geheimnisvolle Person (scherzhaft) [ägypt.-gr.]
Sphra|gis|tik (die, -, nur Ez.) Siegelkunde [gr.]
sphra|gis|tisch (Adj.) siegelkundlich
Sphyg|mo|gramm (das, -s, -e) durch einen Apparat aufgezeichnete Grafik, die die Pulsfrequenz in Kurven angibt
Sphyg|mo|graph (der, -en, -en) Pulsschreiber [gr.]
Sphyg|mo|ma|no|me|ter (das, -s, -) Blutdruckmesser [gr.]
spi|a|na|to (Adj.) Anweisung im Notentext: schlicht, einfach [lat.-it.]
spic|ca|to (Adv.) scharf getrennt, stakkato (von Violintönen) [it.]
Spi|der [spaɪ-] (der, -s, -) offenes, zweisitziges Sportauto [engl.]
Spikes [spaɪks] (nur Mz.) **1** in Laufsportarten verwendete Turnschuhe mit Metallstiften an der Sohle **2** früher verwendete Winterreifen für Kraftwagen, die mit Stiften versehen waren [engl.]
Spin (der, -s, -s) Drehimpuls der Eigenbewegung (eines Elementarteilchens) [engl.]
Spi|na (die, -, -nae [-nɛː]) Knochenfortsatz (an den Wirbeln) [lat.]
spi|nal (Adj.) zum Rückenmark, zur Wirbelsäule gehörig; z.B. die spinale Kinderlähmung
Spi|nal|gie auch: **Spin|al|gie** (die, -, -n) in der Medizin Druckempfindlichkeit der Wirbel [lat.-gr.]
Spi|na|li|om auch: **Spin|a|li|om** (das, -s, -e) Stachelzellen-, Hornkrebs (Erkrankung)
Spi|nat (der, -(e)s, -e) ein Gänsefußgewächs; dessen Blätter als Gemüse [arab.-it.]
Spi|nell (der, -(e)s, -e) ein Mineral, Schmuckstein [it.]
Spi|nett (das, -(e)s, -e) klavierähnliches Instrument, dessen Saiten mit Federspulen angerissen werden [it.]
Spin|na|ker (der, -s, -) großes, halbrundes Jachtvorsegel [engl.]
spi|nös (Adj.) knifflig, heikel [lat.]
spin|ti|sie|ren (V.) umgangssprachlich für fantasievoll, aus- und abschweifend reden und denken
Spi|on (der, -s, -o|ne) **1** jmd., der (im Auftrag einer feindlichen Staatsmacht) politische, wirtschaftliche u.a. Geheimnisse auszuspähen versucht **2** Guckloch (in Wohnungstüren) [germ.-it.]
Spi|o|na|ge [-ʒə] (die, -, nur Ez.) Tätigkeit eines Spions (**1**)
spi|o|nie|ren (V.) politische, wirtschaftliche oder auch private Geheimnisse auskundschaften
Spi|räe (die, -, -n) Spierstrauch [lat.]
spi|ral (Adj.) schneckenförmig gedreht [gr.-lat.-nlat.]
Spi|ra|le (die, -, -n) **1** Kurve, die sich um eine Achse windet, Schnecken-, Schraubenlinie **2** so geformter Gegenstand; z.B. ein in die Gebärmutter eingelegtes Pessar [gr.]
spi|ra|lig (Adj.) wie eine Spirale
Spi|rans (die, -, -ran|ten) = Spirant
Spi|rant (auch: Spi|rans) (der, -en, -en) Reibelaut; z.B. »ch« [lat.]
spi|ran|tisch (Adj.) Spiranten betreffend
Spi|ril|le (die, -, -n) schraubenförmiges Bakterium [gr.-nlat.]
Spi|rit (der, -s, -s) Geist [lat.-frz.-engl.]
Spi|ri|tis|mus (der, -, nur Ez.) Geisterlehre, Bewegung, die mit dem Jenseits Verbindung aufnimmt [lat.-engl.]
Spi|ri|tist (der, -en, -tis|ten, -tis|ten) Anhänger des Spiritismus

spi'ri'tis'tisch (Adj.) den Spiritismus betreffend
spi'ri'tu'al (Adj.) auf den (Heiligen) Geist bezogen; geistig, übersinnlich
Spi'ri'tu'al (der, -s oder -en, -en) geistlicher Berater (in Priesterseminaren) [lat.]
Spi'ri'tu'al [-tʃʊəl] (das, -s, -s) geistliches Lied nordamerikanischer Neger [lat.-engl.]
Spi'ri'tu'a'li'en (nur Mz.) geistliche Sachen und Einrichtungen (in der kath. Kirche) [lat.]
spi'ri'tu'a'li'sie'ren (V.) vergeistigen [lat.]
Spi'ri'tu'a'lis'mus (der, -, nur Ez.) philosophische Lehre, nach der alles Bestehende geistig ist (im Unterschied zum Materialismus) [lat.]
Spi'ri'tu'a'list (der, -lis'ten, -lis'ten) Anhänger des Spiritualismus [lat.]
spi'ri'tu'a'li'stisch (Adj.) den Spiritualismus betreffend
Spi'ri'tu'a'li'tät (die, -, nur Ez.) Geistigkeit
spi'ri'tu'ell (Adj.) geistig [lat.]
spi'ri'tu'os (Adj.) = spirituös
spi'ri'tu'ös (auch: spi'ri'tu'os) (Adj.) alkoholisch [frz.]
Spi'ri'tu'o'se (die, -, -n) Getränk mit hohem Alkoholgehalt [lat.]
spi'ri'tu'o'so (Adv.) lebhaft, feurig (bei Musikstücken) [it.]
Spi'ri'tus (der, -, nur Ez.) 1 [spi:-] Hauch, Geist 2 [ʃpɪ-] vergällter Alkohol; z.B. Brennspiritus [lat.]
Spi'ro'chä'te (die, -, -n) schraubenförmiges Bakterium [gr.]
Spi'ro'er'go'met'rie auch: Spi'ro'er'go'metrie (die, -, -ri'en/-tri'en) Messung, wie viel Sauerstoff der Organismus im Ruhezustand und nach körperlicher Belastung aufnehmen kann [lat.-gr.]
Spi'ro'me'ter (das, -s, -) Gerät zur Messung des Atemvolumens [lat.-gr.]
Spi'ro'met'rie auch: Spi'ro'me'trie (die, -, nur Ez.) Messung und Aufzeichnung der Atmung
Spi'tal (das, -s, -tä'ler) in bestimmten Regionen: Krankenhaus, Armenhaus, Altenheim
Splanch'no'lo'gie (die, -, nur Ez.) Teil der Medizin, die mit den Eingeweiden befasst ist
Spleen [spli:n] oder [ʃpli:n] (der, -s, -s oder -e) verschrobene Eigenart, Schrulle, Tick [engl.]
splee'nig [spli:-] oder [ʃpli:-] (Adj.) voller Spleens
splen'did (Adj.) 1 glanzvoll; großzügig 2 mit großen Abständen zwischen den Zeilen (im Druckwesen) [lat.]
Splen'di'di'tät (die, -, nur Ez.) das Splendidsein

Sple'nek'to'mie auch: Splen'ek'to'mie (die, -, -n) operative Entfernung der Milz [gr.-lat.]
split'ten (V.) aufspalten [engl.]
Split'ting (das, -s, nur Ez.) Zusammenrechnung der Einkünfte von Eheleuten und Anwendung des Einkommensteuertarifs auf jeden Partner zur Hälfte [engl.]
Spo'du'men (der, -s, -e) ein Mineral, Schmuckstein [gr.]
Spoi'ler (der, -s, -) Luftleitblech (an schnellen Autos) [engl.]
Spo'li'um (das, -s, -li'en) Bruchstück eines antiken Bauwerks, das in einen Kirchbau eingefügt wurde [lat.]
spon'de'isch (Adj.) 1 den Spondeus betreffend 2 in Spondeen verfasst [gr.-lat.]
Spon'de'us (der, -, -de'en) Versfuß aus zwei langen Silben [gr.-lat.]
Spon'dy'li'tis (die, -, -li'ti'den) Wirbelentzündung [gr.]
spon'gi'ös (Adj.) schwammartig (bes. in der Medizin) [gr.]
Spon'sa (die, -, -sae) in Kirchenbüchern die Bezeichnung für Braut [lat.]
spon'sern (V.) durch einen Sponsor unterstützen, bezahlen
Spon'sor (der, -s, -so'ren) 1 Gönner, Mäzen 2 jmd., der eine Sendung (im Fernsehen) finanziert und sie zu Werbezwecken nutzt [lat.-engl.]
Spon'sus (der, -, -si) in Kirchenbüchern die Bezeichnung für Bräutigam [lat.]
spon'tan (Adj.) aus eigenem Antrieb, von selbst [lat.]
Spon'ta'ne'i'tät (auch: Spon'ta'ni'tät) [-ne:i-] (die, -, nur Ez.) das Spontansein
Spon'ta'ni'tät (die, -, nur Ez.) = Spontaneität
Spon'ti (der, -s, -s) jmd., der linksgerichtet ist und sich spontan an (politischen) Aktionen beteiligt; z.B. die kessen Sprüche der Spontis an den Hauswänden
Spoon [spu:n] (der, -s, -s) ein bestimmter Golfschläger [engl.]
spo'ra'disch (Adj.) hin und wieder, vereinzelt, zerstreut [gr.]
Spo'ran'gi'um (das, -s, -gi'en) Sporenbehälter (bei blütenlosen Pflanzen) [gr.]
Spo're (die, -, -n) 1 bei Pflanzen: ungeschlechtliche Fortpflanzungszelle 2 Dauerform von Bakterien [gr.]
Spor'ko (das, -s, nur Ez.) Bruttogewicht [lat.-it.]
spo'ro'gen (Adj.) Sporen erzeugend [gr.-lat.]
Spo'ro'phyt [-fy:t] (der, -en, -en) Pflanze mit Sporangium (Alge, Farn, Moos, Pilz) [gr.]

Sporozoon   **Stakes**

Spo|ro|zo|on (das, -s, -zo|en) ein Einzeller, Sporentierchen [gr.]

Sport (der, -(e)s, -e, Mz. selten) **1** körperliche Betätigung, wobei durch Wettkämpfe der Geschickteste, Stärkste, Schnellste herausgefunden wird **2** Gesamtheit der verschiedenen körperlichen Übungen **3** eine einzelne Sportart **4** Liebhaberei **5** Spielart, neu entstandene Pflanzen- oder Tierart [lat.-vulgär-lat.-frz.-engl.]

Spor|tel (die, -, -n) Gebühr eines Amtsträgers [lat.]

spor|tiv (Adj.) sportlich wirkend [frz.]

Sport|ler (der, -s, -) jemand, der (professionell) Sport treibt

sport|lich (Adj.) **1** den Sport betreffend **2** körperlich durchtrainiert **3** die Regeln einer Sportart einhaltend **4** für Kleidung: zweckmäßig; der Sportbekleidung ähnlich

Spo|sa|li|zio (das, -, nur Ez.) Motiv der Vermählung Marias und Josefs in der italienischen Kunst

Spot (der, -s, -s) **1** kurze Szene; z.B. im Werbefernsehen **2** = Spotlight [engl.]

Spot|light [-lait] (das, -s, -s) gebündeltes Punktlicht (das z.B. auf einen Showstar gerichtet ist) [engl.]

Spray [sprei] *oder* [ʃpreː] (der oder das, -s, -s) Flüssigkeit, die durch einen Zerstäuber (mit Treibgas) versprüht wird [engl.]

spray|en [sprei-] oder [ʃpreː-] (V.) ein Spray anwenden

Sprink|ler (der, -s, -) **1** Anlage, die ab einer bestimmten Temperatur Wasser versprüht, um das Ausbreiten von Bränden zu verhindern **2** Rasensprenger **3** Anlage zum Feuchthalten der Luft in Spinnereien [engl.]

Sprint (der, -s, -s) das Sprinten

sprin|ten (V.) eine Strecke in Höchstgeschwindigkeit durchlaufen, mit dem Rad durchfahren [engl.]

Sprin|ter (der, -s, -) Kurzstreckenläufer [engl.]

Sprit (der, -(e)s, -e) **1** Treibstoff (ugs.) **2** hochprozentiger Alkohol [lat.]

spri|tig (Adj.) spritähnlich

Spu|man|te (der, -s, -s) italienischer Schaumwein

Spurt (der, -(e)s, -s oder -e) das Spurten

spur|ten (V.) das Tempo jäh beschleunigen; z.B. bei einem Laufwettbewerb [engl.]

Sput|nik (der, -s, -s) erster künstlicher Satellit im Weltraum [russ.]

Spu|tum (das, -s, -ta) schleimiger Auswurf, der durch Husten aus den Atemwegen entfernt wird [lat.]

Square [skweə] (der oder das, -s, -s) englische Bezeichnung für Quadrat, Platz

Squash [skwɒʃ] **1** (das, -, nur Ez.) Sportart, bei der ein Vollgummiball nach bestimmten Regeln in einem von vier Wänden begrenzten Spielfeld an die Wand geschlagen wird **2** (das, -s, Squa|shes) [skwɔschis] Getränk aus zerquetschten Früchten; z.B. Melonen [engl.]

Squat|ter [skwɒtə] (der, -s, -) amerikanischer Siedler, der sich ohne Besitzrecht auf einem Stück unbebauten Landes niedergelassen hat [lat.-frz.-engl.]

Squaw [skwɔː] (die, -, -s) nordamerikanische Indianerfrau [Algonkin]

Squi|re [skwaɪə] (der, -(s), -s) Gutsherr [engl.]

Sta|bat ma|ter (das, - -, nur Ez.) ein kath. Kirchengesang, Mariensequenz [lat.]

Sta|bel|le (die, -, -n) Schemel (schweiz.) [lat.]

sta|bil (Adj.) fest; belastbar [lat.]

Sta|bi|li|sa|tor (der, -s, -to|ren) etwas, das die Stabilität erhöht; z.B. ein chemischer Zusatz, eine mechanische Vorrichtung

sta|bi|li|sie|ren (V.) stabil machen, festigen

Sta|bi|li|sie|rung (die, -, -en) **1** Erwirken eines bestimmten dauerhaften Zustandes **2** das Entfernen von leicht verdampfenden Stoffen aus Treibstoffen

Sta|bi|li|tät (die, -, nur Ez.) das Stabilsein, Beständigkeit, Festigkeit

stac|ca|to (Adv.) in Stakkato gespielt [it.]

Sta|di|on (das, -s, -di|en) große, ovale Wettkampfanlage im Freien mit ansteigenden Zuschauersitzreihen [gr.]

Sta|di|um (das, -s, -di|en) Abschnitt, Entwicklungsstufe [gr.-lat.]

Sta|fet|te (die, -, -n) **1** reitender Eilbote, Kurier **2** Staffel [it.]

Staff|fa|ge [-ʒə] (die, -, -n) schmückender Bestandteil, Beiwerk, Nebensächliches [frz.]

Stag|fla|ti|on (die, -, -ti|o|nen) Kunstwort aus Stagnation und Inflation, das den Stillstand des Wirtschaftswachstums bei gleichzeitiger Geldentwertung bezeichnet

Sta|gi|o|ne [stadʒoːne] (die, -, -n) **1** die Saison am italienischen Operntheater **2** italienisches Opernensemble [lat.-it.]

Sta|gi|rit (der, -en, nur Ez.) weiterer Name des griechischen Philosophen Aristoteles (384–322 v. Chr.) nach dessen Geburtsort Stageira in Makedonien

Stag|na|ti|on *auch:* Sta|gna|ti|on (die, -, -ti|o|nen) das Stagnieren [lat.]

stag|nie|ren *auch:* sta|gnie|ren (V.) stocken, nicht weitergehen

Stakes [steɪks] (nur Mz.) **1** Einsätze beim Pferderennen, durch die die Pferde die Start-

berechtigung erlangen 2 Pferderennen, die mit Einsätzen finanziert werden [engl.]
Sta'ket (das, -(e)s, -e) Lattenzaun [germ.-frz.]
Stak'ka'to (das, -s, -s oder -ti) durch Punkte über den Noten angezeigte Anweisung, die Noten nur kurz und abgehackt zu spielen [germ.-it.]
Sta'lag'mit (der, -en oder -s, -en oder -e) von unten nach oben wachsender Tropfstein [gr.]
sta'lag'mi'tisch (Adj.) geformt wie ein Stalagmit
Sta'lak'tit (der, -en oder -s, -en oder -e) von oben nach unten wachsender Tropfstein [gr.]
sta'lak'ti'tisch (Adj.) geformt wie ein Stalaktit
Sta'li'nis'mus (der, -, nur Ez.) 1 totalitäre Diktatur J. Stalins (1879–1953), die 1936–1939 in der Ermordung von Millionen Menschen gipfelte 2 Versuch, den Sozialismus mit Gewaltakten umzusetzen [russ.-nlat.]
Stan'dard (der, -s, -s) Richtschnur, Normalausführung, festgelegtes Durchschnittsmaß
stan'dar'di'sie'ren (V.) nach einem Standard vereinheitlichen
Stan'dar'te (die, -, -n) 1 kleine Flagge; z.B. die Standarte am Auto des Bundespräsidenten 2 Fuchs-, Wolfsschwanz 3 Einheit (der SA und SS) [germ.-frz.]
Stan'ding [stændɪŋ] engl. für: Rang, Ansehen, Name
Stan'nin (das, -s, nur Ez.) Zinnkies [nlat.]
Stan'ni'ol (das, -s, -e) Zinnfolie, Silberpapier [nlat.]
Stan'num (das, -s, nur Ez.) Zinn [lat.]
stan'te pe'de lat. für: »stehenden Fußes«, sofort [lat.]
Stan'ze (die, -, -n) eine achtzeilige Strophenform [it.]
Sta'phy'lo'kok'kus (der, -, -ken) ein Kugelbakterium (aus einem traubigen Gebilde, das diese Bakterien formen) [gr.]
Star (der, -s, -s) berühmte (darstellende) Persönlichkeit [engl.]
Star'let (*auch:* Star'lett) (das, -s, -s) Frau, die versucht, ein Filmstar zu sein [engl.]
Star'lett (das, -s, -s) = Starlet
Sta'rost (der, -ros'ten, -ros'ten) polnischer Landrat, Kreisvorsteher (früher)
Stars and Stripes [straɪps] (nur Mz.) Nationalfahne der USA [engl.]
Start (der, -(e)s, -s) Ausgangspunkt; Beginn [engl.]
START-Ab'kom'men (das, -s, nur Ez.) Abk. für »**S**trategic **A**rms **R**eduction **T**alks«, Abrüstungsvertrag zwischen den USA und den UdSSR-Nachfolgestaaten [engl.]
star'ten (V.)1 beginnen; an den Start gehen 2 in Bewegung setzen
Star'ter (der, -s, -) 1 Unparteiischer, der das Startzeichen für ein Rennen oder einen anderen Wettkampf gibt 2 Teilnehmer an einem Wettkampf 3 Anlasser bei einem Motor [engl.]
Sta'se (die, -, -n) Blutstauung [gr.]
State De'part'ment [steɪtdɪ-] (das, - -, nur Ez.) US-Außenministerium [engl.]
State'ment [steɪt-] (das, -s, -s) 1 Erklärung, Verlautbarung 2 EDV-Anweisung [engl.]
Sta'tik (die, -, nur Ez.) 1 Lehre vom Gleichgewicht der Kräfte, die auf starre Körper einwirken 2 Ermittlung der auf ein Bauwerk einwirkenden Kräfte 3 statischer Zustand, das Ruhen [gr.]
Sta'ti'ker (der, -s, -) jmd., der beruflich die Statik (2) berechnet
Sta'ti'on (die, -, -ti'o'nen) 1 Haltestelle; Aufenthalt 2 Abteilung; z.B. eines Krankenhauses; Abschnitt [lat.]
sta'ti'o'när (Adj.) 1 mit Klinikaufenthalt verbunden; stationäre Behandlung 2 ortsfest [frz.]
sta'ti'o'nie'ren (V.) an einen Ort bringen und dort verweilen lassen; z.B. Truppen stationieren [frz.]
sta'tisch (Adj.) 1 zur Statik (1, 2) gehörig 2 ruhend, undynamisch
Sta'tist (der, -tis'ten, -tis'ten) ungenannter Schauspieler in einer Nebenrolle ohne Sprechpart [nlat.]
Sta'tis'te'rie (die, -, -n) Gruppe der Statisten
Sta'tis'tik (die, -, -en) systematische Zahlendarstellung aus repräsentativen Einzeldaten, Zahlenerhebung, Zahlenübersicht [it.-lat.]
Sta'tis'ti'ker (der, -s, -) jmd., der (beruflich) Statistiken erstellt (und sie auswertet)
sta'tis'tisch (Adj.) zu einer Statistik gehörig, auf Grund von Statistiken
Sta'tiv (das, -s, -e) dreibeiniges, zusammenschiebbares Gestell (zum Festschrauben von Kameras, Fernrohren u.a.) [lat.]
Sta'to'lith (der, -en oder -s, -en oder -e) Gehörsteinchen [gr.]
Sta'tor (der, -s, -to'ren) Maschinenständer [lat.]
Sta'tos'kop *auch:* Sta'to'skop (das, -s, -e) Messgerät für Höhendifferenzen beim Flug
sta'tu'a'risch (Adj.) statuenhaft
Sta'tue (die, -, -n) Standbild; Bildhauerplastik [lat.]
Sta'tu'et'te (die, -, -n) kleine Statue [lat.-frz.]

sta|tu|ie|ren (V.) aufstellen, festsetzen; bestimmen; ein Exempel statuieren: eine warnende Einzelbestrafung vornehmen [lat.]

Sta|tur (die, -, -en) Gestalt, Wuchs [lat.]

Sta|tus (der, -, -) **1** Lage, Zustand **2** Rang, Stellung [lat.]

Sta|tus quo (der, - -, nur Ez.) gegenwärtiger Zustand [lat.]

Sta|tus|sym|bol (das, -s, -e) Gegenstand, der die Zugehörigkeit zu einer bestimmten, hoch bewerteten gesellschaftlichen Gruppe anzeigen soll

Sta|tut (das, -(e)s, -en) Satzung [lat.]

sta|tu|ta|risch (Adj.) zu einem Statut gehörig, satzungsgemäß

Stau|ro|thek (die, -, -en) Behältnis für eine Reliquie des heiligen Kreuzes

Steak [steɪk] (das, -s, -s) kurz gebratene Fleischscheibe (bes. vom Rind) [engl.]

Ste|a|rin (das, -s, -e) weißliche, wachsähnliche Masse (z. Herstellung von Kerzen, Lippenstiften u.a.) [gr.-nlat.]

Ste|a|tit (der, -s, -e) Speckstein [gr.-nlat.]

Ste|a|to|py|gie (die, -, nur Ez.) Fettsteiß [gr.]

Steep|le|chase *auch:* Stee|ple|chase [stiːpltʃeɪs] (die, -, -n) Hindernisrennen zu Pferde [engl.]

Ste|go|don (der, -s, -don|ten) ein fossiler Elefant [gr.]

Stel|le (die, -, -n) frei stehender Steinpfeiler (reliefgeschmückt oder mit Inschrift; als antikes Grabmal) [gr.]

Stell|la|ge [-ʒə] (die, -, -n) Gestell [dt.-frz.]

stel|lar (Adj.) zu den Fixsternen, zu einem Sternsystem gehörig [lat.]

Stell|le|ra|tor (der, -s, -to|ren) Versuchsgerät zur Erzeugung von Kernverschmelzungen [engl.]

Stem|ma (das, -s, -ta) **1** Stammbaum **2** grafisches Schema zur Verdeutlichung der Beziehungen innerhalb eines Satzes (in der Linguistik) **3** Verwandtschaft unterschiedlicher Handschriftenfassungen (in der Textkritik) [gr.]

stem|ma|to|lo|gisch (Adj.) Stammbaumuntersuchungen betreffend [gr.-lat.]

Ste|no 1 (die, -, nur Ez.) = Stenografie **2** (das, -s, -s) = Stenogramm [Kurzwort]

Ste|no|gra|fie *(auch:* Ste|no|gra|phie*)* (die, -, nur Ez.) Kurzschrift [gr.]

ste|no|gra|fie|ren *(auch:* ste|no|gra|phie|ren*)* (V.) Stenografie schreiben

Ste|no|gramm (das, -s, -e) in Stenografie Geschriebenes

ste|no|gra|phie|ren (V.) = stenografieren

ste|nök *auch:* sten|ök (Adj.) mit eingeschränkten, ganz speziellen Lebensraumansprüchen [gr.]

Ste|no|kar|die (die, -, -n) Herzbeklemmung [gr.]

ste|no|phag (Adj.) auf ganz spezielle Nahrung angewiesen; z.B. der Koalabär [gr.]

Ste|no|se *(auch:* Ste|no|sis*)* (die, -, -n) Einengung von Körperkanälen, -strömungsbahnen [gr.]

Ste|no|sis (die, -, -sen) = Stenose

ste|no|therm (Adj.) empfindlich auf Temperaturschwankungen reagierend; z.B. bestimmte Fischarten, Tropenpflanzen [gr.]

Ste|no|ty|pis|tin (die, -, -nen) Büroangestellte, die Kenntnisse in Stenografie und Maschine schreiben besitzt

Sten|tor|stim|me (die, -, -en) nach dem stimmgewaltigen Helden aus der Ilias benannt: laute, gewaltige Stimme

Stepp (der, -s, -s) Tanz, bei dem mit eisenbeschlagenen Schuhen ein Hacken-, Fersenrhythmus akustisch betont wird [engl.]

Step|pe (die, -, -n) weite Grasebene [russ.]

step|pen (V.) Stepp tanzen

Ster (der, -s, -e oder -) ein altes Holzmaß, Raummeter [gr.-frz.]

Ste|ra|di|ant (der, -en, -en) Einheit des Raumwinkels [gr.-lat.]

Ste|reo (das, -s, nur Ez.) = Stereophonie [Kurzwort]

Ste|re|o|a|kus|tik (die, -, nur Ez.) Wissenschaft vom räumlichen Hören

Ste|re|o|film (der, -(e)s, -e) dreidimensionaler Film

ste|re|o|fon (Adj.) = stereophon

Ste|re|o|fo|nie (die, -, nur Ez.) = Stereophonie

Ste|re|og|no|sie *auch:* Ste|re|o|gno|sie (die, -, -n) Fähigkeit, Gegenstände nur mit dem Tastsinn zu erkennen

Ste|re|o|me|trie *auch:* Ste|re|o|met|rie (die, -, nur Ez.) Geometrie räumlicher Körper [gr.]

ste|re|o|phon *(auch:* ste|re|o|fon*)* (Adj.) zur Stereophonie gehörig, zweikanalig hörbar

Ste|re|o|pho|nie *(auch:* Ste|re|o|fo|nie*)* (die, -, nur Ez.) Aufnahme und Wiedergabe von Tonträgern mit zwei Mikrofonen, über zwei Kanäle, die so angebracht sind, dass eine vom Ort abhängige Lautstärkeverschiedenheit wahrnehmbar ist [gr.]

Ste|re|os|kop *auch:* Ste|re|o|skop (das, -s, -e) Gerät zum Betrachten räumlicher Bilder [gr.]

Ste|re|os|ko|pie *auch:* Ste|re|o|sko|pie (die, -, nur Ez.) Gesamtheit der Verfahren zur Aufnahme und Wiedergabe dreidimensionaler Bilder

ste|re|os|ko|pisch *auch:* ste|re|o|sko|pisch (Adj.) räumlich wirkend, dreidimensional wiedergegeben [gr.]

ste|re|o|typ (Adj.) feststehend, unveränderlich; abgedroschen [gr.]

Ste|re|o|typ (der oder das, -s, -en) 1 immer wieder auftauchendes Vorurteil 2 Stereotypie [gr.-engl.]

Ste|re|o|ty|pie (die, -, -n) 1 ein Druckverfahren, bei dem Matern ausgegossen werden 2 krankhafte, sinnlose Wiederholung (von Gesten, Wörtern) [gr.]

ste|re|o|ty|pie|ren (V.) Stereotypien (1) herstellen

ste|ril (Adj.) 1 keimfrei 2 unfruchtbar; zeugungsunfähig 3 übertrieben intellektualisiert [lat.]

Ste|ri|li|sa|ti|on (die, -, -ti|o|nen) das Sterilisieren, sterilisiert werden

Ste|ri|li|sa|tor (der, -s, -to|ren) Apparat zum Sterilisieren, Keimfreimachen

ste|ri|li|sie|ren (V.) steril (1, 2) machen

Ste|ri|li|tät (die, -, nur Ez.) das Sterilsein

Ste|rin (das, -s, -e) eine Zellsubstanz, Kohlenwasserstoff; z.B. Cholesterin [gr.]

ster|ko|ral (Adj.) kothaltig, kotig [lat.]

Ster|lett (der, -s, -s) im Schwarzen und im Asowschen Meer und in der Donau vorkommender bis zu einem Meter langer Stör [russ.]

Ster|ling [stɜːr-] (der, -s, -s oder -) altenglische Silbermünze, Pfund Sterling: die britische Währungseinheit

ster|nal (Adj.) zum Sternum gehörig

Ster|num (das, -s, -na) Brustbein [gr.lat.]

Ste|ro|id [-roiːd] (das, -s, -e) eine organische Verbindung, Sterinabkömmling; z.B. viele Hormone [gr.]

Ster|tor (der, -s, nur Ez.) röchelndes Atmen [lat.]

Ste|thos|kop *auch:* Ste|tho|skop (das, -s, -e) Schlauch mit Hörmuschel (zum Abhorchen der Atem-, Herzgeräusche) [gr.]

Stet|son (der, -s, -s) bestimmte Hutform, breitkrempiger Filzhut, Cowboyhut [amerik.]

Ste|ward [stjuːəd] (der, -s, -s) Reisebetreuer (auf Schiffen, in Flugzeugen) [engl.]

Ste|war|dess [stjuəˈdes] (die, -, -sen) Flugbegleiterin [engl.]

Sthe|nie (die, -, nur Ez.) Kraftfülle [gr.]

sthe|nisch (Adj.) kraftvoll [gr.]

Sti|bi|um (das, -s, nur Ez.) = Antimon [gr.-lat.]

Sti|cho|man|tie (die, -, -n) Weissagung aus einer zufällig aufgeschlagenen Buchseite heraus [gr.-lat.]

Sti|cho|my|thie (die, -, -n) zeilenweiser Wechsel von Rede und Gegenrede (im Dramendialog) [gr.]

Sti|cker (der, -s, -) Aufkleber, Anstecknadel

stie|kum (Adj.) heimlich, leise [jidd.]

Stig|ma (das, -s, -men oder -ta) 1 kennzeichnendes Mal; Wundmal (Christi) 2 Tracheenöffnung (der Gliedertiere) 3 Narbe, oberster Teil des Fruchtknotens (bei Pflanzen) [gr.]

Stig|ma|ti|sa|ti|on (die, -, -ti|o|nen) Auftreten der fünf Wundmale Christi (bei religiösen Hysterikern) [gr.-lat.]

stig|ma|ti|sie|ren (V.) jmdn. brandmarken [gr.-lat.]

stig|ma|ti|siert (Adj.) durch Stigmatisation gekennzeichnet

Stil (der, -s, -e) 1 Eigenart im Ausdruck (eines Künstlers; z.B. Baustil, Schreibstil), persönliche Formgebung 2 Ausübungsart, Technik; z.B. Fahrstil, Laufstil 3 (nur Ez.) richtige Form, (angemessene) Art; z.B. eine Feier mit Stil [lat.]

Sti|lett (das, -s, -e) kurzer Dolch; Schnappmesser [it.]

sti|li|sie|ren (V.) auf das Wesentliche hin, kunstgerecht vereinfachen [lat.]

Sti|list (der, -lis|ten, -lis|ten) jmd., der sprachlichen Stil beherrscht; Ausdruckskünstler

Sti|lis|tik (die, -, nur Ez.) sprachliche Stillehre; Analyse sprachlicher Ausdrucksmittel

sti|lis|tisch (Adj.) zum Stil (1, 2), zur Stilistik gehörig

Stil|ton (der, -s, -s) nach dem Herstellungsort Stilton benannter Schimmelweichkäse

Sti|lus (der, -, -li) antiker Schreibgriffel [lat.]

Sti|mu|lans (das, -, -lan|tia oder -lan|zi|en) Anregungsmittel [lat.]

Sti|mu|la|ti|on (die, -, -ti|o|nen) das Stimulieren

sti|mu|lie|ren (V.) anregen; reizen [lat.]

Sti|mu|lie|rung (die, -, -en) Erregung, Anregung, Reizung

Sti|mu|lus (der, -, -li) Anreiz; Auslöser (eines Verhaltens) [lat.]

Sti|pen|di|at (der, -en, -en) jmd., der ein Stipendium erhält

Sti|pen|dist (der, -dis|ten, -dis|ten) = Stipendiat (österr.)

Sti|pen|di|um (das, -s, -di|en) finanzielle Beihilfe zum Studium [lat.]

Sti|pu|la|ti|on (die, -, -ti|o|nen) wie ein Vertrag geltende mündliche Vereinbarung

sti|pu|lie|ren (V.) vereinbaren

Stoa (die, -, nur Ez.) altgriechische Philosophenschule, die Selbstbestimmung und Gleichgültigkeit gegenüber Äußerlichkeiten lehrte

Sto|chas|tik (die, -, nur Ez.) statistische Untersuchung zufallsabhängiger Erscheinungen [gr.]
sto|chas|tisch (Adj.) zufallsabhängig [gr.]
Stö|chi|o|met|rie *auch:* Stö|chi|o|met|rie (die, -, nur Ez.) Wissenschaft von der mengenmäßigen Zusammensetzung chemischer Verbindungen, rechnerische Ermittlung ihrer Gewichtsverhältnisse [gr.]
Sto|i|ker (der, -s, -) **1** Angehöriger der Stoa **2** jmd., der unerschütterlich gelassen ist
sto|isch (Adj.) wie ein Stoiker
Sto|i|zis|mus (der, -, nur Ez.) Art, Lebenshaltung eines Stoikers
Sto|la (die, -, -len) **1** langer, breiter (Pelz-)Schal **2** schalartiges, über den Schultern gekreuztes Kleidungsstück kath. Priester [gr.]
Sto|ma (das, -s, -ta) **1** Mund **2** Spaltöffnung (bei Pflanzen) **3** künstlicher (Darm-)Ausgang [gr.]
sto|ma|chal (Adj.) zum Magen gehörig [gr.]
Sto|ma|chi|kum (das, -s, -ka) appetitanregendes und verdauungsförderndes Mittel [gr.-lat.]
Sto|ma|ti|tis (die, -, ti|ti|den) Mundschleimhautentzündung [gr.]
Sto|ma|to|lo|gie (die, -, nur Ez.) Wissenschaft von den Mundhöhlenkrankheiten [gr.]
stoned [stəʊnd] (Adj.) berauscht (durch Haschisch; Jargon) [engl.]
stone|washed [stəʊnwɒʃt] (Adj.) über Kieselsteinen gewaschen (und deshalb dunkel- und hellblau marmoriert; bei Bluejeans) [engl.]
stop! (*auch:* stopp!) (Interj.) halt! [engl.]
Stopp (der, -s, -s) **1** Ball, der unmittelbar hinter dem Netz herabfällt; z.B. im Tennis **2** ausgeprägter Stirnabsatz (bes. bei bestimmten Hunderassen) [engl.]
Store [stɔːr] (der, -s, -s) durchsichtiger Vorhang (über die ganze Fensterfront) [frz.]
stor|nie|ren (V.) ein Storno vornehmen
Stor|no (das, -s, -ni) **1** Rücknahme einer Buchung, eines Auftrags **2** Erlöschen der Leistungspflicht einer Versicherung [it.]
Sto|ry (die, -, -s) **1** (unglaubwürdige oder ungewöhnliche) Geschichte; Zeitungsbericht **2** Handlung (eines Films) [engl.]
Sto|tin|ka [sto-] (die, -, -ki) kleinste bulgarische Währungseinheit
Stout [staʊt] (der, -s, -s) dunkles, bitteres Starkbier (aus England) [engl.]
Stra|bis|mus (der, -, nur Ez.) das Schielen
Strad|dle [strædl] (der, -s, -s) Hochsprung, bei dem man den Körper seitwärts über die Latte wälzt [engl.]
Stra|di|va|ri (*auch:* Stra|di|va|ri|us) (die, -, -(s)) Violine aus der Werkstatt des italienischen Geigenbauers Antonio Stradivari (1644–1737) aus Cremona [it.]
Stra|di|va|ri|us (die, -, -) = Stradivari
Stra|gu|la (der, -s, nur Ez.) ein glatter Kunststoff-Bodenbelag (Warenzeichen) [lat.]
stral|zie|ren (V.) veraltet für liquidieren
Stral|zio (der, -s, -s) Liquidation [österr.]
Stra|min (der, -s, -e) Gitterleinen (als Untergrund für Stickerei) [lat.-ndrl.]
Stran|gu|la|ti|on (die, -, -ti|o|nen) das Strangulieren
stran|gu|lie|ren (V.) durch Abschnüren der Luftröhre töten, erdrosseln [lat.]
Stran|gu|rie *auch:* Strang|u|rie (die, -, -n) Harnzwang [gr.]
Stra|pa|ze (die, -, -n) Anstrengung, Mühsal
stra|pa|zie|ren (V.) **1** übermäßig benutzen, beanspruchen **2** (sich) überanstrengen [it.]
stra|pa|zi|ös (Adj.) anstrengend, voller Strapazen
Strap|pa|tu|ra (die, -, nur Ez.) Werg des italienischen Hanfes [germ.-it.]
Straps (der, -es, -e) Strumpfhalter(gürtel)
stra|sci|an|do [straʃiando] (Adj.) Anweisung im Notentext für: schleppend, getragen [lat.-it.]
Stra|te|ge (der, -n, -n) jmd., der sich auf Strategie versteht; Heerführer
Stra|te|gie (die, -, -n) Vorgehenstechnik (bes. in der Kriegsführung) [gr.-frz.]
stra|te|gisch (Adj.) zur Strategie gehörig
Stra|ti|fi|ka|ti|on (die, -, -ti|o|nen) das Stratifizieren
stra|ti|fi|zie|ren (V.) **1** Schichten bilden (von Gestein) **2** Samen in feuchten Sand betten (als Keimvorbehandlung) [lat.]
Stra|ti|gra|phie (die, -, nur Ez.) Schichtenkunde (als Teilgebiet der Geologie) [lat.-gr.]
Stra|to|cu|mu|lus (der, -, -li) Schichtwolke [lat.]
Stra|tos|phä|re *auch:* Stra|to|sphä|re (die, -, nur Ez.) mittlere Schicht der Atmosphäre [lat.-gr.]
Stra|tus (der, -, -ti) niedere Schichtwolke; abgehobener Bodennebel [lat.]
Street|wor|ker [striːtwɜːkə] (der, -s, -) Sozialhelfer, der Jugendliche außerhalb der Amtsräume betreut [engl.]
Stre|nu|i|tät (die, -, nur Ez.) veraltet für Tapferkeit; Unternehmungslust [lat.-dt.]
Strep|to|kok|kus (der, -, -ken) kugelförmiges Bakterium (im Kettenverband mit anderen) [gr.-nlat.]
Strep|to|my|cin [-tsiːn] (das, -s, nur Ez.) ein Antibiotikum (gegen Tuberkulose) [gr.-nlat.]
Stress (der, -es, -e) übergroße körperlich-seelische Dauerbelastung [engl.]

stres'sen (V.) Stress ausüben, als Stress wirken
Stres'sor (der, -s, -so̱ren) Stressursache
Stretch [stretʃ] (der, -(e)s, -es) sehr elastisches Garn; Kleidungsstück daraus [engl.]
Stret'ta (die, -, -s) glanzvoller (im Tempo gesteigerter) Schlussteil eines Musikstücks [it.]
stret'to (Adj.) Anweisung im Notentext für: eilig, gedrängt; bei einer Fuge: in Engführung
Stri'du'la'ti'on (die, -, -ti'o̱nen) das Stridulieren
stri'du'lie'ren (V.) zirpen (von Heuschrecken, Zikaden u.a.) [lat.]
strikt (Adj.) peinlich genau; sehr streng [lat.]
strik'te (Adv.) aufs Genaueste; strengstens
Strik'ti'on (die, -, -ti'o̱nen) Zusammenziehung [lat.]
Strik'tur (die, -, -en) ausgeprägte Verengung (eines Hohlorgans, Körperkanals) [lat.]
strin'gen'do [-dʒen-] (Adv.) drängend, eilend (bei Musikstücken) [it.]
strin'gent (Adj.) zwingend beweiskräftig [lat.]
Strin'genz (die, -, nur Ez.) zwingende Beweiskraft [lat.]
strin'gie'ren (V.) zusammenziehen [lat.]
Strip (der, -s, -s) **1** Wundpflasterstreifen **2** = Striptease [engl.]
strip'pen (V.) **1** einen Striptease vorführen **2** unterschiedliche Bildteile mit einem Spezialfilm montieren [engl.]
Strip'tease [-tiːz] (der, -, nur Ez.) Entkleidungsvorführung (in Nachtlokalen u.a.) [engl.]
Stro'bos'kop auch: Stro'bo'skop (das, -s, -e) **1** Gerät zum Messen rascher Bewegungsabläufe **2** Figurentrommel, die durch Schlitze betrachtet den Eindruck bewegter Bilder vermittelt [gr.]
Stron'ti'um (das, -s, nur Ez.) ein Element, Erdalkalimetall [engl.]
Stro'phan'thin auch: Stroph'an'thin (das, -s, nur Ez.) ein aus den Samen des Hundsgiftgewächses Strophantus gewonnenes Mittel gegen Herzschwäche [gr.-nlat.]
Stro'phe (die, -, -n) Verbindung mehrerer Verszeilen, Gedicht-, Liedabschnitt [gr.]
stro'phisch (Adj.) in Strophen abgefasst
Struk'tur (die, -, -en) Aufbau, Gliederung [lat.]
Struk'tu'ra'lis'mus (der, -, -men) Richtung der Linguistik, die nicht zur historisch-vergleichenden Betrachtungsweise gehört, sondern Äußerungen innerhalb eines strukturbestimmenden Systems sieht [nlat.]

Struk'tu'ra'list (der, -ḷis'ten, -ḷis'ten) Anhänger, Verfechter eines Strukturalismus
struk'tu'ra'lis'tisch (Adj.) zum Strukturalismus gehörig
struk'tu'rell (Adj.) strukturgemäß
struk'tu'rie'ren (V.) in eine Struktur bringen; die Struktur ermitteln
Stru'ma (die, -, -men) Kropf [lat.]
Strych'nin (das, -s, nur Ez.) giftiges Alkaloid; der Samen tropischer Brechnussbäume [gr.]
Stu'die [-diə] (die, -, -n) Vorarbeit, Entwurf; Kurzdarstellung [lat.]
stu'die'ren (V.) lernen; untersuchen [lat.]
Stu'dio (das, -s, -s) **1** Künstlerwerkstatt **2** Aufnahme-, Senderaum **3** kleines Experimentiertheater **4** Einzimmerwohnung [it.]
Stu'di'o'sus (der, -, -si) Student (scherzhaft) [lat.]
Stu'di'um (das, -s, -di'en) das Studieren [lat.]
Stu'di'um ge'ne'ra'le (das, - -, nur Ez.) allgemein bildende Vorlesungen [lat.]
Stu'cka'teur [-tøːɐ] (der, -s, -e) Handwerker, der Stuckarbeiten macht
Stu'cka'tur (die, -, -en) Stuckarbeit
Stunt'man [stʌntmən] (der, -(s), -men) jmd., der gefährliche Szenen für einen Schauspieler übernimmt [engl.]
Stu'pa (der, -s, -s) kuppelförmiger buddhistischer Steintempel [sanskr.]
stu'pend (Adj.) erstaunlich [lat.]
stu'pid (auch: stu'pi'de) (Adj.) dumm, geistlos; stumpfsinnig [lat.]
stu'pi'de (Adj.) = stupid
Stu'pi'di'tät (die, -, nur Ez.) das Stupidsein
Stu'por (der, -s, nur Ez.) krankhafte Reglosigkeit [lat.]
stup'rie'ren auch: stu'prie'ren (V.) vergewaltigen [lat.]
Stup'rum auch: Stu'prum (das, -s, -ra/-pra) Vergewaltigung [lat.]
sty'gisch (Adj.) schaurig, unheimlich [gr.]
Sty'ling [staɪ-] (das, -s, nur Ez.) Formgebung [engl.]
Sty'list [staɪ-] (der, -ḷis'ten, -ḷis'ten) jmd., der beruflich das Styling entwirft
Sty'lit (der, -en, -en) Säulenheiliger [gr.]
Sty'rax (der, -(es), -e) harzig-zimtähnlich riechender Balsam, der von Bäumen warmer Länder gewonnen wird [gr.]
Sty'rol (das, -s, nur Ez.) farblose, zu den Kohlenwasserstoffen gehörige Flüssigkeit, aus der viele Kunststoffe hergestellt werden [Kunstwort]
Sty'ro'por (das, -s, nur Ez.) ein leichter Hartschaumstoff aus zusammengepressten Kügelchen (Warenzeichen) [Kunstwort]

Su|a|da (*auch:* Su|a|de) (die, -, -den) Redefluss, Wortschwall [lat.]
Su|a|de (die, -, -n) = Suada
Su|a|he|li 1 (der, -(s), - oder -s) Angehöriger eines Mischvolks der ostafrikanischen Küste **2** (das, -(s), nur Ez.) dessen zur Bantugruppe gehörige Sprache
su|a|so|risch (Adj.) zur Überredungskunst gehörig
sub|al|tern (Adj.) untergeordnet; unterwürfig [lat.]
Sub|bot|nik (der, -(s), -s) jmd., der ehrenamtlicher Arbeiten ausführte, um bei dem »Aufbau des Sozialismus mitzuhelfen« [russ.]
Sub|do|mi|nan|te (die, -, -n) vierte Stufe der diatonischen Tonleiter; darauf aufgebauter Dreiklang [lat.]
Sub|jekt (das, -(e)s, -e) *auch* [sub-] **1** auf die Frage »wer oder was?« antwortender Satzteil, Satzgegenstand **2** nichtswürdiger Mensch **3** das erkennende Ich (Philosophie) [lat.]
Sub|jek|ti|on (die, -, -ti|o|nen) das Stellen einer Frage, auf die keine Antwort erwartet wird
sub|jek|tiv (Adj.) zu einem Subjekt (3) gehörig, persönlich; voreingenommen
Sub|jek|ti|vis|mus (der, -, -men) **1** (nur Ez.) Auffassung, das Subjekt (1) sei Maßstab alles Bewertbaren **2** Ichbezogenheit [lat.]
sub|jek|ti|vis|tisch (Adj.) zum Subjektivismus gehörig
Sub|jek|ti|vi|tät (die, -, nur Ez.) **1** das Subjektsein **2** (persönl.) Eigenart
Sub|kul|tur (die, -, -en) nicht öffentlich geförderter Teil des Kulturlebens [lat.]
sub|ku|tan (Adj.) unter der Haut befindlich; unter die Haut verabreicht (Spritzen) [lat.]
sub|lim (Adj.) geistig hochstehend; nur feinem Verständnis zugänglich [lat.]
Sub|li|mat (das, -(e)s, -e) durch Sublimieren (2) entstehender Stoff [lat.]
Sub|li|ma|ti|on (die, -, -ti|o|nen) das Sublimieren
sub|li|mie|ren (V.) **1** ins Erhabene, Sublime steigern, verfeinern **2** einen Stoff unmittelbar aus dem festen in den gasförmigen Aggregatzustand überführen
Sub|li|mi|tät (die, -, nur Ez.) das Sublimsein
sub|ma|rin (Adj.) unterseeisch [lat.]
sub|mers (Adj.) untergetaucht (lebend) [lat.]
Sub|or|di|na|ti|on (die, -, -ti|o|nen) **1** sich unterordnender (Dienst-)Gehorsam **2** Unterordnung eines Satzes, Satzglied [lat.]
sub|or|di|nie|ren (V.) unterordnen [lat.]

Sub|row|ka *auch:* Su|brow|ka (der, -(s), -s) polnischer Schnaps mit Cumarin aus einem Büffelgrashalm
sub|si|di|är (Adj.) behelfsweise, unterstützend [lat.]
sub|si|di|a|risch (Adj.) = subsidiär
Sub|si|di|um (das, -s, -di|en) Hilfszahlung [lat.]
Sub|sis|tenz (die, -, -en) **1** (nur Ez.) die selbstständige Seinsweise, das Bestandhaben **2** Lebensunterhalt (veraltet) [lat.]
sub|sis|tie|ren (V.) **1** durch, aus sich selbst bestehen (in der Philosophie) **2** sein Auskommen, seinen Lebensunterhalt haben (veraltet) [lat.]
Subs|kri|bent *auch:* Sub|skri|bent (der, -en, -en) jmd., der etwas subskribiert
subs|kri|bie|ren *auch:* sub|skri|bie|ren (V.) sich durch Unterschrift verpflichten, etwas zu kaufen (bes. eine neue Buchreihe), vorbestellen [lat.]
Subs|krip|ti|on *auch:* Sub|skrip|ti|on (die, -, -ti|o|nen) das Subskribieren
Sub|spe|zi|es (die, -, -) Unterart, Rasse [lat.]
Subs|tan|ti|a|li|tät *auch:* Sub|stan|ti|a|li|tät (die, -, nur Ez.) = Substanzialität
subs|tan|ti|ell *auch:* sub|stan|ti|ell (Adj.) = substanziell
subs|tan|ti|ie|ren *auch:* sub|stan|ti|ie|ren (V.) = substanziieren
Subs|tan|tiv *auch:* Sub|stan|tiv (das, -s, -e) Ding-, Hauptwort [lat.]
subs|tan|ti|vie|ren *auch:* sub|stan|ti|vie|ren (V.) als Substantiv gebrauchen
subs|tan|ti|visch *auch:* sub|stan|ti|visch (Adj.) wie ein Substantiv
Subs|tanz *auch:* Sub|stanz (die, -, -en) **1** Materie, Stoff **2** das Wesenhafte, der Kern von etwas [lat.]
Subs|tan|zi|a|li|tät *auch:* Sub|stan|zi|a|li|tät (*auch:* Subs|tan|ti|a|li|tät) (die, -, nur Ez.) das Substanziellsein
subs|tan|zi|ell *auch:* sub|stan|zi|ell (*auch:* subs|tan|ti|ell) (Adj.) wesenhaft, wesentlich, stofflich [lat.]
subs|tan|zi|ie|ren *auch:* sub|stan|zi|ie|ren (*auch:* subs|tan|ti|ie|ren) (V.) durch Tatsachen belegen [lat.]
Subs|ti|tu|ent *auch:* Sub|sti|tu|ent (der, -en, -en) Atom oder Molekül, das eine andere Einheit in chemischen Verbindungen ersetzt [lat.]
subs|ti|tu|ie|ren *auch:* sub|sti|tu|ie|ren (V.) austauschen, ersetzen
Subs|ti|tut *auch:* Sub|sti|tut (der, -en, -en) **1** Ersatzperson, Stellvertreter **2** Assistent, Vertreter eines Verkaufsleiters [lat.]

Subs|ti|tu|ti|on *auch:* Sub|sti|tu|ti|on (die, -, -ti|o|nen) das Substituieren, Austausch
Subs|trat *auch:* Sub|strat (das, -(e)s, -e) **1** Grundlage **2** Nährboden **3** überlagerte Sprachschicht, die auf die herrschende Sprache einwirkt [lat.]
sub|su|mie|ren (V.) begrifflich unterordnen; zusammenfassen [lat.]
sub|sump|tiv (Adj.) = subsumtiv
Sub|sum|ti|on (die, -, -ti|o|nen) das Subsumieren
sub|sum|tiv (*auch:* sub|sump|tiv) (Adj.) subsumierend
sub|til (Adj.) verfeinert, genau ausgeführt; schwierig zu durchschauen, kompliziert; unterschwellig [lat.]
Sub|ti|li|tät (die, -, nur Ez.) das Subtilsein
Sub|tra|hend (der, -en, -en) Zahl, die von einer anderen abgezogen wird [lat.]
sub|tra|hie|ren (V.) abziehen (in der Mathematik) [lat.]
Sub|trak|ti|on (die, -, -ti|o|nen) das Subtrahieren
Sub|tro|pen (nur Ez.) sich in Richtung auf den Nord- oder Südpol an die Tropen anschließendes Gebiet [lat.-gr.]
Sub|ven|ti|on (die, -, -ti|o|nen) das Subventionieren
sub|ven|ti|o|nie|ren (V.) mit öffentlichen Finanzmitteln (regelmäßig) unterstützen; z.B. die Landwirtschaft, das Theater [lat.]
Sub|ver|si|on (die, -, -si|o|nen) auf Regierungsumsturz gerichtete Tätigkeit, staatsuntergrabende Handlung [lat.]
sub|ver|siv (Adj.) Subversion treibend
sub vo|ce [-tsə] unter dem Stichwort, Thema [lat.]
Suc|re *auch:* Su|cre (der, -, -) Währungseinheit in Ecuador [span.]
Su|da|ne|se (der, -n, -n) Ew. des Sudans; Angehöriger einer afrikanischen Völkergruppe
su|da|ne|sisch (Adj.) zum Sudan, zu den Sudanesen gehörig
Su|da|ti|on (die, -, -ti|o|nen) das Schwitzen [lat.]
Su|da|to|ri|um (das, -s, -ri|en) Schwitzbad
Süf|fi|sance [-zã:s] (die, -, nur Ez.) = Süffisanz
süf|fi|sant (Adj.) aufreizend selbstgefällig, genüsslich überlegene Distanz zeigend [frz.]
Süf|fi|sanz (*auch:* Süf|fi|sance) (die, -, nur Ez.) das Süffisantsein
Suf|fix *auch* [-ɪks] (das, -es, -e) bedeutungstragende Nachsilbe am Wortende; z.B. das »-e« als Zeichen für die Mehrzahl [lat.]
suf|fi|zi|ent (Adj.) ausreichend, hinlänglich [lat.]

Suf|fi|zi|ent (die, -, -en) das Suffizientsein
Suff|ra|gan *auch:* Suf|fra|gan (der, -s, -e) einem Erzbischof unterstehender Diözesanbischof [lat.]
Suff|ra|get|te *auch:* Suf|fra|get|te (die, -, -n) Emanzipationskämpferin (um die Jahrhundertwende in England und den USA) [frz.]
Suf|fu|si|on (die, -, -si|o|nen) flächiger Bluterguss
Su|fi (der, -s, -s) Anhänger des Sufismus
Su|fis|mus (der, -, nur Ez.) Richtung des Islam, die die Kluft zwischen Gott und Mensch durch Meditation, Askese u.a. zu überwinden versucht [arab.-nlat.]
Su|fist (der, -fis|ten, -fis|ten) = Sufi [arab.-nlat.]
sug|ge|rie|ren (V.) seelisch-geistig beeinflussen, etwas einreden; vorgaukeln [lat.]
sug|ges|ti|bel (Adj.) leicht beeinflussbar, der Suggestion zugänglich
Sug|ges|ti|bi|li|tät (die, -, nur Ez.) das Suggestibelsein
Sug|ges|ti|on (die, -, -ti|o|nen) das Suggerieren, Willensbeeinflussung; manipulierende Wirkung
sug|ges|tiv (Adj.) beeinflussend, suggerierend
Sug|ges|ti|vi|tät (die, -, nur Ez.) Fähigkeit zu Suggestion
sui ge|ne|ris durch seine Eigenart [lat.]
Sui|te [syi:t] (die, -, -n) **1** Zimmerflucht (im Hotel) **2** mehrsätziges Instrumentalstück [frz.]
Su|i|zid (der oder das, -(e)s, -e) Selbstmord [lat.]
Su|jet [syʒe:] (das, -s, -s) Gegenstand, Thema (künstlerischer Gestaltung) [frz.]
Suk|ka|de (die, -, -n) kandierte Fruchtschale; z.B. einer Zitrone [frz.]
Suk|ku|bus (der, -, -ku|ben) Weibsteufel, der Liebschaften mit Schlafenden hat [lat.]
suk|ku|lent (Adj.) mit verdickten, Wasser speichernden Blättern oder mit aufgetriebenem, blattlosen Stamm; z.B. Kakteen [lat.]
Suk|ku|len|te (die, -, -n) Fettpflanze, sukkulente Pflanze [lat.]
Suk|ku|lenz (die, -, nur Ez.) das Sukkulentsein
Suk|kurs (der, -es, nur Ez.) Unterstützung (veraltet) [lat.]
suk|ze|die|ren (V.) nachfolgen [lat.]
Suk|zes|si|on (die, -, -si|o|nen) Nachfolge, Abfolge; Thronfolge [lat.]
suk|zes|siv (Adj.) allmählich, nach und nach, schrittweise aufeinander folgend [lat.]
suk|zes|si|ve (Adv.) allmählich, sukzessiv eintretend

Sul'fat (das, -(e)s, -e) Salz oder Ester der Schwefelsäure [nlat.]

Sul'fid (das, -(e)s, -e) Salz oder Ester des Schwefelwasserstoffs [nlat.]

Sul'fit (das, -s, -e) Salz oder Ester der schwefligen Säure [nlat.]

Sul'fo'na'mid auch: Sul'fon'a'mid (das, -(e)s, -e) die Gruppe $-SO_2NH_2$ enthaltende Verbindung (als Bakterien hemmendes Arzneimittel) [nlat.]

Sul'fur (das, -s, nur Ez.) Schwefel [lat.]

Sul'ky oder [sʌl-] (das, -s, -s) zweirädriger Trabrennwagen [engl.]

Sul'tan (der, -s, -e) islamischer Herrscher (bes. im früheren osmanischen Reich) [arab.]

Sul'ta'nat (das, -(e)s, -e) Herrschaft(sgebiet) eines Sultans

Sul'ta'ni'ne (die, -, -n) gelbe Rosine [arab.-frz.]

Su'mach (der, -s, -e) kleiner nordamerikanischer Baum, Ziergehölz; z.B. der Essigbaum [arab.]

Sum'ma (die, -, -men) 1 Gesamtdarstellung (eines Wissenszw.) 2 Summe (veraltet) [lat.]

sum'ma cum lau'de mit höchstem Lob (als beste Note der Doktorprüfung) [lat.]

Sum'mand (der, -en, -en) Zahl, die zu einer anderen hinzugefügt wird [lat.]

sum'ma'risch (Adj.) kurz zusammengefasst, gerafft dargestellt [lat.]

sum'ma sum'ma'rum insgesamt [lat.]

Sum'ma'ti'on (die, -, -ti'o̱'nen) das Summieren, Summenbildung

Sum'me (die, -, -n) 1 Additionsergebnis 2 Geldbetrag [lat.]

sum'mie'ren (V.) eine Summe bilden; sich ansammeln

Sum'mum Bo'num (das, - -, nur Ez.) höchstes Gut [lat.]

Su'mo (das, -, nur Ez.) jap. Ringkampf

Su'mo'to'ri (der, -, -s) Sumoringer

Sun'na (die, -, nur Ez.) gesammelte Äußerungen Mohammeds (als islamische Verhaltensvorschriften) [arab.]

Sun'nit (der, -en, -en) Anhänger der Sunna (im Unterschied zum Schiiten) [arab.-nlat.]

Su'o̱'mi (ohne Artikel) Finnland [finn.]

su'per 1 (Adj.) sehr gut **2** (Adv.) überaus (ugs.) [lat.]

Su'per (das, -s, nur Ez.) Benzin mit hoher Oktanzahl [lat.]

su'perb [sy-] (Adj.) = süperb

sü'perb (auch: su'pe̱rb) (Adj.) vorzüglich [frz.]

su'per'fi'zi'ell (Adj.) oberflächlich [lat.]

Su'per'in'ten'dent (der, -en, -en) evangelischer Geistlicher, der einen Kirchenbezirk beaufsichtigt [lat.]

Su'per'in'ten'den'tur (die, -, -en) Amtssitz eines Superintendenten

Su'pe'ri'or (der, -s, -en) Kloster-, Ordensvorsteher [lat.]

Su'pe'ri'o'ri'tät (die, -, nur Ez.) Überlegenheit [lat.]

Su'per'la'tiv (der, -s, -e) 1 höchster Steigerungsgrad (des Adjektivs), Meiststufe; z.B. »am höchsten« 2 etwas Unüberbietbares

su'per'la'ti'visch (Adj.) 1 zum Superlativ gehörig 2 übertrieben [lat.]

Su'per'la'ti'vis'mus (der, -, -men) dauernde Suche nach Anwendung von Superlativen; Übertreibung [lat.]

Su'per'lear'ning [-lɜː-] (das, -, nur Ez.) Lernmethode, bei der auch die musisch-kreative Gehirnkomponente (durch Alpha-Entspannung) aktiviert werden soll [engl.]

Su'per'no'va (die, -, -vae [veːː]) Stern mit besonderer Helligkeitszunahme [lat.]

Su'per'strat (das, -(e)s, -e) überlagernde Sprachschicht, Eroberersprache (in Wechselwirkung zu einem Substrat) [lat.]

Su'per'vi'si'on (die, -, -si'o̱'nen) Überwachung (veraltet) [lat.]

Su'per'vi'sor [suːpəvaɪzə] (der, -s, -(s)) 1 Aufsichtsperson 2 Überwachungsgerät [lat.-engl.]

Su'pi'num (das, -s, -na) lateinisches Verbalsubstantiv

Supp'le'ment auch: Sup'ple'ment (das, -(e)s, -e) 1 Ergänzung, Nachtrag 2 Winkel, der einen anderen zu 180 Grad ergänzt [lat.]

supp'le'men'tär auch: sup'ple'men'tär (Adj.) ergänzend [lat.]

Supp'li'kant auch: Sup'pli'kant (der, -en, -en) Bittsteller [lat.]

supp'li'zie'ren auch: sup'pli'zie̱'ren (V.) ein Bittgesuch einreichen

sup'po'nie'ren (V.) voraussetzen [lat.]

Sup'port (der, -s, -e) verschiebbare, das Werkstück tragende Vorrichtung (an Drehmaschinen) [frz.]

Sup'po'si'ti'on (die, -, -ti'o̱'nen) Voraussetzung

Sup'po'si'to'ri'um (das, -s, -ri'en) Zäpfchen

Supp'res'si'on auch: Sup'pres'si'on (die, -, -si'o̱'nen) 1 Unterdrückung, 2 Zurückdrängung [lat.]

supp'res'siv auch: sup'pres'si̱v (Adj.) unterdrückend, zurückdrängend [lat.]

supp'ri'mie'ren auch: sup'pri'mie̱'ren (V.) unterdrücken, zurückdrängen [lat.]

Sup'ra'lei'ter auch: Su'pra'lei'ter (der, -s, -) Material, das unterhalb einer bestimmten Temperatur Strom ohne Widerstand leitet

Sup're'mat auch: Su'pre'mat (der oder das, -(e)s, -e) Oberherrschaft, Oberhoheit [lat.]

Sup│re│ma│tie *auch:* Su│pre│ma│tie (die, -, -n) = Supremat

Su│re (die, -, -n) Korankapitel [arab.]

sur│fen [sɜː-] (V.) auf einem stromlinienförmigen Brett stehen und sich über ein großes, verstellbares Segel vom Wind übers Wasser treiben lassen [engl.]

Sur│fing [sɜː-] (das, -s, nur Ez.) das Surfen; Windsurfen [engl.]

Sur│plus [sɜːpləs] (das, -, -) Überschuss [engl.]

Sur│re│a│lis│mus (der, -, nur Ez.) realistische Darstellung von Traumvisionen, logisch Unvereinbarem (in der Malerei, Literatur, im Theater) [frz.-nlat.]

Sur│re│a│list (der, -lis│ten, -lis│ten) Surrealismus-Künstler

sur│re│a│lis│tisch (Adj.) zum Surrealismus gehörig

Sur│ro│gat (das, -(e)s, -e) Ersatz; Ersatzmittel, -stoff [lat.]

Sur│ro│ga│ti│on (die, -, -ti│o│nen) Ersatz eines nicht mehr vorhandenen Gegenstands, Vermögenswertes (Juristensprache) [lat.]

sus│pekt *auch:* su│spekt (Adj.) verdächtig

sus│pen│die│ren (V.) **1** des Amtes, Dienstes entheben **2** (für eine gewisse Zeit) ungültig erklären **3** als Suspension (**2**) aufschwemmen

Sus│pen│si│on (die, -, -si│o│nen) **1** das Suspendieren (**1**, **2**) **2** Flüssigkeit mit darin fein verteilten, schwebenden Festteilchen

sus│pen│siv (Adj.) suspendierend, (zeitweilig) aufhebend

Sus│pen│so│ri│um (das, -s, -ri│en) Trageverband (für den Busen, den Hodensack) [lat.]

Su│ta│ne (die, -, -n) = Soutane

Sut│ra *auch:* Su│tra (das, -s, -s) kurzer Lehrsatz (in der indischen Literatur); eine zum Lehrreden Buddhas [sanskr.]

su│um cu│i│que jedem das Seine [lat.]

Swa│mi (der, -s, -s) Lehrer, Meister (als Anrede für indische religiöse Führer) [sanskr.]

Swas│ti│ka (die, -, -ken) altindisches Sonnensymbol, Hakenkreuz [sanskr.]

Swea│ter [swe-] (der, -s, -) = Pullover [engl.]

Sweat│shirt [swetʃɜːt] (das, -s, -s) weiter (Baumwoll-)Pullover [engl.]

Sweep│stake [swiːpsteɪk] (das, -(s), -s) Verlosung, bei der die Gewinnlose bereits festgesetzt wurden [engl.]

Swim│ming│pool [-puːl] (der, -s, -s) Schwimmbecken [engl.]

Swing (der, -s, -s) **1** schwingender, gelassener Jazzrhythmus; Big-Band-Jazz **2** Kreditgewährungsspielraum [engl.]

swin│gen (V.) Swing (**1**) spielen, tanzen

Switch│board [swɪtʃbɔːd] (das, -s, -s) Schalttafel [engl.]

Sy│ba│rit (der, -en, -en) Schlemmer [gr.]

sy│ba│ri│tisch (Adj.) schwelgerisch [gr.]

Sy│ko│mo│re (die, -, -n) Maulbeerfeige [gr.]

Sy│ko│phant (der, -en, -en) Verleumder [gr.]

syl│la│bisch (Adj.) silbenweise [gr.]

Syl│la│bus (der, -, - oder -bi) Verzeichnis [gr.-lat.]

Syl│lo│gis│mus (der, -, -men) logische Schlussfolgerung aus zwei Aussagen [gr.-lat.]

syl│lo│gis│tisch (Adj.) zu einem Syllogismus gehörig

Syl│phe (die, -, -n) elfenähnlicher Luftgeist

Sym│bi│ont (der, -en, -en) Lebewesen in Symbiose mit einem anderen

Sym│bi│o│se (die, -, -n) Zusammenleben von Lebewesen zu beiderseitigem Nutzen; z.B Ameise/Blattlaus = Beschützer/Sekretlieferant [gr.]

sym│bi│o│tisch (Adj.) zur Symbiose gehörig, in Symbiose (lebend)

Sym│bol (das, -s, -e) **1** Sinnbild **2** Formelzeichen [gr.]

Sym│bo│lik (die, -, nur Ez.) Sinnbildlichkeit

sym│bo│lisch (Adj.) zu einem Symbol gehörig, sinnbildlich

sym│bo│li│sie│ren (V.) durch ein Symbol darstellen, versinnbildlichen

Sym│bo│lis│mus (der, -, nur Ez.) Ausdrucksform, die Sinnbilder (und Wortklänge) verwendet (als Kunstströmung um 1890)

Sym│bo│list (der, -lis│ten, -lis│ten) Symbolismuskünstler

sym│bo│lis│tisch (Adj.) zum Symbolismus gehörig

Sym│met│rie *auch:* Sym│me│trie (die, -, -n) Aufbau aus zwei spiegelbildlich gleichen Hälften, Ebenmaß [gr.]

sym│met│risch *auch:* sym│me│trisch (Adj.) Symmetrie zeigend, spiegelbildlich

sym│pa│the│tisch (Adj.) geheimkräftig [gr.]

Sym│pa│thie (die, -, -n) Zuneigung, Seelenverwandtschaft [gr.]

Sym│pa│thi│kus (der, -, nur Ez.) auf die Organleistung einwirkender Teil des vegetativen Nervensystems [gr.-lat.]

Sym│pa│thi│sant (der, -en, -en) **1** jmd., der einer Sache mit Wohlwollen gegenübersteht **2** jmd., der extremistische politische Gruppen unterstützt [frz.]

sym│pa│thisch (Adj.) **1** Sympathie erweckend **2** zum Sympathikus gehörig

sym│pa│thi│sie│ren (V.) als Sympathisant unterstützen, sich zuneigen

Sym│pho│nie (die, -, -n) = Sinfonie

Sym│pho│nik (die, -, nur Ez.) = Sin│fo│nik

Sym│pho│ni│ker (der, -s, -) = Sin│fo│ni│ker

sym│pho│nisch (Adj.) = sin│fo│nisch [gr.-lat.-it.]

Symphyse

Sym|phy|se (die, -, -n) Schambeinfuge [gr.]
Sym|po|si|on (das, -s, -si¦en) = Symposium
Sym|po|si|um (*auch:* Sym|po|si¦on) (das, -s, -si¦en) wissenschaftliche Tagung [gr.-lat.]
Sym|ptom (das, -s -e) Anzeichen; z.B. für eine Krankheit [gr.]
sym|pto|ma|tisch (Adj.) bezeichnend, typisch [gr.]
Sym|pto|ma|to|lo|gie (die, -, nur Ez.) Wissenschaft von den Krankheitsanzeichen, den Symptomen = Semiotik (**2**)
Sy|na|go|ge *auch:* Sy|na|go¦ge (die, -, -n) jüdisches Gotteshaus
Sy|nap|se *auch:* Syn|ap|se (die, -, -n) Verbindungsstelle, die der Reizübermittlung im Nervensystem dient
Syn|äs|the|sie *auch:* Syn|äs|the¦sie (die, -, -n) **1** Mitreizung eines anderes Sinnesorgans; z.B. Hörempfindung bei bestimmten Farben **2** sprachliches Bild, das scheinbar unvereinbare Sinneseindrücke benutzt; z.B. ein knallendes Gelb [gr.]
sy|näs|the|tisch *auch:* syn|äs|the¦tisch (Adj.) zur Synästhesie gehörig [gr.]
syn|chron [-kro:n] (Adj.) gleichlaufend; gleichzeitig, zeitlich übereinstimmend
Syn|chro|nie [-kro-] (die, -, nur Ez.) Sprachzustand zu einer bestimmten Zeit [gr.]
Syn|chro|ni|sa|ti|on [-kro-] (die, -, -ti¦o¦nen) das Synchronisieren
syn|chro|ni|sie|ren [-kro-] (V.) **1** auf Gleichzeitigkeit abstimmen **2** Wörter und Mundbewegungen in Übereinklang bringen (bei fremdsprachigen Filmen, denen ein deutscher Text gegeben wird) **3** Umlaufgeschwindigkeiten einander angleichen [gr.]
Syn|chrot|ron *auch:* Syn|chro|tron [-kro-] (das, -s, -e) ein Teilchenbeschleuniger [gr., Kunstwort]
Syn|dak|ty|lie (die, -, -n) Verwachsung von Fingern oder Zehen [gr.]
syn|de|tisch (Adj.) durch eine Konjuktion, ein Bindewort verbunden [gr.]
Syn|di|ka|lis|mus (der, -, nur Ez.) eine sozialistische Arbeiterbewegung (in romanischen Ländern zu Anfang des 20. Jhs.) [gr.-nlat.]
Syn|di|ka|list (der, -lis¦ten, -lis¦ten) Anhänger des Syndikalismus
Syn|di|kat (das, -(e)s, -e) **1** Kartell mit gemeinsamer Verkaufsorganisation; gewerkschaftsähnliche Vereinigung **2** Verbrecherorganisation [frz.]
Syn|di|kus (der, -, -se oder -di¦zi) jmd., der die Rechtsangelegenheiten (eines Großunternehmens) besorgt [gr.-lat.]
syn|di|zie|ren (V.) zu einem Syndikat zusammenfassen

syntaktisch

Synd|rom *auch:* Syn|drom (das, -s, -e) **1** Krankheitsbild, das sich erst aus der Summe verschiedener Symptome ergibt **2** Negativkomplex
Sy|nek|do|che *auch:* Syn|ek|do¦che (die, -, -do¦chen) Umschreibung eines Begriffs durch einen seiner Teile; z.B. »Bonn beschließt …« für »die Regierung beschließt« [gr.]
sy|ner|ge|tisch *auch:* syn|er|ge¦tisch (Adj.) zusammenwirkend
Sy|ner|gie *auch:* Syn|er|gie (die, -, -n) das Zusammenwirken
Sy|ner|gie-Ef|fekt *auch:* Syn|er|gie-Ef|fekt (der, -(e)s, -e) vorteilhafte Wirkung des Zusammenschlusses oder Zusammenarbeit zweier Firmen
Synk|li|na|le *auch:* Syn|kli|na¦le (die, -, -n) Mulde (in der Geologie) [gr.]
Synk|li|ne *auch:* Syn|kli¦ne (die, -, -n) = Synklinale
Syn|ko|pe (die, -, -n) **1** Vokalausfall im Wortinnern; z.B. »heiliger« **2** Betonung eines üblicherweise unbetonten Taktteils [gr.]
syn|ko|pie|ren (V.) **1** durch Synkope (**1**) tilgen **2** durch Synkope (**2**) verschieben
Synk|re|tis|mus *auch:* Syn|kre|tis¦mus (der, -, nur Ez.) Vermischung mehrerer Religionsformen, Lehren u.a. [gr.-nlat.]
Synk|re|tist *auch:* Syn|kre|tist (der, -tis¦ten, -tis¦ten) jmd., der den Synkretismus befürwortet
synk|re|tis|tisch *auch:* syn|kre|tis|tisch (Adj.) zum Synkretismus gehörig
sy|no|dal *auch:* syn|o|dal (Adj.) zu einer Synode gehörig
Sy|no|da|le *auch:* Syn|o|da|le (der, -n, -n) Synodenmitglied
Sy|no|de *auch:* Syn|o¦de (die, -, -n) evangelische Kirchenversammlung; Konzil [gr.]
sy|no|nym *auch:* syn|o|nym (Adj.) bedeutungsgleich [gr.]
Sy|no|nym *auch:* Syn|o|nym (das, -s, -e oder -ma) Wort, das bedeutungsgleich mit einem anderen Wort ist; z.B. »Mostrich« und »Senf« [gr.]
Sy|no|ny|mik *auch:* Syn|o|ny|mik (die, -, nur Ez.) das Synonymsein; Lehre von den Synonymen
Sy|nop|se *auch:* Syn|op|se (*auch:* Sy|nop|sis) (die, -, -n) vergleichende Nebeneinanderstellung, Zusammenschau [gr.]
Sy|nop|sis *auch:* Syn|op|sis (die, -, -sen) = Synopse
sy|nop|tisch *auch:* syn|op|tisch (Adj.) in Form einer Synopse
Syn|tag|ma (das, -s, -men oder -ta) Wortgruppe [gr.]
syn|tak|tisch (Adj.) zur Syntax gehörig

Syn'tax (die, -, nur Ez.) Satzlehre [gr.]
Syn'the'se (die, -, -n) **1** Verbindung von Gedankenteilen, Verknüpfung von These und Antithese **2** künstliche Herstellung von chemischen Stoffen aus vorhandenen Verbindungen [gr.]
Syn'the'si'zer [sɪnθəsaɪzə] (der, -s, -) elektronisches Musikinstrument mit zahlreichen Möglichkeiten zur Frequenzmodulation [engl.]
Syn'the'tics (nur Mz.) Kunstfasern, Textilien daraus [engl.]
Syn'the'tik (die, -, nur Ez.) synthetische Betrachtungsweise
syn'the'tisch (Adj.) **1** zur Synthese (**1**) gehörig, zusammenfügend **2** zur Synthese (**2**) gehörig, künstlich
syn'the'ti'sie'ren (V.) künstlich herstellen
Sy'phi'lis (die, -, nur Ez.) eine durch Geschlechtsverkehr übertragene, gefährliche Infektionskrankheit [lat.]
Sy'phi'li'ti'ker (der, -s, -) Syphiliskranker
sy'phi'li'tisch (Adj.) zur Syphilis gehörig, an ihr leidend
Sy'rer (der, -s, -) Ew. Syriens
Sy'rinx (die, -, -rin'gen) unterer Kehlkopf, Stimmorgan der Vögel [gr.]
sy'risch (Adj.) zu Syrien gehörig
Sys'tem (das, -s, -e) **1** planvoll gegliedertes Gefüge, Wissenschaftsaufbau, Lehrgebäude **2** Regierungsform; z.B. das demokratische System [gr.]
Sys'te'ma'tik (die, -, -en) **1** planmäßige Darstellung, gegliederte Ordnung **2** Einteilung der Lebewesen in Gruppen, die Verwandtschaft aufzeigen sollen (in der Biologie) [gr.]
Sys'te'ma'ti'ker (der, -s, -) **1** jmd., der nach einem System vorgeht **2** Spezialist auf dem Gebiet der Systematik (**2**)
sys'te'ma'tisch (Adj.) zu einem System (**1**) gehörig, planmäßig
sys'te'ma'ti'sie'ren (V.) in ein System (**1**) bringen
Sys'to'le (die, -, -n) die rhythmische Zusammenziehung des Herzens [gr.]
Sze'nar (das, -s, -e) = Szenarium
Sze'na'rio (auch: Sce'na'rio) (das, -s, -ri'en) **1** = Szenarium **2** Planspiel; modellhafter Aufbau [it.]
Sze'na'ri'um (auch: Sze'na'rio/Sce'na'rio) (das, -s, -ri'en) **1** Szenenfolge im Drama **2** Bühne, Schauplatz **3** Drehbuchentwurf [gr.-lat.]
Sze'ne (die, -, -n) **1** Schauplatz, Handlungsort, Teil eines Bühnenaktes **2** heftige Vorwürfe [gr.-lat.]
Sze'ne'rie (die, -, -n) Bühnenbild; Landschaftshintergrund [gr.-frz.]

T

Tab oder [tæb] (der, -s, -e) oben herausragender Kennzeichnungsteil (einer Karteikarte)
Ta'bak oder [-bak] (der, -s, -e) ein Nachtschattengewächs; dessen getrocknete Blätter (zum Rauchen) [viell. indian.]
Ta'ba'ko'se (die, -, -n) Tabakstaublunge [span.-nlat.]
Ta'bas'co (der, -s, nur Ez.) äußerst scharfe Tropfwürze aus roten Chilies (Warenzeichen) [mexikan.]
Ta'ba'ti'e're [-tjɛːrə] (die, -, -n) Schnupftabakdose; Tabaksdose [frz.]
ta'bel'la'risch (Adj.) in Tabellenform
ta'bel'la'ri'sie'ren (V.) etwas übersichtlich anordnen; z.B. in Form einer Tabelle [nlat.]
Ta'bel'la'ri'um (das, -s, -ria) Übersicht in Form einer Tabelle [nlat.]
Ta'bel'le (die, -, -n) Übersicht, Verzeichnis in Spalten [lat.]
Ta'ber'na'kel (das oder der, -s, -) Hostienschrein [lat.]
Ta'bes (die, -, nur Ez.) Schwindsucht (des Rückenmarks) [lat.]
Ta'bes'zenz (die, -, -en) Auszehrung des Körpers [nlat.]
Ta'be'ti'ker (auch: Ta'bi'ker) (der, -s, -) jmd., der an Rückenmarksschwindsucht leidet [nlat.]
ta'be'tisch (Adj.) die Rückenmarksschwindsucht betreffend
Ta'bi'ker (der, -s, -) = Tabetiker
ta'bisch (Adj.) zur Tabes gehörig, daran leidend
Ta'blar auch: Ta'blar (das, -s, -e) Regalbrett (schweiz.) [frz.]
Ta'bleau auch: Ta'bleau [-bloː] (das, -s, -s) **1** wirkungsvoll angeordnetes Bühnenbild **2** übersichtliche Darstellung, Tabelle **3** in der Reproduktionstechnik eine Zusammenstellung von Vorlagen für eine Gesamtaufnahme im gleichen Maßstab [frz.]
Tab'leau é'co'no'mique auch: Ta'bleau é'co'no'mique [-ekonomik] (das, - -, -x -s [-blosekonomik]) volkswirtschaftlicher Kreislauf nach Quesnay, bildlich dargestellt [frz.]
Tab'le'top auch: Ta'ble'top [teɪbltɒp] (das, -s, -s) Anordnung von Gegenständen für Stilllebenfotografie und Trickfilme [engl.]
Tab'lett auch: Ta'blett (das, -(e)s, -s oder -e) Speisentragebrett [frz.]
Tab'let'te auch: Ta'blet'te (die, -, -n) hart gepresstes Arzneimittel in runder Form [frz.]

tablettieren   **Taifun**

tab|let|tie|ren *auch:* ta|blet|tie|ren (V.) etwas in Tablettenform bringen [frz.-lat.]
tab|lie|ren *auch:* ta|blie|ren (V.) siedenden Zucker für Bonbons und Konserven umrühren [frz.-lat.]
Ta|bo|pa|ra|ly|se (die, -, nur Ez.) fortschreitende Lähmung durch Rückenmarksschwindsucht [nlat.]
Ta|bor (der, -s, -s) Volksversammlung [tschech.]
Ta|bo|rit (der, -en, -en) Mitglied einer radikalen Gruppe der Hussiten (nach der tschech. Stadt Tabor) [nlat.]
Ta|bor|licht (das, -(e)s, nur Ez.) der Gott eigene, ungeschaffene Lichtschein (Mystik der orthodoxen Kirche)
Täb|ris *auch:* Täbris (der, -, -) ein nordwestiran. Teppich
ta|bu (Adj.) einem Tabu unterworfen
Ta|bu (das, -s, -s) Vorschrift, etwas zu meiden (bei Naturvölkern); etwas, über das man nicht spricht [polynes.]
ta|bu|ie|ren (V.) = tabuisieren
ta|bu|i|sie|ren (*auch:* ta|bu|i|e|ren) (V.) zum Tabu machen
ta|bu|is|tisch (Adj.) in der Art eines Tabus
Ta|bu|la gra|tu|la|to|ria (die, - -, -lae -ri|ae) Liste der Gratulanten [lat.]
Ta|bu|la ra|sa 1 »reiner Tisch«, ermöglichter Neubeginn **2** unbeeinflusste Seele (in der Philosophie) [lat.]
Ta|bu|la|tor (der, -s, -to|ren) Vorrichtung an Schreibmaschinen zum Tabellenschreiben
Ta|bu|la|tur (die, -, -en) **1** eine alte Notenschrift; Griffschrift **2** Tafel mit den Regeln des Meistersangs [lat.]
Ta|bu|rett (das, -(e)s, -e) niedriger Hocker (schweiz.) [frz.]
ta|cet [-tsɛt] schweigt (als Anweisung für das Pausieren eines Musikinstruments) [lat.]
Ta|che|les (ohne Artikel) mit jmdm. Tacheles reden; jmdn. zurechtweisen; jmdm. die Meinung sagen [jidd.]
Ta|chi|na (die, -, -nen) Gattung der Raupenfliegen [gr.-lat.]
ta|chi|nie|ren (V.) faulenzen, unbeschäftigt herumstehen
Ta|chis|mus [-ʃɪs-] (der, -, nur Ez.) spontanes Aufbringen von Farbflecken (als Richtung gegenstandsloser Malerei) [frz.]
Ta|chist [-ʃɪst] (der, -chis|ten, -chis|ten) Tachismusvertreter
Ta|chis|tos|kop *auch:* Ta|chis|to|skop (das, -s, -e) Gerät zur Vorführung optischer Reize im Rahmen v. psychologischen Tests [gr.-lat.]
Ta|cho (der, -s, -s) = Tachometer [Kurzwort]
Ta|cho|graph (*auch:* Ta|cho|graf) (der, -en, -en) Fahrtenschreiber [gr.-lat.]

Ta|cho|me|ter (der oder das, -s, -) Geschwindigkeitsmesser [gr.]
Ta|chy|gra|phie (*auch:* Ta|chy|gra|fie) (die, -, -n) Kurzschriftsystem aus dem Altertum [gr.-lat.]
Ta|chy|kar|die (die, -, -n) Herzjagen, Pulsbeschleunigung [gr.]
Ta|chy|me|ter (das, -s, -) Messgerät für Entfernungen, Höhenunterschiede und Richtungen (in der Vermessungstechnik) [gr.]
Ta|chy|on (das, -s, -en) Elementarteilchen, angeblich mit Überlichtgeschwindigkeit
Ta|chy|pha|gie (die, -, nur Ez.) krankhaftes, hastiges Essen [gr.-lat.]
Ta|chy|phy|la|xie (die, -, nur Ez.) nachlassende Wirkung von Medikamenten trotz gesteigerter Dosis [gr.-lat.]
Ta|chyp|noe *auch:* Ta|chy|pnoe (die, -, nur Ez.) Kurzatmigkeit [gr.-lat.]
ta|chy|seis|misch (Adj.) schnell bebend (in Bezug auf Erdbeben)
Ta|cker (der, -s, -) Handgerät zum Anbringen von Heftklammern [engl.]
ta|ckern (V.) mit dem Tacker befestigen
Tack|ling [tæk-] (das, -s, -s) harter Körperangriff (im Eishockey, Fußball) [engl.]
Täcks (der, -es, -e) Nagel; in der Schuhherstellung gebräuchlich [engl.]
Tac|tus (der, -, nur Ez.) Tastsinn [lat.]
Taek|won|do *auch:* Tae|kwon|do [tɛ-] (das, -, nur Ez.) koreanische Kampfsportart
Tael [tɛːl] (das, -s, -s) alte chinesische Gewichts- und Münzeinheit
Taft (der, -(e)s, -e) steifer, glänzender Seidenstoff [pers.-it.]
Tag [tæg] (der, -, -s) **1** Kleidungsetikett **2** improvisierter Schluss beim Jazz [engl.]
Ta|ga|log (das, -, nur Ez.) die Staatssprache der Philippinen [malai.]
Ta|ge|tes (die, -, nur Ez.) ein Korbblütler, Studentenblume [lat.]
Tag|li|a|ta *auch:* Ta|gli|a|ta [taljaːta] (die, -, -s) spezieller Fechthieb [lat.]
Tag|li|a|tel|le *auch:* Ta|gli|a|tel|le [talja-] (nur Mz.) italienische Bandnudeln
Tag|mem (das, -s, -e) Einheit der Tagmemik [gr.]
Tag|me|mik (die, -, nur Ez.) linguistische Theorie im Bereich der Syntax
Ta|gu|an (der, -s, -e) indisches Flughörnchen
Ta|hin (das, -, nur Ez.) Paste aus fein vermahlenem Sesam [arab.]
Tahr (der, -s, -s) indische Halbziege
Tai Chi [-çiː] (das, -, nur Ez.) chinesisches Schattenboxen
Tai|fun (der, -s, -e) Wirbelsturm (in Ostasien) [chines.]

Tai|ga (die, -, nur Ez.) Nadelwald-Sumpfgürtel (in Sibirien) [türk.-russ.]

Tai-ki (das, -, nur Ez.) Uranfang in der chin. Philosophie [chin.]

Tail|gate (der, -s, nur Ez.) Posaunenstil im Jazz [engl.]

Tail|le [tajə] (die, -, -n) 1 Gürtellinie 2 tiefere Tenorlage bei Instrumenten 3 abschließendes Aufdecken der Spielkarten [lat.-frz.]

Tail|leur [tajœːr] (das, -s, -s) tailliertes Kostüm (schweiz.) [frz.]

tail|lie|ren [tajiː-] (V.) auf Taille arbeiten, in der Taille enger schneidern

Ta|ka|ma|hak (der, -s, nur Ez.) Harz eines Tropenbaums [indian.-span.]

Take [teɪk] (der oder das, -, -s) Einstellung (der Filmkamera) [engl.]

Ta|ke|la|ge [-ʒə] (die, -, -n) Segelausstattung eines Schiffes

Take-off [teɪk-] (der, -s, -s) Abheben eines Flugkörpers [engl.]

Takt (der, -(e)s, -e) 1 (nur Ez.) Feingefühl 2 regelmäßige Gliederung (eines Gedichts, Tonstücks); Bewegungsabschnitt, regelmäßiger Schlag; z.B. Arbeitstakt, Maschinentakt [lat.]

tak|tie|ren (V.) 1 den Takt schlagen 2 planvoll vorgehen

Tak|tik (die, -, -en) Kunst der Kriegs-, Truppenführung, geschicktes, planmäßiges Vorgehen [gr.]

Tak|ti|ker (der, -s, -) jmd., der nach einer Taktik vorgeht

tak|til (Adj.) zum Tastsinn gehörig [lat.]

tak|tisch (Adj.) zu einer Taktik gehörig, planvoll

Tal|lal|gie auch: Tal|al|gie (die, -, -n) Fersenschmerz [gr.-lat.]

Tal|lar (der, -s, -e) schwarzes, langes Gewand mit weiten Ärmeln (als Kleidungsstück von Geistlichen, Richtern, als Tracht von Hochschullehrern bei feierlichen Anlässen) [it.]

Tal|la|yots (nur Mz.) steinerne Bauten auf den Balearen aus der Bronze- und frühen Eisenzeit [arab.-span.]

Tal|bo|ty|pie [tɔlbɔt-] (die, -, nur Ez.) erstes fotografisches Negativ-Positiv-Verfahren für Lichtbilder nach Talbot [engl.-gr.]

Tal|lent (das, -(e)s, -e) 1 altgriechische Geld-, Gewichtseinheit 2 Begabung

ta|len|tiert (Adj.) begabt [gr.-lat.]

tal|le qual|le Bezeichnung für die Qualität einer Ware; so, wie es ist [lat.]

Tal|li|on (die, -, -li|o|nen) Vergeltung von Gleichem mit Gleichem [lat.]

Tal|li|pes (der, -, nur Ez.) Klumpfuß [nlat.]

Tal|lis|man (der, -s, -e) Glücksbringer (der im Unterschied zum Amulett nicht am Körper getragen wird) [gr.-arab.-span.]

Tal|je (die, -, -n) Flaschenzug [lat.-niederl.]

Talk [tɔːk] (der, -s, -s) 1 lockeres Gespräch [engl.] 2 (nur Ez.) [talk] Mineral [arab.-span.-frz.]

Talk|er|de (die, -, nur Ez.) Magnesia

Talk|mas|ter [tɔːk-] (der, -s, -) Interviewer in einer Talkshow [engl.]

Talk|show (auch: Talk-Show) [tɔːkʃəʊ] (die, -, -s) unterhaltsames Fernsehinterview [engl.]

Tal|kum (das, -s, nur Ez.) zermahlener Speckstein, Talk [arab.-lat.]

Tal|lith (der, -, -s) jüdischer Gebetsmantel

Tal|ly|mann (der, -s, -leute) Kontrolleur beim Be- und Entladen von Schiffen [engl.-dt.]

Tal|mi (das, -s, nur Ez.) 1 Kupfer-Zink-Legierung 2 falscher Schmuck; Tand

Tal|mud (der, -(e)s, -e) jüdische Überlieferungssammlung (religiösen Inhalts); das Buch selbst [hebr.]

tal|mu|disch (Adj.) zum Talmud gehörig

Tal|mu|dis|mus (der, -, nur Ez.) auf dem Talmud aufbauende Lehre

Tal|mu|dist (der, -dis|ten, -dis|ten) Kenner des Talmuds

Ta|lon [-lɔ̃] (der, -s, -s) 1 nicht ausgeteilter Spielkartenstoß 2 Erneuerungsschein (bei Wertpapieren) [frz.]

Ta|ma|rak (das, -s, -s) Holz einer nordamerikanischen Lärche

Ta|ma|ri (die, -, -s) Sojasoße aus Sojabohnen und Meersalz, würziger und dickflüssiger als Shoyu [japan.]

Ta|ma|rin|de (die, -, -n) ein tropischer Hülsenfrüchtler, dessen Frucht [arab.-lat.]

Ta|ma|ris|ke (die, -, -n) Wärme liebendes Bäumchen mit immergrünen Schuppenzweigen [it.]

Tam|bour [-buːɐ] (der, -s, -e) 1 Trommler; Ausbilder der Spielleute 2 zylindrischer Kuppelunterbau [pers.-frz.]

Tam|bour|ma|jor (der, -s, -e) Leiter eines Spielmannszuges

Tam|bu|rin (auch: Tam|bu|rin (2)) (der, -s, -e) Sticktrommel [pers.-frz.]

Tam|bu|rin oder [-riːn] (das, -s, -e) 1 flache Handtrommel mit Schellen 2 = Tambur [frz.]

Tam|bu|riz|za (die, -, -zen) serbokroatische Mandoline

Ta|mil (das, -(s), nur Ez.) Sprache der Tamilen

Ta|mi|le (der, -n, -n) dunkelhäutiger, drawidischer Ew. Südindiens und Sri Lankas

Tam|pi|ko|fa|ser (die, -, -n) Agavenfaser

Tam|pon oder [-pɔ̃] (das oder der, -s, -s) 1 feste Watterolle zum Aufsaugen von (Menstruations-)Blut 2 Ballen zum Einfärben einer Druckform [frz.]

Tam'po'na'de (die, -, -n) **1** das Ausstopfen mit Tampons; z.B. nach einer Nasenoperation **2** Abdichtung eines Bohrlochs
tam'po'nie'ren (V.) eine Tamponade machen
Tam'tam (das, -s, -s) **1** indonesischer Gong **2** (nur Ez.) aufwendiges, lärmvolles Getue; Trommelei [Hindi]
Ta'nag'ra'fi'gur auch: **Ta'na'gra'fi'gur** (die, -, -en) bemalte Tonfigur, meist weiblich [altgr.]
Tan'bur (der, -s, -e) arabisches Lauteninstrument
Tan'dem (das, -s, -s) **1** Fahrrad mit zwei Sitzen und vier Pedalen **2** zwei hintereinander geschaltete Antriebe für eine Welle [lat.-engl.]
Tan'ga (der, -s, -s) Bikini mit äußerst knapp geschnittenem Gesäßteil [Tupi-portugies.]
Tan'ga're (die, -, -n; meist Mz.) mittel- und südamerikanischer Singvogel
Tan'gens (der, -, -) eine Winkelfunktion, Verhältnis von Gegenkathete zu Ankathete
Tan'gen'te (die, -, -n) **1** Gerade, die eine Kurve (einen Kreis) in einem Punkt berührt **2** Ortsumgehungsstraße [lat.]
tan'gen'ti'al (Adj.) als Tangente berührend
tan'gie'ren (V.) **1** berühren; das tangiert mich nicht: das macht mich nicht betroffen **2** ein Rastermuster auf eine Flachdruckplatte anbringen [lat.]
Tan'go (der, -s, -s) ein (argentinischer) Gesellschaftstanz [span.]
Tan'go're'zep'to'ren (die, nur Mz.) Sinnesorgane, die auf mechanische Reize reagieren [nlat.]
Tan'ka (das, -, -) **1** japan. Kurzgedichtform **2** alte mongol. Gewichtseinheit
Tan'nat (das, -(e)s, -e) Salz der Gerbsäure
Tan'nin (das, -s, nur Ez.) Gerbsäure [frz.]
Tan'rek (der, -s, -s) Igelart auf Madagaskar
Tan'sa'ni'er (der, -s, -) Einwohner des ostafrikanischen Staates Tansania
Tan'tal (das, -s, nur Ez.) ein Element, Hartmetall [gr.-nlat.]
Tan'ta'lus'qua'len (nur Mz.) Leiden durch die Unerreichbarkeit eines nahe geglaubten Ziels (aus der gr. Mythologie)
Tan'ti'e'me [-tje:mə] auch [tãtjɛm] (die, -, -n) Gewinnanteil [frz.]
tan'to (Adv.) viel, sehr [lat.]
Tan'tra auch: **Tan'tra** (das, -s, nur Ez.) Lehrsystem aus der ind. Philosophie [sanskr.]
Tant'ris'mus auch: **Tan'tris'mus** (der, -, nur Ez.) religiöse indische Lehre, die u.a. den Einklang mit dem Kosmos erstrebt [sanskr.-nlat.]
Tan'ya [tanja] (die, -, -s) Einzelgehöft in Ungarn

Tao (das, -, nur Ez.) tiefster Grund des Seins (in der chinesischen Philosophie)
Ta'o'is'mus (der, -, nur Ez.) Lehre vom Tao [chines.-nlat.]
Ta'o'ist (der, -is'ten, -is'ten) Anhänger des Taoismus
Ta'pa (die, -, -s) Stoff aus Bastfasern [polynesisch]
Tape [teıp] (das oder der, -, -s) Tonband (-streifen) [engl.]
Tape'deck (das, -s, -s) Gerät zum Abspielen von Tonkassetten ohne eigenen Verstärker [engl.]
Ta'pet (das, -s, nur Ez.) Konferenztischdecke; etwas aufs Tapet bringen: etwas zur Sprache bringen [lat.]
Ta'pe'te (die, -, -n) Wandbekleidung [lat.]
ta'pe'zie'ren (V.) mit Tapete auskleiden, bekleben
Ta'pe'zie'rer (der, -s, -) jmd., der beruflich tapeziert
Ta'pi'o'ka (die, -, nur Ez.) Stärkemehl aus der Maniokknolle [Tupi]
Ta'pir (der, -s, -e) schweineähnlicher Unpaarhufer mit Rüsselschnauze; z.B. der Schabrackentapir der Urwälder Indonesiens [Tupi]
Ta'pis'se'rie (die, -, -n) **1** Wandteppich (aus Wolle) **2** Handarbeitsladen (veraltet) [frz.]
Ta'po'te'ment [-mã] (das, -s, -s) Massage durch Klopfen und Klatschen mit den Händen [frz.]
Ta'ra (die, -, -ren) **1** Verpackungsgewicht **2** Verpackung [it.]
Ta'ran'tas (der, -, -) ungefederte russische Kutsche
Ta'ran'tel (die, -, -n) südeuropäische Wolfsspinne [it.]
Ta'ran'tel'la (die, -, -s auch -len) schneller süditalienischer Tanz
Tar'busch (der, -s, -s) = Fes [pers.-arab.]
tar'dan'do (Adj.) sich verlangsamend (in der Musik) [it.]
Tar'de'noi'si'en [-nwazjɛ̃] (das, -s, nur Ez.) Kulturstufe der Mittelsteinzeit [fr.-lat.]
tar'div (Adj.) sich zögernd entwickelnd (in Bezug auf Krankheiten) [nlat.]
tar'do (Adj.) langsam (in der Musik)
Tar'get (das, -s, -s) Auffangsubstanz für energiereiche Elementarteilchen [engl.]
Tar'hon'ya (die, -, nur Ez.) ungarische Beilage aus Mehl und Eiern
ta'rie'ren (V.) **1** das Gewicht der Tara ermitteln **2** auswiegen
Ta'rif (der, -s, -e) Preis(-verzeichnis); gültiger Lohnsatz [arab.]
Ta'rif'au'to'no'mie (die, -, nur Ez.) Befugnis, Tarifverträge abzuschließen oder zu kündigen

Ta'ri'feur [-føːɐ] (der, -s, -e) jemand, der Preise schätzt oder festlegt
ta'ri'fie'ren (V.) den Tarif festsetzen
Ta'rif'ver'trag (der, -s, -trä̱ge) Vertrag zwischen Arbeitnehmern und Arbeitgebern
Tar'la'tan (der, -s, -e) durchsichtiger Stoff
Ta̱'ro (der, -s, -s) Wurzelstück eines tropischen Aronstabgewächses [polynes.]
Ta'rock (der oder das, -s, nur Ez.) ein (in Österreich noch gespieltes) Kartenspiel [it.]
Tá̱'ro'ga'tó [taːrogɔtoː] (das, -s, -s) ungarisches Holzblasinstrument
Ta'rot [-roː] (das, -s, nur Ez.) ein Kartenlegespiel zur mystischen Bildmeditation [viell. ind.]
Tar'pan (der, -s, -e) ponyähnliches europäisches Steppenwildpferd [russ.]
Tar'pau'lin [tɑːpɔːlɪn] (der, -s, nur Ez.) Jutegewebe [engl.]
Tar'pon (der, -s, -s) Knochenfisch, ähnlich dem Hering
tar'sal (Adj.) zur Fußwurzel gehörend [gr.-nlat.]
Tar'si'tis (die, -, -si'ti'den) Entzündung des Lidknorpels
Tar'sus (der, -, -sen) **1** Fuß (der Gliederfüßer) **2** Fußwurzel **3** Lidknorpel [gr.]
Tar'tan (der, -s, -s) **1** Wollstoff in Schottenmuster **2** (nur Ez.) ein Kunststoff (als Oberflächenbelag von Laufbahnen; Warenzeichen) [engl.]
Tar'tar (der, -en, -en) = fälschl. für: Tatar (**1**)
Tar'ta'ros (der, -, nur Ez.) = Tartarus (**1**)
Tar'ta'rus (der, -, nur Ez.) **1** (auch: Tar'ta-ros) Schattenreich der griechischen Sage **2** Weinstein
Tart'rat auch: Tar'trat (das, -s, -e) Weinsäureresalz [gr.-nlat.]
Tar'tüff (der, -s, -s) Heuchler (nach einer Komödie des Dichters Molière)
TASS (die, -, nur Ez.) ehem. staatliche sowjetische Presseagentur [russ., Kurzwort]
Tas'ta'tur (die, -, -en) alle Tasten (eines Klaviers, Schreibgerätes) [it.]
Ta'tar 1 (der, -en, -en) Angehöriger eines türkisch-mongolischen Mischvolks in der Sowjetunion **2** (das, -s, nur Ez.) roh durch den Wolf gedrehtes mageres Rindfleisch, das z.B. mit einem Ei, Salz und Pfeffer u.a. vermischt gegessen wird
ta'tau'ie'ren (V.) = tätowieren
tä'to'wie'ren (V.) Bilder, Ornamente durch Einritzen der Haut und Einbringen von Farbe schaffen [polynes.]
Tat'ter'sall (der, -s, -s) Reitschule mit Pferdeverleih; die dazugehörige Reithalle, -bahn [engl.]

Tat'too [-tuː] (das, -s, -s) **1** auf die Haut tätowierte Zeichnung **2** Zapfenstreich [engl.]
Tau (das, -s, -s) neunzehnter Buchstabe des griechischen Alphabets
Tau̱'kreuz (das, -es, -e) T-förmiges Kreuz nach dem Hl. Antonius
tau'pe (Adj.) [toːp] braungrau [lat.-frz.]
Tau'ro'bo'li'um (das, -s, -en) antikes Stieropfer [gr.-lat.]
Tau'ro'ma'chie (die, -, -n) **1** Stierkampf **2** (nur Ez.) Stierkampftechnik [gr.-span.]
tau'schie'ren (V.) Edelmetalle in unedle einhämmern
Tau'ta'zis'mus (der, -, -men) zu vermeidende Häufung von gleichen Lauten in aufeinander folgenden Wörtern [gr.-lat.]
Tau'to'gramm (das, -s, -e) Gedicht mit gleichlautenden Wort- oder Zeilenanfangsbuchstaben
Tau'to'lo'gie (die, -, -n) Aufeinandertreffen doppelter (Wort-)Bedeutungen; z.B. »weißer Schimmel« [gr.]
tau'to'lo'gisch (Adj.) in der Art einer Tautologie, überflüssig doppelt ausgedrückt
Tau'to'me'rie (die, -, -en) Auftreten zweier isomerer Molekülformen, die im chemischen Gleichgewicht stehen, aber verschieden reagieren [gr.]
Ta'ver'ne (die, -, -n) Weinschenke [it.]
Ta'xa'me'ter (der oder das, -s, -) Kilometerzähler in Taxis, der zugleich den Fahrpreis angibt [lat.-gr.]
Ta'xa'ti'on (die, -, -ti'o'nen) Schätzung [lat.]
Ta'xa'tor (der, -s, -to̱ren) Schätzer [lat.]
Ta'xe (die, -, -n) **1** festgesetzte Gebühr, Preisordnung **2** = Taxi [lat.]
Ta'xem (das, -s, -e) kleinste syntaktische Einheit ohne semantischen Wert als Teil eines Tagmems
Ta'xi (auch: Ta̱'xe (**2**)) (das, -s, -s) Mietauto [lat., Kurzwort]
Ta'xi'der'mie (die, -, nur Ez.) das Ausstopfen (von Tieren) [gr.]
Ta'xie (die, -, -n) = Taxis
ta'xie'ren (V.) schätzen, einschätzen, abschätzend betrachten [lat.]
Ta̱'xis (die, -, -xen) durch Außenreiz erzeugte Richtungsbewegung; z.B. bei Einzellern, Bodenlebewesen; siehe Tropismus [gr.]
Tax'kurs (der, -es, -e) geschätzter Kurs [lat.]
Ta'xon (das, -s, -xa) Gruppe von Lebewesen innerhalb einer biologischen Systematik [gr.]
Ta'xo'no'mie (die, -, -n) **1** die Einordnung der Lebewesen in Gruppen (innerhalb der biologischen Systematik) **2** Segmentierung und Klassifikation (der Einheiten) einer Sprache (im Strukturalismus) [gr.]

Ta'xus (der, -, -) die Eibe (als Heckenpflanze) [lat.]
T-Bone-Steak [tiːbəʊnsteɪk] (das, -s, -s) Steak mit T-förmigem Knochenstück, das Filet und Lende trennt [engl.]
Teach-in [tiːtʃ-] (das, -s, -s) Informationsveranstaltung (von Studenten) über einen Missstand [engl.]
Teak [tiːk] (das, -s, nur Ez.) ein tropisches Hartholz; z.B. für Möbel [malai.-engl.]
Team [tiːm] (das, -s, -s) Mannschaft; Arbeitsgemeinschaft [engl.]
Team'tea'ching [tiːmtiːtʃɪŋ] (das, -s, nur Ez.) gemeinsame Vorbereitung des Unterrichts durch Lehrergruppe [engl.]
Team'work [tiːmwɜːrk] (das, -s, nur Ez.) positive Zusammenarbeit (einer Arbeitsgemeinschaft) [engl.]
Tea'room (auch: Tea-Room) [tiːruːm] (der, -s, -s) Teestube; Café, in dem nur alkoholfreie Getränke erhältlich sind (schweiz.) [engl.]
Tea'ser [tiːzə] (der, -s, -) Werbemittel, das die Aufmerksamkeit des Betrachters auf sich zieht [engl.]
Tech'ne'ti'um (das, -s, nur Ez.) ein radioaktives Element, Metall [gr.-nlat.]
tech'ni'fi'zie'ren (V.) technische Erfindungen auf etwas anwenden
Tech'nik (die, -, -en) **1** (nur Ez.) praktische Anwendung naturwissenschaftlicher Gesetze **2** (nur Ez.) die Ingenieurwissenschaften **3** Anwendung eines Regelsystems, Kunstfertigkeit; z.B. die Technik des Aquarellierens **4** Ausstattung mit Geräten, das Funktionieren eines Geräts; z.B. ein Auto mit veralteter Technik [gr.]
Tech'ni'ker (der, -s, -) **1** Spezialist auf einem Gebiet der Technik (**1**) **2** jmd., der eine Technik (**3**) besonders gut beherrscht
Tech'ni'kum (das, -s, -ka) technische Fachschule [gr.-lat.]
tech'nisch (Adj.) zur Technik, zu einer Technik gehörig
tech'ni'sie'ren (V.) technisch machen, auf Geräteeinsatz umstellen
Tech'ni'zis'mus (der, -, -men) **1** technische Ausdrucksweise **2** Glaube an den technischen Fortschritt als Grundlage der menschlichen Entwicklung
Tech'no'kra'tie (die, -, -n) **1** Beherrschung einer Gesellschaft durch Techniker (Ingenieure) **2** Wirtschaftslehre, die den technischen Fortschritt über Wirtschaft und Politik stellt [gr.]
tech'no'kra'tisch (Adj.) zur Technokratie gehörig, übermäßig ingenieurtechnisch bestimmt

Tech'no'lekt (der, -(e)s, -e) Fachsprache [gr.-nlat.]
Tech'no'lo'ge (der, -n, -n) Spezialist in einer Technologie
Tech'no'lo'gie (die, -, -n) Wissenschaft von der Entwicklung technischer Produkte; die Produktion selbst [gr.]
Tech'no'lo'gie'trans'fer (der, -s, -s) Weitergabe von technischen und betriebswirtschaftlichen Kenntnissen
Ted'dy 1 (der, -s, -s) Stoffbär als Spielzeug [engl.] **2** engl. Kurzform von Theodor
Te'de'um (das, -s, -s) kath. Lobgesang [lat.]
Tee (der, -s, -s) **1** immergrüner ostasiatischer Strauch, dessen weiter verarbeitete Blätter; Getränk daraus **2** heiß aufgegossenes Getränk aus Pflanzenteilen; z.B. Kamillentee [chines.]
Tee'na'ger auch: Teen'a'ger (der, -s, -) jmd., der über 12, aber noch nicht 20 Jahre alt ist [engl.]
Tee'nie (auch: Tee'ny) [tiːnɪ] (der, -s, -s) = Teenager [Kurzwort]
Tee'ny (der, -s, -s) = Teenie
Teff (der, -s, nur Ez.) nordafrikanische Getreidepflanze
Te'fil'la (die, -, nur Ez.) jüdisches Gebet (sbuch) [hebr.]
Te'fil'lin (nur Mz.) Lederriemen, die beim jüdischen Gebet über Kopf und Arme gelegt werden [hebr.]
Tef'lon (das, -s, nur Ez.) ein Kunststoff; z.B. zur Bratpfannenbeschichtung; (Warenzeichen) [Kunstwort]
Tef'sir (der, -s, -s) wissenschaftliche Auslegung des Korans
Tei'chop'sie auch: Teich'op'sie (die, -, nur Ez.) bei Augenflimmern Zacken sehen [gr.-lat.]
Tei'chos'ko'pie auch: Tei'cho'sko'pie/Teich o'sko'pie (die, -, nur Ez.) dramatisches Mittel, durch die Schilderung eines Schauspielers Geschehnisse darzustellen, die scheinbar außerhalb der Bühne stattfinden; Mauerschau [gr.]
Te'in (das, -s, nur Ez.) = Thein
Teint [tɛ̃ː] (der, -s, -s) Beschaffenheit, Farbe der Gesichtshaut [frz.]
tek'tie'ren (V.) fehlerhaft Gedrucktes durch Überkleben unkenntlich machen [lat.]
Tek'to'gen (das, -s, -e) Teil der Erdkruste, der sich einheitlich verschoben hat [gr.-lat.]
Tek'to'nik (die, -, nur Ez.) **1** Wissenschaft vom Bau der Erdkruste **2** Baukonstruktionslehre [gr.]
tek'to'nisch (Adj.) zur Tektonik gehörig, tektonisches Beben: Erdbeben durch Verschiebung der Erdkruste
Tek'tur (die, -en) Deckblatt (eines Buchs)

Te'la (die, -, -len) Gewebe, Bindegewebe [lat.]

Te'la'mon (der oder das, -s, -mo'nen) **1** Leibgurt für Waffen **2** Plastik als Träger von Bauteilen; z.B. Herkules oder Atlas [gr.-lat.]

Te'la'ri'büh'ne (die, -, -n) Bühne aus der Renaissance mit perspektivisch gemaltem Bühnenbild

Te'le (das, -s, -s) = Teleobjektiv (ugs.)

Te'le'brief (der, -(e)s, -e) Mitteilung, die über einen Telekopierer übertragen und per Eilboten zugestellt wird

Te'le'fax (das, -, -(e)) aus tele [gr.: weit] und Faksimile; Fernkopie mittels eines Faxgeräts

Te'le'fon (das, -s, -e) Fernsprecher [gr.]

Te'le'fo'nat (das, -(e)s, -e) Telefonanruf, -gespräch

Te'le'fo'nie (die, -, nur Ez.) **1** Fernsprechwesen **2** Sprechfunk

te'le'fo'nie'ren (V.) über das Telefon miteinander sprechen

Te'le'fo'nist (der, -nis'ten, -nis'ten) Angestellter im Telefondienst

Te'le'fo'to'gra'fie (*auch:* Te'le'pho'to'graphie) (die, -, nur Ez.) Fotoaufnahme entfernter Motive mit Hilfe eines Teleobjektivs

te'le'gen (Adj.) bei Fernsehaufnahmen hübsch aussehend [gr.]

Te'le'graf (*auch:* Te'le'graph) (der, -en, -en) Fernschreiber [gr.]

te'le'gra'fie'ren (*auch:* te'le'gra'phie'ren) (V.) durch Fernschreiber mitteilen, drahten [gr.]

Te'le'gramm (das, -s, -e) über einen Telegrafen vermittelte Nachricht

Te'le'graph (der, -en, -en) = Telegraf

te'le'gra'phie'ren (V.) = telegrafieren

Te'le'ka'me'ra (die, -, -s) Fotoapparat mit Teleobjektiv

Te'le'ki'ne'se (die, -, -n) Bewegung von Gegenständen durch paranormale Kräfte [gr.]

Te'le'kom'mu'ni'ka'ti'on (die, -, nur Ez.) Kommunikation mit Hilfe der Nachrichtentechnik

Te'le'kon'ver'ter (der, -s, -) Vergrößerung der Brennweite eines Kameraobjektivs durch Einsatz eines Linsensystems zwischen Objektiv und Kamera

Te'le'ko'pie'rer (der, -s, -) Fernkopierer, der an eine Telefonleitung angeschlossen eine Vorlage an ein zweites Gerät sendet, das eine Kopie ausgibt

Te'le'mark (der, -s, -s) Skischwung quer zum Hang [norweg.]

Te'le'me'ter (der, -s, -) Entfernungsmesser [gr.-nlat .]

Te'le'met'rie *auch:* Te'le'me'trie (die, -, nur Ez.) Übertragung von Messwerten aus dem Weltraum; deren Ortung [gr.]

Te'len'ze'pha'lon *auch:* Tel'en'ze'pha'lon (das, -s, -la) **1** Großhirn **2** beim Embryo vorderer Abschnitt des ersten Hirnbläschens

Te'le'ob'jek'tiv (das, -s, -e) Kameraobjektiv mit langer Brennweite (für Fernaufnahmen) [gr.-lat.]

Te'le'o'lo'gie (die, -, nur Ez.) Lehre, dass alle Entwicklung (in der Natur, im Kosmos) zweckbestimmt ist [gr.]

Te'le'o'no'mie (die, -, -n) charakteristische Eigenschaft

Te'le'o'sau'rus (die, -, -ri'er) Riesenechse (ausgestorben)

Te'le'os'ti'er (der, -s, -) Knochenfisch

Te'le'pa'thie (die, -, nur Ez.) Gedankenlesen, Gedankenübertragung [gr.]

te'le'pa'thisch (Adj.) zur Telepathie gehörig

Te'le'play'er (der, -s, -) Videorekorder

Te'le'pro'ces'sing (das, -(s), nur Ez.) Datenverarbeitung über Fernleitung [engl.]

Te'le'promp'ter (der, -s, -) für den Zuschauer nicht sichtbare Textanzeige der Fernsehsprecher

Te'les'kop *auch:* Te'le'skop (das, -s, -e) stark vergrößerndes Fernrohr (zur Betrachtung des Sternenhimmels) [gr.]

Te'les'kop'an'ten'ne *auch:* Te'le'skop'antenne (die, -, -n) zusammenschiebbare Antenne aus Metallröhrchen

Te'les'ko'pie *auch:* Te'le'sko'pie (die, -, nur Ez.) Wahrnehmung verborgener Dinge in der Ferne [gr.-nlat.]

Te'le'test (der, -s, -s) Befragung von Fernsehzuschauern über die Beliebtheit von Sendungen

Te'le'text (der, -s, nur Ez.) elektronische Textübermittlung auf (Fernseh-)Bildschirm

Te'le'vi'si'on (die, -, nur Ez.) Fernsehen [gr.-lat.-engl.]

Te'lex (das, -, -e) Nachricht über öffentliche Fernsprech- oder Telegrafenleitung [engl. Kurzwort]

Tel'kie (die, -, -n) Ochsenauge (eine Zierstaude)

Tel'lur (das, -s, nur Ez.) ein Element, Halbmetall [lat.]

tel'lu'risch (Adj.) zur Erde gehörig (in der Geologie) [lat.]

Tel'lu'rit (das, -s, -e) Salz der tellurischen Säure [nlat.]

Tel'lu'ri'um (das, -s, -ri'en) Gerät aus der Astronomie zur modellhaften Darstellung der Drehung von Erde und Mond um die Sonne

Te׀lo׀dend׀ron *auch:* Te׀lo׀den׀dron (das, -s, -ren/-dren) feinste Fortsätze der Nervenzellen [gr.]

Te׀lo׀pha׀se (die, -, -n) Endstadium der Kernteilung von organischen Zellen

Te׀los (das, -, nur Ez.) das Endziel des Seins in der Philosophie [gr.]

tel׀quel [-kɛl] ohne Gewähr (für eine bestimmte Warenqualität) [frz.]

Te׀me׀nos (das, -, -ne) heiliger, abgegrenzter Bereich des altgriechischen Tempels

Tem׀mo׀ku (das, -, nur Ez.) chinesisch-japanische Töpferei der Sungzeit (10.–13. Jh.) [jap.]

Tem׀peh (das, -, nur Ez.) hocheiweißhaltiges, fermentiertes Sojaprodukt, das in fingerdicken Scheiben in Öl gebraten wird [malai.]

Tem׀pel (der, -s, -) **1** höchstes Gotteshaus des Judentums in Jerusalem **2** nicht christlicher Kultbau für eine Gottheit **3** weihevolle Stätte (auch ironisch)

Tem׀pe׀ra (die, -, -s) eine Deckfarbe; die Malerei damit [it.]

Tem׀pe׀ra׀ment (das, -(e)s, -e) typische Reaktionsweise, Gemüt; Munterkeit, Schwung [frz.]

Tem׀pe׀ran׀ti׀um (das, -s, -tia) med. Beruhigungsmittel

Tem׀pe׀ra׀tur (die, -, -en) Wärmegrad [lat.]

Tem׀pe׀renz (die, -, nur Ez.) Mäßigkeit [lat.-engl.]

Tem׀per׀guss (der, -es, -güs׀se) schmiedbar gemachtes Gusseisen durch spezielles Gussverfahren

tem׀pe׀rie׀ren (V.) **1** die Temperatur regeln **2** mäßigen [lat.]

tem׀pern (V.) erhitzen, wärmebehandeln [engl.]

Tem׀pest (das, -, -s) Zweimannsegelboot (eine Bootsklasse) [nlat.]

tem׀pes׀to׀so (Adj.) stürmisch, heftig (in der Musik) [ital.]

Tem׀pi pas׀sa׀ti! Das ist vorbei! (italienisch für »Vergangene Zeiten!«) [it.]

Temp׀lei׀se *auch:* Tem׀plei׀se (der, -n, -n) Gralsritter [frz.-lat.]

Temp׀ler (der, -s, -) Mitglied eines mittelalterlichen Ritterordens

Tem׀po (das, -s, -s oder -pi) Geschwindigkeit(smaß); Schnelligkeit [it.]

Tem׀po׀li׀mit (das, -s, -s) Geschwindigkeitsbeschränkung [it.-engl.]

tem׀po׀ral (Adj.) **1** zum Tempus gehörig, zeitlich **2** zur Temporalis, Schläfe gehörig

Tem׀po׀ra׀li׀en (nur Mz.) dem Inhaber eines Kirchenamtes zustehende weltliche Güter und Rechte [lat.]

Tem׀po׀ra׀lis (die, -, -les) Schläfe [lat.]

Tem׀po׀ral׀satz (der, -es, -sät׀ze) Umstandssatz der Zeit; z.B. »Er kam, während sie telefonierte«

Tem׀po׀ral׀va׀ri׀a׀ti׀on (die, -, -ti׀o׀nen) jahreszeitlich bedingter Wechsel des Aussehens bestimmter Tierarten

tem׀po׀rär (Adj.) vorübergehend [frz.]

Tem׀pus (das, -, -po׀ra) Zeitform (des Verbs) [lat.]

Te׀mu׀lenz (die, -, nur Ez.) Trunkenheit, Taumeln [lat.]

Te׀na׀kel (das, -s, -) Manuskripthalter (für den Schriftsetzer) [lat.]

Te׀nal׀gie *auch:* Ten׀al׀gie (die, -, -ien) Sehnenschmerz [gr.-nlat.]

Te׀na׀zi׀tät (die, -, nur Ez.) **1** Zähigkeit (als Materialeigenschaft) **2** Beharrlichkeit, Ausdauer [frz.]

Ten׀denz (die, -, -en) Entwicklungsrichtung, Streben; Grundstimmung [frz.]

ten׀den׀zi׀ell (Adj.) einer Tendenz entsprechend

ten׀den׀zi׀ös (Adj.) weltanschaulich beeinflusst, voreingenommen [frz.]

Ten׀der (der, -s, -) **1** Eisenbahnanhänger (zur Versorgung mit Kohlen, Wasser) **2** Begleit-, Versorgungsschiff [engl.]

ten׀die׀ren (V.) eine Tendenz haben, hinneigen

Ten׀di׀ni׀tis (die, -, -ni׀ti׀den) Sehnenentzündung [nlat.]

Ten׀do׀va׀gi׀ni׀tis (die, -, -ni׀ti׀den) Sehnenscheidenentzündung [nlat.]

te׀ne׀ra׀men׀te (Adj.) zärtlich (Musikanweisung)

Te׀nes׀mus (der, -, nur Ez.) schmerzhafter Stuhl- oder Harndrang [gr.-nlat.]

Ten׀nis (das, -, nur Ez.) ein Rückschlagspiel [engl.]

Ten׀no (der, -s, -s) der japanische Kaiser

Te׀nor (der, -s, -nö׀re) hohe Männerstimmlage; mittlere Tonlage (eines Musikinstruments) [it.]

Te׀nor (der, -s, nur Ez.) Fassung, Wortlaut [it.]

Te׀no׀ra (die, -, -s) Oboe aus Katalonien

Te׀nor׀buf׀fo (der, -s, -s) **1** zweiter Tenor an einem Opernhaus **2** Tenor für heitere Rollen [ital.]

Te׀no׀rist (der, -ris׀ten, -ris׀ten) Sänger mit Tenorstimme

Te׀no׀tom (das, -s, -e) Messer für Sehnenschnitte (Med.) [gr.-nlat.]

Ten׀sid (das, -(e)s, -e) = Detergens [nlat.]

Ten׀si׀on (die, -, -si׀o׀nen) Spannung (eines Gases), Dampfdruck [lat.]

Ten׀sor (der, -s, -so׀ren) **1** ein verknüpfter Vektor **2** Spannmuskel [lat.]

Ten|ta|kel (die, -, -n) **1** Fangarm (eines Nesseltiers u.a.) **2** Drüsenhaar (einer Fleisch fressenden Pflanze) [lat.]

Ten|ta|men (das, -s, -mi|na) **1** Vorprüfung **2** med. Versuch

ten|ta|tiv (Adj.) versuchsweise [nlat.]

ten|tie|ren (V.) beabsichtigen (österr); versuchen (veraltet) [frz.]

te|nu|is (Adj.) zart, dünn (Med.)

Te|nu|is (der, -, -nu|es) stimmloser Verschlusslaut; z.B. »p, t« [lat.]

te|nu|to (Adv.) ausgehalten, getragen (bei Musikstücken) [it.]

Ten|zo|ne (die, -, -n) provenzalischer Streitgesang im MA

Te|o|cal|li (der, -s, -s) pyramidenförmiger Tempel der Azteken

Te|phi|gramm (das, -s, -e) grafische Aufzeichnung von Wetterdaten

Teph|rit auch: Te|phrit (der, -s, -e) Ergussgestein [gr.-nlat.]

Teph|ro|it auch: Te|phro|it (der, -s, -e) Mineral

Te|pi|da|ri|um (das, -s, -ri|en) lauwarmer Raum in römischen Thermen

Te|qui|la [-ki:-] (der, -s, -s) mexikanischer Agavenschnaps

Te|ra... das 10^{12}-fache, Billionenfache (als Vorsilbe vor Maßeinheiten) [gr.]

Te|ra|to|lo|gie (die, -, nur Ez.) Teilgebiet der Medizin für körperliche Missbildungen

Te|ra|tom (das, -s, -e) angeborene Geschwulst (aus allen drei Keimblättern) [gr.]

Ter|bi|um (das, -s, nur Ez.) ein Element, Metall [nlat.]

Te|re|bin|the (die, -, -n) Terpentinpistazie [gr.]

Te|reb|ra|tel auch: Te|re|bra|tel (der, -, -n) Armfüßler (Fossil) [nlat.]

Term (der, -s, -e) **1** Bezeichnung; Name; z.B. ein mathematischer, linguistischer Term **2** Energielinie (eines atomaren Systems) [engl.]

Ter|min (der, -s, -e) Zeitpunkt [lat.]

ter|mi|nal (Adj.) zum Ende gehörend

Ter|mi|nal (tɜ:mɪnl] (der oder das, -s, -s) **1** Abfertigung(shalle); z.B. an den Terminal im Flughafen gehen **2** EDV-Datenein-, -ausgabe [engl.]

Ter|mi|na|ti|on (die, -, -ti|o|nen) Begrenzung, Beendigung [lat.]

ter|mi|na|tiv (Adj.) die den Anfangs- oder Endpunkt einer Handlung beinhaltenden Verben; z.B. holen, bringen

Ter|mi|na|tor (der, -s, -to|ren) Grenze zwischen heller und dunkler Seite des Mondes

Ter|mi|ner (der, -s, -) Verantwortlicher für die Terminplanung eines Produktionsablaufs

Ter|min|ge|schäft (das, -(e)s, -e) Geschäft mit späterem Liefertermin zum Kurs bei Vertragsabschluss

ter|mi|nie|ren (V.) **1** begrenzen, zeitlich festlegen **2** in bestimmten Gebieten Almosen sammeln

Ter|mi|nis|mus (der, -, nur Ez.) Lehre vom Denken als Rechnen mit Begriffen, ähnlich dem Nominalismus [nlat.]

Ter|mi|no|lo|ge (der, -n, -n) Fachmann, der wissenschaftliche Begriffe und Terminologien erstellt [gr.-lat.]

Ter|mi|no|lo|gie (die, -, -n) Fachsprache [lat.]

ter|mi|no|lo|gisch (Adj.) fachsprachlich [lat.-gr.]

Ter|mi|nus (der, -, -ni) Fachausdruck [lat.]

Ter|mi|te (die, -, -n) Staaten bildendes, ameisenähnliches Tropeninsekt [lat.]

ter|när (Adj.) dreifach [frz.]

Terp (die, -, -en) künstlich aufgeworfener Hügel über Flutwasserhöhe für Siedlungen an der Nordseeküste [niederl.]

Ter|pen (das, -s, -e) organische Verbindung mit ätherischen Ölen [gr.-lat.]

Ter|pen|tin (das, -s, nur Ez.) Kiefernharz (aus dem durch Destillation Terpentinöl hergestellt wird) [lat.]

Ter|ra (die, -, nur Ez.) Erde, Land [lat.]

Ter|rain [-rɛ̃] (das, -s, -s) Gelände [frz.]

Ter|ra in|cog|ni|ta auch: Ter|ra in|co|gni|ta »unbekanntes Land«, etwas völlig Unbekanntes; z.B. mit einer Forschung Terra incognita betreten [lat.]

Ter|ra|kot|ta (auch: Ter|ra|kot|te) (die, -, -ten) gebrannter Ton; Gegenstand daraus [it.]

Ter|ra|kot|te (die, -, -n) = Terrakotta

Ter|ra|ma|re (die, -, -n) Siedlung in der Poebene aus der Bronzezeit [lat.]

Ter|ra|ri|um (das, -s, -ri|en) Glasbehälter mit einem Miniaturbiotop (zur Haltung von Echsen, Schlangen) [lat.]

Ter|ra ros|sa (die, -, nur Ez.) roter Tonboden [ital.]

Ter|ra si|gil|la|ta (die, -, nur Ez.) Tongeschirr aus der römischen Kaiserzeit [lat.: gesiegelte Erde]

Ter|ras|se (die, -, -n) **1** balkonähnliche Plattform (vor einem Gebäude) **2** Geländestufe; z.B. eine Schotterterrasse [frz.]

ter|ras|sie|ren (V.) terrassenartig, gestuft anlegen; z.B. Felder, Weinberge

Ter|raz|zo (der, -s, -zi) fugenloser Fußboden aus aneinander gelegten Gesteinsbruchstücken [it.]

ter|res|trisch auch: ter|rest|risch/ter|re|strisch (Adj.) **1** erdbewohnend (nicht aqua-

Terrier (der, -s, -) ursprünglich für die Erdjagd gezüchteter kleiner bis mittelgroßer Hund; z.B. Foxterrier, Scotchterrrier, Yorkshireterrier [engl.]

ter'ri'gen (Adj.) vom Festland stammend [gr.-lat.]

Ter'ri'ne (die, -, -n) Suppenschüssel, Soßenschale [frz.]

Ter'ri'ti'on (die, -, nur Ez.) Vorzeigen der Folterinstrumente in mittelalterlichen Prozessen

ter'ri'to'ri'al (Adj.) zu einem Territorium gehörig, ein Territorium beanspruchend

Ter'ri'to'ri'a'li'tät (die, -, nur Ez.) Zugehörigkeit zu einem Territorium

Ter'ri'to'ri'a'li'täts'prin'zip (das, -s, nur Ez.) Rechtsgrundsatz, wonach für eine Person das Recht des Landes gilt, in dem sie sich aufhält; Ggs. Personalitätsprinzip

Ter'ri'to'ri'al'staat (der, -(e)s, -en) der kaiserlichen Zentralgewalt nicht unterstellter Staat zur Zeit des Feudalismus

Ter'ri'to'ri'um (das, -s, -ri'en) Land, (Hoheits-, Staats-)Gebiet [lat.]

Ter'ror (der, -s, nur Ez.) große Angst infolge von (angedrohter) Gewalt; Schreckensherrschaft [lat.]

ter'ro'ri'sie'ren (V.) eine Schreckensherrschaft ausüben, stark einschüchtern [lat.]

Ter'ro'ris'mus (der, -, nur Ez.) Versuch, politische Ziele durch Terror zu erreichen

Ter'ro'rist (der, -s, -ris'ten, -ris'ten) aktiver Anhänger des Terrorismus

ter'ro'ris'tisch (Adj.) zum Terrorismus gehörig

Ter'tia (die, -, -ti'en) **1** achte und neunte Klasse (des Gymnasiums) **2** Schriftgrad von 16 Punkt [lat.]

Ter'ti'a'na'fie'ber (das, -s, nur Ez.) Dreitagewechselfieber

Ter'ti'a'ner (der, -s, -) Schüler der Tertia

ter'ti'är (Adj.) **1** drittrangig **2** zum Tertiär gehörig

Ter'ti'är (das, -s, nur Ez.) Abschnitt der Erdgeschichte, Formation vor der gegenwärtigen Stufe [lat.]

Ter'ti'um Com'pa'ra'ti'o'nis (das, -s, -ia-) Gemeinsamkeit zweier Sachverhalte oder Gegenstände im Vergleich [lat.]

Ter'ti'us gau'dens (der, -, nur Ez.) der lachende Dritte [lat.]

Terz (die, -, -en) **1** dritter Ton der diatonischen Tonleiter; Intervall von drei Tönen **2** eine Klingenhaltung (beim Fechten) [lat.]

Ter'zel (der, -s, -) männlicher Falke [lat.]

Ter'ze'rol (das, -s, -e) kleine Pistole [it.]

Ter'ze'ro'ne (der, -n, -n) ein Mischling, weißer Mulatte [lat.]

Ter'zett (das, -(e)s, -e) Musikstück für drei gleiche Instrumente, für drei Singstimmen; die Personengruppe selbst [it.]

Ter'zi'ar (der, -s, -en) Mitglied einer an einen Mönchsorden angeschlossenen Gemeinschaft

Ter'zi'ne (die, -, -n) Strophenform aus drei jambischen elfsilbigen Zeilen [it.]

Te'sching (das, -s, -e) kleine Handfeuerwaffe

Tes'la (das, -, -) Maßeinheit der magnetischen Induktion (benannt nach dem amerikan. Physiker N. Tesla)

Tes'la'strom (der, -s, nur Ez.) Hochfrequenzstrom mit sehr hoher Spannung

tes'se'lie'ren (V.) ein Mosaik anfertigen

tes'sel'la'risch (Adj.) gewürfelt (Kunstwort) [gr.-lat.]

Test (der, -(e)s, -s oder -e) Versuch, der praktische Erfahrungswerte liefern soll [engl.]

Tes'ta'ment (das, -(e)s, -e) **1** letztwillige Verfügung **2** Bibelteil: Altes, Neues Testament [lat.]

tes'ta'men'ta'risch (Adj.) durch Testament (**1**) verfügt

Tes'tat (das, -(e)s, -e) Bescheinigung, Zeugnis [lat.]

Tes'ta'tor (der, -s, -to'ren) jmd., der ein Testament macht oder ausstellt

Tes'ta'zee (die, -, -n) Amöbenart [lat.]

Tes'ti'kel (der, -s, -) Hoden [lat.]

Tes'ti'kel'hor'mon (das, -s, -e) männliches Keimdrüsenhormon

Tes'ti'mo'ni'al [-məʊnɪəl] (das, -s, -s) Empfehlungsschreiben eines Kunden oder Prominenten als Teil einer Anzeige [engl.]

Tes'ti'mo'ni'um (das, -s, -ni'en) Zeugnis (veraltet) [lat.]

Tes'tis (der, -, -tes) Hoden [lat.]

Tes'to (der, -, -ti) Erzähler in einem Oratorium [lat.]

Tes'tos'te'ron *auch:* Tes'to'ste'ron (das, -s, nur Ez.) in den Hoden gebildetes männliches Geschlechtshormon [lat.-gr.]

Tes'tu'do (die, -, -di'nes) **1** Laute **2** Verband zur Ruhigstellung eines gebeugten Gelenks [lat. für »Schildkröte«]

Te'ta'nie (die, -, -n) Dauerkrampf bestimmter Muskelgruppen; z.B. im Gesicht [gr.]

te'ta'nisch (Adj.) zur Tetanie, zum Tetanus gehörig

Te'ta'nus (der, -, nur Ez.) Wundstarrkrampf

Te'te [tɛt] (die, -, -n) »Kopf«, Spitze (einer Truppe; veraltet) [frz.]

Tete-a-tete (*auch:* Tête-à-tête) [tɛtatɛt] (das, -, -s) Schäferstündchen [frz.]

Te'thys'meer (das, -es, nur Ez.) Mittelmeer aus der Zeit vom Paläozoikum bis zum Alttertiär

Tet'ra'chlor'koh'len'stoff auch: Te'tra-chlor'koh'len'stoff (der, -s, -e) nicht entflammbares Lösungsmittel

Tet'ra'de auch: Te'tra'de (die, -, -n) Vierheit [gr.]

Tet'ra'e'der auch: Te'tra'e'der (der, -s, -) Vierflächner [gr.]

Tet'ra'e'dit auch: Te'tra'e'dit (der, -s, -e) metallisch glänzendes Mineral

Tet'ra'gon auch: Te'tra'gon (das, -s, -e) Viereck [gr.]

tet'ra'go'nal auch: te'tra'go'nal (Adj.) viereckig [gr.]

Tet'ra'gramm auch: Te'tra'gramm (das, -s, -e) die vier Konsonanten des Gottesnamens aus dem Alten Testament J-H-W-H [sprich: Jahwe]

Tet'ra'kis'he'xa'e'der auch: Te'tra'kis'he'xa'e'der (das, -s, nur Ez.) Pyramidenwürfel mit 24 Flächen [gr.-nlat.]

Tet'ra'kort auch: Te'tra'kort (der, -s, -e) Folge von vier aufeinander folgenden Tönen einer Oktave [gr.-lat.]

Tet'ra'lo'gie auch: Te'tra'lo'gie (die, -, -n) Werk aus vier zusammengehörigen Teilen [gr.]

Tet'ra'me'ter auch: Te'tra'me'ter (der, -s, -) Versmaß aus vier Versfüßen [gr.]

Tet'ra'morph auch: Te'tra'morph (der, -s, -en) frühchristliche Darstellung eines Engels mit vier Köpfen als Sinnbild der vier Evangelisten [gr.]

tet'ra'pe'tal'isch auch: te'tra'pe'tal'isch (Adj.) vier Blumenblätter aufweisend

Tet'ra'ple'gie auch: Te'tra'ple'gie (die, -, nur Ez.) Lähmung aller Gliedmaßen

Tet'ra'po'de auch: Te'tra'po'de (der, -n, -n) **1** Vierfüßler **2** vierfüßiges Gebilde als Sperre oder Wellenbrecher

Tet'ra'po'die auch: Te'tra'po'die (die, -, nur Ez.) vierfüßige Verszeile

Tet'rarch auch: Te'trarch (der, -en, -en) über den vierten Teil eines Gebietes herrschender Fürst (in der Antike) [gr.]

Tet'rar'chie auch: Te'trar'chie (die, -, -n) Gebiet oder Herrschaft eines Tetrarchen

tet'ra'to'gen auch: te'tra'to'gen (Adj.) Missbildungen verursachend [gr.]

Tet'ryl auch: Te'tryl (das, -s, nur Ez.) hochexplosiver Stoff

Tex (das, -, -) Maß für textile Garne und Fasern

Te'xo'print'ver'fah'ren (das, -s, nur Ez.) Herstellungsverfahren für Schriftvorlagen im Offset- und Tiefdruck

Text (der, -(e)s, -e) sinnvoll zusammengestellte Wörter, Wortlaut [lat.]

tex'ten (V.) einen Text machen; z.B. für einen Schlager, ein anzupreisendes Produkt

tex'tie'ren (V.) ein Bild mit einer Unterschrift versehen [nlat.]

tex'til (Adj.) zur Textilindustrie, -technik gehörig

Tex'ti'li'en (nur Mz.) Faserstoffartikel; z.B. Gewebtes, Synthetics, Wirkwaren [lat.]

Text'kri'tik (die, -, nur Ez.) Prüfung verschiedener handschriftlicher Fassungen, um dem Urtext nahezukommen

Text'lin'guis'tik (die, -, nur Ez.) Teilgebiet der Linguistik, die sich mit Wesen, Aufbau und Inhalt von Texten beschäftigt

Tex'tur (die, -, -en) inneres Gefüge, Aufbau, Anordnung [lat.]

tex'tu'rie'ren (V.) synthetischen Geweben Textileigenschaften geben

TGV [-te:ʒe:ve:] (der, -s, -s) französischer Hochgeschwindigkeitszug [frz.]

Thai 1 (der, -s, -s) Ew. Thailands **2** (das, -s, nur Ez.) dessen Sprache

Tha'la'mus (der, -, -mi) Gehirnregion, in der sich alle zum Großhirn führenden Nervenbahnen sammeln, Sehhügel [gr.-lat.]

Thal'las'so'gra'phie auch: Thal'las'so'gra'fie (die, -, nur Ez.) Meereskunde [gr.-nlat.]

Thal'las'so'me'ter (das, -s, -) Meerestiefenmesser

Thal'las'so'pho'bie (die, -, nur Ez.) Angst vor größeren Wasserflächen [gr.-nlat.]

Thal'li'um (das, -s, nur Ez.) ein Element, Schwermetall [gr.-nlat.]

Thal'lo'phyt (der, -en, -en) Lagerpflanze [gr.]

Thal'lus (der, -, -li) fädig-flächiger Körper der Thallophyten [gr.-lat.]

Tha'na'tis'mus (der, -, nur Ez.) Lehre von der Sterblichkeit der Seele [gr.-nlat.]

Tha'na'to'lo'gie (die, -, nur Ez.) Wissenschaft vom Sterben und vom Tod [gr.]

Tha'na'tos (der, -, nur Ez.) Todestrieb [gr.]

Thar'ge'li'en (nur Mz.) altgriechisches Erntefest zu Ehren Apollos

Thau'ma'to'lo'gie (die, -, nur Ez.) Lehre von den Wundern [gr.]

Thau'ma'turg (der, -en, -en) Wundertäter [gr.]

Thea (die, -, nur Ez.) Teegewächs

The'a'ter (das, -s, -) **1** Schaubühne; das Gebäude dafür; die Darstellung des Bühnenstücks **2** Getue (ugs.) [gr.]

The'at'ra'lik auch: The'a'tra'lik (die, -, nur Ez.) gespreiztes, schauspielerisches Gehabe [gr.]

the|at|ra|lisch auch: the|a|tra|lisch (Adj.) **1** zur Theatralik gehörig **2** zum Theater (**1**) gehörig

The|at|rum mun|di auch: The|a|trum mun|di (das, -s, nur Ez.) das Welttheater [lat.]

The|in (auch: Te|in) (das, -s, nur Ez.) im Tee (**1**) enthaltenes Koffein

The|is|mus (der, -, nur Ez.) Glaube an einen Schöpfergott und Weltenlenker [gr.-nlat.]

The|ist (der, -is|ten, -is|ten) Anhänger des Theismus

the|is|tisch (Adj.) zum Theismus gehörig

The|ka (die, -, -ken) Fach des Staubblattes mit zwei Pollensäckchen [gr.-lat.]

The|ke (die, -, -n) Laden-, Schanktisch [gr.]

Thel|al|gie auch: Thel|al|gie (die, -, -n) Schmerzen in den Brustwarzen

The|le|ma (das, -s, -le|ma|ta) Wille [gr.]

The|le|ma|to|lo|gie (die, -, -n) Lehre vom Willen

the|le|ma|to|lo|gisch (Adj.) die Thelematologie betreffend

The|li|tis (die, -, -li|ti|den) Brustwarzenentzündung

Thel|y|ge|nie (die, -, -n) Erzeugung ausschließlich weiblicher Nachkommen; Ggs. Arrhenogenie

The|ma (das, -s, -men oder -ta) **1** Leitgedanke **2** Untersuchungsgegenstand **3** in einem Text Vorerwähntes [gr.]

The|ma|tik (die, -, -en) **1** Themenstellung, -verarbeitung **2** Leitgedanke

the|ma|tisch (Adj.) zum Thema gehörig, themagemäß

the|ma|ti|sie|ren (V.) zum Thema machen

The|ma|vo|kal (der, -s, -e) Vokal zwischen Wortstamm und Endung bei der Bildung von Verben

The|nar (das, -s, -e) Daumenballen [gr.]

The|ob|ro|ma auch: The|o|bro|ma (das, -s, nur Ez.) Kakaobaum [gr.-nlat.]

The|ob|ro|min auch: The|o|bro|min (das, -s, nur Ez.) Alkaloid der Kakaobohnen

The|o|di|zee (die, -, -ze|en) philosophische Rechtfertigung Gottes [gr.]

The|o|do|lit (der, -en, -en) ein Winkelmessgerät; z.B. zur astronomischen Ortsbestimmung, in der Geodäsie [viell. arab.]

The|og|no|sie auch: The|o|gno|sie (auch: The|og|no|sis/The|o|gno|sis) (die, -, nur Ez.) Gotteserkenntnis [gr.]

The|og|no|sis auch: The|o|gno|sis (die, -, nur Ez.) = Theognosie

The|o|go|nie (die, -, -n) Lehre von der Abstammung der Götter [gr.]

The|o|krat (der, -en, -en) Anhänger der Theokratie

The|o|kra|tie (die, -, -n) Herrschaftsform, die auf göttlichen Willen zurückgeführt wird [gr.]

The|o|lo|ge (der, -en, -en) Theologiewissenschaftler

The|o|lo|gie (die, -, -n) Wissenschaft von der (christlichen) Religion; Lehre von Gott [gr.]

the|o|lo|gisch (Adj.) zur Theologie gehörig

The|o|lo|gu|me|non (das, -s, -na) theologischer Lehrsatz, der nicht zur eigentlichen Glaubenslehre gehört [gr.-lat.]

The|o|ma|nie (die, -, -n) religiöser Wahnsinn

The|o|man|tie (die, -, -n) Weissagen durch göttliche Eingebung

the|o|morph (Adj.) in göttlicher Gestalt erscheinend

The|o|no|mie (die, -, nur Ez.) Unterwerfung unter Gottes Gesetz

The|o|pha|nie (die, -, -n) Gotteserscheinung [gr.]

the|o|phor (Adj.) einen Gottesnamen tragend

the|o|pho|risch (Adj.) Gott tragend (in einer Prozession)

The|o|phyl|lin (das, -s, nur Ez.) Alkaloid aus Teeblättern

The|op|neus|tie auch: The|o|pneus|tie (die, -, nur Ez.) göttliche Eingebung

The|or|be (die, -, -n) Laute aus dem Barock mit zwei Hälsen und doppeltem Wirbelkasten [frz.]

The|o|rem (das, -s, -e) Lehrsatz [gr.]

The|o|re|ti|ker (der, -s, -) jmd., der Probleme rein gedanklich untersucht; Nichtpraktiker

the|o|re|tisch (Adj.) zu einer Theorie gehörig, rein gedanklich, unrealistisch, unpraktisch

the|o|re|ti|sie|ren (V.) wirklichkeitsfremde Theorien aufstellen; theoretische Überlegungen anstellen

The|o|rie (die, -, -n) rein gedankliche Untersuchung, Lehrmeinung, systematische Darstellung eines Wissensbereichs [gr.]

The|o|soph (der, -en, -en) Anhänger der Theosophie

The|o|so|phie (die, -, -n) mystische Gottesschau [gr.]

the|o|so|phisch (Adj.) zur Theosophie gehörig

The|o|xe|ni|en (nur Mz.) altgriechischer Kult um die Götterbewirtung

the|o|zent|risch auch: the|o|zen|trisch (Adj.) Gott in den Mittelpunkt stellend

The|ra|peut (der, -en, -en) behandelnder Arzt [gr.]

The·ra·peu·tik (die, -, nur Ez.) Wissenschaft von den Therapien
The·ra·peu·ti·kum (das, -s, -ka) medizinisches Heilmittel [gr.-lat.]
the·ra·peu·tisch (Adj.) zu einer Therapie gehörig, zu Heilzwecken
The·ra·pie (die, -, -n) Heilbehandlung [gr.]
the·ra·pie·ren (V.) eine Therapie anwenden, heilbehandeln
The·ri·ak (der, -s, nur Ez.) opiumhaltiges Arzneimittel im MA [gr.-lat.]
the·ri·o·morph (Adj.) tiergestaltig (Götter) [gr.]
the·ri·o·phor (Adj.) einen Tiernamen tragend [gr.]
ther·mak·tin (Adj.) auf dem Wärmeaustausch zweier Körper beruhend
ther·mal (Adj.) zur Wärme gehörig, durch die Wärme (einer Therme)
Ther·mal·quel·le (die, -, -n) warme Quelle
Ther·me (die, -, -n) 1 Thermalquelle 2 (nur Mz.) römisches Bad [lat.]
Ther·mi·dor (der, -(s), -s) elfter Monat des Franz. Revolutionskalenders [frz. für »Hitzemonat«]
Ther·mik (die, -, nur Ez.) aufsteigende Warmluft; z.B. die Thermik über einer sommerlichen Wiese [gr.]
Therm·i·on (das, -s, -mi·o·nen) aus einer Glühkathode austretendes Ion [gr.]
ther·misch (Adj.) zur Thermik gehörig, die Wärme betreffend
Ther·mis·tor (der, -s, -en) Heißleiter [gr.-engl.]
Ther·mo·che·mie (die, -, nur Ez.) Untersuchung von chemischen Vorgängen nach Wärmeumsätzen
Ther·mo·dy·na·mik (die, -, nur Ez.) Wärmelehre [gr.]
Ther·mo·kau·ter (der, -s, -) elektrisches Glüheisen für Operationen (Med.)
Ther·mo·kraft (die, -, nur Ez.) elektromotorische Kraft, die bei Auftreten von Temperaturschwankungen im Stromleiter elektrischen Strom erzeugt
ther·mo·la·bil (Adj.) nicht wärmebeständig [nlat.]
Ther·mo·lu·mi·nes·zenz (die, -, nur Ez.) charakteristisches Aufleuchten eines Stoffes bei Erhitzen
Ther·mo·me·ta·mor·pho·se (die, -, nur Ez.) Gesteinsumwandlung durch Erhöhung der Temperatur im Gestein
Ther·mo·me·ter (das, -s, -) Temperaturmesser [gr.]
Ther·mo·met·rie auch: Ther·mo·me·trie (die, -, -n) Temperaturmessung

ther·mo·met·risch auch: ther·mo·me·trisch (Adj.) die Thermometrie betreffend
Ther·mo·mor·pho·sen (nur Mz.) temperaturabhängige Veränderung der Gestalt bei bestimmten Tieren und Pflanzen
ther·mo·nuk·le·ar auch: ther·mo·nu·kle·ar (Adj.) die Wärme betreffend, die bei einer Kernreaktion auftritt
ther·mo·o·xy·diert (Adj.) durch Wärmeeinfluss in eine Sauerstoffverbindung überführt
ther·mo·phil (Adj.) Wärme liebend; z.B. von Kleinstlebewesen [gr.]
Ther·mo·phi·lie (die, -, nur Ez.) Bevorzugung warmen Lebensraums
Ther·mo·phor (der, -s, -e) 1 isolierendes Gefäß aus Metall 2 Wärmflasche (österr.) [gr.]
Ther·mo·plast (der, -(e)s, -e) bei Wärme verformbarer Kunststoff [gr.]
ther·mo·plas·tisch (Adj.) formbar in erwärmtem Zustand
Ther·mos·fla·sche (die, -, -n) isolierendes, doppelwandiges Gefäß für Speisen und Getränke
Ther·mos·kop auch: Ther·mo·skop (das, -s, -e) Gerät zur Feststellung von Temperaturunterschieden
ther·mo·sta·bil (Adj.) wärmebeständig
Ther·mos·tat (der, -(e)s oder -en, -e oder -en) Temperaturregler (für Räume) [gr.]
Ther·mo·strom (der, -s, nur Ez.) Strom, hervorgerufen durch Thermokraft
Ther·mo·the·ra·pie (die, -, -n) medizinische Wärmebehandlung [gr.]
The·ro·phyt (der, -en, -en) einjährige Pflanze [gr.]
the·sau·rie·ren (V.) 1 eine Wortsammlung erstellen 2 Geld oder Edelmetall anhäufen
The·sau·rus (der, -, -ren oder -ri) wissenschaftliche Sammlung (von Wörtern) [gr.-lat.]
The·se (die, -, -n) zu beweisender Lehrsatz [gr.]
The·sis (die, -, -sen) Taktteil [gr.-lat.]
Thes·mo·pho·ri·en (nur Mz.) altgriechisches Fruchtbarkeitsfest zu Ehren der Göttin Demeter
Thes·pis·kar·ren (der, -s, -) Wanderbühne
The·ta (das, -, -s) achter Buchstabe des griechischen Alphabets
The·tik (die, -, nur Ez.) Wissenschaft von den Thesen
the·tisch (Adj.) wie eine These, behauptend
The·urg (der, -en, -en) Götterbeschwörer
Thi·a·min (das, -s, nur Ez.) Vitamin B_1 [gr.-nlat.]

Thi|a|mi|na|se (die, -, nur Ez.) Enzym, das Vitamin B$_1$ spalten kann
Thig|mo|ta|xis (die, -, -xen) Orientierungsbewegung durch Berührungsreiz
Thi|o|nal|farb|stoff (der, -s, -e) Farbstoff des Schwefels
Thi|o|phen (das, -s, nur Ez.) schwefelhaltige Verbindung [gr.-nlat.]
Thi|o|säu|re (die, -, -n) Sauerstoffsäure mit Schwefelatomen
thi|xot|rop *auch:* thi|xo|trop (Adj.) Thixotropie aufweisend [gr.-nlat.]
Thi|xot|ro|pie *auch:* Thi|xo|tro|pie (die, -, -ien) Eigenschaft gewisser Gele, sich durch Rühren, Schütteln u.Ä. zu verflüssigen
Tho|los (die, -, -len) Rundbau mit Säulengang [altgr.]
Tho|ma|ner (der, -s, -) Mitglied des Thomanerchors
Tho|mas|kan|tor (der, -s, -en) Leiter des Thomanerchors und Kantor der Leipziger Thomaskirche
Tho|mis|mus (der, -, nur Ez.) Lehre des Thomas von Aquin (1225–1274)
Tho|mist (der, -mis|ten, -mis|ten) Anhänger des Thomismus
Tho|ra (die, -, nur Ez.) die fünf Bücher Mosis [hebr.]
tho|ra|kal (Adj.) zum Thorax gehörig
Tho|ra|ko|plas|tik (die, -, -en) Operationstechnik bei Lungenerkrankungen
Tho|ra|kos|kop *auch:* Tho|ra|ko|skop (das, -s, -e) Instrument zur Ausleuchtung der Brustfellhöhle
Tho|ra|ko|to|mie (die, -, -n) Öffnung der Brusthöhle (Med.)
Tho|ra|ko|zen|te|se (die, -, -n) Bruststich (Med.)
Tho|rax (der, -(es), -e oder -ra|ces) **1** Brustkorb **2** mittlerer Körperabschnitt; z.B. bei Insekten [gr.]
Tho|ri|um (das, -s, nur Ez.) ein radioaktives Element, Weichmetall [nlat.]
Tho|ron (das, -s, nur Ez.) ein Radonisotop; Zeichen: Tn
Thre|nos (der, -, -noi) Klagelied [gr.]
Thril|ler [θrɪl-] (der, -s, -) Schauerroman; Reißer (auch Film, Bühnenstück) [engl.]
Thrips (der, -, -e) ein Insekt, Blasenfüßer [gr.]
Throm|bas|the|nie *auch:* Thromb|as|the|nie (die, -, -n) verminderte Funktionstüchtigkeit der Blutplättchen
Throm|bin (das, -s, nur Ez.) Blutgerinnungsenzym [gr.]
Throm|bo|ar|te|ri|i|tis (die, -, -i|ti|den) Entzündung einer Arterie
Throm|bo|gen (das, -s, -e) Faktor der Blutgerinnung
Throm|bo|pe|nie (die, -, -n) Blutplättchenmangel
Throm|bo|se (die, -, -n) Pfropfbildung in einem Blutgefäß, Blutgerinnselkrankheit [gr.]
Throm|bo|zyt (der, -en, -en) Blutplättchen [gr.]
Throm|bo|zy|to|ly|se (die, -, -n) Zerfall der Blutplättchen
Throm|bo|zy|to|se (die, -, nur Ez.) krankhafte Vermehrung der Blutplättchen
Throm|bus (der, -, -ben) Thrombose bewirkendes Blutklümpchen [gr.-lat.]
Thu|ja *(auch:* Thu|je) (die, -, -jen) Lebensbaum [gr.]
Thu|ja|öl (das, -s, nur Ez.) ätherisches Öl des Lebensbaums
Thu|je (die, -, -n) = Thuja
Thu|li|um (das, -s, nur Ez.) ein Element, Metall [nlat.]
Thun *(auch:* Tun) (der, -s, -e) großer warmblütiger Meeresfisch [frz.]
Thu|rin|git (der, -s, -e) silurischer Eisenoolith [nlat.]
Thyl|le (die, -, -n) Tüpfelbläschen im Kernholz bestimmter Bäume [gr.-nlat.]
Thy|mi|an (der, -s, -e) aromatisch duftender Lippenblütler; dessen Blätter als Gewürz [gr.]
Thy|mi|tis (die, -, -mi|ti|den) Entzündung der Thymusdrüse
Thy|mo|lep|ti|kum (das, -s, -ka) Arzneimittel zur Behandlung von endogenen Depressionen [gr.-nlat.]
Thy|mom (das, -s, -e) Geschwulst, von der Thymusdrüse ausgehend
Thy|mo|path (der, -en, -en) ein Gemütskranker
Thy|mo|pa|thie (die, -, -n) Gemütskrankheit
Thy|mo|psy|che (die, -, nur Ez.) gemüthafter Teil des Seelenlebens
Thy|mo|se (die, -, -n) Gefühlsschwankungen unterworfener Gemütszustand in der Pubertät
Thy|mus (der, -, nur Ez.) Wachstumsdrüse; z.B. das Bries bei Kälbern [gr.]
Thy|rat|ron *auch:* Thy|ra|tron (das, -s, -e) Schaltelement, bestehend aus einer mit Edelgas gefüllten Röhre
thy|re|o|gen (Adj.) von der Schilddrüse verursacht [gr.-nlat.]
Thy|re|o|i|dea (die, -, -i|de|en) Schilddrüse [gr.]
Thy|re|o|i|dek|to|mie *auch:* Thy|re|o|id|ek|to|mie (die, -, -n) Entfernung der Schilddrüse (Med.)

Thy·re·o·i·di·tis (die, -, -di·ti·den) Schilddrüsenentzündung

Thy·re·os·ta·ti·kum auch: Thy·re·o·sta·tikum (das, -s, -ka) ein die Schilddrüsenfunktion hemmender Stoff

Thy·re·o·to·xi·ko·se (die, -, -n) krankhafte Überfunktion der Schilddrüse

Thy·ris·tor (der, -s, -to·ren) ein Halbleiterbauelement [gr.-nlat.]

Thy·ro·xin auch: Thyr·o·xin (das, -s, -e) ein Schilddrüsenhormon [gr.-nlat.]

Thyr·sos (der, -, -si) weinumwundener Stab des Dionysos [gr.]

Ti·a·ra (die, -, -ren) Papstkrone (früher) [gr.]

Ti·bet (der, -s, -e) Kammgarnstoff aus Tibetoder Schafwolle

Ti·be·ta·ner (der, -s, -) Ew. Tibets

ti·be·ta·nisch (Adj.) zu Tibet gehörig

Ti·be·ter (der, -s, -) = Tibetaner

ti·be·tisch (Adj.) = tibetanisch

Ti·bia (die, -, -bi·ae) Schienbein [lat.]

Tic (der, -s, -s) nervöses Muskelzucken [frz.]

Ti·cker (der, -s, -) Fernschreiber

Ti·cket (das, -s, -s) Fahrkarte (bes. im Flugverkehr), Eintrittskarte [engl.]

Tick·fie·ver (das, -s, nur Ez.) Infektionskrankheit; Zeckenfieber [engl.]

Tie·break auch: Tie-Break) (das, -s, -s) Punktezählung im Tennis, um bei Unentschieden eine Entscheidung herbeizuführen [engl.]

Ti·er·ra ca·lien·te (die, - -, nur Ez.) unterste von drei klimatischen Höhenstufen der Gebirgsländer Süd- und Mittelamerikas [lat.-span.]

Ti·er·ra fria (die, - -, nur Ez.) oberste von drei klimatischen Höhenstufen der Gebirgsländer Süd- und Mittelamerikas [lat.-span.]

Ti·er·ra temp·la·da auch: Ti·er·ra tem·pla·da (die, - -, nur Ez.) mittlere von drei klimatischen Höhenstufen der Gebirgsländer Süd- und Mittelamerikas [lat.-span.]

Tiers-État (der, - -, nur Ez.) dritter Stand der frz. Gesellschaftsordnung nach Adel und Klerus (vor der Frz. Revolution)

Ti·gon (der, -s, -) Kreuzung aus einem Tigermännchen und einem Löwenweibchen [engl. Kurzwort aus tiger und lion]

tig·ro·id auch: ti·gro·id (Adj.) ähnlich gestreift wie ein Tiger

Ti·kal (der, -(s), -(s)) thailändische Münzeinheit

Ti·ki (der, -s, -s) großes Götterbild in Polynesien und Neuseeland

Til·bu·ry [-bərɪ] (der, -s, -s) zweirädriger Einspänner mit Klappverdeck [engl.]

Til·de (die, -, -n) 1 Aussprachezeichen; z.B. zur Angabe der Nasalierung eines Vokals »ã, õ« 2 Wortauslassungszeichen: ~; z.b. die Wörterbuch~ [span.]

Ti·lia (die, -, nur Ez.) Linde (als Heilpflanze; z.B. Tiliae flos: Lindenblüten) [lat.]

Ti·li·a·ze·en (nur Mz.) Gruppe der Lindengewächse

Til·land·sie (die, -, -n) auf Bäumen wachsende Luftnelke (Ananasgewächs)

Til·lit (der, -s, -e) verfestigte Lehmschicht

Tim·ba·les (die, nur Mz.) Trommelpaar (südamerikanisch)

Timb·re auch: Tim·bre [tɛ̃:brə] (das, -s, -s) angenehme (tiefe) Klangfarbe (einer Sing-, Sprechstimme) [frz.]

timb·riert auch: tim·briert [tɛ̃-] (Adj.) mit Timbre

ti·men [taɪ-] (V.) die Zeit berechnen, messen; ein Zeitpunkt festsetzen [engl.]

Time-out (das, -s, -s) Spielunterbrechung, Auszeit

Time·sha·ring [taɪmʃeərɪŋ] (das, -s, -s) computergesteuerte Zeitteilung für mehrere Benutzer, die gleichzeitig an eine EDV-(Groß-)Anlage angeschlossen sind [engl.]

Ti·ming [taɪ-] (das, -s, nur Ez.) das Timen

Ti·mo·kra·tie (die, -, -n) Gewährung politischer Rechte abgestuft nach Vermögen [gr.]

Ti·mo·the·us·gras (das, -es, nur Ez.) Futterpflanze

Tim·pa·no (der, -s, -ni) Kesselpauke

tin·gie·ren (V.) färben, eintauchen

Tink·ti·on (die, -, -ti·o·nen) chemisches Färben

Tink·tur (die, -, -en) Auszug aus tierischen oder pflanzlichen Stoffen [lat.]

Tin·nef (der, -, nur Ez.) Plunder; Blödsinn [jidd.]

Ti·pi (das, -s, -s) spitzkegeliges Stangenzelt (der Prärieindianer) [Sioux]

Tipp (der, -s, -s) Hinweis, Wink, Vorhersage [engl.]

tipp·topp (Adj.) tadellos (ugs.) [engl.]

Tips·ter (der, -s, -) jmd., der berufsmäßig Wettips vergibt

Ti·ra·de (die, -, -n) 1 Wortschwall, langweilige und weitschweifige Rede 2 Lauf von Tönen [frz.]

Ti·rail·leur [tirajø:ɐ] (der, -s, -e oder -s) in geöffneter Schlachtordnung kämpfender Soldat (veraltet) [frz.]

Ti·ra·mi·su (das, -, nur Ez.) eine Süßspeise, Löffelbiskuits mit Mascarpone und Likör sowie einer Kakaoschicht darüber [it.]

Ti·rass (der, -es, -e) Deckgarn für den Fang von Felshühnern

ti·ro·ni·sche No·ten (die, nur Mz.) römische Kurzschrift

Ti|tan (der, -en, -en) altgriechische Sagengestalt; Riese [gr.] **2** (das, -s, nur Ez.) ein Element, Hartmetall
ti|ta|nisch (Adj.) riesenhaft [gr.]
Ti|ta|nit (der, -s, -e) titanhaltiges Mineral
Ti|ta|no|ma|chie (die, -, nur Ez.) griechische Sage vom Kampf der Titanen mit Zeus
Ti|tel (der, -s, -) **1** Name eines Buches **2** Beruf, Stand, Würde, Rang **3** Verwendungszweck von bestimmten Staatsausgaben **4** durch Gerichtsbeschluss rechtmäßiger Anspruch auf etwas [lat.]
Ti|tel|lei (die, -, -en) erste Seiten eines Buches mit allen Titelangaben
ti|teln (V.) einem Film einen Titel geben
Ti|tel|part (der, -s, -e) Titelrolle eines Stücks
Ti|ter (der, -s, -) Gehalt einer Lösung an aufgelöster Substanz [frz.]
Ti|thon (das, -s, nur Ez.) Übergang zwischen Jura und Kreidezeit
Tit|lo|nym (das, -s, -e) Autorenname, der sich auf vorherige Veröffentlichungen oder eine Berufsbezeichnung bezieht
Tit|ra|ti|on *auch:* Ti|tra|ti|on (die, -, -ti|o|nen) das Titrieren
tit|rie|ren *auch:* ti|trie|ren (V.) den Titer ermitteln
Tit|ri|met|rie *auch:* Tit|ri|me|trie/Ti|tri|me|trie (die, -, -n) chemische Maßanalyse [frz.-gr.]
Ti|tu|lar (der, -s, -e) **1** Titelträger (veraltet) **2** jmd., der ein Amt nur dem Titel nach ausübt; z.B. der Bürgermeister einer zerstörten Stadt [gr.-lat.]
Ti|tu|la|tur (die, -, -en) das Titulieren
ti|tu|lie|ren (V.) mit einem, allen Titeln anreden
ti|tu|lo ple|no mit vollem Namen [lat.]
Ti|vo|li (das, -s, -s) **1** Vergnügungsstätte (bes. in Kopenhagen) **2** italienisches Kugelspiel
ti|zi|an (Adj.) kurz für tizianblond, tizianrot
Tjä|le (die, -, -) Dauerfrostboden
Tjalk (die, -, -en) einmastiger Küstensegler
Tjost (der, -s, -e) ritterlicher Zweikampf
Toast [tɔʊst] (der, -s, -s) **1** Trinkspruch **2** geröstete Weißbrotscheibe [engl.]
toas|ten [tɔʊ-] (V.) **1** einen Trinkspruch ausbringen **2** eine Weißbrotscheibe rösten [engl.]
Toas|ter (der, -s, -) elektrischer Brotröster [engl.]
To|bog|gan (der, -s, -s) **1** Schlitten mit hochgebogenem Vorderteil (bei kanad. Indianern) **2** große Rutsche, auf die man über ein Fließband hochgezogen wird (auf Volksfesten) [Algonkin]
Toc|ca|ta (die, -, -ten) = Tokkata

Toe|loop (der, -s, -s) Drehsprung im Eiskunstlauf [engl.]
Tof|fee [-fɪ] (das, -s, -s) weiches Sahnebonbon [engl.]
To|fu (der, -s, nur Ez.) aus geronnener Sojamilch gewonnener Sojabohnenquark [japan.]
To|ga (die, -, -gen) weites, weißes Männerobergewand (im alten Rom) [lat.]
To|ga|ta (die, -, -ten) altrömische Komödie mit römischem Thema und Kostüm [lat.]
To|go|er (der, -s, -) Einwohner des westafrikanischen Staates Togo
To|go|le|se (der, -n -n) = Togoer
To|hu|wa|bo|hu (das, -s, -s) Durcheinander, schlimmer Verhau [hebr.]
Toile [twal] (der, -s, -s) Seidengewebe [lat.-frz.]
Toi|let|te [twa-] (die, -, -n) **1** WC (mit Waschraum) **2** Gesellschaftsaufmachung von Frauen; in großer Toilette erscheinen; das Ankleiden, Frisieren (dafür); der Spiegeltisch (dafür) [frz.]
To|ka|dil|le (das, -s, nur Ez.) Brettspiel
To|kai|er (*auch:* To|ka|jer) *oder* [toː-] (der, -s, -) dunkelgelber ungarischer Süßwein
Tok|ka|ta (*auch:* Toc|ca|ta) (die, -, -en) frei gestaltetes Musikstück (für Tasteninstrumente) [it.]
tok|kie|ren (V.) mit kurzen Pinselstrichen malen [Kunstwort]
To|ko|go|nie (die, -, -n) geschlechtliche Fortpflanzung [gr.-nlat.]
To|ko|lo|gie (die, -, nur Ez.) Lehre von Geburt und Geburtshilfe
To|la (das, -s, -s) indisches Gewicht
to|le|ra|bel (Adj.) tolerierbar, erträglich
to|le|rant (Adj.) duldsam; andere Denkweisen gelten lassend [lat.]
To|le|ranz (die, -, -en) **1** (nur Ez.) das Tolerantsein **2** zulässige Abweichung, Messspielraum **3** begrenzte Widerstandsfähigkeit; z.B. nur wenig Toleranz gegen Kälte haben [lat.]
to|le|rie|ren (V.) **1** dulden, gelten lassen **2** technische Abweichungen zulassen [lat.]
To|lu|bal|sam (der, -s, nur Ez.) Duftstoff
To|lu|i|din (das, -s, nur Ez.) Amin zur Farbherstellung
To|lu|ol (das, -s, nur Ez.) ein aromatischer Kohlenstoff; z.B. als Lösungsmittel [nlat.]
To|ma|hawk [-hɔːk] (der, -s, -s) Streitaxt nordamerikanischer Indianer [Algonkin-engl.]
Tom|bak (der, -s, nur Ez.) weiche Kupfer-Zink-Legierung [malai.]
tom|ba|ken (Adj.) **1** aus Tombak hergestellt **2** unecht
Tom|ba|le (die, -, -n) Pastetenart
Tom|ba|sil (das, -s, nur Ez.) siliziumhaltiger Tombak

Tom¹bo¹la (die, -, -s oder -len) große Verlosung [it.]
Tom¹my (der, -s, -s) englischer Soldat (in den beiden Weltkriegen; ugs.)
To¹mo¹gra¹fie (*auch:* To¹mo¹gra¹phie) (die, -, -n) Aufnahme verschieden tiefer Organschichten [gr.]
To¹mus (der, -, -mi) Band (einer Buchreihe, veraltet) [gr.-lat.]
to¹nal (Adj.) auf eine Grundtonart bezogen, nicht atonal [frz.]
To¹na¹li¹tät (die, -, nur Ez.) das Tonalsein
Ton¹do (das, -s, -s) kreisförmiges Bild aus der Florentiner Kunst (15. u. 16. Jh.)
Ton¹ga¹ner (der, -s, -) Einwohner des Königreichs Tonga in Ozeanien [polynes.]
To¹nic (das, -(s), -s) **1** mit Chinin und Kohlensäure versetztes Wasser; z.B. zum Verdünnen von Gin **2** Haarwasser [engl.]
To¹ni¹ka (die, -, -ken) Grundton einer Tonart; Dreiklang auf der ersten Stufe [gr.-it.]
To¹ni¹kum (das, -s, -ka) Stärkungsmittel
to¹nisch (Adj.) **1** stärkend **2** die Tonik betreffend
to¹ni¹sie¹ren (V.) den Tonus erhöhen; z.B. die Rückenmuskulatur
Ton¹na¹ge [-ʒə] (die, -, -n) Rauminhalt eines Schiffes (in Bruttoregistertonnen), Gesamtschiffsraum einer Flotte [frz.]
To¹no¹gra¹fie (*auch:* To¹no¹gra¹phie) (die, -, nur Ez.) Messung des Augeninnendrucks
To¹no¹me¹ter (der, -s, -) **1** Messgerät für den Blut- oder **2** Augeninnendruck [gr.-nlat.]
Ton¹phy¹si¹o¹lo¹gie (die, -, nur Ez.) physikalische Betrachtungsweise des Hörens und der Töne
Ton¹si¹li¹tis (die, -, -li¹ti¹den) Mandelentzündung [lat.-gr.]
Ton¹sil¹le (die, -, -n) Gaumen-, Rachenmandel [lat.]
Ton¹si¹lo¹tom (das, -s, -e) Instrument zur Entfernung der Mandeln (Med.)
Ton¹sur (die, -, -en) rund ausrasierte Stelle am Oberkopf (früher bei Mönchen) [lat.]
To¹nus (der, -, nur Ez.) **1** Ganzton **2** nervlich gesteuerter Spannungszustand der Muskeln [lat.]
Top (das, -s, -s) Oberteil mit Trägern [engl.]
Top¹act [-ækt] (der, -s, -s) die Hauptattraktion [engl.]
To¹pas auch: [toː-] (der, -es, -e) ein Mineral, Schmuckstein [gr.]
to¹pa¹sie¹ren (V.) Quarz zu Topas brennen
To¹pa¹zo¹lith (der, -s, -en) Mineral
To¹phus (der, -, -phi) Knoten (Med.)
To¹pik (die, -, nur Ez.) **1** Lehre von den Topoi (siehe Topos) **2** Lehre von der Anordnung der Organe im Körper

to¹pi¹kal (Adj.) gegenstandsbezogen
To¹pi¹ka¹li¹sie¹rung (die, -, nur Ez.) Hervorhebung eines Satzglieds durch besondere Stellung im Satz
To¹pi¹nam¹bur (der, -s, -s oder -e) eine nordamerikanische Sonnenblume; deren kartoffelähnliche Knolle (die etwa wie eine Möhre schmeckt) [indian.]
to¹pisch (Adj.) **1** einen Topos behandeln **2** äußerlich, örtlich (Med.)
Top¹la¹der (der, -s, -) von oben zu füllende Waschmaschine [engl.]
top¹less (Adj.) busenfrei, ohne Oberteil
Top¹ma¹nage¹ment [-mænɪdʒmənt] (das, -s, nur Ez.) oberste Unternehmensleitung [engl.]
Top¹ma¹na¹ger [-mænɪdʒə] (der, -s, -) Spitzenmanager
To¹po¹al¹gie (die, -, -n) Schmerz an einer klar umrissenen Stelle [gr.-nlat.]
to¹po¹gen (Adj.) von einer bestimmten Stelle ausgehend
To¹po¹graf (*auch:* To¹po¹graph) (der, -en, -en) Ingenieur für Vermessungstechnik
To¹po¹gra¹fie (*auch:* To¹po¹gra¹phie) (die, -, nur Ez.) **1** Beschreibung kleinräumiger Gebiete der Erdoberfläche **2** Beschreibung der Lage von Organen
to¹po¹gra¹fisch (*auch:* to¹po¹gra¹phisch) (Adj.) zur Topografie gehörig [gr.]
To¹po¹lo¹gie (die, -, nur Ez.) Geometrie der Lage [gr.]
To¹po¹ny¹mie (die, -, nur Ez.) Bestand an Ortsnamen einer Region
To¹pos (der, -, -poi) feststehende Redewendung, formelhafter sprachlicher Ausdruck [gr.]
top¹sec¹ret *auch:* top¹se¹cret [-siːkrɪt] (Adj.) streng geheim [engl.]
Top¹spin (der, -s, -s) Ball, der so geschlagen wurde, dass er sich um seine waagrechte Achse in Flugrichtung dreht; z.B. beim Tischtennis [engl.]
Toque [tɔk] kleiner Damenhut in Barettform
Tor¹dalk *auch:* Tord¹alk (der, -s, -en) arktischer Seevogel [schwedisch]
tor¹die¹ren (V.) verdrehen [lat.-frz.]
To¹re¹a¹dor (der, -s, -en) Stierkämpfer zu Pferd [span.]
To¹re¹ro (der, -s, -s) Stierkämpfer [span.]
To¹reu¹tik (die, -, nur Ez.) Kunst der Metallbearbeitung; z.B. das Ziselieren [gr.]
To¹rii [toriːi] (das, -s, -s) frei stehendes Tor in Schintotempeln Japans
to¹risch (Adj.) wulstförmig [nlat.]
Tor¹men¹till (der, -s, nur Ez.) ein Fingerkraut, die Blutwurz (als Arzneipflanze) [lat.]

Törn (der, -s, -s) Segelbootfahrt, -reise [engl.]
Tor|na|do (der, -s, -s) **1** Wirbelsturm (in Nordamerika) **2** Doppelrumpfjolle (im Segelsport) [span.]
Tor|nis|ter (der, -s, -) Ranzen, tragbarer Behälter [slaw.]
To|ro (der, -s, -s) Stier [span.]
To|ross (der, -, -en) Packeis [russ.]
tor|pe|die|ren (V.) **1** mit einem Torpedo beschießen **2** schwer stören; z.B. eine Sitzung torpedieren
Tor|pe|do (der, -s, -s) **1** Unterwassergeschoss mit Eigenantrieb und Sprengladung in der Spitze **2** Zitterrochen-Art [lat.]
tor|pid (Adj.) **1** regungslos **2** stumpfsinnig (Med.) **3** unbeeinflussbar (Med.)
Tor|pi|di|tät (die, -, nur Ez.) **1** Starrheit **2** Stumpfsinn **3** Unbeeinflussbarkeit [nlat.]
Tor|ques [-kvɛs] (der, -, -) offener Halsoder Armring aus Metall [lat.]
tor|quie|ren (V.) **1** drehen, krümmen **2** foltern
Torr (das, -(s), -) Maßeinheit für den Luftdruck (früher) [it.-lat.]
Tor|ren|te (der, -, -n) Bach, der nur nach heftigem Regen Wasser führt [ital.]
Tor|sel|lett (das, -s, -s) Unterhemd mit Strapsen
Tor|si|o|graph (der, -en, -en) Messgerät für Torsionsschwingungen [lat.-gr.]
Tor|si|on (die, -, -si̯o̯nen) Verdrehung (um die eigene Längsachse) [lat.]
Tor|so (der, -s, -s oder -si) Statue mit fehlenden Gliedmaßen oder fehlendem Kopf; etwas Bruchstückhaftes, Unvollendetes [it.]
Tort (der, -s, nur Ez.) Kränkung [frz.]
Tor|te|lett (auch: Tor|te|lett|te) (das, -(e)s, -s) Törtchen, mit Früchten u.a. belegtes Mürbteigschälchen [frz.]
Tor|te|let|te (die, -, -n) = Tortelett
Tor|te|li|no (der, -s, -ni) gefüllter Nudelteigring [ital.]
Tor|ti|kol|lis (der, -, nur Ez.) Schiefhals
Tor|til|la [-tɪlja] (die, -, -s) **1** Maismehlpfannkuchen (bes. in Mexiko) **2** Omelett mit verschiedenen Füllungen [span.]
Tor|tur (die, -, -en) Folter, große Plage, Qual [lat.]
To|rus (der, -, -ri) Kreiswulst; Säulenwulst [lat.]
To|ry (der, -s, -s) britischer Konservativer [engl.]
To|rys|mus (der, -, nur Ez.) polit. Richtung der Torys
to|rys|tisch (Adj.) die Torys betreffend
tos|to (Adj.) eilig, sofort [ital.]
to|tal (Adj.) ganz, völlig [lat.]

To|ta|le (die, -, -en) Kameraaufnahme von der gesamten Szene [lat.]
To|ta|li|sa|tor (der, -s, -toren) **1** Sammelgefäß für Niederschlagsmessungen **2** Wetteinrichtung (auf Pferderennbahnen) [frz.]
to|ta|li|tär (Adj.) allumfassend, überall regelnd und eingreifend (von politischen Systemen) [frz.]
To|ta|li|ta|ris|mus (der. -, nur Ez.) das Totalitärsein [nlat.]
To|ta|li|tät (die, -, nur Ez.) Gesamtheit, Vollständigkeit [frz.]
to|ta|li|ter (Adv.) gänzlich [lat.]
To|tem (das, -s, -s) **1** Stammeszeichen (bei nordamerikanischen Indianern) **2** Wesen oder Ding, das als Verkörperung der Ahnen verehrt wird [Algonkin]
To|te|mis|mus (der, -, nur Ez.) religiöse Bindung an ein Totem, einen Schutzgeist [Algonkin-nlat.]
To|tem|pfahl (der, -s, -pfäh|le) geschnitzter Pfahl der Ahnenverehrung bei Indianern
to|ti|po|tent (Adj.) noch nicht festgelegte Differenzierung
To|to (der oder das, -s, -s) Sportwette (auf Fußball-, Pferderennergebnisse) [frz. Kurzwort]
To|tum (das, -s, nur Ez.) das Ganze
Touch [tʌtʃ] (der, -s, -s) besondere Note (ugs.) [engl.]
tou|chant [tuʃɑ̃] (Adj.) bewegend, rührend [frz.]
tou|chie|ren [tuʃiː-] (V.) leicht berühren (im Sport) [frz.]
Tou|pet [tupeː] (das, -s, -s) künstliches Haarteil [frz.]
tou|pie|ren [tu-] (V.) Haarsträhnen durch kurze Kammbewegungen in Richtung Kopfhaut aufbauschen [frz.]
Tour [tuːɐ̯] (die, -, -en) **1** Wegstrecke; Ausflug **2** (nur Mz.) Umdrehungen; z.B. auf Touren kommen **3** (abgedroschene) Art und Weise (ugs.); z.B. immer dieselbe Tour versuchen [frz.]
Tour de Force (die, - - -, -s - -) Gewaltaktion [frz.]
Tour d'Ho|ri|zon [-dɔrizɔ̃] (die, - -, -s -) Rundblick [frz.]
tou|ren (V.) **1** unterwegs sein **2** eine Tournee machen
Tou|ris|mus [tu-] (der, -, nur Ez.) Fremdenverkehr [engl.-nlat.]
Tou|rist [tu-] (der, -ris|ten, -ris|ten) Urlaubsreisender [engl.-nlat.]
Tou|ris|tik [tu-] (die, -, nur Ez.) Fremdenverkehrswesen [engl.-nlat.]
tou|ris|tisch [tu-] (Adj.) zum Tourismus, zur Touristik gehörig

Tour'nant (der, -(s), s-) Aushilfskraft im Hotelgewerbe
Tour'ne'dos [turnədoː] (das, -, -) garniertes Lendensteak auf Toast [frz.]
Tour'nee [turneː] (die, -, -ne̱en oder -s) Gastspielreise (eines darstellenden Künstlers) [frz.]
Tour'ni'quet [-keː] (das, -s, -s) **1** Drehkreuz **2** Aderpresse **3** spiralförmiges Blätterteiggebäck [frz.]
To'wa'rischtsch (der, -(s), -i oder -s) Genosse (als russ. Anrede)
To'wer [tau-] (der, -s, -) Kontrollturm auf Flughäfen [engl.]
Tow'garn (das, -s, nur Ez.) Garn aus Flachsabfall
To'xal'bu'min *auch:* Tox'al'bu'mi̱n (das, -s, -e) Eiweißstoff (giftig)
To'xä'mie *auch:* Tox'ä'mi̱e (die, -, -n) Blutvergiftung
to'xi'gen (Adj.) **1** durch Vergiftung verursacht **2** Giftstoffe erzeugend
To'xi'ko'dend'ron *auch:* To'xi'ko'de̱n'dron (der, -s, -ren/-dren) Giftbaum (südafrikanisch)
To'xi'ko'lo'gie (die, -, nur Ez.) Wissenschaft von den Giften, Vergiftungen [gr.]
To'xi'ko'ma'nie (die, -, -n) Medikamentensucht
To'xi'ko'se (die, -, -n) Erkrankung durch im Körper selbst entstandene Giftstoffe [gr.]
To'xi'kum (das, -s, -ka) Gift [gr.-lat.]
To'xin (das, -s, -e) organischer Giftstoff, der von Kleinstlebewesen herrührt [gr.-nlat.]
to'xisch (Adj.) giftig [gr.]
To'xi'zi'tät (die, -, nur Ez.) das Toxischsein, Giftigkeit
To'xo'id (das, -s, -e) entgiftetes Toxin
To'xon (das, -s, -e) lähmendes Diphtheriegift
To'xo'pho'bie (die, -, -n) krankhafte Angst, sich zu vergiften
To'xo'plas'mo'se (die, -, -n) durch Protozoen hervorgerufene Krankheit, die die Leibesfrucht schädigt (und z.B. von Haustieren übertragen wird) [gr.]
Tra'bant (der, -en, -en) **1** = Satellit **2** abhängiger Begleiter [tschech.]
Tra'be'kel (die, -, -n) Längswulst aus Muskelfasern [lat. für »Bälkchen«]
Tra'cer [treisə] (der, -s, -) ein Radioindikator, radioaktiver Stoff, dessen Weg (z.B. im Organismus) verfolgt werden kann [engl.]
Tra'chea (die, -, -che̱en) Luftröhre [gr.]
tra'che'al (Adj.) zur Luftröhre gehörend [gr.-lat.]
Tra'chee (die, -, -n) **1** eine von vielen Atmungsröhren, die den Körper z.B. von Insekten durchziehen **2** eines von vielen Leitgefäßen, die den Pflanzenkörper mit Wasser und Mineralsalzen versorgen [gr.]
Tra'che'i'tis (die, -, -i̱ti'den) Luftröhrenentzündung [gr.]
Tra'che'o'ma'la'zie (die, -, nur Ez.) Luftröhrenknorpelerweichung
Tra'che'os'kop *auch:* Tra'che'o'skop (das, -s, -e) Luftröhrenspiegel (Med.)
Tra'che'os'ko'pie *auch:* Tra'che'o'sko'pi̱e (die, -, -n) Luftröhrenspiegelung (Med.)
Tra'che'os'te'no'se *auch:* Tra'che'o'ste'no̱'se (die, -, -n) Luftröhrenverengung (Med.)
Tra'che'o'ze'le (die, -, -n) Luftröhrenbruch
Tra'che'to'mie (die, -, -n) Luftröhrenschnitt
Tra'chom (das, -s, -e) schwere Augenbindehautentzündung, ägyptische Augenentzündung [gr.]
Tra'chyt (der, -s, -e) Ergussgestein
Track [træk] (der, -s, -s) **1** Schiffahrtsweg zwischen zwei Häfen **2** Bahn, Spur [engl.]
Trade'mark [treɪd-] (die, -, -s) Schutzmarke, Warenzeichen [engl.]
Tra'des'kan'tie (die, -, -n) amerikanisches Commelinengewächs, Zierpflanze mit hängenden Trieben [engl.-nlat.]
Trade U'ni'on (treɪdjuːnjən] (die, - -, - -s) Gewerkschaft [engl.]
Trade'u'ni'o'nis'mus (der, -, nur Ez.) engl. Gewerkschaftsbewegung
tra'die'ren (V.) überliefern [lat.]
Tra'di'ti'on (die, -, -ti̱o'nen) Überlieferung, Brauch, Weitergabe (von Kulturellem) [lat.]
Tra'di'ti'o'na'lis'mus (der, -, nur Ez.) bewusstes Festhalten der Tradition
Tra'di'ti'o'na'list (der, -li̱s'ten, -li̱s'ten) Anhänger des Traditionalismus
tra'di'ti'o'nell (Adj.) traditionsgemäß
Tra'duk'ti'o'nym (das, -s, -e) Deckname eines Autors durch Übersetzung des Namens in eine Fremdsprache
Tra'fik (die, -, -en) = Kiosk; Tabakverkaufsstelle (österr.) [it.]
Tra'fi'kant (der, -en, -en) Besitzer, Betreiber einer Trafik
Tra'fo (der, -s, -s) = Transformator [Kurzwort]
Tra'gant (der, -(e)s, -e) Gattung der Schmetterlingsblütler; aus bestimmten Arten hergestellte Schleimsubstanz [gr.-lat.]
Tra'ge'laph (der, -en, -en) ein Fabeltier, Bockhirsch [gr.]
Tra'gik (die, -, nur Ez.) erschütterndes Leid, Unglück; tragische (Bühnen-)Handlung [gr.]
Tra'gi'ker (der, -s, -) Tragödiendichter
Tra'gi'ko'mik (die, -, nur Ez.) halb tragische, halb komische Wirkung [gr.-nlat.]
Tra'gi'ko'mö'die (die, -n, -n) Drama mit enger Verknüpfung von Tragik und Komik

tra'gisch (Adj.) voller Tragik, erschütternd; zur Tragödie gehörig

Tra'gö'de (der, -n, -n) Tragödienschauspieler

Tra'gö'die (die, -, -n) **1** Schauspiel voller Tragik, Trauerspiel **2** erschütterndes Leid, Unglück [gr.]

Trai'ler [treɪ-] (der, -s, -) **1** werbender Vorfilm **2** Vorschau **3** Wagenanhänger [engl.]

Trail'le (die, -, -n) Fährseil

Train [trɛ̃ː] *oder* [treːn] (der, -s, s) Nachschubtruppe (veraltet) [frz.]

Trai'nee [trɛniː] (der, -s, -s) Hochschulabsolvent, der in einem Unternehmen umfassend ausgebildet wird [engl.]

Trai'ner [trɛː-] (der, -s, -) jmd., der Sportler trainiert

trai'nie'ren [trɛː-] oder [treː-] (V.) das sportliche Leistungsvermögen durch körperliche Übungen verbessern, aufrecht erhalten [engl.]

Trai'ning [treɪ-] (das, -s, -s) das Trainieren

Tra'jekt (das oder der, -(e)s, -e) Eisenbahnfähre [lat.]

Tra'jek'to'rie (die, -, -n) Linie, die unter gleichbleibendem Winkel jede Kurve einer ebenen Kurvenschar schneidet

Tra'kas'se'rie (die, -, -n) Quälerei [frz.]

Trakt (der, -(e)s, -e) **1** lang gestreckter Gebäudeteil **2** Strecke (Verdauungstrakt) **3** Landstrich [lat.]

Trak'ta'ri'a'nis'mus (der, -, nur Ez.) katholisierende Bewegung in der Anglikanischen Kirche im 19. Jh.

Trak'tat (der oder das, -(e)s, -e) Abhandlung, religiöse Schrift [lat.]

trak'tie'ren (V.) misshandeln; im Übermaß anbieten, fordern, geben

Trak'ti'on (die, -, -ti'o'nen) Zugkraft

Trak'tor (der, -s, -to'ren) landwirtschaftliche Zugmaschine, Trecker [nlat.]

Trak'to'rist (der, -is'ten, -is'ten) Traktorfahrer

Trakt'rix *auch:* **Trak'trix** (die, -, -ri'zes/-tri'zes) deren Tangenten von einer Leitlinie im gleichen Abstand vom Tangentenberührungspunkt geschnitten werden

Trak'tur (die, -, -en) auszulösender Zug des Regierwerks einer Orgel [lat.]

Trak'tus (der, -, -) Bußpsalm für die Fastenzeit

Tral'je (die, -, -n) Gitterwerk

Tram (die, -, -s) Straßenbahn (bayr.-österr.) [engl.]

Trame [traːm] (die, -, nur Ez.) Schussfaden aus Naturseide

Tra'me'lo'gö'die (die, -, -n) Kunstgattung zwischen Tragödie und Oper

Tra'met'te (die, -, -n) grobe Schussseide

Tra'mi'ner (der, -s, nur Ez.) **1** Südtiroler Wein **2** Rebsorte

Tra'mon'ta'na (die, -, -nen) oberital. Nordwind

Tramp [træmp] (der, -s, -s) **1** Landstreicher **2** unregelmäßig verkehrender Flussdampfer [engl.]

tram'pen [træm-] (V.) durch eine bestimmte Handgeste zeigen, dass man von einem Auto mitgenommen werden möchte; per Anhalter fahren [engl.]

Tram'per [træm-] (der, -s, -) jmd., der trampt

Tram'po'lin (*auch* [-lin]) (das, -s, -e) Federsprungtuch in einem festen Rahmengestell [it.]

Tran'ce [trãːs] (die, -, -n) Zustand verminderten Bewusstseins und eingeschränkter Willensfreiheit, Dämmerzustand; z.B. nach Hypnose [frz.-engl.]

Tran'che [trãːʃ] (die, -, -n) **1** fingerdicke Fleischscheibe **2** Anleihenteilbetrag [frz.]

tran'chie'ren [trãʃiː-] (V.) = transchieren [frz.]

Tran'qui'li'tät (die, -, nur Ez.) Gelassenheit, Ruhe

Tran'qui'li'zer [træŋkwɪlaɪzə] (der, -s, -) Beruhigungsdroge [engl.]

tran'quil'lo (Adj.) ruhig (bei Musikstücken) [it.]

Tran'quil'lo (das, -s, -li) ruhiges Spiel (Musik)

Trans'ak'ti'on (die, -, -ti'o'nen) großes Finanzgeschäft [lat.]

trans'al'pin (Adj.) jenseits der Alpen (von Rom aus betrachtet) [lat.]

Trans'a'mi'na'se (die, -, -n) ein Enzym

trans'at'lan'tisch (Adj.) jenseits des Atlantiks (von Europa aus gesehen), amerikanisch

tran'schie'ren (*auch:* tran'chie'ren) [trãʃiː-] (V.) Fleisch, Geflügel kunstgerecht aufschneiden, zerlegen [frz.]

Trans'duk'ti'on (die, -, -ti'o'nen) Übertragung (von Erbfaktoren) [lat.]

Trans'duk'tor (der, -s, -to'ren) magnetische Verstärkerschaltung [lat.]

Tran'sept (der oder das, -(e)s, -e) Querschiff (einer Basilika) [frz.]

trans'e'unt (Adj.) über etwas hinaus gehend [lat.]

Trans'fer (der, -s, -s) **1** Übertragung, Überführung (ins Ausland; z.B. von Geld) **2** bezahlter Vereinswechsel (eines Profifußballers) [lat.-engl.]

trans'fe'ra'bel (Adj.) in andere Währung umwechselbar [engl.]

Trans'fe'renz (die, -, -en) Einfluss einer Fremdsprache auf die Muttersprache

trans|fe|rie|ren (V.) einen Transfer machen
Trans|fer|stra|ße (die, -, -n) Fließband mit vollautomatischer Fertigung
Trans|fi|gu|ra|ti|on (die, -, -ti|o|nen) Verklärung Christi [lat.]
trans|fi|nit (Adj.) im Unendlichen liegend
Trans|flu|xor (der, -s, -xo|ren) elektron. Bauelement aus magnetisierbarem Material
Trans|fo|ka|tor (der, -s, -to|ren) Objektiv mit verstellbarer Brennweite [nlat.]
Trans|for|ma|ti|on (die, -, -ti|o|nen) das Transformieren
Trans|for|ma|ti|ons|gram|ma|tik (die, -, nur Ez.) Grammatik, die mit mathematischen Methoden allgemeine Regeln der Satzbildung aufstellt
Trans|for|ma|tor (der, -s, -to|ren) Gerät zur Umwandlung in eine höhere oder niedrigere Wechselspannung [lat.]
trans|for|mie|ren (V.) umformen, umwandeln; z.B. mit dem Transformator
trans|fun|die|ren (V.) eine Übertragung vornehmen (Med.)
trans|fu|sie|ren (V.) eine Transfusion machen
Trans|fu|si|on (die, -, -si|o|nen) Blutübertragung [lat.]
trans|ga|lak|tisch (Adj.) jenseits der Milchstraße befindlich
Trans|gen (das, -s, -e) Teil der Erbinformation eines Tieres, der in eine befruchtete Eizelle übertragen wird [gr.-lat.]
trans|gre|di|ent (Adj.) etwas überschreitend (Philos.)
trans|gre|die|ren (V.) große Teile des Festlandes überfluten
Trans|gres|si|on (die, -, -si|o|nen) langsame Überflutung von Festland; z.B. durch Abschmelzen von Gletschereis [lat.]
trans|hu|mant (Adj.) mit den Herden wandernd [lat.-span.-frz.]
Trans|hu|manz (die, -, -en) **1** Almwirtschaft **2** Wanderschäferei
tran|si|ent [-zi|ɛnt] auf der Transiente beruhend
Tran|si|en|te (die, -, -n) **1** plötzliche Spannungs- und Stromstärkeveränderung im lokalen Stromversorgungsnetz **2** (in Kernkraftanlagen) vorübergehende Abweichung vom Normalbetrieb
trans|si|gie|ren (V.) einen Vergleich erreichen [lat.]
Tran|sis|tor (der, -s, -to|ren) Halbleiterverstärker [lat.]
tran|sis|to|rie|ren (V.) mit Transistoren ausstatten
Tran|sit (der, -s, -e) Durchfuhr (durch ein Drittland) [lat.]

tran|si|tie|ren (V.) durchqueren, durchführen [nlat.]
Tran|si|ti|on [-tsjoː] (die, -, -ti|o|nen) Übergang
tran|si|tiv (Adj.) ein direktes Objekt nach sich fordernd (von Verben; z.B. »begrüßen«, im Gegensatz zu »schlafen«) [lat.]
Tran|si|tiv (das, -s, -e) transitives Verb
tran|si|ti|vie|ren (V.) ein Verb transitiv machen
Tran|si|ti|vi|tät (die, -, nur Ez.) **1** transitive Eigenschaft eines Worts **2** Eigenschaft bestimmter Relationen (Math.)
tran|si|to|risch (Adj.) vorübergehend [lat.]
Tran|si|to|ri|um (das, -s, -ri|en) Ausgabenbewilligung im Staatshaushalt für die Dauer des Ausnahmezustands
Tran|sit|ron *auch:* Tran|si|tron (das, -s, -e) Kippschaltung zur Erzeugung von Sägezahnspannungen
Tran|sit|vi|sum (das, -s, -sa) Durchreisevisum
trans|kon|ti|nen|tal (Adj.) einen Kontinent bereisend
trans|kri|bie|ren *auch:* tran|skri|bie|ren (V.) **1** in eine andere Schrift übertragen; z.B. von der arabischen in die lateinische Schrift **2** (ein Musikstück) für eine andere Besetzung umschreiben **3** die genetische Information der DNA in die RNA umbauen [lat.]
Trans|kript *auch:* Tran|skript (das, -(e)s, -e) **1** in eine andere Schrift Übertragenes **2** Originalversion eines Liedes das in eine anders instrumentierte Fassung übertragen wurde
Trans|krip|ti|on *auch:* Tran|skrip|ti|on (die, -, -ti|o|nen) das Transkribieren; die Umschrift selbst
trans|kris|tal|lin (Adj.) (Gusstechnik) mit Stängelkristallen versehen
Trans|kris|tal|li|sa|ti|on [-tsjoː] (die, -, -ti|o|nen) Vorhandensein von Stängelkristallen (Gusstechnik)
trans|ku|tan (Adj.) durch die Haut (Med.)
Trans|la|ti|on (die, -, -ti|o|nen) **1** Übersetzung, Übertragung **2** geradlinige Bewegung (eines Körpers; in der Physik) **3** Reliquienüberführung **4** Umbau der durch Transkribieren (3) übertragenen genetischen Information in Aminosäuren [lat.]
Trans|la|tiv (der, -s, -e) Fall, der eine bestimmte Richtung angibt (finnougrisch)
Trans|la|tor (der, -s, -to|ren) Übersetzer [lat.]
Trans|li|te|ra|ti|on (die, -, -ti|o|nen) buchstabengetreue Übertragung in eine andere Schrift; z.B. die Transliteration des kyrillischen Buchstaben mit dem Lautwert »schtsch« in šč [lat.]

trans|li|te|rie|ren (V.) durch Transliteration (Umschrift) in ein (der jeweiligen Übersetzersprache ähnelndes) anderes Schriftsystem bringen [lat.]

Trans|lo|ka|ti|on (die, -, -ti|o|nen) eine Mutationsform, Umlagerung ganzer Chromosomenabschnitte [lat.]

trans|lo|zie|ren (V.) eine Translokation durchmachen

trans|lu|nar (Adj.) jenseits des Mondes liegend [nlat.]

trans|lu|zid (Adj.) durchscheinend [lat.]

Trans|mis|si|on (die, -, -si|o|nen) **1** Übertragung mechanischer Kraft auf mehrere Maschinen **2** Strahlendurchgang ohne Frequenzänderung [lat.]

Trans|mit|ter (der, -s, -) Umformer; Überträger [lat.-engl.]

trans|mit|tie|ren (V.) übertragen [lat.]

trans|mon|tan (Adj.) jenseits der Berge liegend

Trans|mu|ta|ti|on [-tsjo:n] (die, -, -ti|o|nen) Genumwandlung [nlat.]

trans|mu|tie|ren (V.) umwandeln

trans|neu|ro|nal (Adj.) durch das Neuron verlaufend [gr.-nlat.]

trans|ob|jek|tiv (Adj.) über den Gegenstand hinausgehend (Philos.)

trans|o|ze|a|nisch (Adj.) jenseits des Ozeans liegend

trans|pa|da|nisch (Adj.) von Rom aus jenseits des Po liegend

trans|pa|rent (Adj.) durchsichtig, klar verständlich [lat.]

Trans|pa|rent (das, -s, -e) **1** Spruchband **2** Bild auf lichtdurchlässigem Material; z.B. eine Umrisszeichnung zum Auflegen auf eine Karte [lat.]

Trans|pa|renz (die, -, nur Ez.) Durchsichtigkeit; klare Verständlichkeit [lat.]

Trans|phras|tik (die, -, nur Ez.) Teil der Sprachwissenschaft, der Text und Satz in Abhängigkeit zueinander sieht

trans|phras|tisch (Adj.) die Transphrastik betreffend

Trans|pi|ra|ti|on *auch:* Tran|spi|ra|ti|on (die, -, nur Ez.) das Transpirieren

trans|pi|rie|ren *auch:* tran|spi|rie|ren (V.) **1** schwitzen **2** Wasserdampf (durch die Blätter) abgeben; z.B. bei Feuchtigkeitspflanzen [lat.]

Trans|plan|tat (das, -(e)s, -e) zu verpflanzendes Gewebestück, Organ [lat.]

Trans|plan|ta|ti|on (die, -, -ti|o|nen) das Transplantieren

trans|plan|tie|ren (V.) **1** ein Gewebestück, Organ verpflanzen **2** ein Edelreis aufsetzen; pfropfen [lat.]

Trans|pon|der (der, -s, -) Anlage zur Aufnahme, Verstärkung und Weitergabe von Funksignalen [engl. Kunstwort aus transmitter und responder]

trans|po|nie|ren (V.) in eine andere Tonart umsetzen [lat.]

Trans|port (der, -(e)s, -e) Beförderung, die zu befördernden Dinge selbst [frz.]

trans|por|ta|bel (Adj.) beförderbar [frz.]

Trans|por|ter (der, -s, -s) Transportfahrzeug [frz.-engl.]

Trans|por|teur [-tø:ɐ] (der, -s, -e) **1** jmd., der etwas transportiert **2** Winkelmesser

trans|por|tie|ren (V.) befördern; von der Stelle rücken [frz.]

Trans|po|si|ti|on (die, -, -ti|o|nen) das Transponieren

Trans|se|xu|a|lis|mus (der, -, nur Ez.) Wunsch, dem anderen Geschlecht anzugehören [lat.]

trans|so|nisch (Adj.) oberhalb der Schallgeschwindigkeit befindlich [nlat.]

Trans|subs|tan|ti|a|ti|on *auch:* Trans|substan|ti|a|ti|on (die, -, -ti|o|nen) Verwandlung von Brot und Wein in Leib und Brot Christi (beim kath. Abendmahl) [lat.]

Trans|su|dat (das, -(e)s, -e) abgesonderte Flüssigkeit bei Transsudation

Trans|su|da|ti|on (die, -, -ti|o|nen) das Sichergießen von seröser Flüssigkeit in Körperhöhlen; z.B. bei Bauchwassersucht [lat.]

Trans|u|ran (das, -s, -e) radioaktives Element mit höherer Ordnungszahl als Uran [nlat.]

trans|u|ra|nisch (Adj.) chemische Grundstoffe, im Periodensystem hinter dem Uran stehend

trans|ver|sal (Adj.) **1** quer, schräg laufend **2** senkrecht zur Ausbreitungsrichtung (einer Welle) [lat.]

Trans|ver|sa|le (die, -, -n) Gerade, die ein Drei- oder Vieleck durchschneidet [lat.]

Trans|ves|tie|ren (V.) Kleidung des anderen Geschlechts aus triebhaftem Bedürfnis anziehen (Psych.)

Trans|ves|tis|mus (der, -, nur Ez.) triebhaftes Bedürfnis, sich wie das andere Geschlecht zu kleiden und zu benehmen [lat.]

Trans|ves|tit (der, -en, -en) jmd., der durch Transvestismus gestört ist

trans|zen|dent *auch:* tran|szen|dent (Adj.) **1** = transzendental **2** über das Algebraische hinausgehend

trans|zen|den|tal *auch:* tran|szen|den|tal (*auch:* trans|zen|dent (**1**)) (Adj.) **1** jenseits des sinnlich Erfassbaren, übersinnlich **2** zur Erkenntnismöglichkeit vor aller Erfahrung gehörig (bei Kant) [lat.]

Trans|zen|den|ta|lis|mus *auch:* Tran|szen|den|ta|lis|mus (der, -, -nur Ez.) System der Transzendentalphilosophie (Kant) [nlat.]

Trans|zen|den|tal|phi|lo|so|phie *auch:* Tran|szen|den|tal|phi|lo|so|phie (die, -, nur Ez.) erkenntniskritische Wissenschaft nach Kant

Trans|zen|denz *auch:* Tran|szen|denz (die, -, nur Ez.) das Transzendentsein, das Überschreiten normaler Bewusstseinsformen

trans|zen|die|ren *auch:* tran|szen|die|ren (V.) normale Bewusstseinsformen überschreiten [lat.]

Tra|pa (die, -, nur Ez.) Wassernuss [nlat.]

Tra|pez (das, -es, -e) **1** Viereck mit zwei parallelen, jedoch ungleich langen Seiten **2** Schaukelreck (für Artisten) **3** Haltevorrichtung, mit der sich ein Segler über den Außenbordrand lehnen kann [gr.]

Tra|pe|zo|e|der (das, -s, -) ein von gleichschenkligen Trapezen begrenzter Körper [gr.-nlat.]

Tra|pe|zo|id (das, -s, -e) Viereck, das keine zueinander parallel liegenden Seiten hat

Trap|per (der, -s, -) Fallensteller, Pelztierjäger [engl.]

Trap|pist (der, -pis|ten, -pis|ten) Angehöriger eines Mönchsordens mit äußerst strengen Regeln; z.B. striktem Schweigegebot [frz.]

Traps (der, -(es), -e) Geruchsverschluss bei einem Ausguss

tra|sci|nan|do [traʃi-] (Adj.) zögernd (Musik)

Tra|sci|nan|do (das, -s, -s) schleppendes Spiel (Musik)

Trash [træʃ] (der, -s, nur Ez.) engl. für »Müll«, Massenware [engl.]

Trass (der, -es, -e) vulkanischer Tuff [it.]

Tras|sant (der, -en, -en) Wechselaussteller

Tras|sat (der, -en, -en) Bezogener (eines Wechsels) [it.]

Tras|se (die, -, -n) geplante, abgesteckte Linie (eines Verkehrswegs) [it.]

tras|sie|ren (V.) **1** eine Trasse festlegen **2** einen Wechsel ausstellen

trä|ta|bel (Adj.) fügsam, umgänglich [lat.-frz.]

trä|tie|ren (V.) behandeln

Trat|te (die, -, -n) gezogener Wechsel [it.]

Trat|to|ria (die, -, -ri|en) ital. Gasthaus

Trau|ma (das, -s, -men oder -ta) **1** schwere Gewalteinwirkung auf den Körper, Unfallverletzung **2** seelische Erschütterung [gr.]

Trau|ma|tin (das, -s, nur Ez.) pflanzlicher Stoff zur verstärkten Zellteilung

trau|ma|tisch (Adj.) zum Trauma gehörig, wie ein Trauma; z.B. das traumatische Erlebnis der eigenen Geburt

Trau|ma|ti|zin (das, -s, nur Ez.) Wundmittel zum Verschließen kleiner Wunden

Trau|ma|to|lo|ge (der, -n, -n) Spezialist für Wundbehandlung

Trau|ma|to|lo|gie (die, -, nur Ez.) Wissenschaft von der Wundversorgung

Tra|vée [-ve:] (die, -, -n) Joch, Gewölbeteil [frz.]

Tra|vel|ler [trævlə] (der, -s, -s) **1** Reisender [engl.] **2** Vorrichtung, auf der die Schot des Großsegels gezogen wird (Seemannssprache)

Tra|vel|ler|scheck [træ-] (der, -s, -s) Reisescheck [engl.]

tra|vers (Adj.) quer gestreift [frz.]

Tra|vers (der, -, nur Ez.) Seitengang beim Dressurreiten

Tra|ver|sa|le (die, -, -n) Schrägverschiebung beim Dressurreiten

Tra|ver|se (die, -, -n) etwas quer Verlaufendes; z.B. ein Bauträger, Flussdamm [frz.]

Tra|vers|flö|te (die, -, -n) Querflöte

tra|ver|sie|ren (V.) **1** durch-, überqueren; z.B. eine Felswand **2** in der Diagonale reiten (Dressurreiten) **3** ausweichen durch seitwärts wegtreten beim Fechten [frz.]

Tra|ver|tin (der, -s, -e) ein Tuffstein, gelblicher Kalksinter [it.]

Tra|ves|tie (die, -, -n) Darbietung eines literarischen Werks in satirisch-unangemessener Form [frz.]

tra|ves|tie|ren (V.) durch eine Travestie lächerlich machen

Trawl [trɔ:l] (das, -s, -s) Schleppnetz (in der Küstenfischerei) [engl.]

Traw|ler [trɔ:-] (der, -s, -) Fischereifahrzeug mit Trawl

Treat|ment [tri:t-] (das, -s, -s) Drehbuchvorstufe mit schriftlicher Ausarbeitung [engl.]

Tre|cen|to [-tʃɛn-] (das, -(s), nur Ez.) das 14. Jahrhundert (als italienische Kunstepoche)

Tre|cking (das, -s, -s) = Trekking

trei|fe (Adj.) den jüdischen Speisevorschriften nicht entsprechend, unkoscher; z.B. die Kombination Kalbfleisch/Milchprodukt [jidd.]

Trek|king *(auch:* Tre|cking) (das, -s, -s) Bergwanderung durch schwieriges Gelände

Tre|ma (das, -s, -s oder -ta) **1** liegender Doppelpunkt über einem von zwei Vokalen (als Zeichen für getrennte Aussprache; z.B. Citroën [-rɔ̃ɛ:] **2** Lücke zwischen den mittleren oberen Schneidezähnen [gr.]

tremb|lie|ren *auch:* trem|blie|ren [trãbli-] (V.) eine gewellte Linie gravieren [frz.-lat.]

tre|mo|lan|do (Adj.) zitternd (Musik)

tre|mo|lie|ren (V.) mit Tremolo singen, spielen

Tre|mo|lo (das, -s, -s oder -li) Beben, Zittern eines Tons, einer Tonfolge; z.B. vibrierendes, fehlerhaftes Singen, schnelles Wiederholen von Mandolinakkorden [it.]
Tre|mor (der, -s, -mo|res) krankhaftes Zittern [lat.]
Tre|mu|lant (der, -en, -en) Vorrichtung an der Orgel für ein vibratoähnliches Schwanken [lat.]
Trench|coat [trentʃkəʊt] (der, -s, -s) leichter Stoff-Regenmantel (mit Schulterklappen), Wettermantel [engl.]
Trend (der, -s, -s) Entwicklungsrichtung (in der Gesellschaft, Mode u.a.) [engl.]
Trend|set|ter (der, -s, -) Person oder Sache, die einen Trend auslöst [engl.]
Trente-et-qua|rante [trãtekarã:t] [lat.-frz. für: »dreißig und vierzig«] Kartenspiel
Trente-et-un [trãtœ̃] [lat.-frz. für: »einunddreißig«] Kartenspiel
Tre|pan (der, -s, -e) Bohrer für Schädeldeckenöffnung [gr.-frz.]
Tre|pa|na|ti|on [-tsjo:n] (die, -, -ti|o|nen) Schädelöffnung (Med.) [gr.-lat.]
Tre|pang (der, -s, -s) getrocknete Seegurke [malai.-engl.]
tre|pa|nie|ren (V.) mit dem Trepan die Schädeldecke öffnen
Tre|phi|ne (die, -, -n) kleine Säge zur Entnahme von Gewebeteilchen (Med.) [lat.-engl.]
Tre|sor (der, -s, -e) Geldschrank, [gr.-frz.]
tres|sie|ren (V.) kurze Haare für eine Perücke aneinander knüpfen
très vite [trevi:t] sehr schnell (Vortragsanweisung in der Musik) [frz.]
Treu|ga Dei (die, - -, nur Ez.) Gottesfriede [germ.-lat.]
Tre|vi|ra (das, -s, nur Ez.) eine Kunstfaser aus Polyester (Warenzeichen) [Kunstwort]
Tri (das, -s, nur Ez.) farblose, giftige Flüssigkeit; z.B. zum Reinigen von Druckklischees aus Metall, Trichloräthylen (ugs.) [lat.]
Tri|a|de (die, -, -n) Dreiergruppe, Dreiheit
Tri|a|ge [triaːʒ] (die, -, -n) Aussortierung, Einteilung [frz.]
Tri|a|kis|do|de|ka|e|der (das, -s, -) Körper, von 36 Flächen begrenzt (Math.)
Tri|a|kis|ok|ta|e|der (das, -s, -) Körper aus 24 Flächen mit einer aufgesetzten Pyramide je Oktaederfläche [gr.-nlat.]
Tri|al [traɪəl] (das, -s, -s) Prüfung der Fahrtechnik im Gelände (im Motorradsport) [engl.]
Tri|al-and-Er|ror [traɪələndɛrə] (ohne Artikel) das Lernen aus den Irrtümern, die bei verschiedenen Problemlösungsversuchen gemacht werden [engl.]

Tri|a|lis|mus (der, -s, nur Ez.) Lehre, wonach in der Welt das Dreiteilungsprinzip vorherrscht; z.B. Leib–Seele–Geist (Philos.)
tri|a|lis|tisch (Adj.) den Trialismus betreffend [nlat.]
Tri|an|gel (der oder das, -s, -) **1** zu einem geöffneten »Dreieck« gebogener Stahlstab, der mit einem Klöppel zum Klingen gebracht wird; z.B. in der Musik **2** dreieckiger Stoffeinriss (ugs.) [lat.]
tri|an|gu|lär (Adj.) dreieckig [lat.]
Tri|an|gu|la|ti|on (die, -, -ti|o|nen) **1** Theodolitvermessung zwischen drei Festpunkten, Dreiecksaufnahme **2** Veredelungsmethode bei Gehölzen [lat.]
Tri|an|gu|la|tur (die, -, nur Ez.) Konstruktionsweise (besonders in der Gotik), bei der spitzwinklige oder gleichseitige Dreiecke als Maßgrundlage verwendet werden
tri|an|gu|lie|ren (V.) mit dem Schema der Triangulatur vermessen
Tri|an|gu|lie|rung (die, -, -en) = Triangulatur
Tri|ar|chie (die, -, -en) = Triumvirat
Tri|a|ri|er (der, -s, -, meist Mz.) in der dritten Schlachtreihe kämpfender, altgedienter Soldat Roms [lat.]
Tri|as (die, -, -) **1** ein Abschnitt der Erdgeschichte, älteste Formation des Mesozoikums **2** = Triade [gr.]
tri|as|sisch (Adj.) zur Trias (**1**) gehörig
Tri|ath|let (der, -en, -en) Dreikämpfer
Tri|ath|lon (das, -s, -s) gr. für »Dreikampf« **1** Abfolge von drei Wettkampfarten, die nacheinander an einem Tag zu bestreiten sind: Schwimmen, Radfahren, Laufen oder **2** Skilanglauf, Schießen, Riesenslalom
Tri|ba|de (die, -, -n) das gleiche Geschlecht liebende Frau [gr.-lat.]
Tri|ba|die (die, -, nur Ez.) gleichgeschlechtliche Liebe bei Frauen [gr.-lat.]
Tri|ba|lis|mus (der, -, nur Ez.) Stammesbewusstsein (in Afrika) [engl.-nlat.]
Trib|ble (der, -s, -s, meist Mz.) pelziges Lebewesen, dessen Gurren beruhigend auf das menschliche Zentralnervensystem wirkt (Biol.) [engl.]
Tri|bo|e|lek|tri|zi|tät auch: **Tri|bo|e|lek|tri|zi|tät** (die, -, nur Ez.) entgegengesetzte Aufladung von zwei verschiedenen Isolatoren, die entsteht, wenn man sie aneinander reibt [gr.-nlat.]
Tri|bo|lo|gie (die, -, nur Ez.) Erforschung von Reibung, Verschleiß und Schmierung gegeneinander bewegter Körper
Tri|bo|lu|mi|nes|zenz (die, -, -en) Leuchten von bestimmten Stoffen beim Zerbrechen oder Auskristallisieren

Tri|bo|me|ter (das, -s, -) Messgerät zur Ermittlung des Reibungswerts [gr.-nlat.]
Trib|ra|chys *auch:* Tri|bra|chys (der, -, -) aus drei Kürzen bestehender Versfuß in der Antike [gr.lat.]
Tri|bu|la|ti|on (die, -, -ti|o|nen) Drangsal, Quälerei [lat.]
tri|bu|lie|ren (V.) quälen, durch ständiges Fragen plagen
Tri|bun (der, -s oder -en, -e oder -en) altrömischer Beamter, Offizier [lat.]
Tri|bu|nal (das, -s, -e) **1** altrömischer Gerichtsplatz; hohes Gericht **2** öffentliche Verhandlung, Anklage (außerhalb der Gerichtsbarkeit) [lat.]
Tri|bu|nat (das, -(e)s, -e) Amt, Würde eines Tribuns
Tri|bü|ne (die, -, -n) erhöhte Zuschauerbühne; Rednerbühne [frz.]
tri|bu|ni|zisch (Adj.) den Tribun betreffend [lat.]
Tri|bus (die, -, -) **1** Wahlbezirk im römischen Reich **2** Kategorie der biologischen Systematik zwischen Gattung und Familie
Tri|but (der, -(e)s, -e) Vermögensabgabe (im alten Rom); Zahlung (an die Siegermacht); Tribut zollen: seine Hochachtung zeigen [lat.]
Tri|chal|gie (die, -, -en) Berührungsschmerz, der im Bereich der Kopfhaare auftritt (Med.)
Tri|chi|a|sis (die, -, -sen) krankhaftes Wachsen der Wimpern nach innen, sodass sie am Augapfel reiben
Tri|chi|ne (die, -, -n) ein Fadenwurm, der u.a. im Muskelfleisch von Schweinen parasitiert [gr.]
tri|chi|nös (Adj.) voller Trichinen
Tri|chi|no|se (die, -, -n) durch Trichinen verursachte schwere Krankheit mit Magen-Darm-Beschwerden, Muskelsteifheit u.a. [gr.]
Tri|chit (der, -en, -en) kleinstes, nicht mehr bestimmbares Mineralteilchen
Tri|chlor|ä|thy|len (das, s, nur Ez.) unbrennbares Lösungsmittel; Narkosemittel [gr.-nlat.]
Tri|cho|mo|na|de (die, -, -n) ein Geißeltierchen, das sich in der Scheide ansiedelt und Ausfluss verursacht [gr.]
Tri|cho|mo|ni|a|se (die, -, -n) durch Trichomonaden verursachte Erkrankung
Tri|cho|phy|tie (die, -, -ien) Scherpilzflechte (Med.)
Tri|cho|phy|to|se (die, -, -n) Allgemeininfektion des Körpers, die aus einer Trichophythie hervorgeht
Tri|chop|ti|lose *auch:* Tri|cho|pti|lo|se (die, -, -n) Brüchigkeit der Haare (Med.)

Tri|cho|se (die, -, -n) ungewöhnliche Behaarung (Med.)
Tri|chos|po|rie *auch:* Tri|cho|spo|rie (die, -, -n) Pilzkrankheit der Haare (Med.)
Tri|cho|te|pha|lus (der, -, -li) Peitschenwurm (Biol.)
Tri|cho|to|mie (die, -, nur Ez.) gr. für »Dreiteilung« **1** = Trialismus **2** Dreiteilung des Erdenmenschen in Leib, Seele und Geist **3** Einteilung von Straftaten in Übertretungen, Vergehen und Verbrechen **4** (die, -, -ien) Haarspalterei
Tri|chu|ri|a|sis (die, -, nur Ez.) eine Wurmerkrankung des Körpers (Med.)
Tri|chu|ris (die, -, nur Ez.) Gattung der Fadenwürmer (Biol.)
Tri|ci|ni|um (das, -s, ien) dreistimmiger Satz für Singstimmen, meist kontrapunktisch (Musik)
Trick (der, -s, -s) verblüffende, täuschende Handlung, Kunstgriff, Kniff [engl.]
trick|sen (V.) Tricks anwenden; geschickt dribbeln
Tri|dent (der, -en, -en) Dreizack [lat.]
tri|den|ti|nisch (Adj.) zur Stadt Trient gehörig
Tri|du|um (das, -s, -du|en) Bezeichnung für drei Tage dauernde katholische Veranstaltungen
Tri|dy|mit (der, -s, -e) **1** Mineral **2** Modifikation von Siliciumoxyd [gr.-nlat.]
Tri|e|der|bi|no|kel *auch:* Tri|e|der|bin|o|kel (das, -s, -) Doppelfernrohr [gr.-lat.-frz.]
tri|e|nal (Adj.) drei Jahre dauernd; alle drei Jahre [lat.]
Tri|e|n|na|le (die, -, -n) Veranstaltung, die alle drei Jahre statfindet
Tri|en|ni|um (das, -s, -ni|en) Zeitraum von drei Jahren
Tri|e|re (die, -, -n) antikes Kriegsschiff mit drei Ruderreihen übereinander [gr.]
Tri|eur [-ø:ɐ] (der, -s, -) Maschine zur Getreidereinigung, die nach Körnungsgröße trennt [lat.-frz.]
Trif|le *auch:* Tri|fle [traıfl] (das, -(s), -s) englische Süßspeise [engl.]
Tri|fo|kal|glas (das, -es, -glä|ser, meist Mz.) Brillenglas für drei Entfernungen [nlat.-dt.]
Tri|fo|li|um (das, -s, -li|en) **1** Klee(blatt) **2** drei Freunde, die ständig zusammen sind [lat.]
Tri|fo|ri|um (das, -s, -ien) Wandgliederung in gotischen Kirchen; später Laufgang um Chor, Querang und Laufgang [lat.]
Tri|ga (die, -, -s oder -gen) Dreigespann (als Gefährt, für eine Personengruppe) [lat.]
Tri|ge|mi|nus (der, -, -ni) ein Gehirnnerv, der das Gesicht versorgt, Drillingsnerv [lat.]

Trigger (der, -s, -) elektronischer Schaltauslöser; der Impuls selbst [engl.]
Tri'glyph *auch:* Tri'glyph (der, -s, -e) Dreischlitz (an dorischen Tempeln) [gr.]
Tri'gon (das, -s, -e) Dreieck [gr.]
tri'go'nal (Adj.) dreieckig [gr.]
Tri'go'no'me'trie *auch:* Tri'go'no'me'trie (die, -, nur Ez.) Dreiecksberechnung (als Teilgebiet der Mathematik) [gr.]
tri'go'no'me'trisch *auch:* tri'go'no'metrisch (Adj.) zur Trigonometrie gehörig, mit Hilfe von Winkelfunktionen
trik'lin *auch:* tri'klin (Adj.) mit drei verschieden langen Achsen, die nicht aufeinander senkrecht stehen (als Eigenschaft eines Kristallsystems) [gr.]
trik'li'nisch *auch:* tri'kli'nisch (Adj .) = triklin
Trik'li'ni'um *auch:* Tri'kli'ni'um (das, -s, -ni'en) altrömisches Speisebett, Raum mit drei solchen, hufeisenförmig um einen Esstisch angeordneten Liegestätten [gr.-lat.]
Tri'ko'li'ne (die, -, nur Ez.) rispartiger Oberhemdenstoff [Kunstwort]
Tri'ko'lon (das, -s, -s oder -la) aus drei Doppelpunkten zusammengesetzes Satzgefüge [gr.-lat.]
Tri'ko'lo're (die, -, -n) dreifarbige Fahne; die Nationalflagge Frankreichs [frz.]
Tri'kom'po'si'tum (das, -s, -ta) dreigliedrige Zusammensetzung
Tri'kot [-ko:] *oder* [triko] (das oder der, -s, -s) **1** elastische Wirkware; eng anliegendes (Sport-)Kleidungsstück daraus **2** Sporthemd in besonderer Farbe zur Kennzeichnung des Etappensiegers bei Radrennen [frz.]
Tri'ko'ta'ge [-taːʒə] (die, -, -n) gewirkte und gestrickte Unter- und Oberbekleidung [frz.]
Tri'ko'ti'ne [-tiːn] (der, -s, -s) gewebter, trikotartiger Wollstoff
Tri'kus'pi'dal'klap'pe *auch:* Tri'kus'pi'dal'klap'pe (die, -, -n) Herzklappe zwischen rechtem Herzvorhof und rechter Herzkammer
tri'la'te'ral (Adj.) dreiseitig
Tri'lem'ma (das, -s, -s oder -ta) dreiteilige Annahme in der Logik [gr.-nlat.]
tri'lin'gu'isch (Adj.) dreisprachig
Tri'lith (der, -s, -en) gr. für: »dreisteinig«, Steindenkmal aus der Bronze- und jüngeren Steinzeit
Tril'li'ar'de (die, -, -n) tausend Trillionen, 10^{21} [frz.]
Tril'li'on (die, -, -li'o'nen) eine Million Billionen, 10^{18} [frz.]
Tri'lo'bit (der, -en, -en) ein Urkrebs des Paläozoikums, Dreilapper [gr.]
Tri'lo'gie (die, -, -n) dreiteiliges Werk (der Literatur) [gr.]

Tri'ma'ran (das oder der, -s, -e) offenes Segelboot mit drei Rümpfen [lat.-engl.-tamilisch]
tri'mer (Adj.) dreiteilig (in Bezug auf Fruchtknoten, die aus drei Fruchtblättern hervorgegangen sind) [gr.]
Tri'mes'ter (der, -s, -) ein Drittel eines Studienjahres; drei Monate [lat.]
Tri'me'ter (der, -s, -) antiker Vers, aus drei Versmaßen bestehend [gr.-lat.]
tri'morph (Adj.) dreigestaltet (in der Botanik) [gr.]
Tri'mor'phie (die, -, nur Ez.) Dreigestaltigkeit
Tri'mur'ti (die, -, nur Ez.) Dreiheit von Brahmah, Wischnu und Schiwa im Hinduismus [sanskr.]
tri'när (Adj.) dreifach [lat.]
Tri'na'ti'on [-tsjoːn] (die, -, -ti'o'nen) dreimalige Lesung der Messe durch den gleichen Priester an hohen kirchlichen Feiertagen
Tri'ni'ta'ri'er (der, -s, -) **1** Angehöriger eines kath. Bettelordens **2** Bekenner der christlichen Dreieinigkeit von Vater, Sohn und Heiligem Geist [lat.]
Tri'ni'tät (die, -, nur Ez.) Dreieinigkeit [lat.]
Tri'ni'ta'tis (das, -, -) Fest der Dreifaltigkeit am Sonntag nach Pfingsten [lat.]
Tri'nit'ro'phe'nol *auch:* Tri'ni'tro'phe'nol (das, -s, nur Ez.) = Pikrinsäure
Tri'nit'ro'to'lu'ol *auch:* Tri'ni'tro'to'lu'ol (das, -s, nur Ez.) stoßunempflicher Sprengstoff
Tri'nom (das, -s, -e) dreigliedriger Ausdruck (in der Mathematik) [gr.]
Trio (das, -s, -s) Musikstück für drei verschiedene Instrumente, für drei Singstimmen; die Personengruppe selbst [it.]
Tri'o'de (die, -, -n) Verstärkerröhre mit drei Elektroden [gr.-nlat.]
Tri'o'le (die, -, -n) **1** Gruppe von drei Tönen im Taktwert von vier oder zwei (Musik) **2** = Triolismus
Tri'o'lett (das, -(e)s, -e) Gedichtform, bei der in einer achtzeiligen Strophe die erste Zeile als vierte und als letzte (zusammen mit der zweiten) wiederkehrt [frz.]
Tri'o'lis'mus (der, -, nur Ez.) Geschlechtsverkehr zu dritt [nlat.]
Tri'ö'zie (die, -, nur Ez.) Dreihäusigkeit von Pflanzen [gr.-nlat.]
Trip (der, -s, -s) **1** kurze Reise **2** Drogenrausch; z.B. auf dem Trip sein; eine Dosis LSD; z.B. einen Trip einschmeißen (ugs.) **3** etwas, das in lästiger Weise überbetont wird (ugs); z.B. er ist immer noch auf dem sozialen Trip, Ökotrip u.a. [engl.]
Tri'pal'mi'tin (das, -s, nur Ez.) Bestandteil von tierischen und pflanzlichen Fetten

Tri′pel (das, -s, -) Dreiheit [frz.]
Tri′pel′al′li′anz (die, -, -en) Bund von drei Staaten
Tri′pel′fu′ge (die, -, -n) streng schematisiertes Musikstück mit drei selbständigen Themen (Musik)
Tri′pel′kon′zert (das, -(e)s, -e) Konzert für drei Soloinstrumente und Orchester
Triph′thong auch: Tri′phthong (der, -s, -) drei eine Silbe bildende Vokale [gr.-nlat.]
Trip′lé auch: Tri′plé [-ple:] (das, -s, -s) Zweibandenspiel beim Billardspiel
Trip′lett auch: Tri′plett (das, -s, -e oder -s) **1** optisches System aus drei Linsen **2** Zusammenstellung von drei aufeinander folgenden Basen einer Nukleinsäure (Biol.) **3** drei miteinander verbundene Serien eines Linienspektrums (Physik)
Trip′let′te auch: Tri′plet′te (die, -, -n) geschliffener Schmuckstein, der aus drei Teilen zusammengesetzt ist
trip′lie′ren auch: tri′plie′ren (V.) verdreifachen
Trip′lik auch: Tri′plik (die, -, -en) Antwort des Klägers auf eine Duplik des Beklagten in Gerichtsverfahren
Trip′li′kat auch: Tri′pli′kat (das, -(e)s, -e) dritte Ausfertigung eines Schriftstücks
Trip′li′ka′ti′on auch: Tri′pli′ka′ti′on [-tsjo:n] (die, -, -ti′o′nen) dreimaliges Wiederholen einer Wortgruppe in der Rhetorik
Trip′lit auch: Tri′plit (der, -s, -e) Eisenpecherz
Trip′li′zi′tät auch: Tri′pli′zi′tät (die, -, -en) dreifaches Vorkommen [lat.]
trip′lo′id auch: tri′plo′id (Adj.) einen einfachen Chromosomensatz aufweisend [gr.-nlat.]
Trip′lum auch: Tri′plum (das, -s, -la) ein Dreifaches
Trip′ma′dam (die, -, -en) eine gelb blühende Fetthenne, Gewürzpflanze [frz.]
Tri′po′die (die, -, -) gr. für »Dreifüßigkeit«, Verstakt aus einer Verbindung von drei Versfüßen
Trip′ton (das, -s, nur Ez.) feinster Detrius
Trip′ty′chon auch: Tri′pty′chon (das, -s, -chen) dreiteiliges (Altar-)Bild [gr.]
Trip′tyk auch: Tri′ptyk (das, -s, -e) dreiteiliger Passierschein für Kraft- und Wasserfahrzeuge [gr.- frz.-engl.]
Tri′pus (der, -, -po′den) dreifüßiges Gestell für Gefäße [altgr.]
Tri′re′me (die, -, -n) = Triere
Tri′rot′ron auch: Tri′ro′tron (das, -s, -s oder -ro′ne/-tro′ne) mit beschleunigten Elektronen arbeitender Hochfrequenzhochleistungsverstärker [gr.]

Tri′sek′ti′on [-tsjo:n] (die, -, nur Ez.) Dreiteilung (Math.)
Tri′sek′trix (die, -, -tri′zes) Kurve, die zur Dreiteilung eines Winkels verwendet wird (Math.)
Tri′set 1 drei Dinge, die zusammengehören **2** zwei Eheringe und ein dritter Ring mit Schmucksteinen für die Ehefrau
Tris′ha′gi′on (das, -s, -en) gr. für »dreimalheilig«, dreimalige Anrufung Gottes in der orthodoxen Liturgie
Tris′kai′de′ka′pho′bie (die, -, nur Ez.) Angst vor der Zahl 13 [gr.]
Tris′mus (der, -, -men) Kiefersperre, Krampf der Kaumuskeln (Med.)
Tri′so′mie (die, -, -n) eine Chromosomenanomalie, drei- statt zweifaches Vorhandensein eines Chromosoms in einer Zelle; z.B. Trisomie 21 [gr.]
trist (Adj.) öde, trostlos [frz.]
Tris′tesse [tristɛs] (die, -, -n) Traurigkeit, Schwermut
tris′tich (Adj.) dreizeilig (Botanik)
Tris′ti′chi′a′sis auch: Tri′sti′chi′a′sis (die, -, nur Ez.) Augenlid mit drei Wimpernreihen als Geburtsfehler (Med.)
Tris′ti′chon auch: Tri′sti′chon (das, -s, -chen) Versgruppe aus drei Versen
Tris′ti′en (nur Mz.) Trauergedichte
tri′syl′la′bisch (Adj.) dreisilbig [lat.]
Tri′ta′go′nist auch: Trit′a′go′nist (der, -nis′ten, -nis′ten) dritter Schauspieler im antiken griechischen Theater
Tri′ta′no′pie (die, -, -n) Unfähigkeit, die Farbe Violett zu sehen
Tri′te′ri′um (das, -s, nur Ez.) = Tritum
Tri′the′is′mus (der, -, - nur Ez.) Annahme von drei getrennten göttlichen Personen im Gs. zur christlichen Dreieinigkeitslehre [gr.-nlat.]
Tri′the′mi′me′res auch: Trith′e′mi′me′res (die, -, -) Verszäsur in der antiken Metrik nach dem dritten Halbfuß im Hexameter [gr.]
Tri′ti′cum (das, -s, nur Ez.) lat. für »Weizen«, Gattung von Getreidearten
Tri′ti′um (das, -s, nur Ez.) radioaktives, schwerstes Wasserstoffisotop [gr.-nlat.]
Tri′to′je′sa′ja (der, -, nur Ez.) Verfasser von Jesaja, Kapitel 56–66
Tri′ton (der, -to′nen, -to′nen) **1** altgriechischer Meeresgott **2** Salamandergattung **3** Atomkern des Tritiums [gr.-nlat.]
Tri′to′nus (der, -, nur Ez.) übermäßige Quarte (Intervall von drei Ganztönen) (Musik)
Tri′tu′ra′ti′on [-tsjo:n] (die, -, -ti′o′nen) Pulverisierung (Med.)
Tri′umph (der, -(e)s, -e) **1** Erfolg, Sieg; Genugtuung **2** Einzug eines siegreichen Feldherrn im alten Rom [lat.]

tri|um|phant (Adj.) triumphierend; siegreich

Tri|um|pha|tor (der, -s, -to|ren) **1** jubelnder Sieger **2** siegreicher, in Rom einziehender Feldherr

tri|um|phie|ren (V.) jubeln; über jemanden siegen

Tri|um|vir (der, -s oder -n, -n) Triumviratmitglied

Tri|um|vi|rat (das, -(e)s, -e) Gremium aus drei Personen; altrömische Dreimännerherrschaft [lat.]

tri|va|lent (Adj.) dreiwertig (Chemie)

tri|vi|al (Adj.) alltäglich, äußerst einfach (bezüglich geistigen Anspruchs) [lat.]

Tri|vi|a|li|tät (die, -, -en) das Trivialsein; etw. Alltägliches [lat.]

Tri|vi|al|li|te|ra|tur (die, -, nur Ez.) Unterhaltungsliteratur ohne hohen künstlerischen Anspruch

Tri|vi|um (das, -s, nur Ez.) lat. für »Dreiweg«, die drei unteren der sieben Lehrfächer, Grammatik, Rhetorik, Dialektik (MA)

Tri|xot|ro|pie auch: Tri|xo|tro|pie (die, -, nur Ez.) Eigenschaft eines Gels, sich bei mechanischer Einwirkung zu verflüssigen

Tri|zeps (der, -(es), -e) Streckmuskel des Unterarms, der in drei Teilen an der Schulterregion ansetzt [lat.]

Tro|chä|us (der, -, -chä|en) Versfuß aus einer langen (betonten) und kurzen (unbetonten) Silbe [gr.]

Tro|chit (der, -en, -en) Stiel von Seelilien (ausgestorben)

Tro|cho|i|de (die, -, -n) spezielle zyklische Kurve (Math.)

Tro|cho|pho|ra (die, -, -pho|ren) Ringelwürmerlarve

Tro|cho|ze|pha|lie (die, -, -en) anormale Rundform des Schädels

Trog|lo|dyt auch: Tro|glo|dyt (der, -en, -en) Höhlenmensch [gr.-lat.]

Tro|gon (der, -s, -s) südamerikanischer, bunt gefiederter Urwaldvogel [gr.]

Troi|ka (die, -, -s) **1** russische Gespannform, Dreigespann **2** Dreierbündnis; z.B. das antitrotzkistische Bündnis der 20er-Jahre

tro|ja|nisch (Adj.) die Stadt Troja betreffend; das Trojanische Pferd: großes hölzernes Pferd, das der Sage nach mit griechischen Kriegern gefüllt von den Trojanern in die Stadt gebracht wurde und die Eroberung Trojas ermöglichte

Tro|kar (der, -s, -e oder -s) hohle Punktionsnadel mit Dreikantspitz [frz.]

tro|kie|ren (V.) Waren austauschen

Troll (der, -s, -e) skandinavischer Kobold

Trol|ley|bus [trɒlɪ-] (der, -ses, -se) Oberleitungsbus (schweiz.) [engl.]

Trom|ba (die, -, -ben) italienisch für Trompete

Trom|ba ma|ri|na (die, - -, -be -ne) Streichinstrument aus dem MA [it.]

Trom|be (die, -, -n) kleiner Luftwirbel [frz.]

Trom|bi|di|o|se (die, -, -n) juckende Hautkrankheit, durch Milben verursacht [gr.-nlat.]

Trom|bo|ne (der, -, -ni) italienisch für Posaune

Trom|pe (die, -, -n) Bogen zwischen zwei rechtwinklig aneinander stoßenden Mauern [germ.-frz.]

Trompe-l'œil [trɔ̃plœj] (das, -s, -s) frz. für »Augentäuschung«, Maltechnik, bei der ein Gegenstand originalgetreu abgebildet wird

Trom|peu|se [trɔ̃mpøːzə] (die, -, -n) frz. für »Betrügerin«, den Halsausschnitt bedeckendes Tuch (um 1800)

Troos|tit [truːstiːt] (der, -s, -e) **1** ein Mineral (nach dem amerikanischen Geologen Troost, 1776–1850) [nlat.] **2** [troːstiːt] feines perlitisches Gefüge des Kohlenstoffs (nach dem französischen Chemiker Troost, 1825–1911) [nlat.]

Tro|pae|o|lum (das, -s, nur Ez.) Familie der Kapuzinerkressengewächse [gr.-nlat.]

Tro|pa|ri|on (das, -s, -ri|en) kurzer Hymnus der orthodoxen Liturgie [gr.]

Tro|pa|ri|um (das, -s, -ri|en) **1** römisch-katholisches Chorbuch mit Gesangsformeln des gregorianischen Gesangs (Tropen) **2** Tieroder Pflanzenhaus mit künstlich erzeugtem tropischen Klima in zoologischen Gärten [gr.-nlat.]

Tro|pe (die, -, -n) bildlicher Ausdruck, übertragene Wortbedeutung; z.B. »Löwe im Kampf« statt »guter Kämpfer« [gr.]

Tro|pen (nur Mz.) heiße Zone beiderseits des Äquators [gr.]

Tro|phäe (die, -, -n) Siegeszeichen; Teil eines Tieres, das nach erfolgreicher Jagd aufbewahrt wird [gr.-lat.]

tro|phisch (Adj.) nährend [gr.]

Tro|pho|bi|o|se (die, -, -n) Ernährungsgemeinschaft; z.B. Blattläuse und Ameisen, besondere Form der Symbiose

Tro|pho|blast auch: Tro|pho|blast (der, -las|ten/-blas|ten, -las|ten/-blas|ten) Hülle, die das Embryo ernährt (Med.)

Tro|pho|lo|gie (die, -, nur Ez.) Ernährungswissenschaft [gr.]

Tro|pho|neu|ro|se (die, -, -n) Form der Neurose, die Schwunderscheinungen an Organen durch mangelhafte Ernährung zur Folge hat (Med.)

Tro|pho|phyll (das, -s, -e) ein nur der Assimilation dienendes Blatt bei Farnpflanzen

Tro|pi|ka (die, -, nur Ez.) Malaria in schwerer Form (Med.) [gr.-lat.-engl.-nlat.]

tro|pisch (Adj.) **1** zu den Tropen gehörig, von dort stammend; feuchtheiß **2** bildlich (in der Sprachwissenschaft)

Tro|pis|mus (der, -, -men) zielgerichtete Bewegung von festsitzenden Pflanzen und Tieren durch äußeren Reiz [gr.-nlat.]

Tro|po|pau|se (die, -, nur Ez.) Grenze zwischen Tropo- und Stratosphäre

Tro|po|phyt (der, -en, -en) Pflanze, die in der Lage ist, auf Boden mit stark wechselndem Wasserhaushalt zu leben

Tro|pos|phä|re auch: Tro|po|sphä|re (die, -, -n) unterste Schicht der Erdatmosphäre, Wetterschicht der Lufthülle [gr.]

trop|po (Adv.) zu sehr; non troppo: nicht zu sehr (bei Musikstücken) [it.]

Tro|pus (der, -, -pen) **1** = Trope [gr.-lat.] **2** Gesangsformel für das Schlussamen und Ausschmückung von Texten im gregorianischen Gesang

Tross (der, -es, -e) **1** Versorgungsteil einer ziehenden Armee **2** Anhängsel, Gefolge [lat.-frz.]

Trot|teur [-tø:ɐ] (der, -s, -s) **1** bequemer, aber eleganter Schuh **2** kleiner Damenhut (veraltet) [frz.]

Trot|ti|nett (das, -s, -e) Kinderroller (Schweiz)

Trot|toir [-twa:] (das, -s, -s) Gehsteig [frz.]

Tro|tyl (das, -s, nur Ez.) = Trinitrotuluol [Kunstwort]

Trotz|kis|mus (der, -, nur Ez.) ultralinke kommunistische Strömung [russ.-nlat.]

Trotz|kist (der, -kis|ten, -kis|ten) Anhänger des Trotzkismus

Trou|ba|dour [trubadu:r] (der, -s, -e oder -s) provenzalischer Minnesänger; romantischer Sänger (ugs.) [frz.]

Troub|le auch: Trou|ble [trʌbl] (der, -s, nur Ez.) Ärger, Schwierigkeiten (ugs.) [engl.]

Troub|le|shoo|ter auch: Trou|ble|shoo|ter (der, -s, -) jmd., der die Aufgabe hat, ein aktuelles Problem zu lösen [engl.]

Trou|pier [trupje:] (der, -s, -s) erfahrener Soldat (veraltet)

Trou|vail|le [truvajə] (die, -, -n) erfreulicher Fund [frz.]

Trou|vère [truvɛ:r] (der, -s, -s) nordfranzösischer Minnesänger im MA

Troy|ge|wicht (das, -s, -e) Gewicht für Edelsteine und -metall in England und USA [engl.-dt.]

Truck [trʌk] (der, -s, -s) Lastwagen [engl.]

Tru|cker [trʌ-] (der, -s, -) engl. für »Lastwagenfahrer«

Truck|sys|tem (das, -s, nur Ez.) Entlohnungsform, bei der das Gehalt durch Waren ausbezahlt wird

Tru|is|mus (der, -, nur Ez.) banale Aussage; z.B. man wird nicht jünger [engl.-nlat.]

Trul|lo (der, -s, Trul|li) rundes Wohnhaus mit konischem Dach (in Apulien)

Tru|meau [trymo:] (der, -s, -s) Pfeiler zwischen zwei Fenstern [germ.-frz.]

Trust [trʌst] (der, -s, -s) marktbeherrschender Unternehmenszusammenschluss [engl.]

Trus|tee [trʌsti:] (der, -s, -s) Treuhänder [engl.]

Try|pa|no|so|ma (das, -s, -men) Schraubengeißeltierchen, Krankheitserreger [gr.]

Try|pa|no|so|mi|a|sis (die, -, -mi|a|sen) Schlafkrankheit (Med.)

Tryp|sin (das, -s, nur Ez.) Bauchspeicheldrüsenenzym [gr.]

Tryp|to|phan auch: Try|pto|phan (das, -s, nur Ez.) Aminosäure, die in den meisten Eiweißstoffen zu finden ist

Tsat|si|ki auch: Tsa|tsi|ki (der oder das, -s, -s) = Zaziki

Tscha|der (der, -s, -) Einwohner der Republik Tschad in Zentralafrika

Tscha|dor (auch: Tscha|dyr) (der, -s, -s) Kopf und Körper bedeckender Schleier persischer Frauen [pers.]

Tscha|dyr (der, -s, -s) = Tschador

Tscha|ja (der, -s, -s) Schopfwehrvogel (Südamerika) [span.-indianisch]

Tscha|ko (der, -s, -s) **1** zylinderförmige Kopfbedeckung mit Schirm und nach hinten abflachendem Runddeckel (bei bestimmten Polizeieinheiten) **2** Husarenhelm [ungar.]

Tschak|ra auch: Tscha|kra (das, -(s), -s) Schleuderwaffe (altindisch)

Tscha|ma|ra (die, -, -s) Jacke der tschechischen und polnischen Tracht

Tschan (das, -s, nur Ez.) chinesische Richtung des Buddhismus

Tschan|du (das, -s, nur Ez.) Opium, das geraucht wird [Hindi]

Tscha|no|ju (die, -, nur Ez.) japanische Teezeremonie

Tschap|ka (die, -, -s) lederner Ulanenhelm mit quadratischem Deckel [frz.-poln.]

Tschar|da (die, -, -s) = Csárda

Tschar|dasch (der, -s, -) = Csárdás

Tschar|ka (die, -, nur Ez.) altes russisches Flüssigkeitsmaß (= 123 ml)

Tschausch (der, -, -) **1** ehemals türkischer Polizist, Amtsvogt, Unteroffizier **2** Spaßmacher auf serbischen Hochzeiten [türk.]

Tsche̱che (der, -n, -n) Ew. der Tschechischen Republik
tsche̱chisch (Adj.) zu den Tschechen gehörig
Tsche̱ka (die, -, nur Ez.) politische Polizei der Sowjetunion (bis 1922) [russ.]
Tscher'kess'ka (die, -, -s oder -ken) nach dem Volk der Tscherkessen benannte Nationalkleidung der kaukasischen Völker, ein langer Leibrock mit Gürtel und Patronentaschen [russ.]
Tscher'no'sem [-zjɔm] (auch: Tscher'nosjom) (das, -s, nur Ez.) Schwarzerde [russ.]
Tscher'nos'jom (das, -s, nur Ez.) = Tschernosem
Tscher'wo̱'nez (der, -, -wo̱n'zen) altrussische Goldmünze, 10-Rubelstück (früher)
Tschi'buk (der, -s, -s) lange türkische Tabakspfeife mit kleinem Kopf [türk.]
Tschick (der, -s, -s) Zigarettenstummel (österr.) [it.]
Tschift'lik auch: Tschi̱f'tlik (das, -s, -e) türkisches Landgut [türk.]
Tschi'kosch (der, -, -) = Csikós
Tschi'nel'le (die, -, -n, meist Mz.) Becken (Musik)
Tschi̱s'ma (der, -s, -men, meist Mz.) niedriger, farbiger Stiefel aus Ungarn [ung.]
Tschit'ra'ka auch: Tschi̱t'tra'ka (das, -s, -s) aufgemaltes Zeichen auf der Stirn von Hindus [Hindi]
Tschor'ten (der, -, -) tibetischer Stupa
Tschu'mak (der, -s, -s) ukrainischer Fuhrmann [russ.]
Tschusch (der, -en -en) Südosteuropäer (österr.; abwertend) [slaw.]
Tse̱'tse'flie'ge (die, -, -n) Stechfliege im tropischen Afrika, die die Schlafkrankheit überträgt [Bantusprache-dt.]
T-Shirt [tiːʃɔːt] (das, -s, -s) (kurzärmliges) Trikothemd mit rundem Ausschnitt [engl.]
Tsu̱'ba (das, -(s), -ben) Stichblatt japanischer Schwerter [jap.]
Tsu̱'ga (die, -, -s oder -gen) Schierlingstanne [jap.-nlat.]
Tsu̱'na'mi (der, -, -s) Flutwelle, ausgelöst durch Veränderungen des pazifischen Meeresbodens [jap.]
Tu'a'reg 1 (Pl. von Targi) Berber der Westsahara **2** (das, -s, nur Ez.) deren Sprache
tua res a̱'gi'tur lat. für »das ist deine Sache«, das geht dich an [lat.]
Tub [tʌb] (das, -s, -s; aber: 4 -) Gewichtsmaß für Tee (= 27,216 kg), Butter (= 38,102 kg) [engl.]
Tu̱'ba (die, -, -ben) **1** tiefes Blechblasinstrument mit nach oben geöffnetem Schallrohr **2** Ohrtrompete; Eileiter [lat.]

Tu'bar'gra'vi'di'tät (die, -, -en) Eileiterschwangerschaft [lat.]
Tu'ber'kel (der oder die, -s oder -, - oder -n) Hautgeschwulst, Knötchen; z.B. bei Tuberkulose [lat.]
tu'ber'ku'lar (Adj.) tuberkelartig
Tu'ber'ku'lid (das, -s, -e) Hauttuberkulose (gutartig) (Med.)
Tu'ber'ku'lin (das, -s, nur Ez.) Nachweispräparat aus Tuberkelbakterien
Tu'ber'ku'lom (das, -s, -e) tuberkulöse Gewebegeschwulst (Med.)
tu'ber'ku'lös (Adj.) zur Tuberkulose gehörig, daran erkrankt
Tu'ber'ku'lo'se (die, -, -n) eine chronische Infektionskrankheit; z.B. Lungentuberkulose [lat.-gr.]
tu'be'rös (Adj.) geschwulstartig, knotenartig (Med.)
Tu'be'ro'se (die, -, -n) ein Agavengewächs, Parfümpflanze [lat.]
Tu'bi'fex (der, -, -bi'fi'ces) ein Ringelwurm (als Futter für Aquarienfische) [lat.]
tu'bu'lär (Adj.) röhrenförmig (in der Medizin) [lat.]
tu'bu'lös (Adj.) = tubulär
Tu̱'bus (der, -, -se oder -ben) lat. für »Röhre« **1** linsenfassendes Rohr bei optischen Geräten **2** Rohransatz bei Glasgeräten **3** Röhre zum Einführen in die Lunge (Med.) **4** Fernrohr
Tu'chent (die, -, -en) Federbett (österr.)
Tu'dor'bo'gen (der, -s, -) Spitzbogen aus der engl. Spätgotik [engl.-dt.]
Tu'dor'stil (der, -s, nur Ez.) Bez. für den Stil der engl. Spätgotik (1485–1558) [engl.-dt.]
Tuff (der, -s, -e) **1** Gestein aus verfestigtem vulkanischen Material **2** abgesetztes Calciumcarbonat, Sinter [lat.]
Tuf'ting'wa're (die, -, -n) Teppiche, bei denen Schlingen in ein Grundgewebe eingenäht werden [engl.-dt.]
Tugh (der, -s, -s) ehem. militärisches Ehrenzeichen in der Türkei (Rossschweif) [türk.]
Tu'ghra auch: Tugh'ra (die, -, nur Ez.) Namenszug des Sultans auf Münzen, Orden und Urkunden
Tu'grik auch: Tug'rik (der, -, -) Währungseinheit der mongolischen Volksrepublik, 100 Mongos
Tu'is'mus (der, -, nur Ez.) veraltet für Altruismus [lat.]
Tu'kan (der, -s, -e) Tropenvogel mit riesigem, leicht gebogenem Schnabel, Pfefferfresser
Tu'la'rä'mie auch: Tu'lar'ä'mie (die, -, -n) Hasenpest [nlat.-gr.]

Tum'ba (die, -, -ben) **1** sarkophagartiger Überbau eines Grabes mit Grabplatte **2** Scheinbahre bei katholischem Totengottesdienst [gr.-lat.]

tum'beln [tʌm-] (V.) Wäsche im Tumbler trocknen [engl.]

Tum'bler *auch:* Tumb'ler (der, -s, -) elektrischer Wäschetrockner [engl.]

Tu'mes'zenz (die, -, -en) Anschwellung (Med.)

Tu'mor (der, -s, -mo'ren auch -mo're) Geschwulst [lat.]

Tu'mu'lant (der, -en, -en) Ruhestörer, Unruhestifte

Tu'mult (der, -(e)s, -e) Aufruhr [lat.]

tu'mul'tu'a'risch (Adj.) mit Tumult einhergehend

tu'mul'tu'ös (Adj.) = tumultuarisch

tu'mul'tu'o'so (Adj.) stürmisch, heftig (als Musikanweisung) [ital.]

Tu'mu'lus (der, -, -li) vorgeschichtlicher Grabhügel [lat.]

Tun (der, -s, -e) = Thun

Tund'ra *auch:* Tun'dra (die, -, -ren/-dren) Kältesteppe [finn.-russ.]

Tu'nell (das, -s, -e) = Tunnel

tu'nen [tju:-] (V.) einen Motor auf höhere Leistung bringen [engl.]

Tu'ner [tju:-] (der, -s, -) gutes Radio; Frequenzabstimmer [engl.]

Tu'ne'si'er (der, -s, -) Einwohner des nordafrikanischen Staates Tunesien

Tun'gu'se (der, -n, -n) Angehöriger eines ostsibirischen Volks

tun'gu'sisch (Adj.) zu den Tungusen gehörig

Tu'ni'ca (die, -, -cae) **1** dünne Gewebsschicht der Haut **2** äußere Schicht des Vegetationskegels (bei Pflanzen) [semit.-lat.]

Tu'ni'ka (die, -, -ken) altrömisches hemdähnliches (Unter-)Gewand [lat.]

Tu'ni'ka'te (die, -, -n, meist Mz.) Manteltier

Tu'ning [tju:-] (das, -s, nur Ez.) das Tunen

Tu'ni'zel'la (die, -, -len) liturgisches Obergewand des katholischen Subdiakons [lat.]

Tun'nel (*auch:* das Tu'nell) (der, -s, - oder -s) unterirdischer (als Verkehrsweg ausgebauter) Gang [engl.]

Tu'pa'ma'ro (der, -s, -s) Stadtguerilla (in Uruguay) [indian.]

Tu'pe'lo'holz (das, -es, nur Ez.) Holz des Tupelobaums [indian.-dt.]

Tu'pe'lo'stift (der, -(e)s, -e) Quellstift aus aufquellendem Tupeloholz

Tu'pi 1 (der, -s, -s) Angehöriger eines Indianervolkes der tropischen Ostküste Südamerikas **2** (das, -s, nur Ez.) dessen Sprache

Tu'ras (der, -, -se) großes Kettenrad

Tur'ba (die, -, -bae) in die Handlung eingreifender Chor in geistlichen Schauspielen und Oratorien [lat.]

Tur'ban (der, -s, -e) um den Kopf gewickelte Schärpe (als indische und muslimische Kopfbedeckung) [pers.-türk.]

Tur'bi'ne (die, -, -n) Maschine, die strömende Energie in nutzbare Bewegungsenergie umsetzt; z.B. Dampfturbine, Wasserturbine [lat.]

Tur'bo (der, -s, -s) Auto mit einer von Abgasen betriebenen Turbine [lat.]

Tur'bo'dy'na'mo (der, -s, -s) Generator, der mit einer Turbine verbunden ist

Tur'bo'ge'ne'ra'tor (der, -s, -to'ren) = Turbodynamo

Tur'bo'la'der (der, -s, -) Vorrichtung zum Aufladen eines Motors, die mit einer Abgasturbine arbeitet

Tur'bo'mo'tor (der, -s, -en) **1** mit einer Gasturbine arbeitendes Triebwerk **2** Motor mit Turbolader

Tur'bo-Prop-Flug'zeug (das, -s, -e) Flugzeug mit kombiniertem Düsen- und Propellerantrieb [Kurzwort]

Tur'bo'ven'ti'la'tor (der, -s, -en) Klimaanlage mit Kreisellüftung

tur'bu'lent (Adj.) unruhig, stürmisch [lat.]

Tur'bu'lenz (die, -, -en) **1** (nur Ez.) das Turbulentsein **2** ungeordnete Strömung; z.B. die Turbulenzen eines Höhenwinds

Turf *oder* **Turf** [tɜ:f] (der, -s, nur Ez.) Pferderennbahn; Pferderennen [engl.]

Tur'ges'zenz (die, -, -en) Anschwellung von Gewebe oder Organen durch vermehrten Blut- oder Flüssigkeitsgehalt [lat.]

Tur'gor (der, -s, nur Ez.) Spannungszustand (einer Zelle); Druck des Zellinhalts [lat.]

Tu'ring'ma'schi'ne [tjʊərɪŋ-] (die, -, -n) mathematisches Modell eines Rechners des brit. Mathematikers A.M. Turing (1912–1954)

Tu'ri'o'ne (die, -, -n) Überwinterungsknospe von Wasserpflanzen [lat.]

Turk'baff (der, -s, -s) kurz geschorener Teppich mit Sternmotiv in der Mitte [pers.]

Tür'ke (der, -n, -n) **1** Ew. der Türkei; Angehöriger eines Turkvolks **2** etwas Vorgetäuschtes; einen Türken bauen (ugs.)

Tur'key [tɜ:kɪ] (der, -s, -s) Entzugserscheinungen (bei Drogensüchtigen) [engl.]

tür'kis (Adj.) blaugrün [frz.]

Tür'kis (der, -es, -e) blaugrünes Mineral, Schmuckstein [frz.]

tür'kisch (Adj.) zu den Türken (**1**) gehörig

tür'ki'sie'ren (V.) türkisch machen [türk.-nlat.]

Turk'me'ne (der, -n, -n) turkmenischer Teppich, benannt nach dem vorderasiatischen Volk der Turkmenen

Tur'ko (der, -s, -s) farbiger Soldat des französischen Kolonialheeres [türk.-it.-frz.]

Tur'ko'lo'gie (die, -, nur Ez.) Wissenschaft von den türkischen Sprachen, Literaturen und Kulturen [nlat.-gr.]

Tur'ma'lin (der, -s, -e) ein Mineral, Schmuckstein [singhales.-frz.]

Turn [tɔːn] (der, -s, -s) 1 Flugkurve (ugs.) 2 positiv empfundener Drogenrausch (ugs.) [engl.]

Tur'nier (das, -s, -e) Kampfspiel, Wettkampf [frz.]

Tur'nus (der, -, -se) regelmäßiger Ablauf, Wechsel [gr.-lat.]

Tur'ri'ze'pha'lie (die, -, -n) Turmschädel, Auftreten einer abnorm hohen Schädelform (Med.)

Tus'sah'sei'de (die, -, nur Ez.) Wildseide des Tussahspinners [Hindi]

Tus'si'la'go (die, -, nur Ez.) Huflattich (als Heilpflanze) [lat.]

Tus'sis (die, -, nur Ez.) Husten (Med.)

Tu'tand (der, -en, -en) von einem Tutor betreuter Studienanfänger [lat.]

Tu'tel (die, -, -en) Vormundschaft [lat.]

tu'te'la'risch (Adj.) vormundschaftlich

Tu'ti'o'ris'mus (der, -, nur Ez.) Haltung, immer die sichere von zwei Alternativen zu wählen (Philos.)

Tu'tor (der, -s, -toren) Studienbetreuer [lat.-engl.]

Tu'to'ri'um (das, -s, -ri'en) Übungskurs an einer Universität, meist ein Seminar begleitend [lat.]

tut'ta la for'za mit voller Kraft (Vortragsanweisung in der Musik) [ital.]

tut'ti (Pronomen) alle (Musikinstrumente, Stimmen) [it.]

Tut'ti'frut'ti (das, -(s), -(s)) 1 Süßspeise, Eis mit vielen verschiedenen Früchten 2 zu buntes Gemisch (ugs.) [it.]

tut'ti quan'ti alle zusammen [ital.]

Tu'tu [tyty:] (das, -s, -s) kurzes Röckchen (im klassischen Ballett) [frz.]

Tweed [twiːd] (der, -s, -s) ein grober Wollstoff; z.B. für Mäntel [engl.]

Twen (der, -s, -s) jmd., der über 19, aber noch nicht 30 Jahre alt ist [engl.]

Twill (der, -s, -s) geköperter Seiden- oder Baumwollfutterstoff [engl.]

Twin'set (der oder das, -s, -s) Zwillingsgarnitur, Pullover mit Jacke aus gleichem Material in gleicher Farbe [engl.]

Twist (der, Twis'tes, Twis'te) 1 locker gedrehtes Baumwollgarn 2 (der, -s, -s) ein Modetanz der 60er-Jahre [engl.]

Two'stepp [tuː-] (der, -s, -s) ein foxtrottähnlicher schneller Gesellschaftstanz [engl.]

Ty'che (die, -, nur Ez.) Schicksal(sgöttin) [gr.]

Ty'coon [taɪkuːn] 1 Wirtschafts- oder Industriemagnat 2 mächtiger Führer (politisch) [engl.-jap.-chin.]

Ty'lom (das, -s, -e) Schwiele (Med.) [gr.]

Tym'pa'non (auch: Tym'pa'num) (das, -s, -na) geschmücktes Bogenfeld (über Kirchenportalen) [gr.]

Tym'pa'num (das -s, -na) 1 = Tympanon 2 Paukenhöhle (des Mittelohrs) [gr.-lat.]

Typ (auch: Ty'pus) (der, -s, -en) 1 Grundform, Urbild 2 Menschenschlag 3 männliche Person 4 Bauart [gr.]

Ty'pe (die, -, -n) 1 Druckbuchstabe; Schreibmaschinenbuchstabe 2 auffallender, komischer Mensch [gr.-frz.]

Ty'pen'psy'cho'lo'gie (die, -, nur Ez.) Richtung der Psychologie, die versucht, Menschen nach Persönlichkeit, Charakter und Körperbau zu beschreiben

Typh'li'tis auch: Ty'phli'tis (die, -, -ti'den) Blinddarmentzündung [gr.]

Typh'lon auch: Ty'phlon (das, -s, -e) Blinddarm [gr.]

Ty'phon (der, -s, -e) mit Druckluft betriebene Schiffssirene [gr.]

ty'phös (Adj.) typhusartig

Ty'phus (der, -nur Ez.) schwere Infektionskrankheit mit blutigen Durchfällen [gr.-lat.]

Ty'pik (die, -, nur Ez.) psychologische Typenlehre

ty'pisch (Adj.) kennzeichnend [gr.]

ty'pi'sie'ren (V.) nach Typen (1, 2) einteilen; das Typische hervorheben

Ty'pi'zi'tät (die, -, -en) charakt. Eigenart

Ty'po'gra'fie (auch: Ty'po'gra'phie) (die, -, nur Ez.) Buchdruckerkunst; Auswahl, Gestaltung des Schriftsatzes [gr.]

ty'po'gra'fisch (auch: ty'po'gra'phisch) (Adj.) zur Typografie gehörig (ugs.) [gr.]

Ty'po'lo'gie (die, -, -n) = Typik [gr.]

Ty'po'me'ter (das, -s, -) durchsichtiges Speziallineal zum Messen der Buchstabengrößen, Wortlängen u.a. [gr.]

Ty'pos'kript auch: Ty'po'skript (das, -s, -e) maschinengeschriebenes Manuskript [gr.-lat.]

Ty'pus (der, -, -pen) 1 prägende Gestalt 2 = Typ (1, 2, 4)

Ty'rann (der, -en, -en) Gewaltherrscher, Unterdrücker [gr.]

Ty'ran'nei (die, -, -en) das Tyrannisieren, Tyrannischsein

ty'ran'nisch (Adj.) wie ein Tyrann, gewalttätig unterdrückend

ty'ran'ni'sie'ren (V.) gewalttätig unterdrücken, anderen den eigenen Willen aufdrängen [frz.]

U

U'a'ka'ri (der, -s, -) kleine Affenart aus Südamerika, Scharlachgesicht [Tupi]
Ü'ber'mik'ros'kop auch: Ü'ber'mik'roskop/Ü'ber'mi'kro'skop (das, -s, -e) = Elektronenmikroskop
u'bi be'ne, i'bi pat'ria auch: u'bi be'ne i'bi pa'tria wo es mir gut geht, da ist mein Vaterland [lat.]
U'bi'quist (der, -quis'ten, -quis'ten) Lebewesen, das nahezu überall vorkommt [lat.]
u'bi'qui'tär (Adj.) nahezu überall vorkommend (von Tieren und Pflanzen) [lat.]
U'cha (die, -, nur Ez.) russische Fischsuppe mit Graupen [russ.]
Ud (die, -s, nur Ez.) arab. für »Holz«, persische Laute mit vier bis sieben Saitenpaaren
U'di'to're (der, -n, -ri oder -n) päpstlicher Richter, Auditor [lat.-ital.]
U'do'me'ter (das, -s, nur Ez.) Regenmesser [lat.-gr.]
UFO (auch: U'fo) (das, -s, -s) engl. Abk. für **U**nidentified **F**lying **O**bject; unbekanntes Flugobjekt [engl.]
U'gan'der (der, -s, -) Einwohner des ostafrikanischen Staates Uganda [Bantu]
U'her'type [-taıp] (die, -, -s) erste Lichtsetzmaschine von E. Uher [engl.]
U'kas (der, -ses, -se) **1** Befehl, Anordnung **2** Erlass des Zaren [russ.]
U'ke'lei (der, -s, oder -e) Weißfisch, seine Schuppen dienen zur Gewinnung von Perlmutterlack [slaw.]
U'ku'le'le (die, -, -n) kleine Hawaiigitarre [polines.-engl.]
U'lan (der, -en, -en) poln. Lanzenreiter (früher); preuß. Kavallerist (bis 1918) [türk.-poln.]
Ul'cus (das, -, -ce'ra) = Ulkus
U'le'ma (der, -s, -s) islamischer Theologe und Rechtsgelehrter [arab.]
U'li'tis (die, -, -li'ti'den) Entzündung des Zahnfleisches (Med.) [gr.-nlat.]
Ul'kus auch: Ul'cus) (das, -, -ze'ra) Geschwür [lat.]
Ul'ma'ze'en (die, Mz.) Ulmengewächse [lat.-nlat.]
ul'nar (Adj.) zur Elle gehörend (Med.) [lat.-nlat.]
U'lo'se (die, -, -n) Narbenbildung (Med.) [gr.-nlat.]
Uls'ter oder [ʌl-] (der, -s, -) weiter Herrenmantel aus dickem, gerauten Wollstoff [engl.]
Ul'ti'ma (die, -, -mä oder -men) letzte Wortsilbe [lat.]
Ul'ti'ma Ra'tio (die, -, nur Ez.) äußerstes Mittel, letzte Zuflucht [lat.]
ul'ti'ma'tiv (Adj.) als Ultimatum (angesagt), nachdrücklich fordernd
Ul'ti'ma'tum (das, -s, -ten) befristete, letzte Aufforderung unter Bekanntgabe der Folgen der Nichtbeachtung [lat.]
ul'ti'mo (Adv.) am letzten Tag (einer Frist, eines Monats) [it.]
Ult'ra auch: Ul'tra (der, -s, -s) jmd., der jenseits einer gemäßigten politischen Richtung steht; Extremist [lat.]
Ult'ra'fax auch: Ul'tra'fax (das, -, -e) Gerät und Methode zur drahtlosen Übertragung von Bildern in Originalgröße [lat.-nlat.]
Ult'ra'fiche auch: Ul'tra'fiche [-fiʃ] Mikrofilm mit sehr starker Verkleinerungsmöglichkeit [lat.-frz.]
Ult'ra'is'mo auch: Ul'tra'is'mo (der, -s, nur Ez.) ihre Wirkung nur auf bildhafter Sprache aufbauende Lyrik in Spanien und Lateinamerika um 1920 [lat.-span.]
ult'ra'ma'rin auch: ul'tra'ma'rin (Adj.) kornblumenblau [lat.]
ult'ra pos'se ne'mo ob'li'ga'tur auch: ul'tra pos'se ne'mo ob'li'ga'tur es kann niemand verpflichtet werden, Unmögliches zu leisten (Grundsatz des römischen Rechts) [lat.]
ult'ra'rot auch: ul'tra'rot (Adj.) = infrarot
Ult'ra'schall auch: Ul'tra'schall (der, -, nur Ez.) vom Menschen nicht mehr wahrnehmbarer Schall mit mehr als 20 Kiloherz [lat.-dt.]
Ult'ra'so'nos'kop auch: Ul'tra'so'no'skop (das, -s, -e) Gerät für medizinische Untersuchungen, das mit Ultraschallwellen arbeitet
ult'ra'vi'o'lett auch: ul'tra'vi'o'lett (Adj.) jenseits von Violett im Farbspektrum, von kurzer Wellenlänge und für Menschen unsichtbar [lat.]
Ul'ze'ra'ti'on (die, -, -ti'o'nen) das Ulzerieren
ul'ze'rie'ren (V.) einen Ulkus, ein Geschwür bilden
ul'ze'rös (Adj.) geschwürig [lat.]
Um'bel'li'fe're (die, -, -n) Doldengewächs
Um'ber (der, -s, nur Ez.) = Umbra
Um'bra auch: Um'bra (auch: Um'ber) (die, -, nur Ez.) **1** dunkler Sonnenfleckenkern **2** dunkelbrauner Farbstoff (aus manganhaltigem Eisenerz), Malfarbe [lat.]
Umb'ral'glas auch: Um'bral'glas (das, -es, nur Ez.) Schutzglas gegen ultraviolette und ultrarote Strahlung für Sonnenbrillen [lat.-dt.]
U'mi'ak (der, -s, -s) mehrsitziger Frauenkajak (der Eskimos)

Um|pi|re [ʌmpaɪə] (der, -s, nur Ez.) Schiedsrichter im Boxkampf [lat.-frz.-engl.]

UN [u:ɛn] (nur Mz.) engl. Abk. für **U**nited **N**ations; Vereinte Nationen [engl.]

u|na|nim *auch:* un|a|nim (Adj.) einmütig [lat.-frz.]

U|na Sanc|ta (die, - -, nur Ez.) heilige Einheit (der kath. Kirche, der christlichen Bekenntnisse) [lat.]

U|nau (das, -s, -s) Faultier aus Südamerika [brasilianisch-frz.]

Un|cle Sam [ʌŋklsæm] (ohne Artikel) die (Regierung der) USA, US-Amerikaner (symbolisiert durch einen alten Herrn mit Zylinder und Ziegenbart) [engl.]

Un|der|co|ver|a|gent [ʌndəkʌvə-] Geheimagent, der mit Hilfe einer Tarnidentität Zugang zu der Gruppe erhält, die er überwachen soll [engl.]

Un|der|dog [ʌndə-] (der, -s, -s) Massenmensch; potenzieller Verlierer [engl.]

Un|der|flow (der, -s, -s) Auftreten einer Zahl, die kleiner ist, als die kleinste darstellbare Zahl (bei Rechnern) [engl.]

Un|der|ground [ʌndəgraʊnd] (der, -s, nur Ez.) gegen etablierte Kunst- und Gesellschaftsformen gerichtete Bewegung (der 70er-Jahre), die freien Sex, Rauschgiftkonsum u.a. befürwortete; deren Musik, Lit. u.a. [engl.]

Un|der|state|ment [ʌndəsteɪtmənt] (das, -s, -s) Untertreibung, bewusstes Tiefstapeln

Un|de|zi|me (die, -, -n) der elfte Ton vom Grundton an (Musik) [lat.]

Un|di|ne (die, -, -n) weiblicher Wassergeist

Un|do|graph (der, -en, -en) Gerät zur Schallwellenaufnahme und anschließender grafischer Darstellung [lat.-gr.]

Un|du|la|ti|on (die, -, -ti|o|nen) wellenförmige Bewegung [lat.]

un|du|la|to|risch (Adj.) wellenförmig [lat.]

UNESCO (die, -, nur Ez.) Abk. für **U**nited **N**ations **E**ducational, **S**cientific and **C**ultural **O**rganization; Sonderorganisation der UN für Erziehung, Wissenschaft und Kultur [engl.]

Un|gar (der, -n, -n) Ew. Ungarns

un|ga|risch (Adj.) zu Ungarn gehörig

Un|gu|en|tum (das, -s, -ta) Salbe [lat.]

u|ni [yni:] (Adj.) einfarbig [frz.]

U|ni (die, -, -s) = Universität (ugs.) [Kurzwort]

UNICEF [u:nitsɛf] (die, -, nur Ez.) Abk. für **U**nited **N**ations **I**nternational **C**hildren's **E**mergency **F**und; internationales Kinderhilfswerk der UN [engl.]

u|nie|ren (V.) vereinigen; z.B. kirchliche Splittergruppen u. [lat.]

U|ni|fi|ka|ti|on (die, -, -ti|o|nen) das Unifizieren

u|ni|fi|zie|ren (V.) vereinheitlichen [lat.]

u|ni|form (Adj.) einförmig, einheitlich; eintönig [lat.]

U|ni|form *oder* [uni-] (die, -, -en) einheitliche Dienstkleidung [lat.]

u|ni|for|mie|ren (V.) uniform machen; mit einer Uniform einkleiden

U|ni|for|mis|mus (der, -, nur Ez.) = Uniformität

U|ni|for|mi|tät (die, -, nur Ez.) übertriebene Einheitlichkeit, Eintönigkeit [lat.]

U|ni|kat (das, -(e)s, -e) einzige Ausfertigung (eines Kunstwerks, Schriftstücks u.a.) [lat.]

U|ni|kum (der, -s, -ka *oder* -s) **1** etwas nur einmal Vorhandenes **2** schrulliger Mensch

u|ni|la|te|ral (Adj.) einseitig [lat.-nlat.]

U|ni|on (die, -en) Bund, Vereinigung; die CDU/CSU [lat.]

U|ni|o|nist (der, -nis|ten, -nis|ten) Anhänger einer Union

U|ni|on Jack [ju:njən dʒæk] (der, - -s, - -s) die Nationalflagge Großbritanniens [engl.]

u|ni|pe|tal (Adj.) einblättrig (Bot.) [lat.-gr.-nlat.]

u|ni|po|lar (Adj.) elektrischen Strom nur in einer Richtung leitend, einpolig

u|ni|so|no (Adv.) im Einklang (zu spielen, singen); einstimmig; z.B. etwas unisono fordern [it.]

U|ni|so|no (das, -s, -s *oder* -ni) Einklang (in der Musik, von Meinungen) [it.]

U|nit [ju:nɪt] (die, -, nur Ez.) **1** Unterrichtseinheit **2** fertige Einheit eines Geräts **3** Team [engl.]

u|ni|tär (Adj.) = unitarisch

U|ni|ta|ri|er (der, -s, -) Protestant, der die Lehre von der Dreifaltigkeit ablehnt [lat.]

U|ni|ta|ris|mus (der, -, nur Ez.) **1** die Richtung der Unitarier **2** Streben nach einem (nicht föderalistischen) Einheitsstaat [lat.]

U|ni|ta|rist (der, -ris|ten, -ris|ten) Anhänger des Unitarismus

u|ni|ta|ris|tisch (Adj.) zum Unitarismus gehörig

U|ni|tät (die, -, -en) Einheit; Einzigartigkeit [lat.]

U|ni|ted Na|tions [ju:naɪtɪd neɪʃnz] (nur Mz.) = UN [engl.]

u|ni|va|lent (Adj.) einwertig (Chemie)

U|ni|ver|bie|rung (die, -, -en) Zusammenwachsen zweier Wörter zu einem; z.B. Weg und Gabelung wird zu Weggabelung (Sprachwissenschaft)

u|ni|ver|sal (*auch:* u|ni|ver|sell) (Adj.) allgemein, umfassend [lat.]

U|ni|ver|sal|emp|fän|ger (der, -s, -) Träger der Blutgruppe AB, dem man Blut mit beliebiger Blutgruppe übertragen kann (Med.)

U'ni'ver'sal'e'pis'ko'pat *auch:* U'ni'ver'sal'e'pi'sko'pat (der oder das, -(e)s, -e) oberste päpstliche Gewalt über die katholische Kirche

U'ni'ver'sa'li'en (nur Mz.) 1 Allgemeinbegriffe (in der Philosophie) 2 allen Sprachen gemeinsame Eigenschaften; z.B. die Fähigkeit, unendlich viele »neue« Sätze zu bilden

U'ni'ver'sa'lis'mus (der, -, nur Ez.) 1 philosophische Lehre, die das Allgemeine, Ganze gegenüber dem Besonderen, Einzelnen betont 2 christliche Lehre, dass Gott letztendlich alle Menschen erlöst 3 universelles Wissen [lat.]

U'ni'ver'sa'li'tät (die, -, nur Ez.) das Universalsein, Universalismus (3)

U'ni'ver'sal'spen'der (der, -s, -) Träger der Blutgruppe 0, der (mit Einschränkungen) jedem Träger auch anderer Blutgruppen Blut spenden kann (Med.)

U'ni'ver'sal'suk'zes'si'on (die, -, -si'o'nen) Erbfall mit einem oder mehreren Universalerben, die das Gesamtvermögen erben

u'ni'ver'sell (Adj.) = universal

U'ni'ver'si'a'de (die, -, -n) »Olympiade« für Studenten [lat.-nlat.]

U'ni'ver'si'tät (die, -, -en) Hochschule (zur Pflege aller Wissenschaften; Gebäude dafür) [lat.]

U'ni'ver'sum (das, -s, nur Ez.) Weltall [lat.]

u'ni'vok (Adj.) einstimmig, eindeutig

Unk'ti'on (die, -, -ti'o'nen) Einreibung (mit einem Unguentum)

UNO (die, -, nur Ez.) = UN [engl.]

u'no ac'tu lat. für »in einem Akt«, ohne Unterbrechung [lat.]

un po'co ein wenig (bei Musikstücken) [it.]

u'nus pro mul'tis lat. für »einer für viele« [lat.]

Un'ze (die, -, -n) 1 altes (Apotheker-)Gewicht, rund 30 Gramm 2 = Ounce [lat.]

Un'zi'a'le (die, -, -n) abgerundete, aus römischen Buchstaben entwickelte Schrift (des frühen Mittelalters) [lat.]

U'pa'ni'schad (die, -, -scha'den) altindischer philosophisch-mystischer Text [sanskr.]

U'pas (das, -, nur Ez.) Milchsaft eines javanischen Baumes, der als Pfeilgift verwendet wird [malai.]

U'pe'ri'sa'tion [-tsjo:n] (die, -, -ti'o'nen) Kurzwort aus Ultrapasteurisation; spezielles Milchkonservierungsverfahren

UPI [ju:pi:ai] (die, -, nur Ez.) eine US-Presseagentur [engl., Kurzwort]

Up'per'cut [ʌpəkʌt] (der, -s, -s) Aufwärtshaken (beim Boxen) [engl.]

up to date [ʌptədeɪt] auf dem neuesten Stand [engl.]

U'rä'mie *auch:* Ur'ä'mie (die, -, -n) Harnvergiftung [gr.]

U'ran (das, -s, nur Ez.) ein radioaktives Element, Schwermetall [gr.-nlat.]

U'ra'nis'mus (der, -, nur Ez.) männliche Homosexualität (veraltet) [gr.-nlat.]

U'ra'nist (der, -en, -nis'ten, -nis'ten) Homosexueller (veraltet) [gr.-nlat.]

U'rä'us'schlan'ge (die, -, -n) afrikanische Giftnatter [gr.-nlat.]

ur'ban (Adj.) 1 städtisch 2 weltgewandt [lat.]

ur'ba'ni'sie'ren (V.) 1 städtisch machen, städtebaulich erschließen 2 (durch kulturellen, technischen Fortschritt) verfeinern [lat.]

Ur'ba'nis'tik (die, -, nur Ez.) Wissenschaft der Stadtentwicklung

Ur'ba'ni'tät (die, -, nur Ez.) das Urbansein

ur'bi et or'bi (Adj.) der Stadt Rom und dem Erdkreis (als Formel für den vom Papst allen Katholiken gespendeten Segen) [lat.]

Urbs ae'ter'na (die, -, - nur Ez.) lat. für »die ewige Stadt«, Beiname Roms

Ur'du (das, -(s), nur Ez.) Staatssprache Pakistans

U'rea (die, -, nur Ez.) der Harnstoff [gr.-nlat.]

U're'ter (der, -s, - oder -te'ren) Harnleiter [gr.]

U'reth'ra *auch:* U're'thra (die, -, -ren/-thren) Harnröhre [gr.]

U'reth'ri'tis *auch:* U're'thri'tis (die, -, -ti'den) Harnröhrenentzündung [gr.]

ur'gent (Adj.) dringend [lat.]

Ur'genz (die, -, -en) Dringlichkeit [lat.]

ur'gie'ren (V.) drängen (österr.) [lat.]

U'ri'as'brief (der, -(e)s, -e) Brief, der dem Boten (Uria) Unglück beschert (nach Uria aus 2. Samuel 11)

U'rin (der, -s, nur Ez.) Harn [gr.-lat.]

U'ri'nal (das, -s, -e) Harnflasche, -gefäß; Urinierbecken (in Herrentoiletten)

u'ri'nie'ren (V.) harnen [gr.-lat.]

u'ri'nös (Adj.) urinähnlich; harnstoffhaltig

Ur'ne (die, -, -n) 1 Gefäß für die Asche eines Feuerbestatteten 2 Stimmzettelkasten [lat.]

u'ro'ge'ni'tal (Adj.) zu den Harn- und Geschlechtsorganen gehörig [gr.]

U'ro'lith (der, -s -oder -en, -en) Harnstein [gr.]

U'ro'lo'ge (der, -n, -n) Urologiefacharzt

U'ro'lo'gie (die, -, nur Ez.) Wissenschaft von den Erkrankungen der Harnorgane und der männlichen Geschlechtsorgane [gr.]

Ur'ti'ka'ria (die, -, nur Ez.) Nesselsucht [lat.]

U'ru'ba (die, -s, -s) Rabengeier Südamerikas [indian.-span.]

U'ru'gu'a'yer (der, -s, -) Einwohner des südamerikanischen Staates Uruguay [indian.-span.]

U'sance (*auch:* U'sanz) [yzãs] (die, -, -n) Geschäfts-, Handelsgepflogenheit [frz.]
U'sanz (die, -, -en) = Usance (schweiz.)
U'schan'ka (die, -, -s) mit Ohrenklappen versehene Pelzmütze [russ.]
Usch'ki (nur Mz.) russische Pasteten [russ.]
U'ser (ju:zə] (der, -s, -) engl. für »Benutzer«, Anwender; z.B. von Computern; auch Drogenabhängiger (Jargon) [engl.]
U'so (*auch:* Ou'zo) (der, -s, -s oder -) griechischer Anisschnaps [it.-gr.]
u'su'ell (Adj.) gebräuchlich [frz.]
U'sur'pa'ti'on (die, -, -ti'o'nen) das Usurpieren
U'sur'pa'tor (der, -s, -to'ren) jmd., der (den Thron) usurpiert hat, Thronräuber
u'sur'pie'ren (V.) unrechtmäßig aneignen; den Thron rauben [lat.]
U'sus (der, -, nur Ez.) Brauch [lat.]
U'sus'fruk'tus (der, -, nur Ez.) Nießbrauch von etwas
U'ten'sil (das, -s, -si'li'en) Hilfsmittel, Gebrauchsgegenstand [lat.]
u'te'rin (Adj.) zum Uterus gehörig
U'te'rus (der, -, -ri) Gebärmutter [lat.]
u'ti'li'tär (Adj.) nur auf den Nutzbrauch gerichtet
U'ti'li'ta'ri'er (der, -s, -) = Utilitarist
U'ti'li'ta'ris'mus (der, -, nur Ez.) Nützlichkeitsdenken [lat.]
U'ti'li'ta'rist (der, rjs'ten, -rjs'ten) Nützlichkeitsdenker [lat.]
u'ti'li'ta'ris'tisch (Adj.) zum Utilitarismus gehörig, nützlichkeitsdenkend; nutzbringend
ut in'fra *auch:* ut jn'fra lat. für: »wie unten« (abgekürzt u.i.) [lat.]
U'to'pia (das, -(s), nur Ez.) Land der Wunschträume [gr.]
U'to'pie (die, -, -n) Wunschbild; unrealistischer Plan [gr.]
u'to'pisch (Adj.) wie eine Utopie, unerfüllbar
U'to'pis'mus (der, -, nur Ez.) Hang zu Utopien
Ut'ra'quis'mus *auch:* U'tra'quis'mus (der, -, nur Ez.) Bildungskonzept, das Geistes- und Naturwissenschaften im gleichen Maße vermittelt [lat.-nlat.]
ut sup'ra *auch:* ut su'pra lat. für »wie oben«, wie vorher (Musik) [lat.]
U'va'chro'mie (die, -, nur Ez.) veraltetes Verfahren für Dreifarbenkopien; z.B. Herstellung von naturfarbenen Diapositiven [lat.-gr.]
U'vu'la (die, -, -lae [-lɛː]) Gaumenzäpfchen [lat.]
U'vu'lar (der, -s, -e) Gaumenzäpfchenlaut; z.B. das »r« am Wortanfang, das »k« im Arabischen [lat.]

V

Va'banque (*auch:* va banque) [vabãːk] alles auf eine Karte; Vabanque spielen: alles riskieren [frz.]
va'cat es fehlt (für leere Buchseiten); pausierend (in der Musik) [lat.]
va'cil'lan'do [vatʃi-] (Adj.) schwankend; Vortragsanweisung (Musik) [ital.]
Va'de'me'kum (das, -s, -s) kleiner Ratgeber (in Buchform) [lat.]
va'dos (Adj.) versickert, in der Erdkruste zirkulierend (von Oberflächenwasser) [lat.]
vae vic'tis! [vɛː-] wehe den Besiegten! [lat.]
vag (Adj.) = vage
Va'ga'bund (der, -en, -en) Herumtreiber; Landstreicher [lat.]
va'ga'bun'die'ren (V.) das Leben eines Vagabunden führen, sich herumtreiben [lat.]
Va'gant (der, -en, -en) umherziehender Sänger (im Mittelalter); Straßenliterat [lat.]
va'ge (*auch:* vag) (Adj.) unbestimmt, verschwommen
va'gie'ren (V.) umherschweifen [lat.]
Va'gi'na *auch* [-giː-] (die, -, -nen) weibliche Scheide [lat.]
va'gi'nal (Adj.) zur Vagina gehörig; z.B. vaginaler Orgasmus
Va'gi'nis'mus (der, -, nur Ez.) Scheidenkrampf [lat.]
Va'gi'ni'tis (die, -, -ni'ti'den) Scheidenentzündung [lat.-gr.]
Va'gus (der, -, nur Ez.) der zehnte Gehirnnerv [lat.]
va'kant (Adj.) frei, offen; z.B. vakante Lehrstellen [lat.]
Va'kanz (die, -, -en) **1** das Vakantsein **2** Ferien (veraltet) [lat.]
Va'kat (das, -(s), -s) leere Seite (eines Druckbogens) [lat.]
Va'ku'o'le (die, -, -n) Zellplasmabläschen, das mit Flüssigkeit angefüllt ist; z.B. bei Einzellern [frz.]
Va'ku'um (das, -s, -kua oder -ku'en) nahezu luftleerer Raum, leerer (Zeit-)Raum [lat.]
Va'ku'um'me'ter (das, -s, -) hochsensibler Luftdruckmesser [lat.-gr.]
Vak'zi'na'ti'on (die, -, -ti'o'nen) immunisierende Impfung [lat.]
Vak'zi'ne (die, -, -n) Impfstoff [lat.]
vak'zi'nie'ren (V.) immunisierend impfen [lat.]
va'le! leb wohl! [lat.]
Va'le'dik'ti'on [-tsjoːn] (die, -, -ti'o'nen) Abschiedsrede [lat.-nlat.]

Va'lenz (die, -, -en) Wertigkeit (eines chemischen Stoffes, eines Verbs) [lat.]
Va'le'ri'a'na (die, -, -nen) Baldrian (als Heilpflanze); z.B. Valerianae radix: die getrocknete Baldrianwurzel [lat.]
Va'let (das, -s, -s) Lebewohl [lat.]
val'id (Adj.) genau, gültig; wirkungsvoll; z.B. ein valides Verfahren zur wissenschaftlichen Aussagenbildung [frz.]
va'li'die'ren (V.) die Aussagekraft feststellen
Va'li'di'tät (die, -, nur Ez.) das Validsein
Va'lo'ren (nur Mz.) Wertpapiere; Wertsachen [lat.]
Va'lo'ri'sa'ti'on (die, -, -ti'o'nen) das Valorisieren
va'lo'ri'sie'ren (V.) aufwerten, den Preis anheben (um den Erzeuger von Staats wegen zu stützen) [lat.]
Val'po'li'cel'la [-tʃɛl-] (der, -(s), -s) italienischer Rotwein aus dem Gardaseegebiet
Va'lu'ta (die, -, -ten) 1 ausländische Währung 2 Verzinsungs-, Zahlungstermin 3 (nur Mz.) Zinsscheine auf ausländische Währungen [it.]
Va'lu'ta'klau'sel (die, -, -n) 1 Klausel, wonach der Wechselnehmer in bar bezahlen muß 2 Wertsicherungsklausel, wonach der Betrag in einer ausländischen, inflationssicheren Währung ausgedrückt wird
Val'va'ti'on (die, -, -ti'o'nen) Wertbestimmung (im Finanzwesen) [frz.]
Vamp [væmp] (der, -s, -s) extravagant-dämonische Frau [engl.]
Vam'pir (der, -s, -e) 1 Toter, der nachts aus dem Grab steigt, um an Schlafenden Blut zu saugen 2 Blut leckende südamerikanische Kleinfledermaus [slaw.]
Va'na'din (das, -s, nur Ez.) ein Element, Hartmetall [nlat.]
Va'na'di'um (das, -s, nur Ez.) = Vanadin
Van-Al'len-Gür'tel [væn-ælən] (der, -s, nur Ez.) in großer Höhe befindlicher Strahlungsgürtel um den Äquator der Erde, benannt nach dem amerikanischen Physiker J. A. van Allen
Van-Car'ri'er [væn-kærɪə] (der, -s, -) Gerät zum Be- und Entladen von Schiffen [engl.]
Van'da'le (der, -n, -n) = Wandale
Van'da'lis'mus (der, -, nur Ez.) = Wandalismus
Va'nil'le [-niːjə] oder [-nɪlə] (die, -, nur Ez.) eine tropische Orchidee; deren Fruchtkapseln als süß-aromatisches Gewürz [span.-frz.]
Va'nil'lin (das, -s, nur Ez.) ein (synthetisch hergestellter) Aldehyd (als Hauptbestandteil fermentierter Vanillefrüchte) [nlat.]
va'ni'tas va'ni'ta'tum alles ist eitel (nichtig) [lat.]

Va'po'ri'me'ter (das, -s, -) Gerät zur Messung der Alkoholkonzentration in Flüssigkeiten
Va'po'ri'sa'ti'on (die, -, -ti'o'nen) das Vaporisieren
va'po'ri'sie'ren (V.) 1 verdampfen 2 den Alkoholgehalt bestimmen [lat.]
Va'que'ro [-keː-] (der, -(s), -s) nordamerikanischer Rinderhirt, Cowboy [span.]
Va'ria (nur Mz.) Verschiedenes; z.B. Bücher über Wissensgebiete, die sich nicht den Großgruppen zuordnen lassen [lat.]
va'ri'a'bel (Adj.) veränderlich, veränderbar [frz.]
Va'ri'a'bi'li'tät (die, -, nur Ez.) das Variabelsein
Va'ri'ab'le auch: Va'ri'a'ble (die, -, -n) veränderliche Größe (in der Mathematik) [frz.]
va'ri'ant (Adj.) veränderlich (unter bestimmten Voraussetzungen) [frz.]
Va'ri'an'te (die, -, -n) Abart, Spielart; Abweichung; z.B. einer Textfassung [frz.]
Va'ri'anz (die, -, nur Ez.) Merkmalsstreuung [frz.]
Va'ri'a'ti'on (die, -, -ti'o'nen) Abweichung, Veränderung, Abwandlung; z.B. eines musikalischen Themas [lat.]
Va'ri'e'tät [-riə-] (die, -, -en) geringfügiger Merkmalsunterschied; Spielart; z.B. die rote und die schwarze Varietät des Eichhörnchens
Va'ri'e'tee (auch: Va'ri'e'té) [-rjeteː] (das, -s, -s) bunt wechselnde Bühnenschau (mit Tanz, Gesang, Akrobatik u.a.) [frz.]
va'ri'ie'ren (V.) abwandeln, verändern; abweichen [lat.]
va'ri'kös (Adj.) mit Varizen, krampfaderähnlich
Va'ri'o'la (auch: Va'ri'o'le) (die, -, -lae [-lɛː]) oder -ri'o'len) Pocken [lat.]
Va'ri'o'le (die, -, -n) = Variola
Va'ri'o'me'ter (das, -s, -) 1 feiner Luftdruckmesser, der Sink-und Steiggeschwindigkeit anzeigt (in Flugzeugen) 2 verstellbare Spule [lat.-gr.]
Va'ri'o'ob'jek'tiv (das, -s, -e) Objektiv mit stufenlos verstellbarer Reichweite
Va'ri'ty'per [veərˈtaɪpə] (der, -s, -) Setzmaschinentyp, der auf dem Prinzip der Schreibmaschine beruht [engl.]
Va'rix (die, -, -ri'zen) = Varize
Va'ri'ze (die, -, -n) Krampfader [lat.]
Va'ri'zel'len (nur Mz.) Windpocken [lat.]
va'sal (Adj.) zu den Blutgefäßen gehörig [lat.]
Va'sall (der, -en, -en) Lehnsmann; Anhänger [kelt.-frz.]
Va'se (die, -, -n) 1 antikes getöpfertes Gefäß 2 Ziergefäß (für Schnittblumen) [frz.]

Va'sek'to'mie *auch:* Vas'ek'to'mie (die, -, -n) operative Entfernung eines Samenleiterstücks (zur Unfruchtbarmachung) [lat.]
Va'se'lin (das, -s, nur Ez.) = Vaseline
Va'se'li'ne *(auch:* das Va'se'lin) (die, -, nur Ez.) Paraffin-Mineralölsalbe [dt.-gr.]
vas'ku'lär (Adj.) zu einem (Blut-, Lymph-) Gefäß gehörig [lat.]
va'so'mo'to'risch (Adj.) die Gefäßnerven betreffend
Va'so'pres'sin (das, -s, nur Ez.) Hormon mit blutdrucksteigernder Wirkung
Vas'ta'tion [-tsjo:n] (die, -, -ti'o'nen) Verwüstung [lat.]
Va'ti'kan (der, -s, nur Ez.) die päpstliche Residenz [lat.]
va'ti'ka'nisch (Adj.) zum Vatikan gehörig
Va'ti'ka'num (das, -s, nur Ez.) allgemeines Konzil der katholischen Kirche, das im Vatikan stattfindet
Vau'de'ville [vodvil] (das, -s, -s) komisches Singspiel (früher) [frz.]
Ve'da (der, -(s), -den oder -s) = Weda
Ve'du'te (die, -, -n) naturgetreues Bild von einer Stadt (Landschaft) [it.]
ve'ge'ta'bil (Adj.) = vegetabilisch
Ve'ge'ta'bi'li'en (nur Mz.) eßbare Pflanzen (-teile) [lat.]
ve'ge'ta'bi'lisch (Adj.) zu den Vegetabilien gehörig
Ve'ge'ta'ri'er (der, -s, -) jmd., der sich von Pflanzen, Pflanzenprodukten (und Eiern, Milcherzeugnissen) ernährt [lat.]
ve'ge'ta'risch (Adj.) zum Vegetarismus gehörig, in seinem Sinn; pflanzlich
Ve'ge'ta'ris'mus (der, -, nur Ez.) weltanschaulicher Verzicht auf Fleischnahrung [lat.]
Ve'ge'ta'ti'on (die, -, -ti'o'nen) Pflanzengemeinschaft (eines Lebensraums); Pflanzendecke; Pflanzenwuchs [lat.]
ve'ge'ta'tiv (Adj.) **1** zur Vegetation gehörig, pflanzlich **2** ungeschlechtlich; z.B. vegetative Vermehrung **3** nicht vom Willen gesteuert, zum Nervensystem gehörig, vegetative Dystonie: Fehlsteuerung verschiedener (Kreislauf-)Organe [lat.]
ve'ge'tie'ren (V.) armselig-bedrückt dahinleben [lat.]
ve'he'ment (Adj.) heftig, ungestüm [lat.]
Ve'he'menz (die, -, nur Ez.) Heftigkeit, Ungestüm [lat.]
Ve'hi'kel (das, -s, -)**1** schlechtes, schrottreifes Fahrzeug **2** Möglichkeit, etwas zu erreichen; z.B. eine Arbeit als Vehikel
Vek'tor (der, -s, -to'ren) durch einen Pfeil dargestellte gerichtete Größe (in der Mathematik) [lat.]

Vek'tor'kar'di'o'gra'phie *(auch:* Vek'tor'kar'di'o'gra'fie) (die, -, -n) Messung des Verlaufs der Herzmuskeltätigkeit (Med.)
ve'lar (Adj.) am Gaumensegel gebildet; velarer Laut [lat.]
Ve'lar (der, -s, -e) Gaumensegellaut; z.B. das »ch« in Docht [lat.]
Ve'lo (das, -s, -s) Fahrrad (schweiz.) [frz.]
vel'lo'ce [velo:tʃe] (Adv.) schnell (bei Musikstücken) [it.]
Ve'lo'drom *auch:* Ve'lo'drom (das, -s, -e) Hallenradrennbahn mit höher gebauten Kurvenrändern [lat.-gr.]
Ve'lour [-luːɐ] (das, -s, -s) = Velours
Ve'lours *(auch:* das Ve'lour) [-luːɐ] (der, -, -) ein samtartiger Stoff [frz.]
Ve'lo'zi'ped (das, -s, -s) Fahrrad [frz.]
Velt'li'ner [vɛlt-] (der, -s, -, nur Ez.) **1** Traubensorte **2** Weinsorte (nach der italienischen Gegend Veltlin)
Ve'lum (das, -s, -la) **1** Schultertuch kath. Priester, Tuch zum Bedecken der Abendmahlsgeräte **2** weicher Gaumen, Gaumensegel **3** Stiel und Hut bedeckende Hülle (junger Blätterpilze) [lat.]
Vel'vet (der, -s, -s) Baumwollsamt [engl.]
Ven'det'ta (die, -, -ten) Blutrache [it.]
Ve'ne (die, -, -n) Blutader [lat.]
Ve'ne'fi'ci'um (das, -s, -cia) Giftmord (Med.) [lat.]
Ven'ek'ta'sie (die, -, -n) Venenerweiterung durch Erschlaffen der Gefäßwände (Med.) [lat.-gr.]
Ve'ne'num (das, -s, -na) Gift (Med.) [lat.]
ve'ne'ra'bel (Adj.) ehrwürdig (veraltet) [frz.]
ve'ne'risch (Adj.) zu den Geschlechtskrankheiten gehörig [lat.]
Ve'ne'ro'lo'ge (der, -n, -n) Facharzt für Geschlechtskrankheiten (Med.) [lat.-gr.]
Ve'ne'zi'a'ner (der, -s, -) Ew. von Venedig
Ve'ne'zi'a'nisch (Adj.) zu Venedig gehörig
Ve'ne'zo'la'ner (der, -s, -) Ew. des südamerikanischen Staates Venezuela
ve'ne'zo'la'nisch (Adj.) zu Venezuela gehörig, von dort stammend
Ve'ni'a Le'gen'di (die, - -, nur Ez.) Lehrberechtigung für Universitäten [lat.]
Ve'ni, vi'di, vi'ci [-tsi] ich kam, sah und siegte [lat.]
ve'nös (Adj.) zu den Venen gehörig; z.B. venöses Blut
Ven'til (das, -s, -e) **1** Vorrichtung zur Steuerung, Absperrung des Durchflusses von Gasen, Luft **2** Möglichkeit, etwas loszuwerden (ugs.); z.B. Musik als Ventil angestauter Aggressionen [lat.]
Ven'ti'la'ti'on (die, -, -ti'o'nen) das Ventilieren

Ven'ti'la'tor (der, -s, -to̱'ren) Raumbelüfter mit Motorpropeller [lat.]
ven'ti'lie'ren (V.) **1** lüften **2** erörtern [lat.]
vent'ral *auch:* ven'tral (Adj.) bauchwärts, zur Bauchseite gehörig, dahin gerichtet [lat.]
Vent'ri'kel *auch:* Ven'tri'kel (der, -s, -) Herz-, Hirnkammer
vent'ri'ku'lar *auch:* ven'tri'ku'lar (Adj.) zum Ventrikel gehörig, kammerförmig [lat.]
Vent'ri'lo'quist *auch:* Ven'tri'lo'quist (der, -quis'ten, -quis'ten) Bauchredner [lat.]
Ve'ran'da (die, -, -den) überdachter (verglaster) An-, Vorbau [Hindi-engl.]
Verb (das, -s, -en) Zeitwort [lat.]
ver'bal (Adj.) **1** als Verb gebraucht **2** mündlich
Ver'bal'ad'jek'tiv (das, -s, -e) von einem Verb abgeleitetes Adjektiv; z.B. zahlbar; Verbform, die als Adjektiv verwendet wird; z.B. leuchtend (Partizip)
Ver'ba'le (das, -s, -li'en) von einem Verb abgeleitetes Wort; z.B. »Schreiber« von »schreiben« [lat.]
Ver'bal'in'ju'rie (die, -, -n) mündliche Beleidigung [lat.]
ver'ba'li'sie'ren (V.) **1** zu einem Verb umbilden; z.B. »vergrößern« zu »groß« **2** in Worte fassen [frz.]
Ver'ba'lis'mus (der, -, nur Ez.) Wortemacherei [lat.]
Ver'ba'list (der, -lis'ten, -lis'ten) Wortemacher, Sprücheklopfer [lat.]
ver'ba'lis'tisch (Adj.) zum Verbalismus gehörig
ver'bal'i'ter (Adv.) wörtlich [lat.]
Ver'bal'kon'kor'danz (die, -, -en) Konkordanz mit einem alphabetischen Verzeichnis gleicher oder ähnlicher Wörter oder Textstellen
Ver'bal'kont'rakt *auch:* Ver'bal'kon'trakt (der, -(e)s, -e) Vertrag in mündlicher Form
Ver'bal'no'te (die, -, -n) mündlich zu übermittelnde, vertrauliche diplomatische Note [lat.]
Ver'bal'phra'se (die, -, -n) Wortgruppe, bestehend aus einem Verb und von ihm abhängigen Satzgliedern; z.B. »kam schnell zu ihm« (Sprachwissenschaft)
ver'bi cau'sa lat. für: zum Beispiel; Abk.: v. c.
Ver'bum (das, -s, -ben) = Verb
Ver'dikt (das, -(e)s, -e) Urteil [lat.]
Ver'du're [vɛrdyːr] (die, -, -n) Wandteppich in vornehmlich grünen Farbtönen [lat.-frz.]
Ve'ri'fi'ka'ti'on (die, -, -ti'o̱'nen) das Verifizieren
ve'ri'fi'zie'ren (V.) die Richtigkeit darlegen, bestätigen [lat.]

Ve'ris'mus (der, -, nur Ez.) die Wirklichkeit deutlich, schonungslos darstellende Kunstrichtung (in der italienischen Literatur, Malerei, Musik u.a.) [it.-nlat.]
Ve'rist (der, -ris'ten, -ris'ten) Verismuskünstler
ve'ris'tisch (Adj.) zum Verismus gehörig
ve'ri'ta'bel (Adj.) wahrhaft [frz.]
Ver'meil [vɛrmɛj] (das, -s, nur Ez.) leicht vergoldetes Silber [frz.]
Ver'mi'fu'gum (das, -s, -ga, meist Mz.) Medikament zur Abfuhr von Eingeweidewürmern (Med.)
Ver'nis'sa'ge [-ʒə] (die, -, -n) Veranstaltung, bei der geladene Gäste in einen Ausstellungsraum kommen, um neue Kunstwerke zu betrachten und darüber zu diskutieren [frz.]
Vers [fɛrs], österr. [vɛrs] (der, -es, -e) **1** gebundene, gegliederte Zeile (einer Dichtung) **2** = Strophe [lat.]
Ver'sal (der, -s, -sa'li'en) Großbuchstabe [lat.]
Vers blancs [vɛrblɑ̃] (Mz.) reimlose Verse [frz.]
ver'siert (Adj.) gute Kenntnisse besitzend, beschlagen, bewandert [frz.]
Ver'si'fi'ka'ti'on (die, -, -ti'o̱'nen) das Versifizieren
ver'si'fi'zie'ren (V.) in Verse bringen [lat.]
Ver'si'on (die, -, -si'o̱'nen) **1** Fassung, Lesart **2** Übersetzung (einer Fremdsprache in die eigene Sprache) [frz.]
Ver'so (das, -s, -s) Rückseite eines (Buch-, Papier-)Blattes [lat.]
ver'ta'tur man wende (als Korrekturanweisung, wenn Druckbuchstaben auf dem Kopf stehen) [lat.]
ver'te wende (das Notenblatt) [it.]
ver'teb'ral *auch:* ver'te'bral (Adj.) zu einem Rückenwirbel, zur Wirbelsäule gehörig, von dort hergeleitet [lat.]
Ver'teb'rat *auch:* Ver'te'brat (der, -en, -en) Wirbeltier [lat.]
ver'ti'kal (Adj.) senkrecht [lat.]
Ver'ti'ka'le (die, -, -n oder -) Senkrechte [lat.]
Ver'ti'ko (das, -s, -s) kleiner Schrank mit zwei Türen, darüber eine Schublade und ein Aufsatz
ver'ti'ku'tie'ren (V.) zur Lockerung des Bodens die Grasnarbe eines Rasens aufreißen [lat.-frz.]
ver'ru'kös (Adj.) in Form einer Warze (Med.) [lat.]
Ver've [vɛrvə] (die, -, nur Ez.) Begeisterungsfeuer, Schwung [frz.]
Ve'si'ca (die, -, -cae [-tsɛː]) Blase; z.B. Vesica fellea: Gallenblase; Vesica urinaria: Harnblase [lat.]

Ve|si|kans (das, -, -ka̱n|tia oder -ka̱n|zi|en) Blasen ziehendes Mittel [lat.]

Ve|si|ka|to|ri|um (das, -s, -ri|en) = Vesikans

Ves|per [fɛs] Vormittagsimbiss (in Süddeutschland)

Ves|ta|lin (die, -, -nen) altrömische jungfräuliche Priesterin, Hüterin des heiligen Feuers der Schutzgöttin Vesta [lat.]

Ves|ti|bül (das, -s, -e) Vorhalle, Kassenhalle (im Theater) [frz.]

Ves|ti|bu|lum (das, -s, -la) **1** Vorhalle (altrömischer Häuser) **2** Vorhof, Vorraum (des Ohrlabyrinths, der Scheide) [lat.]

Ve|su|vi|an (der, -s, -e) ein Mineral, Schmuckstein [nlat.]

Ve|te|ran (der, -en, -en) altgedienter Kämpfer [lat.]

Ve|te|ri|när (der, -s, -e) Tierarzt [lat.]

Ve|to (das, -s, -s) Einspruch [lat.]

ve|xie|ren (V.) necken; plagen [lat.]

Ve|xil|lo|lo|gie (die, -, nur Ez.) Lehre von der Bedeutung von Fahnen und Flaggen

via (Präp.) über, auf dem Weg über; durch; z.B. etwas via Steuerberater erledigen [lat.]

Vi|a|dukt (das oder der, -(e)s, -e) Talbrücke [frz.]

Vi|a|ti|kum (das, -s, -ka oder -ken) Sterbekommunion; »Wegzehrung« [lat.]

Vib|ra|phon *auch:* Vi|bra|pho̱n (*auch:* Vibra|fo̱n/Vi|bra|fo̱n) (das, -s, -e) Metall-Xylophon mit Resonanzröhren [lat.-gr.]

Vib|ra|ti|on *auch:* Vi|bra|ti|o̱n (die, -, -ti|o̱|nen) **1** das Vibrieren **2** [vaɪbreɪʃn] Schwingung (zwischen Personen gleicher »Wellenlänge«); positive, negative Ausstrahlung (die von einem Gegenstand ausgeht) [lat. bzw. engl.]

vib|ra|to *auch:* vi|bra̱|to (Adv.) bebend, schwingend (bei Musikstücken) [it.]

Vib|ra|to *auch:* Vi|bra̱|to (das, -s, -s oder -ti) vibrato gesungenes, gespieltes Stück

Vib|ra|tor *auch:* Vi|bra̱|tor (der, -s, -to̱|ren) Schwingungserzeuger, Vibrationsmassagegerät [lat.]

vib|rie|ren *auch:* vi|brie̱|ren (V.) leicht schwingen, kleine Erschütterungen bewirken, beben [lat.]

Vib|ro|graph *auch:* Vi|bro̱|graph (der, -en, -en) Schwingungsmesser für Brücken u.ä.

vi|ce ver|sa [-tsə-] umgekehrt [lat.]

Vi|comte [vikõt] (der, -s, -s) franz. Adelstitel (zwischen Baron und Graf, »Vizegraf«)

Vi|com|tesse [vikõtɛs] (die, -, -n) weiblicher Vicomte

Vi|deo (das, -s, -s) **1** (nur Ez.) Verfahren zur Bild- und Tonaufzeichnung, Fernsehtechnik **2** Gerät, das nach einem dieser Verfahren arbeitet; Kassette für das Gerät [lat.-engl.]

Vi|de|o|clip (der, -s, -s) Hit als Kurzfilm (auf Videokassette) [engl.]

Vi|de|o|re|kor|der (*auch:* Vi|de|o|re|cor|der) (der, -s, -) Gerät zum Be- und Abspielen von Videokassetten u.a. [engl.]

Vi|de|o|text (der, -(e)s, -e) von Fernsehsendern angebotene abrufbare Informationstafeln für den Fernsehbildschirm; Bildschirmtext

Vi|de|o|thek (die, -, -en) **1** Sammlung von Videofilmbändern **2** Geschäft, das Spielfilme auf Videokassetten gegen Gebühr verleiht

Vi|di (das, -s, -s) Bestätigung, etwas gesehen zu haben; z.B. ein Kürzel als Vidi unter ein Manuskript setzen [lat.]

Vi|et|cong [viːɛt-] (der, -s, -s) kommunistischer südvietnamesischer Guerilla

Vi|et|na|me|se [viːɛt-] (der, -n, -n) Ew. des südostasiatischen Staates Vietnam

vif (Adj.) aufgeweckt, lebhaft [frz.]

Vi|gil (die, -, -gi̱|li|en) Tag vor einem hohen kath. Kirchenfest [lat.]

vi|gi|lant (Adj.) erhöht reaktionsbereit, pfiffig [lat.]

Vig|net|te *auch:* Vi|gnɛt|te [-nɛtə] (die, -, -n) **1** kleinformatiger (ornamentaler) Bildschmuck; z.B. am Anfang eines Buchkapitels **2** Schablone, die (zur Erzielung besonderer Effekte) einem Kameraobjektiv aufgesetzt wird [frz.]

Vi|gor (der, -s, nur Ez.) Lebenskraft (veraltet) [lat.]

vi|go|ro|so (Adv.) kraftvoll (bei Musikstücken) [it.]

Vi|kar (der, -s, -e) Stellvertreter (eines kath. Geistlichen); evangelischer Theologe, der von einem Pfarrer für die Praxis vorbereitet wird, Pfarrstellenanwärter [lat.]

Vi|ka|ri|at (das, -(e)s, -e) Amt eines Vikars

Vik|ti|mo|lo|gie (die, -, nur Ez.) Teilgebiet der Kriminologie, das die Beziehungen des Opfers zu Tat und Täter untersucht [lat.]

Vik|to|ria (ohne Artikel) Sieg (als Freudenruf) [lat.]

vik|to|ri|a|nisch (Adj.) den Viktorianismus betreffend

Vik|to|ri|a|nis|mus (der, -, nur Ez.) sachliche Richtung in der englischen Kunst und Literatur Ende des 19. Jahrhunderts, benannt nach Königin Viktoria (1819–1901)

Vik|tu|a|li|en (nur Mz.) Lebensmittel (veraltet) [lat.]

Vi|ku|nja (das, -s, -s) wild lebende Art der Lamas mit hellrotbraunem Fell [Ketschua]

Vil|la (die, -, -len) prunkvolles (von einem weiten Garten umgebenes) Wohnhaus (Vorortvilla, Stadtvilla) [lat.]

Vi|naig|ret|te *auch:* Vi|nai|grɛt|te [vinɛgrɛt] (die, -, -n) Kräuter-Essig-Soße [frz.]

Vi|nyl (das, -s, nur Ez.) die chemische Gruppe $CH_2 = CH-$ (als Kunststoffbestandteil)
Vi|o|la (die, -, -len) = Bratsche [it.]
Vi|o|la|ti|on (die, -, -ti|o|nen) gewalttätige Verletzung, Missbrauch, Schändung [lat.]
Vi|o|le (die, -, -n) Reviermarkierungsdrüse des Fuchses [lat.]
vi|o|lent (Adj.) heftig, gewaltsam [lat.]
vi|o|lett (Adj.) blaurot, fliederfarben, veilchenblau [frz.]
Vi|o|lett (das, -(s), -s, meist Ez.) violette Farbe
Vi|o|li|ne (die, -, -n) Geige [it.]
Vi|o|lon|cel|lo [-tʃɛl-] (das, -s, -s oder -li) violinähnliches, zwischen den Knien gespieltes Musikinstrument [it.]
Vi|o|lo|ne (der, -(s), -s oder -ni) Kontrabass
Vi|per (die, -, -n) Giftschlange, Otter [lat.]
vi|ral (Adj.) verursacht durch ein Virus (Med.)
Vi|ra|gi|ni|tät (die, -, nur Ez.) männliches Sexualgefühl (bei Frauen) [lat.]
Vi|re|ment [virmã] (das, -s, -s) unerlaubte Übertragung eines Haushaltsbetrages auf einen anderen, von einem Etatjahr auf das nächste [frz.]
Vir|gel (die, -, -n) Schrägstrich (/) [lat.]
Vir|gi|nia (die, -, -s) lange, dünne Zigarre mit einem Mundstück aus Stroh (die klassische bayrische Biergartenzigarre) [engl.]
Vir|gi|ni|tät (die, -, nur Ez.) Jungfräulichkeit [lat.]
vi|ril (Adj.) männlich, zu den männlichen Geschlechtsmerkmalen gehörig [lat.]
Vi|ri|lis|mus (der, -, nur Ez.) Vermännlichung (bei Frauen) [lat.]
Vi|ri|li|tät (die, -, nur Ez.) Männlichkeit [lat.]
Vi|ro|lo|gie (die, -, nur Ez.) Wissenschaft von den Viren [lat.-gr.]
vi|rös (Adj.) durch Viren hervorgerufen
Vi|ro|se (die, -, -n) Viruserkrankung
Vir|tu|a|li|tät (die, -, -en) Kraft, Energie
vir|tu|ell (Adj.) scheinbar (vorhanden) [frz.]
vir|tu|os (Adj.) wie ein Virtuose
Vir|tu|o|se (der, -n, -n) jmd., der eine Kunstfertigkeit, Technik vollendet mühelos beherrscht; z.B. ein Geigenvirtuose [it.]
Vir|tu|o|si|tät (die, -, nur Ez.) Können, Meisterschaft eines Virtuosen
vi|ru|lent (Adj.) ansteckend, krank machend
Vi|ru|lenz (die, -, nur Ez.) Grad der Fähigkeit, eine Krankheit zu erregen; Ansteckungsfähigkeit [lat.]
Vi|rus (das auch der, -, -ren) krankheitserregender Kleinstorganismus, der nur in lebenden Zellen Lebensfunktionen äußert [lat.]
Vi|sa|ge [-ʒə] (die, -, -n) abstoßendes, widerliches Gesicht [frz.]

Vi|sa|gist (der, -gis|ten, -gis|ten) Experte für das Schminken des Gesichts
vis-a-vis (auch: vis-à-vis) [-viː] (Adv.) gegenüber [frz.]
Vis|con|te (der, -, -ti) italienischer Adelstitel (siehe Vicomte)
Vis|count (der, -s, -s) englischer Adelstitel (siehe Vicomte)
Vi|sier (das, -s, -e) **1** Helmgitter, Gesichtsschutz mit senkrechten Schlitzen (an Ritterrüstungen) **2** Zieleinrichtung (an Gewehren, Geschützen) [frz.]
vi|sie|ren (V.) anzielen [frz.]
Vi|si|on (die, -, -si|o|nen) übersinnliche Wahrnehmung; Traumvorstellung [lat.]
Vi|si|o|när (Adj.) wie eine Vision, zu ihr gehörig, seherisch
Vi|si|ta|ti|on (die, -, -ti|o|nen) **1** Abtastung, Untersuchung (der Kleider, des Körpers, von Sachen), um etwas Verborgenes zu finden **2** prüfender Vorgesetztenbesuch [frz.]
Vi|si|ta|tor (der, -s, -to|ren) jmd., der eine Visitation (2) macht
Vi|si|te (die, -, -n) **1** regelmäßiger Besuch eines behandelnden Arztes am Klinik-Krankenbett **2** kurzer Besuch [frz.]
Vi|si|ten|kar|te (die, -, -n) kleine Karte mit aufgedrucktem Namen, Adresse und eventuell Beruf oder Firma
vi|si|tie|ren (V.) eine Visitation machen
vis|kos (auch: vis|kös) (Adj.) seimig, zähflüssig [lat.]
vis|kös (Adj.) = viskos
Vis|ko|se (die, -, nur Ez.) zähflüssige Zellulosemasse; daraus hergestellter Kunststoff [lat.]
Vis|ko|si|tät (die, -, -en) das Viskossein
Vis ma|jor (die, - -, nur Ez.) höhere Gewalt
Vis|ta (die, -, nur Ez.) Vorzeigen eines Wechsels [it.]
vi|su|a|li|sie|ren (V.) für das Auge gefällig gestalten [lat.-engl.]
Vi|su|a|li|zer [vɪʒʊəlaɪzə] (der, -s, -) Werbegrafiker [lat.-engl.]
vi|su|ell (Adj.) zum Sehen gehörig, sichtbar, optisch bestimmt [lat.]
Vi|sum (das, -s, -sa oder -sen) Sichtvermerk; z.B. ein Stempel im Reisepass, der zur Ein- und Ausreise berechtigt [lat.]
Vi|ta (die, -, -tae [-tɛː] oder -ten) Lebensbeschreibung, Lebenslauf [lat.]
vi|tal (Adj.) lebenskräftig lebensnotwendig, unerlässlich [lat.]
Vi|tal|funk|tion (die, -, -ti|o|nen) lebenswichtige Aufgaben des Körpers; z.B. Atmung
Vi|ta|li|en|brü|der (Mz.) Seeräuber in der Nord- und Ostsee im 14. und 15. Jh. (bekanntester Vertreter: Klaus Störtebeker)

Vitalismus — voluptuös

Vi|ta|lis|mus (der, -, nur Ez.) philosophische Lehre von einer besonderen (nicht naturwissenschaftlich erklärbaren) Lebenskraft [lat.]
vi|ta|lis|tisch (Adj.) zum Vitalismus gehörig
Vi|ta|li|tät (die, -, nur Ez.) das Vitalsein
Vi|ta|min *auch:* Vit|a|min (das, -s, -e) biochemisch wirksamer (meist mit der Nahrung zugeführter) organischer Stoff, der in Milligramm-Mengen zum Tagesbedarf eines Menschen (Tieres) gehört; z.B. Vitamin A, B, C [nlat.]
vi|ta|mi|nie|ren *auch:* vit|a|mi|nie|ren (V.) mit Vitaminen anreichern
vi|ta|mi|ni|sie|ren *auch:* vit|a|mi|ni|sie|ren (V.) = vitaminieren
Vit|ri|ne *auch:* Vi|tri|ne (die, -, -n) Glasschrank, Schaukasten [frz.]
Vit|ri|ol *auch:* Vi|tri|ol (das, -s, -e) Schwefelsäuresalz eines zweiwertigen Metalls in wässriger Lösung; z.B. Kupfervitriol [frz.]
vi|va|ce [-ʃe] (Adv.) lebhaft (bei Musikstücken) [it.]
Vi|vat (das, -s, -s) Hochruf [lat.]
Vi|vi|a|nit (das, -s, -e) (auch Zahntürkis) ein Mineral, Blaueisenerz; [engl.-nlat.]
vi|vi|par (Adj.) lebend gebärend [lat.]
Vi|vi|sek|ti|on (die, -, -ti̯o̯nen) am lebenden Tier vorgenommener operativer Eingriff [lat.]
vi|vi|se|zie|ren (V.) eine Vivisektion machen
Vi|ze [fi:-], österr. [vi:-] (der, -s, -s) jmd., der in einer Rangfolge an zweiter Stelle steht, Stellvertreter (ugs.) [lat.]
Viz|tum [fıts] (der, -s, -e) Vertreter eines (mittelalterlichen) Landesherrn [lat.]
Vo|ce [voːtʃe] (die, -, -ci) it. für: Singstimme
Vo|co|der (der, -s, -) elektronisches Gerät zur Erzeugung/Veränderung menschlicher Sprache [engl. Kurzwort aus voice coder]
Vogue [vɔg] Ansehen [frz.]
voi|là! [vwala] (Interj.) hier ist (er, sie, es)!, sieh her! [frz.]
Voile [vwal] (der, -s, -s) schleierartiger Seidenstoff [frz.]
Vo|ka|bel (die, -, -n) einzelnes (zu erlernendes) Wort (einer Fremdspr.); hochtrabendes Wort; z.B. die Vokabeln der Tagespolitik [lat.]
Vo|ka|bu|lar (das, -s, -e) Vokabelverzeichnis; Wortschatz
vo|kal (Adj.) zur Singstimme gehörig, gesanglich [lat.]
Vo|kal (der, -s, -e) Selbstlaut; z.B. »a, e, i, o, u, ä, ö, ü« [lat.]
vo|ka|lisch (Adj.) zu einem Vokal gehörig, vokalähnlich; z.B. das »r« am Wortende vokalisch aussprechen
vo|ka|li|sie|ren (V.) 1 mit Vokalzeichen versehen (eine Konsonantenschrift) 2 als Vokal aussprechen
Vo|ka|lis|mus (der, -, nur Ez.) Vokalbestand, -entwicklung (einer Sprache)
Vo|ka|ti|on (die, -, -ti̯o̯nen) Berufung (in ein Amt) [lat.]
Vo|ka|tiv (der, -s, -e) Anrede-, Anrufungskasus; z.B. polnisch panje »O Herr«, zu pan »Herr« [lat.]
Vo|lant [vɔlã] (der, -s, -s) 1 Rüschenbesatz 2 Lenkrad (eines Rennsportwagens) [frz.]
vo|la|til (Adj.) schnell verdunstend, flüchtig (Chemie)
Vol-au-vent [vɔlovã] Blätterteigpastete, mit Ragout gefüllt [lat.-frz.]
Vo|li|e|re [vɔljɛːra] (die, -, -n) großer Vogelkäfig, Flugkäfig [frz.]
vo|li|tiv (Adj.) willentlich; die Willensfähigkeit betreffend (Psych.)
vol|ley [vɔli] (Adv.) im Flug (gespielt); eine Flanke volley nehmen [engl.]
Vol|ley|ball (der, -s, nur Ez.) 1 Mannschaftsspiel 2 Ball für das Volleyballspiel
Vo|lon|tär (der, -s, -e) jmd., der (ohne Auszubildender zu sein) in einem journalistischen, kaufmännischen Beruf ausgebildet wird [frz.]
Vo|lon|ta|ri|at (das, -(e)s, -e) Ausbildungszeit oder Stelle eines Volontärs [lat.-frz.-nlat.]
vo|lon|tie|ren (V.) als Volontär arbeiten
Volt (das, -(s), -) Maßeinheit der elektrischen Spannung [it.-nlat.]
Vol|te (die, -, -n) 1 ein Kartenmischtrick, bei dem die Karte an eine vorbestimmte Stelle gelangt; eine Volte schlagen 2 kreisförmige Reitfigur [it.-frz.]
vol|tie|ren (V.) = voltigieren
Vol|ti|geur [-ʒøːɐ] (der, -s, -e) voltigierender Artist
vol|ti|gie|ren [-ʒi:-] (V.) auf einem gemächlich laufenden Pferd turnen [frz.]
Volt|me|ter (das, -s, -) Spannungsmesser [it.-nlat.-gr.]
Vo|lu|men (das, -s, - oder -mi̯na) 1 Rauminhalt 2 Umfang 3 Buchband [lat.]
Vo|lu|men|pro|zent (das, -s, -e) Anteil eines Stoffes in 100 Kubikzentimeter einer Lösung (Prozentsatz vom Rauminhalt, Abk.: Vol.) [lat.]
vo|lu|mi|nös (Adj.) umfangreich, sehr viel [frz.]
Vo|lun|ta|ris|mus (der, -, nur Ez.) philosophische Lehre, nach der der Wille alles Tun bestimmt [nlat.]
Vo|lun|ta|rist (der, -ris|ten, -ris|ten) Anhänger des Voluntarismus
vo|lun|ta|ris|tisch (Adj.) zum Voluntarismus gehörig
vo|lup|tu|ös (Adj.) begierig, wollüstig [frz.]

Vo|lu|te (die, -, -n) Schnecken-, Spiralornament [lat.]
Vol|vu|lus (der, -, -li) Darmverschlingung (Med.)
vo|mie|ren (V.) erbrechen [lat.]
Vo|mi|tiv (das, -s, -e) Brechmittel [lat.]
Vo|mi|to|ri|um (das, -s, -ri|en) Raum, in dem man sich nach übermäßigem Essen erbricht (im alten Rom) [lat.]
Vo|ra|zi|tät (die, -, nur Ez.) Gefräßigkeit [lat.]
Vo|tant (der, -en, -en) jmd., der ein Votum abgibt
Vo|ta|ti|on (die, -, -ti|o|nen) das Votieren
vo|tie|ren (V.) abstimmen, wählen, für oder gegen etwas, jmdn. stimmen [frz.]
Vo|tiv (das, -s, -a oder -ten) mit einem Gelübde verbundene oder als Dank gespendete Gabe
Vo|tiv|ka|pel|le (die, -, -n) als Zeichen des Dankes gestiftete kleine christliche Kirche
Vo|tiv|mes|se (die, -, -n) katholischer Gottesdienst mit einem bestimmten Anlass
Vo|tum (das, -s, -ta oder ten) **1** Meinungsäußerung (zu einer öffentlichen Fragestellung) **2** Gelübde (veraltet) [lat.]
Vou|cher (vautʃə] (der, -s, -s) Buchungsbestätigung (in der Touristik) [engl.]
Vox (die, -, Vo|ces [-tse:s]) Stimme [lat.]
Vo|yeur auch: Voy|eur (vɔa|jøːɐ] (der, -s, -e) jmd., der sich durch Zusehen beim Geschlechtsverkehr oder beim Anblick Nackter befriedigt, Spanner [frz.]
vul|gär (Adj.) **1** völlig unschicklich, schmutzig **2** gewöhnlich, unwissenschaftlich [lat.]
Vul|ga|ri|tät (die, -, -en) das Vulgärsein, vulgäre Äußerung
Vul|ga|ta (die, -, nur Ez.) von der kath. Kirche als verbindlich erklärte lateinische Bibelfassung [lat.]
vul|go (Adv.) gemeinhin, gewöhnlich (bekannt als); z.B. Robert Zimmermann vulgo Bob Dylan [lat.]
Vul|kan (der, -s, -e) Feuerspeiender Berg [nlat.]
Vul|ka|ni|sa|ti|on (die, -, -ti|o|nen) das Vulkanisieren
vul|ka|nisch (Adj.) zu einem Vulkan gehörig, im Gefolge von Vulkanismusvorgängen entstanden
vul|ka|ni|sie|ren (V.) die elastischen Eigenschaften von Kautschuk (durch Schwefelzusatz) verbessern [nlat.]
Vul|ka|nis|mus (der, -, nur Ez.) das Hervortreten glutflüssiger Massen (Magma) und von Gasen aus dem Erdinnern [nlat.]
Vul|ka|no|lo|gie (die, -, nur Ez.) Wissenschaft vom Vulkanismus [nlat.-gr.]
vul|ne|ra|bel (Adj.) verletzlich (Med.) [lat.]
Vul|va (die, -, -ven) äußere weibliche Geschlechtsteile (bes. bei Tieren) [lat.]

W

Wa|di (der, -s, -s) nach Regengüssen Wasser führendes Flusstal (in Nordafrika) [arab.]
Wa|fer [weɪfə] (der, -s, -) Siliziumscheibe für einzelne Chips [engl.]
Wag|gon (auch: Wa|gon) [-gɔŋ] oder [-gɔ̃] (der, -s, -s) Eisenbahnwagen, Güterwagen [dt.-engl.-frz.]
Wal|kie-Tal|kie [wɔːkɪtɔːkɪ] (das, -s, -s) tragbares Funksprechgerät [engl.]
Walk|man [wɔːkmən] (der, -s, -s oder -men) kleiner Kassettenrekorder mit Kopfhörern (zum Musikhören unterwegs) [engl.]
Wal|kü|re (die, -, -n) altnord. für »Totenwählerin«, göttliche, jungfräuliche Kämpferin aus der nordischen Sage, die die gefallenen Krieger nach Walhall (Odins Halle) führt
Wal|la|by [wɒləbɪ] (das, -s, -s) **1** (meist Mz.) kleine Kängurugattung **2** Fell bestimmter Känguruarten
Wam|pum oder [-puːm] (der, -s, -e) Muschelgürtel (als Zahlungsmittel nordamerikanischer Indianer, früher) [Algonkin]
Wan|da|le (auch: Van|da|le) (der, -n, -n) **1** Angehöriger des germanischen Stammes der Wandalen **2** ein wild zerstörender Mensch
Wan|da|lis|mus (auch: Van|da|lis|mus) (der, -, nur Ez.) blinde Zerstörungswut [nlat.]
Wa|pi|ti (der, -s, -s) große nordamerikanische Rothirsch-Unterart [Algonkin]
Wa|ran (der, -s, -e) spitzköpfige, große Echse warmer Länder [arab.]
war|die|ren (V.) Münzen auf den Edelmetallgehalt prüfen (veraltet) [germ.-frz.-niederl.]
Wa|re|ni|ki (nur Mz.) russ. Pasteten [russ.]
Was|ser|stoff|per|o|xid (das, -s, nur Ez.) Bleich- und Oxidationsmittel (Chemie)
Was|ser|stoff|su|per|o|xid = Wasserstoffperoxid
Watt (das, -s, -) Maßeinheit der elektrischen Leistung [engl.]
Watt|me|ter (das, -s, -) Messgerät für elektrische Leistung
We|da (auch: Ve|da) (der, -(s), -den) altindische religiöse Schrift [sanskr.]
Wedge [wedʒ] (der, -s, -s) engl. für »Keil«, besonders breiter Golfschläger
we|disch (Adj.) zu den Weden (siehe Weda) gehörig
Week|end [wiːk-] (das, -s, -s) Wochenende [engl.]
Werst (die, -, -) altes russisches Längenmaß (etwas mehr als ein Kilometer)

We′sir (der, -s, -e) islamischer Minister (früher) [arab.]
Whig (der, -s, -s) britischer Liberaler [engl.]
Whirl′pool (der, -s, -s) Badebassin, in das ein Luftstrom geleitet wird, der das Wasser zum Sprudeln bringt [engl.]
Whis′key (der, -s, -s) amerikan. oder irischer Whisky
Whis′ky (der, -s, -s) dunkelgelber Kornbranntwein [gäl.]
Whist (das, -s, nur Ez.) ein Kartenspiel [engl.]
WHO (die, -, nur Ez.) Abk. für »World Health Organization«, engl. für Weltgesundheitsorganisation; 1948 gegründete Organisation der UNO zur Verbesserung der Gesundheitsversorgung
Who′s who [hu:zhu:] (das, - -, - -s) Buch mit Angaben über Persönlichkeiten (Adressen, Fachgebieten u.a.) [engl.]
Wig′wam (der, -s, -s) Indianer-Rundhütte, Indianerzelt [Algonkin]
Wi′king (der, -s, -er) = Wikinger
Wi′kin′ger (auch: Wi′king) (der, -s, -) nordgermanischer Seefahrer
Wind′jam′mer (der, -s, -) Großsegelschiff [engl.]
Wobb′ler (der, -s, -) Gerät, dessen Frequenz (zu Meßzwecken) regelmäßig verändert werden kann [engl.]
Wod′ka (der, -s, -s) polnischer, russischer Kartoffelschnaps (mit Zusätzen; z.B. Büffelgraswodka) [russ.]
Woi′wod (der, -en, -en) = Woiwode
Woi′wod′schaft (die, -, -en) polnischer Verwaltungsbezirk
Wok (der, -(s), -s) breite chinesische Rührpfanne mit halb hohem Rand, in der z.B. Gemüse stufenweise gegart werden kann
Woo′doo [wu:du:] (der, -s, nur Ez.) christlich-animistischer (Tanz-)Kult in Südamerika
Worces′ter′so′ße [wɔstə-] (die, -, -n) braune Würzflüssigkeit (aus Fleischextrakt u.a.; z.B. zu Steaks) [engl.-frz.]
Work′a′ho′lic auch: Wor′ka′ho′lic [wɜːkəhɒlɪk] (der, -s, -s) jmd., der arbeitssüchtig ist [engl.]
Work′shop [wɜːkʃɔp] (der, -s, -s) Diskussionskreis (zur Ausarbeitung eines Themas) [engl.]
World′cup [wɜːldkʌp] (der, -s, -s) Weltmeisterschaftswettbewerb; z.B. ein Skirennen, das zum Worldcup zählt [engl.]
WWF (der, -s, nur Ez.) Abk. für »World Wildlife Fund«, Stiftung zum Schutz natürlicher Lebensräume und ihrer Tier- und Pflanzenarten [engl.]
Wy′an′dot′te (die, -, -n) großes Fleisch- und Legehuhn, (weiße) Haushuhnrasse [engl.]

X

Xan′the′las′ma auch: Xanth′e′las′ma (das, -s, -ta oder -men) gelbe Flecken am Augenlid (Med.)
Xan′then (das, -s, nur Ez.) eine aromatische Verbindung (als Ausgangsstoff für Textilfarben u.a.) [gr.-nlat.]
Xan′thip′pe (die, -, -n) zänkisches Weib [gr.]
Xan′to′phyll (das, -s, -e) ein gelbbrauner Naturfarbstoff [gr.]
X-Chro′mo′som [ɪkskro-] (das, -s, -en) eines der beiden Geschlechtschromosomen, das in der Samenzelle das Geschlecht des Kindes als weiblich bestimmt
Xe′nie [-niə] (die, -, -n) kurzes Sinngedicht; Spottgedicht (bei Schiller und Goethe) [gr.]
Xe′ni′on (das, -s, -ni′en) = Xenie
Xe′no′ga′mie (die, -, -n) Kreuzbestäubung [gr.]
Xe′no′glos′sie (die, -, -n) unbewusstes Reden in einer unbekannten Sprache
Xe′no′kra′tie (die, -, -n) Fremdherrschaft
Xe′non (das, -s, nur Ez.) ein Element, Edelgas [gr.]
xe′no′phil (Adj.) fremdenfreundlich [gr.]
xe′no′phob (Adj.) fremdenfeindlich [gr.]
Xe′no′pho′bie (die, -, -n) Fremdenfeindlichkeit [gr.]
Xe′ro′der′mie (die, -, -n) Hauttrockenheit
Xe′ro′gra′phie (auch: Xe′ro′gra′fie) (die, -, -n) ein Trockendruckverfahren, danach hergestellte Kopie [gr.]
xe′ro′gra′phie′ren (auch: xe′ro′gra′fie′ren) (V.) durch Xerographie kopieren
xe′ro′phil (Adj.) trockenheitsliebend (von Pflanzen); trockenheitsbedingt (von der Pflanzendecke) [gr.]
Xe′ro′phyt (der, -en, -en) Trockenheitspflanze [gr.]
Xi (das, -s, -s) vierzehnter Buchstabe des griechischen Alphabets
XL-Ka′me′ra (die, -s, -s) Filmkamera für Aufnahmen bei wenig Licht [engl. Kurzwort aus existing light]
Xy′lo′fon (das, -s, -e) = Xylophon
Xy′lo′gra′phie (auch: Xy′lo′gra′fie) (die, -, -n) Holzschneidekunst
Xy′lol (das, -s, nur Ez.) eine aromatische Kohlenstoffverbindung (u.a. in Lösungsmitteln), Wohngift [gr.-nlat.]
Xy′lo′phon (auch: Xy′lo′fon) (das, -s, -e) Schlaginstrument aus tischartig angebrachten Holzstäben, die nach der Tonleiter gestimmt sind [gr.]

Y Z

Yang (das, -(s), nur Ez.) das Helle, Männliche (als Grundprinzip der chinesischen Kosmologie, im Unterschied zum Yin)
Yan'kee [jæŋkɪ] (der, -s, -s) US-Amerikaner (als Spottname) [engl.-amerik.]
Yan'kee Doodle [jæŋkɪduːdl] (der, -(s), nur Ez.) marschähnliches amerikanisches Lied (in volkstümlich-nationaler Stimmung) [engl.-amerik.]
Yard (das, -s, - oder -s) angelsächsisches Längenmaß, rund 90 Zentimeter [engl.]
Yen (der, -s, -s) japanische Währungseinheit
Ye'ti (der, -s, -s) sagenumwobener Himalaya-Schneemensch [tibetan.]
Yin (das, -(s), nur Ez.) das Dunkle, Weibliche (als Grundprinzip der chinesischen Kosmologie im Unterschied zum Yang)
Y'lang-Y'lang [iːlaŋ-iːlaŋ] (das, -s, -s) ein tropisches Blütenöl, Parfümgrundstoff [malai.]
YMCA [waɪɛmsiːeɪ] (der, -, nur Ez.) Abk. für »**Y**oung **M**en's **C**hristian **A**ssociation«, Christlicher Verein junger Menschen (internationale Jugendorganisation) [engl.]
Yo'ga (auch: **Jo'**ga) (das, -(s), nur Ez.) ein Übungssystem zum Körper- und Geistestraining, Atem-, Entspannungs- und Konzentrationstechnik mit Gymnastik [sanskr.]
Yo'gi (auch: **Jo'**gi) (der, -s, -s) Yogameister
Yo'him'bin (das, -s, nur Ez.) ein durchblutungsförderndes Aphrodisiakum [afrikan.]
Yo'ru'ba 1 (der, -(s), -s) Angehöriger eines westafrikanischen Volkes (in Nigeria) **2** (das, -, nur Ez.) dessen Sprache
Youngs'ter [jʌŋstə] (der, -s, -(s)) jmd., der jung und unerfahren ist [engl.]
Yp'si'lon [yp-] auch [ɪp-] (das, -(s), -s) **1** drittletzter lateinischer Buchstabe **2** zwanzigster Buchstabe des griechischen Alphabets
Y'sop [iːzɔp] (der, -s, nur Ez.) ein Lippenblütler, Würzkraut [gr.]
Y'tong [yːtɔŋ] (der, -s, nur Ez.) ein Leichtbeton; z.B. als Mauerstein (Warenzeichen) [schwed.]
Yt'ter'bi'um (das, -s, nur Ez.) ein Element, Metall [schwed.-nlat.]
Yt'tri'um (das, -s, nur Ez.) ein Element, Metall [schwed.-nlat.]
Yu'an (der, -, -) chinesische Währungseinheit, 10 Jiao, 100 Fen
Yup'pie (der, -s, -s) Kurzwort für »**Y**oung **U**rban **P**rofessional«; erfolgreicher Jungmanager [engl.]

Za'bag'li'o'ne auch: **Za'ba'glio'ne** (auch: Za'ba'i'o'ne) [dzabaɪoːne] (die, -, -s) Weinschaumcreme [it.]
Zad'dik (der, -s, -im) hebr. für »der Gerechte«, Lehrer des Chassidismus
Za'i'rer [zaɪ-] (der, -s, -) Einwohner des zentralafrikanischen Staates Zaire [portugies.-afrikan.]
Zam'bo [sam-] (der, -s, -s) Mischling aus je einem indian. u. negriden Elternteil [span.]
Zam'pa'no (der, -s, -s) Angeber, Großsprecher
Zan'za (die, -, -s) afrikanisches Zupfinstrument [arab.]
Za'pa'te'a'do (der, -s, -s) spanischer Tanz für eine Person im Dreiertakt, wobei Steppschritte überwiegen; Steppschritte des Flamencotanzes [span.]
Zar (der, -en, -en) Herrschertitel (früher; in Russland, Bulgarien, Serbien) [lat.-got.-russ.]
Za're'witsch (der, -(es), -e) russischer Zarensohn, Kronprinz
Za'rew'na (die, -, -s) russische Zarentochter
za'ris'tisch (Adj.) zur Zarenherrschaft gehörig, zarentreu
Za'ri'za (die, -, -s oder -zen) Zarengemahlin
Zä'si'um (auch: Cä'si'um/Cae'si'um) (das, -s, nur Ez.) ein Alkalimetall (mit radioaktiven Isotopen) [lat.]
Zä'sur (die, -, -en) Einschnitt [lat.]
Za'zi'ki (auch: Tsat'si'ki) (der, -, nur Ez.) fetter Joghurt mit ausgedrückter, zerriebener Salatgurke und Knoblauch [neugr.]
Ze'ba'ot (auch: Ze'ba'oth) (ohne Artikel) Gott (als Beiname im Alten Testament); der Herr Zebaot [hebr.]
Ze'ba'oth (ohne Artikel) = Zebaot
Zeb'ra auch: Ze'bra (das, -s, -s) schwarzweiß gestreiftes afrikanisches Wildpferd [viell. lat.]
Zeb'ra'no auch: Ze'bra'no (das, -s, nur Ez.) ein gestreiftes afrikanisches Holz [portugies.]
Zeb'ro'id auch: Ze'bro'id (das, -s, -e) Kreuzung Zebra/Pferd oder Esel [nlat.-gr.]
Ze'bu (das, -s, -s) asiatisch-afrikanisches Hausrind mit Fetthöcker, Buckelrind [viell. tibetan.-frz.]
Ze'chi'ne (die, -, -n) alte Goldmünze, venezianischer oder levantinischer Dukaten [arab.-it.]
Ze'dent (der, -en, -en) Gläubiger, der seine Forderung an einen Dritten überträgt [lat.]

Ze|der (die, -, -n) Kieferngewächs des Mittelmeerraumes; z.B. Libanonzeder [gr.-lat.]
ze|die|ren (V.) als Zedent etwas abtreten
Ze|leb|ra|ti|on *auch:* Ze|le|bra|ti|on (die, -, -ti|o|nen) das Zelebrieren
ze|leb|rie|ren *auch:* ze|le|brie|ren (V.) feierlich vollziehen; z.B. eine kath. Messe [lat.]
Ze|leb|ri|tät *auch:* Ze|le|bri|tät (die, -, -en) 1 Feierlichkeit (veraltet) 2 jmd., der berühmt ist [lat.]
Zel|lo|phan (das, -s, nur Ez.) = Cellophan
zel|lu|lar (Adj.) = zellulär
zel|lu|lär (*auch:* zel|lu|lar) (Adj.) zur (lebenden) Zelle gehörig, zellenförmig [lat.]
Zel|lu|li|tis (die, -, -li|ti|den) übermäßige Vermehrung des Unterhautfettgewebes (bes. die Orangenhaut) [lat.-gr.]
Zel|lu|lo|id (*auch:* Cel|lu|lo|id) (das, -s, nur Mz.) ein durchsichtiger, elastischer Zellulose-Kunststoff, Zellhorn [nlat.-gr.]
Zel|lu|lo|se (*auch:* Cel|lu|lo|se) (die, -, -n) aus vielen untereinander verknüpften Glucoseresten bestehendes Kohlenhydrat, Bestandteil der Pflanzenzellwände [lat.-gr.]
Ze|lot (der, -en, -en) Glaubenseiferer [gr.]
ze|lo|tisch (Adj.) voller Glaubenseifer, fanatisch religiös [gr.]
Ze|lo|tis|mus (der, -, nur Ez.) Glaubenseifer [gr.]
Zen [zɛn] (das, -, nur Ez.) eine buddhistische Meditationsform [sanskr.-chines.-japan.]
Ze|nit (der, -s, nur Ez.) 1 Scheitelpunkt der Sonnenbahn senkrecht am Himmel 2 Entwicklungshöhepunkt [arab.-it.]
Ze|no|taph (das, -s, -e) = Kenotaph [gr.]
zen|sie|ren (V.) 1 der Zensur (1) unterwerfen 2 eine Zensur (2) vergeben [lat.]
Zen|sor (der, -s, -so|ren) altrömischer Sittenrichter; jmd., der die Zensur (1) ausübt, Bewerter
Zen|sur (die, -, -en) 1 staatliche Bewertung, Überprüfung, um zu verhindern, dass Unerwünschtes an die Öffentlichkeit gelangt 2 Schulnote 3 Zensorenstelle [lat.]
zen|su|rie|ren (V.) = zensieren (österr.)
Zen|sus (der, -, -) statistische Datenermittlung, Volkszählung [lat.]
Zen|taur (*auch:* Ken|taur) [-taur] (der, -en, -en) altgriechisches Fabelwesen, Pferd mit Männeroberkörper
Zen|te|nar (der, -s, -e) Hundertjähriger [lat.]
Zen|te|na|ri|um (das, -s, -ri|en) Hundertjahrfeier [lat.]
zen|te|si|mal (Adj.) hundertteilig [lat.]
Zen|ti|li|ter (der, -s, -) Hundertstelliter [lat.-frz.]
Zen|ti|me|ter (der, -s, -) Hundertstelmeter [lat.-gr.]

zent|ral *auch:* zen|tral (Adj.) 1 in der Mitte (liegend) 2 übergeordnet, wesentlich [lat.]
Zent|ra|le *auch:* Zen|tra|le (die, -, -n) Hauptstelle; Mittelpunkt [lat.]
Zent|ra|li|sa|ti|on *auch:* Zen|tra|li|sa|ti|on (die, -, -ti|o|nen) das Zentralisieren
zent|ra|li|sie|ren *auch:* zen|tra|li|sie|ren (V.) in einer Zentrale zusammenziehen
Zent|ra|lis|mus *auch:* Zen|tra|lis|mus (der, -, nur Ez.) Streben nach zentraler Regierungs-, Verwaltungseinheit
zent|ra|lis|tisch *auch:* zen|tra|lis|tisch (Adj.) zum Zentralismus gehörig
Zent|ral|ko|mi|tee *auch:* Zen|tral|ko|mi|tee (das, -s, -s) leitender Ausschuss (einer kommunist. Partei) [lat.-frz.]
Zent|ral|ner|ven|sys|tem *auch:* Zen|tral|ner|ven|sys|tem (das, -s, -e) Gehirn und Rückenmark [lat.-gr.]
zent|rie|ren *auch:* zen|trie|ren (V.) zur Mitte hin ausrichten [lat.]
zent|ri|fu|gal *auch:* zen|tri|fu|gal (Adj.) vom Mittelpunkt wegstrebend [lat.]
Zent|ri|fu|ge *auch:* Zen|tri|fu|ge (die, -, -n) Trennschleuder (für Flüssigkeiten, unter Ausnutzung der Fliehkraft) [frz.]
zent|ri|pe|tal *auch:* zen|tri|pe|tal (Adj.) zum Mittelpunkt streben [lat.]
zent|risch *auch:* zen|trisch (Adj.) zum Mittelpunkt gehörig, von ihm ausgehend [lat.]
Zent|rum *auch:* Zen|trum (das, -s, -ren/-tren) 1 Mitte, Mittelpunkt 2 Innenbezirk; zentrale Stelle [lat.]
Zen|tu|rie (die, -, -n) altrömische Hundertschaft [lat.]
Zen|tu|rio (der, -s, -s) Führer einer Zenturie
Ze|phir (*auch:* Ze|phyr) (der, -s, -e) 1 (nur Ez.) lauer Wind (veraltet) 2 ein feinfädiges Baumwollgewebe [gr.]
Zep|ter (das, -s, -) Stab des Herrschers als Symbol von Macht, höchster Gewalt und Führungsanspruch [gr.-lat.]
Ze|rat (das, -(e)s, -e) Wachssalbe [lat.-nlat.]
Zer|be|rus (der, -, -se) Höllenhund; strenger Torwächter [gr.-lat.]
Ze|re|a|li|en (nur Mz.) Feldfrüchte [lat.]
Ze|re|bel|lum (das, -s, -la) Kleinhirn [lat.]
ze|reb|ral *auch:* ze|re|bral (Adj.) zum Zerebrum gehörig, gehirnlich
Ze|reb|ral *auch:* Ze|re|bral (der, -s, -e) Laut, der mit der Zungenspitze am Gaumendach gebildet wird (Sprachwissenschaft)
Ze|reb|ral|skle|ro|se *auch:* Ze|re|bral|skle|ro|se (die, -, -n) Verhärtung der Gehirnmasse (Med.)
ze|reb|ro|spi|nal *auch:* ze|re|bro|spi|nal (Adj.) Gehirn, Rückenmark betreffend (Med.)

Ze|reb|rum *auch:* Ze|re|brum (das, -s, -ra/-bra) Gehirn [lat.]
Ze|re|mo|nie *oder* [-moːniə] (die, -, -n) feierliche, nach vorgegebenen Regeln ablaufende Handlung [frz.]
ze|re|mo|ni|ell (Adj.) wie eine Zeremonie, förmlich-feierlich
Ze|re|mo|ni|ell (das, -s, -e) Ablauf einer Zeremonie; einzelne Zeremonienregel, alle Zeremonienregeln
ze|re|mo|ni|ös (Adj.) gemessen steif [frz.]
Ze|re|vis (das, -, -) besticktes, schirmloses Käppchen (von Burschenschaftlern) [nlat.]
Ze|rin (das, -s, nur Ez.) Fettsäure, die Bestandteil des Bienenwachses ist [lat.-nlat.]
zer|nie|ren (V.) umzingeln, umschließen (einen Gegner) [lat.-frz.]
Ze|ro [zeː-] (das, -s, -s) die Null (im Roulette); Raketenstart-Zeitpunkt [arab.-it.]
Ze|ro|graph (*auch:* Ze|ro|graf) (der, -en, -en) Hersteller von Wachsgravierungen [gr.]
Ze|ro|plas|tik (die, -, -en) Wachsbildnerei, -bild [lat.-gr.]
Zer|ti|fi|kat (das, -(e)s, -e) Bescheinigung, Beglaubigung, Diplom, (Ursprungs-)Zeugnis; Anteilschein [lat.]
zer|ti|fi|zie|ren (V.) ein Zertifikat ausstellen, bescheinigen
Zer|ve|lat|wurst (*auch:* Ser|ve|lat|wurst) (die, -, -) eine Hartwurstsorte [it.]
Zes|si|on (die, -, -si|o|nen) Abtretung eines Rechtsanspruchs [lat.]
Zes|to|den (die, Mz.) die Bandwürmer in ihrer Gesamtheit [gr.-nlat.]
Ze|ta (das, -(s), -s) sechster Buchstabe des griechischen Alphabets
Ze|ta|ze|en (nur Mz.) die Wale in ihrer Gesamtheit [lat.]
Ze|ta|zis|mus (der, -, -men) **1** fehlerhafte Aussprache des Z-Lautes **2** Lautentwicklung von k zu z vor hellem Vokal (Sprachwissenschaft)
Ze|te|ti|ker (der, -s, -e) = Skeptiker
Zeug|ma (das, -s, -s oder -ma|ta) Redefigur, bei der Satzteile, die zweimal gesetzt werden müssten, nur einmal gesetzt werden; z.B. »mach's gut, aber nicht zu oft« [gr.]
Zi|bet (das, -s, nur Ez.) das Drüsensekret der Zibetkatze, Parfümgrundstoff [arab.-it.]
Zi|bo|ri|um (das, -s, -ri|en) **1** verzierter Hostienkelch mit Deckel **2** säulengetragener Baldachin [gr.-lat.]
Zi|cho|rie (die, -, -n) Abart der Wegwarte; deren geröstete Wurzel als Kaffeeersatz, »Blümchenkaffee« [gr.-it.]
Zi|der (der, -s, -) Apfel-, Obstwein [frz.]
Zi|ga|ret|te (die, -, -n) in Papier gerollter Tabak [frz.]
Zi|ga|ril|lo (der oder das, -s, -s, auch die, -, -s) kleine Zigarre [span.]
Zi|gar|re (die, -, -n) **1** in ein Deckblatt aus Tabak gewickelter Presstabakstab **2** strenger Tadel; jmdm. eine Zigarre verpassen [indian.-span.]
Zi|ka|de (die, -, -n) Insekt aus der Gruppe der Gleichflügler, Zirpe [lat.]
Zik|ku|rat oder [-raːt] (die, -, -s) assyrischer, babylonischer Stufenturm
zi|li|ar (Adj.) zu den Wimpern gehörig [lat.]
Zi|li|a|ten (nur Mz.) Wimperntierchen
Zi|lie [-liə] (die, -, -n) Wimperfortsatz (zur Fortbewegung von Einzellern) [lat.]
Zim|bal (das, -s, -s oder -e) stehendes Hackbrett; z.B. in der ungarischen Folklore [lat.-ungar.]
Zi|me|lie (die, -, -n) bibliophiles oder kirchliches Kleinod [gr.-lat.]
Zi|me|li|um (das, -s, -li|en) = Zimelie
Zi|mo|lit (der, -s, nur Ez.) hellgrauer Ton
Zin|der (der, -s, -, meist Mz.) ausgeglühte Steinkohle [engl.]
Zi|ne|ra|ria (die, -, -ri|en) = Zinerarie
Zi|ne|ra|rie (*auch:* Zi|ne|ra|ria) (die, -, -n) leuchtend gefärbtes Kreuzkraut, Zierblume [nlat.]
Zin|ga|res|ca (die, -, -s) Tanzlied der Zigeuner
Zin|gu|lum (das, -s, -la) Gürtel der Albe
Zin|ko|gra|phie (*auch:* Zin|ko|gra|fie) (die, -, -n) Zinkätzung
Zink|o|xid (das, -s, nur Ez.) Zinkweiß
Zin|na|mom (das, -s, nur Ez.) Zimt, der Zimtbaum [semit.-gr.-lat.]
Zin|nie [-niə] (die, -, -n) ein Korbblütler, Zierblume [nlat.]
Zin|no|ber **1** (der, -s, nur Ez.) gelbrotes Mineral, Quecksilbersulfid **2** aufwändiger Unsinn; Zeug (ugs.) **3** (das, -s, nur Ez.) gelbrote Farbe [pers.-gr.-lat.]
Zi|o|nis|mus (der, -, nur Ez.) national-jüdische Bewegung [hebr.-nlat.]
Zi|o|nist (der, -nis|ten, -nis|ten) Anhänger des Zionismus
zi|o|nis|tisch (Adj.) zum Zionismus gehörig
Zi|pol|le (die, -, -n) Zwiebel [lat.-roman.]
Zip|pus (der, -, -pi oder -pen) Grenzstein der Antike [lat.]
zir|ka (*auch:* cir|ca) (Adv.) rund, ungefähr; Abk. = ca. [lat.]
Zir|kel (der, -s, -) **1** Gerät zum Zeichnen von Kreisen **2** Ring, Kreis **3** enger Personenverbund [gr.-lat.]
Zir|kon (der, -s, -e) ein Mineral, Zirkoniumsilicat, Schmuckstein [pers.]
Zir|ko|ni|um (das, -s, nur Ez.) ein Element, Hartmetall [pers.-nlat.]

Zirkulation

Zir|ku|la|ti|on (die, -, -ti|o|nen) das Zirkulieren
zir|ku|lie|ren (V.) sich im Kreis, in einem Kreislauf bewegen; umlaufen [lat.]
Zir|kum|fe|renz (die, -, -en) Umfang, Ausdehnung [lat.]
Zir|kum|flex (der, -es, -e) = Accent circonflexe [lat.]
Zir|kus (auch: Cir|cus) (der, -, -se) **1** Unternehmen zur Vorführung von Tierdressuren, Akrobatik u.a. (in einem transportablen Rundzelt) **2** Trubel (ugs.) [lat.]
Zir|rho|se (die, -, -n) Schrumpfung und Verhärtung eines Organs infolge chronischer Entzündung (bes. Leberzirrhose) [gr.]
Zir|rus (der, -, - oder -ren) hohe, zerfledderte Wolke (bei heftigen Winden in den oberen Luftschichten) [lat.]
zir|zen|sisch (Adj.) zum Zirkus (**1**) gehörig
zis|al|pin (Adj.) diesseits der Alpen (von Rom aus betrachtet) [lat.]
Zi|se|leur [-lø:ɐ] (der, -s, -e) jmd., der (beruflich) zisleiert
zi|se|lie|ren (V.) Metallflächen (durch Sticheln u.a.) dekorativ bearbeiten [frz.]
Zis|sa|li|en (nur Mz.) fehlerhafte Münzplatten oder Münzen, die eingeschmolzen werden [lat.-galloromanisch-frz.]
Zis|ter|ne (die, -, -n) großer Sammelbehälter für Regenwasser [lat.]
Zis|ter|zi|en|ser (der, -s, -) Angehöriger eines; z.B. in der Seelsorge tätigen; Mönchsordens [frz.-nlat.]
Zi|ta|del|le (die, -, -n) Stadtfestung; Festungsinnenwerk [it.-frz.]
Zi|tat (das, -(e)s, -e) wörtlich übernommener Ausspruch, Rede-, Textteil [lat.]
Zi|ta|ti|on (die, -, -ti|o|nen) das Zitieren (**1**)
zi|tie|ren (V.) **1** (einen Ausspruch, Rede-, Textteil) wörtlich übernehmen **2** vorladen; z.B. jmdn. vor Gericht zitieren [lat.]
Zit|rin auch: Zi|trin (der, -s, -e) = Citrin
Zit|ro|nat auch: Zi|tro|nat (das, -(e)s, -e) kandierte, dicke Zitronenschale [it.-frz.]
Zit|ro|ne auch: Zi|tro|ne (die, -, -n) ein Rautengewächs, dessen gelbe Frucht [gr.-it.]
Zit|rus|frucht auch: Zi|trus|frucht (die, -, -früchte) Frucht einer Zitruspflanze mit hohem Vitamingehalt; z.B. Zitrone, Grapefruit, Orange [lat.-dt.]
zi|vil (Adj.) **1** nicht militärisch **2** angemessen; zivile Preise [lat.]
Zi|vil (das, -s, nur Ez.) nicht militär. Kleidung
Zi|vi|li|sa|ti|on (die, -, -ti|o|nen) das Zivilisieren; technisierte Kultur [frz.]
zi|vi|li|sa|to|risch (Adj.) zur Zivilisation gehörig

Zooplankton

zi|vi|li|sie|ren (V.) eine andere Kulturform dazu bringen, die Normen der technisierten Welt zu übernehmen
Zi|vi|list (der, -lis|ten, -lis|ten) jmd., der nicht zum Militär gehört
Zi|vil|kam|mer (die, -, -n) Abteilung des Landgerichts für privatrechtliche Prozesse
Zi|vil|pro|zess (der, -es, -e) Gerichtsverfahren auf der Grundlage des Privatrechts
Zlo|ty [zlɔtɪ] (der, -s, - oder -s) polnische Währung
zo|di|a|kal (Adj.) zum Zodiakus gehörig
Zo|di|a|kus (der, -, nur Ez.) zwölf Sternbilder, Tierkreis [gr.-lat.]
Zoi|di|o|ga|mie (auch Zoi|di|o|phi|lie) (die, -, nur Ez.) Bestäubung von Blüten durch Tiere [gr.-lat.]
Zoi|di|o|phi|lie (die, -, nur Ez.) = Zoidiogamie
Zö|les|tin (der, -s, -e) Mineral [lat.]
Zö|li|bat (der oder das, -(e)s, -e) verordnete Ehelosigkeit (kath. Geistlicher) [lat.]
zö|li|ba|tär (Adj.) zum Zölibat gehörig, im Zölibat (lebend)
Zom|bie [-bi] (der, -s, -s) umherziehende »lebende Leiche«, Wiedergänger [antillenkreol.]
zo|nal (auch: zo|nar) (Adj.) zu einer Zone gehörig
zo|nar (Adj.) = zonal
Zo|ne (die, -, -n) **1** eingegrenzter Landstreifen; Gebietsteil mit Sonderregelung **2** kleine Unterabteilung; z.B. eine Entfernungsstufe im Nahverkehrstarif [lat.]
Zö|no|bit (der, -en, -en) in der Klostergemeinschaft lebender Mönch (im Unterschied zum Einsiedler) [lat.]
Zoo (der, -s, -s) Tiergarten, -park [gr., Kurzwort]
Zo|o|lat|rie auch: Zo|o|la|trie [tso:o-] (die, -, -n) Tierkult [gr.]
Zo|o|lo|ge (der, -n, -n) Zoologiefachmann, -wissenschaftler
Zo|o|lo|gie (die, -, nur Ez.) Wissenschaft von den Tieren [gr.]
zo|o|lo|gisch (Adj.) zur Zoologie gehörig, tierkundlich
Zoom [zu:m] (das, -s, -s) Objektiv mit (durch Knopfdruck) stufenlos verstellbarer Brennweite [engl.]
Zo|o|no|se [tso:o-] (die, -, -n) von Tieren auf Menschen übertragbare Krankheit [gr.]
Zo|on po|li|ti|kon (das, -, -, nur Ez.) der Mensch als Gemeinschaftswesen; nach Aristoteles [gr.]
zo|o|phag [tso:ofa:g] (Adj.) Fleisch fressend (von Pflanzen) [gr.]
Zo|o|plank|ton [tso:o-] (das, -s, nur Ez.) tierisches Plankton; z.B. Muschellarven, Krebschen [gr.]

Zo|o|se|man|tik (die, -, nur Ez.) Teilgebiet der Zoologie, die die tierische Zeichensprache untersucht

Zo|os|per|mie auch: Zo|o|sper|mie (die, -, -n) Präsenz von beweglichen Samenfäden in der Samenflüssigkeit

Zo|o|to|mie (die, -, nur Ez.) Anatomie der Tiere

Zo|pho|rus (der, -, -pho̱ren) mit Reliefs verzierter Fries der antiken griechischen Baukunst [gr.-lat.]

zop|po (Adj.) schleppend (Vortragsanweisung in der Musik) [ital.]

Zo|ro|as|tris|mus auch: Zo|ro|ast|ris|mus/ Zo|ro|a|stris|mus (der, -, nur Ez.) altpersische, von Zarathustra gestiftete Religion [pers.-gr.-nlat.]

Zu|a̱|ve (der, -n, -n) algerischer Berber als französischer Infanterist (bis 1939)

Zuc|chi|ni (die, -, -) = Zucchino

Zuc|chi|no (auch: Zuc|chi̱|ni) [tsuki:no] (der, -s, -ni; meist Mz.) gurkenähnlicher Gemüsekürbis [it.]

Zu|lu 1 (der, -s -s) südafrikanischer Bantu **2** (das, -s, nur Ez) dessen Sprache

Zy|an|ka̱|li (das, -s, nur Ez.) hochgiftiges Blausäuresalz, Kaliumcyanid [gr.-arab.]

Zy|a|no|me̱|ter (das, -s, -) Skala zur Bestimmung der Blaufärbung des Himmels [gr.-nlat.]

Zy|a|nop|sie auch: Zy|an|op|sie (die, -, -n) Sehfehler, bei dem nur die Farbe Blau gesehen werden kann

Zy|a|no|se (die, -, -n) violette Hautverfärbung infolge Blutsauerstoffmangels, Blausucht [gr.]

Zy|gä̱|ne (die, -, -n) Kleinschmetterling mit keulig verdickten Fühlern, Widderchen [gr.]

Zy|go̱|ma (das, -s, -ta) Jochbein [gr.]

Zy|go̱|te (die, -, -n) Zellverschmelzung von Keimzellen [gr.]

Zyk|la̱|me auch: Zy|kla̱|me (die, -, -n) = Zyklamen (österr.)

Zyk|la̱|men auch: Zy|kla̱|men (das, -s, -) Alpenveilchen [gr.-lat.]

zyk|lisch auch: zy|klisch (Adj.) **1** zu einem Zyklus gehörig **2** ringförmig [gr.-lat.]

Zyk|lo|i̱|de auch: Zy|klo|i̱|de (die, -, -n) Rollkurve (in der Mathematik) [gr.]

Zyk|lon auch: Zy|klon (der, -s, -e) tropischer Wirbelsturm [gr.-lat]

Zyk|lo̱|ne auch: Zy|klo̱|ne (die, -, -n) Tiefdruckgebiet [gr.]

Zyk|lop auch: Zy|klop (der, -en, -en) altgriechische Sagengestalt, einäugiger Riese

zyk|lo̱|pisch auch: zy|klo̱|pisch (Adj.) wie ein Zyklop, riesenhaft

zyk|lo|thym auch: zy|klo|thym (Adj.) periodisch heiter und gesellig bzw. depressiv und zurückgezogen [gr.-lat.]

Zyk|lot|ro̱n auch: Zyk|lo|tro̱n/Zy|klot|ro̱n/ Zy|klo|tro̱n (das, -s, -e) Teilchenbeschleuniger (in der Kerntechnik) [gr.-lat.-engl.]

Zyk|lus auch: Zy̱|klus (der, -, -len/-klen) **1** Kreislauf, regelmäßige Wiederkehr; z.B. der Menstruation **2** Abfolge, Reihe (zusammengehöriger Kunstwerke) [gr.-lat.]

Zy|lin|der (der, -s, -) **1** eine geometrische Figur, Röhre mit zwei Deckeln **2** hoher Herrenhut mit schmaler, gebogener Krempe **3** röhrenförmiger Hohlraum, in dem sich ein Kolben bewegt [gr.-lat.]

zy|lind|risch auch: zy|li̱n|drisch (Adj.) wie ein Zylinder (**1**) geformt

Zy|lind|rom auch: Zy|lin|dro̱m (das, -s, -e) Geschwulst an Drüsen der Mundhöhle (Med.)

Zy|mo|lo|gie (die, -, nur Ez.) Teilgebiet der Chemie, das Gärungsvorgänge untersucht

Zy|mo|tech|nik (die, -, nur Ez.) Gährungstechnik [gr.-nlat.]

Zy|ne|ge̱|tik auch: Zyn|e̱|ge|tik (die, -, nur Ez.) das Abrichten von Jagdhunden [gr.-nlat.]

Zy|ni|ker (der, -s, -) höhnischer Spötter [gr.]

zy|nisch (Adj.) höhnisch-spottend [gr.-lat.]

Zy|nis|mus (der, -, -men) zynische Äußerung, Grundhaltung

Zyp|res|se auch: Zy|pres|se (die, -, -n) säulenförmiger Nadelbaum (des Mittelmeergebiets) [gr.-lat.]

Zyp|ri|ot auch: Zy|pri|o̱t (der, -en, -en) Ew. Zyperns

zyp|ri|o|tisch auch: zy|pri|o̱|tisch (Adj.) zu Zypern gehörig

Zys|te (die, -, -n) krankhafte, mit Sekret gefüllte geschlossene Körperausstülpung; z.B. Gebärmutterzyste [gr.-lat.]

Zys|tek|to|mie auch: Zyst|ek|to|mie (die, -, -n) Entfernung der Gallenblase, Harnblase oder einer Zyste (Med.).

Zys|ti̱|tis (die, -, -ti|ti̱|den) Blasenentzündung [gr.-lat.]

Zys|to|py|e|li|tis (die, -, -li|ti̱|den) Entzündung der Blase und des Nierenbeckens (Med.) [gr.-nlat.]

Zy|tob|last auch: Zy|to|blast (der, -las|ten/-blas|ten, -las|ten/-blas|ten) Zellkern

Zy|to|chrom (das, -s, -e) ein Zellfarbstoff mit Enzymwirkung [gr.-lat.]

Zy|to|lo|gie (die, -, nur Ez.) Wissenschaft von den (lebenden) Zellen [gr.-lat.]

zy|to|lo|gisch (Adj.) zur Zytologie gehörig

Zy|to|plas|ma (das, -s, -men) Zellplasma

Zy|to|to|xin (das, -s, -e) Zellgift [gr.-lat.]